סידור חינוך
חיים שלמה
השלם

A NEW SIDDUR FOR SCHOOL, HOME, AND SYNAGOGUE —
DESIGNED ESPECIALLY WITH YOUNGER STUDENTS IN MIND.

כולל התפילות לכל השנה, לימות החול ולשבתות, לימים
טובים ולימים נוראים, יום כיפור קטן, הקריאות לשני
וחמישי ולמנחה של שבת לתעניות ולמועדים עם
ההפטרות, והלכות נחוצות. כל התפילות נמצאות
על מקומן. סומנו כל שוא נע וכל תיבה הנקראת
מלעיל, ולכל שורה ניתן מספרה בדף. הכל
סדרנו מחדש באותיות גדולות מאד
מאירות עינים כדי שכל המשתמשים
בסידור זה יתפללו מתוכו בנקל, ועל
ידו יתעוררו תינוקות של בית
רבן לחשק התפילה ולימודה.

נוסח ספרד

הוצאת ארטסקרול–מסורה
ברוקלין נוא יארק
תשס"ב

A PROJECT OF THE

Mesorah Heritage Foundation

FIRST EDITION
First Impression . . . October 2001
Second Impression . . . May 2003
Third Impression . . . April 2005
Fourth Impression . . . May 2007
Fifth Impression . . . May 2009
Sixth Impression . . . May 2011

THE ARTSCROLL MESORAH SERIES ®
"SIDDUR CHINUCH — CHAIM SHLOMO HASHALEM"
Nusach Sefard
© *Copyright 2001 by* MESORAH PUBLICATIONS, Ltd.
4401 Second Avenue / Brooklyn, N.Y. 11232 / (718) 921-9000 / www.artscroll.com

---

ISBN 10: 1-57819-120-3 / ISBN 13: 978-1-57819-120-8

Typography by *CompuScribe* at ArtScroll Studios, Ltd.
Printed in the U.S.A. by Noble Book Press, NYC
Bound by Sefercraft Quality Bookbinders and Bookgilders, Inc., Brooklyn, NY (718) 833-3800

אנחנו תפלה

שבזכות הבל פיהם

ותפלתם הזכה

של תינוקות של בית רבן

העולים על ידי סדור זה

ישלח ה׳ רפואה שלמה

רפואת הנפש ורפואת הגוף

להב׳ **חיים שלמה בן ברכה** נ״י

ויזכהו להתפלל ללמוד וללמד

ולהפיק מרגליות מוחו בשפה ברורה

מתוך חיים שלמים של ברכה

יחד עם אחיו בני ישראל

אמן כן יהי רצון!

מצבת זכרון

לזכרון ולעילוי הנשמות הטהורות של

הרה"ג ר' דוד בן הרב אברהם בנדר זצ"ל

נלב"ע כ"ב מרחשון תשכ"ו

תלמיד ישיבת ,,מיר'' באירופה

ר"מ ומנהל במתיבתא תורה ודעת בנוא יארק.

כל ימיו למד ולימד לרבים

ותמיד עסק בכל כוחו במפעלי צדקה וחסד.

ורעיתו הצדקנית

הרבנית בתיה חי' בת הרב יעקב הלוי ז"ל

נלב"ע י"ב אייר תשנ"ו

תלמידתה של אם ה,,בית יעקב'' שרה שנירר ע"ה

שהמשיכה עבודת מורתה

בחינוך בנות יעקב באירופה ובארה"ב.

כל שנותיה היתה עסוקה במסי"נ בחינוך הבנות

וליסד בתי ישראל על טהרת הקדש

וידיה פרשה לכל דבר שבקדושה.

כל חייהם רדפו צדקה וחסד

בפרט בימי הזעם ואחריו.

ביתם היה פתוח לרווחה לכל

והיו לאחיעזר ולאחיסמך לעניים ולנדכאי נפש.

ת.נ.צ.ב.ה.

התוכן

﴾ תפילות לימות החול ﴿

﴾ תפילות לשבת ﴿

✑ Publisher's Preface

The publication of this new Siddur for young children is a source of rare satisfaction. As many commentators have suggested, the words בֵּן, *child,* and בנה, *building,* are related, because children are the building blocks of the future. It is especially gratifying, therefore, for us to publish this new **Siddur Chaim Shlomo** for the benefit of our youngest children, those whose slender shoulders bear the hopes of the nation of Torah for a brighter future.

There is also another reason for our pride in this Siddur. We regard it as a tribute to the dedicated men and women in the classrooms and offices, who serve Klal Yisrael by teaching and inspiring its children. Often unsung and under-appreciated, these *mechanchim* perform miracles. The increasingly high level of Torah knowledge and observance in our communities is testimony to their skill and devotion.

Indeed, the sponsors of this Siddur have dedicated it to Rabbi Yaakov Bender שליט"א, Rosh Yeshivah of Yeshivah Darchei Torah and Mesivta Chaim Shlomo of Far Rockaway, and his devoted staff, to whom they are especially grateful. These *mechanchim* are representatives of the finest in Torah Chinuch today. In addition, the sponsors pray that this Siddur and the countless pure *tefillos* that will flow from its pages be a source of merit for **Chaim Shlomo ben Brachah,** whose sealed potential is being unlocked by such dedicated *mechanchim.* We join in their prayers that he be able to express the prayers of his heart and the wisdom of his mind, and we share their hope that this Siddur will enable the teachers of our children to write new chapters of success as they "build" even grander structures of human magnificence for the glory of Hashem and Klal Yisrael.

Because it is so important that this Siddur be suited to the needs of teachers and children, we made unusual efforts to assure that it be tailored to their needs. Detailed questionnaires were compiled and sent to scores of principals and primary grade teachers to ascertain what features they need in such a Siddur. Then, a thousand copies of a prototype were printed and distributed to educators, for further comment and criticism. We are grateful to Rabbi Rephael Skaist, president of Torah Umesorah's National Conference of Yeshivah Principals, and to the many scores of educators from around the country for their cooperation. We are hopeful, therefore, that this final product, which is based on the ideas of so many highly qualified people, will become the standard Chinuch Siddur for decades to come בְּעֶזְרַת הַשֵּׁם.

All of this work was coordinated by Avrohom Biderman of our staff. Only the growth and the prayers of countless thousands of Jewish children can adequately represent our gratitude for his zealous, devoted, and efficient attention to every detail of the production.

The beauty of every page is yet another jewel in the crown of Reb Sheah Brander, our treasured colleague and the master of Judaica graphics.

We are grateful, as well, to those who participated in the various stages of the Siddur's preparation: Rabbi Moshe Rosenblum, Rabbi Lipa Zicherman, R' Moshe Deutsch, Mrs. Tirtzah Bloch, Mrs. Faygie Weinbaum, and Mrs. Mindy Stern.

Finally, we express our boundless gratitude to Hashem Yisborach for giving us the privilege of making His Word available to His children through the printed word.

Rabbi Meir Zlotowitz / Rabbi Nosson Scherman

Marcheshvan 5762 / October 2001

PRONOUNCING THE NAMES OF GOD

The Four-Letter Name of God [יְ־הֹ־וֹ־ה] is *never* pronounced the way it is spelled. During prayer, when saying a blessing, or when reading from the Torah, we pronounce it as if it were spelled אֲדֹנָי.

Sometimes this Name of Hashem has a prefix, a letter before it. In such cases, this is how the words are pronounced:

בַּאדֹנָי	בַּי־הֹ־וֹ־ה
וַאדֹנָי	וַי־הֹ־וֹ־ה
כַּאדֹנָי	כַּי־הֹ־וֹ־ה
לַאדֹנָי	לַי־הֹ־וֹ־ה
מֵאֲדֹנָי	מֵי־הֹ־וֹ־ה
שֶׁאֲדֹנָי	שֶׁי־הֹ־וֹ־ה

Sometimes the Name appears this way: יֶ־הֹ־וִ־ה. This spelling of the Name is pronounced as if it were spelled אֱלֹהִים.

WHAT TO HAVE IN MIND WHEN SAYING HASHEM'S NAME

When you say the Name יְ־הֹ־וֹ־ה, you should think of two things: (1) Hashem owns and controls everything. (2) Hashem always existed and He will exist forever.

When you say the Name אֲדֹ־נָי, you should think that He owns and controls everything.

When you say the Name אֱלֹהִים, you should think that Hashem is the One Who is strong enough to do whatever He wants.

SYMBOLS USED IN THE SIDDUR

There is a short line above a letter in middle of a word if it has a שְׁוָא נָע (example: עַמְּךָ). *Every* שְׁוָא at the beginning of a word is a שְׁוָא נָע.

In Hebrew, the accent is usually on the *last* syllable of a word. If the accent is not at the end, we put a short line *under* the letter that is accented (example: בֶּגֶד).

To show where the *chazzan* usually finishes a paragraph out loud, we use this symbol: ❖

א	בּ	ב	ג	ד
ה	ו	ז	ח	ט
י	כּ	ךּ	כ	ר
ל	מ	ם	נ	ן
ס	ע	פּ	פ	ף
צ	ץ	ק	ר	שׁ
	שׂ	תּ	ת	

קָמֵץ

פַּתַח

צֵירֵי

סֶגּוֹל

חוֹלָם חָסֵר

חוֹלָם מָלֵא

❧ השכמת הבוקר ❧

As soon as you wake up, thank Hashem by saying:

1 מוֹדֶה אֲנִי לְפָנֶיךָ, מֶלֶךְ חַי וְקַיָּם,

2 שֶׁהֶחֱזַרְתָּ בִּי נִשְׁמָתִי

3 בְּחֶמְלָה – רַבָּה אֱמוּנָתֶךָ.

Wash your hands as follows: Pick up the cup of water with the right hand, pass it to the left, and pour water over the right. Then with the right hand pour over the left. Keep doing this until you have poured water over each hand three times. Then, say:

4 רֵאשִׁית חָכְמָה יִרְאַת יהוה, שֵׂכֶל טוֹב

5 לְכָל עֹשֵׂיהֶם, תְּהִלָּתוֹ עֹמֶדֶת

6 לָעַד. בָּרוּךְ שֵׁם כְּבוֹד מַלְכוּתוֹ לְעוֹלָם וָעֶד.

7 תּוֹרָה צִוָּה לָנוּ מֹשֶׁה, מוֹרָשָׁה קְהִלַּת יַעֲקֹב.

8 שְׁמַע בְּנִי מוּסַר אָבִיךָ, וְאַל תִּטֹּשׁ תּוֹרַת

9 אִמֶּךָ. תּוֹרָה תְהֵא אֱמוּנָתִי, וְאֵל שַׁדַּי

10 בְּעֶזְרָתִי. וְאַתֶּם הַדְּבֵקִים בַּיהוה אֱלֹהֵיכֶם,

11 חַיִּים כֻּלְּכֶם הַיּוֹם. לִישׁוּעָתְךָ קִוִּיתִי יהוה.

❧ לבישת ציצית ❧

Hold the *tallis kattan*, and check the *tzitzis*. Say the blessing, put on the *tallis kattan* and kiss the *tzitzis*. If you will wear a *tallis* for *Shacharis*, do not say this blessing.

12 בָּרוּךְ אַתָּה יהוה אֱלֹהֵינוּ מֶלֶךְ הָעוֹלָם,

13 אֲשֶׁר קִדְּשָׁנוּ בְּמִצְוֹתָיו, וְצִוָּנוּ עַל

14 מִצְוַת צִיצִת.

1 **יְהִי רָצוֹן** מִלְּפָנֶיךָ, יהוה אֱלֹהַי וֵאלֹהֵי אֲבוֹתַי, שֶׁתְּהֵא חֲשׁוּבָה מִצְוַת
2 צִיצִת לְפָנֶיךָ, כְּאִלּוּ קִיַּמְתִּיהָ בְּכָל פְּרָטֶיהָ וְדִקְדּוּקֶיהָ
3 וְכַוָּנוֹתֶיהָ, וְתַרְיַ"ג מִצְוֹת הַתְּלוּיִים בָּהּ. אָמֵן סֶלָה.

🦋 עֲטִיפַת טַלִּית }

If you wear a tallis, check the tzitzis while saying these verses:

4 **בָּרְכִי נַפְשִׁי** אֶת יהוה, יהוה אֱלֹהַי גָּדַלְתָּ מְּאֹד, הוֹד וְהָדָר לָבָשְׁתָּ.
5 עֹטֶה אוֹר כַּשַּׂלְמָה, נוֹטֶה שָׁמַיִם כַּיְרִיעָה.

Many say the following before putting on the tallis:

6 **לְשֵׁם יִחוּד** קֻדְשָׁא בְּרִיךְ הוּא וּשְׁכִינְתֵּהּ, בִּדְחִילוּ וּרְחִימוּ, לְיַחֵד
7 שֵׁם י"ה בּו"ה בְּיִחוּדָא שְׁלִים, בְּשֵׁם כָּל יִשְׂרָאֵל.

8 **הֲרֵינִי** מִתְעַטֵּף גּוּפִי בַּצִּיצִת, כֵּן תִּתְעַטֵּף נִשְׁמָתִי וּרְמַ"ח אֵבָרַי וְשֶׁסָ"ה
9 גִידַי בְּאוֹר הַצִּיצִת הָעוֹלֶה תַּרְיַ"ג. וּכְשֵׁם שֶׁאֲנִי מִתְכַּסֶּה
10 בְּטַלִּית בָּעוֹלָם הַזֶּה, כַּךְ אֶזְכֶּה לַחֲלוּקָא דְרַבָּנָן וּלְטַלִּית נָאֶה לָעוֹלָם
11 הַבָּא בְּגַן עֵדֶן. וְעַל יְדֵי מִצְוַת צִיצִת תִּנָּצֵל נַפְשִׁי וְרוּחִי וְנִשְׁמָתִי וּתְפִלָּתִי
12 מִן הַחִיצוֹנִים. וְהַטַּלִּית יִפְרוֹשׂ כְּנָפָיו עֲלֵיהֶם וְיַצִּילֵם כְּנֶשֶׁר יָעִיר קִנּוֹ, עַל
13 גּוֹזָלָיו יְרַחֵף. וּתְהֵא חֲשׁוּבָה מִצְוַת צִיצִת לִפְנֵי הַקָּדוֹשׁ בָּרוּךְ הוּא כְּאִלּוּ
14 קִיַּמְתִּיהָ בְּכָל פְּרָטֶיהָ וְדִקְדּוּקֶיהָ וְכַוָּנוֹתֶיהָ וְתַרְיַ"ג מִצְוֹת הַתְּלוּיִים בָּהּ.
15 אָמֵן סֶלָה.

Unfold the tallis, hold it ready to wrap around yourself, and say the blessing:

16 **בָּרוּךְ** אַתָּה יהוה אֱלֹהֵינוּ מֶלֶךְ הָעוֹלָם, אֲשֶׁר קִדְּשָׁנוּ
17 בְּמִצְוֹתָיו, וְצִוָּנוּ לְהִתְעַטֵּף בַּצִּיצִת.

Wrap the tallis around your head and body, then say:

18 **מַה יָּקָר** חַסְדְּךָ אֱלֹהִים, וּבְנֵי אָדָם בְּצֵל כְּנָפֶיךָ יֶחֱסָיוּן. יִרְוְיֻן מִדֶּשֶׁן
19 בֵּיתֶךָ, וְנַחַל עֲדָנֶיךָ תַשְׁקֵם. כִּי עִמְּךָ מְקוֹר חַיִּים, בְּאוֹרְךָ
20 נִרְאֶה אוֹר. מְשֹׁךְ חַסְדְּךָ לְיֹדְעֶיךָ, וְצִדְקָתְךָ לְיִשְׁרֵי לֵב.

🦋 סֵדֶר הֲנָחַת תְּפִלִּין }

Many say the following before putting on tefillin:

21 **לְשֵׁם יִחוּד** קֻדְשָׁא בְּרִיךְ הוּא וּשְׁכִינְתֵּהּ, בִּדְחִילוּ וּרְחִימוּ, לְיַחֵד שֵׁם
22 י"ה בּו"ה בְּיִחוּדָא שְׁלִים, בְּשֵׁם כָּל יִשְׂרָאֵל.

23 **הִנְנִי מְכַוֵּן** בַּהֲנָחַת תְּפִלִּין לְקַיֵּם מִצְוַת בּוֹרְאִי, שֶׁצִּוָּנוּ לְהָנִיחַ תְּפִלִּין,
24 כַּכָּתוּב בְּתוֹרָתוֹ: וּקְשַׁרְתָּם לְאוֹת עַל יָדֶךָ, וְהָיוּ לְטֹטָפֹת

1 בֵּין עֵינֶיךָ. וְהֵם אַרְבַּע פָּרָשִׁיּוֹת אֵלּוּ – שְׁמַע, וְהָיָה אִם שָׁמְעַ, קַדֶּשׁ,

2 וְהָיָה כִּי יְבִאֲךָ – שֶׁיֵּשׁ בָּהֶם יִחוּדוֹ וְאַחְדּוּתוֹ יִתְבָּרַךְ שְׁמוֹ בָּעוֹלָם;

3 וְשֶׁנִּזְכּוֹר נִסִּים וְנִפְלָאוֹת שֶׁעָשָׂה עִמָּנוּ בְּהוֹצִיאָנוּ מִמִּצְרָיִם; וַאֲשֶׁר לוֹ

4 הַכֹּחַ וְהַמֶּמְשָׁלָה בָּעֶלְיוֹנִים וּבַתַּחְתּוֹנִים לַעֲשׂוֹת בָּהֶם כִּרְצוֹנוֹ. וְצִוָּנוּ

5 לְהָנִיחַ עַל הַיָּד, לְזִכָּרוֹן זְרוֹעַ הַנְּטוּיָה, וְשֶׁהִיא נֶגֶד הַלֵּב, לְשַׁעְבֵּד בָּזֶה

6 תַּאֲוַת וּמַחְשְׁבוֹת לִבֵּנוּ לַעֲבוֹדָתוֹ, יִתְבָּרַךְ שְׁמוֹ. וְעַל הָרֹאשׁ נֶגֶד הַמּוֹחַ,

7 שֶׁהַנְּשָׁמָה שֶׁבְּמוֹחִי, עִם שְׁאָר חוּשַׁי וְכֹחוֹתַי, כֻּלָּם יִהְיוּ מְשֻׁעְבָּדִים

8 לַעֲבוֹדָתוֹ, יִתְבָּרַךְ שְׁמוֹ. וּמִשֶּׁפַע מִצְוַת תְּפִלִּין יִתְמַשֵּׁךְ עָלַי לִהְיוֹת לִי

9 חַיִּים אֲרוּכִים, וְשֶׁפַע קֹדֶשׁ, וּמַחְשָׁבוֹת קְדוֹשׁוֹת בְּלִי הַרְהוֹר חֵטְא וְעָוֹן

10 כְּלָל; וְשֶׁלֹּא יְפַתֵּנוּ וְלֹא יִתְגָּרֶה בָּנוּ יֵצֶר הָרָע, וְיַנִּיחֵנוּ לַעֲבֹד אֶת יהוה

11 כַּאֲשֶׁר עִם לְבָבֵנוּ. וִיהִי רָצוֹן מִלְּפָנֶיךָ, יהוה אֱלֹהֵינוּ וֵאלֹהֵי אֲבוֹתֵינוּ,

12 שֶׁתְּהֵא חֲשׁוּבָה מִצְוַת הֲנָחַת תְּפִלִּין לִפְנֵי הַקָּדוֹשׁ בָּרוּךְ הוּא כְּאִלּוּ

13 קִיַּמְתִּיהָ בְּכָל פְּרָטֶיהָ וְדִקְדּוּקֶיהָ וְכַוָּנוֹתֶיהָ, וְתַרְיַ״ג מִצְוֹת הַתְּלוּיִם בָּהּ.

14 אָמֵן סֶלָה.

Stand while putting on *tefillin*.
Place the arm-*tefillin* loosely on the left biceps (if you write left-handed,
put it on the right biceps). Hold it in place and say the following blessing:

15 **בָּרוּךְ** אַתָּה יהוה אֱלֹהֵינוּ מֶלֶךְ הָעוֹלָם, אֲשֶׁר

16 קִדְּשָׁנוּ בְּמִצְוֹתָיו, וְצִוָּנוּ לְהָנִיחַ תְּפִלִּין.

Tighten the arm-*tefillin* immediately and wrap the strap seven times around the arm.
Without interruption, loosely put the head-*tefillin* in place. It should be above the hairline
and opposite the space between the eyes. Say the following blessing:

17 **בָּרוּךְ** אַתָּה יהוה אֱלֹהֵינוּ מֶלֶךְ הָעוֹלָם, אֲשֶׁר

18 קִדְּשָׁנוּ בְּמִצְוֹתָיו, וְצִוָּנוּ עַל מִצְוַת תְּפִלִּין.

Tighten the head-*tefillin* immediately and say:

19 בָּרוּךְ שֵׁם כְּבוֹד מַלְכוּתוֹ לְעוֹלָם וָעֶד.

20 **וּמֵחָכְמָתְךָ** אֵל עֶלְיוֹן, תַּאֲצִיל עָלַי; וּמִבִּינָתְךָ תְּבִינֵנִי; וּבְחַסְדְּךָ

21 תַּגְדִּיל עָלַי; וּבִגְבוּרָתְךָ תַּצְמִית אֹיְבַי וְקָמַי. וְשֶׁמֶן

22 הַטּוֹב תָּרִיק עַל שִׁבְעָה קְנֵי הַמְּנוֹרָה, לְהַשְׁפִּיעַ טוּבְךָ לִבְרִיּוֹתֶיךָ.

23 פּוֹתֵחַ אֶת יָדֶךָ, וּמַשְׂבִּיעַ לְכָל חַי רָצוֹן.

Wrap the strap around the middle finger and hand while you say:

1 **וְאֵרַשְׂתִּיךְ** לִי לְעוֹלָם, וְאֵרַשְׂתִּיךְ לִי בְּצֶדֶק וּבְמִשְׁפָּט וּבְחֶסֶד

2 וּבְרַחֲמִים. וְאֵרַשְׂתִּיךְ לִי בֶּאֱמוּנָה, וְיָדַעַתְּ אֶת יהוה.

One should say the following two paragraphs while wearing the *tefillin*.
You may say them either now or before you take off the *tefillin*.

3 **וַיְדַבֵּר** יהוה אֶל מֹשֶׁה לֵּאמֹר: קַדֶּשׁ לִי כָל בְּכוֹר, פֶּטֶר כָּל רֶחֶם

4 בִּבְנֵי יִשְׂרָאֵל בָּאָדָם וּבַבְּהֵמָה, לִי הוּא. וַיֹּאמֶר מֹשֶׁה אֶל

5 הָעָם: זָכוֹר אֶת הַיּוֹם הַזֶּה אֲשֶׁר יְצָאתֶם מִמִּצְרַיִם, מִבֵּית עֲבָדִים,

6 כִּי בְּחֹזֶק יָד הוֹצִיא יהוה אֶתְכֶם מִזֶּה, וְלֹא יֵאָכֵל חָמֵץ. הַיּוֹם אַתֶּם

7 יֹצְאִים, בְּחֹדֶשׁ הָאָבִיב. וְהָיָה כִי יְבִיאֲךָ יהוה אֶל אֶרֶץ הַכְּנַעֲנִי

8 וְהַחִתִּי וְהָאֱמֹרִי וְהַחִוִּי וְהַיְבוּסִי אֲשֶׁר נִשְׁבַּע לַאֲבֹתֶיךָ לָתֶת לָךְ,

9 אֶרֶץ זָבַת חָלָב וּדְבָשׁ, וְעָבַדְתָּ אֶת הָעֲבֹדָה הַזֹּאת בַּחֹדֶשׁ הַזֶּה.

10 שִׁבְעַת יָמִים תֹּאכַל מַצֹּת, וּבַיּוֹם הַשְּׁבִיעִי חַג לַיהוה. מַצּוֹת יֵאָכֵל

11 אֵת שִׁבְעַת הַיָּמִים, וְלֹא יֵרָאֶה לְךָ חָמֵץ, וְלֹא יֵרָאֶה לְךָ שְׂאֹר בְּכָל

12 גְּבֻלֶךָ. וְהִגַּדְתָּ לְבִנְךָ בַּיּוֹם הַהוּא לֵאמֹר: בַּעֲבוּר זֶה עָשָׂה יהוה לִי

13 בְּצֵאתִי מִמִּצְרָיִם. וְהָיָה לְךָ לְאוֹת עַל יָדְךָ, וּלְזִכָּרוֹן בֵּין עֵינֶיךָ,

14 לְמַעַן תִּהְיֶה תּוֹרַת יהוה בְּפִיךָ, כִּי בְּיָד חֲזָקָה הוֹצִאֲךָ יהוה

15 מִמִּצְרָיִם. וְשָׁמַרְתָּ אֶת הַחֻקָּה הַזֹּאת לְמוֹעֲדָה, מִיָּמִים יָמִימָה.

16 **וְהָיָה** כִּי יְבִאֲךָ יהוה אֶל אֶרֶץ הַכְּנַעֲנִי, כַּאֲשֶׁר נִשְׁבַּע לְךָ

17 וְלַאֲבֹתֶיךָ, וּנְתָנָהּ לָךְ. וְהַעֲבַרְתָּ כָל פֶּטֶר רֶחֶם לַיהוה, וְכָל

18 פֶּטֶר שֶׁגֶר בְּהֵמָה אֲשֶׁר יִהְיֶה לְךָ, הַזְּכָרִים לַיהוה. וְכָל פֶּטֶר חֲמֹר

19 תִּפְדֶּה בְשֶׂה, וְאִם לֹא תִפְדֶּה וַעֲרַפְתּוֹ, וְכֹל בְּכוֹר אָדָם בְּבָנֶיךָ

20 תִּפְדֶּה. וְהָיָה כִּי יִשְׁאָלְךָ בִנְךָ מָחָר לֵאמֹר, מַה זֹּאת, וְאָמַרְתָּ אֵלָיו,

21 בְּחֹזֶק יָד הוֹצִיאָנוּ יהוה מִמִּצְרַיִם מִבֵּית עֲבָדִים. וַיְהִי כִּי הִקְשָׁה

22 פַרְעֹה לְשַׁלְּחֵנוּ, וַיַּהֲרֹג יהוה כָּל בְּכוֹר בְּאֶרֶץ מִצְרַיִם, מִבְּכֹר אָדָם

23 וְעַד בְּכוֹר בְּהֵמָה, עַל כֵּן אֲנִי זֹבֵחַ לַיהוה כָּל פֶּטֶר רֶחֶם הַזְּכָרִים,

24 וְכָל בְּכוֹר בָּנַי אֶפְדֶּה. וְהָיָה לְאוֹת עַל יָדְכָה וּלְטוֹטָפֹת בֵּין עֵינֶיךָ,

25 כִּי בְּחֹזֶק יָד הוֹצִיאָנוּ יהוה מִמִּצְרָיִם.

מַה טֹּבוּ אֹהָלֶיךָ יַעֲקֹב, מִשְׁכְּנֹתֶיךָ יִשְׂרָאֵל.

וַאֲנִי בְּרֹב חַסְדְּךָ אָבוֹא בֵיתֶךָ,

אֶשְׁתַּחֲוֶה אֶל הֵיכַל קָדְשְׁךָ בְּיִרְאָתֶךָ.

יהוה, אָהַבְתִּי מְעוֹן בֵּיתֶךָ,

וּמְקוֹם מִשְׁכַּן כְּבוֹדֶךָ.

וַאֲנִי אֶשְׁתַּחֲוֶה וְאֶכְרָעָה,

אֶבְרְכָה לִפְנֵי יהוה עֹשִׂי.

וַאֲנִי, תְפִלָּתִי לְךָ יהוה, עֵת רָצוֹן,

אֱלֹהִים, בְּרָב חַסְדֶּךָ, עֲנֵנִי בֶּאֱמֶת יִשְׁעֶךָ.

אֲדוֹן עוֹלָם אֲשֶׁר מָלַךְ,

בְּטֶרֶם כָּל־יְצִיר נִבְרָא.

לְעֵת נַעֲשָׂה בְחֶפְצוֹ כֹּל, אֲזַי מֶלֶךְ שְׁמוֹ נִקְרָא.

וְאַחֲרֵי כִּכְלוֹת הַכֹּל, לְבַדּוֹ יִמְלוֹךְ נוֹרָא.

וְהוּא הָיָה וְהוּא הֹוֶה, וְהוּא יִהְיֶה בְּתִפְאָרָה.

וְהוּא אֶחָד וְאֵין שֵׁנִי, לְהַמְשִׁיל לוֹ לְהַחְבִּירָה.

בְּלִי רֵאשִׁית בְּלִי תַכְלִית, וְלוֹ הָעֹז וְהַמִּשְׂרָה.

וְהוּא אֵלִי וְחַי גֹּאֲלִי, וְצוּר חֶבְלִי בְּעֵת צָרָה.

וְהוּא נִסִּי וּמָנוֹס לִי, מְנָת כּוֹסִי בְּיוֹם אֶקְרָא.

1 בְּיָדוֹ אַפְקִיד רוּחִי, בְּעֵת אִישַׁן וְאָעִירָה.

2 וְעִם רוּחִי גְּוִיָּתִי, יהוה לִי וְלֹא אִירָא.

3 **יִגְדַּל** אֱלֹהִים חַי וְיִשְׁתַּבַּח,

4 נִמְצָא וְאֵין עֵת אֶל מְצִיאוּתוֹ.

5 אֶחָד וְאֵין יָחִיד כְּיִחוּדוֹ,

6 נֶעְלָם וְגַם אֵין סוֹף לְאַחְדּוּתוֹ.

7 אֵין לוֹ דְמוּת הַגּוּף וְאֵינוֹ גוּף,

8 לֹא נַעֲרוֹךְ אֵלָיו קְדֻשָּׁתוֹ.

9 קַדְמוֹן לְכָל דָּבָר אֲשֶׁר נִבְרָא,

10 רִאשׁוֹן וְאֵין רֵאשִׁית לְרֵאשִׁיתוֹ.

11 הִנּוֹ אֲדוֹן עוֹלָם לְכָל נוֹצָר,

12 יוֹרֶה גְדֻלָּתוֹ וּמַלְכוּתוֹ.

13 שֶׁפַע נְבוּאָתוֹ נְתָנוֹ,

14 אֶל אַנְשֵׁי סְגֻלָּתוֹ וְתִפְאַרְתּוֹ.

15 לֹא קָם בְּיִשְׂרָאֵל כְּמֹשֶׁה עוֹד,

16 נָבִיא וּמַבִּיט אֶת תְּמוּנָתוֹ.

17 תּוֹרַת אֱמֶת נָתַן לְעַמּוֹ אֵל,

18 עַל יַד נְבִיאוֹ נֶאֱמַן בֵּיתוֹ.

לֹא יַחֲלִיף הָאֵל וְלֹא יָמִיר דָּתוֹ,

לְעוֹלָמִים לְזוּלָתוֹ.

צוֹפֶה וְיוֹדֵעַ סְתָרֵינוּ,

מַבִּיט לְסוֹף דָּבָר בְּקַדְמָתוֹ.

גּוֹמֵל לְאִישׁ חֶסֶד כְּמִפְעָלוֹ,

נוֹתֵן לְרָשָׁע רָע כְּרִשְׁעָתוֹ.

יִשְׁלַח לְקֵץ הַיָּמִין מְשִׁיחֵנוּ,

לִפְדּוֹת מְחַכֵּי קֵץ יְשׁוּעָתוֹ.

מֵתִים יְחַיֶּה אֵל בְּרֹב חַסְדּוֹ,

בָּרוּךְ עֲדֵי עַד שֵׁם תְּהִלָּתוֹ.

❧ ברכות השחר ❧

Some say the blessing עַל נְטִילַת יָדַיִם right after washing their hands in the morning.
Others say it now.

בָּרוּךְ אַתָּה יהוה אֱלֹהֵינוּ מֶלֶךְ הָעוֹלָם,

אֲשֶׁר קִדְּשָׁנוּ בְּמִצְוֹתָיו, וְצִוָּנוּ עַל

נְטִילַת יָדָיִם.

Some say the blessing אֲשֶׁר יָצַר right after going to the bathroom in the morning.
Others say it now.

בָּרוּךְ אַתָּה יהוה אֱלֹהֵינוּ מֶלֶךְ הָעוֹלָם,

אֲשֶׁר יָצַר אֶת הָאָדָם בְּחָכְמָה, וּבָרָא

1 בּוֹ נְקָבִים נְקָבִים, חֲלוּלִים חֲלוּלִים. גָּלוּי וְיָדוּעַ

2 לִפְנֵי כִסֵּא כְבוֹדֶךָ, שֶׁאִם יִפָּתֵחַ אֶחָד מֵהֶם, אוֹ

3 יִסָּתֵם אֶחָד מֵהֶם, אִי אֶפְשָׁר לְהִתְקַיֵּם וְלַעֲמוֹד

4 לְפָנֶיךָ אֲפִילוּ שָׁעָה אֶחָת. בָּרוּךְ אַתָּה יהוה,

5 רוֹפֵא כָל בָּשָׂר וּמַפְלִיא לַעֲשׂוֹת.

Some say אֱלֹהַי, נְשָׁמָה (p. 10) now.

ברכות התורה

One may not study Torah before saying these blessings.

6 **בָּרוּךְ** אַתָּה יהוה אֱלֹהֵינוּ מֶלֶךְ הָעוֹלָם,

7 אֲשֶׁר קִדְּשָׁנוּ בְּמִצְוֹתָיו, וְצִוָּנוּ לַעֲסוֹק

8 בְּדִבְרֵי תוֹרָה. וְהַעֲרֶב נָא יהוה אֱלֹהֵינוּ אֶת

9 דִּבְרֵי תוֹרָתְךָ בְּפִינוּ וּבְפִיּוֹת עַמְּךָ בֵּית יִשְׂרָאֵל.

10 וְנִהְיֶה אֲנַחְנוּ וְצֶאֱצָאֵינוּ (וְצֶאֱצָאֵי צֶאֱצָאֵינוּ)

11 וְצֶאֱצָאֵי עַמְּךָ בֵּית יִשְׂרָאֵל, כֻּלָּנוּ יוֹדְעֵי שְׁמֶךָ

12 וְלוֹמְדֵי תוֹרָתְךָ לִשְׁמָהּ. בָּרוּךְ אַתָּה יהוה,

13 הַמְלַמֵּד תּוֹרָה לְעַמּוֹ יִשְׂרָאֵל.

14 **בָּרוּךְ** אַתָּה יהוה אֱלֹהֵינוּ מֶלֶךְ הָעוֹלָם,

15 אֲשֶׁר בָּחַר בָּנוּ מִכָּל הָעַמִּים וְנָתַן לָנוּ

16 אֶת תּוֹרָתוֹ. בָּרוּךְ אַתָּה יהוה, נוֹתֵן הַתּוֹרָה.

After the Torah blessings, say these passages from Torah, Mishnah, and Gemara.

וַיְדַבֵּר יהוה אֶל מֹשֶׁה לֵּאמֹר. דַּבֵּר אֶל אַהֲרֹן וְאֶל
בָּנָיו לֵאמֹר, כֹּה תְבָרְכוּ אֶת בְּנֵי יִשְׂרָאֵל,
אָמוֹר לָהֶם. יְבָרֶכְךָ יהוה וְיִשְׁמְרֶךָ. יָאֵר יהוה פָּנָיו
אֵלֶיךָ וִיחֻנֶּךָּ. יִשָּׂא יהוה פָּנָיו אֵלֶיךָ, וְיָשֵׂם לְךָ שָׁלוֹם.
וְשָׂמוּ אֶת שְׁמִי עַל בְּנֵי יִשְׂרָאֵל, וַאֲנִי אֲבָרְכֵם.

אֵלּוּ דְבָרִים שֶׁאֵין לָהֶם שִׁעוּר: הַפֵּאָה וְהַבִּכּוּרִים
וְהָרֵאָיוֹן וּגְמִילוּת חֲסָדִים וְתַלְמוּד תּוֹרָה.

אֵלּוּ דְבָרִים שֶׁאָדָם אוֹכֵל פֵּרוֹתֵיהֶם בָּעוֹלָם הַזֶּה
וְהַקֶּרֶן קַיֶּמֶת לוֹ לָעוֹלָם הַבָּא. וְאֵלּוּ הֵן: כִּבּוּד
אָב וָאֵם, וּגְמִילוּת חֲסָדִים, וְהַשְׁכָּמַת בֵּית הַמִּדְרָשׁ
שַׁחֲרִית וְעַרְבִית, וְהַכְנָסַת אוֹרְחִים, וּבִקּוּר חוֹלִים,
וְהַכְנָסַת כַּלָּה, וּלְוָיַת הַמֵּת, וְעִיּוּן תְּפִלָּה, וַהֲבָאַת
שָׁלוֹם בֵּין אָדָם לַחֲבֵרוֹ וּבֵין אִישׁ לְאִשְׁתּוֹ – וְתַלְמוּד
תּוֹרָה כְּנֶגֶד כֻּלָּם.

אֱלֹהַי, נְשָׁמָה שֶׁנָּתַתָּ בִּי טְהוֹרָה הִיא. אַתָּה
בְרָאתָהּ, אַתָּה יְצַרְתָּהּ, אַתָּה
נְפַחְתָּהּ בִּי, וְאַתָּה מְשַׁמְּרָהּ בְּקִרְבִּי, וְאַתָּה
עָתִיד לִטְּלָהּ מִמֶּנִּי, וּלְהַחֲזִירָהּ בִּי לֶעָתִיד
לָבֹא. כָּל זְמַן שֶׁהַנְּשָׁמָה בְקִרְבִּי, מוֹדֶה אֲנִי
לְפָנֶיךָ, יהוה אֱלֹהַי וֵאלֹהֵי אֲבוֹתַי, רִבּוֹן כָּל

1 הַמַּעֲשִׂים, אֲדוֹן כָּל הַנְּשָׁמוֹת. בָּרוּךְ אַתָּה

2 יהוה, הַמַּחֲזִיר נְשָׁמוֹת לִפְגָרִים מֵתִים.

The *chazzan* says the following blessings aloud, and all others answer אָמֵן
to each blessing. Each person must also say these blessings for himself.

3 **בָּרוּךְ** אַתָּה יהוה אֱלֹהֵינוּ מֶלֶךְ הָעוֹלָם,

4 אֲשֶׁר נָתַן לַשֶּׂכְוִי בִינָה לְהַבְחִין בֵּין

5 יוֹם וּבֵין לָיְלָה. (אָמֵן.)

6 בָּרוּךְ אַתָּה יהוה אֱלֹהֵינוּ מֶלֶךְ הָעוֹלָם,

7 שֶׁלֹּא עָשַׂנִי גּוֹי. (אָמֵן.)

8 בָּרוּךְ אַתָּה יהוה אֱלֹהֵינוּ מֶלֶךְ הָעוֹלָם,

9 שֶׁלֹּא עָשַׂנִי עָבֶד. (אָמֵן.)

10 בָּרוּךְ אַתָּה יהוה אֱלֹהֵינוּ מֶלֶךְ הָעוֹלָם,

Girls say: | Boys say:

11 שֶׁלֹּא עָשַׂנִי אִשָּׁה. (אָמֵן.) | שֶׁעָשַׂנִי כִּרְצוֹנוֹ. (אָמֵן.)

12 בָּרוּךְ אַתָּה יהוה אֱלֹהֵינוּ מֶלֶךְ הָעוֹלָם,

13 פּוֹקֵחַ עִוְרִים. (אָמֵן.)

14 בָּרוּךְ אַתָּה יהוה אֱלֹהֵינוּ מֶלֶךְ הָעוֹלָם,

15 מַלְבִּישׁ עֲרֻמִּים. (אָמֵן.)

16 בָּרוּךְ אַתָּה יהוה אֱלֹהֵינוּ מֶלֶךְ הָעוֹלָם,

17 מַתִּיר אֲסוּרִים. (אָמֵן.)

1 בָּרוּךְ אַתָּה יהוה אֱלֹהֵינוּ מֶלֶךְ הָעוֹלָם,

2 זוֹקֵף כְּפוּפִים. (אָמֵן.)

3 בָּרוּךְ אַתָּה יהוה אֱלֹהֵינוּ מֶלֶךְ הָעוֹלָם,

4 רוֹקַע הָאָרֶץ עַל הַמָּיִם. (אָמֵן.)

5 בָּרוּךְ אַתָּה יהוה אֱלֹהֵינוּ מֶלֶךְ הָעוֹלָם,

6 הַמֵּכִין מִצְעֲדֵי גָבֶר. (אָמֵן.)

7 בָּרוּךְ אַתָּה יהוה אֱלֹהֵינוּ מֶלֶךְ הָעוֹלָם,

8 שֶׁעָשָׂה לִי כָּל צָרְכִּי. (אָמֵן.)

9 בָּרוּךְ אַתָּה יהוה אֱלֹהֵינוּ מֶלֶךְ הָעוֹלָם,

10 אוֹזֵר יִשְׂרָאֵל בִּגְבוּרָה. (אָמֵן.)

11 בָּרוּךְ אַתָּה יהוה אֱלֹהֵינוּ מֶלֶךְ

Touch the tefillin at the words עוֹטֵר …

12 הָעוֹלָם, עוֹטֵר יִשְׂרָאֵל בְּתִפְאָרָה. (אָמֵן.)

13 בָּרוּךְ אַתָּה יהוה אֱלֹהֵינוּ מֶלֶךְ הָעוֹלָם,

14 הַנּוֹתֵן לַיָּעֵף כֹּחַ. (אָמֵן.)

The following is one long blessing. Do not say אָמֵן until the end.

15 **בָּרוּךְ** אַתָּה יהוה אֱלֹהֵינוּ מֶלֶךְ הָעוֹלָם,

16 הַמַּעֲבִיר שֵׁנָה מֵעֵינָי וּתְנוּמָה מֵעַפְעַפָּי.

17 וִיהִי רָצוֹן מִלְּפָנֶיךָ, יהוה אֱלֹהֵינוּ וֵאלֹהֵי

18 אֲבוֹתֵינוּ, שֶׁתַּרְגִּילֵנוּ בְּתוֹרָתֶךָ וְדַבְּקֵנוּ בְּמִצְוֹתֶיךָ,

1   וְאַל תְּבִיאֵנוּ לֹא לִידֵי חֵטְא, וְלֹא לִידֵי עֲבֵרָה

2   וְעָוֹן, וְלֹא לִידֵי נִסָּיוֹן, וְלֹא לִידֵי בִזָּיוֹן, וְאַל

3   יִשְׁלֹט בָּנוּ יֵצֶר הָרָע. וְהַרְחִיקֵנוּ מֵאָדָם רָע

4   וּמֵחָבֵר רָע. וְדַבְּקֵנוּ בְּיֵצֶר הַטּוֹב וּבְמַעֲשִׂים

5   טוֹבִים, וְכוֹף אֶת יִצְרֵנוּ לְהִשְׁתַּעְבֶּד לָךְ. וּתְנֵנוּ

6   הַיּוֹם וּבְכָל יוֹם לְחֵן וּלְחֶסֶד וּלְרַחֲמִים בְּעֵינֶיךָ,

7   וּבְעֵינֵי כָל רוֹאֵינוּ, ❖ וְתִגְמְלֵנוּ חֲסָדִים טוֹבִים.

8   בָּרוּךְ אַתָּה יהוה, הַגּוֹמֵל חֲסָדִים טוֹבִים לְעַמּוֹ

9   יִשְׂרָאֵל. (אָמֵן.)

10   **יְהִי רָצוֹן** מִלְּפָנֶיךָ, יהוה אֱלֹהַי וֵאלֹהֵי אֲבוֹתַי, שֶׁתַּצִּילֵנִי

11   הַיּוֹם וּבְכָל יוֹם מֵעַזֵּי פָנִים וּמֵעַזּוּת פָּנִים,

12   מֵאָדָם רָע, מִיֵּצֶר רָע, וּמֵחָבֵר רָע, וּמִשָּׁכֵן רָע, וּמִפֶּגַע רָע,

13   מֵעַיִן הָרָע, מִלָּשׁוֹן הָרָע, מִמַּלְשִׁינוּת, מֵעֵדוּת שֶׁקֶר,

14   מִשִּׂנְאַת הַבְּרִיּוֹת, מֵעֲלִילָה, מִמִּיתָה מְשׁוּנָה, מֵחֳלָיִים

15   רָעִים, מִמִּקְרִים רָעִים, וּמִשָּׂטָן הַמַּשְׁחִית, מִדִּין קָשֶׁה

16   וּמִבַּעַל דִּין קָשֶׁה, בֵּין שֶׁהוּא בֶן בְּרִית, וּבֵין שֶׁאֵינוֹ בֶן בְּרִית,

17   וּמִדִּינָהּ שֶׁל גֵּיהִנֹּם.

﴾ עֲקֵידָה ﴿

On the Sabbath and Festivals, do not say the following paragraph:

18   **אֱלֹהֵינוּ** וֵאלֹהֵי אֲבוֹתֵינוּ, זָכְרֵנוּ בְּזִכָּרוֹן טוֹב לְפָנֶיךָ, וּפָקְדֵנוּ בִּפְקֻדַּת

19   יְשׁוּעָה וְרַחֲמִים מִשְּׁמֵי שְׁמֵי קֶדֶם. וּזְכָר לָנוּ יהוה אֱלֹהֵינוּ

20   אַהֲבַת הַקַּדְמוֹנִים אַבְרָהָם יִצְחָק וְיִשְׂרָאֵל עֲבָדֶיךָ, אֶת הַבְּרִית וְאֶת

21   הַחֶסֶד וְאֶת הַשְּׁבוּעָה שֶׁנִּשְׁבַּעְתָּ לְאַבְרָהָם אָבִינוּ בְּהַר הַמּוֹרִיָּה, וְאֶת

22   הָעֲקֵדָה שֶׁעָקַד אֶת יִצְחָק בְּנוֹ עַל גַּבֵּי הַמִּזְבֵּחַ, כַּכָּתוּב בְּתוֹרָתֶךָ:

1 **וַיְהִי** אַחַר הַדְּבָרִים הָאֵלֶּה, וְהָאֱלֹהִים נִסָּה אֶת אַבְרָהָם,

2 וַיֹּאמֶר אֵלָיו, אַבְרָהָם, וַיֹּאמֶר, הִנֵּנִי. וַיֹּאמֶר, קַח נָא

3 אֶת בִּנְךָ, אֶת יְחִידְךָ, אֲשֶׁר אָהַבְתָּ, אֶת יִצְחָק, וְלֶךְ לְךָ אֶל

4 אֶרֶץ הַמֹּרִיָּה, וְהַעֲלֵהוּ שָׁם לְעֹלָה עַל אַחַד הֶהָרִים אֲשֶׁר

5 אֹמַר אֵלֶיךָ. וַיַּשְׁכֵּם אַבְרָהָם בַּבֹּקֶר, וַיַּחֲבֹשׁ אֶת חֲמֹרוֹ,

6 וַיִּקַּח אֶת שְׁנֵי נְעָרָיו אִתּוֹ, וְאֵת יִצְחָק בְּנוֹ, וַיְבַקַּע עֲצֵי עֹלָה,

7 וַיָּקָם וַיֵּלֶךְ אֶל הַמָּקוֹם אֲשֶׁר אָמַר לוֹ הָאֱלֹהִים. בַּיּוֹם

8 הַשְּׁלִישִׁי, וַיִּשָּׂא אַבְרָהָם אֶת עֵינָיו, וַיַּרְא אֶת הַמָּקוֹם

9 מֵרָחֹק. וַיֹּאמֶר אַבְרָהָם אֶל נְעָרָיו, שְׁבוּ לָכֶם פֹּה עִם

10 הַחֲמוֹר, וַאֲנִי וְהַנַּעַר נֵלְכָה עַד כֹּה, וְנִשְׁתַּחֲוֶה וְנָשׁוּבָה

11 אֲלֵיכֶם. וַיִּקַּח אַבְרָהָם אֶת עֲצֵי הָעֹלָה, וַיָּשֶׂם עַל יִצְחָק בְּנוֹ,

12 וַיִּקַּח בְּיָדוֹ אֶת הָאֵשׁ וְאֶת הַמַּאֲכֶלֶת, וַיֵּלְכוּ שְׁנֵיהֶם יַחְדָּו.

13 וַיֹּאמֶר יִצְחָק אֶל אַבְרָהָם אָבִיו, וַיֹּאמֶר, אָבִי, וַיֹּאמֶר, הִנֶּנִּי

14 בְנִי, וַיֹּאמֶר, הִנֵּה הָאֵשׁ וְהָעֵצִים, וְאַיֵּה הַשֶּׂה לְעֹלָה. וַיֹּאמֶר

15 אַבְרָהָם, אֱלֹהִים יִרְאֶה לּוֹ הַשֶּׂה לְעֹלָה, בְּנִי, וַיֵּלְכוּ שְׁנֵיהֶם

16 יַחְדָּו. וַיָּבֹאוּ אֶל הַמָּקוֹם אֲשֶׁר אָמַר לוֹ הָאֱלֹהִים, וַיִּבֶן שָׁם

17 אַבְרָהָם אֶת הַמִּזְבֵּחַ, וַיַּעֲרֹךְ אֶת הָעֵצִים, וַיַּעֲקֹד אֶת יִצְחָק

18 בְּנוֹ, וַיָּשֶׂם אֹתוֹ עַל הַמִּזְבֵּחַ מִמַּעַל לָעֵצִים. וַיִּשְׁלַח אַבְרָהָם

19 אֶת יָדוֹ, וַיִּקַּח אֶת הַמַּאֲכֶלֶת לִשְׁחֹט אֶת בְּנוֹ. וַיִּקְרָא אֵלָיו

20 מַלְאַךְ יהוה מִן הַשָּׁמַיִם, וַיֹּאמֶר, אַבְרָהָם, אַבְרָהָם, וַיֹּאמֶר,

21 הִנֵּנִי. וַיֹּאמֶר, אַל תִּשְׁלַח יָדְךָ אֶל הַנַּעַר, וְאַל תַּעַשׂ לוֹ

22 מְאוּמָה, כִּי עַתָּה יָדַעְתִּי כִּי יְרֵא אֱלֹהִים אַתָּה, וְלֹא חָשַׂכְתָּ

23 אֶת בִּנְךָ אֶת יְחִידְךָ מִמֶּנִּי. וַיִּשָּׂא אַבְרָהָם אֶת עֵינָיו וַיַּרְא,

24 וְהִנֵּה אַיִל, אַחַר, נֶאֱחַז בַּסְּבַךְ בְּקַרְנָיו, וַיֵּלֶךְ אַבְרָהָם וַיִּקַּח

1 אֶת הָאַיִל, וַיַּעֲלֵהוּ לְעֹלָה תַּחַת בְּנוֹ. וַיִּקְרָא אַבְרָהָם שֵׁם

2 הַמָּקוֹם הַהוּא יהוה יִרְאֶה, אֲשֶׁר יֵאָמֵר הַיּוֹם, בְּהַר יהוה

3 יֵרָאֶה. וַיִּקְרָא מַלְאַךְ יהוה אֶל אַבְרָהָם, שֵׁנִית מִן הַשָּׁמָיִם.

4 וַיֹּאמֶר, בִּי נִשְׁבַּעְתִּי, נְאֻם יהוה, כִּי יַעַן אֲשֶׁר עָשִׂיתָ אֶת

5 הַדָּבָר הַזֶּה, וְלֹא חָשַׂכְתָּ אֶת בִּנְךָ אֶת יְחִידֶךָ. כִּי בָרֵךְ

6 אֲבָרֶכְךָ, וְהַרְבָּה אַרְבֶּה אֶת זַרְעֲךָ כְּכוֹכְבֵי הַשָּׁמַיִם, וְכַחוֹל

7 אֲשֶׁר עַל שְׂפַת הַיָּם, וְיִרַשׁ זַרְעֲךָ אֵת שַׁעַר אֹיְבָיו. וְהִתְבָּרְכוּ

8 בְזַרְעֲךָ כֹּל גּוֹיֵי הָאָרֶץ, עֵקֶב אֲשֶׁר שָׁמַעְתָּ בְּקֹלִי. וַיָּשָׁב

9 אַבְרָהָם אֶל נְעָרָיו, וַיָּקֻמוּ וַיֵּלְכוּ יַחְדָּו אֶל בְּאֵר שָׁבַע, וַיֵּשֶׁב

10 אַבְרָהָם בִּבְאֵר שָׁבַע.

On the Sabbath and Festivals, do not say the following paragraph:

11 **רִבּוֹנוֹ שֶׁל עוֹלָם,** כְּמוֹ שֶׁכָּבַשׁ אַבְרָהָם אָבִינוּ אֶת רַחֲמָיו מֵעַל בֶּן יְחִידוֹ

12 לַעֲשׂוֹת רְצוֹנְךָ בְּלֵבָב שָׁלֵם, כֵּן יִכְבְּשׁוּ רַחֲמֶיךָ אֶת

13 כַּעַסְךָ מֵעָלֵינוּ, וְיִגֹּלּוּ רַחֲמֶיךָ עַל מִדּוֹתֶיךָ (וְתִכָּנֵס אִתָּנוּ לִפְנִים מִשּׁוּרַת

14 דִּינֶךָ), וְתִתְנַהֵג עִמָּנוּ, יהוה אֱלֹהֵינוּ, בְּמִדַּת הַחֶסֶד וּבְמִדַּת הָרַחֲמִים.

15 וּבְטוּבְךָ הַגָּדוֹל, יָשׁוּב חֲרוֹן אַפְּךָ מֵעַמְּךָ וּמֵעִירְךָ וּמֵאַרְצְךָ וּמִנַּחֲלָתֶךָ.

16 וְקַיֶּם לָנוּ, יהוה אֱלֹהֵינוּ, אֶת הַדָּבָר שֶׁהִבְטַחְתָּנוּ בְּתוֹרָתֶךָ, עַל יְדֵי מֹשֶׁה

17 עַבְדֶּךָ, כָּאָמוּר: וְזָכַרְתִּי אֶת בְּרִיתִי יַעֲקוֹב, וְאַף אֶת בְּרִיתִי יִצְחָק, וְאַף אֶת

18 בְּרִיתִי אַבְרָהָם אֶזְכֹּר, וְהָאָרֶץ אֶזְכֹּר. וְנֶאֱמַר: וְאַף גַּם זֹאת, בִּהְיוֹתָם בְּאֶרֶץ

19 אֹיְבֵיהֶם, לֹא מְאַסְתִּים וְלֹא גְעַלְתִּים לְכַלּוֹתָם, לְהָפֵר בְּרִיתִי אִתָּם, כִּי אֲנִי

20 יהוה אֱלֹהֵיהֶם. וְנֶאֱמַר: וְזָכַרְתִּי לָהֶם בְּרִית רִאשׁוֹנִים, אֲשֶׁר הוֹצֵאתִי אֹתָם

21 מֵאֶרֶץ מִצְרַיִם, לְעֵינֵי הַגּוֹיִם, לִהְיוֹת לָהֶם לֵאלֹהִים, אֲנִי יהוה. וְנֶאֱמַר:

22 וְשָׁב יהוה אֱלֹהֶיךָ אֶת שְׁבוּתְךָ וְרִחֲמֶךָ, וְשָׁב וְקִבֶּצְךָ מִכָּל הָעַמִּים, אֲשֶׁר

23 הֱפִיצְךָ יהוה אֱלֹהֶיךָ שָׁמָּה. אִם יִהְיֶה נִדַּחֲךָ בִּקְצֵה הַשָּׁמָיִם, מִשָּׁם יְקַבֶּצְךָ

24 יהוה אֱלֹהֶיךָ וּמִשָּׁם יִקָּחֶךָ. וְנֶאֱמַר: וֶהֱבִיאֲךָ יהוה אֱלֹהֶיךָ אֶל הָאָרֶץ אֲשֶׁר

25 יָרְשׁוּ אֲבֹתֶיךָ, וִירִשְׁתָּהּ, וְהֵיטִבְךָ וְהִרְבְּךָ מֵאֲבֹתֶיךָ. וְנֶאֱמַר עַל יְדֵי

26 נְבִיאֶךָ: יהוה חָנֵּנוּ, לְךָ קִוִּינוּ, הֱיֵה זְרֹעָם לַבְּקָרִים, אַף יְשׁוּעָתֵנוּ בְּעֵת צָרָה.

27 וְנֶאֱמַר: וְעֵת צָרָה הִיא לְיַעֲקֹב, וּמִמֶּנָּה יִוָּשֵׁעַ. וְנֶאֱמַר: בְּכָל צָרָתָם לוֹ צָר,

28 וּמַלְאַךְ פָּנָיו הוֹשִׁיעָם, בְּאַהֲבָתוֹ וּבְחֶמְלָתוֹ הוּא גְאָלָם, וַיְנַטְּלֵם וַיְנַשְּׂאֵם

1 כָּל יְמֵי עוֹלָם. וְנֶאֱמַר: מִי אֵל כָּמוֹךָ, נֹשֵׂא עָוֹן וְעוֹבֵר עַל פֶּשַׁע, לִשְׁאֵרִית

2 נַחֲלָתוֹ, לֹא הֶחֱזִיק לָעַד אַפּוֹ, כִּי חָפֵץ חֶסֶד הוּא. יָשׁוּב יְרַחֲמֵנוּ, יִכְבֹּשׁ

3 עֲוֹנוֹתֵינוּ, וְתַשְׁלִיךְ בִּמְצֻלוֹת יָם, כָּל חַטֹּאתָם. תִּתֵּן אֱמֶת לְיַעֲקֹב, חֶסֶד

4 לְאַבְרָהָם, אֲשֶׁר נִשְׁבַּעְתָּ לַאֲבֹתֵינוּ, מִימֵי קֶדֶם. וְנֶאֱמַר: וַהֲבִיאוֹתִים אֶל

5 הַר קָדְשִׁי, וְשִׂמַּחְתִּים בְּבֵית תְּפִלָּתִי, עוֹלֹתֵיהֶם וְזִבְחֵיהֶם לְרָצוֹן עַל

6 מִזְבְּחִי, כִּי בֵיתִי בֵּית תְּפִלָּה, יִקָּרֵא לְכָל הָעַמִּים.

7 **לְעוֹלָם** יְהֵא אָדָם יְרֵא שָׁמַיִם בְּסֵתֶר וּבַגָּלוּי, וּמוֹדֶה עַל

8 הָאֱמֶת, וְדוֹבֵר אֱמֶת בִּלְבָבוֹ, וְיַשְׁכֵּם וְיֹאמַר:

9 רִבּוֹן כָּל הָעוֹלָמִים וַאֲדוֹנֵי הָאֲדוֹנִים, לֹא עַל צִדְקוֹתֵינוּ

10 אֲנַחְנוּ מַפִּילִים תַּחֲנוּנֵינוּ לְפָנֶיךָ, כִּי עַל רַחֲמֶיךָ הָרַבִּים. מָה אָנוּ,

11 מֶה חַיֵּינוּ, מֶה חַסְדֵּנוּ, מַה צִּדְקוֹתֵינוּ, מַה יְשׁוּעָתֵנוּ, מַה כֹּחֵנוּ,

12 מַה גְּבוּרָתֵנוּ. מַה נֹּאמַר לְפָנֶיךָ, יהוה אֱלֹהֵינוּ וֵאלֹהֵי אֲבוֹתֵינוּ,

13 הֲלֹא כָל הַגִּבּוֹרִים כְּאַיִן לְפָנֶיךָ, וְאַנְשֵׁי הַשֵּׁם כְּלֹא הָיוּ, וַחֲכָמִים

14 כִּבְלִי מַדָּע, וּנְבוֹנִים כִּבְלִי הַשְׂכֵּל. כִּי רֹב מַעֲשֵׂיהֶם תֹּהוּ, וִימֵי

15 חַיֵּיהֶם הֶבֶל לְפָנֶיךָ, וּמוֹתַר הָאָדָם מִן הַבְּהֵמָה אָיִן, כִּי הַכֹּל הָבֶל

16 — לְבַד הַנְּשָׁמָה הַטְּהוֹרָה, שֶׁהִיא עֲתִידָה לִתֵּן דִּין וְחֶשְׁבּוֹן לִפְנֵי

17 כִסֵּא כְבוֹדֶךָ. וְכָל הַגּוֹיִם כְּאַיִן נֶגְדֶּךָ, שֶׁנֶּאֱמַר: הֵן גּוֹיִם כְּמַר

18 מִדְּלִי, וּכְשַׁחַק מֹאזְנַיִם נֶחְשָׁבוּ, הֵן אִיִּים כַּדַּק יִטּוֹל.

19 אֲבָל אֲנַחְנוּ עַמְּךָ, בְּנֵי בְרִיתֶךָ, בְּנֵי אַבְרָהָם אֹהַבְךָ שֶׁנִּשְׁבַּעְתָּ

20 לּוֹ בְּהַר הַמּוֹרִיָּה, זֶרַע יִצְחָק יְחִידוֹ שֶׁנֶּעֱקַד עַל גַּבֵּי הַמִּזְבֵּחַ,

21 עֲדַת יַעֲקֹב בִּנְךָ בְּכוֹרֶךָ, שֶׁמֵּאַהֲבָתְךָ שֶׁאָהַבְתָּ אוֹתוֹ וּמִשִּׂמְחָתְךָ

22 שֶׁשָּׂמַחְתָּ בּוֹ, קָרָאתָ אֶת שְׁמוֹ יִשְׂרָאֵל וִישֻׁרוּן.

23 **לְפִיכָךְ** אֲנַחְנוּ חַיָּבִים לְהוֹדוֹת לְךָ, וּלְשַׁבֵּחֲךָ, וּלְפָאֶרְךָ,

24 וּלְבָרֵךְ וּלְקַדֵּשׁ וְלִתֵּן שֶׁבַח וְהוֹדָיָה לִשְׁמֶךָ. אַשְׁרֵינוּ,

25 מַה טּוֹב חֶלְקֵנוּ, וּמַה נָּעִים גּוֹרָלֵנוּ, וּמַה יָּפָה יְרֻשָּׁתֵנוּ. ❖ אַשְׁרֵינוּ,

26 כְּשֶׁאָנוּ מַשְׁכִּימִים וּמַעֲרִיבִים, בְּבָתֵּי כְנֵסִיּוֹת וּבְבָתֵּי מִדְרָשׁוֹת,

27 וּמְיַחֲדִים שִׁמְךָ בְּכָל יוֹם תָּמִיד, וְאוֹמְרִים פַּעֲמַיִם בְּאַהֲבָה:

שְׁמַע | יִשְׂרָאֵל, יהוה | אֱלֹהֵינוּ, יהוה | אֶחָד:

quietly — בָּרוּךְ שֵׁם כְּבוֹד מַלְכוּתוֹ לְעוֹלָם וָעֶד.

Some say the following paragraph, which is the rest of the first chapter of the *Shema*, now.
If you will not get to say the full *Shema* later in *Shacharis* during the proper time,
you should say the whole *Shema* (pp. 47-50) now.

וְאָהַבְתָּ אֵת יהוה | אֱלֹהֶיךָ, בְּכָל-לְבָבְךָ, וּבְכָל-נַפְשְׁךָ, וּבְכָל-
מְאֹדֶךָ: וְהָיוּ הַדְּבָרִים הָאֵלֶּה, אֲשֶׁר | אָנֹכִי מְצַוְּךָ הַיּוֹם,
עַל-לְבָבֶךָ: וְשִׁנַּנְתָּם לְבָנֶיךָ, וְדִבַּרְתָּ בָּם, בְּשִׁבְתְּךָ בְּבֵיתֶךָ, וּבְלֶכְתְּךָ
בַדֶּרֶךְ, וּבְשָׁכְבְּךָ וּבְקוּמֶךָ: וּקְשַׁרְתָּם לְאוֹת עַל-יָדֶךָ, וְהָיוּ לְטֹטָפֹת
בֵּין | עֵינֶיךָ: וּכְתַבְתָּם | עַל-מְזֻזוֹת בֵּיתֶךָ, וּבִשְׁעָרֶיךָ:

אַתָּה הוּא עַד שֶׁלֹּא נִבְרָא הָעוֹלָם, אַתָּה הוּא מִשֶּׁנִּבְרָא
הָעוֹלָם, אַתָּה הוּא בָּעוֹלָם הַזֶּה, וְאַתָּה הוּא לָעוֹלָם
הַבָּא. ❖ קַדֵּשׁ אֶת שִׁמְךָ עַל מַקְדִּישֵׁי שְׁמֶךָ, וְקַדֵּשׁ אֶת שִׁמְךָ
בְּעוֹלָמֶךָ. וּבִישׁוּעָתְךָ תָּרִים וְתַגְבִּיהַּ קַרְנֵנוּ לְמַעְלָה, וְהוֹשִׁיעֵנוּ
בְּקָרוֹב לְמַעַן שְׁמֶךָ. בָּרוּךְ הַמְקַדֵּשׁ שְׁמוֹ בָּרַבִּים.

אַתָּה הוּא יהוה אֱלֹהֵינוּ, בַּשָּׁמַיִם וּבָאָרֶץ וּבִשְׁמֵי הַשָּׁמַיִם
הָעֶלְיוֹנִים. אֱמֶת, אַתָּה הוּא רִאשׁוֹן, וְאַתָּה הוּא
אַחֲרוֹן, וּמִבַּלְעָדֶיךָ אֵין אֱלֹהִים. קַבֵּץ נְפוּצוֹת קֹוֶיךָ מֵאַרְבַּע
כַּנְפוֹת הָאָרֶץ. יַכִּירוּ וְיֵדְעוּ כָּל בָּאֵי עוֹלָם כִּי אַתָּה הוּא
הָאֱלֹהִים לְבַדֶּךָ, עֶלְיוֹן לְכָל מַמְלְכוֹת הָאָרֶץ. אַתָּה עָשִׂיתָ אֶת
הַשָּׁמַיִם וְאֶת הָאָרֶץ, אֶת הַיָּם, וְאֶת כָּל אֲשֶׁר בָּם. וּמִי בְּכָל
מַעֲשֵׂה יָדֶיךָ בָּעֶלְיוֹנִים אוֹ בַתַּחְתּוֹנִים שֶׁיֹּאמַר לְךָ, מַה תַּעֲשֶׂה
וּמַה תִּפְעָל. אָבִינוּ שֶׁבַּשָּׁמַיִם, חַי וְקַיָּם, עֲשֵׂה עִמָּנוּ צְדָקָה
וָחֶסֶד בַּעֲבוּר שִׁמְךָ הַגָּדוֹל הַגִּבּוֹר וְהַנּוֹרָא שֶׁנִּקְרָא עָלֵינוּ, וְקַיֶּם
לָנוּ יהוה אֱלֹהֵינוּ אֶת הַדָּבָר שֶׁהִבְטַחְתָּנוּ עַל יְדֵי צְפַנְיָה חוֹזָךְ,
כָּאָמוּר: בָּעֵת הַהִיא אָבִיא אֶתְכֶם, וּבָעֵת קַבְּצִי אֶתְכֶם, כִּי אֶתֵּן
אֶתְכֶם לְשֵׁם וְלִתְהִלָּה בְּכָל עַמֵּי הָאָרֶץ, בְּשׁוּבִי אֶת שְׁבוּתֵיכֶם
לְעֵינֵיכֶם, אָמַר יהוה.

❧ קרבנות ❧

הכיור

וַיְדַבֵּר יהוה אֶל מֹשֶׁה לֵּאמֹר. וְעָשִׂיתָ כִּיּוֹר נְחֹשֶׁת, וְכַנּוֹ
נְחֹשֶׁת, לְרָחְצָה, וְנָתַתָּ אֹתוֹ בֵּין אֹהֶל מוֹעֵד וּבֵין
הַמִּזְבֵּחַ, וְנָתַתָּ שָׁמָּה מָיִם. וְרָחֲצוּ אַהֲרֹן וּבָנָיו מִמֶּנּוּ, אֶת יְדֵיהֶם
וְאֶת רַגְלֵיהֶם. בְּבֹאָם אֶל אֹהֶל מוֹעֵד יִרְחֲצוּ מַיִם וְלֹא יָמֻתוּ, אוֹ
בְגִשְׁתָּם אֶל הַמִּזְבֵּחַ לְשָׁרֵת לְהַקְטִיר אִשֶּׁה לַיהוה. וְרָחֲצוּ
יְדֵיהֶם וְרַגְלֵיהֶם וְלֹא יָמֻתוּ, וְהָיְתָה לָהֶם חָק עוֹלָם, לוֹ וּלְזַרְעוֹ
לְדֹרֹתָם.

תרומת הדשן

וַיְדַבֵּר יהוה אֶל מֹשֶׁה לֵּאמֹר. צַו אֶת אַהֲרֹן וְאֶת בָּנָיו
לֵאמֹר, זֹאת תּוֹרַת הָעֹלָה, הִוא הָעֹלָה עַל מוֹקְדָה
עַל הַמִּזְבֵּחַ כָּל הַלַּיְלָה עַד הַבֹּקֶר, וְאֵשׁ הַמִּזְבֵּחַ תּוּקַד בּוֹ. וְלָבַשׁ
הַכֹּהֵן מִדּוֹ בַד, וּמִכְנְסֵי בַד יִלְבַּשׁ עַל בְּשָׂרוֹ, וְהֵרִים אֶת הַדֶּשֶׁן
אֲשֶׁר תֹּאכַל הָאֵשׁ אֶת הָעֹלָה עַל הַמִּזְבֵּחַ, וְשָׂמוֹ אֵצֶל הַמִּזְבֵּחַ.
וּפָשַׁט אֶת בְּגָדָיו, וְלָבַשׁ בְּגָדִים אֲחֵרִים, וְהוֹצִיא אֶת הַדֶּשֶׁן אֶל
מִחוּץ לַמַּחֲנֶה, אֶל מָקוֹם טָהוֹר. וְהָאֵשׁ עַל הַמִּזְבֵּחַ תּוּקַד בּוֹ,
לֹא תִכְבֶּה, וּבִעֵר עָלֶיהָ הַכֹּהֵן עֵצִים בַּבֹּקֶר בַּבֹּקֶר, וְעָרַךְ עָלֶיהָ
הָעֹלָה, וְהִקְטִיר עָלֶיהָ חֶלְבֵי הַשְּׁלָמִים. אֵשׁ תָּמִיד תּוּקַד עַל
הַמִּזְבֵּחַ, לֹא תִכְבֶּה.

קרבן התמיד

On the Sabbath and Festivals, many do not say the following paragraph:

יְהִי רָצוֹן מִלְּפָנֶיךָ, יהוה אֱלֹהֵינוּ וֵאלֹהֵי אֲבוֹתֵינוּ, שֶׁתְּרַחֵם עָלֵינוּ
וְתִמְחָל לָנוּ עַל כָּל חַטֹּאתֵינוּ, וּתְכַפֶּר לָנוּ עַל כָּל עֲוֹנוֹתֵינוּ,
וְתִסְלַח לָנוּ עַל כָּל פְּשָׁעֵינוּ, וְשֶׁיִּבָּנֶה בֵּית הַמִּקְדָּשׁ בִּמְהֵרָה בְיָמֵינוּ,
וְנַקְרִיב לְפָנֶיךָ קָרְבַּן הַתָּמִיד שֶׁיְּכַפֵּר בַּעֲדֵנוּ, כְּמוֹ שֶׁכָּתַבְתָּ עָלֵינוּ בְּתוֹרָתֶךָ
עַל יְדֵי מֹשֶׁה עַבְדֶּךָ, מִפִּי כְבוֹדֶךָ, כָּאָמוּר:

וַיְדַבֵּר יהוה אֶל מֹשֶׁה לֵּאמֹר. צַו אֶת בְּנֵי יִשְׂרָאֵל וְאָמַרְתָּ
אֲלֵהֶם, אֶת קָרְבָּנִי לַחְמִי לְאִשַּׁי, רֵיחַ נִיחֹחִי,

תִּשְׁמְרוּ לְהַקְרִיב לִי בְּמוֹעֲדוֹ. וְאָמַרְתָּ לָהֶם, זֶה הָאִשֶּׁה אֲשֶׁר

תַּקְרִיבוּ לַיהוה, כְּבָשִׂים בְּנֵי שָׁנָה תְמִימִם, שְׁנַיִם לַיּוֹם, עֹלָה

תָמִיד. אֶת הַכֶּבֶשׂ אֶחָד תַּעֲשֶׂה בַבֹּקֶר, וְאֵת הַכֶּבֶשׂ הַשֵּׁנִי תַּעֲשֶׂה

בֵּין הָעַרְבָּיִם. וַעֲשִׂירִית הָאֵיפָה סֹלֶת לְמִנְחָה, בְּלוּלָה בְּשֶׁמֶן

כָּתִית רְבִיעִת הַהִין. עֹלַת תָּמִיד, הָעֲשֻׂיָה בְּהַר סִינַי, לְרֵיחַ

נִיחֹחַ, אִשֶּׁה לַיהוה. וְנִסְכּוֹ רְבִיעִת הַהִין לַכֶּבֶשׂ הָאֶחָד, בַּקֹּדֶשׁ

הַסֵּךְ נֶסֶךְ שֵׁכָר לַיהוה. וְאֵת הַכֶּבֶשׂ הַשֵּׁנִי תַּעֲשֶׂה בֵּין הָעַרְבָּיִם,

כְּמִנְחַת הַבֹּקֶר וּכְנִסְכּוֹ תַּעֲשֶׂה, אִשֵּׁה רֵיחַ נִיחֹחַ לַיהוה.

וְשָׁחַט אֹתוֹ עַל יֶרֶךְ הַמִּזְבֵּחַ צָפֹנָה לִפְנֵי יהוה, וְזָרְקוּ בְּנֵי

אַהֲרֹן הַכֹּהֲנִים אֶת דָּמוֹ עַל הַמִּזְבֵּחַ סָבִיב.

On the Sabbath and Festivals, many do not say the following paragraph:

יְהִי רָצוֹן מִלְּפָנֶיךָ, יהוה אֱלֹהֵינוּ וֵאלֹהֵי אֲבוֹתֵינוּ, שֶׁתְּהֵא אֲמִירָה

זוֹ חֲשׁוּבָה וּמְקֻבֶּלֶת וּמְרֻצָּה לְפָנֶיךָ כְּאִלּוּ הִקְרַבְנוּ קָרְבַּן

הַתָּמִיד בְּמוֹעֲדוֹ וּבִמְקוֹמוֹ וּכְהִלְכָתוֹ.

﷽ קטורת ﷽

אַתָּה הוּא יהוה אֱלֹהֵינוּ שֶׁהִקְטִירוּ אֲבוֹתֵינוּ לְפָנֶיךָ אֶת קְטֹרֶת

הַסַּמִּים בִּזְמַן שֶׁבֵּית הַמִּקְדָּשׁ הָיָה קַיָּם, כַּאֲשֶׁר צִוִּיתָ אוֹתָם עַל

יְדֵי מֹשֶׁה נְבִיאֶךָ, כַּכָּתוּב בְּתוֹרָתֶךָ:

וַיֹּאמֶר יהוה אֶל מֹשֶׁה, קַח לְךָ סַמִּים, נָטָף וּשְׁחֵלֶת

וְחֶלְבְּנָה, סַמִּים, וּלְבֹנָה זַכָּה, בַּד בְּבַד יִהְיֶה. וְעָשִׂיתָ

אֹתָהּ קְטֹרֶת, רֹקַח, מַעֲשֵׂה רוֹקֵחַ, מְמֻלָּח, טָהוֹר, קֹדֶשׁ. וְשָׁחַקְתָּ

מִמֶּנָּה הָדֵק, וְנָתַתָּה מִמֶּנָּה לִפְנֵי הָעֵדֻת בְּאֹהֶל מוֹעֵד אֲשֶׁר אִוָּעֵד

לְךָ שָׁמָּה, קֹדֶשׁ קָדָשִׁים תִּהְיֶה לָכֶם.

וְנֶאֱמַר: וְהִקְטִיר עָלָיו אַהֲרֹן קְטֹרֶת סַמִּים, בַּבֹּקֶר בַּבֹּקֶר,

בְּהֵיטִיבוֹ אֶת הַנֵּרֹת יַקְטִירֶנָּה. וּבְהַעֲלֹת אַהֲרֹן אֶת הַנֵּרֹת בֵּין

הָעַרְבַּיִם, יַקְטִירֶנָּה, קְטֹרֶת תָּמִיד לִפְנֵי יהוה לְדֹרֹתֵיכֶם.

תָּנוּ רַבָּנָן, פִּטּוּם הַקְּטֹרֶת כֵּיצַד. שְׁלֹשׁ מֵאוֹת וְשִׁשִּׁים

וּשְׁמוֹנָה מָנִים הָיוּ בָהּ. שְׁלֹשׁ מֵאוֹת וְשִׁשִּׁים

1 וַחֲמִשָּׁה כְּמִנְיַן יְמוֹת הַחַמָּה — מָנֶה לְכָל יוֹם, פְּרַס בְּשַׁחֲרִית

2 וּפְרַס בֵּין הָעַרְבַּיִם; וּשְׁלֹשָׁה מָנִים יְתֵרִים, שֶׁמֵּהֶם מַכְנִיס כֹּהֵן

3 גָּדוֹל מְלֹא חָפְנָיו בְּיוֹם הַכִּפּוּרִים. וּמַחֲזִירָן לְמַכְתֶּשֶׁת בְּעֶרֶב יוֹם

4 הַכִּפּוּרִים, וְשׁוֹחֲקָן יָפֶה יָפֶה כְּדֵי שֶׁתְּהֵא דַקָּה מִן הַדַּקָּה. וְאַחַד

5 עָשָׂר סַמָּנִים הָיוּ בָהּ, וְאֵלּוּ הֵן: (א) הַצֳּרִי, (ב) וְהַצִּפֹּרֶן, (ג) הַחֶלְבְּנָה,

6 (ד) וְהַלְּבוֹנָה, מִשְׁקַל שִׁבְעִים שִׁבְעִים מָנֶה; (ה) מוֹר, (ו) וּקְצִיעָה,

7 (ז) שִׁבֹּלֶת נֵרְדְּ, (ח) וְכַרְכֹּם, מִשְׁקַל שִׁשָּׁה עָשָׂר שִׁשָּׁה עָשָׂר מָנֶה;

8 (ט) הַקֹּשְׁטְ, שְׁנֵים עָשָׂר, (י) וְקִלּוּפָה שְׁלֹשָׁה, (יא) וְקִנָּמוֹן, תִּשְׁעָה.

9 בֹּרִית כַּרְשִׁינָה, תִּשְׁעָה קַבִּין; יֵין קַפְרִיסִין, סְאִין תְּלָתָא וְקַבִּין

10 תְּלָתָא, וְאִם אֵין לוֹ יֵין קַפְרִיסִין, מֵבִיא חֲמַר חִוַּרְיָן עַתִּיק; מֶלַח

11 סְדוֹמִית רְבַע; מַעֲלֶה עָשָׁן כָּל שֶׁהוּא. רַבִּי נָתָן הַבַּבְלִי אוֹמֵר: אַף

12 כִּפַּת הַיַּרְדֵּן כָּל שֶׁהוּא. וְאִם נָתַן בָּהּ דְּבַשׁ פְּסָלָהּ. וְאִם חִסַּר

13 אַחַת מִכָּל סַמָּנֶיהָ, חַיָּב מִיתָה.

14 **רַבָּן** שִׁמְעוֹן בֶּן גַּמְלִיאֵל אוֹמֵר: הַצֳּרִי אֵינוֹ אֶלָּא שְׂרָף הַנּוֹטֵף

15 מֵעֲצֵי הַקְּטָף. בֹּרִית כַּרְשִׁינָה לָמָּה הִיא בָאָה, כְּדֵי

16 לְיַפּוֹת בָּהּ אֶת הַצִּפֹּרֶן, כְּדֵי שֶׁתְּהֵא נָאָה. יֵין קַפְרִיסִין לָמָּה הוּא

17 בָא, כְּדֵי לִשְׁרוֹת בּוֹ אֶת הַצִּפֹּרֶן, כְּדֵי שֶׁתְּהֵא עַזָּה. וַהֲלֹא מֵי

18 רַגְלַיִם יָפִין לָהּ, אֶלָּא שֶׁאֵין מַכְנִיסִין מֵי רַגְלַיִם בַּמִּקְדָּשׁ מִפְּנֵי

19 הַכָּבוֹד.

20 **תַּנְיָא,** רַבִּי נָתָן אוֹמֵר: כְּשֶׁהוּא שׁוֹחֵק, אוֹמֵר הָדֵק הֵיטֵב,

21 הֵיטֵב הָדֵק, מִפְּנֵי שֶׁהַקּוֹל יָפֶה לַבְּשָׂמִים. פִּטְּמָהּ

22 לַחֲצָאִין, כְּשֵׁרָה; לִשְׁלִישׁ וְלִרְבִיעַ, לֹא שָׁמַעְנוּ. אָמַר רַבִּי

23 יְהוּדָה: זֶה הַכְּלָל — אִם כְּמִדָּתָהּ, כְּשֵׁרָה לַחֲצָאִין; וְאִם חִסַּר

24 אַחַת מִכָּל סַמָּנֶיהָ, חַיָּב מִיתָה.

25 **תַּנְיָא,** בַּר קַפָּרָא אוֹמֵר: אַחַת לְשִׁשִּׁים אוֹ לְשִׁבְעִים שָׁנָה

26 הָיְתָה בָאָה שֶׁל שִׁירַיִם לַחֲצָאִין. וְעוֹד תָּנֵי בַּר

27 קַפָּרָא: אִלּוּ הָיָה נוֹתֵן בָּהּ קוֹרְטוֹב שֶׁל דְּבַשׁ, אֵין אָדָם יָכוֹל

1   לַעֲמֹד מִפְּנֵי רֵיחָהּ. וְלָמָּה אֵין מְעָרְבִין בָּהּ דְּבַשׁ, מִפְּנֵי שֶׁהַתּוֹרָה

2   אָמְרָה: כִּי כָל שְׂאֹר וְכָל דְּבַשׁ לֹא תַקְטִירוּ מִמֶּנּוּ אִשֶּׁה לַיהוה.

Say the next three lines three times each.

3   יהוה צְבָאוֹת עִמָּנוּ, מִשְׂגָּב לָנוּ אֱלֹהֵי יַעֲקֹב, סֶלָה.

4   יהוה צְבָאוֹת, אַשְׁרֵי אָדָם בֹּטֵחַ בָּךְ.

5   יהוה הוֹשִׁיעָה, הַמֶּלֶךְ יַעֲנֵנוּ בְיוֹם קָרְאֵנוּ.

6   אַתָּה סֵתֶר לִי, מִצַּר תִּצְּרֵנִי, רָנֵּי פַלֵּט, תְּסוֹבְבֵנִי, סֶלָה. וְעָרְבָה

7   לַיהוה מִנְחַת יְהוּדָה וִירוּשָׁלָיִם, כִּימֵי עוֹלָם וּכְשָׁנִים קַדְמֹנִיּוֹת.

8   **אַבַּיֵּי** הֲוָה מְסַדֵּר סֵדֶר הַמַּעֲרָכָה מִשְּׁמָא דִגְמָרָא וְאַלִּבָּא

9   דְאַבָּא שָׁאוּל: מַעֲרָכָה גְדוֹלָה קוֹדֶמֶת לְמַעֲרָכָה שְׁנִיָּה

10   שֶׁל קְטֹרֶת; וּמַעֲרָכָה שְׁנִיָּה שֶׁל קְטֹרֶת קוֹדֶמֶת לְסִדּוּר שְׁנֵי גִזְרֵי

11   עֵצִים; וְסִדּוּר שְׁנֵי גִזְרֵי עֵצִים קוֹדֵם לְדִשּׁוּן מִזְבֵּחַ הַפְּנִימִי;

12   וְדִשּׁוּן מִזְבֵּחַ הַפְּנִימִי קוֹדֵם לַהֲטָבַת חָמֵשׁ נֵרוֹת; וַהֲטָבַת חָמֵשׁ

13   נֵרוֹת קוֹדֶמֶת לְדַם הַתָּמִיד; וְדַם הַתָּמִיד קוֹדֵם לַהֲטָבַת שְׁתֵּי

14   נֵרוֹת; וַהֲטָבַת שְׁתֵּי נֵרוֹת קוֹדֶמֶת לִקְטֹרֶת; וּקְטֹרֶת קוֹדֶמֶת

15   לְאֵבָרִים; וְאֵבָרִים לְמִנְחָה; וּמִנְחָה לַחֲבִתִּין; וַחֲבִתִּין לִנְסָכִין;

16   וּנְסָכִין לְמוּסָפִין; וּמוּסָפִין לְבָזִיכִין; וּבָזִיכִין קוֹדְמִין לְתָמִיד שֶׁל

17   בֵּין הָעַרְבָּיִם, שֶׁנֶּאֱמַר: וְעָרַךְ עָלֶיהָ הָעֹלָה, וְהִקְטִיר עָלֶיהָ חֶלְבֵי

18   הַשְּׁלָמִים. עָלֶיהָ הַשְׁלֵם כָּל הַקָּרְבָּנוֹת כֻּלָּם.

19   **אָנָּא בְכֹחַ** גְּדֻלַּת יְמִינְךָ תַּתִּיר צְרוּרָה.

20   קַבֵּל רִנַּת עַמְּךָ שַׂגְּבֵנוּ טַהֲרֵנוּ נוֹרָא.

21   נָא גִבּוֹר דּוֹרְשֵׁי יִחוּדְךָ כְּבָבַת שָׁמְרֵם.

22   בָּרְכֵם טַהֲרֵם רַחֲמֵם צִדְקָתְךָ תָּמִיד גָּמְלֵם.

23   חֲסִין קָדוֹשׁ בְּרוֹב טוּבְךָ נַהֵל עֲדָתֶךָ.

24   יָחִיד גֵּאֶה לְעַמְּךָ פְּנֵה זוֹכְרֵי קְדֻשָּׁתֶךָ.

25   שַׁוְעָתֵנוּ קַבֵּל וּשְׁמַע צַעֲקָתֵנוּ יוֹדֵעַ תַּעֲלֻמוֹת.

26   בָּרוּךְ שֵׁם כְּבוֹד מַלְכוּתוֹ לְעוֹלָם וָעֶד.

On the Sabbath and Festivals, many do not say the following paragraph:

1 **רִבּוֹן הָעוֹלָמִים,** אַתָּה צִוִּיתָנוּ לְהַקְרִיב קָרְבַּן הַתָּמִיד בְּמוֹעֲדוֹ, וְלִהְיוֹת

2 כֹּהֲנִים בַּעֲבוֹדָתָם, וּלְוִיִּם בְּדוּכָנָם, וְיִשְׂרָאֵל בְּמַעֲמָדָם.

3 וְעַתָּה בַּעֲוֹנוֹתֵינוּ חָרַב בֵּית הַמִּקְדָּשׁ וּבֻטַּל הַתָּמִיד, וְאֵין לָנוּ לֹא כֹהֵן בַּעֲבוֹדָתוֹ,

4 וְלֹא לֵוִי בְּדוּכָנוֹ, וְלֹא יִשְׂרָאֵל בְּמַעֲמָדוֹ. וְאַתָּה אָמַרְתָּ: וּנְשַׁלְּמָה פָרִים שְׂפָתֵינוּ.

5 לָכֵן יְהִי רָצוֹן מִלְּפָנֶיךָ, יהוה אֱלֹהֵינוּ וֵאלֹהֵי אֲבוֹתֵינוּ, שֶׁיְּהֵא שִׂיחַ שִׂפְתוֹתֵינוּ

6 חָשׁוּב וּמְקֻבָּל וּמְרֻצֶּה לְפָנֶיךָ, כְּאִלּוּ הִקְרַבְנוּ קָרְבַּן הַתָּמִיד בְּמוֹעֲדוֹ, וְעָמַדְנוּ עַל

7 מַעֲמָדוֹ.

On the Sabbath add:

8 **וּבְיוֹם** הַשַּׁבָּת שְׁנֵי כְבָשִׂים בְּנֵי שָׁנָה תְּמִימִם, וּשְׁנֵי עֶשְׂרֹנִים סֹלֶת מִנְחָה

9 בְּלוּלָה בַשֶּׁמֶן, וְנִסְכּוֹ. עֹלַת שַׁבַּת בְּשַׁבַּתּוֹ, עַל עֹלַת הַתָּמִיד וְנִסְכָּהּ.

On Rosh Chodesh add:

10 **וּבְרָאשֵׁי** חָדְשֵׁיכֶם תַּקְרִיבוּ עֹלָה לַיהוה, פָּרִים בְּנֵי בָקָר שְׁנַיִם, וְאַיִל

11 אֶחָד, כְּבָשִׂים בְּנֵי שָׁנָה שִׁבְעָה, תְּמִימִם. וּשְׁלֹשָׁה עֶשְׂרֹנִים סֹלֶת

12 מִנְחָה בְּלוּלָה בַשֶּׁמֶן לַפָּר הָאֶחָד, וּשְׁנֵי עֶשְׂרֹנִים סֹלֶת מִנְחָה בְּלוּלָה בַשֶּׁמֶן

13 לָאַיִל הָאֶחָד. וְעִשָּׂרֹן עִשָּׂרוֹן, סֹלֶת מִנְחָה בְּלוּלָה בַשֶּׁמֶן, לַכֶּבֶשׂ הָאֶחָד,

14 עֹלָה רֵיחַ נִיחֹחַ, אִשֶּׁה לַיהוה. וְנִסְכֵּיהֶם – חֲצִי הַהִין יִהְיֶה לַפָּר, וּשְׁלִישִׁת

15 הַהִין לָאַיִל, וּרְבִיעִת הַהִין לַכֶּבֶשׂ – יָיִן; זֹאת עֹלַת חֹדֶשׁ בְּחָדְשׁוֹ לְחָדְשֵׁי

16 הַשָּׁנָה. וּשְׂעִיר עִזִּים אֶחָד לְחַטָּאת לַיהוה, עַל עֹלַת הַתָּמִיד יֵעָשֶׂה, וְנִסְכּוֹ.

משנה זבחים פרק ה

17 **[א] אֵיזֶהוּ מְקוֹמָן** שֶׁל זְבָחִים. קָדְשֵׁי קָדָשִׁים שְׁחִיטָתָן

18 בַּצָּפוֹן. פָּר וְשָׂעִיר שֶׁל יוֹם הַכִּפּוּרִים

19 שְׁחִיטָתָן בַּצָּפוֹן, וְקִבּוּל דָּמָן בִּכְלִי שָׁרֵת בַּצָּפוֹן. וְדָמָן טָעוּן הַזָּיָה

20 עַל בֵּין הַבַּדִּים, וְעַל הַפָּרֹכֶת, וְעַל מִזְבַּח הַזָּהָב. מַתָּנָה אַחַת מֵהֶן

21 מְעַכָּבֶת. שְׁיָרֵי הַדָּם הָיָה שׁוֹפֵךְ עַל יְסוֹד מַעֲרָבִי שֶׁל מִזְבֵּחַ

22 הַחִיצוֹן; אִם לֹא נָתַן, לֹא עִכֵּב.

23 **[ב] פָּרִים** הַנִּשְׂרָפִים וּשְׂעִירִים הַנִּשְׂרָפִים שְׁחִיטָתָן בַּצָּפוֹן,

24 וְקִבּוּל דָּמָן בִּכְלִי שָׁרֵת בַּצָּפוֹן. וְדָמָן טָעוּן הַזָּיָה עַל

25 הַפָּרֹכֶת וְעַל מִזְבַּח הַזָּהָב. מַתָּנָה אַחַת מֵהֶן מְעַכָּבֶת. שְׁיָרֵי הַדָּם

26 הָיָה שׁוֹפֵךְ עַל יְסוֹד מַעֲרָבִי שֶׁל מִזְבֵּחַ הַחִיצוֹן; אִם לֹא נָתַן, לֹא

27 עִכֵּב. אֵלּוּ וָאֵלּוּ נִשְׂרָפִין בְּבֵית הַדָּשֶׁן.

1   [ג] **חַטָּאת** הַצִּבּוּר וְהַיָּחִיד – אֵלּוּ הֵן חַטֹּאת הַצִּבּוּר: שְׂעִירֵי

2   רָאשֵׁי חֳדָשִׁים וְשֶׁל מוֹעֲדוֹת – שְׁחִיטָתָן בַּצָּפוֹן,

3   וְקִבּוּל דָּמָן בִּכְלִי שָׁרֵת בַּצָּפוֹן. וְדָמָן טָעוּן אַרְבַּע מַתָּנוֹת עַל

4   אַרְבַּע קְרָנוֹת. כֵּיצַד, עָלָה בַכֶּבֶשׁ, וּפָנָה לַסּוֹבֵב וּבָא לוֹ לְקֶרֶן

5   דְּרוֹמִית מִזְרָחִית, מִזְרָחִית צְפוֹנִית, צְפוֹנִית מַעֲרָבִית, מַעֲרָבִית

6   דְּרוֹמִית. שְׁיָרֵי הַדָּם הָיָה שׁוֹפֵךְ עַל יְסוֹד דְּרוֹמִי. וְנֶאֱכָלִין לִפְנִים

7   מִן הַקְּלָעִים, לְזִכְרֵי כְהֻנָּה, בְּכָל מַאֲכָל, לְיוֹם וָלַיְלָה, עַד חֲצוֹת.

8   [ד] **הָעוֹלָה,** קֹדֶשׁ קָדָשִׁים. שְׁחִיטָתָהּ בַּצָּפוֹן, וְקִבּוּל דָּמָהּ

9   בִּכְלִי שָׁרֵת בַּצָּפוֹן. וְדָמָהּ טָעוּן שְׁתֵּי מַתָּנוֹת שֶׁהֵן

10   אַרְבַּע; וּטְעוּנָה הֶפְשֵׁט וְנִתּוּחַ, וְכָלִיל לָאִשִּׁים.

11   [ה] **זִבְחֵי** שַׁלְמֵי צִבּוּר וַאֲשָׁמוֹת, אֵלּוּ הֵן אֲשָׁמוֹת: אֲשַׁם גְּזֵלוֹת,

12   אֲשַׁם מְעִילוֹת, אֲשַׁם שִׁפְחָה חֲרוּפָה, אֲשַׁם נָזִיר,

13   אֲשַׁם מְצוֹרָע, אָשָׁם תָּלוּי, שְׁחִיטָתָן בַּצָּפוֹן, וְקִבּוּל דָּמָן בִּכְלִי

14   שָׁרֵת בַּצָּפוֹן, וְדָמָן טָעוּן שְׁתֵּי מַתָּנוֹת שֶׁהֵן אַרְבַּע. וְנֶאֱכָלִין

15   לִפְנִים מִן הַקְּלָעִים לְזִכְרֵי כְהֻנָּה, בְּכָל מַאֲכָל, לְיוֹם וָלַיְלָה, עַד

16   חֲצוֹת.

17   [ו] **הַתּוֹדָה** וְאֵיל נָזִיר, קָדָשִׁים קַלִּים. שְׁחִיטָתָן בְּכָל מָקוֹם

18   בָּעֲזָרָה, וְדָמָן טָעוּן שְׁתֵּי מַתָּנוֹת שֶׁהֵן אַרְבַּע.

19   וְנֶאֱכָלִין בְּכָל הָעִיר, לְכָל אָדָם, בְּכָל מַאֲכָל, לְיוֹם וָלַיְלָה, עַד

20   חֲצוֹת. הַמּוּרָם מֵהֶם כַּיּוֹצֵא בָהֶם, אֶלָּא שֶׁהַמּוּרָם נֶאֱכָל

21   לַכֹּהֲנִים, לִנְשֵׁיהֶם וְלִבְנֵיהֶם וּלְעַבְדֵיהֶם.

22   [ז] **שְׁלָמִים,** קָדָשִׁים קַלִּים. שְׁחִיטָתָן בְּכָל מָקוֹם בָּעֲזָרָה,

23   וְדָמָן טָעוּן שְׁתֵּי מַתָּנוֹת שֶׁהֵן אַרְבַּע. וְנֶאֱכָלִין

24   בְּכָל הָעִיר, לְכָל אָדָם, בְּכָל מַאֲכָל, לִשְׁנֵי יָמִים וְלַיְלָה אֶחָד.

25   הַמּוּרָם מֵהֶם כַּיּוֹצֵא בָהֶם, אֶלָּא שֶׁהַמּוּרָם נֶאֱכָל לַכֹּהֲנִים,

26   לִנְשֵׁיהֶם וְלִבְנֵיהֶם וּלְעַבְדֵיהֶם.

27   [ח] **הַבְּכוֹר** וְהַמַּעֲשֵׂר וְהַפֶּסַח קָדָשִׁים קַלִּים. שְׁחִיטָתָן בְּכָל

1 מָקוֹם בָּעֲזָרָה, וְדָמָן טָעוּן מַתָּנָה אֶחָת, וּבִלְבַד שֶׁיִּתֵּן כְּנֶגֶד
2 הַיְסוֹד. שָׁנָה בַּאֲכִילָתָן: הַבְּכוֹר נֶאֱכָל לַכֹּהֲנִים, וְהַמַּעֲשֵׂר לְכָל
3 אָדָם. וְנֶאֱכָלִין בְּכָל הָעִיר, בְּכָל מַאֲכָל, לִשְׁנֵי יָמִים וְלַיְלָה אֶחָד.
4 הַפֶּסַח אֵינוֹ נֶאֱכָל אֶלָּא בַלַּיְלָה, וְאֵינוֹ נֶאֱכָל אֶלָּא עַד חֲצוֹת,
5 וְאֵינוֹ נֶאֱכָל אֶלָּא לִמְנוּיָו, וְאֵינוֹ נֶאֱכָל אֶלָּא צָלִי.

6 **רַבִּי יִשְׁמָעֵאל** אוֹמֵר: בִּשְׁלֹשׁ עֶשְׂרֵה מִדּוֹת הַתּוֹרָה
7 נִדְרֶשֶׁת בָּהֶן. (א) מִקַּל וָחֹמֶר;
8 (ב) וּמִגְּזֵרָה שָׁוָה; (ג) מִבִּנְיַן אָב מִכָּתוּב אֶחָד, וּמִבִּנְיַן אָב
9 מִשְּׁנֵי כְתוּבִים; (ד) מִכְּלָל וּפְרָט; (ה) וּמִפְּרָט וּכְלָל; (ו) כְּלָל
10 וּפְרָט וּכְלָל, אִי אַתָּה דָן אֶלָּא כְּעֵין הַפְּרָט; (ז) מִכְּלָל
11 שֶׁהוּא צָרִיךְ לִפְרָט, וּמִפְּרָט שֶׁהוּא צָרִיךְ לִכְלָל; (ח) כָּל
12 דָּבָר שֶׁהָיָה בִּכְלָל וְיָצָא מִן הַכְּלָל לְלַמֵּד, לֹא לְלַמֵּד עַל
13 עַצְמוֹ יָצָא, אֶלָּא לְלַמֵּד עַל הַכְּלָל כֻּלּוֹ יָצָא; (ט) כָּל דָּבָר
14 שֶׁהָיָה בִּכְלָל וְיָצָא לִטְעוֹן טֹעַן אֶחָד שֶׁהוּא כְעִנְיָנוֹ,
15 יָצָא לְהָקֵל וְלֹא לְהַחֲמִיר; (י) כָּל דָּבָר שֶׁהָיָה בִּכְלָל וְיָצָא
16 לִטְעוֹן טֹעַן אַחֵר שֶׁלֹּא כְעִנְיָנוֹ, יָצָא לְהָקֵל וּלְהַחֲמִיר;
17 (יא) כָּל דָּבָר שֶׁהָיָה בִּכְלָל וְיָצָא לִדּוֹן בַּדָּבָר הֶחָדָשׁ, אִי
18 אַתָּה יָכוֹל לְהַחֲזִירוֹ לִכְלָלוֹ, עַד שֶׁיַּחֲזִירֶנּוּ הַכָּתוּב
19 לִכְלָלוֹ בְּפֵרוּשׁ; (יב) דָּבָר הַלָּמֵד מֵעִנְיָנוֹ, וְדָבָר הַלָּמֵד
20 מִסּוֹפוֹ; (יג) וְכֵן שְׁנֵי כְתוּבִים הַמַּכְחִישִׁים זֶה אֶת זֶה, עַד
21 שֶׁיָּבוֹא הַכָּתוּב הַשְּׁלִישִׁי וְיַכְרִיעַ בֵּינֵיהֶם.

22 **יְהִי רָצוֹן** מִלְּפָנֶיךָ, יהוה אֱלֹהֵינוּ וֵאלֹהֵי אֲבוֹתֵינוּ, שֶׁיִּבָּנֶה בֵּית
23 הַמִּקְדָּשׁ בִּמְהֵרָה בְיָמֵינוּ, וְתֵן חֶלְקֵנוּ בְּתוֹרָתֶךָ. וְשָׁם
24 נַעֲבָדְךָ בְּיִרְאָה כִּימֵי עוֹלָם וּכְשָׁנִים קַדְמוֹנִיּוֹת.

IF THERE IS A *MINYAN*, MOURNERS RECITE קַדִּישׁ דְּרַבָּנָן (P. 530).

﴾ פסוקי דזמרה לחול ﴿

ON THE SABBATH, FESTIVALS, AND HOSHANA RABBAH, CONTINUE ON PAGE 198

If you came late for *Shacharis* and you will not be able to say *Shemoneh Esrei* together with the *minyan* if you say the entire *Pesukei D'Zimrah*, see *Laws* §1-3.

1   **הוֹדוּ** לַיהוה קִרְאוּ בִשְׁמוֹ, הוֹדִיעוּ בָעַמִּים עֲלִילֹתָיו.

2   שִׁירוּ לוֹ, זַמְּרוּ לוֹ, שִׂיחוּ בְּכָל נִפְלְאֹתָיו.

3   הִתְהַלְלוּ בְּשֵׁם קָדְשׁוֹ, יִשְׂמַח לֵב מְבַקְשֵׁי יהוה.

4   דִּרְשׁוּ יהוה וְעֻזּוֹ, בַּקְּשׁוּ פָנָיו תָּמִיד.

5   זִכְרוּ נִפְלְאֹתָיו אֲשֶׁר עָשָׂה, מֹפְתָיו וּמִשְׁפְּטֵי פִיהוּ.

6   זֶרַע יִשְׂרָאֵל עַבְדּוֹ, בְּנֵי יַעֲקֹב בְּחִירָיו.

7   הוּא יהוה אֱלֹהֵינוּ, בְּכָל הָאָרֶץ מִשְׁפָּטָיו.

8   זִכְרוּ לְעוֹלָם בְּרִיתוֹ, דָּבָר צִוָּה לְאֶלֶף דּוֹר.

9   אֲשֶׁר כָּרַת אֶת אַבְרָהָם, וּשְׁבוּעָתוֹ לְיִצְחָק.

10   וַיַּעֲמִידֶהָ לְיַעֲקֹב לְחֹק, לְיִשְׂרָאֵל בְּרִית עוֹלָם.

11   לֵאמֹר, לְךָ אֶתֵּן אֶרֶץ כְּנָעַן, חֶבֶל נַחֲלַתְכֶם.

12   בִּהְיוֹתְכֶם מְתֵי מִסְפָּר, כִּמְעַט וְגָרִים בָּהּ.

13   וַיִּתְהַלְּכוּ מִגּוֹי אֶל גּוֹי, וּמִמַּמְלָכָה אֶל עַם אַחֵר.

14   לֹא הִנִּיחַ לְאִישׁ לְעָשְׁקָם, וַיּוֹכַח עֲלֵיהֶם מְלָכִים.

15   אַל תִּגְּעוּ בִמְשִׁיחָי, וּבִנְבִיאַי אַל תָּרֵעוּ.

16   שִׁירוּ לַיהוה כָּל הָאָרֶץ, בַּשְּׂרוּ מִיּוֹם אֶל יוֹם יְשׁוּעָתוֹ.

17   סַפְּרוּ בַגּוֹיִם אֶת כְּבוֹדוֹ, בְּכָל הָעַמִּים נִפְלְאוֹתָיו.

18   כִּי גָדוֹל יהוה וּמְהֻלָּל מְאֹד, וְנוֹרָא הוּא עַל כָּל אֱלֹהִים.

19   ❖ כִּי כָּל אֱלֹהֵי הָעַמִּים אֱלִילִים, (stop) וַיהוה שָׁמַיִם עָשָׂה.

20   הוֹד וְהָדָר לְפָנָיו, עֹז וְחֶדְוָה בִּמְקֹמוֹ.

21   הָבוּ לַיהוה מִשְׁפְּחוֹת עַמִּים, הָבוּ לַיהוה כָּבוֹד וָעֹז.

1. הָבוּ לַיהוה כְּבוֹד שְׁמוֹ, שְׂאוּ מִנְחָה וּבְאוּ לְפָנָיו,

2. הִשְׁתַּחֲווּ לַיהוה בְּהַדְרַת קֹדֶשׁ.

3. חִילוּ מִלְּפָנָיו כָּל הָאָרֶץ, אַף תִּכּוֹן תֵּבֵל בַּל תִּמּוֹט.

4. יִשְׂמְחוּ הַשָּׁמַיִם וְתָגֵל הָאָרֶץ, וְיֹאמְרוּ בַגּוֹיִם, יהוה מָלָךְ.

5. יִרְעַם הַיָּם וּמְלֹאוֹ, יַעֲלֹז הַשָּׂדֶה וְכָל אֲשֶׁר בּוֹ.

6. אָז יְרַנְּנוּ עֲצֵי הַיָּעַר, מִלִּפְנֵי יהוה,

7. כִּי בָא לִשְׁפּוֹט אֶת הָאָרֶץ.

8. הוֹדוּ לַיהוה כִּי טוֹב, כִּי לְעוֹלָם חַסְדּוֹ.

9. וְאִמְרוּ: הוֹשִׁיעֵנוּ אֱלֹהֵי יִשְׁעֵנוּ,

10. וְקַבְּצֵנוּ וְהַצִּילֵנוּ מִן הַגּוֹיִם,

11. לְהֹדוֹת לְשֵׁם קָדְשֶׁךָ, לְהִשְׁתַּבֵּחַ בִּתְהִלָּתֶךָ.

12. בָּרוּךְ יהוה אֱלֹהֵי יִשְׂרָאֵל מִן הָעוֹלָם וְעַד הָעֹלָם,

13. וַיֹּאמְרוּ כָל הָעָם, אָמֵן, וְהַלֵּל לַיהוה.

14. ❖ רוֹמְמוּ יהוה אֱלֹהֵינוּ, וְהִשְׁתַּחֲווּ לַהֲדֹם רַגְלָיו,

15. קָדוֹשׁ הוּא.

16. רוֹמְמוּ יהוה אֱלֹהֵינוּ, וְהִשְׁתַּחֲווּ לְהַר קָדְשׁוֹ,

17. כִּי קָדוֹשׁ יהוה אֱלֹהֵינוּ.

18. וְהוּא רַחוּם יְכַפֵּר עָוֹן וְלֹא יַשְׁחִית,

19. וְהִרְבָּה לְהָשִׁיב אַפּוֹ, וְלֹא יָעִיר כָּל חֲמָתוֹ.

20. אַתָּה יהוה, לֹא תִכְלָא רַחֲמֶיךָ מִמֶּנִּי,

21. חַסְדְּךָ וַאֲמִתְּךָ תָּמִיד יִצְּרוּנִי.

22. זְכֹר רַחֲמֶיךָ יהוה וַחֲסָדֶיךָ, כִּי מֵעוֹלָם הֵמָּה.

23. תְּנוּ עֹז לֵאלֹהִים, עַל יִשְׂרָאֵל גַּאֲוָתוֹ, וְעֻזּוֹ בַּשְּׁחָקִים.

24. נוֹרָא אֱלֹהִים מִמִּקְדָּשֶׁיךָ,

25. אֵל יִשְׂרָאֵל הוּא נֹתֵן עֹז וְתַעֲצֻמוֹת לָעָם, בָּרוּךְ אֱלֹהִים.

1. אֵל נְקָמוֹת יהוה, אֵל נְקָמוֹת הוֹפִיעַ.
2. הִנָּשֵׂא שֹׁפֵט הָאָרֶץ, הָשֵׁב גְּמוּל עַל גֵּאִים.
3. לַיהוה הַיְשׁוּעָה, עַל עַמְּךָ בִרְכָתֶךָ סֶּלָה.
4. ✧ יהוה צְבָאוֹת עִמָּנוּ, מִשְׂגָּב לָנוּ אֱלֹהֵי יַעֲקֹב סֶלָה.
5. יהוה צְבָאוֹת, אַשְׁרֵי אָדָם בֹּטֵחַ בָּךְ.
6. יהוה הוֹשִׁיעָה, הַמֶּלֶךְ יַעֲנֵנוּ בְיוֹם קָרְאֵנוּ.
7. הוֹשִׁיעָה אֶת עַמֶּךָ, וּבָרֵךְ אֶת נַחֲלָתֶךָ,
8. וּרְעֵם וְנַשְּׂאֵם עַד הָעוֹלָם.
9. נַפְשֵׁנוּ חִכְּתָה לַיהוה, עֶזְרֵנוּ וּמָגִנֵּנוּ הוּא.
10. כִּי בוֹ יִשְׂמַח לִבֵּנוּ, כִּי בְשֵׁם קָדְשׁוֹ בָטָחְנוּ.
11. יְהִי חַסְדְּךָ יהוה עָלֵינוּ, כַּאֲשֶׁר יִחַלְנוּ לָךְ.
12. הַרְאֵנוּ יהוה חַסְדֶּךָ, וְיֶשְׁעֲךָ תִּתֶּן לָנוּ.
13. קוּמָה עֶזְרָתָה לָּנוּ, וּפְדֵנוּ לְמַעַן חַסְדֶּךָ.
14. אָנֹכִי יהוה אֱלֹהֶיךָ הַמַּעַלְךָ מֵאֶרֶץ מִצְרָיִם,
15. הַרְחֶב פִּיךָ וַאֲמַלְאֵהוּ.
16. אַשְׁרֵי הָעָם שֶׁכָּכָה לּוֹ, אַשְׁרֵי הָעָם שֶׁיהוה אֱלֹהָיו.
17. ✧ וַאֲנִי בְּחַסְדְּךָ בָטַחְתִּי, יָגֵל לִבִּי בִּישׁוּעָתֶךָ,
18. אָשִׁירָה לַיהוה, כִּי גָמַל עָלָי.

19. **מִזְמוֹר שִׁיר** חֲנֻכַּת הַבַּיִת לְדָוִד.
20. אֲרוֹמִמְךָ יהוה כִּי דִלִּיתָנִי,
21. וְלֹא שִׂמַּחְתָּ אֹיְבַי לִי.
22. יהוה אֱלֹהָי, שִׁוַּעְתִּי אֵלֶיךָ וַתִּרְפָּאֵנִי.
23. יהוה, הֶעֱלִיתָ מִן שְׁאוֹל נַפְשִׁי, חִיִּיתַנִי מִיָּרְדִי בוֹר.
24. זַמְּרוּ לַיהוה חֲסִידָיו, וְהוֹדוּ לְזֵכֶר קָדְשׁוֹ.

1   כִּי רֶגַע בְּאַפּוֹ, חַיִּים בִּרְצוֹנוֹ,

2   בָּעֶרֶב יָלִין בֶּכִי וְלַבְּקֶר רִנָּה.

3   וַאֲנִי אָמַרְתִּי בְשַׁלְוִי, בַּל אֶמּוֹט לְעוֹלָם.

4   יהוה, בִּרְצוֹנְךָ הֶעֱמַדְתָּה לְהַרְרִי עֹז,

5   הִסְתַּרְתָּ פָנֶיךָ הָיִיתִי נִבְהָל.

6   אֵלֶיךָ יהוה אֶקְרָא, וְאֶל אֲדֹנָי אֶתְחַנָּן.

7   מַה בֶּצַע בְּדָמִי, בְּרִדְתִּי אֶל שָׁחַת,

8   הֲיוֹדְךָ עָפָר, הֲיַגִּיד אֲמִתֶּךָ.

9   שְׁמַע יהוה וְחָנֵּנִי, יהוה הֱיֵה עֹזֵר לִי.

❖ 10   הָפַכְתָּ מִסְפְּדִי לְמָחוֹל לִי,

11   פִּתַּחְתָּ שַׂקִּי, וַתְּאַזְּרֵנִי שִׂמְחָה.

12   לְמַעַן יְזַמֶּרְךָ כָבוֹד וְלֹא יִדֹּם, יהוה אֱלֹהַי לְעוֹלָם אוֹדֶךָּ.

Stand while reciting the following paragraph:

13   **יהוה** מֶלֶךְ, יהוה מָלָךְ, יהוה יִמְלֹךְ לְעֹלָם וָעֶד. יהוה מֶלֶךְ, יהוה

14   מָלָךְ, יהוה יִמְלֹךְ לְעֹלָם וָעֶד. וְהָיָה יהוה לְמֶלֶךְ עַל כָּל

15   הָאָרֶץ, בַּיּוֹם הַהוּא יִהְיֶה יהוה אֶחָד וּשְׁמוֹ אֶחָד.

16   **הוֹשִׁיעֵנוּ** יהוה אֱלֹהֵינוּ, וְקַבְּצֵנוּ מִן הַגּוֹיִם, לְהוֹדוֹת לְשֵׁם

17   קָדְשֶׁךָ, לְהִשְׁתַּבֵּחַ בִּתְהִלָּתֶךָ. ❖ בָּרוּךְ יהוה אֱלֹהֵי

18   יִשְׂרָאֵל מִן הָעוֹלָם וְעַד הָעוֹלָם, וְאָמַר כָּל הָעָם, אָמֵן, הַלְלוּיָהּ. כֹּל

19   הַנְּשָׁמָה תְּהַלֵּל יָהּ, הַלְלוּיָהּ.

20   **לַמְנַצֵּחַ** בִּנְגִינֹת מִזְמוֹר שִׁיר. אֱלֹהִים יְחָנֵּנוּ וִיבָרְכֵנוּ, יָאֵר פָּנָיו

21   אִתָּנוּ סֶלָה. לָדַעַת בָּאָרֶץ דַּרְכֶּךָ, בְּכָל גּוֹיִם יְשׁוּעָתֶךָ.

22   יוֹדוּךָ עַמִּים, אֱלֹהִים, יוֹדוּךָ עַמִּים כֻּלָּם. יִשְׂמְחוּ וִירַנְּנוּ לְאֻמִּים,

23   כִּי תִשְׁפֹּט עַמִּים מִישֹׁר, וּלְאֻמִּים בָּאָרֶץ תַּנְחֵם סֶלָה. יוֹדוּךָ עַמִּים,

24   אֱלֹהִים, יוֹדוּךָ עַמִּים כֻּלָּם. אֶרֶץ נָתְנָה יְבוּלָהּ, יְבָרְכֵנוּ אֱלֹהִים

25   אֱלֹהֵינוּ. ❖ יְבָרְכֵנוּ אֱלֹהִים, וְיִירְאוּ אוֹתוֹ כָּל אַפְסֵי אָרֶץ.

Some say this before beginning *Pesukei D'Zimrah*:

1 הֲרֵינִי מְזַמֵּן אֶת פִּי לְהוֹדוֹת וּלְהַלֵּל וּלְשַׁבֵּחַ אֶת בּוֹרְאִי. לְשֵׁם יְחוּד קֻדְשָׁא

2 בְּרִיךְ הוּא וּשְׁכִינְתֵּיהּ עַל יְדֵי הַהוּא טָמִיר וְנֶעְלָם, בְּשֵׁם כָּל יִשְׂרָאֵל.

Stand during בָּרוּךְ שֶׁאָמַר. Hold the two front *tzitzis* of the *tallis* (or *tallis kattan*) in the right hand.

3 **בָּרוּךְ שֶׁאָמַר** וְהָיָה הָעוֹלָם, בָּרוּךְ הוּא.

4 בָּרוּךְ אוֹמֵר וְעֹשֶׂה,

5 בָּרוּךְ גּוֹזֵר וּמְקַיֵּם, בָּרוּךְ עֹשֶׂה בְרֵאשִׁית,

6 בָּרוּךְ מְרַחֵם עַל הָאָרֶץ,

7 בָּרוּךְ מְרַחֵם עַל הַבְּרִיּוֹת,

8 בָּרוּךְ מְשַׁלֵּם שָׂכָר טוֹב לִירֵאָיו,

9 בָּרוּךְ חַי לָעַד וְקַיָּם לָנֶצַח,

✦§ Interruptions During Pesukei D'Zimrah

You are not allowed to speak from בָּרוּךְ שֶׁאָמַר until after the the silent *Shemoneh Esrei*. You are also not allowed to say בָּרוּךְ הוּא וּבָרוּךְ שְׁמוֹ.

These are the things you are allowed to say in the middle of *Pesukei D'Zimrah*:

(1) אָמֵן after blessings and in *Kaddish*.

(2) *Borchu*.

(3) *Kedushah*.

(4) The Rabbis' *Modim*.

(5) If the congregation is up to *Shema*, say the first verse with them.

(6) If you had to go to the bathroom, say אֲשֶׁר יָצַר.

You should not be called to the Torah if you are in the middle of *Pesukei D'Zimrah*, but if the *gabbai* called you up by mistake, you may say the blessings and read from the Torah softly. If you are the only Kohen or Levite in *shul*, you may be called up.

If you had forgotten to say the Blessings of the Torah before, you should say them now with the Torah portions (pp. 9-10). If you are afraid you will get to *Shema* after the proper time, you should say all three paragraphs now (pp. 47-50).

Even when you are allowed to answer to something, it is better to say it between paragraphs. For example, if the congregation is coming to *Kedushah*, you should not begin a new paragraph. After saying *Kedushah* with the congregation, continue your prayers.

If you are in the middle of the Blessing parts of בָּרוּךְ שֶׁאָמַר or יִשְׁתַּבַּח [i.e., from the words בָּרוּךְ אַתָּה ה', *Blessed are You, HASHEM*, until the end of the blessing], you are not allowed to answer to anything, not even to *Kedushah*.

1. בָּרוּךְ פּוֹדֶה וּמַצִּיל, בָּרוּךְ שְׁמוֹ.
2. בָּרוּךְ אַתָּה יהוה אֱלֹהֵינוּ מֶלֶךְ הָעוֹלָם,
3. הָאֵל הָאָב הָרַחֲמָן הַמְהֻלָּל בְּפֶה עַמּוֹ,
4. מְשֻׁבָּח וּמְפֹאָר בִּלְשׁוֹן חֲסִידָיו וַעֲבָדָיו,
5. וּבְשִׁירֵי דָוִד עַבְדֶּךָ.
6. נְהַלֶּלְךָ יהוה אֱלֹהֵינוּ בִּשְׁבָחוֹת וּבִזְמִרוֹת,
7. וּנְגַדֶּלְךָ וּנְשַׁבֵּחֲךָ וּנְפָאֶרְךָ
8. וְנַמְלִיכְךָ, וְנַזְכִּיר שִׁמְךָ מַלְכֵּנוּ אֱלֹהֵינוּ.
9. ❖ יָחִיד, חֵי הָעוֹלָמִים,
10. מֶלֶךְ מְשֻׁבָּח וּמְפֹאָר עֲדֵי עַד שְׁמוֹ הַגָּדוֹל.
11. בָּרוּךְ אַתָּה יהוה, מֶלֶךְ מְהֻלָּל בַּתִּשְׁבָּחוֹת.
12. אָמֵן. (.Cong–)   Kiss the *tzitzis* and let them go.

Stand when you say מִזְמוֹר לְתוֹדָה.
Do not say it on Erev Yom Kippur, Erev Pesach and Chol HaMoed Pesach.

13. **מִזְמוֹר** לְתוֹדָה, הָרִיעוּ לַיהוה כָּל הָאָרֶץ.
14. עִבְדוּ אֶת יהוה בְּשִׂמְחָה, בְּאוּ לְפָנָיו בִּרְנָנָה.
15. דְּעוּ כִּי יהוה הוּא אֱלֹהִים, הוּא עָשָׂנוּ,
16. וְלוֹ אֲנַחְנוּ, עַמּוֹ וְצֹאן מַרְעִיתוֹ.
17. בְּאוּ שְׁעָרָיו בְּתוֹדָה, חֲצֵרֹתָיו בִּתְהִלָּה,
18. הוֹדוּ לוֹ, בָּרְכוּ שְׁמוֹ.
19. ❖ כִּי טוֹב יהוה, לְעוֹלָם חַסְדּוֹ, וְעַד דֹּר וָדֹר אֱמוּנָתוֹ.

1   **יְהִי כְבוֹד** יהוה לְעוֹלָם, יִשְׂמַח יהוה בְּמַעֲשָׂיו.

2   יְהִי שֵׁם יהוה מְבֹרָךְ, מֵעַתָּה וְעַד עוֹלָם.

3   מִמִּזְרַח שֶׁמֶשׁ עַד מְבוֹאוֹ, מְהֻלָּל שֵׁם יהוה.

4   רָם עַל כָּל גּוֹיִם יהוה, עַל הַשָּׁמַיִם כְּבוֹדוֹ.

5   יהוה, שִׁמְךָ לְעוֹלָם, יהוה, זִכְרְךָ לְדֹר וָדֹר.

6   יהוה בַּשָּׁמַיִם הֵכִין כִּסְאוֹ, וּמַלְכוּתוֹ בַּכֹּל מָשָׁלָה.

7   יִשְׂמְחוּ הַשָּׁמַיִם וְתָגֵל הָאָרֶץ, וְיֹאמְרוּ בַגּוֹיִם יהוה מָלָךְ.

8   יהוה מֶלֶךְ, יהוה מָלָךְ, יהוה יִמְלֹךְ לְעֹלָם וָעֶד.

9   יהוה מֶלֶךְ עוֹלָם וָעֶד, אָבְדוּ גוֹיִם מֵאַרְצוֹ.

10   יהוה הֵפִיר עֲצַת גּוֹיִם, הֵנִיא מַחְשְׁבוֹת עַמִּים.

11   רַבּוֹת מַחֲשָׁבוֹת בְּלֶב אִישׁ, וַעֲצַת יהוה הִיא תָקוּם.

12   עֲצַת יהוה לְעוֹלָם תַּעֲמֹד, מַחְשְׁבוֹת לִבּוֹ לְדֹר וָדֹר.

13   כִּי הוּא אָמַר וַיֶּהִי, הוּא צִוָּה וַיַּעֲמֹד.

14   כִּי בָחַר יהוה בְּצִיּוֹן, אִוָּהּ לְמוֹשָׁב לוֹ.

15   כִּי יַעֲקֹב בָּחַר לוֹ יָהּ, יִשְׂרָאֵל לִסְגֻלָּתוֹ.

16   כִּי לֹא יִטֹּשׁ יהוה עַמּוֹ, וְנַחֲלָתוֹ לֹא יַעֲזֹב.

17   ❖ וְהוּא רַחוּם יְכַפֵּר עָוֹן וְלֹא יַשְׁחִית,

18   וְהִרְבָּה לְהָשִׁיב אַפּוֹ, וְלֹא יָעִיר כָּל חֲמָתוֹ.

19   יהוה הוֹשִׁיעָה, הַמֶּלֶךְ יַעֲנֵנוּ בְיוֹם קָרְאֵנוּ.

20   **אַשְׁרֵי** יוֹשְׁבֵי בֵיתֶךָ, עוֹד יְהַלְלוּךָ סֶּלָה.

21   אַשְׁרֵי הָעָם שֶׁכָּכָה לּוֹ,

22   אַשְׁרֵי הָעָם שֶׁיהוה אֱלֹהָיו.

תְּהִלָּה לְדָוִד,

אֲרוֹמִמְךָ אֱלוֹהַי הַמֶּלֶךְ,

וַאֲבָרְכָה שִׁמְךָ לְעוֹלָם וָעֶד.

בְּכָל יוֹם אֲבָרְכֶךָּ,

וַאֲהַלְלָה שִׁמְךָ לְעוֹלָם וָעֶד.

גָּדוֹל יהוה וּמְהֻלָּל מְאֹד,

וְלִגְדֻלָּתוֹ אֵין חֵקֶר.

דּוֹר לְדוֹר יְשַׁבַּח מַעֲשֶׂיךָ,

וּגְבוּרֹתֶיךָ יַגִּידוּ.

הֲדַר כְּבוֹד הוֹדֶךָ,

וְדִבְרֵי נִפְלְאֹתֶיךָ אָשִׂיחָה.

וֶעֱזוּז נוֹרְאוֹתֶיךָ יֹאמֵרוּ,

וּגְדוּלָּתְךָ אֲסַפְּרֶנָּה.

זֵכֶר רַב טוּבְךָ יַבִּיעוּ,

וְצִדְקָתְךָ יְרַנֵּנוּ.

חַנּוּן וְרַחוּם יהוה,

אֶרֶךְ אַפַּיִם וּגְדָל חָסֶד.

טוֹב יהוה לַכֹּל,

וְרַחֲמָיו עַל כָּל מַעֲשָׂיו.

1   **יוֹדְוּךָ** יהוה כָּל מַעֲשֶׂיךָ,

2   וַחֲסִידֶיךָ יְבָרְכְוּכָה.

3   **כְּבוֹד** מַלְכוּתְךָ יֹאמֵרוּ,

4   וּגְבוּרָתְךָ יְדַבֵּרוּ.

5   **לְהוֹדִיעַ** לִבְנֵי הָאָדָם גְּבוּרֹתָיו,

6   וּכְבוֹד הֲדַר מַלְכוּתוֹ.

7   **מַלְכוּתְךָ** מַלְכוּת כָּל עֹלָמִים,

8   וּמֶמְשַׁלְתְּךָ בְּכָל דּוֹר וָדֹר.

9   **סוֹמֵךְ** יהוה לְכָל הַנֹּפְלִים,

10   וְזוֹקֵף לְכָל הַכְּפוּפִים.

11   **עֵינֵי** כֹל אֵלֶיךָ יְשַׂבֵּרוּ,

12   וְאַתָּה נוֹתֵן לָהֶם אֶת אָכְלָם בְּעִתּוֹ.

13   **פּוֹתֵחַ** אֶת יָדֶךָ,

When you say the verse פּוֹתֵחַ, think about its meaning. One wearing *tefillin* touches the arm-*tefillin* while saying . . . פּוֹתֵחַ, and the head-*tefillin* while saying . . . וּמַשְׂבִּיעַ.

14   וּמַשְׂבִּיעַ לְכָל חַי רָצוֹן.

15   **צַדִּיק** יהוה בְּכָל דְּרָכָיו,

16   וְחָסִיד בְּכָל מַעֲשָׂיו.

17   **קָרוֹב** יהוה לְכָל קֹרְאָיו,

18   לְכֹל אֲשֶׁר יִקְרָאֻהוּ בֶאֱמֶת.

19   **רְצוֹן** יְרֵאָיו יַעֲשֶׂה,

וְאֶת שַׁוְעָתָם יִשְׁמַע וְיוֹשִׁיעֵם.

שׁוֹמֵר יהוה אֶת כָּל אֹהֲבָיו,

וְאֵת כָּל הָרְשָׁעִים יַשְׁמִיד.

❖ תְּהִלַּת יהוה יְדַבֶּר פִּי,

וִיבָרֵךְ כָּל בָּשָׂר שֵׁם קָדְשׁוֹ לְעוֹלָם וָעֶד.

וַאֲנַחְנוּ נְבָרֵךְ יָהּ,

מֵעַתָּה וְעַד עוֹלָם, הַלְלוּיָהּ.

הַלְלוּיָהּ, הַלְלִי נַפְשִׁי אֶת יהוה.

אֲהַלְלָה יהוה בְּחַיָּי, אֲזַמְּרָה לֵאלֹהַי בְּעוֹדִי.

אַל תִּבְטְחוּ בִנְדִיבִים, בְּבֶן אָדָם שֶׁאֵין לוֹ תְשׁוּעָה.

תֵּצֵא רוּחוֹ, יָשֻׁב לְאַדְמָתוֹ, בַּיּוֹם הַהוּא אָבְדוּ עֶשְׁתֹּנֹתָיו.

אַשְׁרֵי שֶׁאֵל יַעֲקֹב בְּעֶזְרוֹ, שִׂבְרוֹ עַל יהוה אֱלֹהָיו.

עֹשֶׂה שָׁמַיִם וָאָרֶץ, אֶת הַיָּם וְאֶת כָּל אֲשֶׁר בָּם,

הַשֹּׁמֵר אֱמֶת לְעוֹלָם.

עֹשֶׂה מִשְׁפָּט לַעֲשׁוּקִים, נֹתֵן לֶחֶם לָרְעֵבִים;

יהוה מַתִּיר אֲסוּרִים.

יהוה פֹּקֵחַ עִוְרִים, יהוה זֹקֵף כְּפוּפִים;

יהוה אֹהֵב צַדִּיקִים. יהוה שֹׁמֵר אֶת גֵּרִים,

יָתוֹם וְאַלְמָנָה יְעוֹדֵד, וְדֶרֶךְ רְשָׁעִים יְעַוֵּת.

❖ יִמְלֹךְ יהוה לְעוֹלָם, אֱלֹהַיִךְ, צִיּוֹן, לְדֹר וָדֹר, הַלְלוּיָהּ.

הַלְלוּיָהּ, כִּי טוֹב זַמְּרָה אֱלֹהֵינוּ,

כִּי נָעִים נָאוָה תְהִלָּה.

1   בּוֹנֵה יְרוּשָׁלַיִם יהוה, נִדְחֵי יִשְׂרָאֵל יְכַנֵּס.

2   הָרוֹפֵא לִשְׁבוּרֵי לֵב, וּמְחַבֵּשׁ לְעַצְּבוֹתָם.

3   מוֹנֶה מִסְפָּר לַכּוֹכָבִים, לְכֻלָּם שֵׁמוֹת יִקְרָא.

4   גָּדוֹל אֲדוֹנֵינוּ וְרַב כֹּחַ, לִתְבוּנָתוֹ אֵין מִסְפָּר.

5   מְעוֹדֵד עֲנָוִים יהוה, מַשְׁפִּיל רְשָׁעִים עֲדֵי אָרֶץ.

6   עֱנוּ לַיהוה בְּתוֹדָה, זַמְּרוּ לֵאלֹהֵינוּ בְכִנּוֹר.

7   הַמְכַסֶּה שָׁמַיִם בְּעָבִים, הַמֵּכִין לָאָרֶץ מָטָר,

8   הַמַּצְמִיחַ הָרִים חָצִיר.

9   נוֹתֵן לִבְהֵמָה לַחְמָהּ, לִבְנֵי עֹרֵב אֲשֶׁר יִקְרָאוּ.

10   לֹא בִגְבוּרַת הַסּוּס יֶחְפָּץ, לֹא בְשׁוֹקֵי הָאִישׁ יִרְצֶה.

11   רוֹצֶה יהוה אֶת יְרֵאָיו, אֶת הַמְיַחֲלִים לְחַסְדּוֹ.

12   שַׁבְּחִי יְרוּשָׁלַיִם אֶת יהוה, הַלְלִי אֱלֹהַיִךְ צִיּוֹן.

13   כִּי חִזַּק בְּרִיחֵי שְׁעָרָיִךְ, בֵּרַךְ בָּנַיִךְ בְּקִרְבֵּךְ.

14   הַשָּׂם גְּבוּלֵךְ שָׁלוֹם, חֵלֶב חִטִּים יַשְׂבִּיעֵךְ.

15   הַשֹּׁלֵחַ אִמְרָתוֹ אָרֶץ, עַד מְהֵרָה יָרוּץ דְּבָרוֹ.

16   הַנֹּתֵן שֶׁלֶג כַּצָּמֶר, כְּפוֹר כָּאֵפֶר יְפַזֵּר.

17   מַשְׁלִיךְ קַרְחוֹ כְפִתִּים, לִפְנֵי קָרָתוֹ מִי יַעֲמֹד.

18   יִשְׁלַח דְּבָרוֹ וְיַמְסֵם, יַשֵּׁב רוּחוֹ יִזְּלוּ מָיִם.

19   ❖ מַגִּיד דְּבָרָיו לְיַעֲקֹב, חֻקָּיו וּמִשְׁפָּטָיו לְיִשְׂרָאֵל.

20   לֹא עָשָׂה כֵן לְכָל גּוֹי, וּמִשְׁפָּטִים בַּל יְדָעוּם; הַלְלוּיָהּ.

21   **הַלְלוּיָהּ,**   הַלְלוּ אֶת יהוה מִן הַשָּׁמַיִם, הַלְלוּהוּ בַּמְּרוֹמִים.

22

23   הַלְלוּהוּ כָל מַלְאָכָיו, הַלְלוּהוּ כָּל צְבָאָיו.

24   הַלְלוּהוּ שֶׁמֶשׁ וְיָרֵחַ, הַלְלוּהוּ כָּל כּוֹכְבֵי אוֹר.

1   הַלְלוּהוּ שְׁמֵי הַשָּׁמָיִם, וְהַמַּיִם אֲשֶׁר מֵעַל הַשָּׁמָיִם.

2   יְהַלְלוּ אֶת שֵׁם יהוה, כִּי הוּא צִוָּה וְנִבְרָאוּ.

3   וַיַּעֲמִידֵם לָעַד לְעוֹלָם, חָק נָתַן וְלֹא יַעֲבוֹר.

4   הַלְלוּ אֶת יהוה מִן הָאָרֶץ, תַּנִּינִים וְכָל תְּהֹמוֹת.

5   אֵשׁ וּבָרָד, שֶׁלֶג וְקִיטוֹר, רוּחַ סְעָרָה עֹשָׂה דְבָרוֹ.

6   הֶהָרִים וְכָל גְּבָעוֹת, עֵץ פְּרִי וְכָל אֲרָזִים.

7   הַחַיָּה וְכָל בְּהֵמָה, רֶמֶשׂ וְצִפּוֹר כָּנָף.

8   מַלְכֵי אֶרֶץ וְכָל לְאֻמִּים, שָׂרִים וְכָל שֹׁפְטֵי אָרֶץ.

9   בַּחוּרִים וְגַם בְּתוּלוֹת, זְקֵנִים עִם נְעָרִים.

10   ❖ יְהַלְלוּ אֶת שֵׁם יהוה, כִּי נִשְׂגָּב שְׁמוֹ לְבַדּוֹ,

11   הוֹדוֹ עַל אֶרֶץ וְשָׁמָיִם.

12   וַיָּרֶם קֶרֶן לְעַמּוֹ, תְּהִלָּה לְכָל חֲסִידָיו,

13   לִבְנֵי יִשְׂרָאֵל עַם קְרֹבוֹ, הַלְלוּיָהּ.

14   **הַלְלוּיָהּ,** שִׁירוּ לַיהוה שִׁיר חָדָשׁ,

15   תְּהִלָּתוֹ בִּקְהַל חֲסִידִים.

16   יִשְׂמַח יִשְׂרָאֵל בְּעֹשָׂיו, בְּנֵי צִיּוֹן יָגִילוּ בְמַלְכָּם.

17   יְהַלְלוּ שְׁמוֹ בְמָחוֹל, בְּתֹף וְכִנּוֹר יְזַמְּרוּ לוֹ.

18   כִּי רוֹצֶה יהוה בְּעַמּוֹ, יְפָאֵר עֲנָוִים בִּישׁוּעָה.

19   יַעְלְזוּ חֲסִידִים בְּכָבוֹד, יְרַנְּנוּ עַל מִשְׁכְּבוֹתָם.

20   רוֹמְמוֹת אֵל בִּגְרוֹנָם, וְחֶרֶב פִּיפִיּוֹת בְּיָדָם.

21   לַעֲשׂוֹת נְקָמָה בַּגּוֹיִם, תּוֹכֵחוֹת בַּלְאֻמִּים.

22   ❖ לֶאְסֹר מַלְכֵיהֶם בְּזִקִּים, וְנִכְבְּדֵיהֶם בְּכַבְלֵי בַרְזֶל.

23   לַעֲשׂוֹת בָּהֶם מִשְׁפָּט כָּתוּב,

24   הָדָר הוּא לְכָל חֲסִידָיו, הַלְלוּיָהּ.

1 **הַלְלוּיָהּ,** הַלְלוּ אֵל בְּקָדְשׁוֹ, הַלְלוּהוּ בִּרְקִיעַ עֻזּוֹ.

2 הַלְלוּהוּ בִגְבוּרֹתָיו, הַלְלוּהוּ כְּרֹב גֻּדְלוֹ.

3 הַלְלוּהוּ בְּתֵקַע שׁוֹפָר, הַלְלוּהוּ בְּנֵבֶל וְכִנּוֹר.

4 הַלְלוּהוּ בְתֹף וּמָחוֹל, הַלְלוּהוּ בְּמִנִּים וְעֻגָב.

5 הַלְלוּהוּ בְצִלְצְלֵי שָׁמַע, הַלְלוּהוּ בְּצִלְצְלֵי תְרוּעָה.

6 ❖ כֹּל הַנְּשָׁמָה תְּהַלֵּל יָהּ, הַלְלוּיָהּ.

7 כֹּל הַנְּשָׁמָה תְּהַלֵּל יָהּ, הַלְלוּיָהּ.

8 **בָּרוּךְ** יהוה לְעוֹלָם, אָמֵן וְאָמֵן.

9 בָּרוּךְ יהוה מִצִּיּוֹן, שֹׁכֵן יְרוּשָׁלָיִם, הַלְלוּיָהּ.

10 בָּרוּךְ יהוה אֱלֹהִים אֱלֹהֵי יִשְׂרָאֵל,

11 עֹשֵׂה נִפְלָאוֹת לְבַדּוֹ.

12 ❖ וּבָרוּךְ שֵׁם כְּבוֹדוֹ לְעוֹלָם,

13 וְיִמָּלֵא כְבוֹדוֹ אֶת כָּל הָאָרֶץ, אָמֵן וְאָמֵן.

Stand when you say וַיְבָרֶךְ דָּוִיד.
Most people stand until after בָּרְכוּ (p. 44).

14 **וַיְבָרֶךְ דָּוִיד** אֶת יהוה לְעֵינֵי כָּל הַקָּהָל,

15 וַיֹּאמֶר דָּוִיד:

16 בָּרוּךְ אַתָּה יהוה,

17 אֱלֹהֵי יִשְׂרָאֵל אָבִינוּ, מֵעוֹלָם וְעַד עוֹלָם.

18 לְךָ יהוה הַגְּדֻלָּה וְהַגְּבוּרָה

19 וְהַתִּפְאֶרֶת וְהַנֵּצַח וְהַהוֹד,

20 כִּי כֹל בַּשָּׁמַיִם וּבָאָרֶץ;

21 לְךָ יהוה הַמַּמְלָכָה וְהַמִּתְנַשֵּׂא לְכֹל לְרֹאשׁ.

It is customary to set aside coins for charity at this point.

1. וְהָעְשֶׁר וְהַכָּבוֹד מִלְּפָנֶיךָ, וְאַתָּה מוֹשֵׁל בַּכֹּל,

2. וּבְיָדְךָ כֹּחַ וּגְבוּרָה, וּבְיָדְךָ לְגַדֵּל וּלְחַזֵּק לַכֹּל.

3. וְעַתָּה אֱלֹהֵינוּ מוֹדִים אֲנַחְנוּ לָךְ,

4. וּמְהַלְלִים לְשֵׁם תִּפְאַרְתֶּךָ.

5. וִיבָרְכוּ שֵׁם כְּבֹדֶךָ,

6. וּמְרוֹמַם עַל כָּל בְּרָכָה וּתְהִלָּה.

7. אַתָּה הוּא יהוה לְבַדֶּךָ,

8. אַתָּה עָשִׂיתָ אֶת הַשָּׁמַיִם,

9. שְׁמֵי הַשָּׁמַיִם וְכָל צְבָאָם,

10. הָאָרֶץ וְכָל אֲשֶׁר עָלֶיהָ,

11. הַיַּמִּים וְכָל אֲשֶׁר בָּהֶם,

12. וְאַתָּה מְחַיֶּה אֶת כֻּלָּם,

13. וּצְבָא הַשָּׁמַיִם לְךָ מִשְׁתַּחֲוִים.

14. ❖ אַתָּה הוּא יהוה הָאֱלֹהִים אֲשֶׁר בָּחַרְתָּ בְּאַבְרָם,

15. וְהוֹצֵאתוֹ מֵאוּר כַּשְׂדִּים, וְשַׂמְתָּ שְׁמוֹ אַבְרָהָם.

16. וּמָצָאתָ אֶת לְבָבוֹ נֶאֱמָן לְפָנֶיךָ —

In many congregations, if there will be a *bris milah* in *shul*,
the following is said aloud, verse by verse:

17. **וְכָרוֹת** עִמּוֹ הַבְּרִית

18. לָתֵת אֶת אֶרֶץ הַכְּנַעֲנִי הַחִתִּי

19. הָאֱמֹרִי וְהַפְּרִזִּי וְהַיְבוּסִי וְהַגִּרְגָּשִׁי,

1 לָתֵת לְזַרְעוֹ,

2 וַתָּקֶם אֶת דְּבָרֶיךָ, כִּי צַדִּיק אָתָּה.

3 וַתֵּרֶא אֶת עֳנִי אֲבֹתֵינוּ בְּמִצְרָיִם,

4 וְאֶת זַעֲקָתָם שָׁמַעְתָּ עַל יַם סוּף.

5 וַתִּתֵּן אֹתֹת וּמֹפְתִים

6 בְּפַרְעֹה וּבְכָל עֲבָדָיו

7 וּבְכָל עַם אַרְצוֹ,

8 כִּי יָדַעְתָּ כִּי הֵזִידוּ עֲלֵיהֶם,

9 וַתַּעַשׂ לְךָ שֵׁם כְּהַיּוֹם הַזֶּה.

10 ❖ וְהַיָּם בָּקַעְתָּ לִפְנֵיהֶם,

11 וַיַּעַבְרוּ בְתוֹךְ הַיָּם בַּיַּבָּשָׁה,

12 וְאֶת רֹדְפֵיהֶם הִשְׁלַכְתָּ בִמְצוֹלֹת,

13 כְּמוֹ אֶבֶן בְּמַיִם עַזִּים.

שירת הים

14 **וַיּוֹשַׁע** יהוה בַּיּוֹם הַהוּא

15 אֶת־יִשְׂרָאֵל מִיַּד מִצְרָיִם,

16 וַיַּרְא יִשְׂרָאֵל אֶת־מִצְרַיִם מֵת עַל־שְׂפַת הַיָּם:

17 ❖ וַיַּרְא יִשְׂרָאֵל אֶת־הַיָּד הַגְּדֹלָה

18 אֲשֶׁר עָשָׂה יהוה בְּמִצְרַיִם,

19 וַיִּירְאוּ הָעָם אֶת־יהוה,

20 וַיַּאֲמִינוּ בַּיהוה וּבְמֹשֶׁה עַבְדּוֹ:

Stand when you say אָז יָשִׁיר.

1   **אָז יָשִׁיר** מֹשֶׁה וּבְנֵי יִשְׂרָאֵל

2   אֶת־הַשִּׁירָה הַזֹּאת לַיהוֹה,

3   וַיֹּאמְרוּ לֵאמֹר,

4   אָשִׁירָה לַיהוֹה כִּי־גָאֹה גָּאָה,

5   סוּס וְרֹכְבוֹ רָמָה בַיָּם:

6   עָזִּי וְזִמְרָת יָהּ וַיְהִי־לִי לִישׁוּעָה,

7   זֶה אֵלִי וְאַנְוֵהוּ, אֱלֹהֵי אָבִי וַאֲרֹמְמֶנְהוּ:

8   יהוֹה אִישׁ מִלְחָמָה, יהוֹה שְׁמוֹ:

9   מַרְכְּבֹת פַּרְעֹה וְחֵילוֹ יָרָה בַיָּם,

10   וּמִבְחַר שָׁלִשָׁיו טֻבְּעוּ בְיַם־סוּף:

11   תְּהֹמֹת יְכַסְיֻמוּ, יָרְדוּ בִמְצוֹלֹת כְּמוֹ־אָבֶן:

12   יְמִינְךָ יהוֹה נֶאְדָּרִי בַּכֹּחַ,

13   יְמִינְךָ יהוֹה תִּרְעַץ אוֹיֵב:

14   וּבְרֹב גְּאוֹנְךָ תַּהֲרֹס קָמֶיךָ,

15   תְּשַׁלַּח חֲרֹנְךָ יֹאכְלֵמוֹ כַּקַּשׁ:

16   וּבְרוּחַ אַפֶּיךָ נֶעֶרְמוּ מַיִם,

17   נִצְּבוּ כְמוֹ־נֵד נֹזְלִים,

18   קָפְאוּ תְהֹמֹת בְּלֶב־יָם:

19   אָמַר אוֹיֵב,

1 אָרְדֹּף אַשִּׂיג אֲחַלֵּק שָׁלָל,

2 תִּמְלָאֵמוֹ נַפְשִׁי, אָרִיק חַרְבִּי,

3 תּוֹרִישֵׁמוֹ יָדִי:

4 נָשַׁפְתָּ בְרוּחֲךָ כִּסָּמוֹ יָם,

5 צָלְלוּ כַּעוֹפֶרֶת בְּמַיִם, אַדִּירִים:

6 מִי־כָמֹכָה בָּאֵלִם יְהֹוָה,

7 מִי כָּמֹכָה נֶאְדָּר בַּקֹּדֶשׁ,

8 נוֹרָא תְהִלֹּת עֹשֵׂה פֶלֶא:

9 נָטִיתָ יְמִינְךָ, תִּבְלָעֵמוֹ אָרֶץ:

10 נָחִיתָ בְחַסְדְּךָ עַם־זוּ גָּאָלְתָּ,

11 נֵהַלְתָּ בְעָזְּךָ אֶל־נְוֵה קָדְשֶׁךָ:

12 שָׁמְעוּ עַמִּים יִרְגָּזוּן,

13 חִיל אָחַז יֹשְׁבֵי פְּלָשֶׁת:

14 אָז נִבְהֲלוּ אַלּוּפֵי אֱדוֹם,

15 אֵילֵי מוֹאָב יֹאחֲזֵמוֹ רָעַד,

16 נָמֹגוּ כֹּל יֹשְׁבֵי כְנָעַן:

17 תִּפֹּל עֲלֵיהֶם אֵימָתָה וָפַחַד,

18 בִּגְדֹל זְרוֹעֲךָ יִדְּמוּ כָּאָבֶן,

19 עַד־יַעֲבֹר עַמְּךָ יְהֹוָה,

20 עַד־יַעֲבֹר עַם־זוּ קָנִיתָ:

1   תְּבִאֵמוֹ וְתִטָּעֵמוֹ בְּהַר נַחֲלָתְךָ,

2   מָכוֹן לְשִׁבְתְּךָ פָּעַלְתָּ יהוה,

3   מִקְּדָשׁ, אֲדֹנָי, כּוֹנְנוּ יָדֶיךָ:

4   יהוה ׀ יִמְלֹךְ לְעֹלָם וָעֶד:

5   יהוה יִמְלֹךְ לְעֹלָם וָעֶד.

6   (יהוה, מַלְכוּתֵהּ קָאֵם, לְעָלַם וּלְעָלְמֵי עָלְמַיָּא.)

7   כִּי בָא סוּס פַּרְעֹה בְּרִכְבּוֹ וּבְפָרָשָׁיו בַּיָּם,

8   וַיָּשֶׁב יהוה עֲלֵהֶם אֶת מֵי הַיָּם, וּבְנֵי יִשְׂרָאֵל

9   הָלְכוּ בַיַּבָּשָׁה בְּתוֹךְ הַיָּם.

10   ❖ כִּי לַיהוה הַמְּלוּכָה, וּמֹשֵׁל בַּגּוֹיִם.

11   וְעָלוּ מוֹשִׁעִים בְּהַר צִיּוֹן, לִשְׁפֹּט אֶת הַר עֵשָׂו,

12   וְהָיְתָה לַיהוה הַמְּלוּכָה.

13   וְהָיָה יהוה לְמֶלֶךְ עַל כָּל הָאָרֶץ,

14   בַּיּוֹם הַהוּא יִהְיֶה יהוה אֶחָד וּשְׁמוֹ אֶחָד.

15   (וּבְתוֹרָתְךָ כָּתוּב לֵאמֹר: שְׁמַע יִשְׂרָאֵל יהוה אֱלֹהֵינוּ יהוה אֶחָד.)

Stand when you say יִשְׁתַּבַּח. You should say the words from שִׁיר וּשְׁבָחָה through בְּרָכוֹת וְהוֹדָאוֹת without pausing.

16   **יִשְׁתַּבַּח** שִׁמְךָ לָעַד מַלְכֵּנוּ,

17   הָאֵל הַמֶּלֶךְ הַגָּדוֹל וְהַקָּדוֹשׁ,

18   בַּשָּׁמַיִם וּבָאָרֶץ.

19   כִּי לְךָ נָאֶה, יהוה אֱלֹהֵינוּ וֵאלֹהֵי אֲבוֹתֵינוּ,

1   שִׁיר וּשְׁבָחָה, הַלֵּל וְזִמְרָה,

2   עֹז וּמֶמְשָׁלָה, נֶצַח גְּדֻלָּה וּגְבוּרָה,

3   תְּהִלָּה וְתִפְאֶרֶת, קְדֻשָּׁה וּמַלְכוּת,

4   בְּרָכוֹת וְהוֹדָאוֹת לְשִׁמְךָ הַגָּדוֹל וְהַקָּדוֹשׁ,

5   וּמֵעוֹלָם וְעַד עוֹלָם אַתָּה אֵל.

6   ❖ בָּרוּךְ אַתָּה יהוה,

7   אֵל מֶלֶךְ גָּדוֹל וּמְהֻלָּל בַּתִּשְׁבָּחוֹת,

8   אֵל הַהוֹדָאוֹת, אֲדוֹן הַנִּפְלָאוֹת,

9   בּוֹרֵא כָּל הַנְּשָׁמוֹת, רִבּוֹן כָּל הַמַּעֲשִׂים,

10   הַבּוֹחֵר בְּשִׁירֵי זִמְרָה,

11   מֶלֶךְ יָחִיד אֵל חֵי הָעוֹלָמִים. (אָמֵן. – Cong.)

From Rosh Hashanah to Yom Kippur and on Hoshana Rabbah most congregations
say the following psalm. The Ark is opened and each verse is said
by the *chazzan* and then by the congregation.

12   **שִׁיר הַמַּעֲלוֹת,** מִמַּעֲמַקִּים קְרָאתִיךָ, יהוה.

13   אֲדֹנָי, שִׁמְעָה בְקוֹלִי,

14   תִּהְיֶינָה אָזְנֶיךָ קַשֻּׁבוֹת לְקוֹל תַּחֲנוּנָי.

15   אִם עֲוֹנוֹת תִּשְׁמָר יָהּ, אֲדֹנָי, מִי יַעֲמֹד.

16   כִּי עִמְּךָ הַסְּלִיחָה, לְמַעַן תִּוָּרֵא.

17   קִוִּיתִי יהוה, קִוְּתָה נַפְשִׁי, וְלִדְבָרוֹ הוֹחָלְתִּי.

18   נַפְשִׁי לַאדֹנָי, מִשֹּׁמְרִים לַבֹּקֶר, שֹׁמְרִים לַבֹּקֶר.

19   יַחֵל יִשְׂרָאֵל אֶל יהוה, כִּי עִם יהוה הַחֶסֶד, וְהַרְבֵּה עִמּוֹ פְדוּת.

20   וְהוּא יִפְדֶּה אֶת יִשְׂרָאֵל, מִכֹּל עֲוֹנוֹתָיו.

Chazzan says חֲצִי קַדִּישׁ and בָּרְכוּ.

1   **יִתְגַּדַּל** וְיִתְקַדַּשׁ שְׁמֵהּ רַבָּא. (.Cong – אָמֵן.) בְּעָלְמָא דִּי בְרָא כִרְעוּתֵהּ.

2   וְיַמְלִיךְ מַלְכוּתֵהּ, וְיַצְמַח פֻּרְקָנֵהּ וִיקָרֵב מְשִׁיחֵהּ. (.Cong – אָמֵן.)

3   בְּחַיֵּיכוֹן וּבְיוֹמֵיכוֹן וּבְחַיֵּי דְכָל בֵּית יִשְׂרָאֵל, בַּעֲגָלָא וּבִזְמַן קָרִיב. וְאִמְרוּ:

4   אָמֵן.

5   (.Cong – אָמֵן. יְהֵא שְׁמֵהּ רַבָּא מְבָרַךְ לְעָלַם וּלְעָלְמֵי עָלְמַיָּא.)

6   יְהֵא שְׁמֵהּ רַבָּא מְבָרַךְ לְעָלַם וּלְעָלְמֵי עָלְמַיָּא.

7   יִתְבָּרַךְ וְיִשְׁתַּבַּח וְיִתְפָּאַר וְיִתְרוֹמַם וְיִתְנַשֵּׂא וְיִתְהַדָּר וְיִתְעַלֶּה

8   וְיִתְהַלָּל שְׁמֵהּ דְּקֻדְשָׁא בְּרִיךְ הוּא — (.Cong – בְּרִיךְ הוּא.) °לְעֵלָּא מִן כָּל

9   °לְעֵלָּא (וּ)לְעֵלָּא מִכָּל] — [from Rosh Hashanah to Yom Kippur בִּרְכָתָא וְשִׁירָתָא

10   תֻּשְׁבְּחָתָא וְנֶחֱמָתָא, דַּאֲמִירָן בְּעָלְמָא. וְאִמְרוּ: אָמֵן. (.Cong – אָמֵן)

Chazzan bows at בָּרְכוּ *and stands up straight at* ה'.

11   # בָּרְכוּ אֶת יהוה הַמְבֹרָךְ.

Congregation bows at בָּרוּךְ *and straightens up at* ה'.
Then the chazzan repeats the verse.

12   # בָּרוּךְ יהוה הַמְבֹרָךְ לְעוֹלָם וָעֶד.

ברכות קריאת שמע

One should sit until just before Shemoneh Esrei.

13   **בָּרוּךְ** אַתָּה יהוה אֱלֹהֵינוּ מֶלֶךְ   Touch the arm-*tefillin* at יוֹצֵר אוֹר,

14   הָעוֹלָם, יוֹצֵר אוֹר וּבוֹרֵא   and the head-*tefillin* at וּבוֹרֵא חֹשֶׁךְ.

15   חֹשֶׁךְ, עֹשֶׂה שָׁלוֹם וּבוֹרֵא אֶת הַכֹּל.

◆§ Interruptions During the Blessings of the Shema

The following responses are allowed between *Borchu* and *Shemoneh Esrei:*

□ You may say אָמֵן to any blessing "Between Chapters" (after הַבּוֹחֵר, after יוֹצֵר הַמְּאוֹרוֹת, after בְּעַמּוֹ יִשְׂרָאֵל בְּאַהֲבָה, and between the three chapters of *Shema*).

□ If you are not "Between Chapters," you may say the following:

(a) In *Kaddish,* עָלְמַיָּא . . . יְהֵא שְׁמֵהּ רַבָּא אָמֵן and the אָמֵן after דַּאֲמִירָן בְּעָלְמָא;

(b) the response to *Borchu* (even of one called to the Torah); and

(c) during the *chazzan's* repetition of *Shemoneh Esrei* —

    1) in *Kedushah,* the verses קָדוֹשׁ קָדוֹשׁ קָדוֹשׁ and כְּבוֹדוֹ . . . מִמְּקוֹמוֹ בָּרוּךְ כְּבוֹד ה';

    2) the אָמֵן after הָאֵל הַקָּדוֹשׁ and after שׁוֹמֵעַ תְּפִלָּה;

    3) the three words מוֹדִים אֲנַחְנוּ לָךְ.

1   **הַמֵּאִיר** לָאָרֶץ וְלַדָּרִים עָלֶיהָ בְּרַחֲמִים, וּבְטוּבוֹ מְחַדֵּשׁ
2   בְּכָל יוֹם תָּמִיד מַעֲשֵׂה בְרֵאשִׁית. מָה רַבּוּ
3   מַעֲשֶׂיךָ יהוה, כֻּלָּם בְּחָכְמָה עָשִׂיתָ, מָלְאָה הָאָרֶץ קִנְיָנֶךָ.
4   הַמֶּלֶךְ הַמְרוֹמָם לְבַדּוֹ מֵאָז, הַמְשֻׁבָּח וְהַמְפֹאָר וְהַמִּתְנַשֵּׂא
5   מִימוֹת עוֹלָם. אֱלֹהֵי עוֹלָם, בְּרַחֲמֶיךָ הָרַבִּים רַחֵם עָלֵינוּ,
6   אֲדוֹן עֻזֵּנוּ, צוּר מִשְׂגַּבֵּנוּ, מָגֵן יִשְׁעֵנוּ, מִשְׂגָּב בַּעֲדֵנוּ. **אֵל**
7   **בָּרוּךְ** גְּדוֹל דֵּעָה, הֵכִין וּפָעַל זָהֳרֵי חַמָּה, **טוֹב** יָצַר כָּבוֹד
8   לִשְׁמוֹ, **מְאוֹרוֹת** נָתַן סְבִיבוֹת עֻזּוֹ, **פִּנּוֹת** צְבָאָיו קְדוֹשִׁים
9   **רוֹמְמֵי** שַׁדַּי, תָּמִיד מְסַפְּרִים כְּבוֹד אֵל וּקְדֻשָּׁתוֹ. תִּתְבָּרֵךְ
10   יהוה אֱלֹהֵינוּ בַּשָּׁמַיִם מִמַּעַל וְעַל הָאָרֶץ מִתָּחַת, עַל כָּל
11   שֶׁבַח מַעֲשֵׂה יָדֶיךָ, וְעַל מְאוֹרֵי אוֹר שֶׁיָּצַרְתָּ, הֵמָּה יְפָאֲרוּךָ,
12   סֶּלָה.

13   **תִּתְבָּרֵךְ** לָנֶצַח צוּרֵנוּ מַלְכֵּנוּ וְגֹאֲלֵנוּ, בּוֹרֵא קְדוֹשִׁים.
14   יִשְׁתַּבַּח שִׁמְךָ לָעַד מַלְכֵּנוּ, יוֹצֵר מְשָׁרְתִים,
15   וַאֲשֶׁר מְשָׁרְתָיו כֻּלָּם עוֹמְדִים בְּרוּם עוֹלָם, וּמַשְׁמִיעִים
16   בְּיִרְאָה יַחַד בְּקוֹל דִּבְרֵי אֱלֹהִים חַיִּים וּמֶלֶךְ עוֹלָם. כֻּלָּם
17   אֲהוּבִים, כֻּלָּם בְּרוּרִים, כֻּלָּם גִּבּוֹרִים, כֻּלָּם קְדוֹשִׁים, וְכֻלָּם
18   עֹשִׂים בְּאֵימָה וּבְיִרְאָה רְצוֹן קוֹנֵיהֶם. ❖ וְכֻלָּם פּוֹתְחִים אֶת
19   פִּיהֶם בִּקְדֻשָּׁה וּבְטָהֳרָה, בְּשִׁירָה וּבְזִמְרָה, וּמְבָרְכִין
20   וּמְשַׁבְּחִין וּמְפָאֲרִין וּמַעֲרִיצִין וּמַקְדִּישִׁין וּמַמְלִיכִין —

21   **אֶת שֵׁם** הָאֵל הַמֶּלֶךְ הַגָּדוֹל הַגִּבּוֹר וְהַנּוֹרָא קָדוֹשׁ הוּא.
22   ❖ וְכֻלָּם מְקַבְּלִים עֲלֵיהֶם עֹל מַלְכוּת שָׁמַיִם זֶה
23   מִזֶּה, וְנוֹתְנִים בְּאַהֲבָה רְשׁוּת זֶה לָזֶה, לְהַקְדִּישׁ לְיוֹצְרָם,
24   בְּנַחַת רוּחַ בְּשָׂפָה בְרוּרָה וּבִנְעִימָה. קְדֻשָּׁה כֻּלָּם כְּאֶחָד
25   עוֹנִים בְּאֵימָה, וְאוֹמְרִים בְּיִרְאָה:

Congregation says aloud:

קָדוֹשׁ קָדוֹשׁ קָדוֹשׁ יהוה צְבָאוֹת,

מְלֹא כָל הָאָרֶץ כְּבוֹדוֹ.

❖ וְהָאוֹפַנִּים וְחַיּוֹת הַקֹּדֶשׁ בְּרַעַשׁ גָּדוֹל מִתְנַשְּׂאִים

לְעֻמַּת שְׂרָפִים. לְעֻמָּתָם מְשַׁבְּחִים וְאוֹמְרִים:

Congregation says aloud:

בָּרוּךְ כְּבוֹד יהוה מִמְּקוֹמוֹ.

לָאֵל בָּרוּךְ, נְעִימוֹת יִתֵּנוּ. לַמֶּלֶךְ אֵל חַי וְקַיָּם, זְמִרוֹת
יֹאמֵרוּ, וְתִשְׁבָּחוֹת יַשְׁמִיעוּ. כִּי הוּא לְבַדּוֹ מָרוֹם
וְקָדוֹשׁ פּוֹעֵל גְּבוּרוֹת, עֹשֶׂה חֲדָשׁוֹת, בַּעַל מִלְחָמוֹת,
זוֹרֵעַ צְדָקוֹת, מַצְמִיחַ יְשׁוּעוֹת, בּוֹרֵא רְפוּאוֹת, נוֹרָא
תְהִלּוֹת, אֲדוֹן הַנִּפְלָאוֹת. הַמְחַדֵּשׁ בְּטוּבוֹ בְּכָל יוֹם תָּמִיד
מַעֲשֵׂה בְרֵאשִׁית. כָּאָמוּר: לְעֹשֵׂה אוֹרִים גְּדֹלִים, כִּי
לְעוֹלָם חַסְדּוֹ. (וְהִתְקִין מְאוֹרוֹת מְשַׂמֵּחַ עוֹלָמוֹ אֲשֶׁר
בָּרָא.) ❖ אוֹר חָדָשׁ עַל צִיּוֹן תָּאִיר, וְנִזְכֶּה כֻלָּנוּ בִּמְהֵרָה
לְאוֹרוֹ. בָּרוּךְ אַתָּה יהוה, יוֹצֵר הַמְּאוֹרוֹת. (.Cong – אָמֵן.)

אַהֲבַת עוֹלָם אֲהַבְתָּנוּ יהוה אֱלֹהֵינוּ, חֶמְלָה גְדוֹלָה
וִיתֵרָה חָמַלְתָּ עָלֵינוּ. אָבִינוּ מַלְכֵּנוּ,
בַּעֲבוּר שִׁמְךָ הַגָּדוֹל, וּבַעֲבוּר אֲבוֹתֵינוּ שֶׁבָּטְחוּ בְךָ,
וַתְּלַמְּדֵם חֻקֵּי חַיִּים, לַעֲשׂוֹת רְצוֹנְךָ בְּלֵבָב שָׁלֵם, כֵּן
תְּחָנֵּנוּ וּתְלַמְּדֵנוּ. אָבִינוּ אָב הָרַחֲמָן הַמְרַחֵם, רַחֵם עָלֵינוּ,
וְתֵן בְּלִבֵּנוּ בִּינָה, לְהָבִין וּלְהַשְׂכִּיל, לִשְׁמוֹעַ לִלְמוֹד
וּלְלַמֵּד, לִשְׁמֹר וְלַעֲשׂוֹת וּלְקַיֵּם אֶת כָּל דִּבְרֵי תַלְמוּד
תוֹרָתֶךָ בְּאַהֲבָה. וְהָאֵר עֵינֵינוּ בְּתוֹרָתֶךָ, וְדַבֵּק לִבֵּנוּ

1 בְּמִצְוֹתֶיךָ, וְיַחֵד לְבָבֵנוּ לְאַהֲבָה וּלְיִרְאָה אֶת שְׁמֶךָ, לְמַעַן

2 לֹא נֵבוֹשׁ וְלֹא נִכָּלֵם וְלֹא נִכָּשֵׁל לְעוֹלָם וָעֶד. כִּי בְשֵׁם

3 קָדְשְׁךָ הַגָּדוֹל הַגִּבּוֹר וְהַנּוֹרָא בָּטָחְנוּ, נָגִילָה וְנִשְׂמְחָה

4 בִּישׁוּעָתֶךָ. וְרַחֲמֶיךָ, יהוה אֱלֹהֵינוּ, וַחֲסָדֶיךָ הָרַבִּים, אַל

5 יַעַזְבוּנוּ נֵצַח סֶלָה וָעֶד. מַהֵר וְהָבֵא עָלֵינוּ בְּרָכָה וְשָׁלוֹם

6 מְהֵרָה מֵאַרְבַּע כַּנְפוֹת (כָּל) הָאָרֶץ,

Take the four *tzitzis* between the fourth and fifth fingers of the left hand. Hold *tzitzis* this way during *Shema*.

7 וּשְׁבוֹר עוֹל הַגּוֹיִם מֵעַל צַוָּארֵנוּ, וְתוֹלִיכֵנוּ

8 מְהֵרָה קוֹמְמִיּוּת לְאַרְצֵנוּ. כִּי אֵל פּוֹעֵל

9 יְשׁוּעוֹת אָתָּה, וּבָנוּ בָחַרְתָּ מִכָּל עַם וְלָשׁוֹן. ❖ וְקֵרַבְתָּנוּ

10 מַלְכֵּנוּ לְשִׁמְךָ הַגָּדוֹל סֶלָה בֶּאֱמֶת בְּאַהֲבָה. לְהוֹדוֹת לְךָ

11 וּלְיַחֶדְךָ בְּאַהֲבָה, וּלְאַהֲבָה אֶת שְׁמֶךָ. בָּרוּךְ אַתָּה יהוה,

12 הַבּוֹחֵר בְּעַמּוֹ יִשְׂרָאֵל בְּאַהֲבָה.

שמע

Before starting *Shema,* keep in mind that you are doing the *mitzvah* to say it every morning. Say each word clearly and do not run words together. We have printed lines or commas between words that it is easy to run together.

When praying without a *minyan,* begin with the following three words:

13 אֵל מֶלֶךְ נֶאֱמָן.

Say the first verse aloud, with the right hand covering your eyes, and think that you are accepting God as your Master.

14 שְׁמַע | יִשְׂרָאֵל, יהוה | אֱלֹהֵינוּ, יהוה | אֶחָד:

15 quietly – בָּרוּךְ שֵׁם כְּבוֹד מַלְכוּתוֹ לְעוֹלָם וָעֶד.

When you say the first paragraph, think that you accept the *mitzvah* to love God.

16 וְאָהַבְתָּ אֵת יהוה | אֱלֹהֶיךָ, בְּכָל-לְבָבְךָ,

17 וּבְכָל-נַפְשְׁךָ, וּבְכָל-מְאֹדֶךָ: וְהָיוּ

18 הַדְּבָרִים הָאֵלֶּה, אֲשֶׁר | אָנֹכִי מְצַוְּךָ הַיּוֹם, עַל-

1   לְבָבֶֽךָ: וְשִׁנַּנְתָּם לְבָנֶֽיךָ, וְדִבַּרְתָּ בָּם, בְּשִׁבְתְּךָ

2   בְּבֵיתֶֽךָ, וּבְלֶכְתְּךָ בַדֶּֽרֶךְ, וּֽבְשָׁכְבְּךָ וּבְקוּמֶֽךָ:

3   וּקְשַׁרְתָּם לְאוֹת ׀ עַל־יָדֶֽךָ,

One wearing *tefillin* touches the arm-*tefillin* at . . . וּקְשַׁרְתָּם and the head-*tefillin* at וְהָיוּ לְטֹטָפֹת . . . , then kisses his fingertips.

4   וְהָיוּ לְטֹטָפֹת בֵּין ׀ עֵינֶֽיךָ:

5   וּכְתַבְתָּם ׀ עַל־מְזֻזוֹת בֵּיתֶֽךָ, וּבִשְׁעָרֶֽיךָ:

When you say the next paragraph, think that you are accepting all the *mitzvos* and that God rewards people for doing good and punishes them for doing wrong.

6   **וְהָיָה,** אִם־שָׁמֹֽעַ תִּשְׁמְעוּ אֶל־מִצְוֺתַי,

7   אֲשֶׁר ׀ אָנֹכִי מְצַוֶּה ׀ אֶתְכֶם הַיּוֹם,

8   לְאַהֲבָה אֶת־יהוה ׀ אֱלֹהֵיכֶם וּלְעָבְדוֹ,

9   בְּכָל־לְבַבְכֶם, וּבְכָל־נַפְשְׁכֶם: וְנָתַתִּי מְטַר־

10   אַרְצְכֶם בְּעִתּוֹ, יוֹרֶה וּמַלְקוֹשׁ, וְאָסַפְתָּ דְגָנֶֽךָ

11   וְתִירֹשְׁךָ וְיִצְהָרֶֽךָ: וְנָתַתִּי ׀ עֵֽשֶׂב ׀ בְּשָׂדְךָ

12   לִבְהֶמְתֶּֽךָ, וְאָכַלְתָּ וְשָׂבָֽעְתָּ: הִשָּׁמְרוּ לָכֶם,

13   פֶּן־יִפְתֶּה לְבַבְכֶם, וְסַרְתֶּם וַעֲבַדְתֶּם ׀

14   אֱלֹהִים ׀ אֲחֵרִים, וְהִשְׁתַּחֲוִיתֶם לָהֶם:

15   וְחָרָה ׀ אַף־יהוה בָּכֶם, וְעָצַר ׀ אֶת־הַשָּׁמַֽיִם,

16   וְלֹא־יִהְיֶה מָטָר, וְהָֽאֲדָמָה לֹא תִתֵּן אֶת־

17   יְבוּלָהּ, וַאֲבַדְתֶּם ׀ מְהֵרָה מֵעַל הָאָֽרֶץ

18   הַטֹּבָה ׀ אֲשֶׁר ׀ יהוה נֹתֵן לָכֶם: וְשַׂמְתֶּם ׀

19   אֶת־דְּבָרַי ׀ אֵֽלֶּה, עַל־לְבַבְכֶם וְעַל־נַפְשְׁכֶם,

וּקְשַׁרְתֶּ֖ם ׀ אֹתָ֛ם ׀ לְא֖וֹת ׀

One wearing *tefillin* touches the arm-*tefillin* at . . . וּקְשַׁרְתֶּם and the head-*tefillin* at . . . וְהָיוּ לְטוֹטָפֹת, then kisses his fingertips.

עַל־יֶדְכֶ֑ם, וְהָי֥וּ לְטֹטָפֹ֖ת

בֵּ֣ין ׀ עֵֽינֵיכֶֽם: וְלִמַּדְתֶּ֤ם ׀ אֹתָ֛ם ׀ אֶת־בְּנֵיכֶ֖ם,

לְדַבֵּ֣ר בָּ֑ם, בְּשִׁבְתְּךָ֤ בְּבֵיתֶ֨ךָ֙ וּבְלֶכְתְּךָ֣ בַדֶּ֔רֶךְ

וּֽבְשָׁכְבְּךָ֖ וּבְקוּמֶֽךָ: וּכְתַבְתָּ֛ם ׀ עַל־מְזוּז֥וֹת

בֵּיתֶ֖ךָ, וּבִשְׁעָרֶֽיךָ: לְמַ֨עַן ׀ יִרְבּ֜וּ ׀ יְמֵיכֶם֙ וִימֵ֣י

בְנֵיכֶ֔ם, עַ֚ל הָֽאֲדָמָ֔ה ׀ אֲשֶׁ֨ר ׀ נִשְׁבַּ֧ע ׀ יהוָ֛ה

לַאֲבֹֽתֵיכֶ֖ם לָתֵ֣ת לָהֶ֑ם, כִּימֵ֥י הַשָּׁמַ֖יִם ׀ עַל־

הָאָֽרֶץ:

Before saying the next paragraph, keep the *tzitzis* in your left hand, but take them in the right hand also. Kiss the *tzitzis* each time you say the word צִיצִת and at אֱמֶת; pass them in front of your eyes at וּרְאִיתֶם אֹתוֹ.

וַיֹּ֥אמֶר ׀ יהוָ֖ה ׀ אֶל־מֹשֶׁ֥ה לֵּאמֹֽר: דַּבֵּ֞ר ׀

אֶל־בְּנֵ֤י ׀ יִשְׂרָאֵל֙ וְאָמַרְתָּ֣ אֲלֵהֶ֔ם,

וְעָשׂ֨וּ לָהֶ֥ם צִיצִ֛ת, עַל־כַּנְפֵ֥י בִגְדֵיהֶ֖ם לְדֹרֹתָ֑ם,

וְנָֽתְנ֛וּ ׀ עַל־צִיצִ֥ת הַכָּנָ֖ף, פְּתִ֥יל תְּכֵֽלֶת: וְהָיָ֣ה

לָכֶם֮ לְצִיצִת֒, וּרְאִיתֶ֣ם ׀ אֹת֗וֹ, וּזְכַרְתֶּם֙ ׀

אֶת־כָּל־מִצְוֺ֣ת ׀ יהוָ֔ה, וַעֲשִׂיתֶ֖ם ׀ אֹתָ֑ם, וְלֹ֣א

תָת֜וּרוּ ׀ אַחֲרֵ֤י ׀ לְבַבְכֶם֙ וְאַחֲרֵ֣י ׀ עֵֽינֵיכֶ֔ם,

אֲשֶׁר־אַתֶּ֥ם זֹנִ֖ים ׀ אַחֲרֵיהֶֽם: לְמַ֣עַן תִּזְכְּר֔וּ,

וַעֲשִׂיתֶ֖ם ׀ אֶת־כָּל־מִצְוֺתָ֑י, וִהְיִיתֶ֥ם קְדֹשִׁ֖ים

לֵאלֹהֵיכֶם: אֲנִי יְהֹוָה ׀ אֱלֹהֵיכֶם,   1

אֲשֶׁר הוֹצֵאתִי ׀ אֶתְכֶם ׀ מֵאֶרֶץ   2

מִצְרַיִם, לִהְיוֹת לָכֶם לֵאלֹהִים, אֲנִי ׀ יְהֹוָה ׀   3

אֱלֹהֵיכֶם: אֱמֶת —   4

יְהֹוָה אֱלֹהֵיכֶם אֱמֶת. — *Chazzan* repeats   5

וְיַצִּיב וְנָכוֹן וְקַיָּם וְיָשָׁר וְנֶאֱמָן וְאָהוּב וְחָבִיב וְנֶחְמָד   6

וְנָעִים וְנוֹרָא וְאַדִּיר וּמְתֻקָּן וּמְקֻבָּל וְטוֹב וְיָפֶה   7

הַדָּבָר הַזֶּה עָלֵינוּ לְעוֹלָם וָעֶד. אֱמֶת אֱלֹהֵי עוֹלָם מַלְכֵּנוּ   8

צוּר יַעֲקֹב, מָגֵן יִשְׁעֵנוּ. לְדֹר וָדֹר הוּא קַיָּם, וּשְׁמוֹ קַיָּם,   9

וְכִסְאוֹ נָכוֹן, וּמַלְכוּתוֹ וֶאֱמוּנָתוֹ לָעַד קַיָּמֶת. וּדְבָרָיו חָיִים   10

וְקַיָּמִים, נֶאֱמָנִים וְנֶחֱמָדִים לָעַד   11

(kiss the *tzitzis* and let them go)

וּלְעוֹלְמֵי עוֹלָמִים. ❖ עַל אֲבוֹתֵינוּ וְעָלֵינוּ, עַל בָּנֵינוּ וְעַל   12

דּוֹרוֹתֵינוּ, וְעַל כָּל דּוֹרוֹת זֶרַע יִשְׂרָאֵל עֲבָדֶיךָ.   13

עַל הָרִאשׁוֹנִים וְעַל הָאַחֲרוֹנִים, דָּבָר טוֹב וְקַיָּם   14

לְעוֹלָם וָעֶד, אֱמֶת וֶאֱמוּנָה חֹק   15

וְלֹא יַעֲבֹר. אֱמֶת שָׁאַתָּה הוּא יְהֹוָה אֱלֹהֵינוּ וֵאלֹהֵי   16

אֲבוֹתֵינוּ, ❖ מַלְכֵּנוּ מֶלֶךְ אֲבוֹתֵינוּ, גֹּאֲלֵנוּ גֹּאֵל אֲבוֹתֵינוּ,   17

יוֹצְרֵנוּ צוּר יְשׁוּעָתֵנוּ, פּוֹדֵנוּ וּמַצִּילֵנוּ מֵעוֹלָם הוּא שְׁמֶךָ,   18

וְאֵין לָנוּ עוֹד אֱלֹהִים זוּלָתֶךָ, סֶלָה.   19

עֶזְרַת אֲבוֹתֵינוּ אַתָּה הוּא מֵעוֹלָם, מָגֵן וּמוֹשִׁיעַ   20

לָהֶם וְלִבְנֵיהֶם אַחֲרֵיהֶם בְּכָל דּוֹר וָדוֹר. בְּרוּם   21

עוֹלָם מוֹשָׁבֶךָ, וּמִשְׁפָּטֶיךָ וְצִדְקָתְךָ עַד אַפְסֵי אָרֶץ. אֱמֶת   22

אַשְׁרֵי אִישׁ שֶׁיִּשְׁמַע לְמִצְוֹתֶיךָ, וְתוֹרָתְךָ וּדְבָרְךָ יָשִׂים   23

Think that you are doing the *mitzvah* to remember that God took the Jews out of Egypt.

1   עַל לִבּוֹ. אֱמֶת אַתָּה הוּא אָדוֹן לְעַמֶּךָ, וּמֶלֶךְ גִּבּוֹר לָרִיב

2   רִיבָם לְאָבוֹת וּבָנִים. אֱמֶת אַתָּה הוּא רִאשׁוֹן וְאַתָּה הוּא

3   אַחֲרוֹן, וּמִבַּלְעָדֶיךָ אֵין לָנוּ מֶלֶךְ גּוֹאֵל וּמוֹשִׁיעַ. אֱמֶת

4   מִמִּצְרַיִם גְּאַלְתָּנוּ יהוה אֱלֹהֵינוּ, וּמִבֵּית עֲבָדִים פְּדִיתָנוּ.

5   כָּל בְּכוֹרֵיהֶם הָרָגְתָּ, וּבְכוֹרְךָ יִשְׂרָאֵל גָּאָלְתָּ, וְיַם סוּף

6   לָהֶם בָּקַעְתָּ, וְזֵדִים טִבַּעְתָּ, וִידִידִים הֶעֱבַרְתָּ, וַיְכַסּוּ מַיִם

7   צָרֵיהֶם, אֶחָד מֵהֶם לֹא נוֹתָר. עַל זֹאת שִׁבְּחוּ אֲהוּבִים

8   וְרוֹמְמוּ לָאֵל, וְנָתְנוּ יְדִידִים זְמִרוֹת שִׁירוֹת וְתִשְׁבָּחוֹת,

9   בְּרָכוֹת וְהוֹדָאוֹת, לְמֶלֶךְ אֵל חַי וְקַיָּם, רָם וְנִשָּׂא, גָּדוֹל

10   וְנוֹרָא, מַשְׁפִּיל גֵּאִים עֲדֵי אָרֶץ, וּמַגְבִּיהַּ שְׁפָלִים עֲדֵי

11   מָרוֹם. מוֹצִיא אֲסִירִים, וּפוֹדֶה עֲנָוִים, וְעוֹזֵר דַּלִּים,

12   וְעוֹנֶה לְעַמּוֹ יִשְׂרָאֵל בְּעֵת שַׁוְּעָם אֵלָיו.

Stand for *Shemoneh Esrei*. Some take three steps backward
at this point; others do so before צוּר יִשְׂרָאֵל.

13   ❖ תְּהִלּוֹת לְאֵל עֶלְיוֹן גּוֹאֲלָם, בָּרוּךְ הוּא וּמְבֹרָךְ. מֹשֶׁה

14   וּבְנֵי יִשְׂרָאֵל לְךָ עָנוּ שִׁירָה בְּשִׂמְחָה רַבָּה, וְאָמְרוּ כֻלָּם:

All say together aloud:

15   **מִי כָמֹכָה בָּאֵלִם יהוה, מִי כָּמֹכָה נֶאְדָּר בַּקֹּדֶשׁ,**

16   **נוֹרָא תְהִלֹּת עֹשֵׂה פֶלֶא.**

17   ❖ שִׁירָה חֲדָשָׁה שִׁבְּחוּ גְאוּלִים לְשִׁמְךָ הַגָּדוֹל עַל שְׂפַת

18   הַיָּם, יַחַד כֻּלָּם הוֹדוּ וְהִמְלִיכוּ וְאָמְרוּ:

All say together aloud:

19   **יהוה יִמְלֹךְ לְעֹלָם וָעֶד.**

You are not allowed to interrupt or pause between גָּאַל יִשְׂרָאֵל and
Shemoneh Esrei, even for *Kaddish, Kedushah,* or *Amen.*

20   ❖ **צוּר** יִשְׂרָאֵל, קוּמָה בְּעֶזְרַת יִשְׂרָאֵל, וּפְדֵה כִנְאֻמֶךָ

1 יְהוּדָה וְיִשְׂרָאֵל. וְנֶאֱמַר: גֹּאֲלֵנוּ יהוה צְבָאוֹת שְׁמוֹ,

2 קְדוֹשׁ יִשְׂרָאֵל. בָּרוּךְ אַתָּה יהוה, גָּאַל יִשְׂרָאֵל.

❧ שמונה עשרה ❧

Take three steps backward, then three steps forward. During *Shemoneh Esrei,* stand with your feet together and do not interrupt in any way. Say it very quietly, but you must be able to hear your own words. See *Laws* §15-16 for a summary of its laws.

3 אֲדֹנָי שְׂפָתַי תִּפְתָּח, וּפִי יַגִּיד תְּהִלָּתֶךָ.

אבות

Bend the knees at בָּרוּךְ; bow at אַתָּה; straighten up at 'ה.

4 **בָּרוּךְ** אַתָּה יהוה אֱלֹהֵינוּ וֵאלֹהֵי אֲבוֹתֵינוּ,

5 אֱלֹהֵי אַבְרָהָם, אֱלֹהֵי יִצְחָק, וֵאלֹהֵי

6 יַעֲקֹב, הָאֵל הַגָּדוֹל הַגִּבּוֹר וְהַנּוֹרָא, אֵל עֶלְיוֹן,

7 גּוֹמֵל חֲסָדִים טוֹבִים, וְקוֹנֵה הַכֹּל, וְזוֹכֵר חַסְדֵי

8 אָבוֹת, וּמֵבִיא גוֹאֵל לִבְנֵי בְנֵיהֶם, לְמַעַן שְׁמוֹ

9 בְּאַהֲבָה.

From Rosh Hashanah to Yom Kippur add:

10 זָכְרֵנוּ לְחַיִּים, מֶלֶךְ חָפֵץ בַּחַיִּים,

11 וְכָתְבֵנוּ בְּסֵפֶר הַחַיִּים, לְמַעַנְךָ אֱלֹהִים חַיִּים.

[If forgotten, do not repeat *Shemoneh Esrei.* See *Laws* §17.]

Bend the knees at בָּרוּךְ; bow at אַתָּה; straighten up at 'ה.

12 מֶלֶךְ עוֹזֵר וּמוֹשִׁיעַ וּמָגֵן. בָּרוּךְ אַתָּה יהוה, מָגֵן

13 אַבְרָהָם. (.אָמֵן – Cong.)

גבורות

14 **אַתָּה** גִּבּוֹר לְעוֹלָם אֲדֹנָי, מְחַיֵּה מֵתִים

15 אַתָּה, רַב לְהוֹשִׁיעַ.

Between Shemini Atzeres and Pesach:

Pesach through Succos:

1 מַשִׁיב הָרוּחַ וּמוֹרִיד הַגֶּשֶׁם.   מוֹרִיד הַטָּל.

[If forgotten or interchanged, see *Laws* §23-29.]

2 מְכַלְכֵּל חַיִּים בְּחֶסֶד, מְחַיֵּה מֵתִים בְּרַחֲמִים

3 רַבִּים, סוֹמֵךְ נוֹפְלִים, וְרוֹפֵא חוֹלִים, וּמַתִּיר

4 אֲסוּרִים, וּמְקַיֵּם אֱמוּנָתוֹ לִישֵׁנֵי עָפָר. מִי כָמוֹךָ

5 בַּעַל גְּבוּרוֹת, וּמִי דּוֹמֶה לָּךְ, מֶלֶךְ מֵמִית

6 וּמְחַיֶּה וּמַצְמִיחַ יְשׁוּעָה.

From Rosh Hashanah to Yom Kippur add:

7 מִי כָמוֹךָ אָב הָרַחֲמָן, זוֹכֵר יְצוּרָיו לְחַיִּים בְּרַחֲמִים.

[If forgotten, do not repeat. See *Laws* §17.]

8 וְנֶאֱמָן אַתָּה לְהַחֲיוֹת מֵתִים. בָּרוּךְ אַתָּה

9 יהוה, מְחַיֵּה הַמֵּתִים. (אָמֵן – .Cong)

During the *chazzan's* repetition, *Kedushah* (below) is said here.

קדושה

During the *chazzan's* repetition, say *Kedushah* here. Stand with your feet together and avoid any interruptions. Rise on toes at קָדוֹשׁ, קָדוֹשׁ, קָדוֹשׁ; בָּרוּךְ; and יִמְלֹךְ.

10 נַקְדִּישָׁךְ וְנַעֲרִיצָךְ, כְּנֹעַם שִׂיחַ סוֹד שַׂרְפֵי קֹדֶשׁ,   – Cong.,

11 הַמְשַׁלְּשִׁים לְךָ קְדֻשָּׁה, כַּכָּתוּב עַל יַד   then chazzan

12 נְבִיאֶךָ, וְקָרָא זֶה אֶל זֶה וְאָמַר:

13 קָדוֹשׁ קָדוֹשׁ קָדוֹשׁ יהוה צְבָאוֹת, מְלֹא כָל הָאָרֶץ כְּבוֹדוֹ.   – All

14 לְעֻמָּתָם מְשַׁבְּחִים וְאוֹמְרִים: – Chazzan

15 בָּרוּךְ כְּבוֹד יהוה, מִמְּקוֹמוֹ.   – All

16 וּבְדִבְרֵי קָדְשְׁךָ כָּתוּב לֵאמֹר: – Chazzan

17 יִמְלֹךְ יהוה לְעוֹלָם, אֱלֹהַיִךְ צִיּוֹן לְדֹר וָדֹר, הַלְלוּיָהּ.   – All

The *chazzan* continues אַתָּה קָדוֹשׁ or לְדוֹר וָדוֹר (page 54).

קדושת השם

In some congregations, the *chazzan* substitutes לְדוֹר וָדוֹר for אַתָּה קָדוֹשׁ in his repetition.

אַתָּה קָדוֹשׁ וְשִׁמְךָ קָדוֹשׁ, 1

וּקְדוֹשִׁים בְּכָל יוֹם 2

יְהַלְלוּךָ סֶּלָה, כִּי אֵל מֶלֶךְ 3

גָּדוֹל וְקָדוֹשׁ אָתָּה. בָּרוּךְ 4

אַתָּה יהוה, °הָאֵל הַקָּדוֹשׁ. 5

(אָמֵן. – Cong.) 6

> **לְדוֹר** וָדוֹר נַגִּיד גָּדְלֶךָ
> וּלְנֵצַח נְצָחִים
> קְדֻשָּׁתְךָ נַקְדִּישׁ, וְשִׁבְחֲךָ
> אֱלֹהֵינוּ מִפִּינוּ לֹא יָמוּשׁ
> לְעוֹלָם וָעֶד, כִּי אֵל מֶלֶךְ
> גָּדוֹל וְקָדוֹשׁ אָתָּה. בָּרוּךְ
> אַתָּה יהוה, °הָאֵל הַקָּדוֹשׁ.
> (אָמֵן. – Cong.)

From Rosh Hashanah to Yom Kippur substitute — °הַמֶּלֶךְ הַקָּדוֹשׁ 7

[If forgotten, repeat *Shemoneh Esrei*. See *Laws* §18-19.]

בינה

אַתָּה חוֹנֵן לְאָדָם דַּעַת, וּמְלַמֵּד לֶאֱנוֹשׁ 8

בִּינָה. חָנֵּנוּ מֵאִתְּךָ חָכְמָה בִּינָה וָדָעַת. 9

בָּרוּךְ אַתָּה יהוה, חוֹנֵן הַדָּעַת. (אָמֵן. – Cong.) 10

תשובה

הֲשִׁיבֵנוּ אָבִינוּ לְתוֹרָתֶךָ, וְקָרְבֵנוּ מַלְכֵּנוּ 11

לַעֲבוֹדָתֶךָ, וְהַחֲזִירֵנוּ בִּתְשׁוּבָה 12

שְׁלֵמָה לְפָנֶיךָ. בָּרוּךְ אַתָּה יהוה, הָרוֹצֶה 13

בִּתְשׁוּבָה. (אָמֵן. – Cong.) 14

סליחה

Lightly hit the left side of the chest with your right fist while saying חָטָאנוּ and פָשָׁעְנוּ.

סְלַח לָנוּ אָבִינוּ כִּי חָטָאנוּ, מְחַל לָנוּ 15

מַלְכֵּנוּ כִּי פָשָׁעְנוּ, כִּי אֵל טוֹב 16

וְסָלֶֽח אָֽתָּה. בָּרוּךְ אַתָּה יהוה, חַנּוּן הַמַּרְבֶּה
לִסְלֽוֹחַ. (Cong. – אָמֵן)

גאולה

רְאֵה נָא בְעָנְיֵֽנוּ, וְרִיבָה רִיבֵֽנוּ, וּגְאָלֵֽנוּ גְּאֻלָּה
שְׁלֵמָה מְהֵרָה לְמַֽעַן שְׁמֶֽךָ, כִּי אֵל גּוֹאֵל
חָזָק אָֽתָּה. בָּרוּךְ אַתָּה יהוה, גּוֹאֵל יִשְׂרָאֵל.
(.Cong. – אָמֵן)

On a fast day, the *chazzan* says עֲנֵנוּ in his repetition. [If forgotten, see *Laws* §41.]

עֲנֵֽנוּ יהוה עֲנֵֽנוּ, בְּיוֹם צוֹם תַּעֲנִיתֵֽנוּ, כִּי בְצָרָה גְדוֹלָה אֲנָֽחְנוּ.
אַל תֵּֽפֶן אֶל רִשְׁעֵֽנוּ, וְאַל תַּסְתֵּר פָּנֶֽיךָ מִמֶּֽנּוּ, וְאַל
תִּתְעַלַּם מִתְּחִנָּתֵֽנוּ. הֱיֵה נָא קָרוֹב לְשַׁוְעָתֵֽנוּ, יְהִי נָא חַסְדְּךָ
לְנַחֲמֵֽנוּ, טֶֽרֶם נִקְרָא אֵלֶֽיךָ עֲנֵֽנוּ, כַּדָּבָר שֶׁנֶּאֱמַר: וְהָיָה טֶֽרֶם
יִקְרָֽאוּ וַאֲנִי אֶעֱנֶה, עוֹד הֵם מְדַבְּרִים וַאֲנִי אֶשְׁמָע. כִּי אַתָּה יהוה
הָעוֹנֶה בְּעֵת צָרָה, פּוֹדֶה וּמַצִּיל בְּכָל עֵת צָרָה וְצוּקָה. בָּרוּךְ
אַתָּה יהוה, הָעוֹנֶה לְעַמּוֹ יִשְׂרָאֵל בְּעֵת צָרָה. (.Cong. – אָמֵן)

רפואה

Some say the words on the right side of the line, others say the words on the left side.

רְפָאֵֽנוּ יהוה וְנֵרָפֵא, הוֹשִׁיעֵֽנוּ וְנִוָּשֵֽׁעָה, כִּי
תְהִלָּתֵֽנוּ אָֽתָּה, וְהַעֲלֵה
רְפוּאָה שְׁלֵמָה | אֲרוּכָה וּמַרְפֵּא לְכָל תַּחֲלוּאֵֽינוּ
לְכָל מַכּוֹתֵֽינוּ, | וּלְכָל מַכְאוֹבֵֽינוּ וּלְכָל מַכּוֹתֵֽינוּ,

At this point you can add the following prayer for a person who is sick:
יְהִי רָצוֹן מִלְּפָנֶֽיךָ יהוה אֱלֹהַי וֵאלֹהֵי אֲבוֹתַי,
שֶׁתִּשְׁלַח מְהֵרָה רְפוּאָה שְׁלֵמָה מִן הַשָּׁמַֽיִם, רְפוּאַת הַנֶּֽפֶשׁ וּרְפוּאַת הַגּוּף
for a male— לַחוֹלֶה (patient's name) בֶּן (mother's name) בְּתוֹךְ שְׁאָר חוֹלֵי יִשְׂרָאֵל.
for a female— לַחוֹלָה (patient's name) בַּת (mother's name) בְּתוֹךְ שְׁאָר חוֹלֵי יִשְׂרָאֵל.

1   כִּי אֵל מֶלֶךְ רוֹפֵא נֶאֱמָן וְרַחֲמָן אָתָּה. בָּרוּךְ אַתָּה

2   יהוה, רוֹפֵא חוֹלֵי עַמּוֹ יִשְׂרָאֵל. (.Cong – אָמֵן.)

ברכת השנים

3   **בָּרֵךְ** עָלֵינוּ יהוה אֱלֹהֵינוּ אֶת הַשָּׁנָה הַזֹּאת

4   וְאֶת כָּל מִינֵי תְבוּאָתָהּ לְטוֹבָה, וְתֵן

From Maariv of December 4th (or 5th in the year before a civil leap year) until Pesach:	From Chol HaMoed Pesach through Minchah of December 4th (or 5th in the year before a civil leap year):

5   בְּרָכָה   טַל וּמָטָר לִבְרָכָה

[If you said the wrong phrase, see Laws §30-38.]

6   עַל פְּנֵי הָאֲדָמָה, וְשַׂבְּעֵנוּ מִטּוּבָהּ, וּבָרֵךְ שְׁנָתֵנוּ

7   כַּשָּׁנִים הַטּוֹבוֹת לִבְרָכָה, כִּי אֵל טוֹב וּמֵטִיב

8   אָתָּה, וּמְבָרֵךְ הַשָּׁנִים. בָּרוּךְ אַתָּה יהוה, מְבָרֵךְ

9   הַשָּׁנִים. (.Cong – אָמֵן.)

קיבוץ גליות

10   **תְּקַע** בְּשׁוֹפָר גָּדוֹל לְחֵרוּתֵנוּ, וְשָׂא נֵס לְקַבֵּץ

11   גָּלֻיּוֹתֵינוּ, וְקַבְּצֵנוּ יַחַד מְהֵרָה מֵאַרְבַּע

12   כַּנְפוֹת הָאָרֶץ לְאַרְצֵנוּ. בָּרוּךְ אַתָּה יהוה, מְקַבֵּץ

13   נִדְחֵי עַמּוֹ יִשְׂרָאֵל. (.Cong – אָמֵן.)

דין

14   **הָשִׁיבָה** שׁוֹפְטֵינוּ כְּבָרִאשׁוֹנָה, וְיוֹעֲצֵינוּ

15   כְּבַתְּחִלָּה, וְהָסֵר מִמֶּנּוּ יָגוֹן וַאֲנָחָה,

16   וּמְלוֹךְ עָלֵינוּ מְהֵרָה אַתָּה יהוה לְבַדְּךָ

1 בְּחֶסֶד וּבְרַחֲמִים, וְצַדְּקֵנוּ בְּצֶדֶק וּבְמִשְׁפָּט. בָּרוּךְ

2 אַתָּה יהוה, °מֶלֶךְ אוֹהֵב צְדָקָה וּמִשְׁפָּט.

3 (אָמֵן. – Cong.)

4 ° **הַמֶּלֶךְ הַמִּשְׁפָּט.** – From Rosh Hashanah to Yom Kippur substitute

[If forgotten, do not repeat *Shemoneh Esrei*. See *Laws* §20.]

ברכת המינים

5 **וְלַמַּלְשִׁינִים** אַל תְּהִי תִקְוָה, וְכָל הַמִּינִים

6 כְּרֶגַע יֹאבֵדוּ, וְכָל אוֹיְבֵי עַמְּךָ

7 מְהֵרָה יִכָּרֵתוּ, וְהַזֵּדִים מְהֵרָה תְעַקֵּר וּתְשַׁבֵּר

8 וּתְמַגֵּר וּתְכַלֵּם וְתַשְׁפִּילֵם וְתַכְנִיעֵם בִּמְהֵרָה

9 בְיָמֵינוּ. בָּרוּךְ אַתָּה יהוה, שׁוֹבֵר אֹיְבִים וּמַכְנִיעַ

10 זֵדִים.   (אָמֵן. – Cong.)

צדיקים

11 **עַל הַצַּדִּיקִים** וְעַל הַחֲסִידִים, וְעַל זִקְנֵי

12 שְׁאֵרִית עַמְּךָ בֵּית יִשְׂרָאֵל,

13 וְעַל פְּלֵיטַת בֵּית סוֹפְרֵיהֶם, וְעַל גֵּרֵי הַצֶּדֶק

14 וְעָלֵינוּ, יֶהֱמוּ נָא רַחֲמֶיךָ יהוה אֱלֹהֵינוּ. וְתֵן שָׂכָר

15 טוֹב לְכָל הַבּוֹטְחִים בְּשִׁמְךָ בֶּאֱמֶת, וְשִׂים חֶלְקֵנוּ

16 עִמָּהֶם, וּלְעוֹלָם לֹא נֵבוֹשׁ כִּי בְךָ בָּטָחְנוּ, וְעַל

17 חַסְדְּךָ הַגָּדוֹל בֶּאֱמֶת נִשְׁעָנּוּ. בָּרוּךְ אַתָּה יהוה,

18 מִשְׁעָן וּמִבְטָח לַצַּדִּיקִים.   (אָמֵן. – Cong.)

בנין ירושלים

וְלִירוּשָׁלַיִם עִירְךָ בְּרַחֲמִים תָּשׁוּב, וְתִשְׁכּוֹן בְּתוֹכָהּ כַּאֲשֶׁר דִּבַּרְתָּ, וּבְנֵה אוֹתָהּ בְּקָרוֹב בְּיָמֵינוּ בִּנְיַן עוֹלָם, וְכִסֵּא דָוִד עַבְדְּךָ מְהֵרָה לְתוֹכָהּ תָּכִין. בָּרוּךְ אַתָּה יהוה, בּוֹנֵה יְרוּשָׁלָיִם. (.אָמֵן – Cong.)

מלכות בית דוד

אֶת צֶמַח דָּוִד עַבְדְּךָ מְהֵרָה תַצְמִיחַ, וְקַרְנוֹ תָּרוּם בִּישׁוּעָתֶךָ, כִּי לִישׁוּעָתְךָ קִוִּינוּ כָּל הַיּוֹם (וּמְצַפִּים לִישׁוּעָה). בָּרוּךְ אַתָּה יהוה, מַצְמִיחַ קֶרֶן יְשׁוּעָה. (.אָמֵן – Cong.)

קבלת תפלה

אָב הָרַחֲמָן, שְׁמַע קוֹלֵנוּ, יהוה אֱלֹהֵינוּ, חוּס וְרַחֵם עָלֵינוּ, וְקַבֵּל בְּרַחֲמִים וּבְרָצוֹן אֶת תְּפִלָּתֵנוּ, כִּי אֵל שׁוֹמֵעַ תְּפִלּוֹת וְתַחֲנוּנִים אָתָּה. וּמִלְּפָנֶיךָ, מַלְכֵּנוּ, רֵיקָם אַל תְּשִׁיבֵנוּ. חָנֵּנוּ וַעֲנֵנוּ וּשְׁמַע תְּפִלָּתֵנוּ, כִּי אַתָּה שׁוֹמֵעַ תְּפִלַּת כָּל פֶּה עַמְּךָ יִשְׂרָאֵל בְּרַחֲמִים. בָּרוּךְ אַתָּה יהוה, שׁוֹמֵעַ תְּפִלָּה. (.אָמֵן – Cong.)

עבודה

רְצֵה יהוה אֱלֹהֵינוּ בְּעַמְּךָ יִשְׂרָאֵל

וְלִתְפִלָּתָם שְׁעֵה, וְהָשֵׁב אֶת הָעֲבוֹדָה

לִדְבִיר בֵּיתֶךָ. וְאִשֵּׁי יִשְׂרָאֵל וּתְפִלָּתָם מְהֵרָה

בְּאַהֲבָה תְקַבֵּל בְּרָצוֹן, וּתְהִי לְרָצוֹן תָּמִיד

עֲבוֹדַת יִשְׂרָאֵל עַמֶּךָ.

On Rosh Chodesh and Chol HaMoed add the following.
(During the *chazzan's* repetition, the congregation responds אָמֵן as indicated.)

אֱלֹהֵינוּ וֵאלֹהֵי אֲבוֹתֵינוּ, יַעֲלֶה, וְיָבֹא, וְיַגִּיעַ,

וְיֵרָאֶה, וְיֵרָצֶה, וְיִשָּׁמַע, וְיִפָּקֵד, וְיִזָּכֵר

זִכְרוֹנֵנוּ וּפִקְדוֹנֵנוּ, וְזִכְרוֹן אֲבוֹתֵינוּ, וְזִכְרוֹן מָשִׁיחַ בֶּן

דָּוִד עַבְדֶּךָ, וְזִכְרוֹן יְרוּשָׁלַיִם עִיר קָדְשֶׁךָ, וְזִכְרוֹן כָּל

עַמְּךָ בֵּית יִשְׂרָאֵל לְפָנֶיךָ, לִפְלֵיטָה לְטוֹבָה, לְחֵן

וּלְחֶסֶד וּלְרַחֲמִים, לְחַיִּים (טוֹבִים) וּלְשָׁלוֹם, בְּיוֹם

on Succos:	on Pesach:	on Rosh Chodesh:
חַג הַסֻּכּוֹת הַזֶּה.	חַג הַמַּצּוֹת הַזֶּה.	רֹאשׁ הַחֹדֶשׁ הַזֶּה.

זָכְרֵנוּ יהוה אֱלֹהֵינוּ בּוֹ לְטוֹבָה (.Cong – אָמֵן),

וּפָקְדֵנוּ בוֹ לִבְרָכָה (.Cong – אָמֵן),

וְהוֹשִׁיעֵנוּ בוֹ לְחַיִּים טוֹבִים (.Cong – אָמֵן).

וּבִדְבַר יְשׁוּעָה וְרַחֲמִים, חוּס וְחָנֵּנוּ וְרַחֵם עָלֵינוּ

וְהוֹשִׁיעֵנוּ, כִּי אֵלֶיךָ עֵינֵינוּ, כִּי אֵל מֶלֶךְ חַנּוּן וְרַחוּם

אָתָּה.

[If forgotten, see *Laws* §43.]

1. וְתֶחֱזֶינָה עֵינֵינוּ בְּשׁוּבְךָ לְצִיּוֹן בְּרַחֲמִים.
2. בָּרוּךְ אַתָּה יהוה, הַמַּחֲזִיר שְׁכִינָתוֹ
3. לְצִיּוֹן.   (.Cong. – אָמֵן)

הוֹדָאָה

Bow at מוֹדִים; straighten up at 'ה.
In his repetition, the *chazzan* should say the entire מוֹדִים aloud
and the congregation says מוֹדִים דְּרַבָּנָן softly.

4. **מוֹדִים** אֲנַחְנוּ לָךְ, שָׁאַתָּה
5. הוּא יהוה אֱלֹהֵינוּ
6. וֵאלֹהֵי אֲבוֹתֵינוּ לְעוֹלָם וָעֶד.
7. צוּרֵנוּ צוּר חַיֵּינוּ, מָגֵן יִשְׁעֵנוּ
8. אַתָּה הוּא לְדוֹר וָדוֹר. נוֹדֶה
9. לְךָ וּנְסַפֵּר תְּהִלָּתֶךָ, עַל חַיֵּינוּ
10. הַמְּסוּרִים בְּיָדֶךָ, וְעַל
11. נִשְׁמוֹתֵינוּ הַפְּקוּדוֹת לָךְ, וְעַל
12. נִסֶּיךָ שֶׁבְּכָל יוֹם עִמָּנוּ, וְעַל
13. נִפְלְאוֹתֶיךָ וְטוֹבוֹתֶיךָ שֶׁבְּכָל
14. עֵת, עֶרֶב וָבֹקֶר וְצָהֳרָיִם.
15. הַטּוֹב כִּי לֹא כָלוּ רַחֲמֶיךָ,
16. וְהַמְרַחֵם כִּי לֹא תַמּוּ חֲסָדֶיךָ,
17. כִּי מֵעוֹלָם קִוִּינוּ לָךְ.

מוֹדִים דְּרַבָּנָן

מוֹדִים אֲנַחְנוּ לָךְ, שָׁאַתָּה הוּא יהוה אֱלֹהֵינוּ וֵאלֹהֵי אֲבוֹתֵינוּ, אֱלֹהֵי כָל בָּשָׂר, יוֹצְרֵנוּ, יוֹצֵר בְּרֵאשִׁית. בְּרָכוֹת וְהוֹדָאוֹת לְשִׁמְךָ הַגָּדוֹל וְהַקָּדוֹשׁ, עַל שֶׁהֶחֱיִיתָנוּ וְקִיַּמְתָּנוּ. כֵּן תְּחַיֵּנוּ וּתְקַיְּמֵנוּ, וְתֶאֱסוֹף גָּלֻיּוֹתֵינוּ לְחַצְרוֹת קָדְשֶׁךָ, לִשְׁמוֹר חֻקֶּיךָ וְלַעֲשׂוֹת רְצוֹנֶךָ, וּלְעָבְדְּךָ בְּלֵבָב שָׁלֵם, עַל שֶׁאֲנַחְנוּ מוֹדִים לָךְ. בָּרוּךְ אֵל הַהוֹדָאוֹת.

On Chanukah and Purim add the following:

1   **וְעַל הַנִּסִּים**, וְעַל הַפֻּרְקָן, וְעַל הַגְּבוּרוֹת, וְעַל

2   הַתְּשׁוּעוֹת, וְעַל הַנִּפְלָאוֹת, וְעַל הַנֶּחָמוֹת,

3   וְעַל הַמִּלְחָמוֹת, שֶׁעָשִׂיתָ לַאֲבוֹתֵינוּ בַּיָּמִים הָהֵם בַּזְּמַן הַזֶּה.

On Purim:	On Chanukah:

4   בִּימֵי מַתִּתְיָהוּ בֶּן יוֹחָנָן כֹּהֵן

5   גָּדוֹל חַשְׁמוֹנָאִי וּבָנָיו, כְּשֶׁעָמְדָה

6   מַלְכוּת יָוָן הָרְשָׁעָה עַל עַמְּךָ

7   יִשְׂרָאֵל, לְהַשְׁכִּיחָם תּוֹרָתֶךָ,

8   וּלְהַעֲבִירָם מֵחֻקֵּי רְצוֹנֶךָ. וְאַתָּה

9   בְּרַחֲמֶיךָ הָרַבִּים, עָמַדְתָּ לָהֶם בְּעֵת

10   צָרָתָם, רַבְתָּ אֶת רִיבָם, דַּנְתָּ אֶת

11   דִּינָם, נָקַמְתָּ אֶת נִקְמָתָם. מָסַרְתָּ

12   גִּבּוֹרִים בְּיַד חַלָּשִׁים, וְרַבִּים בְּיַד

13   מְעַטִּים, וּטְמֵאִים בְּיַד טְהוֹרִים,

14   וּרְשָׁעִים בְּיַד צַדִּיקִים, וְזֵדִים בְּיַד

15   עוֹסְקֵי תוֹרָתֶךָ. וּלְךָ עָשִׂיתָ שֵׁם גָּדוֹל

16   וְקָדוֹשׁ בְּעוֹלָמֶךָ, וּלְעַמְּךָ יִשְׂרָאֵל

17   עָשִׂיתָ תְּשׁוּעָה גְדוֹלָה וּפֻרְקָן כְּהַיּוֹם

18   הַזֶּה. וְאַחַר כֵּן בָּאוּ בָנֶיךָ לִדְבִיר

19   בֵּיתֶךָ, וּפִנּוּ אֶת הֵיכָלֶךָ, וְטִהֲרוּ אֶת

20   מִקְדָּשֶׁךָ, וְהִדְלִיקוּ נֵרוֹת בְּחַצְרוֹת

21   קָדְשֶׁךָ, וְקָבְעוּ שְׁמוֹנַת יְמֵי חֲנֻכָּה

22   אֵלּוּ, לְהוֹדוֹת וּלְהַלֵּל לְשִׁמְךָ

23   הַגָּדוֹל.

On Purim:

בִּימֵי מָרְדְּכַי וְאֶסְתֵּר, בְּשׁוּשַׁן הַבִּירָה, כְּשֶׁעָמַד עֲלֵיהֶם הָמָן הָרָשָׁע, בִּקֵּשׁ לְהַשְׁמִיד לַהֲרֹג וּלְאַבֵּד אֶת כָּל הַיְּהוּדִים, מִנַּעַר וְעַד זָקֵן, טַף וְנָשִׁים בְּיוֹם אֶחָד, בִּשְׁלוֹשָׁה עָשָׂר לְחֹדֶשׁ שְׁנֵים עָשָׂר, הוּא חֹדֶשׁ אֲדָר, וּשְׁלָלָם לָבוֹז. וְאַתָּה בְּרַחֲמֶיךָ הָרַבִּים הֵפַרְתָּ אֶת עֲצָתוֹ, וְקִלְקַלְתָּ אֶת מַחֲשַׁבְתּוֹ, וַהֲשֵׁבוֹתָ לּוֹ גְּמוּלוֹ בְּרֹאשׁוֹ, וְתָלוּ אוֹתוֹ וְאֶת בָּנָיו עַל הָעֵץ.

[If forgotten, do not repeat *Shemoneh Esrei.*]

וְעַל כֻּלָּם יִתְבָּרַךְ וְיִתְרוֹמַם וְיִתְנַשֵּׂא שִׁמְךָ

מַלְכֵּנוּ תָּמִיד לְעוֹלָם וָעֶד.

From Rosh Hashanah to Yom Kippur add:

וּכְתוֹב לְחַיִּים טוֹבִים כָּל בְּנֵי בְרִיתֶךָ.

[If forgotten, do not repeat *Shemoneh Esrei*. See Laws §17.]

Bend the knees at בָּרוּךְ; bow at אַתָּה; straighten up at ה'.

וְכֹל הַחַיִּים יוֹדוּךָ סֶּלָה, וִיהַלְלוּ וִיבָרְכוּ אֶת

שִׁמְךָ הַגָּדוֹל בֶּאֱמֶת, לְעוֹלָם כִּי טוֹב. הָאֵל

יְשׁוּעָתֵנוּ וְעֶזְרָתֵנוּ סֶּלָה, הָאֵל הַטּוֹב. בָּרוּךְ אַתָּה

יהוה, הַטּוֹב שִׁמְךָ וּלְךָ נָאֶה לְהוֹדוֹת. (.Cong – אָמֵן)

ברכת כהנים

The *chazzan* says בִּרְכַּת כֹּהֲנִים during his repetition, except in a house of mourning.
The *chazzan* faces the Ark at יָאֵר ה' and וִיבָרֶכְךָ ה', right at וְיִשְׁמְרֶךָ,
and left at פָּנָיו אֵלֶיךָ וִיחֻנֶּךָּ.

אֱלֹהֵינוּ וֵאלֹהֵי אֲבוֹתֵינוּ, בָּרְכֵנוּ בַבְּרָכָה הַמְשֻׁלֶּשֶׁת

בַּתּוֹרָה, הַכְּתוּבָה עַל יְדֵי מֹשֶׁה עַבְדֶּךָ, הָאֲמוּרָה

מִפִּי אַהֲרֹן וּבָנָיו, כֹּהֲנִים עַם קְדוֹשֶׁךָ, כָּאָמוּר:

יְבָרֶכְךָ יהוה, וְיִשְׁמְרֶךָ. (.Cong – כֵּן יְהִי רָצוֹן.)

יָאֵר יהוה פָּנָיו אֵלֶיךָ, וִיחֻנֶּךָּ. (.Cong – כֵּן יְהִי רָצוֹן.)

יִשָּׂא יהוה פָּנָיו אֵלֶיךָ, וְיָשֵׂם לְךָ שָׁלוֹם. (.Cong – כֵּן יְהִי רָצוֹן.)

While the *chazzan* says שִׂים שָׁלוֹם the congregation continues:

אַדִּיר בַּמָּרוֹם, שׁוֹכֵן בִּגְבוּרָה, אַתָּה שָׁלוֹם וְשִׁמְךָ שָׁלוֹם, יְהִי רָצוֹן

שֶׁתָּשִׂים עָלֵינוּ וְעַל כָּל עַמְּךָ בֵּית יִשְׂרָאֵל חַיִּים וּבְרָכָה לְמִשְׁמֶרֶת שָׁלוֹם.

שלום

שִׂים שָׁלוֹם, טוֹבָה וּבְרָכָה, חַיִּים, חֵן

וָחֶסֶד וְרַחֲמִים עָלֵינוּ וְעַל כָּל

יִשְׂרָאֵל עַמֶּךָ. בָּרְכֵנוּ אָבִינוּ, כֻּלָּנוּ כְּאֶחָד, בְּאוֹר

1 פָּנֶיךָ, כִּי בְאוֹר פָּנֶיךָ נָתַתָּ לָּנוּ, יהוה אֱלֹהֵינוּ,

2 תּוֹרַת חַיִּים וְאַהֲבַת חֶסֶד, וּצְדָקָה, וּבְרָכָה,

3 וְרַחֲמִים, וְחַיִּים, וְשָׁלוֹם. וְטוֹב יִהְיֶה בְּעֵינֶיךָ

4 לְבָרְכֵנוּ וּלְבָרֵךְ אֶת כָּל עַמְּךָ יִשְׂרָאֵל, בְּכָל עֵת

5 וּבְכָל שָׁעָה בִּשְׁלוֹמֶךָ (בְּרוֹב עֹז וְשָׁלוֹם).

From Rosh Hashanah to Yom Kippur add:

6 בְּסֵפֶר חַיִּים בְּרָכָה וְשָׁלוֹם, וּפַרְנָסָה טוֹבָה, וּגְזֵרוֹת

7 טוֹבוֹת, יְשׁוּעוֹת וְנֶחָמוֹת, נִזָּכֵר וְנִכָּתֵב לְפָנֶיךָ, אֲנַחְנוּ וְכָל

8 עַמְּךָ בֵּית יִשְׂרָאֵל, לְחַיִּים טוֹבִים וּלְשָׁלוֹם.

[If forgotten, do not repeat *Shemoneh Esrei*. See *Laws* §17,21.]

9 בָּרוּךְ אַתָּה יהוה, הַמְבָרֵךְ אֶת עַמּוֹ יִשְׂרָאֵל

10 בַּשָּׁלוֹם. (אָמֵן – Cong.)

11 יִהְיוּ לְרָצוֹן אִמְרֵי פִי וְהֶגְיוֹן לִבִּי לְפָנֶיךָ, יהוה צוּרִי וְגֹאֲלִי.

The *chazzan's* repetition ends here; individuals continue:

12 **אֱלֹהַי,** נְצוֹר לְשׁוֹנִי מֵרָע, וּשְׂפָתַי מִדַּבֵּר מִרְמָה,

13 וְלִמְקַלְלַי נַפְשִׁי תִדּוֹם, וְנַפְשִׁי כֶּעָפָר

14 לַכֹּל תִּהְיֶה. פְּתַח לִבִּי בְּתוֹרָתֶךָ, וְאַחֲרֵי מִצְוֹתֶיךָ

15 תִּרְדּוֹף נַפְשִׁי. וְכָל הַקָּמִים וְהַחוֹשְׁבִים עָלַי לְרָעָה,

16 מְהֵרָה הָפֵר עֲצָתָם וְקַלְקֵל מַחֲשַׁבְתָּם. יְהִי רָצוֹן

17 מִלְּפָנֶיךָ, יהוה אֱלֹהַי וֵאלֹהֵי אֲבוֹתַי, שֶׁלֹּא תַעֲלֶה

18 קִנְאַת אָדָם עָלַי, וְלֹא קִנְאָתִי עַל אֲחֵרִים, וְשֶׁלֹּא

19 אֶכְעַס הַיּוֹם, וְשֶׁלֹּא אַכְעִיסֶךָ, וְתַצִּילֵנִי מִיֵּצֶר

הָרָע, וְתֵן בְּלִבִּי הַכְנָעָה וַעֲנָוָה. מַלְכֵּנוּ וֵאלֹהֵינוּ, 1

יַחֵד שִׁמְךָ בְּעוֹלָמֶךָ, בְּנֵה עִירְךָ, יַסֵּד בֵּיתֶךָ, 2

וְשַׁכְלֵל הֵיכָלֶךָ, וְקַבֵּץ קִבּוּץ גָּלֻיּוֹת, וּפְדֵה צֹאנֶךָ, 3

וְשַׂמַּח עֲדָתֶךָ. עֲשֵׂה לְמַעַן שְׁמֶךָ, עֲשֵׂה לְמַעַן 4

יְמִינֶךָ, עֲשֵׂה לְמַעַן תּוֹרָתֶךָ, עֲשֵׂה לְמַעַן קְדֻשָּׁתֶךָ. 5

לְמַעַן יֵחָלְצוּן יְדִידֶיךָ, הוֹשִׁיעָה יְמִינְךָ וַעֲנֵנִי. 6

יִהְיוּ לְרָצוֹן   Some say a verse with the initial of their name. See page 474.   7

אִמְרֵי פִי וְהֶגְיוֹן לִבִּי לְפָנֶיךָ, יהוה צוּרִי וְגֹאֲלִי. 8

עֹשֶׂה °שָׁלוֹם בִּמְרוֹמָיו, הוּא יַעֲשֶׂה 9

שָׁלוֹם עָלֵינוּ, וְעַל כָּל יִשְׂרָאֵל. 10

וְאִמְרוּ: אָמֵן. 11

Take three steps back. Bow left and say … עֹשֶׂה; bow right and say … הוּא; bow forward and say וְעַל כָּל … אָמֵן.

From Rosh Hashanah to Yom Kippur some say:

°הַשָּׁלוֹם 12

יְהִי רָצוֹן מִלְּפָנֶיךָ, יהוה אֱלֹהֵינוּ וֵאלֹהֵי אֲבוֹתֵינוּ, 13

שֶׁיִּבָּנֶה בֵּית הַמִּקְדָּשׁ בִּמְהֵרָה בְיָמֵינוּ, וְתֵן 14

חֶלְקֵנוּ בְּתוֹרָתֶךָ. וְשָׁם נַעֲבָדְךָ בְּיִרְאָה, כִּימֵי עוֹלָם 15

וּכְשָׁנִים קַדְמוֹנִיּוֹת. וְעָרְבָה לַיהוה מִנְחַת יְהוּדָה 16

וִירוּשָׁלָיִם, כִּימֵי עוֹלָם וּכְשָׁנִים קַדְמוֹנִיּוֹת. 17

THE INDIVIDUAL'S *SHEMONEH ESREI* ENDS HERE.

Remain standing in place until the *chazzan* reaches *Kedushah* — or at least until he begins his *Shemoneh Esrei* — then take three steps forward. The *chazzan,* or someone praying without a *minyan*, should remain in place for a few moments, then take three steps forward.

On most weekdays, *Shacharis* continues with *Tachanun*.
On Rosh Chodesh, Chanukah and Chol HaMoed continue with הַלֵּל (p. 349).
On other days when *Tachanun* is not said (see p. 65 for listing) the *chazzan* says חֲצִי קַדִּישׁ (p. 73); one who prays without a *minyan* goes right to אַשְׁרֵי (p. 78).

תחנון ﷽

The *Vidui*/Confessional Portion of *Tachanun* (until וַיֹּאמֶר דָּוִד) is recited while standing.

וידוי

אֱלֹהֵינוּ וֵאלֹהֵי אֲבוֹתֵינוּ, תָּבֹא לְפָנֶיךָ תְּפִלָּתֵנוּ, וְאַל
תִּתְעַלַּם מִתְּחִנָּתֵנוּ, שֶׁאֵין אָנוּ עַזֵּי פָנִים וּקְשֵׁי
עֹרֶף, לוֹמַר לְפָנֶיךָ יהוה אֱלֹהֵינוּ וֵאלֹהֵי אֲבוֹתֵינוּ, צַדִּיקִים
אֲנַחְנוּ וְלֹא חָטָאנוּ, אֲבָל אֲנַחְנוּ וַאֲבוֹתֵינוּ חָטָאנוּ.

Lightly hit the left side of the chest with the right fist while saying
each of the sins in the following paragraph:

אָשַׁמְנוּ, בָּגַדְנוּ, גָּזַלְנוּ, דִּבַּרְנוּ דֹפִי. הֶעֱוִינוּ, וְהִרְשַׁעְנוּ,
זַדְנוּ, חָמַסְנוּ, טָפַלְנוּ שֶׁקֶר. יָעַצְנוּ רָע, כִּזַּבְנוּ,
לַצְנוּ, מָרַדְנוּ, נִאַצְנוּ, סָרַרְנוּ, עָוִינוּ, פָּשַׁעְנוּ, צָרַרְנוּ, קִשִּׁינוּ
עֹרֶף. רָשַׁעְנוּ, שִׁחַתְנוּ, תִּעַבְנוּ, תָּעִינוּ, תִּעְתָּעְנוּ.
סַרְנוּ מִמִּצְוֹתֶיךָ וּמִמִּשְׁפָּטֶיךָ הַטּוֹבִים, וְלֹא שָׁוָה לָנוּ. וְאַתָּה
צַדִּיק עַל כָּל הַבָּא עָלֵינוּ, כִּי אֱמֶת עָשִׂיתָ וַאֲנַחְנוּ הִרְשָׁעְנוּ.

One praying without a *minyan* omits the next two paragraphs.

אֵל אֶרֶךְ אַפַּיִם אַתָּה, וּבַעַל הָרַחֲמִים נִקְרֵאתָ, וְדֶרֶךְ
תְּשׁוּבָה הוֹרֵיתָ. גְּדֻלַּת רַחֲמֶיךָ וַחֲסָדֶיךָ, תִּזְכּוֹר הַיּוֹם
וּבְכָל יוֹם לְזֶרַע יְדִידֶיךָ. תֵּפֶן אֵלֵינוּ בְּרַחֲמִים, כִּי אַתָּה הוּא

◄§ Times when Tachanun Is Not Recited

(a) In a house of mourning during the *shivah* period;

(b) if a bridegroom is present, from the day of his wedding until after the *Sheva Berachos* week (but *Tachanun* is said if both the bride and groom were married before);

(c) if a *bris milah* will take place in the *shul* that day, or if the father, *mohel* or *sandak* are present;

(d) on Chol HaMoed; Rosh Chodesh; the entire month of Nissan (some congregations stop saying *Tachanun* from 23 Adar); Lag BaOmer; from Rosh Chodesh Sivan until the day after Shavuos (some congregations do not resume *Tachanun* until 14 Sivan); Tishah B'Av; 15 Av; from Yom Kippur until Succos; the day after Simchas Torah (some congregations do not resume *Tachanun* until after Rosh Chodesh Cheshvan); Chanukah; Tu BiShvat; Purim and Shushan Purim (in a Hebrew leap year this applies also to 14-15 Adar I); or at *Minchah* of the day before any of the days listed in this paragraph;

(e) on Erev Rosh Hashanah and Erev Yom Kippur;

(f) in some congregations *Tachanun* is not said on 14 Iyar (Pesach Sheni);

(g) at *Minchah* on Friday.

1. בַּעַל הָרַחֲמִים. בְּתַחֲנוּן וּבִתְפִלָּה פָּנֶיךָ נְקַדֵּם, כְּהוֹדַעְתָּ לֶעָנָיו

2. מִקֶּדֶם. מֵחֲרוֹן אַפְּךָ שׁוּב, כְּמוֹ בְתוֹרָתְךָ כָּתוּב. וּבְצֵל כְּנָפֶיךָ

3. נֶחֱסֶה וְנִתְלוֹנָן, כְּיוֹם וַיֵּרֶד יהוה בֶּעָנָן. ❖ תַּעֲבוֹר עַל פֶּשַׁע

4. וְתִמְחֶה אָשָׁם, כְּיוֹם וַיִּתְיַצֵּב עִמּוֹ שָׁם. תַּאֲזִין שַׁוְעָתֵנוּ וְתַקְשִׁיב

5. מֶנּוּ מַאֲמַר, כְּיוֹם וַיִּקְרָא בְשֵׁם יהוה, וְשָׁם נֶאֱמַר:

Congregation, then chazzan:

6. וַיַּעֲבֹר יהוה עַל פָּנָיו וַיִּקְרָא:

7. **יהוה, יהוה,** אֵל, רַחוּם, וְחַנּוּן, אֶרֶךְ אַפַּיִם, וְרַב חֶסֶד,

8. **וֶאֱמֶת, נֹצֵר חֶסֶד לָאֲלָפִים, נֹשֵׂא עָוֹן**

9. **וָפֶשַׁע, וְחַטָּאָה, וְנַקֵּה.** וְסָלַחְתָּ לַעֲוֹנֵנוּ וּלְחַטָּאתֵנוּ וּנְחַלְתָּנוּ.

10. סְלַח לָנוּ אָבִינוּ כִּי חָטָאנוּ, מְחַל לָנוּ מַלְכֵּנוּ כִּי פָשָׁעְנוּ. כִּי

11. אַתָּה אֲדֹנָי טוֹב וְסַלָּח, וְרַב חֶסֶד לְכָל קֹרְאֶיךָ.

נפילת אפים

Say the following while sitting.
If a Torah Scroll is present, rest your head on your arm.
Many omit the verse וַיֹּאמֶר דָּוִד and begin with רַחוּם וְחַנּוּן.

12. וַיֹּאמֶר דָּוִד אֶל גָּד, צַר לִי מְאֹד, נִפְּלָה נָּא בְיַד יהוה,

13. כִּי רַבִּים רַחֲמָיו, וּבְיַד אָדָם אַל אֶפֹּלָה.

14. **רַחוּם וְחַנּוּן,** חָטָאתִי לְפָנֶיךָ. יהוה מָלֵא רַחֲמִים, רַחֵם

15. עָלַי וְקַבֵּל תַּחֲנוּנָי.

16. יהוה, אַל בְּאַפְּךָ תוֹכִיחֵנִי, וְאַל בַּחֲמָתְךָ תְיַסְּרֵנִי. חָנֵּנִי

17. יהוה, כִּי אֻמְלַל אָנִי, רְפָאֵנִי יהוה, כִּי נִבְהֲלוּ עֲצָמָי. וְנַפְשִׁי

18. נִבְהֲלָה מְאֹד, וְאַתָּה יהוה, עַד מָתָי. שׁוּבָה יהוה, חַלְּצָה נַפְשִׁי,

19. הוֹשִׁיעֵנִי לְמַעַן חַסְדֶּךָ. כִּי אֵין בַּמָּוֶת זִכְרֶךָ, בִּשְׁאוֹל מִי יוֹדֶה

20. לָּךְ. יָגַעְתִּי בְּאַנְחָתִי, אַשְׂחֶה בְכָל לַיְלָה מִטָּתִי, בְּדִמְעָתִי עַרְשִׂי

21. אַמְסֶה. עָשְׁשָׁה מִכַּעַס עֵינִי, עָתְקָה בְּכָל צוֹרְרָי. סוּרוּ מִמֶּנִּי כָּל

22. פֹּעֲלֵי אָוֶן, כִּי שָׁמַע יהוה קוֹל בִּכְיִי. שָׁמַע יהוה תְּחִנָּתִי, יהוה

23. תְּפִלָּתִי יִקָּח. יֵבֹשׁוּ וְיִבָּהֲלוּ מְאֹד כָּל אֹיְבָי, יָשֻׁבוּ יֵבֹשׁוּ רָגַע.

On Monday and Thursday, continue וְהוּא רַחוּם, page 69.
On other days continue שׁוֹמֵר יִשְׂרָאֵל, page 72.

From Rosh Hashanah to Yom Kippur [and in some congregations on fast days] say
אָבִינוּ מַלְכֵּנוּ, except on those days on which *Tachanun* is not said, during both *Shacharis*
and *Minchah*. When Erev Yom Kippur falls on Friday, however, אָבִינוּ מַלְכֵּנוּ is said during
Shacharis, even though *Tachanun* is not said.

אבינו מלכנו ❧

THE ARK IS OPENED.

As the Ark is opened, some say the words: פְּתַח שַׁעֲרֵי שָׁמַיִם לִתְפִלָּתֵנוּ.

1 **אָבִינוּ מַלְכֵּנוּ,** חָטָאנוּ לְפָנֶיךָ.

2 אָבִינוּ מַלְכֵּנוּ, אֵין לָנוּ מֶלֶךְ אֶלָּא אָתָּה.

3 אָבִינוּ מַלְכֵּנוּ, עֲשֵׂה עִמָּנוּ לְמַעַן שְׁמֶךָ.

4 אָבִינוּ מַלְכֵּנוּ, (חַדֵּשׁ– from Rosh Hashanah to Yom Kippur)

5 (בָּרֵךְ– on fast days) עָלֵינוּ שָׁנָה טוֹבָה.

6 אָבִינוּ מַלְכֵּנוּ, בַּטֵּל מֵעָלֵינוּ כָּל גְּזֵרוֹת קָשׁוֹת.

7 אָבִינוּ מַלְכֵּנוּ, בַּטֵּל מַחְשְׁבוֹת שׂוֹנְאֵינוּ.

8 אָבִינוּ מַלְכֵּנוּ, הָפֵר עֲצַת אוֹיְבֵינוּ.

9 אָבִינוּ מַלְכֵּנוּ, כַּלֵּה כָּל צַר וּמַשְׂטִין מֵעָלֵינוּ.

10 אָבִינוּ מַלְכֵּנוּ, סְתוֹם פִּיּוֹת מַשְׂטִינֵינוּ וּמְקַטְרִיגֵנוּ.

11 אָבִינוּ מַלְכֵּנוּ, כַּלֵּה דֶּבֶר וְחֶרֶב וְרָעָב וּשְׁבִי וּמַשְׁחִית וְעָוֹן וּשְׁמַד
12 מִבְּנֵי בְרִיתֶךָ.

13 אָבִינוּ מַלְכֵּנוּ, מְנַע מַגֵּפָה מִנַּחֲלָתֶךָ.

14 אָבִינוּ מַלְכֵּנוּ, סְלַח וּמְחַל לְכָל עֲוֹנוֹתֵינוּ.

15 אָבִינוּ מַלְכֵּנוּ, מְחֵה וְהַעֲבֵר פְּשָׁעֵינוּ וְחַטֹּאתֵינוּ מִנֶּגֶד עֵינֶיךָ.

16 אָבִינוּ מַלְכֵּנוּ, מְחוֹק בְּרַחֲמֶיךָ הָרַבִּים כָּל שִׁטְרֵי חוֹבוֹתֵינוּ.

Each of the next nine verses is said by the *chazzan*, then repeated by the congregation.

17 אָבִינוּ מַלְכֵּנוּ, הַחֲזִירֵנוּ בִּתְשׁוּבָה שְׁלֵמָה לְפָנֶיךָ.

18 אָבִינוּ מַלְכֵּנוּ, שְׁלַח רְפוּאָה שְׁלֵמָה לְחוֹלֵי עַמֶּךָ.

19 אָבִינוּ מַלְכֵּנוּ, קְרַע רֹעַ גְּזַר דִּינֵנוּ.

20 אָבִינוּ מַלְכֵּנוּ, זָכְרֵנוּ בְּזִכָּרוֹן טוֹב לְפָנֶיךָ.

on fast days:	from Rosh Hashanah to Yom Kippur:	
אָבִינוּ מַלְכֵּנוּ, זָכְרֵנוּ	אָבִינוּ מַלְכֵּנוּ, כָּתְבֵנוּ	21
לְחַיִּים טוֹבִים.	בְּסֵפֶר חַיִּים טוֹבִים.	22
אָבִינוּ מַלְכֵּנוּ, זָכְרֵנוּ	אָבִינוּ מַלְכֵּנוּ, כָּתְבֵנוּ	23
לִגְאֻלָּה וִישׁוּעָה.	בְּסֵפֶר גְּאֻלָּה וִישׁוּעָה.	24

<table>
<tr><td>on fast days:</td><td>from Rosh Hashanah to Yom Kippur:</td></tr>
</table>

אָבִֽינוּ מַלְכֵּֽנוּ, זָכְרֵֽנוּ   אָבִֽינוּ מַלְכֵּֽנוּ, כָּתְבֵֽנוּ   1

לְפַרְנָסָה וְכַלְכָּלָה.°°   בְּסֵֽפֶר פַּרְנָסָה וְכַלְכָּלָה.   2

אָבִֽינוּ מַלְכֵּֽנוּ, זָכְרֵֽנוּ   אָבִֽינוּ מַלְכֵּֽנוּ, כָּתְבֵֽנוּ   3

לִזְכֻיּוֹת.   בְּסֵֽפֶר זְכֻיּוֹת.   4

אָבִֽינוּ מַלְכֵּֽנוּ, זָכְרֵֽנוּ   אָבִֽינוּ מַלְכֵּֽנוּ, כָּתְבֵֽנוּ   5

לִסְלִיחָה וּמְחִילָה.   בְּסֵֽפֶר סְלִיחָה וּמְחִילָה.   6

אָבִֽינוּ מַלְכֵּֽנוּ, הַצְמַח לָֽנוּ יְשׁוּעָה בְּקָרוֹב.   7

אָבִֽינוּ מַלְכֵּֽנוּ, הָרֵם קֶֽרֶן יִשְׂרָאֵל עַמֶּֽךָ.   8

אָבִֽינוּ מַלְכֵּֽנוּ, הָרֵם קֶֽרֶן מְשִׁיחֶֽךָ.   9

אָבִֽינוּ מַלְכֵּֽנוּ, מַלֵּא יָדֵֽינוּ מִבִּרְכוֹתֶֽיךָ.   10

אָבִֽינוּ מַלְכֵּֽנוּ, מַלֵּא אֲסָמֵֽינוּ שָׂבָע.   11

אָבִֽינוּ מַלְכֵּֽנוּ, שְׁמַע קוֹלֵֽנוּ, חוּס וְרַחֵם עָלֵֽינוּ.   12

אָבִֽינוּ מַלְכֵּֽנוּ, קַבֵּל בְּרַחֲמִים וּבְרָצוֹן אֶת תְּפִלָּתֵֽנוּ.   13

אָבִֽינוּ מַלְכֵּֽנוּ, פְּתַח שַׁעֲרֵי שָׁמַֽיִם לִתְפִלָּתֵֽנוּ.   14

אָבִֽינוּ מַלְכֵּֽנוּ, זְכוֹר כִּי עָפָר אֲנָֽחְנוּ.   15

אָבִֽינוּ מַלְכֵּֽנוּ, נָא אַל תְּשִׁיבֵֽנוּ רֵיקָם מִלְּפָנֶֽיךָ.   16

אָבִֽינוּ מַלְכֵּֽנוּ, תְּהֵא הַשָּׁעָה הַזֹּאת שְׁעַת רַחֲמִים   17

וְעֵת רָצוֹן מִלְּפָנֶֽיךָ.   18

אָבִֽינוּ מַלְכֵּֽנוּ, חֲמוֹל עָלֵֽינוּ וְעַל עוֹלָלֵֽינוּ וְטַפֵּֽנוּ.   19

אָבִֽינוּ מַלְכֵּֽנוּ, עֲשֵׂה לְמַֽעַן הֲרוּגִים עַל שֵׁם קָדְשֶֽׁךָ.   20

אָבִֽינוּ מַלְכֵּֽנוּ, עֲשֵׂה לְמַֽעַן טְבוּחִים עַל יִחוּדֶֽךָ.   21

אָבִֽינוּ מַלְכֵּֽנוּ, עֲשֵׂה לְמַֽעַן בָּאֵי בָאֵשׁ וּבַמַּֽיִם עַל קִדּוּשׁ שְׁמֶֽךָ.   22

אָבִֽינוּ מַלְכֵּֽנוּ, נְקוֹם לְעֵינֵֽינוּ נִקְמַת דַּם עֲבָדֶֽיךָ הַשָּׁפוּךְ.   23

אָבִֽינוּ מַלְכֵּֽנוּ, עֲשֵׂה לְמַעַנְךָ אִם לֹא לְמַעֲנֵֽנוּ.   24

אָבִֽינוּ מַלְכֵּֽנוּ, עֲשֵׂה לְמַעַנְךָ וְהוֹשִׁיעֵֽנוּ.   25

אָבִֽינוּ מַלְכֵּֽנוּ, עֲשֵׂה לְמַֽעַן רַחֲמֶֽיךָ הָרַבִּים.   26

אָבִֽינוּ מַלְכֵּֽנוּ, עֲשֵׂה לְמַֽעַן שִׁמְךָ הַגָּדוֹל הַגִּבּוֹר וְהַנּוֹרָא,   27

שֶׁנִּקְרָא עָלֵֽינוּ.   28

✧ אָבִֽינוּ מַלְכֵּֽנוּ, חָנֵּֽנוּ וַעֲנֵֽנוּ, כִּי אֵין בָּֽנוּ מַעֲשִׂים,   29

עֲשֵׂה עִמָּֽנוּ צְדָקָה וָחֶֽסֶד וְהוֹשִׁיעֵֽנוּ.   30

TACHANUN FOR MONDAYS AND THURSDAYS.
Stand from וְהוּא רַחוּם until the end of *Tachanun*.

1   **וְהוּא רַחוּם** יְכַפֵּר עָוֹן וְלֹא יַשְׁחִית, וְהִרְבָּה לְהָשִׁיב אַפּוֹ

2   וְלֹא יָעִיר כָּל חֲמָתוֹ. אַתָּה יהוה, לֹא תִכְלָא

3   רַחֲמֶיךָ מִמֶּנּוּ, חַסְדְּךָ וַאֲמִתְּךָ תָּמִיד יִצְּרוּנוּ. הוֹשִׁיעֵנוּ יהוה

4   אֱלֹהֵינוּ וְקַבְּצֵנוּ מִן הַגּוֹיִם, לְהוֹדוֹת לְשֵׁם קָדְשֶׁךָ, לְהִשְׁתַּבֵּחַ

5   בִּתְהִלָּתֶךָ. אִם עֲוֹנוֹת תִּשְׁמָר יָהּ, אֲדֹנָי מִי יַעֲמֹד. כִּי עִמְּךָ

6   הַסְּלִיחָה, לְמַעַן תִּוָּרֵא. לֹא כַחֲטָאֵינוּ תַּעֲשֶׂה לָּנוּ, וְלֹא

7   כַעֲוֹנוֹתֵינוּ תִּגְמֹל עָלֵינוּ. אִם עֲוֹנֵינוּ עָנוּ בָנוּ, יהוה עֲשֵׂה לְמַעַן

8   שְׁמֶךָ. זְכֹר רַחֲמֶיךָ יהוה וַחֲסָדֶיךָ, כִּי מֵעוֹלָם הֵמָּה. יַעֲנֵנוּ יהוה

9   בְּיוֹם צָרָה, יְשַׂגְּבֵנוּ שֵׁם אֱלֹהֵי יַעֲקֹב. יהוה הוֹשִׁיעָה, הַמֶּלֶךְ

10   יַעֲנֵנוּ בְיוֹם קָרְאֵנוּ. אָבִינוּ מַלְכֵּנוּ חָנֵּנוּ וַעֲנֵנוּ, כִּי אֵין בָּנוּ מַעֲשִׂים,

11   עֲשֵׂה עִמָּנוּ צְדָקָה כְּרֹב רַחֲמֶיךָ, וְהוֹשִׁיעֵנוּ לְמַעַן שְׁמֶךָ. אֲדוֹנֵינוּ

12   אֱלֹהֵינוּ, שְׁמַע קוֹל תַּחֲנוּנֵינוּ, וּזְכָר לָנוּ אֶת בְּרִית אֲבוֹתֵינוּ

13   וְהוֹשִׁיעֵנוּ לְמַעַן שְׁמֶךָ.

14   וְעַתָּה אֲדֹנָי אֱלֹהֵינוּ, אֲשֶׁר הוֹצֵאתָ אֶת עַמְּךָ מֵאֶרֶץ מִצְרַיִם

15   בְּיָד חֲזָקָה וַתַּעַשׂ לְךָ שֵׁם כַּיּוֹם הַזֶּה, חָטָאנוּ רָשָׁעְנוּ. אֲדֹנָי, כְּכָל

16   צִדְקֹתֶיךָ יָשָׁב נָא אַפְּךָ וַחֲמָתְךָ מֵעִירְךָ יְרוּשָׁלַיִם הַר קָדְשֶׁךָ, כִּי

17   בַחֲטָאֵינוּ וּבַעֲוֹנוֹת אֲבֹתֵינוּ, יְרוּשָׁלַיִם וְעַמְּךָ לְחֶרְפָּה לְכָל

18   סְבִיבֹתֵינוּ. וְעַתָּה שְׁמַע אֱלֹהֵינוּ אֶל תְּפִלַּת עַבְדְּךָ וְאֶל תַּחֲנוּנָיו,

19   וְהָאֵר פָּנֶיךָ עַל מִקְדָּשְׁךָ הַשָּׁמֵם, לְמַעַן אֲדֹנָי.

20   **הַטֵּה** אֱלֹהַי אָזְנְךָ וּשֲׁמָע, פְּקַח עֵינֶיךָ וּרְאֵה שֹׁמְמֹתֵינוּ,

21   וְהָעִיר אֲשֶׁר נִקְרָא שִׁמְךָ עָלֶיהָ, כִּי לֹא עַל צִדְקֹתֵינוּ

22   אֲנַחְנוּ מַפִּילִים תַּחֲנוּנֵינוּ לְפָנֶיךָ, כִּי עַל רַחֲמֶיךָ הָרַבִּים. אֲדֹנָי

23   שְׁמָעָה, אֲדֹנָי סְלָחָה, אֲדֹנָי הַקְשִׁיבָה, וַעֲשֵׂה, אַל תְּאַחַר,

24   לְמַעַנְךָ אֱלֹהַי, כִּי שִׁמְךָ נִקְרָא עַל עִירְךָ וְעַל עַמֶּךָ. אָבִינוּ הָאָב

25   הָרַחֲמָן, הַרְאֵנוּ אוֹת לְטוֹבָה וְקַבֵּץ נְפוּצוֹתֵינוּ מֵאַרְבַּע כַּנְפוֹת

26   הָאָרֶץ, יַכִּירוּ וְיֵדְעוּ כָּל הַגּוֹיִם, כִּי אַתָּה יהוה אֱלֹהֵינוּ. וְעַתָּה

1   יהוה אָבִינוּ אָתָּה, אֲנַחְנוּ הַחֹמֶר וְאַתָּה יֹצְרֵנוּ, וּמַעֲשֵׂה יָדְךָ כֻּלָּנוּ.

2   הוֹשִׁיעֵנוּ לְמַעַן שְׁמֶךָ, אָבִינוּ מַלְכֵּנוּ צוּרֵנוּ וְגֹאֲלֵנוּ. חוּסָה יהוה

3   עַל עַמֶּךָ וְאַל תִּתֵּן נַחֲלָתְךָ לְחֶרְפָּה לִמְשָׁל בָּם גוֹיִם. לָמָּה יֹאמְרוּ

4   בָעַמִּים, אַיֵּה נָא אֱלֹהֵיהֶם. יָדַעְנוּ יהוה כִּי חָטָאנוּ, וְאֵין מִי יַעֲמֹד

5   בַּעֲדֵנוּ, אֶלָּא שִׁמְךָ הַגָּדוֹל יַעֲמָד לָנוּ בְּעֵת צָרָה. יָדַעְנוּ כִּי אֵין בָּנוּ

6   מַעֲשִׂים, צְדָקָה עֲשֵׂה עִמָּנוּ לְמַעַן שְׁמֶךָ. כְּרַחֵם אָב עַל בָּנִים, כֵּן

7   תְּרַחֵם יהוה עָלֵינוּ, וְהוֹשִׁיעֵנוּ לְמַעַן שְׁמֶךָ. חֲמֹל עַל עַמֶּךָ, רַחֵם

8   עַל נַחֲלָתֶךָ, חוּסָה נָא כְּרֹב רַחֲמֶיךָ. חָנֵּנוּ מַלְכֵּנוּ וַעֲנֵנוּ, כִּי לְךָ

9   יהוה הַצְּדָקָה, עֹשֵׂה נִפְלָאוֹת בְּכָל עֵת.

10   **הַבֶּט נָא,** רַחֶם נָא, וְהוֹשִׁיעָה נָא צֹאן מַרְעִיתֶךָ, וְאַל יִמְשָׁל

11   בָּנוּ קֶצֶף, כִּי לְךָ יהוה הַיְשׁוּעָה. בְּךָ תוֹחַלְתֵּנוּ,

12   אֱלוֹהַּ סְלִיחוֹת, אָנָּא סְלַח נָא, כִּי אֵל טוֹב וְסַלָּח אָתָּה.

13   **אָנָּא** מֶלֶךְ חַנּוּן וְרַחוּם, זְכֹר וְהַבֵּט לִבְרִית בֵּין הַבְּתָרִים,

14   וְתֵרָאֶה לְפָנֶיךָ עֲקֵדַת יָחִיד. וּלְמַעַן יִשְׂרָאֵל אָבִינוּ, אַל

15   תַּעַזְבֵנוּ אָבִינוּ, וְאַל תִּטְּשֵׁנוּ מַלְכֵּנוּ, וְאַל תִּשְׁכָּחֵנוּ יוֹצְרֵנוּ, וְאַל

16   תַּעַשׂ עִמָּנוּ כָּלָה בְּגָלוּתֵינוּ, כִּי אֵל מֶלֶךְ חַנּוּן וְרַחוּם אָתָּה.

17   **אֵין** כָּמוֹךָ חַנּוּן וְרַחוּם יהוה אֱלֹהֵינוּ, אֵין כָּמוֹךָ אֵל אֶרֶךְ אַפַּיִם

18   וְרַב חֶסֶד וֶאֱמֶת. הוֹשִׁיעֵנוּ וְרַחֲמֵנוּ בְּרַחֲמֶיךָ הָרַבִּים,

19   מֵרַעַשׁ וּמֵרֹגֶז הַצִּילֵנוּ. זְכֹר לַעֲבָדֶיךָ לְאַבְרָהָם לְיִצְחָק וּלְיַעֲקֹב,

20   אַל תֵּפֶן אֶל קְשִׁי הָעָם הַזֶּה, וְאֶל רִשְׁעוֹ וְאֶל חַטָּאתוֹ. שׁוּב מֵחֲרוֹן

21   אַפֶּךָ וְהִנָּחֵם עַל הָרָעָה לְעַמֶּךָ. וְהָסֵר מִמֶּנּוּ מַכַּת הַמָּוֶת כִּי רַחוּם

22   אָתָּה, כִּי כֵן דַּרְכֶּךָ, לַעֲשׂוֹת חֶסֶד חִנָּם בְּכָל דּוֹר וָדוֹר. חוּסָה יהוה

23   עַל עַמֶּךָ וְהַצִּילֵנוּ מִזַּעְמֶךָ, וְהָסֵר מִמֶּנּוּ מַכַּת הַמַּגֵּפָה וּגְזֵרָה קָשָׁה,

24   כִּי אַתָּה שׁוֹמֵר יִשְׂרָאֵל. לְךָ אֲדֹנָי הַצְּדָקָה וְלָנוּ בֹּשֶׁת הַפָּנִים. מַה

25   נִּתְאוֹנֵן, וּמַה נֹּאמַר, מַה נְּדַבֵּר, וּמַה נִּצְטַדָּק. נַחְפְּשָׂה דְרָכֵינוּ

26   וְנַחְקֹרָה, וְנָשׁוּבָה אֵלֶיךָ, כִּי יְמִינְךָ פְּשׁוּטָה לְקַבֵּל שָׁבִים. אָנָּא

27   יהוה הוֹשִׁיעָה נָּא, אָנָּא יהוה הַצְלִיחָה נָּא. אָנָּא יהוה עֲנֵנוּ בְיוֹם

1 קְרָאֲנוּ. לְךָ יהוה חִכֵּינוּ, לְךָ יהוה קִוֵּינוּ, לְךָ יהוה נְיַחֵל. אַל

2 תֶּחֱשֶׁה וּתְעַנֵּנוּ, כִּי נָאֲמוּ גוֹיִם, אָבְדָה תִקְוָתָם. כָּל בֶּרֶךְ לְךָ

3 תִכְרַע, וְכָל קוֹמָה לְפָנֶיךָ לְבַד תִּשְׁתַּחֲוֶה.

4 **הַפּוֹתֵחַ** יָד בִּתְשׁוּבָה לְקַבֵּל פּוֹשְׁעִים וְחַטָּאִים, נִבְהֲלָה

5 נַפְשֵׁנוּ מֵרֹב עַצְבוֹנֵנוּ, אַל תִּשְׁכָּחֵנוּ נֶצַח, קוּמָה

6 וְהוֹשִׁיעֵנוּ. אַל תִּשְׁפֹּךְ חֲרוֹנְךָ עָלֵינוּ, כִּי אֲנַחְנוּ עַמְּךָ בְּנֵי בְרִיתֶךָ.

7 אֵל, הַבִּיטָה דַּל כְּבוֹדֵנוּ בַּגּוֹיִם, וְשִׁקְּצוּנוּ כְּטֻמְאַת הַנִּדָּה. עַד מָתַי

8 עֻזְּךָ בַּשְּׁבִי, וְתִפְאַרְתְּךָ בְּיַד צָר. עוֹרְרָה גְבוּרָתְךָ וְהוֹשִׁיעֵנוּ לְמַעַן

9 שְׁמֶךָ. אַל יִמְעַטוּ לְפָנֶיךָ תְּלָאוֹתֵינוּ. מַהֵר יְקַדְּמוּנוּ רַחֲמֶיךָ בְּעֵת

10 צָרָתֵנוּ, לֹא לְמַעֲנֵנוּ, אֶלָּא לְמַעַנְךָ פְּעַל, וְאַל תַּשְׁחִית אֶת זֵכֶר

11 שְׁאֵרִיתֵנוּ. כִּי לְךָ מְיַחֲלוֹת עֵינֵינוּ, כִּי אֵל מֶלֶךְ חַנּוּן וְרַחוּם אָתָּה.

12 וְזִכְרוּ עֲדוֹתֵינוּ, בְּכָל יוֹם תָּמִיד אוֹמְרִים פַּעֲמַיִם בְּאַהֲבָה: שְׁמַע

13 יִשְׂרָאֵל, יהוה אֱלֹהֵינוּ, יהוה אֶחָד.

14 **יהוה אֱלֹהֵי יִשְׂרָאֵל, שׁוּב מֵחֲרוֹן אַפֶּךָ**

15 **וְהִנָּחֵם עַל הָרָעָה לְעַמֶּךָ.**

16 **הַבֵּט** מִשָּׁמַיִם וּרְאֵה, כִּי הָיִינוּ לַעַג וָקֶלֶס בַּגּוֹיִם, נֶחְשַׁבְנוּ

17 כַּצֹּאן לַטֶּבַח יוּבָל, לַהֲרֹג וּלְאַבֵּד וּלְמַכָּה וּלְחֶרְפָּה.

18 וּבְכָל זֹאת שִׁמְךָ לֹא שָׁכָחְנוּ, נָא אַל תִּשְׁכָּחֵנוּ.

19 יהוה אֱלֹהֵי יִשְׂרָאֵל, שׁוּב מֵחֲרוֹן אַפֶּךָ וְהִנָּחֵם עַל הָרָעָה לְעַמֶּךָ.

20 **זָרִים** אוֹמְרִים אֵין תּוֹחֶלֶת וְתִקְוָה, חֵן אִם לְשִׁמְךָ מְקַנֶּה, טָהוֹר

21 יְשׁוּעָתֵנוּ קָרְבָה, יָגַעְנוּ וְלֹא הוּנַח לָנוּ, רַחֲמֶיךָ יִכְבְּשׁוּ אֶת

22 כַּעַסְךָ מֵעָלֵינוּ. אָנָּא שׁוּב מֵחֲרוֹנְךָ, וְרַחֵם סְגֻלָּה אֲשֶׁר בָּחָרְתָּ.

23 יהוה אֱלֹהֵי יִשְׂרָאֵל, שׁוּב מֵחֲרוֹן אַפֶּךָ וְהִנָּחֵם עַל הָרָעָה לְעַמֶּךָ.

24 **חוּסָה** יהוה עָלֵינוּ בְּרַחֲמֶיךָ, וְאַל תִּתְּנֵנוּ בִּידֵי אַכְזָרִים. לָמָּה

25 יֹאמְרוּ הַגּוֹיִם אַיֵּה נָא אֱלֹהֵיהֶם, לְמַעַנְךָ נָא עֲשֵׂה עִמָּנוּ

26 חֶסֶד וְאַל תְּאַחַר. אָנָּא שׁוּב מֵחֲרוֹנְךָ, וְרַחֵם סְגֻלָּה אֲשֶׁר בָּחָרְתָּ.

27 יהוה אֱלֹהֵי יִשְׂרָאֵל, שׁוּב מֵחֲרוֹן אַפֶּךָ וְהִנָּחֵם עַל הָרָעָה לְעַמֶּךָ.

קוֹלֵנוּ תִשְׁמַע וְתָחֹן, וְאַל תִּטְּשֵׁנוּ בְּיַד אוֹיְבֵינוּ לִמְחוֹת אֶת

שְׁמֵנוּ. זְכֹר אֲשֶׁר נִשְׁבַּעְתָּ לַאֲבוֹתֵינוּ כְּכוֹכְבֵי הַשָּׁמַיִם

אַרְבֶּה אֶת זַרְעֲכֶם, וְעַתָּה נִשְׁאַרְנוּ מְעַט מֵהַרְבֵּה. וּבְכָל זֹאת

שִׁמְךָ לֹא שָׁכָחְנוּ, נָא אַל תִּשְׁכָּחֵנוּ.

יהוה אֱלֹהֵי יִשְׂרָאֵל, שׁוּב מֵחֲרוֹן אַפֶּךָ וְהִנָּחֵם עַל הָרָעָה לְעַמֶּךָ.

עֲזָרֵנוּ אֱלֹהֵי יִשְׁעֵנוּ עַל דְּבַר כְּבוֹד שְׁמֶךָ, וְהַצִּילֵנוּ וְכַפֵּר עַל

חַטֹּאתֵינוּ לְמַעַן שְׁמֶךָ.

יהוה אֱלֹהֵי יִשְׂרָאֵל, שׁוּב מֵחֲרוֹן אַפֶּךָ וְהִנָּחֵם עַל הָרָעָה לְעַמֶּךָ.

On all days *Tachanun* continues with שׁוֹמֵר יִשְׂרָאֵל. On Sunday, Tuesday, Wednesday
and Friday remain seated during שׁוֹמֵר יִשְׂרָאֵל and while reciting the three words
וַאֲנַחְנוּ לֹא נֵדַע, then stand until the conclusion of *Tachanun*.

שׁוֹמֵר יִשְׂרָאֵל, שְׁמוֹר שְׁאֵרִית יִשְׂרָאֵל, וְאַל יֹאבַד יִשְׂרָאֵל,

הָאֹמְרִים, שְׁמַע יִשְׂרָאֵל.

שׁוֹמֵר גּוֹי אֶחָד, שְׁמוֹר שְׁאֵרִית עַם אֶחָד, וְאַל יֹאבַד גּוֹי אֶחָד,

הַמְּיַחֲדִים שִׁמְךָ, יהוה אֱלֹהֵינוּ יהוה אֶחָד.

שׁוֹמֵר גּוֹי קָדוֹשׁ, שְׁמוֹר שְׁאֵרִית עַם קָדוֹשׁ, וְאַל יֹאבַד גּוֹי

קָדוֹשׁ, הַמְּשַׁלְּשִׁים בְּשָׁלֹשׁ קְדֻשּׁוֹת לְקָדוֹשׁ.

מִתְרַצֶּה בְרַחֲמִים וּמִתְפַּיֵּס בְּתַחֲנוּנִים, הִתְרַצֵּה וְהִתְפַּיֵּס לְדוֹר

עָנִי, כִּי אֵין עוֹזֵר. אָבִינוּ מַלְכֵּנוּ, חָנֵּנוּ וַעֲנֵנוּ, כִּי אֵין בָּנוּ מַעֲשִׂים,

עֲשֵׂה עִמָּנוּ צְדָקָה וָחֶסֶד וְהוֹשִׁיעֵנוּ.

וַאֲנַחְנוּ לֹא נֵדַע מַה נַּעֲשֶׂה, כִּי עָלֶיךָ עֵינֵינוּ. זְכֹר רַחֲמֶיךָ

יהוה וַחֲסָדֶיךָ, כִּי מֵעוֹלָם הֵמָּה. יְהִי חַסְדְּךָ יהוה

עָלֵינוּ, כַּאֲשֶׁר יִחַלְנוּ לָךְ. אַל תִּזְכָּר לָנוּ עֲוֹנֹת רִאשֹׁנִים, מַהֵר

יְקַדְּמוּנוּ רַחֲמֶיךָ, כִּי דַלּוֹנוּ מְאֹד. עָזְרֵנוּ בְּשֵׁם יהוה, עֹשֵׂה שָׁמַיִם

וָאָרֶץ. חָנֵּנוּ יהוה חָנֵּנוּ, כִּי רַב שָׂבַעְנוּ בוּז. בְּרֹגֶז רַחֵם תִּזְכּוֹר.

בְּרֹגֶז עֲקֵדָה תִּזְכּוֹר. בְּרֹגֶז תְּמִימוּת תִּזְכּוֹר. יהוה הוֹשִׁיעָה, הַמֶּלֶךְ

יַעֲנֵנוּ בְיוֹם קָרְאֵנוּ. כִּי הוּא יָדַע יִצְרֵנוּ, זָכוּר כִּי עָפָר אֲנַחְנוּ.

❖ עָזְרֵנוּ אֱלֹהֵי יִשְׁעֵנוּ עַל דְּבַר כְּבוֹד שְׁמֶךָ, וְהַצִּילֵנוּ וְכַפֵּר עַל

חַטֹּאתֵינוּ לְמַעַן שְׁמֶךָ.

The *chazzan* says חֲצִי קַדִּיש:

1 **יִתְגַּדַּל** וְיִתְקַדַּשׁ שְׁמֵהּ רַבָּא. (.Cong – אָמֵן.) בְּעָלְמָא דִּי בְרָא כִרְעוּתֵהּ.

2 וְיַמְלִיךְ מַלְכוּתֵהּ, וְיַצְמַח פֻּרְקָנֵהּ וִיקָרֵב מְשִׁיחֵהּ. (.Cong – אָמֵן.)

3 בְּחַיֵּיכוֹן וּבְיוֹמֵיכוֹן וּבְחַיֵּי דְכָל בֵּית יִשְׂרָאֵל, בַּעֲגָלָא וּבִזְמַן קָרִיב.

4 וְאִמְרוּ: אָמֵן.

5 (.Cong – אָמֵן. יְהֵא שְׁמֵהּ רַבָּא מְבָרַךְ לְעָלַם וּלְעָלְמֵי עָלְמַיָּא.)

6 יְהֵא שְׁמֵהּ רַבָּא מְבָרַךְ לְעָלַם וּלְעָלְמֵי עָלְמַיָּא.

7 יִתְבָּרַךְ וְיִשְׁתַּבַּח וְיִתְפָּאַר וְיִתְרוֹמַם וְיִתְנַשֵּׂא וְיִתְהַדָּר וְיִתְעַלֶּה

8 וְיִתְהַלָּל שְׁמֵהּ דְּקֻדְשָׁא בְּרִיךְ הוּא – (.Cong – בְּרִיךְ הוּא.) °לְעֵלָּא מִן כָּל

9 °לְעֵלָּא [וּ]לְעֵלָּא מִכָּל) – from Rosh Hashanah to Yom Kippur – בִּרְכָתָא וְשִׁירָתָא

10 תֻּשְׁבְּחָתָא וְנֶחֱמָתָא, דַּאֲמִירָן בְּעָלְמָא. וְאִמְרוּ: אָמֵן. (.Cong – אָמֵן)

On days when the Torah is not read, *Shacharis* continues with אַשְׁרֵי (p. 78).

הוֹצָאַת סֵפֶר תּוֹרָה ❧

Say one of the following paragraphs, while standing, before the Torah is removed.
It is not said on Rosh Chodesh, Erev Pesach, Chol HaMoed, Chanukah, Purim,
Shushan Purim, 14 and 15 Adar I, and in a house of mourning.
Most congregations say one of them, some say both.

11 **אֵל** אֶרֶךְ אַפַּיִם וְרַב חֶסֶד | **אֵל** אֶרֶךְ אַפַּיִם וְרַב חֶסֶד

12 וֶאֱמֶת, אַל תַּסְתֵּר פָּנֶיךָ | וֶאֱמֶת, אַל בְּאַפְּךָ

13 מִמֶּנּוּ. חוּסָה יהוה עַל יִשְׂרָאֵל | תּוֹכִיחֵנוּ. חוּסָה יהוה עַל עַמֶּךָ,

14 עַמֶּךָ, וְהַצִּילֵנוּ מִכָּל רָע. חָטָאנוּ | וְהוֹשִׁיעֵנוּ מִכָּל רָע. חָטָאנוּ לָךְ.

15 לָךְ, אָדוֹן, סְלַח נָא כְּרֹב | אָדוֹן, סְלַח נָא כְּרֹב רַחֲמֶיךָ,

16 רַחֲמֶיךָ, אֵל. | אֵל.

Everyone stands until the Torah is placed on the *bimah*.
When the Ark is opened, the congregation says:

17 **וַיְהִי בִּנְסֹעַ** הָאָרֹן, וַיֹּאמֶר מֹשֶׁה, קוּמָה

18 יהוה וְיָפֻצוּ אֹיְבֶיךָ, וְיָנֻסוּ

19 מְשַׂנְאֶיךָ מִפָּנֶיךָ. כִּי מִצִּיּוֹן תֵּצֵא תוֹרָה, וּדְבַר

20 יהוה מִירוּשָׁלָיִם. בָּרוּךְ שֶׁנָּתַן תּוֹרָה לְעַמּוֹ

21 יִשְׂרָאֵל בִּקְדֻשָּׁתוֹ.

Between Rosh Hashanah and Yom Kippur and on Hoshana Rabbah
some congregations say additional prayers, see pp. 250-251.

זוהר ויקהל שסט:א

1   **בְּרִיךְ שְׁמֵהּ** דְּמָרֵא עָלְמָא, בְּרִיךְ כִּתְרָךְ וְאַתְרָךְ. יְהֵא

2   רְעוּתָךְ עִם עַמָּךְ יִשְׂרָאֵל לְעָלַם, וּפֻרְקַן

3   יְמִינָךְ אַחֲזֵי לְעַמָּךְ בְּבֵית מַקְדְּשָׁךְ, וּלְאַמְטוּיֵי לָנָא מִטּוּב

4   נְהוֹרָךְ, וּלְקַבֵּל צְלוֹתָנָא בְּרַחֲמִין. יְהֵא רַעֲוָא קֳדָמָךְ, דְּתוֹרִיךְ

5   לָן חַיִּין בְּטִיבוּתָא, וְלֶהֱוֵי אֲנָא פְּקִידָא בְּגוֹ צַדִּיקַיָּא, לְמִרְחַם

6   עֲלַי וּלְמִנְטַר יָתִי וְיָת כָּל דִּי לִי וְדִי לְעַמָּךְ יִשְׂרָאֵל. אַנְתְּ הוּא

7   זָן לְכֹלָּא, וּמְפַרְנֵס לְכֹלָּא, אַנְתְּ הוּא שַׁלִּיט עַל כֹּלָּא. אַנְתְּ הוּא

8   דְּשַׁלִּיט עַל מַלְכַיָּא, וּמַלְכוּתָא דִּילָךְ הִיא. אֲנָא עַבְדָּא

9   דְּקֻדְשָׁא בְּרִיךְ הוּא, דְּסָגִידְנָא קַמֵּהּ וּמִקַּמָּא דִּיקַר אוֹרַיְתֵהּ

10   בְּכָל עִדָּן וְעִדָּן. לָא עַל אֱנָשׁ רָחִיצְנָא, וְלָא עַל בַּר אֱלָהִין

11   סָמִיכְנָא, אֶלָּא בֶּאֱלָהָא דִשְׁמַיָּא, דְּהוּא אֱלָהָא קְשׁוֹט,

12   וְאוֹרַיְתֵהּ קְשׁוֹט, וּנְבִיאְוֹהִי קְשׁוֹט, וּמַסְגֵּא לְמֶעְבַּד טַבְוָן

13   וּקְשׁוֹט. בֵּהּ אֲנָא רָחִיץ, וְלִשְׁמֵהּ קַדִּישָׁא יַקִּירָא אֲנָא אֵמַר

14   תֻּשְׁבְּחָן. יְהֵא רַעֲוָא קֳדָמָךְ, דְּתִפְתַּח לִבָּאִי בְּאוֹרַיְתָא, (וְתֵיהַב

15   לִי בְּנִין דִּכְרִין דְּעָבְדִין רְעוּתָךְ,) וְתַשְׁלִים מִשְׁאֲלִין דְּלִבָּאִי,

16   וְלִבָּא דְכָל עַמָּךְ יִשְׂרָאֵל, לְטַב וּלְחַיִּין וְלִשְׁלָם. (אָמֵן.)

The Torah Scroll is removed from the Ark and handed to the *chazzan*.
The *chazzan* turns to the Ark, bows while raising the Torah, and says aloud:

17   **גַּדְּלוּ לַיהוה אִתִּי, וּנְרוֹמְמָה שְׁמוֹ יַחְדָּו.**

Congregation says the following, as the *chazzan* turns to the right and brings the
Torah to the *bimah*. As the Torah is carried, people should kiss it.

18   **לְךָ** יהוה הַגְּדֻלָּה וְהַגְּבוּרָה וְהַתִּפְאֶרֶת וְהַנֵּצַח וְהַהוֹד, כִּי כֹל

19   בַּשָּׁמַיִם וּבָאָרֶץ, לְךָ יהוה הַמַּמְלָכָה וְהַמִּתְנַשֵּׂא לְכֹל

20   לְרֹאשׁ. רוֹמְמוּ יהוה אֱלֹהֵינוּ וְהִשְׁתַּחֲווּ לַהֲדֹם רַגְלָיו, קָדוֹשׁ

21   הוּא. רוֹמְמוּ יהוה אֱלֹהֵינוּ וְהִשְׁתַּחֲווּ לְהַר קָדְשׁוֹ, כִּי קָדוֹשׁ יהוה

22   אֱלֹהֵינוּ.

אַב 1   הָרַחֲמִים הוּא יְרַחֵם עַם עֲמוּסִים, וְיִזְכּוֹר בְּרִית אֵיתָנִים,

2   וְיַצִּיל נַפְשׁוֹתֵינוּ מִן הַשָּׁעוֹת הָרָעוֹת, וְיִגְעַר בְּיֵצֶר הָרָע

3   מִן הַנְּשׂוּאִים, וְיָחֹן אוֹתָנוּ לִפְלֵיטַת עוֹלָמִים, וִימַלֵּא מִשְׁאֲלוֹתֵינוּ

4   בְּמִדָּה טוֹבָה יְשׁוּעָה וְרַחֲמִים.

The *gabbai* says the following to call the first person to the Torah:

וְתִגָּלֶה 5   וְתֵרָאֶה מַלְכוּתוֹ עָלֵינוּ בִּזְמַן קָרוֹב, וְיָחֹן פְּלֵיטָתֵנוּ וּפְלֵיטַת

6   עַמּוֹ בֵּית יִשְׂרָאֵל לְחֵן וּלְחֶסֶד וּלְרַחֲמִים וּלְרָצוֹן. וְנֹאמַר

7   אָמֵן. הַכֹּל הָבוּ גֹדֶל לֵאלֹהֵינוּ וּתְנוּ כָבוֹד לַתּוֹרָה. כֹּהֵן° קְרַב, יַעֲמֹד

8   (name) בֶּן (father's name) הַכֹּהֵן.

°If no Kohen is present, the gabbai says:

9   ,,אֵין כַּאן כֹּהֵן, יַעֲמֹד (insert name) יִשְׂרָאֵל (לֵוִי) בִּמְקוֹם כֹּהֵן.''

---

10   בָּרוּךְ שֶׁנָּתַן תּוֹרָה לְעַמּוֹ יִשְׂרָאֵל בִּקְדֻשָּׁתוֹ. (תּוֹרַת יהוה תְּמִימָה מְשִׁיבַת

11   נָפֶשׁ, עֵדוּת יהוה נֶאֱמָנָה מַחְכִּימַת פֶּתִי. פִּקּוּדֵי יהוה יְשָׁרִים מְשַׂמְּחֵי לֵב,

12   מִצְוַת יהוה בָּרָה מְאִירַת עֵינָיִם. יהוה עֹז לְעַמּוֹ יִתֵּן, יהוה יְבָרֵךְ אֶת עַמּוֹ

13   בַשָּׁלוֹם. הָאֵל תָּמִים דַּרְכּוֹ, אִמְרַת יהוה צְרוּפָה, מָגֵן הוּא לְכֹל הַחֹסִים בּוֹ.)

Congregation, then *gabbai:*

14   **וְאַתֶּם הַדְּבֵקִים בַּיהוה אֱלֹהֵיכֶם, חַיִּים כֻּלְּכֶם הַיּוֹם.**

קריאת התורה

The reader shows the *oleh* (person called to the Torah) the place in the Torah. The *oleh* touches the Torah with a corner of his *tallis,* or the belt or mantle of the Torah, and kisses it. He then begins the blessing, bowing at בָּרְכוּ, and straightening up at ה'.

15   **בָּרְכוּ אֶת יהוה הַמְבֹרָךְ.**

Congregation, followed by *oleh,* responds, bowing at בָּרוּךְ, and straightening up at ה'.

16   בָּרוּךְ יהוה הַמְבֹרָךְ לְעוֹלָם וָעֶד.

Oleh continues:

בָּרוּךְ 17   אַתָּה יהוה אֱלֹהֵינוּ מֶלֶךְ הָעוֹלָם, אֲשֶׁר

18   בָּחַר בָּנוּ מִכָּל הָעַמִּים, וְנָתַן לָנוּ אֶת

19   תּוֹרָתוֹ. בָּרוּךְ אַתָּה יהוה, נוֹתֵן הַתּוֹרָה. (Cong. – אָמֵן.)

After his Torah portion has been read, the *oleh* says:

בָּרוּךְ אַתָּה יהוה אֱלֹהֵינוּ מֶלֶךְ הָעוֹלָם, אֲשֶׁר
נֶתַן לָנוּ תּוֹרַת אֱמֶת, וְחַיֵּי עוֹלָם נָטַע
בְּתוֹכֵנוּ. בָּרוּךְ אַתָּה יהוה, נוֹתֵן הַתּוֹרָה.
(Cong. – אָמֵן.)

The portions for the weekly Torah readings may be found beginning on p. 478.
The various *Mi Shebeirach* prayers may be found on pp. 255-256.

ברכת הגומל

The following blessing is said by one who recovered from a serious illness
or survived a dangerous situation:

בָּרוּךְ אַתָּה יהוה אֱלֹהֵינוּ מֶלֶךְ הָעוֹלָם, הַגּוֹמֵל לְחַיָּבִים
טוֹבוֹת, שֶׁגְּמָלַנִי כָּל טוֹב.
Cong. – אָמֵן. מִי שֶׁגְּמָלְךָ כָּל טוֹב, הוּא יִגְמָלְךָ כָּל טוֹב, סֶלָה.

ברוך שפטרני

After a *bar mitzvah* boy completes his first *aliyah,* his father says:

בָּרוּךְ (אַתָּה יהוה אֱלֹהֵינוּ מֶלֶךְ הָעוֹלָם,) שֶׁפְּטָרַנִי מֵעָנְשׁוֹ
שֶׁלָּזֶה.

חצי קדיש

After the Torah reading, the reader (or a mourner) says חֲצִי קַדִּיש:

יִתְגַּדַּל וְיִתְקַדַּשׁ שְׁמֵהּ רַבָּא. (Cong. – אָמֵן.) בְּעָלְמָא דִּי בְרָא כִרְעוּתֵהּ.
וְיַמְלִיךְ מַלְכוּתֵהּ, וְיַצְמַח פֻּרְקָנֵהּ וִיקָרֵב מְשִׁיחֵהּ. (Cong. – אָמֵן.)
בְּחַיֵּיכוֹן וּבְיוֹמֵיכוֹן וּבְחַיֵּי דְכָל בֵּית יִשְׂרָאֵל, בַּעֲגָלָא וּבִזְמַן קָרִיב.
וְאִמְרוּ: אָמֵן.
(Cong. – אָמֵן. יְהֵא שְׁמֵהּ רַבָּא מְבָרַךְ לְעָלַם וּלְעָלְמֵי עָלְמַיָּא.)
יְהֵא שְׁמֵהּ רַבָּא מְבָרַךְ לְעָלַם וּלְעָלְמֵי עָלְמַיָּא.
יִתְבָּרַךְ וְיִשְׁתַּבַּח וְיִתְפָּאַר וְיִתְרוֹמַם וְיִתְנַשֵּׂא וְיִתְהַדָּר וְיִתְעַלֶּה
וְיִתְהַלָּל שְׁמֵהּ דְּקֻדְשָׁא בְּרִיךְ הוּא. (Cong. – בְּרִיךְ הוּא.) °לְעֵלָּא מִן כָּל
(from Rosh Hashanah to Yom Kippur – °לְעֵלָּא [וּ]לְעֵלָּא מִכָּל) בִּרְכָתָא וְשִׁירָתָא
תֻּשְׁבְּחָתָא וְנֶחֱמָתָא, דַּאֲמִירָן בְּעָלְמָא, וְאִמְרוּ: אָמֵן. (Cong. – אָמֵן.)

הגבהה וגלילה

After *Kaddish*, the Torah Scroll is opened and raised for all to see.
Each person looks at the Torah and says aloud:

1   [יהוה אֱלֹהֵינוּ אֱמֶת, מֹשֶׁה אֱמֶת, וְתוֹרָתוֹ אֱמֶת.]

2   וְזֹאת הַתּוֹרָה אֲשֶׁר שָׂם מֹשֶׁה לִפְנֵי בְּנֵי יִשְׂרָאֵל,

3   עַל פִּי יהוה בְּיַד מֹשֶׁה.

Some add the following verses:

4   עֵץ חַיִּים הִיא לַמַּחֲזִיקִים בָּהּ, וְתֹמְכֶיהָ מְאֻשָּׁר. דְּרָכֶיהָ דַרְכֵי נֹעַם,

5   וְכָל נְתִיבוֹתֶיהָ שָׁלוֹם. אֹרֶךְ יָמִים בִּימִינָהּ, בִּשְׂמֹאלָהּ עֹשֶׁר וְכָבוֹד. יהוה

6   חָפֵץ לְמַעַן צִדְקוֹ, יַגְדִּיל תּוֹרָה וְיַאְדִּיר.

On Monday and Thursday, the *chazzan* says the following prayer.
He does not say it on days when *Tachanun* is not said.

7   **יְהִי רָצוֹן** מִלִּפְנֵי אָבִינוּ שֶׁבַּשָּׁמַיִם, לְכוֹנֵן אֶת בֵּית חַיֵּינוּ, וּלְהָשִׁיב

8   אֶת שְׁכִינָתוֹ בְּתוֹכֵנוּ, בִּמְהֵרָה בְיָמֵינוּ. וְנֹאמַר: אָמֵן.

9   (.אָמֵן — Cong.)

10   **יְהִי רָצוֹן** מִלִּפְנֵי אָבִינוּ שֶׁבַּשָּׁמַיִם, לְרַחֵם עָלֵינוּ וְעַל פְּלֵיטָתֵנוּ,

11   וְלִמְנֹעַ מַשְׁחִית וּמַגֵּפָה מֵעָלֵינוּ וּמֵעַל כָּל עַמּוֹ בֵּית

12   יִשְׂרָאֵל. וְנֹאמַר: אָמֵן.   (.אָמֵן — Cong.)

13   **יְהִי רָצוֹן** מִלִּפְנֵי אָבִינוּ שֶׁבַּשָּׁמַיִם, לְקַיֵּם בָּנוּ חַכְמֵי יִשְׂרָאֵל, הֵם

14   וּנְשֵׁיהֶם וּבְנֵיהֶם וּבְנוֹתֵיהֶם וְתַלְמִידֵיהֶם וְתַלְמִידֵי

15   תַלְמִידֵיהֶם, בְּכָל מְקוֹמוֹת מוֹשְׁבוֹתֵיהֶם. וְנֹאמַר: אָמֵן.   (.אָמֵן — Cong.)

16   **יְהִי רָצוֹן** מִלִּפְנֵי אָבִינוּ שֶׁבַּשָּׁמַיִם, שֶׁנִּשְׁמַע וְנִתְבַּשֵּׂר בְּשׂוֹרוֹת

17   טוֹבוֹת, יְשׁוּעוֹת וְנֶחָמוֹת, וִיקַבֵּץ נִדָּחֵינוּ מֵאַרְבַּע

18   כַּנְפוֹת הָאָרֶץ. וְנֹאמַר: אָמֵן.   (.אָמֵן — Cong.)

The entire congregation, followed by the *chazzan*, says aloud:

19   **אַחֵינוּ** כָּל בֵּית יִשְׂרָאֵל, הַנְּתוּנִים בְּצָרָה וּבְשִׁבְיָה, הָעוֹמְדִים בֵּין

20   בַּיָּם וּבֵין בַּיַּבָּשָׁה, הַמָּקוֹם יְרַחֵם עֲלֵיהֶם וְיוֹצִיאֵם מִצָּרָה

21   לִרְוָחָה, וּמֵאֲפֵלָה לְאוֹרָה, וּמִשִּׁעְבּוּד לִגְאֻלָּה, הַשְׁתָּא בַּעֲגָלָא וּבִזְמַן

22   קָרִיב. וְנֹאמַר: אָמֵן.   (.אָמֵן — Cong.)

ON TISHAH B'AV CONTINUE WITH RETURNING THE TORAH TO THE ARK (P. 83) AND *KINNOS*.

THIS CONCLUDING SECTION OF *SHACHARIS* IS RECITED EVERY WEEKDAY.

﷽ אשרי – ובא לציון ﷽

1   **אַשְׁרֵי** יוֹשְׁבֵי בֵיתֶךָ, עוֹד יְהַלְלוּךָ סֶּלָה. אַשְׁרֵי

2   הָעָם שֶׁכָּכָה לּוֹ, אַשְׁרֵי הָעָם שֶׁיהוה אֱלֹהָיו.

3   תְּהִלָּה לְדָוִד,

4   **אֲרוֹמִמְךָ** אֱלוֹהַי הַמֶּלֶךְ, וַאֲבָרְכָה שִׁמְךָ לְעוֹלָם וָעֶד.

5   **בְּכָל** יוֹם אֲבָרְכֶךָּ, וַאֲהַלְלָה שִׁמְךָ לְעוֹלָם וָעֶד.

6   **גָּדוֹל** יהוה וּמְהֻלָּל מְאֹד, וְלִגְדֻלָּתוֹ אֵין חֵקֶר.

7   **דּוֹר** לְדוֹר יְשַׁבַּח מַעֲשֶׂיךָ, וּגְבוּרֹתֶיךָ יַגִּידוּ.

8   **הֲדַר** כְּבוֹד הוֹדֶךָ, וְדִבְרֵי נִפְלְאֹתֶיךָ אָשִׂיחָה.

9   **וֶעֱזוּז** נוֹרְאוֹתֶיךָ יֹאמֵרוּ, וּגְדוּלָּתְךָ אֲסַפְּרֶנָּה.

10   **זֵכֶר** רַב טוּבְךָ יַבִּיעוּ, וְצִדְקָתְךָ יְרַנֵּנוּ.

11   **חַנּוּן** וְרַחוּם יהוה, אֶרֶךְ אַפַּיִם וּגְדָל חָסֶד.

12   **טוֹב** יהוה לַכֹּל, וְרַחֲמָיו עַל כָּל מַעֲשָׂיו.

13   **יוֹדוּךָ** יהוה כָּל מַעֲשֶׂיךָ, וַחֲסִידֶיךָ יְבָרְכוּכָה.

14   **כְּבוֹד** מַלְכוּתְךָ יֹאמֵרוּ, וּגְבוּרָתְךָ יְדַבֵּרוּ.

15   **לְהוֹדִיעַ** לִבְנֵי הָאָדָם גְּבוּרֹתָיו, וּכְבוֹד הֲדַר מַלְכוּתוֹ.

16   **מַלְכוּתְךָ** מַלְכוּת כָּל עֹלָמִים,

17   וּמֶמְשַׁלְתְּךָ בְּכָל דּוֹר וָדֹר.

18   **סוֹמֵךְ** יהוה לְכָל הַנֹּפְלִים, וְזוֹקֵף לְכָל הַכְּפוּפִים.

19   **עֵינֵי** כֹל אֵלֶיךָ יְשַׂבֵּרוּ,

20   וְאַתָּה נוֹתֵן לָהֶם אֶת אָכְלָם בְּעִתּוֹ.

When you say the verse פּוֹתֵחַ, think about its meaning.
One wearing *tefillin* touches the arm-*tefillin* while saying . . . פּוֹתֵחַ,
and the head-*tefillin* while saying . . . וּמַשְׂבִּיעַ.

1 **פּוֹתֵחַ** אֶת יָדֶךָ, וּמַשְׂבִּיעַ לְכָל חַי רָצוֹן.

2 **צַדִּיק** יהוה בְּכָל דְּרָכָיו, וְחָסִיד בְּכָל מַעֲשָׂיו.

3 **קָרוֹב** יהוה לְכָל קֹרְאָיו,

4 לְכֹל אֲשֶׁר יִקְרָאֻהוּ בֶאֱמֶת.

5 **רְצוֹן** יְרֵאָיו יַעֲשֶׂה, וְאֶת שַׁוְעָתָם יִשְׁמַע וְיוֹשִׁיעֵם.

6 **שׁוֹמֵר** יהוה אֶת כָּל אֹהֲבָיו, וְאֵת כָּל הָרְשָׁעִים יַשְׁמִיד.

7 ❖ **תְּהִלַּת** יהוה יְדַבֶּר פִּי,

8 וִיבָרֵךְ כָּל בָּשָׂר שֵׁם קָדְשׁוֹ לְעוֹלָם וָעֶד.

9 **וַאֲנַחְנוּ** נְבָרֵךְ יָהּ, מֵעַתָּה וְעַד עוֹלָם, הַלְלוּיָהּ.

לַמְנַצֵּחַ is not said on Rosh Chodesh, Erev Pesach, Chol HaMoed, Tishah B'Av,
Erev Yom Kippur, Chanukah, Purim and Shushan Purim,
the 14th and 15th of Adar I (Purim Kattan), and in a house of mourning.

10 **לַמְנַצֵּחַ** מִזְמוֹר לְדָוִד. יַעַנְךָ יהוה בְּיוֹם צָרָה,

11 יְשַׂגֶּבְךָ שֵׁם אֱלֹהֵי יַעֲקֹב. יִשְׁלַח עֶזְרְךָ

12 מִקֹּדֶשׁ, וּמִצִּיּוֹן יִסְעָדֶךָּ. יִזְכֹּר כָּל מִנְחֹתֶיךָ, וְעוֹלָתְךָ

13 יְדַשְּׁנֶה סֶלָה. יִתֶּן לְךָ כִלְבָבֶךָ וְכָל עֲצָתְךָ יְמַלֵּא.

14 נְרַנְּנָה בִּישׁוּעָתֶךָ, וּבְשֵׁם אֱלֹהֵינוּ נִדְגֹּל, יְמַלֵּא יהוה

15 כָּל מִשְׁאֲלוֹתֶיךָ. עַתָּה יָדַעְתִּי כִּי הוֹשִׁיעַ יהוה מְשִׁיחוֹ,

16 יַעֲנֵהוּ מִשְּׁמֵי קָדְשׁוֹ, בִּגְבוּרוֹת יֵשַׁע יְמִינוֹ. אֵלֶּה

17 בָרֶכֶב, וְאֵלֶּה בַסּוּסִים, וַאֲנַחְנוּ בְּשֵׁם יהוה אֱלֹהֵינוּ

18 נַזְכִּיר. הֵמָּה כָּרְעוּ וְנָפָלוּ וַאֲנַחְנוּ קַמְנוּ וַנִּתְעוֹדָד.

19 ❖ יהוה הוֹשִׁיעָה, הַמֶּלֶךְ יַעֲנֵנוּ בְיוֹם קָרְאֵנוּ.

וּבָא לְצִיּוֹן includes the *Kedushah* that is said by the angels.
The verses of *Kedushah* are in bold type and the congregation should say them aloud and together. However, the Aramaic translation that follows the verses should be said softly.

The verse . . . וַאֲנִי זֹאת בְּרִיתִי is not said on Tishah B'Av and in a house of mourning.

1. **וּבָא לְצִיּוֹן** גּוֹאֵל, וּלְשָׁבֵי פֶשַׁע בְּיַעֲקֹב, נְאֻם יהוה.

2. וַאֲנִי, זֹאת בְּרִיתִי אוֹתָם, אָמַר יהוה,

3. רוּחִי אֲשֶׁר עָלֶיךָ, וּדְבָרַי אֲשֶׁר שַׂמְתִּי בְּפִיךָ, לֹא

4. יָמוּשׁוּ מִפִּיךָ וּמִפִּי זַרְעֲךָ וּמִפִּי זֶרַע זַרְעֲךָ, אָמַר יהוה,

5. מֵעַתָּה וְעַד עוֹלָם. ❖ וְאַתָּה קָדוֹשׁ יוֹשֵׁב תְּהִלּוֹת

6. יִשְׂרָאֵל. וְקָרָא זֶה אֶל זֶה וְאָמַר:

7. **קָדוֹשׁ קָדוֹשׁ קָדוֹשׁ יהוה צְבָאוֹת,**

8. **מְלֹא כָל הָאָרֶץ כְּבוֹדוֹ.**

9. וּמְקַבְּלִין דֵּין מִן דֵּין וְאָמְרִין:

10. קַדִּישׁ בִּשְׁמֵי מְרוֹמָא עִלָּאָה בֵּית שְׁכִינְתֵּהּ,

11. קַדִּישׁ עַל אַרְעָא עוֹבַד גְּבוּרְתֵּהּ,

12. קַדִּישׁ לְעָלַם וּלְעָלְמֵי עָלְמַיָּא,

13. יהוה צְבָאוֹת, מַלְיָא כָל אַרְעָא זִיו יְקָרֵהּ.

14. ❖ וַתִּשָּׂאֵנִי רוּחַ, וָאֶשְׁמַע אַחֲרַי קוֹל רַעַשׁ גָּדוֹל:

15. **בָּרוּךְ כְּבוֹד יהוה מִמְּקוֹמוֹ.**

16. וּנְטָלַתְנִי רוּחָא, וְשִׁמְעֵת בַּתְרַי

17. קָל זִיעַ סַגִּיא דִּמְשַׁבְּחִין וְאָמְרִין:

18. בְּרִיךְ יְקָרָא דַיהוה מֵאֲתַר בֵּית שְׁכִינְתֵּהּ.

19. **יהוה יִמְלֹךְ לְעֹלָם וָעֶד.**

20. יהוה מַלְכוּתֵהּ קָאֵם לְעָלַם וּלְעָלְמֵי עָלְמַיָּא.

1 יהוה אֱלֹהֵי אַבְרָהָם יִצְחָק וְיִשְׂרָאֵל אֲבֹתֵינוּ,

2 שָׁמְרָה זֹּאת לְעוֹלָם, לְיֵצֶר מַחְשְׁבוֹת לְבַב עַמֶּךָ,

3 וְהָכֵן לְבָבָם אֵלֶיךָ. וְהוּא רַחוּם, יְכַפֵּר עָוֺן וְלֹא

4 יַשְׁחִית, וְהִרְבָּה לְהָשִׁיב אַפּוֹ, וְלֹא יָעִיר כָּל חֲמָתוֹ. כִּי

5 אַתָּה אֲדֹנָי טוֹב וְסַלָּח, וְרַב חֶסֶד לְכָל קֹרְאֶיךָ.

6 צִדְקָתְךָ צֶדֶק לְעוֹלָם, וְתוֹרָתְךָ אֱמֶת. תִּתֵּן אֱמֶת

7 לְיַעֲקֹב, חֶסֶד לְאַבְרָהָם, אֲשֶׁר נִשְׁבַּעְתָּ לַאֲבֹתֵינוּ

8 מִימֵי קֶדֶם. בָּרוּךְ אֲדֹנָי יוֹם יוֹם יַעֲמָס לָנוּ, הָאֵל

9 יְשׁוּעָתֵנוּ סֶלָה. יהוה צְבָאוֹת עִמָּנוּ, מִשְׂגָּב לָנוּ אֱלֹהֵי

10 יַעֲקֹב סֶלָה. יהוה צְבָאוֹת, אַשְׁרֵי אָדָם בֹּטֵחַ בָּךְ. יהוה

11 הוֹשִׁיעָה, הַמֶּלֶךְ יַעֲנֵנוּ בְיוֹם קָרְאֵנוּ. בָּרוּךְ הוּא

12 אֱלֹהֵינוּ שֶׁבְּרָאָנוּ לִכְבוֹדוֹ, וְהִבְדִּילָנוּ מִן הַתּוֹעִים,

13 וְנָתַן לָנוּ תּוֹרַת אֱמֶת, וְחַיֵּי עוֹלָם נָטַע בְּתוֹכֵנוּ. הוּא

14 יִפְתַּח לִבֵּנוּ בְּתוֹרָתוֹ, וְיָשֵׂם בְּלִבֵּנוּ אַהֲבָתוֹ וְיִרְאָתוֹ

15 וְלַעֲשׂוֹת רְצוֹנוֹ וּלְעָבְדוֹ בְּלֵבָב שָׁלֵם, לְמַעַן לֹא נִיגַע

16 לָרִיק, וְלֹא נֵלֵד לַבֶּהָלָה.

17 יְהִי רָצוֹן מִלְּפָנֶיךָ, יהוה אֱלֹהֵינוּ וֵאלֹהֵי אֲבוֹתֵינוּ,

18 שֶׁנִּשְׁמֹר חֻקֶּיךָ בָּעוֹלָם הַזֶּה, וְנִזְכֶּה וְנִחְיֶה וְנִרְאֶה

19 וְנִירַשׁ טוֹבָה וּבְרָכָה לִשְׁנֵי יְמוֹת הַמָּשִׁיחַ וּלְחַיֵּי

20 הָעוֹלָם הַבָּא. לְמַעַן יְזַמֶּרְךָ כָבוֹד וְלֹא יִדֹּם, יהוה

21 אֱלֹהַי לְעוֹלָם אוֹדֶךָ. בָּרוּךְ הַגֶּבֶר אֲשֶׁר יִבְטַח בַּיהוה,

22 וְהָיָה יהוה מִבְטַחוֹ. בִּטְחוּ בַיהוה עֲדֵי עַד, כִּי בְּיָהּ

1. יהוה צוּר עוֹלָמִים. ❖ וְיִבְטְחוּ בְךָ יוֹדְעֵי שְׁמֶךָ, כִּי לֹא

2. עָזַבְתָּ דֹּרְשֶׁיךָ, יהוה. יהוה חָפֵץ לְמַעַן צִדְקוֹ, יַגְדִּיל

3. תּוֹרָה וְיַאְדִּיר.

Some congregations conclude:

4. יהוה אֲדוֹנֵינוּ, מָה אַדִּיר שִׁמְךָ בְּכָל הָאָרֶץ.

5. חִזְקוּ וְיַאֲמֵץ לְבַבְכֶם, כָּל הַמְיַחֲלִים לַיהוה.

The regular weekday *Shacharis* continues with the Full *Kaddish* (below). On Rosh Chodesh and Chol HaMoed, *Kaddish* is omitted and the Torah is returned to the Ark (page 83).

קדיש שלם

The *chazzan* says קַדִּישׁ שָׁלֵם:

6. **יִתְגַּדַּל** וְיִתְקַדַּשׁ שְׁמֵהּ רַבָּא. (.Cong – אָמֵן) בְּעָלְמָא דִּי בְרָא כִרְעוּתֵהּ,

7. וְיַמְלִיךְ מַלְכוּתֵהּ, וְיַצְמַח פֻּרְקָנֵהּ וִיקָרֵב מְשִׁיחֵהּ. (.Cong – אָמֵן)

8. בְּחַיֵּיכוֹן וּבְיוֹמֵיכוֹן וּבְחַיֵּי דְכָל בֵּית יִשְׂרָאֵל, בַּעֲגָלָא וּבִזְמַן קָרִיב.

9. וְאִמְרוּ: אָמֵן.

10. (.Cong – אָמֵן. יְהֵא שְׁמֵהּ רַבָּא מְבָרַךְ לְעָלַם וּלְעָלְמֵי עָלְמַיָּא.)

11. יְהֵא שְׁמֵהּ רַבָּא מְבָרַךְ לְעָלַם וּלְעָלְמֵי עָלְמַיָּא.

12. יִתְבָּרַךְ וְיִשְׁתַּבַּח וְיִתְפָּאַר וְיִתְרוֹמַם וְיִתְנַשֵּׂא וְיִתְהַדָּר וְיִתְעַלֶּה

13. וְיִתְהַלָּל שְׁמֵהּ דְּקֻדְשָׁא בְּרִיךְ הוּא — (.Cong – בְּרִיךְ הוּא) °לְעֵלָּא מִן כָּל

14. (°לְעֵלָּא [וּ]לְעֵלָּא מִכָּל] – from Rosh Hashanah to Yom Kippur) בִּרְכָתָא וְשִׁירָתָא

15. תֻּשְׁבְּחָתָא וְנֶחֱמָתָא, דַּאֲמִירָן בְּעָלְמָא. וְאִמְרוּ: אָמֵן. (.Cong – אָמֵן)

16. (.Cong – קַבֵּל בְּרַחֲמִים וּבְרָצוֹן אֶת תְּפִלָּתֵנוּ.)

17. תִּתְקַבֵּל צְלוֹתְהוֹן וּבָעוּתְהוֹן דְּכָל בֵּית יִשְׂרָאֵל קֳדָם אֲבוּהוֹן דִּי

18. בִשְׁמַיָּא. וְאִמְרוּ: אָמֵן. (.Cong – אָמֵן)

19. (.Cong – יְהִי שֵׁם יהוה מְבֹרָךְ, מֵעַתָּה וְעַד עוֹלָם.)

20. יְהֵא שְׁלָמָא רַבָּא מִן שְׁמַיָּא, וְחַיִּים טוֹבִים עָלֵינוּ וְעַל כָּל יִשְׂרָאֵל.

21. וְאִמְרוּ: אָמֵן. (.Cong – אָמֵן)

22. (.Cong – עֶזְרִי מֵעִם יהוה, עֹשֵׂה שָׁמַיִם וָאָרֶץ.)

The *chazzan* takes three steps back, bows left and says . . . עֹשֶׂה; bows right and says . . . הוּא; bows forward and says . . . כָּל וְעַל אָמֵן. He remains standing in place for a few moments, then takes three steps forward.

23. עֹשֶׂה שָׁלוֹם בִּמְרוֹמָיו, הוּא יַעֲשֶׂה שָׁלוֹם עָלֵינוּ, וְעַל כָּל יִשְׂרָאֵל. וְאִמְרוּ:

24. אָמֵן. (.Cong – אָמֵן)

On days that the Torah is not read, continue with שִׁיר שֶׁל יוֹם, *The Song of the Day* (p. 85).

הכנסת ספר תורה

The *chazzan* takes the Torah in his right arm and says aloud:

1 יְהַלְלוּ אֶת שֵׁם יהוה, כִּי נִשְׂגָּב שְׁמוֹ לְבַדּוֹ –

2 Cong. – הוֹדוֹ עַל אֶרֶץ וְשָׁמָיִם. וַיָּרֶם קֶרֶן לְעַמּוֹ, תְּהִלָּה לְכָל

3 חֲסִידָיו, לִבְנֵי יִשְׂרָאֵל עַם קְרֹבוֹ, הַלְלוּיָהּ.

As the Torah is carried to the Ark, the congregation says:

4 **לְדָוִד** מִזְמוֹר, לַיהוה הָאָרֶץ וּמְלוֹאָהּ, תֵּבֵל וְיֹשְׁבֵי בָהּ. כִּי

5 הוּא עַל יַמִּים יְסָדָהּ, וְעַל נְהָרוֹת יְכוֹנְנֶהָ. מִי יַעֲלֶה

6 בְהַר יהוה, וּמִי יָקוּם בִּמְקוֹם קָדְשׁוֹ. נְקִי כַפַּיִם וּבַר לֵבָב, אֲשֶׁר

7 לֹא נָשָׂא לַשָּׁוְא נַפְשִׁי וְלֹא נִשְׁבַּע לְמִרְמָה. יִשָּׂא בְרָכָה מֵאֵת

8 יהוה, וּצְדָקָה מֵאֱלֹהֵי יִשְׁעוֹ. זֶה דּוֹר דֹּרְשָׁיו, מְבַקְשֵׁי פָנֶיךָ,

9 יַעֲקֹב, סֶלָה. שְׂאוּ שְׁעָרִים רָאשֵׁיכֶם, וְהִנָּשְׂאוּ פִּתְחֵי עוֹלָם,

10 וְיָבוֹא מֶלֶךְ הַכָּבוֹד. מִי זֶה מֶלֶךְ הַכָּבוֹד, יהוה עִזּוּז וְגִבּוֹר,

11 יהוה גִּבּוֹר מִלְחָמָה. שְׂאוּ שְׁעָרִים רָאשֵׁיכֶם, וּשְׂאוּ פִּתְחֵי

12 עוֹלָם, וְיָבֹא מֶלֶךְ הַכָּבוֹד. מִי הוּא זֶה מֶלֶךְ הַכָּבוֹד, יהוה

13 צְבָאוֹת הוּא מֶלֶךְ הַכָּבוֹד, סֶלָה.

As the Torah is placed into the Ark, the congregation says:

14 **וּבְנֻחֹה** יֹאמַר, שׁוּבָה יהוה רִבְבוֹת אַלְפֵי יִשְׂרָאֵל. קוּמָה

15 יהוה לִמְנוּחָתֶךָ, אַתָּה וַאֲרוֹן עֻזֶּךָ. כֹּהֲנֶיךָ יִלְבְּשׁוּ

16 צֶדֶק, וַחֲסִידֶיךָ יְרַנֵּנוּ. בַּעֲבוּר דָּוִד עַבְדֶּךָ אַל תָּשֵׁב פְּנֵי

17 מְשִׁיחֶךָ. כִּי לֶקַח טוֹב נָתַתִּי לָכֶם, תּוֹרָתִי אַל תַּעֲזֹבוּ. ❖ עֵץ

18 חַיִּים הִיא לַמַּחֲזִיקִים בָּהּ, וְתֹמְכֶיהָ מְאֻשָּׁר. דְּרָכֶיהָ דַרְכֵי

19 נֹעַם, וְכָל נְתִיבֹתֶיהָ שָׁלוֹם. הֲשִׁיבֵנוּ יהוה אֵלֶיךָ וְנָשׁוּבָה,

20 חַדֵּשׁ יָמֵינוּ כְּקֶדֶם.

On Rosh Chodesh and Chol HaMoed, the *chazzan* recites חֲצִי קַדִּישׁ (p. 76), and then the congregation says *Mussaf* (on Rosh Chodesh p. 356 on Chol HaMoed p. 379).

In many congregations the following psalms and verses are recited before the שִׁיר שֶׁל יוֹם.
On days when *Tachanun* is omitted (see p. 65), תְּפִלָּה לְדָוִד is omitted, but the two following
paragraphs, beginning בֵּית יַעֲקֹב, are recited. However, on days when even אֵל אֶרֶךְ אַפַּיִם
would be omitted (see p. 73), *Shacharis* continues with שִׁיר שֶׁל יוֹם, page 85.

תְּפִלָּה לְדָוִד, הַטֵּה יהוה אָזְנְךָ, עֲנֵנִי, כִּי עָנִי וְאֶבְיוֹן אָנִי. שָׁמְרָה 1
נַפְשִׁי כִּי חָסִיד אָנִי, הוֹשַׁע עַבְדְּךָ, אַתָּה אֱלֹהַי, 2
הַבּוֹטֵחַ אֵלֶיךָ. חָנֵּנִי אֲדֹנָי, כִּי אֵלֶיךָ אֶקְרָא כָּל הַיּוֹם. שַׂמֵּחַ נֶפֶשׁ 3
עַבְדֶּךָ, כִּי אֵלֶיךָ אֲדֹנָי נַפְשִׁי אֶשָּׂא. כִּי אַתָּה אֲדֹנָי טוֹב וְסַלָּח, וְרַב 4
חֶסֶד לְכָל קֹרְאֶיךָ. הַאֲזִינָה יהוה תְּפִלָּתִי, וְהַקְשִׁיבָה בְּקוֹל 5
תַּחֲנוּנוֹתָי. בְּיוֹם צָרָתִי אֶקְרָאֶךָ, כִּי תַעֲנֵנִי. אֵין כָּמוֹךָ בָאֱלֹהִים, 6
אֲדֹנָי, וְאֵין כְּמַעֲשֶׂיךָ. כָּל גּוֹיִם אֲשֶׁר עָשִׂיתָ, יָבֹאוּ וְיִשְׁתַּחֲווּ לְפָנֶיךָ, 7
אֲדֹנָי, וִיכַבְּדוּ לִשְׁמֶךָ. כִּי גָדוֹל אַתָּה וְעֹשֵׂה נִפְלָאוֹת, אַתָּה אֱלֹהִים 8
לְבַדֶּךָ. הוֹרֵנִי יהוה דַּרְכֶּךָ, אֲהַלֵּךְ בַּאֲמִתֶּךָ, יַחֵד לְבָבִי לְיִרְאָה שְׁמֶךָ. 9
אוֹדְךָ אֲדֹנָי אֱלֹהַי בְּכָל לְבָבִי, וַאֲכַבְּדָה שִׁמְךָ לְעוֹלָם. כִּי חַסְדְּךָ 10
גָדוֹל עָלָי, וְהִצַּלְתָּ נַפְשִׁי מִשְּׁאוֹל תַּחְתִּיָּה. אֱלֹהִים, זֵדִים קָמוּ עָלַי, 11
וַעֲדַת עָרִיצִים בִּקְשׁוּ נַפְשִׁי, וְלֹא שָׂמוּךָ לְנֶגְדָּם. וְאַתָּה אֲדֹנָי, אֵל 12
רַחוּם וְחַנּוּן, אֶרֶךְ אַפַּיִם וְרַב חֶסֶד וֶאֱמֶת. פְּנֵה אֵלַי וְחָנֵּנִי, תְּנָה עֻזְּךָ 13
לְעַבְדֶּךָ, וְהוֹשִׁיעָה לְבֶן אֲמָתֶךָ. עֲשֵׂה עִמִּי אוֹת לְטוֹבָה, וְיִרְאוּ שֹׂנְאַי 14
וְיֵבֹשׁוּ, כִּי אַתָּה יהוה עֲזַרְתַּנִי וְנִחַמְתָּנִי. 15

בֵּית יַעֲקֹב, לְכוּ וְנֵלְכָה בְּאוֹר יהוה. כִּי כָּל הָעַמִּים יֵלְכוּ אִישׁ 16
בְּשֵׁם אֱלֹהָיו, וַאֲנַחְנוּ נֵלֵךְ בְּשֵׁם יהוה אֱלֹהֵינוּ 17
לְעוֹלָם וָעֶד. יְהִי יהוה אֱלֹהֵינוּ עִמָּנוּ, כַּאֲשֶׁר הָיָה עִם אֲבוֹתֵינוּ, אַל 18
יַעַזְבֵנוּ וְאַל יִטְּשֵׁנוּ. לְהַטּוֹת לְבָבֵנוּ אֵלָיו, לָלֶכֶת בְּכָל דְּרָכָיו, וְלִשְׁמֹר 19
מִצְוֹתָיו וְחֻקָּיו וּמִשְׁפָּטָיו, אֲשֶׁר צִוָּה אֶת אֲבֹתֵינוּ. וְיִהְיוּ דְבָרַי אֵלֶּה, 20
אֲשֶׁר הִתְחַנַּנְתִּי לִפְנֵי יהוה, קְרֹבִים אֶל יהוה אֱלֹהֵינוּ יוֹמָם וָלָיְלָה, 21
לַעֲשׂוֹת מִשְׁפַּט עַבְדּוֹ, וּמִשְׁפַּט עַמּוֹ יִשְׂרָאֵל, דְּבַר יוֹם בְּיוֹמוֹ. לְמַעַן 22
דַּעַת כָּל עַמֵּי הָאָרֶץ, כִּי יהוה הוּא הָאֱלֹהִים, אֵין עוֹד. 23

שִׁיר הַמַּעֲלוֹת, לְדָוִד, לוּלֵי יהוה שֶׁהָיָה לָנוּ, יֹאמַר נָא יִשְׂרָאֵל. 24
לוּלֵי יהוה שֶׁהָיָה לָנוּ, בְּקוּם עָלֵינוּ אָדָם. אֲזַי 25
חַיִּים בְּלָעוּנוּ, בַּחֲרוֹת אַפָּם בָּנוּ. אֲזַי הַמַּיִם שְׁטָפוּנוּ, נַחְלָה עָבַר עַל 26

1 נַפְשֵׁנוּ. אֲזַי עָבַר עַל נַפְשֵׁנוּ, הַמַּיִם הַזֵּידוֹנִים. בָּרוּךְ יהוה, שֶׁלֹּא

2 נְתָנָנוּ טֶרֶף לְשִׁנֵּיהֶם. נַפְשֵׁנוּ כְּצִפּוֹר נִמְלְטָה מִפַּח יוֹקְשִׁים, הַפַּח

3 נִשְׁבָּר וַאֲנַחְנוּ נִמְלָטְנוּ. עֶזְרֵנוּ בְּשֵׁם יהוה, עֹשֵׂה שָׁמַיִם וָאָרֶץ.

שיר של יום

Each day of the week a different psalm is recited as the שִׁיר שֶׁל יוֹם, *Song of the Day*.

SUNDAY

4 הַיּוֹם יוֹם רִאשׁוֹן בַּשַּׁבָּת, שֶׁבּוֹ הָיוּ הַלְוִיִּם אוֹמְרִים בְּבֵית הַמִּקְדָּשׁ:

5 **לְדָוִד** מִזְמוֹר, לַיהוה הָאָרֶץ וּמְלוֹאָהּ, תֵּבֵל וְיֹשְׁבֵי בָהּ.

6 כִּי הוּא עַל יַמִּים יְסָדָהּ, וְעַל נְהָרוֹת יְכוֹנְנֶהָ. מִי

7 יַעֲלֶה בְהַר יהוה, וּמִי יָקוּם בִּמְקוֹם קָדְשׁוֹ. נְקִי כַפַּיִם וּבַר

8 לֵבָב, אֲשֶׁר לֹא נָשָׂא לַשָּׁוְא נַפְשִׁי, וְלֹא נִשְׁבַּע לְמִרְמָה. יִשָּׂא

9 בְרָכָה מֵאֵת יהוה, וּצְדָקָה מֵאֱלֹהֵי יִשְׁעוֹ. זֶה דּוֹר דֹּרְשָׁיו,

10 מְבַקְשֵׁי פָנֶיךָ יַעֲקֹב סֶלָה. שְׂאוּ שְׁעָרִים רָאשֵׁיכֶם, וְהִנָּשְׂאוּ

11 פִּתְחֵי עוֹלָם, וְיָבוֹא מֶלֶךְ הַכָּבוֹד. מִי זֶה מֶלֶךְ הַכָּבוֹד, יהוה

12 עִזּוּז וְגִבּוֹר, יהוה גִּבּוֹר מִלְחָמָה. ❖ שְׂאוּ שְׁעָרִים רָאשֵׁיכֶם,

13 וּשְׂאוּ פִּתְחֵי עוֹלָם, וְיָבֹא מֶלֶךְ הַכָּבוֹד. מִי הוּא זֶה מֶלֶךְ

14 הַכָּבוֹד, יהוה צְבָאוֹת, הוּא מֶלֶךְ הַכָּבוֹד סֶלָה.

Many have the custom to say הוֹשִׁיעֵנוּ (page 88).

MONDAY

15 הַיּוֹם יוֹם שֵׁנִי בַּשַּׁבָּת, שֶׁבּוֹ הָיוּ הַלְוִיִּם אוֹמְרִים בְּבֵית הַמִּקְדָּשׁ:

16 **שִׁיר** מִזְמוֹר לִבְנֵי קֹרַח. גָּדוֹל יהוה וּמְהֻלָּל מְאֹד, בְּעִיר

17 אֱלֹהֵינוּ, הַר קָדְשׁוֹ. יְפֵה נוֹף, מְשׂוֹשׂ כָּל הָאָרֶץ, הַר

18 צִיּוֹן יַרְכְּתֵי צָפוֹן, קִרְיַת מֶלֶךְ רָב. אֱלֹהִים בְּאַרְמְנוֹתֶיהָ נוֹדַע

19 לְמִשְׂגָּב. כִּי הִנֵּה הַמְּלָכִים נוֹעֲדוּ, עָבְרוּ יַחְדָּו. הֵמָּה רָאוּ כֵּן

20 תָּמָהוּ, נִבְהֲלוּ נֶחְפָּזוּ. רְעָדָה אֲחָזָתַם שָׁם, חִיל כַּיּוֹלֵדָה. בְּרוּחַ

21 קָדִים תְּשַׁבֵּר אֳנִיּוֹת תַּרְשִׁישׁ. כַּאֲשֶׁר שָׁמַעְנוּ כֵּן רָאִינוּ

1 בְּעִיר יהוה צְבָאוֹת, בְּעִיר אֱלֹהֵינוּ, אֱלֹהִים יְכוֹנְנֶהָ עַד

2 עוֹלָם סֶלָה. דִּמִּינוּ אֱלֹהִים חַסְדֶּךָ, בְּקֶרֶב הֵיכָלֶךָ. כְּשִׁמְךָ

3 אֱלֹהִים כֵּן תְּהִלָּתְךָ עַל קַצְוֵי אֶרֶץ, צֶדֶק מָלְאָה יְמִינֶךָ.

4 יִשְׂמַח הַר צִיּוֹן, תָּגֵלְנָה בְּנוֹת יְהוּדָה, לְמַעַן מִשְׁפָּטֶיךָ. סֹבּוּ

5 צִיּוֹן וְהַקִּיפוּהָ, סִפְרוּ מִגְדָּלֶיהָ. ❖ שִׁיתוּ לִבְּכֶם לְחֵילָה, פַּסְּגוּ

6 אַרְמְנוֹתֶיהָ, לְמַעַן תְּסַפְּרוּ לְדוֹר אַחֲרוֹן. כִּי זֶה אֱלֹהִים

7 אֱלֹהֵינוּ עוֹלָם וָעֶד, הוּא יְנַהֲגֵנוּ עַל־מוּת.

Many have the custom to say הוֹשִׁיעֵנוּ (page 88).

TUESDAY

8 הַיּוֹם יוֹם שְׁלִישִׁי בַּשַּׁבָּת, שֶׁבּוֹ הָיוּ הַלְוִיִּם אוֹמְרִים בְּבֵית הַמִּקְדָּשׁ:

9 **מִזְמוֹר** לְאָסָף, אֱלֹהִים נִצָּב בַּעֲדַת אֵל, בְּקֶרֶב אֱלֹהִים

10 יִשְׁפֹּט. עַד מָתַי תִּשְׁפְּטוּ עָוֶל, וּפְנֵי רְשָׁעִים תִּשְׂאוּ

11 סֶלָה. שִׁפְטוּ דָל וְיָתוֹם, עָנִי וָרָשׁ הַצְדִּיקוּ. פַּלְּטוּ דַל וְאֶבְיוֹן,

12 מִיַּד רְשָׁעִים הַצִּילוּ. לֹא יָדְעוּ וְלֹא יָבִינוּ, בַּחֲשֵׁכָה יִתְהַלָּכוּ;

13 יִמּוֹטוּ כָּל מוֹסְדֵי אָרֶץ. אֲנִי אָמַרְתִּי אֱלֹהִים אַתֶּם, וּבְנֵי

14 עֶלְיוֹן כֻּלְּכֶם. אָכֵן כְּאָדָם תְּמוּתוּן, וּכְאַחַד הַשָּׂרִים

15 תִּפֹּלוּ. ❖ קוּמָה אֱלֹהִים שָׁפְטָה הָאָרֶץ, כִּי אַתָּה תִנְחַל בְּכָל

16 הַגּוֹיִם.

Many have the custom to say הוֹשִׁיעֵנוּ (page 88).

WEDNESDAY

17 הַיּוֹם יוֹם רְבִיעִי בַּשַּׁבָּת, שֶׁבּוֹ הָיוּ הַלְוִיִּם אוֹמְרִים בְּבֵית הַמִּקְדָּשׁ:

18 **אֵל** נְקָמוֹת יהוה, אֵל נְקָמוֹת הוֹפִיעַ. הִנָּשֵׂא שֹׁפֵט הָאָרֶץ,

19 הָשֵׁב גְּמוּל עַל גֵּאִים. עַד מָתַי רְשָׁעִים, יהוה, עַד מָתַי

20 רְשָׁעִים יַעֲלֹזוּ. יַבִּיעוּ יְדַבְּרוּ עָתָק, יִתְאַמְּרוּ כָּל פֹּעֲלֵי אָוֶן.

21 עַמְּךָ, יהוה, יְדַכְּאוּ, וְנַחֲלָתְךָ יְעַנּוּ. אַלְמָנָה וְגֵר יַהֲרֹגוּ,

22 וִיתוֹמִים יְרַצֵּחוּ. וַיֹּאמְרוּ: לֹא יִרְאֶה יָּהּ, וְלֹא יָבִין אֱלֹהֵי

1 יַעֲקֹב. בִּינוּ בֹּעֲרִים בָּעָם, וּכְסִילִים מָתַי תַּשְׂכִּילוּ. הֲנֹטַע אֹזֶן

2 הֲלֹא יִשְׁמָע, אִם יֹצֵר עַיִן הֲלֹא יַבִּיט. הֲיֹסֵר גּוֹיִם הֲלֹא

3 יוֹכִיחַ, הַמְלַמֵּד אָדָם דָּעַת. יהוה יֹדֵעַ מַחְשְׁבוֹת אָדָם, כִּי

4 הֵמָּה הָבֶל. אַשְׁרֵי הַגֶּבֶר אֲשֶׁר תְּיַסְּרֶנּוּ יָּהּ, וּמִתּוֹרָתְךָ

5 תְלַמְּדֶנּוּ. לְהַשְׁקִיט לוֹ מִימֵי רָע, עַד יִכָּרֶה לָרָשָׁע שָׁחַת. כִּי

6 לֹא יִטֹּשׁ יהוה עַמּוֹ, וְנַחֲלָתוֹ לֹא יַעֲזֹב. כִּי עַד צֶדֶק יָשׁוּב

7 מִשְׁפָּט, וְאַחֲרָיו כָּל יִשְׁרֵי לֵב. מִי יָקוּם לִי עִם מְרֵעִים, מִי

8 יִתְיַצֵּב לִי עִם פֹּעֲלֵי אָוֶן. לוּלֵי יהוה עֶזְרָתָה לִּי, כִּמְעַט שָׁכְנָה

9 דוּמָה נַפְשִׁי. אִם אָמַרְתִּי מָטָה רַגְלִי, חַסְדְּךָ יהוה יִסְעָדֵנִי.

10 בְּרֹב שַׂרְעַפַּי בְּקִרְבִּי, תַּנְחוּמֶיךָ יְשַׁעַשְׁעוּ נַפְשִׁי. הַיְחָבְרְךָ

11 כִּסֵּא הַוּוֹת, יֹצֵר עָמָל עֲלֵי חֹק. יָגוֹדּוּ עַל נֶפֶשׁ צַדִּיק, וְדָם נָקִי

12 יַרְשִׁיעוּ. וַיְהִי יהוה לִי לְמִשְׂגָּב, וֵאלֹהַי לְצוּר מַחְסִי. וַיָּשֶׁב

13 עֲלֵיהֶם אֶת אוֹנָם, וּבְרָעָתָם יַצְמִיתֵם, יַצְמִיתֵם יהוה

14 אֱלֹהֵינוּ.

15 ❖ לְכוּ נְרַנְּנָה לַיהוה, נָרִיעָה לְצוּר יִשְׁעֵנוּ. נְקַדְּמָה פָנָיו

16 בְּתוֹדָה, בִּזְמִרוֹת נָרִיעַ לוֹ. כִּי אֵל גָּדוֹל יהוה, וּמֶלֶךְ גָּדוֹל עַל

17 כָּל אֱלֹהִים.

Many have the custom to say הוֹשִׁיעֵנוּ (page 88).

THURSDAY

18 הַיּוֹם יוֹם חֲמִישִׁי בַּשַּׁבָּת, שֶׁבּוֹ הָיוּ הַלְוִיִּם אוֹמְרִים בְּבֵית הַמִּקְדָּשׁ:

19 **לַמְנַצֵּחַ** עַל הַגִּתִּית לְאָסָף. הַרְנִינוּ לֵאלֹהִים עוּזֵּנוּ,

20 הָרִיעוּ לֵאלֹהֵי יַעֲקֹב. שְׂאוּ זִמְרָה וּתְנוּ תֹף, כִּנּוֹר

21 נָעִים עִם נָבֶל. תִּקְעוּ בַחֹדֶשׁ שׁוֹפָר, בַּכֶּסֶה לְיוֹם חַגֵּנוּ. כִּי

22 חֹק לְיִשְׂרָאֵל הוּא, מִשְׁפָּט לֵאלֹהֵי יַעֲקֹב. עֵדוּת בִּיהוֹסֵף

23 שָׂמוֹ, בְּצֵאתוֹ עַל אֶרֶץ מִצְרָיִם, שְׂפַת לֹא יָדַעְתִּי אֶשְׁמָע.

24 הֲסִירוֹתִי מִסֵּבֶל שִׁכְמוֹ, כַּפָּיו מִדּוּד תַּעֲבֹרְנָה. בַּצָּרָה קָרָאתָ,

1 וָאֶחָלְצֶךָ, אֶעֶנְךָ בְּסֵתֶר רַעַם, אֶבְחָנְךָ עַל מֵי מְרִיבָה, סֶלָה.

2 שְׁמַע עַמִּי וְאָעִידָה בָּךְ, יִשְׂרָאֵל אִם תִּשְׁמַע לִי. לֹא יִהְיֶה בְךָ

3 אֵל זָר, וְלֹא תִשְׁתַּחֲוֶה לְאֵל נֵכָר. אָנֹכִי יהוה אֱלֹהֶיךָ

4 הַמַּעַלְךָ מֵאֶרֶץ מִצְרָיִם, הַרְחֶב פִּיךָ וַאֲמַלְאֵהוּ. וְלֹא שָׁמַע

5 עַמִּי לְקוֹלִי, וְיִשְׂרָאֵל לֹא אָבָה לִי. וָאֲשַׁלְּחֵהוּ בִּשְׁרִירוּת

6 לִבָּם, יֵלְכוּ בְּמוֹעֲצוֹתֵיהֶם. לוּ עַמִּי שֹׁמֵעַ לִי, יִשְׂרָאֵל בִּדְרָכַי

7 יְהַלֵּכוּ. כִּמְעַט אוֹיְבֵיהֶם אַכְנִיעַ, וְעַל צָרֵיהֶם אָשִׁיב יָדִי.

8 מְשַׂנְאֵי יהוה יְכַחֲשׁוּ לוֹ, וִיהִי עִתָּם לְעוֹלָם. ❖ וַיַּאֲכִילֵהוּ

9 מֵחֵלֶב חִטָּה, וּמִצּוּר, דְּבַשׁ אַשְׂבִּיעֶךָ.

Many have the custom to say הוֹשִׁיעֵנוּ (below).

FRIDAY

10 הַיּוֹם יוֹם שִׁשִּׁי בַּשַּׁבָּת, שֶׁבּוֹ הָיוּ הַלְוִיִּם אוֹמְרִים בְּבֵית הַמִּקְדָּשׁ:

11 **יהוה** מָלָךְ, גֵּאוּת לָבֵשׁ, לָבֵשׁ יהוה עֹז הִתְאַזָּר, אַף תִּכּוֹן

12 תֵּבֵל בַּל תִּמּוֹט. נָכוֹן כִּסְאֲךָ מֵאָז, מֵעוֹלָם אָתָּה.

13 נָשְׂאוּ נְהָרוֹת, יהוה, נָשְׂאוּ נְהָרוֹת קוֹלָם, יִשְׂאוּ נְהָרוֹת

14 דָּכְיָם. מִקֹּלוֹת מַיִם רַבִּים, אַדִּירִים מִשְׁבְּרֵי יָם, אַדִּיר בַּמָּרוֹם

15 יהוה. ❖ עֵדֹתֶיךָ נֶאֶמְנוּ מְאֹד לְבֵיתְךָ נַאֲוָה קֹדֶשׁ, יהוה,

16 לְאֹרֶךְ יָמִים.

Many have the custom to say הוֹשִׁיעֵנוּ (below).

17 **הוֹשִׁיעֵנוּ** יהוה אֱלֹהֵינוּ, וְקַבְּצֵנוּ מִן הַגּוֹיִם, לְהֹדוֹת לְשֵׁם

18 קָדְשֶׁךָ, לְהִשְׁתַּבֵּחַ בִּתְהִלָּתֶךָ. בָּרוּךְ יהוה אֱלֹהֵי

19 יִשְׂרָאֵל, מִן הָעוֹלָם וְעַד הָעוֹלָם, וְאָמַר כָּל הָעָם, אָמֵן, הַלְלוּיָהּ.

20 בָּרוּךְ יהוה מִצִּיּוֹן, שֹׁכֵן יְרוּשָׁלָיִם, הַלְלוּיָהּ. בָּרוּךְ יהוה אֱלֹהִים

21 אֱלֹהֵי יִשְׂרָאֵל, עֹשֵׂה נִפְלָאוֹת לְבַדּוֹ. ❖ וּבָרוּךְ שֵׁם כְּבוֹדוֹ

22 לְעוֹלָם, וְיִמָּלֵא כְבוֹדוֹ אֶת כָּל הָאָרֶץ, אָמֵן וְאָמֵן.

In the presence of a *minyan*, mourners recite קַדִּישׁ יָתוֹם, the Mourner's *Kaddish* (p. 529).
On Chol HaMoed, continue with removing the Torah from the Ark (p. 73).

The following is said on Rosh Chodesh:

בָּרְכִי נַפְשִׁי אֶת יהוה, יהוה אֱלֹהַי גָּדַלְתָּ מְּאֹד, הוֹד וְהָדָר לָבָשְׁתָּ. 1

עֹטֶה אוֹר כַּשַּׂלְמָה, נוֹטֶה שָׁמַיִם כַּיְרִיעָה. הַמְקָרֶה בַמַּיִם 2

עֲלִיּוֹתָיו, הַשָּׂם עָבִים רְכוּבוֹ, הַמְהַלֵּךְ עַל כַּנְפֵי רוּחַ. עֹשֶׂה מַלְאָכָיו 3

רוּחוֹת, מְשָׁרְתָיו אֵשׁ לֹהֵט. יָסַד אֶרֶץ עַל מְכוֹנֶיהָ, בַּל תִּמּוֹט עוֹלָם וָעֶד. 4

תְּהוֹם כַּלְּבוּשׁ כִּסִּיתוֹ, עַל הָרִים יַעַמְדוּ מָיִם. מִן גַּעֲרָתְךָ יְנוּסוּן, מִן **5**

קוֹל רַעַמְךָ יֵחָפֵזוּן. יַעֲלוּ הָרִים, יֵרְדוּ בְקָעוֹת, אֶל מְקוֹם זֶה יָסַדְתָּ לָהֶם. 6

גְּבוּל שַׂמְתָּ בַּל יַעֲבֹרוּן, בַּל יְשׁוּבוּן לְכַסּוֹת הָאָרֶץ. 7

הַמְשַׁלֵּחַ מַעְיָנִים בַּנְּחָלִים, בֵּין הָרִים יְהַלֵּכוּן. יַשְׁקוּ כָּל חַיְתוֹ שָׂדָי, 8

יִשְׁבְּרוּ פְרָאִים צְמָאָם. עֲלֵיהֶם עוֹף הַשָּׁמַיִם יִשְׁכּוֹן, מִבֵּין עֳפָאִים יִתְּנוּ 9

קוֹל. מַשְׁקֶה הָרִים מֵעֲלִיּוֹתָיו, מִפְּרִי מַעֲשֶׂיךָ תִּשְׂבַּע הָאָרֶץ. **10**

מַצְמִיחַ חָצִיר לַבְּהֵמָה, וְעֵשֶׂב לַעֲבֹדַת הָאָדָם, לְהוֹצִיא לֶחֶם מִן 11

הָאָרֶץ. וְיַיִן יְשַׂמַּח לְבַב אֱנוֹשׁ, לְהַצְהִיל פָּנִים מִשָּׁמֶן, וְלֶחֶם לְבַב אֱנוֹשׁ 12

יִסְעָד. יִשְׂבְּעוּ עֲצֵי יהוה, אַרְזֵי לְבָנוֹן אֲשֶׁר נָטָע. אֲשֶׁר שָׁם צִפֳּרִים יְקַנֵּנוּ, 13

חֲסִידָה בְּרוֹשִׁים בֵּיתָהּ. הָרִים הַגְּבֹהִים לַיְּעֵלִים, סְלָעִים מַחְסֶה 14

לַשְׁפַנִּים. **15**

עָשָׂה יָרֵחַ לְמוֹעֲדִים, שֶׁמֶשׁ יָדַע מְבוֹאוֹ. תָּשֶׁת חֹשֶׁךְ וִיהִי לָיְלָה, בּוֹ 16

תִרְמֹשׂ כָּל חַיְתוֹ יָעַר. הַכְּפִירִים שֹׁאֲגִים לַטָּרֶף, וּלְבַקֵּשׁ מֵאֵל אָכְלָם. 17

תִּזְרַח הַשֶּׁמֶשׁ יֵאָסֵפוּן, וְאֶל מְעוֹנֹתָם יִרְבָּצוּן. יֵצֵא אָדָם לְפָעֳלוֹ, 18

וְלַעֲבֹדָתוֹ עֲדֵי עָרֶב. 19

מָה רַבּוּ מַעֲשֶׂיךָ יהוה, כֻּלָּם בְּחָכְמָה עָשִׂיתָ, מָלְאָה הָאָרֶץ קִנְיָנֶךָ. זֶה **20**

הַיָּם, גָּדוֹל וּרְחַב יָדָיִם, שָׁם רֶמֶשׂ וְאֵין מִסְפָּר, חַיּוֹת קְטַנּוֹת עִם גְּדֹלוֹת. 21

שָׁם אֳנִיּוֹת יְהַלֵּכוּן, לִוְיָתָן זֶה יָצַרְתָּ לְשַׂחֶק בּוֹ. כֻּלָּם אֵלֶיךָ יְשַׂבֵּרוּן, לָתֵת 22

אָכְלָם בְּעִתּוֹ. תִּתֵּן לָהֶם, יִלְקֹטוּן, תִּפְתַּח יָדְךָ, יִשְׂבְּעוּן טוֹב. תַּסְתִּיר 23

פָּנֶיךָ יִבָּהֵלוּן, תֹּסֵף רוּחָם יִגְוָעוּן, וְאֶל עֲפָרָם יְשׁוּבוּן. תְּשַׁלַּח רוּחֲךָ 24

יִבָּרֵאוּן, וּתְחַדֵּשׁ פְּנֵי אֲדָמָה. **25**

יְהִי כְבוֹד יהוה לְעוֹלָם, יִשְׂמַח יהוה בְּמַעֲשָׂיו. הַמַּבִּיט לָאָרֶץ 26

וַתִּרְעָד, יִגַּע בֶּהָרִים וְיֶעֱשָׁנוּ. אָשִׁירָה לַיהוה בְּחַיָּי, אֲזַמְּרָה לֵאלֹהַי 27

בְּעוֹדִי. ❖ יֶעֱרַב עָלָיו שִׂיחִי, אָנֹכִי אֶשְׂמַח בַּיהוה. יִתַּמּוּ חַטָּאִים מִן 28

הָאָרֶץ, וּרְשָׁעִים עוֹד אֵינָם, בָּרְכִי נַפְשִׁי אֶת יהוה, הַלְלוּיָהּ. 29

In the presence of a *minyan,* mourners recite קַדִּישׁ יָתוֹם, the Mourner's *Kaddish* (p. 529).
Continue with removing the Torah from the Ark (p. 73).

1 **קַוֵּה** אֶל יהוה, חֲזַק וְיַאֲמֵץ לִבֶּךָ, וְקַוֵּה אֶל יהוה. אֵין קָדוֹשׁ
2 כַּיהוה, כִּי אֵין בִּלְתֶּךָ, וְאֵין צוּר כֵּאלֹהֵינוּ. כִּי מִי אֱלֽוֹהַּ
3 מִבַּלְעֲדֵי יהוה, וּמִי צוּר זוּלָתִי אֱלֹהֵינוּ.

4 **אֵין כֵּאלֹהֵינוּ,** אֵין כַּאדוֹנֵינוּ, אֵין כְּמַלְכֵּנוּ,
5 אֵין כְּמוֹשִׁיעֵנוּ. מִי כֵאלֹהֵינוּ,
6 מִי כַאדוֹנֵינוּ, מִי כְמַלְכֵּנוּ, מִי כְמוֹשִׁיעֵנוּ. נוֹדֶה
7 לֵאלֹהֵינוּ, נוֹדֶה לַאדוֹנֵינוּ, נוֹדֶה לְמַלְכֵּנוּ, נוֹדֶה
8 לְמוֹשִׁיעֵנוּ. בָּרוּךְ אֱלֹהֵינוּ, בָּרוּךְ אֲדוֹנֵינוּ, בָּרוּךְ
9 מַלְכֵּנוּ, בָּרוּךְ מוֹשִׁיעֵנוּ. אַתָּה הוּא אֱלֹהֵינוּ,
10 אַתָּה הוּא אֲדוֹנֵינוּ, אַתָּה הוּא מַלְכֵּנוּ, אַתָּה הוּא
11 מוֹשִׁיעֵנוּ. אַתָּה תוֹשִׁיעֵנוּ. אַתָּה תָקוּם תְּרַחֵם
12 צִיּוֹן, כִּי עֵת לְחֶנְנָהּ, כִּי בָא מוֹעֵד.

13 **פִּטּוּם הַקְּטֹרֶת:** (א) הַצֳּרִי, (ב) וְהַצִּפֹּרֶן, (ג) הַחֶלְבְּנָה,
14 (ד) וְהַלְּבוֹנָה, מִשְׁקַל שִׁבְעִים
15 שִׁבְעִים מָנֶה; (ה) מוֹר, (ו) וּקְצִיעָה, (ז) שִׁבֹּלֶת נֵרְדְּ,
16 (ח) וְכַרְכֹּם, מִשְׁקַל שִׁשָּׁה עָשָׂר שִׁשָּׁה עָשָׂר מָנֶה;
17 (ט) הַקֹּשְׁטְ, שְׁנֵים עָשָׂר, (י) וְקִלּוּפָה שְׁלֹשָׁה, (יא) וְקִנָּמוֹן,
18 תִּשְׁעָה. בֹּרִית כַּרְשִׁינָה, תִּשְׁעָה קַבִּין; יֵין קַפְרִיסִין,
19 סְאִין תְּלָתָא וְקַבִּין תְּלָתָא; וְאִם אֵין לוֹ יֵין קַפְרִיסִין,
20 מֵבִיא חֲמַר חִוַּרְיָן עַתִּיק; מֶלַח סְדוֹמִית רֹבַע הַקָּב;
21 מַעֲלֶה עָשָׁן כָּל שֶׁהוּא. רַבִּי נָתָן הַבַּבְלִי אוֹמֵר: אַף כִּפַּת
22 הַיַּרְדֵּן כָּל שֶׁהוּא. וְאִם נָתַן בָּהּ דְּבַשׁ פְּסָלָהּ. וְאִם חִסַּר

1. אַחַת מִכָּל סַמָּנֶיהָ, חַיָּב מִיתָה.

2. **רַבָּן שִׁמְעוֹן** בֶּן גַּמְלִיאֵל אוֹמֵר: הַצֳּרִי אֵינוֹ אֶלָּא
3. שְׂרָף הַנּוֹטֵף מֵעֲצֵי הַקְּטָף. בֹּרִית
4. כַּרְשִׁינָה שֶׁשָּׁפִין בָּהּ אֶת הַצִּפֹּרֶן כְּדֵי שֶׁתְּהֵא נָאָה; יֵין
5. קַפְרִיסִין שֶׁשּׁוֹרִין בּוֹ אֶת הַצִּפֹּרֶן כְּדֵי שֶׁתְּהֵא עַזָּה;
6. וַהֲלֹא מֵי רַגְלַיִם יָפִין לָהּ, אֶלָּא שֶׁאֵין מַכְנִיסִין מֵי
7. רַגְלַיִם בָּעֲזָרָה מִפְּנֵי הַכָּבוֹד.

8. **תַּנְיָא,** רַבִּי נָתָן אוֹמֵר: כְּשֶׁהוּא שׁוֹחֵק, אוֹמֵר הָדֵק
9. הֵיטֵב, הֵיטֵב הָדֵק, מִפְּנֵי שֶׁהַקּוֹל יָפֶה
10. לַבְּשָׂמִים. פִּטְּמָהּ לַחֲצָאִין, כְּשֵׁרָה; לִשְׁלִישׁ וְלִרְבִיעַ,
11. לֹא שָׁמָעְנוּ. אָמַר רַבִּי יְהוּדָה: זֶה הַכְּלָל – אִם
12. כְּמִדָּתָהּ, כְּשֵׁרָה לַחֲצָאִין; וְאִם חִסַּר אַחַת מִכָּל
13. סַמָּנֶיהָ, חַיָּב מִיתָה.

14. **תַּנְיָא,** בַּר קַפָּרָא אוֹמֵר: אַחַת לְשִׁשִּׁים אוֹ
15. לְשִׁבְעִים שָׁנָה הָיְתָה בָאָה שֶׁל שִׁירַיִם
16. לַחֲצָאִין. וְעוֹד תָּנֵי בַּר קַפָּרָא: אִלּוּ הָיָה נוֹתֵן בָּהּ
17. קוֹרְטוֹב שֶׁל דְּבַשׁ, אֵין אָדָם יָכוֹל לַעֲמֹד מִפְּנֵי רֵיחָהּ.
18. וְלָמָּה אֵין מְעָרְבִין בָּהּ דְּבַשׁ, מִפְּנֵי שֶׁהַתּוֹרָה אָמְרָה: כִּי
19. כָל שְׂאֹר וְכָל דְּבַשׁ לֹא תַקְטִירוּ מִמֶּנּוּ אִשֶּׁה לַיהוה.

Say the next three lines three times each.

20. יהוה צְבָאוֹת עִמָּנוּ, מִשְׂגָּב לָנוּ אֱלֹהֵי יַעֲקֹב, סֶלָה.
21. יהוה צְבָאוֹת, אַשְׁרֵי אָדָם בֹּטֵחַ בָּךְ.
22. יהוה הוֹשִׁיעָה, הַמֶּלֶךְ יַעֲנֵנוּ בְיוֹם קָרְאֵנוּ.

1 אַתָּה סֵתֶר לִי, מִצַּר תִּצְּרֵנִי, רָנֵּי פַלֵּט תְּסוֹבְבֵנִי, סֶלָה. וְעָרְבָה

2 לַיהוה מִנְחַת יְהוּדָה וִירוּשָׁלָיִם, כִּימֵי עוֹלָם וּכְשָׁנִים קַדְמֹנִיּוֹת.

3 **תָּנָא** דְּבֵי אֵלִיָּהוּ: כָּל הַשּׁוֹנֶה הֲלָכוֹת בְּכָל יוֹם,

4 מֻבְטָח לוֹ שֶׁהוּא בֶּן עוֹלָם הַבָּא, שֶׁנֶּאֱמַר:

5 הֲלִיכוֹת עוֹלָם לוֹ, אַל תִּקְרֵי הֲלִיכוֹת, אֶלָּא הֲלָכוֹת.

6 **אָמַר** רַבִּי אֶלְעָזָר אָמַר רַבִּי חֲנִינָא: תַּלְמִידֵי

7 חֲכָמִים מַרְבִּים שָׁלוֹם בָּעוֹלָם, שֶׁנֶּאֱמַר: וְכָל

8 בָּנַיִךְ לִמּוּדֵי יהוה, וְרַב שְׁלוֹם בָּנָיִךְ, אַל תִּקְרֵי בָּנָיִךְ

9 אֶלָּא בּוֹנָיִךְ. ❖ שָׁלוֹם רָב לְאֹהֲבֵי תוֹרָתֶךָ, וְאֵין לָמוֹ

10 מִכְשׁוֹל. יְהִי שָׁלוֹם בְּחֵילֵךְ, שַׁלְוָה בְּאַרְמְנוֹתָיִךְ. לְמַעַן

11 אַחַי וְרֵעָי, אֲדַבְּרָה נָּא שָׁלוֹם בָּךְ. לְמַעַן בֵּית יהוה

12 אֱלֹהֵינוּ, אֲבַקְשָׁה טוֹב לָךְ. יהוה עֹז לְעַמּוֹ יִתֵּן, יהוה

13 יְבָרֵךְ אֶת עַמּוֹ בַשָּׁלוֹם.

If there is a *minyan,* mourners recite קַדִּישׁ דְּרַבָּנָן (page 530).

STAND WHILE SAYING עָלֵינוּ.

14 **עָלֵינוּ** לְשַׁבֵּחַ לַאֲדוֹן הַכֹּל, לָתֵת גְּדֻלָּה לְיוֹצֵר

15 בְּרֵאשִׁית, שֶׁלֹּא עָשָׂנוּ כְּגוֹיֵי הָאֲרָצוֹת,

16 וְלֹא שָׂמָנוּ כְּמִשְׁפְּחוֹת הָאֲדָמָה. שֶׁלֹּא שָׂם

17 חֶלְקֵנוּ כָּהֶם, וְגוֹרָלֵנוּ כְּכָל הֲמוֹנָם. (שֶׁהֵם

18 מִשְׁתַּחֲוִים לְהֶבֶל וָרִיק, וּמִתְפַּלְלִים אֶל אֵל לֹא

19 יוֹשִׁיעַ.) וַאֲנַחְנוּ כּוֹרְעִים וּמִשְׁתַּחֲוִים

Bow while
saying
וַאֲנַחְנוּ כּוֹרְעִים
וּמִשְׁתַּחֲוִים.

20 וּמוֹדִים, לִפְנֵי מֶלֶךְ מַלְכֵי הַמְּלָכִים

הַקָּדוֹשׁ בָּרוּךְ הוּא. שֶׁהוּא נוֹטֶה שָׁמַיִם וְיֹסֵד
אָרֶץ, וּמוֹשַׁב יְקָרוֹ בַּשָּׁמַיִם מִמַּעַל, וּשְׁכִינַת עֻזּוֹ
בְּגָבְהֵי מְרוֹמִים. הוּא אֱלֹהֵינוּ, אֵין עוֹד. אֱמֶת
מַלְכֵּנוּ, אֶפֶס זוּלָתוֹ, כַּכָּתוּב בְּתוֹרָתוֹ: וְיָדַעְתָּ
הַיּוֹם וַהֲשֵׁבֹתָ אֶל לְבָבֶךָ, כִּי יהוה הוּא הָאֱלֹהִים
בַּשָּׁמַיִם מִמַּעַל וְעַל הָאָרֶץ מִתָּחַת, אֵין עוֹד.

וְעַל כֵּן נְקַוֶּה לְּךָ יהוה אֱלֹהֵינוּ לִרְאוֹת מְהֵרָה
בְּתִפְאֶרֶת עֻזֶּךָ, לְהַעֲבִיר גִּלּוּלִים מִן
הָאָרֶץ, וְהָאֱלִילִים כָּרוֹת יִכָּרֵתוּן, לְתַקֵּן עוֹלָם
בְּמַלְכוּת שַׁדַּי. וְכָל בְּנֵי בָשָׂר יִקְרְאוּ בִשְׁמֶךָ,
לְהַפְנוֹת אֵלֶיךָ כָּל רִשְׁעֵי אָרֶץ. יַכִּירוּ וְיֵדְעוּ כָּל
יוֹשְׁבֵי תֵבֵל, כִּי לְךָ תִּכְרַע כָּל בֶּרֶךְ, תִּשָּׁבַע כָּל
לָשׁוֹן. לְפָנֶיךָ יהוה אֱלֹהֵינוּ יִכְרְעוּ וְיִפֹּלוּ, וְלִכְבוֹד
שִׁמְךָ יְקָר יִתֵּנוּ. וִיקַבְּלוּ כֻלָּם אֶת עוֹל מַלְכוּתֶךָ,
וְתִמְלֹךְ עֲלֵיהֶם מְהֵרָה לְעוֹלָם וָעֶד. כִּי הַמַּלְכוּת
שֶׁלְּךָ הִיא וּלְעוֹלְמֵי עַד תִּמְלוֹךְ בְּכָבוֹד, כַּכָּתוּב
בְּתוֹרָתֶךָ: יהוה יִמְלֹךְ לְעֹלָם וָעֶד. ❖ וְנֶאֱמַר:
וְהָיָה יהוה לְמֶלֶךְ עַל כָּל הָאָרֶץ, בַּיּוֹם הַהוּא
יִהְיֶה יהוה אֶחָד וּשְׁמוֹ אֶחָד.

Some say the following after עָלֵינוּ:

אַל תִּירָא מִפַּחַד פִּתְאֹם, וּמִשֹּׁאַת רְשָׁעִים כִּי תָבֹא.

עֻצוּ עֵצָה וְתֻפָר, דַּבְּרוּ דָבָר וְלֹא יָקוּם, כִּי

עִמָּנוּ אֵל. וְעַד זִקְנָה אֲנִי הוּא, וְעַד שֵׂיבָה אֲנִי אֶסְבֹּל, אֲנִי

עָשִׂיתִי וַאֲנִי אֶשָּׂא, וַאֲנִי אֶסְבֹּל וַאֲמַלֵּט.

If there is a *minyan*, mourners recite קַדִּישׁ יָתוֹם (page 529.).

From Rosh Chodesh Elul through Shemini Atzeres, the following psalm is said. During the month of Elul (except on Erev Rosh Hashanah) the *shofar* is blown at this point.

לְדָוִד, יהוה אוֹרִי וְיִשְׁעִי, מִמִּי אִירָא, יהוה מָעוֹז חַיַּי,

מִמִּי אֶפְחָד. בִּקְרֹב עָלַי מְרֵעִים לֶאֱכֹל אֶת

בְּשָׂרִי, צָרַי וְאֹיְבַי לִי, הֵמָּה כָשְׁלוּ וְנָפָלוּ. אִם תַּחֲנֶה עָלַי

מַחֲנֶה, לֹא יִירָא לִבִּי, אִם תָּקוּם עָלַי מִלְחָמָה, בְּזֹאת

אֲנִי בוֹטֵחַ. אַחַת שָׁאַלְתִּי מֵאֵת יהוה, אוֹתָהּ אֲבַקֵּשׁ,

שִׁבְתִּי בְּבֵית יהוה כָּל יְמֵי חַיַּי, לַחֲזוֹת בְּנֹעַם יהוה,

וּלְבַקֵּר בְּהֵיכָלוֹ. כִּי יִצְפְּנֵנִי בְּסֻכֹּה בְּיוֹם רָעָה, יַסְתִּירֵנִי

בְּסֵתֶר אָהֳלוֹ, בְּצוּר יְרוֹמְמֵנִי. וְעַתָּה יָרוּם רֹאשִׁי עַל

אֹיְבַי סְבִיבוֹתַי, וְאֶזְבְּחָה בְאָהֳלוֹ זִבְחֵי תְרוּעָה; אָשִׁירָה

וַאֲזַמְּרָה לַיהוה. שְׁמַע יהוה קוֹלִי אֶקְרָא, וְחָנֵּנִי וַעֲנֵנִי.

לְךָ אָמַר לִבִּי בַּקְּשׁוּ פָנָי, אֶת פָּנֶיךָ יהוה אֲבַקֵּשׁ. אַל

תַּסְתֵּר פָּנֶיךָ מִמֶּנִּי, אַל תַּט בְּאַף עַבְדֶּךָ, עֶזְרָתִי הָיִיתָ,

אַל תִּטְּשֵׁנִי וְאַל תַּעַזְבֵנִי, אֱלֹהֵי יִשְׁעִי. כִּי אָבִי וְאִמִּי

עֲזָבוּנִי, וַיהוה יַאַסְפֵנִי. הוֹרֵנִי יהוה דַּרְכֶּךָ, וּנְחֵנִי בְּאֹרַח

מִישׁוֹר, לְמַעַן שׁוֹרְרָי. אַל תִּתְּנֵנִי בְּנֶפֶשׁ צָרָי, כִּי קָמוּ בִי

עֵדֵי שֶׁקֶר, וִיפֵחַ חָמָס. ❖ לוּלֵא הֶאֱמַנְתִּי לִרְאוֹת בְּטוּב

יהוה בְּאֶרֶץ חַיִּים. קַוֵּה אֶל יהוה, חֲזַק וְיַאֲמֵץ לִבֶּךָ, וְקַוֵּה

אֶל יהוה.

If there is a *minyan*, mourners recite קַדִּישׁ יָתוֹם (page 529.).

DURING CHANUKAH, MANY CONGREGATIONS SAY מִזְמוֹר שִׁיר חֲנֻכַּת (P. 27).

IN A HOUSE OF MOURNING, SAY:

1   **לַמְנַצֵּחַ** לִבְנֵי קֹרַח מִזְמוֹר. שִׁמְעוּ זֹאת כָּל הָעַמִּים,
2   הַאֲזִינוּ כָּל יֹשְׁבֵי חָלֶד. גַּם בְּנֵי אָדָם, גַּם
3   בְּנֵי אִישׁ, יַחַד עָשִׁיר וְאֶבְיוֹן. פִּי יְדַבֵּר חָכְמוֹת,
4   וְהָגוּת לִבִּי תְבוּנוֹת. אַטֶּה לְמָשָׁל אָזְנִי, אֶפְתַּח בְּכִנּוֹר
5   חִידָתִי. לָמָּה אִירָא בִּימֵי רָע, עֲוֹן עֲקֵבַי יְסֻבֵּנִי.
6   הַבֹּטְחִים עַל חֵילָם, וּבְרֹב עָשְׁרָם יִתְהַלָּלוּ. אָח לֹא
7   פָדֹה יִפְדֶּה אִישׁ, לֹא יִתֵּן לֵאלֹהִים כָּפְרוֹ. וְיֵקַר פִּדְיוֹן
8   נַפְשָׁם, וְחָדַל לְעוֹלָם. וִיחִי עוֹד לָנֶצַח, לֹא יִרְאֶה
9   הַשָּׁחַת. כִּי יִרְאֶה חֲכָמִים יָמוּתוּ, יַחַד כְּסִיל וָבַעַר
10   יֹאבֵדוּ, וְעָזְבוּ לַאֲחֵרִים חֵילָם. קִרְבָּם בָּתֵּימוֹ לְעוֹלָם,
11   מִשְׁכְּנֹתָם לְדוֹר וָדֹר, קָרְאוּ בִשְׁמוֹתָם עֲלֵי אֲדָמוֹת.
12   וְאָדָם בִּיקָר בַּל יָלִין, נִמְשַׁל כַּבְּהֵמוֹת נִדְמוּ. זֶה
13   דַרְכָּם, כֵּסֶל לָמוֹ, וְאַחֲרֵיהֶם בְּפִיהֶם יִרְצוּ, סֶלָה.
14   כַּצֹּאן לִשְׁאוֹל שַׁתּוּ, מָוֶת יִרְעֵם, וַיִּרְדּוּ בָם יְשָׁרִים
15   לַבֹּקֶר, וְצוּרָם לְבַלּוֹת שְׁאוֹל, מִזְּבֻל לוֹ. אַךְ אֱלֹהִים
16   יִפְדֶּה נַפְשִׁי מִיַּד שְׁאוֹל, כִּי יִקָּחֵנִי סֶלָה. אַל תִּירָא
17   כִּי יַעֲשִׁר אִישׁ, כִּי יִרְבֶּה כְּבוֹד בֵּיתוֹ. כִּי לֹא בְמוֹתוֹ
18   יִקַּח הַכֹּל, לֹא יֵרֵד אַחֲרָיו כְּבוֹדוֹ. כִּי נַפְשׁוֹ בְּחַיָּיו
19   יְבָרֵךְ, וְיוֹדֻךָ כִּי תֵיטִיב לָךְ. תָּבוֹא עַד דּוֹר אֲבוֹתָיו,
20   עַד נֵצַח לֹא יִרְאוּ אוֹר. ❖ אָדָם בִּיקָר וְלֹא יָבִין,
21   נִמְשַׁל כַּבְּהֵמוֹת נִדְמוּ.

If there is a *minyan*, mourners recite קַדִּישׁ יָתוֹם (page 529.).

﴾ שש זכירות ﴿

The Torah commands that we always remember six events.
Some authorities hold that the verses which speak about these *mitzvos* should be said every day.

א: זְכִירַת יְצִיאַת מִצְרָיִם (דברים טז:ג)

לְמַעַן תִּזְכֹּר אֶת יוֹם צֵאתְךָ מֵאֶרֶץ מִצְרַיִם כֹּל יְמֵי חַיֶּיךָ. 1

ב: זְכִירַת מַעֲמַד הַר סִינַי (דברים ד:ט-י)

רַק הִשָּׁמֶר לְךָ וּשְׁמֹר נַפְשְׁךָ מְאֹד, פֶּן תִּשְׁכַּח אֶת 2
הַדְּבָרִים אֲשֶׁר רָאוּ עֵינֶיךָ, וּפֶן יָסוּרוּ מִלְּבָבְךָ כֹּל יְמֵי 3
חַיֶּיךָ, וְהוֹדַעְתָּם לְבָנֶיךָ וְלִבְנֵי בָנֶיךָ. יוֹם אֲשֶׁר עָמַדְתָּ לִפְנֵי 4
יהוה אֱלֹהֶיךָ בְּחֹרֵב. 5

ג: זְכִירַת מַעֲשֵׂה עֲמָלֵק (דברים כה:יז-יט)

זָכוֹר אֵת אֲשֶׁר עָשָׂה לְךָ עֲמָלֵק, בַּדֶּרֶךְ בְּצֵאתְכֶם 6
מִמִּצְרָיִם. אֲשֶׁר קָרְךָ בַּדֶּרֶךְ, וַיְזַנֵּב בְּךָ כָּל 7
הַנֶּחֱשָׁלִים אַחֲרֶיךָ, וְאַתָּה עָיֵף וְיָגֵעַ, וְלֹא יָרֵא אֱלֹהִים. 8
וְהָיָה בְּהָנִיחַ יהוה אֱלֹהֶיךָ לְךָ מִכָּל אֹיְבֶיךָ מִסָּבִיב, בָּאָרֶץ 9
אֲשֶׁר יהוה אֱלֹהֶיךָ נֹתֵן לְךָ נַחֲלָה לְרִשְׁתָּהּ, תִּמְחֶה אֶת זֵכֶר 10
עֲמָלֵק מִתַּחַת הַשָּׁמָיִם, לֹא תִּשְׁכָּח. 11

ד: זְכִירַת מַעֲשֵׂה הָעֵגֶל (דברים ט:ז)

זְכֹר, אַל תִּשְׁכַּח, אֵת אֲשֶׁר הִקְצַפְתָּ אֶת יהוה אֱלֹהֶיךָ, 12
בַּמִּדְבָּר. 13

ה: זְכִירַת מִרְיָם (דברים כד:ט)

זָכוֹר אֵת אֲשֶׁר עָשָׂה יהוה אֱלֹהֶיךָ לְמִרְיָם, בַּדֶּרֶךְ 14
בְּצֵאתְכֶם מִמִּצְרָיִם. 15

ו: זְכִירַת הַשַּׁבָּת (שמות כ:ח)

זָכוֹר אֶת יוֹם הַשַּׁבָּת לְקַדְּשׁוֹ. 16

❧ שלשה עשר עקרים ❧

Many people say the Rambam's Thirteen Principles of Faith every day.

א **אֲנִי מַאֲמִין** בֶּאֱמוּנָה שְׁלֵמָה, שֶׁהַבּוֹרֵא יִתְבָּרַךְ שְׁמוֹ הוּא בּוֹרֵא וּמַנְהִיג לְכָל הַבְּרוּאִים, וְהוּא לְבַדּוֹ עָשָׂה וְעוֹשֶׂה וְיַעֲשֶׂה לְכָל הַמַּעֲשִׂים.

ב **אֲנִי מַאֲמִין** בֶּאֱמוּנָה שְׁלֵמָה, שֶׁהַבּוֹרֵא יִתְבָּרַךְ שְׁמוֹ הוּא יָחִיד וְאֵין יְחִידוּת כָּמוֹהוּ בְּשׁוּם פָּנִים, וְהוּא לְבַדּוֹ אֱלֹהֵינוּ, הָיָה הֹוֶה וְיִהְיֶה.

ג **אֲנִי מַאֲמִין** בֶּאֱמוּנָה שְׁלֵמָה, שֶׁהַבּוֹרֵא יִתְבָּרַךְ שְׁמוֹ אֵינוּ גוּף, וְלֹא יַשִּׂיגוּהוּ מַשִּׂיגֵי הַגּוּף, וְאֵין לוֹ שׁוּם דִּמְיוֹן כְּלָל.

ד **אֲנִי מַאֲמִין** בֶּאֱמוּנָה שְׁלֵמָה, שֶׁהַבּוֹרֵא יִתְבָּרַךְ שְׁמוֹ הוּא רִאשׁוֹן וְהוּא אַחֲרוֹן.

ה **אֲנִי מַאֲמִין** בֶּאֱמוּנָה שְׁלֵמָה, שֶׁהַבּוֹרֵא יִתְבָּרַךְ שְׁמוֹ לוֹ לְבַדּוֹ רָאוּי לְהִתְפַּלֵּל, וְאֵין לְזוּלָתוֹ רָאוּי לְהִתְפַּלֵּל.

ו **אֲנִי מַאֲמִין** בֶּאֱמוּנָה שְׁלֵמָה, שֶׁכָּל דִּבְרֵי נְבִיאִים אֱמֶת.

ז **אֲנִי מַאֲמִין** בֶּאֱמוּנָה שְׁלֵמָה, שֶׁנְּבוּאַת מֹשֶׁה רַבֵּנוּ עָלָיו הַשָּׁלוֹם הָיְתָה אֲמִתִּית, וְשֶׁהוּא הָיָה אָב לַנְּבִיאִים, לַקּוֹדְמִים לְפָנָיו וְלַבָּאִים אַחֲרָיו.

ח **אֲנִי מַאֲמִין** בֶּאֱמוּנָה שְׁלֵמָה, שֶׁכָּל הַתּוֹרָה הַמְּצוּיָה עַתָּה בְּיָדֵינוּ הִיא הַנְּתוּנָה לְמֹשֶׁה רַבֵּנוּ עָלָיו הַשָּׁלוֹם.

ט **אֲנִי מַאֲמִין** בֶּאֱמוּנָה שְׁלֵמָה, שֶׁזֹּאת הַתּוֹרָה לֹא תְהֵא מֻחְלֶפֶת וְלֹא תְהֵא תוֹרָה אַחֶרֶת מֵאֵת הַבּוֹרֵא יִתְבָּרַךְ שְׁמוֹ.

י **אֲנִי מַאֲמִין** בֶּאֱמוּנָה שְׁלֵמָה, שֶׁהַבּוֹרֵא יִתְבָּרַךְ שְׁמוֹ יוֹדֵעַ כָּל מַעֲשֵׂה בְּנֵי אָדָם וְכָל מַחְשְׁבוֹתָם, שֶׁנֶּאֱמַר: הַיֹּצֵר יַחַד לִבָּם, הַמֵּבִין אֶל כָּל מַעֲשֵׂיהֶם.

יא **אֲנִי מַאֲמִין** בֶּאֱמוּנָה שְׁלֵמָה, שֶׁהַבּוֹרֵא יִתְבָּרַךְ שְׁמוֹ גּוֹמֵל טוֹב לְשׁוֹמְרֵי מִצְוֹתָיו וּמַעֲנִישׁ לְעוֹבְרֵי מִצְוֹתָיו.

יב **אֲנִי מַאֲמִין** בֶּאֱמוּנָה שְׁלֵמָה, בְּבִיאַת הַמָּשִׁיחַ, וְאַף עַל פִּי שֶׁיִּתְמַהְמֵהַּ, עִם כָּל זֶה אֲחַכֶּה לּוֹ בְּכָל יוֹם שֶׁיָּבוֹא.

יג **אֲנִי מַאֲמִין** בֶּאֱמוּנָה שְׁלֵמָה, שֶׁתִּהְיֶה תְּחִיַּת הַמֵּתִים בְּעֵת שֶׁיַּעֲלֶה רָצוֹן מֵאֵת הַבּוֹרֵא יִתְבָּרַךְ שְׁמוֹ וְיִתְעַלֶּה זִכְרוֹ לָעַד וּלְנֵצַח נְצָחִים.

לִישׁוּעָתְךָ קִוִּיתִי יהוה. קִוִּיתִי יהוה לִישׁוּעָתְךָ. יהוה לִישׁוּעָתְךָ קִוִּיתִי. לְפוּרְקָנָךְ סַבָּרִית יהוה. סַבָּרִית יהוה לְפוּרְקָנָךְ. יהוה לְפוּרְקָנָךְ סַבָּרִית.

עשרת הדברות

Many people say the Ten Commandments every day.

1 וַיְדַבֵּר אֱלֹהִים אֵת כָּל הַדְּבָרִים הָאֵלֶּה לֵאמֹר.

2 [א] אָנֹכִי יהוה אֱלֹהֶיךָ, אֲשֶׁר הוֹצֵאתִיךָ מֵאֶרֶץ מִצְרַיִם
3 מִבֵּית עֲבָדִים.

4 [ב] לֹא יִהְיֶה לְךָ אֱלֹהִים אֲחֵרִים עַל פָּנָי. לֹא תַעֲשֶׂה לְךָ פֶסֶל
5 וְכָל תְּמוּנָה אֲשֶׁר בַּשָּׁמַיִם מִמַּעַל, וַאֲשֶׁר בָּאָרֶץ מִתַּחַת,
6 וַאֲשֶׁר בַּמַּיִם מִתַּחַת לָאָרֶץ. לֹא תִשְׁתַּחֲוֶה לָהֶם וְלֹא
7 תָעָבְדֵם, כִּי אָנֹכִי יהוה אֱלֹהֶיךָ, אֵל קַנָּא, פֹּקֵד עֲוֹן אָבֹת
8 עַל בָּנִים, עַל שִׁלֵּשִׁים, וְעַל רִבֵּעִים לְשֹׂנְאָי. וְעֹשֶׂה חֶסֶד
9 לַאֲלָפִים, לְאֹהֲבַי, וּלְשֹׁמְרֵי מִצְוֹתָי.

10 [ג] לֹא תִשָּׂא אֶת שֵׁם יהוה אֱלֹהֶיךָ לַשָּׁוְא, כִּי לֹא יְנַקֶּה יהוה,
11 אֵת אֲשֶׁר יִשָּׂא אֶת שְׁמוֹ לַשָּׁוְא.

12 [ד] זָכוֹר אֶת יוֹם הַשַּׁבָּת לְקַדְּשׁוֹ. שֵׁשֶׁת יָמִים תַּעֲבֹד וְעָשִׂיתָ
13 כָּל מְלַאכְתֶּךָ. וְיוֹם הַשְּׁבִיעִי שַׁבָּת לַיהוה אֱלֹהֶיךָ, לֹא
14 תַעֲשֶׂה כָל מְלָאכָה, אַתָּה וּבִנְךָ וּבִתֶּךָ, עַבְדְּךָ וַאֲמָתְךָ
15 וּבְהֶמְתֶּךָ, וְגֵרְךָ אֲשֶׁר בִּשְׁעָרֶיךָ. כִּי שֵׁשֶׁת יָמִים עָשָׂה יהוה
16 אֶת הַשָּׁמַיִם וְאֶת הָאָרֶץ, אֶת הַיָּם וְאֶת כָּל אֲשֶׁר בָּם, וַיָּנַח
17 בַּיּוֹם הַשְּׁבִיעִי, עַל כֵּן בֵּרַךְ יהוה אֶת יוֹם הַשַּׁבָּת וַיְקַדְּשֵׁהוּ.

18 [ה] כַּבֵּד אֶת אָבִיךָ וְאֶת אִמֶּךָ, לְמַעַן יַאֲרִכוּן יָמֶיךָ עַל
19 הָאֲדָמָה אֲשֶׁר יהוה אֱלֹהֶיךָ נֹתֵן לָךְ.

20 [ו] לֹא תִרְצָח,

21 [ז] לֹא תִנְאָף,

22 [ח] לֹא תִגְנֹב,

23 [ט] לֹא תַעֲנֶה בְרֵעֲךָ עֵד שָׁקֶר.

24 [י] לֹא תַחְמֹד בֵּית רֵעֶךָ, לֹא תַחְמֹד אֵשֶׁת רֵעֶךָ, וְעַבְדּוֹ
25 וַאֲמָתוֹ וְשׁוֹרוֹ וַחֲמֹרוֹ, וְכֹל אֲשֶׁר לְרֵעֶךָ.

﴾ ברכת המזון ﴿

Many say עַל נַהֲרוֹת בָּבֶל in memory of the Temple's destruction, before *Bircas HaMazon* on weekdays. On the Sabbath, Festivals, and at festive meals, שִׁיר הַמַּעֲלוֹת is said instead. Some say שִׁיר הַמַּעֲלוֹת at all times.

שִׁיר הַמַּעֲלוֹת, בְּשׁוּב	עַל נַהֲרוֹת בָּבֶל, שָׁם יָשַׁבְנוּ גַּם בָּכִינוּ,	1
יהוה אֶת שִׁיבַת	בְּזָכְרֵנוּ אֶת צִיּוֹן. עַל עֲרָבִים בְּתוֹכָהּ	2
צִיּוֹן, הָיִינוּ כְּחֹלְמִים. אָז	תָּלִינוּ כִּנֹּרוֹתֵינוּ. כִּי שָׁם שְׁאֵלוּנוּ שׁוֹבֵינוּ	3
יִמָּלֵא שְׂחוֹק פִּינוּ וּלְשׁוֹנֵנוּ	דִּבְרֵי שִׁיר וְתוֹלָלֵינוּ שִׂמְחָה, שִׁירוּ לָנוּ	4
רִנָּה, אָז יֹאמְרוּ בַגּוֹיִם,	מִשִּׁיר צִיּוֹן. אֵיךְ נָשִׁיר אֶת שִׁיר יהוה, עַל	5
הִגְדִּיל יהוה לַעֲשׂוֹת עִם	אַדְמַת נֵכָר. אִם אֶשְׁכָּחֵךְ יְרוּשָׁלָיִם,	6
אֵלֶּה. הִגְדִּיל יהוה לַעֲשׂוֹת	תִּשְׁכַּח יְמִינִי. תִּדְבַּק לְשׁוֹנִי לְחִכִּי, אִם לֹא	7
עִמָּנוּ, הָיִינוּ שְׂמֵחִים. שׁוּבָה	אֶזְכְּרֵכִי, אִם לֹא אַעֲלֶה אֶת יְרוּשָׁלַיִם עַל	8
יהוה אֶת שְׁבִיתֵנוּ, כַּאֲפִיקִים	רֹאשׁ שִׂמְחָתִי. זְכֹר יהוה לִבְנֵי אֱדוֹם אֵת	9
בַּנֶּגֶב. הַזֹּרְעִים בְּדִמְעָה	יוֹם יְרוּשָׁלָיִם, הָאֹמְרִים עָרוּ עָרוּ, עַד	10
בְּרִנָּה יִקְצֹרוּ. הָלוֹךְ יֵלֵךְ	הַיְסוֹד בָּהּ. בַּת בָּבֶל הַשְּׁדוּדָה, אַשְׁרֵי	11
וּבָכֹה נֹשֵׂא מֶשֶׁךְ הַזָּרַע, בֹּא	שֶׁיְשַׁלֶּם לָךְ אֶת גְּמוּלֵךְ שֶׁגָּמַלְתְּ לָנוּ.	12
יָבֹא בְרִנָּה, נֹשֵׂא אֲלֻמֹּתָיו.	אַשְׁרֵי שֶׁיֹּאחֵז וְנִפֵּץ אֶת עֹלָלַיִךְ אֶל הַסָּלַע.	13

14 הִנְנִי מוּכָן וּמְזֻמָּן לְקַיֵּם מִצְוַת עֲשֵׂה שֶׁל בִּרְכַּת הַמָּזוֹן, שֶׁנֶּאֱמַר:

15 וְאָכַלְתָּ וְשָׂבָעְתָּ, וּבֵרַכְתָּ אֶת יהוה אֱלֹהֶיךָ, עַל הָאָרֶץ הַטֹּבָה אֲשֶׁר

16 נָתַן לָךְ.

זימון

If three or more males above *bar mitzvah* eat together, one of them leads the group in *Bircas HaMazon* (zimun). This is the regular *zimun*:

17 Leader— רַבּוֹתַי מִיר וֶועעֶלֶן בֶּענְטְשֶׁען [רַבּוֹתַי נְבָרֵךְ].

18 Others— יְהִי שֵׁם יהוה מְבֹרָךְ מֵעַתָּה וְעַד עוֹלָם.

If ten men join in the *zimun* the words in parentheses are added.

19 Leader— יְהִי שֵׁם יהוה מְבֹרָךְ מֵעַתָּה וְעַד עוֹלָם. בִּרְשׁוּת מָרָנָן וְרַבָּנָן

20 וְרַבּוֹתַי, נְבָרֵךְ (אֱלֹהֵינוּ) שֶׁאָכַלְנוּ מִשֶּׁלּוֹ.

21 Others— בָּרוּךְ (אֱלֹהֵינוּ) שֶׁאָכַלְנוּ מִשֶּׁלּוֹ וּבְטוּבוֹ חָיִינוּ.

Someone who has not eaten should say:

22 בָּרוּךְ (אֱלֹהֵינוּ) וּמְבֹרָךְ שְׁמוֹ תָּמִיד לְעוֹלָם וָעֶד.

23 Leader— בָּרוּךְ (אֱלֹהֵינוּ) שֶׁאָכַלְנוּ מִשֶּׁלּוֹ וּבְטוּבוֹ חָיִינוּ.

24 בָּרוּךְ הוּא וּבָרוּךְ שְׁמוֹ.

The *zimun* leader should say *Bircas HaMazon* (at least the first blessing) aloud, and the people answer אָמֵן to his blessings. Otherwise, it is forbidden to interrupt *Bircas HaMazon* except for the responses that are allowed during the *Shema* (p. 44).

הַבְּרָכָה הָרִאשׁוֹנָה – בִּרְכַּת הַזָּן

1 **בָּרוּךְ** אַתָּה יהוה אֱלֹהֵינוּ מֶלֶךְ הָעוֹלָם, הַזָּן

2 אֶת הָעוֹלָם כֻּלּוֹ, בְּטוּבוֹ, בְּחֵן בְּחֶסֶד

3 וּבְרַחֲמִים, הוּא נֹתֵן לֶחֶם לְכָל בָּשָׂר, כִּי לְעוֹלָם

4 חַסְדּוֹ. וּבְטוּבוֹ הַגָּדוֹל, תָּמִיד לֹא חָסַר לָנוּ, וְאַל

5 יֶחְסַר לָנוּ מָזוֹן לְעוֹלָם וָעֶד. בַּעֲבוּר שְׁמוֹ

6 הַגָּדוֹל, כִּי הוּא אֵל זָן וּמְפַרְנֵס לַכֹּל, וּמֵטִיב

7 לַכֹּל, וּמֵכִין מָזוֹן לְכָל בְּרִיּוֹתָיו אֲשֶׁר בָּרָא.

8 כָּאָמוּר: פּוֹתֵחַ אֶת יָדֶךָ, וּמַשְׂבִּיעַ לְכָל חַי רָצוֹן.

9 ❖ בָּרוּךְ אַתָּה יהוה, הַזָּן אֶת הַכֹּל. (אָמֵן. —Cong.)

הַבְּרָכָה הַשְּׁנִיָּה – בִּרְכַּת הָאָרֶץ

10 **נוֹדֶה** לְּךָ יהוה אֱלֹהֵינוּ, עַל שֶׁהִנְחַלְתָּ

11 לַאֲבוֹתֵינוּ אֶרֶץ חֶמְדָּה טוֹבָה וּרְחָבָה.

12 וְעַל שֶׁהוֹצֵאתָנוּ יהוה אֱלֹהֵינוּ מֵאֶרֶץ מִצְרַיִם,

13 וּפְדִיתָנוּ מִבֵּית עֲבָדִים, וְעַל בְּרִיתְךָ שֶׁחָתַמְתָּ

14 בִּבְשָׂרֵנוּ, וְעַל תּוֹרָתְךָ שֶׁלִּמַּדְתָּנוּ, וְעַל חֻקֶּיךָ

15 שֶׁהוֹדַעְתָּנוּ, וְעַל חַיִּים חֵן וָחֶסֶד שֶׁחוֹנַנְתָּנוּ,

16 וְעַל אֲכִילַת מָזוֹן שֶׁאַתָּה זָן וּמְפַרְנֵס אוֹתָנוּ

17 תָּמִיד, בְּכָל יוֹם וּבְכָל עֵת וּבְכָל שָׁעָה.

On Chanukah and Purim add the following:

וְעַל הַנִּסִּים וְעַל הַפֻּרְקָן וְעַל הַגְּבוּרוֹת וְעַל הַתְּשׁוּעוֹת וְעַל הַנִּפְלָאוֹת וְעַל הַנֶּחָמוֹת וְעַל הַמִּלְחָמוֹת שֶׁעָשִׂיתָ לַאֲבוֹתֵינוּ בַּיָּמִים הָהֵם בַּזְּמַן הַזֶּה.

On Chanukah	On Purim

On Chanukah:

בִּימֵי מַתִּתְיָהוּ בֶּן יוֹחָנָן כֹּהֵן גָּדוֹל חַשְׁמוֹנָאִי וּבָנָיו, כְּשֶׁעָמְדָה מַלְכוּת יָוָן הָרְשָׁעָה עַל עַמְּךָ יִשְׂרָאֵל, לְהַשְׁכִּיחָם תּוֹרָתֶךָ, וּלְהַעֲבִירָם מֵחֻקֵּי רְצוֹנֶךָ. וְאַתָּה בְּרַחֲמֶיךָ הָרַבִּים, עָמַדְתָּ לָהֶם בְּעֵת צָרָתָם, רַבְתָּ אֶת רִיבָם, דַּנְתָּ אֶת דִּינָם, נָקַמְתָּ אֶת נִקְמָתָם. מָסַרְתָּ גִבּוֹרִים בְּיַד חַלָּשִׁים, וְרַבִּים בְּיַד מְעַטִּים, וּטְמֵאִים בְּיַד טְהוֹרִים, וּרְשָׁעִים בְּיַד צַדִּיקִים, וְזֵדִים בְּיַד עוֹסְקֵי תוֹרָתֶךָ, וּלְךָ עָשִׂיתָ שֵׁם גָּדוֹל וְקָדוֹשׁ בְּעוֹלָמֶךָ, וּלְעַמְּךָ יִשְׂרָאֵל עָשִׂיתָ תְּשׁוּעָה גְדוֹלָה וּפֻרְקָן כְּהַיּוֹם הַזֶּה. וְאַחַר כֵּן בָּאוּ בָנֶיךָ לִדְבִיר בֵּיתֶךָ, וּפִנּוּ אֶת הֵיכָלֶךָ, וְטִהֲרוּ אֶת מִקְדָּשֶׁךָ, וְהִדְלִיקוּ נֵרוֹת בְּחַצְרוֹת קָדְשֶׁךָ, וְקָבְעוּ שְׁמוֹנַת יְמֵי חֲנֻכָּה אֵלּוּ, לְהוֹדוֹת וּלְהַלֵּל לְשִׁמְךָ הַגָּדוֹל.

On Purim:

בִּימֵי מָרְדְּכַי וְאֶסְתֵּר בְּשׁוּשַׁן הַבִּירָה, כְּשֶׁעָמַד עֲלֵיהֶם הָמָן הָרָשָׁע, בִּקֵּשׁ לְהַשְׁמִיד לַהֲרֹג וּלְאַבֵּד אֶת כָּל הַיְּהוּדִים, מִנַּעַר וְעַד זָקֵן, טַף וְנָשִׁים בְּיוֹם אֶחָד, בִּשְׁלוֹשָׁה עָשָׂר לְחֹדֶשׁ שְׁנֵים עָשָׂר, הוּא חֹדֶשׁ אֲדָר, וּשְׁלָלָם לָבוֹז. וְאַתָּה בְּרַחֲמֶיךָ הָרַבִּים הֵפַרְתָּ אֶת עֲצָתוֹ, וְקִלְקַלְתָּ אֶת מַחֲשַׁבְתּוֹ, וַהֲשֵׁבוֹתָ לּוֹ גְּמוּלוֹ בְּרֹאשׁוֹ, וְתָלוּ אוֹתוֹ וְאֶת בָּנָיו עַל הָעֵץ.

⊷§ If One Forgot עַל הַנִּסִּים

If one forgot עַל הַנִּסִּים and realized before he said the Name HASHEM of the next blessing (בָּרוּךְ אַתָּה ה', p. 103), he should go back to עַל הַנִּסִּים and continue from there.

If one has already said בָּרוּךְ אַתָּה ה', he should continue Bircas HaMazon until page 107 and say the special הָרַחֲמָן there. If he didn't remember until after that point, he does not repeat anything.

1 **וְעַל הַכֹּל,** יהוה אֱלֹהֵינוּ, אֲנַחְנוּ מוֹדִים

2 לָךְ, וּמְבָרְכִים אוֹתָךְ, יִתְבָּרַךְ

3 שִׁמְךָ בְּפִי כָּל חַי תָּמִיד לְעוֹלָם וָעֶד.

4 כַּכָּתוּב, וְאָכַלְתָּ וְשָׂבָעְתָּ, וּבֵרַכְתָּ אֶת יהוה

5 אֱלֹהֶיךָ, עַל הָאָרֶץ הַטֹּבָה אֲשֶׁר נָתַן לָךְ.

6 ❖ בָּרוּךְ אַתָּה יהוה, עַל הָאָרֶץ וְעַל הַמָּזוֹן.

7 (.אָמֵן — Cong.)

הַבְּרָכָה הַשְּׁלִישִׁית — בִּנְיַן יְרוּשָׁלַיִם

8 **רַחֵם** נָא יהוה אֱלֹהֵינוּ עַל יִשְׂרָאֵל עַמֶּךָ,

9 וְעַל יְרוּשָׁלַיִם עִירֶךָ, וְעַל צִיּוֹן מִשְׁכַּן

10 כְּבוֹדֶךָ, וְעַל מַלְכוּת בֵּית דָּוִד מְשִׁיחֶךָ, וְעַל

11 הַבַּיִת הַגָּדוֹל וְהַקָּדוֹשׁ שֶׁנִּקְרָא שִׁמְךָ עָלָיו.

12 אֱלֹהֵינוּ אָבִינוּ, רְעֵנוּ זוּנֵנוּ פַּרְנְסֵנוּ וְכַלְכְּלֵנוּ

13 וְהַרְוִיחֵנוּ, וְהַרְוַח לָנוּ יהוה אֱלֹהֵינוּ מְהֵרָה

14 מִכָּל צָרוֹתֵינוּ. וְנָא אַל תַּצְרִיכֵנוּ, יהוה

15 אֱלֹהֵינוּ, לֹא לִידֵי מַתְּנַת בָּשָׂר וָדָם, וְלֹא לִידֵי

16 הַלְוָאָתָם, כִּי אִם לְיָדְךָ הַמְּלֵאָה הַפְּתוּחָה

17 הַקְּדוֹשָׁה וְהָרְחָבָה, שֶׁלֹּא נֵבוֹשׁ וְלֹא נִכָּלֵם

18 לְעוֹלָם וָעֶד.

On the Sabbath add the following: [If forgotten, see pp. 108-109.]

רְצֵה וְהַחֲלִיצֵנוּ יהוה אֱלֹהֵינוּ בְּמִצְוֹתֶיךָ, וּבְמִצְוַת יוֹם
הַשְּׁבִיעִי הַשַּׁבָּת הַגָּדוֹל וְהַקָּדוֹשׁ הַזֶּה, כִּי יוֹם זֶה גָּדוֹל
וְקָדוֹשׁ הוּא לְפָנֶיךָ, לִשְׁבָּת בּוֹ וְלָנוּחַ בּוֹ בְּאַהֲבָה כְּמִצְוַת רְצוֹנֶךָ,
וּבִרְצוֹנְךָ הָנִיחַ לָנוּ, יהוה אֱלֹהֵינוּ, שֶׁלֹּא תְהֵא צָרָה וְיָגוֹן וַאֲנָחָה
בְּיוֹם מְנוּחָתֵנוּ, וְהַרְאֵנוּ יהוה אֱלֹהֵינוּ בְּנֶחָמַת צִיּוֹן עִירֶךָ, וּבְבִנְיַן
יְרוּשָׁלַיִם עִיר קָדְשֶׁךָ, כִּי אַתָּה הוּא בַּעַל הַיְשׁוּעוֹת וּבַעַל
הַנֶּחָמוֹת.

On Rosh Chodesh, Chol HaMoed, and Festivals add. [If forgotten, see pp. 108-109.]

אֱלֹהֵינוּ וֵאלֹהֵי אֲבוֹתֵינוּ, יַעֲלֶה, וְיָבֹא, וְיַגִּיעַ, וְיֵרָאֶה,
וְיֵרָצֶה, וְיִשָּׁמַע, וְיִפָּקֵד, וְיִזָּכֵר זִכְרוֹנֵנוּ וּפִקְדוֹנֵנוּ,
וְזִכְרוֹן אֲבוֹתֵינוּ, וְזִכְרוֹן מָשִׁיחַ בֶּן דָּוִד עַבְדֶּךָ, וְזִכְרוֹן יְרוּשָׁלַיִם
עִיר קָדְשֶׁךָ, וְזִכְרוֹן כָּל עַמְּךָ בֵּית יִשְׂרָאֵל לְפָנֶיךָ, לִפְלֵיטָה
לְטוֹבָה, לְחֵן וּלְחֶסֶד וּלְרַחֲמִים, לְחַיִּים (טוֹבִים) וּלְשָׁלוֹם, בְּיוֹם

רֹאשׁ הַחֹדֶשׁ הַזֶּה. — On Rosh Chodesh
חַג הַמַּצּוֹת הַזֶּה. — On Pesach
חַג הַשָּׁבֻעוֹת הַזֶּה. — On Shavuos
הַזִּכָּרוֹן הַזֶּה. — On Rosh Hashanah
חַג הַסֻּכּוֹת הַזֶּה. — On Succos
שְׁמִינִי עֲצֶרֶת הַחַג הַזֶּה. — On Shemini Atzeres/Simchas Torah

זָכְרֵנוּ יהוה אֱלֹהֵינוּ בּוֹ לְטוֹבָה, וּפָקְדֵנוּ בוֹ לִבְרָכָה, וְהוֹשִׁיעֵנוּ בוֹ
לְחַיִּים טוֹבִים. וּבִדְבַר יְשׁוּעָה וְרַחֲמִים, חוּס וְחָנֵּנוּ וְרַחֵם עָלֵינוּ
וְהוֹשִׁיעֵנוּ, כִּי אֵלֶיךָ עֵינֵינוּ, כִּי אֵל מֶלֶךְ חַנּוּן וְרַחוּם אָתָּה.

❖ **וּבְנֵה** יְרוּשָׁלַיִם עִיר הַקֹּדֶשׁ בִּמְהֵרָה
בְיָמֵינוּ. בָּרוּךְ אַתָּה יהוה, בּוֹנֵה
בְרַחֲמָיו יְרוּשָׁלָיִם. אָמֵן. (אָמֵן. —Cong.)

הברכה הרביעית – הטוב והמטיב

1 **בָּרוּךְ** אַתָּה יהוה אֱלֹהֵינוּ מֶלֶךְ הָעוֹלָם, הָאֵל

2 אָבִינוּ מַלְכֵּנוּ אַדִּירֵנוּ בּוֹרְאֵנוּ גּוֹאֲלֵנוּ

3 יוֹצְרֵנוּ, קְדוֹשֵׁנוּ קְדוֹשׁ יַעֲקֹב, רוֹעֵנוּ רוֹעֵה

4 יִשְׂרָאֵל, הַמֶּלֶךְ הַטּוֹב וְהַמֵּטִיב לַכֹּל, שֶׁבְּכָל

5 יוֹם וָיוֹם הוּא הֵטִיב, הוּא מֵטִיב, הוּא יֵיטִיב

6 לָנוּ. הוּא גְמָלָנוּ, הוּא גוֹמְלֵנוּ, הוּא יִגְמְלֵנוּ

7 לָעַד, לְחֵן וּלְחֶסֶד וּלְרַחֲמִים וּלְרֶוַח הַצָּלָה

8 וְהַצְלָחָה, בְּרָכָה וִישׁוּעָה נֶחָמָה פַּרְנָסָה

9 וְכַלְכָּלָה ❖ וְרַחֲמִים וְחַיִּים וְשָׁלוֹם וְכָל טוֹב,

10 וּמִכָּל טוּב לְעוֹלָם אַל יְחַסְּרֵנוּ. (.Cong– אָמֵן.)

11 **הָרַחֲמָן** הוּא יִמְלוֹךְ עָלֵינוּ לְעוֹלָם וָעֶד.

12 **הָרַחֲמָן** הוּא יִתְבָּרַךְ בַּשָּׁמַיִם וּבָאָרֶץ.

13 **הָרַחֲמָן** הוּא יִשְׁתַּבַּח לְדוֹר דּוֹרִים, וְיִתְפָּאַר

14 בָּנוּ לָעַד וּלְנֵצַח נְצָחִים, וְיִתְהַדַּר

15 בָּנוּ לָעַד וּלְעוֹלְמֵי עוֹלָמִים.

16 **הָרַחֲמָן** הוּא יְפַרְנְסֵנוּ בְּכָבוֹד.

17 **הָרַחֲמָן** הוּא יִשְׁבּוֹר עֻלֵּנוּ מֵעַל צַוָּארֵנוּ,

18 וְהוּא יוֹלִיכֵנוּ קוֹמְמִיּוּת לְאַרְצֵנוּ.

הָרַחֲמָן הוּא יִשְׁלַח לָנוּ בְּרָכָה מְרֻבָּה בַּבַּיִת הַזֶּה, וְעַל שֻׁלְחָן זֶה שֶׁאָכַלְנוּ עָלָיו.

הָרַחֲמָן הוּא יִשְׁלַח לָנוּ אֶת אֵלִיָּהוּ הַנָּבִיא זָכוּר לַטּוֹב, וִיבַשֶּׂר לָנוּ בְּשׂוֹרוֹת טוֹבוֹת יְשׁוּעוֹת וְנֶחָמוֹת.

A guest adds this prayer for his host.

יְהִי רָצוֹן שֶׁלֹּא יֵבוֹשׁ וְלֹא יִכָּלֵם בַּעַל הַבַּיִת הַזֶּה, לֹא בָּעוֹלָם הַזֶּה וְלֹא בָּעוֹלָם הַבָּא, וְיַצְלִיחַ בְּכָל נְכָסָיו, וְיִהְיוּ נְכָסָיו מֻצְלָחִים וּקְרוֹבִים לָעִיר, וְאַל יִשְׁלוֹט שָׂטָן בְּמַעֲשֵׂה יָדָיו, וְאַל יִזְדַּקֵּק לְפָנָיו שׁוּם דְּבַר חֵטְא וְהִרְהוּר עָוֹן, מֵעַתָּה וְעַד עוֹלָם.

Guests recite the following. Children at their parents' table include the words in parentheses:

At one's own table (include the words in parentheses that apply):

הָרַחֲמָן הוּא יְבָרֵךְ אֶת (אָבִי מוֹרִי) בַּעַל הַבַּיִת הַזֶּה, וְאֶת (אִמִּי מוֹרָתִי) בַּעֲלַת הַבַּיִת הַזֶּה, אוֹתָם וְאֶת בֵּיתָם וְאֶת זַרְעָם וְאֶת כָּל אֲשֶׁר לָהֶם.

הָרַחֲמָן הוּא יְבָרֵךְ אוֹתִי (וְאֶת אִשְׁתִּי / וְאֶת בַּעְלִי, וְאֶת זַרְעִי) וְאֶת כָּל אֲשֶׁר לִי.

אוֹתָנוּ וְאֶת כָּל אֲשֶׁר לָנוּ, כְּמוֹ שֶׁנִּתְבָּרְכוּ אֲבוֹתֵינוּ אַבְרָהָם יִצְחָק וְיַעֲקֹב בַּכֹּל מִכֹּל כֹּל, כֵּן יְבָרֵךְ אוֹתָנוּ כֻּלָּנוּ יַחַד בִּבְרָכָה שְׁלֵמָה, וְנֹאמַר, אָמֵן.

בַּמָּרוֹם יְלַמְּדוּ עֲלֵיהֶם וְעָלֵינוּ זְכוּת,
שֶׁתְּהֵא לְמִשְׁמֶרֶת שָׁלוֹם. וְנִשָּׂא
בְרָכָה מֵאֵת יהוה, וּצְדָקָה מֵאֱלֹהֵי יִשְׁעֵנוּ,
וְנִמְצָא חֵן וְשֵׂכֶל טוֹב בְּעֵינֵי אֱלֹהִים וְאָדָם.

On the Sabbath add:

הָרַחֲמָן הוּא יַנְחִילֵנוּ יוֹם שֶׁכֻּלוֹ שַׁבָּת וּמְנוּחָה לְחַיֵּי הָעוֹלָמִים.

On Rosh Chodesh add:

הָרַחֲמָן הוּא יְחַדֵּשׁ עָלֵינוּ אֶת הַחֹדֶשׁ הַזֶּה לְטוֹבָה וְלִבְרָכָה.

On Festivals add:

הָרַחֲמָן הוּא יַנְחִילֵנוּ יוֹם שֶׁכֻּלוֹ טוֹב.

On Rosh Hashanah add:

הָרַחֲמָן הוּא יְחַדֵּשׁ עָלֵינוּ אֶת הַשָּׁנָה הַזֹּאת לְטוֹבָה וְלִבְרָכָה.

On Succos add:

הָרַחֲמָן הוּא יָקִים לָנוּ אֶת סֻכַּת דָּוִיד הַנֹּפָלֶת.

On Chanukah and Purim if עַל הַנִּסִּים was forgotten, add:

הָרַחֲמָן הוּא יַעֲשֶׂה לָנוּ נִסִּים וְנִפְלָאוֹת
כַּאֲשֶׁר עָשָׂה לַאֲבוֹתֵינוּ בַּיָּמִים הָהֵם בַּזְּמַן הַזֶּה.
Recite paragraph beginning בִּימֵי מָרְדְּכַי or בִּימֵי מַתִּתְיָהוּ (p. 102) and then continue below.

הָרַחֲמָן הוּא יְזַכֵּנוּ לִימוֹת הַמָּשִׁיחַ וּלְחַיֵּי
הָעוֹלָם הַבָּא. [— on regular days — מַגְדִּל /
מִגְדּוֹל] — on days Mussaf is said — יְשׁוּעוֹת מַלְכּוֹ וְעֹשֶׂה
חֶסֶד לִמְשִׁיחוֹ לְדָוִד וּלְזַרְעוֹ עַד עוֹלָם. עֹשֶׂה
שָׁלוֹם בִּמְרוֹמָיו, הוּא יַעֲשֶׂה שָׁלוֹם עָלֵינוּ וְעַל
כָּל יִשְׂרָאֵל. וְאִמְרוּ, אָמֵן.

1   **יְראוּ** אֶת יהוה קְדֹשָׁיו,

2   כִּי אֵין מַחְסוֹר לִירֵאָיו.

3   כְּפִירִים רָשׁוּ וְרָעֵבוּ,

4   וְדֹרְשֵׁי יהוה לֹא יַחְסְרוּ כָל טוֹב.

5   הוֹדוּ לַיהוה כִּי טוֹב, כִּי לְעוֹלָם חַסְדּוֹ.

6   פּוֹתֵחַ אֶת יָדֶךָ, וּמַשְׂבִּיעַ לְכָל חַי רָצוֹן.

7   בָּרוּךְ הַגֶּבֶר אֲשֶׁר יִבְטַח בַּיהוה,

8   וְהָיָה יהוה מִבְטַחוֹ.

9   נַעַר הָיִיתִי גַּם זָקַנְתִּי,

10   וְלֹא רָאִיתִי צַדִּיק נֶעֱזָב, וְזַרְעוֹ מְבַקֶּשׁ לָחֶם.

11   יהוה עֹז לְעַמּוֹ יִתֵּן,

12   יהוה יְבָרֵךְ אֶת עַמּוֹ בַשָּׁלוֹם.

※ ברכות למי ששכח ※

In case someone forgot to say רְצֵה or יַעֲלֶה וְיָבֹא, there are times when he may recite the following blessings between the third and fourth blessings to make up for his omission.

(a) If he realizes it after saying בָּרוּךְ אַתָּה ה' בּוֹנֵה . . . , he should say the make-up blessing before beginning the fourth blessing.

(b) If he realizes it after having said בָּרוּךְ אַתָּה ה' . . . הָעוֹלָם of the next blessing, he may still switch immediately into the make-up blessing.

(c) If he realizes it after having said the word הָאֵל of the next blessing, it is too late for the make-up blessing. At the first two meals of the Sabbath and the Festival, he goes back to the beginning of *Bircas HaMazon*. At the third meal of the Sabbath or Festival, and at all Rosh Chodesh and Chol HaMoed meals that fall on weekdays, he just continues with *Bircas HaMazon*.

Turn to next page for a list of the make-up blessings.

If one forgot רְצֵה on the Sabbath:

1 בָּרוּךְ אַתָּה יהוה אֱלֹהֵינוּ מֶלֶךְ הָעוֹלָם, אֲשֶׁר נָתַן שַׁבָּתוֹת לִמְנוּחָה לְעַמּוֹ

2 יִשְׂרָאֵל בְּאַהֲבָה, לְאוֹת וְלִבְרִית. בָּרוּךְ אַתָּה יהוה, מְקַדֵּשׁ הַשַּׁבָּת.

If one forgot יַעֲלֶה וְיָבֹא on Rosh Chodesh:

3 בָּרוּךְ אַתָּה יהוה אֱלֹהֵינוּ מֶלֶךְ הָעוֹלָם, אֲשֶׁר נָתַן רָאשֵׁי חֳדָשִׁים לְעַמּוֹ

4 יִשְׂרָאֵל לְזִכָּרוֹן.

If one forgot יַעֲלֶה וְיָבֹא and רְצֵה on the Sabbath/Rosh Chodesh:

5 בָּרוּךְ אַתָּה יהוה אֱלֹהֵינוּ מֶלֶךְ הָעוֹלָם, אֲשֶׁר נָתַן שַׁבָּתוֹת לִמְנוּחָה לְעַמּוֹ

6 יִשְׂרָאֵל בְּאַהֲבָה, לְאוֹת וְלִבְרִית, וְרָאשֵׁי חֳדָשִׁים לְזִכָּרוֹן. בָּרוּךְ אַתָּה יהוה,

7 מְקַדֵּשׁ הַשַּׁבָּת וְיִשְׂרָאֵל וְרָאשֵׁי חֳדָשִׁים.

If one forgot יַעֲלֶה וְיָבֹא on a Festival:

8 בָּרוּךְ אַתָּה יהוה אֱלֹהֵינוּ מֶלֶךְ הָעוֹלָם, אֲשֶׁר נָתַן יָמִים טוֹבִים לְעַמּוֹ

9 יִשְׂרָאֵל לְשָׂשׂוֹן וּלְשִׂמְחָה, אֶת יוֹם [חַג הַמַּצּוֹת / חַג הַשָּׁבֻעוֹת / חַג הַסֻּכּוֹת /

10 שְׁמִינִי עֲצֶרֶת הַחַג] הַזֶּה. בָּרוּךְ אַתָּה יהוה, מְקַדֵּשׁ יִשְׂרָאֵל וְהַזְּמַנִּים.

If one forgot יַעֲלֶה וְיָבֹא and רְצֵה on the Sabbath/Festival:

11 בָּרוּךְ אַתָּה יהוה אֱלֹהֵינוּ מֶלֶךְ הָעוֹלָם, אֲשֶׁר נָתַן שַׁבָּתוֹת לִמְנוּחָה לְעַמּוֹ

12 יִשְׂרָאֵל בְּאַהֲבָה, לְאוֹת וְלִבְרִית, וְיָמִים טוֹבִים לְשָׂשׂוֹן וּלְשִׂמְחָה, אֶת יוֹם

13 [חַג הַמַּצּוֹת / חַג הַשָּׁבֻעוֹת / חַג הַסֻּכּוֹת / שְׁמִינִי עֲצֶרֶת הַחַג] הַזֶּה. בָּרוּךְ

14 אַתָּה יהוה, מְקַדֵּשׁ הַשַּׁבָּת וְיִשְׂרָאֵל וְהַזְּמַנִּים.

If one forgot יַעֲלֶה וְיָבֹא on Chol HaMoed:

15 בָּרוּךְ אַתָּה יהוה אֱלֹהֵינוּ מֶלֶךְ הָעוֹלָם, אֲשֶׁר נָתַן מוֹעֲדִים לְעַמּוֹ יִשְׂרָאֵל

16 לְשָׂשׂוֹן וּלְשִׂמְחָה, אֶת יוֹם [חַג הַמַּצּוֹת / חַג הַסֻּכּוֹת] הַזֶּה.

If one forgot יַעֲלֶה וְיָבֹא and רְצֵה on the Sabbath of Chol HaMoed:

17 בָּרוּךְ אַתָּה יהוה אֱלֹהֵינוּ מֶלֶךְ הָעוֹלָם, אֲשֶׁר נָתַן שַׁבָּתוֹת לִמְנוּחָה לְעַמּוֹ

18 יִשְׂרָאֵל בְּאַהֲבָה, לְאוֹת וְלִבְרִית, וּמוֹעֲדִים לְשָׂשׂוֹן וּלְשִׂמְחָה, אֶת יוֹם

19 [חַג הַמַּצּוֹת / חַג הַסֻּכּוֹת] הַזֶּה. בָּרוּךְ אַתָּה יהוה, מְקַדֵּשׁ הַשַּׁבָּת וְיִשְׂרָאֵל

20 וְהַזְּמַנִּים.

If one forgot יַעֲלֶה וְיָבֹא on Rosh Hashanah:

21 בָּרוּךְ אַתָּה יהוה אֱלֹהֵינוּ מֶלֶךְ הָעוֹלָם, אֲשֶׁר נָתַן יָמִים טוֹבִים לְעַמּוֹ

22 יִשְׂרָאֵל אֶת יוֹם הַזִּכָּרוֹן הַזֶּה. בָּרוּךְ אַתָּה יהוה, מְקַדֵּשׁ יִשְׂרָאֵל וְיוֹם הַזִּכָּרוֹן.

If one forgot יַעֲלֶה וְיָבֹא and רְצֵה on the Sabbath/Rosh Hashanah:

23 בָּרוּךְ אַתָּה יהוה אֱלֹהֵינוּ מֶלֶךְ הָעוֹלָם, אֲשֶׁר נָתַן שַׁבָּתוֹת לִמְנוּחָה לְעַמּוֹ

24 יִשְׂרָאֵל בְּאַהֲבָה לְאוֹת וְלִבְרִית, וְיָמִים טוֹבִים לְיִשְׂרָאֵל אֶת יוֹם הַזִּכָּרוֹן הַזֶּה.

25 בָּרוּךְ אַתָּה יהוה, מְקַדֵּשׁ הַשַּׁבָּת וְיִשְׂרָאֵל וְיוֹם הַזִּכָּרוֹן.

﴾ ברכות אחרונות ﴿

מעין שלש

The following blessing is said after one eats (a) grain products (other than bread or matzah) made from wheat, barley, rye, oats, or spelt; (b) grape wine or grape juice; (c) grapes, figs, pomegranates, olives, or dates. (If someone ate foods from two or three of these groups, then he says the words for both or all three groups, in this order: grain, wine, fruit.)

1   **בָּרוּךְ** אַתָּה יהוה אֱלֹהֵינוּ מֶלֶךְ הָעוֹלָם,

After fruits:	After wine:	After grain products:
2 עַל הָעֵץ	עַל הַגֶּפֶן	עַל הַמִּחְיָה
3 וְעַל פְּרִי הָעֵץ,	וְעַל פְּרִי הַגֶּפֶן,	וְעַל הַכַּלְכָּלָה,

4   וְעַל תְּנוּבַת הַשָּׂדֶה, וְעַל אֶרֶץ חֶמְדָּה טוֹבָה וּרְחָבָה, שֶׁרָצִיתָ

5   וְהִנְחַלְתָּ לַאֲבוֹתֵינוּ, לֶאֱכוֹל מִפִּרְיָהּ וְלִשְׂבּוֹעַ מִטּוּבָהּ. רַחֵם נָא

6   יהוה אֱלֹהֵינוּ עַל יִשְׂרָאֵל עַמֶּךָ, וְעַל יְרוּשָׁלַיִם עִירֶךָ, וְעַל צִיּוֹן

7   מִשְׁכַּן כְּבוֹדֶךָ, וְעַל מִזְבְּחֶךָ וְעַל הֵיכָלֶךָ. וּבְנֵה יְרוּשָׁלַיִם עִיר

8   הַקֹּדֶשׁ בִּמְהֵרָה בְיָמֵינוּ, וְהַעֲלֵנוּ לְתוֹכָהּ, וְשַׂמְּחֵנוּ בְּבִנְיָנָהּ, וְנֹאכַל

9   מִפִּרְיָהּ, וְנִשְׂבַּע מִטּוּבָהּ, וּנְבָרֶכְךָ עָלֶיהָ בִּקְדֻשָּׁה וּבְטָהֳרָה.

10 on the Sabbath –	וּרְצֵה וְהַחֲלִיצֵנוּ בְּיוֹם הַשַּׁבָּת הַזֶּה.
11 on Rosh Chodesh –	וְזָכְרֵנוּ לְטוֹבָה בְּיוֹם רֹאשׁ הַחֹדֶשׁ הַזֶּה.
12 on Pesach –	וְשַׂמְּחֵנוּ בְּיוֹם חַג הַמַּצּוֹת הַזֶּה.
13 on Shavuos –	וְשַׂמְּחֵנוּ בְּיוֹם חַג הַשָּׁבֻעוֹת הַזֶּה.
14 on Succos –	וְשַׂמְּחֵנוּ בְּיוֹם חַג הַסֻּכּוֹת הַזֶּה.
15 on Shemini Atzeres/Simchas Torah –	וְשַׂמְּחֵנוּ בְּיוֹם שְׁמִינִי עֲצֶרֶת הַחַג הַזֶּה.
16 on Rosh Hashanah –	וְזָכְרֵנוּ לְטוֹבָה בְּיוֹם הַזִּכָּרוֹן הַזֶּה.

17   כִּי אַתָּה יהוה טוֹב וּמֵטִיב לַכֹּל, וְנוֹדֶה לְּךָ עַל הָאָרֶץ וְעַל

After fruits:	After wine:	After grain products:
18 הַפֵּרוֹת.°	פְּרִי הַגֶּפֶן.°	הַמִּחְיָה (וְעַל הַכַּלְכָּלָה).

19   בָּרוּךְ אַתָּה יהוה, עַל הָאָרֶץ וְעַל

After fruits:	After wine:	After grain products:
20 הַפֵּרוֹת.°	פְּרִי הַגֶּפֶן.°	הַמִּחְיָה (וְעַל הַכַּלְכָּלָה).

°If the wine or fruit is from *Eretz Yisrael,* substitute גַּפְנָהּ for הַגֶּפֶן and פֵּרוֹתֶיהָ for הַפֵּרוֹת.

בורא נפשות

If you ate or drank something — but it was not bread, cake, wine,
or fruits that need the special blessing — say the following blessing:

1 **בָּרוּךְ** אַתָּה יהוה אֱלֹהֵינוּ מֶלֶךְ הָעוֹלָם, בּוֹרֵא נְפָשׁוֹת

2 רַבּוֹת וְחֶסְרוֹנָן, עַל כָּל מַה שֶׁבָּרָא(תָ) לְהַחֲיוֹת

3 בָּהֶם נֶפֶשׁ כָּל חָי. בָּרוּךְ חֵי הָעוֹלָמִים.

❊ תפלת הדרך ❊

If you are on a long trip, say this prayer when you are out of the city limits:

4 **יְהִי** רָצוֹן מִלְּפָנֶיךָ, יהוה אֱלֹהֵינוּ וֵאלֹהֵי אֲבוֹתֵינוּ

5 שֶׁתּוֹלִיכֵנוּ לְשָׁלוֹם, וְתַצְעִידֵנוּ לְשָׁלוֹם, וְתַדְרִיכֵנוּ

6 לְשָׁלוֹם. וְתַגִּיעֵנוּ לִמְחוֹז חֶפְצֵנוּ לְחַיִּים וּלְשִׂמְחָה

7 וּלְשָׁלוֹם,] — one who is planning to return on the same day adds — וְתַחֲזִירֵנוּ

8 לְבֵיתֵנוּ לְשָׁלוֹם,] וְתַצִּילֵנוּ מִכַּף כָּל אוֹיֵב וְאוֹרֵב (וְלִסְטִים

9 וְחַיּוֹת רָעוֹת) בַּדֶּרֶךְ, וּמִכָּל מִינֵי פֻּרְעָנִיּוֹת הַמִּתְרַגְּשׁוֹת

10 לָבוֹא לָעוֹלָם, וְתִשְׁלַח בְּרָכָה בְּ(כָל) מַעֲשֵׂה יָדֵינוּ,

11 וְתִתְּנֵנוּ לְחֵן וּלְחֶסֶד וּלְרַחֲמִים בְּעֵינֶיךָ וּבְעֵינֵי כָל רֹאֵינוּ,

12 וְתִשְׁמַע קוֹל תַּחֲנוּנֵינוּ, כִּי אֵל שׁוֹמֵעַ תְּפִלָּה וְתַחֲנוּן אָתָּה.

13 בָּרוּךְ אַתָּה יהוה, שׁוֹמֵעַ תְּפִלָּה.

14 say three times — וְיַעֲקֹב הָלַךְ לְדַרְכּוֹ, וַיִּפְגְּעוּ בוֹ מַלְאֲכֵי אֱלֹהִים.

15 וַיֹּאמֶר יַעֲקֹב כַּאֲשֶׁר רָאָם, מַחֲנֵה אֱלֹהִים זֶה, וַיִּקְרָא

16 שֵׁם הַמָּקוֹם הַהוּא מַחֲנָיִם.

17 say three times — לִישׁוּעָתְךָ קִוִּיתִי יהוה. (קִוִּיתִי יהוה לִישׁוּעָתְךָ. יהוה

18 לִישׁוּעָתְךָ קִוִּיתִי.)

19 say three times — הִנֵּה אָנֹכִי שֹׁלֵחַ מַלְאָךְ לְפָנֶיךָ לִשְׁמָרְךָ בַּדֶּרֶךְ,

20 וְלַהֲבִיאֲךָ אֶל הַמָּקוֹם אֲשֶׁר הֲכִנֹתִי.

21 say three times — יהוה עֹז לְעַמּוֹ יִתֵּן, יהוה יְבָרֵךְ אֶת עַמּוֹ בַשָּׁלוֹם.

❧ ברכות הנהנין
ברכות קודם אכילה ושתיה

After washing your hands for bread:

1 בָּרוּךְ אַתָּה יהוה אֱלֹהֵינוּ מֶלֶךְ הָעוֹלָם,

2 אֲשֶׁר קִדְּשָׁנוּ בְּמִצְוֹתָיו, וְצִוָּנוּ עַל נְטִילַת יָדָיִם.

For bread:

3 בָּרוּךְ אַתָּה יהוה אֱלֹהֵינוּ מֶלֶךְ הָעוֹלָם,

4 הַמּוֹצִיא לֶחֶם מִן הָאָרֶץ.

For cake, cookies, or cereal made of wheat, barley, rye, oats or spelt
(and on rice, according to many opinions):

5 בָּרוּךְ אַתָּה יהוה אֱלֹהֵינוּ מֶלֶךְ הָעוֹלָם, בּוֹרֵא מִינֵי מְזוֹנוֹת.

For grape wine or grape juice:

6 בָּרוּךְ אַתָּה יהוה אֱלֹהֵינוּ מֶלֶךְ הָעוֹלָם, בּוֹרֵא פְּרִי הַגָּפֶן.

For fruit:

7 בָּרוּךְ אַתָּה יהוה אֱלֹהֵינוּ מֶלֶךְ הָעוֹלָם, בּוֹרֵא פְּרִי הָעֵץ.

For vegetables or melons:

8 בָּרוּךְ אַתָּה יהוה אֱלֹהֵינוּ מֶלֶךְ הָעוֹלָם, בּוֹרֵא פְּרִי הָאֲדָמָה.

For other foods or drinks:

9 בָּרוּךְ אַתָּה יהוה אֱלֹהֵינוּ מֶלֶךְ הָעוֹלָם, שֶׁהַכֹּל נִהְיֶה בִּדְבָרוֹ.

ברכות הריח

When you smell nice-smelling spices not included in the blessings below:

10 בָּרוּךְ אַתָּה יהוה אֱלֹהֵינוּ מֶלֶךְ הָעוֹלָם, בּוֹרֵא מִינֵי בְשָׂמִים.

When you smell nice-smelling shrubs, trees or flowers that grow on trees or bushes:

11 בָּרוּךְ אַתָּה יהוה אֱלֹהֵינוּ מֶלֶךְ הָעוֹלָם, בּוֹרֵא עֲצֵי בְשָׂמִים.

When you smell nice-smelling herbs, grasses or flowers:

12 בָּרוּךְ אַתָּה יהוה אֱלֹהֵינוּ מֶלֶךְ הָעוֹלָם, בּוֹרֵא עִשְׂבֵי בְשָׂמִים.

When you smell nice-smelling fruit or nuts:

13 בָּרוּךְ אַתָּה יהוה אֱלֹהֵינוּ מֶלֶךְ הָעוֹלָם, הַנּוֹתֵן רֵיחַ טוֹב בַּפֵּרוֹת.

﴾ ברכות המצוות ﴿

When you attach a *mezuzah* to the doorpost:

1　בָּרוּךְ אַתָּה יהוה אֱלֹהֵינוּ מֶלֶךְ הָעוֹלָם,

2　אֲשֶׁר קִדְּשָׁנוּ בְּמִצְוֹתָיו, וְצִוָּנוּ לִקְבְּעַ מְזוּזָה.

When you build a rail or fence around a roof or high stairs:

3　בָּרוּךְ אַתָּה יהוה אֱלֹהֵינוּ מֶלֶךְ הָעוֹלָם,

4　אֲשֶׁר קִדְּשָׁנוּ בְּמִצְוֹתָיו, וְצִוָּנוּ לַעֲשׂוֹת מַעֲקֶה.

When you immerse utensils in a *mikveh*:

5　בָּרוּךְ אַתָּה יהוה אֱלֹהֵינוּ מֶלֶךְ הָעוֹלָם, אֲשֶׁר קִדְּשָׁנוּ בְּמִצְוֹתָיו,

6　וְצִוָּנוּ עַל טְבִילַת כֵּלִים. (if only one utensil is immersed, conclude — כֶּלִי).

When you take *challah* from dough:

7　בָּרוּךְ אַתָּה יהוה אֱלֹהֵינוּ מֶלֶךְ הָעוֹלָם,

8　אֲשֶׁר קִדְּשָׁנוּ בְּמִצְוֹתָיו, וְצִוָּנוּ לְהַפְרִישׁ חַלָּה (מִן הָעִסָּה).

הַפְרָשַׁת תְּרוּמוֹת וּמַעַשְׂרוֹת

When you take *terumah* and *maaser* from foods that grew in the Halachic boundaries of *Eretz Yisrael*. (It is important to know the laws before doing this.)

9　**בָּרוּךְ** אַתָּה יהוה אֱלֹהֵינוּ מֶלֶךְ הָעוֹלָם, אֲשֶׁר קִדְּשָׁנוּ בְּמִצְוֹתָיו,

10　וְצִוָּנוּ לְהַפְרִישׁ תְּרוּמוֹת וּמַעַשְׂרוֹת.

11　**מַה** שֶּׁהוּא יוֹתֵר מֵאֶחָד מִמֵּאָה מִן הַכֹּל שֶׁיֵּשׁ כַּאן, הֲרֵי הוּא תְּרוּמָה

12　גְדוֹלָה בִּצְפוֹנוֹ, וְהָאֶחָד מִמֵּאָה שֶׁנִּשְׁאַר כַּאן עִם תִּשְׁעָה חֲלָקִים

13　כָּמוֹהוּ, בַּצַּד הָעֶלְיוֹן שֶׁל הַפֵּרוֹת הַלָּלוּ, הֲרֵי הֵם מַעֲשֵׂר רִאשׁוֹן. אוֹתוֹ

14　הָאֶחָד מִמֵּאָה שֶׁעֲשִׂיתִיו מַעֲשֵׂר רִאשׁוֹן, הֲרֵי הוּא תְּרוּמַת מַעֲשֵׂר. עוֹד

15　תִּשְׁעָה חֲלָקִים כָּאֵלֶּה בַּצַּד הַתַּחְתּוֹן שֶׁל הַפֵּרוֹת, הֲרֵי הֵם מַעֲשֵׂר שֵׁנִי,

16　וְאִם הֵם חַיָּבִים בְּמַעֲשַׂר עָנִי — הֲרֵי הֵם מַעֲשַׂר עָנִי.

If *maaser sheni* has to be taken, say the following:
(It is important to know the laws before doing this.)

17　**בָּרוּךְ** אַתָּה יהוה אֱלֹהֵינוּ מֶלֶךְ הָעוֹלָם, אֲשֶׁר קִדְּשָׁנוּ בְּמִצְוֹתָיו

18　וְצִוָּנוּ לִפְדּוֹת מַעֲשֵׂר שֵׁנִי.

19　**מַעֲשֵׂר שֵׁנִי** זֶה, הוּא וְחֻמְשׁוֹ, הֲרֵי הוּא מְחֻלָּל עַל פְּרוּטָה

20　אַחַת מִן הַמַּטְבֵּעַ שֶׁיִּחַדְתִּי לְפִדְיוֹן מַעֲשֵׂר שֵׁנִי.

ברכות הודאה }⚜

ברכות הראיה והשמיעה

The blessings for lightning, thunder, and a rainbow are usually said only once a day.
But if the storm was over and the sky became clear, and then a new storm began,
the blessings are said again.

When you see lightning:

1   בָּרוּךְ אַתָּה יהוה אֱלֹהֵינוּ מֶלֶךְ הָעוֹלָם, עֹשֶׂה מַעֲשֵׂה בְרֵאשִׁית.

When you hear thunder:

2   בָּרוּךְ אַתָּה יהוה אֱלֹהֵינוּ מֶלֶךְ הָעוֹלָם, שֶׁכֹּחוֹ וּגְבוּרָתוֹ מָלֵא עוֹלָם.

When you see a rainbow in the sky:

3   בָּרוּךְ אַתָּה יהוה אֱלֹהֵינוּ מֶלֶךְ הָעוֹלָם,

4   זוֹכֵר הַבְּרִית, וְנֶאֱמָן בִּבְרִיתוֹ, וְקַיָּם בְּמַאֲמָרוֹ.

The next group of blessings is said according to the instructions.
They are said only if you have not seen these things in 30 days.

This blessing is said for an earthquake, or if one sees a comet,
a very high mountain or a very large river:

5   בָּרוּךְ אַתָּה יהוה אֱלֹהֵינוּ מֶלֶךְ הָעוֹלָם, עֹשֶׂה מַעֲשֵׂה בְרֵאשִׁית.

When you see the Atlantic or Pacific Ocean (some authorities include the Mediterranean Sea):

6   בָּרוּךְ אַתָּה יהוה אֱלֹהֵינוּ מֶלֶךְ הָעוֹלָם, שֶׁעָשָׂה אֶת הַיָּם הַגָּדוֹל.

When you see very beautiful people, trees or fields:

7   בָּרוּךְ (אַתָּה יהוה אֱלֹהֵינוּ מֶלֶךְ הָעוֹלָם,) שֶׁכָּכָה לוֹ בְּעוֹלָמוֹ.

When you see very strange-looking people or animals:

8   בָּרוּךְ אַתָּה יהוה אֱלֹהֵינוּ מֶלֶךְ הָעוֹלָם, מְשַׁנֶּה הַבְּרִיּוֹת.

Once every spring, say this blessing when you see fruit trees in bloom:

9   בָּרוּךְ אַתָּה יהוה אֱלֹהֵינוּ מֶלֶךְ הָעוֹלָם,

10   שֶׁלֹּא חִסַּר בְּעוֹלָמוֹ דָּבָר, וּבָרָא בוֹ

11   בְּרִיּוֹת טוֹבוֹת וְאִילָנוֹת טוֹבִים, לְהַנּוֹת בָּהֶם בְּנֵי אָדָם.

When you see an outstanding Torah scholar:

12   בָּרוּךְ אַתָּה יהוה אֱלֹהֵינוּ מֶלֶךְ הָעוֹלָם, שֶׁחָלַק מֵחָכְמָתוֹ לִירֵאָיו.

When you see an outstanding secular scholar:

13   בָּרוּךְ אַתָּה יהוה אֱלֹהֵינוּ מֶלֶךְ הָעוֹלָם, שֶׁנָּתַן מֵחָכְמָתוֹ לְבָשָׂר וָדָם.

When you see a gentile king who rules according to the law and who has the power of life and death, the following is said. Regarding elected presidents or prime ministers, most authorities suggest that you omit the words in parentheses.

1 בָּרוּךְ (אַתָּה יהוה אֱלֹהֵינוּ מֶלֶךְ הָעוֹלָם,) שֶׁנָּתַן מִכְּבוֹדוֹ לְבָשָׂר וָדָם.

When you see 600,000 or more Jews together:

2 בָּרוּךְ אַתָּה יהוה אֱלֹהֵינוּ מֶלֶךְ הָעוֹלָם, חֲכַם הָרָזִים.

When you see a friend who has recovered
from a life-threatening illness:

3 בְּרִיךְ רַחֲמָנָא מַלְכָּא דְעָלְמָא, דִּי יָהֲבָךְ לָן, וְלָא יָהֲבָךְ לְעַפְרָא.

When you see a destroyed synagogue:

4 בָּרוּךְ אַתָּה יהוה אֱלֹהֵינוּ מֶלֶךְ הָעוֹלָם, דַּיַּן הָאֱמֶת.

When you see a destroyed synagogue that has been rebuilt as it used to be
(many omit the words in parentheses):

5 בָּרוּךְ (אַתָּה יהוה אֱלֹהֵינוּ מֶלֶךְ הָעוֹלָם,) מַצִּיב גְּבוּל אַלְמָנָה.

When someone sees a place where he was saved from danger by a miracle:

6 בָּרוּךְ אַתָּה יהוה אֱלֹהֵינוּ מֶלֶךְ הָעוֹלָם, שֶׁעָשָׂה לִי נֵס בַּמָּקוֹם הַזֶּה.

When someone sees a place where his parents, ancestors,
Torah teacher or the Jewish nation was saved by a miracle:

7 בָּרוּךְ אַתָּה יהוה אֱלֹהֵינוּ מֶלֶךְ הָעוֹלָם,

8 שֶׁעָשָׂה לְאָבִי/לְאִמִּי/לַאֲבוֹתַי/לְרַבִּי/לַאֲבוֹתֵינוּ

9 נֵס בַּמָּקוֹם הַזֶּה.

ברכות שונות

When you eat fruits of a new season; buy a valuable garment
(such as a good suit or dress); or when you perform certain seasonal *mitzvos*.

10 בָּרוּךְ אַתָּה יהוה אֱלֹהֵינוּ מֶלֶךְ הָעוֹלָם,

11 שֶׁהֶחֱיָנוּ וְקִיְּמָנוּ וְהִגִּיעָנוּ לַזְּמַן הַזֶּה.

When you hear unusually good news that benefits both oneself and others:

12 בָּרוּךְ אַתָּה יהוה אֱלֹהֵינוּ מֶלֶךְ הָעוֹלָם, הַטּוֹב וְהַמֵּטִיב.

When you hear unusually bad news:

13 בָּרוּךְ אַתָּה יהוה אֱלֹהֵינוּ מֶלֶךְ הָעוֹלָם, דַּיַּן הָאֱמֶת.

When you put on a valuable new garment:

14 בָּרוּךְ אַתָּה יהוה אֱלֹהֵינוּ מֶלֶךְ הָעוֹלָם, מַלְבִּישׁ עֲרֻמִּים.

מנחה לחול

מנחה לימות החול ﴾

Many congregations begin *Minchah* by saying *Korbanos* [Offerings]
and *Ketores* [Incense]. Others start *Minchah* with אַשְׁרֵי (p. 122).

קרבנות

1 **וַיְדַבֵּר** יהוה אֶל מֹשֶׁה לֵּאמֹר. וְעָשִׂיתָ כִּיּוֹר נְחֹשֶׁת, וְכַנּוֹ נְחֹשֶׁת,
2 לְרָחְצָה, וְנָתַתָּ אֹתוֹ בֵּין אֹהֶל מוֹעֵד וּבֵין הַמִּזְבֵּחַ, וְנָתַתָּ שָׁמָּה
3 מָיִם. וְרָחֲצוּ אַהֲרֹן וּבָנָיו מִמֶּנּוּ, אֶת יְדֵיהֶם וְאֶת רַגְלֵיהֶם. בְּבֹאָם אֶל
4 אֹהֶל מוֹעֵד יִרְחֲצוּ מַיִם וְלֹא יָמֻתוּ, אוֹ בְגִשְׁתָּם אֶל הַמִּזְבֵּחַ לְשָׁרֵת
5 לְהַקְטִיר אִשֶּׁה לַיהוה. וְרָחֲצוּ יְדֵיהֶם וְרַגְלֵיהֶם וְלֹא יָמֻתוּ, וְהָיְתָה לָהֶם
6 חָק עוֹלָם, לוֹ וּלְזַרְעוֹ לְדֹרֹתָם.

7 **יְהִי רָצוֹן** מִלְּפָנֶיךָ, יהוה אֱלֹהֵינוּ וֵאלֹהֵי אֲבוֹתֵינוּ, שֶׁתְּרַחֵם עָלֵינוּ וְתִמְחָל לָנוּ עַל
8 כָּל חַטֹּאתֵינוּ, וּתְכַפֵּר לָנוּ עַל כָּל עֲוֹנוֹתֵינוּ, וְתִסְלַח לָנוּ עַל כָּל פְּשָׁעֵינוּ,
9 וְשֶׁיִּבָּנֶה בֵּית הַמִּקְדָּשׁ בִּמְהֵרָה בְיָמֵינוּ, וְנַקְרִיב לְפָנֶיךָ קָרְבַּן הַתָּמִיד שֶׁיְּכַפֵּר בַּעֲדֵנוּ, כְּמוֹ
10 שֶׁכָּתַבְתָּ עָלֵינוּ בְּתוֹרָתֶךָ עַל יְדֵי מֹשֶׁה עַבְדֶּךָ, מִפִּי כְבוֹדֶךָ, כָּאָמוּר:

⇥§ The earliest time for *Minchah* is ½ hour after noon. However, if possible, it should
not start until 2½ hours before nightfall.

⇥§ *Maariv* should begin after dark, but it may be said earlier. If you said *Maariv* before
dark, you must repeat the entire three chapters of *Shema* after dark.

מעריב לחול

מעריב לחול ולמוצאי שבת ויו״ט ﴾

Motza'ei Shabbos begin with וְהוּא רַחוּם.

11 **שִׁיר הַמַּעֲלוֹת,** הִנֵּה בָּרְכוּ אֶת יהוה כָּל עַבְדֵי יהוה, הָעֹמְדִים
12 בְּבֵית יהוה בַּלֵּילוֹת. שְׂאוּ יְדֵכֶם קֹדֶשׁ, וּבָרְכוּ אֶת
13 יהוה. יְבָרֶכְךָ יהוה מִצִּיּוֹן, עֹשֵׂה שָׁמַיִם וָאָרֶץ.

14 יהוה צְבָאוֹת עִמָּנוּ, מִשְׂגָּב לָנוּ אֱלֹהֵי יַעֲקֹב, סֶלָה. – Say three times
15 יהוה צְבָאוֹת, אַשְׁרֵי אָדָם בֹּטֵחַ בָּךְ. – Say three times
16 יהוה הוֹשִׁיעָה, הַמֶּלֶךְ יַעֲנֵנוּ בְיוֹם קָרְאֵנוּ. – Say three times

17 הוֹשִׁיעָה אֶת עַמֶּךָ, וּבָרֵךְ אֶת נַחֲלָתֶךָ, וּרְעֵם וְנַשְּׂאֵם עַד הָעוֹלָם. מִי
18 יִתֵּן מִצִּיּוֹן יְשׁוּעַת יִשְׂרָאֵל, בְּשׁוּב יהוה שְׁבוּת עַמּוֹ, יָגֵל יַעֲקֹב יִשְׂמַח
19 יִשְׂרָאֵל. בְּשָׁלוֹם יַחְדָּו אֶשְׁכְּבָה וְאִישָׁן, כִּי אַתָּה יהוה לְבָדָד, לָבֶטַח
20 תּוֹשִׁיבֵנִי. יוֹמָם יְצַוֶּה יהוה חַסְדּוֹ, וּבַלַּיְלָה שִׁירֹה עִמִּי, תְּפִלָּה לְאֵל חַיָּי.

מנחה לחול

Some say the following (until קְטֹרֶת) while standing.

וַיְדַבֵּר יהוה אֶל מֹשֶׁה לֵּאמֹר. צַו אֶת בְּנֵי יִשְׂרָאֵל וְאָמַרְתָּ אֲלֵהֶם, אֶת
קָרְבָּנִי לַחְמִי לְאִשַּׁי, רֵיחַ נִיחֹחִי, תִּשְׁמְרוּ לְהַקְרִיב לִי בְּמוֹעֲדוֹ.
וְאָמַרְתָּ לָהֶם, זֶה הָאִשֶּׁה אֲשֶׁר תַּקְרִיבוּ לַיהוה, כְּבָשִׂים בְּנֵי שָׁנָה תְמִימִם,
שְׁנַיִם לַיּוֹם, עֹלָה תָמִיד. אֶת הַכֶּבֶשׂ אֶחָד תַּעֲשֶׂה בַבֹּקֶר, וְאֵת הַכֶּבֶשׂ הַשֵּׁנִי
תַּעֲשֶׂה בֵּין הָעַרְבָּיִם. וַעֲשִׂירִית הָאֵיפָה סֹלֶת לְמִנְחָה, בְּלוּלָה בְּשֶׁמֶן כָּתִית
רְבִיעִת הַהִין. עֹלַת תָּמִיד, הָעֲשֻׂיָה בְּהַר סִינַי, לְרֵיחַ נִיחֹחַ, אִשֶּׁה לַיהוה. וְנִסְכּוֹ
רְבִיעִת הַהִין לַכֶּבֶשׂ הָאֶחָד, בַּקֹּדֶשׁ הַסֵּךְ נֶסֶךְ שֵׁכָר לַיהוה. וְאֵת הַכֶּבֶשׂ הַשֵּׁנִי
תַּעֲשֶׂה בֵּין הָעַרְבָּיִם, כְּמִנְחַת הַבֹּקֶר וּכְנִסְכּוֹ תַּעֲשֶׂה, אִשֵּׁה רֵיחַ נִיחֹחַ לַיהוה.
וְשָׁחַט אֹתוֹ עַל יֶרֶךְ הַמִּזְבֵּחַ צָפֹנָה לִפְנֵי יהוה, וְזָרְקוּ בְּנֵי אַהֲרֹן הַכֹּהֲנִים
אֶת דָּמוֹ עַל הַמִּזְבֵּחַ סָבִיב.

יְהִי רָצוֹן מִלְּפָנֶיךָ, יהוה אֱלֹהֵינוּ וֵאלֹהֵי אֲבוֹתֵינוּ, שֶׁתְּהֵא אֲמִירָה זוֹ חֲשׁוּבָה
וּמְקֻבֶּלֶת וּמְרֻצָּה לְפָנֶיךָ כְּאִלּוּ הִקְרַבְנוּ קָרְבַּן הַתָּמִיד בְּמוֹעֲדוֹ וּבִמְקוֹמוֹ
וּכְהִלְכָתוֹ.

קטורת

אַתָּה הוּא יהוה אֱלֹהֵינוּ שֶׁהִקְטִירוּ אֲבוֹתֵינוּ לְפָנֶיךָ אֶת קְטֹרֶת הַסַּמִּים בִּזְמַן
שֶׁבֵּית הַמִּקְדָּשׁ הָיָה קַיָּם, כַּאֲשֶׁר צִוִּיתָ אוֹתָם עַל יְדֵי מֹשֶׁה נְבִיאֶךָ, כַּכָּתוּב
בְּתוֹרָתֶךָ:

מעריב לחול

✧ וּתְשׁוּעַת צַדִּיקִים מֵיהוה, מָעוּזָּם בְּעֵת צָרָה. וַיַּעְזְרֵם יהוה וַיְפַלְּטֵם,
יְפַלְּטֵם מֵרְשָׁעִים וְיוֹשִׁיעֵם, כִּי חָסוּ בוֹ.

The *chazzan* says חֲצִי קַדִּישׁ:

יִתְגַּדַּל וְיִתְקַדַּשׁ שְׁמֵהּ רַבָּא. (.Cong – אָמֵן.) בְּעָלְמָא דִּי בְרָא כִרְעוּתֵהּ.
וְיַמְלִיךְ מַלְכוּתֵהּ, וְיַצְמַח פֻּרְקָנֵהּ וִיקָרֵב מְשִׁיחֵהּ. (.Cong – אָמֵן.)
בְּחַיֵּיכוֹן וּבְיוֹמֵיכוֹן וּבְחַיֵּי דְכָל בֵּית יִשְׂרָאֵל, בַּעֲגָלָא וּבִזְמַן קָרִיב.
וְאִמְרוּ: אָמֵן.
(.Cong – אָמֵן. יְהֵא שְׁמֵהּ רַבָּא מְבָרַךְ לְעָלַם וּלְעָלְמֵי עָלְמַיָּא.)
יְהֵא שְׁמֵהּ רַבָּא מְבָרַךְ לְעָלַם וּלְעָלְמֵי עָלְמַיָּא.
יִתְבָּרַךְ וְיִשְׁתַּבַּח וְיִתְפָּאַר וְיִתְרוֹמַם וְיִתְנַשֵּׂא וְיִתְהַדָּר וְיִתְעַלֶּה
וְיִתְהַלָּל שְׁמֵהּ דְּקֻדְשָׁא בְּרִיךְ הוּא (.Cong – בְּרִיךְ הוּא) °לְעֵלָּא מִן כָּל
(from Rosh Hashanah to Yom Kippur – °לְעֵלָּא [וּ]לְעֵלָּא מִכָּל) בִּרְכָתָא וְשִׁירָתָא
תֻּשְׁבְּחָתָא וְנֶחֱמָתָא, דַּאֲמִירָן בְּעָלְמָא. וְאִמְרוּ: אָמֵן. (.Cong – אָמֵן)

מנחה לחול

1 **וַיֹּאמֶר** יְהוֹה אֶל מֹשֶׁה, קַח לְךָ סַמִּים, נָטָף וּשְׁחֵלֶת וְחֶלְבְּנָה, סַמִּים
2 וּלְבֹנָה זַכָּה, בַּד בְּבַד יִהְיֶה. וְעָשִׂיתָ אֹתָהּ קְטֹרֶת, רֹקַח, מַעֲשֵׂה
3 רוֹקֵחַ, מְמֻלָּח, טָהוֹר, קֹדֶשׁ. וְשָׁחַקְתָּ מִמֶּנָּה הָדֵק, וְנָתַתָּה מִמֶּנָּה לִפְנֵי
4 הָעֵדֻת בְּאֹהֶל מוֹעֵד אֲשֶׁר אִוָּעֵד לְךָ שָׁמָּה, קֹדֶשׁ קָדָשִׁים תִּהְיֶה לָכֶם.
5 וְנֶאֱמַר: וְהִקְטִיר עָלָיו אַהֲרֹן קְטֹרֶת סַמִּים, בַּבֹּקֶר בַּבֹּקֶר, בְּהֵיטִיבוֹ אֶת
6 הַנֵּרֹת יַקְטִירֶנָּה. וּבְהַעֲלֹת אַהֲרֹן אֶת הַנֵּרֹת בֵּין הָעַרְבַּיִם, יַקְטִירֶנָּה,
7 קְטֹרֶת תָּמִיד לִפְנֵי יְהוֹה לְדֹרֹתֵיכֶם.

8 **תָּנוּ רַבָּנָן,** פִּטּוּם הַקְּטֹרֶת כֵּיצַד. שְׁלֹשׁ מֵאוֹת וְשִׁשִּׁים וּשְׁמוֹנָה מָנִים
9 הָיוּ בָהּ. שְׁלֹשׁ מֵאוֹת וְשִׁשִּׁים וַחֲמִשָּׁה כְּמִנְיַן יְמוֹת
10 הַחַמָּה — מָנֶה לְכָל יוֹם, פְּרָס בְּשַׁחֲרִית וּפְרָס בֵּין הָעַרְבָּיִם; וּשְׁלֹשָׁה
11 מָנִים יְתֵרִים, שֶׁמֵּהֶם מַכְנִיס כֹּהֵן גָּדוֹל מְלֹא חָפְנָיו בְּיוֹם הַכִּפּוּרִים.
12 וּמַחֲזִירָן לְמַכְתֶּשֶׁת בְּעֶרֶב יוֹם הַכִּפּוּרִים, וְשׁוֹחֲקָן יָפֶה יָפֶה כְּדֵי שֶׁתְּהֵא

מעריב לחול

Congregation, then *chazzan:*

13 **וְהוּא** רַחוּם יְכַפֵּר עָוֹן וְלֹא יַשְׁחִית, וְהִרְבָּה לְהָשִׁיב
14 אַפּוֹ, וְלֹא יָעִיר כָּל חֲמָתוֹ. יְהוֹה הוֹשִׁיעָה,
15 הַמֶּלֶךְ יַעֲנֵנוּ בְיוֹם קָרְאֵנוּ.

Chazzan bows at בָּרְכוּ and stands up straight at ה'.

16 **בָּרְכוּ** אֶת יְהוֹה הַמְבֹרָךְ.

Congregation, followed by *chazzan*, responds, bowing at בָּרוּךְ and straightening up at ה'.

17 **בָּרוּךְ** יְהוֹה הַמְבֹרָךְ לְעוֹלָם וָעֶד.

ברכות קריאת שמע

18 **בָּרוּךְ** אַתָּה יְהוֹה אֱלֹהֵינוּ מֶלֶךְ הָעוֹלָם, אֲשֶׁר
19 בִּדְבָרוֹ מַעֲרִיב עֲרָבִים, בְּחָכְמָה פּוֹתֵחַ
20 שְׁעָרִים, וּבִתְבוּנָה מְשַׁנֶּה עִתִּים, וּמַחֲלִיף אֶת
21 הַזְּמַנִּים, וּמְסַדֵּר אֶת הַכּוֹכָבִים בְּמִשְׁמְרוֹתֵיהֶם

מנחה לחול

1   דַּקָּה מִן הַדַּקָּה. וְאֶחָד עָשָׂר סַמָּנִים הָיוּ בָהּ, וְאֵלּוּ הֵן: (א) הַצֳּרִי,

2   (ב) וְהַצִּפֹּרֶן, (ג) הַחֶלְבְּנָה, (ד) וְהַלְּבוֹנָה, מִשְׁקַל שִׁבְעִים שִׁבְעִים מָנֶה;

3   (ה) מוֹר, (ו) וּקְצִיעָה, (ז) שִׁבֹּלֶת נֵרְדְּ, (ח) וְכַרְכֹּם, מִשְׁקַל שִׁשָּׁה עָשָׂר שִׁשָּׁה

4   עָשָׂר מָנֶה; (ט) הַקֹּשְׁטְ, שְׁנֵים עָשָׂר, (י) וְקִלּוּפָה שְׁלֹשָׁה, (יא) וְקִנָּמוֹן,

5   תִּשְׁעָה. בֹּרִית כַּרְשִׁינָה, תִּשְׁעָה קַבִּין; יֵין קַפְרִיסִין, סְאִין תְּלָתָא

6   וְקַבִּין תְּלָתָא, וְאִם אֵין לוֹ יֵין קַפְרִיסִין, מֵבִיא חֲמַר חִוַּרְיָן עַתִּיק; מֶלַח

7   סְדוֹמִית רֹבַע; מַעֲלֶה עָשָׁן כָּל שֶׁהוּא. רַבִּי נָתָן הַבַּבְלִי אוֹמֵר: אַף כִּפַּת

8   הַיַּרְדֵּן כָּל שֶׁהוּא. וְאִם נָתַן בָּהּ דְּבַשׁ פְּסָלָהּ. וְאִם חִסַּר אַחַת מִכָּל

9   סַמָּנֶיהָ, חַיָּב מִיתָה.

10   **רַבָּן** שִׁמְעוֹן בֶּן גַּמְלִיאֵל אוֹמֵר: הַצֳּרִי אֵינוֹ אֶלָּא שְׂרָף הַנּוֹטֵף מֵעֲצֵי

11   הַקְּטָף. בֹּרִית כַּרְשִׁינָה לָמָּה הִיא בָאָה, כְּדֵי לְיַפּוֹת בָּהּ אֶת

12   הַצִּפֹּרֶן, כְּדֵי שֶׁתְּהֵא נָאָה. יֵין קַפְרִיסִין לָמָּה הוּא בָא, כְּדֵי לִשְׁרוֹת בּוֹ אֶת

מעריב לחול

13   בָּרָקִיעַ כִּרְצוֹנוֹ. בּוֹרֵא יוֹם וָלָיְלָה, גּוֹלֵל אוֹר מִפְּנֵי

14   חֹשֶׁךְ וְחֹשֶׁךְ מִפְּנֵי אוֹר. ✧ וּמַעֲבִיר יוֹם וּמֵבִיא לָיְלָה,

15   וּמַבְדִּיל בֵּין יוֹם וּבֵין לָיְלָה, יהוה צְבָאוֹת שְׁמוֹ. אֵל

16   חַי וְקַיָּם, תָּמִיד יִמְלוֹךְ עָלֵינוּ, לְעוֹלָם וָעֶד. בָּרוּךְ

17   אַתָּה יהוה, הַמַּעֲרִיב עֲרָבִים. (.Cong – אָמֵן.)

18   **אַהֲבַת עוֹלָם** בֵּית יִשְׂרָאֵל עַמְּךָ אָהָבְתָּ. תּוֹרָה

19   וּמִצְוֹת, חֻקִּים וּמִשְׁפָּטִים, אוֹתָנוּ

20   לִמַּדְתָּ. עַל כֵּן יהוה אֱלֹהֵינוּ, בְּשָׁכְבֵנוּ וּבְקוּמֵנוּ נָשִׂיחַ

21   בְּחֻקֶּיךָ, וְנִשְׂמַח בְּדִבְרֵי תַלְמוּד תּוֹרָתֶךָ, וּבְמִצְוֹתֶיךָ

22   לְעוֹלָם וָעֶד. ✧ כִּי הֵם חַיֵּינוּ, וְאֹרֶךְ יָמֵינוּ, וּבָהֶם נֶהְגֶּה

23   יוֹמָם וָלָיְלָה. וְאַהֲבָתְךָ, אַל תָּסִיר מִמֶּנּוּ לְעוֹלָמִים.

24   בָּרוּךְ אַתָּה יהוה, אוֹהֵב עַמּוֹ יִשְׂרָאֵל.

מנחה לחול

1. הַצִּפֹּרֶן, כְּדֵי שֶׁתְּהֵא נָאָה. יַיִן קַפְרִיסִין לָמָּה הוּא בָא, כְּדֵי לִשְׁרוֹת בּוֹ אֶת

2. הַצִּפֹּרֶן, כְּדֵי שֶׁתְּהֵא עַזָּה. וַהֲלֹא מֵי רַגְלַיִם יָפִין לָהּ, אֶלָּא שֶׁאֵין מַכְנִיסִין

3. מֵי רַגְלַיִם בַּמִּקְדָּשׁ מִפְּנֵי הַכָּבוֹד.

4. **תַּנְיָא,** רַבִּי נָתָן אוֹמֵר: כְּשֶׁהוּא שׁוֹחֵק, אוֹמֵר הָדֵק הֵיטֵב, הֵיטֵב הָדֵק,

5. מִפְּנֵי שֶׁהַקּוֹל יָפֶה לַבְּשָׂמִים. פִּטְּמָהּ לַחֲצָאִין, כְּשֵׁרָה; לִשְׁלִישׁ

6. וְלִרְבִיעַ, לֹא שָׁמַעְנוּ. אָמַר רַבִּי יְהוּדָה: זֶה הַכְּלָל – אִם כְּמִדָּתָהּ, כְּשֵׁרָה

7. לַחֲצָאִין; וְאִם חִסַּר אַחַת מִכָּל סַמָּנֶיהָ, חַיָּב מִיתָה.

8. **תַּנְיָא,** בַּר קַפָּרָא אוֹמֵר: אַחַת לְשִׁשִּׁים אוֹ לְשִׁבְעִים שָׁנָה הָיְתָה בָאָה

9. שֶׁל שִׁירַיִם לַחֲצָאִין. וְעוֹד תָּנֵי בַּר קַפָּרָא: אִלּוּ הָיָה נוֹתֵן בָּהּ

10. קוֹרְטוֹב שֶׁל דְּבַשׁ, אֵין אָדָם יָכוֹל לַעֲמֹד מִפְּנֵי רֵיחָהּ. וְלָמָּה אֵין מְעָרְבִין

11. בָּהּ דְּבַשׁ, מִפְּנֵי שֶׁהַתּוֹרָה אָמְרָה: כִּי כָל שְׂאֹר וְכָל דְּבַשׁ לֹא תַקְטִירוּ

12. מִמֶּנּוּ אִשֶּׁה לַיהוה.

מעריב לחול

שמע

Before starting *Shema,* keep in mind that you are doing the *mitzvah* to say it every night. Say each word clearly and do not run words together. We have printed lines or commas between words that it is easy to run together.

When praying without a *minyan,* begin with the following three words:

13. אֵל מֶלֶךְ נֶאֱמָן.

Say the first verse aloud, with the right hand covering your eyes, and think that you are accepting God as your Master.

14. **שְׁמַע** | יִשְׂרָאֵל, יהוה | אֱלֹהֵינוּ, יהוה | אֶחָד:

15. quietly – בָּרוּךְ שֵׁם כְּבוֹד מַלְכוּתוֹ לְעוֹלָם וָעֶד.

When you say the first paragraph, think that you are accepting the *mitzvah* to love God.

16. **וְאָהַבְתָּ** אֵת יהוה | אֱלֹהֶיךָ, בְּכָל-לְבָבְךָ, וּבְכָל-

17. נַפְשְׁךָ, וּבְכָל-מְאֹדֶךָ: וְהָיוּ הַדְּבָרִים הָאֵלֶּה,

18. אֲשֶׁר | אָנֹכִי מְצַוְּךָ הַיּוֹם, עַל-לְבָבֶךָ: וְשִׁנַּנְתָּם לְבָנֶיךָ,

19. וְדִבַּרְתָּ בָּם, בְּשִׁבְתְּךָ בְּבֵיתֶךָ, וּבְלֶכְתְּךָ בַדֶּרֶךְ,

מנחה לחול

1 Recite three times – יְהוה צְבָאוֹת עִמָּנוּ, מִשְׂגָּב לָנוּ אֱלֹהֵי יַעֲקֹב, סֶלָה.

2 Recite three times – יְהוה צְבָאוֹת, אַשְׁרֵי אָדָם בֹּטֵחַ בָּךְ.

3 Recite three times – יְהוה הוֹשִׁיעָה, הַמֶּלֶךְ יַעֲנֵנוּ בְיוֹם קָרְאֵנוּ.

4 אַתָּה סֵתֶר לִי, מִצַּר תִּצְּרֵנִי, רָנֵּי פַלֵּט תְּסוֹבְבֵנִי, סֶלָה. וְעָרְבָה לַיהוה

5 מִנְחַת יְהוּדָה וִירוּשָׁלָיִם, כִּימֵי עוֹלָם וּכְשָׁנִים קַדְמֹנִיּוֹת.

6 **אָנָּא בְכֹחַ** גְּדֻלַּת יְמִינְךָ תַּתִּיר צְרוּרָה. אב״ג ית״ץ

7 קַבֵּל רִנַּת עַמְּךָ שַׂגְּבֵנוּ טַהֲרֵנוּ נוֹרָא. קר״ע שט״ן

8 נָא גִבּוֹר דּוֹרְשֵׁי יִחוּדְךָ כְּבָבַת שָׁמְרֵם. נג״ד יכ״ש

9 בָּרְכֵם טַהֲרֵם רַחֲמֵם צִדְקָתְךָ תָּמִיד גָּמְלֵם. בט״ר צת״ג

10 חֲסִין קָדוֹשׁ בְּרוֹב טוּבְךָ נַהֵל עֲדָתֶךָ. חק״ב טנ״ע

11 יָחִיד גֵּאֶה לְעַמְּךָ פְּנֵה זוֹכְרֵי קְדֻשָּׁתֶךָ. יג״ל פז״ק

12 שַׁוְעָתֵנוּ קַבֵּל וּשְׁמַע צַעֲקָתֵנוּ יוֹדֵעַ תַּעֲלֻמוֹת. שק״ו צי״ת

13 בָּרוּךְ שֵׁם כְּבוֹד מַלְכוּתוֹ לְעוֹלָם וָעֶד.

מעריב לחול

14 וּבְשָׁכְבְּךָ וּבְקוּמֶךָ: וּקְשַׁרְתָּם לְאוֹת ׀ עַל־יָדֶךָ, וְהָיוּ

15 לְטֹטָפֹת בֵּין ׀ עֵינֶיךָ: וּכְתַבְתָּם ׀ עַל־מְזֻזוֹת בֵּיתֶךָ,

16 וּבִשְׁעָרֶיךָ:

When you say the next paragraph, think that you are accepting all the *mitzvos* and that God rewards people for doing good and punishes them for doing wrong.

17 **וְהָיָה,** אִם־שָׁמֹעַ תִּשְׁמְעוּ אֶל־מִצְוֹתַי, אֲשֶׁר ׀ אָנֹכִי

18 מְצַוֶּה ׀ אֶתְכֶם הַיּוֹם, לְאַהֲבָה אֶת־יְהוה ׀

19 אֱלֹהֵיכֶם וּלְעָבְדוֹ, בְּכָל־לְבַבְכֶם, וּבְכָל־נַפְשְׁכֶם:

20 וְנָתַתִּי מְטַר־אַרְצְכֶם בְּעִתּוֹ, יוֹרֶה וּמַלְקוֹשׁ, וְאָסַפְתָּ

21 דְגָנֶךָ וְתִירֹשְׁךָ וְיִצְהָרֶךָ: וְנָתַתִּי ׀ עֵשֶׂב ׀ בְּשָׂדְךָ

22 לִבְהֶמְתֶּךָ, וְאָכַלְתָּ וְשָׂבָעְתָּ: הִשָּׁמְרוּ לָכֶם, פֶּן־יִפְתֶּה

23 לְבַבְכֶם, וְסַרְתֶּם וַעֲבַדְתֶּם ׀ אֱלֹהִים ׀ אֲחֵרִים,

מנחה לחול

1 **אַשְׁרֵי** יוֹשְׁבֵי בֵיתֶךָ, עוֹד יְהַלְלוּךָ סֶּלָה.

2 אַשְׁרֵי הָעָם שֶׁכָּכָה לּוֹ,

3 אַשְׁרֵי הָעָם שֶׁיהוה אֱלֹהָיו.

4 תְּהִלָּה לְדָוִד,

5 **אֲרוֹמִמְךָ** אֱלוֹהַי הַמֶּלֶךְ, וַאֲבָרְכָה שִׁמְךָ לְעוֹלָם וָעֶד.

6 **בְּכָל** יוֹם אֲבָרְכֶךָּ, וַאֲהַלְלָה שִׁמְךָ לְעוֹלָם וָעֶד.

מעריב לחול

7 וְהִשְׁתַּחֲוִיתֶם לָהֶם: וְחָרָה | אַף־יהוה בָּכֶם, וְעָצַר |

8 אֶת־הַשָּׁמַיִם, וְלֹא־יִהְיֶה מָטָר, וְהָאֲדָמָה לֹא תִתֵּן

9 אֶת־יְבוּלָהּ, וַאֲבַדְתֶּם | מְהֵרָה מֵעַל הָאָרֶץ הַטֹּבָה |

10 אֲשֶׁר | יהוה נֹתֵן לָכֶם: וְשַׂמְתֶּם | אֶת־דְּבָרַי | אֵלֶּה,

11 עַל־לְבַבְכֶם וְעַל־נַפְשְׁכֶם, וּקְשַׁרְתֶּם | אֹתָם לְאוֹת |

12 עַל־יֶדְכֶם, וְהָיוּ לְטוֹטָפֹת בֵּין | עֵינֵיכֶם: וְלִמַּדְתֶּם |

13 אֹתָם | אֶת־בְּנֵיכֶם, לְדַבֵּר בָּם, בְּשִׁבְתְּךָ בְּבֵיתֶךָ,

14 וּבְלֶכְתְּךָ בַדֶּרֶךְ, וּבְשָׁכְבְּךָ וּבְקוּמֶךָ: וּכְתַבְתָּם |

15 עַל־מְזוּזוֹת בֵּיתֶךָ, וּבִשְׁעָרֶיךָ: לְמַעַן | יִרְבּוּ | יְמֵיכֶם

16 וִימֵי בְנֵיכֶם, עַל הָאֲדָמָה | אֲשֶׁר נִשְׁבַּע | יהוה

17 לַאֲבֹתֵיכֶם לָתֵת לָהֶם, כִּימֵי הַשָּׁמַיִם | עַל־הָאָרֶץ:

18 **וַיֹּאמֶר** | יהוה | אֶל־מֹשֶׁה לֵּאמֹר: דַּבֵּר | אֶל־בְּנֵי |

19 יִשְׂרָאֵל, וְאָמַרְתָּ אֲלֵהֶם, וְעָשׂוּ לָהֶם

20 צִיצִת, עַל־כַּנְפֵי בִגְדֵיהֶם לְדֹרֹתָם, וְנָתְנוּ | עַל־צִיצִת

מנחה לחול

1. גָּדוֹל יהוה וּמְהֻלָּל מְאֹד, וְלִגְדֻלָּתוֹ אֵין חֵקֶר.

2. דּוֹר לְדוֹר יְשַׁבַּח מַעֲשֶׂיךָ, וּגְבוּרֹתֶיךָ יַגִּידוּ.

3. הֲדַר כְּבוֹד הוֹדֶךָ, וְדִבְרֵי נִפְלְאֹתֶיךָ אָשִׂיחָה.

4. וֶעֱזוּז נוֹרְאוֹתֶיךָ יֹאמֵרוּ, וּגְדוּלָּתְךָ אֲסַפְּרֶנָּה.

5. זֵכֶר רַב טוּבְךָ יַבִּיעוּ, וְצִדְקָתְךָ יְרַנֵּנוּ.

6. חַנּוּן וְרַחוּם יהוה, אֶרֶךְ אַפַּיִם וּגְדָל חָסֶד.

מעריב לחול

7. הַכָּנָף, פְּתִיל תְּכֵלֶת: וְהָיָה לָכֶם לְצִיצִת, וּרְאִיתֶם |

8. אֹתוֹ, וּזְכַרְתֶּם | אֶת־כָּל־מִצְוֹת | יהוה, וַעֲשִׂיתֶם |

9. אֹתָם, וְלֹא תָתוּרוּ | אַחֲרֵי לְבַבְכֶם וְאַחֲרֵי | עֵינֵיכֶם,

10. אֲשֶׁר־אַתֶּם זֹנִים | אַחֲרֵיהֶם: לְמַעַן תִּזְכְּרוּ, וַעֲשִׂיתֶם |

11. אֶת־כָּל־מִצְוֹתָי, וִהְיִיתֶם קְדֹשִׁים לֵאלֹהֵיכֶם: אֲנִי

12. יהוה | אֱלֹהֵיכֶם, אֲשֶׁר הוֹצֵאתִי | אֶתְכֶם |

13. מֵאֶרֶץ מִצְרַיִם, לִהְיוֹת לָכֶם לֵאלֹהִים,

14. אֲנִי | יהוה | אֱלֹהֵיכֶם: אֱמֶת —

Think that you are doing the *mitzvah* to remember that God took the Jews out of Egypt.

15. **יהוה אֱלֹהֵיכֶם אֱמֶת.** — *Chazzan* repeats

16. **וֶאֱמוּנָה** כָּל זֹאת, וְקַיָּם עָלֵינוּ, כִּי הוּא יהוה

17. אֱלֹהֵינוּ וְאֵין זוּלָתוֹ, וַאֲנַחְנוּ יִשְׂרָאֵל עַמּוֹ.

18. הַפּוֹדֵנוּ מִיַּד מְלָכִים, מַלְכֵּנוּ הַגּוֹאֲלֵנוּ מִכַּף כָּל

19. הֶעָרִיצִים. הָאֵל הַנִּפְרָע לָנוּ מִצָּרֵינוּ, וְהַמְשַׁלֵּם גְּמוּל

20. לְכָל אֹיְבֵי נַפְשֵׁנוּ. הָעֹשֶׂה גְדֹלוֹת עַד אֵין חֵקֶר, נִסִּים

מנחה לחול

1 **טוֹב** יְהֹוָה לַכֹּל, וְרַחֲמָיו עַל כָּל מַעֲשָׂיו.

2 **יוֹדוּךָ** יְהֹוָה כָּל מַעֲשֶׂיךָ, וַחֲסִידֶיךָ יְבָרְכוּכָה.

3 **כְּבוֹד** מַלְכוּתְךָ יֹאמֵרוּ, וּגְבוּרָתְךָ יְדַבֵּרוּ.

4 **לְהוֹדִיעַ** לִבְנֵי הָאָדָם גְּבוּרֹתָיו, וּכְבוֹד הֲדַר מַלְכוּתוֹ.

5 **מַלְכוּתְךָ** מַלְכוּת כָּל עֹלָמִים,

6 וּמֶמְשַׁלְתְּךָ בְּכָל דּוֹר וָדֹר.

מעריב לחול

7 וְנִפְלָאוֹת עַד אֵין מִסְפָּר. הַשָּׂם נַפְשֵׁנוּ בַּחַיִּים, וְלֹא

8 נָתַן לַמּוֹט רַגְלֵנוּ. הַמַּדְרִיכֵנוּ עַל בָּמוֹת אוֹיְבֵינוּ, וַיָּרֶם

9 קַרְנֵנוּ עַל כָּל שׂוֹנְאֵינוּ. הָעֹשֶׂה לָנוּ נִסִּים וּנְקָמָה

10 בְּפַרְעֹה, אוֹתוֹת וּמוֹפְתִים בְּאַדְמַת בְּנֵי חָם. הַמַּכֶּה

11 בְעֶבְרָתוֹ כָּל בְּכוֹרֵי מִצְרָיִם, וַיּוֹצֵא אֶת עַמּוֹ יִשְׂרָאֵל

12 מִתּוֹכָם לְחֵרוּת עוֹלָם. הַמַּעֲבִיר בָּנָיו בֵּין גִּזְרֵי יַם סוּף,

13 אֶת רוֹדְפֵיהֶם וְאֶת שׂוֹנְאֵיהֶם בִּתְהוֹמוֹת טִבַּע. וְרָאוּ

14 בָנָיו גְּבוּרָתוֹ, שִׁבְּחוּ וְהוֹדוּ לִשְׁמוֹ. ✣ וּמַלְכוּתוֹ בְּרָצוֹן

15 קִבְּלוּ עֲלֵיהֶם. מֹשֶׁה וּבְנֵי יִשְׂרָאֵל לְךָ עָנוּ שִׁירָה,

16 בְּשִׂמְחָה רַבָּה, וְאָמְרוּ כֻלָּם:

17 **מִי כָמֹכָה בָּאֵלִים יְהֹוָה, מִי כָּמֹכָה נֶאְדָּר בַּקֹּדֶשׁ,**

18 **נוֹרָא תְהִלֹּת, עֹשֵׂה פֶלֶא.**

19 ✣ מַלְכוּתְךָ רָאוּ בָנֶיךָ בּוֹקֵעַ יָם לִפְנֵי מֹשֶׁה, זֶה אֵלִי

20 עָנוּ וְאָמְרוּ:

מנחה לחול

1 **סוֹמֵךְ** יהוה לְכָל הַנֹּפְלִים, וְזוֹקֵף לְכָל הַכְּפוּפִים.

2 **עֵינֵי** כֹל אֵלֶיךָ יְשַׂבֵּרוּ,

3 וְאַתָּה נוֹתֵן לָהֶם אֶת אָכְלָם בְּעִתּוֹ.

Concentrate intently while saying the verse פּוֹתֵחַ.

4 **פּוֹתֵחַ** אֶת יָדֶךָ, וּמַשְׂבִּיעַ לְכָל חַי רָצוֹן.

5 **צַדִּיק** יהוה בְּכָל דְּרָכָיו, וְחָסִיד בְּכָל מַעֲשָׂיו.

6 **קָרוֹב** יהוה לְכָל קֹרְאָיו, לְכֹל אֲשֶׁר יִקְרָאֻהוּ בֶאֱמֶת.

מעריב לחול

7 **יהוה** יִמְלֹךְ לְעוֹלָם וָעֶד.

8 ❖ **וְנֶאֱמַר:** כִּי פָדָה יהוה אֶת יַעֲקֹב, וּגְאָלוֹ מִיַּד חָזָק

9 מִמֶּנּוּ. בָּרוּךְ אַתָּה יהוה, גָּאַל יִשְׂרָאֵל. (Cong. – אָמֵן.)

10 **הַשְׁכִּיבֵנוּ** יהוה אֱלֹהֵינוּ לְשָׁלוֹם, וְהַעֲמִידֵנוּ

11 מַלְכֵּנוּ לְחַיִּים טוֹבִים וּלְשָׁלוֹם, וּפְרֹשׂ

12 עָלֵינוּ סֻכַּת שְׁלוֹמֶךָ, וְתַקְּנֵנוּ בְּעֵצָה טוֹבָה מִלְּפָנֶיךָ,

13 וְהוֹשִׁיעֵנוּ מְהֵרָה לְמַעַן שְׁמֶךָ. וְהָגֵן בַּעֲדֵנוּ, וְהָסֵר

14 מֵעָלֵינוּ אוֹיֵב, דֶּבֶר, וְחֶרֶב, וְרָעָב, וְיָגוֹן, וְהָסֵר שָׂטָן

15 מִלְּפָנֵינוּ וּמֵאַחֲרֵינוּ, וּבְצֵל כְּנָפֶיךָ תַּסְתִּירֵנוּ, כִּי אֵל

16 שׁוֹמְרֵנוּ וּמַצִּילֵנוּ אָתָּה, כִּי אֵל מֶלֶךְ חַנּוּן וְרַחוּם

17 אָתָּה. ❖ וּשְׁמֹר צֵאתֵנוּ וּבוֹאֵנוּ, לְחַיִּים וּלְשָׁלוֹם,

18 מֵעַתָּה וְעַד עוֹלָם. בָּרוּךְ אַתָּה יהוה, שׁוֹמֵר עַמּוֹ

19 יִשְׂרָאֵל לָעַד. (Cong. – אָמֵן.)

מנחה לחול

1 רְצוֹן יְרֵאָיו יַעֲשֶׂה, וְאֶת שַׁוְעָתָם יִשְׁמַע וְיוֹשִׁיעֵם.

2 שׁוֹמֵר יהוה אֶת כָּל אֹהֲבָיו,

3 וְאֵת כָּל הָרְשָׁעִים יַשְׁמִיד.

מעריב לחול

On Motza'ei Shabbos, Motza'ei Yom Tov, and Chol HaMoed, many congregations omit the following, and continue with חֲצִי קַדִּישׁ (p. 127) and *Shemoneh Esrei* (p. 128).

4 בָּרוּךְ יהוה לְעוֹלָם, אָמֵן וְאָמֵן. בָּרוּךְ יהוה מִצִּיּוֹן, שֹׁכֵן

5 יְרוּשָׁלָיִם, הַלְלוּיָהּ. בָּרוּךְ יהוה אֱלֹהִים אֱלֹהֵי

6 יִשְׂרָאֵל, עֹשֵׂה נִפְלָאוֹת לְבַדּוֹ. וּבָרוּךְ שֵׁם כְּבוֹדוֹ לְעוֹלָם,

7 וְיִמָּלֵא כְבוֹדוֹ אֶת כָּל הָאָרֶץ, אָמֵן וְאָמֵן. יְהִי כְבוֹד יהוה

8 לְעוֹלָם, יִשְׂמַח יהוה בְּמַעֲשָׂיו. יְהִי שֵׁם יהוה מְבֹרָךְ, מֵעַתָּה

9 וְעַד עוֹלָם. כִּי לֹא יִטֹּשׁ יהוה אֶת עַמּוֹ בַּעֲבוּר שְׁמוֹ הַגָּדוֹל,

10 כִּי הוֹאִיל יהוה לַעֲשׂוֹת אֶתְכֶם לוֹ לְעָם. וַיַּרְא כָּל הָעָם

11 וַיִּפְּלוּ עַל פְּנֵיהֶם, וַיֹּאמְרוּ, יהוה הוּא הָאֱלֹהִים, יהוה הוּא

12 הָאֱלֹהִים. וְהָיָה יהוה לְמֶלֶךְ עַל כָּל הָאָרֶץ, בַּיּוֹם הַהוּא

13 יִהְיֶה יהוה אֶחָד וּשְׁמוֹ אֶחָד. יְהִי חַסְדְּךָ יהוה עָלֵינוּ, כַּאֲשֶׁר

14 יִחַלְנוּ לָךְ. הוֹשִׁיעֵנוּ יהוה אֱלֹהֵינוּ, וְקַבְּצֵנוּ מִן הַגּוֹיִם,

15 לְהוֹדוֹת לְשֵׁם קָדְשֶׁךָ, לְהִשְׁתַּבֵּחַ בִּתְהִלָּתֶךָ. כָּל גּוֹיִם אֲשֶׁר

16 עָשִׂיתָ יָבוֹאוּ וְיִשְׁתַּחֲווּ לְפָנֶיךָ אֲדֹנָי, וִיכַבְּדוּ לִשְׁמֶךָ. כִּי גָדוֹל

17 אַתָּה וְעֹשֵׂה נִפְלָאוֹת, אַתָּה אֱלֹהִים לְבַדֶּךָ. וַאֲנַחְנוּ עַמְּךָ

18 וְצֹאן מַרְעִיתֶךָ, נוֹדֶה לְּךָ לְעוֹלָם, לְדוֹר וָדֹר נְסַפֵּר תְּהִלָּתֶךָ.

19 בָּרוּךְ יהוה בַּיּוֹם. בָּרוּךְ יהוה בַּלָּיְלָה. בָּרוּךְ יהוה בְּשָׁכְבֵנוּ.

20 בָּרוּךְ יהוה בְּקוּמֵנוּ. כִּי בְיָדְךָ נַפְשׁוֹת הַחַיִּים וְהַמֵּתִים. אֲשֶׁר

21 בְּיָדוֹ נֶפֶשׁ כָּל חָי, וְרוּחַ כָּל בְּשַׂר אִישׁ. בְּיָדְךָ אַפְקִיד רוּחִי,

מנחה לחול

1 ❖ תְּהִלַּת יהוה יְדַבֶּר פִּי,

2 וִיבָרֵךְ כָּל בָּשָׂר שֵׁם קָדְשׁוֹ לְעוֹלָם וָעֶד.

3 וַאֲנַחְנוּ נְבָרֵךְ יָהּ, מֵעַתָּה וְעַד עוֹלָם, הַלְלוּיָהּ.

The *chazzan* says חֲצִי קַדִּישׁ (below).

On public fast days, the *chazzan* says חֲצִי קַדִּישׁ (below) and continues with וַיְהִי בִּנְסֹעַ (page 73) and the Torah reading. The Torah is then returned to the Ark (page 77) and the *chazzan* continues with חֲצִי קַדִּישׁ (below).

מעריב לחול

4 פְּדִיתָה אוֹתִי, יהוה אֵל אֱמֶת. יהוה אֱלֹהֵינוּ שֶׁבַּשָּׁמַיִם, יַחֵד

5 שִׁמְךָ, וְקַיֵּם מַלְכוּתְךָ תָּמִיד, וּמְלוֹךְ עָלֵינוּ לְעוֹלָם וָעֶד.

6 **יִרְאוּ** עֵינֵינוּ וְיִשְׂמַח לִבֵּנוּ וְתָגֵל נַפְשֵׁנוּ בִּישׁוּעָתְךָ

7 בֶּאֱמֶת, בֶּאֱמֹר לְצִיּוֹן מָלַךְ אֱלֹהָיִךְ. יהוה מֶלֶךְ,

8 יהוה מָלָךְ, יהוה יִמְלֹךְ לְעֹלָם וָעֶד. ❖ כִּי הַמַּלְכוּת שֶׁלְּךָ

9 הִיא, וּלְעוֹלְמֵי עַד תִּמְלוֹךְ בְּכָבוֹד, כִּי אֵין לָנוּ מֶלֶךְ אֶלָּא

10 אָתָּה. בָּרוּךְ אַתָּה יהוה, הַמֶּלֶךְ בִּכְבוֹדוֹ תָּמִיד יִמְלוֹךְ עָלֵינוּ

11 לְעוֹלָם וָעֶד, וְעַל כָּל מַעֲשָׂיו. (אָמֵן – Cong.)

The *chazzan* says חֲצִי קַדִּישׁ:

12 **יִתְגַּדַּל** וְיִתְקַדַּשׁ שְׁמֵהּ רַבָּא. (Cong. – אָמֵן.) בְּעָלְמָא דִּי בְרָא כִרְעוּתֵהּ.

13 וְיַמְלִיךְ מַלְכוּתֵהּ, וְיַצְמַח פֻּרְקָנֵהּ וִיקָרֵב מְשִׁיחֵהּ. (Cong. – אָמֵן.)

14 בְּחַיֵּיכוֹן וּבְיוֹמֵיכוֹן וּבְחַיֵּי דְכָל בֵּית יִשְׂרָאֵל, בַּעֲגָלָא וּבִזְמַן קָרִיב.

15 וְאִמְרוּ: אָמֵן.

16 (Cong. – אָמֵן. יְהֵא שְׁמֵהּ רַבָּא מְבָרַךְ לְעָלַם וּלְעָלְמֵי עָלְמַיָּא.)

17 יְהֵא שְׁמֵהּ רַבָּא מְבָרַךְ לְעָלַם וּלְעָלְמֵי עָלְמַיָּא.

18 יִתְבָּרַךְ וְיִשְׁתַּבַּח וְיִתְפָּאַר וְיִתְרוֹמַם וְיִתְנַשֵּׂא וְיִתְהַדָּר וְיִתְעַלֶּה

19 וְיִתְהַלָּל שְׁמֵהּ דְּקֻדְשָׁא בְּרִיךְ הוּא (Cong. – בְּרִיךְ הוּא) °לְעֵלָּא מִן כָּל

20 °לְעֵלָּא [וּ]לְעֵלָּא מִכָּל – from Rosh Hashanah to Yom Kippur) בִּרְכָתָא וְשִׁירָתָא

21 תֻּשְׁבְּחָתָא וְנֶחֱמָתָא, דַּאֲמִירָן בְּעָלְמָא, וְאִמְרוּ: אָמֵן. (Cong. – אָמֵן)

שמונה עשרה ⦅⟩⦆

Take three steps backward, then three steps forward. During *Shemoneh Esrei,* stand with your feet together and do not interrupt in any way. Say it very quietly, but you must be able to hear your own words. See *Laws* §15-16 for a summary of its laws.

1 For *Minchah* — כִּי שֵׁם יהוה אֶקְרָא, הָבוּ גֹדֶל לֵאלֹהֵינוּ.

2 אֲדֹנָי שְׂפָתַי תִּפְתָּח, וּפִי יַגִּיד תְּהִלָּתֶךָ.

אבות

Bend the knees at בָּרוּךְ; bow at אַתָּה; straighten up at ה'.

3 **בָּרוּךְ** אַתָּה יהוה אֱלֹהֵינוּ וֵאלֹהֵי אֲבוֹתֵינוּ,

4 אֱלֹהֵי אַבְרָהָם, אֱלֹהֵי יִצְחָק, וֵאלֹהֵי

5 יַעֲקֹב, הָאֵל הַגָּדוֹל הַגִּבּוֹר וְהַנּוֹרָא, אֵל עֶלְיוֹן, גּוֹמֵל

6 חֲסָדִים טוֹבִים, וְקוֹנֵה הַכֹּל, וְזוֹכֵר חַסְדֵי אָבוֹת,

7 וּמֵבִיא גוֹאֵל לִבְנֵי בְנֵיהֶם, לְמַעַן שְׁמוֹ בְּאַהֲבָה.

From Rosh Hashanah to Yom Kippur add:

8 זָכְרֵנוּ לְחַיִּים, מֶלֶךְ חָפֵץ בַּחַיִּים,

9 וְכָתְבֵנוּ בְּסֵפֶר הַחַיִּים, לְמַעַנְךָ אֱלֹהִים חַיִּים.

[If forgotten, do not repeat *Shemoneh Esrei.* See *Laws* §17.]

Bend the knees at בָּרוּךְ; bow at אַתָּה; straighten up at ה'.

10 מֶלֶךְ עוֹזֵר וּמוֹשִׁיעַ וּמָגֵן. בָּרוּךְ אַתָּה יהוה, מָגֵן

11 אַבְרָהָם. (אָמֵן – Cong.)

גבורות

12 **אַתָּה** גִּבּוֹר לְעוֹלָם אֲדֹנָי, מְחַיֶּה מֵתִים אַתָּה,

13 רַב לְהוֹשִׁיעַ.

Between Shemini Atzeres and Pesach: · Pesach through Succos:

14 מוֹרִיד הַטָּל. · מַשִּׁיב הָרוּחַ וּמוֹרִיד הַגָּשֶׁם.

[If forgotten or interchanged, see *Laws* §23-29.]

15 מְכַלְכֵּל חַיִּים בְּחֶסֶד, מְחַיֶּה מֵתִים בְּרַחֲמִים רַבִּים,

16 סוֹמֵךְ נוֹפְלִים, וְרוֹפֵא חוֹלִים, וּמַתִּיר אֲסוּרִים,

1 וּמְקַיֵּם אֱמוּנָתוֹ לִישֵׁנֵי עָפָר. מִי כָמְוֹךָ בַּעַל גְּבוּרוֹת,

2 וּמִי דְוֹמֶה לָּךְ, מֶלֶךְ מֵמִית וּמְחַיֶּה וּמַצְמְיחַ יְשׁוּעָה.

From Rosh Hashanah to Yom Kippur add:

3 מִי כָמְוֹךָ אַב הָרַחֲמָן, זוֹכֵר יְצוּרָיו לְחַיִּים בְּרַחֲמִים.

[If forgotten, do not repeat. See *Laws* §17.]

4 וְנֶאֱמָן אַתָּה לְהַחֲיוֹת מֵתִים. בָּרוּךְ אַתָּה יהוה,

5 מְחַיֵּה הַמֵּתִים. (Cong. – אָמֵן.)

During the *chazzan's* repetition, *Kedushah* (below) is said here.

קדושת השם

In some congregations, the *chazzan* substitutes לְדוֹר וָדוֹר for אַתָּה קָדוֹשׁ in his repetition.

6 **אַתָּה** קָדוֹשׁ וְשִׁמְךָ קָדוֹשׁ,
7 וּקְדוֹשִׁים בְּכָל יוֹם
8 יְהַלְלוּךָ סֶּלָה, כִּי אֵל מֶלֶךְ גָּדוֹל
9 וְקָדוֹשׁ אָתָּה. בָּרוּךְ אַתָּה יהוה,
10 °הָאֵל הַקָּדוֹשׁ.

(Cong. – אָמֵן.)

לְדוֹר וָדוֹר נַגִּיד גָּדְלֶךְ וּלְנֵצַח נְצָחִים קְדֻשָּׁתְךָ נַקְדִּישׁ, וְשִׁבְחֲךָ אֱלֹהֵינוּ מִפְּינוּ לֹא יָמוּשׁ לְעוֹלָם וָעֶד, כִּי אֵל מֶלֶךְ גָּדוֹל וְקָדוֹשׁ אָתָּה. בָּרוּךְ אַתָּה יהוה, °הָאֵל הַקָּדוֹשׁ.

11 From Rosh Hashanah to Yom Kippur substitute – °הַמֶּלֶךְ הַקָּדוֹשׁ
[If forgotten, repeat *Shemoneh Esrei*. See *Laws* §18-19.]

קדושה

During the *chazzan's* repetition, say *Kedushah* here. Stand with your feet together and avoid any interruptions. Rise on toes at קָדוֹשׁ, קָדוֹשׁ, קָדוֹשׁ; בָּרוּךְ (of בָּרוּךְ כְּבוֹד); and יִמְלֹךְ.

12 **נַקְדִּישְׁךָ** וְנַעֲרִיצְךָ, כְּנֹעַם שִׂיחַ סוֹד שַׂרְפֵי קֹדֶשׁ, — Cong.,
13 הַמְשַׁלְּשִׁים לְךָ קְדֻשָּׁה, כַּכָּתוּב עַל יַד then chazzan
14 נְבִיאֶךָ, וְקָרָא זֶה אֶל זֶה וְאָמַר:

15 קָדוֹשׁ קָדוֹשׁ קָדוֹשׁ יהוה צְבָאוֹת, מְלֹא כָל הָאָרֶץ כְּבוֹדוֹ. — All
16 ❖ לְעֻמָּתָם מְשַׁבְּחִים וְאוֹמְרִים:

17 בָּרוּךְ כְּבוֹד יהוה, מִמְּקוֹמוֹ. ❖ וּבְדִבְרֵי קָדְשְׁךָ כָּתוּב לֵאמֹר: — All

18 יִמְלֹךְ יהוה לְעוֹלָם, אֱלֹהַיִךְ צִיּוֹן לְדֹר וָדֹר, הַלְלוּיָהּ. — All

The *chazzan* continues לְדוֹר וָדוֹר or אַתָּה קָדוֹשׁ (above).

בינה

1   **אַתָּה** חוֹנֵן לְאָדָם דַּעַת, וּמְלַמֵּד לֶאֱנוֹשׁ בִּינָה.

During *Maariv* after the Sabbath or a Festival, add the following.
[If forgotten, do not repeat *Shemoneh Esrei*. See Laws §54.]

2   **אַתָּה** חוֹנַנְתָּנוּ לְמַדַּע תּוֹרָתֶךָ, וַתְּלַמְּדֵנוּ לַעֲשׂוֹת חֻקֵּי רְצוֹנֶךָ,
3   וַתַּבְדֵּל יהוה אֱלֹהֵינוּ בֵּין קֹדֶשׁ לְחוֹל, בֵּין אוֹר לְחֹשֶׁךְ,
4   בֵּין יִשְׂרָאֵל לָעַמִּים, בֵּין יוֹם הַשְּׁבִיעִי לְשֵׁשֶׁת יְמֵי הַמַּעֲשֶׂה.
5   אָבִינוּ מַלְכֵּנוּ, הָחֵל עָלֵינוּ הַיָּמִים הַבָּאִים לִקְרָאתֵנוּ לְשָׁלוֹם,
6   חֲשׂוּכִים מִכָּל חֵטְא, וּמְנֻקִּים מִכָּל עָוֹן, וּמְדֻבָּקִים בְּיִרְאָתֶךָ. וְ. . .

7   חָנֵּנוּ מֵאִתְּךָ חָכְמָה בִּינָה וָדָעַת. בָּרוּךְ אַתָּה יהוה,
8   חוֹנֵן הַדָּעַת. (אָמֵן – .Cong)

תשובה

9   **הֲשִׁיבֵנוּ** אָבִינוּ לְתוֹרָתֶךָ, וְקָרְבֵנוּ מַלְכֵּנוּ
10   לַעֲבוֹדָתֶךָ, וְהַחֲזִירֵנוּ בִּתְשׁוּבָה
11   שְׁלֵמָה לְפָנֶיךָ. בָּרוּךְ אַתָּה יהוה, הָרוֹצֶה בִּתְשׁוּבָה.
(אָמֵן – .Cong)

סליחה

Lightly hit the left side of the chest with your right fist while saying חָטָאנוּ and פָּשָׁעְנוּ.

12   **סְלַח לָנוּ** אָבִינוּ כִּי חָטָאנוּ, מְחַל לָנוּ מַלְכֵּנוּ כִּי
13   פָשָׁעְנוּ, כִּי אֵל טוֹב וְסַלָּח אָתָּה. בָּרוּךְ
14   אַתָּה יהוה, חַנּוּן הַמַּרְבֶּה לִסְלוֹחַ. (אָמֵן – .Cong)

גאולה

15   **רְאֵה** נָא בְעָנְיֵנוּ, וְרִיבָה רִיבֵנוּ, וּגְאָלֵנוּ גְּאֻלָּה
16   שְׁלֵמָה מְהֵרָה לְמַעַן שְׁמֶךָ, כִּי אֵל גּוֹאֵל
17   חָזָק אָתָּה. בָּרוּךְ אַתָּה יהוה, גּוֹאֵל יִשְׂרָאֵל.
(אָמֵן – .Cong)

On a fast day, the *chazzan* says עֲנֵנוּ in his repetition. [If forgotten, see *Laws* §41.]

1   **עֲנֵנוּ** יהוה עֲנֵנוּ, בְּיוֹם צוֹם תַּעֲנִיתֵנוּ, כִּי בְצָרָה גְדוֹלָה אֲנָחְנוּ.

2   אַל תֵּפֶן אֶל רִשְׁעֵנוּ, וְאַל תַּסְתֵּר פָּנֶיךָ מִמֶּנּוּ, וְאַל

3   תִּתְעַלַּם מִתְּחִנָּתֵנוּ. הֱיֵה נָא קָרוֹב לְשַׁוְעָתֵנוּ, יְהִי נָא חַסְדְּךָ

4   לְנַחֲמֵנוּ, טֶרֶם נִקְרָא אֵלֶיךָ עֲנֵנוּ, כַּדָּבָר שֶׁנֶּאֱמַר: וְהָיָה טֶרֶם

5   יִקְרָאוּ וַאֲנִי אֶעֱנֶה, עוֹד הֵם מְדַבְּרִים וַאֲנִי אֶשְׁמָע. כִּי אַתָּה יהוה

6   הָעוֹנֶה בְּעֵת צָרָה, פּוֹדֶה וּמַצִּיל בְּכָל עֵת צָרָה וְצוּקָה. בָּרוּךְ

7   אַתָּה יהוה, הָעוֹנֶה לְעַמּוֹ יִשְׂרָאֵל בְּעֵת צָרָה. (אָמֵן. – Cong.)

רפואה

Some say the words on the right side of the line, others say the words on the left side.

8   **רְפָאֵנוּ** יהוה וְנֵרָפֵא, הוֹשִׁיעֵנוּ וְנִוָּשֵׁעָה, כִּי

9   תְהִלָּתֵנוּ אָתָּה, וְהַעֲלֵה

10   רְפוּאָה שְׁלֵמָה | אֲרוּכָה וּמַרְפֵּא לְכָל תַּחֲלוּאֵינוּ

11   לְכָל מַכּוֹתֵינוּ, | וּלְכָל מַכְאוֹבֵינוּ וּלְכָל מַכּוֹתֵינוּ,

12   °°כִּי אֵל מֶלֶךְ רוֹפֵא נֶאֱמָן וְרַחֲמָן אָתָּה. בָּרוּךְ אַתָּה

13   יהוה, רוֹפֵא חוֹלֵי עַמּוֹ יִשְׂרָאֵל. (אָמֵן. – Cong.)

ברכת השנים

14   **בָּרֵךְ עָלֵינוּ** יהוה אֱלֹהֵינוּ אֶת הַשָּׁנָה הַזֹּאת

15   וְאֶת כָּל מִינֵי תְבוּאָתָהּ לְטוֹבָה, וְתֵן

From *Maariv* of December 4th (or 5th in the year before a civil leap year) until Pesach:	From Chol HaMoed Pesach through *Minchah* of December 4th (or 5th in the year before a civil leap year):

16   טַל וּמָטָר לִבְרָכָה   בְּרָכָה

[If you said the wrong phrase, see *Laws* §30-38.]

°°At this point you can add the following prayer for a person who is sick:

17   יְהִי רָצוֹן מִלְּפָנֶיךָ יהוה אֱלֹהַי וֵאלֹהֵי אֲבוֹתַי,

18   שֶׁתִּשְׁלַח מְהֵרָה רְפוּאָה שְׁלֵמָה מִן הַשָּׁמַיִם, רְפוּאַת הַנֶּפֶשׁ וּרְפוּאַת הַגּוּף

19   for a male— לַחוֹלֶה (patient's name) בֶּן (mother's name) בְּתוֹךְ שְׁאָר חוֹלֵי יִשְׂרָאֵל.

20   for a female— לַחוֹלָה (patient's name) בַּת (mother's name) בְּתוֹךְ שְׁאָר חוֹלֵי יִשְׂרָאֵל.

1 עַל פְּנֵי הָאֲדָמָה, וְשַׂבְּעֵנוּ מִטּוּבָהּ, וּבָרֵךְ שְׁנָתֵנוּ

2 כַּשָּׁנִים הַטּוֹבוֹת לִבְרָכָה, כִּי אֵל טוֹב וּמֵטִיב אָתָּה,

3 וּמְבָרֵךְ הַשָּׁנִים. בָּרוּךְ אַתָּה יהוה, מְבָרֵךְ הַשָּׁנִים.

4 (Cong. – אָמֵן.)

קיבוץ גליות

5 **תְּקַע** בְּשׁוֹפָר גָּדוֹל לְחֵרוּתֵנוּ, וְשָׂא נֵס לְקַבֵּץ

6 גָּלֻיּוֹתֵינוּ, וְקַבְּצֵנוּ יַחַד מְהֵרָה מֵאַרְבַּע

7 כַּנְפוֹת הָאָרֶץ לְאַרְצֵנוּ. בָּרוּךְ אַתָּה יהוה, מְקַבֵּץ

8 נִדְחֵי עַמּוֹ יִשְׂרָאֵל. (Cong. – אָמֵן.)

דין

9 **הָשִׁיבָה** שׁוֹפְטֵינוּ כְּבָרִאשׁוֹנָה, וְיוֹעֲצֵינוּ

10 כְּבַתְּחִלָּה, וְהָסֵר מִמֶּנּוּ יָגוֹן וַאֲנָחָה,

11 וּמְלוֹךְ עָלֵינוּ מְהֵרָה אַתָּה יהוה לְבַדְּךָ בְּחֶסֶד

12 וּבְרַחֲמִים, וְצַדְּקֵנוּ בְּצֶדֶק וּבְמִשְׁפָּט. בָּרוּךְ אַתָּה

13 יהוה, °מֶלֶךְ אוֹהֵב צְדָקָה וּמִשְׁפָּט. (Cong. – אָמֵן.)

14 °הַמֶּלֶךְ הַמִּשְׁפָּט. — From Rosh Hashanah to Yom Kippur substitute
[If forgotten, do not repeat *Shemoneh Esrei*. See *Laws* §20.]

ברכת המינים

15 **וְלַמַּלְשִׁינִים** אַל תְּהִי תִקְוָה, וְכָל הַמִּינִים כְּרֶגַע

16 יֹאבֵדוּ, וְכָל אוֹיְבֵי עַמְּךָ מְהֵרָה

17 יִכָּרֵתוּ, וְהַזֵּדִים מְהֵרָה תְעַקֵּר וּתְשַׁבֵּר וּתְמַגֵּר

18 וּתְכַלֵּם וְתַשְׁפִּילֵם וְתַכְנִיעֵם בִּמְהֵרָה בְיָמֵינוּ.

19 בָּרוּךְ אַתָּה יהוה, שׁוֹבֵר אֹיְבִים וּמַכְנִיעַ זֵדִים.

20 (Cong. – אָמֵן.)

צדיקים

עַל הַצַּדִּיקִים וְעַל הַחֲסִידִים, וְעַל זִקְנֵי שְׁאֵרִית עַמְּךָ בֵּית יִשְׂרָאֵל, וְעַל פְּלֵיטַת בֵּית סוֹפְרֵיהֶם, וְעַל גֵּרֵי הַצֶּדֶק וְעָלֵינוּ, יֶהֱמוּ נָא רַחֲמֶיךָ יהוה אֱלֹהֵינוּ. וְתֵן שָׂכָר טוֹב לְכָל הַבּוֹטְחִים בְּשִׁמְךָ בֶּאֱמֶת, וְשִׂים חֶלְקֵנוּ עִמָּהֶם, וּלְעוֹלָם לֹא נֵבוֹשׁ כִּי בְךָ בָּטָחְנוּ, וְעַל חַסְדְּךָ הַגָּדוֹל בֶּאֱמֶת נִשְׁעָנּוּ. בָּרוּךְ אַתָּה יהוה, מִשְׁעָן וּמִבְטָח לַצַּדִּיקִים. (.אָמֵן — Cong.)

בנין ירושלים

וְלִירוּשָׁלַיִם עִירְךָ בְּרַחֲמִים תָּשׁוּב, וְתִשְׁכּוֹן בְּתוֹכָהּ כַּאֲשֶׁר דִּבַּרְתָּ, וּבְנֵה אוֹתָהּ בְּקָרוֹב בְּיָמֵינוּ בִּנְיַן עוֹלָם, וְכִסֵּא דָוִד עַבְדְּךָ מְהֵרָה לְתוֹכָהּ תָּכִין. °°בָּרוּךְ אַתָּה יהוה, בּוֹנֵה יְרוּשָׁלָיִם. (.אָמֵן — Cong.)

°° During *Minchah* of Tishah B'Av finish the paragraph with the following, even if you are not fasting. [If forgotten, do not repeat *Shemoneh Esrei*.]

נַחֵם יהוה אֱלֹהֵינוּ אֶת אֲבֵלֵי צִיּוֹן, וְאֶת אֲבֵלֵי יְרוּשָׁלַיִם, וְאֶת הָעִיר הָאֲבֵלָה וְהַחֲרֵבָה וְהַבְּזוּיָה וְהַשּׁוֹמֵמָה. הָאֲבֵלָה מִבְּלִי בָנֶיהָ, וְהַחֲרֵבָה מִמְּעוֹנוֹתֶיהָ, וְהַבְּזוּיָה מִכְּבוֹדָהּ, וְהַשּׁוֹמֵמָה מֵאֵין יוֹשֵׁב. וְהִיא יוֹשֶׁבֶת וְרֹאשָׁהּ חָפוּי כְּאִשָּׁה עֲקָרָה שֶׁלֹּא יָלָדָה. וַיְבַלְּעוּהָ לִגְיוֹנוֹת, וַיִּירָשׁוּהָ עוֹבְדֵי זָרִים, וַיַּטִּילוּ אֶת עַמְּךָ יִשְׂרָאֵל לֶחָרֶב, וַיַּהַרְגוּ בְזָדוֹן חֲסִידֵי עֶלְיוֹן. עַל כֵּן צִיּוֹן בְּמַר תִּבְכֶּה, וִירוּשָׁלַיִם תִּתֵּן קוֹלָהּ. לִבִּי לִבִּי עַל חַלְלֵיהֶם, מֵעַי מֵעַי עַל חַלְלֵיהֶם, כִּי אַתָּה יהוה בָּאֵשׁ הִצַּתָּהּ, וּבָאֵשׁ אַתָּה עָתִיד לִבְנוֹתָהּ, כָּאָמוּר: וַאֲנִי אֶהְיֶה לָּהּ, נְאֻם יהוה, חוֹמַת אֵשׁ סָבִיב וּלְכָבוֹד אֶהְיֶה בְתוֹכָהּ. בָּרוּךְ אַתָּה יהוה, מְנַחֵם צִיּוֹן וּבוֹנֵה יְרוּשָׁלָיִם. continue — ... אֶת צֶמַח

מלכות בית דוד

1 **אֶת צֶמַח** דָּוִד עַבְדְּךָ מְהֵרָה תַצְמִיחַ, וְקַרְנוֹ
2 תָּרוּם בִּישׁוּעָתֶךָ, כִּי לִישׁוּעָתְךָ קִוְּינוּ
3 כָּל הַיּוֹם (וּמְצַפִּים לִישׁוּעָה). בָּרוּךְ אַתָּה יהוה,
4 מַצְמִיחַ קֶרֶן יְשׁוּעָה. (אָמֵן – .Cong)

קבלת תפלה

5 **אָב הָרַחֲמָן**, שְׁמַע קוֹלֵנוּ, יהוה אֱלֹהֵינוּ, חוּס
6 וְרַחֵם עָלֵינוּ, וְקַבֵּל בְּרַחֲמִים
7 וּבְרָצוֹן אֶת תְּפִלָּתֵנוּ, כִּי אֵל שׁוֹמֵעַ תְּפִלּוֹת
8 וְתַחֲנוּנִים אָתָּה. וּמִלְּפָנֶיךָ מַלְכֵּנוּ, רֵיקָם אַל תְּשִׁיבֵנוּ.
9 חָנֵּנוּ וַעֲנֵנוּ וּשְׁמַע תְּפִלָּתֵנוּ, °°כִּי אַתָּה שׁוֹמֵעַ תְּפִלַּת
10 כָּל פֶּה עַמְּךָ יִשְׂרָאֵל בְּרַחֲמִים. בָּרוּךְ אַתָּה יהוה,
11 שׁוֹמֵעַ תְּפִלָּה. (אָמֵן – .Cong)

עבודה

12 **רְצֵה** יהוה אֱלֹהֵינוּ בְּעַמְּךָ יִשְׂרָאֵל וְלִתְפִלָּתָם
13 שְׁעֵה, וְהָשֵׁב אֶת הָעֲבוֹדָה לִדְבִיר בֵּיתֶךָ.
14 וְאִשֵּׁי יִשְׂרָאֵל וּתְפִלָּתָם מְהֵרָה בְּאַהֲבָה תְקַבֵּל
15 בְּרָצוֹן, וּתְהִי לְרָצוֹן תָּמִיד עֲבוֹדַת יִשְׂרָאֵל עַמֶּךָ.

°°During *Minchah* on fast days, including *Tishah B'Av,* one who is fasting adds:

16 **עֲנֵנוּ** יהוה עֲנֵנוּ, בְּיוֹם צוֹם תַּעֲנִיתֵנוּ, כִּי בְצָרָה גְדוֹלָה אֲנָחְנוּ. אַל
17 תֵּפֶן אֶל רִשְׁעֵנוּ, וְאַל תַּסְתֵּר פָּנֶיךָ מִמֶּנּוּ, וְאַל תִּתְעַלַּם
18 מִתְּחִנָּתֵנוּ. הֱיֵה נָא קָרוֹב לְשַׁוְעָתֵנוּ, יְהִי נָא חַסְדְּךָ לְנַחֲמֵנוּ, טֶרֶם
19 נִקְרָא אֵלֶיךָ עֲנֵנוּ, כַּדָּבָר שֶׁנֶּאֱמַר: וְהָיָה טֶרֶם יִקְרָאוּ וַאֲנִי אֶעֱנֶה,
20 עוֹד הֵם מְדַבְּרִים וַאֲנִי אֶשְׁמָע. כִּי אַתָּה יהוה הָעוֹנֶה בְּעֵת צָרָה,
21 פּוֹדֶה וּמַצִּיל בְּכָל עֵת צָרָה וְצוּקָה. continue – ...כִּי אַתָּה

On Rosh Chodesh and Chol HaMoed add the following. [If forgotten, see *Laws* §43.]
(During the *chazzan's* repetition, the congregation responds אָמֵן as indicated.)

אֱלֹהֵינוּ וֵאלֹהֵי אֲבוֹתֵינוּ, יַעֲלֶה, וְיָבֹא, וְיַגִּיעַ, וְיֵרָאֶה,   1

וְיֵרָצֶה, וְיִשָּׁמַע, וְיִפָּקֵד, וְיִזָּכֵר זִכְרוֹנֵנוּ וּפִקְדוֹנֵנוּ,   2

וְזִכְרוֹן אֲבוֹתֵינוּ, וְזִכְרוֹן מָשִׁיחַ בֶּן דָּוִד עַבְדֶּךָ, וְזִכְרוֹן יְרוּשָׁלַיִם   3

עִיר קָדְשֶׁךָ, וְזִכְרוֹן כָּל עַמְּךָ בֵּית יִשְׂרָאֵל לְפָנֶיךָ, לִפְלֵיטָה   4

לְטוֹבָה, לְחֵן וּלְחֶסֶד וּלְרַחֲמִים, לְחַיִּים (טוֹבִים) וּלְשָׁלוֹם בְּיוֹם   **5**

on Succos:	on Pesach:	on Rosh Chodesh:	
חַג הַסֻּכּוֹת	חַג הַמַּצּוֹת	רֹאשׁ הַחֹדֶשׁ	6

הַזֶּה. זָכְרֵנוּ יְהוה אֱלֹהֵינוּ בּוֹ לְטוֹבָה (.Cong – אָמֵן.), וּפָקְדֵנוּ בוֹ   7

לִבְרָכָה (.Cong – אָמֵן.), וְהוֹשִׁיעֵנוּ בוֹ לְחַיִּים טוֹבִים (.Cong – אָמֵן.).   8

וּבִדְבַר יְשׁוּעָה וְרַחֲמִים, חוּס וְחָנֵּנוּ וְרַחֵם עָלֵינוּ וְהוֹשִׁיעֵנוּ, כִּי   9

אֵלֶיךָ עֵינֵינוּ, כִּי אֵל מֶלֶךְ חַנּוּן וְרַחוּם אָתָּה.   **10**

וְתֶחֱזֶינָה עֵינֵינוּ בְּשׁוּבְךָ לְצִיּוֹן בְּרַחֲמִים. בָּרוּךְ   11

אַתָּה יְהוה, הַמַּחֲזִיר שְׁכִינָתוֹ לְצִיּוֹן.   12

(.Cong – אָמֵן.)   13

הודאה

Bow at מוֹדִים; straighten up at ה׳. In his repetition the *chazzan* should say the entire מוֹדִים
aloud. The congregation says מוֹדִים דְּרַבָּנָן softly.

מוֹדִים אֲנַחְנוּ לָךְ,   14

שָׁאַתָּה הוּא   **15**

יְהוה אֱלֹהֵינוּ וֵאלֹהֵי   16

אֲבוֹתֵינוּ לְעוֹלָם וָעֶד.   17

צוּרֵנוּ צוּר חַיֵּינוּ, מָגֵן   18

יִשְׁעֵנוּ אַתָּה הוּא לְדוֹר   19

וָדוֹר. נוֹדֶה לְּךָ וּנְסַפֵּר   **20**

תְּהִלָּתֶךָ עַל חַיֵּינוּ   21

הַמְּסוּרִים בְּיָדֶךָ, וְעַל   22

מוֹדִים דרבנן

מוֹדִים אֲנַחְנוּ לָךְ, שָׁאַתָּה הוּא
יְהוה אֱלֹהֵינוּ וֵאלֹהֵי
אֲבוֹתֵינוּ, אֱלֹהֵי כָל בָּשָׂר, יוֹצְרֵנוּ,
יוֹצֵר בְּרֵאשִׁית. בְּרָכוֹת וְהוֹדָאוֹת
לְשִׁמְךָ הַגָּדוֹל וְהַקָּדוֹשׁ, עַל
שֶׁהֶחֱיִיתָנוּ וְקִיַּמְתָּנוּ. כֵּן תְּחַיֵּנוּ
וּתְקַיְּמֵנוּ, וְתֶאֱסֹף גָּלֻיּוֹתֵינוּ
לְחַצְרוֹת קָדְשֶׁךָ, לִשְׁמוֹר חֻקֶּיךָ
וְלַעֲשׂוֹת רְצוֹנֶךָ, וּלְעָבְדְּךָ בְּלֵבָב
שָׁלֵם, עַל שֶׁאֲנַחְנוּ מוֹדִים לָךְ.
בָּרוּךְ אֵל הַהוֹדָאוֹת.

1   נִשְׁמוֹתֵינוּ הַפְּקוּדוֹת לָךְ, וְעַל נִסֶּיךָ שֶׁבְּכָל יוֹם עִמָּנוּ,

2   וְעַל נִפְלְאוֹתֶיךָ וְטוֹבוֹתֶיךָ שֶׁבְּכָל עֵת, עֶרֶב וָבְקֶר

3   וְצָהֳרָיִם. הַטּוֹב כִּי לֹא כָלוּ רַחֲמֶיךָ, וְהַמְרַחֵם כִּי לֹא

4   תַמּוּ חֲסָדֶיךָ, כִּי מֵעוֹלָם קִוִּינוּ לָךְ.

On Chanukah and Purim add the following:

5   **וְעַל** הַנִּסִּים וְעַל הַפֻּרְקָן וְעַל הַגְּבוּרוֹת וְעַל הַתְּשׁוּעוֹת וְעַל

6   הַנִּפְלָאוֹת וְעַל הַנֶּחָמוֹת וְעַל הַמִּלְחָמוֹת שֶׁעָשִׂיתָ

7   לַאֲבוֹתֵינוּ בַּיָּמִים הָהֵם בַּזְּמַן הַזֶּה.

On Purim: **On Chanukah**

8   **בִּימֵי** מָרְדְּכַי וְאֶסְתֵּר   **בִּימֵי** מַתִּתְיָהוּ בֶּן יוֹחָנָן כֹּהֵן גָּדוֹל

9   בְּשׁוּשַׁן הַבִּירָה,   חַשְׁמוֹנָאִי וּבָנָיו, כְּשֶׁעָמְדָה

10   כְּשֶׁעָמַד עֲלֵיהֶם הָמָן   מַלְכוּת יָוָן הָרְשָׁעָה עַל עַמְּךָ יִשְׂרָאֵל,

11   הָרָשָׁע, בִּקֵּשׁ לְהַשְׁמִיד   לְהַשְׁכִּיחָם תּוֹרָתֶךָ, וּלְהַעֲבִירָם מֵחֻקֵּי

12   לַהֲרֹג וּלְאַבֵּד אֶת   רְצוֹנֶךָ. וְאַתָּה בְּרַחֲמֶיךָ הָרַבִּים,

13   כָּל הַיְּהוּדִים, מִנַּעַר   עָמַדְתָּ לָהֶם בְּעֵת צָרָתָם, רַבְתָּ אֶת

14   וְעַד זָקֵן, טַף וְנָשִׁים   רִיבָם, דַּנְתָּ אֶת דִּינָם, נָקַמְתָּ אֶת

15   בְּיוֹם אֶחָד, בִּשְׁלוֹשָׁה   נִקְמָתָם. מָסַרְתָּ גִבּוֹרִים בְּיַד חַלָּשִׁים,

16   עָשָׂר לְחֹדֶשׁ שְׁנֵים   וְרַבִּים בְּיַד מְעַטִּים, וּטְמֵאִים בְּיַד

17   עָשָׂר, הוּא חֹדֶשׁ   טְהוֹרִים, וּרְשָׁעִים בְּיַד צַדִּיקִים, וְזֵדִים

18   אֲדָר, וּשְׁלָלָם לָבוֹז.   בְּיַד עוֹסְקֵי תוֹרָתֶךָ, וּלְךָ עָשִׂיתָ שֵׁם

19   וְאַתָּה בְּרַחֲמֶיךָ הָרַבִּים   גָּדוֹל וְקָדוֹשׁ בְּעוֹלָמֶךָ, וּלְעַמְּךָ

20   הֵפַרְתָּ אֶת עֲצָתוֹ,   יִשְׂרָאֵל עָשִׂיתָ תְּשׁוּעָה גְדוֹלָה וּפֻרְקָן

21   וְקִלְקַלְתָּ אֶת   כְּהַיּוֹם הַזֶּה. וְאַחַר כֵּן בָּאוּ בָנֶיךָ

22   מַחֲשַׁבְתּוֹ, וַהֲשֵׁבוֹתָ לּוֹ   לִדְבִיר בֵּיתֶךָ, וּפִנּוּ אֶת הֵיכָלֶךָ, וְטִהֲרוּ

23   גְּמוּלוֹ בְּרֹאשׁוֹ, וְתָלוּ   אֶת מִקְדָּשֶׁךָ, וְהִדְלִיקוּ נֵרוֹת בְּחַצְרוֹת

24   אוֹתוֹ וְאֶת בָּנָיו עַל   קָדְשֶׁךָ, וְקָבְעוּ שְׁמוֹנַת יְמֵי חֲנֻכָּה אֵלּוּ,

25   הָעֵץ.   לְהוֹדוֹת וּלְהַלֵּל לְשִׁמְךָ הַגָּדוֹל.

[If forgotten, do not repeat *Shemoneh Esrei*.]

1 וְעַל כֻּלָּם יִתְבָּרַךְ וְיִתְרוֹמַם וְיִתְנַשֵּׂא שִׁמְךָ
2 מַלְכֵּנוּ תָּמִיד לְעוֹלָם וָעֶד.

From Rosh Hashanah to Yom Kippur add:

3 וּכְתוֹב לְחַיִּים טוֹבִים כָּל בְּנֵי בְרִיתֶךָ.

[If forgotten, do not repeat *Shemoneh Esrei*. See Laws §17.]

Bend the knees at בָּרוּךְ; bow at אַתָּה; straighten up at ה'.

4 וְכֹל הַחַיִּים יוֹדוּךָ סֶּלָה, וִיהַלְלוּ וִיבָרְכוּ אֶת
5 שִׁמְךָ הַגָּדוֹל בֶּאֱמֶת, לְעוֹלָם כִּי טוֹב. הָאֵל יְשׁוּעָתֵנוּ
6 וְעֶזְרָתֵנוּ סֶלָה, הָאֵל הַטּוֹב. בָּרוּךְ אַתָּה יהוה, הַטּוֹב
7 שִׁמְךָ וּלְךָ נָאֶה לְהוֹדוֹת.   (Cong. – אָמֵן.)

ברכת כהנים

At *Minchah* on fast days, the *chazzan* says בִּרְכַּת כֹּהֲנִים during his repetition, but not in a house of mourning.

The *chazzan* faces the Ark at וִישְׁמְרֶךָ, יָאֵר ה' and יְבָרֶכְךָ ה', right at וִישְׁמְרֶךָ, and left at פָּנָיו אֵלֶיךָ וִיחֻנֶּךָּ.

8 **אֱלֹהֵינוּ** וֵאלֹהֵי אֲבוֹתֵינוּ, בָּרְכֵנוּ בַבְּרָכָה הַמְשֻׁלֶּשֶׁת
9 בַּתּוֹרָה, הַכְּתוּבָה עַל יְדֵי מֹשֶׁה עַבְדֶּךָ, הָאֲמוּרָה
10 מִפִּי אַהֲרֹן וּבָנָיו, כֹּהֲנִים עַם קְדוֹשֶׁךָ, כָּאָמוּר:
11 יְבָרֶכְךָ יהוה, וְיִשְׁמְרֶךָ.   (Cong.– כֵּן יְהִי רָצוֹן.)
12 יָאֵר יהוה פָּנָיו אֵלֶיךָ, וִיחֻנֶּךָּ.   (Cong.– כֵּן יְהִי רָצוֹן.)
13 יִשָּׂא יהוה פָּנָיו אֵלֶיךָ, וְיָשֵׂם לְךָ שָׁלוֹם.   (Cong.– כֵּן יְהִי רָצוֹן.)

While the *chazzan* says שִׂים שָׁלוֹם the congregation continues:

14 אַדִּיר בַּמָּרוֹם, שׁוֹכֵן בִּגְבוּרָה, אַתָּה שָׁלוֹם וְשִׁמְךָ שָׁלוֹם, יְהִי
15 רָצוֹן שֶׁתָּשִׂים עָלֵינוּ וְעַל כָּל עַמְּךָ בֵּית יִשְׂרָאֵל חַיִּים וּבְרָכָה
16 לְמִשְׁמֶרֶת שָׁלוֹם.

שלום

At *Maariv* some congregations say שָׁלוֹם רָב.

שִׂים שָׁלוֹם, טוֹבָה וּבְרָכָה,   **שָׁלוֹם** רָב עַל
1

חַיִּים, חֵן וָחֶסֶד וְרַחֲמִים   יִשְׂרָאֵל
2

עָלֵינוּ וְעַל כָּל יִשְׂרָאֵל עַמֶּךָ.   עַמְּךָ תָּשִׂים
3

בָּרְכֵנוּ אָבִינוּ, כֻּלָּנוּ כְּאֶחָד, בְּאוֹר   לְעוֹלָם, כִּי אַתָּה
4

פָּנֶיךָ, כִּי בְאוֹר פָּנֶיךָ נָתַתָּ לָּנוּ,   הוּא מֶלֶךְ אָדוֹן
5

יהוה אֱלֹהֵינוּ, תּוֹרַת חַיִּים   לְכָל הַשָּׁלוֹם.
6

וְאַהֲבַת חֶסֶד, וּצְדָקָה, וּבְרָכָה,   וְטוֹב יִהְיֶה
7

וְרַחֲמִים, וְחַיִּים, וְשָׁלוֹם. וְטוֹב   בְּעֵינֶיךָ לְבָרְכֵנוּ
8

יִהְיֶה בְּעֵינֶיךָ לְבָרְכֵנוּ וּלְבָרֵךְ אֶת   וּלְבָרֵךְ אֶת כָּל
9

כָּל עַמְּךָ יִשְׂרָאֵל, בְּכָל עֵת וּבְכָל   עַמְּךָ יִשְׂרָאֵל,
10

שָׁעָה בִּשְׁלוֹמֶךָ (בְּרוֹב עוֹז   בְּכָל עֵת וּבְכָל
11

וְשָׁלוֹם).   שָׁעָה בִּשְׁלוֹמֶךָ.
12

From Rosh Hashanah to Yom Kippur add:

בְּסֵפֶר חַיִּים בְּרָכָה וְשָׁלוֹם, וּפַרְנָסָה טוֹבָה, וּגְזֵרוֹת טוֹבוֹת,
13

יְשׁוּעוֹת וְנֶחָמוֹת, נִזָּכֵר וְנִכָּתֵב לְפָנֶיךָ, אֲנַחְנוּ וְכָל עַמְּךָ
14

בֵּית יִשְׂרָאֵל, לְחַיִּים טוֹבִים וּלְשָׁלוֹם.
15

[If forgotten, do not repeat *Shemoneh Esrei*. See *Laws* §17,20.]

בָּרוּךְ אַתָּה יהוה, הַמְבָרֵךְ אֶת עַמּוֹ יִשְׂרָאֵל בַּשָּׁלוֹם.
16

יִהְיוּ לְרָצוֹן אִמְרֵי פִי וְהֶגְיוֹן לִבִּי לְפָנֶיךָ, יהוה צוּרִי וְגֹאֲלִי.
17

The *chazzan's* repetition ends here; individuals continue:

אֱלֹהַי, נְצוֹר לְשׁוֹנִי מֵרָע, וּשְׂפָתַי מִדַּבֵּר
18

מִרְמָה, וְלִמְקַלְלַי נַפְשִׁי תִדּוֹם, וְנַפְשִׁי
19

כֶּעָפָר לַכֹּל תִּהְיֶה. פְּתַח לִבִּי בְּתוֹרָתֶךָ, וְאַחֲרֵי

מִצְוֹתֶיךָ תִּרְדּוֹף נַפְשִׁי. וְכָל הַקָּמִים וְהַחוֹשְׁבִים עָלַי

לְרָעָה, מְהֵרָה הָפֵר עֲצָתָם וְקַלְקֵל מַחֲשַׁבְתָּם. יְהִי

רָצוֹן מִלְּפָנֶיךָ, יהוה אֱלֹהַי וֵאלֹהֵי אֲבוֹתַי, שֶׁלֹּא

תַעֲלֶה קִנְאַת אָדָם עָלַי, וְלֹא קִנְאָתִי עַל אֲחֵרִים,

וְשֶׁלֹּא אֶכְעַס הַיּוֹם, וְשֶׁלֹּא אַכְעִיסֶךָ, וְתַצִּילֵנִי מִיֵּצֶר

הָרָע, וְתֵן בְּלִבִּי הַכְנָעָה וַעֲנָוָה. מַלְכֵּנוּ וֵאלֹהֵינוּ,

יַחֵד שִׁמְךָ בְּעוֹלָמֶךָ, בְּנֵה עִירְךָ, יַסֵּד בֵּיתֶךָ, וְשַׁכְלֵל

הֵיכָלֶךָ, וְקַבֵּץ קִבּוּץ גָּלֻיּוֹת, וּפְדֵה צֹאנֶךָ וְשַׂמַּח

עֲדָתֶךָ. עֲשֵׂה לְמַעַן שְׁמֶךָ, עֲשֵׂה לְמַעַן יְמִינֶךָ, עֲשֵׂה

לְמַעַן תּוֹרָתֶךָ, עֲשֵׂה לְמַעַן קְדֻשָּׁתֶךָ. לְמַעַן יֵחָלְצוּן

ידִידֶיךָ, הוֹשִׁיעָה יְמִינְךָ וַעֲנֵנִי.

Some say a verse with the initial of their name. See page 474.

If someone wants to make a personal fast, he says the following during Minchah the day before the fast. If he did not say it at Minchah, he may say it later, while it is still daytime.

רִבּוֹן כָּל הָעוֹלָמִים, הֲרֵי אֲנִי לְפָנֶיךָ בְּתַעֲנִית נְדָבָה לְמָחָר. יְהִי רָצוֹן מִלְּפָנֶיךָ, יהוה אֱלֹהַי וֵאלֹהֵי אֲבוֹתַי, שֶׁתְּקַבְּלֵנִי בְּאַהֲבָה וּבְרָצוֹן, וְתָבֹא לְפָנֶיךָ תְּפִלָּתִי, וְתַעֲנֶה עֲתִירָתִי בְּרַחֲמֶיךָ הָרַבִּים. כִּי אַתָּה שׁוֹמֵעַ תְּפִלַּת כָּל פֶּה.

At Minchah of the personal fast, say the following:

רִבּוֹן כָּל הָעוֹלָמִים, גָּלוּי וְיָדוּעַ לְפָנֶיךָ, בִּזְמַן שֶׁבֵּית הַמִּקְדָּשׁ קַיָּם אָדָם חוֹטֵא וּמֵבִיא קָרְבָּן, וְאֵין מַקְרִיבִים מִמֶּנּוּ אֶלָּא חֶלְבּוֹ וְדָמוֹ, וְאַתָּה בְּרַחֲמֶיךָ הָרַבִּים מְכַפֵּר. וְעַכְשָׁו יָשַׁבְתִּי בְּתַעֲנִית, וְנִתְמַעֵט חֶלְבִּי וְדָמִי. יְהִי רָצוֹן מִלְּפָנֶיךָ שֶׁיְּהֵא מְעוּט חֶלְבִּי וְדָמִי שֶׁנִּתְמַעֵט הַיּוֹם, כְּאִלּוּ הִקְרַבְתִּיו לְפָנֶיךָ עַל גַּב הַמִּזְבֵּחַ, וְתִרְצֵנִי.

יִהְיוּ לְרָצוֹן אִמְרֵי פִי וְהֶגְיוֹן לִבִּי לְפָנֶיךָ,

יהוה צוּרִי וְגֹאֲלִי.

עֹשֶׂה °שָׁלוֹם בִּמְרוֹמָיו, הוּא יַעֲשֶׂה שָׁלוֹם עָלֵינוּ, וְעַל כָּל יִשְׂרָאֵל. וְאִמְרוּ: אָמֵן.

Take three steps back. Bow left and say . . . עֹשֶׂה; bow right and say . . . הוּא; bow forward and say וְעַל כָּל . . . אָמֵן.

1
2
3

°הַשָּׁלוֹם — From Rosh Hashanah to Yom Kippur some say

4

יְהִי רָצוֹן מִלְּפָנֶיךָ, יהוה אֱלֹהֵינוּ וֵאלֹהֵי אֲבוֹתֵינוּ, שֶׁיִּבָּנֶה בֵּית הַמִּקְדָּשׁ בִּמְהֵרָה בְיָמֵינוּ, וְתֵן חֶלְקֵנוּ בְּתוֹרָתֶךָ. וְשָׁם נַעֲבָדְךָ בְּיִרְאָה, כִּימֵי עוֹלָם וּכְשָׁנִים קַדְמוֹנִיּוֹת. וְעָרְבָה לַיהוה מִנְחַת יְהוּדָה וִירוּשָׁלָיִם, כִּימֵי עוֹלָם וּכְשָׁנִים קַדְמוֹנִיּוֹת.

5
6
7
8

THE INDIVIDUAL'S *SHEMONEH ESREI* ENDS HERE.

Remain standing in place at least until the *chazzan* begins his *Shemoneh Esrei* (at *Minchah*) or קַדִּישׁ שָׁלֵם (at *Maariv*) — then take three steps forward. The *chazzan*, or someone praying without a *minyan*, should remain in place for a few moments, then take three steps forward.

On most weekdays, many congregations continue *Minchah* with *Tachanun* (p. 65).

When *Tachanun* is not said, the *chazzan* goes directly to קַדִּישׁ שָׁלֵם (below); individuals go on to עָלֵינוּ (p. 141).

On weeknights at *Maariv*, the *chazzan* says קַדִּישׁ שָׁלֵם (below).

At the conclusion of the Sabbath (except on Purim and Tishah B'Av, and except when a festival or Erev Pesach will occur before the following Sabbath) continue on p. 336.

קדיש שלם

The *chazzan* says קַדִּישׁ שָׁלֵם:

יִתְגַּדַּל וְיִתְקַדַּשׁ שְׁמֵהּ רַבָּא. (.Cong – אָמֵן.) בְּעָלְמָא דִּי בְרָא כִרְעוּתֵהּ.

9

וְיַמְלִיךְ מַלְכוּתֵהּ, וְיַצְמַח פֻּרְקָנֵהּ וִיקָרֵב מְשִׁיחֵהּ. (.Cong – אָמֵן.)

10

בְּחַיֵּיכוֹן וּבְיוֹמֵיכוֹן וּבְחַיֵּי דְכָל בֵּית יִשְׂרָאֵל, בַּעֲגָלָא וּבִזְמַן קָרִיב.

11

וְאִמְרוּ: אָמֵן.

12

(.Cong – אָמֵן. יְהֵא שְׁמֵהּ רַבָּא מְבָרַךְ לְעָלַם וּלְעָלְמֵי עָלְמַיָּא.)

13

יְהֵא שְׁמֵהּ רַבָּא מְבָרַךְ לְעָלַם וּלְעָלְמֵי עָלְמַיָּא.

14

יִתְבָּרַךְ וְיִשְׁתַּבַּח וְיִתְפָּאַר וְיִתְרוֹמַם וְיִתְנַשֵּׂא וְיִתְהַדָּר וְיִתְעַלֶּה

15

וְיִתְהַלָּל שְׁמֵהּ דְּקֻדְשָׁא בְּרִיךְ הוּא — (.Cong – בְּרִיךְ הוּא.) °לְעֵלָּא מִן כָּל

16

(from Rosh Hashanah to Yom Kippur — °לְעֵלָּא [וּ]לְעֵלָּא מִכָּל) בִּרְכָתָא וְשִׁירָתָא

17

תֻּשְׁבְּחָתָא וְנֶחֱמָתָא, דַּאֲמִירָן בְּעָלְמָא. וְאִמְרוּ: אָמֵן. (.Cong – אָמֵן.)

18

(.Cong – קַבֵּל בְּרַחֲמִים וּבְרָצוֹן אֶת תְּפִלָּתֵנוּ.)

19

תִּתְקַבֵּל צְלוֹתְהוֹן וּבָעוּתְהוֹן דְּכָל בֵּית יִשְׂרָאֵל קֳדָם אֲבוּהוֹן דִּי

20

בִשְׁמַיָּא. וְאִמְרוּ: אָמֵן. (.Cong – אָמֵן.)

21

1. (.Cong –) יְהִי שֵׁם יהוה מְבֹרָךְ, מֵעַתָּה וְעַד עוֹלָם.)

2. יְהֵא שְׁלָמָא רַבָּא מִן שְׁמַיָּא, וְחַיִּים טוֹבִים עָלֵינוּ וְעַל כָּל יִשְׂרָאֵל.

3. וְאִמְרוּ: אָמֵן. (.Cong – אָמֵן.)

4. (.Cong –) עֶזְרִי מֵעִם יהוה, עֹשֵׂה שָׁמַיִם וָאָרֶץ.)

The *chazzan* takes three steps back, bows left and say . . . עֹשֶׂה;
bows right and says . . . הוּא; bows forward and says וְעַל כָּל . . . אָמֵן.
He remains standing in place for a few moments, then takes three steps forward.

5. עֹשֶׂה שָׁלוֹם בִּמְרוֹמָיו, הוּא יַעֲשֶׂה שָׁלוֹם עָלֵינוּ, וְעַל כָּל יִשְׂרָאֵל. וְאִמְרוּ:

6. אָמֵן. (.Cong – אָמֵן.)

DURING *MAARIV*:

BETWEEN PESACH AND SHAVUOS,
MANY CONGREGATIONS COUNT THE *OMER* NOW (P. 144).

ON TISHAH B'AV, *EICHAH* AND *KINNOS* ARE RECITED,
FOLLOWED BY וְאַתָּה קָדוֹשׁ (P. 337).

ON PURIM, THE MEGILLAH IS READ (P. 462).
FOLLOWED BY וְאַתָּה קָדוֹשׁ (P. 337).

AT THE CONCLUSION OF THE SABBATH OF CHANUKAH,
THE SYNAGOGUE MENORAH IS LIT AT THIS POINT.

Stand while saying עֲלֵינוּ.

7. **עָלֵינוּ** לְשַׁבֵּחַ לַאֲדוֹן הַכֹּל, לָתֵת גְּדֻלָּה לְיוֹצֵר

8. בְּרֵאשִׁית, שֶׁלֹּא עָשָׂנוּ כְּגוֹיֵי הָאֲרָצוֹת,

9. וְלֹא שָׂמָנוּ כְּמִשְׁפְּחוֹת הָאֲדָמָה. שֶׁלֹּא שָׂם חֶלְקֵנוּ

10. כָּהֶם, וְגוֹרָלֵנוּ כְּכָל הֲמוֹנָם. (שֶׁהֵם מִשְׁתַּחֲוִים

11. לְהֶבֶל וָרִיק, וּמִתְפַּלְּלִים אֶל אֵל לֹא יוֹשִׁיעַ.) וַאֲנַחְנוּ

12. כּוֹרְעִים וּמִשְׁתַּחֲוִים וּמוֹדִים, לִפְנֵי מֶלֶךְ

Bow while saying וַאֲנַחְנוּ כּוֹרְעִים וּמִשְׁתַּחֲוִים.

13. מַלְכֵי הַמְּלָכִים הַקָּדוֹשׁ בָּרוּךְ הוּא. שֶׁהוּא

14. נוֹטֶה שָׁמַיִם וְיֹסֵד אָרֶץ, וּמוֹשַׁב יְקָרוֹ בַּשָּׁמַיִם

15. מִמַּעַל, וּשְׁכִינַת עֻזּוֹ בְּגָבְהֵי מְרוֹמִים. הוּא אֱלֹהֵינוּ,

16. אֵין עוֹד. אֱמֶת מַלְכֵּנוּ, אֶפֶס זוּלָתוֹ, כַּכָּתוּב בְּתוֹרָתוֹ:

1 וְיָדַעְתָּ הַיּוֹם וַהֲשֵׁבֹתָ אֶל לְבָבֶךָ, כִּי יְהוָה הוּא

2 הָאֱלֹהִים בַּשָּׁמַיִם מִמַּעַל וְעַל הָאָרֶץ מִתָּחַת, אֵין

3 עוֹד.

4 **וְעַל כֵּן** נְקַוֶּה לְּךָ יְהוָה אֱלֹהֵינוּ לִרְאוֹת מְהֵרָה

5 בְּתִפְאֶרֶת עֻזֶּךָ, לְהַעֲבִיר גִּלּוּלִים מִן

6 הָאָרֶץ, וְהָאֱלִילִים כָּרוֹת יִכָּרֵתוּן, לְתַקֵּן עוֹלָם

7 בְּמַלְכוּת שַׁדַּי. וְכָל בְּנֵי בָשָׂר יִקְרְאוּ בִשְׁמֶךָ,

8 לְהַפְנוֹת אֵלֶיךָ כָּל רִשְׁעֵי אָרֶץ. יַכִּירוּ וְיֵדְעוּ כָּל

9 יוֹשְׁבֵי תֵבֵל, כִּי לְךָ תִּכְרַע כָּל בֶּרֶךְ, תִּשָּׁבַע כָּל

10 לָשׁוֹן. לְפָנֶיךָ יְהוָה אֱלֹהֵינוּ יִכְרְעוּ וְיִפֹּלוּ, וְלִכְבוֹד

11 שִׁמְךָ יְקָר יִתֵּנוּ. וִיקַבְּלוּ כֻלָּם אֶת עֹל מַלְכוּתֶךָ,

12 וְתִמְלֹךְ עֲלֵיהֶם מְהֵרָה לְעוֹלָם וָעֶד. כִּי הַמַּלְכוּת

13 שֶׁלְּךָ הִיא וּלְעוֹלְמֵי עַד תִּמְלוֹךְ בְּכָבוֹד, כַּכָּתוּב

14 בְּתוֹרָתֶךָ: יְהוָה יִמְלֹךְ לְעֹלָם וָעֶד. ❖ וְנֶאֱמַר: וְהָיָה

15 יְהוָה לְמֶלֶךְ עַל כָּל הָאָרֶץ, בַּיּוֹם הַהוּא יִהְיֶה יְהוָה

16 אֶחָד וּשְׁמוֹ אֶחָד.

Some say the following after עָלֵינוּ.

17 **אַל תִּירָא** מִפַּחַד פִּתְאֹם, וּמִשֹּׁאַת רְשָׁעִים כִּי תָבֹא. עֻצוּ

18 עֵצָה וְתֻפָר, דַּבְּרוּ דָבָר וְלֹא יָקוּם, כִּי עִמָּנוּ אֵל.

19 וְעַד זִקְנָה אֲנִי הוּא, וְעַד שֵׂיבָה אֲנִי אֶסְבֹּל, אֲנִי עָשִׂיתִי וַאֲנִי

20 אֶשָּׂא, וַאֲנִי אֶסְבֹּל וַאֲמַלֵּט.

IF THERE IS A *MINYAN,* קַדִּישׁ יָתוֹם (P. 529) IS SAID.

BETWEEN PESACH AND SHAVUOS, SOME CONGREGATIONS COUNT THE *OMER* NOW (P. 144).

FROM ROSH CHODESH ELUL THROUGH SHEMINI ATZERES, SAY THE FOLLOWING AT *MINCHAH.*

1 **לְדָוִד,** יהוה אוֹרִי וְיִשְׁעִי, מִמִּי אִירָא, יהוה מָעוֹז חַיַּי, מִמִּי אֶפְחָד.

2 בִּקְרֹב עָלַי מְרֵעִים לֶאֱכֹל אֶת בְּשָׂרִי, צָרַי וְאֹיְבַי לִי, הֵמָּה

3 כָשְׁלוּ וְנָפָלוּ. אִם תַּחֲנֶה עָלַי מַחֲנֶה, לֹא יִירָא לִבִּי, אִם תָּקוּם עָלַי

4 מִלְחָמָה, בְּזֹאת אֲנִי בוֹטֵחַ. אַחַת שָׁאַלְתִּי מֵאֵת יהוה, אוֹתָהּ אֲבַקֵּשׁ,

5 שִׁבְתִּי בְּבֵית יהוה כָּל יְמֵי חַיַּי, לַחֲזוֹת בְּנֹעַם יהוה, וּלְבַקֵּר בְּהֵיכָלוֹ. כִּי

6 יִצְפְּנֵנִי בְּסֻכֹּה בְּיוֹם רָעָה, יַסְתִּירֵנִי בְּסֵתֶר אָהֳלוֹ, בְּצוּר יְרוֹמְמֵנִי. וְעַתָּה

7 יָרוּם רֹאשִׁי עַל אֹיְבַי סְבִיבוֹתַי, וְאֶזְבְּחָה בְאָהֳלוֹ זִבְחֵי תְרוּעָה, אָשִׁירָה

8 וַאֲזַמְּרָה לַיהוה. שְׁמַע יהוה קוֹלִי אֶקְרָא, וְחָנֵּנִי וַעֲנֵנִי. לְךָ אָמַר לִבִּי

9 בַּקְּשׁוּ פָנָי, אֶת פָּנֶיךָ יהוה אֲבַקֵּשׁ. אַל תַּסְתֵּר פָּנֶיךָ מִמֶּנִּי, אַל תַּט בְּאַף

10 עַבְדֶּךָ, עֶזְרָתִי הָיִיתָ, אַל תִּטְּשֵׁנִי וְאַל תַּעַזְבֵנִי, אֱלֹהֵי יִשְׁעִי. כִּי אָבִי וְאִמִּי

11 עֲזָבוּנִי, וַיהוה יַאַסְפֵנִי. הוֹרֵנִי יהוה דַּרְכֶּךָ, וּנְחֵנִי בְּאֹרַח מִישׁוֹר, לְמַעַן

12 שֹׁרְרָי. אַל תִּתְּנֵנִי בְּנֶפֶשׁ צָרָי, כִּי קָמוּ בִי עֵדֵי שֶׁקֶר, וִיפֵחַ חָמָס. ✧ לוּלֵא

13 הֶאֱמַנְתִּי לִרְאוֹת בְּטוּב יהוה בְּאֶרֶץ חַיִּים. קַוֵּה אֶל יהוה, חֲזַק וְיַאֲמֵץ

14 לִבֶּךָ, וְקַוֵּה אֶל יהוה.

IF THERE IS A *MINYAN,* MOURNERS RECITE קַדִּישׁ יָתוֹם (P. 529).

IN A HOUSE OF MOURNING, SAY THE FOLLOWING AT *MINCHAH.*

15 **לַמְנַצֵּחַ** לִבְנֵי קֹרַח מִזְמוֹר. שִׁמְעוּ זֹאת כָּל הָעַמִּים, הַאֲזִינוּ כָּל

16 יֹשְׁבֵי חָלֶד. גַּם בְּנֵי אָדָם, גַּם בְּנֵי אִישׁ, יַחַד עָשִׁיר וְאֶבְיוֹן.

17 פִּי יְדַבֵּר חָכְמוֹת, וְהָגוּת לִבִּי תְבוּנוֹת. אַטֶּה לְמָשָׁל אָזְנִי, אֶפְתַּח בְּכִנּוֹר

18 חִידָתִי. לָמָּה אִירָא בִּימֵי רָע, עֲוֹן עֲקֵבַי יְסֻבֵּנִי. הַבֹּטְחִים עַל חֵילָם,

19 וּבְרֹב עָשְׁרָם יִתְהַלָּלוּ. אָח לֹא פָדֹה יִפְדֶּה אִישׁ, לֹא יִתֵּן לֵאלֹהִים כָּפְרוֹ.

20 וְיֵקַר פִּדְיוֹן נַפְשָׁם, וְחָדַל לְעוֹלָם. וִיחִי עוֹד לָנֶצַח, לֹא יִרְאֶה הַשָּׁחַת.

21 כִּי יִרְאֶה חֲכָמִים יָמוּתוּ, יַחַד כְּסִיל וָבַעַר יֹאבֵדוּ, וְעָזְבוּ לַאֲחֵרִים חֵילָם.

22 קִרְבָּם בָּתֵּימוֹ לְעוֹלָם, מִשְׁכְּנֹתָם לְדוֹר וָדֹר, קָרְאוּ בִשְׁמוֹתָם עֲלֵי

23 אֲדָמוֹת. וְאָדָם בִּיקָר בַּל יָלִין, נִמְשַׁל כַּבְּהֵמוֹת נִדְמוּ. זֶה דַרְכָּם, כֵּסֶל

24 לָמוֹ, וְאַחֲרֵיהֶם בְּפִיהֶם יִרְצוּ, סֶלָה. כַּצֹּאן לִשְׁאוֹל שַׁתּוּ, מָוֶת יִרְעֵם,

25 וַיִּרְדּוּ בָם יְשָׁרִים לַבֹּקֶר, וְצוּרָם לְבַלּוֹת שְׁאוֹל מִזְּבֻל לוֹ. אַךְ אֱלֹהִים

26 יִפְדֶּה נַפְשִׁי מִיַּד שְׁאוֹל, כִּי יִקָּחֵנִי סֶלָה. אַל תִּירָא כִּי יַעֲשִׁר אִישׁ, כִּי

27 יִרְבֶּה כְּבוֹד בֵּיתוֹ. כִּי לֹא בְמוֹתוֹ יִקַּח הַכֹּל, לֹא יֵרֵד אַחֲרָיו כְּבוֹדוֹ. כִּי

28 נַפְשׁוֹ בְּחַיָּיו יְבָרֵךְ, וְיוֹדֻךָ כִּי תֵיטִיב לָךְ. תָּבוֹא עַד דּוֹר אֲבוֹתָיו, עַד נֵצַח

29 לֹא יִרְאוּ אוֹר. ✧ אָדָם בִּיקָר וְלֹא יָבִין, נִמְשַׁל כַּבְּהֵמוֹת נִדְמוּ.

IF THERE IS A *MINYAN,* MOURNERS RECITE קַדִּישׁ יָתוֹם (P. 529).

﷽ ספירת העומר ﷽

The *Omer* is counted from the second night of Pesach until the night before Shavuos.
In most congregations, the following prayer is said first.

1 **לְשֵׁם** יִחוּד קוּדְשָׁא בְּרִיךְ הוּא וּשְׁכִינְתֵּיהּ, בִּדְחִילוּ וּרְחִימוּ

2 לְיַחֵד שֵׁם יו״ד הֵ״א בְּוָא״ו הֵ״א בְּיִחוּדָא שְׁלִים, בְּשֵׁם

3 כָּל יִשְׂרָאֵל. הִנְנִי מוּכָן וּמְזוּמָּן לְקַיֵּם מִצְוַת עֲשֵׂה שֶׁל סְפִירַת

4 הָעוֹמֶר, כְּמוֹ שֶׁכָּתוּב בַּתּוֹרָה: וּסְפַרְתֶּם לָכֶם מִמָּחֳרַת הַשַּׁבָּת,

5 מִיּוֹם הֲבִיאֲכֶם אֶת עֹמֶר הַתְּנוּפָה, שֶׁבַע שַׁבָּתוֹת תְּמִימֹת

6 תִּהְיֶינָה. עַד מִמָּחֳרַת הַשַּׁבָּת הַשְּׁבִיעִת תִּסְפְּרוּ חֲמִשִּׁים יוֹם,

7 וְהִקְרַבְתֶּם מִנְחָה חֲדָשָׁה לַיהוה. וִיהִי נֹעַם אֲדֹנָי אֱלֹהֵינוּ עָלֵינוּ,

8 וּמַעֲשֵׂה יָדֵינוּ כּוֹנְנָה עָלֵינוּ, וּמַעֲשֵׂה יָדֵינוּ כּוֹנְנֵהוּ.

The *chazzan* says the blessing and counts. Then the congregation does so.

9 **בָּרוּךְ** אַתָּה יהוה אֱלֹהֵינוּ מֶלֶךְ הָעוֹלָם,

10 אֲשֶׁר קִדְּשָׁנוּ בְּמִצְוֹתָיו וְצִוָּנוּ עַל

11 סְפִירַת הָעוֹמֶר.   (.אָמֵן – Cong.)

INSERT THE APPROPRIATE DAY'S COUNT. SEE CHART ON PP. 146-148.

12 **הָרַחֲמָן** הוּא יַחֲזִיר לָנוּ עֲבוֹדַת בֵּית הַמִּקְדָּשׁ

13 לִמְקוֹמָהּ, בִּמְהֵרָה בְיָמֵינוּ. אָמֵן סֶלָה.

14 **לַמְנַצֵּחַ** בִּנְגִינֹת מִזְמוֹר שִׁיר. אֱלֹהִים יְחָנֵּנוּ וִיבָרְכֵנוּ,

15 יָאֵר פָּנָיו אִתָּנוּ סֶלָה. לָדַעַת בָּאָרֶץ דַּרְכֶּךָ,

16 בְּכָל גּוֹיִם יְשׁוּעָתֶךָ. יוֹדוּךָ עַמִּים אֱלֹהִים, יוֹדוּךָ עַמִּים

17 כֻּלָּם. יִשְׂמְחוּ וִירַנְּנוּ לְאֻמִּים, כִּי תִשְׁפֹּט עַמִּים מִישֹׁר,

18 וּלְאֻמִּים בָּאָרֶץ תַּנְחֵם סֶלָה. יוֹדוּךָ עַמִּים, אֱלֹהִים, יוֹדוּךָ

19 עַמִּים כֻּלָּם. אֶרֶץ נָתְנָה יְבוּלָהּ, יְבָרְכֵנוּ אֱלֹהִים אֱלֹהֵינוּ.

20 יְבָרְכֵנוּ אֱלֹהִים, וְיִירְאוּ אוֹתוֹ כָּל אַפְסֵי אָרֶץ.

אָנָּא בְּכֹחַ גְּדֻלַּת יְמִינְךָ תַּתִּיר צְרוּרָה. קַבֵּל רִנַּת עַמְּךָ שַׂגְּבֵנוּ טַהֲרֵנוּ נוֹרָא. נָא גִבּוֹר דּוֹרְשֵׁי יְחוּדְךָ כְּבָבַת שָׁמְרֵם. בָּרְכֵם טַהֲרֵם רַחֲמֵם צִדְקָתְךָ תָּמִיד גָּמְלֵם. חֲסִין קָדוֹשׁ בְּרוֹב טוּבְךָ נַהֵל עֲדָתֶךָ. יָחִיד גֵּאֶה לְעַמְּךָ פְּנֵה זוֹכְרֵי קְדֻשָּׁתֶךָ. שַׁוְעָתֵנוּ קַבֵּל וּשְׁמַע צַעֲקָתֵנוּ יוֹדֵעַ תַּעֲלוּמוֹת. בָּרוּךְ שֵׁם כְּבוֹד מַלְכוּתוֹ לְעוֹלָם וָעֶד.

רִבּוֹנוֹ שֶׁל עוֹלָם, אַתָּה צִוִּיתָנוּ עַל יְדֵי מֹשֶׁה עַבְדְּךָ לִסְפּוֹר סְפִירַת הָעוֹמֶר, כְּדֵי לְטַהֲרֵנוּ מִקְּלִפּוֹתֵינוּ וּמִטֻּמְאוֹתֵינוּ, כְּמוֹ שֶׁכָּתַבְתָּ בְּתוֹרָתֶךָ: וּסְפַרְתֶּם לָכֶם מִמָּחֳרַת הַשַּׁבָּת מִיּוֹם הֲבִיאֲכֶם אֶת עֹמֶר הַתְּנוּפָה, שֶׁבַע שַׁבָּתוֹת תְּמִימֹת תִּהְיֶינָה. עַד מִמָּחֳרַת הַשַּׁבָּת הַשְּׁבִיעִית תִּסְפְּרוּ חֲמִשִּׁים יוֹם. כְּדֵי שֶׁיִּטַּהֲרוּ נַפְשׁוֹת עַמְּךָ יִשְׂרָאֵל מִזֻּהֲמָתָם. וּבְכֵן יְהִי רָצוֹן מִלְּפָנֶיךָ יהוה אֱלֹהֵינוּ וֵאלֹהֵי אֲבוֹתֵינוּ, שֶׁבִּזְכוּת סְפִירַת הָעוֹמֶר שֶׁסָּפַרְתִּי הַיּוֹם, יְתֻקַּן מַה שֶּׁפָּגַמְתִּי בִּסְפִירָה

(Insert the appropriate *sefirah*; see chart on pp. 146-148.)

וְאֶטָּהֵר וְאֶתְקַדֵּשׁ בִּקְדֻשָּׁה שֶׁל מַעְלָה, וְעַל יְדֵי זֶה יֻשְׁפַּע שֶׁפַע רַב בְּכָל הָעוֹלָמוֹת. וּלְתַקֵּן אֶת נַפְשׁוֹתֵינוּ, וְרוּחוֹתֵינוּ, וְנִשְׁמוֹתֵינוּ, מִכָּל סִיג וּפְגָם, וּלְטַהֲרֵנוּ וּלְקַדְּשֵׁנוּ בִּקְדֻשָּׁתְךָ הָעֶלְיוֹנָה. אָמֵן סֶלָה.

Where the *Omer* is recited before עָלֵינוּ, some congregations say קַדִּישׁ יָתוֹם after the *Omer*; others continue directly with עָלֵינוּ (p. 141). Others say קַדִּישׁ יָתוֹם now.

◈§ A Summary of Laws of Sefirah

The *Omer* is counted, standing, after nightfall.

Before reciting the blessing, one should be careful *not* to say, ''Today is the ___th day.'' If one did so, for example, in response to someone who asked which day it is, one may not recite the blessing, since he has already counted that day. Where there are days and weeks, this does not apply unless one also mentioned the week. In both cases, one may recite the blessing on the following nights.

If one forgets to count at night, one counts during the day *without* a blessing, but may say the blessing on the following nights. If one forgot to count all day, one counts on the following nights, but without a blessing.

SEFIRAH	COUNT	DATE	DAY
חֶסֶד שֶׁבְּחֶסֶד	הַיּוֹם יוֹם אֶחָד לָעוֹמֶר	טז ניסן	1
גְּבוּרָה שֶׁבְּחֶסֶד	הַיּוֹם שְׁנֵי יָמִים לָעוֹמֶר	יז ניסן	2
תִּפְאֶרֶת שֶׁבְּחֶסֶד	הַיּוֹם שְׁלֹשָׁה יָמִים לָעוֹמֶר	יח ניסן	3
נֶצַח שֶׁבְּחֶסֶד	הַיּוֹם אַרְבָּעָה יָמִים לָעוֹמֶר	יט ניסן	4
הוֹד שֶׁבְּחֶסֶד	הַיּוֹם חֲמִשָּׁה יָמִים לָעוֹמֶר	כ ניסן	5
יְסוֹד שֶׁבְּחֶסֶד	הַיּוֹם שִׁשָּׁה יָמִים לָעוֹמֶר	כא ניסן	6
מַלְכוּת שֶׁבְּחֶסֶד	הַיּוֹם שִׁבְעָה יָמִים, שֶׁהֵם שָׁבוּעַ אֶחָד, לָעוֹמֶר	כב ניסן	7
חֶסֶד שֶׁבִּגְבוּרָה	הַיּוֹם שְׁמוֹנָה יָמִים, שֶׁהֵם שָׁבוּעַ אֶחָד וְיוֹם אֶחָד, לָעוֹמֶר	כג ניסן	8
גְּבוּרָה שֶׁבִּגְבוּרָה	הַיּוֹם תִּשְׁעָה יָמִים, שֶׁהֵם שָׁבוּעַ אֶחָד וּשְׁנֵי יָמִים, לָעוֹמֶר	כד ניסן	9
תִּפְאֶרֶת שֶׁבִּגְבוּרָה	הַיּוֹם עֲשָׂרָה יָמִים, שֶׁהֵם שָׁבוּעַ אֶחָד וּשְׁלֹשָׁה יָמִים, לָעוֹמֶר	כה ניסן	10
נֶצַח שֶׁבִּגְבוּרָה	הַיּוֹם אַחַד עָשָׂר יוֹם, שֶׁהֵם שָׁבוּעַ אֶחָד וְאַרְבָּעָה יָמִים, לָעוֹמֶר	כו ניסן	11
הוֹד שֶׁבִּגְבוּרָה	הַיּוֹם שְׁנֵים עָשָׂר יוֹם, שֶׁהֵם שָׁבוּעַ אֶחָד וַחֲמִשָּׁה יָמִים, לָעוֹמֶר	כז ניסן	12
יְסוֹד שֶׁבִּגְבוּרָה	הַיּוֹם שְׁלֹשָׁה עָשָׂר יוֹם, שֶׁהֵם שָׁבוּעַ אֶחָד וְשִׁשָּׁה יָמִים, לָעוֹמֶר	כח ניסן	13
מַלְכוּת שֶׁבִּגְבוּרָה	הַיּוֹם אַרְבָּעָה עָשָׂר יוֹם, שֶׁהֵם שְׁנֵי שָׁבוּעוֹת, לָעוֹמֶר	כט ניסן	14
חֶסֶד שֶׁבְּתִפְאֶרֶת	הַיּוֹם חֲמִשָּׁה עָשָׂר יוֹם, שֶׁהֵם שְׁנֵי שָׁבוּעוֹת וְיוֹם אֶחָד, לָעוֹמֶר	ל ניסן	15
גְּבוּרָה שֶׁבְּתִפְאֶרֶת	הַיּוֹם שִׁשָּׁה עָשָׂר יוֹם, שֶׁהֵם שְׁנֵי שָׁבוּעוֹת וּשְׁנֵי יָמִים, לָעוֹמֶר	א אייר	16
תִּפְאֶרֶת שֶׁבְּתִפְאֶרֶת	הַיּוֹם שִׁבְעָה עָשָׂר יוֹם, שֶׁהֵם שְׁנֵי שָׁבוּעוֹת וּשְׁלֹשָׁה יָמִים, לָעוֹמֶר	ב אייר	17
נֶצַח שֶׁבְּתִפְאֶרֶת	הַיּוֹם שְׁמוֹנָה עָשָׂר יוֹם, שֶׁהֵם שְׁנֵי שָׁבוּעוֹת וְאַרְבָּעָה יָמִים, לָעוֹמֶר	ג אייר	18

SEFIRAH	COUNT	DATE	DAY
הוֹד שֶׁבְּתִפְאֶרֶת	הַיּוֹם תִּשְׁעָה עָשָׂר יוֹם, שֶׁהֵם שְׁנֵי שָׁבוּעוֹת וַחֲמִשָּׁה יָמִים, לָעוֹמֶר	ד אייר	19
יְסוֹד שֶׁבְּתִפְאֶרֶת	הַיּוֹם עֶשְׂרִים יוֹם, שֶׁהֵם שְׁנֵי שָׁבוּעוֹת וְשִׁשָּׁה יָמִים, לָעוֹמֶר	ה אייר	20
מַלְכוּת שֶׁבְּתִפְאֶרֶת	הַיּוֹם אֶחָד וְעֶשְׂרִים יוֹם, שֶׁהֵם שְׁלֹשָׁה שָׁבוּעוֹת, לָעוֹמֶר	ו אייר	21
חֶסֶד שֶׁבְּנֶצַח	הַיּוֹם שְׁנַיִם וְעֶשְׂרִים יוֹם, שֶׁהֵם שְׁלֹשָׁה שָׁבוּעוֹת וְיוֹם אֶחָד, לָעוֹמֶר	ז אייר	22
גְּבוּרָה שֶׁבְּנֶצַח	הַיּוֹם שְׁלֹשָׁה וְעֶשְׂרִים יוֹם, שֶׁהֵם שְׁלֹשָׁה שָׁבוּעוֹת וּשְׁנֵי יָמִים, לָעוֹמֶר	ח אייר	23
תִּפְאֶרֶת שֶׁבְּנֶצַח	הַיּוֹם אַרְבָּעָה וְעֶשְׂרִים יוֹם, שֶׁהֵם שְׁלֹשָׁה שָׁבוּעוֹת וּשְׁלֹשָׁה יָמִים, לָעוֹמֶר	ט אייר	24
נֶצַח שֶׁבְּנֶצַח	הַיּוֹם חֲמִשָּׁה וְעֶשְׂרִים יוֹם, שֶׁהֵם שְׁלֹשָׁה שָׁבוּעוֹת וְאַרְבָּעָה יָמִים, לָעוֹמֶר	י אייר	25
הוֹד שֶׁבְּנֶצַח	הַיּוֹם שִׁשָּׁה וְעֶשְׂרִים יוֹם, שֶׁהֵם שְׁלֹשָׁה שָׁבוּעוֹת וַחֲמִשָּׁה יָמִים, לָעוֹמֶר	יא אייר	26
יְסוֹד שֶׁבְּנֶצַח	הַיּוֹם שִׁבְעָה וְעֶשְׂרִים יוֹם, שֶׁהֵם שְׁלֹשָׁה שָׁבוּעוֹת וְשִׁשָּׁה יָמִים, לָעוֹמֶר	יב אייר	27
מַלְכוּת שֶׁבְּנֶצַח	הַיּוֹם שְׁמוֹנָה וְעֶשְׂרִים יוֹם, שֶׁהֵם אַרְבָּעָה שָׁבוּעוֹת, לָעוֹמֶר	יג אייר	28
חֶסֶד שֶׁבְּהוֹד	הַיּוֹם תִּשְׁעָה וְעֶשְׂרִים יוֹם, שֶׁהֵם אַרְבָּעָה שָׁבוּעוֹת וְיוֹם אֶחָד, לָעוֹמֶר	יד אייר	29
גְּבוּרָה שֶׁבְּהוֹד	הַיּוֹם שְׁלֹשִׁים יוֹם, שֶׁהֵם אַרְבָּעָה שָׁבוּעוֹת וּשְׁנֵי יָמִים, לָעוֹמֶר	טו אייר	30
תִּפְאֶרֶת שֶׁבְּהוֹד	הַיּוֹם אֶחָד וּשְׁלֹשִׁים יוֹם, שֶׁהֵם אַרְבָּעָה שָׁבוּעוֹת וּשְׁלֹשָׁה יָמִים, לָעוֹמֶר	טז אייר	31
נֶצַח שֶׁבְּהוֹד	הַיּוֹם שְׁנַיִם וּשְׁלֹשִׁים יוֹם, שֶׁהֵם אַרְבָּעָה שָׁבוּעוֹת וְאַרְבָּעָה יָמִים, לָעוֹמֶר	יז אייר	32
הוֹד שֶׁבְּהוֹד	הַיּוֹם שְׁלֹשָׁה וּשְׁלֹשִׁים יוֹם, שֶׁהֵם אַרְבָּעָה שָׁבוּעוֹת וַחֲמִשָּׁה יָמִים, לָעוֹמֶר	יח אייר	33

SEFIRAH	COUNT	DATE	DAY
יְסוֹד שֶׁבְּהוֹד	הַיּוֹם אַרְבָּעָה וּשְׁלֹשִׁים יוֹם, שֶׁהֵם אַרְבָּעָה שָׁבוּעוֹת וְשִׁשָּׁה יָמִים, לָעוֹמֶר	יט אייר	34
מַלְכוּת שֶׁבְּהוֹד	הַיּוֹם חֲמִשָּׁה וּשְׁלֹשִׁים יוֹם, שֶׁהֵם חֲמִשָּׁה שָׁבוּעוֹת, לָעוֹמֶר	כ אייר	35
חֶסֶד שֶׁבִּיסוֹד	הַיּוֹם שִׁשָּׁה וּשְׁלֹשִׁים יוֹם, שֶׁהֵם חֲמִשָּׁה שָׁבוּעוֹת וְיוֹם אֶחָד, לָעוֹמֶר	כא אייר	36
גְּבוּרָה שֶׁבִּיסוֹד	הַיּוֹם שִׁבְעָה וּשְׁלֹשִׁים יוֹם, שֶׁהֵם חֲמִשָּׁה שָׁבוּעוֹת וּשְׁנֵי יָמִים, לָעוֹמֶר	כב אייר	37
תִּפְאֶרֶת שֶׁבִּיסוֹד	הַיּוֹם שְׁמוֹנָה וּשְׁלֹשִׁים יוֹם, שֶׁהֵם חֲמִשָּׁה שָׁבוּעוֹת וּשְׁלֹשָׁה יָמִים, לָעוֹמֶר	כג אייר	38
נֶצַח שֶׁבִּיסוֹד	הַיּוֹם תִּשְׁעָה וּשְׁלֹשִׁים יוֹם, שֶׁהֵם חֲמִשָּׁה שָׁבוּעוֹת וְאַרְבָּעָה יָמִים, לָעוֹמֶר	כד אייר	39
הוֹד שֶׁבִּיסוֹד	הַיּוֹם אַרְבָּעִים יוֹם, שֶׁהֵם חֲמִשָּׁה שָׁבוּעוֹת וַחֲמִשָּׁה יָמִים, לָעוֹמֶר	כה אייר	40
יְסוֹד שֶׁבִּיסוֹד	הַיּוֹם אֶחָד וְאַרְבָּעִים יוֹם, שֶׁהֵם חֲמִשָּׁה שָׁבוּעוֹת וְשִׁשָּׁה יָמִים, לָעוֹמֶר	כו אייר	41
מַלְכוּת שֶׁבִּיסוֹד	הַיּוֹם שְׁנַיִם וְאַרְבָּעִים יוֹם, שֶׁהֵם שִׁשָּׁה שָׁבוּעוֹת, לָעוֹמֶר	כז אייר	42
חֶסֶד שֶׁבְּמַלְכוּת	הַיּוֹם שְׁלֹשָׁה וְאַרְבָּעִים יוֹם, שֶׁהֵם שִׁשָּׁה שָׁבוּעוֹת וְיוֹם אֶחָד, לָעוֹמֶר	כח אייר	43
גְּבוּרָה שֶׁבְּמַלְכוּת	הַיּוֹם אַרְבָּעָה וְאַרְבָּעִים יוֹם, שֶׁהֵם שִׁשָּׁה שָׁבוּעוֹת וּשְׁנֵי יָמִים, לָעוֹמֶר	כט אייר	44
תִּפְאֶרֶת שֶׁבְּמַלְכוּת	הַיּוֹם חֲמִשָּׁה וְאַרְבָּעִים יוֹם, שֶׁהֵם שִׁשָּׁה שָׁבוּעוֹת וּשְׁלֹשָׁה יָמִים, לָעוֹמֶר	א סיון	45
נֶצַח שֶׁבְּמַלְכוּת	הַיּוֹם שִׁשָּׁה וְאַרְבָּעִים יוֹם, שֶׁהֵם שִׁשָּׁה שָׁבוּעוֹת וְאַרְבָּעָה יָמִים, לָעוֹמֶר	ב סיון	46
הוֹד שֶׁבְּמַלְכוּת	הַיּוֹם שִׁבְעָה וְאַרְבָּעִים יוֹם, שֶׁהֵם שִׁשָּׁה שָׁבוּעוֹת וַחֲמִשָּׁה יָמִים, לָעוֹמֶר	ג סיון	47
יְסוֹד שֶׁבְּמַלְכוּת	הַיּוֹם שְׁמוֹנָה וְאַרְבָּעִים יוֹם, שֶׁהֵם שִׁשָּׁה שָׁבוּעוֹת וְשִׁשָּׁה יָמִים, לָעוֹמֶר	ד סיון	48
מַלְכוּת שֶׁבְּמַלְכוּת	הַיּוֹם תִּשְׁעָה וְאַרְבָּעִים יוֹם, שֶׁהֵם שִׁבְעָה שָׁבוּעוֹת, לָעוֹמֶר.	ה סיון	49

🔹 קידוש לבנה 🔹

1 **הַלְלוּיָהּ,** הַלְלוּ אֶת יהוה מִן הַשָּׁמַיִם, הַלְלוּהוּ בַּמְּרוֹמִים.

2 הַלְלוּהוּ כָל מַלְאָכָיו, הַלְלוּהוּ כָּל צְבָאָיו.

3 הַלְלוּהוּ שֶׁמֶשׁ וְיָרֵחַ, הַלְלוּהוּ כָּל כּוֹכְבֵי אוֹר. הַלְלוּהוּ שְׁמֵי

4 הַשָּׁמַיִם, וְהַמַּיִם אֲשֶׁר מֵעַל הַשָּׁמַיִם. יְהַלְלוּ אֶת שֵׁם יהוה, כִּי

5 הוּא צִוָּה וְנִבְרָאוּ. וַיַּעֲמִידֵם לָעַד לְעוֹלָם, חָק נָתַן וְלֹא יַעֲבוֹר.

6 הֲרֵינִי מוּכָן וּמְזוּמָּן לְקַיֵּם הַמִּצְוָה לְקַדֵּשׁ הַלְּבָנָה. לְשֵׁם

7 יִחוּד קֻדְשָׁא בְּרִיךְ הוּא וּשְׁכִינְתֵּיהּ עַל יְדֵי הַהוּא טָמִיר וְנֶעְלָם,

8 בְּשֵׁם כָּל יִשְׂרָאֵל.

One should look at the moon before saying this blessing:

9 **בָּרוּךְ** אַתָּה יהוה, אֱלֹהֵינוּ מֶלֶךְ הָעוֹלָם,

10 אֲשֶׁר בְּמַאֲמָרוֹ בָּרָא שְׁחָקִים, וּבְרוּחַ

11 פִּיו כָּל צְבָאָם. חֹק וּזְמַן נָתַן לָהֶם שֶׁלֹּא יְשַׁנּוּ

12 אֶת תַּפְקִידָם. שָׂשִׂים וּשְׂמֵחִים לַעֲשׂוֹת רְצוֹן

13 קוֹנָם, פּוֹעֵל אֱמֶת שֶׁפְּעֻלָּתוֹ אֱמֶת. וְלַלְּבָנָה

14 אָמַר שֶׁתִּתְחַדֵּשׁ עֲטֶרֶת תִּפְאֶרֶת לַעֲמוּסֵי בָטֶן,

15 שֶׁהֵם עֲתִידִים לְהִתְחַדֵּשׁ כְּמוֹתָהּ, וּלְפָאֵר

16 לְיוֹצְרָם עַל שֵׁם כְּבוֹד מַלְכוּתוֹ. בָּרוּךְ אַתָּה

17 יהוה, מְחַדֵּשׁ חֳדָשִׁים.

Say three times:

18 בָּרוּךְ **יוֹצְרֵךְ**, בָּרוּךְ **עוֹשֵׂךְ**, בָּרוּךְ **קוֹנֵךְ**, בָּרוּךְ **בּוֹרְאֵךְ**.

Say three times. Rise on your toes when you say the first three words:

19 כְּשֵׁם שֶׁאֲנִי רוֹקֵד כְּנֶגְדֵּךְ וְאֵינִי יָכוֹל לִנְגּוֹעַ בָּךְ,

20 כַּךְ לֹא יוּכְלוּ כָּל אוֹיְבַי לִנְגּוֹעַ בִּי לְרָעָה.

Say three times:

1 תִּפֹּל עֲלֵיהֶם אֵימָתָה וָפַחַד, בִּגְדֹל זְרוֹעֲךָ יִדְּמוּ כָּאָבֶן.

Say three times:

2 כָּאָבֶן יִדְּמוּ זְרוֹעֲךָ בִּגְדֹל וָפַחַד אֵימָתָה עֲלֵיהֶם תִּפֹּל.

Say three times:

3 דָּוִד מֶלֶךְ יִשְׂרָאֵל חַי וְקַיָּם.

Say this greeting three times:

4 שָׁלוֹם עֲלֵיכֶם

The person who was greeted answers:

5 עֲלֵיכֶם שָׁלוֹם.

Say three times:

6 סִמָּן טוֹב וּמַזָּל טוֹב יְהֵא לָנוּ וּלְכָל יִשְׂרָאֵל. אָמֵן.

7 **קוֹל** דּוֹדִי הִנֵּה זֶה בָּא מְדַלֵּג עַל הֶהָרִים מְקַפֵּץ עַל
8 הַגְּבָעוֹת. דּוֹמֶה דוֹדִי לִצְבִי אוֹ לְעֹפֶר הָאַיָּלִים
9 הִנֵּה זֶה עוֹמֵד אַחַר כָּתְלֵנוּ, מַשְׁגִּיחַ מִן הַחַלֹּנוֹת, מֵצִיץ
10 מִן הַחֲרַכִּים.

11 **שִׁיר לַמַּעֲלוֹת,** אֶשָּׂא עֵינַי אֶל הֶהָרִים, מֵאַיִן יָבֹא
12 עֶזְרִי. עֶזְרִי מֵעִם יְהוה, עֹשֵׂה
13 שָׁמַיִם וָאָרֶץ. אַל יִתֵּן לַמּוֹט רַגְלֶךָ, אַל יָנוּם שֹׁמְרֶךָ. הִנֵּה
14 לֹא יָנוּם וְלֹא יִישָׁן, שׁוֹמֵר יִשְׂרָאֵל. יְהוה שֹׁמְרֶךָ, יְהוה
15 צִלְּךָ עַל יַד יְמִינֶךָ. יוֹמָם הַשֶּׁמֶשׁ לֹא יַכֶּכָּה וְיָרֵחַ בַּלָּיְלָה.
16 יְהוה יִשְׁמָרְךָ מִכָּל רָע, יִשְׁמֹר אֶת נַפְשֶׁךָ. יְהוה יִשְׁמָר
17 צֵאתְךָ וּבוֹאֶךָ, מֵעַתָּה וְעַד עוֹלָם.

18 **הַלְלוּיָהּ,** הַלְלוּ אֵל בְּקָדְשׁוֹ, הַלְלוּהוּ בִּרְקִיעַ עֻזּוֹ.

1 הַלְלוּהוּ בִגְבוּרֹתָיו, הַלְלוּהוּ כְּרֹב גֻּדְלוֹ. הַלְלוּהוּ בְּתֵקַע

2 שׁוֹפָר, הַלְלוּהוּ בְּנֵבֶל וְכִנּוֹר. הַלְלוּהוּ בְּתֹף וּמָחוֹל,

3 הַלְלוּהוּ בְּמִנִּים וְעֻגָב. הַלְלוּהוּ בְצִלְצְלֵי שָׁמַע, הַלְלוּהוּ

4 בְּצִלְצְלֵי תְרוּעָה. כֹּל הַנְּשָׁמָה תְּהַלֵּל יָהּ, הַלְלוּיָהּ.

5 **תָּנָא** דְּבֵי רַבִּי יִשְׁמָעֵאל: אִלְמָלֵי לֹא זָכוּ יִשְׂרָאֵל אֶלָּא

6 לְהַקְבִּיל פְּנֵי אֲבִיהֶם שֶׁבַּשָּׁמַיִם פַּעַם אַחַת

7 בַּחֹדֶשׁ, דַּיָּם. אָמַר אַבַּיֵי: הִלְכָּךְ צָרִיךְ לְמֵימְרָא מְעֻמָּד.

8 מִי זֹאת עֹלָה מִן הַמִּדְבָּר מִתְרַפֶּקֶת עַל דּוֹדָהּ.

9 **וִיהִי רָצוֹן** מִלְּפָנֶיךָ, יהוה אֱלֹהַי וֵאלֹהֵי אֲבוֹתַי,

10 לְמַלֹּאת פְּגִימַת הַלְּבָנָה, וְלֹא יִהְיֶה בָהּ

11 שׁוּם מִעוּט, וִיהִי אוֹר הַלְּבָנָה כְּאוֹר הַחַמָּה, וּכְאוֹר

12 שִׁבְעַת יְמֵי בְרֵאשִׁית כְּמוֹ שֶׁהָיְתָה קֹדֶם מִעוּטָהּ,

13 שֶׁנֶּאֱמַר: אֶת שְׁנֵי הַמְּאֹרֹת הַגְּדֹלִים. וְיִתְקַיֵּם בָּנוּ מִקְרָא

14 שֶׁכָּתוּב: וּבִקְשׁוּ אֶת יהוה אֱלֹהֵיהֶם, וְאֵת דָּוִד מַלְכָּם.

15 אָמֵן.

16 **לַמְנַצֵּחַ** בִּנְגִינֹת מִזְמוֹר שִׁיר. אֱלֹהִים יְחָנֵּנוּ וִיבָרְכֵנוּ,

17 יָאֵר פָּנָיו אִתָּנוּ סֶלָה. לָדַעַת בָּאָרֶץ דַּרְכֶּךָ,

18 בְּכָל גּוֹיִם יְשׁוּעָתֶךָ. יוֹדוּךָ עַמִּים אֱלֹהִים, יוֹדוּךָ עַמִּים

19 כֻּלָּם. יִשְׂמְחוּ וִירַנְּנוּ לְאֻמִּים, כִּי תִשְׁפֹּט עַמִּים מִישֹׁר,

20 וּלְאֻמִּים בָּאָרֶץ תַּנְחֵם סֶלָה. יוֹדוּךָ עַמִּים אֱלֹהִים, יוֹדוּךָ

21 עַמִּים כֻּלָּם. אֶרֶץ נָתְנָה יְבוּלָהּ, יְבָרְכֵנוּ אֱלֹהִים אֱלֹהֵינוּ.

22 יְבָרְכֵנוּ אֱלֹהִים, וְיִירְאוּ אוֹתוֹ כָּל אַפְסֵי אָרֶץ.

In most congregations, עָלֵינוּ (p. 141), is said here,
followed by קַדִּישׁ יָתוֹם (p. 529).

❧ קריאת שמע על המטה ❧

1 **רִבּוֹנוֹ** שֶׁל עוֹלָם, הֲרֵינִי מוֹחֵל לְכָל מִי שֶׁהִכְעִיס וְהִקְנִיט אוֹתִי, אוֹ
2 שֶׁחָטָא כְּנֶגְדִּי – בֵּין בְּגוּפִי, בֵּין בְּמָמוֹנִי, בֵּין בִּכְבוֹדִי, בֵּין
3 בְּכָל אֲשֶׁר לִי; בֵּין בְּאוֹנֶס, בֵּין בְּרָצוֹן, בֵּין בְּשׁוֹגֵג, בֵּין בְּמֵזִיד; בֵּין בְּדִבּוּר,
4 בֵּין בְּמַעֲשֶׂה, בֵּין בְּמַחֲשָׁבָה, בֵּין בְּהַרְהוּר; בֵּין בְּגִלְגּוּל זֶה, בֵּין בְּגִלְגּוּל
5 אַחֵר – לְכָל בַּר יִשְׂרָאֵל, וְלֹא יֵעָנֵשׁ שׁוּם אָדָם בִּסְבָתִי. יְהִי רָצוֹן
6 מִלְּפָנֶיךָ, יהוה אֱלֹהַי וֵאלֹהֵי אֲבוֹתַי, שֶׁלֹּא אֶחֱטָא עוֹד, וְלֹא אֶחֱזוֹר
7 בָּהֶם, וְלֹא אָשׁוּב עוֹד לְהַכְעִיסֶךָ, וְלֹא אֶעֱשֶׂה הָרַע בְּעֵינֶיךָ. וּמַה
8 שֶּׁחָטָאתִי לְפָנֶיךָ מְחוֹק בְּרַחֲמֶיךָ הָרַבִּים, אֲבָל לֹא עַל יְדֵי יִסּוּרִים
9 וָחֳלָיִים רָעִים. יִהְיוּ לְרָצוֹן אִמְרֵי פִי וְהֶגְיוֹן לִבִּי לְפָנֶיךָ, יהוה צוּרִי וְגֹאֲלִי.

בִּרְכַּת הַמַּפִּיל

10 **בָּרוּךְ** אַתָּה יהוה אֱלֹהֵינוּ מֶלֶךְ הָעוֹלָם, הַמַּפִּיל חֶבְלֵי שֵׁנָה
11 עַל עֵינָי, וּתְנוּמָה עַל עַפְעַפָּי, וּמֵאִיר לְאִישׁוֹן בַּת עָיִן.
12 וִיהִי רָצוֹן מִלְּפָנֶיךָ, יהוה אֱלֹהַי וֵאלֹהֵי אֲבוֹתַי, שֶׁתַּשְׁכִּיבֵנִי
13 לְשָׁלוֹם וְתַעֲמִידֵנִי לְחַיִּים טוֹבִים וּלְשָׁלוֹם. וְתֵן חֶלְקִי בְּתוֹרָתֶךָ,
14 וְתַרְגִּילֵנִי לִדְבַר מִצְוָה, וְאַל תַּרְגִּילֵנִי לִדְבַר עֲבֵרָה, וְאַל
15 תְּבִיאֵנִי לֹא לִידֵי חֵטְא, וְלֹא לִידֵי נִסָּיוֹן, וְלֹא לִידֵי בִזָּיוֹן,
16 וְיִשְׁלוֹט בִּי יֵצֶר טוֹב, וְאַל יִשְׁלוֹט בִּי יֵצֶר הָרָע, וְתַצִּילֵנִי מִשָּׂטָן
17 וּמִפֶּגַע רָע וּמֵחֳלָיִים רָעִים. וְאַל יְבַהֲלוּנִי רַעְיוֹנַי, וַחֲלוֹמוֹת
18 רָעִים, וְהַרְהוּרִים רָעִים. וּתְהֵא מִטָּתִי שְׁלֵמָה לְפָנֶיךָ. וְהָאֵר עֵינַי
19 פֶּן אִישַׁן הַמָּוֶת. בָּרוּךְ אַתָּה יהוה, הַמֵּאִיר לָעוֹלָם כֻּלּוֹ בִּכְבוֹדוֹ.

20 אֵל מֶלֶךְ נֶאֱמָן.

Cover your eyes with your right hand when you say the first verse:

21 **שְׁמַע** | יִשְׂרָאֵל, יהוה | אֱלֹהֵינוּ, יהוה | אֶחָד:
22 quietly – בָּרוּךְ שֵׁם כְּבוֹד מַלְכוּתוֹ לְעוֹלָם וָעֶד.

23 **וְאָהַבְתָּ** אֵת יהוה | אֱלֹהֶיךָ, בְּכָל-לְבָבְךָ,
24 וּבְכָל-נַפְשְׁךָ, וּבְכָל-מְאֹדֶךָ: וְהָיוּ

1 הַדְּבָרִים הָאֵלֶּה, אֲשֶׁר | אָנֹכִי מְצַוְּךָ הַיּוֹם,

2 עַל־לְבָבֶךָ: וְשִׁנַּנְתָּם לְבָנֶיךָ, וְדִבַּרְתָּ בָּם, בְּשִׁבְתְּךָ

3 בְּבֵיתֶךָ, וּבְלֶכְתְּךָ בַדֶּרֶךְ, וּבְשָׁכְבְּךָ וּבְקוּמֶךָ:

4 וּקְשַׁרְתָּם לְאוֹת | עַל־יָדֶךָ, וְהָיוּ לְטֹטָפֹת בֵּין |

5 עֵינֶיךָ: וּכְתַבְתָּם | עַל־מְזֻזוֹת בֵּיתֶךָ, וּבִשְׁעָרֶיךָ:

Some people say the entire *Shema* (pp. 47-50) at this time.

6 **וִיהִי נֹעַם** אֲדֹנָי אֱלֹהֵינוּ עָלֵינוּ, וּמַעֲשֵׂה יָדֵינוּ כּוֹנְנָה עָלֵינוּ,

7 וּמַעֲשֵׂה יָדֵינוּ כּוֹנְנֵהוּ.

8 **יֹשֵׁב** בְּסֵתֶר עֶלְיוֹן, בְּצֵל שַׁדַּי יִתְלוֹנָן. אֹמַר לַיהוה, מַחְסִי

9 וּמְצוּדָתִי, אֱלֹהַי אֶבְטַח בּוֹ. כִּי הוּא יַצִּילְךָ מִפַּח יָקוּשׁ,

10 מִדֶּבֶר הַוּוֹת. בְּאֶבְרָתוֹ יָסֶךְ לָךְ, וְתַחַת כְּנָפָיו תֶּחְסֶה, צִנָּה וְסֹחֵרָה

11 אֲמִתּוֹ. לֹא תִירָא מִפַּחַד לָיְלָה, מֵחֵץ יָעוּף יוֹמָם. מִדֶּבֶר בָּאֹפֶל יַהֲלֹךְ,

12 מִקֶּטֶב יָשׁוּד צָהֳרָיִם. יִפֹּל מִצִּדְּךָ אֶלֶף, וּרְבָבָה מִימִינֶךָ, אֵלֶיךָ לֹא

13 יִגָּשׁ. רַק בְּעֵינֶיךָ תַבִּיט, וְשִׁלֻּמַת רְשָׁעִים תִּרְאֶה. כִּי אַתָּה יהוה

14 מַחְסִי, עֶלְיוֹן שַׂמְתָּ מְעוֹנֶךָ. לֹא תְאֻנֶּה אֵלֶיךָ רָעָה, וְנֶגַע לֹא יִקְרַב

15 בְּאָהֳלֶךָ. כִּי מַלְאָכָיו יְצַוֶּה לָּךְ, לִשְׁמָרְךָ בְּכָל דְּרָכֶיךָ. עַל כַּפַּיִם

16 יִשָּׂאוּנְךָ, פֶּן תִּגֹּף בָּאֶבֶן רַגְלֶךָ. עַל שַׁחַל וָפֶתֶן תִּדְרֹךְ, תִּרְמֹס כְּפִיר

17 וְתַנִּין. כִּי בִי חָשַׁק וַאֲפַלְּטֵהוּ, אֲשַׂגְּבֵהוּ, כִּי יָדַע שְׁמִי. יִקְרָאֵנִי וְאֶעֱנֵהוּ,

18 עִמּוֹ אָנֹכִי בְצָרָה, אֲחַלְּצֵהוּ וַאֲכַבְּדֵהוּ. אֹרֶךְ יָמִים אַשְׂבִּיעֵהוּ,

19 וְאַרְאֵהוּ בִּישׁוּעָתִי. אֹרֶךְ יָמִים אַשְׂבִּיעֵהוּ, וְאַרְאֵהוּ בִּישׁוּעָתִי.

20 **יהוה** מָה רַבּוּ צָרָי, רַבִּים קָמִים עָלָי. רַבִּים אֹמְרִים לְנַפְשִׁי,

21 אֵין יְשׁוּעָתָה לּוֹ בֵאלֹהִים סֶלָה. וְאַתָּה יהוה מָגֵן בַּעֲדִי,

22 כְּבוֹדִי וּמֵרִים רֹאשִׁי. קוֹלִי אֶל יהוה אֶקְרָא, וַיַּעֲנֵנִי מֵהַר קָדְשׁוֹ

23 סֶלָה. אֲנִי שָׁכַבְתִּי וָאִישָׁנָה, הֱקִיצוֹתִי, כִּי יהוה יִסְמְכֵנִי. לֹא אִירָא

24 מֵרִבְבוֹת עָם, אֲשֶׁר סָבִיב שָׁתוּ עָלָי. קוּמָה יהוה, הוֹשִׁיעֵנִי אֱלֹהַי,

25 כִּי הִכִּיתָ אֶת כָּל אֹיְבַי לֶחִי, שִׁנֵּי רְשָׁעִים שִׁבַּרְתָּ. לַיהוה הַיְשׁוּעָה,

26 עַל עַמְּךָ בִרְכָתֶךָ סֶּלָה.

1 **הַשְׁכִּיבֵנוּ** יהוה אֱלֹהֵינוּ לְשָׁלוֹם, וְהַעֲמִידֵנוּ מַלְכֵּנוּ
2 לְחַיִּים טוֹבִים וּלְשָׁלוֹם. וּפְרוֹשׂ עָלֵינוּ סֻכַּת
3 שְׁלוֹמֶךָ. וְתַקְּנֵנוּ בְּעֵצָה טוֹבָה מִלְּפָנֶיךָ. וְהוֹשִׁיעֵנוּ מְהֵרָה לְמַעַן
4 שְׁמֶךָ. וְהָגֵן בַּעֲדֵנוּ, וְהָסֵר מֵעָלֵינוּ אוֹיֵב דֶּבֶר וְחֶרֶב וְרָעָב וְיָגוֹן.
5 וְהָסֵר שָׂטָן מִלְּפָנֵינוּ וּמֵאַחֲרֵינוּ. וּבְצֵל כְּנָפֶיךָ תַּסְתִּירֵנוּ. כִּי אֵל
6 שׁוֹמְרֵנוּ וּמַצִּילֵנוּ אָתָּה, כִּי אֵל מֶלֶךְ חַנּוּן וְרַחוּם אָתָּה. וּשְׁמוֹר
7 צֵאתֵנוּ וּבוֹאֵנוּ לְחַיִּים וּלְשָׁלוֹם, מֵעַתָּה וְעַד עוֹלָם.

8 **בָּרוּךְ** יהוה בַּיּוֹם, בָּרוּךְ יהוה בַּלָּיְלָה, בָּרוּךְ יהוה בְּשָׁכְבֵנוּ,
9 בָּרוּךְ יהוה בְּקוּמֵנוּ. כִּי בְיָדְךָ נַפְשׁוֹת הַחַיִּים וְהַמֵּתִים.
10 אֲשֶׁר בְּיָדוֹ נֶפֶשׁ כָּל חָי, וְרוּחַ כָּל בְּשַׂר אִישׁ. בְּיָדְךָ אַפְקִיד רוּחִי,
11 פָּדִיתָה אוֹתִי, יהוה אֵל אֱמֶת. אֱלֹהֵינוּ שֶׁבַּשָּׁמַיִם, יַחֵד שִׁמְךָ וְקַיֵּם
12 מַלְכוּתְךָ תָּמִיד, וּמְלוֹךְ עָלֵינוּ לְעוֹלָם וָעֶד.

13 **יִרְאוּ** עֵינֵינוּ, וְיִשְׂמַח לִבֵּנוּ, וְתָגֵל נַפְשֵׁנוּ בִּישׁוּעָתְךָ בֶּאֱמֶת,
14 בֶּאֱמֹר לְצִיּוֹן מָלַךְ אֱלֹהָיִךְ. יהוה מֶלֶךְ, יהוה מָלָךְ, יהוה
15 יִמְלֹךְ לְעֹלָם וָעֶד. כִּי הַמַּלְכוּת שֶׁלְּךָ הִיא, וּלְעוֹלְמֵי עַד תִּמְלוֹךְ
16 בְּכָבוֹד, כִּי אֵין לָנוּ מֶלֶךְ אֶלָּא אָתָּה.

17 **הַמַּלְאָךְ** הַגֹּאֵל אֹתִי מִכָּל רָע יְבָרֵךְ אֶת
18 הַנְּעָרִים, וְיִקָּרֵא בָהֶם שְׁמִי, וְשֵׁם
19 אֲבֹתַי אַבְרָהָם וְיִצְחָק, וְיִדְגּוּ לָרֹב בְּקֶרֶב הָאָרֶץ.
20 **וַיֹּאמֶר,** אִם שָׁמוֹעַ תִּשְׁמַע לְקוֹל יהוה אֱלֹהֶיךָ, וְהַיָּשָׁר
21 בְּעֵינָיו תַּעֲשֶׂה, וְהַאֲזַנְתָּ לְמִצְוֹתָיו, וְשָׁמַרְתָּ כָּל
22 חֻקָּיו, כָּל הַמַּחֲלָה אֲשֶׁר שַׂמְתִּי בְמִצְרַיִם לֹא אָשִׂים עָלֶיךָ, כִּי אֲנִי
23 יהוה רֹפְאֶךָ. וַיֹּאמֶר יהוה אֶל הַשָּׂטָן, יִגְעַר יהוה בְּךָ הַשָּׂטָן, וְיִגְעַר
24 יהוה בְּךָ הַבֹּחֵר בִּירוּשָׁלָיִם, הֲלוֹא זֶה אוּד מֻצָּל מֵאֵשׁ. הִנֵּה
25 מִטָּתוֹ שֶׁלִּשְׁלֹמֹה, שִׁשִּׁים גִּבֹּרִים סָבִיב לָהּ, מִגִּבֹּרֵי יִשְׂרָאֵל. כֻּלָּם
26 אֲחֻזֵי חֶרֶב, מְלֻמְּדֵי מִלְחָמָה, אִישׁ חַרְבּוֹ עַל יְרֵכוֹ מִפַּחַד בַּלֵּילוֹת.

Say three times:

1 יְבָרֶכְךָ יהוה וְיִשְׁמְרֶךָ. יָאֵר יהוה פָּנָיו אֵלֶיךָ, וִיחֻנֶּךָּ.

2 יִשָּׂא יהוה פָּנָיו אֵלֶיךָ, וְיָשֵׂם לְךָ שָׁלוֹם.

Say three times:

3 הִנֵּה לֹא יָנוּם וְלֹא יִישָׁן, שׁוֹמֵר יִשְׂרָאֵל.

Say three times:

4 לִישׁוּעָתְךָ קִוִּיתִי יהוה. קִוִּיתִי יהוה לִישׁוּעָתְךָ.

5 יהוה לִישׁוּעָתְךָ קִוִּיתִי.

Say three times:

6 בְּשֵׁם יהוה אֱלֹהֵי יִשְׂרָאֵל, מִימִינִי מִיכָאֵל, וּמִשְּׂמֹאלִי גַּבְרִיאֵל,

7 וּמִלְּפָנַי אוּרִיאֵל, וּמֵאֲחוֹרַי רְפָאֵל, וְעַל רֹאשִׁי שְׁכִינַת אֵל.

8 **שִׁיר** הַמַּעֲלוֹת, אַשְׁרֵי כָּל יְרֵא יהוה, הַהֹלֵךְ בִּדְרָכָיו. יְגִיעַ

9 כַּפֶּיךָ כִּי תֹאכֵל, אַשְׁרֶיךָ וְטוֹב לָךְ. אֶשְׁתְּךָ כְּגֶפֶן פֹּרִיָּה

10 בְּיַרְכְּתֵי בֵיתֶךָ, בָּנֶיךָ כִּשְׁתִלֵי זֵיתִים, סָבִיב לְשֻׁלְחָנֶךָ. הִנֵּה כִי כֵן

11 יְבֹרַךְ גָּבֶר, יְרֵא יהוה. יְבָרֶכְךָ יהוה מִצִּיּוֹן, וּרְאֵה בְּטוּב יְרוּשָׁלָיִם

12 כֹּל יְמֵי חַיֶּיךָ. וּרְאֵה בָנִים לְבָנֶיךָ, שָׁלוֹם עַל יִשְׂרָאֵל.

Say three times:

13 רִגְזוּ וְאַל תֶּחֱטָאוּ, אִמְרוּ בִלְבַבְכֶם עַל מִשְׁכַּבְכֶם, וְדֹמּוּ סֶלָה.

14 **אֲדוֹן עוֹלָם** אֲשֶׁר מָלַךְ, בְּטֶרֶם כָּל יְצִיר נִבְרָא. לְעֵת נַעֲשָׂה

15 בְחֶפְצוֹ כֹּל, אֲזַי מֶלֶךְ שְׁמוֹ נִקְרָא. וְאַחֲרֵי

16 כִּכְלוֹת הַכֹּל, לְבַדּוֹ יִמְלוֹךְ נוֹרָא. וְהוּא הָיָה וְהוּא הֹוֶה, וְהוּא

17 יִהְיֶה בְּתִפְאָרָה. וְהוּא אֶחָד וְאֵין שֵׁנִי, לְהַמְשִׁיל לוֹ לְהַחְבִּירָה.

18 בְּלִי רֵאשִׁית בְּלִי תַכְלִית, וְלוֹ הָעֹז וְהַמִּשְׂרָה. וְהוּא אֵלִי וְחַי

19 גֹּאֲלִי, וְצוּר חֶבְלִי בְּעֵת צָרָה. וְהוּא נִסִּי וּמָנוֹס לִי, מְנָת כּוֹסִי

20 בְּיוֹם אֶקְרָא.

21 בְּיָדוֹ אַפְקִיד רוּחִי, בְּעֵת אִישַׁן וְאָעִירָה,

22 וְעִם רוּחִי גְּוִיָּתִי, יהוה לִי וְלֹא אִירָא.

﴾ הדלקת הנרות ﴿

OVER THE SABBATH LIGHTS:

Light the candles, then cover the eyes and recite the blessing.
Uncover the eyes and look at the candles for a short while.

1 **בָּרוּךְ** אַתָּה יהוה אֱלֹהֵינוּ מֶלֶךְ הָעוֹלָם, אֲשֶׁר קִדְּשָׁנוּ
2 בְּמִצְוֹתָיו, וְצִוָּנוּ לְהַדְלִיק נֵר שֶׁל שַׁבָּת.

OVER THE FESTIVAL AND YOM KIPPUR LIGHTS:

If a Festival is on the Sabbath, add the words in brackets.

3 **בָּרוּךְ** אַתָּה יהוה אֱלֹהֵינוּ מֶלֶךְ הָעוֹלָם, אֲשֶׁר
4 קִדְּשָׁנוּ בְּמִצְוֹתָיו, וְצִוָּנוּ לְהַדְלִיק נֵר שֶׁל
5 [שַׁבָּת וְשֶׁל] יוֹם טוֹב / יוֹם הַכִּפּוּרִים.

On the last two days of Pesach, the following blessing is not said.

6 **בָּרוּךְ** אַתָּה יהוה אֱלֹהֵינוּ מֶלֶךְ הָעוֹלָם, שֶׁהֶחֱיָנוּ
7 וְקִיְּמָנוּ וְהִגִּיעָנוּ לַזְּמַן הַזֶּה.

It is customary to say the following prayer after the kindling.
The words in brackets are included as they apply.

8 **יְהִי רָצוֹן** לְפָנֶיךָ, יהוה אֱלֹהַי וֵאלֹהֵי אֲבוֹתַי, שֶׁתְּחוֹנֵן
9 אוֹתִי, [וְאֶת אָבִי, וְאֶת אִמִּי, וְאֶת אִישִׁי, וְאֶת
10 בָּנַי, וְאֶת בְּנוֹתַי] וְאֶת כָּל קְרוֹבַי; וְתִתֶּן לָנוּ וּלְכָל יִשְׂרָאֵל חַיִּים
11 טוֹבִים וַאֲרוּכִים; וְתִזְכְּרֵנוּ בְּזִכְרוֹן טוֹבָה וּבְרָכָה; וְתִפְקְדֵנוּ
12 בִּפְקֻדַּת יְשׁוּעָה וְרַחֲמִים; וּתְבָרְכֵנוּ בְּרָכוֹת גְּדוֹלוֹת; וְתַשְׁלִים
13 בָּתֵּינוּ; וְתַשְׁכֵּן שְׁכִינָתְךָ בֵּינֵינוּ. וְזַכֵּנִי לְגַדֵּל בָּנִים וּבְנֵי בָנִים
14 חֲכָמִים וּנְבוֹנִים, אוֹהֲבֵי יהוה, יִרְאֵי אֱלֹהִים, אַנְשֵׁי אֱמֶת, זֶרַע
15 קֹדֶשׁ, בַּיהוה דְּבֵקִים, וּמְאִירִים אֶת הָעוֹלָם בַּתּוֹרָה וּבְמַעֲשִׂים
16 טוֹבִים, וּבְכָל מְלֶאכֶת עֲבוֹדַת הַבּוֹרֵא. אָנָּא שְׁמַע אֶת תְּחִנָּתִי
17 בָּעֵת הַזֹּאת, בִּזְכוּת שָׂרָה וְרִבְקָה וְרָחֵל וְלֵאָה אִמּוֹתֵינוּ, וְהָאֵר
18 נֵרֵנוּ שֶׁלֹּא יִכְבֶּה לְעוֹלָם וָעֶד, וְהָאֵר פָּנֶיךָ וְנִוָּשֵׁעָה. אָמֵן.

﴾ שיר השירים ﴿

In some congregations each individual recites שִׁיר הַשִּׁירִים,
Song of Songs, on Friday afternoon before *Minchah.*

פרק א

1 א שִׁיר הַשִּׁירִים אֲשֶׁר לִשְׁלֹמֹה: ב יִשָּׁקֵנִי מִנְּשִׁיקוֹת פִּיהוּ כִּי־
2 טוֹבִים דֹּדֶיךָ מִיָּיִן: ג לְרֵיחַ שְׁמָנֶיךָ טוֹבִים שֶׁמֶן תּוּרַק שְׁמֶךָ עַל־כֵּן
3 עֲלָמוֹת אֲהֵבוּךָ: ד מָשְׁכֵנִי אַחֲרֶיךָ נָּרוּצָה הֱבִיאַנִי הַמֶּלֶךְ חֲדָרָיו
4 נָגִילָה וְנִשְׂמְחָה בָּךְ נַזְכִּירָה דֹדֶיךָ מִיַּיִן מֵישָׁרִים אֲהֵבוּךָ:
5 ה שְׁחוֹרָה אֲנִי וְנָאוָה בְּנוֹת יְרוּשָׁלָ͏ִם כְּאָהֳלֵי קֵדָר כִּירִיעוֹת
6 שְׁלֹמֹה: ו אַל־תִּרְאֻנִי שֶׁאֲנִי שְׁחַרְחֹרֶת שֶׁשְּׁזָפַתְנִי הַשָּׁמֶשׁ בְּנֵי
7 אִמִּי נִחֲרוּ־בִי שָׂמֻנִי נֹטֵרָה אֶת־הַכְּרָמִים כַּרְמִי שֶׁלִּי לֹא נָטָרְתִּי:
8 ז הַגִּידָה לִּי שֶׁאָהֲבָה נַפְשִׁי אֵיכָה תִרְעֶה אֵיכָה תַּרְבִּיץ בַּצָּהֳרָיִם
9 שַׁלָּמָה אֶהְיֶה כְּעֹטְיָה עַל עֶדְרֵי חֲבֵרֶיךָ: ח אִם־לֹא תֵדְעִי לָךְ
10 הַיָּפָה בַּנָּשִׁים צְאִי־לָךְ בְּעִקְבֵי הַצֹּאן וּרְעִי אֶת־גְּדִיֹּתַיִךְ עַל
11 מִשְׁכְּנוֹת הָרֹעִים: ט לְסֻסָתִי בְּרִכְבֵי פַרְעֹה דִּמִּיתִיךְ רַעְיָתִי: י נָאווּ
12 לְחָיַיִךְ בַּתֹּרִים צַוָּארֵךְ בַּחֲרוּזִים: יא תּוֹרֵי זָהָב נַעֲשֶׂה־לָּךְ עִם
13 נְקֻדּוֹת הַכָּסֶף: יב עַד־שֶׁהַמֶּלֶךְ בִּמְסִבּוֹ נִרְדִּי נָתַן רֵיחוֹ: יג צְרוֹר
14 הַמֹּר דּוֹדִי לִי בֵּין שָׁדַי יָלִין: יד אֶשְׁכֹּל הַכֹּפֶר דּוֹדִי לִי בְּכַרְמֵי
15 עֵין גֶּדִי: טו הִנָּךְ יָפָה רַעְיָתִי הִנָּךְ יָפָה עֵינַיִךְ יוֹנִים: טז הִנְּךָ יָפֶה דוֹדִי
16 אַף נָעִים אַף־עַרְשֵׂנוּ רַעֲנָנָה: יז קֹרוֹת בָּתֵּינוּ אֲרָזִים רַהִיטֵנוּ
17 בְּרוֹתִים:

פרק ב

18 א אֲנִי חֲבַצֶּלֶת הַשָּׁרוֹן שׁוֹשַׁנַּת הָעֲמָקִים: ב כְּשׁוֹשַׁנָּה בֵּין הַחוֹחִים
19 כֵּן רַעְיָתִי בֵּין הַבָּנוֹת: ג כְּתַפּוּחַ בַּעֲצֵי הַיַּעַר כֵּן דּוֹדִי בֵּין הַבָּנִים
20 בְּצִלּוֹ חִמַּדְתִּי וְיָשַׁבְתִּי וּפִרְיוֹ מָתוֹק לְחִכִּי: ד הֱבִיאַנִי אֶל־בֵּית
21 הַיַּיִן וְדִגְלוֹ עָלַי אַהֲבָה: ה סַמְּכוּנִי בָּאֲשִׁישׁוֹת רַפְּדוּנִי בַּתַּפּוּחִים
22 כִּי־חוֹלַת אַהֲבָה אָנִי: ו שְׂמֹאלוֹ תַּחַת לְרֹאשִׁי וִימִינוֹ תְּחַבְּקֵנִי:
23 ז הִשְׁבַּעְתִּי אֶתְכֶם בְּנוֹת יְרוּשָׁלַ͏ִם בִּצְבָאוֹת אוֹ בְּאַיְלוֹת הַשָּׂדֶה
24 אִם־תָּעִירוּ וְאִם־תְּעוֹרְרוּ אֶת־הָאַהֲבָה עַד שֶׁתֶּחְפָּץ: ח קוֹל

1 דּוֹדִי הִנֵּה־זֶה בָּא מְדַלֵּג עַל־הֶהָרִים מְקַפֵּץ עַל־הַגְּבָעוֹת:

2 ט דּוֹמֶה דוֹדִי לִצְבִי אוֹ לְעֹפֶר הָאַיָּלִים הִנֵּה־זֶה עוֹמֵד אַחַר

3 כָּתְלֵנוּ מַשְׁגִּיחַ מִן־הַחַלֹּנוֹת מֵצִיץ מִן־הַחֲרַכִּים: י עָנָה דוֹדִי

4 וְאָמַר לִי קוּמִי לָךְ רַעְיָתִי יָפָתִי וּלְכִי־לָךְ: יא כִּי־הִנֵּה הַסְּתָו עָבָר

5 הַגֶּשֶׁם חָלַף הָלַךְ לוֹ: יב הַנִּצָּנִים נִרְאוּ בָאָרֶץ עֵת הַזָּמִיר הִגִּיעַ

6 וְקוֹל הַתּוֹר נִשְׁמַע בְּאַרְצֵנוּ: יג הַתְּאֵנָה חָנְטָה פַגֶּיהָ וְהַגְּפָנִים |

7 סְמָדַר נָתְנוּ רֵיחַ קוּמִי לָךְ רַעְיָתִי יָפָתִי וּלְכִי־לָךְ: יד יוֹנָתִי בְּחַגְוֵי

8 הַסֶּלַע בְּסֵתֶר הַמַּדְרֵגָה הַרְאִינִי אֶת־מַרְאַיִךְ הַשְׁמִיעִנִי אֶת־

9 קוֹלֵךְ כִּי־קוֹלֵךְ עָרֵב וּמַרְאֵיךְ נָאוֶה: טו אֶחֱזוּ־לָנוּ שׁוּעָלִים

10 שׁוּעָלִים קְטַנִּים מְחַבְּלִים כְּרָמִים וּכְרָמֵינוּ סְמָדַר: טז דּוֹדִי לִי וַאֲנִי

11 לוֹ הָרֹעֶה בַּשּׁוֹשַׁנִּים: יז עַד שֶׁיָּפוּחַ הַיּוֹם וְנָסוּ הַצְּלָלִים סֹב

12 דְּמֵה־לְךָ דוֹדִי לִצְבִי אוֹ לְעֹפֶר הָאַיָּלִים עַל־הָרֵי בָתֶר:

פרק ג

13 א עַל־מִשְׁכָּבִי בַּלֵּילוֹת בִּקַּשְׁתִּי אֵת שֶׁאָהֲבָה נַפְשִׁי בִּקַּשְׁתִּיו וְלֹא

14 מְצָאתִיו: ב אָקוּמָה נָּא וַאֲסוֹבְבָה בָעִיר בַּשְּׁוָקִים וּבָרְחֹבוֹת

15 אֲבַקְשָׁה אֵת שֶׁאָהֲבָה נַפְשִׁי בִּקַּשְׁתִּיו וְלֹא מְצָאתִיו: ג מְצָאוּנִי

16 הַשֹּׁמְרִים הַסֹּבְבִים בָּעִיר אֵת שֶׁאָהֲבָה נַפְשִׁי רְאִיתֶם: ד כִּמְעַט

17 שֶׁעָבַרְתִּי מֵהֶם עַד שֶׁמָּצָאתִי אֵת שֶׁאָהֲבָה נַפְשִׁי אֲחַזְתִּיו וְלֹא

18 אַרְפֶּנּוּ עַד־שֶׁהֲבֵיאתִיו אֶל־בֵּית אִמִּי וְאֶל־חֶדֶר הוֹרָתִי:

19 ה הִשְׁבַּעְתִּי אֶתְכֶם בְּנוֹת יְרוּשָׁלַ͏ִם בִּצְבָאוֹת אוֹ בְּאַיְלוֹת הַשָּׂדֶה

20 אִם־תָּעִירוּ | וְאִם־תְּעוֹרְרוּ אֶת־הָאַהֲבָה עַד שֶׁתֶּחְפָּץ: ו מִי זֹאת

21 עֹלָה מִן־הַמִּדְבָּר כְּתִימֲרוֹת עָשָׁן מְקֻטֶּרֶת מֹר וּלְבוֹנָה מִכֹּל

22 אַבְקַת רוֹכֵל: ז הִנֵּה מִטָּתוֹ שֶׁלִּשְׁלֹמֹה שִׁשִּׁים גִּבֹּרִים סָבִיב לָהּ

23 מִגִּבֹּרֵי יִשְׂרָאֵל: ח כֻּלָּם אֲחֻזֵי חֶרֶב מְלֻמְּדֵי מִלְחָמָה אִישׁ חַרְבּוֹ

24 עַל־יְרֵכוֹ מִפַּחַד בַּלֵּילוֹת: ט אַפִּרְיוֹן עָשָׂה לוֹ הַמֶּלֶךְ שְׁלֹמֹה

25 מֵעֲצֵי הַלְּבָנוֹן: י עַמּוּדָיו עָשָׂה כֶסֶף רְפִידָתוֹ זָהָב מֶרְכָּבוֹ אַרְגָּמָן

26 תּוֹכוֹ רָצוּף אַהֲבָה מִבְּנוֹת יְרוּשָׁלָ͏ִם: יא צְאֶינָה | וּרְאֶינָה בְּנוֹת צִיּוֹן

27 בַּמֶּלֶךְ שְׁלֹמֹה בָּעֲטָרָה שֶׁעִטְּרָה־לּוֹ אִמּוֹ בְּיוֹם חֲתֻנָּתוֹ וּבְיוֹם

28 שִׂמְחַת לִבּוֹ:

פרק ד

1 הִנָּךְ יָפָה רַעְיָתִי הִנָּךְ יָפָה עֵינַיִךְ יוֹנִים מִבַּעַד לְצַמָּתֵךְ שַׂעְרֵךְ

2 כְּעֵדֶר הָעִזִּים שֶׁגָּלְשׁוּ מֵהַר גִּלְעָד: בּ שִׁנַּיִךְ כְּעֵדֶר הַקְּצוּבוֹת

3 שֶׁעָלוּ מִן־הָרַחְצָה שֶׁכֻּלָּם מַתְאִימוֹת וְשַׁכֻּלָה אֵין בָּהֶם: גּ כְּחוּט

4 הַשָּׁנִי שִׂפְתוֹתַיִךְ וּמִדְבָּרֵךְ נָאוֶה כְּפֶלַח הָרִמּוֹן רַקָּתֵךְ מִבַּעַד

5 לְצַמָּתֵךְ: דּ כְּמִגְדַּל דָּוִיד צַוָּארֵךְ בָּנוּי לְתַלְפִּיּוֹת אֶלֶף הַמָּגֵן תָּלוּי

6 עָלָיו כֹּל שִׁלְטֵי הַגִּבֹּרִים: הּ שְׁנֵי שָׁדַיִךְ כִּשְׁנֵי עֳפָרִים תְּאוֹמֵי צְבִיָּה

7 הָרֹעִים בַּשּׁוֹשַׁנִּים: וּ עַד שֶׁיָּפוּחַ הַיּוֹם וְנָסוּ הַצְּלָלִים אֵלֶךְ לִי

8 אֶל־הַר הַמּוֹר וְאֶל־גִּבְעַת הַלְּבוֹנָה: זּ כֻּלָּךְ יָפָה רַעְיָתִי וּמוּם אֵין

9 בָּךְ: חּ אִתִּי מִלְּבָנוֹן כַּלָּה אִתִּי מִלְּבָנוֹן תָּבוֹאִי תָּשׁוּרִי ׀ מֵרֹאשׁ

10 אֲמָנָה מֵרֹאשׁ שְׂנִיר וְחֶרְמוֹן מִמְּעֹנוֹת אֲרָיוֹת מֵהַרְרֵי נְמֵרִים:

11 טּ לִבַּבְתִּנִי אֲחֹתִי כַלָּה לִבַּבְתִּנִי בְּאַחַת מֵעֵינַיִךְ בְּאַחַד עֲנָק

12 מִצַּוְּרֹנָיִךְ: יּ מַה־יָּפוּ דֹדַיִךְ אֲחֹתִי כַלָּה מַה־טֹּבוּ דֹדַיִךְ מִיַּיִן

13 וְרֵיחַ שְׁמָנַיִךְ מִכָּל־בְּשָׂמִים: אַּ נֹפֶת תִּטֹּפְנָה שִׂפְתוֹתַיִךְ כַּלָּה

14 דְּבַשׁ וְחָלָב תַּחַת לְשׁוֹנֵךְ וְרֵיחַ שַׂלְמֹתַיִךְ כְּרֵיחַ לְבָנוֹן:

15 יבּ גַּן ׀ נָעוּל אֲחֹתִי כַלָּה גַּל נָעוּל מַעְיָן חָתוּם: יגּ שְׁלָחַיִךְ פַּרְדֵּס

16 רִמּוֹנִים עִם פְּרִי מְגָדִים כְּפָרִים עִם־נְרָדִים: ידּ נֵרְדְּ ׀ וְכַרְכֹּם קָנֶה

17 וְקִנָּמוֹן עִם כָּל־עֲצֵי לְבוֹנָה מֹר וַאֲהָלוֹת עִם כָּל־רָאשֵׁי בְשָׂמִים:

18 טוּ מַעְיַן גַּנִּים בְּאֵר מַיִם חַיִּים וְנֹזְלִים מִן־לְבָנוֹן: טזּ עוּרִי צָפוֹן

19 וּבוֹאִי תֵימָן הָפִיחִי גַנִּי יִזְּלוּ בְשָׂמָיו יָבֹא דוֹדִי לְגַנּוֹ וְיֹאכַל פְּרִי

20 מְגָדָיו:

פרק ה

21 אַ בָּאתִי לְגַנִּי אֲחֹתִי כַלָּה אָרִיתִי מוֹרִי עִם־בְּשָׂמִי אָכַלְתִּי יַעְרִי

22 עִם־דִּבְשִׁי שָׁתִיתִי יֵינִי עִם־חֲלָבִי אִכְלוּ רֵעִים שְׁתוּ וְשִׁכְרוּ

23 דּוֹדִים: בּ אֲנִי יְשֵׁנָה וְלִבִּי עֵר קוֹל ׀ דּוֹדִי דוֹפֵק פִּתְחִי־לִי אֲחֹתִי

24 רַעְיָתִי יוֹנָתִי תַמָּתִי שֶׁרֹּאשִׁי נִמְלָא־טָל קְוֻצּוֹתַי רְסִיסֵי לָיְלָה:

25 גּ פָּשַׁטְתִּי אֶת־כֻּתָּנְתִּי אֵיכָכָה אֶלְבָּשֶׁנָּה רָחַצְתִּי אֶת־רַגְלַי

26 אֵיכָכָה אֲטַנְּפֵם: דּ דּוֹדִי שָׁלַח יָדוֹ מִן־הַחֹר וּמֵעַי הָמוּ עָלָיו:

27 הּ קַמְתִּי אֲנִי לִפְתֹּחַ לְדוֹדִי וְיָדַי נָטְפוּ־מוֹר וְאֶצְבְּעֹתַי מוֹר עֹבֵר

עַל כַּפּוֹת הַמַּנְעוּל: פָּתַחְתִּי אֲנִי לְדוֹדִי וְדוֹדִי חָמַק עָבָר נַפְשִׁי 1

יָצְאָה בְדַבְּרוֹ בִּקַּשְׁתִּיהוּ וְלֹא מְצָאתִיהוּ קְרָאתִיו וְלֹא עָנָנִי: 2

מְצָאֻנִי הַשֹּׁמְרִים הַסֹּבְבִים בָּעִיר הִכּוּנִי פְצָעוּנִי נָשְׂאוּ אֶת־ 3

רְדִידִי מֵעָלַי שֹׁמְרֵי הַחֹמוֹת: הִשְׁבַּעְתִּי אֶתְכֶם בְּנוֹת יְרוּשָׁלָם 4

אִם־תִּמְצְאוּ אֶת־דּוֹדִי מַה־תַּגִּידוּ לוֹ שֶׁחוֹלַת אַהֲבָה אָנִי: מַה־ 5

דּוֹדֵךְ מִדּוֹד הַיָּפָה בַּנָּשִׁים מַה־דּוֹדֵךְ מִדּוֹד שֶׁכָּכָה הִשְׁבַּעְתָּנוּ: 6

דּוֹדִי צַח וְאָדוֹם דָּגוּל מֵרְבָבָה: רֹאשׁוֹ כֶּתֶם פָּז קְוֻצּוֹתָיו 7

תַּלְתַּלִּים שְׁחֹרוֹת כָּעוֹרֵב: עֵינָיו כְּיוֹנִים עַל־אֲפִיקֵי מָיִם 8

רֹחֲצוֹת בֶּחָלָב יֹשְׁבוֹת עַל־מִלֵּאת: לְחָיָו כַּעֲרוּגַת הַבֹּשֶׂם 9

מִגְדְּלוֹת מֶרְקָחִים שִׂפְתוֹתָיו שׁוֹשַׁנִּים נֹטְפוֹת מוֹר עֹבֵר: יָדָיו 10

גְּלִילֵי זָהָב מְמֻלָּאִים בַּתַּרְשִׁישׁ מֵעָיו עֶשֶׁת שֵׁן מְעֻלֶּפֶת סַפִּירִים: 11

שׁוֹקָיו עַמּוּדֵי שֵׁשׁ מְיֻסָּדִים עַל־אַדְנֵי־פָז מַרְאֵהוּ כַּלְּבָנוֹן 12

בָּחוּר כָּאֲרָזִים: חִכּוֹ מַמְתַקִּים וְכֻלּוֹ מַחֲמַדִּים זֶה דוֹדִי וְזֶה רֵעִי 13

בְּנוֹת יְרוּשָׁלָם: 14

פרק ו

אָנָה הָלַךְ דּוֹדֵךְ הַיָּפָה בַּנָּשִׁים אָנָה פָּנָה דוֹדֵךְ וּנְבַקְשֶׁנּוּ עִמָּךְ: 15

דּוֹדִי יָרַד לְגַנּוֹ לַעֲרֻגוֹת הַבֹּשֶׂם לִרְעוֹת בַּגַּנִּים וְלִלְקֹט שׁוֹשַׁנִּים: 16

אֲנִי לְדוֹדִי וְדוֹדִי לִי הָרֹעֶה בַּשּׁוֹשַׁנִּים: יָפָה אַתְּ רַעְיָתִי 17

כְּתִרְצָה נָאוָה כִּירוּשָׁלָם אֲיֻמָּה כַּנִּדְגָּלוֹת: הָסֵבִּי עֵינַיִךְ מִנֶּגְדִּי 18

שֶׁהֵם הִרְהִיבֻנִי שַׂעְרֵךְ כְּעֵדֶר הָעִזִּים שֶׁגָּלְשׁוּ מִן־הַגִּלְעָד: שִׁנַּיִךְ 19

כְּעֵדֶר הָרְחֵלִים שֶׁעָלוּ מִן־הָרַחְצָה שֶׁכֻּלָּם מַתְאִימוֹת וְשַׁכֻּלָה 20

אֵין בָּהֶם: כְּפֶלַח הָרִמּוֹן רַקָּתֵךְ מִבַּעַד לְצַמָּתֵךְ: שִׁשִּׁים הֵמָּה 21

מְלָכוֹת וּשְׁמֹנִים פִּילַגְשִׁים וַעֲלָמוֹת אֵין מִסְפָּר: אַחַת הִיא 22

יוֹנָתִי תַמָּתִי אַחַת הִיא לְאִמָּהּ בָּרָה הִיא לְיוֹלַדְתָּהּ רָאוּהָ בָנוֹת 23

וַיְאַשְּׁרוּהָ מְלָכוֹת וּפִילַגְשִׁים וַיְהַלְלוּהָ: מִי־זֹאת הַנִּשְׁקָפָה כְּמוֹ־ 24

שָׁחַר יָפָה כַלְּבָנָה בָּרָה כַּחַמָּה אֲיֻמָּה כַּנִּדְגָּלוֹת: אֶל־גִּנַּת אֱגוֹז 25

יָרַדְתִּי לִרְאוֹת בְּאִבֵּי הַנָּחַל לִרְאוֹת הֲפָרְחָה הַגֶּפֶן הֵנֵצוּ 26

הָרִמֹּנִים: לֹא יָדַעְתִּי נַפְשִׁי שָׂמַתְנִי מַרְכְּבוֹת עַמִּי נָדִיב: 27

פרק ז

1 א שׁוּבִי שׁוּבִי הַשּׁוּלַמִּית שׁוּבִי שׁוּבִי וְנֶחֱזֶה־בָּךְ מַה־תֶּחֱזוּ

2 בַּשּׁוּלַמִּית כִּמְחֹלַת הַמַּחֲנָיִם: ב מַה־יָּפוּ פְעָמַיִךְ בַּנְּעָלִים בַּת־

3 נָדִיב חַמּוּקֵי יְרֵכַיִךְ כְּמוֹ חֲלָאִים מַעֲשֵׂה יְדֵי אָמָּן: ג שָׁרְרֵךְ אַגַּן

4 הַסַּהַר אַל־יֶחְסַר הַמָּזֶג בִּטְנֵךְ עֲרֵמַת חִטִּים סוּגָה בַּשּׁוֹשַׁנִּים:

5 ד שְׁנֵי שָׁדַיִךְ כִּשְׁנֵי עֳפָרִים תָּאֳמֵי צְבִיָּה: ה צַוָּארֵךְ כְּמִגְדַּל הַשֵּׁן

6 עֵינַיִךְ בְּרֵכוֹת בְּחֶשְׁבּוֹן עַל־שַׁעַר בַּת־רַבִּים אַפֵּךְ כְּמִגְדַּל

7 הַלְּבָנוֹן צוֹפֶה פְּנֵי דַמָּשֶׂק: ו רֹאשֵׁךְ עָלַיִךְ כַּכַּרְמֶל וְדַלַּת רֹאשֵׁךְ

8 כָּאַרְגָּמָן מֶלֶךְ אָסוּר בָּרְהָטִים: ז מַה־יָּפִית וּמַה־נָּעַמְתְּ אַהֲבָה

9 בַּתַּעֲנוּגִים: ח זֹאת קוֹמָתֵךְ דָּמְתָה לְתָמָר וְשָׁדַיִךְ לְאַשְׁכֹּלוֹת:

10 ט אָמַרְתִּי אֶעֱלֶה בְתָמָר אֹחֲזָה בְּסַנְסִנָּיו וְיִהְיוּ־נָא שָׁדַיִךְ

11 כְּאֶשְׁכְּלוֹת הַגֶּפֶן וְרֵיחַ אַפֵּךְ כַּתַּפּוּחִים: י וְחִכֵּךְ כְּיֵין הַטּוֹב הוֹלֵךְ

12 לְדוֹדִי לְמֵישָׁרִים דּוֹבֵב שִׂפְתֵי יְשֵׁנִים: יא אֲנִי לְדוֹדִי וְעָלַי

13 תְּשׁוּקָתוֹ: יב לְכָה דוֹדִי נֵצֵא הַשָּׂדֶה נָלִינָה בַּכְּפָרִים: יג נַשְׁכִּימָה

14 לַכְּרָמִים נִרְאֶה אִם פָּרְחָה הַגֶּפֶן פִּתַּח הַסְּמָדַר הֵנֵצוּ הָרִמּוֹנִים

15 שָׁם אֶתֵּן אֶת־דֹּדַי לָךְ: יד הַדּוּדָאִים נָתְנוּ־רֵיחַ וְעַל־פְּתָחֵינוּ

16 כָּל־מְגָדִים חֲדָשִׁים גַּם־יְשָׁנִים דּוֹדִי צָפַנְתִּי לָךְ:

פרק ח

17 א מִי יִתֶּנְךָ כְּאָח לִי יוֹנֵק שְׁדֵי אִמִּי אֶמְצָאֲךָ בַחוּץ אֶשָּׁקְךָ גַּם

18 לֹא־יָבֻזוּ לִי: ב אֶנְהָגְךָ אֲבִיאֲךָ אֶל־בֵּית אִמִּי תְּלַמְּדֵנִי אַשְׁקְךָ

19 מִיַּיִן הָרֶקַח מֵעֲסִיס רִמֹּנִי: ג שְׂמֹאלוֹ תַּחַת רֹאשִׁי וִימִינוֹ

20 תְּחַבְּקֵנִי: ד הִשְׁבַּעְתִּי אֶתְכֶם בְּנוֹת יְרוּשָׁלָ͏ִם מַה־תָּעִירוּ ׀ וּמַה־

21 תְּעֹרְרוּ אֶת־הָאַהֲבָה עַד שֶׁתֶּחְפָּץ: ה מִי זֹאת עֹלָה מִן־הַמִּדְבָּר

22 מִתְרַפֶּקֶת עַל־דּוֹדָהּ תַּחַת הַתַּפּוּחַ עוֹרַרְתִּיךָ שָׁמָּה חִבְּלַתְךָ

23 אִמֶּךָ שָׁמָּה חִבְּלָה יְלָדַתְךָ: ו שִׂמֵנִי כַחוֹתָם עַל־לִבֶּךָ כַּחוֹתָם

24 עַל־זְרוֹעֶךָ כִּי־עַזָּה כַמָּוֶת אַהֲבָה קָשָׁה כִשְׁאוֹל קִנְאָה רְשָׁפֶיהָ

25 רִשְׁפֵּי אֵשׁ שַׁלְהֶבֶתְיָה: ז מַיִם רַבִּים לֹא יוּכְלוּ לְכַבּוֹת אֶת־

26 הָאַהֲבָה וּנְהָרוֹת לֹא יִשְׁטְפוּהָ אִם יִתֵּן אִישׁ אֶת כָּל־הוֹן בֵּיתוֹ

27 בָּאַהֲבָה בּוֹז יָבוּזוּ לוֹ: ח אָחוֹת לָנוּ קְטַנָּה וְשָׁדַיִם אֵין לָהּ

1 מַה־נַּעֲשֶׂה לַאֲחוֹתֵנוּ בַּיּוֹם שֶׁיְּדֻבַּר־בָּהּ: ט אִם־חוֹמָה הִיא נִבְנֶה

2 עָלֶיהָ טִירַת כָּסֶף וְאִם־דֶּלֶת הִיא נָצוּר עָלֶיהָ לוּחַ אָרֶז: י אֲנִי

3 חוֹמָה וְשָׁדַי כַּמִּגְדָּלוֹת אָז הָיִיתִי בְעֵינָיו כְּמוֹצְאֵת שָׁלוֹם:

4 יא כֶּרֶם הָיָה לִשְׁלֹמֹה בְּבַעַל הָמוֹן נָתַן אֶת־הַכֶּרֶם לַנֹּטְרִים אִישׁ

5 יָבִא בְּפִרְיוֹ אֶלֶף כָּסֶף: יב כַּרְמִי שֶׁלִּי לְפָנָי הָאֶלֶף לְךָ שְׁלֹמֹה

6 וּמָאתַיִם לְנֹטְרִים אֶת־פִּרְיוֹ: יג הַיּוֹשֶׁבֶת בַּגַּנִּים חֲבֵרִים

7 מַקְשִׁיבִים לְקוֹלֵךְ הַשְׁמִיעִנִי: יד בְּרַח דּוֹדִי וּדְמֵה־לְךָ לִצְבִי אוֹ

8 לְעֹפֶר הָאַיָּלִים עַל הָרֵי בְשָׂמִים:

9 **רִבּוֹן כָּל הָעוֹלָמִים,** יְהִי רָצוֹן מִלְּפָנֶיךָ, יהוה אֱלֹהַי וֵאלֹהֵי אֲבוֹתַי,

10 שֶׁבִּזְכוּת שִׁיר הַשִּׁירִים אֲשֶׁר קָרִיתִי וְלָמַדְתִּי,

11 שֶׁהוּא קֹדֶשׁ קָדָשִׁים, בִּזְכוּת פְּסוּקָיו, וּבִזְכוּת תֵּבוֹתָיו, וּבִזְכוּת אוֹתִיּוֹתָיו,

12 וּבִזְכוּת נְקֻדּוֹתָיו, וּבִזְכוּת טְעָמָיו, וּבִזְכוּת שְׁמוֹתָיו וְצֵרוּפָיו וּרְמָזָיו

13 וְסוֹדוֹתָיו הַקְּדוֹשִׁים וְהַטְּהוֹרִים הַנּוֹרָאִים הַיּוֹצְאִים מִמֶּנּוּ. שֶׁתְּהֵא שָׁעָה

14 זוֹ שְׁעַת רַחֲמִים, שְׁעַת הַקְשָׁבָה, שְׁעַת הַאֲזָנָה, וְנִקְרָאֲךָ וְתַעֲנֵנוּ. נַעְתִּיר

15 לְךָ וְהֵעָתֵר לָנוּ, שֶׁיִּהְיֶה עוֹלֶה לְפָנֶיךָ קְרִיאַת וְלִמּוּד שִׁיר הַשִּׁירִים,

16 כְּאִלּוּ הִשַּׂגְנוּ כָּל הַסּוֹדוֹת הַנִּפְלָאוֹת וְהַנּוֹרָאוֹת אֲשֶׁר הֵם חֲתוּמִים בּוֹ,

17 בְּכָל תְּנָאָיו. וְנִזְכֶּה לְמָקוֹם שֶׁהָרוּחוֹת וְהַנְּשָׁמוֹת נֶחֱצָבוֹת מִשָּׁם. וּכְאִלּוּ

18 עָשִׂינוּ כָּל מַה שֶּׁמּוּטָל עָלֵינוּ לְהַשִּׂיג, בֵּין בְּגִלְגּוּל זֶה בֵּין בְּגִלְגּוּל אַחֵר.

19 וְלִהְיוֹת מִן הָעוֹלִים וְהַזּוֹכִים לָעוֹלָם הַבָּא עִם שְׁאָר צַדִּיקִים וַחֲסִידִים.

20 וּמַלֵּא כָּל מִשְׁאֲלוֹת לִבֵּנוּ לְטוֹבָה, וְתִהְיֶה עִם לְבָבֵנוּ וְאִמְרֵי פִינוּ בְּעֵת

21 מַחְשְׁבוֹתֵינוּ, וְעִם יָדֵינוּ בְּעֵת מַעֲבָדֵינוּ. וְתִשְׁלַח בְּרָכָה וְהַצְלָחָה

22 וְהַרְוָחָה, בְּכָל מַעֲשֵׂה יָדֵינוּ. וּמֵעָפָר תְּקִימֵנוּ, וּמֵאַשְׁפּוֹת דַּלּוּתֵנוּ

23 תְּרוֹמְמֵנוּ, וְתָשִׁיב שְׁכִינָתְךָ לְעִיר קָדְשֶׁךָ, בִּמְהֵרָה בְיָמֵינוּ. אָמֵן.

One who is unable to recite the entire שִׁיר הַשִּׁירִים should recite these four verses.

24 יִשָּׁקֵנִי מִנְּשִׁיקוֹת פִּיהוּ, כִּי טוֹבִים דֹּדֶיךָ מִיָּיִן.

25 עוּרִי צָפוֹן, וּבוֹאִי תֵימָן, הָפִיחִי גַנִּי, יִזְּלוּ בְשָׂמָיו,

26 יָבֹא דוֹדִי לְגַנּוֹ, וְיֹאכַל פְּרִי מְגָדָיו.

27 קוֹל דּוֹדִי הִנֵּה זֶה בָּא, מְדַלֵּג עַל הֶהָרִים, מְקַפֵּץ עַל הַגְּבָעוֹת.

28 בָּאתִי לְגַנִּי, אֲחֹתִי כַלָּה, אָרִיתִי מוֹרִי עִם בְּשָׂמִי, אָכַלְתִּי יַעְרִי עִם דִּבְשִׁי,

29 שָׁתִיתִי יֵינִי עִם חֲלָבִי, אִכְלוּ רֵעִים, שְׁתוּ וְשִׁכְרוּ דּוֹדִים.

﴾ מִנְחָה לְעֶרֶב שַׁבָּת ﴿

1 **הֹדוּ** לַיהוה כִּי טוֹב, כִּי לְעוֹלָם חַסְדּוֹ. יֹאמְרוּ גְּאוּלֵי

2 יהוה, אֲשֶׁר גְּאָלָם מִיַּד צָר. וּמֵאֲרָצוֹת קִבְּצָם,

3 מִמִּזְרָח וּמִמַּעֲרָב, מִצָּפוֹן וּמִיָּם. תָּעוּ בַמִּדְבָּר בִּישִׁימוֹן

4 דָּרֶךְ, עִיר מוֹשָׁב לֹא מָצָאוּ. רְעֵבִים גַּם צְמֵאִים, נַפְשָׁם

5 בָּהֶם תִּתְעַטָּף. וַיִּצְעֲקוּ אֶל יהוה בַּצַּר לָהֶם, מִמְּצוּקוֹתֵיהֶם

6 יַצִּילֵם. וַיַּדְרִיכֵם בְּדֶרֶךְ יְשָׁרָה, לָלֶכֶת אֶל עִיר מוֹשָׁב. יוֹדוּ

7 לַיהוה חַסְדּוֹ, וְנִפְלְאוֹתָיו לִבְנֵי אָדָם. כִּי הִשְׂבִּיעַ נֶפֶשׁ

8 שֹׁקֵקָה, וְנֶפֶשׁ רְעֵבָה מִלֵּא טוֹב. יֹשְׁבֵי חֹשֶׁךְ וְצַלְמָוֶת,

9 אֲסִירֵי עֳנִי וּבַרְזֶל. כִּי הִמְרוּ אִמְרֵי אֵל, וַעֲצַת עֶלְיוֹן נָאָצוּ.

10 וַיַּכְנַע בֶּעָמָל לִבָּם, כָּשְׁלוּ וְאֵין עֹזֵר. וַיִּזְעֲקוּ אֶל יהוה בַּצַּר

11 לָהֶם, מִמְּצֻקוֹתֵיהֶם יוֹשִׁיעֵם. יוֹצִיאֵם מֵחֹשֶׁךְ וְצַלְמָוֶת,

12 וּמוֹסְרוֹתֵיהֶם יְנַתֵּק. יוֹדוּ לַיהוה חַסְדּוֹ, וְנִפְלְאוֹתָיו לִבְנֵי

13 אָדָם. כִּי שִׁבַּר דַּלְתוֹת נְחֹשֶׁת, וּבְרִיחֵי בַרְזֶל גִּדֵּעַ. אֱוִלִים

14 מִדֶּרֶךְ פִּשְׁעָם, וּמֵעֲוֺנֹתֵיהֶם יִתְעַנּוּ. כָּל אֹכֶל תְּתַעֵב נַפְשָׁם,

15 וַיַּגִּיעוּ עַד שַׁעֲרֵי מָוֶת. וַיִּזְעֲקוּ אֶל יהוה בַּצַּר לָהֶם,

16 מִמְּצֻקוֹתֵיהֶם יוֹשִׁיעֵם. יִשְׁלַח דְּבָרוֹ וְיִרְפָּאֵם, וִימַלֵּט

17 מִשְּׁחִיתוֹתָם. יוֹדוּ לַיהוה חַסְדּוֹ, וְנִפְלְאוֹתָיו לִבְנֵי אָדָם.

18 וְיִזְבְּחוּ זִבְחֵי תוֹדָה, וִיסַפְּרוּ מַעֲשָׂיו בְּרִנָּה. יוֹרְדֵי הַיָּם

19 בָּאֳנִיּוֹת, עֹשֵׂי מְלָאכָה בְּמַיִם רַבִּים. הֵמָּה רָאוּ מַעֲשֵׂי

20 יהוה, וְנִפְלְאוֹתָיו בִּמְצוּלָה. וַיֹּאמֶר וַיַּעֲמֵד רוּחַ סְעָרָה,

21 וַתְּרוֹמֵם גַּלָּיו. יַעֲלוּ שָׁמַיִם, יֵרְדוּ תְהוֹמוֹת, נַפְשָׁם בְּרָעָה

22 תִתְמוֹגָג. יָחוֹגּוּ וְיָנוּעוּ כַּשִּׁכּוֹר, וְכָל חָכְמָתָם תִּתְבַּלָּע.

23 וַיִּצְעֲקוּ אֶל יהוה בַּצַּר לָהֶם, וּמִמְּצוּקֹתֵיהֶם יוֹצִיאֵם. יָקֵם

סְעָרָה לִדְמָמָה, וַיֶּחֱשׁוּ גַּלֵּיהֶם. וַיִּשְׂמְחוּ כִי יִשְׁתֹּקוּ, וַיַּנְחֵם

אֶל מְחוֹז חֶפְצָם. יוֹדוּ לַיהוה חַסְדּוֹ, וְנִפְלְאוֹתָיו לִבְנֵי

אָדָם. וִירוֹמְמֽוּהוּ בִּקְהַל עָם, וּבְמוֹשַׁב זְקֵנִים יְהַלְלֽוּהוּ.

יָשֵׂם נְהָרוֹת לְמִדְבָּר, וּמֹצָאֵי מַיִם לְצִמָּאוֹן. אֶרֶץ פְּרִי

לִמְלֵחָה, מֵרָעַת יֽוֹשְׁבֵי בָהּ. יָשֵׂם מִדְבָּר לַאֲגַם מַיִם, וְאֶרֶץ

צִיָּה לְמֹצָאֵי מָיִם. וַיּֽוֹשֶׁב שָׁם רְעֵבִים, וַיְכוֹנְנוּ עִיר מוֹשָׁב.

וַיִּזְרְעוּ שָׂדוֹת, וַיִּטְּעוּ כְרָמִים, וַיַּעֲשׂוּ פְּרִי תְבוּאָה. וַיְבָרְכֵם

וַיִּרְבּוּ מְאֹד, וּבְהֶמְתָּם לֹא יַמְעִיט. וַיִּמְעֲטוּ וַיָּשֹׁחוּ, מֵעֹצֶר

רָעָה וְיָגוֹן. שֹׁפֵךְ בּוּז עַל נְדִיבִים, וַיַּתְעֵם בְּתֹהוּ לֹא דָרֶךְ.

❖ וַיְשַׂגֵּב אֶבְיוֹן מֵעֽוֹנִי, וַיָּשֶׂם כַּצֹּאן מִשְׁפָּחוֹת. יִרְאוּ

יְשָׁרִים וְיִשְׂמָחוּ, וְכָל עַוְלָה קָפְצָה פִּיהָ. מִי חָכָם וְיִשְׁמָר

אֵלֶּה, וְיִתְבּוֹנְנוּ חַסְדֵי יהוה.

יְדִיד נֶפֶשׁ אַב הָרַחֲמָן, מְשׁךְ עַבְדְּךָ אֶל רְצוֹנֶךָ, יָרוּץ

עַבְדְּךָ כְּמוֹ אַיָּל, יִשְׁתַּחֲוֶה אֶל מוּל הֲדָרֶךָ, יֶעֱרַב

לוֹ יְדִידוֹתֶיךָ, מִנֹּפֶת צוּף וְכָל טָעַם.

הָדוּר נָאֶה זִיו הָעוֹלָם, נַפְשִׁי חוֹלַת אַהֲבָתֶךָ, אָנָּא אֵל נָא

רְפָא נָא לָהּ, בְּהַרְאוֹת לָהּ נֹעַם זִיוֶךָ, אָז תִּתְחַזֵּק

וְתִתְרַפֵּא, וְהָיְתָה לָהּ שִׂמְחַת עוֹלָם.

וָתִיק יֶהֱמוּ נָא רַחֲמֶיךָ, וְחֽוּסָה נָּא עַל בֵּן אֲהוּבֶךָ, כִּי זֶה

כַּמָּה נִכְסֹף נִכְסַפְתִּי, לִרְאוֹת מְהֵרָה בְּתִפְאֶרֶת עֻזֶּךָ,

אֵלֶּה חָמְדָה לִבִּי, וְחֽוּסָה נָּא וְאַל תִּתְעַלָּם.

הִגָּלֵה נָא וּפְרֹשׂ חֲבִיבִי עָלַי, אֶת סֻכַּת שְׁלוֹמֶךָ, תָּאִיר אֶרֶץ

מִכְּבוֹדֶךָ, נָגִילָה וְנִשְׂמְחָה בָּךְ. ❖ מַהֵר אֱהֹב כִּי בָא

מוֹעֵד, וְחָנֵּנוּ כִּימֵי עוֹלָם.

MINCHAH CONTINUES WITH THE REGULAR WEEKDAY SERVICE (P. 116).

ﮊ קבלת שבת ﮊ

WHEN A FESTIVAL OR CHOL HAMOED FALLS ON FRIDAY OR ON THE SABBATH,
KABBALAS SHABBOS BEGINS WITH מִזְמוֹר לְדָוִד (P. 168).

1 **לְכוּ נְרַנְּנָה** לַיהוה, נָרִיעָה לְצוּר יִשְׁעֵנוּ.

2 נְקַדְּמָה פָנָיו בְּתוֹדָה, בִּזְמִרוֹת נָרִיעַ לוֹ.

3 כִּי אֵל גָּדוֹל יהוה, וּמֶלֶךְ גָּדוֹל עַל כָּל אֱלֹהִים.

4 אֲשֶׁר בְּיָדוֹ מֶחְקְרֵי אָרֶץ, וְתוֹעֲפוֹת הָרִים לוֹ.

5 אֲשֶׁר לוֹ הַיָּם וְהוּא עָשָׂהוּ, וְיַבֶּשֶׁת יָדָיו יָצָרוּ.

6 בְּאוּ נִשְׁתַּחֲוֶה וְנִכְרָעָה, נִבְרְכָה לִפְנֵי יהוה עֹשֵׂנוּ.

7 כִּי הוּא אֱלֹהֵינוּ וַאֲנַחְנוּ עַם מַרְעִיתוֹ וְצֹאן יָדוֹ,

8 הַיּוֹם אִם בְּקֹלוֹ תִשְׁמָעוּ.

9 אַל תַּקְשׁוּ לְבַבְכֶם כִּמְרִיבָה, כְּיוֹם מַסָּה בַּמִּדְבָּר.

10 אֲשֶׁר נִסּוּנִי אֲבוֹתֵיכֶם, בְּחָנוּנִי גַּם רָאוּ פָעֳלִי.

11 ❖ אַרְבָּעִים שָׁנָה אָקוּט בְּדוֹר,

12 וָאֹמַר עַם תֹּעֵי לֵבָב הֵם, וְהֵם לֹא יָדְעוּ דְרָכָי.

13 אֲשֶׁר נִשְׁבַּעְתִּי בְאַפִּי, אִם יְבֹאוּן אֶל מְנוּחָתִי.

14 **שִׁירוּ** לַיהוה שִׁיר חָדָשׁ,

15 שִׁירוּ לַיהוה כָּל הָאָרֶץ.

16 שִׁירוּ לַיהוה בָּרְכוּ שְׁמוֹ, בַּשְּׂרוּ מִיּוֹם לְיוֹם יְשׁוּעָתוֹ.

17 סַפְּרוּ בַגּוֹיִם כְּבוֹדוֹ, בְּכָל הָעַמִּים נִפְלְאוֹתָיו.

18 כִּי גָדוֹל יהוה וּמְהֻלָּל מְאֹד, נוֹרָא הוּא עַל כָּל אֱלֹהִים.

19 כִּי כָּל אֱלֹהֵי הָעַמִּים אֱלִילִים, (pause) וַיהוה שָׁמַיִם עָשָׂה.

20 הוֹד וְהָדָר לְפָנָיו, עֹז וְתִפְאֶרֶת בְּמִקְדָּשׁוֹ.

21 הָבוּ לַיהוה מִשְׁפְּחוֹת עַמִּים, הָבוּ לַיהוה כָּבוֹד וָעֹז.

1 הָבוּ לַיהוה כְּבוֹד שְׁמוֹ, שְׂאוּ מִנְחָה וּבֹאוּ לְחַצְרוֹתָיו.

2 הִשְׁתַּחֲווּ לַיהוה בְּהַדְרַת קֹדֶשׁ, חִילוּ מִפָּנָיו כָּל הָאָרֶץ.

3 אִמְרוּ בַגּוֹיִם יהוה מָלָךְ,

4 אַף תִּכּוֹן תֵּבֵל בַּל תִּמּוֹט, יָדִין עַמִּים בְּמֵישָׁרִים.

5 ❖ יִשְׂמְחוּ הַשָּׁמַיִם וְתָגֵל הָאָרֶץ, יִרְעַם הַיָּם וּמְלֹאוֹ.

6 יַעֲלֹז שָׂדַי וְכָל אֲשֶׁר בּוֹ, אָז יְרַנְּנוּ כָּל עֲצֵי יָעַר.

7 לִפְנֵי יהוה כִּי בָא, כִּי בָא לִשְׁפֹּט הָאָרֶץ,

8 יִשְׁפֹּט תֵּבֵל בְּצֶדֶק, וְעַמִּים בֶּאֱמוּנָתוֹ.

9 **יהוה** מָלָךְ תָּגֵל הָאָרֶץ, יִשְׂמְחוּ אִיִּים רַבִּים.

10 עָנָן וַעֲרָפֶל סְבִיבָיו, צֶדֶק וּמִשְׁפָּט מְכוֹן כִּסְאוֹ.

11 אֵשׁ לְפָנָיו תֵּלֵךְ, וּתְלַהֵט סָבִיב צָרָיו.

12 הֵאִירוּ בְרָקָיו תֵּבֵל, רָאֲתָה וַתָּחֵל הָאָרֶץ.

13 הָרִים כַּדּוֹנַג נָמַסּוּ מִלִּפְנֵי יהוה,

14 מִלִּפְנֵי אֲדוֹן כָּל הָאָרֶץ.

15 הִגִּידוּ הַשָּׁמַיִם צִדְקוֹ, וְרָאוּ כָל הָעַמִּים כְּבוֹדוֹ.

16 יֵבֹשׁוּ כָּל עֹבְדֵי פֶסֶל הַמִּתְהַלְלִים בָּאֱלִילִים,

17 הִשְׁתַּחֲווּ לוֹ כָּל אֱלֹהִים.

18 שָׁמְעָה וַתִּשְׂמַח צִיּוֹן וַתָּגֵלְנָה בְּנוֹת יְהוּדָה,

19 לְמַעַן מִשְׁפָּטֶיךָ יהוה.

20 כִּי אַתָּה יהוה עֶלְיוֹן עַל כָּל הָאָרֶץ,

21 מְאֹד נַעֲלֵיתָ עַל כָּל אֱלֹהִים.

22 ❖ אֹהֲבֵי יהוה שִׂנְאוּ רָע,

23 שֹׁמֵר נַפְשׁוֹת חֲסִידָיו, מִיַּד רְשָׁעִים יַצִּילֵם.

1 אוֹר זָרֻעַ לַצַּדִּיק, וּלְיִשְׁרֵי לֵב שִׂמְחָה.

2 שִׂמְחוּ צַדִּיקִים בַּיהוה, וְהוֹדוּ לְזֵכֶר קָדְשׁוֹ.

3 **מִזְמוֹר,** שִׁירוּ לַיהוה שִׁיר חָדָשׁ, כִּי נִפְלָאוֹת עָשָׂה,

4 הוֹשִׁיעָה לּוֹ יְמִינוֹ וּזְרוֹעַ קָדְשׁוֹ.

5 הוֹדִיעַ יהוה יְשׁוּעָתוֹ, לְעֵינֵי הַגּוֹיִם גִּלָּה צִדְקָתוֹ.

6 זָכַר חַסְדּוֹ וֶאֱמוּנָתוֹ לְבֵית יִשְׂרָאֵל,

7 רָאוּ כָל אַפְסֵי אָרֶץ אֵת יְשׁוּעַת אֱלֹהֵינוּ.

8 הָרִיעוּ לַיהוה כָּל הָאָרֶץ, פִּצְחוּ וְרַנְּנוּ וְזַמֵּרוּ.

9 זַמְּרוּ לַיהוה בְּכִנּוֹר, בְּכִנּוֹר וְקוֹל זִמְרָה.

10 בַּחֲצֹצְרוֹת וְקוֹל שׁוֹפָר, הָרִיעוּ לִפְנֵי הַמֶּלֶךְ יהוה.

11 יִרְעַם הַיָּם וּמְלֹאוֹ, תֵּבֵל וְיֹשְׁבֵי בָהּ.

12 ❖ נְהָרוֹת יִמְחֲאוּ כָף, יַחַד הָרִים יְרַנֵּנוּ.

13 לִפְנֵי יהוה כִּי בָא לִשְׁפֹּט הָאָרֶץ,

14 יִשְׁפֹּט תֵּבֵל בְּצֶדֶק, וְעַמִּים בְּמֵישָׁרִים.

15 **יהוה** מָלָךְ יִרְגְּזוּ עַמִּים, יֹשֵׁב כְּרוּבִים תָּנוּט הָאָרֶץ.

16 יהוה בְּצִיּוֹן גָּדוֹל, וְרָם הוּא עַל כָּל הָעַמִּים.

17 יוֹדוּ שִׁמְךָ גָּדוֹל וְנוֹרָא קָדוֹשׁ הוּא.

18 וְעֹז מֶלֶךְ מִשְׁפָּט אָהֵב, אַתָּה כּוֹנַנְתָּ מֵישָׁרִים,

19 מִשְׁפָּט וּצְדָקָה בְּיַעֲקֹב אַתָּה עָשִׂיתָ.

20 רוֹמְמוּ יהוה אֱלֹהֵינוּ, וְהִשְׁתַּחֲווּ לַהֲדֹם רַגְלָיו,

21 קָדוֹשׁ הוּא.

22 מֹשֶׁה וְאַהֲרֹן בְּכֹהֲנָיו, וּשְׁמוּאֵל בְּקֹרְאֵי שְׁמוֹ,

23 קֹרְאִים אֶל יהוה וְהוּא יַעֲנֵם.

1 ❖ בְּעַמּוּד עָנָן יְדַבֵּר אֲלֵיהֶם,

2 שָׁמְרוּ עֵדֹתָיו וְחֹק נָתַן לָמוֹ.

3 יהוה אֱלֹהֵינוּ אַתָּה עֲנִיתָם,

4 אֵל נֹשֵׂא הָיִיתָ לָהֶם, וְנֹקֵם עַל עֲלִילוֹתָם.

5 רוֹמְמוּ יהוה אֱלֹהֵינוּ וְהִשְׁתַּחֲווּ לְהַר קָדְשׁוֹ,

6 כִּי קָדוֹשׁ יהוה אֱלֹהֵינוּ.

WHEN A FESTIVAL OR CHOL HAMOED FALLS ON FRIDAY OR ON THE SABBATH,
BEGIN *KABBALAS SHABBOS* HERE.

Stand when saying the following psalm.

7 (בּוֹאוּ וְנֵצֵא לִקְרַאת כַּלָּה, לִקְרַאת שַׁבָּת מַלְכְּתָא, דַּחֲקַל תַּפּוּחִין קַדִּישִׁין.)

8 **מִזְמוֹר לְדָוִד,** הָבוּ לַיהוה בְּנֵי אֵלִים,

9 הָבוּ לַיהוה כָּבוֹד וָעֹז.

10 הָבוּ לַיהוה כְּבוֹד שְׁמוֹ, הִשְׁתַּחֲווּ לַיהוה בְּהַדְרַת קֹדֶשׁ.

11 קוֹל יהוה עַל הַמָּיִם, אֵל הַכָּבוֹד הִרְעִים,

12 יהוה עַל מַיִם רַבִּים.

13 קוֹל יהוה בַּכֹּחַ, קוֹל יהוה בֶּהָדָר.

14 קוֹל יהוה שֹׁבֵר אֲרָזִים, וַיְשַׁבֵּר יהוה אֶת אַרְזֵי הַלְּבָנוֹן.

15 וַיַּרְקִידֵם כְּמוֹ עֵגֶל, לְבָנוֹן וְשִׂרְיוֹן כְּמוֹ בֶן רְאֵמִים.

16 קוֹל יהוה חֹצֵב לַהֲבוֹת אֵשׁ.

17 קוֹל יהוה יָחִיל מִדְבָּר, יָחִיל יהוה מִדְבַּר קָדֵשׁ.

18 ❖ קוֹל יהוה יְחוֹלֵל אַיָּלוֹת, וַיֶּחֱשֹׂף יְעָרוֹת,

19 וּבְהֵיכָלוֹ, כֻּלּוֹ אֹמֵר כָּבוֹד.

20 יהוה לַמַּבּוּל יָשָׁב, וַיֵּשֶׁב יהוה מֶלֶךְ לְעוֹלָם.

21 יהוה עֹז לְעַמּוֹ יִתֵּן, יהוה יְבָרֵךְ אֶת עַמּוֹ בַשָּׁלוֹם.

1   **אָנָּא בְכֹחַ** גְּדֻלַּת יְמִינְךָ תַּתִּיר צְרוּרָה. קַבֵּל רִנַּת עַמְּךָ שַׂגְּבֵנוּ

2   טַהֲרֵנוּ נוֹרָא. נָא גִבּוֹר דּוֹרְשֵׁי יִחוּדְךָ כְּבָבַת

3   שָׁמְרֵם. בָּרְכֵם טַהֲרֵם רַחֲמֵם צִדְקָתְךָ תָּמִיד גָּמְלֵם. חֲסִין קָדוֹשׁ

4   בְּרוֹב טוּבְךָ נַהֵל עֲדָתֶךָ. יָחִיד גֵּאֶה לְעַמְּךָ פְּנֵה זוֹכְרֵי קְדֻשָּׁתֶךָ.

5   שַׁוְעָתֵנוּ קַבֵּל וּשְׁמַע צַעֲקָתֵנוּ יוֹדֵעַ תַּעֲלֻמוֹת. בָּרוּךְ שֵׁם כְּבוֹד

6   מַלְכוּתוֹ לְעוֹלָם וָעֶד.

WHEN A FESTIVAL OR CHOL HAMOED FALLS ON FRIDAY OR ON THE SABBATH,
MOST CONGREGATIONS OMIT FROM מִקְדַּשׁ מֶלֶךְ THROUGH וְהָיוּ לִמְשִׁסָּה.

In most congregations, the *chazzan* says each verse before the congregation.
In others, the congregation says it first.

7   **לְכָה דוֹדִי** לִקְרַאת כַּלָּה, פְּנֵי שַׁבָּת נְקַבְּלָה.

8   לְכָה דוֹדִי לִקְרַאת כַּלָּה, פְּנֵי שַׁבָּת נְקַבְּלָה.

9   **שָׁ**מוֹר וְזָכוֹר בְּדִבּוּר אֶחָד, הִשְׁמִיעָנוּ אֵל הַמְּיֻחָד,

10   יהוה אֶחָד וּשְׁמוֹ אֶחָד, לְשֵׁם וּלְתִפְאֶרֶת וְלִתְהִלָּה.

11   לְכָה דוֹדִי לִקְרַאת כַּלָּה, פְּנֵי שַׁבָּת נְקַבְּלָה.

12   **לִ**קְרַאת שַׁבָּת לְכוּ וְנֵלְכָה, כִּי הִיא מְקוֹר הַבְּרָכָה,

13   מֵרֹאשׁ מִקֶּדֶם נְסוּכָה,

14   סוֹף מַעֲשֶׂה בְּמַחֲשָׁבָה תְּחִלָּה.

15   לְכָה דוֹדִי לִקְרַאת כַּלָּה, פְּנֵי שַׁבָּת נְקַבְּלָה.

16   **מִ**קְדַּשׁ מֶלֶךְ עִיר מְלוּכָה, קוּמִי צְאִי מִתּוֹךְ הַהֲפֵכָה,

17   רַב לָךְ שֶׁבֶת בְּעֵמֶק הַבָּכָא,

18   וְהוּא יַחֲמוֹל עָלַיִךְ חֶמְלָה.

19   לְכָה דוֹדִי לִקְרַאת כַּלָּה, פְּנֵי שַׁבָּת נְקַבְּלָה.

20   **הִ**תְנַעֲרִי מֵעָפָר קוּמִי, לִבְשִׁי בִּגְדֵי תִפְאַרְתֵּךְ עַמִּי,

21   עַל יַד בֶּן יִשַׁי בֵּית הַלַּחְמִי, קָרְבָה אֶל נַפְשִׁי גְאָלָהּ.

22   לְכָה דוֹדִי לִקְרַאת כַּלָּה, פְּנֵי שַׁבָּת נְקַבְּלָה.

הָתְעוֹרְרִי הִתְעוֹרְרִי, כִּי בָא אוֹרֵךְ קוּמִי אוֹרִי, 1

עוּרִי עוּרִי שִׁיר דַּבֵּרִי, כְּבוֹד יהוה עָלַיִךְ נִגְלָה. 2

לְכָה דוֹדִי לִקְרַאת כַּלָּה, פְּנֵי שַׁבָּת נְקַבְּלָה. 3

לֹא תֵבוֹשִׁי וְלֹא תִכָּלְמִי, מַה תִּשְׁתּוֹחֲחִי וּמַה תֶּהֱמִי, 4

בָּךְ יֶחֱסוּ עֲנִיֵּי עַמִּי, וְנִבְנְתָה עִיר עַל תִּלָּהּ. 5

לְכָה דוֹדִי לִקְרַאת כַּלָּה, פְּנֵי שַׁבָּת נְקַבְּלָה. 6

וְהָיוּ לִמְשִׁסָּה שֹׁאסָיִךְ, וְרָחֲקוּ כָּל מְבַלְּעָיִךְ, 7

יָשִׂישׂ עָלַיִךְ אֱלֹהָיִךְ, כִּמְשׂוֹשׂ חָתָן עַל כַּלָּה. 8

לְכָה דוֹדִי לִקְרַאת כַּלָּה, פְּנֵי שַׁבָּת נְקַבְּלָה. 9

יָמִין וּשְׂמֹאל תִּפְרוֹצִי, וְאֶת יהוה תַּעֲרִיצִי, 10

עַל יַד אִישׁ בֶּן פַּרְצִי, וְנִשְׂמְחָה וְנָגִילָה. 11

לְכָה דוֹדִי לִקְרַאת כַּלָּה, פְּנֵי שַׁבָּת נְקַבְּלָה. 12

Stand and face the back of the synagogue. When saying the words בּוֹאִי כַלָּה,
bow and turn, as if to greet the Sabbath Queen as she enters.

בּוֹאִי בְשָׁלוֹם עֲטֶרֶת בַּעְלָהּ, 13

גַּם בְּרִנָּה [on Festivals – בְּשִׂמְחָה] וּבְצָהֳלָה, 14

תּוֹךְ אֱמוּנֵי עַם סְגֻלָּה, בּוֹאִי כַלָּה, בּוֹאִי כַלָּה. 15

[Softly – בּוֹאִי כַלָּה שַׁבָּת מַלְכְּתָא.] 16

לְכָה דוֹדִי לִקְרַאת כַּלָּה, פְּנֵי שַׁבָּת נְקַבְּלָה. 17

מִזְמוֹר שִׁיר לְיוֹם הַשַּׁבָּת. 18

טוֹב לְהֹדוֹת לַיהוה, וּלְזַמֵּר לְשִׁמְךָ עֶלְיוֹן. 19

לְהַגִּיד בַּבְּקֶר חַסְדֶּךָ, וֶאֱמוּנָתְךָ בַּלֵּילוֹת. 20

עֲלֵי עָשׂוֹר וַעֲלֵי נָבֶל, עֲלֵי הִגָּיוֹן בְּכִנּוֹר. 21

כִּי שִׂמַּחְתַּנִי יהוה בְּפָעֳלֶךָ, בְּמַעֲשֵׂי יָדֶיךָ אֲרַנֵּן. 22

1 מַה גָּדְלוּ מַעֲשֶׂיךָ יהוה, מְאֹד עָמְקוּ מַחְשְׁבֹתֶיךָ.

2 אִישׁ בַּעַר לֹא יֵדָע, וּכְסִיל לֹא יָבִין אֶת זֹאת.

3 בִּפְרֹחַ רְשָׁעִים כְּמוֹ עֵשֶׂב,

4 וַיָּצִיצוּ כָּל פֹּעֲלֵי אָוֶן, לְהִשָּׁמְדָם עֲדֵי עַד.

5 וְאַתָּה מָרוֹם לְעֹלָם יהוה.

6 כִּי הִנֵּה אֹיְבֶיךָ יהוה, כִּי הִנֵּה אֹיְבֶיךָ יֹאבֵדוּ,

7 יִתְפָּרְדוּ כָּל פֹּעֲלֵי אָוֶן.

8 וַתָּרֶם כִּרְאֵים קַרְנִי, בַּלֹּתִי בְּשֶׁמֶן רַעֲנָן.

9 וַתַּבֵּט עֵינִי בְּשׁוּרָי, בַּקָּמִים עָלַי מְרֵעִים, תִּשְׁמַעְנָה אָזְנָי.

10 ❖ צַדִּיק כַּתָּמָר יִפְרָח, כְּאֶרֶז בַּלְּבָנוֹן יִשְׂגֶּה.

11 שְׁתוּלִים בְּבֵית יהוה, בְּחַצְרוֹת אֱלֹהֵינוּ יַפְרִיחוּ.

12 עוֹד יְנוּבוּן בְּשֵׂיבָה, דְּשֵׁנִים וְרַעֲנַנִּים יִהְיוּ.

13 לְהַגִּיד כִּי יָשָׁר יהוה, צוּרִי וְלֹא עַוְלָתָה בּוֹ.

14 **יהוה מָלָךְ** גֵּאוּת לָבֵשׁ, לָבֵשׁ יהוה עֹז הִתְאַזָּר, אַף תִּכּוֹן תֵּבֵל בַּל תִּמּוֹט.

15

16 נָכוֹן כִּסְאֲךָ מֵאָז, מֵעוֹלָם אָתָּה.

17 נָשְׂאוּ נְהָרוֹת, יהוה, נָשְׂאוּ נְהָרוֹת קוֹלָם,

18 יִשְׂאוּ נְהָרוֹת דָּכְיָם.

19 ❖ מִקֹּלוֹת מַיִם רַבִּים אַדִּירִים מִשְׁבְּרֵי יָם,

20 אַדִּיר בַּמָּרוֹם יהוה.

21 עֵדֹתֶיךָ נֶאֶמְנוּ מְאֹד לְבֵיתְךָ נַאֲוָה קֹדֶשׁ,

22 יהוה, לְאֹרֶךְ יָמִים.

IF THERE IS A *MINYAN*, MOURNERS RECITE קַדִּישׁ יָתוֹם (P. 529).

WHEN A FESTIVAL OR CHOL HAMOED FALLS ON FRIDAY OR ON THE SABBATH,
MOST CONGREGATIONS DO NOT SAY כְּגַוְנָא AND CONTINUE WITH בָּרְכוּ (P. 173).

כְּגַוְנָא דְּאִינּוּן מִתְיַחֲדִין לְעֵלָּא בְּאֶחָד, אוּף הָכִי 1

אִיהִי אִתְיַחֲדַת לְתַתָּא בְּרָזָא דְאֶחָד, לְמֶהֱוֵי 2

עִמְּהוֹן לְעֵלָּא חַד לָקֳבֵל חַד. קֻדְשָׁא בְּרִיךְ הוּא אֶחָד 3

לְעֵלָּא לָא יָתִיב עַל כּוּרְסַיָּא דִּיקָרֵיה עַד דְּאִתְעֲבִידַת 4

אִיהִי בְּרָזָא דְּאֶחָד כְּגַוְנָא דִילֵיה, לְמֶהֱוֵי אֶחָד בְּאֶחָד. 5

וְהָא אוּקִימְנָא רָזָא דַּיהֹוָה אֶחָד וּשְׁמוֹ אֶחָד. 6

רָזָא דְשַׁבָּת, אִיהִי שַׁבָּת, דְּאִתְאַחֲדַת בְּרָזָא דְאֶחָד, 7

לְמִשְׁרֵי עֲלָהּ רָזָא דְאֶחָד, צְלוֹתָא דְמַעֲלֵי שַׁבְּתָא, דְּהָא 8

אִתְאַחֲדַת כּוּרְסַיָּא יַקִּירָא קַדִּישָׁא בְּרָזָא דְאֶחָד, 9

וְאִתְתַּקָּנַת לְמִשְׁרֵי עֲלָהּ מַלְכָּא קַדִּישָׁא עִלָּאָה. כַּד עָיֵּל 10

שַׁבְּתָא, אִיהִי אִתְיַחֲדַת וְאִתְפָּרְשַׁת מִסִּטְרָא אַחֲרָא, 11

וְכָל דִּינִין מִתְעַבְּרִין מִנָּה, וְאִיהִי אִשְׁתְּאָרַת בְּיִחוּדָא 12

דִּנְהִירוּ קַדִּישָׁא, וְאִתְעַטְּרַת בְּכַמָּה עִטְּרִין, לְגַבֵּי מַלְכָּא 13

קַדִּישָׁא. וְכָל שׁוּלְטָנֵי רוּגְזִין, וּמָארֵי דְדִינָא כֻּלְּהוּ 14

עַרְקִין, וְאִתְעַבְּרוּ מִנָּה. וְלֵית שׁוּלְטָנָא עִלָּאָה אַחֲרָא 15

בְּכֻלְּהוּ עָלְמִין (בַּר מִנָּהּ), ❖ וְאַנְפָּהָא נְהִירִין בִּנְהִירוּ 16

עִלָּאָה, וְאִתְעַטְּרַת לְתַתָּא בְּעַמָּא קַדִּישָׁא. וְכֻלְּהוֹן 17

מִתְעַטְּרִין בְּנִשְׁמָתִין חַדְתִּין. כְּדֵין שֵׁירוּתָא דִצְלוֹתָא, 18

לְבָרְכָא לָהּ בְּחֶדְוָה בִּנְהִירוּ דְאַנְפִּין (וְלוֹמַר). 19

One praying without a *minyan* continues:

וְלוֹמַר בָּרְכוּ אֶת יהֹוָה הַמְבֹרָךְ. אֶת דַּיְקָא דָּא שַׁבָּת דְּמַעֲלֵי שַׁבְּתָא, 20

בָּרוּךְ יהֹוָה הַמְבֹרָךְ, דָּא אַפִּיקוּ דְבִרְכָאָן מִמְּקוֹרָא דְחַיֵּי, וְאַתָר 21

דְּנָפִיק מִנֵּיה כָּל שַׁקְיוּ לְאַשְׁקָאָה לְכֹלָּא. וּבְגִין דְּאִיהוּ מְקוֹרָא, בְּרָזָא דְאָת 22

קַיָּמָא, קָרֵינַן לֵיה הַמְבֹרָךְ, אִיהוּ מַבּוּעָא דְבֵירָא, וְכֵיוָן דִּמְטָאָן הָתָם, הָא 23

כֻּלְּהוּ לְעוֹלָם וָעֶד, וְדָא אִיהוּ, בָּרוּךְ יהֹוָה הַמְבֹרָךְ לְעוֹלָם וָעֶד. 24

❦ מעריב לשבת ויום טוב ❦

FOR LAWS OF *MAARIV* AND *SHEMA,* SEE PAGE 116.

Chazzan bows at בָּרְכוּ and straightens up at ה'.

בָּרְכוּ אֶת יהוה הַמְּבֹרָךְ.   1

Congregation, followed by *chazzan,* responds, bowing at בָּרוּךְ and straightening up at ה'.

בָּרוּךְ יהוה הַמְּבֹרָךְ לְעוֹלָם וָעֶד.   2

ברכות קריאת שמע

בָּרוּךְ אַתָּה יהוה אֱלֹהֵינוּ מֶלֶךְ הָעוֹלָם, אֲשֶׁר   3
בִּדְבָרוֹ מַעֲרִיב עֲרָבִים, בְּחָכְמָה פּוֹתֵחַ   4
שְׁעָרִים, וּבִתְבוּנָה מְשַׁנֶּה עִתִּים, וּמַחֲלִיף אֶת   5
הַזְּמַנִּים, וּמְסַדֵּר אֶת הַכּוֹכָבִים בְּמִשְׁמְרוֹתֵיהֶם   6
בָּרָקִיעַ כִּרְצוֹנוֹ. בּוֹרֵא יוֹם וָלַיְלָה, גּוֹלֵל אוֹר מִפְּנֵי   7
חֹשֶׁךְ וְחֹשֶׁךְ מִפְּנֵי אוֹר. ❖ וּמַעֲבִיר יוֹם וּמֵבִיא לַיְלָה,   8
וּמַבְדִּיל בֵּין יוֹם וּבֵין לַיְלָה, יהוה צְבָאוֹת שְׁמוֹ. אֵל חַי   9
וְקַיָּם, תָּמִיד יִמְלוֹךְ עָלֵינוּ, לְעוֹלָם וָעֶד. בָּרוּךְ אַתָּה   10
יהוה, הַמַּעֲרִיב עֲרָבִים. (.אָמֵן – Cong.)   11

אַהֲבַת עוֹלָם בֵּית יִשְׂרָאֵל עַמְּךָ אָהָבְתָּ. תּוֹרָה   12
וּמִצְוֹת, חֻקִּים וּמִשְׁפָּטִים, אוֹתָנוּ   13
לִמַּדְתָּ. עַל כֵּן יהוה אֱלֹהֵינוּ, בְּשָׁכְבֵנוּ וּבְקוּמֵנוּ נָשִׂיחַ   14
בְּחֻקֶּיךָ, וְנִשְׂמַח בְּדִבְרֵי תַלְמוּד תּוֹרָתֶךָ, וּבְמִצְוֹתֶיךָ   15
לְעוֹלָם וָעֶד. ❖ כִּי הֵם חַיֵּינוּ, וְאֹרֶךְ יָמֵינוּ, וּבָהֶם נֶהְגֶּה   16
יוֹמָם וָלַיְלָה. וְאַהֲבָתְךָ, אַל תָּסִיר מִמֶּנּוּ לְעוֹלָמִים.   17
בָּרוּךְ אַתָּה יהוה, אוֹהֵב עַמּוֹ יִשְׂרָאֵל.   18

שמע

Before starting *Shema,* keep in mind that you are doing the *mitzvah* to say it every night.
Say each word clearly and do not run words together. We have printed lines or commas
between words that it is easy to run together.

When praying without a *minyan,* begin with the following three words:

אֵל מֶלֶךְ נֶאֱמָן.   1

Say the first verse aloud, with the right hand covering your eyes,
and think that you are accepting God as your Master.

שְׁמַע | יִשְׂרָאֵל, יְהוָה | אֱלֹהֵינוּ, יְהוָה | אֶחָד: 2

quietly – בָּרוּךְ שֵׁם כְּבוֹד מַלְכוּתוֹ לְעוֹלָם וָעֶד.   3

When you say the first paragraph, think that you are accepting the *mitzvah* to love God.

וְאָהַבְתָּ אֵת יהוה | אֱלֹהֶיךָ, בְּכָל־לְבָבְךָ, וּבְכָל־   4

נַפְשְׁךָ, וּבְכָל־מְאֹדֶךָ: וְהָיוּ הַדְּבָרִים   5

הָאֵלֶּה, אֲשֶׁר | אָנֹכִי מְצַוְּךָ הַיּוֹם, עַל־לְבָבֶךָ:   6

וְשִׁנַּנְתָּם לְבָנֶיךָ, וְדִבַּרְתָּ בָּם, בְּשִׁבְתְּךָ בְּבֵיתֶךָ,   7

וּבְלֶכְתְּךָ בַדֶּרֶךְ, וּבְשָׁכְבְּךָ וּבְקוּמֶךָ: וּקְשַׁרְתָּם לְאוֹת | 8

עַל־יָדֶךָ, וְהָיוּ לְטֹטָפֹת בֵּין | עֵינֶיךָ | וּכְתַבְתָּם | 9

עַל־מְזֻזוֹת בֵּיתֶךָ, וּבִשְׁעָרֶיךָ:   10

When you say the next paragraph, think that you are accepting all the *mitzvos* and
that God rewards people for doing good and punishes them for doing wrong.

וְהָיָה, אִם־שָׁמֹעַ תִּשְׁמְעוּ אֶל־מִצְוֹתַי, אֲשֶׁר | אָנֹכִי   11

מְצַוֶּה | אֶתְכֶם הַיּוֹם, לְאַהֲבָה אֶת־יהוה | 12

אֱלֹהֵיכֶם וּלְעָבְדוֹ, בְּכָל־לְבַבְכֶם, וּבְכָל־נַפְשְׁכֶם: 13

וְנָתַתִּי מְטַר־אַרְצְכֶם בְּעִתּוֹ, יוֹרֶה וּמַלְקוֹשׁ, וְאָסַפְתָּ   14

דְגָנֶךָ וְתִירֹשְׁךָ וְיִצְהָרֶךָ: וְנָתַתִּי | עֵשֶׂב | בְּשָׂדְךָ   15

לִבְהֶמְתֶּךָ, וְאָכַלְתָּ וְשָׂבָעְתָּ: הִשָּׁמְרוּ לָכֶם, פֶּן־יִפְתֶּה   16

לְבַבְכֶם, וְסַרְתֶּם וַעֲבַדְתֶּם | אֱלֹהִים | אֲחֵרִים,   17

1   וְהִשְׁתַּחֲוִיתֶם לָהֶם: וְחָרָה | אַף־יהוה בָּכֶם, וְעָצַר |

2   אֶת־הַשָּׁמַיִם, וְלֹא־יִהְיֶה מָטָר, וְהָאֲדָמָה לֹא תִתֵּן

3   אֶת־יְבוּלָהּ, וַאֲבַדְתֶּם | מְהֵרָה מֵעַל הָאָרֶץ הַטֹּבָה |

4   אֲשֶׁר | יהוה נֹתֵן לָכֶם: וְשַׂמְתֶּם | אֶת־דְּבָרַי | אֵלֶּה,

5   עַל־לְבַבְכֶם וְעַל־נַפְשְׁכֶם, וּקְשַׁרְתֶּם | אֹתָם לְאוֹת |

6   עַל־יֶדְכֶם, וְהָיוּ לְטוֹטָפֹת בֵּין | עֵינֵיכֶם: וְלִמַּדְתֶּם |

7   אֹתָם | אֶת־בְּנֵיכֶם, לְדַבֵּר בָּם, בְּשִׁבְתְּךָ בְּבֵיתֶךָ,

8   וּבְלֶכְתְּךָ בַדֶּרֶךְ, וּבְשָׁכְבְּךָ וּבְקוּמֶךָ: וּכְתַבְתָּם |

9   עַל־מְזוּזוֹת בֵּיתֶךָ, וּבִשְׁעָרֶיךָ: לְמַעַן | יִרְבּוּ | יְמֵיכֶם

10   וִימֵי בְנֵיכֶם, עַל הָאֲדָמָה | אֲשֶׁר נִשְׁבַּע | יהוה

11   לַאֲבֹתֵיכֶם לָתֵת לָהֶם, כִּימֵי הַשָּׁמַיִם | עַל־הָאָרֶץ:

12   **וַיֹּאמֶר** | יהוה | אֶל־מֹשֶׁה לֵּאמֹר: דַּבֵּר | אֶל־בְּנֵי |

13   יִשְׂרָאֵל, וְאָמַרְתָּ אֲלֵהֶם, וְעָשׂוּ לָהֶם

14   צִיצִת, עַל־כַּנְפֵי בִגְדֵיהֶם לְדֹרֹתָם, וְנָתְנוּ | עַל־צִיצִת

15   הַכָּנָף, פְּתִיל תְּכֵלֶת: וְהָיָה לָכֶם לְצִיצִת, וּרְאִיתֶם |

16   אֹתוֹ, וּזְכַרְתֶּם | אֶת־כָּל־מִצְוֹת | יהוה, וַעֲשִׂיתֶם |

17   אֹתָם, וְלֹא תָתוּרוּ | אַחֲרֵי לְבַבְכֶם וְאַחֲרֵי | עֵינֵיכֶם,

18   אֲשֶׁר־אַתֶּם זֹנִים | אַחֲרֵיהֶם: לְמַעַן תִּזְכְּרוּ, וַעֲשִׂיתֶם |

19   אֶת־כָּל־מִצְוֹתָי, וִהְיִיתֶם קְדֹשִׁים לֵאלֹהֵיכֶם: אֲנִי

20   יהוה | אֱלֹהֵיכֶם, אֲשֶׁר הוֹצֵאתִי | אֶתְכֶם |

21   מֵאֶרֶץ מִצְרַיִם, לִהְיוֹת לָכֶם לֵאלֹהִים,

22   אֲנִי | יהוה | אֱלֹהֵיכֶם: אֱמֶת —

Think that you are doing the *mitzvah* to remember that God took the Jews out of Egypt.

1   — *Chazzan* repeats — **יהוה אֱלֹהֵיכֶם אֱמֶת.**

2   **וֶאֱמוּנָה** כָּל זֹאת, וְקַיָּם עָלֵינוּ, כִּי הוּא יהוה אֱלֹהֵינוּ

3   וְאֵין זוּלָתוֹ, וַאֲנַחְנוּ יִשְׂרָאֵל עַמּוֹ. הַפּוֹדֵנוּ

4   מִיַּד מְלָכִים, מַלְכֵּנוּ הַגּוֹאֲלֵנוּ מִכַּף כָּל הֶעָרִיצִים. הָאֵל

5   הַנִּפְרָע לָנוּ מִצָּרֵינוּ, וְהַמְשַׁלֵּם גְּמוּל לְכָל אֹיְבֵי נַפְשֵׁנוּ.

6   הָעוֹשֶׂה גְדֹלוֹת עַד אֵין חֵקֶר, נִסִּים וְנִפְלָאוֹת עַד אֵין

7   מִסְפָּר. הַשָּׂם נַפְשֵׁנוּ בַּחַיִּים, וְלֹא נָתַן לַמּוֹט רַגְלֵנוּ.

8   הַמַּדְרִיכֵנוּ עַל בָּמוֹת אוֹיְבֵינוּ, וַיָּרֶם קַרְנֵנוּ עַל כָּל

9   שׂוֹנְאֵינוּ. הָעוֹשֶׂה לָנוּ נִסִּים וּנְקָמָה בְּפַרְעֹה, אוֹתוֹת

10   וּמוֹפְתִים בְּאַדְמַת בְּנֵי חָם. הַמַּכֶּה בְעֶבְרָתוֹ כָּל בְּכוֹרֵי

11   מִצְרָיִם, וַיּוֹצֵא אֶת עַמּוֹ יִשְׂרָאֵל מִתּוֹכָם לְחֵרוּת

12   עוֹלָם. הַמַּעֲבִיר בָּנָיו בֵּין גִּזְרֵי יַם סוּף, אֶת רוֹדְפֵיהֶם

13   וְאֶת שׂוֹנְאֵיהֶם בִּתְהוֹמוֹת טִבַּע. וְרָאוּ בָנָיו גְּבוּרָתוֹ,

14   שִׁבְּחוּ וְהוֹדוּ לִשְׁמוֹ. ❖ וּמַלְכוּתוֹ בְרָצוֹן קִבְּלוּ עֲלֵיהֶם.

15   מֹשֶׁה וּבְנֵי יִשְׂרָאֵל לְךָ עָנוּ שִׁירָה, בְּשִׂמְחָה רַבָּה,

16   וְאָמְרוּ כֻלָּם:

17   **מִי כָמֹכָה בָּאֵלִים יהוה, מִי כָּמֹכָה נֶאְדָּר בַּקֹּדֶשׁ,**

18   **נוֹרָא תְהִלֹּת, עֹשֵׂה פֶלֶא.**

19   ❖ מַלְכוּתְךָ רָאוּ בָנֶיךָ בּוֹקֵעַ יָם לִפְנֵי מֹשֶׁה, זֶה אֵלִי עָנוּ

20   וְאָמְרוּ:

21   **יהוה יִמְלֹךְ לְעֹלָם וָעֶד.**

22   ❖ וְנֶאֱמַר: כִּי פָדָה יהוה אֶת יַעֲקֹב, וּגְאָלוֹ מִיַּד חָזָק

23   מִמֶּנּוּ. בָּרוּךְ אַתָּה יהוה, גָּאַל יִשְׂרָאֵל. (— Cong. אָמֵן.)

הַשְׁכִּיבֵנוּ יהוה אֱלֹהֵינוּ לְשָׁלוֹם, וְהַעֲמִידֵנוּ מַלְכֵּנוּ

לְחַיִּים טוֹבִים וּלְשָׁלוֹם, וּפְרוֹשׂ עָלֵינוּ

סֻכַּת שְׁלוֹמֶךָ, וְתַקְּנֵנוּ בְּעֵצָה טוֹבָה מִלְּפָנֶיךָ, וְהוֹשִׁיעֵנוּ

מְהֵרָה לְמַעַן שְׁמֶךָ. וְהָגֵן בַּעֲדֵנוּ, וְהָסֵר מֵעָלֵינוּ אוֹיֵב,

דֶּבֶר, וְחֶרֶב, וְרָעָב, וְיָגוֹן, וְהָסֵר שָׂטָן מִלְּפָנֵינוּ

וּמֵאַחֲרֵינוּ, וּבְצֵל כְּנָפֶיךָ תַּסְתִּירֵנוּ, כִּי אֵל שׁוֹמְרֵנוּ

וּמַצִּילֵנוּ אָתָּה, כִּי אֵל מֶלֶךְ חַנּוּן וְרַחוּם אָתָּה.

❖ וּשְׁמוֹר צֵאתֵנוּ וּבוֹאֵנוּ, לְחַיִּים וּלְשָׁלוֹם מֵעַתָּה וְעַד

עוֹלָם. וּפְרוֹשׂ עָלֵינוּ סֻכַּת רַחֲמִים וְחַיִּים וְשָׁלוֹם. בָּרוּךְ

אַתָּה יהוה, הַפּוֹרֵשׂ סֻכַּת שָׁלוֹם עָלֵינוּ, וְעַל כָּל עַמּוֹ

יִשְׂרָאֵל, וְעַל יְרוּשָׁלָיִם. (אָמֵן. – Cong.)

On the Sabbath:

❖ **וְשָׁמְרוּ** בְנֵי יִשְׂרָאֵל אֶת הַשַּׁבָּת,

לַעֲשׂוֹת אֶת הַשַּׁבָּת לְדֹרֹתָם

בְּרִית עוֹלָם. בֵּינִי וּבֵין בְּנֵי יִשְׂרָאֵל אוֹת הִיא

לְעֹלָם, כִּי שֵׁשֶׁת יָמִים עָשָׂה יהוה אֶת

הַשָּׁמַיִם וְאֶת הָאָרֶץ, וּבַיּוֹם הַשְּׁבִיעִי שָׁבַת

וַיִּנָּפַשׁ.

On Yom Kippur:	On Rosh Hashanah:	On Pesach, Shavuos, Succos (but not on Chol HaMoed):
כִּי בַיּוֹם הַזֶּה יְכַפֵּר	תִּקְעוּ בַחֹדֶשׁ שׁוֹפָר,	וַיְדַבֵּר מֹשֶׁה
עֲלֵיכֶם לְטַהֵר אֶתְכֶם,	בַּכֶּסֶה לְיוֹם חַגֵּנוּ,	אֶת מֹעֲדֵי יהוה,
מִכֹּל חַטֹּאתֵיכֶם	כִּי חֹק לְיִשְׂרָאֵל הוּא,	אֶל בְּנֵי יִשְׂרָאֵל.
לִפְנֵי יהוה תִּטְהָרוּ.	מִשְׁפָּט לֵאלֹהֵי יַעֲקֹב.	

The *chazzan* says חֲצִי קַדִּישׁ:

1 **יִתְגַּדַּל** וְיִתְקַדַּשׁ שְׁמֵהּ רַבָּא. (.Cong – אָמֵן.) בְּעָלְמָא דִּי בְרָא כִרְעוּתֵהּ.

2 וְיַמְלִיךְ מַלְכוּתֵהּ, וְיַצְמַח פֻּרְקָנֵהּ וִיקָרֵב מְשִׁיחֵהּ. (.Cong – אָמֵן.)

3 בְּחַיֵּיכוֹן וּבְיוֹמֵיכוֹן וּבְחַיֵּי דְכָל בֵּית יִשְׂרָאֵל, בַּעֲגָלָא וּבִזְמַן קָרִיב.

4 וְאִמְרוּ: אָמֵן.

5 (.Cong – אָמֵן. יְהֵא שְׁמֵהּ רַבָּא מְבָרַךְ לְעָלַם וּלְעָלְמֵי עָלְמַיָּא.)

6 יְהֵא שְׁמֵהּ רַבָּא מְבָרַךְ לְעָלַם וּלְעָלְמֵי עָלְמַיָּא.

7 יִתְבָּרַךְ וְיִשְׁתַּבַּח וְיִתְפָּאַר וְיִתְרוֹמַם וְיִתְנַשֵּׂא וְיִתְהַדָּר וְיִתְעַלֶּה

8 וְיִתְהַלָּל שְׁמֵהּ דְּקֻדְשָׁא בְּרִיךְ הוּא — (.Cong – בְּרִיךְ הוּא) °לְעֵלָּא מִן כָּל

9 (from Rosh Hashanah to Yom Kippur – °לְעֵלָּא [וּ]לְעֵלָּא מִכָּל) בִּרְכָתָא וְשִׁירָתָא

10 תֻּשְׁבְּחָתָא וְנֶחֱמָתָא, דַּאֲמִירָן בְּעָלְמָא. וְאִמְרוּ: אָמֵן. (.Cong – אָמֵן)

ON AN ORDINARY SABBATH AND ON SHABBOS CHOL HAMOED CONTINUE HERE.
ON FESTIVALS (EVEN ON THE SABBATH), TURN TO P. 367.
ON ROSH HASHANAH (EVEN ON THE SABBATH), TURN TO P. 406.
ON YOM KIPPUR (EVEN ON THE SABBATH), TURN TO P. 425.

﷽ שמונה עשרה לשבת ﷽

Take three steps backward, then three steps forward. During *Shemoneh Esrei*, stand with your feet together and do not interrupt in any way. Say it very quietly, but you must be able to hear your own words. See *Laws* §15-16 for a summary of its laws.

11 אֲדֹנָי שְׂפָתַי תִּפְתָּח, וּפִי יַגִּיד תְּהִלָּתֶךָ.

אבות

Bend the knees at בָּרוּךְ; bow at אַתָּה; straighten up at ה'.

12 **בָּרוּךְ** אַתָּה יהוה אֱלֹהֵינוּ וֵאלֹהֵי אֲבוֹתֵינוּ, אֱלֹהֵי

13 אַבְרָהָם, אֱלֹהֵי יִצְחָק, וֵאלֹהֵי יַעֲקֹב, הָאֵל

14 הַגָּדוֹל הַגִּבּוֹר וְהַנּוֹרָא, אֵל עֶלְיוֹן, גּוֹמֵל חֲסָדִים

15 טוֹבִים וְקוֹנֵה הַכֹּל, וְזוֹכֵר חַסְדֵי אָבוֹת, וּמֵבִיא גוֹאֵל

16 לִבְנֵי בְנֵיהֶם, לְמַעַן שְׁמוֹ בְּאַהֲבָה.

From Rosh Hashanah to Yom Kippur add:

17 זָכְרֵנוּ לְחַיִּים, מֶלֶךְ חָפֵץ בַּחַיִּים,

18 וְכָתְבֵנוּ בְּסֵפֶר הַחַיִּים, לְמַעַנְךָ אֱלֹהִים חַיִּים.

[If forgotten, do not repeat *Shemoneh Esrei*. See *Laws* §17.]

Bend the knees at בָּרוּךְ; bow at אַתָּה; straighten up at ה'.

1 מֶלֶךְ עוֹזֵר וּמוֹשִׁיעַ וּמָגֵן. בָּרוּךְ אַתָּה יהוה, מָגֵן
2 אַבְרָהָם.

גבורות

3 **אַתָּה** גִּבּוֹר לְעוֹלָם אֲדֹנָי, מְחַיֵּה מֵתִים אַתָּה, רַב
4 לְהוֹשִׁיעַ.

Between Shemini Atzeres and Pesach: Pesach through Succos:

5 מוֹרִיד הַטָּל.   מַשִּׁיב הָרוּחַ וּמוֹרִיד הַגֶּשֶׁם.

[If forgotten or interchanged, see *Laws* §23-29.]

6 מְכַלְכֵּל חַיִּים בְּחֶסֶד, מְחַיֵּה מֵתִים בְּרַחֲמִים רַבִּים,
7 סוֹמֵךְ נוֹפְלִים, וְרוֹפֵא חוֹלִים, וּמַתִּיר אֲסוּרִים, וּמְקַיֵּם
8 אֱמוּנָתוֹ לִישֵׁנֵי עָפָר. מִי כָמְוֹךָ בַּעַל גְּבוּרוֹת, וּמִי
9 דּוֹמֶה לָּךְ, מֶלֶךְ מֵמִית וּמְחַיֶּה וּמַצְמִיחַ יְשׁוּעָה.

From Rosh Hashanah to Yom Kippur add:

10 מִי כָמְוֹךָ אַב הָרַחֲמָן, זוֹכֵר יְצוּרָיו לְחַיִּים בְּרַחֲמִים.

[If forgotten, do not repeat. See *Laws* §17.]

11 וְנֶאֱמָן אַתָּה לְהַחֲיוֹת מֵתִים. בָּרוּךְ אַתָּה יהוה, מְחַיֵּה
12 הַמֵּתִים.

קדושת השם

13 **אַתָּה** קָדוֹשׁ וְשִׁמְךָ קָדוֹשׁ, וּקְדוֹשִׁים בְּכָל יוֹם
14 יְהַלְלוּךָ סֶּלָה, כִּי אֵל מֶלֶךְ גָּדוֹל וְקָדוֹשׁ
15 אָתָּה. בָּרוּךְ אַתָּה יהוה, °הָאֵל הַקָּדוֹשׁ.

From Rosh Hashanah to Yom Kippur substitute – °הַמֶּלֶךְ הַקָּדוֹשׁ
[If forgotten, repeat *Shemoneh Esrei*. See *Laws* §18-19.]

קדושת היום

[If one said the blessings of the weekday *Shemoneh Esrei*,
or of another Sabbath *Shemoneh Esrei* — see *Laws* §45-46.]

1 **אַתָּה** קִדַּשְׁתָּ אֶת יוֹם הַשְּׁבִיעִי לִשְׁמֶךָ, תַּכְלִית

2 מַעֲשֵׂה שָׁמַיִם וָאָרֶץ, וּבֵרַכְתּוֹ מִכָּל הַיָּמִים,

3 וְקִדַּשְׁתּוֹ מִכָּל הַזְּמַנִּים, וְכֵן כָּתוּב בְּתוֹרָתֶךָ:

4 **וַיְכֻלּוּ** הַשָּׁמַיִם וְהָאָרֶץ וְכָל צְבָאָם. וַיְכַל אֱלֹהִים

5 בַּיּוֹם הַשְּׁבִיעִי מְלַאכְתּוֹ אֲשֶׁר עָשָׂה,

6 וַיִּשְׁבֹּת בַּיּוֹם הַשְּׁבִיעִי מִכָּל מְלַאכְתּוֹ אֲשֶׁר עָשָׂה.

7 וַיְבָרֶךְ אֱלֹהִים אֶת יוֹם הַשְּׁבִיעִי, וַיְקַדֵּשׁ אֹתוֹ, כִּי בוֹ

8 שָׁבַת מִכָּל מְלַאכְתּוֹ, אֲשֶׁר בָּרָא אֱלֹהִים לַעֲשׂוֹת.

9 **יִשְׂמְחוּ** בְמַלְכוּתְךָ שׁוֹמְרֵי שַׁבָּת וְקוֹרְאֵי עֹנֶג,

10 עַם מְקַדְּשֵׁי שְׁבִיעִי, כֻּלָּם יִשְׂבְּעוּ

11 וְיִתְעַנְּגוּ מִטּוּבֶךָ, וּבַשְּׁבִיעִי רָצִיתָ בּוֹ וְקִדַּשְׁתּוֹ,

12 חֶמְדַּת יָמִים אוֹתוֹ קָרָאתָ, זֵכֶר לְמַעֲשֵׂה בְרֵאשִׁית.

13 **אֱלֹהֵינוּ** וֵאלֹהֵי אֲבוֹתֵינוּ, רְצֵה נָא בִמְנוּחָתֵנוּ.

14 קַדְּשֵׁנוּ בְּמִצְוֹתֶיךָ, וְתֵן חֶלְקֵנוּ בְּתוֹרָתֶךָ.

15 שַׂבְּעֵנוּ מִטּוּבֶךָ, וְשַׂמַּח נַפְשֵׁנוּ בִּישׁוּעָתֶךָ, וְטַהֵר

16 לִבֵּנוּ לְעָבְדְּךָ בֶּאֱמֶת. וְהַנְחִילֵנוּ יהוה אֱלֹהֵינוּ

17 בְּאַהֲבָה וּבְרָצוֹן שַׁבַּת קָדְשֶׁךָ, וְיָנוּחוּ בָהּ כָּל יִשְׂרָאֵל

18 מְקַדְּשֵׁי שְׁמֶךָ. בָּרוּךְ אַתָּה יהוה, מְקַדֵּשׁ הַשַּׁבָּת.

עבודה

1 **רְצֵה** יהוה אֱלֹהֵינוּ בְּעַמְּךָ יִשְׂרָאֵל וְלִתְפִלָּתָם

2 שְׁעֵה, וְהָשֵׁב אֶת הָעֲבוֹדָה לִדְבִיר בֵּיתֶךָ.

3 וְאִשֵּׁי יִשְׂרָאֵל וּתְפִלָּתָם מְהֵרָה בְּאַהֲבָה תְקַבֵּל

4 בְּרָצוֹן, וּתְהִי לְרָצוֹן תָּמִיד עֲבוֹדַת יִשְׂרָאֵל עַמֶּךָ.

On Rosh Chodesh and Chol HaMoed add the following. [If forgotten, see *Laws* §43.]

5 **אֱלֹהֵינוּ** וֵאלֹהֵי אֲבוֹתֵינוּ, יַעֲלֶה, וְיָבֹא, וְיַגִּיעַ, וְיֵרָאֶה,

6 וְיֵרָצֶה, וְיִשָּׁמַע, וְיִפָּקֵד, וְיִזָּכֵר זִכְרוֹנֵנוּ וּפִקְדוֹנֵנוּ,

7 וְזִכְרוֹן אֲבוֹתֵינוּ, וְזִכְרוֹן מָשִׁיחַ בֶּן דָּוִד עַבְדֶּךָ, וְזִכְרוֹן יְרוּשָׁלַיִם

8 עִיר קָדְשֶׁךָ, וְזִכְרוֹן כָּל עַמְּךָ בֵּית יִשְׂרָאֵל לְפָנֶיךָ, לִפְלֵיטָה

9 לְטוֹבָה, לְחֵן וּלְחֶסֶד וּלְרַחֲמִים, לְחַיִּים (טוֹבִים) וּלְשָׁלוֹם, בְּיוֹם

on Chol HaMoed Succos: on Chol HaMoed Pesach: on Rosh Chodesh:

10 רֹאשׁ הַחֹדֶשׁ הַזֶּה.   חַג הַמַּצּוֹת הַזֶּה.   חַג הַסֻּכּוֹת הַזֶּה.

11 זָכְרֵנוּ יהוה אֱלֹהֵינוּ בּוֹ לְטוֹבָה, וּפָקְדֵנוּ בוֹ לִבְרָכָה, וְהוֹשִׁיעֵנוּ

12 בוֹ לְחַיִּים טוֹבִים. וּבִדְבַר יְשׁוּעָה וְרַחֲמִים, חוּס וְחָנֵּנוּ וְרַחֵם

13 עָלֵינוּ וְהוֹשִׁיעֵנוּ, כִּי אֵלֶיךָ עֵינֵינוּ, כִּי אֵל מֶלֶךְ חַנּוּן וְרַחוּם אָתָּה.

14 **וְתֶחֱזֶינָה** עֵינֵינוּ בְּשׁוּבְךָ לְצִיּוֹן בְּרַחֲמִים. בָּרוּךְ

15 אַתָּה יהוה, הַמַּחֲזִיר שְׁכִינָתוֹ לְצִיּוֹן.

הודאה

Bow at מוֹדִים; straighten up at ה'.

16 **מוֹדִים** אֲנַחְנוּ לָךְ שָׁאַתָּה הוּא יהוה אֱלֹהֵינוּ

17 וֵאלֹהֵי אֲבוֹתֵינוּ לְעוֹלָם וָעֶד. צוּרֵנוּ צוּר

18 חַיֵּינוּ, מָגֵן יִשְׁעֵנוּ אַתָּה הוּא לְדוֹר וָדוֹר. נוֹדֶה לְּךָ

19 וּנְסַפֵּר תְּהִלָּתֶךָ עַל חַיֵּינוּ הַמְּסוּרִים בְּיָדֶךָ, וְעַל

1 נִשְׁמוֹתֵינוּ הַפְּקוּדוֹת לָךְ, וְעַל נִסֶּיךָ שֶׁבְּכָל יוֹם עִמָּנוּ,

2 וְעַל נִפְלְאוֹתֶיךָ וְטוֹבוֹתֶיךָ שֶׁבְּכָל עֵת, עֶרֶב וָבְקֶר

3 וְצָהֳרָיִם. הַטּוֹב כִּי לֹא כָלוּ רַחֲמֶיךָ, וְהַמְרַחֵם כִּי לֹא

4 תַמּוּ חֲסָדֶיךָ, כִּי מֵעוֹלָם קִוְּינוּ לָךְ.

On Chanukah add the following:

5 **וְעַל הַנִּסִּים,** וְעַל הַפֻּרְקָן, וְעַל הַגְּבוּרוֹת, וְעַל הַתְּשׁוּעוֹת,

6 וְעַל הַנִּפְלָאוֹת, וְעַל הַנֶּחָמוֹת, וְעַל הַמִּלְחָמוֹת,

7 שֶׁעָשִׂיתָ לַאֲבוֹתֵינוּ בַּיָּמִים הָהֵם בַּזְּמַן הַזֶּה.

8 **בִּימֵי** מַתִּתְיָהוּ בֶּן יוֹחָנָן כֹּהֵן גָּדוֹל חַשְׁמוֹנָאִי וּבָנָיו, כְּשֶׁעָמְדָה

9 מַלְכוּת יָוָן הָרְשָׁעָה עַל עַמְּךָ יִשְׂרָאֵל, לְהַשְׁכִּיחָם תּוֹרָתֶךָ,

10 וּלְהַעֲבִירָם מֵחֻקֵּי רְצוֹנֶךָ. וְאַתָּה בְּרַחֲמֶיךָ הָרַבִּים, עָמַדְתָּ לָהֶם

11 בְּעֵת צָרָתָם, רַבְתָּ אֶת רִיבָם, דַּנְתָּ אֶת דִּינָם, נָקַמְתָּ אֶת נִקְמָתָם.

12 מָסַרְתָּ גִבּוֹרִים בְּיַד חַלָּשִׁים, וְרַבִּים בְּיַד מְעַטִּים, וּטְמֵאִים בְּיַד

13 טְהוֹרִים, וּרְשָׁעִים בְּיַד צַדִּיקִים, וְזֵדִים בְּיַד עוֹסְקֵי תוֹרָתֶךָ. וּלְךָ

14 עָשִׂיתָ שֵׁם גָּדוֹל וְקָדוֹשׁ בְּעוֹלָמֶךָ, וּלְעַמְּךָ יִשְׂרָאֵל עָשִׂיתָ תְּשׁוּעָה

15 גְדוֹלָה וּפֻרְקָן כְּהַיּוֹם הַזֶּה. וְאַחַר כֵּן בָּאוּ בָנֶיךָ לִדְבִיר בֵּיתֶךָ, וּפִנּוּ

16 אֶת הֵיכָלֶךָ, וְטִהֲרוּ אֶת מִקְדָּשֶׁךָ, וְהִדְלִיקוּ נֵרוֹת בְּחַצְרוֹת קָדְשֶׁךָ,

17 וְקָבְעוּ שְׁמוֹנַת יְמֵי חֲנֻכָּה אֵלּוּ, לְהוֹדוֹת וּלְהַלֵּל לְשִׁמְךָ הַגָּדוֹל.

[If forgotten, do not repeat *Shemoneh Esrei.*]

18 וְעַל כֻּלָּם יִתְבָּרַךְ וְיִתְרוֹמַם וְיִתְנַשֵּׂא שִׁמְךָ

19 מַלְכֵּנוּ תָּמִיד לְעוֹלָם וָעֶד.

From Rosh Hashanah to Yom Kippur add:

20 וּכְתוֹב לְחַיִּים טוֹבִים כָּל בְּנֵי בְרִיתֶךָ.

[If forgotten, do not repeat *Shemoneh Esrei.* See *Laws* §17.]

Bend the knees at בָּרוּךְ; bow at אַתָּה; straighten up at 'ה.

21 וְכֹל הַחַיִּים יוֹדוּךָ סֶּלָה, וִיהַלְלוּ וִיבָרְכוּ אֶת

22 שִׁמְךָ הַגָּדוֹל בֶּאֱמֶת, לְעוֹלָם כִּי טוֹב. הָאֵל

1   יְשׁוּעָתֵנוּ וְעֶזְרָתֵנוּ סֶלָה, הָאֵל הַטּוֹב. בָּרוּךְ אַתָּה

2   יהוה, הַטּוֹב שִׁמְךָ וּלְךָ נָאֶה לְהוֹדוֹת.

שלום

At *Maariv* some congregations say שָׁלוֹם רָב.

3   **שִׂים** שָׁלוֹם, טוֹבָה וּבְרָכָה,   **שָׁלוֹם** רָב עַל

4   חַיִּים, חֵן וָחֶסֶד וְרַחֲמִים   יִשְׂרָאֵל

5   עָלֵינוּ וְעַל כָּל יִשְׂרָאֵל עַמֶּךָ.   עַמְּךָ תָּשִׂים

6   בָּרְכֵנוּ אָבִינוּ, כֻּלָּנוּ כְּאֶחָד, בְּאוֹר   לְעוֹלָם, כִּי אַתָּה

7   פָּנֶיךָ, כִּי בְאוֹר פָּנֶיךָ נָתַתָּ לָנוּ,   הוּא מֶלֶךְ אָדוֹן

8   יהוה אֱלֹהֵינוּ, תּוֹרַת חַיִּים   לְכָל הַשָּׁלוֹם.

9   וְאַהֲבַת חֶסֶד, וּצְדָקָה, וּבְרָכָה,   וְטוֹב יִהְיֶה

10   וְרַחֲמִים, וְחַיִּים, וְשָׁלוֹם. וְטוֹב   בְּעֵינֶיךָ לְבָרְכֵנוּ

11   יִהְיֶה בְּעֵינֶיךָ לְבָרְכֵנוּ וּלְבָרֵךְ אֶת   וּלְבָרֵךְ אֶת כָּל

12   כָּל עַמְּךָ יִשְׂרָאֵל, בְּכָל עֵת וּבְכָל   עַמְּךָ יִשְׂרָאֵל,

13   שָׁעָה בִּשְׁלוֹמֶךָ (בְּרוֹב עוֹז   בְּכָל עֵת וּבְכָל

14   וְשָׁלוֹם).   שָׁעָה בִּשְׁלוֹמֶךָ.

From Rosh Hashanah to Yom Kippur add:

15   בְּסֵפֶר חַיִּים בְּרָכָה וְשָׁלוֹם, וּפַרְנָסָה טוֹבָה, וּגְזֵרוֹת טוֹבוֹת,

16   יְשׁוּעוֹת וְנֶחָמוֹת, נִזָּכֵר וְנִכָּתֵב לְפָנֶיךָ, אֲנַחְנוּ וְכָל עַמְּךָ

17   בֵּית יִשְׂרָאֵל, לְחַיִּים טוֹבִים וּלְשָׁלוֹם.

[If forgotten, do not repeat *Shemoneh Esrei*. See Laws §17,20.]

18   בָּרוּךְ אַתָּה יהוה, הַמְּבָרֵךְ אֶת עַמּוֹ יִשְׂרָאֵל בַּשָּׁלוֹם.

19   יִהְיוּ לְרָצוֹן אִמְרֵי פִי וְהֶגְיוֹן לִבִּי לְפָנֶיךָ, יהוה צוּרִי וְגוֹאֲלִי.

אֱלֹהַי, נְצוֹר לְשׁוֹנִי מֵרָע, וּשְׂפָתַי מִדַּבֵּר מִרְמָה,
וְלִמְקַלְלַי נַפְשִׁי תִדּוֹם, וְנַפְשִׁי כֶּעָפָר לַכֹּל
תִּהְיֶה. פְּתַח לִבִּי בְּתוֹרָתֶךָ, וְאַחֲרֵי מִצְוֹתֶיךָ תִּרְדּוֹף
נַפְשִׁי. וְכָל הַקָּמִים וְהַחוֹשְׁבִים עָלַי לְרָעָה, מְהֵרָה הָפֵר
עֲצָתָם וְקַלְקֵל מַחֲשַׁבְתָּם. יְהִי רָצוֹן מִלְּפָנֶיךָ, יהוה
אֱלֹהַי וֵאלֹהֵי אֲבוֹתַי, שֶׁלֹּא תַעֲלֶה קִנְאַת אָדָם עָלַי,
וְלֹא קִנְאָתִי עַל אֲחֵרִים, וְשֶׁלֹּא אֶכְעַס הַיּוֹם, וְשֶׁלֹּא
אַכְעִיסֶךָ, וְתַצִּילֵנִי מִיֵּצֶר הָרָע, וְתֵן בְּלִבִּי הַכְנָעָה וַעֲנָוָה.
מַלְכֵּנוּ וֵאלֹהֵינוּ, יַחֵד שִׁמְךָ בְּעוֹלָמֶךָ, בְּנֵה עִירְךָ,
יַסֵּד בֵּיתֶךָ, וְשַׁכְלֵל הֵיכָלֶךָ, וְקַבֵּץ קִבּוּץ גָּלֻיּוֹת, וּפְדֵה
צֹאנֶךָ וְשַׂמֵּחַ עֲדָתֶךָ. עֲשֵׂה לְמַעַן שְׁמֶךָ, עֲשֵׂה לְמַעַן
יְמִינֶךָ, עֲשֵׂה לְמַעַן תּוֹרָתֶךָ, עֲשֵׂה לְמַעַן קְדֻשָּׁתֶךָ. לְמַעַן
יֵחָלְצוּן יְדִידֶיךָ, הוֹשִׁיעָה יְמִינְךָ וַעֲנֵנִי

Some say a verse with the initial of their name. See page 474.

יִהְיוּ לְרָצוֹן אִמְרֵי פִי וְהֶגְיוֹן לִבִּי לְפָנֶיךָ, יהוה צוּרִי
וְגֹאֲלִי. עֹשֶׂה °שָׁלוֹם בִּמְרוֹמָיו, הוּא
יַעֲשֶׂה שָׁלוֹם עָלֵינוּ, וְעַל כָּל יִשְׂרָאֵל.
וְאִמְרוּ: אָמֵן.

Take three steps back. Bow left and say . . . עֹשֶׂה; bow right and say . . . הוּא; bow forward and say וְעַל כָּל . . . אָמֵן.

From Rosh Hashanah to Yom Kippur some say — °הַשָּׁלוֹם

יְהִי רָצוֹן מִלְּפָנֶיךָ, יהוה אֱלֹהֵינוּ וֵאלֹהֵי אֲבוֹתֵינוּ, שֶׁיִּבָּנֶה בֵּית
הַמִּקְדָּשׁ בִּמְהֵרָה בְיָמֵינוּ, וְתֵן חֶלְקֵנוּ בְּתוֹרָתֶךָ. וְשָׁם
נַעֲבָדְךָ בְּיִרְאָה, כִּימֵי עוֹלָם וּכְשָׁנִים קַדְמֹנִיּוֹת. וְעָרְבָה לַיהוה מִנְחַת
יְהוּדָה וִירוּשָׁלָיִם, כִּימֵי עוֹלָם וּכְשָׁנִים קַדְמֹנִיּוֹת.

SHEMONEH ESREI ENDS HERE.

Remain standing in place for a few moments, then take three steps forward.

On Friday night, everyone stands and says וַיְכֻלוּ, aloud and together.
Do not speak until after the אָמֵן to מְקַדֵּשׁ הַשַּׁבָּת (p. 186).

1 **וַיְכֻלוּ** הַשָּׁמַיִם וְהָאָרֶץ וְכָל צְבָאָם. וַיְכַל

2 אֱלֹהִים בַּיּוֹם הַשְּׁבִיעִי מְלַאכְתּוֹ

3 אֲשֶׁר עָשָׂה, וַיִּשְׁבֹּת בַּיּוֹם הַשְּׁבִיעִי מִכָּל

4 מְלַאכְתּוֹ אֲשֶׁר עָשָׂה. וַיְבָרֶךְ אֱלֹהִים אֶת

5 יוֹם הַשְּׁבִיעִי, וַיְקַדֵּשׁ אֹתוֹ, כִּי בוֹ שָׁבַת מִכָּל

6 מְלַאכְתּוֹ, אֲשֶׁר בָּרָא אֱלֹהִים לַעֲשׂוֹת.

ON THE SEDER NIGHTS, MOST CONGREGATIONS SAY *HALLEL* (P. 349).

ברכה מעין שבע

The next three paragraphs are said only in a synagogue and with a *minyan*.
They are not said on the first night of Pesach.
Chazzan continues:

7 **בָּרוּךְ** אַתָּה יהוה אֱלֹהֵינוּ וֵאלֹהֵי אֲבוֹתֵינוּ, אֱלֹהֵי

8 אַבְרָהָם, אֱלֹהֵי יִצְחָק, וֵאלֹהֵי יַעֲקֹב, הָאֵל

9 הַגָּדוֹל הַגִּבּוֹר וְהַנּוֹרָא, אֵל עֶלְיוֹן, קוֹנֵה שָׁמַיִם וָאָרֶץ.

Congregation, then chazzan:

10 **מָגֵן אָבוֹת** בִּדְבָרוֹ, מְחַיֵּה מֵתִים בְּמַאֲמָרוֹ, °הָאֵל

11 (°הַמֶּלֶךְ – From Rosh Hashanah to Yom Kippur substitute)

12 הַקָּדוֹשׁ שֶׁאֵין כָּמוֹהוּ, הַמֵּנִיחַ לְעַמּוֹ בְּיוֹם שַׁבַּת

13 קָדְשׁוֹ, כִּי בָם רָצָה לְהָנִיחַ לָהֶם. לְפָנָיו נַעֲבֹד בְּיִרְאָה

14 וָפַחַד, וְנוֹדֶה לִשְׁמוֹ בְּכָל יוֹם תָּמִיד מֵעֵין הַבְּרָכוֹת.

15 אֵל הַהוֹדָאוֹת, אֲדוֹן הַשָּׁלוֹם, מְקַדֵּשׁ הַשַּׁבָּת וּמְבָרֵךְ

16 שְׁבִיעִי, וּמֵנִיחַ בִּקְדֻשָּׁה לְעַם מְדֻשְּׁנֵי עֹנֶג, זֵכֶר

17 לְמַעֲשֵׂה בְרֵאשִׁית.

Chazzan continues:

אֱלֹהֵינוּ וֵאלֹהֵי אֲבוֹתֵינוּ, רְצֵה נָא בִמְנוּחָתֵנוּ.

קַדְּשֵׁנוּ בְּמִצְוֹתֶיךָ, וְתֵן חֶלְקֵנוּ בְּתוֹרָתֶךָ.

שַׂבְּעֵנוּ מִטּוּבֶךָ, וְשַׂמַּח נַפְשֵׁנוּ בִּישׁוּעָתֶךָ, וְטַהֵר לִבֵּנוּ

לְעָבְדְּךָ בֶּאֱמֶת. וְהַנְחִילֵנוּ יהוה אֱלֹהֵינוּ בְּאַהֲבָה

וּבְרָצוֹן שַׁבַּת קָדְשֶׁךָ, וְיָנוּחוּ בָהּ כָּל יִשְׂרָאֵל מְקַדְּשֵׁי

שְׁמֶךָ. בָּרוּךְ אַתָּה יהוה, מְקַדֵּשׁ הַשַּׁבָּת. (אָמֵן. – .Cong)

קדיש שלם

The *chazzan* says קַדִּישׁ שָׁלֵם:

יִתְגַּדַּל וְיִתְקַדַּשׁ שְׁמֵהּ רַבָּא. (.Cong – אָמֵן.) בְּעָלְמָא דִּי בְרָא כִרְעוּתֵהּ.

וְיַמְלִיךְ מַלְכוּתֵהּ, וְיַצְמַח פֻּרְקָנֵהּ וִיקָרֵב מְשִׁיחֵהּ. (.Cong – אָמֵן.)

בְּחַיֵּיכוֹן וּבְיוֹמֵיכוֹן וּבְחַיֵּי דְכָל בֵּית יִשְׂרָאֵל, בַּעֲגָלָא וּבִזְמַן קָרִיב.

וְאִמְרוּ: אָמֵן.

(.Cong – אָמֵן. יְהֵא שְׁמֵהּ רַבָּא מְבָרַךְ לְעָלַם וּלְעָלְמֵי עָלְמַיָּא.)

יְהֵא שְׁמֵהּ רַבָּא מְבָרַךְ לְעָלַם וּלְעָלְמֵי עָלְמַיָּא.

יִתְבָּרַךְ וְיִשְׁתַּבַּח וְיִתְפָּאַר וְיִתְרוֹמַם וְיִתְנַשֵּׂא וְיִתְהַדָּר וְיִתְעַלֶּה

וְיִתְהַלָּל שְׁמֵהּ דְּקֻדְשָׁא בְּרִיךְ הוּא – (.Cong – בְּרִיךְ הוּא.) °לְעֵלָּא מִן כָּל

(°לְעֵלָּא [וּ]לְעֵלָּא מִכָּל – *from Rosh Hashanah to Yom Kippur*) בִּרְכָתָא וְשִׁירָתָא

תֻּשְׁבְּחָתָא וְנֶחֱמָתָא, דַּאֲמִירָן בְּעָלְמָא, וְאִמְרוּ: אָמֵן. (.Cong – אָמֵן.)

(.Cong – קַבֵּל בְּרַחֲמִים וּבְרָצוֹן אֶת תְּפִלָּתֵנוּ.)

תִּתְקַבֵּל צְלוֹתְהוֹן וּבָעוּתְהוֹן דְּכָל בֵּית יִשְׂרָאֵל קֳדָם אֲבוּהוֹן דִּי

בִשְׁמַיָּא. וְאִמְרוּ: אָמֵן. (.Cong – אָמֵן)

(.Cong – יְהִי שֵׁם יהוה מְבֹרָךְ, מֵעַתָּה וְעַד עוֹלָם.)

יְהֵא שְׁלָמָא רַבָּא מִן שְׁמַיָּא, וְחַיִּים טוֹבִים עָלֵינוּ וְעַל כָּל יִשְׂרָאֵל.

וְאִמְרוּ: אָמֵן. (.Cong – אָמֵן.)

(.Cong – עֶזְרִי מֵעִם יהוה, עֹשֵׂה שָׁמַיִם וָאָרֶץ.)

The *chazzan* takes three steps back, bows left and says . . . עֹשֶׂה;
bows right and says . . . הוּא; bows forward and says כָּל עַל וְ. . . אָמֵן.
He remains standing in place for a few moments, then takes three steps forward.

עֹשֶׂה שָׁלוֹם בִּמְרוֹמָיו, הוּא יַעֲשֶׂה שָׁלוֹם עָלֵינוּ, וְעַל כָּל יִשְׂרָאֵל. וְאִמְרוּ:

אָמֵן. (.Cong – אָמֵן.)

1 **מִזְמוֹר** לְדָוִד, יהוה רֹעִי לֹא אֶחְסָר. בִּנְאוֹת דֶּשֶׁא יַרְבִּיצֵנִי,

2 עַל מֵי מְנֻחוֹת יְנַהֲלֵנִי. נַפְשִׁי יְשׁוֹבֵב, יַנְחֵנִי בְמַעְגְּלֵי

3 צֶדֶק לְמַעַן שְׁמוֹ. גַּם כִּי אֵלֵךְ בְּגֵיא צַלְמָוֶת, לֹא אִירָא רָע כִּי

4 אַתָּה עִמָּדִי, שִׁבְטְךָ וּמִשְׁעַנְתֶּךָ הֵמָּה יְנַחֲמֻנִי. תַּעֲרֹךְ לְפָנַי

5 שֻׁלְחָן נֶגֶד צֹרְרָי, דִּשַּׁנְתָּ בַשֶּׁמֶן רֹאשִׁי, כּוֹסִי רְוָיָה. אַךְ טוֹב

6 וָחֶסֶד יִרְדְּפוּנִי כָּל יְמֵי חַיָּי, וְשַׁבְתִּי בְּבֵית יהוה לְאֹרֶךְ יָמִים.

The chazzan says חֲצִי קַדִּישׁ:

7 **יִתְגַּדַּל** וְיִתְקַדַּשׁ שְׁמֵהּ רַבָּא. (.Cong – אָמֵן.) בְּעָלְמָא דִּי בְרָא כִרְעוּתֵהּ,

8 וְיַמְלִיךְ מַלְכוּתֵהּ, וְיַצְמַח פֻּרְקָנֵהּ וִיקָרֵב מְשִׁיחֵהּ. (.Cong – אָמֵן.)

9 בְּחַיֵּיכוֹן וּבְיוֹמֵיכוֹן וּבְחַיֵּי דְכָל בֵּית יִשְׂרָאֵל, בַּעֲגָלָא וּבִזְמַן קָרִיב.

10 וְאִמְרוּ: אָמֵן.

11 (.Cong – אָמֵן. יְהֵא שְׁמֵהּ רַבָּא מְבָרַךְ לְעָלַם וּלְעָלְמֵי עָלְמַיָּא.)

12 יְהֵא שְׁמֵהּ רַבָּא מְבָרַךְ לְעָלַם וּלְעָלְמֵי עָלְמַיָּא.

13 יִתְבָּרַךְ וְיִשְׁתַּבַּח וְיִתְפָּאַר וְיִתְרוֹמַם וְיִתְנַשֵּׂא וְיִתְהַדָּר וְיִתְעַלֶּה

14 וְיִתְהַלָּל שְׁמֵהּ דְּקֻדְשָׁא בְּרִיךְ הוּא — (.Cong – בְּרִיךְ הוּא.) °לְעֵלָּא מִן כָּל

15 (from Rosh Hashanah to Yom Kippur – °לְעֵלָּא [וּ]לְעֵלָּא מִכָּל] בִּרְכָתָא וְשִׁירָתָא

16 תֻּשְׁבְּחָתָא וְנֶחֱמָתָא, דַּאֲמִירָן בְּעָלְמָא. וְאִמְרוּ: אָמֵן. (.Cong – אָמֵן.)

17 **בָּרְכוּ אֶת יהוה הַמְבֹרָךְ.** – Chazzan

18 **בָּרוּךְ יהוה הַמְבֹרָךְ לְעוֹלָם וָעֶד.** – Cong., then chazzan.

BETWEEN PESACH AND SHAVUOS, SOME COMMUNITIES
COUNT THE OMER (P. 144) NOW. OTHERS DO SO AFTER עָלֵינוּ.

Stand while saying עָלֵינוּ.

19 **עָלֵינוּ** לְשַׁבֵּחַ לַאֲדוֹן הַכֹּל, לָתֵת גְּדֻלָּה לְיוֹצֵר

20 בְּרֵאשִׁית, שֶׁלֹּא עָשָׂנוּ כְּגוֹיֵי הָאֲרָצוֹת, וְלֹא

21 שָׂמָנוּ כְּמִשְׁפְּחוֹת הָאֲדָמָה. שֶׁלֹּא שָׂם חֶלְקֵנוּ כָּהֶם,

22 וְגוֹרָלֵנוּ כְּכָל הֲמוֹנָם. (שֶׁהֵם מִשְׁתַּחֲוִים לְהֶבֶל וָרִיק,

23 וּמִתְפַּלְּלִים אֶל אֵל לֹא יוֹשִׁיעַ.) וַאֲנַחְנוּ

Bow while saying
וַאֲנַחְנוּ כּוֹרְעִים
וּמִשְׁתַּחֲוִים.

24 כּוֹרְעִים וּמִשְׁתַּחֲוִים וּמוֹדִים, לִפְנֵי מֶלֶךְ

1 מַלְכֵי הַמְּלָכִים הַקָּדוֹשׁ בָּרוּךְ הוּא. שֶׁהוּא נוֹטֶה שָׁמַיִם

2 וְיֹסֵד אָרֶץ, וּמוֹשַׁב יְקָרוֹ בַּשָּׁמַיִם מִמַּעַל, וּשְׁכִינַת עֻזּוֹ

3 בְּגָבְהֵי מְרוֹמִים. הוּא אֱלֹהֵינוּ, אֵין עוֹד. אֱמֶת מַלְכֵּנוּ,

4 אֶפֶס זוּלָתוֹ, כַּכָּתוּב בְּתוֹרָתוֹ: וְיָדַעְתָּ הַיּוֹם וַהֲשֵׁבֹתָ אֶל

5 לְבָבֶךָ, כִּי יְהוָה הוּא הָאֱלֹהִים בַּשָּׁמַיִם מִמַּעַל וְעַל

6 הָאָרֶץ מִתָּחַת, אֵין עוֹד.

7 **וְעַל כֵּן** נְקַוֶּה לְךָ יְהוָה אֱלֹהֵינוּ לִרְאוֹת מְהֵרָה

8 בְּתִפְאֶרֶת עֻזֶּךָ, לְהַעֲבִיר גִּלּוּלִים מִן הָאָרֶץ,

9 וְהָאֱלִילִים כָּרוֹת יִכָּרֵתוּן, לְתַקֵּן עוֹלָם בְּמַלְכוּת שַׁדַּי.

10 וְכָל בְּנֵי בָשָׂר יִקְרְאוּ בִשְׁמֶךָ, לְהַפְנוֹת אֵלֶיךָ כָּל רִשְׁעֵי

11 אָרֶץ. יַכִּירוּ וְיֵדְעוּ כָּל יוֹשְׁבֵי תֵבֵל, כִּי לְךָ תִּכְרַע כָּל

12 בֶּרֶךְ, תִּשָּׁבַע כָּל לָשׁוֹן. לְפָנֶיךָ יְהוָה אֱלֹהֵינוּ יִכְרְעוּ

13 וְיִפֹּלוּ, וְלִכְבוֹד שִׁמְךָ יְקָר יִתֵּנוּ. וִיקַבְּלוּ כֻלָּם אֶת עוֹל

14 מַלְכוּתֶךָ, וְתִמְלֹךְ עֲלֵיהֶם מְהֵרָה לְעוֹלָם וָעֶד. כִּי

15 הַמַּלְכוּת שֶׁלְּךָ הִיא וּלְעוֹלְמֵי עַד תִּמְלוֹךְ בְּכָבוֹד,

16 כַּכָּתוּב בְּתוֹרָתֶךָ: יְהוָה יִמְלֹךְ לְעֹלָם וָעֶד. ❖ וְנֶאֱמַר:

17 וְהָיָה יְהוָה לְמֶלֶךְ עַל כָּל הָאָרֶץ, בַּיּוֹם הַהוּא יִהְיֶה

18 יְהוָה אֶחָד וּשְׁמוֹ אֶחָד.

Some say the following after עָלֵינוּ:

19 **אַל תִּירָא** מִפַּחַד פִּתְאֹם, וּמִשֹּׁאַת רְשָׁעִים כִּי תָבֹא. עֻצוּ עֵצָה

20 וְתֻפָר, דַּבְּרוּ דָבָר וְלֹא יָקוּם, כִּי עִמָּנוּ אֵל. וְעַד זִקְנָה אֲנִי

21 הוּא, וְעַד שֵׂיבָה אֲנִי אֶסְבֹּל, אֲנִי עָשִׂיתִי וַאֲנִי אֶשָּׂא, וַאֲנִי אֶסְבֹּל וַאֲמַלֵּט.

IF THERE IS A *MINYAN*, MOURNERS RECITE קַדִּישׁ יָתוֹם (P. 529).

BETWEEN PESACH AND SHAVUOS, SOME CONGREGATIONS COUNT THE *OMER* NOW (P. 144).

ברכת הבנים ﷽

Many parents bless their children — young and old — at home on the Sabbath.

FOR A DAUGHTER:	FOR A SON:

1 יְשִׂמֵךְ אֱלֹהִים   יְשִׂמְךָ אֱלֹהִים

2 כְּשָׂרָה רִבְקָה רָחֵל וְלֵאָה.   כְּאֶפְרַיִם וְכִמְנַשֶּׁה.

3 יְבָרֶכְךָ יהוה וְיִשְׁמְרֶךָ. יָאֵר יהוה פָּנָיו אֵלֶיךָ וִיחֻנֶּךָּ.

4 יִשָּׂא יהוה פָּנָיו אֵלֶיךָ, וְיָשֵׂם לְךָ שָׁלוֹם.

סעודת ליל שבת ﷽

Two angels escort a Jew home from the synagogue on the eve of the Sabbath.
The following is said to greet them. Each stanza is said three times.

5 שָׁלוֹם עֲלֵיכֶם,

6 מַלְאֲכֵי הַשָּׁרֵת, מַלְאֲכֵי עֶלְיוֹן,

7 מִמֶּלֶךְ מַלְכֵי הַמְּלָכִים הַקָּדוֹשׁ בָּרוּךְ הוּא.

8 בּוֹאֲכֶם לְשָׁלוֹם,

9 מַלְאֲכֵי הַשָּׁלוֹם, מַלְאֲכֵי עֶלְיוֹן,

10 מִמֶּלֶךְ מַלְכֵי הַמְּלָכִים הַקָּדוֹשׁ בָּרוּךְ הוּא.

11 בָּרְכוּנִי לְשָׁלוֹם,

12 מַלְאֲכֵי הַשָּׁלוֹם, מַלְאֲכֵי עֶלְיוֹן,

13 מִמֶּלֶךְ מַלְכֵי הַמְּלָכִים הַקָּדוֹשׁ בָּרוּךְ הוּא.

14 צֵאתְכֶם לְשָׁלוֹם,

15 מַלְאֲכֵי הַשָּׁלוֹם, מַלְאֲכֵי עֶלְיוֹן,

16 מִמֶּלֶךְ מַלְכֵי הַמְּלָכִים הַקָּדוֹשׁ בָּרוּךְ הוּא.

כִּי מַלְאָכָיו יְצַוֶּה לָּךְ, לִשְׁמָרְךָ בְּכָל דְּרָכֶיךָ.

יהוה יִשְׁמָר צֵאתְךָ וּבוֹאֶךָ, מֵעַתָּה וְעַד עוֹלָם.

Many say the following prayer:

רִבּוֹן כָּל הָעוֹלָמִים, אֲדוֹן כָּל הַנְּשָׁמוֹת, אֲדוֹן הַשָּׁלוֹם, מֶלֶךְ **אַבִּיר**,

מֶלֶךְ **בָּרוּךְ**, מֶלֶךְ **גָּדוֹל**, מֶלֶךְ **דּוֹבֵר** שָׁלוֹם, מֶלֶךְ **הָדוּר**, מֶלֶךְ

וָתִיק, מֶלֶךְ **זָךְ**, מֶלֶךְ **חֵי** הָעוֹלָמִים, מֶלֶךְ **טוֹב** וּמֵטִיב, מֶלֶךְ **יָחִיד** וּמְיֻחָד,

מֶלֶךְ **כַּבִּיר**, מֶלֶךְ **לוֹבֵשׁ** רַחֲמִים, מֶלֶךְ **מַלְכֵי** הַמְּלָכִים, מֶלֶךְ **נִשְׂגָּב**, מֶלֶךְ

סוֹמֵךְ נוֹפְלִים, מֶלֶךְ **עוֹשֶׂה** מַעֲשֵׂה בְרֵאשִׁית, מֶלֶךְ **פּוֹדֶה** וּמַצִּיל, מֶלֶךְ

צַח וְאָדוֹם, מֶלֶךְ **קָדוֹשׁ**, מֶלֶךְ **רָם** וְנִשָּׂא, מֶלֶךְ **שׁוֹמֵעַ** תְּפִלָּה, מֶלֶךְ **תָּמִים**

דַּרְכּוֹ. מוֹדֶה אֲנִי לְפָנֶיךָ, יהוה אֱלֹהַי וֵאלֹהֵי אֲבוֹתַי, עַל כָּל הַחֶסֶד אֲשֶׁר

עָשִׂיתָ עִמָּדִי, וַאֲשֶׁר אַתָּה עָתִיד לַעֲשׂוֹת עִמִּי וְעִם כָּל בְּנֵי בֵיתִי וְעִם כָּל

בְּרִיּוֹתֶיךָ בְּנֵי בְרִיתִי. וּבְרוּכִים הֵם מַלְאָכֶיךָ הַקְּדוֹשִׁים וְהַטְּהוֹרִים

שֶׁעוֹשִׂים רְצוֹנֶךָ. אֲדוֹן הַשָּׁלוֹם, מֶלֶךְ שֶׁהַשָּׁלוֹם שֶׁלּוֹ, בָּרְכֵנִי בַשָּׁלוֹם,

וְתִפְקוֹד אוֹתִי וְאֶת כָּל בְּנֵי בֵיתִי, וְכָל עַמְּךָ בֵּית יִשְׂרָאֵל, לְחַיִּים טוֹבִים

וּלְשָׁלוֹם. מֶלֶךְ עֶלְיוֹן עַל כָּל צְבָא מָרוֹם, יוֹצְרֵנוּ יוֹצֵר בְּרֵאשִׁית, אֲחַלֶּה

פָנֶיךָ הַמְּאִירִים שֶׁתְּזַכֶּה אוֹתִי וְאֶת כָּל בְּנֵי בֵיתִי לִמְצוֹא חֵן וְשֵׂכֶל טוֹב

בְּעֵינֶיךָ, וּבְעֵינֵי כָל בְּנֵי אָדָם וְחַנָּה, וּבְעֵינֵי כָל רוֹאֵינוּ, לַעֲבוֹדָתֶךָ. וְזַכֵּנוּ

לְקַבֵּל שַׁבָּתוֹת מִתּוֹךְ רוֹב שִׂמְחָה, וּמִתּוֹךְ עֹשֶׁר וְכָבוֹד, וּמִתּוֹךְ מְעוּט

עֲוֹנוֹת. וְהָסֵר מִמֶּנִּי וּמִכָּל בְּנֵי בֵיתִי וּמִכָּל עַמְּךָ בֵּית יִשְׂרָאֵל כָּל מִינֵי

חֳלִי, וְכָל מִינֵי מַדְוֶה, וְכָל מִינֵי דַלּוּת וַעֲנִיּוּת וְאֶבְיוֹנוּת. וְתֶן בָּנוּ יֵצֶר טוֹב

לְעָבְדְּךָ בֶּאֱמֶת וּבְיִרְאָה וּבְאַהֲבָה. וְנִהְיֶה מְכֻבָּדִים בְּעֵינֶיךָ וּבְעֵינֵי כָל

רוֹאֵינוּ, כִּי אַתָּה הוּא מֶלֶךְ הַכָּבוֹד, כִּי לְךָ נָאֶה, כִּי לְךָ יָאֶה. אָנָּא מֶלֶךְ

מַלְכֵי הַמְּלָכִים, צַוֵּה לְמַלְאָכֶיךָ מַלְאֲכֵי הַשָּׁרֵת, מְשָׁרְתֵי עֶלְיוֹן,

שֶׁיִּפְקְדוּנִי בְּרַחֲמִים, וִיבָרְכוּנִי בְּבוֹאָם לְבֵיתִי בְּיוֹם קָדְשֵׁנוּ. כִּי הִדְלַקְתִּי

נֵרוֹתַי, וְהִצַּעְתִּי מִטָּתִי, וְהֶחֱלַפְתִּי שִׂמְלוֹתַי לִכְבוֹד יוֹם הַשַּׁבָּת. וּבָאתִי

לְבֵיתְךָ לְהַפִּיל תְּחִנָּתִי לְפָנֶיךָ, שֶׁתַּעֲבִיר אַנְחָתִי, וָאָעִיד אֲשֶׁר בָּרָאתָ

בְּשִׁשָּׁה יָמִים כָּל הַיְצוּר, וָאֶשְׁנֶה, וַאֲשַׁלֵּשׁ עוֹד לְהָעִיד עַל כּוֹסִי בְּתוֹךְ

שִׂמְחָתִי, כַּאֲשֶׁר צִוִּיתַנִי לְזָכְרוֹ, וּלְהִתְעַנֵּג בְּיֶתֶר נִשְׁמָתִי אֲשֶׁר נָתַתָּ בִּי.

בּוֹ אֶשְׁבּוֹת כַּאֲשֶׁר צִוִּיתַנִי, לְשָׁרְתֶךָ, וְכֵן אַגִּיד גְּדֻלָּתְךָ בְּרִנָּה. וְשִׁוִּיתִי

יהוה לְקִרְאָתִי, שֶׁתְּרַחֲמֵנִי עוֹד בְּגָלוּתִי, לְגָאֲלֵנִי וּלְעוֹרֵר לִבִּי לְאַהֲבָתֶךָ.

וְאָז אֶשְׁמוֹר פִּקּוּדֶיךָ וְחֻקֶּיךָ בְּלִי עֶצֶב, וְאֶתְפַּלֵּל כַּדָּת כָּרָאוּי וּכְנָכוֹן.

מַלְאֲכֵי הַשָּׁלוֹם, בּוֹאֲכֶם לְשָׁלוֹם, בָּרְכוּנִי לְשָׁלוֹם, וְאִמְרוּ בָּרוּךְ לְשָׁלְחַנִי

הֶעָרוּךְ, וְצֵאתְכֶם לְשָׁלוֹם, מֵעַתָּה וְעַד עוֹלָם. אָמֵן סֶלָה.

1 **אֵשֶׁת חַיִל** מִי יִמְצָא,

2 וְרָחֹק מִפְּנִינִים מִכְרָהּ.

3 בָּטַח בָּהּ לֵב בַּעְלָהּ, וְשָׁלָל לֹא יֶחְסָר.

4 גְּמָלַתְהוּ טוֹב וְלֹא רָע, כֹּל יְמֵי חַיֶּיהָ.

5 דָּרְשָׁה צֶמֶר וּפִשְׁתִּים, וַתַּעַשׂ בְּחֵפֶץ כַּפֶּיהָ.

6 הָיְתָה כָּאֳנִיּוֹת סוֹחֵר, מִמֶּרְחָק תָּבִיא לַחְמָהּ.

7 וַתָּקָם בְּעוֹד לַיְלָה, וַתִּתֵּן טֶרֶף לְבֵיתָהּ,

8 וְחֹק לְנַעֲרֹתֶיהָ.

9 זָמְמָה שָׂדֶה וַתִּקָּחֵהוּ, מִפְּרִי כַפֶּיהָ נָטְעָה כָּרֶם.

10 חָגְרָה בְעוֹז מָתְנֶיהָ, וַתְּאַמֵּץ זְרוֹעֹתֶיהָ.

11 טָעֲמָה כִּי טוֹב סַחְרָהּ, לֹא יִכְבֶּה בַלַּיְלָה נֵרָהּ.

12 יָדֶיהָ שִׁלְּחָה בַכִּישׁוֹר, וְכַפֶּיהָ תָּמְכוּ פָלֶךְ.

13 כַּפָּהּ פָּרְשָׂה לֶעָנִי, וְיָדֶיהָ שִׁלְּחָה לָאֶבְיוֹן.

14 לֹא תִירָא לְבֵיתָהּ מִשָּׁלֶג, כִּי כָל בֵּיתָהּ לָבֻשׁ שָׁנִים.

15 מַרְבַדִּים עָשְׂתָה לָּהּ, שֵׁשׁ וְאַרְגָּמָן לְבוּשָׁהּ.

16 נוֹדָע בַּשְּׁעָרִים בַּעְלָהּ, בְּשִׁבְתּוֹ עִם זִקְנֵי אָרֶץ.

17 סָדִין עָשְׂתָה וַתִּמְכֹּר, וַחֲגוֹר נָתְנָה לַכְּנַעֲנִי.

18 עוֹז וְהָדָר לְבוּשָׁהּ, וַתִּשְׂחַק לְיוֹם אַחֲרוֹן.

19 פִּיהָ פָּתְחָה בְחָכְמָה, וְתוֹרַת חֶסֶד עַל לְשׁוֹנָהּ.

20 צוֹפִיָּה הֲלִיכוֹת בֵּיתָהּ, וְלֶחֶם עַצְלוּת לֹא תֹאכֵל.

21 קָמוּ בָנֶיהָ וַיְאַשְּׁרוּהָ, בַּעְלָהּ וַיְהַלְלָהּ.

22 רַבּוֹת בָּנוֹת עָשׂוּ חָיִל, וְאַתְּ עָלִית עַל כֻּלָּנָה.

23 שֶׁקֶר הַחֵן וְהֶבֶל הַיֹּפִי,

24 אִשָּׁה יִרְאַת יְהוָה הִיא תִתְהַלָּל.

25 תְּנוּ לָהּ מִפְּרִי יָדֶיהָ, וִיהַלְלוּהָ בַשְּׁעָרִים מַעֲשֶׂיהָ.

1 **אַתְקִינוּ סְעוּדָתָא** דִמְהֵימְנוּתָא שְׁלֵימָתָא. חֶדְוָתָא דְּמַלְכָּא
2 קַדִּישָׁא. אַתְקִינוּ סְעוּדָתָא דְּמַלְכָּא. דָּא
3 הִיא סְעוּדָתָא דַּחֲקַל תַּפּוּחִין קַדִּישִׁין. וּזְעֵיר אַנְפִּין וְעַתִּיקָא קַדִּישָׁא
4 אַתְיָן לְסַעֲדָא בַּהֲדָהּ.

5 אֲזַמֵּר בִּשְׁבָחִין, לְמֵיעַל גּוֹ פִתְחִין, דְּבַחֲקַל תַּפּוּחִין, דְּאִנּוּן קַדִּישִׁין.
6 נְזַמִּין לַהּ הַשְׁתָּא, בִּפְתוֹרָא חַדְתָּא, וּבִמְנַרְתָּא טַבְתָּא, דְּנָהֲרָא עַל רֵישִׁין.
7 יְמִינָא וּשְׂמָאלָא, וּבֵינַיְהוּ כַלָּה, בְּקִשּׁוּטִין אַזְלָא, וּמָאנִין וּלְבוּשִׁין.
8 יְחַבֵּק לַהּ בַּעְלָהּ, וּבִיסוֹדָא דִילַהּ, דְּעָבֵיד נַיְחָא לַהּ, יְהֵא כַתִּישׁ כַּתִּישִׁין.
9 צְוָחִין אַף עָקְתִין, בְּטֵילִין וּשְׁבִיתִין, בְּרַם אַנְפִּין חַדְתִּין, וְרוּחִין עִם נַפְשִׁין.
10 חֲדוּ סַגִּי יֵיתֵי, וְעַל חֲדָא תַּרְתֵּי, נְהוֹרָא לַהּ יִמְטֵי, וּבִרְכָאן דִּנְפִישִׁין.
11 קְרִיבוּ שׁוֹשְׁבִינִין, עֲבִידוּ תִקּוּנִין, לְאַפָּשָׁא זִינִין, וְנוּנִין עִם רַחֲשִׁין.
12 לְמֶעְבַּד נִשְׁמָתִין, וְרוּחִין חַדְתִּין, בְּתַרְתֵּין וּבִתְלָתִין, וּבִתְלָתָא שִׁבְשִׁין.
13 וְעִטּוּרִין שַׁבְעִין לַהּ, וּמַלְכָּא דִלְעֵלָּא, דְּיִתְעַטַּר כֹּלָּא, בְּקַדִּישׁ קַדִּישִׁין.
14 רְשִׁימִין וּסְתִימִין, בְּגוֹ כָּל עָלְמִין, בְּרַם עַתִּיק יוֹמִין, הֲלָא בַּטִּישׁ בַּטִּישִׁין.
15 יְהֵא רַעֲוָא קַמֵּיהּ, דְּתִשְׁרֵי עַל עַמֵּיהּ, דְּיִתְעַנַּג לִשְׁמֵיהּ, בְּמִתִיקִין וְדוּבְשִׁין.
16 אֲסַדֵּר לִדְרוֹמָא, מְנַרְתָּא דִסְתִימָא, וְשֻׁלְחָן עִם נַהֲמָא, בִּצְפוֹנָא אַרְשִׁין.
17 בְּחַמְרָא גּוֹ כַסָּא, וּמְדָאנֵי אַסָּא, לְאָרוּס וַאֲרוּסָה, לְהִתַּקָּפָא חַלָּשִׁין.
18 נַעֲבֵיד לְהוֹן כִּתְרִין, בְּמִלִּין יַקִּירִין, בְּשַׁבְעִין עִטּוּרִין, דְּעַל גַּבֵּי חַמְשִׁין.
19 שְׁכִינְתָּא תִתְעַטַּר, בְּשִׁית נַהֲמֵי לִסְטַר, בְּוָוִין תִּתְקַטַּר, וְזִינִין דִּכְנִישִׁין.
20 שְׁבִיתִין וּשְׁבִיקִין, מְסָאֲבִין דִּרְחִיקִין, חֲבִילִין דִּמְעִיקִין, וְכָל זִינֵי חֲבוּשִׁין.

21 **וִיהֵא** רַעֲוָא מִן קֳדָם עַתִּיקָא קַדִּישָׁא דְּכָל קַדִּישִׁין, טְמִירָא דְּכָל טְמִירִין,
22 סְתִימָא דְּכֹלָּא, דְּיִתְמְשַׁךְ טַלָּא עִלָּאָה מִנֵּיהּ לְמַלְּיָא רֵישֵׁיהּ דִּזְעֵיר
23 אַנְפִּין, וּלְהַטִּיל לַחֲקַל תַּפּוּחִין קַדִּישִׁין בִּנְהִירוּ דְּאַנְפִּין, בְּרַעֲוָא וּבְחֶדְוָתָא
24 דְּכֹלָּא. וְיִתְמְשַׁךְ מִן קֳדָם עַתִּיקָא קַדִּישָׁא דְּכָל קַדִּישִׁין, טְמִירָא דְּכָל טְמִירִין,
25 סְתִימָא דְּכֹלָּא, רְעוּתָא וְרַחֲמֵי, חִנָּא וְחִסְדָּא, בִּנְהִירוּ עִלָּאָה, בִּרְעוּתָא
26 וְחֶדְוָתָא, עֲלֵי וְעַל כָּל בְּנֵי בֵיתִי, וְעַל כָּל הַנִּלְוִים עָלַי, וְעַל כָּל בְּנֵי יִשְׂרָאֵל
27 עַמֵּיהּ. וְיִפְדְּקִינַנָא מִכָּל עָקְתִין בִּישִׁין דְּיֵיתוּן לְעָלְמָא, וְיַזְמִין וְיִתְיַהֵב לָנָא
28 מְזוֹנָא וּפַרְנָסָתָא טַבְתָא, בְּלִי צָרָה וְעָקְתָא, מִמַּזְלָא דְּכָל מְזוֹנָא בֵּיהּ תַּלְיָא.
29 וְיִשְׁזְבִינַנָא מֵעֵינָא בִישָׁא, וּמֵחַרְבָּא דְּמַלְאַךְ הַמָּוֶת, וּמִדִּינָהּ שֶׁל גֵּיהִנָּם. וְיֵיתֵי
30 לָנָא וּלְכָל נַפְשָׁתָנָא, חִנָּא וְחִסְדָּא וְחַיֵּי אֲרִיכֵי וּמְזוֹנֵי רְוִיחֵי, וְרַחֲמֵי מִן
31 קֳדָמֵיהּ. אָמֵן, כֵּן יְהִי רָצוֹן, אָמֵן וְאָמֵן.

﴿ קידוש לליל שבת ושבת חול המועד ﴾

THIS *KIDDUSH* IS SAID ON THE SABBATH AND ON THE SABBATH OF CHOL HAMOED.
ON A FESTIVAL (EVEN IF IT FALLS ON THE SABBATH) SAY THE *KIDDUSH* ON P. 365.
ON ROSH HASHANAH (EVEN IF FALLS ON SABBATH) SAY THE *KIDDUSH* ON P. 420.

Some say the following before Kiddush.

1 לְשֵׁם יְחוּד קֻדְשָׁא בְּרִיךְ הוּא וּשְׁכִינְתֵּיהּ. הֲרֵינִי מוּכָן וּמְזֻמָּן לְקַיֵּם מִצְוַת עֲשֵׂה

2 לְקַדֵּשׁ עַל הַיַּיִן כְּדִכְתִיב: זָכוֹר וְשָׁמוֹר, זָכְרֵהוּ עַל הַיַּיִן. וִיהִי נֹעַם אֲדֹנָי אֱלֹהֵינוּ

3 עָלֵינוּ, וּמַעֲשֵׂה יָדֵינוּ כּוֹנְנָה עָלֵינוּ, וּמַעֲשֵׂה יָדֵינוּ כּוֹנְנֵהוּ.

4 (Silently — וַיְהִי עֶרֶב וַיְהִי בֹקֶר)

5 **יוֹם הַשִּׁשִּׁי.** וַיְכֻלּוּ הַשָּׁמַיִם וְהָאָרֶץ וְכָל צְבָאָם. וַיְכַל

6 אֱלֹהִים בַּיּוֹם הַשְּׁבִיעִי מְלַאכְתּוֹ אֲשֶׁר

7 עָשָׂה, וַיִּשְׁבֹּת בַּיּוֹם הַשְּׁבִיעִי מִכָּל מְלַאכְתּוֹ אֲשֶׁר עָשָׂה.

8 וַיְבָרֶךְ אֱלֹהִים אֶת יוֹם הַשְּׁבִיעִי וַיְקַדֵּשׁ אֹתוֹ, כִּי בוֹ שָׁבַת

9 מִכָּל מְלַאכְתּוֹ אֲשֶׁר בָּרָא אֱלֹהִים לַעֲשׂוֹת.

10 סַבְרִי מָרָנָן וְרַבָּנָן וְרַבּוֹתַי:

11 **בָּרוּךְ** אַתָּה יהוה אֱלֹהֵינוּ מֶלֶךְ הָעוֹלָם, בּוֹרֵא פְּרִי

12 הַגָּפֶן. (All — אָמֵן.)

13 **בָּרוּךְ** אַתָּה יהוה אֱלֹהֵינוּ מֶלֶךְ הָעוֹלָם, אֲשֶׁר קִדְּשָׁנוּ

14 בְּמִצְוֹתָיו וְרָצָה בָנוּ, וְשַׁבָּת קָדְשׁוֹ בְּאַהֲבָה וּבְרָצוֹן

15 הִנְחִילָנוּ, זִכָּרוֹן לְמַעֲשֵׂה בְרֵאשִׁית. (כִּי הוּא יוֹם) תְּחִלָּה

16 לְמִקְרָאֵי קֹדֶשׁ, זֵכֶר לִיצִיאַת מִצְרָיִם. (כִּי בָנוּ בָחַרְתָּ,

17 וְאוֹתָנוּ קִדַּשְׁתָּ, מִכָּל הָעַמִּים.) וְשַׁבָּת קָדְשְׁךָ בְּאַהֲבָה

18 וּבְרָצוֹן הִנְחַלְתָּנוּ. בָּרוּךְ אַתָּה יהוה, מְקַדֵּשׁ הַשַּׁבָּת.

19 (All — אָמֵן.)

On the Sabbath of Chol HaMoed Succos, in the *succah*, add:

20 **בָּרוּךְ** אַתָּה יהוה אֱלֹהֵינוּ מֶלֶךְ הָעוֹלָם, אֲשֶׁר קִדְּשָׁנוּ

21 בְּמִצְוֹתָיו וְצִוָּנוּ לֵישֵׁב בַּסֻּכָּה. (All — אָמֵן.)

﴾ זמירות לליל שבת ﴿

1   **כָּל מְקַדֵּשׁ** שְׁבִיעִי כָּרָאוּי לוֹ,

2   כָּל שׁוֹמֵר שַׁבָּת כַּדָּת מֵחַלְּלוֹ,

3   שְׂכָרוֹ הַרְבֵּה מְאֹד עַל פִּי פָעֳלוֹ,

4   אִישׁ עַל מַחֲנֵהוּ וְאִישׁ עַל דִּגְלוֹ.

5   **אוֹהֲבֵי** יהוה הַמְחַכִּים בְּבִנְיַן אֲרִיאֵל,

6   **בְּיוֹם** הַשַּׁבָּת (קֹדֶשׁ) שִׂישׂוּ (וְשִׂמְחוּ) כִּמְקַבְּלֵי מַתַּן נַחֲלִיאֵל,

7   **גַּם** שְׂאוּ יְדֵיכֶם קֹדֶשׁ וְאִמְרוּ לָאֵל,

8   בָּרוּךְ יהוה אֲשֶׁר נָתַן מְנוּחָה לְעַמּוֹ יִשְׂרָאֵל.

9   **דּוֹרְשֵׁי** יהוה זֶרַע אַבְרָהָם אוֹהֲבוֹ,

10   הַמְאַחֲרִים לָצֵאת מִן הַשַּׁבָּת וּמְמַהֲרִים לָבוֹא,

11   וּשְׂמֵחִים לְשָׁמְרוֹ וּלְעָרֵב עֵרוּבוֹ,

12   זֶה הַיּוֹם עָשָׂה יהוה נָגִילָה וְנִשְׂמְחָה בוֹ.

13   **זִכְרוּ** תּוֹרַת מֹשֶׁה בְּמִצְוַת שַׁבָּת גְּרוּסָה,

14   חֲרוּתָה לַיּוֹם הַשְּׁבִיעִי כְּכַלָּה בֵּין רֵעוֹתֶיהָ מְשֻׁבָּצָה,

15   טְהוֹרִים יִירָשׁוּהָ וִיקַדְּשׁוּהָ בְּמַאֲמַר כָּל אֲשֶׁר עָשָׂה,

16   וַיְכַל אֱלֹהִים בַּיּוֹם הַשְּׁבִיעִי מְלַאכְתּוֹ אֲשֶׁר עָשָׂה.

17   **יוֹם** קָדוֹשׁ הוּא מִבּוֹאוֹ וְעַד צֵאתוֹ,

18   **כָּל** זֶרַע יַעֲקֹב יְכַבְּדוּהוּ כִּדְבַר הַמֶּלֶךְ וְדָתוֹ,

19   **לָנוּחַ** בּוֹ וְלִשְׂמוֹחַ בְּתַעֲנוּג אָכוֹל וְשָׁתוֹ,

20   כָּל עֲדַת יִשְׂרָאֵל יַעֲשׂוּ אֹתוֹ.

21   **מְשׁוֹךְ** חַסְדְּךָ לְיוֹדְעֶיךָ, אֵל קַנָּא וְנוֹקֵם,

22   **נוֹטְרֵי** לַיּוֹם הַשְּׁבִיעִי זָכוֹר וְשָׁמוֹר לְהָקֵם,

23   **שַׂמְּחֵם** בְּבִנְיַן שָׁלֵם, בְּאוֹר פָּנֶיךָ תַּבְהִיקֵם,

24   יִרְוְיֻן מִדֶּשֶׁן בֵּיתֶךָ, וְנַחַל עֲדָנֶיךָ תַשְׁקֵם.

25   **עֲזוֹר** לַשּׁוֹבְתִים בַּשְּׁבִיעִי, בֶּחָרִישׁ וּבַקָּצִיר עוֹלָמִים,

26   **פּוֹסְעִים** בּוֹ פְּסִיעָה קְטַנָּה, סוֹעֲדִים בּוֹ, לְבָרֵךְ שָׁלֹשׁ פְּעָמִים,

1 צִדְקָתָם תַּצְהִיר כְּאוֹר שִׁבְעַת הַיָּמִים,

2 יהוה אֱלֹהֵי יִשְׂרָאֵל, הָבָה תָמִים.

3 (יהוה אֱלֹהֵי יִשְׂרָאֵל אַהֲבַת תָּמִים. יהוה אֱלֹהֵי יִשְׂרָאֵל תְּשׁוּעַת עוֹלָמִים.)

4 **מְנוּחָה וְשִׂמְחָה** אוֹר לַיְּהוּדִים,

5 יוֹם שַׁבָּתוֹן יוֹם מַחֲמַדִּים,

6 שׁוֹמְרָיו וְזוֹכְרָיו הֵמָּה מְעִידִים, כִּי לְשִׁשָּׁה כֹּל בְּרוּאִים וְעוֹמְדִים.

7 **שְׁמֵי** שָׁמַיִם אֶרֶץ וְיַמִּים, כָּל צְבָא מָרוֹם גְּבוֹהִים וְרָמִים,

8 תַּנִּין וְאָדָם וְחַיַּת רְאֵמִים, כִּי בְּיָהּ יהוה צוּר עוֹלָמִים.

9 **הוּא** אֲשֶׁר דִּבֶּר לְעַם סְגֻלָּתוֹ,

10 שָׁמוֹר לְקַדְּשׁוֹ מִבּוֹאוֹ וְעַד צֵאתוֹ,

11 שַׁבַּת קֹדֶשׁ יוֹם חֶמְדָּתוֹ, כִּי בוֹ שָׁבַת אֵל מִכָּל מְלַאכְתּוֹ.

12 **בְּמִצְוַת** שַׁבָּת אֵל יַחֲלִיצָךְ, קוּם קְרָא אֵלָיו יָחִישׁ לְאַמְּצָךְ,

13 נִשְׁמַת כָּל חַי וְגַם נַעֲרִיצָךְ, אֱכוֹל בְּשִׂמְחָה כִּי כְבָר רָצָךְ.

14 **בְּמִשְׁנֶה** לֶחֶם וְקִדּוּשׁ רַבָּה, בְּרֹב מַטְעַמִּים וְרוּחַ נְדִיבָה,

15 יִזְכּוּ לְרַב טוּב הַמִּתְעַנְּגִים בָּהּ, בְּבִיאַת גּוֹאֵל לְחַיֵּי הָעוֹלָם הַבָּא.

16 **יוֹם זֶה לְיִשְׂרָאֵל** אוֹרָה וְשִׂמְחָה,

17 שַׁבַּת מְנוּחָה.

18 **צִוִּיתָ** פִּקּוּדִים , בְּמַעֲמַד הַר סִינַי,

19 שַׁבָּת וּמוֹעֲדִים, לִשְׁמוֹר בְּכָל שָׁנַי,

20 לַעֲרוֹךְ לְפָנַי, מַשְׂאֵת וַאֲרוּחָה, שַׁבַּת מְנוּחָה.

21 יוֹם זֶה לְיִשְׂרָאֵל אוֹרָה וְשִׂמְחָה, שַׁבַּת מְנוּחָה.

22 **חֶמְדַּת** הַלְּבָבוֹת, לְאֻמָּה שְׁבוּרָה,

23 לִנְפָשׁוֹת נִכְאָבוֹת, נְשָׁמָה יְתֵרָה,

24 לְנֶפֶשׁ מְצֵרָה, תָּסִיר אֲנָחָה, שַׁבַּת מְנוּחָה.

25 יוֹם זֶה לְיִשְׂרָאֵל אוֹרָה וְשִׂמְחָה, שַׁבַּת מְנוּחָה.

1 קִדַּשְׁתָּ בֵּרַכְתָּ אוֹתוֹ מִכָּל יָמִים,

2 בְּשֵׁשֶׁת כִּלִּיתָ מְלֶאכֶת עוֹלָמִים,

3 בּוֹ מָצְאוּ עֲגוּמִים הַשְׁקֵט וּבִטְחָה, שַׁבָּת מְנוּחָה.

4 יוֹם זֶה לְיִשְׂרָאֵל אוֹרָה וְשִׂמְחָה, שַׁבָּת מְנוּחָה.

5 לֶאֱסוֹר מְלָאכָה, צִוִּיתָנוּ נוֹרָא,

6 אֶזְכֶּה הוֹד מְלוּכָה, אִם שַׁבָּת אֶשְׁמְרָה,

7 אַקְרִיב שַׁי לַמּוֹרָא, מִנְחָה מֶרְקָחָה, שַׁבָּת מְנוּחָה.

8 יוֹם זֶה לְיִשְׂרָאֵל אוֹרָה וְשִׂמְחָה, שַׁבָּת מְנוּחָה.

9 חַדֵּשׁ מִקְדָּשֵׁנוּ, זָכְרָה נֶחֱרֶבֶת,

10 טוּבְךָ מוֹשִׁיעֵנוּ, תְּנָה לַנֶּעֱצֶבֶת,

11 בְּשַׁבָּת יוֹשֶׁבֶת, בְּזֶמֶר וּשְׁבָחָה, שַׁבָּת מְנוּחָה.

12 יוֹם זֶה לְיִשְׂרָאֵל אוֹרָה וְשִׂמְחָה, שַׁבָּת מְנוּחָה.

13 **יָהּ רִבּוֹן** עָלַם וְעָלְמַיָּא,

14 אַנְתְּ הוּא מַלְכָּא, מֶלֶךְ מַלְכַיָּא,

15 עוֹבַד גְּבוּרְתֵּךְ וְתִמְהַיָּא, שְׁפַר קֳדָמָךְ לְהַחֲוָיָא.

16 יָהּ רִבּוֹן עָלַם וְעָלְמַיָּא, אַנְתְּ הוּא מַלְכָּא מֶלֶךְ מַלְכַיָּא.

17 שְׁבָחִין אֲסַדֵּר צַפְרָא וְרַמְשָׁא,

18 לָךְ אֱלָהָא קַדִּישָׁא, דִּי בְרָא כָל נַפְשָׁא,

19 עִירִין קַדִּישִׁין וּבְנֵי אֱנָשָׁא, חֵיוַת בָּרָא וְעוֹפֵי שְׁמַיָּא.

20 יָהּ רִבּוֹן עָלַם וְעָלְמַיָּא, אַנְתְּ הוּא מַלְכָּא מֶלֶךְ מַלְכַיָּא.

21 רַבְרְבִין עוֹבְדָךְ וְתַקִּיפִין, מָכִיךְ רְמַיָּא וְזַקִּיף כְּפִיפִין,

22 לוּ יִחְיֶה גְּבַר שְׁנִין אַלְפִין, לָא יֵעוֹל גְּבוּרְתֵּךְ בְּחֻשְׁבְּנַיָּא.

23 יָהּ רִבּוֹן עָלַם וְעָלְמַיָּא, אַנְתְּ הוּא מַלְכָּא מֶלֶךְ מַלְכַיָּא.

24 אֱלָהָא דִּי לֵהּ יְקַר וּרְבוּתָא, פְּרוֹק יַת עָנָךְ מִפּוּם אַרְיָוָתָא,

25 וְאַפֵּיק יַת עַמֵּךְ מִגּוֹ גָלוּתָא, עַמֵּךְ דִּי בְחַרְתְּ מִכָּל אֻמַּיָּא.

26 יָהּ רִבּוֹן עָלַם וְעָלְמַיָּא, אַנְתְּ הוּא מַלְכָּא מֶלֶךְ מַלְכַיָּא.

1 לְמִקְדָּשֵׁךְ תּוּב וּלְקֹדֶשׁ קֻדְשִׁין,

2 אֲתַר דִּי בֵהּ יֶחֱדוּן רוּחִין וְנַפְשִׁין,

3 וִיזַמְּרוּן לָךְ שִׁירִין וְרַחֲשִׁין, בִּירוּשְׁלֵם קַרְתָּא דְשׁוּפְרַיָּא.

4 יָהּ רִבּוֹן עָלַם וְעָלְמַיָּא, אַנְתְּ הוּא מַלְכָּא מֶלֶךְ מַלְכַיָּא.

5 **צוּר מִשֶּׁלּוֹ** אָכַלְנוּ, בָּרְכוּ אֱמוּנַי,

6 שָׂבַעְנוּ וְהוֹתַרְנוּ, כִּדְבַר יהוה.

7 הַזָּן אֶת עוֹלָמוֹ, רוֹעֵנוּ אָבִינוּ,

8 אָכַלְנוּ אֶת לַחְמוֹ, וְיֵינוֹ שָׁתִינוּ,

9 עַל כֵּן נוֹדֶה לִשְׁמוֹ, וּנְהַלְלוֹ בְּפִינוּ,

10 אָמַרְנוּ וְעָנִינוּ, אֵין קָדוֹשׁ כַּיהוה.

11 צוּר מִשֶּׁלּוֹ אָכַלְנוּ, בָּרְכוּ אֱמוּנַי, שָׂבַעְנוּ וְהוֹתַרְנוּ, כִּדְבַר יהוה.

12 בְּשִׁיר וְקוֹל תּוֹדָה, נְבָרֵךְ אֱלֹהֵינוּ,

13 עַל אֶרֶץ חֶמְדָּה טוֹבָה, שֶׁהִנְחִיל לַאֲבוֹתֵינוּ,

14 מָזוֹן וְצֵדָה, הִשְׂבִּיעַ לְנַפְשֵׁנוּ,

15 חַסְדּוֹ גָּבַר עָלֵינוּ, וֶאֱמֶת יהוה.

16 צוּר מִשֶּׁלּוֹ אָכַלְנוּ, בָּרְכוּ אֱמוּנַי, שָׂבַעְנוּ וְהוֹתַרְנוּ, כִּדְבַר יהוה.

17 רַחֵם בְּחַסְדֶּךָ, עַל עַמְּךָ, צוּרֵנוּ,

18 עַל צִיּוֹן מִשְׁכַּן כְּבוֹדֶךָ, זְבוּל בֵּית תִּפְאַרְתֵּנוּ,

19 בֶּן דָּוִד עַבְדֶּךָ, יָבֹא וְיִגְאָלֵנוּ,

20 רוּחַ אַפֵּינוּ, מְשִׁיחַ יהוה.

21 צוּר מִשֶּׁלּוֹ אָכַלְנוּ, בָּרְכוּ אֱמוּנַי, שָׂבַעְנוּ וְהוֹתַרְנוּ, כִּדְבַר יהוה.

22 יִבָּנֶה הַמִּקְדָּשׁ, עִיר צִיּוֹן תְּמַלֵּא,

23 וְשָׁם נָשִׁיר שִׁיר חָדָשׁ, וּבִרְנָנָה נַעֲלֶה,

24 הָרַחֲמָן הַנִּקְדָּשׁ, יִתְבָּרַךְ וְיִתְעַלֶּה,

25 עַל כּוֹס יַיִן מָלֵא, כְּבִרְכַּת יהוה.

26 צוּר מִשֶּׁלּוֹ אָכַלְנוּ, בָּרְכוּ אֱמוּנַי, שָׂבַעְנוּ וְהוֹתַרְנוּ, כִּדְבַר יהוה.

בִּרְכַּת הַמָּזוֹן is on p. 100.

﴾ פסוקי דזמרה לשבת ויום טוב ﴿

THE *BERACHOS* AND THE PRAYERS SAID EACH MORNING START ON P. 2.

If you came late for *Shacharis* and you may not be able to say *Shemoneh Esrei* together with the *minyan* if you say the entire *Pesukei D'Zimrah*, see *Laws* §1-3.

1   **הודו** לַיהוה קִרְאוּ בִשְׁמוֹ, הוֹדִיעוּ בָעַמִּים עֲלִילוֹתָיו.

2   שִׁירוּ לוֹ, זַמְּרוּ לוֹ, שִׂיחוּ בְּכָל נִפְלְאוֹתָיו.

3   הִתְהַלְלוּ בְּשֵׁם קָדְשׁוֹ, יִשְׂמַח לֵב מְבַקְשֵׁי יהוה.

4   דִּרְשׁוּ יהוה וְעֻזּוֹ, בַּקְּשׁוּ פָנָיו תָּמִיד.

5   זִכְרוּ נִפְלְאוֹתָיו אֲשֶׁר עָשָׂה, מֹפְתָיו וּמִשְׁפְּטֵי פִיהוּ.

6   זֶרַע יִשְׂרָאֵל עַבְדּוֹ, בְּנֵי יַעֲקֹב בְּחִירָיו.

7   הוּא יהוה אֱלֹהֵינוּ, בְּכָל הָאָרֶץ מִשְׁפָּטָיו.

8   זִכְרוּ לְעוֹלָם בְּרִיתוֹ, דָּבָר צִוָּה לְאֶלֶף דּוֹר.

9   אֲשֶׁר כָּרַת אֶת אַבְרָהָם, וּשְׁבוּעָתוֹ לְיִצְחָק.

10   וַיַּעֲמִידֶהָ לְיַעֲקֹב לְחֹק, לְיִשְׂרָאֵל בְּרִית עוֹלָם.

11   לֵאמֹר, לְךָ אֶתֵּן אֶרֶץ כְּנָעַן, חֶבֶל נַחֲלַתְכֶם.

12   בִּהְיוֹתְכֶם מְתֵי מִסְפָּר, כִּמְעַט וְגָרִים בָּהּ.

13   וַיִּתְהַלְּכוּ מִגּוֹי אֶל גּוֹי, וּמִמַּמְלָכָה אֶל עַם אַחֵר.

14   לֹא הִנִּיחַ לְאִישׁ לְעָשְׁקָם, וַיּוֹכַח עֲלֵיהֶם מְלָכִים.

15   אַל תִּגְּעוּ בִּמְשִׁיחָי, וּבִנְבִיאַי אַל תָּרֵעוּ.

16   שִׁירוּ לַיהוה כָּל הָאָרֶץ, בַּשְּׂרוּ מִיּוֹם אֶל יוֹם יְשׁוּעָתוֹ.

17   סַפְּרוּ בַגּוֹיִם אֶת כְּבוֹדוֹ, בְּכָל הָעַמִּים נִפְלְאוֹתָיו.

18   כִּי גָדוֹל יהוה וּמְהֻלָּל מְאֹד, וְנוֹרָא הוּא עַל כָּל אֱלֹהִים.

19   ❖ כִּי כָּל אֱלֹהֵי הָעַמִּים אֱלִילִים, (stop) וַיהוה שָׁמַיִם עָשָׂה.

20   הוֹד וְהָדָר לְפָנָיו, עֹז וְחֶדְוָה בִּמְקֹמוֹ.

21   הָבוּ לַיהוה מִשְׁפְּחוֹת עַמִּים, הָבוּ לַיהוה כָּבוֹד וָעֹז.

1 הָבוּ לַיהוה כְּבוֹד שְׁמוֹ, שְׂאוּ מִנְחָה וּבְאוּ לְפָנָיו,

2 הִשְׁתַּחֲווּ לַיהוה בְּהַדְרַת קֹדֶשׁ.

3 חִילוּ מִלְּפָנָיו כָּל הָאָרֶץ, אַף תִּכּוֹן תֵּבֵל בַּל תִּמּוֹט.

4 יִשְׂמְחוּ הַשָּׁמַיִם וְתָגֵל הָאָרֶץ, וְיֹאמְרוּ בַגּוֹיִם, יהוה מָלָךְ.

5 יִרְעַם הַיָּם וּמְלֹאוֹ, יַעֲלֹץ הַשָּׂדֶה וְכָל אֲשֶׁר בּוֹ.

6 אָז יְרַנְּנוּ עֲצֵי הַיָּעַר, מִלְּפְנֵי יהוה,

7 כִּי בָא לִשְׁפּוֹט אֶת הָאָרֶץ.

8 הוֹדוּ לַיהוה כִּי טוֹב, כִּי לְעוֹלָם חַסְדּוֹ.

9 וְאִמְרוּ: הוֹשִׁיעֵנוּ אֱלֹהֵי יִשְׁעֵנוּ,

10 וְקַבְּצֵנוּ וְהַצִּילֵנוּ מִן הַגּוֹיִם,

11 לְהֹדוֹת לְשֵׁם קָדְשֶׁךָ, לְהִשְׁתַּבֵּחַ בִּתְהִלָּתֶךָ.

12 בָּרוּךְ יהוה אֱלֹהֵי יִשְׂרָאֵל מִן הָעוֹלָם וְעַד הָעֹלָם,

13 וַיֹּאמְרוּ כָל הָעָם: אָמֵן, וְהַלֵּל לַיהוה.

14 ❖ רוֹמְמוּ יהוה אֱלֹהֵינוּ, וְהִשְׁתַּחֲווּ לַהֲדֹם רַגְלָיו,

15 קָדוֹשׁ הוּא.

16 רוֹמְמוּ יהוה אֱלֹהֵינוּ, וְהִשְׁתַּחֲווּ לְהַר קָדְשׁוֹ,

17 כִּי קָדוֹשׁ יהוה אֱלֹהֵינוּ.

18 וְהוּא רַחוּם יְכַפֵּר עָוֹן וְלֹא יַשְׁחִית,

19 וְהִרְבָּה לְהָשִׁיב אַפּוֹ, וְלֹא יָעִיר כָּל חֲמָתוֹ.

20 אַתָּה יהוה, לֹא תִכְלָא רַחֲמֶיךָ מִמֶּנִּי,

21 חַסְדְּךָ וַאֲמִתְּךָ תָּמִיד יִצְּרוּנִי.

22 זְכֹר רַחֲמֶיךָ יהוה וַחֲסָדֶיךָ, כִּי מֵעוֹלָם הֵמָּה.

23 תְּנוּ עֹז לֵאלֹהִים, עַל יִשְׂרָאֵל גַּאֲוָתוֹ, וְעֻזּוֹ בַּשְּׁחָקִים.

24 נוֹרָא אֱלֹהִים מִמִּקְדָּשֶׁיךָ,

1 אֵל יִשְׂרָאֵל הוּא נֹתֵן עֹז וְתַעֲצֻמוֹת לָעָם, בָּרוּךְ אֱלֹהִים.

2 אֵל נְקָמוֹת יְהוָה, אֵל נְקָמוֹת הוֹפִיעַ.

3 הִנָּשֵׂא שֹׁפֵט הָאָרֶץ, הָשֵׁב גְּמוּל עַל גֵּאִים.

4 לַיהוָה הַיְשׁוּעָה, עַל עַמְּךָ בִרְכָתֶךָ סֶּלָה.

5 ❖ יְהוָה צְבָאוֹת עִמָּנוּ, מִשְׂגָּב לָנוּ אֱלֹהֵי יַעֲקֹב סֶלָה.

6 יְהוָה צְבָאוֹת, אַשְׁרֵי אָדָם בֹּטֵחַ בָּךְ.

7 יְהוָה הוֹשִׁיעָה, הַמֶּלֶךְ יַעֲנֵנוּ בְיוֹם קָרְאֵנוּ.

8 הוֹשִׁיעָה אֶת עַמֶּךָ, וּבָרֵךְ אֶת נַחֲלָתֶךָ,

9 וּרְעֵם וְנַשְּׂאֵם עַד הָעוֹלָם.

10 נַפְשֵׁנוּ חִכְּתָה לַיהוָה, עֶזְרֵנוּ וּמָגִנֵּנוּ הוּא.

11 כִּי בוֹ יִשְׂמַח לִבֵּנוּ, כִּי בְשֵׁם קָדְשׁוֹ בָטָחְנוּ.

12 יְהִי חַסְדְּךָ יְהוָה עָלֵינוּ, כַּאֲשֶׁר יִחַלְנוּ לָךְ.

13 הַרְאֵנוּ יְהוָה חַסְדֶּךָ, וְיֶשְׁעֲךָ תִּתֶּן לָנוּ.

14 קוּמָה עֶזְרָתָה לָּנוּ, וּפְדֵנוּ לְמַעַן חַסְדֶּךָ.

15 אָנֹכִי יְהוָה אֱלֹהֶיךָ הַמַּעַלְךָ מֵאֶרֶץ מִצְרָיִם,

16 הַרְחֶב פִּיךָ וַאֲמַלְאֵהוּ.

17 אַשְׁרֵי הָעָם שֶׁכָּכָה לּוֹ, אַשְׁרֵי הָעָם שֶׁיהוָה אֱלֹהָיו.

18 ❖ וַאֲנִי בְּחַסְדְּךָ בָטַחְתִּי, יָגֵל לִבִּי בִּישׁוּעָתֶךָ,

19 אָשִׁירָה לַיהוָה, כִּי גָמַל עָלָי.

20 **מִזְמוֹר שִׁיר** חֲנֻכַּת הַבַּיִת לְדָוִד.

21 אֲרוֹמִמְךָ יְהוָה כִּי דִלִּיתָנִי,

22 וְלֹא שִׂמַּחְתָּ אֹיְבַי לִי.

23 יְהוָה אֱלֹהָי, שִׁוַּעְתִּי אֵלֶיךָ וַתִּרְפָּאֵנִי.

24 יְהוָה, הֶעֱלִיתָ מִן שְׁאוֹל נַפְשִׁי, חִיִּיתַנִי מִיָּרְדִי בוֹר.

1 זַמְּרוּ לַיהוה חֲסִידָיו, וְהוֹדוּ לְזֵכֶר קָדְשׁוֹ.

2 כִּי רֶגַע בְּאַפּוֹ, חַיִּים בִּרְצוֹנוֹ,

3 בָּעֶרֶב יָלִין בֶּכִי וְלַבֹּקֶר רִנָּה.

4 וַאֲנִי אָמַרְתִּי בְשַׁלְוִי, בַּל אֶמּוֹט לְעוֹלָם.

5 יהוה, בִּרְצוֹנְךָ הֶעֱמַדְתָּה לְהַרְרִי עֹז,

6 הִסְתַּרְתָּ פָנֶיךָ הָיִיתִי נִבְהָל.

7 אֵלֶיךָ יהוה אֶקְרָא, וְאֶל אֲדֹנָי אֶתְחַנָּן.

8 מַה בֶּצַע בְּדָמִי, בְּרִדְתִּי אֶל שָׁחַת,

9 הֲיוֹדְךָ עָפָר, הֲיַגִּיד אֲמִתֶּךָ.

10 שְׁמַע יהוה וְחָנֵּנִי, יהוה הֱיֵה עֹזֵר לִי.

11 ❖ הָפַכְתָּ מִסְפְּדִי לְמָחוֹל לִי,

12 פִּתַּחְתָּ שַׂקִּי, וַתְּאַזְּרֵנִי שִׂמְחָה.

13 לְמַעַן יְזַמֶּרְךָ כָבוֹד וְלֹא יִדֹּם, יהוה אֱלֹהַי לְעוֹלָם אוֹדֶךָּ.

Stand while reciting the following paragraph.

14 **יהוה** מֶלֶךְ, יהוה מָלָךְ, יהוה יִמְלֹךְ לְעֹלָם וָעֶד.

15 יהוה מֶלֶךְ, יהוה מָלָךְ, יהוה יִמְלֹךְ לְעֹלָם וָעֶד.

16 וְהָיָה יהוה לְמֶלֶךְ עַל כָּל הָאָרֶץ, בַּיּוֹם הַהוּא יִהְיֶה יהוה אֶחָד וּשְׁמוֹ אֶחָד.

17 **הוֹשִׁיעֵנוּ** יהוה אֱלֹהֵינוּ, וְקַבְּצֵנוּ מִן הַגּוֹיִם,

18 לְהוֹדוֹת לְשֵׁם קָדְשֶׁךָ, לְהִשְׁתַּבֵּחַ בִּתְהִלָּתֶךָ.

19 ❖ בָּרוּךְ יהוה אֱלֹהֵי יִשְׂרָאֵל מִן הָעוֹלָם וְעַד הָעוֹלָם,

20 וְאָמַר כָּל הָעָם, אָמֵן, הַלְלוּיָהּ. כֹּל הַנְּשָׁמָה תְּהַלֵּל יָהּ, הַלְלוּיָהּ.

21 **לַמְנַצֵּחַ** מִזְמוֹר לְדָוִד.

22 הַשָּׁמַיִם מְסַפְּרִים כְּבוֹד אֵל,

23 וּמַעֲשֵׂה יָדָיו מַגִּיד הָרָקִיעַ.

24 יוֹם לְיוֹם יַבִּיעַ אֹמֶר, וְלַיְלָה לְּלַיְלָה יְחַוֶּה דָּעַת.

25 אֵין אֹמֶר וְאֵין דְּבָרִים, בְּלִי נִשְׁמַע קוֹלָם.

1 בְּכָל הָאָרֶץ יָצָא קַוָּם, וּבִקְצֵה תֵבֵל מִלֵּיהֶם,
2 לַשֶּׁמֶשׁ שָׂם אֹהֶל בָּהֶם.
3 וְהוּא כְּחָתָן יֹצֵא מֵחֻפָּתוֹ, יָשִׂישׂ כְּגִבּוֹר לָרוּץ אֹרַח.
4 מִקְצֵה הַשָּׁמַיִם מוֹצָאוֹ, וּתְקוּפָתוֹ עַל קְצוֹתָם,
5 וְאֵין נִסְתָּר מֵחַמָּתוֹ.
6 תּוֹרַת יהוה תְּמִימָה, מְשִׁיבַת נָפֶשׁ,
7 עֵדוּת יהוה נֶאֱמָנָה, מַחְכִּימַת פֶּתִי.
8 פִּקּוּדֵי יהוה יְשָׁרִים, מְשַׂמְּחֵי לֵב,
9 מִצְוַת יהוה בָּרָה, מְאִירַת עֵינָיִם.
10 יִרְאַת יהוה טְהוֹרָה, עוֹמֶדֶת לָעַד,
11 מִשְׁפְּטֵי יהוה אֱמֶת, צָדְקוּ יַחְדָּו.
12 הַנֶּחֱמָדִים מִזָּהָב וּמִפַּז רָב,
13 וּמְתוּקִים מִדְּבַשׁ וְנֹפֶת צוּפִים.
14 גַּם עַבְדְּךָ נִזְהָר בָּהֶם, בְּשָׁמְרָם עֵקֶב רָב.
15 שְׁגִיאוֹת מִי יָבִין, מִנִּסְתָּרוֹת נַקֵּנִי.
16 גַּם מִזֵּדִים חֲשֹׂךְ עַבְדֶּךָ, אַל יִמְשְׁלוּ בִי,
17 אָז אֵיתָם, וְנִקֵּיתִי מִפֶּשַׁע רָב.
18 ❖ יִהְיוּ לְרָצוֹן אִמְרֵי פִי, וְהֶגְיוֹן לִבִּי לְפָנֶיךָ,
19 יהוה צוּרִי וְגֹאֲלִי.

20 רַנְּנוּ צַדִּיקִים בַּיהוה, לַיְשָׁרִים נָאוָה תְהִלָּה.
21 הוֹדוּ לַיהוה בְּכִנּוֹר, בְּנֵבֶל עָשׂוֹר זַמְּרוּ לוֹ.
22 שִׁירוּ לוֹ שִׁיר חָדָשׁ, הֵיטִיבוּ נַגֵּן בִּתְרוּעָה.
23 כִּי יָשָׁר דְּבַר יהוה, וְכָל מַעֲשֵׂהוּ בֶּאֱמוּנָה.
24 אֹהֵב צְדָקָה וּמִשְׁפָּט, חֶסֶד יהוה מָלְאָה הָאָרֶץ.

1 בִּדְבַר יהוה שָׁמַיִם נַעֲשׂוּ, וּבְרוּחַ פִּיו כָּל צְבָאָם.

2 כֹּנֵס כַּנֵּד מֵי הַיָּם, נֹתֵן בְּאוֹצָרוֹת תְּהוֹמוֹת.

3 יִירְאוּ מֵיהוה כָּל הָאָרֶץ, מִמֶּנּוּ יָגוּרוּ כָּל יֹשְׁבֵי תֵבֵל.

4 כִּי הוּא אָמַר וַיֶּהִי, הוּא צִוָּה וַיַּעֲמֹד.

5 יהוה הֵפִיר עֲצַת גוֹיִם, הֵנִיא מַחְשְׁבוֹת עַמִּים.

6 עֲצַת יהוה לְעוֹלָם תַּעֲמֹד, מַחְשְׁבוֹת לִבּוֹ לְדֹר וָדֹר.

7 אַשְׁרֵי הַגּוֹי אֲשֶׁר יהוה אֱלֹהָיו, הָעָם בָּחַר לְנַחֲלָה לוֹ.

8 מִשָּׁמַיִם הִבִּיט יהוה, רָאָה אֶת כָּל בְּנֵי הָאָדָם.

9 מִמְּכוֹן שִׁבְתּוֹ הִשְׁגִּיחַ, אֶל כָּל יֹשְׁבֵי הָאָרֶץ.

10 הַיֹּצֵר יַחַד לִבָּם, הַמֵּבִין אֶל כָּל מַעֲשֵׂיהֶם.

11 אֵין הַמֶּלֶךְ נוֹשָׁע בְּרָב חָיִל, גִּבּוֹר לֹא יִנָּצֵל בְּרָב כֹּחַ.

12 שֶׁקֶר הַסּוּס לִתְשׁוּעָה, וּבְרֹב חֵילוֹ לֹא יְמַלֵּט.

13 הִנֵּה עֵין יהוה אֶל יְרֵאָיו, לַמְיַחֲלִים לְחַסְדּוֹ.

14 לְהַצִּיל מִמָּוֶת נַפְשָׁם, וּלְחַיּוֹתָם בָּרָעָב.

15 ❖ נַפְשֵׁנוּ חִכְּתָה לַיהוה, עֶזְרֵנוּ וּמָגִנֵּנוּ הוּא.

16 כִּי בוֹ יִשְׂמַח לִבֵּנוּ, כִּי בְשֵׁם קָדְשׁוֹ בָטָחְנוּ.

17 יְהִי חַסְדְּךָ יהוה עָלֵינוּ, כַּאֲשֶׁר יִחַלְנוּ לָךְ.

18 **לְדָוִד,** בְּשַׁנּוֹתוֹ אֶת טַעְמוֹ לִפְנֵי אֲבִימֶלֶךְ,

19 וַיְגָרְשֵׁהוּ וַיֵּלַךְ.

20 **אֲ**בָרְכָה אֶת יהוה בְּכָל עֵת, תָּמִיד תְּהִלָּתוֹ בְּפִי.

21 **בַּ**יהוה תִּתְהַלֵּל נַפְשִׁי, יִשְׁמְעוּ עֲנָוִים וְיִשְׂמָחוּ.

22 **גַּ**דְּלוּ לַיהוה אִתִּי, וּנְרוֹמְמָה שְׁמוֹ יַחְדָּו.

23 **דָּ**רַשְׁתִּי אֶת יהוה וְעָנָנִי, וּמִכָּל מְגוּרוֹתַי הִצִּילָנִי.

24 **הִ**בִּיטוּ אֵלָיו וְנָהָרוּ, וּפְנֵיהֶם אַל יֶחְפָּרוּ.

1   זֶה עָנִי קָרָא וַיהוה שָׁמֵעַ, וּמִכָּל צָרוֹתָיו הוֹשִׁיעוֹ.

2   חֹנֶה מַלְאַךְ יהוה סָבִיב לִירֵאָיו, וַיְחַלְּצֵם.

3   טַעֲמוּ וּרְאוּ כִּי טוֹב יהוה, אַשְׁרֵי הַגֶּבֶר יֶחֱסֶה בּוֹ.

4   יְראוּ אֶת יהוה קְדֹשָׁיו, כִּי אֵין מַחְסוֹר לִירֵאָיו.

5   כְּפִירִים רָשׁוּ וְרָעֵבוּ, וְדֹרְשֵׁי יהוה לֹא יַחְסְרוּ כָל טוֹב.

6   לְכוּ בָנִים שִׁמְעוּ לִי, יִרְאַת יהוה אֲלַמֶּדְכֶם.

7   מִי הָאִישׁ הֶחָפֵץ חַיִּים, אֹהֵב יָמִים לִרְאוֹת טוֹב.

8   נְצֹר לְשׁוֹנְךָ מֵרָע, וּשְׂפָתֶיךָ מִדַּבֵּר מִרְמָה.

9   סוּר מֵרָע וַעֲשֵׂה טוֹב, בַּקֵּשׁ שָׁלוֹם וְרָדְפֵהוּ.

10   עֵינֵי יהוה אֶל צַדִּיקִים, וְאָזְנָיו אֶל שַׁוְעָתָם.

11   פְּנֵי יהוה בְּעֹשֵׂי רָע, לְהַכְרִית מֵאֶרֶץ זִכְרָם.

12   צָעֲקוּ וַיהוה שָׁמֵעַ, וּמִכָּל צָרוֹתָם הִצִּילָם.

13   קָרוֹב יהוה לְנִשְׁבְּרֵי לֵב, וְאֶת דַּכְּאֵי רוּחַ יוֹשִׁיעַ.

14   רַבּוֹת רָעוֹת צַדִּיק, וּמִכֻּלָּם יַצִּילֶנּוּ יהוה.

15   שֹׁמֵר כָּל עַצְמוֹתָיו, אַחַת מֵהֵנָּה לֹא נִשְׁבָּרָה.

16   תְּמוֹתֵת רָשָׁע רָעָה, וְשֹׂנְאֵי צַדִּיק יֶאְשָׁמוּ.

17   ❖ פּוֹדֶה יהוה נֶפֶשׁ עֲבָדָיו, וְלֹא יֶאְשְׁמוּ כָּל הַחֹסִים בּוֹ.

18   **תְּפִלָּה** לְמֹשֶׁה אִישׁ הָאֱלֹהִים,

19   אֲדֹנָי מָעוֹן אַתָּה הָיִיתָ לָּנוּ בְּדֹר וָדֹר.

20   בְּטֶרֶם הָרִים יֻלָּדוּ וַתְּחוֹלֵל אֶרֶץ וְתֵבֵל,

21   וּמֵעוֹלָם עַד עוֹלָם אַתָּה אֵל.

22   תָּשֵׁב אֱנוֹשׁ עַד דַּכָּא, וַתֹּאמֶר שׁוּבוּ בְנֵי אָדָם.

23   כִּי אֶלֶף שָׁנִים בְּעֵינֶיךָ כְּיוֹם אֶתְמוֹל כִּי יַעֲבֹר,

24   וְאַשְׁמוּרָה בַלָּיְלָה.

1   זְרַמְתָּם, שֵׁנָה יִהְיוּ, בַּבֹּקֶר כֶּחָצִיר יַחֲלֹף.

2   בַּבֹּקֶר יָצִיץ וְחָלָף, לָעֶרֶב יְמוֹלֵל וְיָבֵשׁ.

3   כִּי כָלִינוּ בְאַפֶּךָ, וּבַחֲמָתְךָ נִבְהָלְנוּ.

4   שַׁתָּ עֲוֹנֹתֵינוּ לְנֶגְדֶּךָ, עֲלֻמֵנוּ לִמְאוֹר פָּנֶיךָ.

5   כִּי כָל יָמֵינוּ פָּנוּ בְעֶבְרָתֶךָ, כִּלִּינוּ שָׁנֵינוּ כְמוֹ הֶגֶה.

6   יְמֵי שְׁנוֹתֵינוּ בָהֶם שִׁבְעִים שָׁנָה,

7   וְאִם בִּגְבוּרֹת שְׁמוֹנִים שָׁנָה,

8   וְרָהְבָּם עָמָל וָאָוֶן, כִּי גָז חִישׁ וַנָּעֻפָה.

9   מִי יוֹדֵעַ עֹז אַפֶּךָ, וּכְיִרְאָתְךָ עֶבְרָתֶךָ.

10   לִמְנוֹת יָמֵינוּ כֵּן הוֹדַע, וְנָבִא לְבַב חָכְמָה.

11   שׁוּבָה יהוה עַד מָתָי, וְהִנָּחֵם עַל עֲבָדֶיךָ.

12   שַׂבְּעֵנוּ בַבֹּקֶר חַסְדֶּךָ, וּנְרַנְּנָה וְנִשְׂמְחָה בְּכָל יָמֵינוּ.

13   שַׂמְּחֵנוּ כִּימוֹת עִנִּיתָנוּ, שְׁנוֹת רָאִינוּ רָעָה.

14   יֵרָאֶה אֶל עֲבָדֶיךָ פָעֳלֶךָ, וַהֲדָרְךָ עַל בְּנֵיהֶם.

15   ❖ וִיהִי נֹעַם אֲדֹנָי אֱלֹהֵינוּ עָלֵינוּ,

16   וּמַעֲשֵׂה יָדֵינוּ כּוֹנְנָה עָלֵינוּ, וּמַעֲשֵׂה יָדֵינוּ כּוֹנְנֵהוּ.

17   **יֹשֵׁב** בְּסֵתֶר עֶלְיוֹן,

18   בְּצֵל שַׁדַּי יִתְלוֹנָן.

19   אֹמַר לַיהוה מַחְסִי וּמְצוּדָתִי, אֱלֹהַי אֶבְטַח בּוֹ.

20   כִּי הוּא יַצִּילְךָ מִפַּח יָקוּשׁ, מִדֶּבֶר הַוּוֹת.

21   בְּאֶבְרָתוֹ יָסֶךְ לָךְ, וְתַחַת כְּנָפָיו תֶּחְסֶה,

22   צִנָּה וְסֹחֵרָה אֲמִתּוֹ.

23   לֹא תִירָא מִפַּחַד לָיְלָה, מֵחֵץ יָעוּף יוֹמָם.

24   מִדֶּבֶר בָּאֹפֶל יַהֲלֹךְ, מִקֶּטֶב יָשׁוּד צָהֳרָיִם.

1 יִפֹּל מִצִּדְּךָ אֶלֶף, וּרְבָבָה מִימִינֶךָ, אֵלֶיךָ לֹא יִגָּשׁ.

2 רַק בְּעֵינֶיךָ תַבִּיט, וְשִׁלֻּמַת רְשָׁעִים תִּרְאֶה.

3 כִּי אַתָּה יהוה מַחְסִי, עֶלְיוֹן שַׂמְתָּ מְעוֹנֶךָ.

4 לֹא תְאֻנֶּה אֵלֶיךָ רָעָה, וְנֶגַע לֹא יִקְרַב בְּאָהֳלֶךָ.

5 כִּי מַלְאָכָיו יְצַוֶּה לָּךְ, לִשְׁמָרְךָ בְּכָל דְּרָכֶיךָ.

6 עַל כַּפַּיִם יִשָּׂאוּנְךָ, פֶּן תִּגֹּף בָּאֶבֶן רַגְלֶךָ.

7 עַל שַׁחַל וָפֶתֶן תִּדְרֹךְ, תִּרְמֹס כְּפִיר וְתַנִּין.

8 כִּי בִי חָשַׁק וַאֲפַלְּטֵהוּ, אֲשַׂגְּבֵהוּ כִּי יָדַע שְׁמִי.

9 יִקְרָאֵנִי וְאֶעֱנֵהוּ, עִמּוֹ אָנֹכִי בְצָרָה,

10 אֲחַלְּצֵהוּ וַאֲכַבְּדֵהוּ.

11 ❖ אֹרֶךְ יָמִים אַשְׂבִּיעֵהוּ, וְאַרְאֵהוּ בִּישׁוּעָתִי.

12 אֹרֶךְ יָמִים אַשְׂבִּיעֵהוּ, וְאַרְאֵהוּ בִּישׁוּעָתִי.

13 **מִזְמוֹר,** שִׁירוּ לַיהוה שִׁיר חָדָשׁ, כִּי נִפְלָאוֹת עָשָׂה,

14 הוֹשִׁיעָה לּוֹ יְמִינוֹ וּזְרוֹעַ קָדְשׁוֹ.

15 הוֹדִיעַ יהוה יְשׁוּעָתוֹ, לְעֵינֵי הַגּוֹיִם גִּלָּה צִדְקָתוֹ.

16 זָכַר חַסְדּוֹ וֶאֱמוּנָתוֹ לְבֵית יִשְׂרָאֵל,

17 רָאוּ כָל אַפְסֵי אָרֶץ אֵת יְשׁוּעַת אֱלֹהֵינוּ.

18 הָרִיעוּ לַיהוה כָּל הָאָרֶץ, פִּצְחוּ וְרַנְּנוּ וְזַמֵּרוּ.

19 זַמְּרוּ לַיהוה בְּכִנּוֹר, בְּכִנּוֹר וְקוֹל זִמְרָה.

20 בַּחֲצֹצְרוֹת וְקוֹל שׁוֹפָר, הָרִיעוּ לִפְנֵי הַמֶּלֶךְ יהוה.

21 יִרְעַם הַיָּם וּמְלֹאוֹ, תֵּבֵל וְיֹשְׁבֵי בָהּ.

22 ❖ נְהָרוֹת יִמְחֲאוּ כָף, יַחַד הָרִים יְרַנֵּנוּ.

23 לִפְנֵי יהוה כִּי בָא לִשְׁפֹּט הָאָרֶץ,

24 יִשְׁפֹּט תֵּבֵל בְּצֶדֶק, וְעַמִּים בְּמֵישָׁרִים.

שִׁיר לַמַּעֲלוֹת, אֶשָּׂא עֵינַי אֶל הֶהָרִים,
מֵאַיִן יָבֹא עֶזְרִי.

עֶזְרִי מֵעִם יְהוה, עֹשֵׂה שָׁמַיִם וָאָרֶץ.

אַל יִתֵּן לַמּוֹט רַגְלֶךָ, אַל יָנוּם שֹׁמְרֶךָ.

הִנֵּה לֹא יָנוּם וְלֹא יִישָׁן, שׁוֹמֵר יִשְׂרָאֵל.

יְהוה שֹׁמְרֶךָ, יְהוה צִלְּךָ עַל יַד יְמִינֶךָ.

יוֹמָם הַשֶּׁמֶשׁ לֹא יַכֶּכָּה וְיָרֵחַ בַּלָּיְלָה.

❖ יְהוה יִשְׁמָרְךָ מִכָּל רָע, יִשְׁמֹר אֶת נַפְשֶׁךָ.

יְהוה יִשְׁמָר צֵאתְךָ וּבוֹאֶךָ, מֵעַתָּה וְעַד עוֹלָם.

שִׁיר הַמַּעֲלוֹת, לְדָוִד,
שָׂמַחְתִּי בְּאֹמְרִים לִי, בֵּית יְהוה נֵלֵךְ.

עֹמְדוֹת הָיוּ רַגְלֵינוּ, בִּשְׁעָרַיִךְ יְרוּשָׁלָיִם.

יְרוּשָׁלַיִם הַבְּנוּיָה, כְּעִיר שֶׁחֻבְּרָה לָּהּ יַחְדָּו.

שֶׁשָּׁם עָלוּ שְׁבָטִים, שִׁבְטֵי יָהּ עֵדוּת לְיִשְׂרָאֵל,
לְהֹדוֹת לְשֵׁם יְהוה.

כִּי שָׁמָּה יָשְׁבוּ כִסְאוֹת לְמִשְׁפָּט, כִּסְאוֹת לְבֵית דָּוִד.

שַׁאֲלוּ שְׁלוֹם יְרוּשָׁלָיִם, יִשְׁלָיוּ אֹהֲבָיִךְ.

יְהִי שָׁלוֹם בְּחֵילֵךְ, שַׁלְוָה בְּאַרְמְנוֹתָיִךְ.

❖ לְמַעַן אַחַי וְרֵעָי, אֲדַבְּרָה נָּא שָׁלוֹם בָּךְ.

לְמַעַן בֵּית יְהוה אֱלֹהֵינוּ, אֲבַקְשָׁה טוֹב לָךְ.

שִׁיר הַמַּעֲלוֹת,
אֵלֶיךָ נָשָׂאתִי אֶת עֵינַי, הַיֹּשְׁבִי בַּשָּׁמָיִם.

הִנֵּה כְעֵינֵי עֲבָדִים אֶל יַד אֲדוֹנֵיהֶם,
כְּעֵינֵי שִׁפְחָה אֶל יַד גְּבִרְתָּהּ,

1 כֵּן עֵינֵינוּ אֶל יהוה אֱלֹהֵינוּ, עַד שֶׁיְּחָנֵּנוּ.

2 ❖ חָנֵּנוּ יהוה חָנֵּנוּ, כִּי רַב שָׂבַעְנוּ בוּז.

3 רַבַּת שָׂבְעָה לָּהּ נַפְשֵׁנוּ הַלַּעַג הַשַּׁאֲנַנִּים,

4 הַבּוּז לִגְאֵי יוֹנִים.

5 **שִׁיר** הַמַּעֲלוֹת, לְדָוִד,

6 לוּלֵי יהוה שֶׁהָיָה לָנוּ, יֹאמַר נָא יִשְׂרָאֵל.

7 לוּלֵי יהוה שֶׁהָיָה לָנוּ, בְּקוּם עָלֵינוּ אָדָם.

8 אֲזַי חַיִּים בְּלָעוּנוּ, בַּחֲרוֹת אַפָּם בָּנוּ.

9 אֲזַי הַמַּיִם שְׁטָפוּנוּ, נַחְלָה עָבַר עַל נַפְשֵׁנוּ.

10 אֲזַי עָבַר עַל נַפְשֵׁנוּ, הַמַּיִם הַזֵּידוֹנִים.

11 בָּרוּךְ יהוה, שֶׁלֹּא נְתָנָנוּ טֶרֶף לְשִׁנֵּיהֶם.

12 ❖ נַפְשֵׁנוּ כְּצִפּוֹר נִמְלְטָה מִפַּח יוֹקְשִׁים,

13 הַפַּח נִשְׁבָּר וַאֲנַחְנוּ נִמְלָטְנוּ.

14 עֶזְרֵנוּ בְּשֵׁם יהוה, עֹשֵׂה שָׁמַיִם וָאָרֶץ.

15 **הַלְלוּיָהּ,** הַלְלוּ אֶת שֵׁם יהוה,

16 הַלְלוּ עַבְדֵי יהוה.

17 שֶׁעֹמְדִים בְּבֵית יהוה, בְּחַצְרוֹת בֵּית אֱלֹהֵינוּ.

18 הַלְלוּיָהּ כִּי טוֹב יהוה, זַמְּרוּ לִשְׁמוֹ כִּי נָעִים.

19 כִּי יַעֲקֹב בָּחַר לוֹ יָהּ, יִשְׂרָאֵל לִסְגֻלָּתוֹ.

20 כִּי אֲנִי יָדַעְתִּי כִּי גָדוֹל יהוה, וַאֲדֹנֵינוּ מִכָּל אֱלֹהִים.

21 כֹּל אֲשֶׁר חָפֵץ יהוה עָשָׂה, בַּשָּׁמַיִם וּבָאָרֶץ,

22 בַּיַּמִּים וְכָל תְּהֹמוֹת.

23 מַעֲלֶה נְשִׂאִים מִקְצֵה הָאָרֶץ, בְּרָקִים לַמָּטָר עָשָׂה,

24 מוֹצֵא רוּחַ מֵאוֹצְרוֹתָיו.

1   שֶׁהִכָּה בְּכוֹרֵי מִצְרָיִם, מֵאָדָם עַד בְּהֵמָה.

2   שָׁלַח אוֹתֹת וּמֹפְתִים בְּתוֹכֵכִי מִצְרָיִם,

3   בְּפַרְעֹה וּבְכָל עֲבָדָיו.

4   שֶׁהִכָּה גּוֹיִם רַבִּים, וְהָרַג מְלָכִים עֲצוּמִים.

5   לְסִיחוֹן מֶלֶךְ הָאֱמֹרִי, וּלְעוֹג מֶלֶךְ הַבָּשָׁן,

6   וּלְכֹל מַמְלְכוֹת כְּנָעַן.

7   וְנָתַן אַרְצָם נַחֲלָה, נַחֲלָה לְיִשְׂרָאֵל עַמּוֹ.

8   יהוה שִׁמְךָ לְעוֹלָם, יהוה זִכְרְךָ לְדֹר וָדֹר.

9   כִּי יָדִין יהוה עַמּוֹ, וְעַל עֲבָדָיו יִתְנֶחָם.

10 עֲצַבֵּי הַגּוֹיִם כֶּסֶף וְזָהָב, מַעֲשֵׂה יְדֵי אָדָם.

11 פֶּה לָהֶם וְלֹא יְדַבֵּרוּ, עֵינַיִם לָהֶם וְלֹא יִרְאוּ.

12 אָזְנַיִם לָהֶם וְלֹא יַאֲזִינוּ, אַף אֵין יֶשׁ רוּחַ בְּפִיהֶם.

13 כְּמוֹהֶם יִהְיוּ עֹשֵׂיהֶם, כֹּל אֲשֶׁר בֹּטֵחַ בָּהֶם.

14 ❖ בֵּית יִשְׂרָאֵל בָּרְכוּ אֶת יהוה,

15 בֵּית אַהֲרֹן בָּרְכוּ אֶת יהוה.

16 בֵּית הַלֵּוִי בָּרְכוּ אֶת יהוה,

17 יִרְאֵי יהוה בָּרְכוּ אֶת יהוה.

18 בָּרוּךְ יהוה מִצִּיּוֹן שֹׁכֵן יְרוּשָׁלָיִם, הַלְלוּיָהּ.

Say this psalm while standing.

19 **הוֹדוּ** לַיהוה כִּי טוֹב,   כִּי לְעוֹלָם חַסְדּוֹ.

20 הוֹדוּ לֵאלֹהֵי הָאֱלֹהִים,   כִּי לְעוֹלָם חַסְדּוֹ.

21 הוֹדוּ לַאֲדֹנֵי הָאֲדֹנִים,   כִּי לְעוֹלָם חַסְדּוֹ.

22 לְעֹשֵׂה נִפְלָאוֹת גְּדֹלוֹת לְבַדּוֹ,   כִּי לְעוֹלָם חַסְדּוֹ.

23 לְעֹשֵׂה הַשָּׁמַיִם בִּתְבוּנָה,   כִּי לְעוֹלָם חַסְדּוֹ.

24 לְרוֹקַע הָאָרֶץ עַל הַמָּיִם,   כִּי לְעוֹלָם חַסְדּוֹ.

לְעֹשֵׂה אוֹרִים גְּדֹלִים,	כִּי לְעוֹלָם חַסְדּוֹ. 1
אֶת הַשֶּׁמֶשׁ לְמֶמְשֶׁלֶת בַּיּוֹם,	כִּי לְעוֹלָם חַסְדּוֹ. 2
אֶת הַיָּרֵחַ וְכוֹכָבִים לְמֶמְשְׁלוֹת בַּלָּיְלָה,	3
	כִּי לְעוֹלָם חַסְדּוֹ. 4
לְמַכֵּה מִצְרַיִם בִּבְכוֹרֵיהֶם,	כִּי לְעוֹלָם חַסְדּוֹ. 5
וַיּוֹצֵא יִשְׂרָאֵל מִתּוֹכָם,	כִּי לְעוֹלָם חַסְדּוֹ. 6
בְּיָד חֲזָקָה וּבִזְרוֹעַ נְטוּיָה,	כִּי לְעוֹלָם חַסְדּוֹ. 7
לְגֹזֵר יַם סוּף לִגְזָרִים,	כִּי לְעוֹלָם חַסְדּוֹ. 8
וְהֶעֱבִיר יִשְׂרָאֵל בְּתוֹכוֹ,	כִּי לְעוֹלָם חַסְדּוֹ. 9
וְנִעֵר פַּרְעֹה וְחֵילוֹ בְיַם סוּף,	כִּי לְעוֹלָם חַסְדּוֹ. 10
לְמוֹלִיךְ עַמּוֹ בַּמִּדְבָּר,	כִּי לְעוֹלָם חַסְדּוֹ. 11
לְמַכֵּה מְלָכִים גְּדֹלִים,	כִּי לְעוֹלָם חַסְדּוֹ. 12
וַיַּהֲרֹג מְלָכִים אַדִּירִים,	כִּי לְעוֹלָם חַסְדּוֹ. 13
לְסִיחוֹן מֶלֶךְ הָאֱמֹרִי,	כִּי לְעוֹלָם חַסְדּוֹ. 14
וּלְעוֹג מֶלֶךְ הַבָּשָׁן,	כִּי לְעוֹלָם חַסְדּוֹ. 15
וְנָתַן אַרְצָם לְנַחֲלָה,	כִּי לְעוֹלָם חַסְדּוֹ. 16
נַחֲלָה לְיִשְׂרָאֵל עַבְדּוֹ,	כִּי לְעוֹלָם חַסְדּוֹ. 17
שֶׁבְּשִׁפְלֵנוּ זָכַר לָנוּ,	כִּי לְעוֹלָם חַסְדּוֹ. 18
וַיִּפְרְקֵנוּ מִצָּרֵינוּ,	כִּי לְעוֹלָם חַסְדּוֹ. 19
❖ נֹתֵן לֶחֶם לְכָל בָּשָׂר,	כִּי לְעוֹלָם חַסְדּוֹ. 20
הוֹדוּ לְאֵל הַשָּׁמָיִם,	כִּי לְעוֹלָם חַסְדּוֹ. 21

הָאַדֶּרֶת וְהָאֱמוּנָה	לְחַי עוֹלָמִים. 22
הַבִּינָה וְהַבְּרָכָה	לְחַי עוֹלָמִים. 23
הַגַּאֲוָה וְהַגְּדֻלָּה	לְחַי עוֹלָמִים. 24
הַדֵּעָה וְהַדִּבּוּר	לְחַי עוֹלָמִים. 25

1 הַהוֹד וְהֶהָדָר	לְחַי עוֹלָמִים.
2 הַוַּעַד וְהַוָּתִיקוּת	לְחַי עוֹלָמִים.
3 הַזָּךְ וְהַזֹּהַר	לְחַי עוֹלָמִים.
4 הַחַיִל וְהַחֹסֶן	לְחַי עוֹלָמִים.
5 הַטֶּכֶס וְהַטֹּהַר	לְחַי עוֹלָמִים.
6 הַיִּחוּד וְהַיִּרְאָה	לְחַי עוֹלָמִים.
7 הַכֶּתֶר וְהַכָּבוֹד	לְחַי עוֹלָמִים.
8 הַלֶּקַח וְהַלִּבּוּב	לְחַי עוֹלָמִים.
9 הַמְּלוּכָה וְהַמֶּמְשָׁלָה	לְחַי עוֹלָמִים.
10 הַנּוֹי וְהַנֵּצַח	לְחַי עוֹלָמִים.
11 הַסִּגּוּי וְהַשֶּׂגֶב	לְחַי עוֹלָמִים.
12 הָעֹז וְהָעֲנָוָה	לְחַי עוֹלָמִים.
13 הַפְּדוּת וְהַפְּאֵר	לְחַי עוֹלָמִים.
14 הַצְּבִי וְהַצֶּדֶק	לְחַי עוֹלָמִים.
15 הַקְּרִיאָה וְהַקְּדֻשָּׁה	לְחַי עוֹלָמִים.
16 הָרֹן וְהָרוֹמֵמוּת	לְחַי עוֹלָמִים.
17 הַשִּׁיר וְהַשֶּׁבַח	לְחַי עוֹלָמִים.
18 הַתְּהִלָּה וְהַתִּפְאֶרֶת	לְחַי עוֹלָמִים.

◆§ Interruptions During Pesukei D'Zimrah

You are not allowed to speak from בָּרוּךְ שֶׁאָמַר until after the the silent *Shemoneh Esrei*. You are also not allowed to say בָּרוּךְ הוּא וּבָרוּךְ שְׁמוֹ.

These are the things you are allowed to say in the middle of *Pesukei D'Zimrah*:
(1) אָמֵן after blessings and in *Kaddish*.
(2) *Borchu*.
(3) *Kedushah*.
(4) The Rabbis' *Modim*.
(5) If the congregation is up to *Shema*, say the first verse with them.
(6) If you had to go to the bathroom, say אֲשֶׁר יָצַר.

You should not be called to the Torah if you are in the middle of *Pesukei D'Zimrah*, but if the *gabbai* called you up by mistake, you may say the blessings and read from the Torah softly. If you are the only Kohen or Levite in *shul*, you may be called up.

If you had forgotten to say the Blessings of the Torah before, you should say them now with the Torah portions (pp. 9-10). If you are afraid you will get to *Shema* after the proper time, you should say all three paragraphs now (pp. 47-50).

Even when you are allowed to answer to something, it is better to say it between paragraphs. For example, if the congregation is coming to *Kedushah*, you should not begin a new paragraph. After saying *Kedushah* with the congregation, continue your prayers.

If you are in the middle of the Blessing parts of בָּרוּךְ שֶׁאָמַר or יִשְׁתַּבַּח [i.e., from the words בָּרוּךְ אַתָּה ה', *Blessed are You, HASHEM*, until the end of the blessing], you are not allowed to answer to anything, not even to *Kedushah*.

Some say this before בָּרוּךְ שֶׁאָמַר.

1   הֲרֵינִי מְזַמֵּן אֶת פִּי לְהוֹדוֹת וּלְהַלֵּל וּלְשַׁבֵּחַ אֶת בּוֹרְאִי. לְשֵׁם יִחוּד קֻדְשָׁא

2   בְּרִיךְ הוּא וּשְׁכִינְתֵּיהּ עַל יְדֵי הַהוּא טָמִיר וְנֶעְלָם, בְּשֵׁם כָּל יִשְׂרָאֵל.

Stand during בָּרוּךְ שֶׁאָמַר.
Hold the two front *tzitzis* of the *tallis* (or *tallis kattan*) in the right hand.

3   **בָּרוּךְ שֶׁאָמַר** וְהָיָה הָעוֹלָם, בָּרוּךְ הוּא.

4   בָּרוּךְ אוֹמֵר וְעֹשֶׂה,

5   בָּרוּךְ גּוֹזֵר וּמְקַיֵּם, בָּרוּךְ עֹשֶׂה בְרֵאשִׁית,

6   בָּרוּךְ מְרַחֵם עַל הָאָרֶץ, בָּרוּךְ מְרַחֵם עַל הַבְּרִיּוֹת,

7   בָּרוּךְ מְשַׁלֵּם שָׂכָר טוֹב לִירֵאָיו,

8   בָּרוּךְ חַי לָעַד וְקַיָּם לָנֶצַח,

9   בָּרוּךְ פּוֹדֶה וּמַצִּיל, בָּרוּךְ שְׁמוֹ.

10   בָּרוּךְ אַתָּה יהוה אֱלֹהֵינוּ מֶלֶךְ הָעוֹלָם,

11   הָאֵל הָאָב הָרַחֲמָן הַמְהֻלָּל בְּפֶה עַמּוֹ,

12   מְשֻׁבָּח וּמְפֹאָר בִּלְשׁוֹן חֲסִידָיו וַעֲבָדָיו,

13   וּבְשִׁירֵי דָוִד עַבְדֶּךָ.

14   נְהַלֶּלְךָ יהוה אֱלֹהֵינוּ בִּשְׁבָחוֹת וּבִזְמִרוֹת,

15   וּנְגַדֶּלְךָ וּנְשַׁבֵּחֲךָ וּנְפָאֶרְךָ

16   וְנַמְלִיכְךָ, וְנַזְכִּיר שִׁמְךָ מַלְכֵּנוּ אֱלֹהֵינוּ.

17   ❖ יָחִיד, חֵי הָעוֹלָמִים,

18   מֶלֶךְ מְשֻׁבָּח וּמְפֹאָר עֲדֵי עַד שְׁמוֹ הַגָּדוֹל.

19   בָּרוּךְ אַתָּה יהוה, מֶלֶךְ מְהֻלָּל בַּתִּשְׁבָּחוֹת.

20   (אָמֵן. —Cong.)   Kiss the *tzitzis* and let them go.

ON HOSHANA RABBAH, SAY מִזְמוֹר לְתוֹדָה (P. 30) NOW.

1 **מִזְמוֹר** שִׁיר לְיוֹם הַשַּׁבָּת.

2 טוֹב לְהֹדוֹת לַיהוה, וּלְזַמֵּר לְשִׁמְךָ עֶלְיוֹן.

3 לְהַגִּיד בַּבֹּקֶר חַסְדֶּךָ, וֶאֱמוּנָתְךָ בַּלֵּילוֹת.

4 עֲלֵי עָשׂוֹר וַעֲלֵי נָבֶל, עֲלֵי הִגָּיוֹן בְּכִנּוֹר.

5 כִּי שִׂמַּחְתַּנִי יהוה בְּפָעֳלֶךָ, בְּמַעֲשֵׂי יָדֶיךָ אֲרַנֵּן.

6 מַה גָּדְלוּ מַעֲשֶׂיךָ יהוה, מְאֹד עָמְקוּ מַחְשְׁבֹתֶיךָ.

7 אִישׁ בַּעַר לֹא יֵדָע, וּכְסִיל לֹא יָבִין אֶת זֹאת.

8 בִּפְרֹחַ רְשָׁעִים כְּמוֹ עֵשֶׂב, וַיָּצִיצוּ כָּל פֹּעֲלֵי אָוֶן,

9 לְהִשָּׁמְדָם עֲדֵי עַד.

10 וְאַתָּה מָרוֹם לְעֹלָם, יהוה.

11 כִּי הִנֵּה אֹיְבֶיךָ, יהוה, כִּי הִנֵּה אֹיְבֶיךָ יֹאבֵדוּ,

12 יִתְפָּרְדוּ כָּל פֹּעֲלֵי אָוֶן.

13 וַתָּרֶם כִּרְאֵים קַרְנִי, בַּלֹּתִי בְּשֶׁמֶן רַעֲנָן.

14 וַתַּבֵּט עֵינִי בְּשׁוּרָי, בַּקָּמִים עָלַי מְרֵעִים, תִּשְׁמַעְנָה אָזְנָי.

15 ❖ צַדִּיק כַּתָּמָר יִפְרָח, כְּאֶרֶז בַּלְּבָנוֹן יִשְׂגֶּה.

16 שְׁתוּלִים בְּבֵית יהוה, בְּחַצְרוֹת אֱלֹהֵינוּ יַפְרִיחוּ.

17 עוֹד יְנוּבוּן בְּשֵׂיבָה, דְּשֵׁנִים וְרַעֲנַנִּים יִהְיוּ.

18 לְהַגִּיד כִּי יָשָׁר יהוה, צוּרִי וְלֹא עַוְלָתָה בּוֹ.

19 **יהוה מָלָךְ** גֵּאוּת לָבֵשׁ, לָבֵשׁ יהוה עֹז הִתְאַזָּר,

20 אַף תִּכּוֹן תֵּבֵל בַּל תִּמּוֹט.

21 נָכוֹן כִּסְאֲךָ מֵאָז, מֵעוֹלָם אָתָּה.

22 נָשְׂאוּ נְהָרוֹת יהוה, נָשְׂאוּ נְהָרוֹת קוֹלָם,

23 יִשְׂאוּ נְהָרוֹת דָּכְיָם.

1 ❖ מִקֹּלוֹת מַיִם רַבִּים אַדִּירִים מִשְׁבְּרֵי יָם,

2 אַדִּיר בַּמָּרוֹם יהוה.

3 עֵדֹתֶיךָ נֶאֶמְנוּ מְאֹד לְבֵיתְךָ נָאֲוָה קֹדֶשׁ,

4 יהוה, לְאֹרֶךְ יָמִים.

5 **יְהִי כְבוֹד** יהוה לְעוֹלָם, יִשְׂמַח יהוה בְּמַעֲשָׂיו.

6 יְהִי שֵׁם יהוה מְבֹרָךְ, מֵעַתָּה וְעַד עוֹלָם.

7 מִמִּזְרַח שֶׁמֶשׁ עַד מְבוֹאוֹ, מְהֻלָּל שֵׁם יהוה.

8 רָם עַל כָּל גּוֹיִם יהוה, עַל הַשָּׁמַיִם כְּבוֹדוֹ.

9 יהוה שִׁמְךָ לְעוֹלָם, יהוה, זִכְרְךָ לְדֹר וָדֹר.

10 יהוה בַּשָּׁמַיִם הֵכִין כִּסְאוֹ, וּמַלְכוּתוֹ בַּכֹּל מָשָׁלָה.

11 יִשְׂמְחוּ הַשָּׁמַיִם וְתָגֵל הָאָרֶץ,

12 וְיֹאמְרוּ בַגּוֹיִם יהוה מָלָךְ.

13 יהוה מֶלֶךְ, יהוה מָלָךְ, יהוה יִמְלֹךְ לְעֹלָם וָעֶד.

14 יהוה מֶלֶךְ עוֹלָם וָעֶד, אָבְדוּ גוֹיִם מֵאַרְצוֹ.

15 יהוה הֵפִיר עֲצַת גּוֹיִם, הֵנִיא מַחְשְׁבוֹת עַמִּים.

16 רַבּוֹת מַחֲשָׁבוֹת בְּלֶב אִישׁ, וַעֲצַת יהוה הִיא תָקוּם.

17 עֲצַת יהוה לְעוֹלָם תַּעֲמֹד, מַחְשְׁבוֹת לִבּוֹ לְדֹר וָדֹר.

18 כִּי הוּא אָמַר וַיֶּהִי, הוּא צִוָּה וַיַּעֲמֹד.

19 כִּי בָחַר יהוה בְּצִיּוֹן, אִוָּהּ לְמוֹשָׁב לוֹ.

20 כִּי יַעֲקֹב בָּחַר לוֹ יָהּ, יִשְׂרָאֵל לִסְגֻלָּתוֹ.

21 כִּי לֹא יִטֹּשׁ יהוה עַמּוֹ, וְנַחֲלָתוֹ לֹא יַעֲזֹב.

22 ❖ וְהוּא רַחוּם יְכַפֵּר עָוֹן וְלֹא יַשְׁחִית,

23 וְהִרְבָּה לְהָשִׁיב אַפּוֹ, וְלֹא יָעִיר כָּל חֲמָתוֹ.

24 יהוה הוֹשִׁיעָה, הַמֶּלֶךְ יַעֲנֵנוּ בְיוֹם קָרְאֵנוּ.

אַשְׁרֵי יוֹשְׁבֵי בֵיתֶךָ, עוֹד יְהַלְלוּךָ סֶּלָה.

אַשְׁרֵי הָעָם שֶׁכָּכָה לּוֹ,

אַשְׁרֵי הָעָם שֶׁיהוה אֱלֹהָיו.

תְּהִלָּה לְדָוִד,

אֲרוֹמִמְךָ אֱלוֹהַי הַמֶּלֶךְ,

וַאֲבָרְכָה שִׁמְךָ לְעוֹלָם וָעֶד.

בְּכָל יוֹם אֲבָרְכֶךָּ, וַאֲהַלְלָה שִׁמְךָ לְעוֹלָם וָעֶד.

גָּדוֹל יהוה וּמְהֻלָּל מְאֹד, וְלִגְדֻלָּתוֹ אֵין חֵקֶר.

דּוֹר לְדוֹר יְשַׁבַּח מַעֲשֶׂיךָ, וּגְבוּרֹתֶיךָ יַגִּידוּ.

הֲדַר כְּבוֹד הוֹדֶךָ, וְדִבְרֵי נִפְלְאֹתֶיךָ אָשִׂיחָה.

וֶעֱזוּז נוֹרְאוֹתֶיךָ יֹאמֵרוּ, וּגְדוּלָּתְךָ אֲסַפְּרֶנָּה.

זֵכֶר רַב טוּבְךָ יַבִּיעוּ, וְצִדְקָתְךָ יְרַנֵּנוּ.

חַנּוּן וְרַחוּם יהוה, אֶרֶךְ אַפַּיִם וּגְדָל חָסֶד.

טוֹב יהוה לַכֹּל, וְרַחֲמָיו עַל כָּל מַעֲשָׂיו.

יוֹדוּךָ יהוה כָּל מַעֲשֶׂיךָ, וַחֲסִידֶיךָ יְבָרְכוּכָה.

כְּבוֹד מַלְכוּתְךָ יֹאמֵרוּ, וּגְבוּרָתְךָ יְדַבֵּרוּ.

לְהוֹדִיעַ לִבְנֵי הָאָדָם גְּבוּרֹתָיו,

וּכְבוֹד הֲדַר מַלְכוּתוֹ.

מַלְכוּתְךָ מַלְכוּת כָּל עֹלָמִים,

וּמֶמְשַׁלְתְּךָ בְּכָל דּוֹר וָדֹר.

סוֹמֵךְ יהוה לְכָל הַנֹּפְלִים, וְזוֹקֵף לְכָל הַכְּפוּפִים.

1 עֵינֵי כֹל אֵלֶיךָ יְשַׂבֵּרוּ,

2 וְאַתָּה נוֹתֵן לָהֶם אֶת אָכְלָם בְּעִתּוֹ.

When you say the verse פּוֹתֵחַ, think about its meaning.

3 **פּוֹתֵחַ** אֶת יָדֶךָ, וּמַשְׂבִּיעַ לְכָל חַי רָצוֹן.

4 **צַדִּיק** יהוה בְּכָל דְּרָכָיו, וְחָסִיד בְּכָל מַעֲשָׂיו.

5 **קָרוֹב** יהוה לְכָל קֹרְאָיו,

6 לְכֹל אֲשֶׁר יִקְרָאֻהוּ בֶאֱמֶת.

7 **רְצוֹן** יְרֵאָיו יַעֲשֶׂה,

8 וְאֶת שַׁוְעָתָם יִשְׁמַע וְיוֹשִׁיעֵם.

9 **שׁוֹמֵר** יהוה אֶת כָּל אֹהֲבָיו,

10 וְאֵת כָּל הָרְשָׁעִים יַשְׁמִיד.

11 ❖ **תְּהִלַּת** יהוה יְדַבֶּר פִּי,

12 וִיבָרֵךְ כָּל בָּשָׂר שֵׁם קָדְשׁוֹ לְעוֹלָם וָעֶד.

13 וַאֲנַחְנוּ נְבָרֵךְ יָהּ, מֵעַתָּה וְעַד עוֹלָם, הַלְלוּיָהּ.

14 **הַלְלוּיָהּ,** הַלְלִי נַפְשִׁי אֶת יהוה.

15 אֲהַלְלָה יהוה בְּחַיָּי, אֲזַמְּרָה לֵאלֹהַי בְּעוֹדִי.

16 אַל תִּבְטְחוּ בִנְדִיבִים, בְּבֶן אָדָם שֶׁאֵין לוֹ תְשׁוּעָה.

17 תֵּצֵא רוּחוֹ, יָשֻׁב לְאַדְמָתוֹ, בַּיּוֹם הַהוּא אָבְדוּ עֶשְׁתֹּנֹתָיו.

18 אַשְׁרֵי שֶׁאֵל יַעֲקֹב בְּעֶזְרוֹ, שִׂבְרוֹ עַל יהוה אֱלֹהָיו.

19 עֹשֶׂה שָׁמַיִם וָאָרֶץ, אֶת הַיָּם וְאֶת כָּל אֲשֶׁר בָּם,

20 הַשֹּׁמֵר אֱמֶת לְעוֹלָם.

21 עֹשֶׂה מִשְׁפָּט לַעֲשׁוּקִים, נֹתֵן לֶחֶם לָרְעֵבִים,

1   יהוה מַתִּיר אֲסוּרִים. יהוה פֹּקֵחַ עִוְרִים,

2   יהוה זֹקֵף כְּפוּפִים, יהוה אֹהֵב צַדִּיקִים.

3   יהוה שֹׁמֵר אֶת גֵּרִים, יָתוֹם וְאַלְמָנָה יְעוֹדֵד,

4   וְדֶרֶךְ רְשָׁעִים יְעַוֵּת.

5   ✧ יִמְלֹךְ יהוה לְעוֹלָם, אֱלֹהַיִךְ צִיּוֹן, לְדֹר וָדֹר, הַלְלוּיָהּ.

6   **הַלְלוּיָהּ,**   כִּי טוֹב זַמְּרָה אֱלֹהֵינוּ,

7   כִּי נָעִים נָאוָה תְהִלָּה.

8   בּוֹנֵה יְרוּשָׁלַיִם יהוה, נִדְחֵי יִשְׂרָאֵל יְכַנֵּס.

9   הָרֹפֵא לִשְׁבוּרֵי לֵב, וּמְחַבֵּשׁ לְעַצְּבוֹתָם.

10   מוֹנֶה מִסְפָּר לַכּוֹכָבִים, לְכֻלָּם שֵׁמוֹת יִקְרָא.

11   גָּדוֹל אֲדוֹנֵינוּ וְרַב כֹּחַ, לִתְבוּנָתוֹ אֵין מִסְפָּר.

12   מְעוֹדֵד עֲנָוִים יהוה, מַשְׁפִּיל רְשָׁעִים עֲדֵי אָרֶץ.

13   עֱנוּ לַיהוה בְּתוֹדָה, זַמְּרוּ לֵאלֹהֵינוּ בְכִנּוֹר.

14   הַמְכַסֶּה שָׁמַיִם בְּעָבִים, הַמֵּכִין לָאָרֶץ מָטָר,

15   הַמַּצְמִיחַ הָרִים חָצִיר.

16   נוֹתֵן לִבְהֵמָה לַחְמָהּ, לִבְנֵי עֹרֵב אֲשֶׁר יִקְרָאוּ.

17   לֹא בִגְבוּרַת הַסּוּס יֶחְפָּץ, לֹא בְשׁוֹקֵי הָאִישׁ יִרְצֶה.

18   רוֹצֶה יהוה אֶת יְרֵאָיו, אֶת הַמְיַחֲלִים לְחַסְדּוֹ.

19   שַׁבְּחִי יְרוּשָׁלַיִם אֶת יהוה, הַלְלִי אֱלֹהַיִךְ צִיּוֹן.

20   כִּי חִזַּק בְּרִיחֵי שְׁעָרָיִךְ, בֵּרַךְ בָּנַיִךְ בְּקִרְבֵּךְ.

21   הַשָּׂם גְּבוּלֵךְ שָׁלוֹם, חֵלֶב חִטִּים יַשְׂבִּיעֵךְ.

22   הַשֹּׁלֵחַ אִמְרָתוֹ אָרֶץ, עַד מְהֵרָה יָרוּץ דְּבָרוֹ.

23   הַנֹּתֵן שֶׁלֶג כַּצָּמֶר, כְּפוֹר כָּאֵפֶר יְפַזֵּר.

24   מַשְׁלִיךְ קַרְחוֹ כְפִתִּים, לִפְנֵי קָרָתוֹ מִי יַעֲמֹד.

25   יִשְׁלַח דְּבָרוֹ וְיַמְסֵם, יַשֵּׁב רוּחוֹ יִזְּלוּ מָיִם.

1 ❖ מַגִּיד דְּבָרָיו לְיַעֲקֹב, חֻקָּיו וּמִשְׁפָּטָיו לְיִשְׂרָאֵל.

2 לֹא עָשָׂה כֵן לְכָל גּוֹי, וּמִשְׁפָּטִים בַּל יְדָעוּם, הַלְלוּיָהּ.

3 **הַלְלוּיָהּ,** הַלְלוּ אֶת יהוה מִן הַשָּׁמַיִם,

4 הַלְלוּהוּ בַּמְּרוֹמִים.

5 הַלְלוּהוּ כָל מַלְאָכָיו, הַלְלוּהוּ כָּל צְבָאָיו.

6 הַלְלוּהוּ שֶׁמֶשׁ וְיָרֵחַ, הַלְלוּהוּ כָּל כּוֹכְבֵי אוֹר.

7 הַלְלוּהוּ שְׁמֵי הַשָּׁמָיִם, וְהַמַּיִם אֲשֶׁר מֵעַל הַשָּׁמָיִם.

8 יְהַלְלוּ אֶת שֵׁם יהוה, כִּי הוּא צִוָּה וְנִבְרָאוּ.

9 וַיַּעֲמִידֵם לָעַד לְעוֹלָם, חָק נָתַן וְלֹא יַעֲבוֹר.

10 הַלְלוּ אֶת יהוה מִן הָאָרֶץ, תַּנִּינִים וְכָל תְּהֹמוֹת.

11 אֵשׁ וּבָרָד, שֶׁלֶג וְקִיטוֹר, רוּחַ סְעָרָה עֹשָׂה דְבָרוֹ.

12 הֶהָרִים וְכָל גְּבָעוֹת, עֵץ פְּרִי וְכָל אֲרָזִים.

13 הַחַיָּה וְכָל בְּהֵמָה, רֶמֶשׂ וְצִפּוֹר כָּנָף.

14 מַלְכֵי אֶרֶץ וְכָל לְאֻמִּים, שָׂרִים וְכָל שֹׁפְטֵי אָרֶץ.

15 בַּחוּרִים וְגַם בְּתוּלוֹת, זְקֵנִים עִם נְעָרִים.

16 ❖ יְהַלְלוּ אֶת שֵׁם יהוה, כִּי נִשְׂגָּב שְׁמוֹ לְבַדּוֹ,

17 הוֹדוֹ עַל אֶרֶץ וְשָׁמָיִם.

18 וַיָּרֶם קֶרֶן לְעַמּוֹ, תְּהִלָּה לְכָל חֲסִידָיו,

19 לִבְנֵי יִשְׂרָאֵל עַם קְרֹבוֹ, הַלְלוּיָהּ.

20 **הַלְלוּיָהּ,** שִׁירוּ לַיהוה שִׁיר חָדָשׁ,

21 תְּהִלָּתוֹ בִּקְהַל חֲסִידִים.

22 יִשְׂמַח יִשְׂרָאֵל בְּעֹשָׂיו, בְּנֵי צִיּוֹן יָגִילוּ בְמַלְכָּם.

23 יְהַלְלוּ שְׁמוֹ בְמָחוֹל, בְּתֹף וְכִנּוֹר יְזַמְּרוּ לוֹ.

24 כִּי רוֹצֶה יהוה בְּעַמּוֹ, יְפָאֵר עֲנָוִים בִּישׁוּעָה.

1   יַעְלְזוּ חֲסִידִים בְּכָבוֹד, יְרַנְּנוּ עַל מִשְׁכְּבוֹתָם.

2   רוֹמְמוֹת אֵל בִּגְרוֹנָם, וְחֶרֶב פִּיפִיּוֹת בְּיָדָם.

3   לַעֲשׂוֹת נְקָמָה בַּגּוֹיִם, תּוֹכֵחוֹת בַּלְאֻמִּים.

4   ❖ לֶאְסֹר מַלְכֵיהֶם בְּזִקִּים, וְנִכְבְּדֵיהֶם בְּכַבְלֵי בַרְזֶל.

5   לַעֲשׂוֹת בָּהֶם מִשְׁפָּט כָּתוּב,

6   הָדָר הוּא לְכָל חֲסִידָיו, הַלְלוּיָהּ.

7   **הַלְלוּיָהּ,** הַלְלוּ אֵל בְּקָדְשׁוֹ, הַלְלוּהוּ בִּרְקִיעַ עֻזּוֹ.

8   הַלְלוּהוּ בִגְבוּרֹתָיו, הַלְלוּהוּ כְּרֹב גֻּדְלוֹ.

9   הַלְלוּהוּ בְּתֵקַע שׁוֹפָר, הַלְלוּהוּ בְּנֵבֶל וְכִנּוֹר.

10   הַלְלוּהוּ בְּתֹף וּמָחוֹל, הַלְלוּהוּ בְּמִנִּים וְעֻגָב.

11   הַלְלוּהוּ בְּצִלְצְלֵי שָׁמַע, הַלְלוּהוּ בְּצִלְצְלֵי תְרוּעָה.

12   ❖ כֹּל הַנְּשָׁמָה תְּהַלֵּל יָהּ, הַלְלוּיָהּ.

13   כֹּל הַנְּשָׁמָה תְּהַלֵּל יָהּ, הַלְלוּיָהּ.

14   **בָּרוּךְ** יהוה לְעוֹלָם, אָמֵן וְאָמֵן.

15   בָּרוּךְ יהוה מִצִּיּוֹן, שֹׁכֵן יְרוּשָׁלָיִם, הַלְלוּיָהּ.

16   בָּרוּךְ יהוה אֱלֹהִים אֱלֹהֵי יִשְׂרָאֵל, עֹשֵׂה נִפְלָאוֹת לְבַדּוֹ.

17   ❖ וּבָרוּךְ שֵׁם כְּבוֹדוֹ לְעוֹלָם,

18   וְיִמָּלֵא כְבוֹדוֹ אֶת כָּל הָאָרֶץ, אָמֵן וְאָמֵן.

Stand when you say the paragraph וַיְבָרֶךְ דָּוִיד. Most people stand until after בָּרְכוּ (p. 228).

19   **וַיְבָרֶךְ דָּוִיד** אֶת יהוה לְעֵינֵי כָּל הַקָּהָל,

20   וַיֹּאמֶר דָּוִיד: בָּרוּךְ אַתָּה יהוה,

21   אֱלֹהֵי יִשְׂרָאֵל אָבִינוּ, מֵעוֹלָם וְעַד עוֹלָם.

22   לְךָ יהוה הַגְּדֻלָּה וְהַגְּבוּרָה וְהַתִּפְאֶרֶת

23   וְהַנֵּצַח וְהַהוֹד, כִּי כֹל בַּשָּׁמַיִם וּבָאָרֶץ;

לְךָ יהוה הַמַּמְלָכָה וְהַמִּתְנַשֵּׂא לְכֹל לְרֹאשׁ. ₁

וְהָעֹשֶׁר וְהַכָּבוֹד מִלְּפָנֶיךָ, וְאַתָּה מוֹשֵׁל בַּכֹּל, ₂

וּבְיָדְךָ כֹּחַ וּגְבוּרָה, וּבְיָדְךָ לְגַדֵּל וּלְחַזֵּק לַכֹּל. ₃

וְעַתָּה אֱלֹהֵינוּ מוֹדִים אֲנַחְנוּ לָךְ, ₄

וּמְהַלְלִים לְשֵׁם תִּפְאַרְתֶּךָ. ₅

וִיבָרְכוּ שֵׁם כְּבֹדֶךָ, וּמְרוֹמַם עַל כָּל בְּרָכָה וּתְהִלָּה. ₆

אַתָּה הוּא יהוה לְבַדֶּךָ, אַתָּה עָשִׂיתָ אֶת הַשָּׁמַיִם, ₇

שְׁמֵי הַשָּׁמַיִם וְכָל צְבָאָם, הָאָרֶץ וְכָל אֲשֶׁר עָלֶיהָ, ₈

הַיַּמִּים וְכָל אֲשֶׁר בָּהֶם, וְאַתָּה מְחַיֶּה אֶת כֻּלָּם, ₉

וּצְבָא הַשָּׁמַיִם לְךָ מִשְׁתַּחֲוִים. ₁₀

❖ אַתָּה הוּא יהוה הָאֱלֹהִים אֲשֶׁר בָּחַרְתָּ בְּאַבְרָם, ₁₁

וְהוֹצֵאתוֹ מֵאוּר כַּשְׂדִּים, וְשַׂמְתָּ שְּׁמוֹ אַבְרָהָם. ₁₂

וּמָצָאתָ אֶת לְבָבוֹ נֶאֱמָן לְפָנֶיךָ — ₁₃

In many congregations, if there will be a *bris milah* in *shul,*
the following is said aloud, verse by verse.

וְכָרוֹת עִמּוֹ הַבְּרִית לָתֵת אֶת אֶרֶץ הַכְּנַעֲנִי ₁₄

הַחִתִּי הָאֱמֹרִי וְהַפְּרִזִּי וְהַיְבוּסִי וְהַגִּרְגָּשִׁי, ₁₅

לָתֵת לְזַרְעוֹ, וַתָּקֶם אֶת דְּבָרֶיךָ, כִּי צַדִּיק אָתָּה. ₁₆

וַתֵּרֶא אֶת עֳנִי אֲבֹתֵינוּ בְּמִצְרָיִם, ₁₇

וְאֶת זַעֲקָתָם שָׁמַעְתָּ עַל יַם סוּף. ₁₈

וַתִּתֵּן אֹתֹת וּמֹפְתִים ₁₉

בְּפַרְעֹה וּבְכָל עֲבָדָיו וּבְכָל עַם אַרְצוֹ, ₂₀

כִּי יָדַעְתָּ כִּי הֵזִידוּ עֲלֵיהֶם, ₂₁

1 וַתַּעַשׂ לְךָ שֵׁם כְּהַיּוֹם הַזֶּה.

2 ❖ וְהַיָּם בָּקַעְתָּ לִפְנֵיהֶם, וַיַּעַבְרוּ בְתוֹךְ הַיָּם בַּיַּבָּשָׁה,

3 וְאֶת רֹדְפֵיהֶם הִשְׁלַכְתָּ בִמְצוֹלֹת,

4 כְּמוֹ אֶבֶן בְּמַיִם עַזִּים.

שירת הים

5 **וַיּוֹשַׁע** יהוה בַּיּוֹם הַהוּא

6 אֶת־יִשְׂרָאֵל מִיַּד מִצְרָיִם,

7 וַיַּרְא יִשְׂרָאֵל אֶת־מִצְרַיִם מֵת עַל־שְׂפַת הַיָּם:

8 ❖ וַיַּרְא יִשְׂרָאֵל אֶת־הַיָּד הַגְּדֹלָה

9 אֲשֶׁר עָשָׂה יהוה בְּמִצְרַיִם,

10 וַיִּירְאוּ הָעָם אֶת־יהוה,

11 וַיַּאֲמִינוּ בַּיהוה וּבְמֹשֶׁה עַבְדּוֹ:

Stand when you say אָז יָשִׁיר.

12 **אָז יָשִׁיר** מֹשֶׁה וּבְנֵי יִשְׂרָאֵל

13 אֶת־הַשִּׁירָה הַזֹּאת לַיהוה,

14 וַיֹּאמְרוּ לֵאמֹר,

15 אָשִׁירָה לַיהוה כִּי־גָאֹה גָּאָה,

16 סוּס וְרֹכְבוֹ רָמָה בַיָּם:

17 עָזִּי וְזִמְרָת יָהּ וַיְהִי־לִי לִישׁוּעָה,

18 זֶה אֵלִי וְאַנְוֵהוּ, אֱלֹהֵי אָבִי וַאֲרֹמְמֶנְהוּ:

19 יהוה אִישׁ מִלְחָמָה, יהוה שְׁמוֹ:

מַרְכְּבֹת פַּרְעֹה וְחֵילוֹ יָרָה בַיָּם, ₁

וּמִבְחַר שָׁלִשָׁיו טֻבְּעוּ בְיַם־סוּף: ₂

תְּהֹמֹת יְכַסְיֻמוּ, יָרְדוּ בִמְצוֹלֹת כְּמוֹ־אָבֶן: ₃

יְמִינְךָ יהוה נֶאְדָּרִי בַּכֹּחַ, ₄

יְמִינְךָ יהוה תִּרְעַץ אוֹיֵב: ₅

וּבְרֹב גְּאוֹנְךָ תַּהֲרֹס קָמֶיךָ, ₆

תְּשַׁלַּח חֲרֹנְךָ יֹאכְלֵמוֹ כַּקַּשׁ: ₇

וּבְרוּחַ אַפֶּיךָ נֶעֶרְמוּ מַיִם, ₈

נִצְּבוּ כְמוֹ־נֵד נֹזְלִים, קָפְאוּ תְהֹמֹת בְּלֶב־יָם: ₉

אָמַר אוֹיֵב, אֶרְדֹּף אַשִּׂיג אֲחַלֵּק שָׁלָל, **10**

תִּמְלָאֵמוֹ נַפְשִׁי, אָרִיק חַרְבִּי, תּוֹרִישֵׁמוֹ יָדִי: ₁₁

נָשַׁפְתָּ בְרוּחֲךָ כִּסָּמוֹ יָם, ₁₂

צָלְלוּ כַּעוֹפֶרֶת בְּמַיִם, אַדִּירִים: ₁₃

מִי־כָמֹכָה בָּאֵלִם יהוה, ₁₄

מִי כָּמֹכָה נֶאְדָּר בַּקֹּדֶשׁ, ₁₅

נוֹרָא תְהִלֹּת עֹשֵׂה פֶלֶא: ₁₆

נָטִיתָ יְמִינְךָ, תִּבְלָעֵמוֹ אָרֶץ: ₁₇

נָחִיתָ בְחַסְדְּךָ עַם־זוּ גָּאָלְתָּ, ₁₈

נֵהַלְתָּ בְעָזְּךָ אֶל־נְוֵה קָדְשֶׁךָ: ₁₉

שָׁמְעוּ עַמִּים יִרְגָּזוּן, חִיל אָחַז יֹשְׁבֵי פְּלָשֶׁת: **20**

1. אָז נִבְהֲלוּ אַלּוּפֵי אֱדוֹם,

2. אֵילֵי מוֹאָב יֹאחֲזֵמוֹ רָעַד, נָמֹגוּ כֹּל יֹשְׁבֵי כְנָעַן:

3. תִּפֹּל עֲלֵיהֶם אֵימָתָה וָפַחַד,

4. בִּגְדֹל זְרוֹעֲךָ יִדְּמוּ כָּאָבֶן,

5. עַד־יַעֲבֹר עַמְּךָ יהוה, עַד־יַעֲבֹר עַם־זוּ קָנִיתָ:

6. תְּבִאֵמוֹ וְתִטָּעֵמוֹ בְּהַר נַחֲלָתְךָ,

7. מָכוֹן לְשִׁבְתְּךָ פָּעַלְתָּ יהוה,

8. מִקְּדָשׁ, אֲדֹנָי, כּוֹנְנוּ יָדֶיךָ:

9. יהוה | יִמְלֹךְ לְעֹלָם וָעֶד:

10. יהוה יִמְלֹךְ לְעֹלָם וָעֶד.

11. (יהוה מַלְכוּתֵהּ קָאֵם, לְעָלַם וּלְעָלְמֵי עָלְמַיָּא.)

12. כִּי בָא סוּס פַּרְעֹה בְּרִכְבּוֹ וּבְפָרָשָׁיו בַּיָּם,

13. וַיָּשֶׁב יהוה עֲלֵהֶם אֶת מֵי הַיָּם,

14. וּבְנֵי יִשְׂרָאֵל הָלְכוּ בַיַּבָּשָׁה בְּתוֹךְ הַיָּם.

15. ❖ כִּי לַיהוה הַמְּלוּכָה, וּמֹשֵׁל בַּגּוֹיִם.

16. וְעָלוּ מוֹשִׁעִים בְּהַר צִיּוֹן, לִשְׁפֹּט אֶת הַר עֵשָׂו,

17. וְהָיְתָה לַיהוה הַמְּלוּכָה.

18. וְהָיָה יהוה לְמֶלֶךְ עַל כָּל הָאָרֶץ,

19. בַּיּוֹם הַהוּא יִהְיֶה יהוה אֶחָד וּשְׁמוֹ אֶחָד.

20. (וּבְתוֹרָתְךָ כָּתוּב לֵאמֹר: שְׁמַע יִשְׂרָאֵל יהוה אֱלֹהֵינוּ יהוה אֶחָד.)

ON HOSHANA RABBAH CONTINUE WITH יִשְׁתַּבַּח ON PAGE 226.

1 **נִשְׁמַת** כָּל חַי תְּבָרֵךְ אֶת שִׁמְךָ יהוה אֱלֹהֵינוּ,

2 וְרוּחַ כָּל בָּשָׂר תְּפָאֵר וּתְרוֹמֵם זִכְרְךָ

3 מַלְכֵּנוּ תָּמִיד. מִן הָעוֹלָם וְעַד הָעוֹלָם אַתָּה אֵל,

4 וּמִבַּלְעָדֶיךָ אֵין לָנוּ מֶלֶךְ גּוֹאֵל וּמוֹשִׁיעַ. פּוֹדֶה

5 וּמַצִּיל וּמְפַרְנֵס וְעוֹנֶה וּמְרַחֵם בְּכָל עֵת צָרָה

6 וְצוּקָה, אֵין לָנוּ מֶלֶךְ עוֹזֵר וְסוֹמֵךְ אֶלָּא אָתָּה. אֱלֹהֵי

7 הָרִאשׁוֹנִים וְהָאַחֲרוֹנִים, אֱלוֹהַּ כָּל בְּרִיּוֹת, אֲדוֹן כָּל

8 תּוֹלָדוֹת, הַמְהֻלָּל בְּרֹב הַתִּשְׁבָּחוֹת, הַמְנַהֵג עוֹלָמוֹ

9 בְּחֶסֶד וּבְרִיּוֹתָיו בְּרַחֲמִים. וַיהוה עֵר, הִנֵּה לֹא יָנוּם

10 וְלֹא יִישָׁן. הַמְעוֹרֵר יְשֵׁנִים, וְהַמֵּקִיץ נִרְדָּמִים

11 (מְחַיֶּה מֵתִים, וְרוֹפֵא חוֹלִים, פּוֹקֵחַ עִוְרִים),

12 וְהַמֵּשִׂיחַ אִלְּמִים, וְהַמַּתִּיר אֲסוּרִים, וְהַסּוֹמֵךְ

13 נוֹפְלִים, וְהַזּוֹקֵף כְּפוּפִים, (וְהַמְפַעֲנֵחַ נֶעְלָמִים). וּלְךָ

14 לְבַדְּךָ אֲנַחְנוּ מוֹדִים. וְאִלּוּ פִינוּ מָלֵא שִׁירָה כַּיָּם,

15 וּלְשׁוֹנֵנוּ רִנָּה כַּהֲמוֹן גַּלָּיו, וְשִׂפְתוֹתֵינוּ שֶׁבַח

16 כְּמֶרְחֲבֵי רָקִיעַ, וְעֵינֵינוּ מְאִירוֹת כַּשֶּׁמֶשׁ וְכַיָּרֵחַ,

17 וְיָדֵינוּ פְרוּשׂוֹת כְּנִשְׁרֵי שָׁמָיִם, וְרַגְלֵינוּ קַלּוֹת

18 כָּאַיָּלוֹת, אֵין אֲנַחְנוּ מַסְפִּיקִים לְהוֹדוֹת לְךָ, יהוה

19 אֱלֹהֵינוּ וֵאלֹהֵי אֲבוֹתֵינוּ, וּלְבָרֵךְ אֶת שִׁמְךָ מַלְכֵּנוּ,

20 עַל אַחַת מֵאֶלֶף אֶלֶף אַלְפֵי אֲלָפִים וְרִבֵּי רְבָבוֹת

21 פְּעָמִים הַטּוֹבוֹת נִסִּים וְנִפְלָאוֹת שֶׁעָשִׂיתָ עִם

1. אֲבוֹתֵינוּ וְעִמָּנוּ. מִלְּפָנִים מִמִּצְרַיִם גְּאַלְתָּנוּ יהוה
2. אֱלֹהֵינוּ, וּמִבֵּית עֲבָדִים פְּדִיתָנוּ. בְּרָעָב זַנְתָּנוּ,
3. וּבְשָׂבָע כִּלְכַּלְתָּנוּ, מֵחֶרֶב הִצַּלְתָּנוּ, וּמִדֶּבֶר
4. מִלַּטְתָּנוּ, וּמֵחֳלָיִם רָעִים וְרַבִּים וְנֶאֱמָנִים דִּלִּיתָנוּ.
5. עַד הֵנָּה עֲזָרוּנוּ רַחֲמֶיךָ, וְלֹא עֲזָבוּנוּ חֲסָדֶיךָ יהוה
6. אֱלֹהֵינוּ. וְאַל תִּטְּשֵׁנוּ יהוה אֱלֹהֵינוּ לָנֶצַח. עַל כֵּן
7. אֵבָרִים שֶׁפִּלַּגְתָּ בָּנוּ, וְרוּחַ וּנְשָׁמָה שֶׁנָּפַחְתָּ
8. בְּאַפֵּינוּ, וְלָשׁוֹן אֲשֶׁר שַׂמְתָּ בְּפִינוּ, הֵן הֵם יוֹדוּ
9. וִיבָרְכוּ וִישַׁבְּחוּ וִיפָאֲרוּ וִישׁוֹרְרוּ וִירוֹמְמוּ וְיַעֲרִיצוּ
10. וְיַקְדִּישׁוּ וְיַמְלִיכוּ אֶת שִׁמְךָ מַלְכֵּנוּ תָּמִיד. כִּי כָל
11. פֶּה לְךָ יוֹדֶה, וְכָל לָשׁוֹן לְךָ תִשָּׁבַע, וְכָל עַיִן לְךָ
12. תְצַפֶּה, וְכָל בֶּרֶךְ לְךָ תִכְרַע, וְכָל קוֹמָה לְפָנֶיךָ
13. תִשְׁתַּחֲוֶה, וְכָל הַלְּבָבוֹת יִירָאוּךָ, וְכָל קֶרֶב
14. וּכְלָיוֹת יְזַמְּרוּ לִשְׁמֶךָ, כַּדָּבָר שֶׁכָּתוּב: כָּל עַצְמֹתַי
15. תֹּאמַרְנָה, יהוה מִי כָמוֹךָ, מַצִּיל עָנִי מֵחָזָק מִמֶּנּוּ,
16. וְעָנִי וְאֶבְיוֹן מִגֹּזְלוֹ. ❖ שַׁוְעַת עֲנִיִּים אַתָּה תִשְׁמַע,
17. צַעֲקַת הַדַּל תַּקְשִׁיב וְתוֹשִׁיעַ. מִי יִדְמֶה לָּךְ, וּמִי
18. יִשְׁוֶה לָּךְ, וּמִי יַעֲרָךְ לָךְ. הָאֵל הַגָּדוֹל הַגִּבּוֹר
19. וְהַנּוֹרָא, אֵל עֶלְיוֹן, קֹנֵה שָׁמַיִם וָאָרֶץ. נְהַלֶּלְךָ
20. וּנְשַׁבֵּחֲךָ וּנְפָאֶרְךָ וּנְבָרֵךְ אֶת שֵׁם קָדְשֶׁךָ, כָּאָמוּר:
21. לְדָוִד, בָּרְכִי נַפְשִׁי אֶת יהוה, וְכָל קְרָבַי אֶת שֵׁם
22. קָדְשׁוֹ.

On Festivals, the *chazzan* of *Shacharis* begins here:

1   **הָאֵל** בְּתַעֲצֻמוֹת עֻזֶּךָ, הַגָּדוֹל בִּכְבוֹד שְׁמֶךָ,

2   הַגִּבּוֹר לָנֶצַח וְהַנּוֹרָא בְּנוֹרְאוֹתֶיךָ,

3   הַמֶּלֶךְ הַיּוֹשֵׁב עַל כִּסֵּא רָם וְנִשָּׂא.

On the Sabbath, the *chazzan* of *Shacharis* begins here:

4   **שׁוֹכֵן עַד** מָרוֹם וְקָדוֹשׁ שְׁמוֹ.

5   וְכָתוּב: רַנְּנוּ צַדִּיקִים בַּיהוה

6   לַיְשָׁרִים נָאוָה תְהִלָּה.

7   ❖ בְּפִי **יְ**שָׁרִים תִּתְ**רוֹ**מָם,

8   וּבְשִׂפְתֵי **צַ**דִּיקִים תִּתְ**בָּ**רַךְ,

9   וּבִלְשׁוֹן **חֲ**סִידִים תִּתְ**קַ**דָּשׁ,

10   וּבְקֶרֶב **קְ**דוֹשִׁים תִּתְ**הַ**לָּל.

11   **וּבְמַקְהֲלוֹת** רִבְבוֹת עַמְּךָ בֵּית יִשְׂרָאֵל, בְּרִנָּה

12   יִתְפָּאַר שִׁמְךָ מַלְכֵּנוּ בְּכָל דּוֹר

13   וָדוֹר. ❖ שֶׁכֵּן חוֹבַת כָּל הַיְצוּרִים, לְפָנֶיךָ יהוה

14   אֱלֹהֵינוּ וֵאלֹהֵי אֲבוֹתֵינוּ, לְהוֹדוֹת לְהַלֵּל לְשַׁבֵּחַ

15   לְפָאֵר לְרוֹמֵם לְהַדֵּר וּלְנַצֵּחַ לְבָרֵךְ לְעַלֵּה

16   וּלְקַלֵּס, עַל כָּל דִּבְרֵי שִׁירוֹת וְתִשְׁבְּחוֹת דָּוִד בֶּן

17   יִשַׁי עַבְדְּךָ מְשִׁיחֶךָ.

Stand while saying יִשְׁתַּבַּח. You should say the words from שִׁיר וּשְׁבָחָה
through בִּרְכוֹת וְהוֹדָאוֹת without pausing.

18   **וּבְכֵן יִשְׁתַּבַּח** שִׁמְךָ לָעַד מַלְכֵּנוּ,

19   הָאֵל הַמֶּלֶךְ הַגָּדוֹל וְהַקָּדוֹשׁ,

1 בַּשָּׁמַיִם וּבָאָרֶץ.

2 כִּי לְךָ נָאֶה, יהוה אֱלֹהֵינוּ וֵאלֹהֵי אֲבוֹתֵינוּ,

3 שִׁיר וּשְׁבָחָה, הַלֵּל וְזִמְרָה,

4 עֹז וּמֶמְשָׁלָה, נֶצַח גְּדֻלָּה וּגְבוּרָה,

5 תְּהִלָּה וְתִפְאֶרֶת, קְדֻשָּׁה וּמַלְכוּת,

6 בְּרָכוֹת וְהוֹדָאוֹת לְשִׁמְךָ הַגָּדוֹל וְהַקָּדוֹשׁ,

7 וּמֵעוֹלָם וְעַד עוֹלָם אַתָּה אֵל.

8 ❖ בָּרוּךְ אַתָּה יהוה,

9 אֵל מֶלֶךְ גָּדוֹל וּמְהֻלָּל בַּתִּשְׁבָּחוֹת,

10 אֵל הַהוֹדָאוֹת, אֲדוֹן הַנִּפְלָאוֹת,

11 **בּ**וֹרֵא כָּל הַנְּשָׁמוֹת, **ר**בּוֹן כָּל הַמַּעֲשִׂים,

12 **ה**בּוֹחֵר בְּשִׁירֵי זִמְרָה,

13 **מֶ**לֶךְ יָחִיד אֵל חֵי הָעוֹלָמִים. (אָמֵן. —Cong.)

From Rosh Hashanah to Yom Kippur most congregations say the following psalm.
The Ark is opened and each verse is said by the *chazzan* and then by the congregation.

14 **שִׁיר** הַמַּעֲלוֹת, מִמַּעֲמַקִּים קְרָאתִיךָ, יהוה.

15 אֲדֹנָי, שִׁמְעָה בְקוֹלִי, תִּהְיֶינָה אָזְנֶיךָ קַשֻּׁבוֹת לְקוֹל תַּחֲנוּנָי.

16 אִם עֲוֹנוֹת תִּשְׁמָר יָהּ, אֲדֹנָי, מִי יַעֲמֹד.

17 כִּי עִמְּךָ הַסְּלִיחָה, לְמַעַן תִּוָּרֵא.

18 קִוִּיתִי יהוה, קִוְּתָה נַפְשִׁי, וְלִדְבָרוֹ הוֹחָלְתִּי.

19 נַפְשִׁי לַאדֹנָי, מִשֹּׁמְרִים לַבֹּקֶר, שֹׁמְרִים לַבֹּקֶר.

20 יַחֵל יִשְׂרָאֵל אֶל יהוה, כִּי עִם יהוה הַחֶסֶד, וְהַרְבֵּה עִמּוֹ פְדוּת.

21 וְהוּא יִפְדֶּה אֶת יִשְׂרָאֵל, מִכֹּל עֲוֹנוֹתָיו.

The *chazzan* says חֲצִי קַדִּישׁ and בָּרְכוּ:

1 **יִתְגַּדַּל** וְיִתְקַדַּשׁ שְׁמֵהּ רַבָּא. (.Cong — אָמֵן.) בְּעָלְמָא דִּי בְרָא כִרְעוּתֵהּ.

2 וְיַמְלִיךְ מַלְכוּתֵהּ, וְיַצְמַח פֻּרְקָנֵהּ וִיקָרֵב מְשִׁיחֵהּ. (.Cong — אָמֵן.)

3 בְּחַיֵּיכוֹן וּבְיוֹמֵיכוֹן וּבְחַיֵּי דְכָל בֵּית יִשְׂרָאֵל, בַּעֲגָלָא וּבִזְמַן קָרִיב.

4 וְאִמְרוּ: אָמֵן.

5 (.Cong — אָמֵן. יְהֵא שְׁמֵהּ רַבָּא מְבָרַךְ לְעָלַם וּלְעָלְמֵי עָלְמַיָּא.)

6 יְהֵא שְׁמֵהּ רַבָּא מְבָרַךְ לְעָלַם וּלְעָלְמֵי עָלְמַיָּא.

7 יִתְבָּרַךְ וְיִשְׁתַּבַּח וְיִתְפָּאַר וְיִתְרוֹמַם וְיִתְנַשֵּׂא וְיִתְהַדָּר וְיִתְעַלֶּה

8 וְיִתְהַלָּל שְׁמֵהּ דְּקֻדְשָׁא בְּרִיךְ הוּא — (.Cong — בְּרִיךְ הוּא.) °לְעֵלָּא מִן כָּל

9 °לְעֵלָּא [וּ]לְעֵלָּא מִכָּל) — from Rosh Hashanah to Yom Kippur בִּרְכָתָא וְשִׁירָתָא

10 תֻּשְׁבְּחָתָא וְנֶחֱמָתָא, דַּאֲמִירָן בְּעָלְמָא. וְאִמְרוּ: אָמֵן. (.Cong — אָמֵן)

Chazzan bows at בָּרְכוּ and stands up straight at ה'.

11 בָּרְכוּ אֶת יהוה הַמְבֹרָךְ.

Congregation bows at בָּרוּךְ and straightens up at ה'.
Then the *chazzan* repeats the verse.

12 בָּרוּךְ יהוה הַמְבֹרָךְ לְעוֹלָם וָעֶד.

ברכות קריאת שמע

One should sit until just before *Shemoneh Esrei*.

13 **בָּרוּךְ** אַתָּה יהוה אֱלֹהֵינוּ מֶלֶךְ הָעוֹלָם,

14 יוֹצֵר אוֹר וּבוֹרֵא חְשֶׁךְ, עֹשֶׂה שָׁלוֹם

15 וּבוֹרֵא אֶת הַכֹּל.

☙ Interruptions During the Blessings of the Shema

The following responses are allowed between *Borchu* and *Shemoneh Esrei*:

☐ You may say אָמֵן to any blessing if you are "Between Chapters" (after יוֹצֵר הַמְּאוֹרוֹת, after הַבּוֹחֵר בְּעַמּוֹ יִשְׂרָאֵל בְּאַהֲבָה, and between the three chapters of *Shema*).

☐ If you are not "Between Chapters," you may say the following:
  (a) In *Kaddish,* אָמֵן after אָמֵן יְהֵא שְׁמֵהּ רַבָּא ... עָלְמַיָּא and the דַּאֲמִירָן בְּעָלְמָא;
  (b) the response to *Borchu* (even of one called to the Torah); and
  (c) during the *chazzan's* repetition of *Shemoneh Esrei* —
    1) in *Kedushah,* the verses קָדוֹשׁ קָדוֹשׁ קָדוֹשׁ and בָּרוּךְ כְּבוֹד ה' מִמְּקוֹמוֹ ... כְּבוֹדוֹ;
    2) the אָמֵן after הָאֵל הַקָּדוֹשׁ;
    3) the three words מוֹדִים אֲנַחְנוּ לָךְ.

ON THE SABBATH CONTINUE HERE:

הַכֹּל יוֹדוּךָ, וְהַכֹּל יְשַׁבְּחוּךָ, וְהַכֹּל יֹאמְרוּ אֵין קָדוֹשׁ
כַּיהוה. הַכֹּל יְרוֹמְמוּךָ סֶּלָה, יוֹצֵר הַכֹּל.
הָאֵל הַפּוֹתֵחַ בְּכָל יוֹם דַּלְתוֹת שַׁעֲרֵי מִזְרָח, וּבוֹקֵעַ חַלּוֹנֵי
רָקִיעַ, מוֹצִיא חַמָּה מִמְּקוֹמָהּ וּלְבָנָה מִמְּכוֹן שִׁבְתָּהּ,
וּמֵאִיר לָעוֹלָם כֻּלּוֹ וּלְיוֹשְׁבָיו, שֶׁבָּרָא בְּמִדַּת הָרַחֲמִים.
הַמֵּאִיר לָאָרֶץ וְלַדָּרִים עָלֶיהָ בְּרַחֲמִים, וּבְטוּבוֹ מְחַדֵּשׁ
בְּכָל יוֹם תָּמִיד מַעֲשֵׂה בְרֵאשִׁית. מָה רַבּוּ מַעֲשֶׂיךָ יהוה,
כֻּלָּם בְּחָכְמָה עָשִׂיתָ, מָלְאָה הָאָרֶץ קִנְיָנֶךָ. הַמֶּלֶךְ
הַמְרוֹמָם לְבַדּוֹ מֵאָז, הַמְשֻׁבָּח וְהַמְפֹאָר וְהַמִּתְנַשֵּׂא
מִימוֹת עוֹלָם. אֱלֹהֵי עוֹלָם, בְּרַחֲמֶיךָ הָרַבִּים רַחֵם עָלֵינוּ,
אֲדוֹן עֻזֵּנוּ, צוּר מִשְׂגַּבֵּנוּ, מָגֵן יִשְׁעֵנוּ, מִשְׂגָּב בַּעֲדֵנוּ. אֵין
עֲרוֹךְ לָךְ, וְאֵין זוּלָתֶךָ, אֶפֶס בִּלְתֶּךָ, וּמִי דּוֹמֶה לָּךְ. ❖ אֵין
עֲרוֹךְ לְךָ יהוה אֱלֹהֵינוּ בָּעוֹלָם הַזֶּה, וְאֵין זוּלָתְךָ מַלְכֵּנוּ
לְחַיֵּי הָעוֹלָם הַבָּא. אֶפֶס בִּלְתְּךָ גּוֹאֲלֵנוּ לִימוֹת הַמָּשִׁיחַ,
וְאֵין דּוֹמֶה לְךָ מוֹשִׁיעֵנוּ לִתְחִיַּת הַמֵּתִים.

ON A FESTIVAL ON A WEEKDAY CONTINUE HERE:

הַמֵּאִיר לָאָרֶץ וְלַדָּרִים עָלֶיהָ בְּרַחֲמִים, וּבְטוּבוֹ
מְחַדֵּשׁ בְּכָל יוֹם תָּמִיד מַעֲשֵׂה בְרֵאשִׁית.
מָה רַבּוּ מַעֲשֶׂיךָ יהוה, כֻּלָּם בְּחָכְמָה עָשִׂיתָ, מָלְאָה
הָאָרֶץ קִנְיָנֶךָ. הַמֶּלֶךְ הַמְרוֹמָם לְבַדּוֹ מֵאָז, הַמְשֻׁבָּח
וְהַמְפֹאָר וְהַמִּתְנַשֵּׂא מִימוֹת עוֹלָם. אֱלֹהֵי עוֹלָם,
בְּרַחֲמֶיךָ הָרַבִּים רַחֵם עָלֵינוּ, אֲדוֹן עֻזֵּנוּ, צוּר מִשְׂגַּבֵּנוּ,

ON THE SABBATH:

In most congregations the following song is said verse by verse, first by the *chazzan*,
then by the congregation. In some congregations, the *chazzan* and congregation
sing the verses together.

1　אֵל אָדוֹן　עַל כָּל הַמַּעֲשִׂים,

2　בָּרוּךְ וּמְבֹרָךְ בְּפִי כָּל הַנְּשָׁמָה,

3　גָּדְלוֹ וְטוּבוֹ מָלֵא עוֹלָם,

4　דַּעַת וּתְבוּנָה סוֹבְבִים הוֹדוֹ.

5　הַמִּתְגָּאֶה עַל חַיּוֹת הַקֹּדֶשׁ,

6　וְנֶהְדָּר בְּכָבוֹד עַל הַמֶּרְכָּבָה,

7　זְכוּת וּמִישׁוֹר לִפְנֵי כִסְאוֹ,

8　חֶסֶד וְרַחֲמִים מָלֵא כְבוֹדוֹ.

9　טוֹבִים מְאוֹרוֹת שֶׁבָּרָא אֱלֹהֵינוּ,

10　יְצָרָם בְּדַעַת בְּבִינָה וּבְהַשְׂכֵּל,

11　כֹּחַ וּגְבוּרָה נָתַן בָּהֶם,

12　לִהְיוֹת מוֹשְׁלִים בְּקֶרֶב תֵּבֵל.

13　מְלֵאִים זִיו וּמְפִיקִים נֹגַהּ,

14　נָאֶה זִיוָם בְּכָל הָעוֹלָם,

15　שְׂמֵחִים בְּצֵאתָם וְשָׂשִׂים בְּבוֹאָם,

16　עוֹשִׂים בְּאֵימָה רְצוֹן קוֹנָם.

ON A FESTIVAL ON A WEEKDAY:

17　מָגֵן יִשְׁעֵנוּ, מִשְׂגָּב בַּעֲדֵנוּ. אֵל בָּרוּךְ גְּדוֹל דֵּעָה,

18　הֵכִין וּפָעַל זָהֳרֵי חַמָּה, טוֹב יָצַר כָּבוֹד לִשְׁמוֹ, מְאוֹרוֹת

19　נָתַן סְבִיבוֹת עֻזּוֹ, פִּנּוֹת צְבָאָיו קְדוֹשִׁים רוֹמְמֵי שַׁדַּי,

20　תָּמִיד מְסַפְּרִים כְּבוֹד אֵל וּקְדֻשָּׁתוֹ. תִּתְבָּרַךְ יהוה

ON THE SABBATH:

1. **פְּאֵר** וְכָבוֹד נוֹתְנִים לִשְׁמוֹ,
2. **צָהֳלָה** וְרִנָּה לְזֵכֶר מַלְכוּתוֹ,
3. **קָרָא** לַשֶּׁמֶשׁ וַיִּזְרַח אוֹר,
4. **רָאָה** וְהִתְקִין צוּרַת הַלְּבָנָה.
5. **שֶׁבַח** נוֹתְנִים לוֹ כָּל צְבָא מָרוֹם.
6. **תִּפְאֶרֶת** וּגְדֻלָּה,
7. שְׂרָפִים וְחַיּוֹת וְאוֹפַנֵּי הַקֹּדֶשׁ —

8. **לָאֵל** אֲשֶׁר שָׁבַת מִכָּל הַמַּעֲשִׂים, בַּיּוֹם הַשְּׁבִיעִי נִתְעַלָּה
9. וְיָשַׁב עַל כִּסֵּא כְבוֹדוֹ, תִּפְאֶרֶת עָטָה לְיוֹם
10. הַמְּנוּחָה, עֹנֶג קָרָא לְיוֹם הַשַּׁבָּת. זֶה שִׁיר שֶׁבַח שֶׁל יוֹם
11. הַשְּׁבִיעִי, שֶׁבּוֹ שָׁבַת אֵל מִכָּל מְלַאכְתּוֹ. וְיוֹם הַשְּׁבִיעִי
12. מְשַׁבֵּחַ וְאוֹמֵר: מִזְמוֹר שִׁיר לְיוֹם הַשַּׁבָּת, טוֹב לְהֹדוֹת
13. לַיהוה. לְפִיכָךְ יְפָאֲרוּ וִיבָרְכוּ לָאֵל כָּל כָּל יְצוּרָיו. שֶׁבַח יְקָר
14. וּגְדֻלָּה וְכָבוֹד יִתְּנוּ לָאֵל מֶלֶךְ יוֹצֵר כֹּל, הַמַּנְחִיל מְנוּחָה
15. לְעַמּוֹ יִשְׂרָאֵל בִּקְדֻשָּׁתוֹ בְּיוֹם שַׁבַּת קֹדֶשׁ. שִׁמְךָ יהוה
16. אֱלֹהֵינוּ יִתְקַדַּשׁ, וְזִכְרְךָ מַלְכֵּנוּ יִתְפָּאַר, בַּשָּׁמַיִם מִמַּעַל
17. וְעַל הָאָרֶץ מִתָּחַת. תִּתְבָּרַךְ מוֹשִׁיעֵנוּ עַל כָּל שֶׁבַח מַעֲשֵׂה
18. יָדֶיךָ, וְעַל מְאוֹרֵי אוֹר שֶׁיָּצַרְתָּ, הֵמָּה יְפָאֲרוּךָ, סֶּלָה.

ON A FESTIVAL ON A WEEKDAY:

19. **אֱלֹהֵינוּ** בַּשָּׁמַיִם מִמַּעַל וְעַל הָאָרֶץ מִתָּחַת, עַל כָּל
20. שֶׁבַח מַעֲשֵׂה יָדֶיךָ, וְעַל מְאוֹרֵי אוֹר שֶׁיָּצַרְתָּ, הֵמָּה
21. יְפָאֲרוּךָ, סֶּלָה.

תִּתְבָּרַךְ לָנֶצַח צוּרֵנוּ מַלְכֵּנוּ וְגֹאֲלֵנוּ, בּוֹרֵא

קְדוֹשִׁים. יִשְׁתַּבַּח שִׁמְךָ לָעַד מַלְכֵּנוּ, יוֹצֵר

מְשָׁרְתִים, וַאֲשֶׁר מְשָׁרְתָיו כֻּלָּם עוֹמְדִים בְּרוּם עוֹלָם,

וּמַשְׁמִיעִים בְּיִרְאָה יַחַד בְּקוֹל דִּבְרֵי אֱלֹהִים חַיִּים וּמֶלֶךְ

עוֹלָם. ❖ כֻּלָּם אֲהוּבִים, כֻּלָּם בְּרוּרִים, כֻּלָּם גִּבּוֹרִים,

כֻּלָּם קְדוֹשִׁים, וְכֻלָּם עֹשִׂים בְּאֵימָה וּבְיִרְאָה רְצוֹן

קוֹנֵיהֶם. וְכֻלָּם פּוֹתְחִים אֶת פִּיהֶם בִּקְדֻשָּׁה וּבְטָהֳרָה,

בְּשִׁירָה וּבְזִמְרָה, וּמְבָרְכִין וּמְשַׁבְּחִין וּמְפָאֲרִין

וּמַעֲרִיצִין וּמַקְדִּישִׁין וּמַמְלִיכִין —

אֶת שֵׁם הָאֵל הַמֶּלֶךְ הַגָּדוֹל הַגִּבּוֹר וְהַנּוֹרָא קָדוֹשׁ

הוּא. ❖ וְכֻלָּם מְקַבְּלִים עֲלֵיהֶם עֹל מַלְכוּת

שָׁמַיִם זֶה מִזֶּה, וְנוֹתְנִים בְּאַהֲבָה רְשׁוּת זֶה לָזֶה,

לְהַקְדִּישׁ לְיוֹצְרָם, בְּנַחַת רוּחַ בְּשָׂפָה בְרוּרָה וּבִנְעִימָה.

קְדֻשָּׁה כֻּלָּם כְּאֶחָד עוֹנִים בְּאֵימָה, וְאוֹמְרִים בְּיִרְאָה:

Congregation says aloud:

קָדוֹשׁ קָדוֹשׁ קָדוֹשׁ יהוה צְבָאוֹת,

מְלֹא כָל הָאָרֶץ כְּבוֹדוֹ.

❖ וְהָאוֹפַנִּים וְחַיּוֹת הַקֹּדֶשׁ בְּרַעַשׁ גָּדוֹל מִתְנַשְּׂאִים

לְעֻמַּת שְׂרָפִים. לְעֻמָּתָם מְשַׁבְּחִים וְאוֹמְרִים:

Congregation says aloud:

בָּרוּךְ כְּבוֹד יהוה מִמְּקוֹמוֹ.

לָאֵל בָּרוּךְ נְעִימוֹת יִתֵּנוּ. לַמֶּלֶךְ אֵל חַי וְקַיָּם, זְמִרוֹת

יֹאמֵרוּ, וְתִשְׁבָּחוֹת יַשְׁמִיעוּ. כִּי הוּא לְבַדּוֹ מָרוֹם

1 וְקָדוֹשׁ פּוֹעֵל גְּבוּרוֹת, עֹשֶׂה חֲדָשׁוֹת, בַּעַל מִלְחָמוֹת,

2 זוֹרֵעַ צְדָקוֹת, מַצְמִיחַ יְשׁוּעוֹת, בּוֹרֵא רְפוּאוֹת, נוֹרָא

3 תְהִלּוֹת, אֲדוֹן הַנִּפְלָאוֹת. הַמְחַדֵּשׁ בְּטוּבוֹ בְּכָל יוֹם

4 תָּמִיד מַעֲשֵׂה בְרֵאשִׁית. כָּאָמוּר: לְעֹשֵׂה אוֹרִים גְּדֹלִים,

5 כִּי לְעוֹלָם חַסְדּוֹ. (וְהִתְקִין מְאוֹרוֹת מְשַׂמֵּחַ עוֹלָמוֹ

6 אֲשֶׁר בָּרָא) ❖ אוֹר חָדָשׁ עַל צִיּוֹן תָּאִיר, וְנִזְכֶּה כֻלָּנוּ

7 בִּמְהֵרָה לְאוֹרוֹ. בָּרוּךְ אַתָּה יהוה, יוֹצֵר הַמְּאוֹרוֹת.

8 (.Cong. – אָמֵן)

9 **אַהֲבַת עוֹלָם**[1] אֲהַבְתָּנוּ יהוה אֱלֹהֵינוּ, חֶמְלָה גְדוֹלָה

10 וִיתֵרָה חָמַלְתָּ עָלֵינוּ. אָבִינוּ מַלְכֵּנוּ,

11 בַּעֲבוּר שִׁמְךָ הַגָּדוֹל, וּבַעֲבוּר אֲבוֹתֵינוּ שֶׁבָּטְחוּ בְךָ,

12 וַתְּלַמְּדֵם חֻקֵּי חַיִּים, לַעֲשׂוֹת רְצוֹנְךָ בְּלֵבָב שָׁלֵם, כֵּן

13 תְּחָנֵּנוּ וּתְלַמְּדֵנוּ. אָבִינוּ אָב הָרַחֲמָן הַמְרַחֵם, רַחֵם

14 עָלֵינוּ, וְתֵן בְּלִבֵּנוּ בִּינָה, לְהָבִין וּלְהַשְׂכִּיל, לִשְׁמֹעַ

15 לִלְמוֹד וּלְלַמֵּד, לִשְׁמֹר וְלַעֲשׂוֹת וּלְקַיֵּם אֶת כָּל דִּבְרֵי

16 תַלְמוּד תּוֹרָתֶךָ בְּאַהֲבָה. וְהָאֵר עֵינֵינוּ בְּתוֹרָתֶךָ, וְדַבֵּק

17 לִבֵּנוּ בְּמִצְוֹתֶיךָ, וְיַחֵד לְבָבֵנוּ לְאַהֲבָה וּלְיִרְאָה אֶת שְׁמֶךָ,

18 לְמַעַן לֹא נֵבוֹשׁ וְלֹא נִכָּלֵם וְלֹא נִכָּשֵׁל לְעוֹלָם וָעֶד. כִּי

19 בְשֵׁם קָדְשְׁךָ הַגָּדוֹל הַגִּבּוֹר וְהַנּוֹרָא בָּטָחְנוּ, נָגִילָה

20 וְנִשְׂמְחָה בִּישׁוּעָתֶךָ. וְרַחֲמֶיךָ, יהוה אֱלֹהֵינוּ, וַחֲסָדֶיךָ

21 הָרַבִּים, אַל יַעַזְבוּנוּ נֶצַח סֶלָה וָעֶד. מַהֵר וְהָבֵא עָלֵינוּ

22 בְּרָכָה וְשָׁלוֹם מְהֵרָה מֵאַרְבַּע

23 כַּנְפוֹת (כָּל) הָאָרֶץ, וּשְׁבוֹר עֹל

Take the four tzitzis *between the fourth and fifth fingers of the left hand. Hold* tzitzis *this way during* Shema.

---

(1) Some say אַהֲבָה רַבָּה.

הַגּוֹיִם מֵעַל צַוָּארֵנוּ, וְתוֹלִיכֵנוּ מְהֵרָה קוֹמְמִיּוּת   1

לְאַרְצֵנוּ. כִּי אֵל פּוֹעֵל יְשׁוּעוֹת אָתָּה, וּבָנוּ בָחַרְתָּ מִכָּל   2

עַם וְלָשׁוֹן. ❖ וְקֵרַבְתָּנוּ מַלְכֵּנוּ לְשִׁמְךָ הַגָּדוֹל סֶלָה   3

בֶּאֱמֶת בְּאַהֲבָה. לְהוֹדוֹת לְךָ וּלְיַחֶדְךָ בְּאַהֲבָה, וּלְאַהֲבָה   4

אֶת שְׁמֶךָ. בָּרוּךְ אַתָּה יהוה, הַבּוֹחֵר בְּעַמּוֹ יִשְׂרָאֵל   5

בְּאַהֲבָה.   6

שמע

Before starting *Shema*, keep in mind that you are doing the *mitzvah* to say it every morning. Say each word clearly and do not run words together. We have printed lines or commas between words that it is easy to run together.

When praying without a *minyan*, begin with the following three words:

אֵל מֶלֶךְ נֶאֱמָן.   7

Say the first verse aloud, with the right hand covering your eyes, and think that you are accepting God as your Master.

שְׁמַע | יִשְׂרָאֵל, יהוה | אֱלֹהֵינוּ, יהוה | אֶחָד׃   8

quietly – בָּרוּךְ שֵׁם כְּבוֹד מַלְכוּתוֹ לְעוֹלָם וָעֶד.   9

When you say the first paragraph, think that you accept the *mitzvah* to love God.

וְאָהַבְתָּ אֵת יהוה | אֱלֹהֶיךָ, בְּכָל-לְבָבְךָ,   10

וּבְכָל-נַפְשְׁךָ, וּבְכָל-מְאֹדֶךָ: וְהָיוּ   11

הַדְּבָרִים הָאֵלֶּה, אֲשֶׁר | אָנֹכִי מְצַוְּךָ הַיּוֹם,   12

עַל-לְבָבֶךָ: וְשִׁנַּנְתָּם לְבָנֶיךָ, וְדִבַּרְתָּ בָּם,   13

בְּשִׁבְתְּךָ בְּבֵיתֶךָ, וּבְלֶכְתְּךָ בַדֶּרֶךְ, וּבְשָׁכְבְּךָ   14

וּבְקוּמֶךָ: וּקְשַׁרְתָּם לְאוֹת | עַל-יָדֶךָ, וְהָיוּ   15

לְטֹטָפֹת בֵּין | עֵינֶיךָ: וּכְתַבְתָּם | עַל-מְזֻזוֹת בֵּיתֶךָ,   16

וּבִשְׁעָרֶיךָ:   17

When you say the next paragraph, think that you are accepting all the *mitzvos* and that God rewards people for doing good and punishes them for doing wrong.

1   **וְהָיָה,** אִם־שָׁמֹעַ תִּשְׁמְעוּ אֶל־מִצְוֹתַי, אֲשֶׁר ׀

2   אָנֹכִי מְצַוֶּה ׀ אֶתְכֶם הַיּוֹם, לְאַהֲבָה

3   אֶת־יהוה ׀ אֱלֹהֵיכֶם וּלְעָבְדוֹ, בְּכָל־לְבַבְכֶם,

4   וּבְכָל־נַפְשְׁכֶם: וְנָתַתִּי מְטַר־אַרְצְכֶם בְּעִתּוֹ,

5   יוֹרֶה וּמַלְקוֹשׁ, וְאָסַפְתָּ דְגָנֶךָ וְתִירֹשְׁךָ וְיִצְהָרֶךָ:

6   וְנָתַתִּי ׀ עֵשֶׂב ׀ בְּשָׂדְךָ לִבְהֶמְתֶּךָ, וְאָכַלְתָּ

7   וְשָׂבָעְתָּ: הִשָּׁמְרוּ לָכֶם, פֶּן־יִפְתֶּה לְבַבְכֶם,

8   וְסַרְתֶּם וַעֲבַדְתֶּם ׀ אֱלֹהִים ׀ אֲחֵרִים,

9   וְהִשְׁתַּחֲוִיתֶם לָהֶם: וְחָרָה ׀ אַף־יהוה בָּכֶם,

10   וְעָצַר ׀ אֶת־הַשָּׁמַיִם, וְלֹא־יִהְיֶה מָטָר, וְהָאֲדָמָה

11   לֹא תִתֵּן אֶת־יְבוּלָהּ, וַאֲבַדְתֶּם ׀ מְהֵרָה מֵעַל

12   הָאָרֶץ הַטֹּבָה ׀ אֲשֶׁר ׀ יהוה ׀ נֹתֵן לָכֶם: וְשַׂמְתֶּם ׀

13   אֶת־דְּבָרַי ׀ אֵלֶּה, עַל־לְבַבְכֶם וְעַל־נַפְשְׁכֶם,

14   וּקְשַׁרְתֶּם ׀ אֹתָם לְאוֹת ׀ עַל־יֶדְכֶם, וְהָיוּ לְטוֹטָפֹת

15   בֵּין ׀ עֵינֵיכֶם: וְלִמַּדְתֶּם ׀ אֹתָם ׀ אֶת־בְּנֵיכֶם,

16   לְדַבֵּר בָּם, בְּשִׁבְתְּךָ בְּבֵיתֶךָ, וּבְלֶכְתְּךָ בַדֶּרֶךְ

17   וּבְשָׁכְבְּךָ וּבְקוּמֶךָ: וּכְתַבְתָּם ׀ עַל־מְזוּזוֹת בֵּיתֶךָ,

18   וּבִשְׁעָרֶיךָ: לְמַעַן ׀ יִרְבּוּ ׀ יְמֵיכֶם וִימֵי בְנֵיכֶם, עַל

19   הָאֲדָמָה ׀ אֲשֶׁר נִשְׁבַּע ׀ יהוה ׀ לַאֲבֹתֵיכֶם לָתֵת

20   לָהֶם, כִּימֵי הַשָּׁמַיִם ׀ עַל־הָאָרֶץ:

Before saying the next paragraph, keep the *tzitzis* in your left hand, but take them in the right hand also. Kiss the *tzitzis* each time you say the word צִיצִת and at אֱמֶת; pass them in front of your eyes at וּרְאִיתֶם אֹתוֹ.

1 **וַיֹּאמֶר** | יהוה | אֶל־מֹשֶׁה לֵּאמֹר: דַּבֵּר |

2 אֶל־בְּנֵי | יִשְׂרָאֵל | וְאָמַרְתָּ אֲלֵהֶם,

3 וְעָשׂוּ לָהֶם צִיצִת, עַל־כַּנְפֵי בִגְדֵיהֶם לְדֹרֹתָם,

4 וְנָתְנוּ | עַל־צִיצִת הַכָּנָף, פְּתִיל תְּכֵלֶת: וְהָיָה לָכֶם

5 לְצִיצִת, וּרְאִיתֶם | אֹתוֹ, וּזְכַרְתֶּם | אֶת־כָּל־

6 מִצְוֹת | יהוה, וַעֲשִׂיתֶם | אֹתָם, וְלֹא תָתוּרוּ |

7 אַחֲרֵי לְבַבְכֶם וְאַחֲרֵי | עֵינֵיכֶם, אֲשֶׁר־אַתֶּם

8 זֹנִים | אַחֲרֵיהֶם: לְמַעַן תִּזְכְּרוּ, וַעֲשִׂיתֶם | אֶת־

9 כָּל־מִצְוֹתָי, וִהְיִיתֶם קְדֹשִׁים לֵאלֹהֵיכֶם: אֲנִי

10 יהוה | אֱלֹהֵיכֶם, אֲשֶׁר הוֹצֵאתִי |

Think that you are doing the *mitzvah* to remember that God took the Jews out of Egypt.

11 אֶתְכֶם | מֵאֶרֶץ מִצְרַיִם, לִהְיוֹת

12 לָכֶם לֵאלֹהִים, אֲנִי | יהוה | אֱלֹהֵיכֶם: אֱמֶת –

Chazzan repeats:

13 **יהוה אֱלֹהֵיכֶם אֱמֶת.**

14 **וְיַצִּיב** וְנָכוֹן וְקַיָּם וְיָשָׁר וְנֶאֱמָן וְאָהוּב וְחָבִיב

15 וְנֶחְמָד וְנָעִים וְנוֹרָא וְאַדִּיר וּמְתֻקָּן וּמְקֻבָּל

16 וְטוֹב וְיָפֶה הַדָּבָר הַזֶּה עָלֵינוּ לְעוֹלָם וָעֶד. אֱמֶת אֱלֹהֵי

17 עוֹלָם מַלְכֵּנוּ צוּר יַעֲקֹב, מָגֵן יִשְׁעֵנוּ. לְדֹר וָדֹר הוּא

18 קַיָּם, וּשְׁמוֹ קַיָּם, וְכִסְאוֹ נָכוֹן, וּמַלְכוּתוֹ וֶאֱמוּנָתוֹ לָעַד

19 קַיֶּמֶת. וּדְבָרָיו חָיִים וְקַיָּמִים, נֶאֱמָנִים וְנֶחֱמָדִים לָעַד

1 עַל אֲבוֹתֵינוּ (kiss the *tzitzis* and let them go) וּלְעוֹלְמֵי עוֹלָמִים. ❖

2 וְעָלֵינוּ, עַל בָּנֵינוּ וְעַל דּוֹרוֹתֵינוּ, וְעַל כָּל דּוֹרוֹת זֶרַע

3 יִשְׂרָאֵל עֲבָדֶיךָ.

4 **עַל הָרִאשׁוֹנִים** וְעַל הָאַחֲרוֹנִים, דָּבָר טוֹב וְקַיָּם

5 לְעוֹלָם וָעֶד, אֱמֶת וֶאֱמוּנָה

6 חֹק וְלֹא יַעֲבֹר. אֱמֶת שָׁאַתָּה הוּא יהוה אֱלֹהֵינוּ

7 וֵאלֹהֵי אֲבוֹתֵינוּ, ❖ מַלְכֵּנוּ מֶלֶךְ אֲבוֹתֵינוּ, גֹּאֲלֵנוּ גֹּאֵל

8 אֲבוֹתֵינוּ, יוֹצְרֵנוּ צוּר יְשׁוּעָתֵנוּ, פּוֹדֵנוּ וּמַצִּילֵנוּ

9 מֵעוֹלָם הוּא שְׁמֶךָ, וְאֵין לָנוּ עוֹד אֱלֹהִים זוּלָתֶךָ, סֶלָה.

10 **עֶזְרַת** אֲבוֹתֵינוּ אַתָּה הוּא מֵעוֹלָם, מָגֵן וּמוֹשִׁיעַ

11 לָהֶם וְלִבְנֵיהֶם אַחֲרֵיהֶם בְּכָל דּוֹר וָדוֹר.

12 בְּרוּם עוֹלָם מוֹשָׁבֶךָ, וּמִשְׁפָּטֶיךָ וְצִדְקָתְךָ עַד אַפְסֵי

13 אָרֶץ. אֱמֶת אַשְׁרֵי אִישׁ שֶׁיִּשְׁמַע לְמִצְוֺתֶיךָ, וְתוֹרָתְךָ

14 וּדְבָרְךָ יָשִׂים עַל לִבּוֹ. אֱמֶת אַתָּה הוּא אָדוֹן לְעַמֶּךָ

15 וּמֶלֶךְ גִּבּוֹר לָרִיב רִיבָם לְאָבוֹת וּבָנִים. אֱמֶת אַתָּה

16 הוּא רִאשׁוֹן וְאַתָּה הוּא אַחֲרוֹן, וּמִבַּלְעָדֶיךָ אֵין לָנוּ

17 מֶלֶךְ גּוֹאֵל וּמוֹשִׁיעַ. אֱמֶת מִמִּצְרַיִם גְּאַלְתָּנוּ יהוה

18 אֱלֹהֵינוּ, וּמִבֵּית עֲבָדִים פְּדִיתָנוּ. כָּל בְּכוֹרֵיהֶם הָרֵגְתָּ,

19 וּבְכוֹרְךָ יִשְׂרָאֵל גָּאֵלְתָּ, וְיַם סוּף לָהֶם בָּקַעְתָּ, וְזֵדִים

20 טִבַּעְתָּ, וִידִידִים הֶעֱבַרְתָּ, וַיְכַסּוּ מַיִם צָרֵיהֶם, אֶחָד

21 מֵהֶם לֹא נוֹתָר. עַל זֹאת שִׁבְּחוּ אֲהוּבִים וְרוֹמְמוּ

22 לָאֵל, וְנָתְנוּ יְדִידִים זְמִרוֹת שִׁירוֹת וְתִשְׁבָּחוֹת,

1 בְּרָכוֹת וְהוֹדָאוֹת, לְמֶלֶךְ אֵל חַי וְקַיָּם, רָם וְנִשָּׂא,

2 גָּדוֹל וְנוֹרָא, מַשְׁפִּיל גֵּאִים עֲדֵי אָרֶץ, וּמַגְבִּיהַּ

3 שְׁפָלִים עֲדֵי מָרוֹם. מוֹצִיא אֲסִירִים, וּפוֹדֶה עֲנָוִים,

4 וְעוֹזֵר דַּלִּים, וְעוֹנֶה לְעַמּוֹ יִשְׂרָאֵל בְּעֵת שַׁוְּעָם אֵלָיו.

Stand for *Shemoneh Esrei*. Some take three steps backward
at this point; others do so before צוּר יִשְׂרָאֵל.

5 ❖ תְּהִלּוֹת לְאֵל עֶלְיוֹן גּוֹאֲלָם, בָּרוּךְ הוּא וּמְבֹרָךְ.

6 מֹשֶׁה וּבְנֵי יִשְׂרָאֵל לְךָ עָנוּ שִׁירָה בְּשִׂמְחָה רַבָּה וְאָמְרוּ

7 כֻלָם:

All say together aloud:

8 **מִי כָמֹכָה בָּאֵלִם יהוה, מִי כָּמֹכָה נֶאְדָּר בַּקֹּדֶשׁ,**

9 **נוֹרָא תְהִלֹּת עֹשֵׂה פֶלֶא.**

10 ❖ שִׁירָה חֲדָשָׁה שִׁבְּחוּ גְאוּלִים לְשִׁמְךָ הַגָּדוֹל עַל

11 שְׂפַת הַיָּם, יַחַד כֻּלָּם הוֹדוּ וְהִמְלִיכוּ וְאָמְרוּ:

All say together aloud:

12 **יהוה יִמְלֹךְ לְעֹלָם וָעֶד.**

13 ❖ **צוּר** יִשְׂרָאֵל, קוּמָה בְּעֶזְרַת יִשְׂרָאֵל, וּפְדֵה כִנְאֻמֶךָ

14 יְהוּדָה וְיִשְׂרָאֵל. וְנֶאֱמַר: גֹּאֲלֵנוּ יהוה צְבָאוֹת

15 שְׁמוֹ, קְדוֹשׁ יִשְׂרָאֵל. בָּרוּךְ אַתָּה יהוה, גָּאַל יִשְׂרָאֵל.

You are not allowed to interrupt or pause between גָּאַל יִשְׂרָאֵל and
Shemoneh Esrei, even for *Kaddish*, *Kedushah*, or *Amen*.

ON AN ORDINARY SABBATH AND ON THE SABBATH OF CHOL HAMOED CONTINUE HERE.
ON FESTIVALS (EVEN ON THE SABBATH), TURN TO P. 367.
ON ROSH HASHANAH (EVEN ON THE SABBATH), TURN TO P. 406.
ON YOM KIPPUR (EVEN ON THE SABBATH), TURN TO P. 425.

‎﴾ שמונה עשרה לשבת ﴿

Take three steps backward, then three steps forward. During *Shemoneh Esrei,* stand with your feet together and do not interrupt in any way. Say it very quietly, but you must be able to hear your own words. See *Laws* §15-16 for a summary of its laws.

אֲדֹנָי שְׂפָתַי תִּפְתָּח, וּפִי יַגִּיד תְּהִלָּתֶךָ. 1

אבות

Bend the knees at בָּרוּךְ; bow at אַתָּה; straighten up at 'ה.

בָּרוּךְ אַתָּה יהוה אֱלֹהֵינוּ וֵאלֹהֵי אֲבוֹתֵינוּ, אֱלֹהֵי 2

אַבְרָהָם, אֱלֹהֵי יִצְחָק, וֵאלֹהֵי יַעֲקֹב, הָאֵל 3

הַגָּדוֹל הַגִּבּוֹר וְהַנּוֹרָא, אֵל עֶלְיוֹן, גּוֹמֵל חֲסָדִים 4

טוֹבִים וְקוֹנֵה הַכֹּל, וְזוֹכֵר חַסְדֵי אָבוֹת, וּמֵבִיא גוֹאֵל 5

לִבְנֵי בְנֵיהֶם, לְמַעַן שְׁמוֹ בְּאַהֲבָה. 6

From Rosh Hashanah to Yom Kippur add:

זָכְרֵנוּ לְחַיִּים, מֶלֶךְ חָפֵץ בַּחַיִּים, 7

וְכָתְבֵנוּ בְּסֵפֶר הַחַיִּים, לְמַעַנְךָ אֱלֹהִים חַיִּים. 8

[If forgotten, do not repeat *Shemoneh Esrei.* See *Laws* §17.]

Bend the knees at בָּרוּךְ; bow at אַתָּה; straighten up at 'ה.

מֶלֶךְ עוֹזֵר וּמוֹשִׁיעַ וּמָגֵן. בָּרוּךְ אַתָּה יהוה, מָגֵן 9

אַבְרָהָם. 10 (‏.אָמֵן – Cong.)

גבורות

אַתָּה גִּבּוֹר לְעוֹלָם אֲדֹנָי, מְחַיֵּה מֵתִים אַתָּה, רַב 11

לְהוֹשִׁיעַ. 12

Between Shemini Atzeres and Pesach: Pesach through Succos:

מוֹרִיד הַטָּל.   מַשִּׁיב הָרוּחַ וּמוֹרִיד הַגֶּשֶׁם. 13

[If forgotten, or interchanged, see *Laws* §23-29.]

מְכַלְכֵּל חַיִּים בְּחֶסֶד, מְחַיֵּה מֵתִים בְּרַחֲמִים רַבִּים, 14

סוֹמֵךְ נוֹפְלִים, וְרוֹפֵא חוֹלִים, וּמַתִּיר אֲסוּרִים, 15

1   וּמְקַיֵּם אֱמוּנָתוֹ לִישֵׁנֵי עָפָר. מִי כָמְוֹךְ בַּעַל גְּבוּרוֹת,

2   וּמִי דְוֹמֶה לָּךְ, מֶלֶךְ מֵמִית וּמְחַיֶּה וּמַצְמִיחַ יְשׁוּעָה.

From Rosh Hashanah to Yom Kippur add:

3   מִי כָמְוֹךָ אַב הָרַחֲמָן, זוֹכֵר יְצוּרָיו לְחַיִּים בְּרַחֲמִים.

[If forgotten, do not repeat *Shemoneh Esrei*. see *Laws* §17.]

4   וְנֶאֱמָן אַתָּה לְהַחֲיוֹת מֵתִים. בָּרוּךְ אַתָּה יהוה,

5   מְחַיֵּה הַמֵּתִים. (אָמֵן. – Cong.)

During the *chazzan's* repetition, say *Kedushah* here.

קדושה

Stand with your feet together and avoid any interruptions.
Rise on toes at קָדוֹשׁ, קָדוֹשׁ, קָדוֹשׁ; בָּרוּךְ and יִמְלֹךְ.

Congregation, then *chazzan*:

6   **נַקְדִּישָׁךְ** וְנַעֲרִיצָךְ, כְּנְעַם שִׂיחַ סוֹד שַׂרְפֵי קֹדֶשׁ, הַמְשַׁלְּשִׁים לְךָ

7   קְדֻשָּׁה, כַּכָּתוּב עַל יַד נְבִיאֶךָ, וְקָרָא זֶה אֶל זֶה וְאָמַר:

All:

8   קָדוֹשׁ קָדוֹשׁ קָדוֹשׁ יהוה צְבָאוֹת, מְלֹא כָל הָאָרֶץ כְּבוֹדוֹ.

Congregation, then *chazzan*:

9   אָז בְּקוֹל רַעַשׁ גָּדוֹל אַדִּיר וְחָזָק מַשְׁמִיעִים קוֹל, מִתְנַשְּׂאִים לְעֻמַּת

10   שְׂרָפִים, לְעֻמָּתָם מְשַׁבְּחִים וְאוֹמְרִים:

All:

11   בָּרוּךְ כְּבוֹד יהוה, מִמְּקוֹמוֹ.

Congregation, then *chazzan*:

12   מִמְּקוֹמְךָ מַלְכֵּנוּ תוֹפִיעַ, וְתִמְלֹךְ עָלֵינוּ, כִּי מְחַכִּים אֲנַחְנוּ לָךְ. מָתַי

13   תִמְלֹךְ בְּצִיּוֹן, בְּקָרוֹב בְּיָמֵינוּ, לְעוֹלָם וָעֶד תִּשְׁכּוֹן. תִּתְגַּדַּל

14   וְתִתְקַדֵּשׁ בְּתוֹךְ יְרוּשָׁלַיִם עִירְךָ, לְדוֹר וָדוֹר וּלְנֵצַח נְצָחִים. וְעֵינֵינוּ

15   תִרְאֶינָה מַלְכוּתֶךָ, כַּדָּבָר הָאָמוּר בְּשִׁירֵי עֻזֶּךָ, עַל יְדֵי דָוִד מְשִׁיחַ

16   צִדְקֶךָ:

All:

17   יִמְלֹךְ יהוה לְעוֹלָם, אֱלֹהַיִךְ צִיּוֹן לְדֹר וָדֹר, הַלְלוּיָהּ.

The *chazzan* continues אַתָּה קָדוֹשׁ or לְדוֹר וָדוֹר (p. 241).

קדושת השם

In some congregations, the *chazzan* substitutes לְדוֹר וָדוֹר for אַתָּה קָדוֹשׁ in his repetition.

אַתָּה קָדוֹשׁ וְשִׁמְךָ קָדוֹשׁ, וּקְדוֹשִׁים בְּכָל יוֹם יְהַלְלוּךָ סֶּלָה, כִּי אֵל מֶלֶךְ גָּדוֹל וְקָדוֹשׁ אָתָּה. בָּרוּךְ אַתָּה יהוה, °הָאֵל הַקָּדוֹשׁ.

לְדוֹר וָדוֹר נַגִּיד גָּדְלֶךָ וּלְנֵצַח נְצָחִים קְדֻשָּׁתְךָ נַקְדִּישׁ, וְשִׁבְחֲךָ אֱלֹהֵינוּ מִפִּינוּ לֹא יָמוּשׁ לְעוֹלָם וָעֶד, כִּי אֵל מֶלֶךְ גָּדוֹל וְקָדוֹשׁ אָתָּה. בָּרוּךְ אַתָּה יהוה, °הָאֵל הַקָּדוֹשׁ.

(אָמֵן. – Cong.)

°From Rosh Hashanah to Yom Kippur substitute – הַמֶּלֶךְ הַקָּדוֹשׁ
[If forgotten, repeat *Shemoneh Esrei*. See *Laws* §18-19.]

קדושת היום

[If one said the blessings of the weekday *Shemoneh Esrei*,
or of another Shabbos *Shemoneh Esrei* — see *Laws* §45-46.]

יִשְׂמַח מֹשֶׁה בְּמַתְּנַת חֶלְקוֹ, כִּי עֶבֶד נֶאֱמָן קָרָאתָ לּוֹ. כְּלִיל תִּפְאֶרֶת בְּרֹאשׁוֹ נָתַתָּ לּוֹ, בְּעָמְדוֹ לְפָנֶיךָ עַל הַר סִינָי. וּשְׁנֵי לוּחוֹת אֲבָנִים הוֹרִיד בְּיָדוֹ, וְכָתוּב בָּהֶם שְׁמִירַת שַׁבָּת. וְכֵן כָּתוּב בְּתוֹרָתֶךָ:

וְשָׁמְרוּ בְנֵי יִשְׂרָאֵל אֶת הַשַּׁבָּת, לַעֲשׂוֹת אֶת הַשַּׁבָּת לְדֹרֹתָם בְּרִית עוֹלָם. בֵּינִי וּבֵין בְּנֵי יִשְׂרָאֵל אוֹת הִיא לְעֹלָם, כִּי שֵׁשֶׁת יָמִים עָשָׂה יהוה אֶת הַשָּׁמַיִם וְאֶת הָאָרֶץ, וּבַיּוֹם הַשְּׁבִיעִי שָׁבַת וַיִּנָּפַשׁ.

וְלֹא נְתַתּוֹ יהוה אֱלֹהֵינוּ לְגוֹיֵי הָאֲרָצוֹת,
וְלֹא הִנְחַלְתּוֹ מַלְכֵּנוּ לְעוֹבְדֵי
פְסִילִים, וְגַם בִּמְנוּחָתוֹ לֹא יִשְׁכְּנוּ עֲרֵלִים. כִּי
לְיִשְׂרָאֵל עַמְּךָ נְתַתּוֹ בְּאַהֲבָה, לְזֶרַע יַעֲקֹב אֲשֶׁר
בָּם בָּחָרְתָּ.

יִשְׂמְחוּ בְמַלְכוּתְךָ שׁוֹמְרֵי שַׁבָּת וְקוֹרְאֵי עֹנֶג,
עַם מְקַדְּשֵׁי שְׁבִיעִי, כֻּלָּם יִשְׂבְּעוּ
וְיִתְעַנְּגוּ מִטּוּבֶךָ, וּבַשְּׁבִיעִי רָצִיתָ בּוֹ וְקִדַּשְׁתּוֹ,
חֶמְדַּת יָמִים אוֹתוֹ קָרָאתָ, זֵכֶר לְמַעֲשֵׂה
בְרֵאשִׁית.

אֱלֹהֵינוּ וֵאלֹהֵי אֲבוֹתֵינוּ, רְצֵה נָא בִמְנוּחָתֵנוּ.
קַדְּשֵׁנוּ בְּמִצְוֹתֶיךָ, וְתֵן חֶלְקֵנוּ
בְּתוֹרָתֶךָ. שַׂבְּעֵנוּ מִטּוּבֶךָ, וְשַׂמַּח נַפְשֵׁנוּ
בִּישׁוּעָתֶךָ, וְטַהֵר לִבֵּנוּ לְעָבְדְּךָ בֶּאֱמֶת. וְהַנְחִילֵנוּ
יהוה אֱלֹהֵינוּ בְּאַהֲבָה וּבְרָצוֹן שַׁבַּת קָדְשֶׁךָ,
וְיָנוּחוּ בוֹ כָּל יִשְׂרָאֵל מְקַדְּשֵׁי שְׁמֶךָ. בָּרוּךְ אַתָּה
יהוה, מְקַדֵּשׁ הַשַּׁבָּת. (אָמֵן – .Cong)

עבודה

רְצֵה יהוה אֱלֹהֵינוּ בְּעַמְּךָ יִשְׂרָאֵל וְלִתְפִלָּתָם
שְׁעֵה, וְהָשֵׁב אֶת הָעֲבוֹדָה לִדְבִיר

בֵּיתֶךָ. וְאִשֵּׁי יִשְׂרָאֵל וּתְפִלָּתָם מְהֵרָה בְּאַהֲבָה
תְקַבֵּל בְּרָצוֹן, וּתְהִי לְרָצוֹן תָּמִיד עֲבוֹדַת יִשְׂרָאֵל
עַמֶּךָ.

On Rosh Chodesh and Chol HaMoed add the following.
(During the *chazzan's* repetition, the congregation responds אָמֵן as indicated.)

אֱלֹהֵינוּ וֵאלֹהֵי אֲבוֹתֵינוּ, יַעֲלֶה, וְיָבֹא, וְיַגִּיעַ,
וְיֵרָאֶה, וְיֵרָצֶה, וְיִשָּׁמַע, וְיִפָּקֵד, וְיִזָּכֵר
זִכְרוֹנֵנוּ וּפִקְדוֹנֵנוּ, וְזִכְרוֹן אֲבוֹתֵינוּ, וְזִכְרוֹן מָשִׁיחַ בֶּן
דָּוִד עַבְדֶּךָ, וְזִכְרוֹן יְרוּשָׁלַיִם עִיר קָדְשֶׁךָ, וְזִכְרוֹן כָּל
עַמְּךָ בֵּית יִשְׂרָאֵל לְפָנֶיךָ, לִפְלֵיטָה לְטוֹבָה, לְחֵן
וּלְחֶסֶד וּלְרַחֲמִים, לְחַיִּים (טוֹבִים) וּלְשָׁלוֹם, בְּיוֹם

on Chol HaMoed Succos:	on Chol HaMoed Pesach:	on Rosh Chodesh:
חַג הַסֻּכּוֹת הַזֶּה.	חַג הַמַּצּוֹת הַזֶּה.	רֹאשׁ הַחֹדֶשׁ הַזֶּה.

זָכְרֵנוּ יְהוָה אֱלֹהֵינוּ בּוֹ לְטוֹבָה (.Cong – אָמֵן.),
וּפָקְדֵנוּ בוֹ לִבְרָכָה (.Cong – אָמֵן.),
וְהוֹשִׁיעֵנוּ בוֹ לְחַיִּים טוֹבִים (.Cong – אָמֵן.).
וּבִדְבַר יְשׁוּעָה וְרַחֲמִים, חוּס וְחָנֵּנוּ וְרַחֵם עָלֵינוּ
וְהוֹשִׁיעֵנוּ, כִּי אֵלֶיךָ עֵינֵינוּ, כִּי אֵל מֶלֶךְ חַנּוּן וְרַחוּם
אָתָּה.

[If forgotten, see *Laws* §43.]

וְתֶחֱזֶינָה עֵינֵינוּ בְּשׁוּבְךָ לְצִיּוֹן בְּרַחֲמִים. בָּרוּךְ
אַתָּה יְהוָה, הַמַּחֲזִיר שְׁכִינָתוֹ לְצִיּוֹן.
(.Cong – אָמֵן.)

הודאה

Bow at מודים; straighten up at ה'. In his repetition, the *chazzan* should say the entire מודים aloud and the congregation says מודים דְּרַבָּנָן softly.

מוֹדִים אֲנַחְנוּ לָךְ, שָׁאַתָּה
הוּא יהוה אֱלֹהֵינוּ
וֵאלֹהֵי אֲבוֹתֵינוּ לְעוֹלָם וָעֶד.
צוּרֵנוּ צוּר חַיֵּינוּ, מָגֵן יִשְׁעֵנוּ
אַתָּה הוּא לְדוֹר וָדוֹר. נוֹדֶה לְּךָ
וּנְסַפֵּר תְּהִלָּתֶךָ, עַל חַיֵּינוּ
הַמְּסוּרִים בְּיָדֶךָ, וְעַל נִשְׁמוֹתֵינוּ
הַפְּקוּדוֹת לָךְ, וְעַל נִסֶּיךָ שֶׁבְּכָל
יוֹם עִמָּנוּ, וְעַל נִפְלְאוֹתֶיךָ
וְטוֹבוֹתֶיךָ שֶׁבְּכָל עֵת, עֶרֶב
וָבֹקֶר וְצָהֳרָיִם. הַטּוֹב כִּי לֹא כָלוּ
רַחֲמֶיךָ, וְהַמְרַחֵם כִּי לֹא תַמּוּ
חֲסָדֶיךָ, כִּי מֵעוֹלָם קִוִּינוּ לָךְ.

מוֹדִים דְּרַבָּנָן

מוֹדִים אֲנַחְנוּ לָךְ, שָׁאַתָּה הוּא יהוה אֱלֹהֵינוּ וֵאלֹהֵי אֲבוֹתֵינוּ, אֱלֹהֵי כָל בָּשָׂר, יוֹצְרֵנוּ, יוֹצֵר בְּרֵאשִׁית. בְּרָכוֹת וְהוֹדָאוֹת לְשִׁמְךָ הַגָּדוֹל וְהַקָּדוֹשׁ, עַל שֶׁהֶחֱיִיתָנוּ וְקִיַּמְתָּנוּ. כֵּן תְּחַיֵּנוּ וּתְקַיְּמֵנוּ, וְתֶאֱסוֹף גָּלֻיוֹתֵינוּ לְחַצְרוֹת קָדְשֶׁךָ, לִשְׁמוֹר חֻקֶּיךָ וְלַעֲשׂוֹת רְצוֹנֶךָ, וּלְעָבְדְּךָ בְּלֵבָב שָׁלֵם, עַל שֶׁאֲנַחְנוּ מוֹדִים לָךְ. בָּרוּךְ אֵל הַהוֹדָאוֹת.

On Chanukah add the following [if forgotten, do not repeat *Shemoneh Esrei*]:

וְעַל הַנִּסִּים, וְעַל הַפֻּרְקָן, וְעַל הַגְּבוּרוֹת, וְעַל הַתְּשׁוּעוֹת, וְעַל הַנִּפְלָאוֹת, וְעַל הַנֶּחָמוֹת, וְעַל הַמִּלְחָמוֹת, שֶׁעָשִׂיתָ לַאֲבוֹתֵינוּ בַּיָּמִים הָהֵם בַּזְּמַן הַזֶּה.
בִּימֵי מַתִּתְיָהוּ בֶּן יוֹחָנָן כֹּהֵן גָּדוֹל חַשְׁמוֹנַאי וּבָנָיו, כְּשֶׁעָמְדָה מַלְכוּת יָוָן הָרְשָׁעָה עַל עַמְּךָ יִשְׂרָאֵל, לְהַשְׁכִּיחָם תּוֹרָתֶךָ, וּלְהַעֲבִירָם מֵחֻקֵּי רְצוֹנֶךָ. וְאַתָּה בְּרַחֲמֶיךָ הָרַבִּים, עָמַדְתָּ לָהֶם בְּעֵת צָרָתָם, רַבְתָּ אֶת רִיבָם, דַּנְתָּ אֶת דִּינָם, נָקַמְתָּ אֶת נִקְמָתָם. מָסַרְתָּ גִבּוֹרִים בְּיַד חַלָּשִׁים, וְרַבִּים בְּיַד

שחרית לשבת / 245

מְעַטִּים, וּטְמֵאִים בְּיַד טְהוֹרִים, וּרְשָׁעִים בְּיַד צַדִּיקִים, וְזֵדִים

בְּיַד עוֹסְקֵי תוֹרָתֶךָ. וּלְךָ עָשִׂיתָ שֵׁם גָּדוֹל וְקָדוֹשׁ בְּעוֹלָמֶךָ,

וּלְעַמְּךָ יִשְׂרָאֵל עָשִׂיתָ תְּשׁוּעָה גְדוֹלָה וּפֻרְקָן כְּהַיּוֹם הַזֶּה.

וְאַחַר כֵּן בָּאוּ בָנֶיךָ לִדְבִיר בֵּיתֶךָ, וּפִנּוּ אֶת הֵיכָלֶךָ, וְטִהֲרוּ אֶת

מִקְדָּשֶׁךָ, וְהִדְלִיקוּ נֵרוֹת בְּחַצְרוֹת קָדְשֶׁךָ, וְקָבְעוּ שְׁמוֹנַת יְמֵי

חֲנֻכָּה אֵלּוּ, לְהוֹדוֹת וּלְהַלֵּל לְשִׁמְךָ הַגָּדוֹל.

וְעַל כֻּלָּם יִתְבָּרַךְ וְיִתְרוֹמַם וְיִתְנַשֵּׂא שִׁמְךָ מַלְכֵּנוּ תָּמִיד לְעוֹלָם וָעֶד.

From Rosh Hashanah to Yom Kippur add:

וּכְתוֹב לְחַיִּים טוֹבִים כָּל בְּנֵי בְרִיתֶךָ.

[If forgotten, do not repeat *Shemoneh Esrei*. See *Laws* §17.]

Bend the knees at בָּרוּךְ; bow at אַתָּה; straighten up at ה'.

וְכֹל הַחַיִּים יוֹדוּךָ סֶּלָה, וִיהַלְלוּ וִיבָרְכוּ אֶת שִׁמְךָ הַגָּדוֹל בֶּאֱמֶת, לְעוֹלָם כִּי טוֹב. הָאֵל יְשׁוּעָתֵנוּ וְעֶזְרָתֵנוּ סֶלָה, הָאֵל הַטּוֹב. בָּרוּךְ אַתָּה יהוה, הַטּוֹב שִׁמְךָ וּלְךָ נָאֶה לְהוֹדוֹת. (Cong. – אָמֵן.)

ברכת כהנים
The *chazzan* says בִּרְכַּת כֹּהֲנִים during his repetition, except in a house of mourning.
The *chazzan* faces the Ark at ה', וְיִשְׁמְרֶךָ and יָאֵר ה', right at יְבָרֶכְךָ ה', and left at פָּנָיו אֵלֶיךָ וִיחֻנֶּךָּ.

אֱלֹהֵינוּ וֵאלֹהֵי אֲבוֹתֵינוּ, בָּרְכֵנוּ בַבְּרָכָה הַמְשֻׁלֶּשֶׁת בַּתּוֹרָה, הַכְּתוּבָה עַל יְדֵי מֹשֶׁה עַבְדֶּךָ, הָאֲמוּרָה מִפִּי אַהֲרֹן וּבָנָיו, כֹּהֲנִים עַם קְדוֹשֶׁךָ, כָּאָמוּר:

יְבָרֶכְךָ יהוה, וְיִשְׁמְרֶךָ. (Cong.– כֵּן יְהִי רָצוֹן.)

יָאֵר יהוה פָּנָיו אֵלֶיךָ, וִיחֻנֶּךָּ. (Cong.– כֵּן יְהִי רָצוֹן.)

יִשָּׂא יהוה פָּנָיו אֵלֶיךָ, וְיָשֵׂם לְךָ שָׁלוֹם. (Cong.– כֵּן יְהִי רָצוֹן.)

While the *chazzan* says שִׂים שָׁלוֹם the congregation continues:

אַדִּיר בַּמָּרוֹם, שׁוֹכֵן בִּגְבוּרָה, אַתָּה שָׁלוֹם וְשִׁמְךָ שָׁלוֹם, יְהִי רָצוֹן שֶׁתָּשִׂים עָלֵינוּ וְעַל כָּל עַמְּךָ בֵּית יִשְׂרָאֵל חַיִּים וּבְרָכָה לְמִשְׁמֶרֶת שָׁלוֹם.

שלום

שִׂים שָׁלוֹם, טוֹבָה וּבְרָכָה, חַיִּים, חֵן וָחֶסֶד

וְרַחֲמִים עָלֵינוּ וְעַל כָּל יִשְׂרָאֵל

עַמֶּךָ. בָּרְכֵנוּ אָבִינוּ, כֻּלָּנוּ כְּאֶחָד, בְּאוֹר פָּנֶיךָ, כִּי

בְאוֹר פָּנֶיךָ נָתַתָּ לָּנוּ, יהוה אֱלֹהֵינוּ, תּוֹרַת חַיִּים

וְאַהֲבַת חֶסֶד, וּצְדָקָה, וּבְרָכָה, וְרַחֲמִים, וְחַיִּים,

וְשָׁלוֹם. וְטוֹב יִהְיֶה בְּעֵינֶיךָ לְבָרְכֵנוּ וּלְבָרֵךְ אֶת

כָּל עַמְּךָ יִשְׂרָאֵל, בְּכָל עֵת וּבְכָל שָׁעָה בִּשְׁלוֹמֶךָ

(בְּרוֹב עוֹז וְשָׁלוֹם).

From Rosh Hashanah to Yom Kippur add:

בְּסֵפֶר חַיִּים בְּרָכָה וְשָׁלוֹם, וּפַרְנָסָה טוֹבָה, וּגְזֵרוֹת

טוֹבוֹת, יְשׁוּעוֹת וְנֶחָמוֹת, נִזָּכֵר וְנִכָּתֵב לְפָנֶיךָ, אֲנַחְנוּ וְכָל

עַמְּךָ בֵּית יִשְׂרָאֵל, לְחַיִּים טוֹבִים וּלְשָׁלוֹם.

[If forgotten, do not repeat *Shemoneh Esrei.* See *Laws* §17,21.]

בָּרוּךְ אַתָּה יהוה, הַמְבָרֵךְ אֶת עַמּוֹ יִשְׂרָאֵל

בַּשָּׁלוֹם. (אָמֵן. – Cong.)

יִהְיוּ לְרָצוֹן אִמְרֵי פִי וְהֶגְיוֹן לִבִּי לְפָנֶיךָ, יהוה צוּרִי וְגֹאֲלִי.

The *chazzan's* repetition ends here; individuals continue:

אֱלֹהַי, נְצוֹר לְשׁוֹנִי מֵרָע, וּשְׂפָתַי מִדַּבֵּר מִרְמָה,

וְלִמְקַלְלַי נַפְשִׁי תִדּוֹם, וְנַפְשִׁי כֶּעָפָר לַכֹּל

תִּהְיֶה. פְּתַח לִבִּי בְּתוֹרָתֶךָ, וְאַחֲרֵי מִצְוֹתֶיךָ תִּרְדּוֹף

נַפְשִׁי. וְכָל הַקָּמִים וְהַחוֹשְׁבִים עָלַי לְרָעָה, מְהֵרָה

1   הָפֵר עֲצָתָם וְקַלְקֵל מַחֲשַׁבְתָּם. יְהִי רָצוֹן מִלְּפָנֶיךָ,

2   יהוה אֱלֹהַי וֵאלֹהֵי אֲבוֹתַי, שֶׁלֹּא תַעֲלֶה קִנְאַת אָדָם

3   עָלַי, וְלֹא קִנְאָתִי עַל אֲחֵרִים, וְשֶׁלֹּא אֶכְעַס הַיּוֹם,

4   וְשֶׁלֹּא אַכְעִיסֶךָ, וְתַצִּילֵנִי מִיֵּצֶר הָרָע, וְתֵן בְּלִבִּי

5   הַכְנָעָה וַעֲנָוָה. מַלְכֵּנוּ וֵאלֹהֵינוּ, יַחֵד שִׁמְךָ בְּעוֹלָמֶךָ,

6   בְּנֵה עִירְךָ, יַסֵּד בֵּיתֶךָ, וְשַׁכְלֵל הֵיכָלֶךָ, וְקַבֵּץ קִבּוּץ

7   גָּלֻיּוֹת, וּפְדֵה צֹאנֶךָ וְשַׂמַּח עֲדָתֶךָ. עֲשֵׂה לְמַעַן שְׁמֶךָ,

8   עֲשֵׂה לְמַעַן יְמִינֶךָ, עֲשֵׂה לְמַעַן תּוֹרָתֶךָ, עֲשֵׂה לְמַעַן

9   קְדֻשָּׁתֶךָ. לְמַעַן יֵחָלְצוּן יְדִידֶיךָ, הוֹשִׁיעָה יְמִינְךָ וַעֲנֵנִי.

Some say a verse with the initial of their name. See page 474.

10   יִהְיוּ לְרָצוֹן אִמְרֵי פִי וְהֶגְיוֹן לִבִּי לְפָנֶיךָ, יהוה צוּרִי

11   וְגֹאֲלִי. עֲשֶׂה °שָׁלוֹם בִּמְרוֹמָיו, הוּא

Take three steps back. Bow left and say … עֹשֶׂה; bow right and say … הוּא; bow forward and say וְעַל כָּל … אָמֵן.

12   יַעֲשֶׂה שָׁלוֹם עָלֵינוּ, וְעַל כָּל יִשְׂרָאֵל.

13   וְאִמְרוּ: אָמֵן.

14   °הַשָּׁלוֹם   — From Rosh Hashanah to Yom Kippur some say

15   **יְהִי רָצוֹן** מִלְּפָנֶיךָ, יהוה אֱלֹהֵינוּ וֵאלֹהֵי אֲבוֹתֵינוּ, שֶׁיִּבָּנֶה

16   בֵּית הַמִּקְדָּשׁ בִּמְהֵרָה בְיָמֵינוּ, וְתֵן חֶלְקֵנוּ בְּתוֹרָתֶךָ.

17   וְשָׁם נַעֲבָדְךָ בְּיִרְאָה, כִּימֵי עוֹלָם וּכְשָׁנִים קַדְמוֹנִיּוֹת. וְעָרְבָה

18   לַיהוה מִנְחַת יְהוּדָה וִירוּשָׁלָיִם, כִּימֵי עוֹלָם וּכְשָׁנִים קַדְמוֹנִיּוֹת.

SHEMONEH ESREI ENDS HERE.

Remain standing in place until the *chazzan* reaches *Kedushah* —
or at least until he begins his *Shemoneh Esrei* — then take three steps forward.
The *chazzan,* or someone praying without a *minyan,*
should remain in place for a few moments, then take three steps forward.
On the Sabbath of Rosh Chodesh, Chanukah, or Chol HaMoed
continue with *Hallel* (page 349).

קדיש שלם

The *chazzan* says קַדִּישׁ שָׁלֵם:

1 **יִתְגַּדַּל** וְיִתְקַדַּשׁ שְׁמֵהּ רַבָּא. (.Cong – אָמֵן.) בְּעָלְמָא דִּי בְרָא כִרְעוּתֵהּ.

2 וְיַמְלִיךְ מַלְכוּתֵהּ, וְיַצְמַח פֻּרְקָנֵהּ וִיקָרֵב מְשִׁיחֵהּ. (.Cong – אָמֵן.)

3 בְּחַיֵּיכוֹן וּבְיוֹמֵיכוֹן וּבְחַיֵּי דְכָל בֵּית יִשְׂרָאֵל, בַּעֲגָלָא וּבִזְמַן קָרִיב.

4 וְאִמְרוּ: אָמֵן.

5 (.Cong – אָמֵן. יְהֵא שְׁמֵהּ רַבָּא מְבָרַךְ לְעָלַם וּלְעָלְמֵי עָלְמַיָּא.)

6 יְהֵא שְׁמֵהּ רַבָּא מְבָרַךְ לְעָלַם וּלְעָלְמֵי עָלְמַיָּא.

7 יִתְבָּרַךְ וְיִשְׁתַּבַּח וְיִתְפָּאַר וְיִתְרוֹמַם וְיִתְנַשֵּׂא וְיִתְהַדָּר וְיִתְעַלֶּה

8 וְיִתְהַלָּל שְׁמֵהּ דְּקֻדְשָׁא בְּרִיךְ הוּא – (.Cong – בְּרִיךְ הוּא.) °לְעֵלָּא מִן כָּל

9 °לְעֵלָּא [וּ]לְעֵלָּא מִכָּל) – from Rosh Hashanah to Yom Kippur בִּרְכָתָא וְשִׁירָתָא

10 תֻּשְׁבְּחָתָא וְנֶחֱמָתָא, דַּאֲמִירָן בְּעָלְמָא. וְאִמְרוּ: אָמֵן. (.Cong – אָמֵן.)

11 (.Cong – קַבֵּל בְּרַחֲמִים וּבְרָצוֹן אֶת תְּפִלָּתֵנוּ.)

12 תִּתְקַבֵּל צְלוֹתְהוֹן וּבָעוּתְהוֹן דְּכָל בֵּית יִשְׂרָאֵל קֳדָם אֲבוּהוֹן דִּי

13 בִשְׁמַיָּא. וְאִמְרוּ: אָמֵן. (.Cong – אָמֵן.)

14 (.Cong – יְהִי שֵׁם יהוה מְבֹרָךְ, מֵעַתָּה וְעַד עוֹלָם.)

15 יְהֵא שְׁלָמָא רַבָּא מִן שְׁמַיָּא, וְחַיִּים טוֹבִים עָלֵינוּ וְעַל כָּל יִשְׂרָאֵל.

16 וְאִמְרוּ: אָמֵן. (.Cong – אָמֵן.)

17 (.Cong – עֶזְרִי מֵעִם יהוה, עֹשֵׂה שָׁמַיִם וָאָרֶץ.)

The *chazzan* takes three steps back, bows left and says . . . עֹשֶׂה;
bows right and says . . . הוּא; bows forward and says . . . וְעַל כָּל אָמֵן.
He remains standing in place for a few moments, then takes three steps forward.

18 עֹשֶׂה שָׁלוֹם בִּמְרוֹמָיו, הוּא יַעֲשֶׂה שָׁלוֹם עָלֵינוּ, וְעַל כָּל יִשְׂרָאֵל. וְאִמְרוּ:

19 אָמֵן. (.Cong – אָמֵן.)

On the Sabbath, the service continues with שִׁיר שֶׁל יוֹם (below).
On festivals which fall on a weekday, continue with the שִׁיר שֶׁל יוֹם
for the appropriate day of the week (pp. 85-88).

20 הַיּוֹם יוֹם שַׁבַּת קֹדֶשׁ שֶׁבּוֹ הָיוּ הַלְוִיִּם אוֹמְרִים בְּבֵית הַמִּקְדָּשׁ:

21 **מִזְמוֹר** שִׁיר לְיוֹם הַשַּׁבָּת. טוֹב לְהֹדוֹת לַיהוה, וּלְזַמֵּר

22 לְשִׁמְךָ עֶלְיוֹן. לְהַגִּיד בַּבֹּקֶר חַסְדֶּךָ, וֶאֱמוּנָתְךָ

23 בַּלֵּילוֹת. עֲלֵי עָשׂוֹר וַעֲלֵי נָבֶל, עֲלֵי הִגָּיוֹן בְּכִנּוֹר. כִּי

24 שִׂמַּחְתַּנִי יהוה בְּפָעֳלֶךָ, בְּמַעֲשֵׂי יָדֶיךָ אֲרַנֵּן. מַה גָּדְלוּ

25 מַעֲשֶׂיךָ יהוה, מְאֹד עָמְקוּ מַחְשְׁבֹתֶיךָ. אִישׁ בַּעַר לֹא

1   יָדַע, וּכְסִיל לֹא יָבִין אֶת זֹאת. בִּפְרֹחַ רְשָׁעִים כְּמוֹ עֵשֶׂב,

2   וַיָּצִיצוּ כָּל פֹּעֲלֵי אָוֶן, לְהִשָּׁמְדָם עֲדֵי עַד. וְאַתָּה מָרוֹם

3   לְעֹלָם יְהוֹה. כִּי הִנֵּה אֹיְבֶיךָ יְהוֹה, כִּי הִנֵּה אֹיְבֶיךָ יֹאבֵדוּ,

4   יִתְפָּרְדוּ כָּל פֹּעֲלֵי אָוֶן. וַתָּרֶם כִּרְאֵים קַרְנִי, בַּלֹּתִי בְּשֶׁמֶן

5   רַעֲנָן. וַתַּבֵּט עֵינִי בְּשׁוּרָי, בַּקָּמִים עָלַי מְרֵעִים, תִּשְׁמַעְנָה

6   אָזְנָי. צַדִּיק כַּתָּמָר יִפְרָח, כְּאֶרֶז בַּלְּבָנוֹן יִשְׂגֶּה. שְׁתוּלִים

7   בְּבֵית יְהוֹה, בְּחַצְרוֹת אֱלֹהֵינוּ יַפְרִיחוּ. ❖ עוֹד יְנוּבוּן

8   בְּשֵׂיבָה, דְּשֵׁנִים וְרַעֲנַנִּים יִהְיוּ. לְהַגִּיד כִּי יָשָׁר יְהוֹה, צוּרִי

9   וְלֹא עַוְלָתָה בּוֹ.

IF THERE IS A *MINYAN,* MOURNERS RECITE קַדִּישׁ יָתוֹם (P. 529).

ON ROSH CHODESH CONTINUE בָּרְכִי נַפְשִׁי (PAGE 89).
ON CHANUKAH SOME CONGREGATIONS RECITE מִזְמוֹר שִׁיר חֲנֻכַּת (PAGE 27).

FROM ROSH CHODESH ELUL THROUGH SHEMINI ATZERES, MANY CONGREGATIONS SAY THIS NOW. OTHERS SAY IT FOLLOWING אֲנָעִים זְמִרוֹת AND עָלֵינוּ.

10   **לְדָוִד,** יְהוֹה אוֹרִי וְיִשְׁעִי, מִמִּי אִירָא, יְהוֹה מָעוֹז חַיַּי, מִמִּי

11   אֶפְחָד. בִּקְרֹב עָלַי מְרֵעִים לֶאֱכֹל אֶת בְּשָׂרִי, צָרַי וְאֹיְבַי

12   לִי, הֵמָּה כָשְׁלוּ וְנָפָלוּ. אִם תַּחֲנֶה עָלַי מַחֲנֶה, לֹא יִירָא לִבִּי, אִם

13   תָּקוּם עָלַי מִלְחָמָה, בְּזֹאת אֲנִי בוֹטֵחַ. אַחַת שָׁאַלְתִּי מֵאֵת יְהוֹה,

14   אוֹתָהּ אֲבַקֵּשׁ, שִׁבְתִּי בְּבֵית יְהוֹה כָּל יְמֵי חַיַּי, לַחֲזוֹת בְּנֹעַם יְהוֹה,

15   וּלְבַקֵּר בְּהֵיכָלוֹ. כִּי יִצְפְּנֵנִי בְּסֻכֹּה בְּיוֹם רָעָה, יַסְתִּירֵנִי בְּסֵתֶר אָהֳלוֹ,

16   בְּצוּר יְרוֹמְמֵנִי. וְעַתָּה יָרוּם רֹאשִׁי עַל אֹיְבַי סְבִיבוֹתַי, וְאֶזְבְּחָה

17   בְאָהֳלוֹ זִבְחֵי תְרוּעָה, אָשִׁירָה וַאֲזַמְּרָה לַיהוֹה. שְׁמַע יְהוֹה קוֹלִי

18   אֶקְרָא, וְחָנֵּנִי וַעֲנֵנִי. לְךָ אָמַר לִבִּי בַּקְּשׁוּ פָנָי, אֶת פָּנֶיךָ יְהוֹה אֲבַקֵּשׁ.

19   אַל תַּסְתֵּר פָּנֶיךָ מִמֶּנִּי, אַל תַּט בְּאַף עַבְדֶּךָ, עֶזְרָתִי הָיִיתָ, אַל תִּטְּשֵׁנִי

20   וְאַל תַּעַזְבֵנִי, אֱלֹהֵי יִשְׁעִי. כִּי אָבִי וְאִמִּי עֲזָבוּנִי, וַיהוֹה יַאַסְפֵנִי. הוֹרֵנִי

21   יְהוֹה דַּרְכֶּךָ, וּנְחֵנִי בְּאֹרַח מִישׁוֹר, לְמַעַן שׁוֹרְרָי. אַל תִּתְּנֵנִי בְּנֶפֶשׁ

22   צָרָי, כִּי קָמוּ בִי עֵדֵי שֶׁקֶר, וִיפֵחַ חָמָס. ❖ לוּלֵא הֶאֱמַנְתִּי לִרְאוֹת בְּטוּב

23   יְהוֹה בְּאֶרֶץ חַיִּים. קַוֵּה אֶל יְהוֹה, חֲזַק וְיַאֲמֵץ לִבֶּךָ, וְקַוֵּה אֶל יְהוֹה.

IF THERE IS A *MINYAN,* MOURNERS RECITE קַדִּישׁ יָתוֹם (P. 529).

❧ הוצאת ספר תורה ❧

Everyone stands until the Torah is placed on the *bimah*.

אַתָּה הָרְאֵתָ לָדַעַת, כִּי יהוה הוּא הָאֱלֹהִים, אֵין עוֹד מִלְבַדּוֹ. אֵין כָּמוֹךָ בָאֱלֹהִים, אֲדֹנָי, וְאֵין כְּמַעֲשֶׂיךָ. מַלְכוּתְךָ מַלְכוּת כָּל עֹלָמִים, וּמֶמְשַׁלְתְּךָ בְּכָל דּוֹר וָדֹר. יהוה מֶלֶךְ, יהוה מָלָךְ, יהוה יִמְלֹךְ לְעֹלָם וָעֶד. יהוה עֹז לְעַמּוֹ יִתֵּן, יהוה יְבָרֵךְ אֶת עַמּוֹ בַשָּׁלוֹם.

אַב הָרַחֲמִים, הֵיטִיבָה בִרְצוֹנְךָ אֶת צִיּוֹן, תִּבְנֶה חוֹמוֹת יְרוּשָׁלָיִם. כִּי בְךָ לְבַד בָּטָחְנוּ, מֶלֶךְ אֵל רָם וְנִשָּׂא, אֲדוֹן עוֹלָמִים.

THE ARK IS OPENED.

Before the Torah is removed the congregation says:

וַיְהִי בִּנְסֹעַ הָאָרֹן וַיֹּאמֶר מֹשֶׁה, קוּמָה יהוה וְיָפֻצוּ אֹיְבֶיךָ וְיָנֻסוּ מְשַׂנְאֶיךָ מִפָּנֶיךָ. כִּי מִצִּיּוֹן תֵּצֵא תוֹרָה, וּדְבַר יהוה מִירוּשָׁלָיִם. בָּרוּךְ שֶׁנָּתַן תּוֹרָה לְעַמּוֹ יִשְׂרָאֵל בִּקְדֻשָּׁתוֹ.

ON THE SABBATH CONTINUE WITH בְּרִיךְ שְׁמֵהּ.

ON FESTIVALS (EXCEPT ON THE SABBATH) AND HOSHANA RABBAH:
The Thirteen Attributes of Mercy [bold type] are said three times.

יהוה, יהוה, אֵל, רַחוּם, וְחַנּוּן, אֶרֶךְ אַפַּיִם, וְרַב חֶסֶד, וֶאֱמֶת, נֹצֵר חֶסֶד לָאֲלָפִים, נֹשֵׂא עָוֹן, וָפֶשַׁע, וְחַטָּאָה, וְנַקֵּה.

In some congregations the following verses are added from the second day
of Rosh Hashanah through Yom Kippur, and on Hoshana Rabbah:

שִׁיר לַמַּעֲלוֹת, אֶשָּׂא עֵינַי אֶל הֶהָרִים, מֵאַיִן יָבֹא עֶזְרִי. עֶזְרִי מֵעִם יהוה, עֹשֵׂה שָׁמַיִם וָאָרֶץ. וְאֹרַח צַדִּיקִים כְּאוֹר נֹגַהּ, הוֹלֵךְ וָאוֹר עַד נְכוֹן הַיּוֹם. וַאֲנִי תְפִלָּתִי לְךָ יהוה עֵת רָצוֹן, אֱלֹהִים בְּרָב חַסְדֶּךָ, עֲנֵנִי בֶּאֱמֶת יִשְׁעֶךָ. הִנֵּה לֹא יָנוּם וְלֹא יִישָׁן, שׁוֹמֵר יִשְׂרָאֵל. הִנֵּה עֵין יהוה אֶל יְרֵאָיו,

לַמְּיַחֲלִים לְחַסְדּוֹ. הוֹד וְהָדָר לְפָנָיו, עֹז וְחֶדְוָה בִּמְקֹמוֹ. כִּי עִמְּךָ הַסְּלִיחָה, לְמַעַן תִּוָּרֵא. רַחוּם וְחַנּוּן יהוה, אֶרֶךְ אַפַּיִם וְרַב חֶסֶד. בְּאוֹר פְּנֵי מֶלֶךְ חַיִּים, וּרְצוֹנוֹ כְּעָב מַלְקוֹשׁ. כִּי אֵל גָּדוֹל יהוה, וּמֶלֶךְ גָּדוֹל עַל כָּל אֱלֹהִים. אַשְׁרֵי הָעָם יוֹדְעֵי תְרוּעָה, יהוה בְּאוֹר פָּנֶיךָ יְהַלֵּכוּן. כַּשֶּׁמֶן הַטּוֹב עַל הָרֹאשׁ, יֹרֵד עַל הַזָּקָן, זְקַן אַהֲרֹן, שֶׁיּוֹרֵד עַל פִּי מִדּוֹתָיו. יְהִי רָצוֹן מִלְּפָנֶיךָ, שֶׁעַל יְדֵי הֶאָרַת תִּקּוּנִים עַתִּיקָא קַדִּישָׁא דְעַתִּיקִין בִּזְעֵיר שֶׁבְּאָרִיךְ יִכְבְּשׁוּ רַחֲמֶיךָ אֶת כַּעַסְךָ, וְיָגֹלּוּ רַחֲמֶיךָ עַל מִדּוֹתֶיךָ, וְתִתְנַהֵג עִמָּנוּ בְּמִדַּת הָרַחֲמִים. וְתִתֶּן לָנוּ חַיִּים אֲרוּכִים וְטוֹבִים בְּעִסְקֵי תוֹרָתֶךָ וְקִיּוּם מִצְוֹתֶיךָ, לַעֲשׂוֹת רְצוֹנְךָ, אָמֵן, כֵּן יְהִי רָצוֹן.

On Festival days of Pesach, Shavuos and Succos continue:

רִבּוֹנוֹ שֶׁל עוֹלָם מַלֵּא מִשְׁאֲלוֹת לִבִּי לְטוֹבָה, וְהָפֵק רְצוֹנִי, וְתֵן שְׁאֵלָתִי, וְזַכֵּה לִי עַבְדְּךָ (your name) בֶּן/בַּת (your mother's name) אֲמָתֶךָ, וְזַכֵּנִי (וְאֶת אִשְׁתִּי/בַּעְלִי, וּבְנִי/וּבָנַי, וּבִתִּי/וּבְנוֹתַי) וְכָל בְּנֵי בֵיתִי לַעֲשׂוֹת רְצוֹנְךָ בְּלֵבָב שָׁלֵם. וּמַלְּטֵנוּ מִיֵּצֶר הָרָע, וְתֵן חֶלְקֵנוּ בְּתוֹרָתֶךָ. וְזַכֵּנִי שֶׁתִּשְׁרֶה שְׁכִינָתְךָ עָלֵינוּ, וְהוֹפַע עָלֵינוּ רוּחַ חָכְמָה וּבִינָה. וְיִתְקַיֵּם בָּנוּ מִקְרָא שֶׁכָּתוּב: וְנָחָה עָלָיו רוּחַ יהוה, רוּחַ חָכְמָה וּבִינָה, רוּחַ עֵצָה וּגְבוּרָה, רוּחַ דַּעַת וְיִרְאַת יהוה. וְכֵן יְהִי רָצוֹן מִלְּפָנֶיךָ, יהוה אֱלֹהֵינוּ וֵאלֹהֵי אֲבוֹתֵינוּ, שֶׁתְּזַכֵּנוּ לַעֲשׂוֹת מַעֲשִׂים טוֹבִים בְּעֵינֶיךָ, וְלָלֶכֶת בְּדַרְכֵי יְשָׁרִים לְפָנֶיךָ, וְקַדְּשֵׁנוּ בְּמִצְוֹתֶיךָ, כְּדֵי שֶׁנִּזְכֶּה לְחַיִּים טוֹבִים וַאֲרוּכִים, לִימוֹת הַמָּשִׁיחַ וּלְחַיֵּי הָעוֹלָם הַבָּא. וְתִשְׁמְרֵנוּ מִמַּעֲשִׂים רָעִים, וּמִשָּׁעוֹת רָעוֹת הַמִּתְרַגְּשׁוֹת לָבֹא לָעוֹלָם. וְהַבּוֹטֵחַ בַּיהוה חֶסֶד יְסוֹבְבֶנְהוּ, אָמֵן.

On Rosh Hashanah and Yom Kippur; and on Hoshana Rabbah continue:

רִבּוֹנוֹ שֶׁל עוֹלָם, מַלֵּא מִשְׁאֲלוֹתַי לְטוֹבָה, וְהָפֵק רְצוֹנִי, וְתֵן שְׁאֵלָתִי, וּמְחוֹל לִי עַל כָּל עֲוֹנוֹתַי, וְעַל כָּל עֲוֹנוֹת אַנְשֵׁי בֵיתִי, מְחִילָה בְּחֶסֶד, מְחִילָה בְּרַחֲמִים, וְטַהֲרֵנִי מֵחֲטָאַי וּמֵעֲוֹנוֹתַי וּמִפְּשָׁעַי. וְזָכְרֵנִי בְּזִכָּרוֹן טוֹב לְפָנֶיךָ, וּפָקְדֵנִי בִּפְקֻדַּת יְשׁוּעָה וְרַחֲמִים, וְזָכְרֵנִי לְחַיִּים אֲרוּכִים, לְחַיִּים טוֹבִים וּלְשָׁלוֹם, וּפַרְנָסָה טוֹבָה וְכַלְכָּלָה, וְלֶחֶם לֶאֱכוֹל, וּבֶגֶד לִלְבּוֹשׁ, וְעֹשֶׁר וְכָבוֹד וַאֲרִיכוּת יָמִים לַהֲגוֹת בְּתוֹרָתֶךָ וּבְמִצְוֹתֶיךָ, וְשֵׂכֶל וּבִינָה לְהָבִין וּלְהַשְׂכִּיל עִמְקֵי סוֹדוֹתֶיךָ. וְהָפֵק רְפוּאָה שְׁלֵמָה לְכָל מַכְאוֹבֵינוּ, וּתְבָרֵךְ אֶת כָּל מַעֲשֵׂה יָדֵינוּ. וְתִגְזוֹר עָלֵינוּ גְּזֵרוֹת טוֹבוֹת יְשׁוּעוֹת וְנֶחָמוֹת. וּתְבַטֵּל מֵעָלֵינוּ כָּל גְּזֵרוֹת קָשׁוֹת וְרָעוֹת, וְתֵן בְּלֵב מַלְכוּת וְיוֹעֲצָיו וְשָׂרָיו עָלֵינוּ לְטוֹבָה. אָמֵן וְכֵן יְהִי רָצוֹן.

יִהְיוּ לְרָצוֹן אִמְרֵי פִי, וְהֶגְיוֹן לִבִּי לְפָנֶיךָ, יהוה צוּרִי וְגוֹאֲלִי.

Say the following verse three times:

וַאֲנִי, תְפִלָּתִי לְךָ יהוה, עֵת רָצוֹן, אֱלֹהִים, בְּרָב חַסְדֶּךָ, עֲנֵנִי בֶּאֱמֶת יִשְׁעֶךָ.

ON ALL DAYS CONTINUE HERE:

בְּרִיךְ שְׁמֵהּ דְּמָרֵא עָלְמָא, בְּרִיךְ כִּתְרָךְ וְאַתְרָךְ.

יְהֵא רְעוּתָךְ עִם עַמָּךְ יִשְׂרָאֵל לְעָלַם,

וּפֻרְקַן יְמִינָךְ אַחֲזֵי לְעַמָּךְ בְּבֵית מַקְדְּשָׁךְ, וּלְאַמְטוֹיֵי לָנָא

מִטּוּב נְהוֹרָךְ, וּלְקַבֵּל צְלוֹתָנָא בְּרַחֲמִין. יְהֵא רַעֲוָא קֳדָמָךְ,

דְּתוֹרִיךְ לָן חַיִּין בְּטִיבוּתָא, וְלֶהֱוֵי אֲנָא פְּקִידָא בְּגוֹ

צַדִּיקַיָּא, לְמִרְחַם עָלַי וּלְמִנְטַר יָתִי וְיָת כָּל דִּי לִי וְדִי לְעַמָּךְ

יִשְׂרָאֵל. אַנְתְּ הוּא זָן לְכְלָּא, וּמְפַרְנֵס לְכְלָּא, אַנְתְּ הוּא

שַׁלִּיט עַל כְּלָּא. אַנְתְּ הוּא דְּשַׁלִּיט עַל מַלְכַיָּא, וּמַלְכוּתָא

דִּילָךְ הִיא. אֲנָא עַבְדָּא דְּקֻדְשָׁא בְּרִיךְ הוּא, דְּסָגִידְנָא קַמֵּהּ

וּמִקַּמָּא דִיקַר אוֹרַיְתֵהּ בְּכָל עִדָּן וְעִדָּן. לָא עַל אֱנָשׁ

רָחִיצְנָא, וְלָא עַל בַּר אֱלָהִין סָמִיכְנָא, אֶלָּא בֵּאלָהָא

דִשְׁמַיָּא, דְּהוּא אֱלָהָא קְשׁוֹט, וְאוֹרַיְתֵהּ קְשׁוֹט, וּנְבִיאוֹהִי

קְשׁוֹט, וּמַסְגֵּא לְמֶעְבַּד טַבְוָן וּקְשׁוֹט. בֵּהּ אֲנָא רָחִיץ,

וְלִשְׁמֵהּ קַדִּישָׁא יַקִּירָא אֲנָא אָמַר תֻּשְׁבְּחָן. יְהֵא רַעֲוָא

קֳדָמָךְ, דְּתִפְתַּח לִבָּאִי בְּאוֹרַיְתָא, (וְתֵיהַב לִי בְּנִין דִּכְרִין

דְּעָבְדִין רְעוּתָךְ) וְתַשְׁלִים מִשְׁאֲלִין דְּלִבָּאִי, וְלִבָּא דְכָל

עַמָּךְ יִשְׂרָאֵל, לְטַב וּלְחַיִּין וְלִשְׁלָם. (אָמֵן.)

The Torah Scroll is removed from the Ark and handed to the *chazzan*.
He takes it in his right arm. The *chazzan* faces the congregation and lifts the Torah.
Then he says *Shema* and the congregation says it after him:

שְׁמַע יִשְׂרָאֵל, יהוה אֱלֹהֵינוּ, יהוה אֶחָד.

The *chazzan* lifts the Torah again, and says this verse. The congregation says it after him.

אֶחָד (הוּא) אֱלֹהֵינוּ, גָּדוֹל אֲדוֹנֵינוּ, קָדוֹשׁ

[וְנוֹרָא] שְׁמוֹ. — on Rosh Hashanah, Yom Kippur, and Hoshana Rabbah

The *chazzan* turns to the Ark, bows, lifts the Torah, and says:

גַּדְּלוּ לַיהוה אִתִּי, וּנְרוֹמְמָה שְׁמוֹ יַחְדָּו.

The chazzan turns to his right and carries the Torah to the *bimah*. Everyone should kiss the Torah as it is carried to the *bimah*. The congregation says:

לְךָ יהוה הַגְּדֻלָּה וְהַגְּבוּרָה וְהַתִּפְאֶרֶת וְהַנֵּצַח וְהַהוֹד, כִּי כֹל בַּשָּׁמַיִם וּבָאֶרֶץ, לְךָ יהוה הַמַּמְלָכָה וְהַמִּתְנַשֵּׂא לְכֹל לְרֹאשׁ. רוֹמְמוּ יהוה אֱלֹהֵינוּ, וְהִשְׁתַּחֲווּ לַהֲדֹם רַגְלָיו, קָדוֹשׁ הוּא. רוֹמְמוּ יהוה אֱלֹהֵינוּ, וְהִשְׁתַּחֲווּ לְהַר קָדְשׁוֹ, כִּי קָדוֹשׁ יהוה אֱלֹהֵינוּ.

עַל הַכֹּל, יִתְגַּדַּל וְיִתְקַדַּשׁ וְיִשְׁתַּבַּח וְיִתְפָּאַר וְיִתְרוֹמַם וְיִתְנַשֵּׂא שְׁמוֹ שֶׁל מֶלֶךְ מַלְכֵי הַמְּלָכִים הַקָּדוֹשׁ בָּרוּךְ הוּא, בָּעוֹלָמוֹת שֶׁבָּרָא, הָעוֹלָם הַזֶּה וְהָעוֹלָם הַבָּא, כִּרְצוֹנוֹ, וְכִרְצוֹן יְרֵאָיו, וְכִרְצוֹן כָּל בֵּית יִשְׂרָאֵל. צוּר הָעוֹלָמִים, אֲדוֹן כָּל הַבְּרִיּוֹת, אֱלוֹהַּ כָּל הַנְּפָשׁוֹת, הַיּוֹשֵׁב בְּמֶרְחֲבֵי מָרוֹם, הַשּׁוֹכֵן בִּשְׁמֵי שְׁמֵי קֶדֶם. קְדֻשָּׁתוֹ עַל הַחַיּוֹת, וּקְדֻשָּׁתוֹ עַל כִּסֵּא הַכָּבוֹד. וּבְכֵן יִתְקַדַּשׁ שִׁמְךָ בָּנוּ יהוה אֱלֹהֵינוּ לְעֵינֵי כָּל חָי. וְנֹאמַר לְפָנָיו שִׁיר חָדָשׁ, כַּכָּתוּב: שִׁירוּ לֵאלֹהִים זַמְּרוּ שְׁמוֹ, סֹלּוּ לָרֹכֵב בָּעֲרָבוֹת בְּיָהּ שְׁמוֹ, וְעִלְזוּ לְפָנָיו. וְנִרְאֵהוּ עַיִן בְּעַיִן בְּשׁוּבוֹ אֶל נָוֵהוּ, כַּכָּתוּב: כִּי עַיִן בְּעַיִן יִרְאוּ בְּשׁוּב יהוה צִיּוֹן. וְנֶאֱמַר: וְנִגְלָה כְּבוֹד יהוה, וְרָאוּ כָל בָּשָׂר יַחְדָּו כִּי פִּי יהוה דִּבֵּר.

אַב הָרַחֲמִים הוּא יְרַחֵם עַם עֲמוּסִים, וְיִזְכֹּר בְּרִית אֵיתָנִים, וְיַצִּיל נַפְשׁוֹתֵינוּ מִן הַשָּׁעוֹת הָרָעוֹת, וְיִגְעַר בְּיֵצֶר הָרָע מִן הַנְּשׂוּאִים, וְיָחֹן אוֹתָנוּ לִפְלֵיטַת עוֹלָמִים, וִימַלֵּא מִשְׁאֲלוֹתֵינוּ בְּמִדָּה טוֹבָה יְשׁוּעָה וְרַחֲמִים.

The *gabbai* says the following to call the first person to the Torah:

1 **וְיַעֲזוֹר** וְיָגֵן וְיוֹשִׁיעַ לְכָל הַחוֹסִים בּוֹ, וְנֹאמַר, אָמֵן. הַכֹּל הָבוּ גֹדֶל לֵאלֹהֵינוּ

2 וּתְנוּ כָבוֹד לַתּוֹרָה, כֹּהֵן° קְרָב, יַעֲמֹד (name) בֶּן (father's name) הַכֹּהֵן.

°If no *Kohen* is present, the *gabbai* says:

3 „אֵין כָּאן כֹּהֵן, יַעֲמֹד (insert name) יִשְׂרָאֵל (לֵוִי) בִּמְקוֹם כֹּהֵן.‟

---

4 בָּרוּךְ שֶׁנָּתַן תּוֹרָה לְעַמּוֹ יִשְׂרָאֵל בִּקְדֻשָּׁתוֹ. (תּוֹרַת יהוה תְּמִימָה מְשִׁיבַת נָפֶשׁ,

5 עֵדוּת יהוה נֶאֱמָנָה מַחְכִּימַת פֶּתִי. פִּקּוּדֵי יהוה יְשָׁרִים מְשַׂמְּחֵי לֵב, מִצְוַת יהוה בָּרָה

6 מְאִירַת עֵינָיִם. יהוה עֹז לְעַמּוֹ יִתֵּן, יהוה יְבָרֵךְ אֶת עַמּוֹ בַשָּׁלוֹם. הָאֵל תָּמִים דַּרְכּוֹ,

7 אִמְרַת יהוה צְרוּפָה, מָגֵן הוּא לְכָל הַחוֹסִים בּוֹ.)

Congregation, then *gabbai:*

8 **וְאַתֶּם הַדְּבֵקִים בַּיהוה אֱלֹהֵיכֶם, חַיִּים כֻּלְּכֶם הַיּוֹם.**

קריאת התורה

The reader shows the *oleh* (person called to the Torah) the place in the Torah. The *oleh* touches the Torah with a corner of his *tallis*, or the belt or mantle of the Torah, and kisses it. He then begins the blessing, bowing at בָּרְכוּ, and straightening up at ה׳.

9 **בָּרְכוּ אֶת יהוה הַמְבֹרָךְ.**

Congregation, followed by *oleh*, responds, bowing at בָּרוּךְ, and straightening up at ה׳.

10 בָּרוּךְ יהוה הַמְבֹרָךְ לְעוֹלָם וָעֶד.

Oleh continues:

11 **בָּרוּךְ** אַתָּה יהוה אֱלֹהֵינוּ מֶלֶךְ הָעוֹלָם, אֲשֶׁר

12 בָּחַר בָּנוּ מִכָּל הָעַמִּים, וְנָתַן לָנוּ אֶת

13 תּוֹרָתוֹ. בָּרוּךְ אַתָּה יהוה, נוֹתֵן הַתּוֹרָה. (Cong.– אָמֵן.)

After his Torah portion has been read, the *oleh* says:

14 **בָּרוּךְ** אַתָּה יהוה אֱלֹהֵינוּ מֶלֶךְ הָעוֹלָם, אֲשֶׁר

15 נָתַן לָנוּ תּוֹרַת אֱמֶת, וְחַיֵּי עוֹלָם נָטַע

16 בְּתוֹכֵנוּ. בָּרוּךְ אַתָּה יהוה, נוֹתֵן הַתּוֹרָה.

(Cong.– אָמֵן.)

ברכת הגומל

The following blessing is said by one who recovered from a serious illness
or survived a dangerous situation:

בָּרוּךְ אַתָּה יהוה אֱלֹהֵינוּ מֶלֶךְ הָעוֹלָם, הַגּוֹמֵל לְחַיָּבִים   1
טוֹבוֹת, שֶׁגְּמָלַנִי כָּל טוֹב.   2

Congregation responds:

אָמֵן. מִי שֶׁגְּמָלְךָ כָּל טוֹב, הוּא יִגְמָלְךָ כָּל טוֹב, סֶלָה.   3

ברוך שפטרני

After a *bar mitzvah* boy completes his first *aliyah*, his father says:

בָּרוּךְ (אַתָּה יהוה אֱלֹהֵינוּ מֶלֶךְ הָעוֹלָם,) שֶׁפְּטָרַנִי מֵעָנְשׁוֹ   4
שֶׁלָּזֶה.   5

מי שברך לעולה לתורה / PRAYER FOR THE OLEH

After each *oleh* says the second blessing, the *gabbai* calls the next *oleh* to the Torah.

Then he blesses the first *oleh*.

מִי שֶׁבֵּרַךְ אֲבוֹתֵינוּ אַבְרָהָם יִצְחָק וְיַעֲקֹב, הוּא יְבָרֵךְ אֶת   6
(name) בֶּן (father's name) בַּעֲבוּר שֶׁעָלָה לִכְבוֹד   7
הַמָּקוֹם, [וְ]לִכְבוֹד הַתּוֹרָה,   8
on the Sabbath – [וְ]לִכְבוֹד הַשַּׁבָּת,/on Festivals – וְלִכְבוֹד הָרֶגֶל.   9
בִּשְׂכַר זֶה, הַקָּדוֹשׁ בָּרוּךְ הוּא יִשְׁמְרֵהוּ וְיַצִּילֵהוּ מִכָּל צָרָה וְצוּקָה,   10
וּמִכָּל נֶגַע וּמַחֲלָה, וְיִשְׁלַח בְּרָכָה וְהַצְלָחָה בְּכָל מַעֲשֵׂה יָדָיו,   11
on Festivals – [וְיִזְכֶּה לַעֲלוֹת לָרֶגֶל,] עִם כָּל יִשְׂרָאֵל אֶחָיו. וְנֹאמַר: 12
Cong.– (אָמֵן.)   13

מי שברך לאחרים / PRAYER FOR OTHERS

מִי שֶׁבֵּרַךְ אֲבוֹתֵינוּ אַבְרָהָם יִצְחָק וְיַעֲקֹב, הוּא יְבָרֵךְ אֶת   14
(names of the people being blessed) בַּעֲבוּר שֶׁ (name of *oleh*)   15
יִתֵּן לִצְדָקָה בַּעֲבוּרָם. בִּשְׂכַר זֶה, הַקָּדוֹשׁ בָּרוּךְ הוּא יִשְׁמְרֵם וְיַצִּילֵם   16
מִכָּל צָרָה וְצוּקָה, וּמִכָּל נֶגַע וּמַחֲלָה, וְיִשְׁלַח בְּרָכָה וְהַצְלָחָה בְּכָל   17
מַעֲשֵׂה יְדֵיהֶם, [וְיִזְכּוּ לַעֲלוֹת לָרֶגֶל – on Festivals] עִם כָּל יִשְׂרָאֵל   18
אֲחֵיהֶם. וְנֹאמַר: אָמֵן. (אָמֵן.–Cong.)   19

מי שברך ליולדת (וקריאת שם)

The bracketed passage is said when a girl baby is being given her name.

מִי שֶׁבֵּרַךְ אֲבוֹתֵינוּ אַבְרָהָם יִצְחָק וְיַעֲקֹב, הוּא יְבָרֵךְ אֶת הָאִשָּׁה
הַיּוֹלֶדֶת (new mother's name) בַּת (her father's name)

FOR A GIRL:	FOR A BOY:
וְאֶת בִּתָּהּ הַנּוֹלְדָה לָהּ בְּמַזָּל	וְאֶת בְּנָהּ הַנּוֹלָד לָהּ בְּמַזָּל טוֹב,
טוֹב, [וְיִקָּרֵא שְׁמָהּ בְּיִשְׂרָאֵל	בַּעֲבוּר שֶׁבַּעְלָהּ וְאָבִיו יִתֵּן
(baby's name) בַּת (baby's father's name)]	לִצְדָקָה. בִּשְׂכַר זֶה, יְגַדְּלוּ לְתוֹרָה
בַּעֲבוּר שֶׁבַּעְלָהּ וְאָבִיהָ יִתֵּן	לְחֻפָּה וּלְמַעֲשִׂים טוֹבִים. (וְיַכְנִיסוּ
לִצְדָקָה. בִּשְׂכַר זֶה יְגַדְּלָהּ	בִּבְרִיתוֹ שֶׁל אַבְרָהָם אָבִינוּ
(לְתוֹרָה) לְחֻפָּה וּלְמַעֲשִׂים	בִּזְמַנּוֹ.) וְנֹאמַר: אָמֵן.
טוֹבִים. וְנֹאמַר: אָמֵן. (.Cong—)	אָמֵן. (.Cong—)

מי שברך לחולה / PRAYER FOR A SICK PERSON

מִי שֶׁבֵּרַךְ אֲבוֹתֵינוּ אַבְרָהָם יִצְחָק וְיַעֲקֹב, מֹשֶׁה אַהֲרֹן דָּוִד
וּשְׁלֹמֹה,

FOR A WOMAN:	FOR A MAN:
הוּא יְבָרֵךְ וִירַפֵּא אֶת הַחוֹלָה	הוּא יְבָרֵךְ וִירַפֵּא אֶת הַחוֹלֶה
(patient's name) בַּת (patient's mother's name)	(patient's name) בֶּן (patient's mother's name)
שֶׁ (person requesting the prayer) בַּעֲבוּר	שֶׁ (person requesting the prayer) בַּעֲבוּר
יִתֵּן לִצְדָקָה בַּעֲבוּרָהּ.° בִּשְׂכַר זֶה,	יִתֵּן לִצְדָקָה בַּעֲבוּרוֹ.° בִּשְׂכַר זֶה,
הַקָּדוֹשׁ בָּרוּךְ הוּא יִמָּלֵא רַחֲמִים	הַקָּדוֹשׁ בָּרוּךְ הוּא יִמָּלֵא רַחֲמִים
עָלֶיהָ, לְהַחֲלִימָהּ וּלְרַפֹּאתָהּ	עָלָיו, לְהַחֲלִימוֹ וּלְרַפֹּאתוֹ
וּלְהַחֲזִיקָהּ וּלְהַחֲיוֹתָהּ, וְיִשְׁלַח לָהּ	וּלְהַחֲזִיקוֹ וּלְהַחֲיוֹתוֹ, וְיִשְׁלַח לוֹ
מְהֵרָה רְפוּאָה שְׁלֵמָה מִן הַשָּׁמַיִם,	מְהֵרָה רְפוּאָה שְׁלֵמָה מִן הַשָּׁמַיִם,
לְרַמַ"ח אֲבָרֶיהָ, לְכָל אֲבָרֶיהָ, וּלְכָל גִּידֶיהָ,	וּשְׁסָ"ה גִּידָיו, לְכָל אֲבָרָיו, וּלְכָל גִּידָיו,

בְּתוֹךְ שְׁאָר חוֹלֵי יִשְׂרָאֵל, רְפוּאַת הַנֶּפֶשׁ, וּרְפוּאַת הַגּוּף,
[on the Sabbath— שַׁבָּת הִיא מִלִּזְעֹק, וּרְפוּאָה קְרוֹבָה לָבֹא,]
[on a Festival— יוֹם טוֹב הוּא מִלִּזְעֹק, וּרְפוּאָה קְרוֹבָה לָבֹא,]
הַשְׁתָּא, בַּעֲגָלָא וּבִזְמַן קָרִיב. וְנֹאמַר: אָמֵן. (.Cong—)

°Many congregations substitute:
בַּעֲבוּר שֶׁכָּל הַקָּהָל מִתְפַּלְלִים בַּעֲבוּרוֹ (בַּעֲבוּרָהּ)

After the Torah reading, the reader (or a mourner) says חֲצִי קַדִּישׁ:

1 **יִתְגַּדַּל** וְיִתְקַדַּשׁ שְׁמֵהּ רַבָּא. (.Cong – אָמֵן) בְּעָלְמָא דִּי בְרָא כִרְעוּתֵהּ,

2 וְיַמְלִיךְ מַלְכוּתֵהּ, וְיַצְמַח פֻּרְקָנֵהּ וִיקָרֵב מְשִׁיחֵהּ. (.Cong – אָמֵן.)

3 בְּחַיֵּיכוֹן וּבְיוֹמֵיכוֹן וּבְחַיֵּי דְכָל בֵּית יִשְׂרָאֵל, בַּעֲגָלָא וּבִזְמַן קָרִיב,

4 וְאִמְרוּ: אָמֵן.

5 (.Cong – אָמֵן. יְהֵא שְׁמֵהּ רַבָּא מְבָרַךְ לְעָלַם וּלְעָלְמֵי עָלְמַיָּא.)

6 יְהֵא שְׁמֵהּ רַבָּא מְבָרַךְ לְעָלַם וּלְעָלְמֵי עָלְמַיָּא.

7 יִתְבָּרַךְ וְיִשְׁתַּבַּח וְיִתְפָּאַר וְיִתְרוֹמַם וְיִתְנַשֵּׂא וְיִתְהַדָּר וְיִתְעַלֶּה

8 וְיִתְהַלָּל שְׁמֵהּ דְּקֻדְשָׁא בְּרִיךְ הוּא — (.Cong – בְּרִיךְ הוּא) °לְעֵלָּא מִן כָּל

9 (from Rosh Hashanah to Yom Kippur – °לְעֵלָּא [וּ]לְעֵלָּא מִכָּל) בִּרְכָתָא וְשִׁירָתָא

10 תֻּשְׁבְּחָתָא וְנֶחֱמָתָא, דַּאֲמִירָן בְּעָלְמָא. וְאִמְרוּ: אָמֵן. (.Cong – אָמֵן)

הגבהה וגלילה

The Torah Scroll is opened and raised for all to see.
Each person looks at the Torah and says aloud:

11 [יהוה אֱלֹהֵינוּ אֱמֶת, מֹשֶׁה אֱמֶת, וְתֹרָתוֹ אֱמֶת]

12 וְזֹאת הַתּוֹרָה אֲשֶׁר שָׂם מֹשֶׁה לִפְנֵי בְּנֵי יִשְׂרָאֵל,

13 עַל פִּי יהוה בְּיַד מֹשֶׁה.

Some add:

14 **עֵץ חַיִּים** הִיא לַמַּחֲזִיקִים בָּהּ, וְתֹמְכֶיהָ מְאֻשָּׁר. דְּרָכֶיהָ דַרְכֵי נֹעַם, וְכָל

15 נְתִיבוֹתֶיהָ שָׁלוֹם. אֹרֶךְ יָמִים בִּימִינָהּ, בִּשְׂמֹאלָהּ עֹשֶׁר וְכָבוֹד.

16 יהוה חָפֵץ לְמַעַן צִדְקוֹ, יַגְדִּיל תּוֹרָה וְיַאְדִּיר.

ברכה קודם ההפטרה

After the Torah scroll has been wound, tied and covered,
the *oleh* for *Maftir* says the *Haftarah* blessings.

17 **בָּרוּךְ** אַתָּה יהוה אֱלֹהֵינוּ מֶלֶךְ הָעוֹלָם, אֲשֶׁר בָּחַר

18 בִּנְבִיאִים טוֹבִים, וְרָצָה בְדִבְרֵיהֶם הַנֶּאֱמָרִים בֶּאֱמֶת,

19 בָּרוּךְ אַתָּה יהוה, הַבּוֹחֵר בַּתּוֹרָה וּבְמֹשֶׁה עַבְדּוֹ, וּבְיִשְׂרָאֵל

20 עַמּוֹ, וּבִנְבִיאֵי הָאֱמֶת וָצֶדֶק: (.Cong– אָמֵן.)

ברכות לאחר ההפטרה

After the *Haftarah* is read, the *oleh* says the following blessings:

21 **בָּרוּךְ** אַתָּה יהוה אֱלֹהֵינוּ מֶלֶךְ הָעוֹלָם, צוּר כָּל הָעוֹלָמִים,

22 צַדִּיק בְּכָל הַדּוֹרוֹת, הָאֵל הַנֶּאֱמָן הָאוֹמֵר וְעֹשֶׂה,

הַמְדַבֵּר וּמְקַיֵּם, שֶׁכָּל דְּבָרָיו אֱמֶת וָצֶדֶק. נֶאֱמָן אַתָּה הוּא יהוה

אֱלֹהֵינוּ, וְנֶאֱמָנִים דְּבָרֶיךָ, וְדָבָר אֶחָד מִדְּבָרֶיךָ אָחוֹר לֹא

יָשׁוּב רֵיקָם, כִּי אֵל מֶלֶךְ נֶאֱמָן (וְרַחֲמָן) אָתָּה. בָּרוּךְ אַתָּה

יהוה, הָאֵל הַנֶּאֱמָן בְּכָל דְּבָרָיו. (אָמֵן – .Cong)

5 **רַחֵם** עַל צִיּוֹן כִּי הִיא בֵּית חַיֵּינוּ, וְלַעֲלוּבַת נֶפֶשׁ תּוֹשִׁיעַ

6 בִּמְהֵרָה בְיָמֵינוּ. בָּרוּךְ אַתָּה יהוה, מְשַׂמֵּחַ צִיּוֹן

7 בְּבָנֶיהָ. (אָמֵן – .Cong)

8 **שַׂמְּחֵנוּ** יהוה אֱלֹהֵינוּ בְּאֵלִיָּהוּ הַנָּבִיא עַבְדֶּךָ, וּבְמַלְכוּת

9 בֵּית דָּוִד מְשִׁיחֶךָ, בִּמְהֵרָה יָבֹא וְיָגֵל לִבֵּנוּ, עַל

10 כִּסְאוֹ לֹא יֵשֶׁב זָר וְלֹא יִנְחֲלוּ עוֹד אֲחֵרִים אֶת כְּבוֹדוֹ, כִּי בְשֵׁם

11 קָדְשְׁךָ נִשְׁבַּעְתָּ לּוֹ, שֶׁלֹּא יִכְבֶּה נֵרוֹ לְעוֹלָם וָעֶד. בָּרוּךְ אַתָּה

12 יהוה, מָגֵן דָּוִד. (אָמֵן – .Cong)

ON A REGULAR SABBATH AND THE SABBATH OF CHOL HAMOED PESACH:

13 **עַל** הַתּוֹרָה, וְעַל הָעֲבוֹדָה, וְעַל הַנְּבִיאִים, וְעַל יוֹם הַשַּׁבָּת

14 הַזֶּה, שֶׁנָּתַתָּ לָּנוּ יהוה אֱלֹהֵינוּ, לִקְדֻשָּׁה וְלִמְנוּחָה,

15 לְכָבוֹד וּלְתִפְאָרֶת. עַל הַכֹּל יהוה אֱלֹהֵינוּ, אֲנַחְנוּ מוֹדִים לָךְ,

16 וּמְבָרְכִים אוֹתָךְ, יִתְבָּרַךְ שִׁמְךָ בְּפִי כָּל חַי תָּמִיד לְעוֹלָם וָעֶד.

17 בָּרוּךְ אַתָּה יהוה, מְקַדֵּשׁ הַשַּׁבָּת. (אָמֵן – .Cong)

ON A FESTIVAL AND THE SABBATH OF CHOL HAMOED SUCCOS:
[On the Sabbath add the words in brackets.]

18 עַל הַתּוֹרָה, וְעַל הָעֲבוֹדָה, וְעַל הַנְּבִיאִים, וְעַל יוֹם [הַשַּׁבָּת הַזֶּה וְעַל יוֹם]

On Shemini Atzeres/Simchas Torah:	On Succos:	On Shavuos:	On Pesach:
19 שְׁמִינִי עֲצֶרֶת הַחַג	חַג הַסֻּכּוֹת	חַג הַשָּׁבֻעוֹת	חַג הַמַּצּוֹת

20 הַזֶּה, שֶׁנָּתַתָּ לָּנוּ יהוה אֱלֹהֵינוּ, [לִקְדֻשָּׁה וְלִמְנוּחָה] לְשָׂשׂוֹן וּלְשִׂמְחָה,

21 לְכָבוֹד וּלְתִפְאָרֶת. עַל הַכֹּל, יהוה אֱלֹהֵינוּ, אֲנַחְנוּ מוֹדִים לָךְ,

22 וּמְבָרְכִים אוֹתָךְ, יִתְבָּרַךְ שִׁמְךָ בְּפִי כָּל חַי תָּמִיד לְעוֹלָם וָעֶד. בָּרוּךְ

23 אַתָּה יהוה, מְקַדֵּשׁ [הַשַּׁבָּת וְ]יִשְׂרָאֵל וְהַזְּמַנִּים. (אָמֵן – .Cong)

ON THE SABBATH (EVEN IF IT IS A FESTIVAL) CONTINUE WITH *YEKUM PURKAN*.
ON WEEKDAY FESTIVALS (EXCEPT WHEN *YIZKOR* OR *TAL* IS SAID)
THE SERVICE CONTINUES WITH *KAH KEILI* (P. 378).

1   **יְקוּם פֻּרְקָן** מִן שְׁמַיָּא, חִנָּא וְחִסְדָּא וְרַחֲמֵי, וְחַיֵּי אֲרִיכֵי,

2   וּמְזוֹנֵי רְוִיחֵי, וְסִיַּעְתָּא דִשְׁמַיָּא, וּבַרְיוּת

3   גוּפָא, וּנְהוֹרָא מַעַלְיָא, זַרְעָא חַיָּא וְקַיָּמָא, זַרְעָא דִּי לָא

4   יִפְסוֹק וְדִי לָא יִבְטוֹל מִפִּתְגָּמֵי אוֹרַיְתָא. לְמָרָנָן וְרַבָּנָן

5   חֲבוּרָתָא קַדִּישָׁתָא דִּי בְּאַרְעָא דְיִשְׂרָאֵל וְדִי בְּבָבֶל, לְרֵישֵׁי

6   כַלֵּי, וּלְרֵישֵׁי גַלְוָתָא, וּלְרֵישֵׁי מְתִיבָתָא, וּלְדַיָּנֵי דִי בָבָא, לְכָל

7   תַּלְמִידֵיהוֹן, וּלְכָל תַּלְמִידֵי תַלְמִידֵיהוֹן, וּלְכָל מָן דְּעָסְקִין

8   בְּאוֹרַיְתָא. מַלְכָּא דְעָלְמָא יְבָרֵךְ יַתְהוֹן, יַפִּישׁ חַיֵּיהוֹן, וְיַסְגֵּא

9   יוֹמֵיהוֹן, וְיִתֵּן אַרְכָה לִשְׁנֵיהוֹן, וְיִתְפָּרְקוּן וְיִשְׁתֵּזְבוּן מִן כָּל

10   עָקָא וּמִן כָּל מַרְעִין בִּישִׁין. מָרָן דִּי בִשְׁמַיָּא יְהֵא בְּסַעְדְּהוֹן,

11   כָּל זְמַן וְעִדָּן. וְנֹאמַר: אָמֵן.   Cong.—   (אָמֵן.)

One who is praying without a *minyan* skips the next two paragraphs.

12   **יְקוּם פֻּרְקָן** מִן שְׁמַיָּא, חִנָּא וְחִסְדָּא וְרַחֲמֵי, וְחַיֵּי אֲרִיכֵי,

13   וּמְזוֹנֵי רְוִיחֵי, וְסִיַּעְתָּא דִשְׁמַיָּא, וּבַרְיוּת

14   גוּפָא, וּנְהוֹרָא מַעַלְיָא, זַרְעָא חַיָּא וְקַיָּמָא, זַרְעָא דִּי לָא

15   יִפְסוֹק וְדִי לָא יִבְטוֹל מִפִּתְגָּמֵי אוֹרַיְתָא. לְכָל קְהָלָא קַדִּישָׁא

16   הָדֵין, רַבְרְבַיָּא עִם זְעֵרַיָּא, טַפְלָא וּנְשַׁיָּא, מַלְכָּא דְעָלְמָא

17   יְבָרֵךְ יַתְכוֹן, יַפִּישׁ חַיֵּיכוֹן, וְיַסְגֵּא יוֹמֵיכוֹן, וְיִתֵּן אַרְכָה

18   לִשְׁנֵיכוֹן, וְתִתְפָּרְקוּן וְתִשְׁתֵּזְבוּן מִן כָּל עָקָא וּמִן כָּל מַרְעִין

19   בִּישִׁין, מָרָן דִּי בִשְׁמַיָּא יְהֵא בְּסַעְדְּכוֹן, כָּל זְמַן וְעִדָּן. וְנֹאמַר:

20   אָמֵן.   Cong.—   (אָמֵן.)

21   **מִי שֶׁבֵּרַךְ** אֲבוֹתֵינוּ אַבְרָהָם יִצְחָק וְיַעֲקֹב, הוּא יְבָרֵךְ

22   אֶת כָּל הַקָּהָל הַקָּדוֹשׁ הַזֶּה, עִם כָּל קְהִלּוֹת

23   הַקֹּדֶשׁ, הֵם, וּנְשֵׁיהֶם, וּבְנֵיהֶם, וּבְנוֹתֵיהֶם, וְכָל אֲשֶׁר לָהֶם.

1 וּמִי שֶׁמְּיַחֲדִים בָּתֵּי כְנֵסִיּוֹת לִתְפִלָּה, וּמִי שֶׁבָּאִים בְּתוֹכָם

2 לְהִתְפַּלֵּל, וּמִי שֶׁנּוֹתְנִים נֵר לַמָּאוֹר, וְיַיִן לְקִדּוּשׁ וּלְהַבְדָּלָה,

3 וּפַת לָאוֹרְחִים, וּצְדָקָה לָעֲנִיִּים, וְכָל מִי שֶׁעוֹסְקִים בְּצָרְכֵי

4 צִבּוּר בֶּאֱמוּנָה, הַקָּדוֹשׁ בָּרוּךְ הוּא יְשַׁלֵּם שְׂכָרָם, וְיָסִיר מֵהֶם

5 כָּל מַחֲלָה, וְיִרְפָּא לְכָל גּוּפָם, וְיִסְלַח לְכָל עֲוֹנָם, וְיִשְׁלַח

6 בְּרָכָה וְהַצְלָחָה בְּכָל מַעֲשֵׂה יְדֵיהֶם, עִם כָּל יִשְׂרָאֵל אֲחֵיהֶם.

7 וְנֹאמַר: אָמֵן. (‏Cong.‎— אָמֵן.)

YIZKOR (P. 375) IS SAID ON THE FINAL DAY OF PESACH AND SHAVUOS,
ON YOM KIPPUR AND ON SHEMINI ATZERES.

ﬡ ברכת החודש ﬡ

On the Sabbath before Rosh Chodesh, say the special blessing for a new month.
It is not said on the Sabbath before Rosh Hashanah.

The congregation stands and says יְהִי רָצוֹן. Then the *chazzan* repeats it.

8 **יְהִי רָצוֹן** מִלְּפָנֶיךָ, יהוה אֱלֹהֵינוּ וֵאלֹהֵי

9 אֲבוֹתֵינוּ, שֶׁתְּחַדֵּשׁ עָלֵינוּ אֶת

10 הַחֹדֶשׁ הַזֶּה לְטוֹבָה וְלִבְרָכָה. וְתִתֶּן לָנוּ חַיִּים

11 אֲרוּכִים, חַיִּים שֶׁל שָׁלוֹם, חַיִּים שֶׁל טוֹבָה, חַיִּים

12 שֶׁל בְּרָכָה, חַיִּים שֶׁל פַּרְנָסָה, חַיִּים שֶׁל חִלּוּץ

13 עֲצָמוֹת, חַיִּים שֶׁיֵּשׁ בָּהֶם יִרְאַת שָׁמַיִם וְיִרְאַת

14 חֵטְא, חַיִּים שֶׁאֵין בָּהֶם בּוּשָׁה וּכְלִמָּה, חַיִּים

15 שֶׁל עֹשֶׁר וְכָבוֹד, חַיִּים שֶׁתְּהֵא בָנוּ אַהֲבַת

16 תּוֹרָה וְיִרְאַת שָׁמַיִם, חַיִּים שֶׁיִּמָּלֵא יהוה

17 מִשְׁאֲלוֹת לִבֵּנוּ לְטוֹבָה. (בִּזְכוּת תְּפִלַּת רַב/רַבִּים)

18 אָמֵן, סֶלָה.

THE MOLAD IS ANNOUNCED AT THIS POINT.

The congregation recites מִי שֶׁעָשָׂה.
Then the *chazzan* takes the Torah Scroll and says it:

1   **מִי שֶׁעָשָׂה** נִסִּים לַאֲבוֹתֵינוּ, וְגָאַל אוֹתָם

2   מֵעַבְדוּת לְחֵרוּת, הוּא יִגְאַל

3   אוֹתָנוּ בְּקָרוֹב, וִיקַבֵּץ נִדְחֵינוּ מֵאַרְבַּע כַּנְפוֹת

4   הָאָרֶץ, חֲבֵרִים כָּל יִשְׂרָאֵל. וְנֹאמַר: אָמֵן.

Chazzan, then congregation:

5   (day of the week) רֹאשׁ חֹדֶשׁ יִהְיֶה בְּיוֹם (name of month)

6   הַבָּא עָלֵינוּ וְעַל כָּל יִשְׂרָאֵל לְטוֹבָה.

If Rosh Chodesh is one day, insert the Hebrew name of the day:
For Sunday, say רִאשׁוֹן; Monday, שֵׁנִי; Tuesday, שְׁלִישִׁי; Wednesday, רְבִיעִי;
Thursday, חֲמִישִׁי; Friday, שִׁשִּׁי; Saturday, שַׁבַּת קֹדֶשׁ.

If Rosh Chodesh is two days, say the following:
For Sunday and Monday, בְּיוֹם רִאשׁוֹן וּבְיוֹם שֵׁנִי; Monday and Tuesday, בְּיוֹם שֵׁנִי וּבְיוֹם שְׁלִישִׁי;
Tuesday and Wednesday, בְּיוֹם שְׁלִישִׁי וּבְיוֹם רְבִיעִי; Wednesday and Thursday, בְּיוֹם רְבִיעִי
וּבְיוֹם חֲמִישִׁי; Thursday and Friday, בְּיוֹם חֲמִישִׁי וּבְיוֹם שִׁשִּׁי; Friday and Sabbath, בְּיוֹם שִׁשִּׁי וּבְיוֹם
שַׁבַּת קֹדֶשׁ; Sabbath and Sunday, בְּיוֹם שַׁבַּת קֹדֶשׁ וּלְמָחֳרָתוֹ בְּיוֹם רִאשׁוֹן.

Congregation, then *chazzan*:
During the *chazzan's* recitation, congregation responds *Amen* as indicated.

7   **יְחַדְּשֵׁהוּ** הַקָּדוֹשׁ בָּרוּךְ הוּא עָלֵינוּ וְעַל כָּל

8   עַמּוֹ בֵּית יִשְׂרָאֵל, לְטוֹבָה וְלִבְרָכָה

9   (אָמֵן), לְשָׂשׂוֹן וּלְשִׂמְחָה (אָמֵן), לִישׁוּעָה

10   וּלְנֶחָמָה (אָמֵן), לְפַרְנָסָה טוֹבָה וּלְכַלְכָּלָה (אָמֵן),

11   לְחַיִּים טוֹבִים וּלְשָׁלוֹם (אָמֵן), לִשְׁמוּעוֹת טוֹבוֹת

12   (אָמֵן), וְלִבְשׂוֹרוֹת טוֹבוֹת (אָמֵן), וְלִגְשָׁמִים בְּעִתָּם

13   (אָמֵן), וְלִרְפוּאָה שְׁלֵמָה (אָמֵן), וְלִגְאֻלָּה קְרוֹבָה,

14   וְנֹאמַר: אָמֵן.

There are times when אַב הָרַחֲמִים is not said.
Each congregation should follow its custom.

1   **אַב הָרַחֲמִים,** שׁוֹכֵן מְרוֹמִים, בְּרַחֲמָיו הָעֲצוּמִים הוּא

2   יִפְקוֹד בְּרַחֲמִים, הַחֲסִידִים וְהַיְשָׁרִים

3   וְהַתְּמִימִים, קְהִלּוֹת הַקֹּדֶשׁ שֶׁמָּסְרוּ נַפְשָׁם עַל קְדֻשַּׁת הַשֵּׁם,

4   הַנֶּאֱהָבִים וְהַנְּעִימִים בְּחַיֵּיהֶם, וּבְמוֹתָם לֹא נִפְרָדוּ. מִנְּשָׁרִים

5   קַלּוּ, וּמֵאֲרָיוֹת גָּבֵרוּ, לַעֲשׂוֹת רְצוֹן קוֹנָם וְחֵפֶץ צוּרָם. יִזְכְּרֵם

6   אֱלֹהֵינוּ לְטוֹבָה, עִם שְׁאָר צַדִּיקֵי עוֹלָם, וְיִנְקוֹם לְעֵינֵינוּ

7   נִקְמַת דַּם עֲבָדָיו הַשָּׁפוּךְ, כַּכָּתוּב בְּתוֹרַת מֹשֶׁה אִישׁ

8   הָאֱלֹהִים: הַרְנִינוּ גוֹיִם עַמּוֹ כִּי דַם עֲבָדָיו יִקּוֹם, וְנָקָם יָשִׁיב

9   לְצָרָיו, וְכִפֶּר אַדְמָתוֹ עַמּוֹ. וְעַל יְדֵי עֲבָדֶיךָ הַנְּבִיאִים כָּתוּב

10   לֵאמֹר: וְנִקֵּיתִי דָּמָם לֹא נִקֵּיתִי, וַיהוה שֹׁכֵן בְּצִיּוֹן. וּבְכִתְבֵי

11   הַקֹּדֶשׁ נֶאֱמַר: לָמָּה יֹאמְרוּ הַגּוֹיִם, אַיֵּה אֱלֹהֵיהֶם, יִוָּדַע בַּגּוֹיִם

12   לְעֵינֵינוּ, נִקְמַת דַּם עֲבָדֶיךָ הַשָּׁפוּךְ. וְאוֹמֵר: כִּי דֹרֵשׁ דָּמִים

13   אוֹתָם זָכָר, לֹא שָׁכַח צַעֲקַת עֲנָוִים. וְאוֹמֵר: יָדִין בַּגּוֹיִם מָלֵא

14   גְוִיּוֹת, מָחַץ רֹאשׁ עַל אֶרֶץ רַבָּה. מִנַּחַל בַּדֶּרֶךְ יִשְׁתֶּה, עַל כֵּן

15   יָרִים רֹאשׁ.

On all Sabbaths and Festivals, continue here.

16   **אַשְׁרֵי** יוֹשְׁבֵי בֵיתֶךָ, עוֹד יְהַלְלוּךָ סֶּלָה.

17   אַשְׁרֵי הָעָם שֶׁכָּכָה לּוֹ,

18   אַשְׁרֵי הָעָם שֶׁיהוה אֱלֹהָיו.

19   תְּהִלָּה לְדָוִד,

20   **אֲ**רוֹמִמְךָ אֱלוֹהַי הַמֶּלֶךְ, וַאֲבָרְכָה שִׁמְךָ לְעוֹלָם וָעֶד.

21   **בְּ**כָל יוֹם אֲבָרְכֶךָּ, וַאֲהַלְלָה שִׁמְךָ לְעוֹלָם וָעֶד.

22   **גָּ**דוֹל יהוה וּמְהֻלָּל מְאֹד, וְלִגְדֻלָּתוֹ אֵין חֵקֶר.

23   **דּ**וֹר לְדוֹר יְשַׁבַּח מַעֲשֶׂיךָ, וּגְבוּרֹתֶיךָ יַגִּידוּ.

1   הֲדַר כְּבוֹד הוֹדֶךָ, וְדִבְרֵי נִפְלְאֹתֶיךָ אָשִׂיחָה.

2   וֶעֱזוּז נוֹרְאוֹתֶיךָ יֹאמֵרוּ, וּגְדוּלָּתְךָ אֲסַפְּרֶנָּה.

3   זֵכֶר רַב טוּבְךָ יַבִּיעוּ, וְצִדְקָתְךָ יְרַנֵּנוּ.

4   חַנּוּן וְרַחוּם יהוה, אֶרֶךְ אַפַּיִם וּגְדָל חָסֶד.

5   טוֹב יהוה לַכֹּל, וְרַחֲמָיו עַל כָּל מַעֲשָׂיו.

6   יוֹדוּךָ יהוה כָּל מַעֲשֶׂיךָ, וַחֲסִידֶיךָ יְבָרְכוּכָה.

7   כְּבוֹד מַלְכוּתְךָ יֹאמֵרוּ, וּגְבוּרָתְךָ יְדַבֵּרוּ.

8   לְהוֹדִיעַ לִבְנֵי הָאָדָם גְּבוּרֹתָיו, וּכְבוֹד הֲדַר מַלְכוּתוֹ.

9   מַלְכוּתְךָ מַלְכוּת כָּל עֹלָמִים,

10   וּמֶמְשַׁלְתְּךָ בְּכָל דּוֹר וָדֹר.

11   סוֹמֵךְ יהוה לְכָל הַנֹּפְלִים, וְזוֹקֵף לְכָל הַכְּפוּפִים.

12   עֵינֵי כֹל אֵלֶיךָ יְשַׂבֵּרוּ,

13   וְאַתָּה נוֹתֵן לָהֶם אֶת אָכְלָם בְּעִתּוֹ.

When you say the verse פּוֹתֵחַ, think about its meaning.

14   פּוֹתֵחַ אֶת יָדֶךָ, וּמַשְׂבִּיעַ לְכָל חַי רָצוֹן.

15   צַדִּיק יהוה בְּכָל דְּרָכָיו, וְחָסִיד בְּכָל מַעֲשָׂיו.

16   קָרוֹב יהוה לְכָל קֹרְאָיו, לְכֹל אֲשֶׁר יִקְרָאֻהוּ בֶאֱמֶת.

17   רְצוֹן יְרֵאָיו יַעֲשֶׂה, וְאֶת שַׁוְעָתָם יִשְׁמַע וְיוֹשִׁיעֵם.

18   שׁוֹמֵר יהוה אֶת כָּל אֹהֲבָיו,

19   וְאֵת כָּל הָרְשָׁעִים יַשְׁמִיד.

20   ❖ תְּהִלַּת יהוה יְדַבֶּר פִּי,

21   וִיבָרֵךְ כָּל בָּשָׂר שֵׁם קָדְשׁוֹ לְעוֹלָם וָעֶד.

22   וַאֲנַחְנוּ נְבָרֵךְ יָהּ, מֵעַתָּה וְעַד עוֹלָם, הַלְלוּיָהּ.

הכנסת ספר תורה

The *chazzan* takes the Torah in his right arm and says aloud:

יְהַלְלוּ אֶת שֵׁם יהוה, כִּי נִשְׂגָּב שְׁמוֹ לְבַדּוֹ.

Congregation responds:

הוֹדוֹ עַל אֶרֶץ וְשָׁמָיִם. וַיָּרֶם קֶרֶן לְעַמּוֹ, תְּהִלָּה לְכָל חֲסִידָיו,
לִבְנֵי יִשְׂרָאֵל עַם קְרֹבוֹ, הַלְלוּיָהּ.

As the Torah is carried to the Ark, say:

ON A WEEKDAY:	ON THE SABBATH:
לְדָוִד מִזְמוֹר, לַיהוה הָאָרֶץ	**מִזְמוֹר** לְדָוִד, הָבוּ לַיהוה
וּמְלוֹאָהּ, תֵּבֵל וְיֹשְׁבֵי	בְּנֵי אֵלִים, הָבוּ
בָהּ. כִּי הוּא עַל יַמִּים יְסָדָהּ,	לַיהוה כָּבוֹד וָעֹז. הָבוּ לַיהוה
וְעַל נְהָרוֹת יְכוֹנְנֶהָ. מִי יַעֲלֶה	כְּבוֹד שְׁמוֹ, הִשְׁתַּחֲווּ לַיהוה
בְהַר יהוה, וּמִי יָקוּם בִּמְקוֹם	בְּהַדְרַת קֹדֶשׁ. קוֹל יהוה עַל
קָדְשׁוֹ. נְקִי כַפַּיִם וּבַר לֵבָב,	הַמָּיִם, אֵל הַכָּבוֹד הִרְעִים,
אֲשֶׁר לֹא נָשָׂא לַשָּׁוְא נַפְשִׁי	יהוה עַל מַיִם רַבִּים. קוֹל יהוה
וְלֹא נִשְׁבַּע לְמִרְמָה. יִשָּׂא	בַּכֹּחַ, קוֹל יהוה בֶּהָדָר. קוֹל
בְרָכָה מֵאֵת יהוה, וּצְדָקָה	יהוה שֹׁבֵר אֲרָזִים, וַיְשַׁבֵּר יהוה
מֵאֱלֹהֵי יִשְׁעוֹ. זֶה דּוֹר דֹּרְשָׁיו,	אֶת אַרְזֵי הַלְּבָנוֹן. וַיַּרְקִידֵם כְּמוֹ
מְבַקְשֵׁי פָנֶיךָ, יַעֲקֹב, סֶלָה. שְׂאוּ	עֵגֶל, לְבָנוֹן וְשִׂרְיוֹן כְּמוֹ בֶן
שְׁעָרִים רָאשֵׁיכֶם, וְהִנָּשְׂאוּ	רְאֵמִים. קוֹל יהוה חֹצֵב לַהֲבוֹת
פִּתְחֵי עוֹלָם, וְיָבוֹא מֶלֶךְ	אֵשׁ. קוֹל יהוה יָחִיל מִדְבָּר,
הַכָּבוֹד. מִי זֶה מֶלֶךְ הַכָּבוֹד,	יָחִיל יהוה מִדְבַּר קָדֵשׁ. קוֹל
יהוה עִזּוּז וְגִבּוֹר, יהוה גִּבּוֹר	יהוה יְחוֹלֵל אַיָּלוֹת, וַיֶּחֱשֹׂף
מִלְחָמָה. שְׂאוּ שְׁעָרִים	יְעָרוֹת, וּבְהֵיכָלוֹ, כֻּלּוֹ אֹמֵר
רָאשֵׁיכֶם, וּשְׂאוּ פִּתְחֵי עוֹלָם,	כָּבוֹד. יהוה לַמַּבּוּל יָשָׁב, וַיֵּשֶׁב
וְיָבֹא מֶלֶךְ הַכָּבוֹד. מִי הוּא זֶה	יהוה מֶלֶךְ לְעוֹלָם. יהוה עֹז
מֶלֶךְ הַכָּבוֹד, יהוה צְבָאוֹת הוּא	לְעַמּוֹ יִתֵּן, יהוה יְבָרֵךְ אֶת עַמּוֹ
מֶלֶךְ הַכָּבוֹד, סֶלָה.	בַשָּׁלוֹם.

As the Torah is placed into the Ark, the congregation says:

וּבְנֻחֹה יֹאמַר, שׁוּבָה יהוה רִבְבוֹת אַלְפֵי יִשְׂרָאֵל. קוּמָה יהוה
לִמְנוּחָתֶךָ, אַתָּה וַאֲרוֹן עֻזֶּךָ. כֹּהֲנֶיךָ יִלְבְּשׁוּ צֶדֶק,
וַחֲסִידֶיךָ יְרַנֵּנוּ. בַּעֲבוּר דָּוִד עַבְדֶּךָ, אַל תָּשֵׁב פְּנֵי מְשִׁיחֶךָ. כִּי לֶקַח
טוֹב נָתַתִּי לָכֶם, תּוֹרָתִי אַל תַּעֲזֹבוּ. ❖ עֵץ חַיִּים הִיא לַמַּחֲזִיקִים
בָּהּ, וְתֹמְכֶיהָ מְאֻשָּׁר. דְּרָכֶיהָ דַרְכֵי נֹעַם, וְכָל נְתִיבֹתֶיהָ שָׁלוֹם.
הֲשִׁיבֵנוּ יהוה אֵלֶיךָ וְנָשׁוּבָה, חַדֵּשׁ יָמֵינוּ כְּקֶדֶם.

The chazzan says חֲצִי קַדִּישׁ:

יִתְגַּדַּל וְיִתְקַדַּשׁ שְׁמֵהּ רַבָּא. (.Cong – אָמֵן.) בְּעָלְמָא דִּי בְרָא כִרְעוּתֵהּ.
וְיַמְלִיךְ מַלְכוּתֵהּ, וְיַצְמַח פֻּרְקָנֵהּ וִיקָרֵב מְשִׁיחֵהּ. (.Cong – אָמֵן.)
בְּחַיֵּיכוֹן וּבְיוֹמֵיכוֹן וּבְחַיֵּי דְכָל בֵּית יִשְׂרָאֵל, בַּעֲגָלָא וּבִזְמַן קָרִיב.
וְאִמְרוּ: אָמֵן.
(.Cong – אָמֵן. יְהֵא שְׁמֵהּ רַבָּא מְבָרַךְ לְעָלַם וּלְעָלְמֵי עָלְמַיָּא.)
יְהֵא שְׁמֵהּ רַבָּא מְבָרַךְ לְעָלַם וּלְעָלְמֵי עָלְמַיָּא.
יִתְבָּרַךְ וְיִשְׁתַּבַּח וְיִתְפָּאַר וְיִתְרוֹמַם וְיִתְנַשֵּׂא וְיִתְהַדָּר וְיִתְעַלֶּה
וְיִתְהַלָּל שְׁמֵהּ דְּקֻדְשָׁא בְּרִיךְ הוּא (.Cong – בְּרִיךְ הוּא)° לְעֵלָּא מִן כָּל
(from Rosh Hashanah to Yom Kippur – °לְעֵלָּא [וּ]לְעֵלָּא מִכָּל) בִּרְכָתָא וְשִׁירָתָא
תֻּשְׁבְּחָתָא וְנֶחֱמָתָא, דַּאֲמִירָן בְּעָלְמָא, וְאִמְרוּ: אָמֵן. (.Cong – אָמֵן)

MUSSAF FOR THE SABBATH AND FOR THE SABBATH OF ROSH CHODESH BEGINS HERE.
MUSSAF FOR A FESTIVAL AND CHOL HAMOED (EVEN ON THE SABBATH) BEGINS ON P. 379.
MUSSAF FOR ROSH HASHANAH (EVEN ON THE SABBATH) BEGINS ON P. 406.
MUSSAF FOR YOM KIPPUR (EVEN ON THE SABBATH) BEGINS ON P. 425

❊{ מוסף לשבת ולשבת ראש חודש }❊

Take three steps backward, then three steps forward. During *Shemoneh Esrei*, stand with
your feet together and do not interrupt in any way. Say it very quietly, but you must be able
to hear your own words. See *Laws* §15-16 for a summary of its laws.

כִּי שֵׁם יהוה אֶקְרָא, הָבוּ גֹדֶל לֵאלֹהֵינוּ.
אֲדֹנָי שְׂפָתַי תִּפְתָּח, וּפִי יַגִּיד תְּהִלָּתֶךָ.

אבות

Bend the knees at בָּרוּךְ; bow at אַתָּה; straighten up at ה'.

בָּרוּךְ אַתָּה יהוה אֱלֹהֵינוּ וֵאלֹהֵי אֲבוֹתֵינוּ, אֱלֹהֵי
אַבְרָהָם, אֱלֹהֵי יִצְחָק, וֵאלֹהֵי יַעֲקֹב, הָאֵל

הַגָּדוֹל הַגִּבּוֹר וְהַנּוֹרָא, אֵל עֶלְיוֹן, גּוֹמֵל חֲסָדִים

טוֹבִים וְקוֹנֵה הַכֹּל, וְזוֹכֵר חַסְדֵי אָבוֹת, וּמֵבִיא גוֹאֵל

לִבְנֵי בְנֵיהֶם, לְמַעַן שְׁמוֹ בְּאַהֲבָה.

From Rosh Hashanah to Yom Kippur add:

זָכְרֵנוּ לְחַיִּים, מֶלֶךְ חָפֵץ בַּחַיִּים,

וְכָתְבֵנוּ בְּסֵפֶר הַחַיִּים, לְמַעַנְךָ אֱלֹהִים חַיִּים.

[If forgotten, do not repeat *Shemoneh Esrei.* See *Laws* §17.]

Bend the knees at בָּרוּךְ; bow at אַתָּה; straighten up at ה'.

מֶלֶךְ עוֹזֵר וּמוֹשִׁיעַ וּמָגֵן. בָּרוּךְ אַתָּה יהוה, מָגֵן

אַבְרָהָם. (Cong. — אָמֵן.)

גבורות

אַתָּה גִּבּוֹר לְעוֹלָם אֲדֹנָי, מְחַיֵּה מֵתִים אַתָּה, רַב

לְהוֹשִׁיעַ.

Between Shemini Atzeres and Pesach: Pesach through Succos:

מַשִּׁיב הָרוּחַ וּמוֹרִיד הַגֶּשֶׁם.   מוֹרִיד הַטָּל.

[If forgotten or interchanged, see *Laws* §23-29.]

מְכַלְכֵּל חַיִּים בְּחֶסֶד, מְחַיֵּה מֵתִים בְּרַחֲמִים

רַבִּים, סוֹמֵךְ נוֹפְלִים, וְרוֹפֵא חוֹלִים, וּמַתִּיר אֲסוּרִים,

וּמְקַיֵּם אֱמוּנָתוֹ לִישֵׁנֵי עָפָר. מִי כָמְוֹךָ בַּעַל גְּבוּרוֹת,

וּמִי דּוֹמֶה לָּךְ, מֶלֶךְ מֵמִית וּמְחַיֶּה וּמַצְמִיחַ יְשׁוּעָה.

From Rosh Hashanah to Yom Kippur add:

מִי כָמְוֹךָ אַב הָרַחֲמִים, זוֹכֵר יְצוּרָיו לְחַיִּים בְּרַחֲמִים.

[If forgotten, do not repeat *Shemoneh Esrei.* See *Laws* §17.]

וְנֶאֱמָן אַתָּה לְהַחֲיוֹת מֵתִים. בָּרוּךְ אַתָּה יהוה,

מְחַיֵּה הַמֵּתִים. (Cong. — אָמֵן.)

During the *chazzan's* repetition, say *Kedushah* (p. 267) here.

קדושת השם

In some congregations, the *chazzan* substitutes קָדוֹשׁ לְדוֹר וָדוֹר for אַתָּה קָדוֹשׁ in his repetition.

לְדוֹר וָדוֹר נַגִּיד גָּדְלֶךָ וּלְנֵצַח נְצָחִים קְדֻשָּׁתְךָ נַקְדִּישׁ, וְשִׁבְחֲךָ אֱלֹהֵינוּ מִפִּינוּ לֹא יָמוּשׁ לְעוֹלָם וָעֶד, כִּי אֵל מֶלֶךְ גָּדוֹל וְקָדוֹשׁ אָתָּה. בָּרוּךְ אַתָּה יהוה, °הָאֵל הַקָּדוֹשׁ.

1 **אַתָּה** קָדוֹשׁ וְשִׁמְךָ קָדוֹשׁ,
2 וּקְדוֹשִׁים בְּכָל יוֹם
3 יְהַלְלוּךָ סֶּלָה, כִּי אֵל מֶלֶךְ
4 גָּדוֹל וְקָדוֹשׁ אָתָּה. בָּרוּךְ אַתָּה
5 יהוה, °הָאֵל הַקָּדוֹשׁ.
6 (.Cong. – אָמֵן)

7 From Rosh Hashanah to Yom Kippur substitute – הַמֶּלֶךְ הַקָּדוֹשׁ°
[If forgotten, repeat *Shemoneh Esrei*. See *Laws* §18-19.]

קדושה

During the *chazzan's* repetition, say *Kedushah* here. Stand with your feet together and avoid any interruptions. Rise on toes at קָדוֹשׁ, קָדוֹשׁ, קָדוֹשׁ; בָּרוּךְ and יִמְלֹךְ.

8 *Cong., then chazzan* – **כֶּתֶר** יִתְּנוּ לְךָ יהוה אֱלֹהֵינוּ, מַלְאָכִים הֲמוֹנֵי
9 מַעְלָה, עִם עַמְּךָ יִשְׂרָאֵל, קְבוּצֵי מַטָּה.
10 *Cong., then chazzan* – יַחַד כֻּלָּם קְדֻשָּׁה לְךָ יְשַׁלֵּשׁוּ, כַּדָּבָר הָאָמוּר עַל יַד
11 נְבִיאֶךָ, וְקָרָא זֶה אֶל זֶה וְאָמַר:
12 *All* – קָדוֹשׁ קָדוֹשׁ קָדוֹשׁ יהוה צְבָאוֹת, מְלֹא כָל הָאָרֶץ כְּבוֹדוֹ.
13 *Cong., then chazzan* – כְּבוֹדוֹ מָלֵא עוֹלָם, מְשָׁרְתָיו שׁוֹאֲלִים זֶה לָזֶה, אַיֵּה
14 מְקוֹם כְּבוֹדוֹ לְהַעֲרִיצוֹ, לְעֻמָּתָם מְשַׁבְּחִים וְאוֹמְרִים:
15 *All* – בָּרוּךְ כְּבוֹד יהוה, מִמְּקוֹמוֹ.
16 *Cong., then chazzan* – מִמְּקוֹמוֹ הוּא יִפֶן בְּרַחֲמָיו לְעַמּוֹ, וְיָחוֹן עַם הַמְיַחֲדִים
17 שְׁמוֹ, עֶרֶב וָבְקֶר בְּכָל יוֹם תָּמִיד, פַּעֲמַיִם בְּאַהֲבָה שְׁמַע אוֹמְרִים:
18 *All* – שְׁמַע יִשְׂרָאֵל, יהוה אֱלֹהֵינוּ, יהוה אֶחָד.
19 *Cong., then chazzan* – הוּא אֱלֹהֵינוּ, הוּא אָבִינוּ, הוּא מַלְכֵּנוּ, הוּא מוֹשִׁיעֵנוּ,
20 וְהוּא יוֹשִׁיעֵנוּ וְיִגְאָלֵנוּ שֵׁנִית, וְיַשְׁמִיעֵנוּ בְּרַחֲמָיו שֵׁנִית, לְעֵינֵי כָּל חָי,
21 לֵאמֹר: הֵן גָּאַלְתִּי אֶתְכֶם אַחֲרִית כְּרֵאשִׁית, לִהְיוֹת לָכֶם לֵאלֹהִים,
22 *All* – אֲנִי יהוה אֱלֹהֵיכֶם.
23 *Cong., then chazzan* – וּבְדִבְרֵי קָדְשְׁךָ כָּתוּב לֵאמֹר:
24 *All* – יִמְלֹךְ יהוה לְעוֹלָם, אֱלֹהַיִךְ צִיּוֹן לְדֹר וָדֹר, הַלְלוּיָהּ.

The *chazzan* continues לְדוֹר וָדוֹר or אַתָּה קָדוֹשׁ (above).

קְדֻשַּׁת הַיּוֹם

[If one erred and said the blessings of the weekday *Shemoneh Esrei*,
or of another Shabbos *Shemoneh Esrei* — see Laws §45-46.]

ON AN ORDINARY SABBATH

1 **תִּכַּנְתָּ שַׁבָּת** רָצִיתָ קָרְבְּנוֹתֶיהָ, צִוִּיתָ פֵּרוּשֶׁיהָ עִם

2 סִדּוּרֵי נְסָכֶיהָ, מְעַנְּגֶיהָ לְעוֹלָם כָּבוֹד

3 יִנְחָלוּ, טוֹעֲמֶיהָ חַיִּים זָכוּ, וְגַם הָאוֹהֲבִים דְּבָרֶיהָ גְּדֻלָּה

4 בָּחֲרוּ, אָז מִסִּינַי נִצְטַוּוּ צִוּוּי פָּעֳלֶיהָ כָּרָאוּי, וַתְּצַוֵּנוּ יהוה

5 אֱלֹהֵינוּ, לְהַקְרִיב בָּה קָרְבַּן מוּסַף שַׁבָּת כָּרָאוּי. יְהִי רָצוֹן

6 מִלְּפָנֶיךָ, יהוה אֱלֹהֵינוּ וֵאלֹהֵי אֲבוֹתֵינוּ, שֶׁתַּעֲלֵנוּ בְשִׂמְחָה

7 לְאַרְצֵנוּ, וְתִטָּעֵנוּ בִּגְבוּלֵנוּ, וְשָׁם נַעֲשֶׂה לְפָנֶיךָ אֶת

8 קָרְבְּנוֹת חוֹבוֹתֵינוּ, תְּמִידִים כְּסִדְרָם וּמוּסָפִים כְּהִלְכָתָם.

ON THE SABBATH OF ROSH CHODESH

9 **אַתָּה יָצַרְתָּ** עוֹלָמְךָ מִקֶּדֶם, כִּלִּיתָ מְלַאכְתְּךָ בַּיּוֹם

10 הַשְּׁבִיעִי, בָּחַרְתָּ בָּנוּ מִכָּל עָם, אָהַבְתָּ

11 אוֹתָנוּ וְרָצִיתָ בָּנוּ, וְרוֹמַמְתָּנוּ מִכָּל הַלְּשׁוֹנוֹת, וְקִדַּשְׁתָּנוּ

12 בְּמִצְוֹתֶיךָ, וְקֵרַבְתָּנוּ מַלְכֵּנוּ לַעֲבוֹדָתֶךָ, וְשִׁמְךָ הַגָּדוֹל

13 וְהַקָּדוֹשׁ עָלֵינוּ קָרָאתָ. וַתִּתֶּן לָנוּ יהוה אֱלֹהֵינוּ בְּאַהֲבָה,

14 שַׁבָּתוֹת לִמְנוּחָה וְרָאשֵׁי חֳדָשִׁים לְכַפָּרָה. וּלְפִי שֶׁחָטָאנוּ

15 לְפָנֶיךָ אֲנַחְנוּ וַאֲבוֹתֵינוּ, חָרְבָה עִירֵנוּ, וְשָׁמֵם בֵּית

16 מִקְדָּשֵׁנוּ, וְגָלָה יְקָרֵנוּ, וְנֻטַּל כָּבוֹד מִבֵּית חַיֵּינוּ, וְאֵין אֲנַחְנוּ

17 יְכוֹלִים לַעֲשׂוֹת חוֹבוֹתֵינוּ בְּבֵית בְּחִירָתֶךָ, בַּבַּיִת הַגָּדוֹל

18 וְהַקָּדוֹשׁ שֶׁנִּקְרָא שִׁמְךָ עָלָיו, מִפְּנֵי הַיָּד שֶׁנִּשְׁתַּלְּחָה

19 בְּמִקְדָּשֶׁךָ. יְהִי רָצוֹן מִלְּפָנֶיךָ, יהוה אֱלֹהֵינוּ וֵאלֹהֵי

20 אֲבוֹתֵינוּ, שֶׁתַּעֲלֵנוּ בְשִׂמְחָה לְאַרְצֵנוּ וְתִטָּעֵנוּ בִּגְבוּלֵנוּ,

21 וְשָׁם נַעֲשֶׂה לְפָנֶיךָ אֶת קָרְבְּנוֹת חוֹבוֹתֵינוּ, תְּמִידִים

ON AN ORDINARY SABBATH

וְאֶת מוּסַף יוֹם הַשַּׁבָּת הַזֶּה נַעֲשֶׂה וְנַקְרִיב לְפָנֶיךָ בְּאַהֲבָה,

כְּמִצְוַת רְצוֹנֶךָ, כְּמוֹ שֶׁכָּתַבְתָּ עָלֵינוּ בְּתוֹרָתֶךָ, עַל יְדֵי

מֹשֶׁה עַבְדֶּךָ, מִפִּי כְבוֹדֶךָ, כָּאָמוּר:

וּבְיוֹם הַשַּׁבָּת שְׁנֵי כְבָשִׂים בְּנֵי שָׁנָה, תְּמִימִם, וּשְׁנֵי

עֶשְׂרֹנִים סֹלֶת מִנְחָה בְּלוּלָה בַשֶּׁמֶן וְנִסְכּוֹ. עֹלַת

שַׁבַּת בְּשַׁבַּתּוֹ, עַל עֹלַת הַתָּמִיד וְנִסְכָּהּ.

יִשְׂמְחוּ בְמַלְכוּתְךָ שׁוֹמְרֵי שַׁבָּת וְקוֹרְאֵי עֹנֶג, עַם

מְקַדְּשֵׁי שְׁבִיעִי, כֻּלָּם יִשְׂבְּעוּ וְיִתְעַנְּגוּ מִטּוּבֶךָ,

וּבַשְּׁבִיעִי רָצִיתָ בּוֹ וְקִדַּשְׁתּוֹ, חֶמְדַּת יָמִים אוֹתוֹ קָרֶאתָ,

זֵכֶר לְמַעֲשֵׂה בְרֵאשִׁית.

ON THE SABBATH OF ROSH CHODESH

כְּסִדְרָם, וּמוּסָפִים כְּהִלְכָתָם. וְאֶת מוּסְפֵי יוֹם הַשַּׁבָּת הַזֶּה

וְיוֹם רֹאשׁ הַחֹדֶשׁ הַזֶּה נַעֲשֶׂה וְנַקְרִיב לְפָנֶיךָ בְּאַהֲבָה,

כְּמִצְוַת רְצוֹנֶךָ, כְּמוֹ שֶׁכָּתַבְתָּ עָלֵינוּ בְּתוֹרָתֶךָ, עַל יְדֵי מֹשֶׁה

עַבְדֶּךָ, מִפִּי כְבוֹדֶךָ, כָּאָמוּר:

וּבְיוֹם הַשַּׁבָּת שְׁנֵי כְבָשִׂים בְּנֵי שָׁנָה, תְּמִימִם, וּשְׁנֵי

עֶשְׂרֹנִים סֹלֶת מִנְחָה בְּלוּלָה בַשֶּׁמֶן וְנִסְכּוֹ. עֹלַת

שַׁבַּת בְּשַׁבַּתּוֹ, עַל עֹלַת הַתָּמִיד וְנִסְכָּהּ.

(Some add – זֶה קָרְבַּן שַׁבָּת, וְקָרְבַּן הַיּוֹם כָּאָמוּר:)

וּבְרָאשֵׁי חָדְשֵׁיכֶם תַּקְרִיבוּ עֹלָה לַיהוה, פָּרִים בְּנֵי

בָקָר שְׁנַיִם, וְאַיִל אֶחָד, כְּבָשִׂים בְּנֵי שָׁנָה

שִׁבְעָה, תְּמִימִם. וּמִנְחָתָם וְנִסְכֵּיהֶם כִּמְדֻבָּר, שְׁלֹשָׁה

עֶשְׂרֹנִים לַפָּר, וּשְׁנֵי עֶשְׂרֹנִים לָאַיִל, וְעִשָּׂרוֹן לַכֶּבֶשׂ, וְיַיִן

כְּנִסְכּוֹ, וְשָׂעִיר לְכַפֵּר, וּשְׁנֵי תְמִידִים כְּהִלְכָתָם.

ON AN ORDINARY SABBATH

אֱלֹהֵינוּ וֵאלֹהֵי אֲבוֹתֵינוּ רְצֵה נָא בִמְנוּחָתֵנוּ, קַדְּשֵׁנוּ 1

בְּמִצְוֹתֶיךָ, וְתֵן חֶלְקֵנוּ בְּתוֹרָתֶךָ, שַׂבְּעֵנוּ 2

מִטּוּבֶךָ, וְשַׂמַּח נַפְשֵׁנוּ בִּישׁוּעָתֶךָ, וְטַהֵר לִבֵּנוּ לְעָבְדְּךָ 3

בֶּאֱמֶת, וְהַנְחִילֵנוּ יהוה אֱלֹהֵינוּ בְּאַהֲבָה וּבְרָצוֹן שַׁבַּת 4

קָדְשֶׁךָ, וְיָנוּחוּ בוֹ כָּל יִשְׂרָאֵל מְקַדְּשֵׁי שְׁמֶךָ. בָּרוּךְ אַתָּה 5

יהוה, מְקַדֵּשׁ הַשַּׁבָּת. (.אָמֵן — Cong.) 6

ON THE SABBATH OF ROSH CHODESH

יִשְׂמְחוּ בְמַלְכוּתְךָ שׁוֹמְרֵי שַׁבָּת וְקוֹרְאֵי עֹנֶג, עַם 7

מְקַדְּשֵׁי שְׁבִיעִי, כֻּלָּם יִשְׂבְּעוּ וְיִתְעַנְּגוּ מִטּוּבֶךָ, 8

וּבַשְּׁבִיעִי רָצִיתָ בּוֹ וְקִדַּשְׁתּוֹ, חֶמְדַּת יָמִים אוֹתוֹ קָרָאתָ, 9

זֵכֶר לְמַעֲשֵׂה בְרֵאשִׁית. 10

During chazzan's repetition, congregation responds Amen as indicated.

אֱלֹהֵינוּ וֵאלֹהֵי אֲבוֹתֵינוּ, רְצֵה נָא בִמְנוּחָתֵנוּ, וְחַדֵּשׁ 11

עָלֵינוּ בְּיוֹם הַשַּׁבָּת הַזֶּה אֶת הַחֹדֶשׁ הַזֶּה 12

לְטוֹבָה וְלִבְרָכָה (אָמֵן), לְשָׂשׂוֹן וּלְשִׂמְחָה (אָמֵן), לִישׁוּעָה 13

וּלְנֶחָמָה (אָמֵן), לְפַרְנָסָה וּלְכַלְכָּלָה (אָמֵן), לְחַיִּים טוֹבִים 14

וּלְשָׁלוֹם (אָמֵן), לִמְחִילַת חֵטְא וְלִסְלִיחַת עָוֹן (אָמֵן), 15

During a leap year, from Rosh Chodesh Cheshvan until Rosh Chodesh Adar II, add:

וּלְכַפָּרַת פָּשַׁע (אָמֵן). 16

וִיהִי הַחֹדֶשׁ הַזֶּה סוֹף וְקֵץ לְכָל צָרוֹתֵינוּ (אָמֵן), תְּחִלָּה 17

וָרֹאשׁ לְפִדְיוֹן נַפְשֵׁנוּ (אָמֵן), כִּי בְעַמְּךָ יִשְׂרָאֵל בָּחַרְתָּ 18

מִכָּל הָאֻמּוֹת, וְשַׁבָּתוֹת לָהֶם הוֹדָעְתָּ, וְחֻקֵּי רָאשֵׁי חֳדָשִׁים 19

לָהֶם קָבָעְתָּ. בָּרוּךְ אַתָּה יהוה, מְקַדֵּשׁ הַשַּׁבָּת וְיִשְׂרָאֵל 20

וְרָאשֵׁי חֳדָשִׁים. (.אָמֵן — Cong.) 21

ON ALL SABBATHS CONTINUE HERE

עבודה

1 **רְצֵה** יהוה אֱלֹהֵינוּ בְּעַמְּךָ יִשְׂרָאֵל וְלִתְפִלָּתָם שְׁעֵה,

2 וְהָשֵׁב אֶת הָעֲבוֹדָה לִדְבִיר בֵּיתֶךָ. וְאִשֵּׁי

3 יִשְׂרָאֵל וּתְפִלָּתָם מְהֵרָה בְּאַהֲבָה תְקַבֵּל בְּרָצוֹן, וּתְהִי

4 לְרָצוֹן תָּמִיד עֲבוֹדַת יִשְׂרָאֵל עַמֶּךָ.

5 **וְתֶחֱזֶינָה** עֵינֵינוּ בְּשׁוּבְךָ לְצִיּוֹן בְּרַחֲמִים. בָּרוּךְ

6 אַתָּה יהוה, הַמַּחֲזִיר שְׁכִינָתוֹ לְצִיּוֹן.

7 (.אָמֵן – Cong.)

הודאה

Bow at מוֹדִים; straighten up at 'ה. In his repetition the *chazzan* should say
the entire מוֹדִים aloud, and the congregation says מוֹדִים דְּרַבָּנָן softly.

מוֹדִים דְּרַבָּנָן
מוֹדִים אֲנַחְנוּ לָךְ, שָׁאַתָּה הוּא יהוה אֱלֹהֵינוּ וֵאלֹהֵי אֲבוֹתֵינוּ, אֱלֹהֵי כָל בָּשָׂר, יוֹצְרֵנוּ, יוֹצֵר בְּרֵאשִׁית. בְּרָכוֹת וְהוֹדָאוֹת לְשִׁמְךָ הַגָּדוֹל וְהַקָּדוֹשׁ, עַל שֶׁהֶחֱיִיתָנוּ וְקִיַּמְתָּנוּ. כֵּן תְּחַיֵּנוּ וּתְקַיְּמֵנוּ, וְתֶאֱסוֹף גָּלֻיּוֹתֵינוּ לְחַצְרוֹת קָדְשֶׁךָ, לִשְׁמוֹר חֻקֶּיךָ וְלַעֲשׂוֹת רְצוֹנֶךָ, וּלְעָבְדְּךָ בְּלֵבָב שָׁלֵם, עַל שֶׁאֲנַחְנוּ מוֹדִים לָךְ. בָּרוּךְ אֵל הַהוֹדָאוֹת.

8 **מוֹדִים** אֲנַחְנוּ לָךְ, שָׁאַתָּה

9 הוּא יהוה אֱלֹהֵינוּ

10 וֵאלֹהֵי אֲבוֹתֵינוּ לְעוֹלָם וָעֶד.

11 צוּרֵנוּ צוּר חַיֵּינוּ, מָגֵן יִשְׁעֵנוּ

12 אַתָּה הוּא לְדוֹר וָדוֹר. נוֹדֶה לְּךָ

13 וּנְסַפֵּר תְּהִלָּתֶךָ עַל חַיֵּינוּ

14 הַמְּסוּרִים בְּיָדֶךָ, וְעַל נִשְׁמוֹתֵינוּ

15 הַפְּקוּדוֹת לָךְ, וְעַל נִסֶּיךָ שֶׁבְּכָל

16 יוֹם עִמָּנוּ, וְעַל נִפְלְאוֹתֶיךָ

17 וְטוֹבוֹתֶיךָ שֶׁבְּכָל עֵת, עֶרֶב

18 וָבֹקֶר וְצָהֳרָיִם. הַטּוֹב כִּי לֹא כָלוּ

19 רַחֲמֶיךָ, וְהַמְרַחֵם כִּי לֹא תַמּוּ

20 חֲסָדֶיךָ, כִּי מֵעוֹלָם קִוִּינוּ לָךְ.

On Chanukah add the following:

וְעַל הַנִּסִּים, וְעַל הַפֻּרְקָן, וְעַל הַגְּבוּרוֹת, וְעַל
הַתְּשׁוּעוֹת, וְעַל הַנִּפְלָאוֹת, וְעַל הַנֶּחָמוֹת,
וְעַל הַמִּלְחָמוֹת, שֶׁעָשִׂיתָ לַאֲבוֹתֵינוּ בַּיָּמִים הָהֵם בַּזְּמַן הַזֶּה.
בִּימֵי מַתִּתְיָהוּ בֶּן יוֹחָנָן כֹּהֵן גָּדוֹל חַשְׁמוֹנָאִי וּבָנָיו,
כְּשֶׁעָמְדָה מַלְכוּת יָוָן הָרְשָׁעָה עַל עַמְּךָ יִשְׂרָאֵל, לְהַשְׁכִּיחָם
תּוֹרָתֶךָ, וּלְהַעֲבִירָם מֵחֻקֵּי רְצוֹנֶךָ. וְאַתָּה בְּרַחֲמֶיךָ הָרַבִּים,
עָמַדְתָּ לָהֶם בְּעֵת צָרָתָם, רַבְתָּ אֶת רִיבָם, דַּנְתָּ אֶת דִּינָם,
נָקַמְתָּ אֶת נִקְמָתָם. מָסַרְתָּ גִבּוֹרִים בְּיַד חַלָּשִׁים, וְרַבִּים בְּיַד
מְעַטִּים, וּטְמֵאִים בְּיַד טְהוֹרִים, וּרְשָׁעִים בְּיַד צַדִּיקִים, וְזֵדִים
בְּיַד עוֹסְקֵי תוֹרָתֶךָ. וּלְךָ עָשִׂיתָ שֵׁם גָּדוֹל וְקָדוֹשׁ בְּעוֹלָמֶךָ,
וּלְעַמְּךָ יִשְׂרָאֵל עָשִׂיתָ תְּשׁוּעָה גְדוֹלָה וּפֻרְקָן כְּהַיּוֹם הַזֶּה.
וְאַחַר כֵּן בָּאוּ בָנֶיךָ לִדְבִיר בֵּיתֶךָ, וּפִנּוּ אֶת הֵיכָלֶךָ, וְטִהֲרוּ
אֶת מִקְדָּשֶׁךָ, וְהִדְלִיקוּ נֵרוֹת בְּחַצְרוֹת קָדְשֶׁךָ, וְקָבְעוּ שְׁמוֹנַת
יְמֵי חֲנֻכָּה אֵלוּ, לְהוֹדוֹת וּלְהַלֵּל לְשִׁמְךָ הַגָּדוֹל.

[If forgotten, do not repeat *Shemoneh Esrei.*]

וְעַל כֻּלָּם יִתְבָּרַךְ וְיִתְרוֹמַם וְיִתְנַשֵּׂא שִׁמְךָ מַלְכֵּנוּ
תָּמִיד לְעוֹלָם וָעֶד.

From Rosh Hashanah to Yom Kippur add:

וּכְתוֹב לְחַיִּים טוֹבִים כָּל בְּנֵי בְרִיתֶךָ.

[If forgotten, do not repeat *Shemoneh Esrei.* See *Laws* §17.]

Bend the knees at בָּרוּךְ; bow at אַתָּה; straighten up at ה'.

וְכֹל הַחַיִּים יוֹדוּךָ סֶּלָה, וִיהַלְלוּ וִיבָרְכוּ אֶת שִׁמְךָ
הַגָּדוֹל בֶּאֱמֶת לְעוֹלָם כִּי טוֹב. הָאֵל יְשׁוּעָתֵנוּ וְעֶזְרָתֵנוּ
סֶלָה הָאֵל הַטּוֹב. בָּרוּךְ אַתָּה יהוה, הַטּוֹב שִׁמְךָ וּלְךָ
נָאֶה לְהוֹדוֹת. (.אָמֵן — Cong.)

ברכת כהנים

The *chazzan* says בְּרְכַּת כֹּהֲנִים during his repetition, except in a house of mourning.
The *chazzan* faces the Ark at יְבָרֶכְךָ ה' and יָאֵר ה', right at וְיִשְׁמְרֶךָ,
and left at פָּנָיו אֵלֶיךָ וְיִחֻנֶּךָ.

1   **אֱלֹהֵינוּ,** וֵאלֹהֵי אֲבוֹתֵינוּ, בָּרְכֵנוּ בַבְּרָכָה הַמְשֻׁלֶּשֶׁת בַּתּוֹרָה,

2   הַכְּתוּבָה עַל יְדֵי מֹשֶׁה עַבְדֶּךָ, הָאֲמוּרָה מִפִּי אַהֲרֹן

3   וּבָנָיו, כֹּהֲנִים עַם קְדוֹשֶׁךָ, כָּאָמוּר:

4   יְבָרֶכְךָ יהוה, וְיִשְׁמְרֶךָ.   (.כֵּן יְהִי רָצוֹן — Cong.)

5   יָאֵר יהוה פָּנָיו אֵלֶיךָ וִיחֻנֶּךָּ.   (.כֵּן יְהִי רָצוֹן — Cong.)

6   יִשָּׂא יהוה פָּנָיו אֵלֶיךָ וְיָשֵׂם לְךָ שָׁלוֹם.   (.כֵּן יְהִי רָצוֹן — Cong.)

While the *chazzan* says שִׂים שָׁלוֹם the congregation continues:

7   אַדִּיר בַּמָּרוֹם, שׁוֹכֵן בִּגְבוּרָה, אַתָּה שָׁלוֹם וְשִׁמְךָ שָׁלוֹם, יְהִי רָצוֹן שֶׁתָּשִׂים

8   עָלֵינוּ וְעַל כָּל עַמְּךָ בֵּית יִשְׂרָאֵל חַיִּים וּבְרָכָה לְמִשְׁמֶרֶת שָׁלוֹם.

שלום

9   **שִׂים** שָׁלוֹם, טוֹבָה וּבְרָכָה, חַיִּים, חֵן וָחֶסֶד וְרַחֲמִים

10   עָלֵינוּ וְעַל כָּל יִשְׂרָאֵל עַמֶּךָ. בָּרְכֵנוּ אָבִינוּ, כֻּלָּנוּ

11   כְּאֶחָד, בְּאוֹר פָּנֶיךָ, כִּי בְאוֹר פָּנֶיךָ נָתַתָּ לָּנוּ, יהוה

12   אֱלֹהֵינוּ, תּוֹרַת חַיִּים וְאַהֲבַת חֶסֶד, וּצְדָקָה, וּבְרָכָה,

13   וְרַחֲמִים, וְחַיִּים, וְשָׁלוֹם. וְטוֹב יִהְיֶה בְּעֵינֶיךָ לְבָרְכֵנוּ

14   וּלְבָרֵךְ אֶת כָּל עַמְּךָ יִשְׂרָאֵל, בְּכָל עֵת וּבְכָל שָׁעָה

15   בִּשְׁלוֹמֶךָ (בְּרוֹב עֹז וְשָׁלוֹם).

From Rosh Hashanah to Yom Kippur add:

16   בְּסֵפֶר חַיִּים בְּרָכָה וְשָׁלוֹם, וּפַרְנָסָה טוֹבָה, וּגְזֵרוֹת טוֹבוֹת, יְשׁוּעוֹת

17   וְנֶחָמוֹת, נִזָּכֵר וְנִכָּתֵב לְפָנֶיךָ, אֲנַחְנוּ וְכָל עַמְּךָ בֵּית יִשְׂרָאֵל, לְחַיִּים

18   טוֹבִים וּלְשָׁלוֹם.

[If forgotten, do not repeat *Shemoneh Esrei*. See *Laws* §17,21.]

19   בָּרוּךְ אַתָּה יהוה, הַמְבָרֵךְ אֶת עַמּוֹ יִשְׂרָאֵל בַּשָּׁלוֹם.

(.אָמֵן — Cong.)

20   יִהְיוּ לְרָצוֹן אִמְרֵי פִי וְהֶגְיוֹן לִבִּי לְפָנֶיךָ, יהוה צוּרִי וְגֹאֲלִי.

The *chazzan's* repetition ends here; individuals continue:

אֱלֹהַי, נְצוֹר לְשׁוֹנִי מֵרָע, וּשְׂפָתַי מִדַּבֵּר מִרְמָה,
וְלִמְקַלְלַי נַפְשִׁי תִדּוֹם, וְנַפְשִׁי כֶּעָפָר לַכֹּל
תִּהְיֶה. פְּתַח לִבִּי בְּתוֹרָתֶךָ, וְאַחֲרֵי מִצְוֹתֶיךָ תִּרְדּוֹף
נַפְשִׁי. וְכָל הַקָּמִים וְהַחוֹשְׁבִים עָלַי לְרָעָה, מְהֵרָה הָפֵר
עֲצָתָם וְקַלְקֵל מַחֲשַׁבְתָּם. יְהִי רָצוֹן מִלְּפָנֶיךָ, יהוה
אֱלֹהַי וֵאלֹהֵי אֲבוֹתַי, שֶׁלֹּא תַעֲלֶה קִנְאַת אָדָם עָלַי,
וְלֹא קִנְאָתִי עַל אֲחֵרִים, וְשֶׁלֹּא אֶכְעַס הַיּוֹם, וְשֶׁלֹּא
אַכְעִיסֶךָ, וְתַצִּילֵנִי מִיֵּצֶר הָרָע, וְתֵן בְּלִבִּי הַכְנָעָה
וַעֲנָוָה. מַלְכֵּנוּ וֵאלֹהֵינוּ, יַחֵד שִׁמְךָ בְּעוֹלָמֶךָ, בְּנֵה עִירְךָ,
יַסֵּד בֵּיתֶךָ, וְשַׁכְלֵל הֵיכָלֶךָ, וְקַבֵּץ קִבּוּץ גָּלֻיּוֹת, וּפְדֵה
צֹאנֶךָ וְשַׂמַּח עֲדָתֶךָ. עֲשֵׂה לְמַעַן שְׁמֶךָ, עֲשֵׂה לְמַעַן
יְמִינֶךָ, עֲשֵׂה לְמַעַן תּוֹרָתֶךָ, עֲשֵׂה לְמַעַן קְדֻשָּׁתֶךָ. לְמַעַן
יֵחָלְצוּן יְדִידֶיךָ, הוֹשִׁיעָה יְמִינְךָ וַעֲנֵנִי

Some say a verse with the initial of their name. See page 474.

יִהְיוּ לְרָצוֹן אִמְרֵי פִי וְהֶגְיוֹן לִבִּי לְפָנֶיךָ, יהוה צוּרִי
וְגֹאֲלִי. עֹשֶׂה °שָׁלוֹם בִּמְרוֹמָיו, הוּא
יַעֲשֶׂה שָׁלוֹם עָלֵינוּ, וְעַל כָּל יִשְׂרָאֵל.
וְאִמְרוּ: אָמֵן.

Take three steps back. Bow left and say . . . עֹשֶׂה; bow right and say . . . הוּא; bow forward and say וְעַל כָּל . . . אָמֵן.

From Rosh Hashanah to Yom Kippur some say — הַשָּׁלוֹם°

יְהִי רָצוֹן מִלְּפָנֶיךָ, יהוה אֱלֹהֵינוּ וֵאלֹהֵי אֲבוֹתֵינוּ, שֶׁיִּבָּנֶה
בֵּית הַמִּקְדָּשׁ בִּמְהֵרָה בְיָמֵינוּ, וְתֵן חֶלְקֵנוּ בְּתוֹרָתֶךָ.
וְשָׁם נַעֲבָדְךָ בְּיִרְאָה, כִּימֵי עוֹלָם וּכְשָׁנִים קַדְמוֹנִיּוֹת. וְעָרְבָה לַיהוה
מִנְחַת יְהוּדָה וִירוּשָׁלָיִם, כִּימֵי עוֹלָם וּכְשָׁנִים קַדְמוֹנִיּוֹת.

THE INDIVIDUAL'S *SHEMONEH ESREI* ENDS HERE.

Remain standing in place until the *chazzan* reaches *Kedushah* — or at least until he begins his *Shemoneh Esrei* — then take three steps forward. The *chazzan,* or someone praying without a *minyan,* should remain in place for a few moments, then take three steps forward.

קדיש שלם

The *chazzan* says קַדִּישׁ שָׁלֵם:

1   **יִתְגַּדַּל** וְיִתְקַדַּשׁ שְׁמֵהּ רַבָּא. (.Cong – אָמֵן.) בְּעָלְמָא דִּי בְרָא כִרְעוּתֵהּ.

2   וְיַמְלִיךְ מַלְכוּתֵהּ, וְיַצְמַח פֻּרְקָנֵהּ וִיקָרֵב מְשִׁיחֵהּ. (.Cong – אָמֵן.)

3   בְּחַיֵּיכוֹן וּבְיוֹמֵיכוֹן וּבְחַיֵּי דְכָל בֵּית יִשְׂרָאֵל, בַּעֲגָלָא וּבִזְמַן קָרִיב.

4   וְאִמְרוּ: אָמֵן.

5   (.Cong – אָמֵן. יְהֵא שְׁמֵהּ רַבָּא מְבָרַךְ לְעָלַם וּלְעָלְמֵי עָלְמַיָּא.)

6   יְהֵא שְׁמֵהּ רַבָּא מְבָרַךְ לְעָלַם וּלְעָלְמֵי עָלְמַיָּא.

7   יִתְבָּרַךְ וְיִשְׁתַּבַּח וְיִתְפָּאַר וְיִתְרוֹמַם וְיִתְנַשֵּׂא וְיִתְהַדָּר וְיִתְעַלֶּה

8   וְיִתְהַלָּל שְׁמֵהּ דְּקֻדְשָׁא בְּרִיךְ הוּא – (.Cong – בְּרִיךְ הוּא.) °לְעֵלָּא מִן כָּל

9   °לְעֵלָּא [וּ]לְעֵלָּא מִכָּל – *from Rosh Hashanah to Yom Kippur*) בִּרְכָתָא וְשִׁירָתָא

10   תֻּשְׁבְּחָתָא וְנֶחֱמָתָא, דַּאֲמִירָן בְּעָלְמָא. וְאִמְרוּ: אָמֵן. (.Cong – אָמֵן.)

11   (.Cong– קַבֵּל בְּרַחֲמִים וּבְרָצוֹן אֶת תְּפִלָּתֵנוּ.)

12   תִּתְקַבֵּל צְלוֹתְהוֹן וּבָעוּתְהוֹן דְּכָל בֵּית יִשְׂרָאֵל קֳדָם אֲבוּהוֹן דִּי

13   בִשְׁמַיָּא. וְאִמְרוּ: אָמֵן. (.Cong – אָמֵן.)

14   (.Cong– יְהִי שֵׁם יהוה מְבֹרָךְ, מֵעַתָּה וְעַד עוֹלָם.)

15   יְהֵא שְׁלָמָא רַבָּא מִן שְׁמַיָּא, וְחַיִּים טוֹבִים עָלֵינוּ וְעַל כָּל יִשְׂרָאֵל.

16   וְאִמְרוּ: אָמֵן. (.Cong – אָמֵן.)

17   (.Cong– עֶזְרִי מֵעִם יהוה, עֹשֵׂה שָׁמַיִם וָאָרֶץ.)

The *chazzan* takes three steps back, bows left and says . . . עֹשֶׂה;
bows right and says . . . הוּא; bows forward and says אָמֵן . . . וְעַל כָּל.
He remains standing in place for a few moments, then takes three steps forward.

18   עֹשֶׂה שָׁלוֹם בִּמְרוֹמָיו, הוּא יַעֲשֶׂה שָׁלוֹם עָלֵינוּ, וְעַל כָּל יִשְׂרָאֵל. וְאִמְרוּ:

19   אָמֵן. (.Cong – אָמֵן.)

20   **קַוֵּה** אֶל יהוה, חֲזַק וְיַאֲמֵץ לִבֶּךָ, וְקַוֵּה אֶל יהוה. אֵין

21   קָדוֹשׁ כַּיהוה, כִּי אֵין בִּלְתֶּךָ, וְאֵין צוּר

22   כֵּאלֹהֵינוּ. כִּי מִי אֱלוֹהַּ מִבַּלְעֲדֵי יהוה, וּמִי צוּר זוּלָתִי

23   אֱלֹהֵינוּ.

24   **אֵין** כֵּאלֹהֵינוּ, אֵין כַּאדוֹנֵינוּ, אֵין כְּמַלְכֵּנוּ, אֵין

25   כְּמוֹשִׁיעֵנוּ. מִי כֵאלֹהֵינוּ, מִי כַאדוֹנֵינוּ, מִי

26   כְמַלְכֵּנוּ, מִי כְמוֹשִׁיעֵנוּ. נוֹדֶה לֵאלֹהֵינוּ, נוֹדֶה

לַאדוֹנֵינוּ, נוֹדֶה לְמַלְכֵּנוּ, נוֹדֶה לְמוֹשִׁיעֵנוּ. בָּרוּךְ
אֱלֹהֵינוּ, בָּרוּךְ אֲדוֹנֵינוּ, בָּרוּךְ מַלְכֵּנוּ, בָּרוּךְ מוֹשִׁיעֵנוּ.
אַתָּה הוּא אֱלֹהֵינוּ, אַתָּה הוּא אֲדוֹנֵינוּ, אַתָּה הוּא
מַלְכֵּנוּ, אַתָּה הוּא מוֹשִׁיעֵנוּ. אַתָּה הוּא שֶׁהִקְטִירוּ
אֲבוֹתֵינוּ לְפָנֶיךָ אֶת קְטֹרֶת הַסַּמִּים.

פִּטוּם הַקְּטֹרֶת: (א) הַצֳּרִי, (ב) וְהַצִּפֹּרֶן, (ג) הַחֶלְבְּנָה,
(ד) וְהַלְּבוֹנָה, מִשְׁקַל שִׁבְעִים שִׁבְעִים מָנֶה; (ה)
מוֹר, (ו) וּקְצִיעָה, (ז) שִׁבֹּלֶת נֵרְדְּ, (ח) וְכַרְכֹּם, מִשְׁקַל
שִׁשָּׁה עָשָׂר שִׁשָּׁה עָשָׂר מָנֶה; (ט) הַקֹּשְׁטְ שְׁנֵים עָשָׂר, (י)
וְקִלּוּפָה שְׁלֹשָׁה, (יא) וְקִנָּמוֹן תִּשְׁעָה. בֹּרִית כַּרְשִׁינָה
תִּשְׁעָה קַבִּין, יֵין קַפְרִיסִין סְאִין תְּלָתָא וְקַבִּין תְּלָתָא;
וְאִם אֵין לוֹ יֵין קַפְרִיסִין, מֵבִיא חֲמַר חִוַּרְיָן עַתִּיק;
מֶלַח סְדוֹמִית רֹבַע הַקָּב; מַעֲלֶה עָשָׁן כָּל שֶׁהוּא. רַבִּי
נָתָן הַבַּבְלִי אוֹמֵר: אַף כִּפַּת הַיַּרְדֵּן כָּל שֶׁהוּא. וְאִם נָתַן
בָּהּ דְּבַשׁ פְּסָלָהּ. וְאִם חִסַּר אַחַת מִכָּל סַמָּנֶיהָ, חַיָּב
מִיתָה.

רַבָּן שִׁמְעוֹן בֶּן גַּמְלִיאֵל אוֹמֵר: הַצֳּרִי אֵינוֹ אֶלָּא
שְׂרָף הַנּוֹטֵף מֵעֲצֵי הַקְּטָף. בֹּרִית כַּרְשִׁינָה
שֶׁשָּׁפִין בָּהּ אֶת הַצִּפֹּרֶן כְּדֵי שֶׁתְּהֵא נָאָה; יֵין קַפְרִיסִין
שֶׁשּׁוֹרִין בּוֹ אֶת הַצִּפֹּרֶן כְּדֵי שֶׁתְּהֵא עַזָּה; וַהֲלֹא מֵי
רַגְלַיִם יָפִין לָהּ, אֶלָּא שֶׁאֵין מַכְנִיסִין מֵי רַגְלַיִם בָּעֲזָרָה
מִפְּנֵי הַכָּבוֹד.

הַשִּׁיר שֶׁהַלְוִיִּם הָיוּ אוֹמְרִים בְּבֵית הַמִּקְדָּשׁ. בַּיּוֹם

1 הָרִאשׁוֹן הָיוּ אוֹמְרִים: לַיהוה הָאָרֶץ וּמְלוֹאָהּ, תֵּבֵל
2 וְיֹשְׁבֵי בָהּ. בַּשֵּׁנִי הָיוּ אוֹמְרִים: גָּדוֹל יהוה וּמְהֻלָּל מְאֹד,
3 בְּעִיר אֱלֹהֵינוּ הַר קָדְשׁוֹ. בַּשְּׁלִישִׁי הָיוּ אוֹמְרִים:
4 אֱלֹהִים נִצָּב בַּעֲדַת אֵל, בְּקֶרֶב אֱלֹהִים יִשְׁפֹּט. בָּרְבִיעִי
5 הָיוּ אוֹמְרִים: אֵל נְקָמוֹת יהוה, אֵל נְקָמוֹת הוֹפִיעַ.
6 בַּחֲמִישִׁי הָיוּ אוֹמְרִים: הַרְנִינוּ לֵאלֹהִים עוּזֵּנוּ, הָרִיעוּ
7 לֵאלֹהֵי יַעֲקֹב. בַּשִּׁשִּׁי הָיוּ אוֹמְרִים: יהוה מָלָךְ גֵּאוּת
8 לָבֵשׁ, לָבֵשׁ יהוה עֹז הִתְאַזָּר, אַף תִּכּוֹן תֵּבֵל בַּל תִּמּוֹט.
9 בַּשַּׁבָּת הָיוּ אוֹמְרִים: מִזְמוֹר שִׁיר לְיוֹם הַשַּׁבָּת. מִזְמוֹר
10 שִׁיר לֶעָתִיד לָבֹא, לְיוֹם שֶׁכֻּלּוֹ שַׁבָּת וּמְנוּחָה לְחַיֵּי
11 הָעוֹלָמִים.

12 **תָּנָא** דְּבֵי אֵלִיָּהוּ: כָּל הַשּׁוֹנֶה הֲלָכוֹת בְּכָל יוֹם,
13 מֻבְטָח לוֹ שֶׁהוּא בֶּן עוֹלָם הַבָּא, שֶׁנֶּאֱמַר:
14 הֲלִיכוֹת עוֹלָם לוֹ, אַל תִּקְרֵי הֲלִיכוֹת, אֶלָּא הֲלָכוֹת.

15 **אָמַר** רַבִּי אֶלְעָזָר אָמַר רַבִּי חֲנִינָא: תַּלְמִידֵי
16 חֲכָמִים מַרְבִּים שָׁלוֹם בָּעוֹלָם, שֶׁנֶּאֱמַר: וְכָל
17 בָּנַיִךְ לִמּוּדֵי יהוה, וְרַב שְׁלוֹם בָּנָיִךְ, אַל תִּקְרֵי בָּנָיִךְ
18 אֶלָּא בּוֹנָיִךְ. ✧ שָׁלוֹם רָב לְאֹהֲבֵי תוֹרָתֶךָ, וְאֵין לָמוֹ
19 מִכְשׁוֹל. יְהִי שָׁלוֹם בְּחֵילֵךְ, שַׁלְוָה בְּאַרְמְנוֹתָיִךְ. לְמַעַן
20 אַחַי וְרֵעָי, אֲדַבְּרָה נָּא שָׁלוֹם בָּךְ. לְמַעַן בֵּית יהוה
21 אֱלֹהֵינוּ, אֲבַקְשָׁה טוֹב לָךְ. יהוה עֹז לְעַמּוֹ יִתֵּן, יהוה
22 יְבָרֵךְ אֶת עַמּוֹ בַשָּׁלוֹם.

IF THERE IS A *MINYAN,* MOURNERS RECITE קַדִּישׁ דְּרַבָּנָן (P. 530).

Stand while saying עֲלֵינוּ.

1 **עָלֵינוּ** לְשַׁבֵּחַ לַאֲדוֹן הַכֹּל, לָתֵת גְּדֻלָּה לְיוֹצֵר

2 בְּרֵאשִׁית, שֶׁלֹּא עָשָׂנוּ כְּגוֹיֵי הָאֲרָצוֹת,

3 וְלֹא שָׂמָנוּ כְּמִשְׁפְּחוֹת הָאֲדָמָה. שֶׁלֹּא שָׂם חֶלְקֵנוּ

4 כָּהֶם, וְגוֹרָלֵנוּ כְּכָל הֲמוֹנָם. (שֶׁהֵם מִשְׁתַּחֲוִים

5 לְהֶבֶל וָרִיק, וּמִתְפַּלְלִים אֶל אֵל לֹא יוֹשִׁיעַ.) וַאֲנַחְנוּ

6 כּוֹרְעִים וּמִשְׁתַּחֲוִים וּמוֹדִים, לִפְנֵי מֶלֶךְ

Bow while saying וַאֲנַחְנוּ כּוֹרְעִים וּמִשְׁתַּחֲוִים.

7 מַלְכֵי הַמְּלָכִים הַקָּדוֹשׁ בָּרוּךְ הוּא. שֶׁהוּא

8 נוֹטֶה שָׁמַיִם וְיֹסֵד אָרֶץ, וּמוֹשַׁב יְקָרוֹ בַּשָּׁמַיִם מִמַּעַל,

9 וּשְׁכִינַת עֻזּוֹ בְּגָבְהֵי מְרוֹמִים. הוּא אֱלֹהֵינוּ, אֵין עוֹד.

10 אֱמֶת מַלְכֵּנוּ, אֶפֶס זוּלָתוֹ, כַּכָּתוּב בְּתוֹרָתוֹ: וְיָדַעְתָּ

11 הַיּוֹם וַהֲשֵׁבֹתָ אֶל לְבָבֶךָ, כִּי יהוה הוּא הָאֱלֹהִים

12 בַּשָּׁמַיִם מִמַּעַל וְעַל הָאָרֶץ מִתָּחַת, אֵין עוֹד.

13 **וְעַל כֵּן** נְקַוֶּה לְּךָ יהוה אֱלֹהֵינוּ לִרְאוֹת מְהֵרָה

14 בְּתִפְאֶרֶת עֻזֶּךָ, לְהַעֲבִיר גִּלּוּלִים מִן הָאָרֶץ,

15 וְהָאֱלִילִים כָּרוֹת יִכָּרֵתוּן, לְתַקֵּן עוֹלָם בְּמַלְכוּת שַׁדַּי.

16 וְכָל בְּנֵי בָשָׂר יִקְרְאוּ בִשְׁמֶךָ, לְהַפְנוֹת אֵלֶיךָ כָּל

17 רִשְׁעֵי אָרֶץ. יַכִּירוּ וְיֵדְעוּ כָּל יוֹשְׁבֵי תֵבֵל, כִּי לְךָ

18 תִּכְרַע כָּל בֶּרֶךְ, תִּשָּׁבַע כָּל לָשׁוֹן. לְפָנֶיךָ יהוה

19 אֱלֹהֵינוּ יִכְרְעוּ וְיִפֹּלוּ, וְלִכְבוֹד שִׁמְךָ יְקָר יִתֵּנוּ. וִיקַבְּלוּ

20 כֻלָּם אֶת עוֹל מַלְכוּתֶךָ, וְתִמְלֹךְ עֲלֵיהֶם מְהֵרָה

21 לְעוֹלָם וָעֶד. כִּי הַמַּלְכוּת שֶׁלְּךָ הִיא וּלְעוֹלְמֵי עַד

22 תִּמְלוֹךְ בְּכָבוֹד, כַּכָּתוּב בְּתוֹרָתֶךָ: יהוה יִמְלֹךְ לְעֹלָם

1 וָעֶד. ❖ וְנֶאֱמַר: וְהָיָה יהוה לְמֶלֶךְ עַל כָּל הָאָרֶץ, בַּיּוֹם

2 הַהוּא יִהְיֶה יהוה אֶחָד וּשְׁמוֹ אֶחָד.

Some say the following after עָלֵינוּ:

3 **אַל תִּירָא** מִפַּחַד פִּתְאֹם, וּמִשֹּׁאַת רְשָׁעִים כִּי תָבֹא. עֻצוּ

4 עֵצָה וְתֻפָר, דַּבְּרוּ דָבָר וְלֹא יָקוּם, כִּי עִמָּנוּ אֵל.

5 וְעַד זִקְנָה אֲנִי הוּא, וְעַד שֵׂיבָה אֲנִי אֶסְבֹּל, אֲנִי עָשִׂיתִי וַאֲנִי אֶשָּׂא,

6 וַאֲנִי אֶסְבֹּל וַאֲמַלֵּט.

IF THERE IS A *MINYAN,* MOURNERS RECITE קַדִּישׁ יָתוֹם (P. 529).

❊ שיר הכבוד ❊

The Ark is opened and שִׁיר הַכָּבוֹד is said.
The *chazzan* says the first verse, the congregation says the second, and so on.

7 ❖ **אַנְעִים זְמִירוֹת** וְשִׁירִים אֶאֱרוֹג,

8 כִּי אֵלֶיךָ נַפְשִׁי תַעֲרוֹג.

9 נַפְשִׁי חָמְדָה בְּצֵל יָדֶךָ, לָדַעַת כָּל רָז סוֹדֶךָ.

10 ❖ מִדֵּי דַבְּרִי בִּכְבוֹדֶךָ, הוֹמֶה לִבִּי אֶל דּוֹדֶיךָ.

11 עַל כֵּן אֲדַבֵּר בְּךָ נִכְבָּדוֹת, וְשִׁמְךָ אֲכַבֵּד בְּשִׁירֵי יְדִידוֹת.

12 ❖ אֲסַפְּרָה כְבוֹדְךָ וְלֹא רְאִיתִיךָ, אֲדַמְּךָ אֲכַנְּךָ וְלֹא יְדַעְתִּיךָ.

13 בְּיַד נְבִיאֶיךָ בְּסוֹד עֲבָדֶיךָ, דִּמִּיתָ הֲדַר כְּבוֹד הוֹדֶךָ.

14 ❖ גְּדֻלָּתְךָ וּגְבוּרָתֶךָ, כִּנּוּ לְתֹקֶף פְּעֻלָּתֶךָ.

15 דִּמּוּ אוֹתְךָ וְלֹא כְפִי יֶשְׁךָ, וַיְשַׁוּוּךָ לְפִי מַעֲשֶׂיךָ.

16 ❖ הִמְשִׁילוּךָ בְּרֹב חֶזְיוֹנוֹת, הִנְּךָ אֶחָד בְּכָל דִּמְיוֹנוֹת.

17 וַיֶּחֱזוּ בְךָ זִקְנָה וּבַחֲרוּת, וּשְׂעַר רֹאשְׁךָ בְּשֵׂיבָה וְשַׁחֲרוּת.

18 ❖ זִקְנָה בְּיוֹם דִּין וּבַחֲרוּת בְּיוֹם קְרָב,

19 כְּאִישׁ מִלְחָמוֹת יָדָיו לוֹ רָב.

20 חָבַשׁ כְּכוֹבַע יְשׁוּעָה בְּרֹאשׁוֹ, הוֹשִׁיעָה לּוֹ יְמִינוֹ וּזְרוֹעַ קָדְשׁוֹ.

21 ❖ טַלְלֵי אוֹרוֹת רֹאשׁוֹ נִמְלָא, קְוֻצּוֹתָיו רְסִיסֵי לָיְלָה.

22 יִתְפָּאֵר בִּי כִּי חָפֵץ בִּי, וְהוּא יִהְיֶה לִּי לַעֲטֶרֶת צְבִי.

23 ❖ כֶּתֶם טָהוֹר פָּז דְּמוּת רֹאשׁוֹ,

1   וְחַק עַל מֵצַח כְּבוֹד שֵׁם קָדְשׁוֹ.

2   לְחֵן וּלְכָבוֹד צְבִי תִפְאָרָה, אֻמָּתוֹ לוֹ עִטְּרָה עֲטָרָה.

3   ❖ מַחְלְפוֹת רֹאשׁוֹ כְּבִימֵי בְחֻרוֹת,

4   קְוֻצּוֹתָיו תַּלְתַּלִּים שְׁחוֹרוֹת.

5   נְוֵה הַצֶּדֶק צְבִי תִפְאַרְתּוֹ, יַעֲלֶה נָּא עַל רֹאשׁ שִׂמְחָתוֹ.

6   ❖ סְגֻלָּתוֹ תְּהִי בְיָדוֹ עֲטֶרֶת, וּצְנִיף מְלוּכָה צְבִי תִפְאָרֶת.

7   עֲמוּסִים נְשָׂאָם עֲטֶרֶת עִנְּדָם,

8   מֵאֲשֶׁר יָקְרוּ בְעֵינָיו כִּבְּדָם.

9   ❖ פְּאֵרוֹ עָלַי וּפְאֵרִי עָלָיו, וְקָרוֹב אֵלַי בְּקָרְאִי אֵלָיו.

10   צַח וְאָדוֹם לִלְבוּשׁוֹ אָדוֹם, פּוּרָה בְּדָרְכוֹ בְּבוֹאוֹ מֵאֱדוֹם.

11   ❖ קֶשֶׁר תְּפִלִּין הֶרְאָה לֶעָנָו, תְּמוּנַת יְהוָה לְנֶגֶד עֵינָיו.

12   רוֹצֶה בְעַמּוֹ עֲנָוִים יְפָאֵר, יוֹשֵׁב תְּהִלּוֹת בָּם לְהִתְפָּאֵר.

13   ❖ רֹאשׁ דְּבָרְךָ אֱמֶת קוֹרֵא מֵרֹאשׁ, דּוֹר וָדוֹר עַם דּוֹרֶשְׁךָ דְּרוֹשׁ.

14   דּוֹר וָדוֹר עַם דּוֹרֶשְׁךָ דְּרוֹשׁ.

15   שִׁית הֲמוֹן שִׁירַי נָא עָלֶיךָ, וְרִנָּתִי תִּקְרַב אֵלֶיךָ.

16   ❖ תְּהִלָּתִי תְּהִי לְרֹאשְׁךָ עֲטֶרֶת, וּתְפִלָּתִי תִּכּוֹן קְטֹרֶת.

17   תִּיקַר שִׁירַת רָשׁ בְּעֵינֶיךָ, כַּשִּׁיר יוּשַׁר עַל קָרְבָּנֶיךָ.

18   ❖ בִּרְכָתִי תַעֲלֶה לְרֹאשׁ מַשְׁבִּיר,

19   מְחוֹלֵל וּמוֹלִיד צַדִּיק כַּבִּיר.

20   וּבְבִרְכָתִי תְנַעֲנַע לִי רֹאשׁ,

21   וְאוֹתָהּ קַח לְךָ כִּבְשָׂמִים רֹאשׁ.

22   ❖ יֶעֱרַב נָא שִׂיחִי עָלֶיךָ, כִּי נַפְשִׁי תַעֲרוֹג אֵלֶיךָ.

23   **לְךָ** יְהוָה הַגְּדֻלָּה וְהַגְּבוּרָה וְהַתִּפְאֶרֶת וְהַנֵּצַח וְהַהוֹד, כִּי

24   כֹל בַּשָּׁמַיִם וּבָאָרֶץ; לְךָ יְהוָה הַמַּמְלָכָה וְהַמִּתְנַשֵּׂא

25   לְכֹל לְרֹאשׁ. מִי יְמַלֵּל גְּבוּרוֹת יְהוָה, יַשְׁמִיעַ כָּל תְּהִלָּתוֹ.

THE ARK IS CLOSED.

IF THERE IS A *MINYAN,* MOURNERS RECITE קַדִּישׁ יָתוֹם (P. 529).

From Rosh Chodesh Elul through Shemini Atzeres,
some congregations say this now. Others say it following the Song of the Day.

לְדָוִד, יהוה אוֹרִי וְיִשְׁעִי, מִמִּי אִירָא, יהוה מָעוֹז חַיַּי, מִמִּי 1
אֶפְחָד. בִּקְרֹב עָלַי מְרֵעִים לֶאֱכֹל אֶת בְּשָׂרִי, צָרַי וְאֹיְבַי 2
לִי, הֵמָּה כָשְׁלוּ וְנָפָלוּ. אִם תַּחֲנֶה עָלַי מַחֲנֶה, לֹא יִירָא לִבִּי, אִם 3
תָּקוּם עָלַי מִלְחָמָה, בְּזֹאת אֲנִי בוֹטֵחַ. אַחַת שָׁאַלְתִּי מֵאֵת יהוה, 4
אוֹתָהּ אֲבַקֵּשׁ, שִׁבְתִּי בְּבֵית יהוה כָּל יְמֵי חַיַּי, לַחֲזוֹת בְּנֹעַם יהוה, 5
וּלְבַקֵּר בְּהֵיכָלוֹ. כִּי יִצְפְּנֵנִי בְּסֻכֹּה בְּיוֹם רָעָה, יַסְתִּירֵנִי בְּסֵתֶר 6
אָהֳלוֹ, בְּצוּר יְרוֹמְמֵנִי. וְעַתָּה יָרוּם רֹאשִׁי עַל אֹיְבַי סְבִיבוֹתַי, 7
וְאֶזְבְּחָה בְאָהֳלוֹ זִבְחֵי תְרוּעָה, אָשִׁירָה וַאֲזַמְּרָה לַיהוה. שְׁמַע 8
יהוה קוֹלִי אֶקְרָא, וְחָנֵּנִי וַעֲנֵנִי. לְךָ אָמַר לִבִּי בַּקְּשׁוּ פָנָי, אֶת פָּנֶיךָ 9
יהוה אֲבַקֵּשׁ. אַל תַּסְתֵּר פָּנֶיךָ מִמֶּנִּי, אַל תַּט בְּאַף עַבְדֶּךָ, עֶזְרָתִי 10
הָיִיתָ, אַל תִּטְּשֵׁנִי וְאַל תַּעַזְבֵנִי, אֱלֹהֵי יִשְׁעִי. כִּי אָבִי וְאִמִּי עֲזָבוּנִי, 11
וַיהוה יַאַסְפֵנִי. הוֹרֵנִי יהוה דַּרְכֶּךָ, וּנְחֵנִי בְּאֹרַח מִישׁוֹר, לְמַעַן 12
שֹׁרְרָי. אַל תִּתְּנֵנִי בְּנֶפֶשׁ צָרָי, כִּי קָמוּ בִי עֵדֵי שֶׁקֶר, וִיפֵחַ חָמָס. 13
❖ לוּלֵא הֶאֱמַנְתִּי לִרְאוֹת בְּטוּב יהוה בְּאֶרֶץ חַיִּים. קַוֵּה אֶל יהוה, 14
חֲזַק וְיַאֲמֵץ לִבֶּךָ, וְקַוֵּה אֶל יהוה. 15

IF THERE IS A *MINYAN*, MOURNERS RECITE קַדִּישׁ יָתוֹם (P. 529).

❁ סְעוּדַת יוֹם הַשַּׁבָּת ❁

אַתְקִינוּ סְעוּדָתָא דִמְהֵימְנוּתָא שְׁלֵימָתָא, חֶדְוָתָא דְמַלְכָּא קַדִּישָׁא. 16
אַתְקִינוּ סְעוּדָתָא דְמַלְכָּא, דָּא הִיא סְעוּדָתָא דְעַתִּיקָא 17
קַדִּישָׁא. וַחֲקַל תַּפּוּחִין קַדִּישִׁין וּזְעֵיר אַנְפִּין אַתְיָן לְסַעֲדָא בַּהֲדֵיהּ. 18
אֲסַדֵּר לִסְעוּדָתָא, בְּצַפְרָא דְשַׁבַּתָּא, וְאַזְמִין בַּהּ הַשְׁתָּא, עַתִּיקָא קַדִּישָׁא. 19
נְהוֹרָא יִשְׁרֵי בַהּ, בְּקִדּוּשָׁא רַבָּא, וּבְחַמְרָא טָבָא, דְּבֵהּ תֶּחְדֵּי נַפְשָׁא. 20
יְשַׁדֵּר לָן שׁוּפְרֵהּ, וְנֶחֱזֵי בִיקָרֵהּ, וְיַחֲזֵי לָן סִתְרֵהּ, דְּאִתְאֲמַר בִּלְחִישָׁא. 21
יְגַלֶּה לָן טַעֲמֵי, דִּבְתְרֵיסַר נַהֲמֵי, דְּאִנּוּן אָת בִּשְׁמֵהּ, כְּפִילָא וּקְלִישָׁא. 22
צְרוֹרָא דִלְעֵלָּא, דְּבֵהּ חַיֵּי כֹלָּא, וְיִתְרַבֵּי חֵילָא, וְתִסַּק עַד רֵישָׁא. 23
חֲדוּ חַצְדֵּי חַקְלָא, בְּדִבּוּר וּבְקָלָא, וּמַלְּלוּ מִלָּה, בִּמְתִיקָא כְדוּבְשָׁא. 24
קֳדָם רִבּוֹן עָלְמִין, בְּמִלִּין סְתִימִין, תְּגַלּוֹן פִּתְגָּמִין, וְתֵימְרוּן חִדּוּשָׁא. 25
לְעַטֵּר פָּתוֹרָא, בְּרָזָא יַקִּירָא, עֲמִיקָא וּטְמִירָא, וְלָאו מִלְּתָא אַוְשָׁא. 26
וְאִלֵּין מִלַּיָּא, יְהוֹן לִרְקִיעַיָּא, וְתַמָּן מָאן שַׁרְיָא, הֲלָא הַהוּא שִׁמְשָׁא. 27
רְבוּ יַתִּיר יַסְגֵּי, לְעֵלָּא מִן דַּרְגֵּהּ, וְיִסַּב בַּת זוּגֵהּ, דַּהֲוָת פְּרִישָׁא. 28

1 **חַי יהוה** וּבָרוּךְ צוּרִי, בֵּיהוה תִּתְהַלֵּל נַפְשִׁי,

2 כִּי יהוה יָאִיר נֵרִי, בְּהִלּוֹ נֵרוֹ עֲלֵי רֹאשִׁי.

3 יהוה רֹעִי לֹא אֶחְסָר, עַל מֵי מְנֻחוֹת יְנַהֲלֵנִי,

4 נוֹתֵן לֶחֶם לְכָל בָּשָׂר, לֶחֶם חֻקִּי הַטְרִיפֵנִי.

5 יְהִי רָצוֹן מִלְּפָנֶיךָ, אַתָּה אֱלֹהַי קְדוֹשִׁי,

6 תַּעֲרֹךְ לְפָנַי שֻׁלְחָנֶךְ, תְּדַשֵּׁן בַּשֶּׁמֶן רֹאשִׁי.

7 מִי יִתֵּן מְנוּחָתִי, לִפְנֵי אֲדוֹן הַשָּׁלוֹם,

8 וְהָיְתָה שְׁלֵמָה מִטָּתִי, הַחַיִּים וְהַשָּׁלוֹם.

9 יִשְׁלַח מַלְאָכוֹ לְפָנַי, לְלַוּתִי לְוָיָה,

10 בְּכוֹס יְשׁוּעוֹת אֶשָּׂא פָנַי, מְנָת כּוֹסִי רְוָיָה.

11 צָמְאָה נַפְשִׁי אֶל יהוה, יְמַלֵּא שֹׂבַע אֲסָמַי,

12 אֶל הֶהָרִים אֶשָּׂא עֵינַי, כְּהִלֵּל וְלֹא כְשַׁמַּאי.

13 חֶדְוַת יָמִים וּשְׁנוֹת עוֹלָמִים, עוּרָה כְבוֹדִי עוּרָה,

14 וְעַל רֹאשִׁי יִהְיוּ תַמִּים, נֵר מִצְוָה וְאוֹר תּוֹרָה.

15 קוּמָה יהוה לִמְנוּחָתִי. אַתָּה וַאֲרוֹן עֻזֶּךָ,

16 קַח נָא אֵל אֶת בִּרְכָתִי, וְהַחֲזֵק מָגֵן חוֹזֶךָ.

17 **מִזְמוֹר לְדָוִד**, יהוה רֹעִי לֹא אֶחְסָר. בִּנְאוֹת דֶּשֶׁא יַרְבִּיצֵנִי,

18 עַל מֵי מְנֻחוֹת יְנַהֲלֵנִי. נַפְשִׁי יְשׁוֹבֵב, יַנְחֵנִי

19 בְמַעְגְּלֵי צֶדֶק לְמַעַן שְׁמוֹ. גַּם כִּי אֵלֵךְ בְּגֵיא צַלְמָוֶת, לֹא אִירָא

20 רָע כִּי אַתָּה עִמָּדִי, שִׁבְטְךָ וּמִשְׁעַנְתֶּךָ הֵמָּה יְנַחֲמֻנִי. תַּעֲרֹךְ לְפָנַי

21 שֻׁלְחָן נֶגֶד צֹרְרָי, דִּשַּׁנְתָּ בַשֶּׁמֶן רֹאשִׁי, כּוֹסִי רְוָיָה. אַךְ טוֹב

22 וָחֶסֶד יִרְדְּפוּנִי כָּל יְמֵי חַיָּי, וְשַׁבְתִּי בְּבֵית יהוה לְאֹרֶךְ יָמִים.

❧ קִידוּשָׁא רַבָּא לְשַׁבָּת וְיוֹם טוֹב ❧

On the Sabbath, including Festivals that fall on the Sabbath, begin here
(some communities begin עַל כֵּן בֵּרַךְ).

23 **אִם תָּשִׁיב** מִשַּׁבָּת רַגְלֶךָ, עֲשׂוֹת חֲפָצֶךָ בְּיוֹם קָדְשִׁי,

24 וְקָרָאתָ לַשַּׁבָּת עֹנֶג, לִקְדוֹשׁ יהוה מְכֻבָּד,

25 וְכִבַּדְתּוֹ מֵעֲשׂוֹת דְּרָכֶיךָ, מִמְּצוֹא חֶפְצְךָ וְדַבֵּר דָּבָר. אָז

1   תִּתְעַנַּג עַל יהוה, וְהִרְכַּבְתִּיךְ עַל בָּמֳתֵי אָרֶץ, וְהַאֲכַלְתִּיךְ

2   נַחֲלַת יַעֲקֹב אָבִיךָ, כִּי פִּי יהוה דִּבֵּר.

3   **וְשָׁמְרוּ** בְנֵי יִשְׂרָאֵל אֶת הַשַּׁבָּת, לַעֲשׂוֹת אֶת הַשַּׁבָּת

4   לְדֹרֹתָם בְּרִית עוֹלָם. בֵּינִי וּבֵין בְּנֵי יִשְׂרָאֵל אוֹת

5   הִיא לְעֹלָם, כִּי שֵׁשֶׁת יָמִים עָשָׂה יהוה אֶת הַשָּׁמַיִם וְאֶת

6   הָאָרֶץ, וּבַיּוֹם הַשְּׁבִיעִי שָׁבַת וַיִּנָּפַשׁ.

7   **זָכוֹר** אֶת יוֹם הַשַּׁבָּת לְקַדְּשׁוֹ. שֵׁשֶׁת יָמִים תַּעֲבֹד וְעָשִׂיתָ

8   כָּל מְלַאכְתֶּךָ. וְיוֹם הַשְּׁבִיעִי שַׁבָּת לַיהוה אֱלֹהֶיךָ,

9   לֹא תַעֲשֶׂה כָל מְלָאכָה, אַתָּה וּבִנְךָ וּבִתֶּךָ עַבְדְּךָ וַאֲמָתְךָ

10   וּבְהֶמְתֶּךָ, וְגֵרְךָ אֲשֶׁר בִּשְׁעָרֶיךָ. כִּי שֵׁשֶׁת יָמִים עָשָׂה יהוה

11   אֶת הַשָּׁמַיִם וְאֶת הָאָרֶץ אֶת הַיָּם וְאֶת כָּל אֲשֶׁר בָּם, וַיָּנַח

12   בַּיּוֹם הַשְּׁבִיעִי —

13   **עַל כֵּן בֵּרַךְ יהוה אֶת יוֹם הַשַּׁבָּת וַיְקַדְּשֵׁהוּ.**

On Festivals:

14   אֵלֶּה מוֹעֲדֵי יהוה מִקְרָאֵי קֹדֶשׁ אֲשֶׁר תִּקְרְאוּ אֹתָם

15   בְּמוֹעֲדָם. וַיְדַבֵּר מֹשֶׁה אֶת מֹעֲדֵי יהוה, אֶל בְּנֵי יִשְׂרָאֵל.

On Rosh Hashanah:

16   תִּקְעוּ בַחֹדֶשׁ שׁוֹפָר, בַּכֶּסֶה לְיוֹם חַגֵּנוּ. כִּי חֹק לְיִשְׂרָאֵל

17   הוּא, מִשְׁפָּט לֵאלֹהֵי יַעֲקֹב.

18   סַבְרִי מָרָנָן וְרַבָּנָן וְרַבּוֹתַי:

19   **בָּרוּךְ** אַתָּה יהוה אֱלֹהֵינוּ מֶלֶךְ הָעוֹלָם,

20   בּוֹרֵא פְּרִי הַגָּפֶן.   (All – אָמֵן.)

On Succos, in the succah, *add:*

21   **בָּרוּךְ** אַתָּה יהוה אֱלֹהֵינוּ מֶלֶךְ הָעוֹלָם, אֲשֶׁר קִדְּשָׁנוּ בְּמִצְוֹתָיו

22   וְצִוָּנוּ לֵישֵׁב בַּסֻּכָּה.   (All – אָמֵן.)

זמירות ליום השבת

בָּרוּךְ אֲדֹנָי יוֹם יוֹם, יַעֲמָס לָנוּ יֶשַׁע וּפִדְיוֹם,

וּבִשְׁמוֹ נָגִיל כָּל הַיּוֹם, וּבִישׁוּעָתוֹ נָרִים רֹאשׁ עֶלְיוֹן,

כִּי הוּא מָעוֹז לַדָּל, וּמַחֲסֶה לָאֶבְיוֹן.

שִׁבְטֵי יָהּ לְיִשְׂרָאֵל עֵדוּת, בְּצָרָתָם לוֹ צָר בְּסִבְלוֹת וּבְעַבְדוּת,

בְּלִבְנַת הַסַּפִּיר הֶרְאָם עֹז יְדִידוּת,

וְנִגְלָה לְהַעֲלוֹתָם מֵעֹמֶק בּוֹר נָדוּת,

כִּי עִם יהוה הַחֶסֶד, וְהַרְבֵּה עִמּוֹ פְדוּת.

מַה יָּקָר חַסְדּוֹ בְּצִלּוֹ לִגְוֹנְנֵמוֹ, בְּגָלוּת בָּבֶלָה שֻׁלַּח לְמַעֲנֵמוֹ,

לְהוֹרִיד בָּרִיחִים נִמְנָה בֵינֵימוֹ, וַיִּתְּנֵם לְרַחֲמִים לִפְנֵי שׁוֹבֵימוֹ,

כִּי לֹא יִטֹּשׁ יהוה אֶת עַמּוֹ, בַּעֲבוּר הַגָּדוֹל שְׁמוֹ.

עֵילָם שָׁת כִּסְאוֹ לְהַצִּיל יְדִידָיו, לְהַאֲבִיד מִשָּׁם מָעֻזְנֵי מוֹרְדָיו,

מֵעֲבוּר בַּשֶּׁלַח פָּדָה אֶת עֲבָדָיו,

קֶרֶן לְעַמּוֹ יָרִים תְּהִלָּה לְכָל חֲסִידָיו,

כִּי אִם הוֹגָה וְרִחַם, כְּרַחֲמָיו וּכְרֹב חֲסָדָיו.

וּצְפִיר הָעִזִּים הִגְדִּיל עֲצוּמָיו, וְגַם חָזוּת אַרְבַּע עָלוּ לִמְרוֹמָיו,

וּבְלִבָּם דִּמּוּ לְהַשְׁחִית אֶת רְחוּמָיו, עַל יְדֵי כֹהֲנָיו מִגֵּר מִתְקוֹמְמָיו,

חַסְדֵי יהוה כִּי לֹא תָמְנוּ, כִּי לֹא כָלוּ רַחֲמָיו.

נִסְגַּרְתִּי לֶאֱדוֹם בְּיַד רֵעַי מְדָנַי,

שֶׁבְּכָל יוֹם וָיוֹם מְמַלְּאִים כְּרֵשָׂם מֵעֲדָנַי,

עֶזְרָתוֹ עִמִּי לִסְמוֹךְ אֶת אֲדָנַי, וְלֹא נְטַשְׁתַּנִי כָּל יְמֵי עִדָּנַי,

כִּי לֹא יִזְנַח לְעוֹלָם אֲדֹנָי.

בְּבֹאוֹ מֵאֱדוֹם חֲמוּץ בְּגָדִים, זֶבַח לוֹ בְּבָצְרָה וְטֶבַח לוֹ בְּבוֹגְדִים,

וְיֵז נִצְחָם מַלְבּוּשָׁיו לְהַאְדִּים, בְּכֹחוֹ הַגָּדוֹל יִבְצֹר רוּחַ נְגִידִים,

הָגָה בְּרוּחוֹ הַקָּשָׁה, בְּיוֹם קָדִים.

רְאוֹתוֹ כִּי כֵן אֲדוֹמִי הָעוֹצֵר, יַחֲשׁוֹב לוֹ בְּבָצְרָה תִּקְלֹט כְּבֶצֶר,

וּמַלְאָךְ כְּאָדָם בְּתוֹכָהּ יִנְצֵר, וּמֵזִיד כַּשּׁוֹגֵג בְּמִקְלָט יֵעָצֵר,

אֶהֱבוּ אֶת יהוה כָּל חֲסִידָיו, אֱמוּנִים נֹצֵר.

1 וִיצַוֶּה **צוּר חַסְדּוֹ קְ**הִלּוֹתָיו לְקַבֵּץ, מֵאַרְבַּע רוּחוֹת עָדָיו לְהָקְבֵּץ,

2 וּבְהַר מְרוֹם הָרִים אוֹתָנוּ לְהַרְבֵּץ, וְאִתָּנוּ יָשׁוּב נִדָּחִים קוֹבֵץ,

3 יָשִׁיב לֹא נֶאֱמַר, כִּי אִם וְשָׁב וְקִבֵּץ.

4 בָּרוּךְ הוּא אֱלֹהֵינוּ אֲשֶׁר טוֹב גְּמָלָנוּ,

5 כְּרַחֲמָיו וּכְרֹב חֲסָדָיו הִגְדִּיל לָנוּ, אֵלֶּה וְכָאֵלֶּה יוֹסֵף עִמָּנוּ,

6 לְהַגְדִּיל שְׁמוֹ הַגָּדוֹל הַגִּבּוֹר וְהַנּוֹרָא שֶׁנִּקְרָא עָלֵינוּ.

7 בָּרוּךְ הוּא אֱלֹהֵינוּ שֶׁבְּרָאָנוּ לִכְבוֹדוֹ,

8 לְהַלְלוֹ וּלְשַׁבְּחוֹ וּלְסַפֵּר הוֹדוֹ, מִכָּל אֹם גָּבַר עָלֵינוּ חַסְדּוֹ,

9 לָכֵן בְּכָל לֵב וּבְכָל נֶפֶשׁ וּבְכָל מְאוֹדוֹ, נַמְלִיכוֹ וּנְיַחֲדוֹ.

10 שֶׁהַשָּׁלוֹם שֶׁלּוֹ יָשִׂים עָלֵינוּ בְּרָכָה וְשָׁלוֹם,

11 מִשְּׂמֹאל וּמִיָּמִין עַל יִשְׂרָאֵל שָׁלוֹם,

12 הָרַחֲמָן הוּא יְבָרֵךְ אֶת עַמּוֹ בַשָּׁלוֹם,

13 וְיִזְכּוּ לִרְאוֹת בָּנִים וּבְנֵי בָנִים עוֹסְקִים בַּתּוֹרָה וּבְמִצְוֹת,

14 עַל יִשְׂרָאֵל שָׁלוֹם.   (פֶּלֶא) יוֹעֵץ אֵל גִּבּוֹר אֲבִי עַד שַׂר שָׁלוֹם.

15 **בָּרוּךְ אֵל עֶלְיוֹן** אֲשֶׁר נָתַן מְנוּחָה,

16 לְנַפְשֵׁנוּ פִדְיוֹן מִשֵּׁאת וַאֲנָחָה,

17 וְהוּא יִדְרוֹשׁ לְצִיּוֹן עִיר הַנִּדָּחָה, עַד אָנָה תּוּגְיוֹן נֶפֶשׁ נֶאֱנָחָה.

18 הַשּׁוֹמֵר שַׁבָּת, הַבֵּן עִם הַבַּת, לָאֵל יֵרָצוּ כְּמִנְחָה עַל מַחֲבַת.

19 רוֹכֵב בָּעֲרָבוֹת מֶלֶךְ עוֹלָמִים, אֶת עַמּוֹ לִשְׁבּוֹת אִזֵּן בַּנְּעִימִים,

20 בְּמַאֲכָלֵי עֲרֵבוֹת בְּמִינֵי מַטְעַמִּים, בְּמַלְבּוּשֵׁי כָבוֹד זֶבַח מִשְׁפָּחָה.

21 הַשּׁוֹמֵר שַׁבָּת, הַבֵּן עִם הַבַּת, לָאֵל יֵרָצוּ כְּמִנְחָה עַל מַחֲבַת.

22 וְאַשְׁרֵי כָּל חוֹכֶה לְתַשְׁלוּמֵי כֵפֶל, מֵאֵת כָּל סוֹכֶה שׁוֹכֵן בָּעֲרָפֶל,

23 נַחֲלָה לוֹ יִזְכֶּה בָּהָר וּבַשָּׁפֶל, נַחֲלָה וּמְנוּחָה כַּשֶּׁמֶשׁ לוֹ זָרְחָה.

24 הַשּׁוֹמֵר שַׁבָּת, הַבֵּן עִם הַבַּת, לָאֵל יֵרָצוּ כְּמִנְחָה עַל מַחֲבַת.

25 **כָּל** שׁוֹמֵר שַׁבָּת כַּדָּת מֵחַלְּלוֹ, הֵן הֶכְשַׁר חִבַּת קֹדֶשׁ גּוֹרָלוֹ,

26 וְאִם יֵצֵא חוֹבַת הַיּוֹם אַשְׁרֵי לוֹ,

27 לְאֵל אָדוֹן מְחוֹלְלוֹ מִנְחָה הִיא שְׁלוּחָה.

28 הַשּׁוֹמֵר שַׁבָּת, הַבֵּן עִם הַבַּת, לָאֵל יֵרָצוּ כְּמִנְחָה עַל מַחֲבַת.

1 **חֶמְדַּת** הַיָּמִים קְרָאוֹ אֵלִי צוּר,

2 וְאַשְׁרֵי לִתְמִימִים אִם יִהְיֶה נָצוּר,

3 כֶּתֶר הִלּוּמִים עַל רֹאשָׁם יָצוּר, צוּר הָעוֹלָמִים רוּחוֹ בָּם נָחָה.

4 הַשּׁוֹמֵר שַׁבָּת, הַבֵּן עִם הַבַּת, לָאֵל יֵרָצוּ כְּמִנְחָה עַל מַחֲבַת.

5 **זָכוֹר** אֶת יוֹם הַשַּׁבָּת לְקַדְּשׁוֹ, קַרְנוֹ כִּי גָבְהָה נֵזֶר עַל רֹאשׁוֹ,

6 עַל כֵּן יִתֵּן הָאָדָם לְנַפְשׁוֹ, עֹנֶג וְגַם שִׂמְחָה בָּהֶם לְמָשְׁחָה.

7 הַשּׁוֹמֵר שַׁבָּת, הַבֵּן עִם הַבַּת, לָאֵל יֵרָצוּ כְּמִנְחָה עַל מַחֲבַת.

8 **קֹדֶשׁ** הִיא לָכֶם שַׁבָּת הַמַּלְכָּה, אֶל תּוֹךְ בָּתֵּיכֶם לְהָנִיחַ בְּרָכָה,

9 בְּכָל מוֹשְׁבוֹתֵיכֶם לֹא תַעֲשׂוּ מְלָאכָה,

10 בְּנֵיכֶם וּבְנוֹתֵיכֶם עֶבֶד וְגַם שִׁפְחָה.

11 הַשּׁוֹמֵר שַׁבָּת, הַבֵּן עִם הַבַּת, לָאֵל יֵרָצוּ כְּמִנְחָה עַל מַחֲבַת.

12 **יוֹם זֶה מְכֻבָּד** מִכָּל יָמִים,

13 כִּי בוֹ שָׁבַת צוּר עוֹלָמִים.

14 **שֵׁשֶׁת** יָמִים תַּעֲשֶׂה מְלַאכְתֶּךָ, וְיוֹם הַשְּׁבִיעִי לֵאלֹהֶיךָ,

15 שַׁבָּת לֹא תַעֲשֶׂה בוֹ מְלָאכָה, כִּי כֹל עָשָׂה שֵׁשֶׁת יָמִים.

16 יוֹם זֶה מְכֻבָּד מִכָּל יָמִים, כִּי בוֹ שָׁבַת צוּר עוֹלָמִים.

17 **רִאשׁוֹן** הוּא לְמִקְרָאֵי קֹדֶשׁ, יוֹם שַׁבָּתוֹן יוֹם שַׁבַּת קֹדֶשׁ,

18 עַל כֵּן כָּל אִישׁ בְּיֵינוֹ יְקַדֵּשׁ, עַל שְׁתֵּי לֶחֶם יִבְצְעוּ תְמִימִים.

19 יוֹם זֶה מְכֻבָּד מִכָּל יָמִים, כִּי בוֹ שָׁבַת צוּר עוֹלָמִים.

20 **אֱכוֹל** מַשְׁמַנִּים שְׁתֵה מַמְתַּקִּים, כִּי אֵל יִתֵּן לְכָל בּוֹ דְבֵקִים,

21 בֶּגֶד לִלְבּוֹשׁ לֶחֶם חֻקִּים, בָּשָׂר וְדָגִים וְכָל מַטְעַמִּים.

22 יוֹם זֶה מְכֻבָּד מִכָּל יָמִים, כִּי בוֹ שָׁבַת צוּר עוֹלָמִים.

23 **לֹא** תֶחְסַר כֹּל בּוֹ וְאָכַלְתָּ וְשָׂבָעְתָּ,

24 וּבֵרַכְתָּ אֶת יהוה אֱלֹהֶיךָ אֲשֶׁר אָהַבְתָּ, כִּי בֵרַכְךָ מִכָּל הָעַמִּים.

25 יוֹם זֶה מְכֻבָּד מִכָּל יָמִים, כִּי בוֹ שָׁבַת צוּר עוֹלָמִים.

26 **הַשָּׁמַיִם** מְסַפְּרִים כְּבוֹדוֹ, וְגַם הָאָרֶץ מָלְאָה חַסְדּוֹ,

27 רְאוּ כִּי כָל אֵלֶּה עָשְׂתָה יָדוֹ, כִּי הוּא הַצּוּר פָּעֳלוֹ תָמִים.

28 יוֹם זֶה מְכֻבָּד מִכָּל יָמִים, כִּי בוֹ שָׁבַת צוּר עוֹלָמִים.

יוֹם שַׁבָּתוֹן אֵין לִשְׁכּֽוֹחַ, זִכְרוֹ כְּרֵֽיחַ הַנִּיחֹֽחַ,

יוֹנָה מָצְאָה בוֹ מָנֽוֹחַ, וְשָׁם יָנֽוּחוּ יְגִֽיעֵי כֹֽחַ.

יוֹנָה מָצְאָה בוֹ מָנֽוֹחַ, וְשָׁם יָנֽוּחוּ יְגִֽיעֵי כֹֽחַ.

הַיּוֹם נִכְבָּד לִבְנֵי אֱמוּנִים, זְהִירִים לְשָׁמְרוֹ אָבוֹת וּבָנִים,

חָקוּק בִּשְׁנֵי לֻחוֹת אֲבָנִים, מֵרֹב אוֹנִים וְאַמִּיץ כֹּֽחַ.

יוֹנָה מָצְאָה בוֹ מָנֽוֹחַ, וְשָׁם יָנֽוּחוּ יְגִֽיעֵי כֹֽחַ.

וּבָֽאוּ כֻלָּם בִּבְרִית יַֽחַד, נַעֲשֶׂה וְנִשְׁמָע אָמְרוּ כְּאֶחָד,

וּפָתְחוּ וְעָנוּ יהוה אֶחָד, בָּרוּךְ הַנּוֹתֵן לַיָּעֵף כֹּֽחַ.

יוֹנָה מָצְאָה בוֹ מָנֽוֹחַ, וְשָׁם יָנֽוּחוּ יְגִֽיעֵי כֹֽחַ.

דִּבֶּר בְּקָדְשׁוֹ בְּהַר הַמּוֹר, יוֹם הַשְּׁבִיעִי זָכוֹר וְשָׁמוֹר,

וְכָל פִּקּוּדָיו יַֽחַד לִגְמוֹר, חַזֵּק מָתְנַֽיִם וְאַמֵּץ כֹּֽחַ.

יוֹנָה מָצְאָה בוֹ מָנֽוֹחַ, וְשָׁם יָנֽוּחוּ יְגִֽיעֵי כֹֽחַ.

הָעָם אֲשֶׁר נָע כַּצֹּאן תָּעָה, יִזְכּוֹר לְפָקְדוֹ בְּרִית וּשְׁבוּעָה,

לְבַל יַעֲבָר בָּם מִקְרֵה רָעָה, כַּאֲשֶׁר נִשְׁבַּֽעְתָּ עַל מֵי נֹֽחַ.

יוֹנָה מָצְאָה בוֹ מָנֽוֹחַ, וְשָׁם יָנֽוּחוּ יְגִֽיעֵי כֹֽחַ.

דְּרוֹר יִקְרָא לְבֵן עִם בַּת, וְיִנְצָרְכֶם כְּמוֹ בָבַת,

נְעִים שִׁמְכֶם וְלֹא יֻשְׁבַּת, **שְׁ**בוּ וְנֽוּחוּ בְּיוֹם שַׁבָּת.

דְּרוֹשׁ נָוִי וְאוּלָמִי, **וְ**אוֹת יֶֽשַׁע עֲשֵׂה עִמִּי,

נְטַע שׂוֹרֵק בְּתוֹךְ כַּרְמִי, **שְׁ**עֵה שַׁוְעַת בְּנֵי עַמִּי.

דְּרוֹךְ פּוּרָה בְּתוֹךְ בָּצְרָה, **וְ**גַם בָּבֶל אֲשֶׁר גָּבְרָה,

נְתוֹץ צָרַי בְּאַף וְעֶבְרָה, **שְׁ**מַע קוֹלִי בְּיוֹם אֶקְרָא.

אֱלֹהִים תֵּן בַּמִּדְבָּר הַר, הֲדַס שִׁטָּה בְּרוֹשׁ תִּדְהָר,

וְלַמַּזְהִיר וְלַנִּזְהָר, שְׁלוֹמִים תֵּן כְּמֵי נָהָר.

הֲדוֹךְ קָמַי אֵל קַנָּא, בְּמוֹג לֵבָב וּבַמְּגִנָּה,

וְנַרְחִיב פֶּה וּנְמַלְּאֶֽנָּה, לְשׁוֹנֵֽנוּ לְךָ רִנָּה.

דְּעֵה חָכְמָה לְנַפְשֶֽׁךָ, **וְ**הִיא כֶֽתֶר לְרֹאשֶֽׁךָ,

נְצוֹר מִצְוַת קְדוֹשֶֽׁךָ, **שְׁ**מוֹר שַׁבַּת קָדְשֶֽׁךָ.

Bircas HaMazon can be found on page 100.

﴾ מנחה לשבת ויום טוב ﴿

Many congregations begin *Minchah* by saying *Korbanos* [Offerings]
and *Ketores* [Incense]. Others start *Minchah* with אַשְׁרֵי (290).

קרבנות

1 **וַיְדַבֵּר** יהוה אֶל מֹשֶׁה לֵּאמֹר. וְעָשִׂיתָ כִּיּוֹר נְחֹשֶׁת, וְכַנּוֹ נְחֹשֶׁת, לְרָחְצָה,

2 וְנָתַתָּ אֹתוֹ בֵּין אֹהֶל מוֹעֵד וּבֵין הַמִּזְבֵּחַ, וְנָתַתָּ שָׁמָּה מָיִם. וְרָחֲצוּ

3 אַהֲרֹן וּבָנָיו מִמֶּנּוּ, אֶת יְדֵיהֶם וְאֶת רַגְלֵיהֶם. בְּבֹאָם אֶל אֹהֶל מוֹעֵד יִרְחֲצוּ מַיִם

4 וְלֹא יָמֻתוּ, אוֹ בְגִשְׁתָּם אֶל הַמִּזְבֵּחַ לְשָׁרֵת לְהַקְטִיר אִשֶּׁה לַיהוה. וְרָחֲצוּ

5 יְדֵיהֶם וְרַגְלֵיהֶם וְלֹא יָמֻתוּ, וְהָיְתָה לָהֶם חָק עוֹלָם, לוֹ וּלְזַרְעוֹ לְדֹרֹתָם.

Some authorities hold that the following (until קְטֹרֶת) should be recited standing.

6 **וַיְדַבֵּר** יהוה אֶל מֹשֶׁה לֵּאמֹר. צַו אֶת בְּנֵי יִשְׂרָאֵל וְאָמַרְתָּ אֲלֵהֶם, אֶת קָרְבָּנִי

7 לַחְמִי לְאִשַּׁי, רֵיחַ נִיחֹחִי, תִּשְׁמְרוּ לְהַקְרִיב לִי בְּמוֹעֲדוֹ. וְאָמַרְתָּ

8 לָהֶם, זֶה הָאִשֶּׁה אֲשֶׁר תַּקְרִיבוּ לַיהוה, כְּבָשִׂים בְּנֵי שָׁנָה תְמִימִם שְׁנַיִם לַיּוֹם,

9 עֹלָה תָמִיד. אֶת הַכֶּבֶשׂ אֶחָד תַּעֲשֶׂה בַבֹּקֶר, וְאֵת הַכֶּבֶשׂ הַשֵּׁנִי תַּעֲשֶׂה בֵּין

10 הָעַרְבָּיִם. וַעֲשִׂירִית הָאֵיפָה סֹלֶת לְמִנְחָה, בְּלוּלָה בְּשֶׁמֶן כָּתִית רְבִיעִת הַהִין.

11 עֹלַת תָּמִיד, הָעֲשֻׂיָה בְּהַר סִינַי, לְרֵיחַ נִיחֹחַ, אִשֶּׁה לַיהוה. וְנִסְכּוֹ רְבִיעִת הַהִין

12 לַכֶּבֶשׂ הָאֶחָד, בַּקֹּדֶשׁ הַסֵּךְ נֶסֶךְ שֵׁכָר לַיהוה. וְאֵת הַכֶּבֶשׂ הַשֵּׁנִי תַּעֲשֶׂה בֵּין

13 הָעַרְבָּיִם, כְּמִנְחַת הַבֹּקֶר וּכְנִסְכּוֹ תַּעֲשֶׂה, אִשֵּׁה רֵיחַ נִיחֹחַ לַיהוה.

14 וְשָׁחַט אֹתוֹ עַל יֶרֶךְ הַמִּזְבֵּחַ צָפֹנָה לִפְנֵי יהוה, וְזָרְקוּ בְּנֵי אַהֲרֹן הַכֹּהֲנִים אֶת

15 דָּמוֹ עַל הַמִּזְבֵּחַ סָבִיב.

קטורת

16 **אַתָּה** הוּא יהוה אֱלֹהֵינוּ שֶׁהִקְטִירוּ אֲבוֹתֵינוּ לְפָנֶיךָ אֶת קְטֹרֶת הַסַּמִּים בִּזְמַן שֶׁבֵּית

17 הַמִּקְדָּשׁ הָיָה קַיָּם, כַּאֲשֶׁר צִוִּיתָ אוֹתָם עַל יְדֵי מֹשֶׁה נְבִיאֶךָ, כַּכָּתוּב בְּתוֹרָתֶךָ:

18 **וַיֹּאמֶר** יהוה אֶל מֹשֶׁה, קַח לְךָ סַמִּים, נָטָף וּשְׁחֵלֶת וְחֶלְבְּנָה, סַמִּים וּלְבֹנָה

19 זַכָּה, בַּד בְּבַד יִהְיֶה. וְעָשִׂיתָ אֹתָהּ קְטֹרֶת, רֹקַח, מַעֲשֵׂה רוֹקֵחַ,

20 מְמֻלָּח, טָהוֹר, קֹדֶשׁ. וְשָׁחַקְתָּ מִמֶּנָּה הָדֵק, וְנָתַתָּה מִמֶּנָּה לִפְנֵי הָעֵדֻת בְּאֹהֶל

21 מוֹעֵד אֲשֶׁר אִוָּעֵד לְךָ שָׁמָּה, קֹדֶשׁ קָדָשִׁים תִּהְיֶה לָכֶם.

22 וְנֶאֱמַר: וְהִקְטִיר עָלָיו אַהֲרֹן קְטֹרֶת סַמִּים, בַּבֹּקֶר בַּבֹּקֶר, בְּהֵיטִיבוֹ אֶת הַנֵּרֹת

23 יַקְטִירֶנָּה. וּבְהַעֲלֹת אַהֲרֹן אֶת הַנֵּרֹת בֵּין הָעַרְבַּיִם, יַקְטִירֶנָּה, קְטֹרֶת תָּמִיד לִפְנֵי

24 יהוה לְדֹרֹתֵיכֶם.

25 **תָּנוּ רַבָּנָן**, פִּטּוּם הַקְּטֹרֶת כֵּיצַד. שְׁלֹשׁ מֵאוֹת וְשִׁשִּׁים וּשְׁמוֹנָה מָנִים

26 הָיוּ בָהּ. שְׁלֹשׁ מֵאוֹת וְשִׁשִּׁים וַחֲמִשָּׁה כְּמִנְיַן יְמוֹת הַחַמָּה —

27 מָנֶה לְכָל יוֹם, פְּרָס בְּשַׁחֲרִית וּפְרָס בֵּין הָעַרְבָּיִם; וּשְׁלֹשָׁה מָנִים יְתֵרִים,

28 שֶׁמֵּהֶם מַכְנִיס כֹּהֵן גָּדוֹל מְלֹא חָפְנָיו בְּיוֹם הַכִּפּוּרִים. וּמַחֲזִירָן לְמַכְתֶּשֶׁת בְּעֶרֶב

29 יוֹם הַכִּפּוּרִים, וְשׁוֹחֲקָן יָפֶה יָפֶה כְּדֵי שֶׁתְּהֵא דַקָּה מִן הַדַּקָּה. וְאַחַד עָשָׂר סַמָּנִים

1 הָיוּ בָהּ, וְאֵלוּ הֵן: (א) הַצֳּרִי, (ב) וְהַצִּפְּרֶן, (ג) הַחֶלְבְּנָה, (ד) וְהַלְּבוֹנָה, מִשְׁקַל
2 שִׁבְעִים שִׁבְעִים מָנֶה; (ה) מוֹר, (ו) וּקְצִיעָה, (ז) שִׁבְּלֶת נֵרְדְּ, (ח) וְכַרְכֹּם, מִשְׁקַל
3 שִׁשָּׁה עָשָׂר שִׁשָּׁה עָשָׂר מָנֶה; (ט) הַקֹּשְׁטְ, שְׁנֵים עָשָׂר, (י) וְקִלּוּפָה שְׁלֹשָׁה, (יא)
4 וְקִנָּמוֹן, תִּשְׁעָה. בֹּרִית כַּרְשִׁינָה, תִּשְׁעָה קַבִּין; יֵין קַפְרִיסִין, סְאִין תְּלָתָא וְקַבִּין
5 תְּלָתָא, וְאִם אֵין לוֹ יֵין קַפְרִיסִין, מֵבִיא חֲמַר חִוַּרְיָן עַתִּיק; מֶלַח סְדוֹמִית רֹבַע;
6 מַעֲלֶה עָשָׁן כָּל שֶׁהוּא. רַבִּי נָתָן הַבַּבְלִי אוֹמֵר: אַף כִּפַּת הַיַּרְדֵּן כָּל שֶׁהוּא. וְאִם
7 נָתַן בָּהּ דְּבַשׁ פְּסָלָהּ. וְאִם חִסַּר אַחַת מִכָּל סַמָּנֶיהָ, חַיָּב מִיתָה.

8 **רַבָּן** שִׁמְעוֹן בֶּן גַּמְלִיאֵל אוֹמֵר: הַצֳּרִי אֵינוֹ אֶלָּא שְׂרָף הַנּוֹטֵף מֵעֲצֵי
9 הַקְּטָף. בֹּרִית כַּרְשִׁינָה לָמָה הִיא בָאָה, כְּדֵי לְיַפּוֹת בָּהּ אֶת הַצִּפְּרֶן, כְּדֵי
10 שֶׁתְּהֵא נָאָה. יֵין קַפְרִיסִין לָמָה הוּא בָא, כְּדֵי לִשְׁרוֹת בּוֹ אֶת הַצִּפְּרֶן, כְּדֵי
11 שֶׁתְּהֵא עַזָּה. וַהֲלֹא מֵי רַגְלַיִם יָפִין לָהּ, אֶלָּא שֶׁאֵין מַכְנִיסִין מֵי רַגְלַיִם בַּמִּקְדָּשׁ
12 מִפְּנֵי הַכָּבוֹד.

13 **תַּנְיָא,** רַבִּי נָתָן אוֹמֵר: כְּשֶׁהוּא שׁוֹחֵק, אוֹמֵר הָדֵק הֵיטֵב, הֵיטֵב הָדֵק,
14 מִפְּנֵי שֶׁהַקּוֹל יָפֶה לַבְּשָׂמִים. פִּטְּמָהּ לַחֲצָאִין, כְּשֵׁרָה; לִשְׁלִישׁ
15 וְלִרְבִיעַ, לֹא שָׁמֵעְנוּ. אָמַר רַבִּי יְהוּדָה: זֶה הַכְּלָל – אִם כְּמִדָּתָהּ, כְּשֵׁרָה
16 לַחֲצָאִין; וְאִם חִסַּר אַחַת מִכָּל סַמָּנֶיהָ, חַיָּב מִיתָה.

17 **תַּנְיָא,** בַּר קַפָּרָא אוֹמֵר: אַחַת לְשִׁשִּׁים אוֹ לְשִׁבְעִים שָׁנָה הָיְתָה בָאָה
18 שֶׁל שִׁירַיִם לַחֲצָאִין. וְעוֹד תָּנֵי בַּר קַפָּרָא: אִלּוּ הָיָה נוֹתֵן בָּהּ קוֹרְטוֹב
19 שֶׁל דְּבַשׁ, אֵין אָדָם יָכוֹל לַעֲמֹד מִפְּנֵי רֵיחָהּ. וְלָמָה אֵין מְעָרְבִין בָּהּ דְּבַשׁ, מִפְּנֵי
20 שֶׁהַתּוֹרָה אָמְרָה: כִּי כָל שְׂאֹר וְכָל דְּבַשׁ לֹא תַקְטִירוּ מִמֶּנּוּ אִשֶּׁה לַיהוה.
21 יהוה צְבָאוֹת עִמָּנוּ, מִשְׂגָּב לָנוּ אֱלֹהֵי יַעֲקֹב, סֶלָה. – Recite three times
22 יהוה צְבָאוֹת, אַשְׁרֵי אָדָם בֹּטֵחַ בָּךְ. – Recite three times
23 יהוה הוֹשִׁיעָה, הַמֶּלֶךְ יַעֲנֵנוּ בְיוֹם קָרְאֵנוּ. – Recite three times
24 אַתָּה סֵתֶר לִי, מִצַּר תִּצְּרֵנִי, רָנֵּי פַלֵּט תְּסוֹבְבֵנִי, סֶלָה. וְעָרְבָה לַיהוה
25 מִנְחַת יְהוּדָה וִירוּשָׁלָיִם, כִּימֵי עוֹלָם וּכְשָׁנִים קַדְמֹנִיּוֹת.

26 **אָנָּא בְכֹחַ** גְּדֻלַּת יְמִינְךָ תַּתִּיר צְרוּרָה. אב״ג ית״ץ
27 קַבֵּל רִנַּת עַמְּךָ שַׂגְּבֵנוּ טַהֲרֵנוּ נוֹרָא. קר״ע שט״ן
28 נָא גִבּוֹר דּוֹרְשֵׁי יִחוּדְךָ כְּבָבַת שָׁמְרֵם. נג״ד יכ״ש
29 בָּרְכֵם טַהֲרֵם רַחֲמֵם צִדְקָתְךָ תָּמִיד גָּמְלֵם. בט״ר צת״ג
30 חֲסִין קָדוֹשׁ בְּרֹב טוּבְךָ נַהֵל עֲדָתֶךָ. חק״ב טנ״ע
31 יָחִיד גֵּאֶה לְעַמְּךָ פְּנֵה זוֹכְרֵי קְדֻשָּׁתֶךָ. יג״ל פז״ק
32 שַׁוְעָתֵנוּ קַבֵּל וּשְׁמַע צַעֲקָתֵנוּ יוֹדֵעַ תַּעֲלֻמוֹת. שק״ו צי״ת
33 בָּרוּךְ שֵׁם כְּבוֹד מַלְכוּתוֹ לְעוֹלָם וָעֶד.

אַשְׁרֵי יוֹשְׁבֵי בֵיתֶךָ, עוֹד יְהַלְלוּךָ סֶּלָה. אַשְׁרֵי הָעָם
שֶׁכָּכָה לּוֹ, אַשְׁרֵי הָעָם שֶׁיהוה אֱלֹהָיו.

תְּהִלָּה לְדָוִד,

אֲרוֹמִמְךָ אֱלוֹהַי הַמֶּלֶךְ, וַאֲבָרְכָה שִׁמְךָ לְעוֹלָם וָעֶד.

בְּכָל יוֹם אֲבָרְכֶךָּ, וַאֲהַלְלָה שִׁמְךָ לְעוֹלָם וָעֶד.

גָּדוֹל יהוה וּמְהֻלָּל מְאֹד, וְלִגְדֻלָּתוֹ אֵין חֵקֶר.

דּוֹר לְדוֹר יְשַׁבַּח מַעֲשֶׂיךָ, וּגְבוּרֹתֶיךָ יַגִּידוּ.

הֲדַר כְּבוֹד הוֹדֶךָ, וְדִבְרֵי נִפְלְאֹתֶיךָ אָשִׂיחָה.

וֶעֱזוּז נוֹרְאוֹתֶיךָ יֹאמֵרוּ, וּגְדוּלָּתְךָ אֲסַפְּרֶנָּה.

זֵכֶר רַב טוּבְךָ יַבִּיעוּ, וְצִדְקָתְךָ יְרַנֵּנוּ.

חַנּוּן וְרַחוּם יהוה, אֶרֶךְ אַפַּיִם וּגְדָל חָסֶד.

טוֹב יהוה לַכֹּל, וְרַחֲמָיו עַל כָּל מַעֲשָׂיו.

יוֹדוּךָ יהוה כָּל מַעֲשֶׂיךָ, וַחֲסִידֶיךָ יְבָרְכוּכָה.

כְּבוֹד מַלְכוּתְךָ יֹאמֵרוּ, וּגְבוּרָתְךָ יְדַבֵּרוּ.

לְהוֹדִיעַ לִבְנֵי הָאָדָם גְּבוּרֹתָיו, וּכְבוֹד הֲדַר מַלְכוּתוֹ.

מַלְכוּתְךָ מַלְכוּת כָּל עֹלָמִים, וּמֶמְשַׁלְתְּךָ בְּכָל דּוֹר וָדֹר.

סוֹמֵךְ יהוה לְכָל הַנֹּפְלִים, וְזוֹקֵף לְכָל הַכְּפוּפִים.

עֵינֵי כֹל אֵלֶיךָ יְשַׂבֵּרוּ, וְאַתָּה נוֹתֵן לָהֶם אֶת אָכְלָם בְּעִתּוֹ.

When you say the verse פּוֹתֵחַ, think about its meaning.

פּוֹתֵחַ אֶת יָדֶךָ, וּמַשְׂבִּיעַ לְכָל חַי רָצוֹן.

צַדִּיק יהוה בְּכָל דְּרָכָיו, וְחָסִיד בְּכָל מַעֲשָׂיו.

קָרוֹב יהוה לְכָל קֹרְאָיו, לְכֹל אֲשֶׁר יִקְרָאֻהוּ בֶאֱמֶת.

רְצוֹן יְרֵאָיו יַעֲשֶׂה, וְאֶת שַׁוְעָתָם יִשְׁמַע וְיוֹשִׁיעֵם.

שׁוֹמֵר יהוה אֶת כָּל אֹהֲבָיו, וְאֵת כָּל הָרְשָׁעִים יַשְׁמִיד.

1. ❖ **תְּהִלַּת** יהוה יְדַבֶּר פִּי,

2. וִיבָרֵךְ כָּל בָּשָׂר שֵׁם קָדְשׁוֹ לְעוֹלָם וָעֶד.

3. וַאֲנַחְנוּ נְבָרֵךְ יָהּ, מֵעַתָּה וְעַד עוֹלָם, הַלְלוּיָהּ.

וּבָא לְצִיּוֹן includes the *Kedushah* that is said by the angels. The verses of *Kedushah* are in bold type and the congregation should say them aloud and together. However, the Aramaic translation that follows the verses should be said softly.

4. **וּבָא לְצִיּוֹן** גּוֹאֵל, וּלְשָׁבֵי פֶּשַׁע בְּיַעֲקֹב, נְאֻם יהוה.

5. וַאֲנִי, זֹאת בְּרִיתִי אוֹתָם, אָמַר יהוה,

6. רוּחִי אֲשֶׁר עָלֶיךָ, וּדְבָרַי אֲשֶׁר שַׂמְתִּי בְּפִיךָ, לֹא יָמוּשׁוּ

7. מִפִּיךָ וּמִפִּי זַרְעֲךָ וּמִפִּי זֶרַע זַרְעֲךָ, אָמַר יהוה, מֵעַתָּה

8. וְעַד עוֹלָם: ❖ וְאַתָּה קָדוֹשׁ יוֹשֵׁב תְּהִלּוֹת יִשְׂרָאֵל. וְקָרָא

9. זֶה אֶל זֶה וְאָמַר:

10. **קָדוֹשׁ קָדוֹשׁ קָדוֹשׁ יהוה צְבָאוֹת,**

11. **מְלֹא כָל הָאָרֶץ כְּבוֹדוֹ.**

12. וּמְקַבְּלִין דֵּין מִן דֵּין וְאָמְרִין: קַדִּישׁ בִּשְׁמֵי מְרוֹמָא עִלָּאָה

13. בֵּית שְׁכִינְתֵּהּ, קַדִּישׁ עַל אַרְעָא עוֹבַד גְּבוּרְתֵּהּ, קַדִּישׁ

14. לְעָלַם וּלְעָלְמֵי עָלְמַיָּא, יהוה צְבָאוֹת, מַלְיָא כָל אַרְעָא

15. זִיו יְקָרֵהּ.

16. ❖ וַתִּשָּׂאֵנִי רוּחַ, וָאֶשְׁמַע אַחֲרַי קוֹל רַעַשׁ גָּדוֹל:

17. **בָּרוּךְ כְּבוֹד יהוה מִמְּקוֹמוֹ.**

18. וּנְטָלַתְנִי רוּחָא, וְשִׁמְעֵת בַּתְרַי קָל זִיעַ סַגִּיא דִּמְשַׁבְּחִין

19. וְאָמְרִין: בְּרִיךְ יְקָרָא דַיהוה מֵאֲתַר בֵּית שְׁכִינְתֵּהּ.

20. **יהוה יִמְלֹךְ לְעֹלָם וָעֶד.**

21. יהוה מַלְכוּתֵהּ קָאֵם לְעָלַם וּלְעָלְמֵי עָלְמַיָּא.

22. יהוה אֱלֹהֵי אַבְרָהָם יִצְחָק וְיִשְׂרָאֵל אֲבֹתֵינוּ, שָׁמְרָה

1 זֹאת לְעוֹלָם, לְיֵצֶר מַחְשְׁבוֹת לְבַב עַמֶּךָ, וְהָכֵן לְבָבָם

2 אֵלֶיךָ. וְהוּא רַחוּם, יְכַפֵּר עָוֹן וְלֹא יַשְׁחִית, וְהִרְבָּה

3 לְהָשִׁיב אַפּוֹ, וְלֹא יָעִיר כָּל חֲמָתוֹ. כִּי אַתָּה אֲדֹנָי טוֹב

4 וְסַלָּח, וְרַב חֶסֶד לְכָל קֹרְאֶיךָ. צִדְקָתְךָ צֶדֶק לְעוֹלָם,

5 וְתוֹרָתְךָ אֱמֶת. תִּתֵּן אֱמֶת לְיַעֲקֹב, חֶסֶד לְאַבְרָהָם, אֲשֶׁר

6 נִשְׁבַּעְתָּ לַאֲבֹתֵינוּ מִימֵי קֶדֶם. בָּרוּךְ אֲדֹנָי יוֹם יוֹם יַעֲמָס

7 לָנוּ, הָאֵל יְשׁוּעָתֵנוּ סֶלָה. יְהוָה צְבָאוֹת עִמָּנוּ, מִשְׂגָּב לָנוּ

8 אֱלֹהֵי יַעֲקֹב סֶלָה. יְהוָה צְבָאוֹת, אַשְׁרֵי אָדָם בֹּטֵחַ בָּךְ.

9 יְהוָה הוֹשִׁיעָה, הַמֶּלֶךְ יַעֲנֵנוּ בְיוֹם קָרְאֵנוּ. בָּרוּךְ הוּא

10 אֱלֹהֵינוּ שֶׁבְּרָאָנוּ לִכְבוֹדוֹ, וְהִבְדִּילָנוּ מִן הַתּוֹעִים, וְנָתַן

11 לָנוּ תּוֹרַת אֱמֶת, וְחַיֵּי עוֹלָם נָטַע בְּתוֹכֵנוּ. הוּא יִפְתַּח

12 לִבֵּנוּ בְּתוֹרָתוֹ, וְיָשֵׂם בְּלִבֵּנוּ אַהֲבָתוֹ וְיִרְאָתוֹ וְלַעֲשׂוֹת

13 רְצוֹנוֹ וּלְעָבְדוֹ בְּלֵבָב שָׁלֵם, לְמַעַן לֹא נִיגַע לָרִיק, וְלֹא

14 נֵלֵד לַבֶּהָלָה.

15 יְהִי רָצוֹן מִלְּפָנֶיךָ, יְהוָה אֱלֹהֵינוּ וֵאלֹהֵי אֲבוֹתֵינוּ,

16 שֶׁנִּשְׁמֹר חֻקֶּיךָ בָּעוֹלָם הַזֶּה, וְנִזְכֶּה וְנִחְיֶה וְנִרְאֶה וְנִירַשׁ

17 טוֹבָה וּבְרָכָה לִשְׁנֵי יְמוֹת הַמָּשִׁיחַ וּלְחַיֵּי הָעוֹלָם הַבָּא.

18 לְמַעַן יְזַמֶּרְךָ כָבוֹד וְלֹא יִדֹּם, יְהוָה אֱלֹהַי לְעוֹלָם אוֹדֶךָּ.

19 בָּרוּךְ הַגֶּבֶר אֲשֶׁר יִבְטַח בַּיהוָה, וְהָיָה יְהוָה מִבְטַחוֹ.

20 בִּטְחוּ בַיהוָה עֲדֵי עַד, כִּי בְּיָהּ יְהוָה צוּר עוֹלָמִים.

21 ❖ וְיִבְטְחוּ בְךָ יוֹדְעֵי שְׁמֶךָ, כִּי לֹא עָזַבְתָּ דֹּרְשֶׁיךָ, יְהוָה.

22 יְהוָה חָפֵץ לְמַעַן צִדְקוֹ, יַגְדִּיל תּוֹרָה וְיַאְדִּיר.

Some congregations conclude:

23 יְהוָה אֲדוֹנֵינוּ, מָה אַדִּיר שִׁמְךָ בְּכָל הָאָרֶץ.

24 חִזְקוּ וְיַאֲמֵץ לְבַבְכֶם, כָּל הַמְיַחֲלִים לַיהוָה.

The *chazzan* says חֲצִי קַדִּישׁ:

1   **יִתְגַּדַּל** וְיִתְקַדַּשׁ שְׁמֵהּ רַבָּא. (.Cong – אָמֵן) בְּעָלְמָא דִּי בְרָא כִרְעוּתֵהּ,

2   וְיַמְלִיךְ מַלְכוּתֵהּ, וְיַצְמַח פֻּרְקָנֵהּ וִיקָרֵב מְשִׁיחֵהּ. (.Cong – אָמֵן)

3   בְּחַיֵּיכוֹן וּבְיוֹמֵיכוֹן וּבְחַיֵּי דְכָל בֵּית יִשְׂרָאֵל, בַּעֲגָלָא וּבִזְמַן קָרִיב.

4   וְאִמְרוּ: אָמֵן.

5   (.Cong – אָמֵן. יְהֵא שְׁמֵהּ רַבָּא מְבָרַךְ לְעָלַם וּלְעָלְמֵי עָלְמַיָּא.)

6   יְהֵא שְׁמֵהּ רַבָּא מְבָרַךְ לְעָלַם וּלְעָלְמֵי עָלְמַיָּא.

7   יִתְבָּרַךְ וְיִשְׁתַּבַּח וְיִתְפָּאַר וְיִתְרוֹמַם וְיִתְנַשֵּׂא וְיִתְהַדָּר וְיִתְעַלֶּה

8   וְיִתְהַלָּל שְׁמֵהּ דְּקֻדְשָׁא בְּרִיךְ הוּא – (.Cong – בְּרִיךְ הוּא) °לְעֵלָּא מִן כָּל

9   (from Rosh Hashanah to Yom Kippur – °לְעֵלָּא [וּ]לְעֵלָּא מִכָּל) בִּרְכָתָא וְשִׁירָתָא

10   תֻּשְׁבְּחָתָא וְנֶחֱמָתָא, דַּאֲמִירָן בְּעָלְמָא. וְאִמְרוּ: אָמֵן. (.Cong – אָמֵן)

ON THE SABBATH, EVEN ON FESTIVALS, CONTINUE BELOW.
ON A FESTIVAL THAT FALLS ON A WEEKDAY, *SHEMONEH ESREI* IS SAID NOW
(ON FESTIVALS — P. 367; ON ROSH HASHANAH — P. 406).

---

11   **וַאֲנִי** תְפִלָּתִי לְךָ יהוה עֵת רָצוֹן,

12   אֱלֹהִים בְּרָב חַסְדֶּךָ, עֲנֵנִי בֶּאֱמֶת יִשְׁעֶךָ.

הוצאת ספר תורה

Everyone stands until the Torah is placed on the *bimah*.
When the Ark is opened, the congregation says:

13   **וַיְהִי** בִּנְסֹעַ הָאָרֹן, וַיֹּאמֶר מֹשֶׁה, קוּמָה יהוה וְיָפֻצוּ אֹיְבֶיךָ,

14   וְיָנֻסוּ מְשַׂנְאֶיךָ מִפָּנֶיךָ. כִּי מִצִּיּוֹן תֵּצֵא תוֹרָה, וּדְבַר יהוה

15   מִירוּשָׁלָיִם. בָּרוּךְ שֶׁנָּתַן תּוֹרָה לְעַמּוֹ יִשְׂרָאֵל בִּקְדֻשָּׁתוֹ.

16   **בְּרִיךְ** שְׁמֵהּ דְּמָרֵא עָלְמָא, בְּרִיךְ כִּתְרָךְ וְאַתְרָךְ. יְהֵא

17   רְעוּתָךְ עִם עַמָּךְ יִשְׂרָאֵל לְעָלַם, וּפֻרְקַן יְמִינָךְ אַחֲזֵי

18   לְעַמָּךְ בְּבֵית מַקְדְּשָׁךְ, וּלְאַמְטוּיֵי לָנָא מִטּוּב נְהוֹרָךְ, וּלְקַבֵּל

19   צְלוֹתָנָא בְּרַחֲמִין. יְהֵא רַעֲוָא קֳדָמָךְ, דְּתוֹרִיךְ לָן חַיִּין בְּטִיבוּתָא,

20   וְלֶהֱוֵי אֲנָא פְּקִידָא בְּגוֹ צַדִּיקַיָּא, לְמִרְחַם עָלַי וּלְמִנְטַר יָתִי וְיָת

21   כָּל דִּי לִי, וְדִי לְעַמָּךְ יִשְׂרָאֵל. אַנְתְּ הוּא זָן לְכֹלָּא, וּמְפַרְנֵס

22   לְכֹלָּא, אַנְתְּ הוּא שַׁלִּיט עַל כֹּלָּא. אַנְתְּ הוּא דְּשַׁלִּיט עַל מַלְכַיָּא,

23   וּמַלְכוּתָא דִּילָךְ הִיא. אֲנָא עַבְדָּא דְּקֻדְשָׁא בְּרִיךְ הוּא, דְּסָגִידְנָא

1 קָמֵהּ וּמִקַּמָּא דִּיקַר אוֹרַיְתֵהּ בְּכָל עִדָּן וְעִדָּן. לָא עַל אֱנָשׁ

2 רָחִיצְנָא, וְלָא עַל בַּר אֱלָהִין סָמִיכְנָא, אֶלָּא בֶּאֱלָהָא דִשְׁמַיָּא,

3 דְּהוּא אֱלָהָא קְשׁוֹט, וְאוֹרַיְתֵהּ קְשׁוֹט, וּנְבִיאְוֹהִי קְשׁוֹט, וּמַסְגֵּא

4 לְמֶעְבַּד טַבְוָן וּקְשׁוֹט. בֵּהּ אֲנָא רָחִיץ, וְלִשְׁמֵהּ קַדִּישָׁא יַקִּירָא אֲנָא

5 אָמַר תֻּשְׁבְּחָן. יְהֵא רַעֲוָא קֳדָמָךְ, דְּתִפְתַּח לִבָּאִי בְּאוֹרַיְתָא,

6 (וְתֵיהַב לִי בְּנִין דִּכְרִין דְּעָבְדִין רְעוּתָךְ,) וְתַשְׁלִים מִשְׁאֲלִין

7 דְּלִבָּאִי, וְלִבָּא דְכָל עַמָּךְ יִשְׂרָאֵל, לְטַב וּלְחַיִּין וְלִשְׁלָם. (אָמֵן.)

The Torah Scroll is removed from the Ark and handed to the *chazzan*. He takes it in his right arm. The *chazzan* turns to the Ark, bows while raising the Torah, and says aloud:

8 **גַּדְּלוּ לַיהוה אִתִּי, וּנְרוֹמְמָה שְׁמוֹ יַחְדָּו.**

Congregation says the following, as the *chazzan* brings the Torah to the *bimah*.
As the Torah is carried, people should kiss it.

9 **לְךָ** יהוה הַגְּדֻלָּה וְהַגְּבוּרָה וְהַתִּפְאֶרֶת וְהַנֵּצַח וְהַהוֹד, כִּי כֹל

10 בַּשָּׁמַיִם וּבָאָרֶץ, לְךָ יהוה הַמַּמְלָכָה וְהַמִּתְנַשֵּׂא לְכֹל

11 לְרֹאשׁ. רוֹמְמוּ יהוה אֱלֹהֵינוּ, וְהִשְׁתַּחֲווּ לַהֲדֹם רַגְלָיו, קָדוֹשׁ

12 הוּא. רוֹמְמוּ יהוה אֱלֹהֵינוּ, וְהִשְׁתַּחֲווּ לְהַר קָדְשׁוֹ, כִּי קָדוֹשׁ יהוה

13 אֱלֹהֵינוּ.

14 **אַב** הָרַחֲמִים הוּא יְרַחֵם עַם עֲמוּסִים, וְיִזְכֹּר בְּרִית אֵיתָנִים,

15 וְיַצִּיל נַפְשׁוֹתֵינוּ מִן הַשָּׁעוֹת הָרָעוֹת, וְיִגְעַר בְּיֵצֶר הָרַע מִן

16 הַנְּשׂוּאִים, וְיָחֹן אוֹתָנוּ לִפְלֵיטַת עוֹלָמִים, וִימַלֵּא מִשְׁאֲלוֹתֵינוּ

17 בְּמִדָּה טוֹבָה יְשׁוּעָה וְרַחֲמִים.

The *gabbai* says the following to call the first person to the Torah:

18 **וְתִגָּלֶה** וְתֵרָאֶה מַלְכוּתוֹ עָלֵינוּ בִּזְמַן קָרוֹב, וְיָחֹן פְּלֵיטָתֵנוּ

19 וּפְלֵיטַת עַמּוֹ בֵּית יִשְׂרָאֵל לְחֵן וּלְחֶסֶד וּלְרַחֲמִים

20 וּלְרָצוֹן. וְנֹאמַר אָמֵן. הַכֹּל הָבוּ גֹדֶל לֵאלֹהֵינוּ וּתְנוּ כָבוֹד לַתּוֹרָה.

21 כֹּהֵן° קְרַב, יַעֲמֹד (insert name) הַכֹּהֵן.

°If no *Kohen* is present, the *gabbai* says:

22 ,,אֵין כָּאן כֹּהֵן, יַעֲמֹד (insert name) יִשְׂרָאֵל (לֵוִי) בִּמְקוֹם כֹּהֵן.''

23 בָּרוּךְ שֶׁנָּתַן תּוֹרָה לְעַמּוֹ יִשְׂרָאֵל בִּקְדֻשָּׁתוֹ. (תּוֹרַת יהוה תְּמִימָה

1 מְשִׁיבַת נָפֶשׁ, עֵדוּת יהוה נֶאֱמָנָה מַחְכִּימַת פֶּתִי. פִּקּוּדֵי יהוה יְשָׁרִים מְשַׂמְּחֵי

2 לֵב, מִצְוַת יהוה בָּרָה מְאִירַת עֵינָיִם. יהוה עֹז לְעַמּוֹ יִתֵּן, יהוה יְבָרֵךְ אֶת עַמּוֹ

3 בַשָּׁלוֹם. הָאֵל תָּמִים דַּרְכּוֹ, אִמְרַת יהוה צְרוּפָה, מָגֵן הוּא לְכֹל הַחוֹסִים בּוֹ.)

Congregation, then gabbai:

4 **וְאַתֶּם הַדְּבֵקִים בַּיהוה אֱלֹהֵיכֶם, חַיִּים כֻּלְּכֶם הַיּוֹם.**

The reader shows the *oleh* (person called to the Torah) the place in the Torah. The *oleh* touches the Torah with a corner of his *tallis,* or the belt or mantle of the Torah, and kisses it. He then begins the blessing, bowing at בָּרְכוּ, and straightening up at ה'.

5 **בָּרְכוּ אֶת יהוה הַמְבֹרָךְ.**

Congregation, followed by oleh, responds, bowing at בָּרוּךְ, and straightening up at ה'.

6 **בָּרוּךְ יהוה הַמְבֹרָךְ לְעוֹלָם וָעֶד.**

Oleh continues:

7 **בָּרוּךְ** אַתָּה יהוה אֱלֹהֵינוּ מֶלֶךְ הָעוֹלָם, אֲשֶׁר
8 בָּחַר בָּנוּ מִכָּל הָעַמִּים, וְנָתַן לָנוּ אֶת
9 תּוֹרָתוֹ. בָּרוּךְ אַתָּה יהוה, נוֹתֵן הַתּוֹרָה. (Cong. – אָמֵן.)

After his Torah portion has been read, the oleh recites:

10 **בָּרוּךְ** אַתָּה יהוה אֱלֹהֵינוּ מֶלֶךְ הָעוֹלָם, אֲשֶׁר
11 נָתַן לָנוּ תּוֹרַת אֱמֶת, וְחַיֵּי עוֹלָם נָטַע
12 בְּתוֹכֵנוּ. בָּרוּךְ אַתָּה יהוה, נוֹתֵן הַתּוֹרָה. (Cong. – אָמֵן.)

After the Torah reading has been completed, the Torah Scroll is opened and raised for all to see. Each person looks at the Torah and says aloud:

13 **[יהוה אֱלֹהֵינוּ אֱמֶת, מֹשֶׁה אֱמֶת, וְתוֹרָתוֹ אֱמֶת]**
14 **וְזֹאת הַתּוֹרָה אֲשֶׁר שָׂם מֹשֶׁה לִפְנֵי בְּנֵי יִשְׂרָאֵל,**
15 **עַל פִּי יהוה בְּיַד מֹשֶׁה.**

16 Some add – עֵץ חַיִּים הִיא לַמַּחֲזִיקִים בָּהּ, וְתֹמְכֶיהָ מְאֻשָּׁר. דְּרָכֶיהָ דַרְכֵי
17 נֹעַם, וְכָל נְתִיבוֹתֶיהָ שָׁלוֹם. אֹרֶךְ יָמִים בִּימִינָהּ, בִּשְׂמֹאלָהּ עֹשֶׁר וְכָבוֹד.
18 יהוה חָפֵץ לְמַעַן צִדְקוֹ, יַגְדִּיל תּוֹרָה וְיַאְדִּיר.

Some say the following two psalms as the Torah is rolled, bound, and covered:

1 **הַלְלוּיָהּ,** אוֹדֶה יְהוָה בְּכָל לֵבָב, בְּסוֹד יְשָׁרִים וְעֵדָה. גְּדֹלִים

2 מַעֲשֵׂי יְהוָה, דְּרוּשִׁים לְכָל חֶפְצֵיהֶם. הוֹד וְהָדָר פָּעֳלוֹ,

3 וְצִדְקָתוֹ עֹמֶדֶת לָעַד. זֵכֶר עָשָׂה לְנִפְלְאֹתָיו, חַנּוּן וְרַחוּם יְהוָה.

4 טֶרֶף נָתַן לִירֵאָיו, יִזְכֹּר לְעוֹלָם בְּרִיתוֹ. כֹּחַ מַעֲשָׂיו הִגִּיד לְעַמּוֹ,

5 לָתֵת לָהֶם נַחֲלַת גּוֹיִם. מַעֲשֵׂי יָדָיו אֱמֶת וּמִשְׁפָּט, נֶאֱמָנִים כָּל

6 פִּקּוּדָיו. סְמוּכִים לָעַד לְעוֹלָם, עֲשׂוּיִם בֶּאֱמֶת וְיָשָׁר. פְּדוּת שָׁלַח

7 לְעַמּוֹ, צִוָּה לְעוֹלָם בְּרִיתוֹ, קָדוֹשׁ וְנוֹרָא שְׁמוֹ. רֵאשִׁית חָכְמָה

8 יִרְאַת יְהוָה, שֵׂכֶל טוֹב לְכָל עֹשֵׂיהֶם, תְּהִלָּתוֹ עֹמֶדֶת לָעַד.

9 **הַלְלוּיָהּ,** אַשְׁרֵי אִישׁ יָרֵא אֶת יְהוָה, בְּמִצְוֹתָיו חָפֵץ מְאֹד. גִּבּוֹר

10 בָּאָרֶץ יִהְיֶה זַרְעוֹ, דּוֹר יְשָׁרִים יְבֹרָךְ. הוֹן וָעֹשֶׁר בְּבֵיתוֹ,

11 וְצִדְקָתוֹ עֹמֶדֶת לָעַד. זָרַח בַּחֹשֶׁךְ אוֹר לַיְשָׁרִים, חַנּוּן וְרַחוּם

12 וְצַדִּיק. טוֹב אִישׁ חוֹנֵן וּמַלְוֶה, יְכַלְכֵּל דְּבָרָיו בְּמִשְׁפָּט. כִּי לְעוֹלָם

13 לֹא יִמּוֹט, לְזֵכֶר עוֹלָם יִהְיֶה צַדִּיק. מִשְּׁמוּעָה רָעָה לֹא יִירָא, נָכוֹן

14 לִבּוֹ בָּטֻחַ בַּיהוָה. סָמוּךְ לִבּוֹ לֹא יִירָא, עַד אֲשֶׁר יִרְאֶה בְצָרָיו. פִּזַּר

15 נָתַן לָאֶבְיוֹנִים, צִדְקָתוֹ עֹמֶדֶת לָעַד, קַרְנוֹ תָּרוּם בְּכָבוֹד. רָשָׁע יִרְאֶה

16 וְכָעָס, שִׁנָּיו יַחֲרֹק וְנָמָס, תַּאֲוַת רְשָׁעִים תֹּאבֵד.

The *chazzan* takes the Torah in his right arm and says aloud:

17 **יְהַלְלוּ אֶת שֵׁם יְהוָה, כִּי נִשְׂגָּב שְׁמוֹ לְבַדּוֹ.**

Congregation responds:

18 הוֹדוֹ עַל אֶרֶץ וְשָׁמָיִם. וַיָּרֶם קֶרֶן לְעַמּוֹ, תְּהִלָּה לְכָל חֲסִידָיו,

19 לִבְנֵי יִשְׂרָאֵל עַם קְרֹבוֹ, הַלְלוּיָהּ.

As the Torah is carried to the Ark, the congregation says:

20 **לְדָוִד** מִזְמוֹר, לַיהוָה הָאָרֶץ וּמְלוֹאָהּ, תֵּבֵל וְיֹשְׁבֵי בָהּ. כִּי הוּא

21 עַל יַמִּים יְסָדָהּ, וְעַל נְהָרוֹת יְכוֹנְנֶהָ. מִי יַעֲלֶה בְהַר יְהוָה,

22 וּמִי יָקוּם בִּמְקוֹם קָדְשׁוֹ. נְקִי כַפַּיִם וּבַר לֵבָב, אֲשֶׁר לֹא נָשָׂא לַשָּׁוְא

23 נַפְשִׁי וְלֹא נִשְׁבַּע לְמִרְמָה. יִשָּׂא בְרָכָה מֵאֵת יְהוָה, וּצְדָקָה מֵאֱלֹהֵי

24 יִשְׁעוֹ. זֶה דּוֹר דֹּרְשָׁיו, מְבַקְשֵׁי פָנֶיךָ, יַעֲקֹב, סֶלָה. שְׂאוּ שְׁעָרִים

25 רָאשֵׁיכֶם, וְהִנָּשְׂאוּ פִּתְחֵי עוֹלָם, וְיָבוֹא מֶלֶךְ הַכָּבוֹד. מִי זֶה מֶלֶךְ

26 הַכָּבוֹד, יְהוָה עִזּוּז וְגִבּוֹר, יְהוָה גִּבּוֹר מִלְחָמָה. שְׂאוּ שְׁעָרִים

1 רָאשֵׁיכֶם, וּשְׂאוּ פִּתְחֵי עוֹלָם, וְיָבֹא מֶלֶךְ הַכָּבוֹד. מִי הוּא זֶה מֶלֶךְ

2 הַכָּבוֹד, יהוה צְבָאוֹת הוּא מֶלֶךְ הַכָּבוֹד, סֶלָה.

As the Torah is placed into the Ark, the congregation says:

3 **וּבְנֻחֹה** יֹאמַר, שׁוּבָה יהוה רִבְבוֹת אַלְפֵי יִשְׂרָאֵל. קוּמָה יהוה

4 לִמְנוּחָתֶךָ, אַתָּה וַאֲרוֹן עֻזֶּךָ. כֹּהֲנֶיךָ יִלְבְּשׁוּ צֶדֶק,

5 וַחֲסִידֶיךָ יְרַנֵּנוּ. בַּעֲבוּר דָּוִד עַבְדֶּךָ אַל תָּשֵׁב פְּנֵי מְשִׁיחֶךָ. כִּי לֶקַח

6 טוֹב נָתַתִּי לָכֶם, תּוֹרָתִי אַל תַּעֲזֹבוּ. ✧ עֵץ חַיִּים הִיא לַמַּחֲזִיקִים בָּהּ,

7 וְתֹמְכֶיהָ מְאֻשָּׁר. דְּרָכֶיהָ דַרְכֵי נֹעַם, וְכָל נְתִיבֹתֶיהָ שָׁלוֹם. הֲשִׁיבֵנוּ

8 יהוה אֵלֶיךָ וְנָשׁוּבָה, חַדֵּשׁ יָמֵינוּ כְּקֶדֶם.

The chazzan says חֲצִי קַדִּישׁ:

9 **יִתְגַּדַּל** וְיִתְקַדַּשׁ שְׁמֵהּ רַבָּא. (.Cong – אָמֵן.) בְּעָלְמָא דִּי בְרָא כִרְעוּתֵהּ.

10 וְיַמְלִיךְ מַלְכוּתֵהּ, וְיַצְמַח פֻּרְקָנֵהּ וִיקָרֵב מְשִׁיחֵהּ. (.Cong – אָמֵן.)

11 בְּחַיֵּיכוֹן וּבְיוֹמֵיכוֹן וּבְחַיֵּי דְכָל בֵּית יִשְׂרָאֵל, בַּעֲגָלָא וּבִזְמַן קָרִיב.

12 וְאִמְרוּ: אָמֵן.

13 (.Cong – אָמֵן. יְהֵא שְׁמֵהּ רַבָּא מְבָרַךְ לְעָלַם וּלְעָלְמֵי עָלְמַיָּא.)

14 יְהֵא שְׁמֵהּ רַבָּא מְבָרַךְ לְעָלַם וּלְעָלְמֵי עָלְמַיָּא.

15 יִתְבָּרַךְ וְיִשְׁתַּבַּח וְיִתְפָּאַר וְיִתְרוֹמַם וְיִתְנַשֵּׂא וְיִתְהַדָּר וְיִתְעַלֶּה

16 וְיִתְהַלָּל שְׁמֵהּ דְּקֻדְשָׁא בְּרִיךְ הוּא — (.Cong – בְּרִיךְ הוּא) °לְעֵלָּא מִן כָּל

17 (from Rosh Hashanah to Yom Kippur – °לְעֵלָּא [וּ]לְעֵלָּא מִכָּל) בִּרְכָתָא וְשִׁירָתָא

18 תֻּשְׁבְּחָתָא וְנֶחֱמָתָא, דַּאֲמִירָן בְּעָלְמָא. וְאִמְרוּ: אָמֵן. (.Cong – אָמֵן)

ON AN ORDINARY SABBATH AND ON THE SABBATH OF CHOL HAMOED CONTINUE HERE.
ON FESTIVALS (EVEN ON THE SABBATH), THE FESTIVAL *SHEMONEH ESREI* IS SAID
(ON FESTIVALS — P. 367; ON ROSH HASHANAH — P. 406; ON YOM KIPPUR — P. 425).

ﯺ שמונה עשרה של מנחה לשבת ושבת חול המועד ﯺ

Take three steps backward, then three steps forward. During *Shemoneh Esrei,* stand with
your feet together and do not interrupt in any way. Say it very quietly, but you must be able
to hear your own words. See *Laws* §15-16 for a summary of its laws.

19 כִּי שֵׁם יהוה אֶקְרָא, הָבוּ גֹדֶל לֵאלֹהֵינוּ.

20 אֲדֹנָי שְׂפָתַי תִּפְתָּח, וּפִי יַגִּיד תְּהִלָּתֶךָ.

אבות

Bend the knees at בָּרוּךְ; bow at אַתָּה; straighten up at ה'.

21 **בָּרוּךְ** אַתָּה יהוה אֱלֹהֵינוּ וֵאלֹהֵי אֲבוֹתֵינוּ, אֱלֹהֵי

22 אַבְרָהָם, אֱלֹהֵי יִצְחָק, וֵאלֹהֵי יַעֲקֹב, הָאֵל

הַגָּדוֹל הַגִּבּוֹר וְהַנּוֹרָא, אֵל עֶלְיוֹן, גּוֹמֵל חֲסָדִים

טוֹבִים וְקוֹנֵה הַכֹּל, וְזוֹכֵר חַסְדֵי אָבוֹת, וּמֵבִיא גוֹאֵל

לִבְנֵי בְנֵיהֶם, לְמַעַן שְׁמוֹ בְּאַהֲבָה.

From Rosh Hashanah to Yom Kippur add:

זָכְרֵנוּ לְחַיִּים, מֶלֶךְ חָפֵץ בַּחַיִּים,

וְכָתְבֵנוּ בְּסֵפֶר הַחַיִּים, לְמַעַנְךָ אֱלֹהִים חַיִּים.

[If forgotten, do not repeat Shemoneh Esrei. See Laws §17.]

Bend the knees at בָּרוּךְ; bow at אַתָּה; straighten up at ה'.

מֶלֶךְ עוֹזֵר וּמוֹשִׁיעַ וּמָגֵן. בָּרוּךְ אַתָּה יהוה, מָגֵן

אַבְרָהָם. (.אָמֵן – Cong.)

גבורות

אַתָּה גִּבּוֹר לְעוֹלָם אֲדֹנָי, מְחַיֵּה מֵתִים אַתָּה, רַב

לְהוֹשִׁיעַ.

Between Shemini Atzeres and Pesach: / Pesach through Succos:

מַשִּׁיב הָרוּחַ וּמוֹרִיד הַגָּשֶׁם. / מוֹרִיד הַטָּל.

[If forgotten or interchanged, see Laws §23-29.]

מְכַלְכֵּל חַיִּים בְּחֶסֶד, מְחַיֵּה מֵתִים בְּרַחֲמִים רַבִּים,

סוֹמֵךְ נוֹפְלִים, וְרוֹפֵא חוֹלִים, וּמַתִּיר אֲסוּרִים, וּמְקַיֵּם

אֱמוּנָתוֹ לִישֵׁנֵי עָפָר. מִי כָמוֹךָ בַּעַל גְּבוּרוֹת, וּמִי

דּוֹמֶה לָּךְ, מֶלֶךְ מֵמִית וּמְחַיֶּה וּמַצְמִיחַ יְשׁוּעָה.

From Rosh Hashanah to Yom Kippur add:

מִי כָמוֹךָ אַב הָרַחֲמִים, זוֹכֵר יְצוּרָיו לְחַיִּים בְּרַחֲמִים.

[If forgotten, do not repeat Shemoneh Esrei. See Laws §17.]

וְנֶאֱמָן אַתָּה לְהַחֲיוֹת מֵתִים. בָּרוּךְ אַתָּה יהוה,

מְחַיֵּה הַמֵּתִים. (.אָמֵן – Cong.)

During the chazzan's repetition, say Kedushah (p. 299) here.

קדושת השם

In some congregations, the *chazzan* substitutes לְדוֹר וָדוֹר for אַתָּה קָדוֹשׁ in his repetition.

אַתָּה קָדוֹשׁ וְשִׁמְךָ קָדוֹשׁ, 1

וּקְדוֹשִׁים בְּכָל יוֹם 2

יְהַלְלוּךָ סֶּלָה, כִּי אֵל מֶלֶךְ 3

גָּדוֹל וְקָדוֹשׁ אָתָּה. בָּרוּךְ אַתָּה 4

יהוה, °הָאֵל הַקָּדוֹשׁ. 5

(.אָמֵן – Cong.) 6

לְדוֹר וָדוֹר נַגִּיד גָּדְלֶךָ וּלְנֵצַח נְצָחִים קְדֻשָּׁתְךָ נַקְדִּישׁ, וְשִׁבְחֲךָ אֱלֹהֵינוּ מִפִּינוּ לֹא יָמוּשׁ לְעוֹלָם וָעֶד, כִּי אֵל מֶלֶךְ גָּדוֹל וְקָדוֹשׁ אָתָּה. בָּרוּךְ אַתָּה יהוה, °הָאֵל הַקָּדוֹשׁ.

From Rosh Hashanah to Yom Kippur substitute – °הַמֶּלֶךְ הַקָּדוֹשׁ 7
[If forgotten, repeat *Shemoneh Esrei*. See *Laws* §18-19.]

קדושת היום

[If one said the blessings of the weekday *Shemoneh Esrei*,
or of another Shabbos *Shemoneh Esrei* — see *Laws* §45-46.]

אַתָּה אֶחָד וְשִׁמְךָ אֶחָד, וּמִי כְּעַמְּךָ יִשְׂרָאֵל גּוֹי 8

אֶחָד בָּאָרֶץ, תִּפְאֶרֶת גְּדֻלָּה, וַעֲטֶרֶת 9

יְשׁוּעָה, יוֹם מְנוּחָה וּקְדֻשָּׁה לְעַמְּךָ נָתָתָּ, אַבְרָהָם 10

יָגֵל, יִצְחָק יְרַנֵּן, יַעֲקֹב וּבָנָיו יָנוּחוּ בוֹ, מְנוּחַת אַהֲבָה 11

קדושה

During the *chazzan's* repetition, say *Kedushah* here. Stand with your feet together and avoid any interruptions. Rise on toes at קָדוֹשׁ, קָדוֹשׁ, קָדוֹשׁ; בָּרוּךְ; and יִמְלֹךְ.

נְקַדֵּשׁ וְנַעֲרִיצְךָ, כְּנֹעַם שִׂיחַ סוֹד שַׂרְפֵי קֹדֶשׁ, 12 — Cong., then chazzan

הַמְשַׁלְּשִׁים לְךָ קְדֻשָּׁה, כַּכָּתוּב עַל יַד 13

נְבִיאֶךָ, וְקָרָא זֶה אֶל זֶה וְאָמַר: 14

קָדוֹשׁ קָדוֹשׁ קָדוֹשׁ יהוה צְבָאוֹת, מְלֹא כָל הָאָרֶץ כְּבוֹדוֹ. 15 — All

❖ לְעֻמָּתָם מְשַׁבְּחִים וְאוֹמְרִים: 16

בָּרוּךְ כְּבוֹד יהוה, מִמְּקוֹמוֹ. ❖ וּבְדִבְרֵי קָדְשְׁךָ כָּתוּב לֵאמֹר: 17 — All

יִמְלֹךְ יהוה לְעוֹלָם, אֱלֹהַיִךְ צִיּוֹן לְדֹר וָדֹר, הַלְלוּיָהּ. 18 — All

The *chazzan* continues לְדוֹר וָדוֹר or אַתָּה קָדוֹשׁ (above).

1 וּנְדָבָה, מְנוּחַת אֱמֶת וֶאֱמוּנָה, מְנוּחַת שָׁלוֹם וְשַׁלְוָה

2 וְהַשְׁקֵט וָבֶטַח, מְנוּחָה שְׁלֵמָה שָׁאַתָּה רוֹצֶה בָּהּ,

3 יַכִּירוּ בָנֶיךָ וְיֵדְעוּ כִּי מֵאִתְּךָ הִיא מְנוּחָתָם, וְעַל

4 מְנוּחָתָם יַקְדִּישׁוּ אֶת שְׁמֶךָ.

5 **אֱלֹהֵינוּ** וֵאלֹהֵי אֲבוֹתֵינוּ, רְצֵה נָא בִמְנוּחָתֵנוּ.

6 קַדְּשֵׁנוּ בְּמִצְוֹתֶיךָ, וְתֵן חֶלְקֵנוּ בְּתוֹרָתֶךָ.

7 שַׂבְּעֵנוּ מִטּוּבֶךָ, וְשַׂמַּח נַפְשֵׁנוּ בִּישׁוּעָתֶךָ, וְטַהֵר

8 לִבֵּנוּ לְעָבְדְּךָ בֶּאֱמֶת. וְהַנְחִילֵנוּ יהוה אֱלֹהֵינוּ

9 בְּאַהֲבָה וּבְרָצוֹן שַׁבַּת[1] קָדְשֶׁךָ, וְיָנוּחוּ בָם כָּל יִשְׂרָאֵל

10 מְקַדְּשֵׁי שְׁמֶךָ. בָּרוּךְ אַתָּה יהוה, מְקַדֵּשׁ הַשַּׁבָּת.

11 (.אָמֵן – Cong.)

עבודה

12 **רְצֵה** יהוה אֱלֹהֵינוּ בְּעַמְּךָ יִשְׂרָאֵל וְלִתְפִלָּתָם

13 שְׁעֵה, וְהָשֵׁב אֶת הָעֲבוֹדָה לִדְבִיר בֵּיתֶךָ.

14 וְאִשֵּׁי יִשְׂרָאֵל וּתְפִלָּתָם מְהֵרָה בְּאַהֲבָה תְקַבֵּל

15 בְּרָצוֹן, וּתְהִי לְרָצוֹן תָּמִיד עֲבוֹדַת יִשְׂרָאֵל עַמֶּךָ.

On Rosh Chodesh and Chol HaMoed add the following.
During the chazzan's repetition, the congregation responds Amen as indicated.

16 **אֱלֹהֵינוּ** וֵאלֹהֵי אֲבוֹתֵינוּ, יַעֲלֶה, וְיָבֹא, וְיַגִּיעַ, וְיֵרָאֶה,

17 וְיֵרָצֶה, וְיִשָּׁמַע, וְיִפָּקֵד, וְיִזָּכֵר זִכְרוֹנֵנוּ וּפִקְדוֹנֵנוּ,

18 וְזִכְרוֹן אֲבוֹתֵינוּ, וְזִכְרוֹן מָשִׁיחַ בֶּן דָּוִד עַבְדֶּךָ, וְזִכְרוֹן יְרוּשָׁלַיִם

19 עִיר קָדְשֶׁךָ, וְזִכְרוֹן כָּל עַמְּךָ בֵּית יִשְׂרָאֵל לְפָנֶיךָ, לִפְלֵיטָה

20 לְטוֹבָה, לְחֵן וּלְחֶסֶד וּלְרַחֲמִים, לְחַיִּים (טוֹבִים) וּלְשָׁלוֹם, בְּיוֹם

(1) Some Say שַׁבְּתוֹת קָדְשֶׁךָ

On Chol HaMoed Succos:	on Chol HaMoed Pesach:	on Rosh Chodesh:	
חַג הַסֻּכּוֹת	חַג הַמַּצּוֹת	רֹאשׁ הַחֹדֶשׁ	1

הַזֶּה. זָכְרֵנוּ יהוה אֱלֹהֵינוּ בּוֹ לְטוֹבָה (.Cong – אָמֵן), וּפָקְדֵנוּ בוֹ 2

לִבְרָכָה (.Cong – אָמֵן), וְהוֹשִׁיעֵנוּ בוֹ לְחַיִּים טוֹבִים – 3

אָמֵן), וּבִדְבַר יְשׁוּעָה וְרַחֲמִים, חוּס וְחָנֵּנוּ וְרַחֵם עָלֵינוּ 4

וְהוֹשִׁיעֵנוּ, כִּי אֵלֶיךָ עֵינֵינוּ, כִּי אֵל מֶלֶךְ חַנּוּן וְרַחוּם אָתָּה. 5

[If forgotten, see *Laws* §43.]

וְתֶחֱזֶינָה עֵינֵינוּ בְּשׁוּבְךָ לְצִיּוֹן בְּרַחֲמִים. בָּרוּךְ 6

אַתָּה יהוה, הַמַּחֲזִיר שְׁכִינָתוֹ לְצִיּוֹן. 7

(.Cong – אָמֵן) 8

הוֹדָאָה

Bow at מוֹדִים; straighten up at ה׳.
In his repetition, the *chazzan* should say the entire מוֹדִים aloud
and the congregation says מוֹדִים דְּרַבָּנָן softly.

מוֹדִים אֲנַחְנוּ לָךְ, שָׁאַתָּה 9

הוּא יהוה אֱלֹהֵינוּ 10

וֵאלֹהֵי אֲבוֹתֵינוּ לְעוֹלָם וָעֶד. 11

צוּרֵנוּ צוּר חַיֵּינוּ, מָגֵן יִשְׁעֵנוּ 12

אַתָּה הוּא לְדוֹר וָדוֹר. נוֹדֶה לְּךָ 13

וּנְסַפֵּר תְּהִלָּתֶךָ, עַל חַיֵּינוּ 14

הַמְּסוּרִים בְּיָדֶךָ, וְעַל נִשְׁמוֹתֵינוּ 15

הַפְּקוּדוֹת לָךְ, וְעַל נִסֶּיךָ שֶׁבְּכָל 16

יוֹם עִמָּנוּ, וְעַל נִפְלְאוֹתֶיךָ 17

וְטוֹבוֹתֶיךָ שֶׁבְּכָל עֵת, עֶרֶב 18

וָבֹקֶר וְצָהֳרָיִם. הַטּוֹב כִּי לֹא כָלוּ 19

רַחֲמֶיךָ, וְהַמְרַחֵם כִּי לֹא תַמּוּ 20

חֲסָדֶיךָ, כִּי מֵעוֹלָם קִוִּינוּ לָךְ. 21

מוֹדִים דְּרַבָּנָן

מוֹדִים אֲנַחְנוּ לָךְ, שָׁאַתָּה הוּא יהוה אֱלֹהֵינוּ וֵאלֹהֵי אֲבוֹתֵינוּ, אֱלֹהֵי כָל בָּשָׂר, יוֹצְרֵנוּ, יוֹצֵר בְּרֵאשִׁית. בְּרָכוֹת וְהוֹדָאוֹת לְשִׁמְךָ הַגָּדוֹל וְהַקָּדוֹשׁ, עַל שֶׁהֶחֱיִיתָנוּ וְקִיַּמְתָּנוּ. כֵּן תְּחַיֵּינוּ וּתְקַיְּמֵנוּ, וְתֶאֱסוֹף גָּלֻיּוֹתֵינוּ לְחַצְרוֹת קָדְשֶׁךָ, לִשְׁמוֹר חֻקֶּיךָ וְלַעֲשׂוֹת רְצוֹנֶךָ, וּלְעָבְדְּךָ בְּלֵבָב שָׁלֵם, עַל שֶׁאֲנַחְנוּ מוֹדִים לָךְ. בָּרוּךְ אֵל הַהוֹדָאוֹת.

On Chanukah add the following [if forgotten, do not repeat *Shemoneh Esrei*]:

1   **וְעַל הַנִּסִּים,** וְעַל הַפֻּרְקָן, וְעַל הַגְּבוּרוֹת, וְעַל הַתְּשׁוּעוֹת, וְעַל

2   הַנִּפְלָאוֹת, וְעַל הַנֶּחָמוֹת, וְעַל הַמִּלְחָמוֹת,

3   שֶׁעָשִׂיתָ לַאֲבוֹתֵינוּ בַּיָּמִים הָהֵם בַּזְּמַן הַזֶּה.

4   בִּימֵי מַתִּתְיָהוּ בֶּן יוֹחָנָן כֹּהֵן גָּדוֹל חַשְׁמוֹנָאִי וּבָנָיו, כְּשֶׁעָמְדָה

5   מַלְכוּת יָוָן הָרְשָׁעָה עַל עַמְּךָ יִשְׂרָאֵל, לְהַשְׁכִּיחָם תּוֹרָתֶךָ,

6   וּלְהַעֲבִירָם מֵחֻקֵּי רְצוֹנֶךָ. וְאַתָּה בְּרַחֲמֶיךָ הָרַבִּים, עָמַדְתָּ לָהֶם

7   בְּעֵת צָרָתָם, רַבְתָּ אֶת רִיבָם, דַּנְתָּ אֶת דִּינָם, נָקַמְתָּ אֶת נִקְמָתָם,

8   מָסַרְתָּ גִבּוֹרִים בְּיַד חַלָּשִׁים, וְרַבִּים בְּיַד מְעַטִּים, וּטְמֵאִים בְּיַד

9   טְהוֹרִים, וּרְשָׁעִים בְּיַד צַדִּיקִים, וְזֵדִים בְּיַד עוֹסְקֵי תוֹרָתֶךָ. וּלְךָ

10   עָשִׂיתָ שֵׁם גָּדוֹל וְקָדוֹשׁ בְּעוֹלָמֶךָ, וּלְעַמְּךָ יִשְׂרָאֵל עָשִׂיתָ תְּשׁוּעָה

11   גְדוֹלָה וּפֻרְקָן כְּהַיּוֹם הַזֶּה. וְאַחַר כֵּן בָּאוּ בָנֶיךָ לִדְבִיר בֵּיתֶךָ, וּפִנּוּ

12   אֶת הֵיכָלֶךָ, וְטִהֲרוּ אֶת מִקְדָּשֶׁךָ, וְהִדְלִיקוּ נֵרוֹת בְּחַצְרוֹת קָדְשֶׁךָ,

13   וְקָבְעוּ שְׁמוֹנַת יְמֵי חֲנֻכָּה אֵלּוּ, לְהוֹדוֹת וּלְהַלֵּל לְשִׁמְךָ הַגָּדוֹל.

14   וְעַל כֻּלָּם יִתְבָּרַךְ וְיִתְרוֹמַם וְיִתְנַשֵּׂא שִׁמְךָ

15   מַלְכֵּנוּ תָּמִיד לְעוֹלָם וָעֶד.

From Rosh Hashanah to Yom Kippur add:

16   וּכְתוֹב לְחַיִּים טוֹבִים כָּל בְּנֵי בְרִיתֶךָ.

[If forgotten, do not repeat *Shemoneh Esrei*. See Laws §17.]

Bend the knees at בָּרוּךְ; bow at אַתָּה; straighten up at ה'.

17   וְכֹל הַחַיִּים יוֹדוּךָ סֶּלָה, וִיהַלְלוּ וִיבָרְכוּ אֶת

18   שִׁמְךָ הַגָּדוֹל בֶּאֱמֶת, לְעוֹלָם כִּי טוֹב. הָאֵל יְשׁוּעָתֵנוּ

19   וְעֶזְרָתֵנוּ סֶלָה, הָאֵל הַטּוֹב. בָּרוּךְ אַתָּה יהוה, הַטּוֹב

20   שִׁמְךָ וּלְךָ נָאֶה לְהוֹדוֹת. (אָמֵן — Cong.)

שלום

21   **שִׂים שָׁלוֹם,** טוֹבָה וּבְרָכָה, חַיִּים, חֵן וָחֶסֶד

22   וְרַחֲמִים עָלֵינוּ וְעַל כָּל יִשְׂרָאֵל

23   עַמֶּךָ. בָּרְכֵנוּ אָבִינוּ, כֻּלָּנוּ כְּאֶחָד, בְּאוֹר פָּנֶיךָ, כִּי

1 בְּאוֹר פָּנֶיךָ נָתַתָּ לָנוּ, יהוה אֱלֹהֵינוּ, תּוֹרַת חַיִּים

2 וְאַהֲבַת חֶסֶד, וּצְדָקָה, וּבְרָכָה, וְרַחֲמִים, וְחַיִּים,

3 וְשָׁלוֹם. וְטוֹב יִהְיֶה בְּעֵינֶיךָ לְבָרְכֵנוּ וּלְבָרֵךְ אֶת כָּל

4 עַמְּךָ יִשְׂרָאֵל, בְּכָל עֵת וּבְכָל שָׁעָה בִּשְׁלוֹמֶךָ

5 (בְּרוֹב עֹז וְשָׁלוֹם).

From Rosh Hashanah to Yom Kippur add:

6 בְּסֵפֶר חַיִּים בְּרָכָה וְשָׁלוֹם, וּפַרְנָסָה טוֹבָה, וּגְזֵרוֹת

7 טוֹבוֹת, יְשׁוּעוֹת וְנֶחָמוֹת, נִזָּכֵר וְנִכָּתֵב לְפָנֶיךָ, אֲנַחְנוּ וְכָל

8 עַמְּךָ בֵּית יִשְׂרָאֵל, לְחַיִּים טוֹבִים וּלְשָׁלוֹם.

[If forgotten, do not repeat *Shemoneh Esrei*. See Laws §17,21.]

9 בָּרוּךְ אַתָּה יהוה, הַמְבָרֵךְ אֶת עַמּוֹ יִשְׂרָאֵל בַּשָּׁלוֹם.

10 (אָמֵן. – Cong.)

11 יִהְיוּ לְרָצוֹן אִמְרֵי פִי וְהֶגְיוֹן לִבִּי לְפָנֶיךָ, יהוה צוּרִי וְגֹאֲלִי.

The *chazzan's* repetition ends here; individuals continue:

12 אֱלֹהַי, נְצוֹר לְשׁוֹנִי מֵרָע, וּשְׂפָתַי מִדַּבֵּר מִרְמָה,

13 וְלִמְקַלְלַי נַפְשִׁי תִדּוֹם, וְנַפְשִׁי כֶּעָפָר לַכֹּל

14 תִּהְיֶה. פְּתַח לִבִּי בְּתוֹרָתֶךָ, וְאַחֲרֵי מִצְוֺתֶיךָ תִּרְדּוֹף

15 נַפְשִׁי. וְכָל הַקָּמִים וְהַחוֹשְׁבִים עָלַי לְרָעָה, מְהֵרָה הָפֵר

16 עֲצָתָם וְקַלְקֵל מַחֲשַׁבְתָּם. יְהִי רָצוֹן מִלְּפָנֶיךָ, יהוה

17 אֱלֹהַי וֵאלֹהֵי אֲבוֹתַי, שֶׁלֹּא תַעֲלֶה קִנְאַת אָדָם עָלַי,

18 וְלֹא קִנְאָתִי עַל אֲחֵרִים, וְשֶׁלֹּא אֶכְעַס הַיּוֹם, וְשֶׁלֹּא

19 אַכְעִיסֶךָ, וְתַצִּילֵנִי מִיֵּצֶר הָרָע, וְתֵן בְּלִבִּי הַכְנָעָה

20 וַעֲנָוָה. מַלְכֵּנוּ וֵאלֹהֵינוּ, יַחֵד שִׁמְךָ בְּעוֹלָמֶךָ, בְּנֵה עִירְךָ,

21 יַסֵּד בֵּיתֶךָ, וְשַׁכְלֵל הֵיכָלֶךָ, וְקַבֵּץ קִבּוּץ גָּלֻיּוֹת, וּפְדֵה

צֹאנֶךְ וְשַׂמַּח עֲדָתֶךְ. עֲשֵׂה לְמַעַן שְׁמֶךָ, עֲשֵׂה לְמַעַן

יְמִינֶךָ, עֲשֵׂה לְמַעַן תּוֹרָתֶךָ, עֲשֵׂה לְמַעַן קְדֻשָּׁתֶךָ. לְמַעַן

יֵחָלְצוּן יְדִידֶיךָ, הוֹשִׁיעָה יְמִינְךָ וַעֲנֵנִי.

Some say a verse with the initial of their name. See page 474.

יִהְיוּ לְרָצוֹן אִמְרֵי פִי וְהֶגְיוֹן לִבִּי לְפָנֶיךָ, יהוה צוּרִי

וְגֹאֲלִי. עֹשֶׂה °שָׁלוֹם בִּמְרוֹמָיו, הוּא

יַעֲשֶׂה שָׁלוֹם עָלֵינוּ, וְעַל כָּל יִשְׂרָאֵל.

וְאִמְרוּ: אָמֵן.

Take three steps back. Bow left and say . . . עֹשֶׂה; bow right and say . . . הוּא; bow forward and say וְעַל כָּל . . . אָמֵן.

°הַשָּׁלוֹם — *From Rosh Hashanah to Yom Kippur some say*

יְהִי רָצוֹן מִלְּפָנֶיךָ, יהוה אֱלֹהֵינוּ וֵאלֹהֵי אֲבוֹתֵינוּ, שֶׁיִּבָּנֶה בֵּית

הַמִּקְדָּשׁ בִּמְהֵרָה בְיָמֵינוּ, וְתֵן חֶלְקֵנוּ בְּתוֹרָתֶךָ. וְשָׁם

נַעֲבָדְךָ בְּיִרְאָה, כִּימֵי עוֹלָם וּכְשָׁנִים קַדְמוֹנִיּוֹת. וְעָרְבָה לַיהוה מִנְחַת

יְהוּדָה וִירוּשָׁלָיִם, כִּימֵי עוֹלָם וּכְשָׁנִים קַדְמוֹנִיּוֹת.

SHEMONEH ESREI ENDS HERE.

Remain standing in place until the *chazzan* reaches *Kedushah* — or at least until he begins his *Shemoneh Esrei* — then take three steps forward. The *chazzan*, or someone praying without a *minyan*, should remain in place for a few moments, then take three steps forward.

The following prayer, צִדְקָתְךָ, is not said when *Tachanun* would not be said at *Minchah* on a weekday (see p. 65).

צִדְקָתְךָ כְּהַרְרֵי אֵל מִשְׁפָּטֶיךָ תְּהוֹם רַבָּה,

אָדָם וּבְהֵמָה תּוֹשִׁיעַ, יהוה. וְצִדְקָתְךָ

אֱלֹהִים עַד מָרוֹם אֲשֶׁר עָשִׂיתָ גְדֹלוֹת, אֱלֹהִים מִי

כָמוֹךָ. צִדְקָתְךָ צֶדֶק לְעוֹלָם, וְתוֹרָתְךָ אֱמֶת.

קַדִּישׁ שָׁלֵם *The chazzan says:*

יִתְגַּדַּל וְיִתְקַדַּשׁ שְׁמֵהּ רַבָּא. (.Cong — אָמֵן.) בְּעָלְמָא דִּי בְרָא כִרְעוּתֵהּ.

וְיַמְלִיךְ מַלְכוּתֵהּ, וְיַצְמַח פֻּרְקָנֵהּ וִיקָרֵב מְשִׁיחֵהּ. (.Cong — אָמֵן.)

בְּחַיֵּיכוֹן וּבְיוֹמֵיכוֹן וּבְחַיֵּי דְכָל בֵּית יִשְׂרָאֵל, בַּעֲגָלָא וּבִזְמַן קָרִיב.

וְאִמְרוּ: אָמֵן.

(.Cong — אָמֵן. יְהֵא שְׁמֵהּ רַבָּא מְבָרַךְ לְעָלַם וּלְעָלְמֵי עָלְמַיָּא.)

יְהֵא שְׁמֵהּ רַבָּא מְבָרַךְ לְעָלַם וּלְעָלְמֵי עָלְמַיָּא.   1

יִתְבָּרַךְ וְיִשְׁתַּבַּח וְיִתְפָּאַר וְיִתְרוֹמַם וְיִתְנַשֵּׂא וְיִתְהַדָּר וְיִתְעַלֶּה   2

וְיִתְהַלָּל שְׁמֵהּ דְּקֻדְשָׁא בְּרִיךְ הוּא – (.Cong – בְּרִיךְ הוּא.) °לְעֵלָּא מִן כָּל   3

(.from Rosh Hashanah to Yom Kippur – °לְעֵלָּא [וּ]לְעֵלָּא מִכָּל) בִּרְכָתָא וְשִׁירָתָא   4

תֻּשְׁבְּחָתָא וְנֶחֱמָתָא, דַּאֲמִירָן בְּעָלְמָא. וְאִמְרוּ: אָמֵן. (.Cong – אָמֵן.)   **5**

(.Cong– קַבֵּל בְּרַחֲמִים וּבְרָצוֹן אֶת תְּפִלָּתֵנוּ.)   6

תִּתְקַבֵּל צְלוֹתְהוֹן וּבָעוּתְהוֹן דְּכָל בֵּית יִשְׂרָאֵל קֳדָם אֲבוּהוֹן דִּי   7

בִשְׁמַיָּא. וְאִמְרוּ: אָמֵן. (.Cong – אָמֵן)   8

(.Cong– יְהִי שֵׁם יהוה מְבֹרָךְ, מֵעַתָּה וְעַד עוֹלָם.)   9

יְהֵא שְׁלָמָא רַבָּא מִן שְׁמַיָּא, וְחַיִּים טוֹבִים עָלֵינוּ וְעַל כָּל יִשְׂרָאֵל.   **10**

וְאִמְרוּ: אָמֵן. (.Cong – אָמֵן.)   11

(.Cong– עֶזְרִי מֵעִם יהוה, עֹשֵׂה שָׁמַיִם וָאָרֶץ.)   12

The *chazzan* takes three steps back, bows left and says . . . עֹשֶׂה;
bows right and says . . . הוּא; bows forward and says אָמֵן . . . וְעַל כָּל.
He remains standing in place for a few moments, then takes three steps forward.

עֹשֶׂה שָׁלוֹם בִּמְרוֹמָיו, הוּא יַעֲשֶׂה שָׁלוֹם עָלֵינוּ, וְעַל כָּל יִשְׂרָאֵל. וְאִמְרוּ:   13

אָמֵן. (.Cong – אָמֵן.)   14

Stand while saying עָלֵינוּ.

עָלֵינוּ לְשַׁבֵּחַ לַאֲדוֹן הַכֹּל, לָתֵת גְּדֻלָּה לְיוֹצֵר   **15**

בְּרֵאשִׁית, שֶׁלֹּא עָשָׂנוּ כְּגוֹיֵי הָאֲרָצוֹת, וְלֹא   16

שָׂמָנוּ כְּמִשְׁפְּחוֹת הָאֲדָמָה. שֶׁלֹּא שָׂם חֶלְקֵנוּ כָּהֶם,   17

וְגוֹרָלֵנוּ כְּכָל הֲמוֹנָם. (שֶׁהֵם מִשְׁתַּחֲוִים לְהֶבֶל וָרִיק,   18

וּמִתְפַּלְלִים אֶל אֵל לֹא יוֹשִׁיעַ.) וַאֲנַחְנוּ   19

Bow while saying

וַאֲנַחְנוּ כּוֹרְעִים

כּוֹרְעִים וּמִשְׁתַּחֲוִים וּמוֹדִים, לִפְנֵי מֶלֶךְ   **20**

וּמִשְׁתַּחֲוִים.

מַלְכֵי הַמְּלָכִים הַקָּדוֹשׁ בָּרוּךְ הוּא. שֶׁהוּא נוֹטֶה שָׁמַיִם   21

וְיֹסֵד אָרֶץ, וּמוֹשַׁב יְקָרוֹ בַּשָּׁמַיִם מִמַּעַל, וּשְׁכִינַת עֻזּוֹ   22

בְּגָבְהֵי מְרוֹמִים. הוּא אֱלֹהֵינוּ, אֵין עוֹד. אֱמֶת מַלְכֵּנוּ,   23

אֶפֶס זוּלָתוֹ, כַּכָּתוּב בְּתוֹרָתוֹ: וְיָדַעְתָּ הַיּוֹם וַהֲשֵׁבֹתָ אֶל   24

לְבָבֶךָ, כִּי יהוה הוּא הָאֱלֹהִים בַּשָּׁמַיִם מִמַּעַל וְעַל   25

הָאָרֶץ מִתָּחַת, אֵין עוֹד.   26

1 **וְעַל כֵּן** נְקַוֶּה לְּךָ יהוה אֱלֹהֵינוּ לִרְאוֹת מְהֵרָה

2 בְּתִפְאֶרֶת עֻזֶּךָ, לְהַעֲבִיר גִּלּוּלִים מִן הָאָרֶץ,

3 וְהָאֱלִילִים כָּרוֹת יִכָּרֵתוּן, לְתַקֵּן עוֹלָם בְּמַלְכוּת שַׁדַּי. וְכָל

4 בְּנֵי בָשָׂר יִקְרְאוּ בִשְׁמֶךָ, לְהַפְנוֹת אֵלֶיךָ כָּל רִשְׁעֵי אָרֶץ.

5 יַכִּירוּ וְיֵדְעוּ כָּל יוֹשְׁבֵי תֵבֵל, כִּי לְךָ תִּכְרַע כָּל בֶּרֶךְ,

6 תִּשָּׁבַע כָּל לָשׁוֹן. לְפָנֶיךָ יהוה אֱלֹהֵינוּ יִכְרְעוּ וְיִפֹּלוּ,

7 וְלִכְבוֹד שִׁמְךָ יְקָר יִתֵּנוּ. וִיקַבְּלוּ כֻלָּם אֶת עוֹל מַלְכוּתֶךָ,

8 וְתִמְלֹךְ עֲלֵיהֶם מְהֵרָה לְעוֹלָם וָעֶד. כִּי הַמַּלְכוּת שֶׁלְּךָ

9 הִיא וּלְעוֹלְמֵי עַד תִּמְלוֹךְ בְּכָבוֹד, כַּכָּתוּב בְּתוֹרָתֶךָ: יהוה

10 יִמְלֹךְ לְעֹלָם וָעֶד. ❖ וְנֶאֱמַר: וְהָיָה יהוה לְמֶלֶךְ עַל כָּל

11 הָאָרֶץ, בַּיּוֹם הַהוּא יִהְיֶה יהוה אֶחָד וּשְׁמוֹ אֶחָד.

Some say the following after עלינו:

12 **אַל תִּירָא** מִפַּחַד פִּתְאֹם, וּמִשֹּׁאַת רְשָׁעִים כִּי תָבֹא. עֻצוּ עֵצָה

13 וְתֻפָר, דַּבְּרוּ דָבָר וְלֹא יָקוּם, כִּי עִמָּנוּ אֵל. וְעַד זִקְנָה אֲנִי

14 הוּא, וְעַד שֵׂיבָה אֲנִי אֶסְבֹּל, אֲנִי עָשִׂיתִי וַאֲנִי אֶשָּׂא, וַאֲנִי אֶסְבֹּל

15 וַאֲמַלֵּט.

IF THERE IS A *MINYAN*, MOURNERS RECITE קַדִּישׁ יָתוֹם (P. 529).

From Rosh Chodesh Elul through Shemini Atzeres, the following is said.

16 **לְדָוִד,** יהוה אוֹרִי וְיִשְׁעִי, מִמִּי אִירָא, יהוה מָעוֹז חַיַּי, מִמִּי אֶפְחָד.

17 בִּקְרֹב עָלַי מְרֵעִים לֶאֱכֹל אֶת בְּשָׂרִי, צָרַי וְאֹיְבַי לִי, הֵמָּה

18 כָשְׁלוּ וְנָפָלוּ. אִם תַּחֲנֶה עָלַי מַחֲנֶה, לֹא יִירָא לִבִּי, אִם תָּקוּם עָלַי

19 מִלְחָמָה, בְּזֹאת אֲנִי בוֹטֵחַ. אַחַת שָׁאַלְתִּי מֵאֵת יהוה, אוֹתָהּ אֲבַקֵּשׁ,

20 שִׁבְתִּי בְּבֵית יהוה כָּל יְמֵי חַיַּי, לַחֲזוֹת בְּנֹעַם יהוה, וּלְבַקֵּר בְּהֵיכָלוֹ. כִּי

21 יִצְפְּנֵנִי בְּסֻכֹּה בְּיוֹם רָעָה, יַסְתִּירֵנִי בְּסֵתֶר אָהֳלוֹ, בְּצוּר יְרוֹמְמֵנִי. וְעַתָּה

22 יָרוּם רֹאשִׁי עַל אֹיְבַי סְבִיבוֹתַי, וְאֶזְבְּחָה בְאָהֳלוֹ זִבְחֵי תְרוּעָה, אָשִׁירָה

23 וַאֲזַמְּרָה לַיהוה. שְׁמַע יהוה קוֹלִי אֶקְרָא, וְחָנֵּנִי וַעֲנֵנִי. לְךָ אָמַר לִבִּי

24 בַּקְּשׁוּ פָנָי, אֶת פָּנֶיךָ יהוה אֲבַקֵּשׁ. אַל תַּסְתֵּר פָּנֶיךָ מִמֶּנִּי, אַל תַּט בְּאַף

25 עַבְדֶּךָ, עֶזְרָתִי הָיִיתָ, אַל תִּטְּשֵׁנִי וְאַל תַּעַזְבֵנִי, אֱלֹהֵי יִשְׁעִי. כִּי אָבִי

26 וְאִמִּי עֲזָבוּנִי, וַיהוה יַאַסְפֵנִי. הוֹרֵנִי יהוה דַּרְכֶּךָ, וּנְחֵנִי בְּאֹרַח מִישׁוֹר,

1 לְמַעַן שֹׁרְרָי. אַל תִּתְּנֵנִי בְּנֶפֶשׁ צָרָי, כִּי קָמוּ בִי עֵדֵי שֶׁקֶר, וִיפֵחַ חָמָס.

2 ❖ לוּלֵא הֶאֱמַנְתִּי לִרְאוֹת בְּטוּב יהוה בְּאֶרֶץ חַיִּים. קַוֵּה אֶל יהוה, חֲזַק

3 וְיַאֲמֵץ לִבֶּךָ, וְקַוֵּה אֶל יהוה.

IF THERE IS A *MINYAN*, MOURNERS RECITE קַדִּישׁ יָתוֹם (P. 529).

FROM THE SABBATH AFTER SUCCOS UNTIL SHABBOS HAGADOL
(THE SABBATH BEFORE PESACH),
SOME CONGREGATIONS SAY שִׁיר הַמַּעֲלוֹת AND בָּרְכִי נַפְשִׁי (PP. 307-311) NOW.
FROM THE SABBATH AFTER PESACH UNTIL THE SABBATH BEFORE ROSH HASHANAH,
SOME CONGREGATIONS SAY OR STUDY *PIRKEI AVOS* (BEGINNING ON P. 312) NOW.
ON *SHABBOS HAGADOL* (THE SABBATH BEFORE PESACH) MANY CONGREGATIONS SAY
PART OF THE HAGGADAH (FROM עֲבָדִים הָיִינוּ UNTIL רַבָּן גַּמְלִיאֵל) NOW.

❧ ברכי נפשי ❧

The following psalms are said after *Minchah* every Sabbath
between Succos and Shabbos HaGadol (the Sabbath before Pesach).

4 **בָּרְכִי נַפְשִׁי** אֶת יהוה, יהוה אֱלֹהַי גָּדַלְתָּ מְּאֹד, הוֹד וְהָדָר

5 לָבָשְׁתָּ. עֹטֶה אוֹר כַּשַּׂלְמָה, נוֹטֶה שָׁמַיִם

6 כַּיְרִיעָה. הַמְקָרֶה בַמַּיִם עֲלִיּוֹתָיו, הַשָּׂם עָבִים רְכוּבוֹ, הַמְהַלֵּךְ עַל

7 כַּנְפֵי רוּחַ. עֹשֶׂה מַלְאָכָיו רוּחוֹת, מְשָׁרְתָיו אֵשׁ לֹהֵט. יָסַד אֶרֶץ

8 עַל מְכוֹנֶיהָ, בַּל תִּמּוֹט עוֹלָם וָעֶד.

9 תְּהוֹם כַּלְּבוּשׁ כִּסִּיתוֹ, עַל הָרִים יַעַמְדוּ מָיִם. מִן גַּעֲרָתְךָ

10 יְנוּסוּן, מִן קוֹל רַעַמְךָ יֵחָפֵזוּן. יַעֲלוּ הָרִים, יֵרְדוּ בְקָעוֹת, אֶל מְקוֹם

11 זֶה יָסַדְתָּ לָהֶם. גְּבוּל שַׂמְתָּ בַּל יַעֲבֹרוּן, בַּל יְשֻׁבוּן לְכַסּוֹת הָאָרֶץ.

12 הַמְשַׁלֵּחַ מַעְיָנִים בַּנְּחָלִים, בֵּין הָרִים יְהַלֵּכוּן. יַשְׁקוּ כָּל חַיְתוֹ

13 שָׂדָי, יִשְׁבְּרוּ פְרָאִים צְמָאָם. עֲלֵיהֶם עוֹף הַשָּׁמַיִם יִשְׁכּוֹן, מִבֵּין

14 עֳפָאִים יִתְּנוּ קוֹל. מַשְׁקֶה הָרִים מֵעֲלִיּוֹתָיו, מִפְּרִי מַעֲשֶׂיךָ תִּשְׂבַּע

15 הָאָרֶץ.

16 מַצְמִיחַ חָצִיר לַבְּהֵמָה, וְעֵשֶׂב לַעֲבֹדַת הָאָדָם, לְהוֹצִיא לֶחֶם

17 מִן הָאָרֶץ. וְיַיִן יְשַׂמַּח לְבַב אֱנוֹשׁ, לְהַצְהִיל פָּנִים מִשָּׁמֶן, וְלֶחֶם

18 לְבַב אֱנוֹשׁ יִסְעָד. יִשְׂבְּעוּ עֲצֵי יהוה, אַרְזֵי לְבָנוֹן אֲשֶׁר נָטָע. אֲשֶׁר

19 שָׁם צִפֳּרִים יְקַנֵּנוּ, חֲסִידָה בְּרוֹשִׁים בֵּיתָהּ. הָרִים הַגְּבֹהִים לַיְּעֵלִים,

20 סְלָעִים מַחְסֶה לַשְׁפַנִּים.

21 עָשָׂה יָרֵחַ לְמוֹעֲדִים, שֶׁמֶשׁ יָדַע מְבוֹאוֹ. תָּשֶׁת חֹשֶׁךְ וִיהִי

1   לָיְלָה, בּוֹ תִרְמֹשׂ כָּל חַיְתוֹ יָעַר. הַכְּפִירִים שֹׁאֲגִים לַטָּרֶף, וּלְבַקֵּשׁ

2   מֵאֵל אָכְלָם. תִּזְרַח הַשֶּׁמֶשׁ יֵאָסֵפוּן, וְאֶל מְעוֹנֹתָם יִרְבָּצוּן. יֵצֵא

3   אָדָם לְפָעֳלוֹ, וְלַעֲבֹדָתוֹ עֲדֵי עָרֶב.

4   מָה רַבּוּ מַעֲשֶׂיךָ יהוה, כֻּלָּם בְּחָכְמָה עָשִׂיתָ, מָלְאָה הָאָרֶץ

5   קִנְיָנֶךָ. זֶה הַיָּם, גָּדוֹל וּרְחַב יָדָיִם, שָׁם רֶמֶשׂ וְאֵין מִסְפָּר, חַיּוֹת

6   קְטַנּוֹת עִם גְּדֹלוֹת. שָׁם אֳנִיּוֹת יְהַלֵּכוּן, לִוְיָתָן זֶה יָצַרְתָּ לְשַׂחֶק בּוֹ.

7   כֻּלָּם אֵלֶיךָ יְשַׂבֵּרוּן, לָתֵת אָכְלָם בְּעִתּוֹ. תִּתֵּן לָהֶם, יִלְקֹטוּן, תִּפְתַּח

8   יָדְךָ, יִשְׂבְּעוּן טוֹב. תַּסְתִּיר פָּנֶיךָ יִבָּהֵלוּן, תֹּסֵף רוּחָם יִגְוָעוּן, וְאֶל

9   עֲפָרָם יְשׁוּבוּן. תְּשַׁלַּח רוּחֲךָ יִבָּרֵאוּן, וּתְחַדֵּשׁ פְּנֵי אֲדָמָה.

10   יְהִי כְבוֹד יהוה לְעוֹלָם, יִשְׂמַח יהוה בְּמַעֲשָׂיו. הַמַּבִּיט לָאָרֶץ

11   וַתִּרְעָד, יִגַּע בֶּהָרִים וְיֶעֱשָׁנוּ. אָשִׁירָה לַיהוה בְּחַיָּי, אֲזַמְּרָה לֵאלֹהַי

12   בְּעוֹדִי. יֶעֱרַב עָלָיו שִׂיחִי, אָנֹכִי אֶשְׂמַח בַּיהוה. יִתַּמּוּ חַטָּאִים מִן

13   הָאָרֶץ, וּרְשָׁעִים עוֹד אֵינָם, בָּרְכִי נַפְשִׁי אֶת יהוה, הַלְלוּיָהּ.

14   **שִׁיר הַמַּעֲלוֹת,**   אֶל יהוה בַּצָּרָתָה לִּי, קָרָאתִי וַיַּעֲנֵנִי. יהוה,

15   הַצִּילָה נַפְשִׁי מִשְּׂפַת שֶׁקֶר, מִלָּשׁוֹן רְמִיָּה.

16   מַה יִּתֵּן לְךָ, וּמַה יֹּסִיף לָךְ, לָשׁוֹן רְמִיָּה. חִצֵּי גִבּוֹר שְׁנוּנִים, עִם

17   גַּחֲלֵי רְתָמִים. אוֹיָה לִי כִּי גַרְתִּי מֶשֶׁךְ, שָׁכַנְתִּי עִם אָהֳלֵי קֵדָר.

18   רַבַּת שָׁכְנָה לָּהּ נַפְשִׁי, עִם שׂוֹנֵא שָׁלוֹם. אֲנִי שָׁלוֹם, וְכִי אֲדַבֵּר,

19   הֵמָּה לַמִּלְחָמָה.

20   **שִׁיר לַמַּעֲלוֹת,**   אֶשָּׂא עֵינַי אֶל הֶהָרִים, מֵאַיִן יָבֹא עֶזְרִי.

21   עֶזְרִי מֵעִם יהוה, עֹשֵׂה שָׁמַיִם וָאָרֶץ. אַל יִתֵּן

22   לַמּוֹט רַגְלֶךָ, אַל יָנוּם שֹׁמְרֶךָ. הִנֵּה לֹא יָנוּם וְלֹא יִישָׁן, שׁוֹמֵר

23   יִשְׂרָאֵל. יהוה שֹׁמְרֶךָ, יהוה צִלְּךָ עַל יַד יְמִינֶךָ. יוֹמָם הַשֶּׁמֶשׁ לֹא

24   יַכֶּכָּה וְיָרֵחַ בַּלָּיְלָה. יהוה יִשְׁמָרְךָ מִכָּל רָע, יִשְׁמֹר אֶת נַפְשֶׁךָ. יהוה

25   יִשְׁמָר צֵאתְךָ וּבוֹאֶךָ, מֵעַתָּה וְעַד עוֹלָם.

26   **שִׁיר הַמַּעֲלוֹת**   לְדָוִד, שָׂמַחְתִּי בְּאֹמְרִים לִי, בֵּית יהוה נֵלֵךְ.

27   עֹמְדוֹת הָיוּ רַגְלֵינוּ, בִּשְׁעָרַיִךְ יְרוּשָׁלָיִם.

יְרוּשָׁלַיִם הַבְּנוּיָה, כְּעִיר שֶׁחֻבְּרָה לָּה יַחְדָּו. שֶׁשָּׁם עָלוּ שְׁבָטִים,

שִׁבְטֵי יָהּ עֵדוּת לְיִשְׂרָאֵל, לְהֹדוֹת לְשֵׁם יהוה. כִּי שָׁמָּה יָשְׁבוּ

כִסְאוֹת לְמִשְׁפָּט, כִּסְאוֹת לְבֵית דָּוִד. שַׁאֲלוּ שְׁלוֹם יְרוּשָׁלָיִם,

יִשְׁלָיוּ אֹהֲבָיִךְ. יְהִי שָׁלוֹם בְּחֵילֵךְ, שַׁלְוָה בְּאַרְמְנוֹתָיִךְ. לְמַעַן אַחַי

וְרֵעָי, אֲדַבְּרָה נָּא שָׁלוֹם בָּךְ. לְמַעַן בֵּית יהוה אֱלֹהֵינוּ, אֲבַקְשָׁה

טוֹב לָךְ.

שִׁיר הַמַּעֲלוֹת, אֵלֶיךָ נָשָׂאתִי אֶת עֵינַי, הַיֹּשְׁבִי בַּשָּׁמָיִם. הִנֵּה

כְעֵינֵי עֲבָדִים אֶל יַד אֲדוֹנֵיהֶם, כְּעֵינֵי שִׁפְחָה

אֶל יַד גְּבִרְתָּהּ, כֵּן עֵינֵינוּ אֶל יהוה אֱלֹהֵינוּ, עַד שֶׁיְּחָנֵּנוּ. חָנֵּנוּ יהוה

חָנֵּנוּ, כִּי רַב שָׂבַעְנוּ בוּז. רַבַּת שָׂבְעָה לָּהּ נַפְשֵׁנוּ הַלַּעַג הַשַּׁאֲנַנִּים,

הַבּוּז לִגְאֵי יוֹנִים.

שִׁיר הַמַּעֲלוֹת, לְדָוִד, לוּלֵי יהוה שֶׁהָיָה לָנוּ, יֹאמַר נָא

יִשְׂרָאֵל. לוּלֵי יהוה שֶׁהָיָה לָנוּ, בְּקוּם עָלֵינוּ

אָדָם, אֲזַי חַיִּים בְּלָעוּנוּ, בַּחֲרוֹת אַפָּם בָּנוּ. אֲזַי הַמַּיִם שְׁטָפוּנוּ,

נַחְלָה עָבַר עַל נַפְשֵׁנוּ. אֲזַי עָבַר עַל נַפְשֵׁנוּ, הַמַּיִם הַזֵּידוֹנִים. בָּרוּךְ

יהוה, שֶׁלֹּא נְתָנָנוּ טֶרֶף לְשִׁנֵּיהֶם. נַפְשֵׁנוּ כְּצִפּוֹר נִמְלְטָה מִפַּח

יוֹקְשִׁים, הַפַּח נִשְׁבָּר וַאֲנַחְנוּ נִמְלָטְנוּ. עֶזְרֵנוּ בְּשֵׁם יהוה, עֹשֵׂה

שָׁמַיִם וָאָרֶץ.

שִׁיר הַמַּעֲלוֹת, הַבֹּטְחִים בַּיהוה, כְּהַר צִיּוֹן לֹא יִמּוֹט לְעוֹלָם

יֵשֵׁב. יְרוּשָׁלַיִם הָרִים סָבִיב לָהּ, וַיהוה סָבִיב

לְעַמּוֹ, מֵעַתָּה וְעַד עוֹלָם. כִּי לֹא יָנוּחַ שֵׁבֶט הָרֶשַׁע עַל גּוֹרַל

הַצַּדִּיקִים, לְמַעַן לֹא יִשְׁלְחוּ הַצַּדִּיקִים בְּעַוְלָתָה יְדֵיהֶם. הֵיטִיבָה

יהוה לַטּוֹבִים, וְלִישָׁרִים בְּלִבּוֹתָם. וְהַמַּטִּים עֲקַלְקַלּוֹתָם, יוֹלִיכֵם

יהוה אֶת פֹּעֲלֵי הָאָוֶן, שָׁלוֹם עַל יִשְׂרָאֵל.

שִׁיר הַמַּעֲלוֹת, בְּשׁוּב יהוה אֶת שִׁיבַת צִיּוֹן הָיִינוּ כְּחֹלְמִים.

אָז יִמָּלֵא שְׂחוֹק פִּינוּ, וּלְשׁוֹנֵנוּ רִנָּה, אָז

יֹאמְרוּ בַגּוֹיִם, הִגְדִּיל יהוה לַעֲשׂוֹת עִם אֵלֶּה. הִגְדִּיל יהוה

1 לַעֲשׂוֹת עִמָּנוּ, הָיִינוּ שְׂמֵחִים. שׁוּבָה יהוה אֶת שְׁבִיתֵנוּ,

2 כַּאֲפִיקִים בַּנֶּגֶב. הַזֹּרְעִים בְּדִמְעָה, בְּרִנָּה יִקְצְרוּ. הָלוֹךְ יֵלֵךְ וּבָכֹה

3 נֹשֵׂא מֶשֶׁךְ הַזָּרַע, בֹּא יָבֹא בְרִנָּה נֹשֵׂא אֲלֻמֹּתָיו.

4 שִׁיר הַמַּעֲלוֹת, לִשְׁלֹמֹה, אִם יהוה לֹא יִבְנֶה בַיִת, שָׁוְא

5 עָמְלוּ בוֹנָיו בּוֹ, אִם יהוה לֹא יִשְׁמָר עִיר,

6 שָׁוְא שָׁקַד שׁוֹמֵר. שָׁוְא לָכֶם מַשְׁכִּימֵי קוּם, מְאַחֲרֵי שֶׁבֶת, אֹכְלֵי

7 לֶחֶם הָעֲצָבִים, כֵּן יִתֵּן לִידִידוֹ שֵׁנָא. הִנֵּה נַחֲלַת יהוה בָּנִים, שָׂכָר

8 פְּרִי הַבָּטֶן. כְּחִצִּים בְּיַד גִּבּוֹר כֵּן בְּנֵי הַנְּעוּרִים. אַשְׁרֵי הַגֶּבֶר אֲשֶׁר

9 מִלֵּא אֶת אַשְׁפָּתוֹ מֵהֶם, לֹא יֵבֹשׁוּ, כִּי יְדַבְּרוּ אֶת אוֹיְבִים בַּשָּׁעַר.

10 שִׁיר הַמַּעֲלוֹת, אַשְׁרֵי כָּל יְרֵא יהוה, הַהֹלֵךְ בִּדְרָכָיו. יְגִיעַ

11 כַּפֶּיךָ כִּי תֹאכֵל, אַשְׁרֶיךָ וְטוֹב לָךְ. אֶשְׁתְּךָ

12 כְּגֶפֶן פֹּרִיָּה בְּיַרְכְּתֵי בֵיתֶךָ, בָּנֶיךָ כִּשְׁתִלֵי זֵיתִים, סָבִיב לְשֻׁלְחָנֶךָ.

13 הִנֵּה כִי כֵן יְבֹרַךְ גָּבֶר יְרֵא יהוה. יְבָרֶכְךָ יהוה מִצִּיּוֹן, וּרְאֵה בְּטוּב

14 יְרוּשָׁלָיִם, כֹּל יְמֵי חַיֶּיךָ. וּרְאֵה בָנִים לְבָנֶיךָ, שָׁלוֹם עַל יִשְׂרָאֵל.

15 שִׁיר הַמַּעֲלוֹת, רַבַּת צְרָרוּנִי מִנְּעוּרַי, יֹאמַר נָא יִשְׂרָאֵל.

16 רַבַּת צְרָרוּנִי מִנְּעוּרָי, גַּם לֹא יָכְלוּ לִי. עַל

17 גַּבִּי חָרְשׁוּ חֹרְשִׁים, הֶאֱרִיכוּ לְמַעֲנִיתָם. יהוה צַדִּיק, קִצֵּץ עֲבוֹת

18 רְשָׁעִים. יֵבֹשׁוּ וְיִסֹּגוּ אָחוֹר כֹּל שֹׂנְאֵי צִיּוֹן. יִהְיוּ כַּחֲצִיר גַּגּוֹת,

19 שֶׁקַּדְמַת שָׁלַף יָבֵשׁ. שֶׁלֹּא מִלֵּא כַפּוֹ קוֹצֵר, וְחִצְנוֹ מְעַמֵּר. וְלֹא

20 אָמְרוּ הָעֹבְרִים, בִּרְכַּת יהוה אֲלֵיכֶם, בֵּרַכְנוּ אֶתְכֶם בְּשֵׁם יהוה.

21 שִׁיר הַמַּעֲלוֹת, מִמַּעֲמַקִּים קְרָאתִיךָ, יהוה. אֲדֹנָי שִׁמְעָה

22 בְקוֹלִי, תִּהְיֶינָה אָזְנֶיךָ קַשֻּׁבוֹת לְקוֹל

23 תַּחֲנוּנָי. אִם עֲוֹנוֹת תִּשְׁמָר יָהּ, אֲדֹנָי מִי יַעֲמֹד. כִּי עִמְּךָ הַסְּלִיחָה,

24 לְמַעַן תִּוָּרֵא. קִוִּיתִי יהוה קִוְּתָה נַפְשִׁי, וְלִדְבָרוֹ הוֹחָלְתִּי. נַפְשִׁי

25 לַאדֹנָי, מִשֹּׁמְרִים לַבֹּקֶר, שֹׁמְרִים לַבֹּקֶר. יַחֵל יִשְׂרָאֵל אֶל יהוה,

26 כִּי עִם יהוה הַחֶסֶד, וְהַרְבֵּה עִמּוֹ פְדוּת. וְהוּא יִפְדֶּה אֶת יִשְׂרָאֵל,

27 מִכֹּל עֲוֹנֹתָיו.

1 **שִׁיר הַמַּעֲלוֹת,** לְדָוִד, יהוה, לֹא גָבַהּ לִבִּי, וְלֹא רָמוּ עֵינַי,
2 וְלֹא הִלַּכְתִּי בִּגְדֹלוֹת וּבְנִפְלָאוֹת מִמֶּנִּי. אִם
3 לֹא שִׁוִּיתִי וְדוֹמַמְתִּי נַפְשִׁי, כְּגָמֻל עֲלֵי אִמּוֹ, כַּגָּמֻל עָלַי נַפְשִׁי.
4 יַחֵל יִשְׂרָאֵל אֶל יהוה, מֵעַתָּה וְעַד עוֹלָם.

5 **שִׁיר הַמַּעֲלוֹת,** זְכוֹר יהוה לְדָוִד, אֵת כָּל עֻנּוֹתוֹ. אֲשֶׁר
6 נִשְׁבַּע לַיהוה, נָדַר לַאֲבִיר יַעֲקֹב. אִם אָבֹא
7 בְּאֹהֶל בֵּיתִי, אִם אֶעֱלֶה עַל עֶרֶשׂ יְצוּעָי. אִם אֶתֵּן שְׁנַת לְעֵינָי,
8 לְעַפְעַפַּי תְּנוּמָה. עַד אֶמְצָא מָקוֹם לַיהוה, מִשְׁכָּנוֹת לַאֲבִיר
9 יַעֲקֹב. הִנֵּה שְׁמַעֲנוּהָ בְאֶפְרָתָה, מְצָאנוּהָ בִּשְׂדֵי יָעַר. נָבוֹאָה
10 לְמִשְׁכְּנוֹתָיו, נִשְׁתַּחֲוֶה לַהֲדֹם רַגְלָיו. קוּמָה יהוה לִמְנוּחָתֶךָ,
11 אַתָּה וַאֲרוֹן עֻזֶּךָ. כֹּהֲנֶיךָ יִלְבְּשׁוּ צֶדֶק, וַחֲסִידֶיךָ יְרַנֵּנוּ. בַּעֲבוּר
12 דָּוִד עַבְדֶּךָ, אַל תָּשֵׁב פְּנֵי מְשִׁיחֶךָ. נִשְׁבַּע יהוה לְדָוִד, אֱמֶת לֹא
13 יָשׁוּב מִמֶּנָּה, מִפְּרִי בִטְנְךָ אָשִׁית לְכִסֵּא לָךְ. אִם יִשְׁמְרוּ בָנֶיךָ
14 בְרִיתִי, וְעֵדֹתִי זוֹ אֲלַמְּדֵם, גַּם בְּנֵיהֶם עֲדֵי עַד, יֵשְׁבוּ לְכִסֵּא
15 לָךְ. כִּי בָחַר יהוה בְּצִיּוֹן, אִוָּהּ לְמוֹשָׁב לוֹ. זֹאת מְנוּחָתִי עֲדֵי עַד,
16 פֹּה אֵשֵׁב כִּי אִוִּתִיהָ. צֵידָהּ בָּרֵךְ אֲבָרֵךְ, אֶבְיוֹנֶיהָ אַשְׂבִּיעַ לָחֶם.
17 וְכֹהֲנֶיהָ אַלְבִּישׁ יֶשַׁע, וַחֲסִידֶיהָ רַנֵּן יְרַנֵּנוּ. שָׁם אַצְמִיחַ
18 קֶרֶן לְדָוִד, עָרַכְתִּי נֵר לִמְשִׁיחִי. אוֹיְבָיו אַלְבִּישׁ בֹּשֶׁת, וְעָלָיו
19 יָצִיץ נִזְרוֹ.

20 **שִׁיר הַמַּעֲלוֹת,** לְדָוִד, הִנֵּה מַה טּוֹב וּמַה נָּעִים, שֶׁבֶת אַחִים
21 גַּם יָחַד. כַּשֶּׁמֶן הַטּוֹב עַל הָרֹאשׁ, יֹרֵד עַל
22 הַזָּקָן, זְקַן אַהֲרֹן, שֶׁיֹּרֵד עַל פִּי מִדּוֹתָיו. כְּטַל חֶרְמוֹן שֶׁיֹּרֵד
23 עַל הַרְרֵי צִיּוֹן, כִּי שָׁם צִוָּה יהוה אֶת הַבְּרָכָה, חַיִּים עַד הָעוֹלָם.

24 **שִׁיר הַמַּעֲלוֹת,** הִנֵּה בָּרְכוּ אֶת יהוה כָּל עַבְדֵי יהוה,
25 הָעֹמְדִים בְּבֵית יהוה בַּלֵּילוֹת. שְׂאוּ יְדֵכֶם
26 קֹדֶשׁ, וּבָרְכוּ אֶת יהוה. יְבָרֶכְךָ יהוה מִצִּיּוֹן, עֹשֵׂה שָׁמַיִם וָאָרֶץ.

IF THERE IS A *MINYAN*, MOURNERS RECITE קַדִּישׁ יָתוֹם (P. 529).

❧ פרקי אבות ❧

A chapter of *Pirkei Avos* is studied or said each Sabbath from Pesach until Rosh Hashanah.

פרק ראשון

1 כָּל יִשְׂרָאֵל יֵשׁ לָהֶם חֵלֶק לָעוֹלָם הַבָּא, שֶׁנֶּאֱמַר: ,,וְעַמֵּךְ כֻּלָּם

2 צַדִּיקִים, לְעוֹלָם יִירְשׁוּ אָרֶץ, נֵצֶר מַטָּעַי, מַעֲשֵׂה יָדַי לְהִתְפָּאֵר''.

❀ ❀ ❀

3 [א] **מֹשֶׁה** קִבֵּל תּוֹרָה מִסִּינַי, וּמְסָרָהּ לִיהוֹשֻׁעַ, וִיהוֹשֻׁעַ

4 לִזְקֵנִים, וּזְקֵנִים לִנְבִיאִים, וּנְבִיאִים מְסָרְוּהָ

5 לְאַנְשֵׁי כְנֶסֶת הַגְּדוֹלָה. הֵם אָמְרוּ שְׁלֹשָׁה דְבָרִים: הֱווּ מְתוּנִים

6 בַּדִּין, וְהַעֲמִידוּ תַלְמִידִים הַרְבֵּה, וַעֲשׂוּ סְיָג לַתּוֹרָה.

7 [ב] שִׁמְעוֹן הַצַּדִּיק הָיָה מִשְּׁיָרֵי כְנֶסֶת הַגְּדוֹלָה. הוּא הָיָה

8 אוֹמֵר: עַל שְׁלֹשָׁה דְבָרִים הָעוֹלָם עוֹמֵד: עַל הַתּוֹרָה, וְעַל

9 הָעֲבוֹדָה, וְעַל גְּמִילוּת חֲסָדִים.

10 [ג] אַנְטִיגְנוֹס אִישׁ סוֹכוֹ קִבֵּל מִשִּׁמְעוֹן הַצַּדִּיק. הוּא הָיָה

11 אוֹמֵר: אַל תִּהְיוּ כַּעֲבָדִים הַמְשַׁמְּשִׁין אֶת הָרַב עַל מְנָת

12 לְקַבֵּל פְּרָס; אֶלָּא הֱווּ כַּעֲבָדִים הַמְשַׁמְּשִׁין אֶת הָרַב שֶׁלֹּא עַל

13 מְנָת לְקַבֵּל פְּרָס; וִיהִי מוֹרָא שָׁמַיִם עֲלֵיכֶם.

14 [ד] יוֹסֵי בֶּן יוֹעֶזֶר אִישׁ צְרֵדָה וְיוֹסֵי בֶּן יוֹחָנָן אִישׁ יְרוּשָׁלַיִם

15 קִבְּלוּ מֵהֶם. יוֹסֵי בֶּן יוֹעֶזֶר אִישׁ צְרֵדָה אוֹמֵר: יְהִי בֵיתְךָ בֵּית

16 וַעַד לַחֲכָמִים, וֶהֱוֵי מִתְאַבֵּק בַּעֲפַר רַגְלֵיהֶם, וֶהֱוֵי שׁוֹתֶה בַצָּמָא

17 אֶת דִּבְרֵיהֶם.

18 [ה] יוֹסֵי בֶּן יוֹחָנָן אִישׁ יְרוּשָׁלַיִם אוֹמֵר: יְהִי בֵיתְךָ פָתוּחַ

19 לָרְוָחָה, וְיִהְיוּ עֲנִיִּים בְּנֵי בֵיתֶךָ, וְאַל תַּרְבֶּה שִׂיחָה עִם

20 הָאִשָּׁה. בְּאִשְׁתּוֹ אָמְרוּ, קַל וָחֹמֶר בְּאֵשֶׁת חֲבֵרוֹ. מִכָּאן אָמְרוּ

21 חֲכָמִים: כָּל הַמַּרְבֶּה שִׂיחָה עִם הָאִשָּׁה – גּוֹרֵם רָעָה לְעַצְמוֹ,

22 וּבוֹטֵל מִדִּבְרֵי תוֹרָה, וְסוֹפוֹ יוֹרֵשׁ גֵּיהִנֹּם.

23 [ו] יְהוֹשֻׁעַ בֶּן פְּרַחְיָה וְנִתַּאי הָאַרְבֵּלִי קִבְּלוּ מֵהֶם. יְהוֹשֻׁעַ בֶּן

1   פְּרַחְיָה אוֹמֵר: עֲשֵׂה לְךָ רַב, וּקְנֵה לְךָ חָבֵר, וֶהֱוֵי דָן אֶת כָּל

2   הָאָדָם לְכַף זְכוּת.

3   **[ז]** נִתַּאי הָאַרְבֵּלִי אוֹמֵר: הַרְחֵק מִשָּׁכֵן רָע, וְאַל תִּתְחַבֵּר

4   לָרָשָׁע, וְאַל תִּתְיָאֵשׁ מִן הַפֻּרְעָנוּת.

5   **[ח]** יְהוּדָה בֶּן טַבַּאי וְשִׁמְעוֹן בֶּן שָׁטַח קִבְּלוּ מֵהֶם. יְהוּדָה בֶּן

6   טַבַּאי אוֹמֵר: אַל תַּעַשׂ עַצְמְךָ כְּעוֹרְכֵי הַדַּיָּנִין; וּכְשֶׁיִּהְיוּ

7   בַּעֲלֵי הַדִּין עוֹמְדִים לְפָנֶיךָ, יִהְיוּ בְעֵינֶיךָ כִּרְשָׁעִים; וּכְשֶׁנִּפְטָרִים

8   מִלְּפָנֶיךָ, יִהְיוּ בְעֵינֶיךָ כְּזַכָּאִין, כְּשֶׁקִּבְּלוּ עֲלֵיהֶם אֶת הַדִּין.

9   **[ט]** שִׁמְעוֹן בֶּן שָׁטַח אוֹמֵר: הֱוֵי מַרְבֶּה לַחֲקוֹר אֶת הָעֵדִים;

10   וֶהֱוֵי זָהִיר בִּדְבָרֶיךָ, שֶׁמָּא מִתּוֹכָם יִלְמְדוּ לְשַׁקֵּר.

11   **[י]** שְׁמַעְיָה וְאַבְטַלְיוֹן קִבְּלוּ מֵהֶם. שְׁמַעְיָה אוֹמֵר: אֱהַב אֶת

12   הַמְּלָאכָה, וּשְׂנָא אֶת הָרַבָּנוּת, וְאַל תִּתְוַדַּע לָרָשׁוּת.

13   **[יא]** אַבְטַלְיוֹן אוֹמֵר: חֲכָמִים, הִזָּהֲרוּ בְדִבְרֵיכֶם, שֶׁמָּא תָחוּבוּ

14   חוֹבַת גָּלוּת וְתִגְלוּ לִמְקוֹם מַיִם הָרָעִים, וְיִשְׁתּוּ הַתַּלְמִידִים

15   הַבָּאִים אַחֲרֵיכֶם וְיָמוּתוּ, וְנִמְצָא שֵׁם שָׁמַיִם מִתְחַלֵּל.

16   **[יב]** הִלֵּל וְשַׁמַּאי קִבְּלוּ מֵהֶם. הִלֵּל אוֹמֵר: הֱוֵי מִתַּלְמִידָיו שֶׁל

17   אַהֲרֹן, אוֹהֵב שָׁלוֹם וְרוֹדֵף שָׁלוֹם, אוֹהֵב אֶת הַבְּרִיּוֹת

18   וּמְקָרְבָן לַתּוֹרָה.

19   **[יג]** הוּא הָיָה אוֹמֵר: נְגִיד שְׁמָא אֲבַד שְׁמֵהּ, וּדְלָא מוֹסִיף יָסֵף,

20   וּדְלָא יַלִּיף קְטָלָא חַיָּב, וּדְאִשְׁתַּמֵּשׁ בְּתָגָא חֲלָף.

21   **[יד]** הוּא הָיָה אוֹמֵר: אִם אֵין אֲנִי לִי, מִי לִי? וּכְשֶׁאֲנִי לְעַצְמִי,

22   מָה אֲנִי? וְאִם לֹא עַכְשָׁו, אֵימָתַי?

23   **[טו]** שַׁמַּאי אוֹמֵר: עֲשֵׂה תוֹרָתְךָ קֶבַע, אֱמֹר מְעַט וַעֲשֵׂה

24   הַרְבֵּה, וֶהֱוֵי מְקַבֵּל אֶת כָּל הָאָדָם בְּסֵבֶר פָּנִים יָפוֹת.

25   **[טז]** רַבָּן גַּמְלִיאֵל הָיָה אוֹמֵר: עֲשֵׂה לְךָ רַב, וְהִסְתַּלֵּק מִן הַסָּפֵק,

26   וְאַל תַּרְבֶּה לְעַשֵּׂר אֳמָדוֹת.

[יז] שִׁמְעוֹן בְּנוֹ אוֹמֵר: כָּל יָמַי גָּדַלְתִּי בֵּין הַחֲכָמִים, וְלֹא מָצָאתִי לַגּוּף טוֹב אֶלָּא שְׁתִיקָה. וְלֹא הַמִּדְרָשׁ הוּא הָעִקָּר, אֶלָּא הַמַּעֲשֶׂה. וְכָל הַמַּרְבֶּה דְבָרִים מֵבִיא חֵטְא.

[יח] רַבָּן שִׁמְעוֹן בֶּן גַּמְלִיאֵל אוֹמֵר: עַל שְׁלֹשָׁה דְבָרִים הָעוֹלָם קַיָּם – עַל הַדִּין וְעַל הָאֱמֶת וְעַל הַשָּׁלוֹם, שֶׁנֶּאֱמַר: ,,אֱמֶת וּמִשְׁפַּט שָׁלוֹם שִׁפְטוּ בְּשַׁעֲרֵיכֶם".

❁ ❁ ❁

רַבִּי חֲנַנְיָא בֶּן עֲקַשְׁיָא אוֹמֵר: רָצָה הַקָּדוֹשׁ בָּרוּךְ הוּא לְזַכּוֹת אֶת יִשְׂרָאֵל, לְפִיכָךְ הִרְבָּה לָהֶם תּוֹרָה וּמִצְוֹת, שֶׁנֶּאֱמַר: ,,יהוה חָפֵץ לְמַעַן צִדְקוֹ, יַגְדִּיל תּוֹרָה וְיַאְדִּיר".

If there is a *minyan*, mourners recite קַדִּישׁ דְּרַבָּנָן (page 530).

פרק שני

כָּל יִשְׂרָאֵל יֵשׁ לָהֶם חֵלֶק לָעוֹלָם הַבָּא, שֶׁנֶּאֱמַר: ,,וְעַמֵּךְ כֻּלָּם צַדִּיקִים, לְעוֹלָם יִירְשׁוּ אָרֶץ, נֵצֶר מַטָּעַי, מַעֲשֵׂה יָדַי לְהִתְפָּאֵר".

❁ ❁ ❁

[א] רַבִּי אוֹמֵר: אֵיזוֹ הִיא דֶרֶךְ יְשָׁרָה שֶׁיָּבֹר לוֹ הָאָדָם? כָּל שֶׁהִיא תִּפְאֶרֶת לְעֹשֶׂיהָ וְתִפְאֶרֶת לוֹ מִן הָאָדָם. וֶהֱוֵי זָהִיר בְּמִצְוָה קַלָּה כְּבַחֲמוּרָה, שֶׁאֵין אַתָּה יוֹדֵעַ מַתַּן שְׂכָרָן שֶׁל מִצְוֹת. וֶהֱוֵי מְחַשֵּׁב הֶפְסֵד מִצְוָה כְּנֶגֶד שְׂכָרָהּ, וּשְׂכַר עֲבֵרָה כְּנֶגֶד הֶפְסֵדָהּ. הִסְתַּכֵּל בִּשְׁלֹשָׁה דְבָרִים, וְאֵין אַתָּה בָא לִידֵי עֲבֵרָה; דַּע מַה לְמַעְלָה מִמְּךָ – עַיִן רוֹאָה, וְאֹזֶן שׁוֹמַעַת, וְכָל מַעֲשֶׂיךָ בְּסֵפֶר נִכְתָּבִים.

[ב] רַבָּן גַּמְלִיאֵל בְּנוֹ שֶׁל רַבִּי יְהוּדָה הַנָּשִׂיא אוֹמֵר: יָפֶה תַלְמוּד תּוֹרָה עִם דֶּרֶךְ אֶרֶץ, שֶׁיְּגִיעַת שְׁנֵיהֶם מַשְׁכַּחַת עָוֹן. וְכָל תּוֹרָה שֶׁאֵין עִמָּהּ מְלָאכָה, סוֹפָהּ בְּטֵלָה וְגוֹרֶרֶת עָוֹן. וְכָל הָעוֹסְקִים עִם הַצִּבּוּר, יִהְיוּ עוֹסְקִים עִמָּהֶם לְשֵׁם שָׁמַיִם, שֶׁזְּכוּת אֲבוֹתָם מְסַיַּעְתָּם, וְצִדְקָתָם עוֹמֶדֶת לָעַד. וְאַתֶּם, מַעֲלֶה אֲנִי

1 עֲלֵיכֶם שָׂכָר הַרְבֵּה כְּאִלּוּ עֲשִׂיתֶם.

2 [ג] הֱווּ זְהִירִין בָּרָשׁוּת, שֶׁאֵין מְקָרְבִין לוֹ לְאָדָם אֶלָּא לְצֹרֶךְ

3 עַצְמָן; נִרְאִין כְּאוֹהֲבִין בִּשְׁעַת הֲנָאָתָן, וְאֵין עוֹמְדִין לוֹ

4 לְאָדָם בִּשְׁעַת דָּחֳקוֹ.

5 [ד] הוּא הָיָה אוֹמֵר: עֲשֵׂה רְצוֹנוֹ כִּרְצוֹנֶךָ, כְּדֵי שֶׁיַּעֲשֶׂה רְצוֹנְךָ

6 כִרְצוֹנוֹ. בַּטֵּל רְצוֹנְךָ מִפְּנֵי רְצוֹנוֹ, כְּדֵי שֶׁיְּבַטֵּל רְצוֹן אֲחֵרִים

7 מִפְּנֵי רְצוֹנֶךָ.

8 [ה] הִלֵּל אוֹמֵר: אַל תִּפְרוֹשׁ מִן הַצִּבּוּר, וְאַל תַּאֲמִין בְּעַצְמְךָ

9 עַד יוֹם מוֹתְךָ, וְאַל תָּדִין אֶת חֲבֵרְךָ עַד שֶׁתַּגִּיעַ לִמְקוֹמוֹ,

10 וְאַל תֹּאמַר דָּבָר שֶׁאִי אֶפְשָׁר לִשְׁמוֹעַ, שֶׁסּוֹפוֹ לְהִשָּׁמַע. וְאַל

11 תֹּאמַר לִכְשֶׁאֶפָּנֶה אֶשְׁנֶה, שֶׁמָּא לֹא תִפָּנֶה.

12 [ו] הוּא הָיָה אוֹמֵר: אֵין בּוּר יְרֵא חֵטְא, וְלֹא עַם הָאָרֶץ חָסִיד,

13 וְלֹא הַבַּיְשָׁן לָמֵד, וְלֹא הַקַּפְּדָן מְלַמֵּד, וְלֹא כָּל הַמַּרְבֶּה

14 בִסְחוֹרָה מַחְכִּים, וּבְמָקוֹם שֶׁאֵין אֲנָשִׁים הִשְׁתַּדֵּל לִהְיוֹת אִישׁ.

15 [ז] אַף הוּא רָאָה גֻּלְגֹּלֶת אַחַת שֶׁצָּפָה עַל פְּנֵי הַמָּיִם. אָמַר

16 לָהּ: „עַל דְּאַטֵּפְתְּ אַטְפוּךְ, וְסוֹף מְטַיְּפָיִךְ יְטוּפוּן".

17 [ח] הוּא הָיָה אוֹמֵר: מַרְבֶּה בָשָׂר, מַרְבֶּה רִמָּה; מַרְבֶּה נְכָסִים,

18 מַרְבֶּה דְאָגָה; מַרְבֶּה נָשִׁים, מַרְבֶּה כְשָׁפִים; מַרְבֶּה שְׁפָחוֹת,

19 מַרְבֶּה זִמָּה; מַרְבֶּה עֲבָדִים, מַרְבֶּה גָזֵל. מַרְבֶּה תוֹרָה, מַרְבֶּה

20 חַיִּים; מַרְבֶּה יְשִׁיבָה, מַרְבֶּה חָכְמָה; מַרְבֶּה עֵצָה, מַרְבֶּה תְבוּנָה;

21 מַרְבֶּה צְדָקָה, מַרְבֶּה שָׁלוֹם. קָנָה שֵׁם טוֹב, קָנָה לְעַצְמוֹ; קָנָה לוֹ

22 דִבְרֵי תוֹרָה, קָנָה לוֹ חַיֵּי הָעוֹלָם הַבָּא.

23 [ט] רַבָּן יוֹחָנָן בֶּן זַכַּאי קִבֵּל מֵהִלֵּל וּמִשַּׁמַּאי. הוּא הָיָה אוֹמֵר:

24 אִם לָמַדְתָּ תוֹרָה הַרְבֵּה, אַל תַּחֲזִיק טוֹבָה לְעַצְמְךָ, כִּי לְכָךְ

25 נוֹצָרְתָּ.

26 [י] חֲמִשָּׁה תַלְמִידִים הָיוּ לוֹ לְרַבָּן יוֹחָנָן בֶּן זַכַּאי, וְאֵלּוּ הֵן: רַבִּי

אֱלִיעֶזֶר בֶּן הֻרְקְנוֹס, רַבִּי יְהוֹשֻׁעַ בֶּן חֲנַנְיָא, רַבִּי יוֹסֵי הַכֹּהֵן, רַבִּי
שִׁמְעוֹן בֶּן נְתַנְאֵל, וְרַבִּי אֶלְעָזָר בֶּן עֲרָךְ.

[יא] הוּא הָיָה מוֹנֶה שְׁבָחָן: (רַבִּי) אֱלִיעֶזֶר בֶּן הֻרְקְנוֹס, בּוֹר
סוּד שֶׁאֵינוֹ מְאַבֵּד טִפָּה; (רַבִּי) יְהוֹשֻׁעַ בֶּן חֲנַנְיָא, אַשְׁרֵי
יוֹלַדְתּוֹ; (רַבִּי) יוֹסֵי הַכֹּהֵן, חָסִיד; (רַבִּי) שִׁמְעוֹן בֶּן נְתַנְאֵל, יְרֵא
חֵטְא; וְ(רַבִּי) אֶלְעָזָר בֶּן עֲרָךְ, כְּמַעְיָן הַמִּתְגַּבֵּר.

[יב] הוּא הָיָה אוֹמֵר: אִם יִהְיוּ כָּל חַכְמֵי יִשְׂרָאֵל בְּכַף מֹאזְנַיִם,
וֶאֱלִיעֶזֶר בֶּן הֻרְקְנוֹס בְּכַף שְׁנִיָּה, מַכְרִיעַ אֶת כֻּלָּם. אַבָּא
שָׁאוּל אוֹמֵר מִשְּׁמוֹ: אִם יִהְיוּ כָּל חַכְמֵי יִשְׂרָאֵל בְּכַף מֹאזְנַיִם,
וְ(רַבִּי) אֱלִיעֶזֶר בֶּן הֻרְקְנוֹס אַף עִמָּהֶם, וְ(רַבִּי) אֶלְעָזָר בֶּן עֲרָךְ
בְּכַף שְׁנִיָּה, מַכְרִיעַ אֶת כֻּלָּם.

[יג] אָמַר לָהֶם: צְאוּ וּרְאוּ אֵיזוֹ הִיא דֶּרֶךְ טוֹבָה שֶׁיִּדְבַּק בָּהּ
הָאָדָם. רַבִּי אֱלִיעֶזֶר אוֹמֵר: עַיִן טוֹבָה. רַבִּי יְהוֹשֻׁעַ אוֹמֵר:
חָבֵר טוֹב. רַבִּי יוֹסֵי אוֹמֵר: שָׁכֵן טוֹב. רַבִּי שִׁמְעוֹן אוֹמֵר: הָרוֹאֶה
אֶת הַנּוֹלָד. רַבִּי אֶלְעָזָר אוֹמֵר: לֵב טוֹב. אָמַר לָהֶם: רוֹאֶה אֲנִי
אֶת דִּבְרֵי אֶלְעָזָר בֶּן עֲרָךְ מִדִּבְרֵיכֶם, שֶׁבִּכְלָל דְּבָרָיו דִּבְרֵיכֶם.

[יד] אָמַר לָהֶם: צְאוּ וּרְאוּ אֵיזוֹ הִיא דֶּרֶךְ רָעָה שֶׁיִּתְרַחֵק
מִמֶּנָּה הָאָדָם. רַבִּי אֱלִיעֶזֶר אוֹמֵר: עַיִן רָעָה. רַבִּי יְהוֹשֻׁעַ
אוֹמֵר: חָבֵר רָע. רַבִּי יוֹסֵי אוֹמֵר: שָׁכֵן רָע. רַבִּי שִׁמְעוֹן אוֹמֵר:
הַלֹּוֶה וְאֵינוֹ מְשַׁלֵּם. אֶחָד הַלֹּוֶה מִן הָאָדָם כְּלֹוֶה מִן הַמָּקוֹם,
שֶׁנֶּאֱמַר: ,,לֹוֶה רָשָׁע וְלֹא יְשַׁלֵּם, וְצַדִּיק חוֹנֵן וְנוֹתֵן". רַבִּי אֶלְעָזָר
אוֹמֵר: לֵב רָע. אָמַר לָהֶם: רוֹאֶה אֲנִי אֶת דִּבְרֵי אֶלְעָזָר בֶּן עֲרָךְ
מִדִּבְרֵיכֶם, שֶׁבִּכְלָל דְּבָרָיו דִּבְרֵיכֶם.

[טו] הֵם אָמְרוּ שְׁלֹשָׁה דְבָרִים. רַבִּי אֱלִיעֶזֶר אוֹמֵר: יְהִי כְבוֹד
חֲבֵרְךָ חָבִיב עָלֶיךָ כְּשֶׁלָּךְ, וְאַל תְּהִי נוֹחַ לִכְעוֹס; וְשׁוּב יוֹם
אֶחָד לִפְנֵי מִיתָתְךָ; וֶהֱוֵי מִתְחַמֵּם כְּנֶגֶד אוּרָן שֶׁל חֲכָמִים, וֶהֱוֵי

זָהִיר בְּגַחַלְתָּן שֶׁלֹּא תִכָּוֶה – שֶׁנְּשִׁיכָתָן נְשִׁיכַת שׁוּעָל, וַעֲקִיצָתָן

עֲקִיצַת עַקְרָב, וּלְחִישָׁתָן לְחִישַׁת שָׂרָף, וְכָל דִּבְרֵיהֶם כְּגַחֲלֵי

אֵשׁ.

[טז] רַבִּי יְהוֹשֻׁעַ אוֹמֵר: עַיִן הָרָע, וְיֵצֶר הָרָע, וְשִׂנְאַת הַבְּרִיּוֹת

מוֹצִיאִין אֶת הָאָדָם מִן הָעוֹלָם.

[יז] רַבִּי יוֹסֵי אוֹמֵר: יְהִי מָמוֹן חֲבֵרְךָ חָבִיב עָלֶיךָ כְּשֶׁלָּךְ;

וְהַתְקֵן עַצְמְךָ לִלְמוֹד תּוֹרָה, שֶׁאֵינָהּ יְרֻשָּׁה לָךְ; וְכָל

מַעֲשֶׂיךָ יִהְיוּ לְשֵׁם שָׁמָיִם.

[יח] רַבִּי שִׁמְעוֹן אוֹמֵר: הֱוֵי זָהִיר בִּקְרִיאַת שְׁמַע וּבִתְפִלָּה;

וּכְשֶׁאַתָּה מִתְפַּלֵּל, אַל תַּעַשׂ תְּפִלָּתְךָ קֶבַע, אֶלָּא רַחֲמִים

וְתַחֲנוּנִים לִפְנֵי הַמָּקוֹם, שֶׁנֶּאֱמַר: „כִּי חַנּוּן וְרַחוּם הוּא

אֶרֶךְ אַפַּיִם וְרַב חֶסֶד וְנִחָם עַל הָרָעָה"; וְאַל תְּהִי רָשָׁע בִּפְנֵי

עַצְמֶךָ.

[יט] רַבִּי אֶלְעָזָר אוֹמֵר: הֱוֵי שָׁקוּד לִלְמוֹד תּוֹרָה, וְדַע מַה

שֶּׁתָּשִׁיב לְאֶפִּיקוֹרוֹס; וְדַע לִפְנֵי מִי אַתָּה עָמֵל; וְנֶאֱמָן הוּא

בַּעַל מְלַאכְתְּךָ, שֶׁיְּשַׁלֶּם לְךָ שְׂכַר פְּעֻלָּתֶךָ.

[כ] רַבִּי טַרְפוֹן אוֹמֵר: הַיּוֹם קָצֵר, וְהַמְּלָאכָה מְרֻבָּה, וְהַפּוֹעֲלִים

עֲצֵלִים, וְהַשָּׂכָר הַרְבֵּה, וּבַעַל הַבַּיִת דּוֹחֵק.

[כא] הוּא הָיָה אוֹמֵר: לֹא עָלֶיךָ הַמְּלָאכָה לִגְמוֹר, וְלֹא אַתָּה

בֶּן חוֹרִין לְהִבָּטֵל מִמֶּנָּה. אִם לָמַדְתָּ תּוֹרָה הַרְבֵּה, נוֹתְנִים

לְךָ שָׂכָר הַרְבֵּה; וְנֶאֱמָן הוּא בַּעַל מְלַאכְתְּךָ, שֶׁיְּשַׁלֶּם לְךָ שְׂכַר

פְּעֻלָּתֶךָ. וְדַע שֶׁמַּתַּן שְׂכָרָן שֶׁל צַדִּיקִים לֶעָתִיד לָבֹא.

❧ ❧ ❧

רַבִּי חֲנַנְיָא בֶּן עֲקַשְׁיָא אוֹמֵר: רָצָה הַקָּדוֹשׁ בָּרוּךְ הוּא לְזַכּוֹת

אֶת יִשְׂרָאֵל, לְפִיכָךְ הִרְבָּה לָהֶם תּוֹרָה וּמִצְוֹת, שֶׁנֶּאֱמַר: „יְהוָה

חָפֵץ לְמַעַן צִדְקוֹ, יַגְדִּיל תּוֹרָה וְיַאְדִּיר".

If there is a *minyan,* mourners recite קַדִּישׁ דְּרַבָּנָן (page 530).

פרק שלישי

1 כָּל יִשְׂרָאֵל יֵשׁ לָהֶם חֵלֶק לָעוֹלָם הַבָּא, שֶׁנֶּאֱמַר: ,,וְעַמֵּךְ כֻּלָּם

2 צַדִּיקִים, לְעוֹלָם יִירְשׁוּ אָרֶץ, נֵצֶר מַטָּעַי, מַעֲשֵׂה יָדַי לְהִתְפָּאֵר.״

❧ ❧ ❧

3 [א] **עֲקַבְיָא** בֶּן מַהֲלַלְאֵל אוֹמֵר: הִסְתַּכֵּל בִּשְׁלֹשָׁה דְבָרִים

4 וְאֵין אַתָּה בָא לִידֵי עֲבֵרָה: דַּע מֵאַיִן בָּאתָ,

5 וּלְאָן אַתָּה הוֹלֵךְ, וְלִפְנֵי מִי אַתָּה עָתִיד לִתֵּן דִּין וְחֶשְׁבּוֹן. מֵאַיִן

6 בָּאתָ? מִטִּפָּה סְרוּחָה. וּלְאָן אַתָּה הוֹלֵךְ? לִמְקוֹם עָפָר, רִמָּה

7 וְתוֹלֵעָה. וְלִפְנֵי מִי אַתָּה עָתִיד לִתֵּן דִּין וְחֶשְׁבּוֹן? לִפְנֵי מֶלֶךְ מַלְכֵי

8 הַמְּלָכִים, הַקָּדוֹשׁ בָּרוּךְ הוּא.

9 [ב] רַבִּי חֲנִינָא סְגַן הַכֹּהֲנִים אוֹמֵר: הֱוֵי מִתְפַּלֵּל בִּשְׁלוֹמָהּ שֶׁל

10 מַלְכוּת, שֶׁאִלְמָלֵא מוֹרָאָהּ, אִישׁ אֶת רֵעֵהוּ חַיִּים בְּלָעוֹ.

11 [ג] רַבִּי חֲנִינָא בֶּן תְּרַדְיוֹן אוֹמֵר: שְׁנַיִם שֶׁיּוֹשְׁבִין וְאֵין בֵּינֵיהֶם

12 דִּבְרֵי תוֹרָה, הֲרֵי זֶה מוֹשַׁב לֵצִים, שֶׁנֶּאֱמַר: ,,וּבְמוֹשַׁב לֵצִים

13 לֹא יָשָׁב.״ אֲבָל שְׁנַיִם שֶׁיּוֹשְׁבִין וְיֵשׁ בֵּינֵיהֶם דִּבְרֵי תוֹרָה, שְׁכִינָה

14 שְׁרוּיָה בֵינֵיהֶם, שֶׁנֶּאֱמַר: ,,אָז נִדְבְּרוּ יִרְאֵי יהוה אִישׁ אֶל רֵעֵהוּ,

15 וַיַּקְשֵׁב יהוה וַיִּשְׁמָע, וַיִּכָּתֵב סֵפֶר זִכָּרוֹן לְפָנָיו, לְיִרְאֵי יהוה

16 וּלְחֹשְׁבֵי שְׁמוֹ.״ אֵין לִי אֶלָּא שְׁנַיִם; מִנַּיִן שֶׁאֲפִילוּ אֶחָד שֶׁיּוֹשֵׁב

17 וְעוֹסֵק בַּתּוֹרָה, שֶׁהַקָּדוֹשׁ בָּרוּךְ הוּא קוֹבֵעַ לוֹ שָׂכָר? שֶׁנֶּאֱמַר:

18 ,,יֵשֵׁב בָּדָד וְיִדֹּם, כִּי נָטַל עָלָיו.״

19 [ד] רַבִּי שִׁמְעוֹן אוֹמֵר: שְׁלֹשָׁה שֶׁאָכְלוּ עַל שֻׁלְחָן אֶחָד וְלֹא

20 אָמְרוּ עָלָיו דִּבְרֵי תוֹרָה, כְּאִלּוּ אָכְלוּ מִזִּבְחֵי מֵתִים,

21 שֶׁנֶּאֱמַר: ,,כִּי כָּל שֻׁלְחָנוֹת מָלְאוּ קִיא צוֹאָה, בְּלִי מָקוֹם.״ אֲבָל

22 שְׁלֹשָׁה שֶׁאָכְלוּ עַל שֻׁלְחָן אֶחָד וְאָמְרוּ עָלָיו דִּבְרֵי תוֹרָה, כְּאִלּוּ

23 אָכְלוּ מִשֻּׁלְחָנוֹ שֶׁל מָקוֹם, שֶׁנֶּאֱמַר: ,,וַיְדַבֵּר אֵלַי, זֶה הַשֻּׁלְחָן

24 אֲשֶׁר לִפְנֵי יהוה.״

25 [ה] רַבִּי חֲנִינָא בֶּן חֲכִינַאי אוֹמֵר: הַנֵּעוֹר בַּלַּיְלָה, וְהַמְהַלֵּךְ

1 בַּדֶּרֶךְ יְחִידִי, וּמְפַנֶּה לִבּוֹ לְבַטָּלָה – הֲרֵי זֶה מִתְחַיֵּב בְּנַפְשׁוֹ.

2 [ו] רַבִּי נְחוּנְיָא בֶּן הַקָּנָה אוֹמֵר: כָּל הַמְקַבֵּל עָלָיו עֹל תּוֹרָה,

3 מַעֲבִירִין מִמֶּנּוּ עֹל מַלְכוּת וְעֹל דֶּרֶךְ אֶרֶץ; וְכָל הַפּוֹרֵק מִמֶּנּוּ

4 עֹל תּוֹרָה, נוֹתְנִין עָלָיו עֹל מַלְכוּת וְעֹל דֶּרֶךְ אֶרֶץ.

5 [ז] רַבִּי חֲלַפְתָּא בֶּן דּוֹסָא אִישׁ כְּפַר חֲנַנְיָא אוֹמֵר: עֲשָׂרָה

6 שֶׁיּוֹשְׁבִין וְעוֹסְקִין בַּתּוֹרָה, שְׁכִינָה שְׁרוּיָה בֵּינֵיהֶם, שֶׁנֶּאֱמַר:

7 ,,אֱלֹהִים נִצָּב בַּעֲדַת אֵל״. וּמִנַּיִן אֲפִלּוּ חֲמִשָּׁה? שֶׁנֶּאֱמַר:

8 ,,וַאֲגֻדָּתוֹ עַל אֶרֶץ יְסָדָהּ״. וּמִנַּיִן אֲפִלּוּ שְׁלֹשָׁה? שֶׁנֶּאֱמַר:

9 ,,בְּקֶרֶב אֱלֹהִים יִשְׁפֹּט״. וּמִנַּיִן אֲפִלּוּ שְׁנַיִם? שֶׁנֶּאֱמַר: ,,אָז נִדְבְּרוּ

10 יִרְאֵי יְהוָה אִישׁ אֶל רֵעֵהוּ וַיַּקְשֵׁב יְהוָה וַיִּשְׁמָע״. וּמִנַּיִן אֲפִלּוּ

11 אֶחָד? שֶׁנֶּאֱמַר: ,,בְּכָל הַמָּקוֹם אֲשֶׁר אַזְכִּיר אֶת שְׁמִי, אָבוֹא

12 אֵלֶיךָ וּבֵרַכְתִּיךָ״.

13 [ח] רַבִּי אֶלְעָזָר אִישׁ בַּרְתּוֹתָא אוֹמֵר: תֶּן לוֹ מִשֶּׁלּוֹ, שֶׁאַתָּה

14 וְשֶׁלְּךָ שֶׁלּוֹ; וְכֵן בְּדָוִד הוּא אוֹמֵר: ,,כִּי מִמְּךָ הַכֹּל, וּמִיָּדְךָ

15 נָתַנּוּ לָךְ״.

16 [ט] רַבִּי יַעֲקֹב אוֹמֵר: הַמְהַלֵּךְ בַּדֶּרֶךְ וְשׁוֹנֶה, וּמַפְסִיק מִמִּשְׁנָתוֹ,

17 וְאוֹמֵר: ,,מַה נָּאֶה אִילָן זֶה! וּמַה נָּאֶה נִיר זֶה!״ – מַעֲלֶה

18 עָלָיו הַכָּתוּב כְּאִלּוּ מִתְחַיֵּב בְּנַפְשׁוֹ.

19 [י] רַבִּי דּוֹסְתַּאי בַּר יַנַּאי מִשּׁוּם רַבִּי מֵאִיר אוֹמֵר: כָּל הַשּׁוֹכֵחַ

20 דָּבָר אֶחָד מִמִּשְׁנָתוֹ, מַעֲלֶה עָלָיו הַכָּתוּב כְּאִלּוּ מִתְחַיֵּב

21 בְּנַפְשׁוֹ, שֶׁנֶּאֱמַר: ,,רַק הִשָּׁמֶר לְךָ, וּשְׁמֹר נַפְשְׁךָ מְאֹד, פֶּן תִּשְׁכַּח

22 אֶת הַדְּבָרִים אֲשֶׁר רָאוּ עֵינֶיךָ״. יָכוֹל אֲפִלּוּ תָּקְפָה עָלָיו

23 מִשְׁנָתוֹ? תַּלְמוּד לוֹמַר: ,,וּפֶן יָסוּרוּ מִלְּבָבְךָ כֹּל יְמֵי חַיֶּיךָ״. הָא

24 אֵינוֹ מִתְחַיֵּב בְּנַפְשׁוֹ עַד שֶׁיֵּשֵׁב וִיסִירֵם מִלִּבּוֹ.

25 [יא] רַבִּי חֲנִינָא בֶּן דּוֹסָא אוֹמֵר: כֹּל שֶׁיִּרְאַת חֶטְאוֹ קוֹדֶמֶת

26 לְחָכְמָתוֹ, חָכְמָתוֹ מִתְקַיֶּמֶת; וְכֹל שֶׁחָכְמָתוֹ קוֹדֶמֶת

1 לִירְאַת חֶטְאוֹ, אֵין חָכְמָתוֹ מִתְקַיֶּמֶת.

2 [יב] הוּא הָיָה אוֹמֵר: כֹּל שֶׁמַּעֲשָׂיו מְרֻבִּין מֵחָכְמָתוֹ, חָכְמָתוֹ

3 מִתְקַיֶּמֶת; וְכֹל שֶׁחָכְמָתוֹ מְרֻבָּה מִמַּעֲשָׂיו, אֵין חָכְמָתוֹ

4 מִתְקַיֶּמֶת.

5 [יג] הוּא הָיָה אוֹמֵר: כֹּל שֶׁרוּחַ הַבְּרִיּוֹת נוֹחָה הֵימֶנּוּ, רוּחַ

6 הַמָּקוֹם נוֹחָה הֵימֶנּוּ; וְכֹל שֶׁאֵין רוּחַ הַבְּרִיּוֹת נוֹחָה הֵימֶנּוּ,

7 אֵין רוּחַ הַמָּקוֹם נוֹחָה הֵימֶנּוּ.

8 [יד] רַבִּי דוֹסָא בֶּן הָרְכִּינַס אוֹמֵר: שֵׁנָה שֶׁל שַׁחֲרִית, וְיַיִן שֶׁל

9 צָהֳרַיִם, וְשִׂיחַת הַיְלָדִים, וִישִׁיבַת בָּתֵּי כְנֵסִיּוֹת שֶׁל עַמֵּי

10 הָאָרֶץ – מוֹצִיאִין אֶת הָאָדָם מִן הָעוֹלָם.

11 [טו] רַבִּי אֶלְעָזָר הַמּוֹדָעִי אוֹמֵר: הַמְחַלֵּל אֶת הַקֳּדָשִׁים,

12 וְהַמְבַזֶּה אֶת הַמּוֹעֲדוֹת, וְהַמַּלְבִּין פְּנֵי חֲבֵרוֹ בָּרַבִּים,

13 וְהַמֵּפֵר בְּרִיתוֹ שֶׁל אַבְרָהָם אָבִינוּ, וְהַמְגַלֶּה פָנִים בַּתּוֹרָה שֶׁלֹּא

14 כַהֲלָכָה, אַף עַל פִּי שֶׁיֵּשׁ בְּיָדוֹ תּוֹרָה וּמַעֲשִׂים טוֹבִים – אֵין לוֹ

15 חֵלֶק לָעוֹלָם הַבָּא.

16 [טז] רַבִּי יִשְׁמָעֵאל אוֹמֵר: הֱוֵי קַל לְרֹאשׁ, וְנוֹחַ לְתִשְׁחֹרֶת, וֶהֱוֵי

17 מְקַבֵּל אֶת כָּל הָאָדָם בְּשִׂמְחָה.

18 [יז] רַבִּי עֲקִיבָא אוֹמֵר: שְׂחוֹק וְקַלּוּת רֹאשׁ מַרְגִּילִין אֶת הָאָדָם

19 לְעֶרְוָה. מָסֹרֶת סְיָג לַתּוֹרָה; מַעְשְׂרוֹת סְיָג לָעֹשֶׁר; נְדָרִים

20 סְיָג לַפְּרִישׁוּת; סְיָג לַחָכְמָה שְׁתִיקָה.

21 [יח] הוּא הָיָה אוֹמֵר: חָבִיב אָדָם שֶׁנִּבְרָא בְצֶלֶם; חִבָּה יְתֵרָה

22 נוֹדַעַת לוֹ שֶׁנִּבְרָא בְצֶלֶם, שֶׁנֶּאֱמַר: ,,כִּי בְּצֶלֶם אֱלֹהִים

23 עָשָׂה אֶת הָאָדָם". חֲבִיבִין יִשְׂרָאֵל, שֶׁנִּקְרְאוּ בָנִים לַמָּקוֹם; חִבָּה

24 יְתֵרָה נוֹדַעַת לָהֶם שֶׁנִּקְרְאוּ בָנִים לַמָּקוֹם, שֶׁנֶּאֱמַר: ,,בָּנִים אַתֶּם

25 לַיהוה אֱלֹהֵיכֶם". חֲבִיבִין יִשְׂרָאֵל, שֶׁנִּתַּן לָהֶם כְּלִי חֶמְדָּה; חִבָּה

26 יְתֵרָה נוֹדַעַת לָהֶם, שֶׁנִּתַּן לָהֶם כְּלִי חֶמְדָּה, שֶׁנֶּאֱמַר: ,,כִּי לֶקַח

1 טוב נָתַתִּי לָכֶם, תּוֹרָתִי אַל תַּעֲזֹבוּ״.

2 **[יט]** הַכֹּל צָפוּי, וְהָרְשׁוּת נְתוּנָה. וּבְטוֹב הָעוֹלָם נָדוֹן, וְהַכֹּל לְפִי
3 רוֹב הַמַּעֲשֶׂה.

4 **[כ]** הוּא הָיָה אוֹמֵר: הַכֹּל נָתוּן בָּעֵרָבוֹן, וּמְצוּדָה פְרוּסָה עַל כָּל
5 הַחַיִּים. הֶחָנוּת פְּתוּחָה, וְהֶחָנְוָנִי מַקִּיף, וְהַפִּנְקָס פָּתוּחַ,
6 וְהַיָּד כּוֹתֶבֶת, וְכָל הָרוֹצֶה לִלְווֹת יָבֹא וְיִלְוֶה. וְהַגַּבָּאִים מַחֲזִירִין
7 תָּדִיר בְּכָל יוֹם וְנִפְרָעִין מִן הָאָדָם, מִדַּעְתּוֹ וְשֶׁלֹּא מִדַּעְתּוֹ, וְיֵשׁ
8 לָהֶם עַל מַה שֶׁיִּסְמְכוּ. וְהַדִּין דִּין אֱמֶת, וְהַכֹּל מְתֻקָּן לִסְעוּדָה.

9 **[כא]** רַבִּי אֶלְעָזָר בֶּן עֲזַרְיָה אוֹמֵר: אִם אֵין תּוֹרָה, אֵין דֶּרֶךְ
10 אֶרֶץ; אִם אֵין דֶּרֶךְ אֶרֶץ, אֵין תּוֹרָה. אִם אֵין חָכְמָה, אֵין
11 יִרְאָה; אִם אֵין יִרְאָה, אֵין חָכְמָה. אִם אֵין דַּעַת, אֵין בִּינָה; אִם
12 אֵין בִּינָה, אֵין דַּעַת. אִם אֵין קֶמַח, אֵין תּוֹרָה; אִם אֵין תּוֹרָה, אֵין
13 קֶמַח.

14 **[כב]** הוּא הָיָה אוֹמֵר: כֹּל שֶׁחָכְמָתוֹ מְרֻבָּה מִמַּעֲשָׂיו, לְמָה הוּא
15 דּוֹמֶה? לְאִילָן שֶׁעֲנָפָיו מְרֻבִּין וְשָׁרָשָׁיו מוּעָטִין, וְהָרוּחַ
16 בָּאָה וְעוֹקַרְתּוֹ וְהוֹפַכְתּוֹ עַל פָּנָיו, שֶׁנֶּאֱמַר: ״וְהָיָה כְּעַרְעָר
17 בָּעֲרָבָה, וְלֹא יִרְאֶה כִּי יָבוֹא טוֹב, וְשָׁכַן חֲרֵרִים בַּמִּדְבָּר, אֶרֶץ
18 מְלֵחָה וְלֹא תֵשֵׁב״. אֲבָל כֹּל שֶׁמַּעֲשָׂיו מְרֻבִּין מֵחָכְמָתוֹ, לְמָה
19 הוּא דּוֹמֶה? לְאִילָן שֶׁעֲנָפָיו מוּעָטִין וְשָׁרָשָׁיו מְרֻבִּין, שֶׁאֲפִילוּ כָּל
20 הָרוּחוֹת שֶׁבָּעוֹלָם בָּאוֹת וְנוֹשְׁבוֹת בּוֹ, אֵין מְזִיזִין אוֹתוֹ מִמְּקוֹמוֹ,
21 שֶׁנֶּאֱמַר: ״וְהָיָה כְּעֵץ שָׁתוּל עַל מַיִם, וְעַל יוּבַל יְשַׁלַּח שָׁרָשָׁיו,
22 וְלֹא יִרְאֶה כִּי יָבֹא חֹם, וְהָיָה עָלֵהוּ רַעֲנָן, וּבִשְׁנַת בַּצֹּרֶת לֹא
23 יִדְאָג, וְלֹא יָמִישׁ מֵעֲשׂוֹת פֶּרִי״.

24 **[כג]** רַבִּי אֶלְעָזָר (בֶּן) חִסְמָא אוֹמֵר: קִנִּין וּפִתְחֵי נִדָּה הֵן הֵן
25 גּוּפֵי הֲלָכוֹת; תְּקוּפוֹת וְגִמַּטְרִיָאוֹת – פַּרְפְּרָאוֹת לַחָכְמָה.

❧ ❧ ❧

1 רַבִּי חֲנַנְיָא בֶּן עֲקַשְׁיָא אוֹמֵר: רָצָה הַקָּדוֹשׁ בָּרוּךְ הוּא לְזַכּוֹת

2 אֶת יִשְׂרָאֵל, לְפִיכָךְ הִרְבָּה לָהֶם תּוֹרָה וּמִצְוֹת, שֶׁנֶּאֱמַר: ,,יהוה

3 חָפֵץ לְמַעַן צִדְקוֹ, יַגְדִּיל תּוֹרָה וְיַאְדִּיר.''.

If there is a *minyan*, mourners recite קַדִּישׁ דְּרַבָּנָן (page 530).

פרק רביעי

4 כָּל יִשְׂרָאֵל יֵשׁ לָהֶם חֵלֶק לָעוֹלָם הַבָּא, שֶׁנֶּאֱמַר: ,,וְעַמֵּךְ כֻּלָּם

5 צַדִּיקִים, לְעוֹלָם יִירְשׁוּ אָרֶץ, נֵצֶר מַטָּעַי, מַעֲשֵׂה יָדַי לְהִתְפָּאֵר.''.

❀ ❀ ❀

6 [א] **בֶּן זוֹמָא** אוֹמֵר: אֵיזֶהוּ חָכָם? הַלּוֹמֵד מִכָּל אָדָם,

7 שֶׁנֶּאֱמַר: ,,מִכָּל מְלַמְּדַי הִשְׂכַּלְתִּי.'' אֵיזֶהוּ

8 גִבּוֹר? הַכּוֹבֵשׁ אֶת יִצְרוֹ, שֶׁנֶּאֱמַר: ,,טוֹב אֶרֶךְ אַפַּיִם מִגִּבּוֹר,

9 וּמשֵׁל בְּרוּחוֹ מִלֹּכֵד עִיר.'' אֵיזֶהוּ עָשִׁיר? הַשָּׂמֵחַ בְּחֶלְקוֹ,

10 שֶׁנֶּאֱמַר: ,,יְגִיעַ כַּפֶּיךָ כִּי תֹאכֵל אַשְׁרֶיךָ וְטוֹב לָךְ.'' ,,אַשְׁרֶיךָ'' —

11 בָּעוֹלָם הַזֶּה, ,,וְטוֹב לָךְ'' — לָעוֹלָם הַבָּא. אֵיזֶהוּ מְכֻבָּד? הַמְכַבֵּד

12 אֶת הַבְּרִיּוֹת, שֶׁנֶּאֱמַר: ,,כִּי מְכַבְּדַי אֲכַבֵּד, וּבֹזַי יֵקַלּוּ.''.

13 [ב] בֶּן עַזַּאי אוֹמֵר: הֱוֵי רָץ לְמִצְוָה קַלָּה, וּבוֹרֵחַ מִן הָעֲבֵרָה;

14 שֶׁמִּצְוָה גוֹרֶרֶת מִצְוָה, וַעֲבֵרָה גוֹרֶרֶת עֲבֵרָה, שֶׁשְּׂכַר מִצְוָה

15 מִצְוָה, וּשְׂכַר עֲבֵרָה עֲבֵרָה.

16 [ג] הוּא הָיָה אוֹמֵר: אַל תְּהִי בָז לְכָל אָדָם, וְאַל תְּהִי מַפְלִיג

17 לְכָל דָּבָר, שֶׁאֵין לְךָ אָדָם שֶׁאֵין לוֹ שָׁעָה, וְאֵין לְךָ דָּבָר

18 שֶׁאֵין לוֹ מָקוֹם.

19 [ד] רַבִּי לְוִיטַס אִישׁ יַבְנֶה אוֹמֵר: מְאֹד מְאֹד הֱוֵי שְׁפַל רוּחַ,

20 שֶׁתִּקְוַת אֱנוֹשׁ רִמָּה.

21 [ה] רַבִּי יוֹחָנָן בֶּן בְּרוֹקָא אוֹמֵר: כָּל הַמְחַלֵּל שֵׁם שָׁמַיִם

22 בְּסֵתֶר, נִפְרָעִין מִמֶּנּוּ בְּגָלוּי. אֶחָד שׁוֹגֵג וְאֶחָד מֵזִיד בְּחִלּוּל

23 הַשֵּׁם.

24 [ו] רַבִּי יִשְׁמָעֵאל בַּר רַבִּי יוֹסֵי אוֹמֵר: הַלּוֹמֵד עַל מְנָת לְלַמֵּד,

1 מַסְפִּיקִין בְּיָדוֹ לִלְמוֹד וּלְלַמֵּד; וְהַלוֹמֵד עַל מְנָת לַעֲשׂוֹת,

2 מַסְפִּיקִין בְּיָדוֹ לִלְמוֹד וּלְלַמֵּד, לִשְׁמוֹר וְלַעֲשׂוֹת.

3 [ז] רַבִּי צָדוֹק אוֹמֵר: אַל תִּפְרוֹשׁ מִן הַצִּבּוּר; וְאַל תַּעַשׂ עַצְמְךָ

4 כְּעוֹרְכֵי הַדַּיָּנִין; וְאַל תַּעֲשֶׂהָ עֲטָרָה לְהִתְגַּדֵּל בָּהּ, וְלֹא

5 קַרְדֹּם לַחְפּוֹר בָּהּ. וְכָךְ הָיָה הִלֵּל אוֹמֵר: וּדְאִשְׁתַּמֵּשׁ בְּתָגָא חֲלָף.

6 הָא לָמַדְתָּ: כָּל הַנֶּהֱנֶה מִדִּבְרֵי תוֹרָה, נוֹטֵל חַיָּיו מִן הָעוֹלָם.

7 [ח] רַבִּי יוֹסֵי אוֹמֵר: כָּל הַמְכַבֵּד אֶת הַתּוֹרָה, גּוּפוֹ מְכֻבָּד עַל

8 הַבְּרִיּוֹת; וְכָל הַמְחַלֵּל אֶת הַתּוֹרָה, גּוּפוֹ מְחֻלָּל עַל

9 הַבְּרִיּוֹת.

10 [ט] רַבִּי יִשְׁמָעֵאל בְּנוֹ אוֹמֵר: הַחוֹשֵׂךְ עַצְמוֹ מִן הַדִּין, פּוֹרֵק

11 מִמֶּנּוּ אֵיבָה וְגָזֵל וּשְׁבוּעַת שָׁוְא. וְהַגַּס לִבּוֹ בְּהוֹרָאָה, שׁוֹטֶה

12 רָשָׁע וְגַס רוּחַ.

13 [י] הוּא הָיָה אוֹמֵר: אַל תְּהִי דָן יְחִידִי, שֶׁאֵין דָּן יְחִידִי אֶלָּא

14 אֶחָד. וְאַל תֹּאמַר: „קַבְּלוּ דַעְתִּי!" שֶׁהֵן רַשָּׁאִין וְלֹא אָתָּה.

15 [יא] רַבִּי יוֹנָתָן אוֹמֵר: כָּל הַמְקַיֵּם אֶת הַתּוֹרָה מֵעֹנִי, סוֹפוֹ

16 לְקַיְּמָהּ מֵעֹשֶׁר; וְכָל הַמְבַטֵּל אֶת הַתּוֹרָה מֵעֹשֶׁר, סוֹפוֹ

17 לְבַטְּלָהּ מֵעֹנִי.

18 [יב] רַבִּי מֵאִיר אוֹמֵר: הֱוֵי מְמַעֵט בְּעֵסֶק, וַעֲסֹק בַּתּוֹרָה; וֶהֱוֵי

19 שְׁפַל רוּחַ בִּפְנֵי כָל אָדָם; וְאִם בָּטַלְתָּ מִן הַתּוֹרָה, יֶשׁ לְךָ בְּטֵלִים

20 הַרְבֵּה כְּנֶגְדֶּךָ; וְאִם עָמַלְתָּ בַּתּוֹרָה, יֶשׁ לוֹ שָׂכָר הַרְבֵּה לִתֶּן לָךְ.

21 [יג] רַבִּי אֱלִיעֶזֶר בֶּן יַעֲקֹב אוֹמֵר: הָעוֹשֶׂה מִצְוָה אַחַת קוֹנֶה לוֹ

22 פְּרַקְלִיט אֶחָד; וְהָעוֹבֵר עֲבֵרָה אַחַת, קוֹנֶה לוֹ קַטֵּיגוֹר

23 אֶחָד. תְּשׁוּבָה וּמַעֲשִׂים טוֹבִים כִּתְרִיס בִּפְנֵי הַפֻּרְעָנוּת.

24 [יד] רַבִּי יוֹחָנָן הַסַּנְדְּלָר אוֹמֵר: כָּל כְּנֵסִיָּה שֶׁהִיא לְשֵׁם שָׁמַיִם,

25 סוֹפָה לְהִתְקַיֵּם; וְשֶׁאֵינָהּ לְשֵׁם שָׁמַיִם, אֵין סוֹפָה לְהִתְקַיֵּם.

26 [טו] רַבִּי אֶלְעָזָר בֶּן שַׁמּוּעַ אוֹמֵר: יְהִי כְבוֹד תַּלְמִידְךָ חָבִיב

עָלֶיךָ כְּשֶׁלָּךְ; וּכְבוֹד חֲבֵרְךָ כְּמוֹרָא רַבָּךְ; וּמוֹרָא רַבָּךְ כְּמוֹרָא שָׁמָיִם.

[טז] רַבִּי יְהוּדָה אוֹמֵר: הֱוֵי זָהִיר בְּתַלְמוּד, שֶׁשִּׁגְגַת תַּלְמוּד עוֹלָה זָדוֹן.

[יז] רַבִּי שִׁמְעוֹן אוֹמֵר: שְׁלֹשָׁה כְתָרִים הֵם: כֶּתֶר תּוֹרָה, וְכֶתֶר כְּהֻנָּה, וְכֶתֶר מַלְכוּת; וְכֶתֶר שֵׁם טוֹב עוֹלֶה עַל גַּבֵּיהֶן.

[יח] רַבִּי נְהוֹרָאִי אוֹמֵר: הֱוֵי גוֹלֶה לִמְקוֹם תּוֹרָה, וְאַל תֹּאמַר שֶׁהִיא תָבוֹא אַחֲרֶיךָ, שֶׁחֲבֵרֶיךָ יְקַיְּמוּהָ בְיָדֶךָ. וְאֶל בִּינָתְךָ אַל תִּשָּׁעֵן.

[יט] רַבִּי יַנַּאי אוֹמֵר: אֵין בְּיָדֵינוּ לֹא מִשַּׁלְוַת הָרְשָׁעִים וְאַף לֹא מִיִּסּוּרֵי הַצַּדִּיקִים.

[כ] רַבִּי מַתְיָא בֶן חָרָשׁ אוֹמֵר: הֱוֵי מַקְדִּים בְּשָׁלוֹם כָּל אָדָם, וֶהֱוֵי זָנָב לָאֲרָיוֹת, וְאַל תְּהִי רֹאשׁ לַשּׁוּעָלִים.

[כא] רַבִּי יַעֲקֹב אוֹמֵר: הָעוֹלָם הַזֶּה דּוֹמֶה לִפְרוֹזְדוֹר בִּפְנֵי הָעוֹלָם הַבָּא, הַתְקֵן עַצְמְךָ בַּפְּרוֹזְדוֹר, כְּדֵי שֶׁתִּכָּנֵס לַטְּרַקְלִין.

[כב] הוּא הָיָה אוֹמֵר: יָפָה שָׁעָה אַחַת בִּתְשׁוּבָה וּמַעֲשִׂים טוֹבִים בָּעוֹלָם הַזֶּה מִכָּל חַיֵּי הָעוֹלָם הַבָּא; וְיָפָה שָׁעָה אַחַת שֶׁל קוֹרַת רוּחַ בָּעוֹלָם הַבָּא מִכָּל חַיֵּי הָעוֹלָם הַזֶּה.

[כג] רַבִּי שִׁמְעוֹן בֶּן אֶלְעָזָר אוֹמֵר: אַל תְּרַצֶּה אֶת חֲבֵרְךָ בְּשַׁעַת כַּעֲסוֹ; וְאַל תְּנַחֲמֵהוּ בְּשָׁעָה שֶׁמֵּתוֹ מֻטָּל לְפָנָיו; וְאַל תִּשְׁאַל לוֹ בִּשְׁעַת נִדְרוֹ; וְאַל תִּשְׁתַּדֵּל לִרְאוֹתוֹ בִּשְׁעַת קַלְקָלָתוֹ.

[כד] שְׁמוּאֵל הַקָּטָן אוֹמֵר: ,,בִּנְפֹל אוֹיִבְךָ אַל תִּשְׂמָח, וּבִכָּשְׁלוֹ אַל יָגֵל לִבֶּךָ. פֶּן יִרְאֶה יהוה וְרַע בְּעֵינָיו, וְהֵשִׁיב מֵעָלָיו אַפּוֹ''.

1   **[כה]** אֱלִישָׁע בֶּן אֲבוּיָה אוֹמֵר: הַלּוֹמֵד יֶלֶד, לְמָה הוּא דוֹמֶה?

2   לִדְיוֹ כְתוּבָה עַל נְיָר חָדָשׁ. וְהַלּוֹמֵד זָקֵן, לְמָה הוּא דוֹמֶה?

3   לִדְיוֹ כְתוּבָה עַל נְיָר מָחוּק.

4   **[כו]** רַבִּי יוֹסֵי בַּר יְהוּדָה אִישׁ כְּפַר הַבַּבְלִי אוֹמֵר: הַלּוֹמֵד מִן

5   הַקְּטַנִּים, לְמָה הוּא דוֹמֶה? לְאוֹכֵל עֲנָבִים קֵהוֹת, וְשׁוֹתֶה

6   יַיִן מִגִּתּוֹ. וְהַלּוֹמֵד מִן הַזְּקֵנִים, לְמָה הוּא דוֹמֶה? לְאוֹכֵל עֲנָבִים

7   בְּשׁוּלוֹת, וְשׁוֹתֶה יַיִן יָשָׁן.

8   **[כז]** רַבִּי מֵאִיר אוֹמֵר: אַל תִּסְתַּכֵּל בַּקַּנְקַן, אֶלָּא בְּמַה שֶׁיֵּשׁ בּוֹ;

9   יֵשׁ קַנְקַן חָדָשׁ מָלֵא יָשָׁן, וְיָשָׁן שֶׁאֲפִילוּ חָדָשׁ אֵין בּוֹ.

10   **[כח]** רַבִּי אֶלְעָזָר הַקַּפָּר אוֹמֵר: הַקִּנְאָה וְהַתַּאֲוָה וְהַכָּבוֹד

11   מוֹצִיאִין אֶת הָאָדָם מִן הָעוֹלָם.

12   **[כט]** הוּא הָיָה אוֹמֵר: הַיִּלוֹדִים לָמוּת, וְהַמֵּתִים לִחְיוֹת,

13   וְהַחַיִּים לִדּוֹן – לֵידַע לְהוֹדִיעַ וּלְהִוָּדַע שֶׁהוּא אֵל, הוּא

14   הַיּוֹצֵר, הוּא הַבּוֹרֵא, הוּא הַמֵּבִין, הוּא הַדַּיָּן, הוּא הָעֵד, הוּא

15   בַּעַל דִּין, הוּא עָתִיד לָדוּן. בָּרוּךְ הוּא, שֶׁאֵין לְפָנָיו לֹא עַוְלָה,

16   וְלֹא שִׁכְחָה, וְלֹא מַשּׂוֹא פָנִים, וְלֹא מִקַּח שֹׁחַד; שֶׁהַכֹּל שֶׁלּוֹ.

17   וְדַע, שֶׁהַכֹּל לְפִי הַחֶשְׁבּוֹן. וְאַל יַבְטִיחֲךָ יִצְרְךָ שֶׁהַשְּׁאוֹל בֵּית

18   מָנוֹס לָךְ – שֶׁעַל כָּרְחֲךָ אַתָּה נוֹצָר; וְעַל כָּרְחֲךָ אַתָּה נוֹלָד;

19   וְעַל כָּרְחֲךָ אַתָּה חַי; וְעַל כָּרְחֲךָ אַתָּה מֵת; וְעַל כָּרְחֲךָ אַתָּה

20   עָתִיד לִתֵּן דִּין וְחֶשְׁבּוֹן לִפְנֵי מֶלֶךְ מַלְכֵי הַמְּלָכִים, הַקָּדוֹשׁ בָּרוּךְ

21   הוּא.

❧ ❧ ❧

22   רַבִּי חֲנַנְיָא בֶּן עֲקַשְׁיָא אוֹמֵר: רָצָה הַקָּדוֹשׁ בָּרוּךְ הוּא לְזַכּוֹת

23   אֶת יִשְׂרָאֵל, לְפִיכָךְ הִרְבָּה לָהֶם תּוֹרָה וּמִצְוֹת, שֶׁנֶּאֱמַר: ,,יהוה

24   חָפֵץ לְמַעַן צִדְקוֹ, יַגְדִּיל תּוֹרָה וְיַאְדִּיר.‏‏"

If there is a *minyan*, mourners recite קַדִּישׁ דְּרַבָּנָן (page 530).

פרק חמישי

1　כָּל יִשְׂרָאֵל יֵשׁ לָהֶם חֵלֶק לָעוֹלָם הַבָּא, שֶׁנֶּאֱמַר: ,,וְעַמֵּךְ כֻּלָּם

2　צַדִּיקִים, לְעוֹלָם יִירְשׁוּ אָרֶץ, נֵצֶר מַטָּעַי, מַעֲשֵׂה יָדַי לְהִתְפָּאֵר".

❧ ❧ ❧

3　**[א] בַּעֲשָׂרָה** מַאֲמָרוֹת נִבְרָא הָעוֹלָם. וּמַה תַּלְמוּד לוֹמַר?

4　וַהֲלֹא בְּמַאֲמָר אֶחָד יָכוֹל לְהִבָּרְאוֹת? אֶלָּא

5　לְהִפָּרַע מִן הָרְשָׁעִים, שֶׁמְּאַבְּדִין אֶת הָעוֹלָם שֶׁנִּבְרָא בַּעֲשָׂרָה

6　מַאֲמָרוֹת, וְלִתֵּן שָׂכָר טוֹב לַצַּדִּיקִים, שֶׁמְּקַיְּמִין אֶת הָעוֹלָם

7　שֶׁנִּבְרָא בַּעֲשָׂרָה מַאֲמָרוֹת.

8　**[ב]** עֲשָׂרָה דוֹרוֹת מֵאָדָם וְעַד נֹחַ, לְהוֹדִיעַ כַּמָּה אֶרֶךְ אַפַּיִם

9　לְפָנָיו; שֶׁכָּל הַדּוֹרוֹת הָיוּ מַכְעִיסִין וּבָאִין, עַד שֶׁהֵבִיא

10　עֲלֵיהֶם אֶת מֵי הַמַּבּוּל.

11　**[ג]** עֲשָׂרָה דוֹרוֹת מִנֹּחַ וְעַד אַבְרָהָם, לְהוֹדִיעַ כַּמָּה אֶרֶךְ אַפַּיִם

12　לְפָנָיו; שֶׁכָּל הַדּוֹרוֹת הָיוּ מַכְעִיסִין וּבָאִין, עַד שֶׁבָּא אַבְרָהָם

13　אָבִינוּ וְקִבֵּל שְׂכַר כֻּלָּם.

14　**[ד]** עֲשָׂרָה נִסְיוֹנוֹת נִתְנַסָּה אַבְרָהָם אָבִינוּ וְעָמַד בְּכֻלָּם,

15　לְהוֹדִיעַ כַּמָּה חִבָּתוֹ שֶׁל אַבְרָהָם אָבִינוּ.

16　**[ה]** עֲשָׂרָה נִסִּים נַעֲשׂוּ לַאֲבוֹתֵינוּ בְּמִצְרַיִם וַעֲשָׂרָה עַל הַיָּם.

17　עֶשֶׂר מַכּוֹת הֵבִיא הַקָּדוֹשׁ בָּרוּךְ הוּא עַל הַמִּצְרִים

18　בְּמִצְרַיִם וְעֶשֶׂר עַל הַיָּם.

19　**[ו]** עֲשָׂרָה נִסְיוֹנוֹת נִסּוּ אֲבוֹתֵינוּ אֶת הַקָּדוֹשׁ בָּרוּךְ הוּא בַּמִּדְבָּר,

20　שֶׁנֶּאֱמַר: ,,וַיְנַסּוּ אֹתִי זֶה עֶשֶׂר פְּעָמִים, וְלֹא שָׁמְעוּ בְּקוֹלִי".

21　**[ז]** עֲשָׂרָה נִסִּים נַעֲשׂוּ לַאֲבוֹתֵינוּ בְּבֵית הַמִּקְדָּשׁ: לֹא הִפִּילָה

22　אִשָּׁה מֵרֵיחַ בְּשַׂר הַקֹּדֶשׁ; וְלֹא הִסְרִיחַ בְּשַׂר הַקֹּדֶשׁ מֵעוֹלָם;

23　וְלֹא נִרְאָה זְבוּב בְּבֵית הַמִּטְבְּחַיִם; וְלֹא אֵרַע קֶרִי לְכֹהֵן גָּדוֹל

24　בְּיוֹם הַכִּפּוּרִים; וְלֹא כִבּוּ הַגְּשָׁמִים אֵשׁ שֶׁל עֲצֵי הַמַּעֲרָכָה; וְלֹא

25　נִצְּחָה הָרוּחַ אֶת עַמּוּד הֶעָשָׁן; וְלֹא נִמְצָא פְסוּל בָּעֹמֶר, וּבִשְׁתֵּי

1 הַלֶּחֶם, וּבְלֶחֶם הַפָּנִים; עוֹמְדִים צְפוּפִים, וּמִשְׁתַּחֲוִים רְוָחִים;

2 וְלֹא הִזִּיק נָחָשׁ וְעַקְרָב בִּירוּשָׁלַיִם מֵעוֹלָם; וְלֹא אָמַר אָדָם

3 לַחֲבֵרוֹ: ,,צַר לִי הַמָּקוֹם שֶׁאָלִין בִּירוּשָׁלָיִם״.

4 [ח] עֲשָׂרָה דְבָרִים נִבְרְאוּ בְּעֶרֶב שַׁבָּת בֵּין הַשְּׁמָשׁוֹת, וְאֵלּוּ הֵן;

5 פִּי הָאָרֶץ, וּפִי הַבְּאֵר, פִּי הָאָתוֹן, וְהַקֶּשֶׁת, וְהַמָּן, וְהַמַּטֶּה,

6 וְהַשָּׁמִיר, הַכְּתָב, וְהַמִּכְתָּב, וְהַלּוּחוֹת. וְיֵשׁ אוֹמְרִים: אַף

7 הַמַּזִּיקִין, וּקְבוּרָתוֹ שֶׁל מֹשֶׁה, וְאֵילוֹ שֶׁל אַבְרָהָם אָבִינוּ. וְיֵשׁ

8 אוֹמְרִים, אַף צְבָת בִּצְבַת עֲשׂוּיָה.

9 [ט] שִׁבְעָה דְבָרִים בְּגֹלֶם, וְשִׁבְעָה בְּחָכָם. חָכָם אֵינוֹ מְדַבֵּר

10 לִפְנֵי מִי שֶׁגָּדוֹל מִמֶּנּוּ בְּחָכְמָה וּבְמִנְיָן; וְאֵינוֹ נִכְנָס לְתוֹךְ

11 דִּבְרֵי חֲבֵרוֹ; וְאֵינוֹ נִבְהָל לְהָשִׁיב; שׁוֹאֵל כְּעִנְיָן, וּמֵשִׁיב כַּהֲלָכָה;

12 וְאוֹמֵר עַל רִאשׁוֹן רִאשׁוֹן, וְעַל אַחֲרוֹן אַחֲרוֹן; וְעַל מַה שֶּׁלֹּא

13 שָׁמַע, אוֹמֵר: ,,לֹא שָׁמַעְתִּי״; וּמוֹדֶה עַל הָאֱמֶת. וְחִלּוּפֵיהֶן בְּגֹלֶם.

14 [י] שִׁבְעָה מִינֵי פֻּרְעָנִיּוֹת בָּאִין לָעוֹלָם עַל שִׁבְעָה גוּפֵי עֲבֵרָה:

15 מִקְצָתָן מְעַשְּׂרִין וּמִקְצָתָן אֵינָן מְעַשְּׂרִין, רָעָב שֶׁל בַּצֹּרֶת

16 בָּא, מִקְצָתָן רְעֵבִים וּמִקְצָתָן שְׂבֵעִים; גָּמְרוּ שֶׁלֹּא לְעַשֵּׂר, רָעָב

17 שֶׁל מְהוּמָה וְשֶׁל בַּצֹּרֶת בָּא; וְשֶׁלֹּא לִטֹּל אֶת הַחַלָּה, רָעָב שֶׁל

18 כְּלָיָה בָּא;

19 [יא] דֶּבֶר בָּא לָעוֹלָם – עַל מִיתוֹת הָאֲמוּרוֹת בַּתּוֹרָה שֶׁלֹּא

20 נִמְסְרוּ לְבֵית דִּין, וְעַל פֵּרוֹת שְׁבִיעִית; חֶרֶב בָּאָה לָעוֹלָם

21 – עַל עִנּוּי הַדִּין, וְעַל עִוּוּת הַדִּין, וְעַל הַמּוֹרִים בַּתּוֹרָה שֶׁלֹּא

22 כַהֲלָכָה; חַיָּה רָעָה בָּאָה לָעוֹלָם – עַל שְׁבוּעַת שָׁוְא, וְעַל חִלּוּל

23 הַשֵּׁם; גָּלוּת בָּאָה לָעוֹלָם – עַל עוֹבְדֵי עֲבוֹדָה זָרָה, וְעַל גִּלּוּי

24 עֲרָיוֹת, וְעַל שְׁפִיכוּת דָּמִים, וְעַל שְׁמִטַּת הָאָרֶץ.

25 [יב] בְּאַרְבָּעָה פְרָקִים הַדֶּבֶר מִתְרַבֶּה: בָּרְבִיעִית, וּבַשְּׁבִיעִית,

26 וּבְמוֹצָאֵי שְׁבִיעִית, וּבְמוֹצָאֵי הֶחָג שֶׁבְּכָל שָׁנָה וְשָׁנָה.

27 בָּרְבִיעִית, מִפְּנֵי מַעְשַׂר עָנִי שֶׁבַּשְּׁלִישִׁית; בַּשְּׁבִיעִית, מִפְּנֵי

1 מַעְשַׂר עָנִי שֶׁבַּשְּׁשִׁית; בְּמוֹצָאֵי שְׁבִיעִית, מִפְּנֵי פֵּרוֹת שְׁבִיעִית;

2 בְּמוֹצָאֵי הֶחָג שֶׁבְּכָל שָׁנָה וְשָׁנָה, מִפְּנֵי גֶּזֶל מַתְּנוֹת עֲנִיִּים.

3 [יג] אַרְבַּע מִדּוֹת בָּאָדָם. הָאוֹמֵר: ,,שֶׁלִּי שֶׁלִּי וְשֶׁלְּךָ שֶׁלָּךְ", זוֹ

4 מִדָּה בֵּינוֹנִית, וְיֵשׁ אוֹמְרִים: זוֹ מִדַּת סְדוֹם; ,,שֶׁלִּי שֶׁלָּךְ

5 וְשֶׁלְּךָ שֶׁלִּי", עַם הָאָרֶץ; ,,שֶׁלִּי שֶׁלָּךְ וְשֶׁלְּךָ שֶׁלָּךְ", חָסִיד; ,,שֶׁלְּךָ

6 שֶׁלִּי וְשֶׁלִּי שֶׁלִּי", רָשָׁע.

7 [יד] אַרְבַּע מִדּוֹת בַּדֵּעוֹת: נוֹחַ לִכְעוֹס וְנוֹחַ לִרְצוֹת, יָצָא שְׂכָרוֹ

8 בְּהֶפְסֵדוֹ; קָשֶׁה לִכְעוֹס וְקָשֶׁה לִרְצוֹת, יָצָא הֶפְסֵדוֹ

9 בִּשְׂכָרוֹ; קָשֶׁה לִכְעוֹס וְנוֹחַ לִרְצוֹת, חָסִיד; נוֹחַ לִכְעוֹס וְקָשֶׁה

10 לִרְצוֹת, רָשָׁע.

11 [טו] אַרְבַּע מִדּוֹת בַּתַּלְמִידִים: מָהִיר לִשְׁמוֹעַ וּמָהִיר לְאַבֵּד,

12 יָצָא שְׂכָרוֹ בְּהֶפְסֵדוֹ; קָשֶׁה לִשְׁמוֹעַ וְקָשֶׁה לְאַבֵּד, יָצָא

13 הֶפְסֵדוֹ בִּשְׂכָרוֹ; מָהִיר לִשְׁמוֹעַ וְקָשֶׁה לְאַבֵּד, זֶה חֵלֶק טוֹב; קָשֶׁה

14 לִשְׁמוֹעַ וּמָהִיר לְאַבֵּד, זֶה חֵלֶק רַע.

15 [טז] אַרְבַּע מִדּוֹת בְּנוֹתְנֵי צְדָקָה: הָרוֹצֶה שֶׁיִּתֵּן וְלֹא יִתְּנוּ

16 אֲחֵרִים, עֵינוֹ רָעָה בְּשֶׁל אֲחֵרִים; יִתְּנוּ אֲחֵרִים וְהוּא לֹא

17 יִתֵּן, עֵינוֹ רָעָה בְּשֶׁלּוֹ; יִתֵּן וְיִתְּנוּ אֲחֵרִים, חָסִיד; לֹא יִתֵּן וְלֹא

18 יִתְּנוּ אֲחֵרִים, רָשָׁע.

19 [יז] אַרְבַּע מִדּוֹת בְּהוֹלְכֵי בֵית הַמִּדְרָשׁ: הוֹלֵךְ וְאֵינוֹ עוֹשֶׂה,

20 שְׂכַר הֲלִיכָה בְּיָדוֹ; עוֹשֶׂה וְאֵינוֹ הוֹלֵךְ, שְׂכַר מַעֲשֶׂה בְּיָדוֹ;

21 הוֹלֵךְ וְעוֹשֶׂה, חָסִיד; לֹא הוֹלֵךְ וְלֹא עוֹשֶׂה, רָשָׁע.

22 [יח] אַרְבַּע מִדּוֹת בַּיּוֹשְׁבִים לִפְנֵי חֲכָמִים: סְפוֹג, וּמַשְׁפֵּךְ,

23 מְשַׁמֶּרֶת, וְנָפָה. סְפוֹג, שֶׁהוּא סוֹפֵג אֶת הַכֹּל; וּמַשְׁפֵּךְ,

24 שֶׁמַּכְנִיס בְּזוֹ וּמוֹצִיא בְזוֹ; מְשַׁמֶּרֶת, שֶׁמּוֹצִיאָה אֶת הַיַּיִן וְקוֹלֶטֶת

25 אֶת הַשְּׁמָרִים; וְנָפָה, שֶׁמּוֹצִיאָה אֶת הַקֶּמַח וְקוֹלֶטֶת אֶת הַסֹּלֶת.

26 [יט] כָּל אַהֲבָה שֶׁהִיא תְלוּיָה בְדָבָר, בָּטֵל דָּבָר, בָּטְלָה אַהֲבָה;

וְשֶׁאֵינָהּ תְּלוּיָה בְדָבָר, אֵינָהּ בְּטֵלָה לְעוֹלָם. אֵיזוֹ הִיא אַהֲבָה

שֶׁהִיא תְּלוּיָה בְדָבָר? זוֹ אַהֲבַת אַמְנוֹן וְתָמָר. וְשֶׁאֵינָהּ תְּלוּיָה

בְדָבָר? זוֹ אַהֲבַת דָּוִד וִיהוֹנָתָן.

[כ] כָּל מַחֲלֹקֶת שֶׁהִיא לְשֵׁם שָׁמַיִם, סוֹפָהּ לְהִתְקַיֵּם; וְשֶׁאֵינָהּ

לְשֵׁם שָׁמַיִם, אֵין סוֹפָהּ לְהִתְקַיֵּם. אֵיזוֹ הִיא מַחֲלֹקֶת שֶׁהִיא

לְשֵׁם שָׁמַיִם? זוֹ מַחֲלֹקֶת הִלֵּל וְשַׁמַּאי. וְשֶׁאֵינָהּ לְשֵׁם שָׁמַיִם? זוֹ

מַחֲלֹקֶת קֹרַח וְכָל עֲדָתוֹ.

[כא] כָּל הַמְזַכֶּה אֶת הָרַבִּים, אֵין חֵטְא בָּא עַל יָדוֹ; וְכָל

הַמַּחֲטִיא אֶת הָרַבִּים, אֵין מַסְפִּיקִין בְּיָדוֹ לַעֲשׂוֹת

תְּשׁוּבָה. מֹשֶׁה זָכָה וְזִכָּה אֶת הָרַבִּים, זְכוּת הָרַבִּים תָּלוּי בּוֹ,

שֶׁנֶּאֱמַר: ,,צִדְקַת יהוה עָשָׂה, וּמִשְׁפָּטָיו עִם יִשְׂרָאֵל". יָרָבְעָם בֶּן

נְבָט חָטָא וְהֶחֱטִיא אֶת הָרַבִּים, חֵטְא הָרַבִּים תָּלוּי בּוֹ, שֶׁנֶּאֱמַר:

,,עַל חַטֹּאות יָרָבְעָם אֲשֶׁר חָטָא, וַאֲשֶׁר הֶחֱטִיא אֶת יִשְׂרָאֵל".

[כב] כָּל מִי שֶׁיֵּשׁ בְּיָדוֹ שְׁלֹשָׁה דְבָרִים הַלָּלוּ, הוּא מִתַּלְמִידָיו

שֶׁל אַבְרָהָם אָבִינוּ; וּשְׁלֹשָׁה דְבָרִים אֲחֵרִים, הוּא

מִתַּלְמִידָיו שֶׁל בִּלְעָם הָרָשָׁע. עַיִן טוֹבָה, וְרוּחַ נְמוּכָה, וְנֶפֶשׁ

שְׁפָלָה, תַּלְמִידָיו שֶׁל אַבְרָהָם אָבִינוּ. עַיִן רָעָה, וְרוּחַ גְּבוֹהָה,

וְנֶפֶשׁ רְחָבָה, תַּלְמִידָיו שֶׁל בִּלְעָם הָרָשָׁע. מַה בֵּין תַּלְמִידָיו

שֶׁל אַבְרָהָם אָבִינוּ לְתַלְמִידָיו שֶׁל בִּלְעָם הָרָשָׁע? תַּלְמִידָיו

שֶׁל אַבְרָהָם אָבִינוּ אוֹכְלִין בָּעוֹלָם הַזֶּה, וְנוֹחֲלִין הָעוֹלָם

הַבָּא, שֶׁנֶּאֱמַר: ,,לְהַנְחִיל אֹהֲבַי יֵשׁ, וְאֹצְרֹתֵיהֶם אֲמַלֵּא". אֲבָל

תַּלְמִידָיו שֶׁל בִּלְעָם הָרָשָׁע יוֹרְשִׁין גֵּיהִנֹּם, וְיוֹרְדִין לִבְאֵר שַׁחַת,

שֶׁנֶּאֱמַר: ,,וְאַתָּה אֱלֹהִים תּוֹרִדֵם לִבְאֵר שַׁחַת, אַנְשֵׁי דָמִים

וּמִרְמָה לֹא יֶחֱצוּ יְמֵיהֶם, וַאֲנִי אֶבְטַח בָּךְ".

[כג] יְהוּדָה בֶּן תֵּימָא אוֹמֵר: הֱוֵי עַז כַּנָּמֵר, וְקַל כַּנֶּשֶׁר, רָץ

כַּצְּבִי, וְגִבּוֹר כָּאֲרִי לַעֲשׂוֹת רְצוֹן אָבִיךְ שֶׁבַּשָּׁמָיִם.

[כד] הוּא הָיָה אוֹמֵר: עַז פָּנִים לְגֵיהִנֹּם, וּבֹשֶׁת פָּנִים לְגַן עֵדֶן.

1　יְהִי רָצוֹן מִלְּפָנֶיךָ יהוה אֱלֹהֵינוּ וֵאלֹהֵי אֲבוֹתֵינוּ, שֶׁיִּבָּנֶה בֵּית

2　הַמִּקְדָּשׁ בִּמְהֵרָה בְיָמֵינוּ, וְתֵן חֶלְקֵנוּ בְּתוֹרָתֶךָ.

3　**[כה]** הוּא הָיָה אוֹמֵר: בֶּן חָמֵשׁ שָׁנִים לַמִּקְרָא, בֶּן עֶשֶׂר שָׁנִים

4　לַמִּשְׁנָה, בֶּן שְׁלֹשׁ עֶשְׂרֵה לַמִּצְוֹת, בֶּן חֲמֵשׁ עֶשְׂרֵה

5　לַגְּמָרָא, בֶּן שְׁמוֹנֶה עֶשְׂרֵה לַחֻפָּה, בֶּן עֶשְׂרִים לִרְדוֹף, בֶּן שְׁלֹשִׁים

6　לַכֹּחַ, בֶּן אַרְבָּעִים לַבִּינָה, בֶּן חֲמִשִּׁים לְעֵצָה, בֶּן שִׁשִּׁים לְזִקְנָה,

7　בֶּן שִׁבְעִים לְשֵׂיבָה, בֶּן שְׁמוֹנִים לִגְבוּרָה, בֶּן תִּשְׁעִים לָשׁוּחַ, בֶּן

8　מֵאָה כְּאִלּוּ מֵת וְעָבַר וּבָטֵל מִן הָעוֹלָם.

9　**[כו]** בֶּן בַּג בַּג אוֹמֵר: הֲפָךְ בָּהּ וַהֲפָךְ בָּהּ, דְּכֹלָּא בָהּ; וּבָהּ תֶּחֱזֵי,

10　וְסִיב וּבְלֵה בָהּ, וּמִנַּהּ לָא תָזוּעַ, שֶׁאֵין לְךָ מִדָּה טוֹבָה

11　הֵימֶנָּה. בֶּן הֵא הֵא אוֹמֵר: לְפוּם צַעֲרָא אַגְרָא.

❧ ❧ ❧

12　רַבִּי חֲנַנְיָא בֶּן עֲקַשְׁיָא אוֹמֵר: רָצָה הַקָּדוֹשׁ בָּרוּךְ הוּא לְזַכּוֹת

13　אֶת יִשְׂרָאֵל, לְפִיכָךְ הִרְבָּה לָהֶם תּוֹרָה וּמִצְוֹת, שֶׁנֶּאֱמַר: ,,יהוה

14　חָפֵץ לְמַעַן צִדְקוֹ יַגְדִּיל תּוֹרָה וְיַאְדִּיר.''

If there is a *minyan,* mourners recite קַדִּישׁ דְּרַבָּנָן (page 530).

פרק ששי

15　כָּל יִשְׂרָאֵל יֵשׁ לָהֶם חֵלֶק לָעוֹלָם הַבָּא, שֶׁנֶּאֱמַר: ,,וְעַמֵּךְ כֻּלָּם

16　צַדִּיקִים, לְעוֹלָם יִירְשׁוּ אָרֶץ, נֵצֶר מַטָּעַי, מַעֲשֵׂה יָדַי לְהִתְפָּאֵר.''

❧ ❧ ❧

17　**שָׁנוּ** חֲכָמִים בִּלְשׁוֹן הַמִּשְׁנָה. בָּרוּךְ שֶׁבָּחַר בָּהֶם וּבְמִשְׁנָתָם.

18　**[א]** רַבִּי מֵאִיר אוֹמֵר: כָּל הָעוֹסֵק בַּתּוֹרָה לִשְׁמָהּ זוֹכֶה לִדְבָרִים

19　הַרְבֵּה; וְלֹא עוֹד, אֶלָּא שֶׁכָּל הָעוֹלָם כֻּלּוֹ כְּדַאי הוּא לוֹ.

20　נִקְרָא רֵעַ, אָהוּב. אוֹהֵב אֶת הַמָּקוֹם, אוֹהֵב אֶת הַבְּרִיּוֹת, מְשַׂמֵּחַ

21　אֶת הַמָּקוֹם, מְשַׂמֵּחַ אֶת הַבְּרִיּוֹת. וּמַלְבַּשְׁתּוֹ עֲנָוָה וְיִרְאָה;

22　וּמַכְשַׁרְתּוֹ לִהְיוֹת צַדִּיק, חָסִיד, יָשָׁר, וְנֶאֱמָן; וּמְרַחַקְתּוֹ מִן

23　הַחֵטְא, וּמְקָרַבְתּוֹ לִידֵי זְכוּת. וְנֶהֱנִין מִמֶּנּוּ עֵצָה וְתוּשִׁיָּה, בִּינָה

1 וּגְבוּרָה, שֶׁנֶּאֱמַר: ,,לִי עֵצָה וְתוּשִׁיָּה, אֲנִי בִינָה, לִי גְבוּרָה‎".

2 וְנוֹתֶנֶת לוֹ מַלְכוּת, וּמֶמְשָׁלָה, וְחִקּוּר דִּין; וּמְגַלִּין לוֹ רָזֵי תוֹרָה;

3 וְנַעֲשֶׂה כְּמַעְיָן הַמִּתְגַּבֵּר, וּכְנָהָר שֶׁאֵינוֹ פוֹסֵק; וְהֹוֶה צָנוּעַ, וְאֶרֶךְ

4 רוּחַ, וּמוֹחֵל עַל עֶלְבּוֹנוֹ. וּמְגַדַּלְתּוֹ וּמְרוֹמַמְתּוֹ עַל כָּל הַמַּעֲשִׂים.

5 **[ב]** אָמַר רַבִּי יְהוֹשֻׁעַ בֶּן לֵוִי: בְּכָל יוֹם וָיוֹם בַּת קוֹל יוֹצֵאת מֵהַר

6 חוֹרֵב, וּמַכְרֶזֶת וְאוֹמֶרֶת: ,,אוֹי לָהֶם לַבְּרִיּוֹת, מֵעֶלְבּוֹנָהּ שֶׁל

7 תּוֹרָה!" שֶׁכָּל מִי שֶׁאֵינוֹ עוֹסֵק בַּתּוֹרָה נִקְרָא נָזוּף, שֶׁנֶּאֱמַר: ,,נֶזֶם

8 זָהָב בְּאַף חֲזִיר, אִשָּׁה יָפָה וְסָרַת טָעַם". וְאוֹמֵר: ,,וְהַלֻּחֹת מַעֲשֵׂה

9 אֱלֹהִים הֵמָּה וְהַמִּכְתָּב מִכְתַּב אֱלֹהִים הוּא חָרוּת עַל הַלֻּחֹת",

10 אַל תִּקְרָא ,,חָרוּת" אֶלָּא ,,חֵרוּת", שֶׁאֵין לְךָ בֶּן חוֹרִין אֶלָּא מִי

11 שֶׁעוֹסֵק בְּתַלְמוּד תּוֹרָה. וְכָל מִי שֶׁעוֹסֵק בְּתַלְמוּד תּוֹרָה הֲרֵי זֶה

12 מִתְעַלֶּה, שֶׁנֶּאֱמַר: ,,וּמִמַּתָּנָה נַחֲלִיאֵל, וּמִנַּחֲלִיאֵל בָּמוֹת".

13 **[ג]** הַלּוֹמֵד מֵחֲבֵרוֹ פֶּרֶק אֶחָד, אוֹ הֲלָכָה אַחַת, אוֹ פָּסוּק אֶחָד,

14 אוֹ דִבּוּר אֶחָד, אוֹ אֲפִילוּ אוֹת אַחַת – צָרִיךְ לִנְהָג בּוֹ

15 כָּבוֹד. שֶׁכֵּן מָצִינוּ בְּדָוִד מֶלֶךְ יִשְׂרָאֵל, שֶׁלֹּא לָמַד מֵאֲחִיתֹפֶל

16 אֶלָּא שְׁנֵי דְבָרִים בִּלְבָד, וּקְרָאוֹ רַבּוֹ, אַלּוּפוֹ, וּמְיֻדָּעוֹ, שֶׁנֶּאֱמַר:

17 ,,וְאַתָּה אֱנוֹשׁ כְּעֶרְכִּי, אַלּוּפִי וּמְיֻדָּעִי". וַהֲלֹא דְבָרִים קַל וָחֹמֶר:

18 וּמָה דָוִד מֶלֶךְ יִשְׂרָאֵל, שֶׁלֹּא לָמַד מֵאֲחִיתֹפֶל אֶלָּא שְׁנֵי דְבָרִים

19 בִּלְבָד, קְרָאוֹ רַבּוֹ אַלּוּפוֹ וּמְיֻדָּעוֹ – הַלּוֹמֵד מֵחֲבֵרוֹ פֶּרֶק אֶחָד,

20 אוֹ הֲלָכָה אַחַת, אוֹ פָּסוּק אֶחָד, אוֹ דִבּוּר אֶחָד, אוֹ אֲפִילוּ אוֹת

21 אַחַת, עַל אַחַת כַּמָּה וְכַמָּה שֶׁצָּרִיךְ לִנְהָג בּוֹ כָּבוֹד! וְאֵין כָּבוֹד

22 אֶלָּא תוֹרָה, שֶׁנֶּאֱמַר: ,,כָּבוֹד חֲכָמִים יִנְחָלוּ"; ,,וּתְמִימִים יִנְחֲלוּ

23 טוֹב", וְאֵין טוֹב אֶלָּא תוֹרָה, שֶׁנֶּאֱמַר: ,,כִּי לֶקַח טוֹב נָתַתִּי לָכֶם,

24 תּוֹרָתִי אַל תַּעֲזֹבוּ".

25 **[ד]** כַּךְ הִיא דַרְכָּהּ שֶׁל תּוֹרָה: פַּת בַּמֶּלַח תֹּאכֵל, וּמַיִם

26 בַּמְּשׂוּרָה תִּשְׁתֶּה, וְעַל הָאָרֶץ תִּישָׁן, וְחַיֵּי צַעַר תִּחְיֶה,

27 וּבַתּוֹרָה אַתָּה עָמֵל; אִם אַתָּה עוֹשֶׂה כֵן, ,,אַשְׁרֶיךָ וְטוֹב לָךְ":

1 „אַשְׁרֶיךָ" – בָּעוֹלָם הַזֶּה, „וְטוֹב לָךְ" – לָעוֹלָם הַבָּא.

2 [ה] אַל תְּבַקֵּשׁ גְּדֻלָּה לְעַצְמֶךָ, וְאַל תַּחְמֹד כָּבוֹד; יוֹתֵר

3 מִלִּמּוּדֶךָ עֲשֵׂה. וְאַל תִּתְאַוֶּה לְשֻׁלְחָנָם שֶׁל מְלָכִים,

4 שֶׁשֻּׁלְחָנְךָ גָּדוֹל מִשֻּׁלְחָנָם, וְכִתְרְךָ גָּדוֹל מִכִּתְרָם; וְנֶאֱמָן הוּא

5 בַּעַל מְלַאכְתֶּךָ, שֶׁיְּשַׁלֶּם לְךָ שְׂכַר פְּעֻלָּתֶךָ.

6 [ו] גְּדוֹלָה תוֹרָה יוֹתֵר מִן הַכְּהֻנָּה וּמִן הַמַּלְכוּת, שֶׁהַמַּלְכוּת

7 נִקְנֵית בִּשְׁלֹשִׁים מַעֲלוֹת, וְהַכְּהֻנָּה נִקְנֵית בְּעֶשְׂרִים

8 וְאַרְבָּעָה, וְהַתּוֹרָה נִקְנֵית בְּאַרְבָּעִים וּשְׁמוֹנָה דְבָרִים, וְאֵלּוּ הֵן:

9 בְּתַלְמוּד, בִּשְׁמִיעַת הָאֹזֶן, בַּעֲרִיכַת שְׂפָתָיִם, בְּבִינַת הַלֵּב,

10 בְּשִׂכְלוּת הַלֵּב, בְּאֵימָה, בְּיִרְאָה, בַּעֲנָוָה, בְּשִׂמְחָה, בְּטָהֳרָה,

11 בְּשִׁמּוּשׁ חֲכָמִים, בְּדִקְדּוּק חֲבֵרִים, בְּפִלְפּוּל הַתַּלְמִידִים, בְּיִשּׁוּב,

12 בְּמִקְרָא, בְּמִשְׁנָה, בְּמִעוּט סְחוֹרָה, בְּמִעוּט דֶּרֶךְ אֶרֶץ, בְּמִעוּט

13 תַּעֲנוּג, בְּמִעוּט שֵׁנָה, בְּמִעוּט שִׂיחָה, בְּמִעוּט שְׂחוֹק, בְּאֶרֶךְ

14 אַפַּיִם, בְּלֵב טוֹב, בֶּאֱמוּנַת חֲכָמִים, בְּקַבָּלַת הַיִּסּוּרִין, הַמַּכִּיר אֶת

15 מְקוֹמוֹ, וְהַשָּׂמֵחַ בְּחֶלְקוֹ, וְהָעוֹשֶׂה סְיָג לִדְבָרָיו, וְאֵינוֹ מַחֲזִיק

16 טוֹבָה לְעַצְמוֹ, אָהוּב, אוֹהֵב אֶת הַמָּקוֹם, אוֹהֵב אֶת הַבְּרִיּוֹת,

17 אוֹהֵב אֶת הַצְּדָקוֹת, אוֹהֵב אֶת הַמֵּישָׁרִים, אוֹהֵב אֶת הַתּוֹכָחוֹת,

18 וּמִתְרַחֵק מִן הַכָּבוֹד, וְלֹא מֵגִיס לִבּוֹ בְּתַלְמוּדוֹ, וְאֵינוֹ שָׂמֵחַ

19 בְּהוֹרָאָה, נוֹשֵׂא בְעֹל עִם חֲבֵרוֹ, וּמַכְרִיעוֹ לְכַף זְכוּת, וּמַעֲמִידוֹ

20 עַל הָאֱמֶת, וּמַעֲמִידוֹ עַל הַשָּׁלוֹם, וּמִתְיַשֵּׁב לִבּוֹ בְּתַלְמוּדוֹ,

21 שׁוֹאֵל וּמֵשִׁיב, שׁוֹמֵעַ וּמוֹסִיף, הַלּוֹמֵד עַל מְנָת לְלַמֵּד, וְהַלּוֹמֵד

22 עַל מְנָת לַעֲשׂוֹת, הַמַּחְכִּים אֶת רַבּוֹ, וְהַמְכַוֵּן אֶת שְׁמוּעָתוֹ,

23 וְהָאוֹמֵר דָּבָר בְּשֵׁם אוֹמְרוֹ. הָא לָמַדְתָּ, כָּל הָאוֹמֵר דָּבָר בְּשֵׁם

24 אוֹמְרוֹ, מֵבִיא גְאֻלָּה לָעוֹלָם, שֶׁנֶּאֱמַר: „וַתֹּאמֶר אֶסְתֵּר לַמֶּלֶךְ

25 בְּשֵׁם מָרְדֳּכָי".

26 [ז] גְּדוֹלָה תוֹרָה, שֶׁהִיא נוֹתֶנֶת חַיִּים לְעוֹשֶׂיהָ בָּעוֹלָם הַזֶּה

27 וּבָעוֹלָם הַבָּא, שֶׁנֶּאֱמַר: „כִּי חַיִּים הֵם לְמֹצְאֵיהֶם, וּלְכָל

1 בְּשָׂרוֹ מַרְפֵּא״. וְאוֹמֵר: ,,רְפָאוּת תְּהִי לְשָׁרֶּךָ, וְשִׁקּוּי
2 לְעַצְמוֹתֶיךָ״. וְאוֹמֵר: ,,עֵץ חַיִּים הִיא לַמַּחֲזִיקִים בָּהּ וְתֹמְכֶיהָ
3 מְאֻשָּׁר״. וְאוֹמֵר: ,,כִּי לִוְיַת חֵן הֵם לְרֹאשֶׁךָ, וַעֲנָקִים
4 לְגַרְגְּרֹתֶיךָ״. וְאוֹמֵר: ,,תִּתֵּן לְרֹאשְׁךָ לִוְיַת חֵן, עֲטֶרֶת תִּפְאֶרֶת
5 תְּמַגְּנֶךָ״. וְאוֹמֵר: ,,כִּי בִי יִרְבּוּ יָמֶיךָ, וְיוֹסִיפוּ לְךָ שְׁנוֹת חַיִּים״.
6 וְאוֹמֵר: ,,אֹרֶךְ יָמִים בִּימִינָהּ, בִּשְׂמֹאולָהּ עֹשֶׁר וְכָבוֹד״. וְאוֹמֵר:
7 ,,כִּי אֹרֶךְ יָמִים וּשְׁנוֹת חַיִּים, וְשָׁלוֹם יוֹסִיפוּ לָךְ״.

8 [ח] רַבִּי שִׁמְעוֹן בֶּן יְהוּדָה מִשּׁוּם רַבִּי שִׁמְעוֹן בֶּן יוֹחַאי אוֹמֵר:
9 הַנּוֹי, וְהַכֹּחַ, וְהָעֹשֶׁר, וְהַכָּבוֹד, וְהַחָכְמָה, וְהַזִּקְנָה, וְהַשֵּׂיבָה,
10 וְהַבָּנִים – נָאֶה לַצַּדִּיקִים וְנָאֶה לָעוֹלָם, שֶׁנֶּאֱמַר: ,,עֲטֶרֶת
11 תִּפְאֶרֶת שֵׂיבָה, בְּדֶרֶךְ צְדָקָה תִּמָּצֵא״. וְאוֹמֵר: ,,עֲטֶרֶת זְקֵנִים
12 בְּנֵי בָנִים, וְתִפְאֶרֶת בָּנִים אֲבוֹתָם״. וְאוֹמֵר: ,,תִּפְאֶרֶת בַּחוּרִים
13 כֹּחָם, וַהֲדַר זְקֵנִים שֵׂיבָה״. וְאוֹמֵר: ,,וְחָפְרָה הַלְּבָנָה וּבוֹשָׁה
14 הַחַמָּה, כִּי מָלַךְ יְהוה צְבָאוֹת בְּהַר צִיּוֹן וּבִירוּשָׁלַיִם, וְנֶגֶד זְקֵנָיו
15 כָּבוֹד״. רַבִּי שִׁמְעוֹן בֶּן מְנַסְיָא אוֹמֵר: אֵלּוּ שֶׁבַע מִדּוֹת, שֶׁמָּנוּ
16 חֲכָמִים לַצַּדִּיקִים, כֻּלָּם נִתְקַיְּמוּ בְּרַבִּי וּבְבָנָיו.

17 [ט] אָמַר רַבִּי יוֹסֵי בֶּן קִסְמָא: פַּעַם אַחַת הָיִיתִי מְהַלֵּךְ בַּדֶּרֶךְ,
18 וּפָגַע בִּי אָדָם אֶחָד. וְנָתַן לִי שָׁלוֹם, וְהֶחֱזַרְתִּי לוֹ שָׁלוֹם.
19 אָמַר לִי: ,,רַבִּי, מֵאֵיזֶה מָקוֹם אָתָּה?״ אָמַרְתִּי לוֹ: ,,מֵעִיר גְּדוֹלָה
20 שֶׁל חֲכָמִים וְשֶׁל סוֹפְרִים אָנִי״. אָמַר לִי: ,,רַבִּי, רְצוֹנְךָ שֶׁתָּדוּר
21 עִמָּנוּ בִּמְקוֹמֵנוּ וַאֲנִי אֶתֵּן לְךָ אֶלֶף אֲלָפִים דִּינְרֵי זָהָב וַאֲבָנִים
22 טוֹבוֹת וּמַרְגָּלִיּוֹת?״ אָמַרְתִּי לוֹ: ,,אִם אַתָּה נוֹתֵן לִי כָּל כֶּסֶף וְזָהָב
23 וַאֲבָנִים טוֹבוֹת וּמַרְגָּלִיּוֹת שֶׁבָּעוֹלָם, אֵינִי דָר אֶלָּא בִּמְקוֹם
24 תּוֹרָה״. וְכֵן כָּתוּב בְּסֵפֶר תְּהִלִּים עַל יְדֵי דָוִד מֶלֶךְ יִשְׂרָאֵל: ,,טוֹב
25 לִי תוֹרַת פִּיךָ מֵאַלְפֵי זָהָב וָכָסֶף״. וְלֹא עוֹד אֶלָּא שֶׁבִּשְׁעַת
26 פְּטִירָתוֹ שֶׁל אָדָם אֵין מְלַוִּין לוֹ לְאָדָם לֹא כֶסֶף וְלֹא זָהָב וְלֹא
27 אֲבָנִים טוֹבוֹת וּמַרְגָּלִיּוֹת, אֶלָּא תוֹרָה וּמַעֲשִׂים טוֹבִים בִּלְבָד,

1 שֶׁנֶּאֱמַר: „בְּהִתְהַלֶּכְךָ תַּנְחֶה אֹתָךְ, בְּשָׁכְבְּךָ תִּשְׁמֹר עָלֶיךָ,

2 וַהֲקִיצוֹתָ הִיא תְשִׂיחֶךָ". „בְּהִתְהַלֶּכְךָ תַּנְחֶה אֹתָךְ" – בָּעוֹלָם

3 הַזֶּה; „בְּשָׁכְבְּךָ תִּשְׁמֹר עָלֶיךָ" – בַּקֶּבֶר; „וַהֲקִיצוֹתָ הִיא

4 תְשִׂיחֶךָ" – לָעוֹלָם הַבָּא. וְאוֹמֵר: „לִי הַכֶּסֶף וְלִי הַזָּהָב, נְאֻם

5 יהוה צְבָאוֹת".

6 **[י]** חֲמִשָּׁה קִנְיָנִים קָנָה הַקָּדוֹשׁ בָּרוּךְ הוּא בְּעוֹלָמוֹ, וְאֵלּוּ הֵן:

7 תּוֹרָה – קִנְיָן אֶחָד, שָׁמַיִם וָאָרֶץ – קִנְיָן אֶחָד, אַבְרָהָם –

8 קִנְיָן אֶחָד, יִשְׂרָאֵל – קִנְיָן אֶחָד, בֵּית הַמִּקְדָּשׁ – קִנְיָן אֶחָד.

9 תּוֹרָה מִנַּיִן? דִּכְתִיב: „יהוה קָנָנִי רֵאשִׁית דַּרְכּוֹ, קֶדֶם מִפְעָלָיו

10 מֵאָז". שָׁמַיִם וָאָרֶץ מִנַּיִן? דִּכְתִיב: „כֹּה אָמַר יהוה, הַשָּׁמַיִם

11 כִּסְאִי, וְהָאָרֶץ הֲדֹם רַגְלָי, אֵי זֶה בַיִת אֲשֶׁר תִּבְנוּ לִי, וְאֵי זֶה מָקוֹם

12 מְנוּחָתִי"; וְאוֹמֵר: „מָה רַבּוּ מַעֲשֶׂיךָ יהוה, כֻּלָּם בְּחָכְמָה עָשִׂיתָ,

13 מָלְאָה הָאָרֶץ קִנְיָנֶךָ". אַבְרָהָם מִנַּיִן? דִּכְתִיב: „וַיְבָרְכֵהוּ וַיֹּאמַר,

14 בָּרוּךְ אַבְרָם לְאֵל עֶלְיוֹן, קֹנֵה שָׁמַיִם וָאָרֶץ". יִשְׂרָאֵל מִנַּיִן?

15 דִּכְתִיב: „עַד יַעֲבֹר עַמְּךָ יהוה, עַד יַעֲבֹר עַם זוּ קָנִיתָ"; וְאוֹמֵר:

16 „לִקְדוֹשִׁים אֲשֶׁר בָּאָרֶץ הֵמָּה, וְאַדִּירֵי כָּל חֶפְצִי בָם". בֵּית

17 הַמִּקְדָּשׁ מִנַּיִן? דִּכְתִיב: „מָכוֹן לְשִׁבְתְּךָ פָּעַלְתָּ יהוה, מִקְּדָשׁ אֲדֹנָי

18 כּוֹנְנוּ יָדֶיךָ"; וְאוֹמֵר: „וַיְבִיאֵם אֶל גְּבוּל קָדְשׁוֹ, הַר זֶה קָנְתָה

19 יְמִינוֹ".

20 **[יא]** כָּל מַה שֶּׁבָּרָא הַקָּדוֹשׁ בָּרוּךְ הוּא בְּעוֹלָמוֹ לֹא בְּרָאוֹ אֶלָּא

21 לִכְבוֹדוֹ, שֶׁנֶּאֱמַר: „כֹּל הַנִּקְרָא בִשְׁמִי וְלִכְבוֹדִי בְּרָאתִיו,

22 יְצַרְתִּיו אַף עֲשִׂיתִיו"; וְאוֹמֵר: „יהוה יִמְלֹךְ לְעוֹלָם וָעֶד".

❧ ❧ ❧

23 רַבִּי חֲנַנְיָא בֶּן עֲקַשְׁיָא אוֹמֵר: רָצָה הַקָּדוֹשׁ בָּרוּךְ הוּא לְזַכּוֹת

24 אֶת יִשְׂרָאֵל, לְפִיכָךְ הִרְבָּה לָהֶם תּוֹרָה וּמִצְוֹת, שֶׁנֶּאֱמַר: „יהוה

25 חָפֵץ לְמַעַן צִדְקוֹ יַגְדִּיל תּוֹרָה וְיַאְדִּיר".

If there is a *minyan,* mourners recite קַדִּישׁ דְּרַבָּנָן (page 530).

﴾ שלש סעודות ﴿

1 **אַתְקִינוּ** סְעוּדָתָא דִמְהֵימְנוּתָא שְׁלֵימָתָא, חֶדְוָתָא דְמַלְכָּא קַדִּישָׁא.

2 אַתְקִינוּ סְעוּדָתָא דְמַלְכָּא, דָּא הִיא סְעוּדָתָא דִזְעֵיר אַנְפִּין.

3 וְעַתִּיקָא קַדִּישָׁא וַחֲקַל תַּפּוּחִין קַדִּישִׁין אַתְיָן לְסַעֲדָא בַּהֲדֵיהּ.

4 **בְּנֵי הֵיכָלָא,** דִּכְסִיפִין, לְמֶחֱזֵי זִיו דִּזְעֵיר אַנְפִּין.

5 יְהוֹן הָכָא, בְּהַאי תַּכָּא, דְּבֵהּ מַלְכָּא בְּגִלּוּפִין.

6 צְבוּ לַחֲדָא, בְּהַאי וַעֲדָא, בְּגוֹ עִירִין וְכָל גַּדְפִין.

7 חֲדוּ הַשְׁתָּא, בְּהַאי שַׁעֲתָא, דְּבֵהּ רַעֲוָא וְלֵית זַעֲפִין.

8 קְרִיבוּ לִי, חֲזוּ חֵילִי, דְּלֵית דִּינִין דִּתְקִיפִין.

9 לְבַר נַטְלִין, וְלָא עָאלִין, הֲנֵי כַּלְבִּין דַּחֲצִיפִין.

10 וְהָא אַזְמִין, עַתִּיק יוֹמִין, לְמִנְחָה עֲדֵי יְהוֹן חָלְפִין.

11 רְעוּ דִילֵהּ, דְּגַלֵּי לֵהּ, לְבַטָּלָא בְּכָל קְלִיפִין.

12 יְשַׁוֵּי לוֹן, בְּנוֹקְבֵיהוֹן, וִיטַמְּרוּן בְּגוֹ כֵּפִין.

13 אֲרֵי הַשְׁתָּא, בְּמִנְחָתָא, בְּחֶדְוָתָא דִזְעֵיר אַנְפִּין.

14 **מִזְמוֹר** לְדָוִד, יהוה רֹעִי לֹא אֶחְסָר. בִּנְאוֹת דֶּשֶׁא יַרְבִּיצֵנִי, עַל מֵי

15 מְנֻחוֹת יְנַהֲלֵנִי. נַפְשִׁי יְשׁוֹבֵב, יַנְחֵנִי בְמַעְגְּלֵי צֶדֶק לְמַעַן שְׁמוֹ.

16 גַּם כִּי אֵלֵךְ בְּגֵיא צַלְמָוֶת, לֹא אִירָא רָע כִּי אַתָּה עִמָּדִי, שִׁבְטְךָ וּמִשְׁעַנְתֶּךָ

17 הֵמָּה יְנַחֲמֻנִי. תַּעֲרֹךְ לְפָנַי שֻׁלְחָן נֶגֶד צֹרְרָי, דִּשַּׁנְתָּ בַשֶּׁמֶן רֹאשִׁי, כּוֹסִי

18 רְוָיָה. אַךְ טוֹב וָחֶסֶד יִרְדְּפוּנִי כָּל יְמֵי חַיָּי, וְשַׁבְתִּי בְּבֵית יהוה לְאֹרֶךְ יָמִים.

19 **יְדִיד נֶפֶשׁ** אַב הָרַחֲמָן, מְשֹׁךְ עַבְדְּךָ אֶל רְצוֹנֶךָ,

20 יָרוּץ עַבְדְּךָ כְּמוֹ אַיָּל, יִשְׁתַּחֲוֶה אֶל מוּל הֲדָרֶךָ,

21 יֶעֱרַב לוֹ יְדִידוֹתֶיךָ, מִנֹּפֶת צוּף וְכָל טָעַם.

22 הָדוּר נָאֶה זִיו הָעוֹלָם, נַפְשִׁי חוֹלַת אַהֲבָתֶךָ,

23 אָנָּא אֵל נָא רְפָא נָא לָהּ, בְּהַרְאוֹת לָהּ נֹעַם זִיוֶךָ,

24 אָז תִּתְחַזֵּק וְתִתְרַפֵּא, וְהָיְתָה לָהּ שִׂמְחַת עוֹלָם.

25 **וָתִיק** יֶהֱמוּ נָא רַחֲמֶיךָ, וְחוּסָה נָּא עַל בֵּן אֲהוּבֶךָ,

26 כִּי זֶה כַּמָּה נִכְסֹף נִכְסַפְתִּי, לִרְאוֹת מְהֵרָה בְּתִפְאֶרֶת עֻזֶּךָ,

27 אֵלֶּה חָמְדָה לִבִּי, וְחוּסָה נָּא וְאַל תִּתְעַלָּם.

28 **הִגָּלֵה** נָא וּפְרֹשׂ חֲבִיבִי עָלַי, אֶת סֻכַּת שְׁלוֹמֶךָ,

29 תָּאִיר אֶרֶץ מִכְּבוֹדֶךָ, נָגִילָה וְנִשְׂמְחָה בָךְ.

30 מַהֵר אֱהֹב כִּי בָא מוֹעֵד, וְחָנֵּנוּ כִּימֵי עוֹלָם.

Bircas HaMazon can be found on p. 100.

❊ מעריב למוצאי שבת ❊

SAY *MAARIV* FOR WEEKDAYS (PAGE 116), AND ADD אַתָּה חוֹנַנְתָּנוּ
IN *SHEMONEH ESREI* (PAGE 130). THEN CONTINUE HERE.

חֲצִי קַדִּישׁ. The *chazzan* recites.

1 **יִתְגַּדֵּל** וְיִתְקַדֵּשׁ שְׁמֵהּ רַבָּא. (.Cong – אָמֵן.) בְּעָלְמָא דִּי בְרָא כִרְעוּתֵהּ.

2 וְיַמְלִיךְ מַלְכוּתֵהּ, וְיַצְמַח פֻּרְקָנֵהּ וִיקָרֵב מְשִׁיחֵהּ. (.Cong – אָמֵן.)

3 בְּחַיֵּיכוֹן וּבְיוֹמֵיכוֹן וּבְחַיֵּי דְכָל בֵּית יִשְׂרָאֵל, בַּעֲגָלָא וּבִזְמַן קָרִיב.

4 וְאִמְרוּ: אָמֵן.

5 (.Cong – אָמֵן. יְהֵא שְׁמֵהּ רַבָּא מְבָרַךְ לְעָלַם וּלְעָלְמֵי עָלְמַיָּא.)

6 יְהֵא שְׁמֵהּ רַבָּא מְבָרַךְ לְעָלַם וּלְעָלְמֵי עָלְמַיָּא.

7 יִתְבָּרַךְ וְיִשְׁתַּבַּח וְיִתְפָּאַר וְיִתְרוֹמַם וְיִתְנַשֵּׂא וְיִתְהַדָּר וְיִתְעַלֶּה

8 וְיִתְהַלָּל שְׁמֵהּ דְּקֻדְשָׁא בְּרִיךְ הוּא – (.Cong – בְּרִיךְ הוּא.) °לְעֵלָּא מִן כָּל

9 °לְעֵלָּא [וּ]לְעֵלָּא מִכָּל) בִּרְכָתָא וְשִׁירָתָא – from Rosh Hashanah to Yom Kippur

10 תֻּשְׁבְּחָתָא וְנֶחֱמָתָא, דַּאֲמִירָן בְּעָלְמָא. וְאִמְרוּ: אָמֵן. (.Cong – אָמֵן)

11 **וִיהִי נֹעַם** אֲדֹנָי אֱלֹהֵינוּ עָלֵינוּ, וּמַעֲשֵׂה יָדֵינוּ כּוֹנְנָה

12 עָלֵינוּ, וּמַעֲשֵׂה יָדֵינוּ כּוֹנְנֵהוּ.

13 **יֹשֵׁב** בְּסֵתֶר עֶלְיוֹן, בְּצֵל שַׁדַּי יִתְלוֹנָן. אֹמַר לַיהוה,

14 מַחְסִי וּמְצוּדָתִי, אֱלֹהַי אֶבְטַח בּוֹ. כִּי הוּא יַצִּילְךָ

15 מִפַּח יָקוּשׁ, מִדֶּבֶר הַוּוֹת. בְּאֶבְרָתוֹ יָסֶךְ לָךְ, וְתַחַת כְּנָפָיו

16 תֶּחְסֶה, צִנָּה וְסֹחֵרָה אֲמִתּוֹ. לֹא תִירָא מִפַּחַד לָיְלָה,

17 מֵחֵץ יָעוּף יוֹמָם. מִדֶּבֶר בָּאֹפֶל יַהֲלֹךְ, מִקֶּטֶב יָשׁוּד צָהֳרָיִם.

18 יִפֹּל מִצִּדְּךָ אֶלֶף, וּרְבָבָה מִימִינֶךָ, אֵלֶיךָ לֹא יִגָּשׁ. רַק

19 בְּעֵינֶיךָ תַבִּיט, וְשִׁלֻּמַת רְשָׁעִים תִּרְאֶה. כִּי אַתָּה יהוה

20 מַחְסִי, עֶלְיוֹן שַׂמְתָּ מְעוֹנֶךָ. לֹא תְאֻנֶּה אֵלֶיךָ רָעָה, וְנֶגַע

21 לֹא יִקְרַב בְּאָהֳלֶךָ. כִּי מַלְאָכָיו יְצַוֶּה לָּךְ, לִשְׁמָרְךָ בְּכָל

22 דְּרָכֶיךָ. עַל כַּפַּיִם יִשָּׂאוּנְךָ, פֶּן תִּגֹּף בָּאֶבֶן רַגְלֶךָ. עַל

23 שַׁחַל וָפֶתֶן תִּדְרֹךְ, תִּרְמֹס כְּפִיר וְתַנִּין. כִּי בִי חָשַׁק

24 וַאֲפַלְּטֵהוּ, אֲשַׂגְּבֵהוּ כִּי יָדַע שְׁמִי. יִקְרָאֵנִי וְאֶעֱנֵהוּ, עִמּוֹ

1 אָנֹכִי בְצָרָה, אֲחַלְּצֵהוּ וַאֲכַבְּדֵהוּ. ❖ אֹרֶךְ יָמִים אַשְׂבִּיעֵהוּ,

2 וְאַרְאֵהוּ בִּישׁוּעָתִי. אֹרֶךְ יָמִים אַשְׂבִּיעֵהוּ, וְאַרְאֵהוּ

3 בִּישׁוּעָתִי.

The verses in bold type should be said by the congregation aloud and together.

4 **וְאַתָּה קָדוֹשׁ** יוֹשֵׁב תְּהִלּוֹת יִשְׂרָאֵל. וְקָרָא זֶה אֶל זֶה

5 וְאָמַר: **קָדוֹשׁ קָדוֹשׁ קָדוֹשׁ יהוה**

6 **צְבָאוֹת, מְלֹא כָל הָאָרֶץ כְּבוֹדוֹ.** וּמְקַבְּלִין דֵּין מִן דֵּין

7 וְאָמְרִין: קַדִּישׁ בִּשְׁמֵי מְרוֹמָא עִלָּאָה בֵּית שְׁכִינְתֵּהּ, קַדִּישׁ

8 עַל אַרְעָא עוֹבַד גְּבוּרְתֵּהּ, קַדִּישׁ לְעָלַם וּלְעָלְמֵי עָלְמַיָּא,

9 יהוה צְבָאוֹת, מַלְיָא כָל אַרְעָא זִיו יְקָרֵהּ. ❖ וַתִּשָּׂאֵנִי רוּחַ,

10 וָאֶשְׁמַע אַחֲרַי קוֹל רַעַשׁ גָּדוֹל: **בָּרוּךְ כְּבוֹד יהוה**

11 **מִמְּקוֹמוֹ.** וּנְטָלַתְנִי רוּחָא, וְשִׁמְעֵת בַּתְרַי קָל זֵיעַ סַגִּיא

12 דִּמְשַׁבְּחִין וְאָמְרִין: בְּרִיךְ יְקָרָא דַיהוה מֵאֲתַר בֵּית

13 שְׁכִינְתֵּהּ. **יהוה יִמְלֹךְ לְעֹלָם וָעֶד.** יהוה מַלְכוּתֵהּ קָאֵם

14 לְעָלַם וּלְעָלְמֵי עָלְמַיָּא.

15 יהוה אֱלֹהֵי אַבְרָהָם יִצְחָק וְיִשְׂרָאֵל אֲבֹתֵינוּ, שָׁמְרָה

16 זֹּאת לְעוֹלָם, לְיֵצֶר מַחְשְׁבוֹת לְבַב עַמֶּךָ, וְהָכֵן לְבָבָם

17 אֵלֶיךָ. וְהוּא רַחוּם, יְכַפֵּר עָוֹן וְלֹא יַשְׁחִית, וְהִרְבָּה לְהָשִׁיב

18 אַפּוֹ, וְלֹא יָעִיר כָּל חֲמָתוֹ. כִּי אַתָּה אֲדֹנָי טוֹב וְסַלָּח, וְרַב

19 חֶסֶד לְכָל קֹרְאֶיךָ. צִדְקָתְךָ צֶדֶק לְעוֹלָם, וְתוֹרָתְךָ אֱמֶת.

20 תִּתֵּן אֱמֶת לְיַעֲקֹב, חֶסֶד לְאַבְרָהָם, אֲשֶׁר נִשְׁבַּעְתָּ

21 לַאֲבֹתֵינוּ מִימֵי קֶדֶם. בָּרוּךְ אֲדֹנָי יוֹם יוֹם יַעֲמָס לָנוּ, הָאֵל

22 יְשׁוּעָתֵנוּ סֶלָה. יהוה צְבָאוֹת עִמָּנוּ, מִשְׂגָּב לָנוּ אֱלֹהֵי יַעֲקֹב

23 סֶלָה. יהוה צְבָאוֹת, אַשְׁרֵי אָדָם בֹּטֵחַ בָּךְ. יהוה הוֹשִׁיעָה,

24 הַמֶּלֶךְ יַעֲנֵנוּ בְיוֹם קָרְאֵנוּ.

1 בָּרוּךְ הוּא אֱלֹהֵינוּ שֶׁבְּרָאָנוּ לִכְבוֹדוֹ, וְהִבְדִּילָנוּ מִן

2 הַתּוֹעִים, וְנָתַן לָנוּ תּוֹרַת אֱמֶת, וְחַיֵּי עוֹלָם נָטַע בְּתוֹכֵנוּ.

3 הוּא יִפְתַּח לִבֵּנוּ בְּתוֹרָתוֹ, וְיָשֵׂם בְּלִבֵּנוּ אַהֲבָתוֹ וְיִרְאָתוֹ

4 וְלַעֲשׂוֹת רְצוֹנוֹ וּלְעָבְדוֹ בְּלֵבָב שָׁלֵם, לְמַעַן לֹא נִיגַע

5 לָרִיק, וְלֹא נֵלֵד לַבֶּהָלָה.

6 יְהִי רָצוֹן מִלְּפָנֶיךָ, יְהֹוָה אֱלֹהֵינוּ וֵאלֹהֵי אֲבוֹתֵינוּ,

7 שֶׁנִּשְׁמֹר חֻקֶּיךָ בָּעוֹלָם הַזֶּה, וְנִזְכֶּה וְנִחְיֶה וְנִרְאֶה וְנִירַשׁ

8 טוֹבָה וּבְרָכָה לִשְׁנֵי יְמוֹת הַמָּשִׁיחַ וּלְחַיֵּי הָעוֹלָם הַבָּא.

9 לְמַעַן יְזַמֶּרְךָ כָבוֹד וְלֹא יִדֹּם, יְהֹוָה אֱלֹהַי לְעוֹלָם אוֹדֶךָּ.

10 בָּרוּךְ הַגֶּבֶר אֲשֶׁר יִבְטַח בַּיהוָה, וְהָיָה יְהוָה מִבְטַחוֹ.

11 בִּטְחוּ בַיהוָה עֲדֵי עַד, כִּי בְּיָהּ יְהוָה צוּר עוֹלָמִים.

12 ❖ וְיִבְטְחוּ בְךָ יוֹדְעֵי שְׁמֶךָ, כִּי לֹא עָזַבְתָּ דֹרְשֶׁיךָ, יְהוָה.

13 יְהוָה חָפֵץ לְמַעַן צִדְקוֹ, יַגְדִּיל תּוֹרָה וְיַאְדִּיר.

The *chazzan* continues with קַדִּישׁ שָׁלֵם (p. 140) and all continue with עָלֵינוּ (p. 141).

גאט פון אברהם

In some communities, women recite the following before *Havdalah*:

14 **גאט** פוּן אַבְרָהָם אוּן פוּן יִצְחָק אוּן פוּן יַעֲקֹב, בַּאהִיט דַיין

15 פָאלְק יִשְׂרָאֵל פוּן אַלֶעם בֵּייזִין אִין דַיינֶעם לוֹיב, אַז דֶער

16 לִיבֶּער שַׁבָּת קוֹדֶשׁ גֵייט אַוֶועק, אַז דִיא וָואךְ זָאל אוּנְז קוּמֶען צוּ

17 אֶמוּנָה שְׁלֵמָה, צוּ אֱמוּנַת חֲכָמִים, צוּ אַהֲבַת וְדִבּוּק חֲבֵרִים טוֹבִים,

18 צוּ דְבֵיקוּת הַבּוֹרֵא בָּרוּךְ הוּא, מַאֲמִין צוּ זַיין בְּשְׁלֹשָׁה עָשָׂר

19 עִיקָרִים שֶׁלְךָ, וּבְגְאוּלָה שְׁלֵמָה וּקְרוֹבָה בִּמְהֵרָה בְּיָמֵינוּ, וּבִתְחִיַּת

20 הַמֵּתִים, וּבִנְבוּאַת מֹשֶׁה רַבֵּינוּ עָלָיו הַשָּׁלוֹם.

21 רִבּוֹנוֹ שֶׁל עוֹלָם דוּא בִּיסְט דָאךְ הַנּוֹתֵן לַיָּעֵף כֹּחַ, גִיב דַיינֶע

22 לִיבֶּע אִידִישֶׁע קִינְדֶערְלֶעךְ אוֹיךְ כֹּחַ דִיךְ צוּ לוֹיבִּין, אוּן דִיךְ צוּ

23 דִינֶען אוּן קֵיינֶעם וַוייטֶער קֵיינֶעם נִישְׁט. אוּן דִיא וָואךְ זָאל אוּנְז קוּמֶען צוּ

24 חֶסֶד, אוּן צוּ מַזָל, אוּן צוּ בְּרָכָה, אוּן צוּ הַצְלָחָה, אוּן צוּ גֶזוּנְט, אוּן

25 צוּ עוֹשֶׁר וְכָבוֹד, אוּן צוּ בְנֵי חַיֵּי וּמְזוֹנֵי, לָנוּ וּלְכָל יִשְׂרָאֵל. אָמֵן.

﴾ הבדלה למוצאי שבת ויום טוב ﴿

At the conclusion of the Sabbath begin here.

1 **הִנֵּה** אֵל יְשׁוּעָתִי אֶבְטַח וְלֹא אֶפְחָד, כִּי עָזִּי וְזִמְרָת יָהּ

2 יהוה, וַיְהִי לִי לִישׁוּעָה. וּשְׁאַבְתֶּם מַֽיִם בְּשָׂשׂוֹן,

3 מִמַּעַיְנֵי הַיְשׁוּעָה. לַיהוה הַיְשׁוּעָה, עַל עַמְּךָ בִרְכָתֶֽךָ סֶּֽלָה.

4 יהוה צְבָאוֹת עִמָּֽנוּ, מִשְׂגָּב לָֽנוּ אֱלֹהֵי יַעֲקֹב סֶֽלָה. יהוה

5 צְבָאוֹת, אַשְׁרֵי אָדָם בֹּטֵֽחַ בָּךְ. יהוה הוֹשִֽׁיעָה, הַמֶּֽלֶךְ יַעֲנֵֽנוּ

6 בְיוֹם קָרְאֵֽנוּ. לַיְּהוּדִים הָיְתָה אוֹרָה וְשִׂמְחָה, וְשָׂשֹׂן וִיקָר,

7 כֵּן תִּהְיֶה לָּֽנוּ. כּוֹס יְשׁוּעוֹת אֶשָּׂא, וּבְשֵׁם יהוה אֶקְרָא.

At the conclusion of a Yom Tov that falls on a weekday begin here..

8 סַבְרִי מָרָנָן וְרַבָּנָן וְרַבּוֹתַי:

9 **בָּרוּךְ** אַתָּה יהוה אֱלֹהֵֽינוּ מֶֽלֶךְ הָעוֹלָם, בּוֹרֵא פְּרִי הַגָּֽפֶן.

10 (אָמֵן. – All)

The next blessing is said only at the conclusion of the Sabbath.
After this blessing, smell the spices.

11 **בָּרוּךְ** אַתָּה יהוה אֱלֹהֵֽינוּ מֶֽלֶךְ הָעוֹלָם, בּוֹרֵא מִינֵי

12 בְשָׂמִים. (אָמֵן. – All)

The next blessing is said only at the conclusion of the Sabbath and of Yom Kippur.
After this blessing, hold fingers up to the flame to see the reflected light.

13 **בָּרוּךְ** אַתָּה יהוה אֱלֹהֵֽינוּ מֶֽלֶךְ הָעוֹלָם, בּוֹרֵא מְאוֹרֵי

14 הָאֵשׁ. (אָמֵן. – All)

15 **בָּרוּךְ** אַתָּה יהוה אֱלֹהֵֽינוּ מֶֽלֶךְ הָעוֹלָם, הַמַּבְדִּיל בֵּין

16 קֹֽדֶשׁ לְחוֹל, בֵּין אוֹר לְחֹֽשֶׁךְ, בֵּין יִשְׂרָאֵל לָעַמִּים,

17 בֵּין יוֹם הַשְּׁבִיעִי לְשֵֽׁשֶׁת יְמֵי הַמַּעֲשֶׂה. בָּרוּךְ אַתָּה יהוה,

18 הַמַּבְדִּיל בֵּין קֹֽדֶשׁ לְחוֹל. (אָמֵן. – All)

The one who makes *Havdalah* drinks most of the cup. It is customary to dip the fingers into the wine-dish and touch the eyelids and inner pockets with them. This symbolizes that the "light of the *mitzvah*" will guide us and brings blessings for the coming week.

הַמַּבְדִּיל בֵּין קֹדֶשׁ לְחֹל, חַטֹּאתֵינוּ הוּא יִמְחֹל,

זַרְעֵנוּ וְכַסְפֵּנוּ יַרְבֶּה כַחוֹל, וְכַכּוֹכָבִים בַּלָּיְלָה.

יוֹם פָּנָה כְּצֵל תֹּמֶר, אֶקְרָא לָאֵל עָלַי גֹּמֵר,

אָמַר שֹׁמֵר, אָתָא בֹקֶר וְגַם לָיְלָה.

צִדְקָתְךָ כְּהַר תָּבוֹר, עַל חֲטָאַי עָבוֹר תַּעֲבוֹר,

כְּיוֹם אֶתְמוֹל כִּי יַעֲבֹר, וְאַשְׁמוּרָה בַלָּיְלָה.

חָלְפָה עוֹנַת מִנְחָתִי, מִי יִתֵּן מְנוּחָתִי,

יָגַעְתִּי בְאַנְחָתִי, אַשְׂחֶה בְכָל לָיְלָה.

קוֹלִי בַּל יֻנְטָל, פְּתַח לִי שַׁעַר הַמְנֻטָּל,

שֶׁרֹּאשִׁי נִמְלָא טָל, קְוֻצּוֹתַי רְסִיסֵי לָיְלָה.

הֵעָתֵר נוֹרָא וְאָיוֹם, אֲשַׁוֵּעַ תְּנָה פִדְיוֹם,

בְּנֶשֶׁף בְּעֶרֶב יוֹם, בְּאִישׁוֹן לָיְלָה.

קְרָאתִיךָ יָהּ הוֹשִׁיעֵנִי, אֹרַח חַיִּים תּוֹדִיעֵנִי,

מִדַּלּוּת תְּבַצְּעֵנִי, מִיּוֹם וְעַד לָיְלָה.

טַהֵר טִנּוּף מַעֲשַׂי, פֶּן יֹאמְרוּ מַכְעִיסַי,

אַיֵּה (נָא) אֱלוֹהַּ עֹשָׂי, נֹתֵן זְמִרוֹת בַּלָּיְלָה.

נַחְנוּ בְיָדְךָ כַּחֹמֶר, סְלַח נָא עַל קַל וָחֹמֶר,

יוֹם לְיוֹם יַבִּיעַ אֹמֶר, וְלַיְלָה לְלָיְלָה.

הַמַּבְדִּיל בֵּין קֹדֶשׁ לְחֹל, חַטֹּאתֵינוּ הוּא יִמְחֹל,

זַרְעֵנוּ וְכַסְפֵּנוּ יַרְבֶּה כַחוֹל, וְכַכּוֹכָבִים בַּלָּיְלָה.

פסוקי ברכה

וְיִתֶּן לְךָ הָאֱלֹהִים מִטַּל הַשָּׁמַיִם וּמִשְׁמַנֵּי הָאָרֶץ, וְרֹב

דָּגָן וְתִירֹשׁ. יַעַבְדוּךָ עַמִּים, וְיִשְׁתַּחֲווּ לְךָ

לְאֻמִּים, הֱוֵה גְבִיר לְאַחֶיךָ, וְיִשְׁתַּחֲווּ לְךָ בְּנֵי אִמֶּךָ, אֹרְרֶיךָ

אָרוּר, וּמְבָרְכֶיךָ בָּרוּךְ. וְאֵל שַׁדַּי יְבָרֵךְ אֹתְךָ וְיַפְרְךָ וְיַרְבֶּךָ,

וְהָיִיתָ לִקְהַל עַמִּים. וְיִתֶּן לְךָ אֶת בִּרְכַּת אַבְרָהָם, לְךָ וּלְזַרְעֲךָ

אִתָּךְ, לְרִשְׁתְּךָ אֶת אֶרֶץ מְגֻרֶיךָ, אֲשֶׁר נָתַן אֱלֹהִים

לְאַבְרָהָם. מֵאֵל אָבִיךָ וְיַעְזְרֶךָּ, וְאֵת שַׁדַּי וִיבָרְכֶךָּ, בִּרְכֹת

שָׁמַיִם מֵעָל, בִּרְכֹת תְּהוֹם רֹבֶצֶת תָּחַת, בִּרְכֹת שָׁדַיִם וָרָחַם.

1   בִּרְכֹת אָבִיךָ גָּבְרוּ עַל בִּרְכֹת הוֹרַי, עַד תַּאֲוַת גִּבְעֹת עוֹלָם,

2   תִּהְיֶיןָ לְרֹאשׁ יוֹסֵף, וּלְקָדְקֹד נְזִיר אֶחָיו. וַאֲהֵבְךָ וּבֵרַכְךָ

3   וְהִרְבֶּךָ, וּבֵרַךְ פְּרִי בִטְנְךָ וּפְרִי אַדְמָתֶךָ, דְּגָנְךָ וְתִירֹשְׁךָ

4   וְיִצְהָרֶךָ, שְׁגַר אֲלָפֶיךָ וְעַשְׁתְּרֹת צֹאנֶךָ, עַל הָאֲדָמָה אֲשֶׁר

5   נִשְׁבַּע לַאֲבֹתֶיךָ לָתֶת לָךְ. בָּרוּךְ תִּהְיֶה מִכָּל הָעַמִּים, לֹא

6   יִהְיֶה בְךָ עָקָר וַעֲקָרָה, וּבִבְהֶמְתֶּךָ. וְהֵסִיר יהוה מִמְּךָ כָּל

7   חֹלִי, וְכָל מַדְוֵי מִצְרַיִם הָרָעִים אֲשֶׁר יָדַעְתָּ, לֹא יְשִׂימָם בָּךְ,

8   וּנְתָנָם בְּכָל שֹׂנְאֶיךָ.

9   **הַמַּלְאָךְ** הַגֹּאֵל אֹתִי מִכָּל רָע יְבָרֵךְ אֶת הַנְּעָרִים וְיִקָּרֵא

10   בָהֶם שְׁמִי, וְשֵׁם אֲבֹתַי אַבְרָהָם וְיִצְחָק, וְיִדְגּוּ

11   לָרֹב בְּקֶרֶב הָאָרֶץ. יהוה אֱלֹהֵיכֶם הִרְבָּה אֶתְכֶם, וְהִנְּכֶם

12   הַיּוֹם כְּכוֹכְבֵי הַשָּׁמַיִם לָרֹב. יהוה אֱלֹהֵי אֲבוֹתֵכֶם יֹסֵף

13   עֲלֵיכֶם כָּכֶם אֶלֶף פְּעָמִים, וִיבָרֵךְ אֶתְכֶם כַּאֲשֶׁר דִּבֶּר לָכֶם.

14   **בָּרוּךְ** אַתָּה בָּעִיר, וּבָרוּךְ אַתָּה בַּשָּׂדֶה. בָּרוּךְ אַתָּה

15   בְּבֹאֶךָ, וּבָרוּךְ אַתָּה בְּצֵאתֶךָ. בָּרוּךְ טַנְאֲךָ

16   וּמִשְׁאַרְתֶּךָ. בָּרוּךְ פְּרִי בִטְנְךָ וּפְרִי אַדְמָתְךָ וּפְרִי בְהֶמְתֶּךָ,

17   שְׁגַר אֲלָפֶיךָ וְעַשְׁתְּרוֹת צֹאנֶךָ. יְצַו יהוה אִתְּךָ אֶת הַבְּרָכָה

18   בַּאֲסָמֶיךָ וּבְכֹל מִשְׁלַח יָדֶךָ, וּבֵרַכְךָ בָּאָרֶץ אֲשֶׁר יהוה

19   אֱלֹהֶיךָ נֹתֵן לָךְ. יִפְתַּח יהוה לְךָ אֶת אוֹצָרוֹ הַטּוֹב, אֶת

20   הַשָּׁמַיִם, לָתֵת מְטַר אַרְצְךָ בְּעִתּוֹ, וּלְבָרֵךְ אֵת כָּל מַעֲשֵׂה

21   יָדֶךָ, וְהִלְוִיתָ גּוֹיִם רַבִּים, וְאַתָּה לֹא תִלְוֶה. כִּי יהוה אֱלֹהֶיךָ

22   בֵּרַכְךָ כַּאֲשֶׁר דִּבֶּר לָךְ, וְהַעֲבַטְתָּ גּוֹיִם רַבִּים, וְאַתָּה לֹא

23   תַעֲבֹט, וּמָשַׁלְתָּ בְּגוֹיִם רַבִּים, וּבְךָ לֹא יִמְשֹׁלוּ. אַשְׁרֶיךָ

24   יִשְׂרָאֵל, מִי כָמוֹךָ, עַם נוֹשַׁע בַּיהוה, מָגֵן עֶזְרֶךָ, וַאֲשֶׁר

25   חֶרֶב גַּאֲוָתֶךָ, וְיִכָּחֲשׁוּ אֹיְבֶיךָ לָךְ, וְאַתָּה עַל בָּמוֹתֵימוֹ

26   תִדְרֹךְ.

גאולה

1   **מָחִיתִי** כָעָב פְּשָׁעֶיךָ וְכֶעָנָן חַטֹּאתֶיךָ, שׁוּבָה אֵלַי כִּי

2   גְאַלְתִּיךָ. רָנּוּ שָׁמַיִם, כִּי עָשָׂה יהוה, הָרִיעוּ

3   תַּחְתִּיּוֹת אָרֶץ, פִּצְחוּ הָרִים רִנָּה, יַעַר וְכָל עֵץ בּוֹ, כִּי גָאַל

4   יהוה יַעֲקֹב וּבְיִשְׂרָאֵל יִתְפָּאָר. גֹּאֲלֵנוּ יהוה צְבָאוֹת שְׁמוֹ,

5   קְדוֹשׁ יִשְׂרָאֵל.

ישועה

6   **יִשְׂרָאֵל** נוֹשַׁע בַּיהוה תְּשׁוּעַת עוֹלָמִים, לֹא תֵבֹשׁוּ וְלֹא

7   תִכָּלְמוּ עַד עוֹלְמֵי עַד. וַאֲכַלְתֶּם אָכוֹל וְשָׂבוֹעַ,

8   וְהִלַּלְתֶּם אֶת שֵׁם יהוה אֱלֹהֵיכֶם אֲשֶׁר עָשָׂה עִמָּכֶם

9   לְהַפְלִיא, וְלֹא יֵבֹשׁוּ עַמִּי לְעוֹלָם. וִידַעְתֶּם כִּי בְקֶרֶב יִשְׂרָאֵל

10   אָנִי, וַאֲנִי יהוה אֱלֹהֵיכֶם, וְאֵין עוֹד, וְלֹא יֵבֹשׁוּ עַמִּי לְעוֹלָם.

11   כִּי בְשִׂמְחָה תֵצֵאוּ וּבְשָׁלוֹם תּוּבָלוּן, הֶהָרִים וְהַגְּבָעוֹת יִפְצְחוּ

12   לִפְנֵיכֶם רִנָּה, וְכָל עֲצֵי הַשָּׂדֶה יִמְחֲאוּ כָף. הִנֵּה אֵל יְשׁוּעָתִי,

13   אֶבְטַח וְלֹא אֶפְחָד, כִּי עָזִּי וְזִמְרָת יָהּ יהוה וַיְהִי לִי לִישׁוּעָה.

14   וּשְׁאַבְתֶּם מַיִם בְּשָׂשׂוֹן, מִמַּעַיְנֵי הַיְשׁוּעָה. וַאֲמַרְתֶּם בַּיּוֹם

15   הַהוּא, הוֹדוּ לַיהוה קִרְאוּ בִשְׁמוֹ, הוֹדִיעוּ בָעַמִּים עֲלִילֹתָיו,

16   הַזְכִּירוּ כִּי נִשְׂגָּב שְׁמוֹ. זַמְּרוּ יהוה כִּי גֵאוּת עָשָׂה, מוּדַעַת

17   זֹאת בְּכָל הָאָרֶץ. צַהֲלִי וָרֹנִּי יוֹשֶׁבֶת צִיּוֹן, כִּי גָדוֹל בְּקִרְבֵּךְ

18   קְדוֹשׁ יִשְׂרָאֵל. וְאָמַר בַּיּוֹם הַהוּא, הִנֵּה אֱלֹהֵינוּ זֶה, קִוִּינוּ לוֹ

19   וְיוֹשִׁיעֵנוּ, זֶה יהוה קִוִּינוּ לוֹ, נָגִילָה וְנִשְׂמְחָה בִּישׁוּעָתוֹ.

דעת ה'

20   **בֵּית** יַעֲקֹב, לְכוּ וְנֵלְכָה בְּאוֹר יהוה. וְהָיָה אֱמוּנַת עִתֶּיךָ

21   חֹסֶן יְשׁוּעֹת חָכְמַת וָדָעַת, יִרְאַת יהוה הִיא אוֹצָרוֹ.

22   וַיְהִי דָוִד לְכָל דְּרָכָיו מַשְׂכִּיל, וַיהוה עִמּוֹ.

פדיום

23   **פָּדָה** בְשָׁלוֹם נַפְשִׁי מִקְּרָב לִי, כִּי בְרַבִּים הָיוּ עִמָּדִי. וַיֹּאמֶר

24   הָעָם אֶל שָׁאוּל, הֲיוֹנָתָן יָמוּת אֲשֶׁר עָשָׂה הַיְשׁוּעָה

1   הַגְּדוֹלָה הַזֹּאת בְּיִשְׂרָאֵל, חָלִילָה, חַי יהוה, אִם יִפֹּל מִשַּׂעֲרַת

2   רֹאשׁוֹ אַרְצָה, כִּי עִם אֱלֹהִים עָשָׂה הַיּוֹם הַזֶּה, וַיִּפְדּוּ הָעָם אֶת

3   יוֹנָתָן וְלֹא מֵת. וּפְדוּיֵי יהוה יְשֻׁבוּן, וּבָאוּ צִיּוֹן בְּרִנָּה, וְשִׂמְחַת

4   עוֹלָם עַל רֹאשָׁם, שָׂשׂוֹן וְשִׂמְחָה יַשִּׂיגוּ וְנָסוּ יָגוֹן וַאֲנָחָה.

הפוך צרה

5   **הָפַכְתָּ** מִסְפְּדִי לְמָחוֹל לִי, פִּתַּחְתָּ שַׂקִּי, וַתְּאַזְּרֵנִי שִׂמְחָה.

6   וְלֹא אָבָה יהוה אֱלֹהֶיךָ לִשְׁמֹעַ אֶל בִּלְעָם, וַיַּהֲפֹךְ

7   יהוה אֱלֹהֶיךָ לְּךָ אֶת הַקְּלָלָה לִבְרָכָה, כִּי אֲהֵבְךָ יהוה

8   אֱלֹהֶיךָ. אָז תִּשְׂמַח בְּתוּלָה בְּמָחוֹל, וּבַחֻרִים וּזְקֵנִים יַחְדָּו,

9   וְהָפַכְתִּי אֶבְלָם לְשָׂשׂוֹן, וְנִחַמְתִּים וְשִׂמַּחְתִּים מִיגוֹנָם.

שלום

10   **בּוֹרֵא** נִיב שְׂפָתָיִם, שָׁלוֹם שָׁלוֹם לָרָחוֹק וְלַקָּרוֹב, אָמַר

11   יהוה וּרְפָאתִיו. וְרוּחַ לָבְשָׁה אֶת עֲמָשַׂי, רֹאשׁ

12   הַשָּׁלִישִׁים, לְךָ דָוִיד וְעִמְּךָ בֶן יִשַׁי שָׁלוֹם, שָׁלוֹם לְךָ, וְשָׁלוֹם

13   לְעֹזְרֶךָ כִּי עֲזָרְךָ אֱלֹהֶיךָ, וַיְקַבְּלֵם דָוִיד וַיִּתְּנֵם בְּרָאשֵׁי הַגְּדוּד.

14   וַאֲמַרְתֶּם, כֹּה לֶחָי, וְאַתָּה שָׁלוֹם וּבֵיתְךָ שָׁלוֹם וְכֹל אֲשֶׁר לְךָ

15   שָׁלוֹם. יהוה עֹז לְעַמּוֹ יִתֵּן יהוה יְבָרֵךְ אֶת עַמּוֹ בַשָּׁלוֹם.

16   **אָמַר** רַבִּי יוֹחָנָן: בְּכָל מָקוֹם שֶׁאַתָּה מוֹצֵא גְדֻלָּתוֹ שֶׁל

17   הַקָּדוֹשׁ בָּרוּךְ הוּא, שָׁם אַתָּה מוֹצֵא עַנְוְתָנוּתוֹ. דָּבָר

18   זֶה כָּתוּב בַּתּוֹרָה, וְשָׁנוּי בַּנְּבִיאִים, וּמְשֻׁלָּשׁ בַּכְּתוּבִים. כָּתוּב

19   בַּתּוֹרָה: כִּי יהוה אֱלֹהֵיכֶם הוּא אֱלֹהֵי הָאֱלֹהִים וַאֲדֹנֵי

20   הָאֲדֹנִים, הָאֵל הַגָּדֹל הַגִּבֹּר וְהַנּוֹרָא אֲשֶׁר לֹא יִשָּׂא פָנִים וְלֹא

21   יִקַּח שֹׁחַד. וּכְתִיב בַּתְרֵהּ: עֹשֶׂה מִשְׁפַּט יָתוֹם וְאַלְמָנָה, וְאֹהֵב

22   גֵּר לָתֶת לוֹ לֶחֶם וְשִׂמְלָה. שָׁנוּי בַּנְּבִיאִים, דִּכְתִיב: כִּי כֹה

23   אָמַר רָם וְנִשָּׂא שֹׁכֵן עַד וְקָדוֹשׁ שְׁמוֹ, מָרוֹם וְקָדוֹשׁ אֶשְׁכּוֹן,

24   וְאֶת דַּכָּא וּשְׁפַל רוּחַ, לְהַחֲיוֹת רוּחַ שְׁפָלִים וּלְהַחֲיוֹת לֵב

25   נִדְכָּאִים. מְשֻׁלָּשׁ בַּכְּתוּבִים, דִּכְתִיב: שִׁירוּ לֵאלֹהִים, זַמְּרוּ

שְׁמוֹ, סֹלּוּ לָרֹכֵב בָּעֲרָבוֹת, בְּיָהּ שְׁמוֹ, וְעִלְזוּ לְפָנָיו. וּכְתִיב
בַּתְרֵהּ: אֲבִי יְתוֹמִים וְדַיַּן אַלְמָנוֹת, אֱלֹהִים בִּמְעוֹן קָדְשׁוֹ.
יְהִי יהוה אֱלֹהֵינוּ עִמָּנוּ כַּאֲשֶׁר הָיָה עִם אֲבֹתֵינוּ, אַל
יַעַזְבֵנוּ וְאַל יִטְּשֵׁנוּ. וְאַתֶּם הַדְּבֵקִים בַּיהוה אֱלֹהֵיכֶם, חַיִּים
כֻּלְּכֶם הַיּוֹם. כִּי נִחַם יהוה צִיּוֹן, נִחַם כָּל חָרְבֹתֶיהָ, וַיָּשֶׂם
מִדְבָּרָהּ כְּעֵדֶן וְעַרְבָתָהּ כְּגַן יהוה, שָׂשׂוֹן וְשִׂמְחָה יִמָּצֵא בָהּ,
תּוֹדָה וְקוֹל זִמְרָה. יהוה חָפֵץ לְמַעַן צִדְקוֹ, יַגְדִּיל תּוֹרָה
וְיַאְדִּיר.

שִׁיר הַמַּעֲלוֹת, אַשְׁרֵי כָּל יְרֵא יהוה, הַהֹלֵךְ בִּדְרָכָיו. יְגִיעַ
כַּפֶּיךָ כִּי תֹאכֵל, אַשְׁרֶיךָ וְטוֹב לָךְ. אֶשְׁתְּךָ כְּגֶפֶן
פֹּרִיָּה בְּיַרְכְּתֵי בֵיתֶךָ, בָּנֶיךָ כִּשְׁתִלֵי זֵיתִים, סָבִיב לְשֻׁלְחָנֶךָ.
הִנֵּה כִּי כֵן יְבֹרַךְ גֶּבֶר יְרֵא יהוה. יְבָרֶכְךָ יהוה מִצִּיּוֹן, וּרְאֵה
בְּטוּב יְרוּשָׁלָיִם, כֹּל יְמֵי חַיֶּיךָ. וּרְאֵה בָנִים לְבָנֶיךָ, שָׁלוֹם עַל
יִשְׂרָאֵל.

זמירות למוצאי שבת / מלוה מלכה ⁂

אַתְקִינוּ סְעוּדָתָא דִּמְהֵימְנוּתָא שְׁלֵימָתָא, חֶדְוָתָא
דְּמַלְכָּא קַדִּישָׁא. אַתְקִינוּ סְעוּדָתָא דְּמַלְכָּא, דָּא
הִיא סְעוּדָתָא דְּדָוִד מַלְכָּא מְשִׁיחָא. וְאַבְרָהָם יִצְחָק וְיַעֲקֹב
אַתְיָן לְסַעֲדָא בַּהֲדֵיהּ.

–Recite three times: **דָּוִד מֶלֶךְ יִשְׂרָאֵל חַי וְקַיָּם.**

– Recite three times: **סִמָּן טוֹב וּמַזָּל טוֹב יְהֵא טוֹב יְהֵא לָנוּ וּלְכָל יִשְׂרָאֵל. אָמֵן.**

מִזְמוֹר לְדָוִד, יהוה רֹעִי לֹא אֶחְסָר. בִּנְאוֹת דֶּשֶׁא יַרְבִּיצֵנִי,
עַל מֵי מְנֻחוֹת יְנַהֲלֵנִי. נַפְשִׁי יְשׁוֹבֵב, יַנְחֵנִי בְמַעְגְּלֵי
צֶדֶק לְמַעַן שְׁמוֹ. גַּם כִּי אֵלֵךְ בְּגֵיא צַלְמָוֶת, לֹא אִירָא רָע כִּי
אַתָּה עִמָּדִי, שִׁבְטְךָ וּמִשְׁעַנְתֶּךָ הֵמָּה יְנַחֲמֻנִי. תַּעֲרֹךְ לְפָנַי
שֻׁלְחָן נֶגֶד צֹרְרָי, דִּשַּׁנְתָּ בַשֶּׁמֶן רֹאשִׁי, כּוֹסִי רְוָיָה. אַךְ טוֹב
וָחֶסֶד יִרְדְּפוּנִי כָּל יְמֵי חַיָּי, וְשַׁבְתִּי בְּבֵית יהוה לְאֹרֶךְ יָמִים.

1   **בְּמוֹצָאֵי** יוֹם מְנוּחָה, הַמְצֵא לְעַמְּךָ רְוָחָה,

2   שְׁלַח תִּשְׁבִּי לְנֶאֱנָחָה, וְנָס יָגוֹן וַאֲנָחָה.

3   **יָאַתָה** לְךָ צוּרִי, לְקַבֵּץ עַם מְפֻזָּרִי,

4   מִיַּד גּוֹי אַכְזָרִי, אֲשֶׁר כָּרָה לִי שׁוּחָה.

5   **עֵת** דּוֹדִים תְּעוֹרֵר אֵל, לְמַלֵּט עַם אֲשֶׁר שׁוֹאֵל,

6   רְאוֹת טוּבְךָ בְּבֹא גוֹאֵל, לְשֶׂה פְּזוּרָה נִדָּחָה.

7   **קְרָא** יֶשַׁע לְעַם נְדָבָה, אֵל דָּגוּל מֵרְבָבָה,

8   יְהִי הַשָּׁבוּעַ הַבָּא, לִישׁוּעָה וְלִרְוָחָה.

9   **בַּת** צִיּוֹן הַשְּׁכוּלָה, אֲשֶׁר הִיא הַיּוֹם גְּעוּלָה,

10   מְהֵרָה תִּהְיֶה בְעוּלָה, בְּאֵם הַבָּנִים שְׂמֵחָה.

11   **מַעְיָנוֹת** אֲזַי יְזוּבוּן, וּפְדוּיֵי יְהוָה יְשׁוּבוּן,

12   וּמֵי יֶשַׁע יִשְׁאָבוּן, וְהַצָּרָה נִשְׁכָּחָה.

13   **נַחֵה** עַמְּךָ כְּאָב רַחֲמָן, יְצַפְצְפוּ עַם לֹא אַלְמָן,

14   דְּבַר יְהוָה אֲשֶׁר נֶאֱמָן, בַּהֲקִימְךָ הַבְטָחָה.

15   **וִידִידִים** פְּלֵיטֵי חֶרֶץ, נְגִינָתָם יִפְצְחוּ בְמֶרֶץ,

16   בְּלִי צְוָחָה וּבְלִי פֶרֶץ, אֵין יוֹצֵאת וְאֵין צְוָחָה.

17   **יְהִי** הַחֹדֶשׁ הַזֶּה, כְּנִבוּאַת אֲבִי חוֹזֶה,

18   וְיִשָּׁמַע בְּבַיִת זֶה, קוֹל שָׂשׂוֹן וְקוֹל שִׂמְחָה.

19   **חָזָק** יְמַלֵּא מִשְׁאֲלוֹתֵינוּ, אַמִּיץ יַעֲשֶׂה בַּקָּשָׁתֵנוּ,

20   וְהוּא יִשְׁלַח בְּמַעֲשֵׂה יָדֵינוּ, בְּרָכָה וְהַצְלָחָה.

21   בְּמוֹצָאֵי יוֹם גִּילָה, שִׁמְךָ נוֹרָא עֲלִילָה,

22   שְׁלַח תִּשְׁבִּי לְעַם סְגֻלָּה, רֶוַח שָׂשׂוֹן וַהֲנָחָה.

23   קוֹל צָהֳלָה וְרִנָּה, שְׂפָתֵינוּ אָז תְּרַנֵּנָה,

24   אָנָּא יְהוָה הוֹשִׁיעָה נָּא, אָנָּא יְהוָה הַצְלִיחָה נָּא.

25   **אָמַר** יְהוָה לְיַעֲקֹב,   אַל תִּירָא עַבְדִּי יַעֲקֹב.

26   **בָּחַר** יְהוָה בְּיַעֲקֹב,   אַל תִּירָא עַבְדִּי יַעֲקֹב.

גָּאַל יהוה אֶת יַעֲקֹב,	אַל תִּירָא עַבְדִּי יַעֲקֹב.
דָּרַךְ כּוֹכָב מִיַּעֲקֹב,	אַל תִּירָא עַבְדִּי יַעֲקֹב.
הַבָּאִים יַשְׁרֵשׁ יַעֲקֹב,	אַל תִּירָא עַבְדִּי יַעֲקֹב.
וְיֵרְדְּ מִיַּעֲקֹב,	אַל תִּירָא עַבְדִּי יַעֲקֹב.
זְכֹר זֹאת לְיַעֲקֹב,	אַל תִּירָא עַבְדִּי יַעֲקֹב.
חֶדְוַת יְשׁוּעוֹת יַעֲקֹב,	אַל תִּירָא עַבְדִּי יַעֲקֹב.
טֹבוּ אֹהָלֶיךָ יַעֲקֹב,	אַל תִּירָא עַבְדִּי יַעֲקֹב.
יוֹרוּ מִשְׁפָּטֶיךָ לְיַעֲקֹב,	אַל תִּירָא עַבְדִּי יַעֲקֹב.
כִּי לֹא נַחַשׁ בְּיַעֲקֹב,	אַל תִּירָא עַבְדִּי יַעֲקֹב.
לֹא הִבִּיט אָוֶן בְּיַעֲקֹב,	אַל תִּירָא עַבְדִּי יַעֲקֹב.
מִי מָנָה עֲפַר יַעֲקֹב,	אַל תִּירָא עַבְדִּי יַעֲקֹב.
נִשְׁבַּע יהוה לְיַעֲקֹב,	אַל תִּירָא עַבְדִּי יַעֲקֹב.
סְלַח נָא לַעֲוֹן יַעֲקֹב,	אַל תִּירָא עַבְדִּי יַעֲקֹב.
עַתָּה הָשֵׁב שְׁבוּת יַעֲקֹב,	אַל תִּירָא עַבְדִּי יַעֲקֹב.
פָּדָה יהוה אֶת יַעֲקֹב,	אַל תִּירָא עַבְדִּי יַעֲקֹב.
צַוֵּה יְשׁוּעוֹת יַעֲקֹב,	אַל תִּירָא עַבְדִּי יַעֲקֹב.
קוֹל קוֹל יַעֲקֹב,	אַל תִּירָא עַבְדִּי יַעֲקֹב.
רַנּוּ שִׂמְחָה לְיַעֲקֹב,	אַל תִּירָא עַבְדִּי יַעֲקֹב.
שָׁב יהוה אֶת גְּאוֹן יַעֲקֹב,	אַל תִּירָא עַבְדִּי יַעֲקֹב.
תִּתֵּן אֱמֶת לְיַעֲקֹב,	אַל תִּירָא עַבְדִּי יַעֲקֹב.

אֵלִיָּהוּ הַנָּבִיא,   אֵלִיָּהוּ הַתִּשְׁבִּי, אֵלִיָּהוּ הַגִּלְעָדִי,

בִּמְהֵרָה יָבוֹא אֵלֵינוּ עִם מָשִׁיחַ בֶּן דָּוִד.

אִישׁ אֲשֶׁר קִנֵּא לְשֵׁם הָאֵל,	
אִישׁ בֻּשַּׂר שָׁלוֹם עַל יַד יְקוּתִיאֵל,	
אִישׁ גַּשׁ וַיְכַפֵּר עַל בְּנֵי יִשְׂרָאֵל.	אֵלִיָּהוּ הַנָּבִיא . . .
אִישׁ דּוֹרוֹת שְׁנֵים עָשָׂר רָאוּ עֵינָיו,	
אִישׁ הַנִּקְרָא בַּעַל שֵׂעָר בְּסִמָּנָיו,	
אִישׁ וְאֵזוֹר עוֹר אָזוּר בְּמָתְנָיו.	אֵלִיָּהוּ הַנָּבִיא . . .
אִישׁ זָעַף עַל עוֹבְדֵי חַמָּנִים,	
אִישׁ חָשׁ וְנִשְׁבַּע מִהְיוֹת גִּשְׁמֵי מְעוֹנִים,	

1	אִישׁ **טַל** וּמָטָר עָצַר שָׁלֹשׁ שָׁנִים.	אֵלִיָּהוּ הַנָּבִיא . . .
2	אִישׁ **יָצָא** לִמְצֹא לְנַפְשׁוֹ נַחַת,	
3	אִישׁ **כִּ**לְכְּלוּהוּ הָעֹרְבִים וְלֹא מֵת לַשַּׁחַת,	
4	אִישׁ **לְ**מַעֲנוּ נִתְבָּרְכוּ כַּד וְצַפַּחַת.	אֵלִיָּהוּ הַנָּבִיא . . .
5	אִישׁ **מ**וּסָרָיו הִקְשִׁיבוּ כְּמֵהִים,	
6	אִישׁ **נ**ַעֲנָה בָאֵשׁ מִשְּׁמֵי גְבוֹהִים,	
7	אִישׁ **ס**ָחוּ אַחֲרָיו יהוה הוּא הָאֱלֹהִים.	אֵלִיָּהוּ הַנָּבִיא . . .
8	אִישׁ **ע**ָתִיד לְהִשְׁתַּלֵּחַ מִשְּׁמֵי עֲרָבוֹת,	
9	אִישׁ **פ**ָּקִיד עַל כָּל בְּשׂוֹרוֹת טוֹבוֹת,	
10	אִישׁ **צ**ִיר נֶאֱמָן לְהָשִׁיב לֵב בָּנִים עַל אָבוֹת.	אֵלִיָּהוּ הַנָּבִיא . . .
11	אִישׁ **ק**ָרָא קַנֹּא קִנֵּאתִי לַיהוה בְּתִפְאָרָה,	
12	אִישׁ **ר**ָכַב עַל סוּסֵי אֵשׁ בִּסְעָרָה,	
13	אִישׁ **שׁ**ֶלֹּא טָעַם טַעַם מִיתָה וּקְבוּרָה.	אֵלִיָּהוּ הַנָּבִיא . . .
14	אִישׁ **תּ**ִשְׁבִּי עַל שְׁמוֹ נִקְרָא,	
15	**תּ**ַצְלִיחֵנוּ עַל יָדוֹ בַּתּוֹרָה,	
16	**תּ**ַשְׁמִיעֵנוּ מִפִּיו בְּשׂוֹרָה טוֹבָה בִּמְהֵרָה,	
17	**תּ**וֹצִיאֵנוּ מֵאֲפֵלָה לְאוֹרָה.	אֵלִיָּהוּ הַנָּבִיא . . .
18	אִישׁ **תּ**ִשְׁבִּי תַּצִּילֵנוּ מִפִּי אֲרָיוֹת,	
19	**תּ**ְבַשְּׂרֵנוּ בְּשׂוֹרוֹת טוֹבוֹת,	
20	**תּ**ְשַׂמְּחֵנוּ בָּנִים עַל אָבוֹת, בְּמוֹצָאֵי שַׁבָּתוֹת.	
21		אֵלִיָּהוּ הַנָּבִיא . . .
22	**כַּכָּתוּב:** הִנֵּה אָנֹכִי שֹׁלֵחַ לָכֶם אֵת אֵלִיָּה הַנָּבִיא	
23	לִפְנֵי בּוֹא יוֹם יהוה הַגָּדוֹל וְהַנּוֹרָא.	
24	וְהֵשִׁיב לֵב אָבוֹת עַל בָּנִים	
25	וְלֵב בָּנִים עַל אֲבוֹתָם.	אֵלִיָּהוּ הַנָּבִיא . . .
26	**אַשְׁרֵי** מִי שֶׁרָאָה פָנָיו בַּחֲלוֹם,	
27	אַשְׁרֵי מִי שֶׁנָּתַן לוֹ שָׁלוֹם,	
28	וְהֶחֱזִיר לוֹ שָׁלוֹם,	
29	יהוה יְבָרֵךְ אֶת עַמּוֹ בַשָּׁלוֹם.	אֵלִיָּהוּ הַנָּבִיא . . .

❧ נטילת לולב ⧆

The Four Species — *lulav, haddasim, aravos, esrog* —
are taken in hand every day of Succos, except on the Sabbath.

Many say this prayer before taking the Four Species:

1   **יְהִי רָצוֹן** מִלְּפָנֶיךָ, יהוה אֱלֹהַי וֵאלֹהֵי אֲבוֹתַי, בִּפְרִי
2   עֵץ הָדָר, וְכַפּוֹת תְּמָרִים, וַעֲנַף עֵץ עָבוֹת,
3   וְעַרְבֵי נָחַל, אוֹתִיּוֹת שִׁמְךָ הַמְּיֻחָד תְּקָרֵב אֶחָד אֶל
4   אֶחָד, וְהָיוּ לַאֲחָדִים בְּיָדִי, וְלֵידַע אֵיךְ שִׁמְךָ נִקְרָא
5   עָלַי, וְיִירְאוּ מִגֶּשֶׁת אֵלָי. וּבְנַעֲנוּעִי אוֹתָם תַּשְׁפִּיעַ שֶׁפַע
6   בְּרָכוֹת מִדַּעַת עֶלְיוֹן לִנְוֵה אַפִּרְיוֹן, לִמְכוֹן בֵּית אֱלֹהֵינוּ.
7   וּתְהֵא חֲשׁוּבָה לְפָנֶיךָ מִצְוַת אַרְבָּעָה מִינִים אֵלּוּ, כְּאִלּוּ
8   קִיַּמְתִּיהָ בְּכָל פְּרָטוֹתֶיהָ וְשָׁרָשֶׁיהָ וְתַרְיַ"ג מִצְוֹת הַתְּלוּיִם
9   בָּהּ. כִּי כַוָּנָתִי לְיַחֲדָא שְׁמָא דְּקֻדְשָׁא בְּרִיךְ הוּא
10   וּשְׁכִינְתֵּהּ, בִּדְחִילוּ וּרְחִימוּ, לְיַחֵד שֵׁם י"ה בְּו"ה
11   בְּיִחוּדָא שְׁלִים, בְּשֵׁם כָּל יִשְׂרָאֵל. אָמֵן. בָּרוּךְ יהוה
12   לְעוֹלָם, אָמֵן, וְאָמֵן.

Pick up the *lulav*-bundle with the right hand, then the *esrog* (with its *pitam* facing down)
with the left. After the blessings, turn over the *esrog* (so its *pitam* faces up) and wave the
Four Species in the six directions (right, left, front, up, down, and back).

13   **בָּרוּךְ** אַתָּה יהוה אֱלֹהֵינוּ מֶלֶךְ הָעוֹלָם,
14   אֲשֶׁר קִדְּשָׁנוּ בְּמִצְוֹתָיו, וְצִוָּנוּ עַל
15   נְטִילַת לוּלָב.

The following blessing is said only on the first day
that the Four Species are taken:

16   **בָּרוּךְ** אַתָּה יהוה אֱלֹהֵינוּ מֶלֶךְ הָעוֹלָם,
17   שֶׁהֶחֱיָנוּ וְקִיְּמָנוּ וְהִגִּיעָנוּ לַזְּמַן הַזֶּה.

﴾ סדר הלל ﴿

Hallel is said after the *Shacharis Shemoneh Esrei* on Festivals, Chanukah and Rosh Chodesh.
Some congregations also say it after *Maariv* on the *Seder* nights.
Those who wear *tefillin* on Chol HaMoed take them off before *Hallel*.

The *chazzan*, followed by the congregation, says the blessing. Then all continue with *Hallel*.

1 בָּרוּךְ אַתָּה יהוה אֱלֹהֵינוּ מֶלֶךְ הָעוֹלָם, אֲשֶׁר
2 קִדְּשָׁנוּ בְּמִצְוֹתָיו, וְצִוָּנוּ לִקְרוֹא אֶת
3 הַהַלֵּל. (.אָמֵן – Cong.)

4 הַלְלוּיָהּ, הַלְלוּ עַבְדֵי יהוה,
5 הַלְלוּ אֶת שֵׁם יהוה.
6 יְהִי שֵׁם יהוה מְבֹרָךְ, מֵעַתָּה וְעַד עוֹלָם.
7 מִמִּזְרַח שֶׁמֶשׁ עַד מְבוֹאוֹ, מְהֻלָּל שֵׁם יהוה.
8 רָם עַל כָּל גּוֹיִם יהוה, עַל הַשָּׁמַיִם כְּבוֹדוֹ.
9 מִי כַּיהוה אֱלֹהֵינוּ, הַמַּגְבִּיהִי לָשָׁבֶת.
10 הַמַּשְׁפִּילִי לִרְאוֹת, בַּשָּׁמַיִם וּבָאָרֶץ.
11 ❖ מְקִימִי מֵעָפָר דָּל, מֵאַשְׁפֹּת יָרִים אֶבְיוֹן.
12 לְהוֹשִׁיבִי עִם נְדִיבִים, עִם נְדִיבֵי עַמּוֹ.
13 מוֹשִׁיבִי עֲקֶרֶת הַבַּיִת, אֵם הַבָּנִים שְׂמֵחָה,
14 הַלְלוּיָהּ.

15 בְּצֵאת יִשְׂרָאֵל מִמִּצְרָיִם,
16 בֵּית יַעֲקֹב מֵעַם לֹעֵז.
17 הָיְתָה יְהוּדָה לְקָדְשׁוֹ, יִשְׂרָאֵל מַמְשְׁלוֹתָיו.
18 הַיָּם רָאָה וַיָּנֹס, הַיַּרְדֵּן יִסֹּב לְאָחוֹר.

1 הֶהָרִים רָקְדוּ כְאֵילִים, גְּבָעוֹת כִּבְנֵי צֹאן.

2 ❖ מַה לְּךָ הַיָּם כִּי תָנוּס, הַיַּרְדֵּן תִּסֹּב לְאָחוֹר.

3 הֶהָרִים תִּרְקְדוּ כְאֵילִים, גְּבָעוֹת כִּבְנֵי צֹאן.

4 מִלִּפְנֵי אָדוֹן חוּלִי אָרֶץ, מִלִּפְנֵי אֱלוֹהַ יַעֲקֹב.

5 הַהֹפְכִי הַצּוּר אֲגַם מָיִם, חַלָּמִישׁ לְמַעְיְנוֹ מָיִם.

Do not say this paragraph on Rosh Chodesh and the last six days of Pesach:

6 **לֹא לָנוּ** יהוה לֹא לָנוּ, כִּי לְשִׁמְךָ תֵּן כָּבוֹד,

7 עַל חַסְדְּךָ עַל אֲמִתֶּךָ.

8 לָמָּה יֹאמְרוּ הַגּוֹיִם, אַיֵּה נָא אֱלֹהֵיהֶם.

9 וֵאלֹהֵינוּ בַשָּׁמָיִם, כֹּל אֲשֶׁר חָפֵץ עָשָׂה.

10 עֲצַבֵּיהֶם כֶּסֶף וְזָהָב, מַעֲשֵׂה יְדֵי אָדָם.

11 פֶּה לָהֶם וְלֹא יְדַבֵּרוּ, עֵינַיִם לָהֶם וְלֹא יִרְאוּ.

12 אָזְנַיִם לָהֶם וְלֹא יִשְׁמָעוּ, אַף לָהֶם וְלֹא יְרִיחוּן.

13 יְדֵיהֶם וְלֹא יְמִישׁוּן, רַגְלֵיהֶם וְלֹא יְהַלֵּכוּ,

14 לֹא יֶהְגּוּ בִּגְרוֹנָם.

15 כְּמוֹהֶם יִהְיוּ עֹשֵׂיהֶם, כֹּל אֲשֶׁר בֹּטֵחַ בָּהֶם.

16 ❖ יִשְׂרָאֵל בְּטַח בַּיהוה, עֶזְרָם וּמָגִנָּם הוּא.

17 בֵּית אַהֲרֹן בִּטְחוּ בַיהוה, עֶזְרָם וּמָגִנָּם הוּא.

18 יִרְאֵי יהוה בִּטְחוּ בַיהוה, עֶזְרָם וּמָגִנָּם הוּא.

19 **יהוה** זְכָרָנוּ יְבָרֵךְ, יְבָרֵךְ אֶת בֵּית יִשְׂרָאֵל,

20 יְבָרֵךְ אֶת בֵּית אַהֲרֹן.

21 יְבָרֵךְ יִרְאֵי יהוה, הַקְּטַנִּים עִם הַגְּדֹלִים.

22 יֹסֵף יהוה עֲלֵיכֶם, עֲלֵיכֶם וְעַל בְּנֵיכֶם.

1. בְּרוּכִים אַתֶּם לַיהוה, עֹשֵׂה שָׁמַיִם וָאָרֶץ.

2. ❖ הַשָּׁמַיִם שָׁמַיִם לַיהוה, וְהָאָרֶץ נָתַן לִבְנֵי אָדָם.

3. לֹא הַמֵּתִים יְהַלְלוּ יָהּ, וְלֹא כָּל יֹרְדֵי דוּמָה.

4. וַאֲנַחְנוּ נְבָרֵךְ יָהּ, מֵעַתָּה וְעַד עוֹלָם, הַלְלוּיָהּ.

Do not say this paragraph on Rosh Chodesh and the last six days of Pesach:

5. **אָהַבְתִּי** כִּי יִשְׁמַע יהוה, אֶת קוֹלִי תַּחֲנוּנָי.

6. כִּי הִטָּה אָזְנוֹ לִי, וּבְיָמַי אֶקְרָא.

7. אֲפָפוּנִי חֶבְלֵי מָוֶת, וּמְצָרֵי שְׁאוֹל מְצָאוּנִי,

8. צָרָה וְיָגוֹן אֶמְצָא.

9. וּבְשֵׁם יהוה אֶקְרָא, אָנָּה יהוה מַלְּטָה נַפְשִׁי.

10. חַנּוּן יהוה וְצַדִּיק, וֵאלֹהֵינוּ מְרַחֵם.

11. שֹׁמֵר פְּתָאיִם יהוה, דַּלּוֹתִי וְלִי יְהוֹשִׁיעַ.

12. שׁוּבִי נַפְשִׁי לִמְנוּחָיְכִי, כִּי יהוה גָּמַל עָלָיְכִי.

13. כִּי חִלַּצְתָּ נַפְשִׁי מִמָּוֶת, אֶת עֵינִי מִן דִּמְעָה,

14. אֶת רַגְלִי מִדֶּחִי.

15. ❖ אֶתְהַלֵּךְ לִפְנֵי יהוה, בְּאַרְצוֹת הַחַיִּים.

16. הֶאֱמַנְתִּי כִּי אֲדַבֵּר, אֲנִי עָנִיתִי מְאֹד.

17. אֲנִי אָמַרְתִּי בְחָפְזִי, כָּל הָאָדָם כֹּזֵב.

18. **מָה** אָשִׁיב לַיהוה, כָּל תַּגְמוּלוֹהִי עָלָי.

19. כּוֹס יְשׁוּעוֹת אֶשָּׂא, וּבְשֵׁם יהוה אֶקְרָא.

20. נְדָרַי לַיהוה אֲשַׁלֵּם, נֶגְדָה נָּא לְכָל עַמּוֹ.

21. יָקָר בְּעֵינֵי יהוה, הַמָּוְתָה לַחֲסִידָיו.

22. אָנָּה יהוה כִּי אֲנִי עַבְדֶּךָ,

1 אֲנִי עַבְדְּךָ, בֶּן אֲמָתֶךָ, פִּתַּחְתָּ לְמוֹסֵרָי.

2 ❖ לְךָ אֶזְבַּח זֶבַח תּוֹדָה, וּבְשֵׁם יהוה אֶקְרָא.

3 נְדָרַי לַיהוה אֲשַׁלֵּם, נֶגְדָה נָּא לְכָל עַמּוֹ.

4 בְּחַצְרוֹת בֵּית יהוה, בְּתוֹכֵכִי יְרוּשָׁלָיִם הַלְלוּיָהּ.

5 הַלְלוּ אֶת יהוה, כָּל גּוֹיִם,

6 שַׁבְּחוּהוּ כָּל הָאֻמִּים.

7 כִּי גָבַר עָלֵינוּ חַסְדּוֹ, וֶאֱמֶת יהוה לְעוֹלָם,

8 הַלְלוּיָהּ.

Each of the next four verses is said aloud by the *chazzan*. After each verse, the congregation says הוֹדוּ לַה' כִּי טוֹב כִּי לְעוֹלָם חַסְדּוֹ and then says the next verse.
On Succos, the first time you say the verse הוֹדוּ לַה', wave the Four Species as follows: three times to the right at הוֹדוּ; three times to the left at כִּי; three times straight ahead at טוֹב; three times up at כִּי; three times down at לְעוֹלָם; and three times to the back at חַסְדּוֹ.

9 הוֹדוּ לַיהוה כִּי טוֹב,   כִּי לְעוֹלָם חַסְדּוֹ.

10 יֹאמַר נָא יִשְׂרָאֵל,   כִּי לְעוֹלָם חַסְדּוֹ.

11 יֹאמְרוּ נָא בֵית אַהֲרֹן,   כִּי לְעוֹלָם חַסְדּוֹ.

12 יֹאמְרוּ נָא יִרְאֵי יהוה,   כִּי לְעוֹלָם חַסְדּוֹ.

13 מִן הַמֵּצַר קָרָאתִי יָּהּ,

14 עָנָנִי בַמֶּרְחָב יָהּ.

15 יהוה לִי לֹא אִירָא, מַה יַּעֲשֶׂה לִי אָדָם.

16 יהוה לִי בְּעֹזְרָי, וַאֲנִי אֶרְאֶה בְשֹׂנְאָי.

17 טוֹב לַחֲסוֹת בַּיהוה, מִבְּטֹחַ בָּאָדָם.

18 טוֹב לַחֲסוֹת בַּיהוה, מִבְּטֹחַ בִּנְדִיבִים.

כָּל גּוֹיִם סְבָבוּנִי, בְּשֵׁם יהוה כִּי אֲמִילַם.

סַבּוּנִי גַם סְבָבוּנִי, בְּשֵׁם יהוה כִּי אֲמִילַם.

סַבּוּנִי כִדְבֹרִים דֹּעֲכוּ כְּאֵשׁ קוֹצִים,

בְּשֵׁם יהוה כִּי אֲמִילַם.

דָּחֹה דְחִיתַנִי לִנְפֹּל, וַיהוה עֲזָרָנִי.

עָזִּי וְזִמְרָת יָהּ, וַיְהִי לִי לִישׁוּעָה.

קוֹל רִנָּה וִישׁוּעָה, בְּאָהֳלֵי צַדִּיקִים,

יְמִין יהוה עֹשָׂה חָיִל.

יְמִין יהוה רוֹמֵמָה, יְמִין יהוה עֹשָׂה חָיִל.

לֹא אָמוּת כִּי אֶחְיֶה, וַאֲסַפֵּר מַעֲשֵׂי יָהּ.

יַסֹּר יִסְּרַנִּי יָּהּ, וְלַמָּוֶת לֹא נְתָנָנִי.

❖ פִּתְחוּ לִי שַׁעֲרֵי צֶדֶק, אָבֹא בָם אוֹדֶה יָהּ.

זֶה הַשַּׁעַר לַיהוה, צַדִּיקִים יָבֹאוּ בוֹ.

אוֹדְךָ כִּי עֲנִיתָנִי, וַתְּהִי לִי לִישׁוּעָה.

אוֹדְךָ כִּי עֲנִיתָנִי, וַתְּהִי לִי לִישׁוּעָה.

אֶבֶן מָאֲסוּ הַבּוֹנִים, הָיְתָה לְרֹאשׁ פִּנָּה.

אֶבֶן מָאֲסוּ הַבּוֹנִים, הָיְתָה לְרֹאשׁ פִּנָּה.

מֵאֵת יהוה הָיְתָה זֹּאת, הִיא נִפְלָאת בְּעֵינֵינוּ.

מֵאֵת יהוה הָיְתָה זֹּאת, הִיא נִפְלָאת בְּעֵינֵינוּ.

זֶה הַיּוֹם עָשָׂה יהוה, נָגִילָה וְנִשְׂמְחָה בוֹ.

זֶה הַיּוֹם עָשָׂה יהוה, נָגִילָה וְנִשְׂמְחָה בוֹ.

Each of the next four lines are said aloud, first by the *chazzan*, then by the congregation. On Succos, each time you say the verse אָנָּא ה' הוֹשִׁיעָה נָּא, wave the Four Species as follows: three times right and three times to the left at אָנָּא; three times straight ahead and three times up at הוֹשִׁיעָה; three times down and three times to the back at נָּא.

1 **אָנָּא** יהוה הוֹשִׁיעָה נָּא.

2 אָנָּא יהוה הוֹשִׁיעָה נָּא.

3 אָנָּא יהוה הַצְלִיחָה נָּא.

4 אָנָּא יהוה הַצְלִיחָה נָּא.

5 **בָּרוּךְ הַבָּא** בְּשֵׁם יהוה,

6 בֵּרַכְנוּכֶם מִבֵּית יהוה.

7 בָּרוּךְ הַבָּא בְּשֵׁם יהוה, בֵּרַכְנוּכֶם מִבֵּית יהוה.

8 אֵל יהוה וַיָּאֶר לָנוּ, אִסְרוּ חַג בַּעֲבֹתִים,

9 עַד קַרְנוֹת הַמִּזְבֵּחַ.

10 אֵל יהוה וַיָּאֶר לָנוּ, אִסְרוּ חַג בַּעֲבֹתִים,

11 עַד קַרְנוֹת הַמִּזְבֵּחַ.

12 אֵלִי אַתָּה וְאוֹדֶךָּ, אֱלֹהַי אֲרוֹמְמֶךָּ.

13 אֵלִי אַתָּה וְאוֹדֶךָּ, אֱלֹהַי אֲרוֹמְמֶךָּ.

On Succos, the first time you say the verse הוֹדוּ לַה', wave the Four Species as follows: three times to the right at הוֹדוּ; three times to the left at כִּי; three times straight ahead at טוֹב; three times up at כִּי; three times down at לְעוֹלָם; and three times to the back at חַסְדּוֹ.

14 הוֹדוּ לַיהוה כִּי טוֹב, כִּי לְעוֹלָם חַסְדּוֹ.

15 הוֹדוּ לַיהוה כִּי טוֹב, כִּי לְעוֹלָם חַסְדּוֹ.

16 **יְהַלְלוּךָ** יהוה אֱלֹהֵינוּ עַל כָּל מַעֲשֶׂיךָ, וַחֲסִידֶיךָ

17 צַדִּיקִים עוֹשֵׂי רְצוֹנֶךָ, וְכָל עַמְּךָ בֵּית

18 יִשְׂרָאֵל בְּרִנָּה יוֹדוּ וִיבָרְכוּ וִישַׁבְּחוּ וִיפָאֲרוּ וִישׁוֹרְרוּ

19 וִירוֹמְמוּ וְיַעֲרִיצוּ וְיַקְדִּישׁוּ וְיַמְלִיכוּ אֶת שִׁמְךָ מַלְכֵּנוּ

תָּמִיד. ❖ כִּי לְךָ טוֹב לְהוֹדוֹת וּלְשִׁמְךָ נָאֶה לְזַמֵּר, כִּי

מֵעוֹלָם וְעַד עוֹלָם אַתָּה אֵל. בָּרוּךְ אַתָּה יהוה, מֶלֶךְ

מְהֻלָּל בַּתִּשְׁבָּחוֹת. (Cong.— אָמֵן.)

On Rosh Chodesh many recite the following verse after *Hallel*:

וְאַבְרָהָם זָקֵן בָּא בַּיָּמִים, וַיהוה בֵּרַךְ אֶת אַבְרָהָם בַּכֹּל.

On Succos, continue with *Hoshanos* (page 438):

קדיש אחרי הלל

After *Hallel*, the *chazzan* says קַדִּישׁ שָׁלֵם.

However, on Chanukah (except on the Sabbath and Rosh Chodesh), he says the חֲצִי קַדִּישׁ.
After *Hallel*, Song of the Day [for Sabbath, p. 248, for weekdays, pp. 85-88] is said, followed by
קַדִּישׁ יָתוֹם (p. 529) and the Torah reading (on the Sabbath, Yom Tov, and Hoshana Rabbah,
p. 250; on Chol HaMoed, Rosh Chodesh, and Chanukah, which occur on a weekday, p. 73).

יִתְגַּדַּל וְיִתְקַדַּשׁ שְׁמֵהּ רַבָּא. (Cong.— אָמֵן.) בְּעָלְמָא דִּי בְרָא כִרְעוּתֵהּ.

וְיַמְלִיךְ מַלְכוּתֵהּ, וְיַצְמַח פֻּרְקָנֵהּ וִיקָרֵב מְשִׁיחֵהּ. (Cong.— אָמֵן.)

בְּחַיֵּיכוֹן וּבְיוֹמֵיכוֹן וּבְחַיֵּי דְכָל בֵּית יִשְׂרָאֵל, בַּעֲגָלָא וּבִזְמַן קָרִיב.

וְאִמְרוּ: אָמֵן.

(Cong.— אָמֵן. יְהֵא שְׁמֵהּ רַבָּא מְבָרַךְ לְעָלַם וּלְעָלְמֵי עָלְמַיָּא.)

10 יְהֵא שְׁמֵהּ רַבָּא מְבָרַךְ לְעָלַם וּלְעָלְמֵי עָלְמַיָּא.

יִתְבָּרַךְ וְיִשְׁתַּבַּח וְיִתְפָּאַר וְיִתְרוֹמַם וְיִתְנַשֵּׂא וְיִתְהַדָּר וְיִתְעַלֶּה

וְיִתְהַלָּל שְׁמֵהּ דְּקֻדְשָׁא בְּרִיךְ הוּא — (Cong.— בְּרִיךְ הוּא.) °לְעֵלָּא מִן כָּל

(°לְעֵלָּא [וּ]לְעֵלָּא מִכָּל – from Rosh Hashanah to Yom Kippur)

תֻּשְׁבְּחָתָא וְנֶחֱמָתָא, דַּאֲמִירָן בְּעָלְמָא. וְאִמְרוּ: אָמֵן. (Cong.— אָמֵן.)

CONTINUES: חֲצִי קַדִּישׁ ENDS HERE; קַדִּישׁ שָׁלֵם

15 (Cong.—) קַבֵּל בְּרַחֲמִים וּבְרָצוֹן אֶת תְּפִלָּתֵנוּ.

תִּתְקַבֵּל צְלוֹתְהוֹן וּבָעוּתְהוֹן דְּכָל בֵּית יִשְׂרָאֵל קֳדָם אֲבוּהוֹן דִּי

בִשְׁמַיָּא. וְאִמְרוּ: אָמֵן. (Cong.— אָמֵן.)

(Cong.—) יְהִי שֵׁם יהוה מְבֹרָךְ, מֵעַתָּה וְעַד עוֹלָם.

יְהֵא שְׁלָמָא רַבָּא מִן שְׁמַיָּא, וְחַיִּים טוֹבִים עָלֵינוּ וְעַל כָּל יִשְׂרָאֵל.

20 וְאִמְרוּ: אָמֵן. (Cong.— אָמֵן.)

(Cong.—) עֶזְרִי מֵעִם יהוה, עֹשֵׂה שָׁמַיִם וָאָרֶץ.

The *chazzan* takes three steps back, bows left and says . . . עֹשֶׂה;
bows right and says . . . הוּא; bows forward and says אָמֵן . . . וְעַל כָּל.
He remains standing in place for a few moments, then takes three steps forward.

עֹשֶׂה שָׁלוֹם בִּמְרוֹמָיו, הוּא יַעֲשֶׂה שָׁלוֹם עָלֵינוּ, וְעַל כָּל יִשְׂרָאֵל. וְאִמְרוּ:

אָמֵן. (Cong.— אָמֵן.)

﴾ מוסף לראש חודש ﴿

The *tefillin* are taken off and the congregation begins *Mussaf* together.

Take three steps backward, then three steps forward. During *Shemoneh Esrei*, stand with your feet together and do not interrupt in any way. Say it quietly, but you must be able to hear your own words. See *Laws* §15-16 for a summary of its laws.

1 כִּי שֵׁם יהוה אֶקְרָא, הָבוּ גֹדֶל לֵאלֹהֵינוּ.

2 אֲדֹנָי שְׂפָתַי תִּפְתָּח, וּפִי יַגִּיד תְּהִלָּתֶךָ.

אבות

Bend the knees at בָּרוּךְ; bow at אַתָּה; straighten up at ה'.

3 **בָּרוּךְ** אַתָּה יהוה אֱלֹהֵינוּ וֵאלֹהֵי אֲבוֹתֵינוּ,

4 אֱלֹהֵי אַבְרָהָם, אֱלֹהֵי יִצְחָק, וֵאלֹהֵי

5 יַעֲקֹב, הָאֵל הַגָּדוֹל הַגִּבּוֹר וְהַנּוֹרָא, אֵל עֶלְיוֹן,

6 גּוֹמֵל חֲסָדִים טוֹבִים וְקוֹנֵה הַכֹּל, וְזוֹכֵר חַסְדֵי

7 אָבוֹת, וּמֵבִיא גוֹאֵל לִבְנֵי בְנֵיהֶם, לְמַעַן שְׁמוֹ

8 בְּאַהֲבָה. מֶלֶךְ עוֹזֵר וּמוֹשִׁיעַ וּמָגֵן.

Bend the knees at בָּרוּךְ; bow at אַתָּה; straighten up at ה'.

9 בָּרוּךְ אַתָּה יהוה, מָגֵן אַבְרָהָם. (.Cong. – אָמֵן)

גבורות

10 **אַתָּה** גִּבּוֹר לְעוֹלָם אֲדֹנָי, מְחַיֵּה מֵתִים אַתָּה,

11 רַב לְהוֹשִׁיעַ.

Between Shemini Atzeres and Pesach: Pesach through Succos:

12 מַשִּׁיב הָרוּחַ וּמוֹרִיד הַגֶּשֶׁם.   מוֹרִיד הַטָּל.

[If forgotten, or interchanged see *Laws* §23-29.]

13 מְכַלְכֵּל חַיִּים בְּחֶסֶד, מְחַיֵּה מֵתִים בְּרַחֲמִים

14 רַבִּים, סוֹמֵךְ נוֹפְלִים, וְרוֹפֵא חוֹלִים, וּמַתִּיר

15 אֲסוּרִים, וּמְקַיֵּם אֱמוּנָתוֹ לִישֵׁנֵי עָפָר. מִי

כָּמְוֹךָ בַּעַל גְּבוּרוֹת, וּמִי דְוֹמֶה לָךְ, מֶלֶךְ
מֵמִית וּמְחַיֶּה וּמַצְמֵיחַ יְשׁוּעָה. וְנֶאֱמָן אַתָּה
לְהַחֲיוֹת מֵתִים. בָּרוּךְ אַתָּה יהוה, מְחַיֶּה
הַמֵּתִים. (אָמֵן. – .Cong)

During the *chazzan's* repetition, *Kedushah* (below) is said here.

קדושת השם

In some congregations, the *chazzan* substitutes לְדוֹר וָדוֹר for אַתָּה קָדוֹשׁ in his repetition.

אַתָּה קָדוֹשׁ וְשִׁמְךָ קָדוֹשׁ,
וּקְדוֹשִׁים בְּכָל יוֹם
יְהַלְלוּךָ סֶּלָה, כִּי אֵל מֶלֶךְ
גָּדוֹל וְקָדוֹשׁ אָתָּה. בָּרוּךְ
אַתָּה יהוה, הָאֵל הַקָּדוֹשׁ.
(אָמֵן. – .Cong)

לְדוֹר וָדוֹר נַגִּיד גָּדְלֶךָ
וּלְנֵצַח נְצָחִים
קְדֻשָּׁתְךָ נַקְדִּישׁ, וְשִׁבְחֲךָ
אֱלֹהֵינוּ מִפִּינוּ לֹא יָמוּשׁ
לְעוֹלָם וָעֶד, כִּי אֵל מֶלֶךְ
גָּדוֹל וְקָדוֹשׁ אָתָּה. בָּרוּךְ
אַתָּה יהוה, הָאֵל הַקָּדוֹשׁ.
(אָמֵן. – .Cong)

קדושה

During the *chazzan's* repetition, say *Kedushah* here. Stand with your feet together and avoid any interruptions. Rise on toes at קָדוֹשׁ, קָדוֹשׁ, קָדוֹשׁ; בָּרוּךְ; and יִמְלֹךְ.

Congregation, then *chazzan*:

כֶּתֶר יִתְּנוּ לְךָ יהוה אֱלֹהֵינוּ, מַלְאָכִים הֲמוֹנֵי מַעְלָה, עִם עַמְּךָ
יִשְׂרָאֵל, קְבוּצֵי מַטָּה.

Cong., then *chazzan* – יַחַד כֻּלָּם קְדֻשָּׁה לְךָ יְשַׁלֵּשׁוּ, כַּדָּבָר הָאָמוּר עַל יַד
נְבִיאֶךָ, וְקָרָא זֶה אֶל זֶה וְאָמַר:

All – קָדוֹשׁ קָדוֹשׁ קָדוֹשׁ יהוה צְבָאוֹת, מְלֹא כָל הָאָרֶץ כְּבוֹדוֹ.
Cong., then *chazzan* – לְעֻמָּתָם מְשַׁבְּחִים וְאוֹמְרִים:

All – בָּרוּךְ כְּבוֹד יהוה, מִמְּקוֹמוֹ.
Cong., then *chazzan* – וּבְדִבְרֵי קָדְשְׁךָ כָּתוּב לֵאמֹר:

All – יִמְלֹךְ יהוה לְעוֹלָם, אֱלֹהַיִךְ צִיּוֹן לְדֹר וָדֹר, הַלְלוּיָהּ.

The *chazzan* continues אַתָּה קָדוֹשׁ or לְדוֹר וָדוֹר (above).

קדושת היום

רָאשֵׁי חֲדָשִׁים לְעַמְּךָ נָתָתָּ, זְמַן כַּפָּרָה לְכָל
תּוֹלְדוֹתָם, בִּהְיוֹתָם מַקְרִיבִים לְפָנֶיךָ
זִבְחֵי רָצוֹן, וּשְׂעִירֵי חַטָּאת לְכַפֵּר בַּעֲדָם. זִכָּרוֹן
לְכֻלָּם יִהְיוּ, וּתְשׁוּעַת נַפְשָׁם מִיַּד שׂוֹנֵא. מִזְבֵּחַ
חָדָשׁ בְּצִיּוֹן תָּכִין, וְעוֹלַת רֹאשׁ חֹדֶשׁ נַעֲלֶה
עָלָיו, וּשְׂעִירֵי עִזִּים נַעֲשֶׂה בְרָצוֹן. וּבַעֲבוֹדַת
בֵּית הַמִּקְדָּשׁ נִשְׂמַח כֻּלָּנוּ, וּבְשִׁירֵי דָוִד עַבְדֶּךָ
הַנִּשְׁמָעִים בְּעִירֶךָ, הָאֲמוּרִים לִפְנֵי מִזְבְּחֶךָ.
אַהֲבַת עוֹלָם תָּבִיא לָהֶם, וּבְרִית אָבוֹת לַבָּנִים
תִּזְכּוֹר. יְהִי רָצוֹן מִלְּפָנֶיךָ, יהוה אֱלֹהֵינוּ וֵאלֹהֵי
אֲבוֹתֵינוּ, שֶׁתַּעֲלֵנוּ בְשִׂמְחָה לְאַרְצֵנוּ, וְתִטָּעֵנוּ
בִּגְבוּלֵנוּ. וַהֲבִיאֵנוּ לְצִיּוֹן עִירְךָ בְּרִנָּה,
וְלִירוּשָׁלַיִם בֵּית מִקְדָּשְׁךָ בְּשִׂמְחַת עוֹלָם. וְשָׁם
נַעֲשֶׂה לְפָנֶיךָ אֶת קָרְבְּנוֹת חוֹבוֹתֵינוּ, תְּמִידִים
כְּסִדְרָם, וּמוּסָפִים כְּהִלְכָתָם, וְאֶת מוּסַף יוֹם
רֹאשׁ הַחֹדֶשׁ הַזֶּה נַעֲשֶׂה וְנַקְרִיב לְפָנֶיךָ
בְּאַהֲבָה כְּמִצְוַת רְצוֹנֶךָ, כְּמוֹ שֶׁכָּתַבְתָּ עָלֵינוּ
בְּתוֹרָתֶךָ, עַל יְדֵי מֹשֶׁה עַבְדֶּךָ, מִפִּי כְבוֹדֶךָ,
כָּאָמוּר:

וּבְרָאשֵׁי חָדְשֵׁיכֶם תַּקְרִיבוּ עֹלָה לַיהוה,

פָּרִים בְּנֵי בָקָר שְׁנַיִם, וְאַיִל

אֶחָד, כְּבָשִׂים בְּנֵי שָׁנָה שִׁבְעָה תְּמִימִם.

וּמִנְחָתָם וְנִסְכֵּיהֶם כִּמְדֻבָּר, שְׁלֹשָׁה עֶשְׂרֹנִים

לַפָּר, וּשְׁנֵי עֶשְׂרֹנִים לָאַיִל, וְעִשָּׂרוֹן לַכֶּבֶשׁ

וְיָיִן כְּנִסְכּוֹ, וְשָׂעִיר לְכַפֵּר, וּשְׁנֵי תְמִידִים

כְּהִלְכָתָם.

During *chazzan's* repetition, the congregation responds אָמֵן, as indicated.

אֱלֹהֵינוּ וֵאלֹהֵי אֲבוֹתֵינוּ, חַדֵּשׁ עָלֵינוּ אֶת

הַחֹדֶשׁ הַזֶּה לְטוֹבָה וְלִבְרָכָה (אָמֵן.),

לְשָׂשׂוֹן וּלְשִׂמְחָה (אָמֵן.), לִישׁוּעָה וּלְנֶחָמָה (אָמֵן.),

לְפַרְנָסָה וּלְכַלְכָּלָה (אָמֵן.), לְחַיִּים טוֹבִים וּלְשָׁלוֹם

(אָמֵן.), לִמְחִילַת חֵטְא וְלִסְלִיחַת עָוֹן (אָמֵן.),

During a leap year, from Rosh Chodesh Cheshvan until Rosh Chodesh Adar II, add:

וּלְכַפָּרַת פָּשַׁע (אָמֵן.).

וִיהִי הַחֹדֶשׁ הַזֶּה סוֹף וְקֵץ לְכָל צָרוֹתֵינוּ, תְּחִלָּה

וָרֹאשׁ לְפִדְיוֹן נַפְשֵׁנוּ (אָמֵן.). כִּי בְעַמְּךָ יִשְׂרָאֵל

בָּחַרְתָּ מִכָּל הָאֻמּוֹת, וְחֻקֵּי רָאשֵׁי חֳדָשִׁים לָהֶם

קָבָעְתָּ. בָּרוּךְ אַתָּה יהוה, מְקַדֵּשׁ יִשְׂרָאֵל וְרָאשֵׁי

חֳדָשִׁים. (Cong. – אָמֵן.)

עבודה

1 **רְצֵה** יהוה אֱלֹהֵינוּ בְּעַמְּךָ יִשְׂרָאֵל וְלִתְפִלָּתָם

2 שְׁעֵה, וְהָשֵׁב אֶת הָעֲבוֹדָה לִדְבִיר בֵּיתֶךָ.

3 וְאִשֵּׁי יִשְׂרָאֵל, וּתְפִלָּתָם מְהֵרָה בְּאַהֲבָה תְקַבֵּל

4 בְּרָצוֹן, וּתְהִי לְרָצוֹן תָּמִיד עֲבוֹדַת יִשְׂרָאֵל עַמֶּךָ.

5 **וְתֶחֱזֶינָה** עֵינֵינוּ בְּשׁוּבְךָ לְצִיּוֹן בְּרַחֲמִים.

6 בָּרוּךְ אַתָּה יהוה, הַמַּחֲזִיר שְׁכִינָתוֹ

7 לְצִיּוֹן. (.אָמֵן – Cong.)

הודאה

Bow at מוֹדִים; straighten up at 'ה. In his repetition the *chazzan* should say
the entire מוֹדִים aloud, and the congregation says מוֹדִים דְּרַבָּנָן softly.

מוֹדִים דְרַבָּנָן

מוֹדִים אֲנַחְנוּ לָךְ, שָׁאַתָּה הוּא יהוה אֱלֹהֵינוּ וֵאלֹהֵי אֲבוֹתֵינוּ, אֱלֹהֵי כָל בָּשָׂר, יוֹצְרֵנוּ, יוֹצֵר בְּרֵאשִׁית. בְּרָכוֹת וְהוֹדָאוֹת לְשִׁמְךָ הַגָּדוֹל וְהַקָּדוֹשׁ, עַל שֶׁהֶחֱיִיתָנוּ וְקִיַּמְתָּנוּ. כֵּן תְּחַיֵּנוּ וּתְקַיְּמֵנוּ, וְתֶאֱסוֹף גָּלֻיּוֹתֵינוּ לְחַצְרוֹת קָדְשֶׁךָ, לִשְׁמוֹר חֻקֶּיךָ וְלַעֲשׂוֹת רְצוֹנֶךָ, וּלְעָבְדְּךָ בְּלֵבָב שָׁלֵם, עַל שֶׁאֲנַחְנוּ מוֹדִים לָךְ. בָּרוּךְ אֵל הַהוֹדָאוֹת.

8 **מוֹדִים** אֲנַחְנוּ לָךְ, שָׁאַתָּה הוּא

9 יהוה אֱלֹהֵינוּ וֵאלֹהֵי

10 אֲבוֹתֵינוּ לְעוֹלָם וָעֶד. צוּרֵנוּ צוּר

11 חַיֵּינוּ, מָגֵן יִשְׁעֵנוּ אַתָּה הוּא לְדוֹר

12 וָדוֹר. נוֹדֶה לְּךָ וּנְסַפֵּר תְּהִלָּתֶךָ

13 עַל חַיֵּינוּ הַמְּסוּרִים בְּיָדֶךָ, וְעַל

14 נִשְׁמוֹתֵינוּ הַפְּקוּדוֹת לָךְ, וְעַל

15 נִסֶּיךָ שֶׁבְּכָל יוֹם עִמָּנוּ, וְעַל

16 נִפְלְאוֹתֶיךָ וְטוֹבוֹתֶיךָ שֶׁבְּכָל עֵת,

17 עֶרֶב וָבֹקֶר וְצָהֳרָיִם. הַטּוֹב כִּי לֹא

18 כָלוּ רַחֲמֶיךָ, וְהַמְרַחֵם כִּי לֹא

19 תַמּוּ חֲסָדֶיךָ, כִּי מֵעוֹלָם קִוִּינוּ לָךְ.

On Chanukah add the following [if forgotten, do not repeat *Shemoneh Esrei*]:

וְעַל הַנִּסִּים, וְעַל הַפֻּרְקָן, וְעַל הַגְּבוּרוֹת, וְעַל הַתְּשׁוּעוֹת, וְעַל
הַנִּפְלָאוֹת, וְעַל הַנֶּחָמוֹת, וְעַל הַמִּלְחָמוֹת, שֶׁעָשִׂיתָ לַאֲבוֹתֵינוּ
בַּיָּמִים הָהֵם בַּזְּמַן הַזֶּה.

בִּימֵי מַתִּתְיָהוּ בֶּן יוֹחָנָן כֹּהֵן גָּדוֹל חַשְׁמוֹנַאי וּבָנָיו, כְּשֶׁעָמְדָה מַלְכוּת
יָוָן הָרְשָׁעָה עַל עַמְּךָ יִשְׂרָאֵל, לְהַשְׁכִּיחָם תּוֹרָתֶךָ, וּלְהַעֲבִירָם מֵחֻקֵּי
רְצוֹנֶךָ. וְאַתָּה בְּרַחֲמֶיךָ הָרַבִּים, עָמַדְתָּ לָהֶם בְּעֵת צָרָתָם, רַבְתָּ אֶת רִיבָם,
דַּנְתָּ אֶת דִּינָם, נָקַמְתָּ אֶת נִקְמָתָם. מָסַרְתָּ גִבּוֹרִים בְּיַד חַלָּשִׁים, וְרַבִּים בְּיַד
מְעַטִּים, וּטְמֵאִים בְּיַד טְהוֹרִים, וּרְשָׁעִים בְּיַד צַדִּיקִים, וְזֵדִים בְּיַד עוֹסְקֵי
תוֹרָתֶךָ. וּלְךָ עָשִׂיתָ שֵׁם גָּדוֹל וְקָדוֹשׁ בְּעוֹלָמֶךָ, וּלְעַמְּךָ יִשְׂרָאֵל עָשִׂיתָ
תְּשׁוּעָה גְדוֹלָה וּפֻרְקָן כְּהַיּוֹם הַזֶּה. וְאַחַר כֵּן בָּאוּ בָנֶיךָ לִדְבִיר בֵּיתֶךָ, וּפִנּוּ
אֶת הֵיכָלֶךָ, וְטִהֲרוּ אֶת מִקְדָּשֶׁךָ, וְהִדְלִיקוּ נֵרוֹת בְּחַצְרוֹת קָדְשֶׁךָ, וְקָבְעוּ
שְׁמוֹנַת יְמֵי חֲנֻכָּה אֵלּוּ, לְהוֹדוֹת וּלְהַלֵּל לְשִׁמְךָ הַגָּדוֹל.

וְעַל כֻּלָּם יִתְבָּרַךְ וְיִתְרוֹמַם וְיִתְנַשֵּׂא שִׁמְךָ מַלְכֵּנוּ תָּמִיד לְעוֹלָם וָעֶד.

וְכֹל הַחַיִּים יוֹדוּךָ סֶּלָה, וִיהַלְלוּ וִיבָרְכוּ אֶת שִׁמְךָ הַגָּדוֹל בֶּאֱמֶת לְעוֹלָם כִּי טוֹב. הָאֵל יְשׁוּעָתֵנוּ וְעֶזְרָתֵנוּ סֶלָה הָאֵל הַטּוֹב. בָּרוּךְ אַתָּה יהוה, הַטּוֹב שִׁמְךָ וּלְךָ נָאֶה לְהוֹדוֹת. (Cong. – אָמֵן.)

ברכת כהנים

The *chazzan* says בִּרְכַּת כֹּהֲנִים during his repetition, except in a house of mourning. The *chazzan* faces the Ark at יְבָרֶכְךָ ה׳ and יָאֵר ה׳, right at וְיִשְׁמְרֶךָ, and left at פָּנָיו אֵלֶיךָ וְיִחֻנֶּךָּ.

אֱלֹהֵינוּ, וֵאלֹהֵי אֲבוֹתֵינוּ, בָּרְכֵנוּ בַבְּרָכָה הַמְשֻׁלֶּשֶׁת בַּתּוֹרָה,
הַכְּתוּבָה עַל יְדֵי מֹשֶׁה עַבְדֶּךָ, הָאֲמוּרָה מִפִּי אַהֲרֹן וּבָנָיו,
כֹּהֲנִים עַם קְדוֹשֶׁךָ, כָּאָמוּר:

יְבָרֶכְךָ יהוה, וְיִשְׁמְרֶךָ. (Cong. – כֵּן יְהִי רָצוֹן.)
יָאֵר יהוה פָּנָיו אֵלֶיךָ, וִיחֻנֶּךָּ. (Cong. – כֵּן יְהִי רָצוֹן.)
יִשָּׂא יהוה פָּנָיו אֵלֶיךָ, וְיָשֵׂם לְךָ שָׁלוֹם. (Cong. – כֵּן יְהִי רָצוֹן.)

While the *chazzan* says שִׂים שָׁלוֹם the congregation continues:

אַדִּיר בַּמָּרוֹם, שׁוֹכֵן בִּגְבוּרָה, אַתָּה שָׁלוֹם וְשִׁמְךָ שָׁלוֹם, יְהִי רָצוֹן
שֶׁתָּשִׂים עָלֵינוּ וְעַל כָּל עַמְּךָ בֵּית יִשְׂרָאֵל חַיִּים וּבְרָכָה לְמִשְׁמֶרֶת שָׁלוֹם.

שלום

1 **שִׂים שָׁלוֹם,** טוֹבָה וּבְרָכָה, חַיִּים, חֵן וָחֶסֶד
2 וְרַחֲמִים עָלֵינוּ וְעַל כָּל יִשְׂרָאֵל
3 עַמֶּךָ. בָּרְכֵנוּ אָבִינוּ, כֻּלָּנוּ כְּאֶחָד, בְּאוֹר פָּנֶיךָ,
4 כִּי בְאוֹר פָּנֶיךָ נָתַתָּ לָּנוּ, יהוה אֱלֹהֵינוּ, תּוֹרַת
5 חַיִּים וְאַהֲבַת חֶסֶד, וּצְדָקָה, וּבְרָכָה, וְרַחֲמִים,
6 וְחַיִּים, וְשָׁלוֹם. וְטוֹב יִהְיֶה בְּעֵינֶיךָ לְבָרְכֵנוּ
7 וּלְבָרֵךְ אֶת כָּל עַמְּךָ יִשְׂרָאֵל, בְּכָל עֵת
8 וּבְכָל שָׁעָה בִּשְׁלוֹמֶךָ, (בְּרוֹב עוֹז וְשָׁלוֹם). בָּרוּךְ
9 אַתָּה יהוה, הַמְבָרֵךְ אֶת עַמּוֹ יִשְׂרָאֵל
10 בַּשָּׁלוֹם. (.אָמֵן – Cong.)
11 יִהְיוּ לְרָצוֹן אִמְרֵי פִי וְהֶגְיוֹן לִבִּי לְפָנֶיךָ, יהוה צוּרִי וְגֹאֲלִי.

The chazzan's repetition ends here; individuals continue:

12 **אֱלֹהַי,** נְצוֹר לְשׁוֹנִי מֵרָע, וּשְׂפָתַי מִדַּבֵּר
13 מִרְמָה, וְלִמְקַלְלַי נַפְשִׁי תִדּוֹם, וְנַפְשִׁי
14 כֶּעָפָר לַכֹּל תִּהְיֶה. פְּתַח לִבִּי בְּתוֹרָתֶךָ, וְאַחֲרֵי
15 מִצְוֹתֶיךָ תִּרְדּוֹף נַפְשִׁי. וְכָל הַקָּמִים וְהַחוֹשְׁבִים
16 עָלַי לְרָעָה, מְהֵרָה הָפֵר עֲצָתָם וְקַלְקֵל
17 מַחֲשַׁבְתָּם. יְהִי רָצוֹן מִלְּפָנֶיךָ, יהוה אֱלֹהַי
18 וֵאלֹהֵי אֲבוֹתַי, שֶׁלֹּא תַעֲלֶה קִנְאַת אָדָם עָלַי,
19 וְלֹא קִנְאָתִי עַל אֲחֵרִים, וְשֶׁלֹּא אֶכְעַס הַיּוֹם,

וְשֶׁלֹא אַכְעִיסֶךָ, וְתַצִּילֵנִי מִיֵּצֶר הָרָע, וְתֵן בְּלִבִּי 1

הַכְנָעָה וַעֲנָוָה. מַלְכֵּנוּ וֵאלֹהֵינוּ, יַחֵד שִׁמְךָ 2

בְּעוֹלָמֶךָ, בְּנֵה עִירְךָ, יַסֵּד בֵּיתֶךָ, וְשַׁכְלֵל 3

הֵיכָלֶךָ, וְקַבֵּץ קִבּוּץ גָּלֻיּוֹת, וּפְדֵה צֹאנֶךָ, וְשַׂמַּח 4

עֲדָתֶךָ. עֲשֵׂה לְמַעַן שְׁמֶךָ, עֲשֵׂה לְמַעַן יְמִינֶךָ, 5

עֲשֵׂה לְמַעַן תּוֹרָתֶךָ, עֲשֵׂה לְמַעַן קְדֻשָּׁתֶךָ. 6

לְמַעַן יֵחָלְצוּן יְדִידֶיךָ, הוֹשִׁיעָה יְמִינְךָ וַעֲנֵנִי. 7

Some say a verse with the initial of their name. See page 474.

יִהְיוּ לְרָצוֹן אִמְרֵי פִי וְהֶגְיוֹן לִבִּי לְפָנֶיךָ, יהוה 8

צוּרִי וְגֹאֲלִי. עֹשֶׂה שָׁלוֹם 9

בִּמְרוֹמָיו, הוּא יַעֲשֶׂה שָׁלוֹם 10

עָלֵינוּ, וְעַל כָּל יִשְׂרָאֵל. וְאִמְרוּ: 11

אָמֵן. 12

Take three steps back. Bow left and say עֹשֶׂה . . .; bow right and say הוּא . . .; bow forward and say וְעַל כָּל . . . אָמֵן.

יְהִי רָצוֹן מִלְּפָנֶיךָ, יהוה אֱלֹהֵינוּ וֵאלֹהֵי אֲבוֹתֵינוּ, שֶׁיִּבָּנֶה 13

בֵּית הַמִּקְדָּשׁ בִּמְהֵרָה בְיָמֵינוּ, וְתֵן חֶלְקֵנוּ 14

בְּתוֹרָתֶךָ. וְשָׁם נַעֲבָדְךָ בְּיִרְאָה, כִּימֵי עוֹלָם וּכְשָׁנִים קַדְמוֹנִיּוֹת. 15

וְעָרְבָה לַיהוה מִנְחַת יְהוּדָה וִירוּשָׁלָיִם, כִּימֵי עוֹלָם וּכְשָׁנִים 16

קַדְמוֹנִיּוֹת. 17

THE INDIVIDUAL'S *SHEMONEH ESREI* ENDS HERE.

Remain standing in place until the *chazzan* reaches *Kedushah* —
or at least until he begins his *Shemoneh Esrei* — then take three steps forward.

The *chazzan,* or someone praying without a *minyan,*
should remain in place for a few moments, then take three steps forward.

THE *CHAZZAN* RECITES THE FULL *KADDISH* (P. 82).
ALL CONTINUE WITH קַוֵּה אֶל ה׳ (P. 90).

❧ בדיקת חמץ ❧

On the night before the Pesach *seder*, we search for *chametz* (leaven).
When the first *seder* is on Saturday night, the search is done on Thursday night.
It should be done with a candle, as soon as possible after nightfall.

Say the following before you begin to search.
If several people help in the search, one says the blessing for all,
and they answer *Amen.*

1 **בָּרוּךְ** אַתָּה יהוה אֱלֹהֵינוּ מֶלֶךְ הָעוֹלָם, אֲשֶׁר קִדְּשָׁנוּ
2 בְּמִצְוֹתָיו, וְצִוָּנוּ עַל בִּעוּר חָמֵץ.

After the search, say the following.
Wrap the *chametz* and put it in a safe place to be burned in the morning.

3 **כָּל חֲמִירָא** וַחֲמִיעָא דְּאִכָּא בִּרְשׁוּתִי, דְּלָא חֲזִתֵּה
4 (דְּלָא חֲמִתֵּה) וּדְלָא בִעַרְתֵּה וּדְלָא
5 יְדַעְנָא לֵהּ, לִבָּטֵל וְלֶהֱוֵי הֶפְקֵר כְּעַפְרָא דְּאַרְעָא.

❧ ביעור חמץ ❧

In the morning, after the *chametz* has been burned, say the following:

6 **כָּל חֲמִירָא** וַחֲמִיעָא דְּאִכָּא בִּרְשׁוּתִי, דַּחֲזִתֵּה וּדְלָא
7 חֲזִתֵּה (דַּחֲמִתֵּה וּדְלָא חֲמִתֵּה), דִּבְעַרְתֵּה
8 וּדְלָא בְעַרְתֵּה, לִבָּטֵל וְלֶהֱוֵי הֶפְקֵר כְּעַפְרָא דְּאַרְעָא.

❧ ערוב תבשילין ❧

An *eruv tavshilin* is made when a Festival occurs on Thursday and Friday, or on Friday
and the Sabbath. On Erev Yom Tov, take the *eruv*-food in your hand and say the following:

9 **בָּרוּךְ** אַתָּה יהוה אֱלֹהֵינוּ מֶלֶךְ הָעוֹלָם, אֲשֶׁר קִדְּשָׁנוּ
10 בְּמִצְוֹתָיו, וְצִוָּנוּ עַל מִצְוַת עֵרוּב.

11 **בַּהֲדֵין** עֵרוּבָא יְהֵא שָׁרֵא לָנָא לַאֲפוּיֵי וּלְבַשּׁוּלֵי
12 וּלְאַטְמוּנֵי וּלְאַדְלוּקֵי שְׁרָגָא וּלְתַקָּנָא וּלְמֶעְבַּד
13 כָּל צָרְכָּנָא, מִיּוֹמָא טָבָא לְשַׁבְּתָא [לָנָא וּלְכָל יִשְׂרָאֵל
14 הַדָּרִים בָּעִיר הַזֹּאת].

﴾ קידוש ללילי יום טוב ﴿

On Shabbos of Chol HaMoed, say the regular Sabbath *Kiddush* (p. 193).

When the Festival falls on Friday night, begin here:

1   (וַיְהִי עֶרֶב וַיְהִי בְקֶר — Silently)

2   **יוֹם הַשִּׁשִּׁי.** וַיְכֻלּוּ הַשָּׁמַיִם וְהָאָרֶץ וְכָל צְבָאָם.

3   וַיְכַל אֱלֹהִים בַּיּוֹם הַשְּׁבִיעִי מְלַאכְתּוֹ

4   אֲשֶׁר עָשָׂה, וַיִּשְׁבֹּת בַּיּוֹם הַשְּׁבִיעִי מִכָּל מְלַאכְתּוֹ אֲשֶׁר

5   עָשָׂה. וַיְבָרֶךְ אֱלֹהִים אֶת יוֹם הַשְּׁבִיעִי וַיְקַדֵּשׁ אֹתוֹ, כִּי

6   בוֹ שָׁבַת מִכָּל מְלַאכְתּוֹ אֲשֶׁר בָּרָא אֱלֹהִים לַעֲשׂוֹת.

7   סַבְרִי מָרָנָן וְרַבָּנָן וְרַבּוֹתַי:

8   **בָּרוּךְ** אַתָּה יהוה אֱלֹהֵינוּ מֶלֶךְ הָעוֹלָם, בּוֹרֵא

9   פְּרִי הַגָּפֶן. (אָמֵן. — All)

On Friday night, say all words in brackets:

10   **בָּרוּךְ** אַתָּה יהוה אֱלֹהֵינוּ מֶלֶךְ הָעוֹלָם, אֲשֶׁר

11   בָּחַר בָּנוּ מִכָּל עָם, וְרוֹמְמָנוּ מִכָּל

12   לָשׁוֹן, וְקִדְּשָׁנוּ בְּמִצְוֹתָיו. וַתִּתֶּן לָנוּ יהוה אֱלֹהֵינוּ

13   בְּאַהֲבָה [שַׁבָּתוֹת לִמְנוּחָה וּ] מוֹעֲדִים לְשִׂמְחָה חַגִּים

14   וּזְמַנִּים לְשָׂשׂוֹן, אֶת יוֹם [הַשַּׁבָּת הַזֶּה וְאֶת יוֹם]

On Pesach:

15   חַג הַמַּצּוֹת הַזֶּה, זְמַן חֵרוּתֵנוּ

On Shavuos:

16   חַג הַשָּׁבֻעוֹת הַזֶּה, זְמַן מַתַּן תּוֹרָתֵנוּ

On Succos:

17   חַג הַסֻּכּוֹת הַזֶּה, זְמַן שִׂמְחָתֵנוּ

On Shemini Atzeres / Simchas Torah:

18   שְׁמִינִי עֲצֶרֶת הַחַג הַזֶּה, זְמַן שִׂמְחָתֵנוּ

1   [בְּאַהֲבָה] מִקְרָא קֹדֶשׁ, זֵכֶר לִיצִיאַת מִצְרָיִם. כִּי

2   בָנוּ בָחַרְתָּ וְאוֹתָנוּ קִדַּשְׁתָּ מִכָּל הָעַמִּים, [וְשַׁבָּת]

3   וּמוֹעֲדֵי קָדְשֶׁךָ [בְּאַהֲבָה וּבְרָצוֹן] בְּשִׂמְחָה וּבְשָׂשׂוֹן

4   הִנְחַלְתָּנוּ. בָּרוּךְ אַתָּה יהוה, מְקַדֵּשׁ [הַשַּׁבָּת

5   וְ]יִשְׂרָאֵל וְהַזְּמַנִּים.   (אָמֵן. All–)

On Saturday night, hold two candles with flames touching each other, and say the following blessing:

6   **בָּרוּךְ** אַתָּה יהוה אֱלֹהֵינוּ מֶלֶךְ הָעוֹלָם, בּוֹרֵא מְאוֹרֵי

7   הָאֵשׁ.   (אָמֵן. All–)

Then, hold the fingers up to the flames to see the reflected light.

8   **בָּרוּךְ** אַתָּה יהוה אֱלֹהֵינוּ מֶלֶךְ הָעוֹלָם, הַמַּבְדִּיל בֵּין

9   קֹדֶשׁ לְחוֹל, בֵּין אוֹר לְחֹשֶׁךְ, בֵּין יִשְׂרָאֵל לָעַמִּים,

10   בֵּין יוֹם הַשְּׁבִיעִי לְשֵׁשֶׁת יְמֵי הַמַּעֲשֶׂה. בֵּין קְדֻשַּׁת שַׁבָּת

11   לִקְדֻשַּׁת יוֹם טוֹב הִבְדַּלְתָּ, וְאֶת יוֹם הַשְּׁבִיעִי מִשֵּׁשֶׁת יְמֵי

12   הַמַּעֲשֶׂה קִדַּשְׁתָּ, הִבְדַּלְתָּ וְקִדַּשְׁתָּ אֶת עַמְּךָ יִשְׂרָאֵל

13   בִּקְדֻשָּׁתֶךָ. בָּרוּךְ אַתָּה יהוה, הַמַּבְדִּיל בֵּין קֹדֶשׁ

14   לְקֹדֶשׁ.   (אָמֵן. All–)

On Succos, say the following blessing in the *succah*.
On the second night, some say the שֶׁהֶחֱיָנוּ blessing first.

15   **בָּרוּךְ** אַתָּה יהוה אֱלֹהֵינוּ מֶלֶךְ הָעוֹלָם, אֲשֶׁר קִדְּשָׁנוּ

16   בְּמִצְוֹתָיו וְצִוָּנוּ לֵישֵׁב בַּסֻּכָּה.   (אָמֵן. All–)

This blessing is not said on the seventh and eighth nights of Pesach:

17   **בָּרוּךְ** אַתָּה יהוה אֱלֹהֵינוּ מֶלֶךְ הָעוֹלָם, שֶׁהֶחֱיָנוּ

18   וְקִיְּמָנוּ וְהִגִּיעָנוּ לַזְּמַן הַזֶּה.   (אָמֵן. All–)

שמונה עשרה לשלש רגלים

THIS *SHEMONEH ESREI* IS SAID AT *MAARIV, SHACHARIS,* AND *MINCHAH* ON THE *YOM TOV* DAYS OF PESACH, SHAVUOS, SUCCOS, SHEMINI ATZERES, AND SIMCHAS TORAH. ON CHOL HAMOED, THE WEEKDAY (OR SABBATH) *SHEMONEH ESREI* IS RECITED. THE *SHEMONEH ESREI* FOR *MUSSAF* APPEARS ON P. 379.

Take three steps backward, then three steps forward. During *Shemoneh Esrei,* stand with your feet together and do not interrupt in any way. Say it very quietly, but you must be able to hear your own words. See *Laws* §15-16 for a summary of its laws.

1 [.כִּי שֵׁם יהוה אֶקְרָא, הָבוּ גֹדֶל לֵאלֹהֵינוּ — *At Minchah*]

2 אֲדֹנָי שְׂפָתַי תִּפְתָּח, וּפִי יַגִּיד תְּהִלָּתֶךָ.

אבות

Bend the knees at בָּרוּךְ; bow at אַתָּה; straighten up at ה'.

3 **בָּרוּךְ** אַתָּה יהוה אֱלֹהֵינוּ וֵאלֹהֵי אֲבוֹתֵינוּ,

4 אֱלֹהֵי אַבְרָהָם, אֱלֹהֵי יִצְחָק, וֵאלֹהֵי

5 יַעֲקֹב, הָאֵל הַגָּדוֹל הַגִּבּוֹר וְהַנּוֹרָא, אֵל עֶלְיוֹן,

6 גּוֹמֵל חֲסָדִים טוֹבִים וְקוֹנֵה הַכֹּל, וְזוֹכֵר חַסְדֵי

7 אָבוֹת, וּמֵבִיא גוֹאֵל לִבְנֵי בְנֵיהֶם, לְמַעַן שְׁמוֹ

8 בְּאַהֲבָה.

Bend the knees at בָּרוּךְ; bow at אַתָּה; straighten up at ה'.

9 מֶלֶךְ עוֹזֵר וּמוֹשִׁיעַ וּמָגֵן. בָּרוּךְ אַתָּה יהוה, מָגֵן

10 אַבְרָהָם. (אָמֵן – *Cong.*)

גבורות

11 **אַתָּה** גִּבּוֹר לְעוֹלָם אֲדֹנָי, מְחַיֵּה מֵתִים אַתָּה,
רַב לְהוֹשִׁיעַ.

From Minchah Shemini Atzeres through Shacharis the first day of Pesach say:

At all other times say:

12 מַשִּׁיב הָרוּחַ וּמוֹרִיד הַגֶּשֶׁם.   מוֹרִיד הַטָּל.

[If forgotten or interchanged, see *Laws* §23-29.]

1   מְכַלְכֵּל חַיִּים בְּחֶסֶד, מְחַיֵּה מֵתִים בְּרַחֲמִים רַבִּים,

2   סוֹמֵךְ נוֹפְלִים, וְרוֹפֵא חוֹלִים, וּמַתִּיר אֲסוּרִים, וּמְקַיֵּם

3   אֱמוּנָתוֹ לִישֵׁנֵי עָפָר. מִי כָמוֹךָ בַּעַל גְּבוּרוֹת, וּמִי דוֹמֶה

4   לָּךְ, מֶלֶךְ מֵמִית וּמְחַיֶּה וּמַצְמִיחַ יְשׁוּעָה. וְנֶאֱמָן אַתָּה

5   לְהַחֲיוֹת מֵתִים. בָּרוּךְ אַתָּה יהוה, מְחַיֵּה הַמֵּתִים.

6   (אָמֵן. – Cong.)

During the *chazzan's* repetition, say *Kedushah* here.

קדושה

Stand with feet together and avoid any interruptions.
Rise on toes when saying קָדוֹשׁ, קָדוֹשׁ, קָדוֹשׁ; and בָּרוּךְ; and יִמְלֹךְ.
Congregation, then *chazzan*:

7   **נַקְדִּישָׁךְ** וְנַעֲרִיצָךְ, כְּנֹעַם שִׂיחַ סוֹד שַׂרְפֵי קֹדֶשׁ, הַמְשַׁלְּשִׁים לְךָ

8   קְדֻשָּׁה, כַּכָּתוּב עַל יַד נְבִיאֶךָ, וְקָרָא זֶה אֶל זֶה וְאָמַר:

At *Minchah*:	At *Shacharis*:

At Shacharis:

9   קָדוֹשׁ קָדוֹשׁ קָדוֹשׁ יהוה – Cong., then *chazzan*:

10   צְבָאוֹת, מְלֹא כָל הָאָרֶץ כְּבוֹדוֹ. ❖ אָז בְּקוֹל

11   רַעַשׁ גָּדוֹל אַדִּיר וְחָזָק מַשְׁמִיעִים קוֹל,

12   מִתְנַשְּׂאִים לְעֻמַּת שְׂרָפִים, לְעֻמָּתָם מְשַׁבְּחִים

13   וְאוֹמְרִים:

14   בָּרוּךְ כְּבוֹד יהוה, מִמְּקוֹמוֹ. – Cong., then *chazzan*:

15   ❖ מִמְּקוֹמְךָ מַלְכֵּנוּ תוֹפִיעַ, וְתִמְלֹךְ עָלֵינוּ, כִּי

16   מְחַכִּים אֲנַחְנוּ לָךְ. מָתַי תִּמְלֹךְ בְּצִיּוֹן, בְּקָרוֹב

17   בְּיָמֵינוּ, לְעוֹלָם וָעֶד תִּשְׁכּוֹן. תִּתְגַּדַּל וְתִתְקַדַּשׁ

18   בְּתוֹךְ יְרוּשָׁלַיִם עִירְךָ, לְדוֹר וָדוֹר וּלְנֵצַח

19   נְצָחִים. וְעֵינֵינוּ תִרְאֶינָה מַלְכוּתֶךָ, כַּדָּבָר

20   הָאָמוּר בְּשִׁירֵי עֻזֶּךָ, עַל יְדֵי דָוִד מְשִׁיחַ צִדְקֶךָ:

At Minchah:

Congregation,
then *chazzan*:

קָדוֹשׁ קָדוֹשׁ קָדוֹשׁ
יהוה צְבָאוֹת, מְלֹא
כָל הָאָרֶץ כְּבוֹדוֹ.
❖ לְעֻמָּתָם מְשַׁבְּחִים
וְאוֹמְרִים:

Congregation,
then *chazzan*:

בָּרוּךְ כְּבוֹד יהוה,
מִמְּקוֹמוֹ.

❖ וּבְדִבְרֵי קָדְשְׁךָ
כָּתוּב לֵאמֹר:

Congregation, then *chazzan*:

21   יִמְלֹךְ יהוה לְעוֹלָם, אֱלֹהַיִךְ צִיּוֹן לְדֹר וָדֹר, הַלְלוּיָהּ.

The *chazzan* continues לְדוֹר וָדוֹר or אַתָּה קָדוֹשׁ (p. 369).

קְדוּשַּׁת הַשֵּׁם

In some congregations, the *chazzan* substitutes לְדוֹר וָדוֹר for אַתָּה קָדוֹשׁ in his repetition.

<table>
<tr><td>גַּדְלֶךָ נַגִּיד נְצָחִים וְשִׁבְחֲךָ לְעוֹלָם וָקָדוֹשׁ הָאֵל אָמֵן.) – Cong.)</td><td>וָדוֹר נָגִיד וּלְנֵצַח נַקְדִּישׁ, לֹא יָמוּשׁ בָּרוּךְ אַתָּה יהוה, הַקָּדוֹשׁ.</td><td>**לְדוֹר**
קְדֻשָּׁתְךָ
אֱלֹהֵינוּ מִפִּינוּ
אֱלֹהֵינוּ מִפִּינוּ
אָתָּה. בָּרוּךְ אַתָּה יהוה, הָאֵל</td><td>**אַתָּה** קָדוֹשׁ וְשִׁמְךָ קָדוֹשׁ,
וּקְדוֹשִׁים בְּכָל יוֹם
יְהַלְלוּךָ סֶּלָה, כִּי אֵל מֶלֶךְ גָּדוֹל
וְקָדוֹשׁ אָתָּה. בָּרוּךְ אַתָּה יהוה,
הָאֵל הַקָּדוֹשׁ. (אָמֵן. – Cong.)</td></tr>
</table>

1
2
3
4
5

קְדוּשַּׁת הַיּוֹם

[If one said the blessings of the weekday *Shemoneh Esrei*, see Laws §45-46.]

6 **אַתָּה בְחַרְתָּנוּ** מִכָּל הָעַמִּים, אָהַבְתָּ אוֹתָנוּ,

7 וְרָצִיתָ בָּנוּ, וְרוֹמַמְתָּנוּ מִכָּל

8 הַלְּשׁוֹנוֹת, וְקִדַּשְׁתָּנוּ בְּמִצְוֺתֶיךָ, וְקֵרַבְתָּנוּ

9 מַלְכֵּנוּ לַעֲבוֹדָתֶךָ, וְשִׁמְךָ הַגָּדוֹל וְהַקָּדוֹשׁ עָלֵינוּ

10 קָרָאתָ.

On Saturday night the following is recited.
[If forgotten do not repeat *Shemoneh Esrei*. See Laws §55.]

11 **וַתּוֹדִיעֵנוּ** יהוה אֱלֹהֵינוּ אֶת מִשְׁפְּטֵי צִדְקֶךָ, וַתְּלַמְּדֵנוּ

12 לַעֲשׂוֹת (בָּהֶם) חֻקֵּי רְצוֹנֶךָ. וַתִּתֶּן לָנוּ יהוה

13 אֱלֹהֵינוּ מִשְׁפָּטִים יְשָׁרִים וְתוֹרוֹת אֱמֶת חֻקִּים וּמִצְוֺת טוֹבִים.

14 וַתַּנְחִילֵנוּ זְמַנֵּי שָׂשׂוֹן וּמוֹעֲדֵי קֹדֶשׁ וְחַגֵּי נְדָבָה. וַתּוֹרִישֵׁנוּ

15 קְדֻשַּׁת שַׁבָּת וּכְבוֹד מוֹעֵד וַחֲגִיגַת הָרֶגֶל. וַתַּבְדֵּל יהוה

16 אֱלֹהֵינוּ בֵּין קֹדֶשׁ לְחוֹל, בֵּין אוֹר לְחֹשֶׁךְ, בֵּין יִשְׂרָאֵל

17 לָעַמִּים, בֵּין יוֹם הַשְּׁבִיעִי לְשֵׁשֶׁת יְמֵי הַמַּעֲשֶׂה. בֵּין קְדֻשַּׁת

18 שַׁבָּת לִקְדֻשַּׁת יוֹם טוֹב הִבְדַּלְתָּ, וְאֶת יוֹם הַשְּׁבִיעִי מִשֵּׁשֶׁת

19 יְמֵי הַמַּעֲשֶׂה קִדַּשְׁתָּ, הִבְדַּלְתָּ וְקִדַּשְׁתָּ אֶת עַמְּךָ יִשְׂרָאֵל

20 בִּקְדֻשָּׁתֶךָ.

On the Sabbath add words in brackets. [If forgotten, see *Laws* §51-53.]

1   **וַתִּתֶּן לָנוּ** יהוה אֱלֹהֵינוּ בְּאַהֲבָה [שַׁבָּתוֹת

2   לִמְנוּחָה וּ]מוֹעֲדִים לְשִׂמְחָה חַגִּים

3   וּזְמַנִּים לְשָׂשׂוֹן, אֶת יוֹם [הַשַּׁבָּת הַזֶּה וְאֶת יוֹם]

On Shemini Atzeres and Simchas Torah:	On Succos:	On Shavuos:	On Pesach:
שְׁמִינִי עֲצֶרֶת	חַג הַסֻּכּוֹת	חַג הַשָּׁבֻעוֹת	חַג הַמַּצּוֹת
הַחַג הַזֶּה,	הַזֶּה, זְמַן	הַזֶּה, זְמַן	הַזֶּה, זְמַן
זְמַן שִׂמְחָתֵנוּ	מַתַּן תּוֹרָתֵנוּ	שִׂמְחָתֵנוּ	חֵרוּתֵנוּ

7   [בְּאַהֲבָה] מִקְרָא קֹדֶשׁ, זֵכֶר לִיצִיאַת מִצְרָיִם.

During the *chazzan's* repetition, congregation responds *Amen* as indicated.

8   **אֱלֹהֵינוּ** וֵאלֹהֵי אֲבוֹתֵינוּ, יַעֲלֶה, וְיָבֹא, וְיַגִּיעַ,

9   וְיֵרָאֶה, וְיֵרָצֶה, וְיִשָּׁמַע, וְיִפָּקֵד, וְיִזָּכֵר

10   זִכְרוֹנֵנוּ וּפִקְדוֹנֵנוּ, וְזִכְרוֹן אֲבוֹתֵינוּ, וְזִכְרוֹן מָשִׁיחַ בֶּן

11   דָּוִד עַבְדֶּךָ, וְזִכְרוֹן יְרוּשָׁלַיִם עִיר קָדְשֶׁךָ, וְזִכְרוֹן כָּל

12   עַמְּךָ בֵּית יִשְׂרָאֵל לְפָנֶיךָ, לִפְלֵיטָה לְטוֹבָה, לְחֵן

13   וּלְחֶסֶד וּלְרַחֲמִים, לְחַיִּים (טוֹבִים) וּלְשָׁלוֹם בְּיוֹם

On Shemini Atzeres and Simchas Torah:	On Succos:	On Shavuos:	On Pesach:
שְׁמִינִי עֲצֶרֶת	חַג הַסֻּכּוֹת	חַג הַשָּׁבֻעוֹת	חַג הַמַּצּוֹת
הַחַג הַזֶּה.	הַזֶּה.	הַזֶּה.	הַזֶּה.

16   זָכְרֵנוּ יהוה אֱלֹהֵינוּ בּוֹ לְטוֹבָה (.Cong – אָמֵן), וּפָקְדֵנוּ

17   בּוֹ לִבְרָכָה (.Cong – אָמֵן), וְהוֹשִׁיעֵנוּ בּוֹ לְחַיִּים

1　טוֹבִים (.Cong – אָמֵן). וּבִדְבַר יְשׁוּעָה וְרַחֲמִים, חוּס וְחָנֵּנוּ

2　וְרַחֵם עָלֵינוּ וְהוֹשִׁיעֵנוּ, כִּי אֵלֶיךָ עֵינֵינוּ, כִּי אֵל מֶלֶךְ

3　חַנּוּן וְרַחוּם אָתָּה.

4　**וְהַשִּׂיאֵנוּ** יהוה אֱלֹהֵינוּ אֶת בִּרְכַּת מוֹעֲדֶיךָ

5　לְחַיִּים וּלְשָׁלוֹם, לְשִׂמְחָה וּלְשָׂשׂוֹן,

6　כַּאֲשֶׁר רָצִיתָ וְאָמַרְתָּ לְבָרְכֵנוּ. [אֱלֹהֵינוּ וֵאלֹהֵי

7　אֲבוֹתֵינוּ רְצֵה נָא בִמְנוּחָתֵנוּ] קַדְּשֵׁנוּ בְּמִצְוֹתֶיךָ וְתֵן

8　חֶלְקֵנוּ בְּתוֹרָתֶךָ, שַׂבְּעֵנוּ מִטּוּבֶךָ וְשַׂמַּח נַפְשֵׁנוּ

9　בִּישׁוּעָתֶךָ, וְטַהֵר לִבֵּנוּ לְעָבְדְּךָ בֶּאֱמֶת, וְהַנְחִילֵנוּ

10　יהוה אֱלֹהֵינוּ [בְּאַהֲבָה וּבְרָצוֹן] בְּשִׂמְחָה וּבְשָׂשׂוֹן

11　[שַׁבָּת וּ]מוֹעֲדֵי קָדְשֶׁךָ, וְיִשְׂמְחוּ בְךָ יִשְׂרָאֵל מְקַדְּשֵׁי

12　שְׁמֶךָ. בָּרוּךְ אַתָּה יהוה, מְקַדֵּשׁ [הַשַּׁבָּת וְ]יִשְׂרָאֵל

13　וְהַזְּמַנִּים. (אָמֵן – .Cong)

עבודה

14　**רְצֵה** יהוה אֱלֹהֵינוּ בְּעַמְּךָ יִשְׂרָאֵל וְלִתְפִלָּתָם

15　שְׁעֵה, וְהָשֵׁב אֶת הָעֲבוֹדָה לִדְבִיר בֵּיתֶךָ.

16　וְאִשֵּׁי יִשְׂרָאֵל, וּתְפִלָּתָם מְהֵרָה בְּאַהֲבָה תְקַבֵּל

17　בְּרָצוֹן, וּתְהִי לְרָצוֹן תָּמִיד עֲבוֹדַת יִשְׂרָאֵל עַמֶּךָ.

At *Shacharis* on Simchas Torah, in many congregations,
the *Kohanim* go to the *duchan* to say *Bircas Kohanim* (p. 392).

18　**וְתֶחֱזֶינָה** עֵינֵינוּ בְּשׁוּבְךָ לְצִיּוֹן בְּרַחֲמִים. בָּרוּךְ

19　אַתָּה יהוה, הַמַּחֲזִיר שְׁכִינָתוֹ לְצִיּוֹן.

20　(אָמֵן – .Cong)

הודאה

Bow at מוֹדִים; straighten up at 'ה. In his repetition the *chazzan* should say
the entire מוֹדִים aloud and the congregation says מוֹדִים דְּרַבָּנָן softly.

1 **מוֹדִים** אֲנַחְנוּ לָךְ, שָׁאַתָּה

2 הוּא יהוה אֱלֹהֵינוּ

3 וֵאלֹהֵי אֲבוֹתֵינוּ לְעוֹלָם וָעֶד.

4 צוּרֵנוּ צוּר חַיֵּינוּ, מָגֵן יִשְׁעֵנוּ

5 אַתָּה הוּא לְדוֹר וָדוֹר. נוֹדֶה לְּךָ

6 וּנְסַפֵּר תְּהִלָּתֶךָ עַל חַיֵּינוּ

7 הַמְּסוּרִים בְּיָדֶךָ, וְעַל

8 נִשְׁמוֹתֵינוּ הַפְּקוּדוֹת לָךְ,

9 וְעַל נִסֶּיךָ שֶׁבְּכָל יוֹם עִמָּנוּ,

10 וְעַל נִפְלְאוֹתֶיךָ וְטוֹבוֹתֶיךָ

11 שֶׁבְּכָל עֵת, עֶרֶב וָבֹקֶר

12 וְצָהֳרָיִם. הַטּוֹב כִּי לֹא כָלוּ

13 רַחֲמֶיךָ, וְהַמְּרַחֵם כִּי לֹא תַמּוּ

14 חֲסָדֶיךָ, כִּי מֵעוֹלָם קִוִּינוּ לָךְ.

מוֹדִים דְרבנן

מוֹדִים אֲנַחְנוּ לָךְ, שָׁאַתָּה הוּא יהוה אֱלֹהֵינוּ וֵאלֹהֵי אֲבוֹתֵינוּ, אֱלֹהֵי כָל בָּשָׂר, יוֹצְרֵנוּ, יוֹצֵר בְּרֵאשִׁית. בְּרָכוֹת וְהוֹדָאוֹת לְשִׁמְךָ הַגָּדוֹל וְהַקָּדוֹשׁ, עַל שֶׁהֶחֱיִיתָנוּ וְקִיַּמְתָּנוּ. כֵּן תְּחַיֵּנוּ וּתְקַיְּמֵנוּ, וְתֶאֱסוֹף גָּלֻיּוֹתֵינוּ לְחַצְרוֹת קָדְשֶׁךָ, לִשְׁמוֹר חֻקֶּיךָ וְלַעֲשׂוֹת רְצוֹנֶךָ, וּלְעָבְדְּךָ בְּלֵבָב שָׁלֵם, עַל שֶׁאֲנַחְנוּ מוֹדִים לָךְ. בָּרוּךְ אֵל הַהוֹדָאוֹת.

15 וְעַל כֻּלָּם יִתְבָּרַךְ וְיִתְרוֹמַם וְיִתְנַשֵּׂא שִׁמְךָ מַלְכֵּנוּ

16 תָּמִיד לְעוֹלָם וָעֶד. וְכֹל הַחַיִּים יוֹדוּךָ סֶּלָה, וִיהַלְלוּ

17 וִיבָרְכוּ אֶת שִׁמְךָ הַגָּדוֹל בֶּאֱמֶת, לְעוֹלָם כִּי טוֹב.

18 הָאֵל יְשׁוּעָתֵנוּ וְעֶזְרָתֵנוּ סֶלָה, הָאֵל הַטּוֹב.

Bend the knees at בָּרוּךְ; bow at אַתָּה; straighten up at 'ה.

19 בָּרוּךְ אַתָּה יהוה, הַטּוֹב שִׁמְךָ וּלְךָ נָאֶה לְהוֹדוֹת.

20 (Cong. – אָמֵן.)

The *chazzan* says בִּרְכַּת כֹּהֲנִים during his repetition, The *chazzan* faces the Ark at פָּנָיו אֵלֶיךָ וִיחֻנֶּךָּ, and left at יָאֵר ה', right at וְיִשְׁמְרֶךָ, and left at וִיחֻנֶּךָּ.

1 **אֱלֹהֵינוּ,** וֵאלֹהֵי אֲבוֹתֵינוּ, בָּרְכֵנוּ בַבְּרָכָה הַמְשֻׁלֶּשֶׁת בַּתּוֹרָה, הַכְּתוּבָה

2 עַל יְדֵי מֹשֶׁה עַבְדֶּךָ, הָאֲמוּרָה מִפִּי אַהֲרֹן וּבָנָיו, כֹּהֲנִים עַם

3 קְדוֹשֶׁךָ, כָּאָמוּר:

4 יְבָרֶכְךָ יהוה, וְיִשְׁמְרֶךָ. (.Cong – כֵּן יְהִי רָצוֹן)

5 יָאֵר יהוה פָּנָיו אֵלֶיךָ, וִיחֻנֶּךָּ. (.Cong – כֵּן יְהִי רָצוֹן)

6 יִשָּׂא יהוה פָּנָיו אֵלֶיךָ, וְיָשֵׂם לְךָ שָׁלוֹם. (.Cong – כֵּן יְהִי רָצוֹן)

While the *chazzan* says שִׂים שָׁלוֹם the congregation continues:

7 אַדִּיר בַּמָּרוֹם, שׁוֹכֵן בִּגְבוּרָה, אַתָּה שָׁלוֹם וְשִׁמְךָ שָׁלוֹם, יְהִי רָצוֹן שֶׁתָּשִׂים

8 עָלֵינוּ וְעַל כָּל עַמְּךָ בֵּית יִשְׂרָאֵל חַיִּים וּבְרָכָה לְמִשְׁמֶרֶת שָׁלוֹם.

שלום

At *Maariv* some congregations say שָׁלוֹם רָב.

9 **שִׂים** שָׁלוֹם, טוֹבָה וּבְרָכָה, חַיִּים,

10 חֵן וָחֶסֶד וְרַחֲמִים עָלֵינוּ

11 וְעַל כָּל יִשְׂרָאֵל עַמֶּךָ. בָּרְכֵנוּ

12 אָבִינוּ, כֻּלָּנוּ כְּאֶחָד, בְּאוֹר פָּנֶיךָ, כִּי

13 בְאוֹר פָּנֶיךָ נָתַתָּ לָּנוּ, יהוה אֱלֹהֵינוּ,

14 תּוֹרַת חַיִּים וְאַהֲבַת חֶסֶד, וּצְדָקָה,

15 וּבְרָכָה, וְרַחֲמִים, וְחַיִּים, וְשָׁלוֹם.

16 וְטוֹב יִהְיֶה בְּעֵינֶיךָ לְבָרְכֵנוּ וּלְבָרֵךְ

17 אֶת כָּל עַמְּךָ יִשְׂרָאֵל, בְּכָל עֵת

18 וּבְכָל שָׁעָה בִּשְׁלוֹמֶךָ (בְּרוֹב עוֹז

19 וְשָׁלוֹם).

שָׁלוֹם רָב עַל יִשְׂרָאֵל עַמְּךָ תָּשִׂים לְעוֹלָם, כִּי אַתָּה הוּא מֶלֶךְ אָדוֹן לְכָל הַשָּׁלוֹם. וְטוֹב יִהְיֶה בְּעֵינֶיךָ לְבָרְכֵנוּ וּלְבָרֵךְ אֶת כָּל עַמְּךָ יִשְׂרָאֵל, בְּכָל עֵת וּבְכָל שָׁעָה בִּשְׁלוֹמֶךָ.

20 בָּרוּךְ אַתָּה יהוה, הַמְבָרֵךְ אֶת עַמּוֹ יִשְׂרָאֵל בַּשָּׁלוֹם.

21 (.Cong – אָמֵן)

22 יִהְיוּ לְרָצוֹן אִמְרֵי פִי וְהֶגְיוֹן לִבִּי לְפָנֶיךָ, יהוה צוּרִי וְגֹאֲלִי.

The *chazzan's* repetition ends here. Individuals continue.

23 **אֱלֹהַי,** נְצוֹר לְשׁוֹנִי מֵרָע, וּשְׂפָתַי מִדַּבֵּר מִרְמָה,

24 וְלִמְקַלְלַי נַפְשִׁי תִדּוֹם, וְנַפְשִׁי כֶּעָפָר לַכֹּל

1 תִּהְיֶה. פְּתַח לִבִּי בְּתוֹרָתֶךָ, וְאַחֲרֵי מִצְוֹתֶיךָ תִּרְדּוֹף

2 נַפְשִׁי. וְכָל הַקָּמִים וְהַחוֹשְׁבִים עָלַי לְרָעָה, מְהֵרָה הָפֵר

3 עֲצָתָם וְקַלְקֵל מַחֲשַׁבְתָּם. יְהִי רָצוֹן מִלְּפָנֶיךָ, יהוה אֱלֹהַי

4 וֵאלֹהֵי אֲבוֹתַי, שֶׁלֹּא תַעֲלֶה קִנְאַת אָדָם עָלַי, וְלֹא

5 קִנְאָתִי עַל אֲחֵרִים, וְשֶׁלֹּא אֶכְעַס הַיּוֹם, וְשֶׁלֹּא אַכְעִיסֶךָ,

6 וְתַצִּילֵנִי מִיֵּצֶר הָרָע, וְתֵן בְּלִבִּי הַכְנָעָה וַעֲנָוָה. מַלְכֵּנוּ

7 וֵאלֹהֵינוּ, יַחֵד שִׁמְךָ בְּעוֹלָמֶךָ, בְּנֵה עִירְךָ, יַסֵּד בֵּיתֶךָ,

8 וְשַׁכְלֵל הֵיכָלֶךָ, וְקַבֵּץ קִבּוּץ גָּלֻיּוֹת, וּפְדֵה צֹאנֶךָ, וְשַׂמַּח

9 עֲדָתֶךָ. עֲשֵׂה לְמַעַן שְׁמֶךָ, עֲשֵׂה לְמַעַן יְמִינֶךָ, עֲשֵׂה

10 לְמַעַן תּוֹרָתֶךָ, עֲשֵׂה לְמַעַן קְדֻשָּׁתֶךָ. לְמַעַן יֵחָלְצוּן

11 יְדִידֶיךָ, הוֹשִׁיעָה יְמִינְךָ וַעֲנֵנִי.

Some say a verse with the initial of their name. See page 474.

12 יִהְיוּ לְרָצוֹן אִמְרֵי פִי וְהֶגְיוֹן לִבִּי לְפָנֶיךָ, יהוה צוּרִי

13 וְגֹאֲלִי. עֹשֶׂה שָׁלוֹם בִּמְרוֹמָיו, הוּא

14 יַעֲשֶׂה שָׁלוֹם עָלֵינוּ, וְעַל כָּל יִשְׂרָאֵל.

15 וְאִמְרוּ: אָמֵן.

Take three steps back. Bow left and say . . . עֹשֶׂה; bow right and say . . . הוּא; bow forward and say . . . וְעַל כָּל . . . אָמֵן.

16 יְהִי רָצוֹן מִלְּפָנֶיךָ, יהוה אֱלֹהֵינוּ וֵאלֹהֵי אֲבוֹתֵינוּ, שֶׁיִּבָּנֶה

17 בֵּית הַמִּקְדָּשׁ בִּמְהֵרָה בְיָמֵינוּ, וְתֵן חֶלְקֵנוּ בְּתוֹרָתֶךָ.

18 וְשָׁם נַעֲבָדְךָ בְּיִרְאָה, כִּימֵי עוֹלָם וּכְשָׁנִים קַדְמוֹנִיּוֹת. וְעָרְבָה

19 לַיהוה מִנְחַת יְהוּדָה וִירוּשָׁלָיִם, כִּימֵי עוֹלָם וּכְשָׁנִים קַדְמוֹנִיּוֹת.

When the *chazzan* repeats *Shemoneh Esrei,* remain standing in place until the *chazzan* reaches *Kedushah* — or at least until he begins his *Shemoneh Esrei* — then take three steps forward. The *chazzan* remains in place for a few moments, then takes three steps forward.

AT *SHACHARIS* CONTINUE WITH *HALLEL* (P. 349).
AT *MINCHAH* CONTINUE WITH FULL *KADDISH* (P. 304).
AT *MAARIV* ON THE SABBATH CONTINUE WITH *VAYECHULU* (P. 185).
AT *MAARIV* ON A WEEKDAY CONTINUE WITH FULL *KADDISH* (P. 140).
AT *MAARIV* ON THE SEDER NIGHTS, MANY CONGREGATIONS SAY *HALLEL* (P. 349).
AT *MAARIV* ON SHEMINI ATZERES AND SIMCHAS TORAH
(DURING THE WEEK) CONTINUE WITH *HAKAFOS* (P. 457);
ON THE SABBATH CONTINUE WITH *VAYECHULU* (P. 185) FOLLOWED BY *HAKAFOS* (P. 457).

﴾ סדר הזכרת נשמות – יזכור ﴿

Yizkor is said on the last days of Pesach and Shavuos, on Yom Kippur and on Shemini Atzeres. Those whose parents are both living leave the synagogue until Yizkor is over.

FOR ONE'S FATHER:

1 **יִזְכּוֹר** אֱלֹהִים נִשְׁמַת אָבִי מוֹרִי (Hebrew name of the deceased)

2 שֶׁהָלַךְ לְעוֹלָמוֹ, בַּעֲבוּר שֶׁבְּלִי נֶדֶר אֶתֵּן צְדָקָה בַּעֲדוֹ.

3 בִּשְׂכַר זֶה תְּהֵא נַפְשׁוֹ צְרוּרָה בִּצְרוֹר הַחַיִּים עִם נִשְׁמוֹת

4 אַבְרָהָם יִצְחָק וְיַעֲקֹב, שָׂרָה רִבְקָה רָחֵל וְלֵאָה, וְעִם שְׁאָר

5 צַדִּיקִים וְצִדְקָנִיּוֹת שֶׁבְּגַן עֵדֶן. וְנֹאמַר: אָמֵן.

FOR ONE'S MOTHER:

6 **יִזְכּוֹר** אֱלֹהִים נִשְׁמַת אִמִּי מוֹרָתִי (Hebrew name of the deceased)

7 שֶׁהָלְכָה לְעוֹלָמָהּ, בַּעֲבוּר שֶׁבְּלִי נֶדֶר אֶתֵּן צְדָקָה

8 בַּעֲדָהּ. בִּשְׂכַר זֶה תְּהֵא נַפְשָׁהּ צְרוּרָה בִּצְרוֹר הַחַיִּים עִם

9 נִשְׁמוֹת אַבְרָהָם יִצְחָק וְיַעֲקֹב, שָׂרָה רִבְקָה רָחֵל וְלֵאָה, וְעִם

10 שְׁאָר צַדִּיקִים וְצִדְקָנִיּוֹת שֶׁבְּגַן עֵדֶן. וְנֹאמַר: אָמֵן.

FOR A MALE RELATIVE:

husband   son   brother   uncle   grandfather

11 **יִזְכּוֹר** אֱלֹהִים נִשְׁמַת זְקֵנִי / דּוֹדִי / אָחִי / בְּנִי / בַּעְלִי

12 שֶׁהָלַךְ לְעוֹלָמוֹ, בַּעֲבוּר שֶׁבְּלִי (Hebrew name of the deceased)

13 נֶדֶר אֶתֵּן צְדָקָה בַּעֲדוֹ. בִּשְׂכַר זֶה תְּהֵא נַפְשׁוֹ צְרוּרָה בִּצְרוֹר

14 הַחַיִּים עִם נִשְׁמוֹת אַבְרָהָם יִצְחָק וְיַעֲקֹב, שָׂרָה רִבְקָה רָחֵל

15 וְלֵאָה, וְעִם שְׁאָר צַדִּיקִים וְצִדְקָנִיּוֹת שֶׁבְּגַן עֵדֶן. וְנֹאמַר: אָמֵן.

FOR A FEMALE RELATIVE:

wife   daughter   sister   aunt   grandmother

16 **יִזְכּוֹר** אֱלֹהִים נִשְׁמַת זְקֵנָתִי/דּוֹדָתִי/אֲחוֹתִי/בִּתִּי/אִשְׁתִּי

17 שֶׁהָלְכָה לְעוֹלָמָהּ, בַּעֲבוּר (Hebrew name of the deceased)

18 שֶׁבְּלִי נֶדֶר אֶתֵּן צְדָקָה בַּעֲדָהּ. בִּשְׂכַר זֶה תְּהֵא נַפְשָׁהּ צְרוּרָה

19 בִּצְרוֹר הַחַיִּים עִם נִשְׁמוֹת אַבְרָהָם יִצְחָק וְיַעֲקֹב, שָׂרָה רִבְקָה

20 רָחֵל וְלֵאָה, וְעִם שְׁאָר צַדִּיקִים וְצִדְקָנִיּוֹת שֶׁבְּגַן עֵדֶן. וְנֹאמַר:

21 אָמֵן.

FOR ONE'S EXTENDED FAMILY:

יִזְכֹּר אֱלֹהִים נִשְׁמוֹת זְקֵנַי וּזְקֵנוֹתַי, דּוֹדַי וְדוֹדוֹתַי, אַחַי
וְאַחְיוֹתַי, הֵן מִצַּד אָבִי, הֵן מִצַּד אִמִּי, שֶׁהָלְכוּ
לְעוֹלָמָם, בַּעֲבוּר שֶׁבְּלִי נֶדֶר אֶתֵּן צְדָקָה בַּעֲדָם. בִּשְׂכַר זֶה
תִּהְיֶינָה נַפְשׁוֹתֵיהֶם צְרוּרוֹת בִּצְרוֹר הַחַיִּים עִם נִשְׁמוֹת אַבְרָהָם
יִצְחָק וְיַעֲקֹב, שָׂרָה רִבְקָה רָחֵל וְלֵאָה, וְעִם שְׁאָר צַדִּיקִים
וְצִדְקָנִיּוֹת שֶׁבְּגַן עֵדֶן. וְנֹאמַר: אָמֵן.

FOR MARTYRS:

יִזְכֹּר אֱלֹהִים נִשְׁמוֹת (כָּל קְרוֹבַי וּקְרוֹבוֹתַי, הֵן מִצַּד אָבִי, הֵן
מִצַּד אִמִּי) הַקְּדוֹשִׁים וְהַטְּהוֹרִים שֶׁהוּמְתוּ וְשֶׁנֶּהֶרְגוּ
וְשֶׁנִּשְׁחֲטוּ וְשֶׁנִּשְׂרְפוּ וְשֶׁנִּטְבְּעוּ וְשֶׁנֶּחְנְקוּ עַל קִדּוּשׁ הַשֵּׁם (עַל יְדֵי
הַצּוֹרְרִים הַגֶּרְמָנִים, יִמַּח שְׁמָם וְזִכְרָם,) בַּעֲבוּר שֶׁבְּלִי נֶדֶר אֶתֵּן
צְדָקָה בַּעֲדָם. בִּשְׂכַר זֶה תִּהְיֶינָה נַפְשׁוֹתֵיהֶם צְרוּרוֹת בִּצְרוֹר
הַחַיִּים עִם נִשְׁמוֹת אַבְרָהָם יִצְחָק וְיַעֲקֹב, שָׂרָה רִבְקָה רָחֵל
וְלֵאָה, וְעִם שְׁאָר צַדִּיקִים וְצִדְקָנִיּוֹת שֶׁבְּגַן עֵדֶן. וְנֹאמַר: אָמֵן.

After *Yizkor,* say the following prayers. You may say many names in this prayer,
but it is better to say separate prayers for men and women.

FOR AN INDIVIDUAL MAN:

אֵל מָלֵא רַחֲמִים, שׁוֹכֵן בַּמְּרוֹמִים, הַמְצֵא מְנוּחָה נְכוֹנָה
עַל כַּנְפֵי הַשְּׁכִינָה, בְּמַעֲלוֹת קְדוֹשִׁים וּטְהוֹרִים, כְּזֹהַר
הָרָקִיעַ מַזְהִירִים, אֶת נִשְׁמַת (Hebrew name of the deceased) שֶׁהָלַךְ
לְעוֹלָמוֹ, בַּעֲבוּר שֶׁבְּלִי נֶדֶר אֶתֵּן צְדָקָה בְּעַד הַזְכָּרַת נִשְׁמָתוֹ, בְּגַן
עֵדֶן תְּהֵא מְנוּחָתוֹ, לָכֵן בַּעַל הָרַחֲמִים יַסְתִּירֵהוּ בְּסֵתֶר כְּנָפָיו
לְעוֹלָמִים, וְיִצְרוֹר בִּצְרוֹר הַחַיִּים אֶת נִשְׁמָתוֹ, יהוה הוּא נַחֲלָתוֹ,
וְיָנוּחַ בְּשָׁלוֹם עַל מִשְׁכָּבוֹ. וְנֹאמַר: אָמֵן.

FOR AN INDIVIDUAL WOMAN:

אֵל מָלֵא רַחֲמִים, שׁוֹכֵן בַּמְּרוֹמִים, הַמְצֵא מְנוּחָה נְכוֹנָה
עַל כַּנְפֵי הַשְּׁכִינָה, בְּמַעֲלוֹת קְדוֹשִׁים וּטְהוֹרִים, כְּזֹהַר
הָרָקִיעַ מַזְהִירִים, אֶת נִשְׁמַת (Hebrew name of the deceased) שֶׁהָלְכָה

1   לְעוֹלָמָהּ, בַּעֲבוּר שֶׁבְּלִי נֶדֶר אֶתֵּן צְדָקָה בְּעַד הַזְכָּרַת נִשְׁמָתָהּ,

2   בְּגַן עֵדֶן תְּהֵא מְנוּחָתָהּ, לָכֵן בַּעַל הָרַחֲמִים יַסְתִּירֶהָ בְּסֵתֶר

3   כְּנָפָיו לְעוֹלָמִים, וְיִצְרוֹר בִּצְרוֹר הַחַיִּים אֶת נִשְׁמָתָהּ, יְהוָה הוּא

4   נַחֲלָתָהּ, וְתָנוּחַ בְּשָׁלוֹם עַל מִשְׁכָּבָהּ. וְנֹאמַר: אָמֵן.

FOR A GROUP OF MEN:

5   **אֵל** מָלֵא רַחֲמִים, שׁוֹכֵן בַּמְּרוֹמִים, הַמְצֵא מְנוּחָה נְכוֹנָה

6   עַל כַּנְפֵי הַשְּׁכִינָה, בְּמַעֲלוֹת קְדוֹשִׁים וּטְהוֹרִים, כְּזֹהַר

7   הָרָקִיעַ מַזְהִירִים, אֶת נִשְׁמוֹת (Hebrew names of the deceased) שֶׁהָלְכוּ

8   לְעוֹלָמָם, בַּעֲבוּר שֶׁבְּלִי נֶדֶר אֶתֵּן צְדָקָה בְּעַד הַזְכָּרַת

9   נִשְׁמוֹתֵיהֶם, בְּגַן עֵדֶן תְּהֵא מְנוּחָתָם, לָכֵן בַּעַל הָרַחֲמִים יַסְתִּירֵם

10   בְּסֵתֶר כְּנָפָיו לְעוֹלָמִים, וְיִצְרוֹר בִּצְרוֹר הַחַיִּים אֶת נִשְׁמוֹתֵיהֶם,

11   יְהוָה הוּא נַחֲלָתָם, וְיָנוּחוּ בְּשָׁלוֹם עַל מִשְׁכְּבוֹתֵיהֶם. וְנֹאמַר:

12   אָמֵן.

FOR A GROUP OF WOMEN:

13   **אֵל** מָלֵא רַחֲמִים, שׁוֹכֵן בַּמְּרוֹמִים, הַמְצֵא מְנוּחָה נְכוֹנָה

14   עַל כַּנְפֵי הַשְּׁכִינָה, בְּמַעֲלוֹת קְדוֹשִׁים וּטְהוֹרִים, כְּזֹהַר

15   הָרָקִיעַ מַזְהִירִים, אֶת נִשְׁמוֹת (Hebrew names of the deceased) שֶׁהָלְכוּ

16   לְעוֹלָמָן, בַּעֲבוּר שֶׁבְּלִי נֶדֶר אֶתֵּן צְדָקָה בְּעַד הַזְכָּרַת נִשְׁמוֹתֵיהֶן,

17   בְּגַן עֵדֶן תְּהֵא מְנוּחָתָן, לָכֵן בַּעַל הָרַחֲמִים יַסְתִּירֵן בְּסֵתֶר כְּנָפָיו

18   לְעוֹלָמִים, וְיִצְרוֹר בִּצְרוֹר הַחַיִּים אֶת נִשְׁמוֹתֵיהֶן, יְהוָה הוּא

19   נַחֲלָתָן, וְיָנוּחוּ בְּשָׁלוֹם עַל מִשְׁכְּבוֹתֵיהֶן. וְנֹאמַר: אָמֵן.

FOR MARTYRS:

20   **אֵל** מָלֵא רַחֲמִים, שׁוֹכֵן בַּמְּרוֹמִים, הַמְצֵא מְנוּחָה נְכוֹנָה

21   עַל כַּנְפֵי הַשְּׁכִינָה, בְּמַעֲלוֹת קְדוֹשִׁים וּטְהוֹרִים, כְּזֹהַר

22   הָרָקִיעַ מַזְהִירִים, אֶת נִשְׁמוֹת (כָּל קְרוֹבַי וּקְרוֹבוֹתַי, הֵן מִצַּד

23   אָבִי, הֵן מִצַּד אִמִּי) הַקְּדוֹשִׁים וְהַטְּהוֹרִים שֶׁהוּמְתוּ וְשֶׁנֶּהֶרְגוּ

24   וְשֶׁנִּשְׁחֲטוּ וְשֶׁנִּשְׂרְפוּ וְשֶׁנִּטְבְּעוּ וְשֶׁנֶּחְנְקוּ עַל קִדּוּשׁ הַשֵּׁם, (עַל

25   יְדֵי הַצּוֹרְרִים הַגֶּרְמָנִים, יִמַּח שְׁמָם וְזִכְרָם,) בַּעֲבוּר שֶׁבְּלִי נֶדֶר

1   אָתֵּן צְדָקָה בְּעַד הַזְכָּרַת נִשְׁמוֹתֵיהֶם, בְּגַן עֵדֶן תְּהֵא מְנוּחָתָם,

2   לָכֵן בַּעַל הָרַחֲמִים יַסְתִּירֵם בְּסֵתֶר כְּנָפָיו לְעוֹלָמִים, וְיִצְרוֹר

3   בִּצְרוֹר הַחַיִּים אֶת נִשְׁמוֹתֵיהֶם, יהוה הוּא נַחֲלָתָם, וְיָנוּחוּ

4   בְשָׁלוֹם עַל מִשְׁכְּבוֹתֵיהֶם. וְנֹאמַר: אָמֵן.

THE SERVICE CONTINUES WITH *AV HARACHAMIM* (P. 262).

﷽ פיוט קודם מוסף ﷽

In most congregations the *chazzan* sings the following after the *Haftarah* blessings have been completed. It is not said on days when *Yizkor* is recited. Many congregations do not say it on Shabbos and on the first day of Pesach.

5   **יָהּ אֵלִי,** וְגוֹאֲלִי, אֶתְיַצְּבָה לִקְרָאתֶךָ,

6   הָיָה וְיִהְיֶה, הָיָה וְהֹוֶה, כָּל גּוֹי אַדְמָתֶךָ.

7   וְתוֹדָה, וְלָעוֹלָה, וְלַמִּנְחָה, וְלַחַטָּאת, וְלָאָשָׁם,

8   וְלַשְּׁלָמִים, וְלַמִּלּוּאִים כָּל קָרְבָּנֶךָ.

9   זְכוֹר נִלְאָה, אֲשֶׁר נָשָׂאָה, וְהָשִׁיבָה לְאַדְמָתֶךָ.

10   סֶלָה אֲהַלֶּלְךָ, בְּאַשְׁרֵי יוֹשְׁבֵי בֵיתֶךָ.

11   **דַּק** עַל דַּק, עַד אֵין נִבְדָּק, וְלִתְבוּנָתוֹ אֵין חֵקֶר.

12   הָאֵל נוֹרָא, בְּאַחַת סְקִירָה, בֵּין טוֹב לָרַע יְבַקֵּר.

13   וְתוֹדָה, וְלָעוֹלָה, וְלַמִּנְחָה, וְלַחַטָּאת, וְלָאָשָׁם,

14   וְלַשְּׁלָמִים, וְלַמִּלּוּאִים כָּל קָרְבָּנֶךָ.

15   זְכוֹר נִלְאָה, אֲשֶׁר נָשָׂאָה, וְהָשִׁיבָה לְאַדְמָתֶךָ.

16   סֶלָה אֲהַלֶּלְךָ, בְּאַשְׁרֵי יוֹשְׁבֵי בֵיתֶךָ.

17   **אֲדוֹן** צְבָאוֹת, בְּרוֹב פְּלָאוֹת, חִבֵּר כָּל אָהֳלוֹ.

18   בִּנְתִיבוֹת לֵב לְבָלֵב, הַצּוּר תָּמִים פָּעֳלוֹ.

19   וְתוֹדָה, וְלָעוֹלָה, וְלַמִּנְחָה, וְלַחַטָּאת, וְלָאָשָׁם,

20   וְלַשְּׁלָמִים, וְלַמִּלּוּאִים כָּל קָרְבָּנֶךָ.

21   זְכוֹר נִלְאָה, אֲשֶׁר נָשָׂאָה, וְהָשִׁיבָה לְאַדְמָתֶךָ.

22   סֶלָה אֲהַלֶּלְךָ, בְּאַשְׁרֵי יוֹשְׁבֵי בֵיתֶךָ.

THE SERVICE CONTINUES WITH *ASHREI* (P. 262).

‎{§ מוסף לשלש רגלים ולחול המועד §}‎

THE FOLLOWING *SHEMONEH ESREI* IS SAID ON ALL FESTIVAL DAYS
INCLUDING CHOL HAMOED AND THE SABBATH.
ON THE FIRST DAY OF PESACH THE *CHAZZAN'S* REPETITION BEGINS WITH תְּפִלַּת טַל (P. 397)
ON SHEMINI ATZERES THE *CHAZZAN'S* REPETITION BEGINS WITH תְּפִלַּת גֶּשֶׁם (P. 398).
ON THE FIRST DAY OF PESACH, THE *GABBAI* SHOULD ANNOUNCE THAT WE BEGIN SAYING
מוֹרִיד הַטָּל; ON SHEMINI ATZERES THAT WE BEGIN SAYING מַשִּׁיב הָרוּחַ וּמוֹרִיד הַגֶּשֶׁם.

Take three steps backward, then three steps forward. During *Shemoneh Esrei,* stand with
your feet together and do not interrupt in any way. Say it very quietly, but you must be
able to hear your own words. See *Laws* §15-16 for a summary of its laws.

1   כִּי שֵׁם יהוה אֶקְרָא, הָבוּ גֹדֶל לֵאלֹהֵינוּ.

2   אֲדֹנָי שְׂפָתַי תִּפְתָּח, וּפִי יַגִּיד תְּהִלָּתֶךָ.

אבות

Bend the knees at בָּרוּךְ; bow at אַתָּה; straighten up at ה'.

3   **בָּרוּךְ** אַתָּה יהוה אֱלֹהֵינוּ וֵאלֹהֵי אֲבוֹתֵינוּ, אֱלֹהֵי

4   אַבְרָהָם, אֱלֹהֵי יִצְחָק, וֵאלֹהֵי יַעֲקֹב, הָאֵל

5   הַגָּדוֹל הַגִּבּוֹר וְהַנּוֹרָא, אֵל עֶלְיוֹן, גּוֹמֵל חֲסָדִים טוֹבִים

6   וְקוֹנֵה הַכֹּל, וְזוֹכֵר חַסְדֵי אָבוֹת, וּמֵבִיא גוֹאֵל לִבְנֵי

7   בְנֵיהֶם, לְמַעַן שְׁמוֹ בְּאַהֲבָה. מֶלֶךְ עוֹזֵר וּמוֹשִׁיעַ וּמָגֵן.

Bend the knees at בָּרוּךְ; bow at אַתָּה; straighten up at ה'.

8   בָּרוּךְ אַתָּה יהוה, מָגֵן אַבְרָהָם. (אָמֵן – Cong.)

גבורות

9   **אַתָּה** גִּבּוֹר לְעוֹלָם אֲדֹנָי, מְחַיֶּה מֵתִים אַתָּה, רַב

10   לְהוֹשִׁיעַ.

On Shemini Atzeres and Simchas Torah: On Pesach, Shavuos, and Succos:

11   מוֹרִיד הַטָּל.   מַשִּׁיב הָרוּחַ וּמוֹרִיד הַגֶּשֶׁם.

[If forgotten, or interchanged see *Laws* §23-29.]

12   מְכַלְכֵּל חַיִּים בְּחֶסֶד, מְחַיֶּה מֵתִים בְּרַחֲמִים

13   רַבִּים, סוֹמֵךְ נוֹפְלִים, וְרוֹפֵא חוֹלִים, וּמַתִּיר אֲסוּרִים,

14   וּמְקַיֵּם אֱמוּנָתוֹ לִישֵׁנֵי עָפָר. מִי כָמוֹךָ בַּעַל גְּבוּרוֹת, וּמִי

1 דּוֹמֶה לָּךְ, מֶלֶךְ מֵמִית וּמְחַיֶּה וּמַצְמִיחַ יְשׁוּעָה. וְנֶאֱמָן

2 אַתָּה לְהַחֲיוֹת מֵתִים. בָּרוּךְ אַתָּה יהוה, מְחַיֵּה הַמֵּתִים.

3 (אָמֵן. – Cong.)

During the *chazzan's* repetition, *Kedushah* is said at this point.

קדושה

Cong., then *chazzan*:

4 **כֶּתֶר** יִתְּנוּ לְךָ יהוה אֱלֹהֵינוּ, מַלְאָכִים הֲמוֹנֵי מַעְלָה, עִם עַמְּךָ יִשְׂרָאֵל,

5 קְבוּצֵי מַטָּה.

6 Cong., then *chazzan*: – יַחַד כֻּלָּם קְדֻשָּׁה לְךָ יְשַׁלֵּשׁוּ, כַּדָּבָר הָאָמוּר עַל יַד נְבִיאֶךָ,

7 וְקָרָא זֶה אֶל זֶה וְאָמַר:

WEEKDAY OF CHOL HAMOED	ON FESTIVALS, THE SABBATH OF CHOL HAMOED, AND HOSHANA RABBAH

WEEKDAY OF CHOL HAMOED

All:

קָדוֹשׁ קָדוֹשׁ קָדוֹשׁ יהוה צְבָאוֹת, מְלֹא כָל הָאָרֶץ כְּבוֹדוֹ. ❖ לְעֻמָּתָם מְשַׁבְּחִים וְאוֹמְרִים:

All:

בָּרוּךְ כְּבוֹד יהוה, מִמְּקוֹמוֹ. ❖ וּבְדִבְרֵי קָדְשְׁךָ כָּתוּב לֵאמֹר:

Cong., then *chazzan*:

יִמְלֹךְ יהוה לְעוֹלָם, אֱלֹהַיִךְ צִיּוֹן לְדֹר וָדֹר הַלְלוּיָהּ.

ON FESTIVALS, THE SABBATH OF CHOL HAMOED, AND HOSHANA RABBAH

8 All – קָדוֹשׁ קָדוֹשׁ קָדוֹשׁ יהוה צְבָאוֹת, מְלֹא כָל הָאָרֶץ

9 כְּבוֹדוֹ.

10 Cong., then *chazzan* – כְּבוֹדוֹ מָלֵא עוֹלָם, מְשָׁרְתָיו

11 שׁוֹאֲלִים זֶה לָזֶה, אַיֵּה מְקוֹם כְּבוֹדוֹ לְהַעֲרִיצוֹ, לְעֻמָּתָם

12 מְשַׁבְּחִים וְאוֹמְרִים:

13 All – בָּרוּךְ כְּבוֹד יהוה, מִמְּקוֹמוֹ.

14 Cong., then *chazzan* – מִמְּקוֹמוֹ הוּא יִפֶן בְּרַחֲמָיו לְעַמּוֹ,

15 וְיָחוֹן עַם הַמְיַחֲדִים שְׁמוֹ, עֶרֶב וָבֹקֶר בְּכָל יוֹם תָּמִיד,

16 פַּעֲמַיִם בְּאַהֲבָה שְׁמַע אוֹמְרִים:

17 All – שְׁמַע יִשְׂרָאֵל, יהוה אֱלֹהֵינוּ, יהוה אֶחָד.

18 Cong., then *chazzan* – הוּא אֱלֹהֵינוּ, הוּא אָבִינוּ, הוּא

19 מַלְכֵּנוּ, הוּא מוֹשִׁיעֵנוּ, וְהוּא יוֹשִׁיעֵנוּ וְיִגְאָלֵנוּ שֵׁנִית,

20 וְיַשְׁמִיעֵנוּ בְּרַחֲמָיו שֵׁנִית, לְעֵינֵי כָּל חָי, לֵאמֹר: הֵן

21 גָּאַלְתִּי אֶתְכֶם אַחֲרִית כְּרֵאשִׁית, לִהְיוֹת לָכֶם לֵאלֹהִים,

22 All – אֲנִי יהוה אֱלֹהֵיכֶם.

Many congregations do not say this on Shabbos Chol HaMoed:

23 אַדִּיר אַדִּירֵנוּ, יהוה אֲדֹנֵינוּ, מָה אַדִּיר שִׁמְךָ בְּכָל הָאָרֶץ. וְהָיָה יהוה

24 לְמֶלֶךְ עַל כָּל הָאָרֶץ, בַּיּוֹם הַהוּא יִהְיֶה יהוה אֶחָד וּשְׁמוֹ אֶחָד.

25 All – וּבְדִבְרֵי קָדְשְׁךָ כָּתוּב לֵאמֹר:

26 Cong., then *chazzan* – יִמְלֹךְ יהוה לְעוֹלָם, אֱלֹהַיִךְ צִיּוֹן

27 לְדֹר וָדֹר, הַלְלוּיָהּ.

קְדוּשַׁת הַשֵּׁם

In some congregations, the *chazzan* substitutes לְדוֹר וָדוֹר for אַתָּה קָדוֹשׁ in his repetition.

¹ **אַתָּה** קָדוֹשׁ וְשִׁמְךָ קָדוֹשׁ,

² וּקְדוֹשִׁים בְּכָל יוֹם

³ יְהַלְלוּךָ סֶּלָה, כִּי אֵל מֶלֶךְ גָּדוֹל

⁴ וְקָדוֹשׁ אָתָּה. בָּרוּךְ אַתָּה יהוה,

⁵ הָאֵל הַקָּדוֹשׁ. (.Cong – אָמֵן)

לְדוֹר וָדוֹר נַגִּיד גָּדְלֶךָ
וּלְנֵצַח נְצָחִים
קְדֻשָּׁתְךָ נַקְדִּישׁ, וְשִׁבְחֲךָ
אֱלֹהֵינוּ מִפִּינוּ לֹא יָמוּשׁ
לְעוֹלָם וָעֶד, כִּי אֵל מֶלֶךְ גָּדוֹל
וְקָדוֹשׁ אָתָּה. בָּרוּךְ אַתָּה יהוה,
הָאֵל הַקָּדוֹשׁ. (.Cong – אָמֵן)

קְדוּשַׁת הַיּוֹם

[If one said the blessings of the weekday *Shemoneh Esrei,* see *Laws* §45-46.]

⁶ **אַתָּה בְחַרְתָּנוּ** מִכָּל הָעַמִּים, אָהַבְתָּ אוֹתָנוּ,

⁷ וְרָצִיתָ בָּנוּ, וְרוֹמַמְתָּנוּ מִכָּל

⁸ הַלְּשׁוֹנוֹת, וְקִדַּשְׁתָּנוּ בְּמִצְוֹתֶיךָ, וְקֵרַבְתָּנוּ מַלְכֵּנוּ

⁹ לַעֲבוֹדָתֶךָ, וְשִׁמְךָ הַגָּדוֹל וְהַקָּדוֹשׁ עָלֵינוּ קָרָאתָ.

On the Sabbath add words in brackets. [If forgotten, see *Laws* §51-53.]

¹⁰ **וַתִּתֶּן לָנוּ** יהוה אֱלֹהֵינוּ בְּאַהֲבָה [שַׁבָּתוֹת לִמְנוּחָה

¹¹ וּ]מוֹעֲדִים לְשִׂמְחָה חַגִּים וּזְמַנִּים לְשָׂשׂוֹן,

¹² אֶת יוֹם [הַשַּׁבָּת הַזֶּה וְאֶת יוֹם]

On Shemini Atzeres and Simchas Torah:	On Succos:	On Shavuos:	On Pesach:
¹³ שְׁמִינִי עֲצֶרֶת	חַג הַסֻּכּוֹת	חַג הַשָּׁבֻעוֹת	חַג הַמַּצּוֹת
¹⁴ הֶחָג הַזֶּה,	הַזֶּה, זְמַן	הַזֶּה, זְמַן	הַזֶּה, זְמַן
¹⁵ זְמַן שִׂמְחָתֵנוּ	שִׂמְחָתֵנוּ	מַתַּן תּוֹרָתֵנוּ	חֵרוּתֵנוּ

¹⁶ [בְּאַהֲבָה] מִקְרָא קֹדֶשׁ, זֵכֶר לִיצִיאַת מִצְרָיִם.

¹⁷ **וּמִפְּנֵי חֲטָאֵינוּ** גָּלִינוּ מֵאַרְצֵנוּ, וְנִתְרַחַקְנוּ מֵעַל

¹⁸ אַדְמָתֵנוּ. וְאֵין אֲנַחְנוּ יְכוֹלִים

¹⁹ לַעֲלוֹת וְלֵרָאוֹת וּלְהִשְׁתַּחֲוֹת לְפָנֶיךָ, וְלַעֲשׂוֹת

חוֹבוֹתֵינוּ בְּבֵית בְּחִירָתֶךָ, בַּבַּיִת הַגָּדוֹל וְהַקָּדוֹשׁ

שֶׁנִּקְרָא שִׁמְךָ עָלָיו, מִפְּנֵי הַיָּד שֶׁנִּשְׁתַּלְּחָה בְּמִקְדָּשֶׁךָ.

יְהִי רָצוֹן מִלְּפָנֶיךָ, יהוה אֱלֹהֵינוּ וֵאלֹהֵי אֲבוֹתֵינוּ, מֶלֶךְ

רַחֲמָן, שֶׁתָּשׁוּב וּתְרַחֵם עָלֵינוּ וְעַל מִקְדָּשְׁךָ בְּרַחֲמֶיךָ

הָרַבִּים, וְתִבְנֵהוּ מְהֵרָה וּתְגַדֵּל כְּבוֹדוֹ. אָבִינוּ מַלְכֵּנוּ,

גַּלֵּה כְּבוֹד מַלְכוּתְךָ עָלֵינוּ מְהֵרָה, וְהוֹפַע וְהִנָּשֵׂא עָלֵינוּ

לְעֵינֵי כָּל חָי. וְקָרֵב פְּזוּרֵינוּ מִבֵּין הַגּוֹיִם, וּנְפוּצוֹתֵינוּ

כַּנֵּס מִיַּרְכְּתֵי אָרֶץ. וַהֲבִיאֵנוּ לְצִיּוֹן עִירְךָ בְּרִנָּה,

וְלִירוּשָׁלַיִם בֵּית מִקְדָּשְׁךָ בְּשִׂמְחַת עוֹלָם. וְשָׁם נַעֲשֶׂה

לְפָנֶיךָ אֶת קָרְבְּנוֹת חוֹבוֹתֵינוּ, תְּמִידִים כְּסִדְרָם,

וּמוּסָפִים כְּהִלְכָתָם.

Weekdays — וְאֶת מוּסַף יוֹם

Sabbath — וְאֶת מוּסְפֵי יוֹם הַשַּׁבָּת הַזֶּה וְיוֹם

On Pesach:	On Shavuos:	On Succos:	On Shemini Atzeres and Simchas Torah:
חַג הַמַּצּוֹת הַזֶּה,	חַג הַשָּׁבֻעוֹת הַזֶּה,	חַג הַסֻּכּוֹת הַזֶּה,	שְׁמִינִי עֲצֶרֶת הַחַג הַזֶּה,

נַעֲשֶׂה וְנַקְרִיב לְפָנֶיךָ בְּאַהֲבָה כְּמִצְוַת רְצוֹנֶךָ, כְּמוֹ

שֶׁכָּתַבְתָּ עָלֵינוּ בְּתוֹרָתֶךָ, עַל יְדֵי מֹשֶׁה עַבְדֶּךָ, מִפִּי

כְּבוֹדֶךָ כָּאָמוּר:

On the Sabbath add: [If forgotten, do not repeat *Shemoneh Esrei*.]

וּבְיוֹם הַשַּׁבָּת שְׁנֵי כְבָשִׂים בְּנֵי שָׁנָה תְּמִימִם, וּשְׁנֵי

עֶשְׂרֹנִים סֹלֶת מִנְחָה בְּלוּלָה בַשֶּׁמֶן,

וְנִסְכּוֹ. עֹלַת שַׁבַּת בְּשַׁבַּתּוֹ, עַל עֹלַת הַתָּמִיד וְנִסְכָּהּ. (זֶה

קָרְבַּן שַׁבָּת. וְקָרְבַּן הַיּוֹם כָּאָמוּר:)

ON THE FIRST TWO DAYS OF PESACH

1 **וּבַחְׂדֶשׁ הָרִאשׁוֹן** בְּאַרְבָּעָה עָשָׂר יוֹם לַחְׂדֶשׁ,

2 פֶּסַח לַיהוה. וּבַחֲמִשָּׁה עָשָׂר

3 יוֹם לַחְׂדֶשׁ הַזֶּה, חָג, שִׁבְעַת יָמִים מַצּוֹת יֵאָכֵל. בַּיּוֹם

4 הָרִאשׁוֹן מִקְרָא קְׂדֶשׁ, כָּל מְלֶאכֶת עֲבׂדָה לֹא תַעֲשׂוּ.

5 וְהִקְרַבְתֶּם אִשֶּׁה עֹלָה לַיהוה, פָּרִים בְּנֵי בָקָר שְׁנַיִם,

6 וְאַיִל אֶחָד, וְשִׁבְעָה כְבָשִׂים בְּנֵי שָׁנָה, תְּמִימִם יִהְיוּ לָכֶם.

7 וּמִנְחָתָם וְנִסְכֵּיהֶם כִּמְדֻבָּר, שְׁלֹשָׁה עֶשְׂרׂנִים לַפָּר, וּשְׁנֵי

8 עֶשְׂרׂנִים לָאָיִל, וְעִשָּׂרוֹן לַכֶּבֶשׂ, וְיַיִן כְּנִסְכּוֹ. וְשָׂעִיר

9 לְכַפֵּר, וּשְׁנֵי תְמִידִים כְּהִלְכָתָם.

Continue on page 387.

ON CHOL HAMOED PESACH AND THE LAST TWO DAYS OF PESACH

10 **וְהִקְרַבְתֶּם** אִשֶּׁה עֹלָה לַיהוה, פָּרִים בְּנֵי בָקָר שְׁנַיִם,

11 וְאַיִל אֶחָד, וְשִׁבְעָה כְבָשִׂים בְּנֵי שָׁנָה,

12 תְּמִימִם יִהְיוּ לָכֶם. וּמִנְחָתָם וְנִסְכֵּיהֶם כִּמְדֻבָּר, שְׁלֹשָׁה

13 עֶשְׂרׂנִים לַפָּר, וּשְׁנֵי עֶשְׂרׂנִים לָאָיִל, וְעִשָּׂרוֹן לַכֶּבֶשׂ, וְיַיִן

14 כְּנִסְכּוֹ. וְשָׂעִיר לְכַפֵּר, וּשְׁנֵי תְמִידִים כְּהִלְכָתָם.

Continue on page 387.

ON SHAVUOS

15 **וּבְיוֹם** הַבִּכּוּרִים, בְּהַקְרִיבְכֶם מִנְחָה חֲדָשָׁה לַיהוה,

16 בְּשָׁבֻעׂתֵיכֶם, מִקְרָא קְׂדֶשׁ יִהְיֶה לָכֶם, כָּל

17 מְלֶאכֶת עֲבׂדָה לֹא תַעֲשׂוּ. וְהִקְרַבְתֶּם עוֹלָה לְרֵיחַ נִיחׂחַ

18 לַיהוה, פָּרִים בְּנֵי בָקָר שְׁנַיִם, אַיִל אֶחָד, שִׁבְעָה כְבָשִׂים

19 בְּנֵי שָׁנָה. וּמִנְחָתָם וְנִסְכֵּיהֶם כִּמְדֻבָּר, שְׁלֹשָׁה עֶשְׂרׂנִים

1   לַפָּר, וּשְׁנֵי עֶשְׂרֹנִים לָאַיִל, וְעִשָּׂרוֹן לַכֶּבֶשׂ, וְיַיִן כְּנִסְכּוֹ.

2   וְשָׂעִיר לְכַפֵּר, וּשְׁנֵי תְמִידִים כְּהִלְכָתָם. Continue on page 387.

ON THE FIRST TWO DAYS OF SUCCOS

3   **וּבַחֲמִשָּׁה** עָשָׂר יוֹם לַחֹדֶשׁ הַשְּׁבִיעִי, מִקְרָא קֹדֶשׁ

4   יִהְיֶה לָכֶם, כָּל מְלֶאכֶת עֲבֹדָה לֹא תַעֲשׂוּ,

5   וְחַגֹּתֶם חַג לַיהוה שִׁבְעַת יָמִים. וְהִקְרַבְתֶּם עֹלָה אִשֵּׁה

6   רֵיחַ נִיחֹחַ לַיהוה, פָּרִים בְּנֵי בָקָר שְׁלֹשָׁה עָשָׂר, אֵילִם

7   שְׁנָיִם, כְּבָשִׂים בְּנֵי שָׁנָה אַרְבָּעָה עָשָׂר, תְּמִימִם יִהְיוּ.

8   וּמִנְחָתָם וְנִסְכֵּיהֶם כִּמְדֻבָּר, שְׁלֹשָׁה עֶשְׂרֹנִים לַפָּר, וּשְׁנֵי

9   עֶשְׂרֹנִים לָאַיִל, וְעִשָּׂרוֹן לַכֶּבֶשׂ, וְיַיִן כְּנִסְכּוֹ. וְשָׂעִיר לְכַפֵּר,

10   וּשְׁנֵי תְמִידִים כְּהִלְכָתָם. Continue on page 387.

ON THE FIRST DAY OF CHOL HAMOED SUCCOS

11   **וּבַיּוֹם** הַשֵּׁנִי, פָּרִים בְּנֵי בָקָר שְׁנֵים עָשָׂר, אֵילִם שְׁנָיִם,

12   כְּבָשִׂים בְּנֵי שָׁנָה אַרְבָּעָה עָשָׂר, תְּמִימִם.

13   וּמִנְחָתָם וְנִסְכֵּיהֶם כִּמְדֻבָּר, שְׁלֹשָׁה עֶשְׂרֹנִים לַפָּר, וּשְׁנֵי

14   עֶשְׂרֹנִים לָאַיִל, וְעִשָּׂרוֹן לַכֶּבֶשׂ, וְיַיִן כְּנִסְכּוֹ. וְשָׂעִיר לְכַפֵּר,

15   וּשְׁנֵי תְמִידִים כְּהִלְכָתָם. וּבַיּוֹם הַשְּׁלִישִׁי, פָּרִים עַשְׁתֵּי

16   עָשָׂר, אֵילִם שְׁנָיִם, כְּבָשִׂים בְּנֵי שָׁנָה אַרְבָּעָה עָשָׂר,

17   תְּמִימִם. וּמִנְחָתָם וְנִסְכֵּיהֶם כִּמְדֻבָּר, שְׁלֹשָׁה עֶשְׂרֹנִים

18   לַפָּר, וּשְׁנֵי עֶשְׂרֹנִים לָאַיִל, וְעִשָּׂרוֹן לַכֶּבֶשׂ, וְיַיִן כְּנִסְכּוֹ.

19   וְשָׂעִיר לְכַפֵּר, וּשְׁנֵי תְמִידִים כְּהִלְכָתָם. Continue on page 387.

ON THE SECOND DAY OF CHOL HAMOED SUCCOS

20   **וּבַיּוֹם** הַשְּׁלִישִׁי, פָּרִים עַשְׁתֵּי עָשָׂר, אֵילִם שְׁנָיִם,

1 כְּבָשִׂים בְּנֵי שָׁנָה אַרְבָּעָה עָשָׂר, תְּמִימִם. וּמִנְחָתָם

2 וְנִסְכֵּיהֶם כַּמְדֻבָּר, שְׁלֹשָׁה עֶשְׂרֹנִים לַפָּר, וּשְׁנֵי עֶשְׂרֹנִים

3 לָאָיִל, וְעִשָּׂרוֹן לַכֶּבֶשׂ, וְיַיִן כְּנִסְכּוֹ. וְשָׂעִיר לְכַפֵּר, וּשְׁנֵי

4 תְמִידִים כְּהִלְכָתָם. וּבַיּוֹם הָרְבִיעִי, פָּרִים עֲשָׂרָה, אֵילִם

5 שְׁנָיִם, כְּבָשִׂים בְּנֵי שָׁנָה אַרְבָּעָה עָשָׂר, תְּמִימִם. וּמִנְחָתָם

6 וְנִסְכֵּיהֶם כַּמְדֻבָּר, שְׁלֹשָׁה עֶשְׂרֹנִים לַפָּר, וּשְׁנֵי עֶשְׂרֹנִים

7 לָאָיִל, וְעִשָּׂרוֹן לַכֶּבֶשׂ, וְיַיִן כְּנִסְכּוֹ. וְשָׂעִיר לְכַפֵּר, וּשְׁנֵי

8 תְמִידִים כְּהִלְכָתָם.

Continue on page 387.

ON THE THIRD DAY OF CHOL HAMOED SUCCOS

9 **וּבַיּוֹם** הָרְבִיעִי, פָּרִים עֲשָׂרָה, אֵילִם שְׁנָיִם, כְּבָשִׂים

10 בְּנֵי שָׁנָה אַרְבָּעָה עָשָׂר, תְּמִימִם. וּמִנְחָתָם

11 וְנִסְכֵּיהֶם כַּמְדֻבָּר, שְׁלֹשָׁה עֶשְׂרֹנִים לַפָּר, וּשְׁנֵי עֶשְׂרֹנִים

12 לָאָיִל, וְעִשָּׂרוֹן לַכֶּבֶשׂ, וְיַיִן כְּנִסְכּוֹ. וְשָׂעִיר לְכַפֵּר, וּשְׁנֵי

13 תְמִידִים כְּהִלְכָתָם. וּבַיּוֹם הַחֲמִישִׁי, פָּרִים תִּשְׁעָה, אֵילִם

14 שְׁנָיִם, כְּבָשִׂים בְּנֵי שָׁנָה אַרְבָּעָה עָשָׂר, תְּמִימִם. וּמִנְחָתָם

15 וְנִסְכֵּיהֶם כַּמְדֻבָּר, שְׁלֹשָׁה עֶשְׂרֹנִים לַפָּר, וּשְׁנֵי עֶשְׂרֹנִים

16 לָאָיִל, וְעִשָּׂרוֹן לַכֶּבֶשׂ, וְיַיִן כְּנִסְכּוֹ. וְשָׂעִיר לְכַפֵּר, וּשְׁנֵי

17 תְמִידִים כְּהִלְכָתָם.

Continue on page 387.

ON THE FOURTH DAY OF CHOL HAMOED SUCCOS

18 **וּבַיּוֹם** הַחֲמִישִׁי, פָּרִים תִּשְׁעָה, אֵילִם שְׁנָיִם, כְּבָשִׂים

19 בְּנֵי שָׁנָה אַרְבָּעָה עָשָׂר, תְּמִימִם. וּמִנְחָתָם

20 וְנִסְכֵּיהֶם כַּמְדֻבָּר, שְׁלֹשָׁה עֶשְׂרֹנִים לַפָּר, וּשְׁנֵי עֶשְׂרֹנִים

21 לָאָיִל, וְעִשָּׂרוֹן לַכֶּבֶשׂ, וְיַיִן כְּנִסְכּוֹ. וְשָׂעִיר לְכַפֵּר, וּשְׁנֵי

¹ תְּמִידִים כְּהִלְכָתָם. וּבַיוֹם הַשִּׁשִּׁי, פָּרִים שְׁמֹנָה, אֵילִם

² שְׁנַיִם, כְּבָשִׂים בְּנֵי שָׁנָה אַרְבָּעָה עָשָׂר, תְּמִימִם. וּמִנְחָתָם

³ וְנִסְכֵּיהֶם כַּמְּדֻבָּר, שְׁלֹשָׁה עֶשְׂרֹנִים לַפָּר, וּשְׁנֵי עֶשְׂרֹנִים

⁴ לָאַיִל, וְעִשָּׂרוֹן לַכֶּבֶשׂ, וְיַיִן כְּנִסְכּוֹ. וְשָׂעִיר לְכַפֵּר, וּשְׁנֵי

⁵ תְּמִידִים כְּהִלְכָתָם.

Continue on page 387.

ON HOSHANA RABBAH

---

⁶ **וּבַיּוֹם** הַשִּׁשִּׁי, פָּרִים שְׁמֹנָה, אֵילִם שְׁנַיִם, כְּבָשִׂים בְּנֵי

⁷ שָׁנָה אַרְבָּעָה עָשָׂר, תְּמִימִם. וּמִנְחָתָם וְנִסְכֵּיהֶם

⁸ כַּמְּדֻבָּר, שְׁלֹשָׁה עֶשְׂרֹנִים לַפָּר, וּשְׁנֵי עֶשְׂרֹנִים לָאַיִל,

⁹ וְעִשָּׂרוֹן לַכֶּבֶשׂ, וְיַיִן כְּנִסְכּוֹ. וְשָׂעִיר לְכַפֵּר, וּשְׁנֵי תְּמִידִים

¹⁰ כְּהִלְכָתָם. וּבַיוֹם הַשְּׁבִיעִי, פָּרִים שִׁבְעָה, אֵילִם שְׁנַיִם,

¹¹ כְּבָשִׂים בְּנֵי שָׁנָה אַרְבָּעָה עָשָׂר, תְּמִימִם. וּמִנְחָתָם

¹² וְנִסְכֵּיהֶם כַּמְּדֻבָּר, שְׁלֹשָׁה עֶשְׂרֹנִים לַפָּר, וּשְׁנֵי עֶשְׂרֹנִים

¹³ לָאַיִל, וְעִשָּׂרוֹן לַכֶּבֶשׂ, וְיַיִן כְּנִסְכּוֹ. וְשָׂעִיר לְכַפֵּר, וּשְׁנֵי

¹⁴ תְּמִידִים כְּהִלְכָתָם.

Continue on page 387.

ON SHEMINI ATZERES AND SIMCHAS TORAH

---

¹⁵ **בַּיּוֹם הַשְּׁמִינִי,** עֲצֶרֶת תִּהְיֶה לָכֶם, כָּל מְלֶאכֶת

¹⁶ עֲבֹדָה לֹא תַעֲשׂוּ. וְהִקְרַבְתֶּם עֹלָה

¹⁷ אִשֵּׁה רֵיחַ נִיחֹחַ לַיהוה, פַּר אֶחָד, אַיִל אֶחָד, כְּבָשִׂים בְּנֵי

¹⁸ שָׁנָה שִׁבְעָה, תְּמִימִם. וּמִנְחָתָם וְנִסְכֵּיהֶם כַּמְּדֻבָּר, שְׁלֹשָׁה

¹⁹ עֶשְׂרֹנִים לַפָּר, וּשְׁנֵי עֶשְׂרֹנִים לָאַיִל, וְעִשָּׂרוֹן לַכֶּבֶשׂ, וְיַיִן

²⁰ כְּנִסְכּוֹ. וְשָׂעִיר לְכַפֵּר, וּשְׁנֵי תְּמִידִים כְּהִלְכָתָם.

Continue on page 387.

ON ALL DAYS CONTINUE HERE:

On the Sabbath add: [If forgotten, do not repeat *Shemoneh Esrei*.]

1　יִשְׂמְחוּ בְמַלְכוּתְךָ שׁוֹמְרֵי שַׁבָּת וְקוֹרְאֵי עֹנֶג, עַם

2　מְקַדְּשֵׁי שְׁבִיעִי, כֻּלָּם יִשְׂבְּעוּ וְיִתְעַנְּגוּ מִטּוּבֶךָ,

3　וּבַשְּׁבִיעִי רָצִיתָ בּוֹ וְקִדַּשְׁתּוֹ, חֶמְדַּת יָמִים אֹתוֹ קָרָאתָ, זֵכֶר

4　לְמַעֲשֵׂה בְרֵאשִׁית.

5　אֱלֹהֵינוּ וֵאלֹהֵי אֲבוֹתֵינוּ, [On the Sabbath, some add — רְצֵה

6　נָא בִמְנוּחָתֵנוּ] מֶלֶךְ רַחֲמָן רַחֵם עָלֵינוּ, טוֹב

7　וּמֵטִיב הִדָּרֶשׁ לָנוּ, שׁוּבָה אֵלֵינוּ בַּהֲמוֹן רַחֲמֶיךָ, בִּגְלַל

8　אָבוֹת שֶׁעָשׂוּ רְצוֹנֶךָ. בְּנֵה בֵיתְךָ כְּבַתְּחִלָּה, וְכוֹנֵן

9　מִקְדָּשְׁךָ עַל מְכוֹנוֹ, וְהַרְאֵנוּ בְּבִנְיָנוֹ, וְשַׂמְּחֵנוּ בְּתִקּוּנוֹ,

10　וְהָשֵׁב כֹּהֲנִים לַעֲבוֹדָתָם, וּלְוִיִם לְשִׁירָם וּלְזִמְרָם,

11　וְהָשֵׁב יִשְׂרָאֵל לִנְוֵיהֶם. וְשָׁם נַעֲלֶה וְנֵרָאֶה וְנִשְׁתַּחֲוֶה

12　לְפָנֶיךָ, בְּשָׁלֹשׁ פַּעֲמֵי רְגָלֵינוּ, כַּכָּתוּב בְּתוֹרָתֶךָ: שָׁלוֹשׁ

13　פְּעָמִים בַּשָּׁנָה, יֵרָאֶה כָל זְכוּרְךָ אֶת פְּנֵי יהוה אֱלֹהֶיךָ,

14　בַּמָּקוֹם אֲשֶׁר יִבְחָר, בְּחַג הַמַּצּוֹת, וּבְחַג הַשָּׁבֻעוֹת,

15　וּבְחַג הַסֻּכּוֹת, וְלֹא יֵרָאֶה אֶת פְּנֵי יהוה רֵיקָם. אִישׁ

16　כְּמַתְּנַת יָדוֹ, כְּבִרְכַּת יהוה אֱלֹהֶיךָ, אֲשֶׁר נָתַן לָךְ.

On the Sabbath add words in brackets. [If forgotten, see *Laws* §51-53.]

17　וְהַשִּׂיאֵנוּ יהוה אֱלֹהֵינוּ אֶת בִּרְכַּת מוֹעֲדֶיךָ לְחַיִּים

18　וּלְשָׁלוֹם, לְשִׂמְחָה וּלְשָׂשׂוֹן, כַּאֲשֶׁר רָצִיתָ

19　וְאָמַרְתָּ לְבָרְכֵנוּ. [אֱלֹהֵינוּ וֵאלֹהֵי אֲבוֹתֵינוּ, רְצֵה נָא בִמְנוּחָתֵנוּ]

20　קַדְּשֵׁנוּ בְּמִצְוֹתֶיךָ וְתֵן חֶלְקֵנוּ בְּתוֹרָתֶךָ, שַׂבְּעֵנוּ מִטּוּבֶךָ

21　וְשַׂמַּח נַפְשֵׁנוּ בִּישׁוּעָתֶךָ, וְטַהֵר לִבֵּנוּ לְעָבְדְּךָ בֶּאֱמֶת,

1 וְהַנְחִילֵנוּ יהוה אֱלֹהֵינוּ [בְּאַהֲבָה וּבְרָצוֹן] בְּשִׂמְחָה

2 וּבְשָׂשׂוֹן [שַׁבָּת וּ]מוֹעֲדֵי קָדְשֶׁךָ, וְיִשְׂמְחוּ בְךָ יִשְׂרָאֵל

3 מְקַדְּשֵׁי שְׁמֶךָ. בָּרוּךְ אַתָּה יהוה, מְקַדֵּשׁ [הַשַּׁבָּת

4 וְ]יִשְׂרָאֵל וְהַזְּמַנִּים. (.Cong – אָמֵן.)

עבודה

5 רְצֵה יהוה אֱלֹהֵינוּ בְּעַמְּךָ יִשְׂרָאֵל וְלִתְפִלָּתָם

6 שְׁעֵה, וְהָשֵׁב אֶת הָעֲבוֹדָה לִדְבִיר בֵּיתֶךָ. וְאִשֵּׁי

7 יִשְׂרָאֵל, וּתְפִלָּתָם מְהֵרָה בְּאַהֲבָה תְקַבֵּל בְּרָצוֹן, וּתְהִי

8 לְרָצוֹן תָּמִיד עֲבוֹדַת יִשְׂרָאֵל עַמֶּךָ.

WHEN THE *KOHANIM* GO TO THE *DUCHAN* TO SAY *BIRCAS KOHANIM*,
THE *CHAZZAN'S* REPETITION CONTINUES ON P. 392. DURING CHOL HAMOED,
OR IF NO KOHEN IS PRESENT, THE *CHAZZAN* CONTINUES HERE:

9 וְתֶחֱזֶינָה עֵינֵינוּ בְּשׁוּבְךָ לְצִיּוֹן בְּרַחֲמִים. בָּרוּךְ אַתָּה

10 יהוה, הַמַּחֲזִיר שְׁכִינָתוֹ לְצִיּוֹן. (.Cong – אָמֵן.)

הודאה

Bow at מוֹדִים; straighten up at ה'. In his repetition the *chazzan* should say
the entire מוֹדִים aloud. The congregation says מוֹדִים דְּרַבָּנָן softly.

מוֹדִים דְּרַבָּנָן	
מוֹדִים אֲנַחְנוּ לָךְ, שָׁאַתָּה הוּא	11 מוֹדִים אֲנַחְנוּ לָךְ,
יהוה אֱלֹהֵינוּ וֵאלֹהֵי	12 שָׁאַתָּה הוּא
אֲבוֹתֵינוּ, אֱלֹהֵי כָל בָּשָׂר, יוֹצְרֵנוּ,	13 יהוה אֱלֹהֵינוּ וֵאלֹהֵי
יוֹצֵר בְּרֵאשִׁית. בְּרָכוֹת וְהוֹדָאוֹת	14 אֲבוֹתֵינוּ לְעוֹלָם וָעֶד.
לְשִׁמְךָ הַגָּדוֹל וְהַקָּדוֹשׁ, עַל שֶׁהֶחֱיִיתָנוּ	15 צוּרֵנוּ צוּר חַיֵּינוּ, מָגֵן
וְקִיַּמְתָּנוּ. כֵּן תְּחַיֵּינוּ וּתְקַיְּמֵנוּ, וְתֶאֱסוֹף	16 יִשְׁעֵנוּ אַתָּה הוּא לְדוֹר
גָּלֻיּוֹתֵינוּ לְחַצְרוֹת קָדְשֶׁךָ, לִשְׁמוֹר	17 וָדוֹר. נוֹדֶה לְּךָ וּנְסַפֵּר
חֻקֶּיךָ וְלַעֲשׂוֹת רְצוֹנֶךָ, וּלְעָבְדְּךָ בְּלֵבָב	18 תְּהִלָּתֶךָ עַל חַיֵּינוּ
שָׁלֵם, עַל שֶׁאֲנַחְנוּ מוֹדִים לָךְ. בָּרוּךְ	
אֵל הַהוֹדָאוֹת.	

1 הַמְּסוּרִים בְּיָדֶךָ, וְעַל נִשְׁמוֹתֵינוּ הַפְּקוּדוֹת לָךְ,

2 וְעַל נִסֶּיךָ שֶׁבְּכָל יוֹם עִמָּנוּ, וְעַל נִפְלְאוֹתֶיךָ

3 וְטוֹבוֹתֶיךָ שֶׁבְּכָל עֵת, עֶרֶב וָבֹקֶר וְצָהֳרָיִם. הַטּוֹב

4 כִּי לֹא כָלוּ רַחֲמֶיךָ, וְהַמְרַחֵם כִּי לֹא תַמּוּ חֲסָדֶיךָ,

5 כִּי מֵעוֹלָם קִוִּינוּ לָךְ.

6 וְעַל כֻּלָּם יִתְבָּרַךְ וְיִתְרוֹמַם וְיִתְנַשֵּׂא שִׁמְךָ

7 מַלְכֵּנוּ תָּמִיד לְעוֹלָם וָעֶד.

8 וְכֹל הַחַיִּים יוֹדוּךָ סֶּלָה, וִיהַלְלוּ וִיבָרְכוּ אֶת שִׁמְךָ

9 הַגָּדוֹל בֶּאֱמֶת, לְעוֹלָם כִּי טוֹב. הָאֵל יְשׁוּעָתֵנוּ

10 וְעֶזְרָתֵנוּ סֶלָה, הָאֵל הַטּוֹב.

Bend the knees at בָּרוּךְ; bow at אַתָּה; straighten up at ה'.

11 בָּרוּךְ אַתָּה יהוה, הַטּוֹב שִׁמְךָ וּלְךָ נָאֶה לְהוֹדוֹת.

12 (אָמֵן – Cong.)

If the Kohanim do not go to the *duchan*, the *chazzan* says בִּרְכַּת כֹּהֲנִים during his repetition. The *chazzan* faces the Ark at ה', right at וִישְׁמְרֶךָ, יָאֵר ה' and וִיבָרְכְךָ ה', and left at פָּנָיו אֵלֶיךָ וְיָחֻנֶּךָּ.

13 אֱלֹהֵינוּ, וֵאלֹהֵי אֲבוֹתֵינוּ, בָּרְכֵנוּ בַבְּרָכָה הַמְשֻׁלֶּשֶׁת

14 בַּתּוֹרָה, הַכְּתוּבָה עַל יְדֵי מֹשֶׁה עַבְדֶּךָ, הָאֲמוּרָה

15 מִפִּי אַהֲרֹן וּבָנָיו, כֹּהֲנִים עַם קְדוֹשֶׁךָ, כָּאָמוּר:

16 יְבָרֶכְךָ יהוה, וְיִשְׁמְרֶךָ. (כֵּן יְהִי רָצוֹן – Cong.)

17 יָאֵר יהוה פָּנָיו אֵלֶיךָ, וִיחֻנֶּךָּ. (כֵּן יְהִי רָצוֹן – Cong.)

18 יִשָּׂא יהוה פָּנָיו אֵלֶיךָ, וְיָשֵׂם לְךָ שָׁלוֹם. (כֵּן יְהִי רָצוֹן – Cong.)

While the *chazzan* says שִׂים שָׁלוֹם the congregation continues:

19 אַדִּיר בַּמָּרוֹם, שׁוֹכֵן בִּגְבוּרָה, אַתָּה שָׁלוֹם וְשִׁמְךָ שָׁלוֹם, יְהִי

20 רָצוֹן שֶׁתָּשִׂים עָלֵינוּ וְעַל כָּל עַמְּךָ בֵּית יִשְׂרָאֵל חַיִּים וּבְרָכָה

21 לְמִשְׁמֶרֶת שָׁלוֹם.

שלום

שִׂים שָׁלוֹם, טוֹבָה וּבְרָכָה, חַיִּים, חֵן וָחֶסֶד

וְרַחֲמִים עָלֵינוּ וְעַל כָּל יִשְׂרָאֵל

עַמֶּךָ. בָּרְכֵנוּ אָבִינוּ, כֻּלָּנוּ כְּאֶחָד, בְּאוֹר פָּנֶיךָ,

כִּי בְאוֹר פָּנֶיךָ נָתַתָּ לָּנוּ, יהוה אֱלֹהֵינוּ, תּוֹרַת

חַיִּים וְאַהֲבַת חֶסֶד, וּצְדָקָה, וּבְרָכָה, וְרַחֲמִים,

וְחַיִּים, וְשָׁלוֹם. וְטוֹב יִהְיֶה בְּעֵינֶיךָ לְבָרְכֵנוּ

וּלְבָרֵךְ אֶת כָּל עַמְּךָ יִשְׂרָאֵל, בְּכָל עֵת וּבְכָל

שָׁעָה בִּשְׁלוֹמֶךָ (בְּרוֹב עֹז וְשָׁלוֹם). בָּרוּךְ אַתָּה

יהוה, הַמְבָרֵךְ אֶת עַמּוֹ יִשְׂרָאֵל בַּשָּׁלוֹם.

Cong. – אָמֵן.)

יִהְיוּ לְרָצוֹן אִמְרֵי פִי וְהֶגְיוֹן לִבִּי לְפָנֶיךָ, יהוה צוּרִי וְגֹאֲלִי.

The *chazzan's* repetition ends here. Individuals continue.

אֱלֹהַי, נְצוֹר לְשׁוֹנִי מֵרָע, וּשְׂפָתַי מִדַּבֵּר

מִרְמָה, וְלִמְקַלְלַי נַפְשִׁי תִדּוֹם, וְנַפְשִׁי

כֶּעָפָר לַכֹּל תִּהְיֶה. פְּתַח לִבִּי בְּתוֹרָתֶךָ, וְאַחֲרֵי

מִצְוֹתֶיךָ תִּרְדּוֹף נַפְשִׁי. וְכָל הַקָּמִים וְהַחוֹשְׁבִים

עָלַי לְרָעָה, מְהֵרָה הָפֵר עֲצָתָם וְקַלְקֵל

מַחֲשַׁבְתָּם. יְהִי רָצוֹן מִלְּפָנֶיךָ, יהוה אֱלֹהַי

וֵאלֹהֵי אֲבוֹתַי, שֶׁלֹּא תַעֲלֶה קִנְאַת אָדָם

עָלַי, וְלֹא קִנְאָתִי עַל אֲחֵרִים, וְשֶׁלֹּא אֶכְעַס

הַיּוֹם, וְשֶׁלֹּא אַכְעִיסֶךָ, וְתַצִּילֵנִי מִיֵּצֶר הָרָע, 1

וְתֵן בְּלִבִּי הַכְנָעָה וַעֲנָוָה. מַלְכֵּנוּ וֵאלֹהֵינוּ, 2

יַחֵד שִׁמְךָ בְּעוֹלָמֶךָ, בְּנֵה עִירְךָ, יַסֵּד בֵּיתֶךָ, 3

וְשַׁכְלֵל הֵיכָלֶךָ, וְקַבֵּץ קִבּוּץ גָּלֻיּוֹת, וּפְדֵה 4

צֹאנֶךָ, וְשַׂמַּח עֲדָתֶךָ. עֲשֵׂה לְמַעַן שְׁמֶךָ, עֲשֵׂה 5

לְמַעַן יְמִינֶךָ, עֲשֵׂה לְמַעַן תּוֹרָתֶךָ, עֲשֵׂה לְמַעַן 6

קְדֻשָּׁתֶךָ. לְמַעַן יֵחָלְצוּן יְדִידֶיךָ, הוֹשִׁיעָה יְמִינְךָ 7

וַעֲנֵנִי. 8

Some say a verse with the initial of their name. See page 474.

יִהְיוּ לְרָצוֹן אִמְרֵי פִי וְהֶגְיוֹן לִבִּי לְפָנֶיךָ, יהוה 9

צוּרִי וְגֹאֲלִי. עֹשֶׂה שָׁלוֹם בִּמְרוֹמָיו, 10

הוּא יַעֲשֶׂה שָׁלוֹם עָלֵינוּ, וְעַל כָּל 11

יִשְׂרָאֵל. וְאִמְרוּ: אָמֵן. 12

Take three steps back. Bow left and say . . . עֹשֶׂה; bow right and say . . . הוּא; bow forward and say . . . וְעַל כָּל . . . אָמֵן.

יְהִי רָצוֹן מִלְּפָנֶיךָ, יהוה אֱלֹהֵינוּ וֵאלֹהֵי אֲבוֹתֵינוּ, 13

שֶׁיִּבָּנֶה בֵּית הַמִּקְדָּשׁ בִּמְהֵרָה בְיָמֵינוּ, וְתֵן 14

חֶלְקֵנוּ בְּתוֹרָתֶךָ. וְשָׁם נַעֲבָדְךָ בְּיִרְאָה, כִּימֵי עוֹלָם 15

וּכְשָׁנִים קַדְמֹנִיּוֹת. וְעָרְבָה לַיהוה מִנְחַת יְהוּדָה 16

וִירוּשָׁלָיִם, כִּימֵי עוֹלָם וּכְשָׁנִים קַדְמֹנִיּוֹת. 17

Remain standing in place until the *chazzan* reaches *Kedushah* —
or at least until he begins his *Shemoneh Esrei* — then take three steps forward.

The *chazzan*, or someone praying without a *minyan*,
should remain in place for a few moments,
then take three steps forward.

ON FESTIVAL DAYS AND ON THE SABBATH OF CHOL HAMOED, CONTINUE ON P. 275.
ON WEEKDAYS OF CHOL HAMOED CONTINUE ON P. 82.

‎ ❧ ברכת כהנים ‎

When the *Kohanim* go up for *Bircas Kohanim,* the congregation, followed by the *chazzan,*
says this (just after רְצֵה in the *chazzan's* repetition).

1 וְתֶעֱרַב לְפָנֶיךָ עֲתִירָתֵנוּ כְּעוֹלָה וּכְקָרְבָּן. אָנָּא,

2 רַחוּם, בְּרַחֲמֶיךָ הָרַבִּים הָשֵׁב שְׁכִינָתְךָ

3 לְצִיּוֹן עִירֶךָ, וְסֵדֶר הָעֲבוֹדָה לִירוּשָׁלָיִם. וְתֶחֱזֶינָה

4 עֵינֵינוּ בְּשׁוּבְךָ לְצִיּוֹן בְּרַחֲמִים, וְשָׁם נַעֲבָדְךָ בְּיִרְאָה

5 כִּימֵי עוֹלָם וּכְשָׁנִים קַדְמוֹנִיּוֹת.

6 — Only *chazzan* concludes בָּרוּךְ אַתָּה יהוה, שֶׁאוֹתְךָ לְבַדְּךָ

7 בְּיִרְאָה נַעֲבוֹד. (אָמֵן —Cong. and *Kohanim*)

The *chazzan* recites מוֹדִים aloud, while the congregation recites מוֹדִים דְּרַבָּנָן softly.

8 מוֹדִים אֲנַחְנוּ לָךְ, שָׁאַתָּה

9 הוּא יהוה אֱלֹהֵינוּ

10 וֵאלֹהֵי אֲבוֹתֵינוּ לְעוֹלָם וָעֶד.

11 צוּרֵנוּ צוּר חַיֵּינוּ, מָגֵן יִשְׁעֵנוּ

12 אַתָּה הוּא לְדוֹר וָדוֹר. נוֹדֶה לְךָ

13 וּנְסַפֵּר תְּהִלָּתֶךָ עַל חַיֵּינוּ

14 הַמְּסוּרִים בְּיָדֶךָ, וְעַל נִשְׁמוֹתֵינוּ

15 הַפְּקוּדוֹת לָךְ, וְעַל נִסֶּיךָ שֶׁבְּכָל

16 יוֹם עִמָּנוּ, וְעַל נִפְלְאוֹתֶיךָ

17 וְטוֹבוֹתֶיךָ שֶׁבְּכָל עֵת, עֶרֶב

18 וָבֹקֶר וְצָהֳרָיִם. הַטּוֹב כִּי לֹא כָלוּ

19 רַחֲמֶיךָ, וְהַמְרַחֵם כִּי לֹא תַמּוּ

20 חֲסָדֶיךָ, כִּי מֵעוֹלָם קִוִּינוּ לָךְ.

מוֹדִים דְּרַבָּנָן

מוֹדִים אֲנַחְנוּ לָךְ, שָׁאַתָּה הוּא יהוה אֱלֹהֵינוּ וֵאלֹהֵי אֲבוֹתֵינוּ, אֱלֹהֵי כָל בָּשָׂר, יוֹצְרֵנוּ, יוֹצֵר בְּרֵאשִׁית. בְּרָכוֹת וְהוֹדָאוֹת לְשִׁמְךָ הַגָּדוֹל וְהַקָּדוֹשׁ, עַל שֶׁהֶחֱיִיתָנוּ וְקִיַּמְתָּנוּ. כֵּן תְּחַיֵּנוּ וּתְקַיְּמֵנוּ, וְתֶאֱסוֹף גָּלֻיּוֹתֵינוּ לְחַצְרוֹת קָדְשֶׁךָ, לִשְׁמוֹר חֻקֶּיךָ וְלַעֲשׂוֹת רְצוֹנֶךָ, וּלְעָבְדְּךָ בְּלֵבָב שָׁלֵם, עַל שֶׁאֲנַחְנוּ מוֹדִים לָךְ. בָּרוּךְ אֵל הַהוֹדָאוֹת.

1 וְעַל כֻּלָּם יִתְבָּרַךְ וְיִתְרוֹמַם וְיִתְנַשֵּׂא שִׁמְךָ מַלְכֵּנוּ
2 תָּמִיד לְעוֹלָם וָעֶד.

Kohanim (quietly):	Chazzan (aloud):

3 **וְכֹל** הַחַיִּים יוֹדוּךָ סֶּלָה,

יְהִי רָצוֹן מִלְּפָנֶיךָ, יהוה
אֱלֹהֵינוּ וֵאלֹהֵי

4 וִיהַלְלוּ וִיבָרְכוּ אֶת

אֲבוֹתֵינוּ, שֶׁתְּהֵא הַבְּרָכָה

5 שִׁמְךָ הַגָּדוֹל בֶּאֱמֶת, לְעוֹלָם

הַזֹּאת שֶׁצִּוִּיתָנוּ לְבָרֵךְ אֶת

6 כִּי טוֹב. הָאֵל יְשׁוּעָתֵנוּ

עַמְּךָ יִשְׂרָאֵל בְּרָכָה שְׁלֵמָה,

7 וְעֶזְרָתֵנוּ סֶלָה, הָאֵל הַטּוֹב.

וְלֹא יִהְיֶה בָּהּ שׁוּם מִכְשׁוֹל

8 בָּרוּךְ אַתָּה יהוה, הַטּוֹב

וְעָוֹן כְּלָל, מֵעַתָּה וְעַד עוֹלָם.

9 שִׁמְךָ וּלְךָ נָאֶה לְהוֹדוֹת.

(אָמֵן.) – Cong. and *Kohanim*

The *chazzan* says the following quietly, but says the word כֹּהֲנִים out loud.
In some communities the congregation, but not the *Kohanim*,
answer עַם קְדוֹשֶׁךָ כָּאָמוּר out loud.

10 **אֱלֹהֵינוּ** וֵאלֹהֵי אֲבוֹתֵינוּ, בָּרְכֵנוּ בַבְּרָכָה הַמְשֻׁלֶּשֶׁת
11 בַּתּוֹרָה, הַכְּתוּבָה עַל יְדֵי מֹשֶׁה עַבְדֶּךָ,
12 הָאֲמוּרָה מִפִּי אַהֲרֹן וּבָנָיו,

13 # כֹּהֲנִים

14 עַם קְדוֹשֶׁךָ – כָּאָמוּר:

The *Kohanim* face the Ark, raise their hands and recite this blessing out loud together. When
they come to וְצִוָּנוּ, they turn to face the congregation and finish the blessing.
Their *talleisim* should cover their faces and hands.

The congregation, but not the *chazzan*, responds Amen.

15 **בָּרוּךְ** אַתָּה יהוה אֱלֹהֵינוּ מֶלֶךְ הָעוֹלָם, אֲשֶׁר
16 קִדְּשָׁנוּ בִּקְדֻשָּׁתוֹ שֶׁל אַהֲרֹן, וְצִוָּנוּ לְבָרֵךְ
17 אֶת עַמּוֹ יִשְׂרָאֵל בְּאַהֲבָה. (אָמֵן.) – Cong.

The verses next to the words in large, bold type should be looked at, but not spoken.

1   **יְבָרֶכְךָ**   יְבָרֶכְךָ יהוה מִצִּיּוֹן, עֹשֵׂה שָׁמַיִם וָאָרֶץ.

2   **יהוה**   יהוה אֲדֹנֵינוּ, מָה אַדִּיר שִׁמְךָ בְּכָל הָאָרֶץ.

3   **וְיִשְׁמְרֶךָ.**   שָׁמְרֵנִי, אֵל, כִּי חָסִיתִי בָךְ.

In most congregations, before saying וְיִשְׁמְרֶךָ, the *Kohanim* sing while the congregation says the following paragraph quietly. When the *Kohanim* conclude וְיִשְׁמְרֶךָ, the congregation and *chazzan* respond אָמֵן. On the Sabbath, the *Kohanim* do not sing, and this paragraph is not said.

4   **רִבּוֹנוֹ** שֶׁל עוֹלָם, אֲנִי שֶׁלָּךְ וַחֲלוֹמוֹתַי שֶׁלָּךְ. חֲלוֹם חָלַמְתִּי וְאֵינִי

5   יוֹדֵעַ מַה הוּא. יְהִי רָצוֹן מִלְּפָנֶיךָ, יהוה אֱלֹהַי וֵאלֹהֵי אֲבוֹתַי,

6   שֶׁיִּהְיוּ כָּל חֲלוֹמוֹתַי עָלַי וְעַל כָּל יִשְׂרָאֵל לְטוֹבָה – בֵּין שֶׁחָלַמְתִּי עַל

7   עַצְמִי, וּבֵין שֶׁחָלַמְתִּי עַל אֲחֵרִים, וּבֵין שֶׁחָלְמוּ אֲחֵרִים עָלַי. אִם

8   טוֹבִים הֵם, חַזְּקֵם וְאַמְּצֵם, וְיִתְקַיְּמוּ בִי וּבָהֶם כַּחֲלוֹמוֹתָיו שֶׁל יוֹסֵף

9   הַצַּדִּיק. וְאִם צְרִיכִים רְפוּאָה, רְפָאֵם כְּחִזְקִיֶּהוּ מֶלֶךְ יְהוּדָה מֵחָלְיוֹ,

10   וּכְמִרְיָם הַנְּבִיאָה מִצָּרַעְתָּהּ, וּכְנַעֲמָן מִצָּרַעְתּוֹ, וּכְמֵי מָרָה עַל יְדֵי

11   מֹשֶׁה רַבֵּנוּ, וּכְמֵי יְרִיחוֹ עַל יְדֵי אֱלִישָׁע. וּכְשֵׁם שֶׁהָפַכְתָּ אֶת קִלְלַת

12   בִּלְעָם הָרָשָׁע מִקְּלָלָה לִבְרָכָה, כֵּן תַּהֲפוֹךְ כָּל חֲלוֹמוֹתַי עָלַי וְעַל כָּל

13   יִשְׂרָאֵל לְטוֹבָה, וְתִשְׁמְרֵנִי וּתְחָנֵּנִי וְתִרְצֵנִי. אָמֵן.

14   **יָאֵר** אֱלֹהִים יְחָנֵּנוּ וִיבָרְכֵנוּ, יָאֵר פָּנָיו אִתָּנוּ, סֶלָה.

15   **יהוה** יהוה יהוה, אֵל רַחוּם וְחַנּוּן, אֶרֶךְ אַפַּיִם וְרַב חֶסֶד וֶאֱמֶת.

16   **פָּנָיו** פְּנֵה אֵלַי וְחָנֵּנִי, כִּי יָחִיד וְעָנִי אָנִי.

17   **אֵלֶיךָ** אֵלֶיךָ יהוה נַפְשִׁי אֶשָּׂא.

18   **וִיחֻנֶּךָּ** הִנֵּה כְעֵינֵי עֲבָדִים אֶל יַד אֲדוֹנֵיהֶם, כְּעֵינֵי שִׁפְחָה אֶל

19   יַד גְּבִרְתָּהּ, כֵּן עֵינֵינוּ אֶל יהוה אֱלֹהֵינוּ עַד שֶׁיְּחָנֵּנוּ.

In most congregations, before saying וִיחֻנֶּךָּ, the *Kohanim* sing while the congregation says the following paragraph quietly. When the *Kohanim* conclude וִיחֻנֶּךָּ, the congregation and *chazzan* respond אָמֵן. On the Sabbath, the *Kohanim* do not sing, and this paragraph is not said.

20   **רִבּוֹנוֹ** שֶׁל עוֹלָם, אֲנִי שֶׁלָּךְ וַחֲלוֹמוֹתַי שֶׁלָּךְ. חֲלוֹם חָלַמְתִּי וְאֵינִי

21   יוֹדֵעַ מַה הוּא. יְהִי רָצוֹן מִלְּפָנֶיךָ, יהוה אֱלֹהַי וֵאלֹהֵי אֲבוֹתַי,

22   שֶׁיִּהְיוּ כָּל חֲלוֹמוֹתַי עָלַי וְעַל כָּל יִשְׂרָאֵל לְטוֹבָה – בֵּין שֶׁחָלַמְתִּי עַל

23   עַצְמִי, וּבֵין שֶׁחָלַמְתִּי עַל אֲחֵרִים, וּבֵין שֶׁחָלְמוּ אֲחֵרִים עָלַי. אִם

24   טוֹבִים הֵם, חַזְּקֵם וְאַמְּצֵם, וְיִתְקַיְּמוּ בִי וּבָהֶם כַּחֲלוֹמוֹתָיו שֶׁל יוֹסֵף

1   הַצַּדִּיק. וְאִם צְרִיכִים רְפוּאָה, רְפָאֵם כְּחִזְקִיָּהוּ מֶלֶךְ יְהוּדָה מֵחָלְיוֹ,

2   וּכְמִרְיָם הַנְּבִיאָה מִצָּרַעְתָּהּ, וּכְנַעֲמָן מִצָּרַעְתּוֹ, וּכְמֵי מָרָה עַל יְדֵי

3   מֹשֶׁה רַבֵּנוּ, וּכְמֵי יְרִיחוֹ עַל יְדֵי אֱלִישָׁע. וּכְשֵׁם שֶׁהָפַכְתָּ אֶת קִלְלַת

4   בִּלְעָם הָרָשָׁע מִקְּלָלָה לִבְרָכָה, כֵּן תַּהֲפוֹךְ כָּל חֲלוֹמוֹתַי עָלַי וְעַל כָּל

5   יִשְׂרָאֵל לְטוֹבָה, וְתִשְׁמְרֵנִי וּתְחָנֵּנִי וְתִרְצֵנִי. אָמֵן.

6   **יִשָּׂא**   יִשָּׂא בְרָכָה מֵאֵת יהוה, וּצְדָקָה מֵאֱלֹהֵי יִשְׁעוֹ. וּמְצָא חֵן
7   וְשֵׂכֶל טוֹב בְּעֵינֵי אֱלֹהִים וְאָדָם.

8   **יהוה**   יהוה, חָנֵּנוּ, לְךָ קִוִּינוּ, הֱיֵה זְרֹעָם לַבְּקָרִים, אַף יְשׁוּעָתֵנוּ
9   בְּעֵת צָרָה.

10   **פָּנָיו**   אַל תַּסְתֵּר פָּנֶיךָ מִמֶּנִּי בְּיוֹם צַר לִי, הַטֵּה אֵלַי אָזְנֶךָ,
11   בְּיוֹם אֶקְרָא מַהֵר עֲנֵנִי.

12   **אֵלֶיךָ**   אֵלֶיךָ נָשָׂאתִי אֶת עֵינַי, הַיֹּשְׁבִי בַּשָּׁמָיִם.

13   **וְיָשֵׂם**   וְשָׂמוּ אֶת שְׁמִי עַל בְּנֵי יִשְׂרָאֵל, וַאֲנִי אֲבָרְכֵם.

14   **לְךָ**   לְךָ יהוה, הַגְּדֻלָּה וְהַגְּבוּרָה וְהַתִּפְאֶרֶת וְהַנֵּצַח וְהַהוֹד, כִּי
15   כֹל בַּשָּׁמַיִם וּבָאָרֶץ, לְךָ יהוה, הַמַּמְלָכָה וְהַמִּתְנַשֵּׂא לְכֹל
16   לְרֹאשׁ.

17   **שָׁלוֹם.**   שָׁלוֹם שָׁלוֹם לָרָחוֹק וְלַקָּרוֹב, אָמַר יהוה, וּרְפָאתִיו.

In most congregations, before saying שָׁלוֹם, the *Kohanim* sing while the congregation says the following paragraph quietly. When the *Kohanim* conclude שָׁלוֹם, the congregation and *chazzan* respond אָמֵן. On the Sabbath, the *Kohanim* do not sing, and the paragraph is not said.

[The Divine Names in brackets and bold type should be looked at but not spoken.]

18   **יְהִי רָצוֹן** מִלְּפָנֶיךָ, יהוה אֱלֹהַי וֵאלֹהֵי אֲבוֹתַי, שֶׁתַּעֲשֶׂה לְמַעַן
19   קְדֻשַּׁת חֲסָדֶיךָ וְגֹדֶל רַחֲמֶיךָ הַפְּשׁוּטִים, וּלְמַעַן טָהֳרַת
20   שִׁמְךָ הַגָּדוֹל הַגִּבּוֹר וְהַנּוֹרָא, בֶּן עֶשְׂרִים וּשְׁתַּיִם אוֹתִיּוֹת הַיּוֹצְאִים מִן
21   הַפְּסוּקִים שֶׁל בִּרְכַּת כֹּהֲנִים [**אנקת״ם פסת״ם פספסי״ם דיונסי״ם**]
22   הָאֲמוּרָה מִפִּי אַהֲרֹן וּבָנָיו עַם קְדוֹשֶׁךָ, שֶׁתִּהְיֶה קָרוֹב לִי בְּקָרְאִי לָךְ,
23   וְתִשְׁמַע תְּפִלָּתִי נַאֲקָתִי וְאַנְקָתִי תָּמִיד, כְּשֵׁם שֶׁשָּׁמַעְתָּ **אַנְקַת** יַעֲקֹב
24   תְּמִימֶךָ הַנִּקְרָא אִישׁ תָּם. וְתִתֶּן לִי וּלְכָל נַפְשׁוֹת בֵּיתִי מְזוֹנוֹתֵינוּ
25   וּפַרְנָסָתֵנוּ – בְּרֶוַח וְלֹא בְצִמְצוּם, בְּהֶתֵּר וְלֹא בְאִסּוּר, בְּנַחַת וְלֹא
26   בְצַעַר – מִתַּחַת יָדְךָ הָרְחָבָה, כְּשֵׁם שֶׁנָּתַתָּ **פִּסַּת** לֶחֶם לֶאֱכוֹל וּבֶגֶד

1 לִלְבּוֹשׁ לְיַעֲקֹב אָבִינוּ הַנִּקְרָא אִישׁ **תָּם**. וְתִתְּנֵנוּ לְאַהֲבָה, לְחֵן וּלְחֶסֶד

2 וּלְרַחֲמִים בְּעֵינֶיךָ וּבְעֵינֵי כָל רוֹאֵינוּ, וְיִהְיוּ דְבָרַי נִשְׁמָעִים לַעֲבוֹדָתֶךָ,

3 כְּשֵׁם שֶׁנָּתַתָּ אֶת יוֹסֵף צַדִּיקֶךָ — בְּשָׁעָה שֶׁהִלְבִּישׁוֹ אָבִיו כְּתֹנֶת **פַּסִּים**

4 — לְחֵן וּלְחֶסֶד וּלְרַחֲמִים בְּעֵינֶיךָ וּבְעֵינֵי כָל רוֹאָיו. וְתַעֲשֶׂה עִמִּי

5 נִפְלָאוֹת **וְנִסִּים**, וּלְטוֹבָה אוֹת, וְתַצְלִיחֵנִי בִּדְרָכַי, וְתֵן בְּלִבִּי בִּינָה לְהָבִין

6 וּלְהַשְׂכִּיל וּלְקַיֵּם אֶת כָּל דִּבְרֵי תַלְמוּד תּוֹרָתֶךָ וְסוֹדוֹתֶיהָ, וְתַצִּילֵנִי

7 מִשְּׁגִיאוֹת, וּתְטַהֵר רַעְיוֹנַי וְלִבִּי לַעֲבוֹדָתֶךָ וּלְיִרְאָתֶךָ. וְתַאֲרִיךְ יָמַי [וִימֵי

8 וּבָנַי, / sons וְאִשְׁתִּי,/ wife וְאִמִּי,/ mother אָבִי,/ father — say the appropriate words

9 וּבְנוֹתַי] בְּטוֹב וּבִנְעִימוֹת, בְּרֹב עֹז וְשָׁלוֹם, אָמֵן סֶלָה. / daughters

The *chazzan* says שִׂים שָׁלוֹם (below); the *Kohanim* turn back to the Ark,
lower their hands and say רִבּוֹנוֹ שֶׁל עוֹלָם; the congregation says אַדִּיר.

Congregation:	Kohanim:
אַדִּיר בַּמָּרוֹם, שׁוֹכֵן	10 **רִבּוֹנוֹ** שֶׁל עוֹלָם, עָשִׂינוּ מַה שֶּׁגְּזַרְתָּ
בִּגְבוּרָה, אַתָּה	11 עָלֵינוּ, אַף אַתָּה עֲשֵׂה עִמָּנוּ
שָׁלוֹם וְשִׁמְךָ שָׁלוֹם. יְהִי	12 כְּמָה שֶׁהִבְטַחְתָּנוּ: הַשְׁקִיפָה מִמְּעוֹן
רָצוֹן שֶׁתָּשִׂים עָלֵינוּ וְעַל	13 קָדְשְׁךָ, מִן הַשָּׁמַיִם, וּבָרֵךְ אֶת עַמְּךָ אֶת
כָּל עַמְּךָ בֵּית יִשְׂרָאֵל	14 יִשְׂרָאֵל, וְאֵת הָאֲדָמָה אֲשֶׁר נָתַתָּה לָנוּ
חַיִּים וּבְרָכָה לְמִשְׁמֶרֶת	15 — כַּאֲשֶׁר נִשְׁבַּעְתָּ לַאֲבוֹתֵינוּ — אֶרֶץ
שָׁלוֹם.	16 זָבַת חָלָב וּדְבָשׁ.

Chazzan:

17 **שִׂים** שָׁלוֹם, טוֹבָה וּבְרָכָה, חַיִּים, חֵן נָחֶסֶד וְרַחֲמִים עָלֵינוּ וְעַל

18 כָּל יִשְׂרָאֵל עַמֶּךָ. בָּרְכֵנוּ אָבִינוּ, כֻּלָּנוּ כְּאֶחָד, בְּאוֹר פָּנֶיךָ, כִּי

19 בְאוֹר פָּנֶיךָ נָתַתָּ לָּנוּ, יהוה אֱלֹהֵינוּ, תּוֹרַת חַיִּים וְאַהֲבַת חֶסֶד,

20 וּצְדָקָה, וּבְרָכָה, וְרַחֲמִים, וְחַיִּים, וְשָׁלוֹם. וְטוֹב יִהְיֶה בְּעֵינֶיךָ

21 לְבָרְכֵנוּ וּלְבָרֵךְ אֶת כָּל עַמְּךָ יִשְׂרָאֵל, בְּכָל עֵת וּבְכָל שָׁעָה בִּשְׁלוֹמֶךָ

22 (בְּרֹב עֹז וְשָׁלוֹם). בָּרוּךְ אַתָּה יהוה, הַמְבָרֵךְ אֶת עַמּוֹ יִשְׂרָאֵל

23 בַּשָּׁלוֹם. (אָמֵן. — Cong.)

24 יִהְיוּ לְרָצוֹן אִמְרֵי פִי וְהֶגְיוֹן לִבִּי לְפָנֶיךָ, יהוה צוּרִי וְגֹאֲלִי.

THE *CHAZZAN* SAYS FULL *KADDISH* (P. 275) AND THE SERVICE CONTINUES THERE.

﴾ תפלת טל ﴿

The prayer for dew is said during the *chazzan's* repetition of *Mussaf* on the first day
of Pesach. The Ark is opened and the congregation stands until the prayer is over.

1   כִּי שֵׁם יהוה אֶקְרָא, הָבוּ גֹדֶל לֵאלֹהֵינוּ. אֲדֹנָי שְׂפָתַי תִּפְתָּח, וּפִי יַגִּיד תְּהִלָּתֶךָ.

Chazzan bends his knees at בָּרוּךְ; bows at אַתָּה; straightens up at ה'.

2   **בָּרוּךְ** אַתָּה יהוה אֱלֹהֵינוּ וֵאלֹהֵי אֲבוֹתֵינוּ, אֱלֹהֵי אַבְרָהָם, אֱלֹהֵי

3   יִצְחָק, וֵאלֹהֵי יַעֲקֹב, הָאֵל הַגָּדוֹל הַגִּבּוֹר וְהַנּוֹרָא, אֵל

4   עֶלְיוֹן, גּוֹמֵל חֲסָדִים טוֹבִים וְקוֹנֵה הַכֹּל, וְזוֹכֵר חַסְדֵי אָבוֹת, וּמֵבִיא

5   גוֹאֵל לִבְנֵי בְנֵיהֶם, לְמַעַן שְׁמוֹ בְּאַהֲבָה. מֶלֶךְ עוֹזֵר וּמוֹשִׁיעַ וּמָגֵן.

6   **בְּדַעְתּוֹ** אַבִּיעָה חִידוֹת, בְּעַם זוּ בְּזוּ בְּטַל לְהַחֲדוֹת.

7   טַל גֵּיא וּדְשָׁאֶיהָ לַחֲדוֹת, דָּצִים בְּצִלּוֹ לְהֵחָדוֹת.

8   אוֹת יַלְדוּת טַל לְהָגֵן לְתוֹלָדוֹת.

Chazzan bends his knees at בָּרוּךְ; bows at אַתָּה; straightens up at ה'.

9   בָּרוּךְ אַתָּה יהוה, מָגֵן אַבְרָהָם.   (.אָמֵן — Cong.)

10   **אַתָּה** גִּבּוֹר לְעוֹלָם אֲדֹנָי, מְחַיֵּה מֵתִים אַתָּה, רַב לְהוֹשִׁיעַ.

11   **תְּהוֹמוֹת** הֲדוֹם לִרְסִיסוֹ כְּסוּפִים, וְכָל נְאוֹת דֶּשֶׁא לוֹ נִכְסָפִים,

12   טַל זִכְרוֹ גְּבוּרוֹת מוֹסִיפִים, חָקוּק בְּגִישַׁת מוּסָפִים,

13   טַל לְהַחֲיוֹת בּוֹ נְקוּקֵי סְעִיפִים.

14   אֱלֹהֵינוּ וֵאלֹהֵי אֲבוֹתֵינוּ,

15   **טַל** תֵּן לִרְצוֹת אַרְצֶךָ, שִׁיתֵנוּ בְרָכָה בְּדִיצֶךָ,

16   רֹב דָּגָן וְתִירוֹשׁ בְּהַפְרִיצֶךָ, קוֹמֵם עִיר בָּהּ חֶפְצֶךָ   **בְּטָל.**

17   **טַל** צַוֵּה שָׁנָה טוֹבָה וּמְעֻטֶּרֶת, פְּרִי הָאָרֶץ לְגָאוֹן וּלְתִפְאֶרֶת,

18   עִיר כַּסֻּכָּה נוֹתֶרֶת, שִׂימָהּ בְּיָדְךָ עֲטֶרֶת   **בְּטָל.**

19   **טַל** נוֹפֵף עֲלֵי אֶרֶץ בְּרוּכָה, מִמֶּגֶד שָׁמַיִם שַׂבְּעֵנוּ בְרָכָה,

20   לְהָאִיר מִתּוֹךְ חֲשֵׁכָה, כַּנָּה אַחֲרֶיךָ מְשׁוּכָה   **בְּטָל.**

21   **טַל** יַעֲסִיס צוּף הָרִים, טְעַם בִּמְאוֹדֶךָ מֻבְחָרִים,

22   חֲנוּנֶיךָ חַלֵּץ מִמַּסְגֵּרִים, זִמְרָה נַנְעִים וְקוֹל נָרִים   **בְּטָל.**

23   **טַל** וְשֹׂבַע מַלֵּא אֲסָמֵינוּ, הַכָּעֵת תְּחַדֵּשׁ יָמֵינוּ,

24   דּוֹד כְּעֶרְכְּךָ הַעֲמֵד שְׁמֵנוּ, גַּן רָוֶה שִׂימֵנוּ   **בְּטָל.**

1   **טַל** בּוֹ תְבָרֵךְ מָזוֹן, בְּמִשְׁמַנֵּינוּ אַל יְהִי רָזוֹן,

2   אֲיֻמָּה אֲשֶׁר הִסַּעְתָּ כַצֹּאן, אָנָּא תָּפֶק לָהּ רָצוֹן, **בְּטָל.**

3   **שָׁאַתָּה הוּא יהוה אֱלֹהֵינוּ, מַשִּׁיב הָרוּחַ וּמוֹרִיד הַטָּל.**

4   – Cong., then *chazzan*   **לִבְרָכָה וְלֹא לִקְלָלָה.**   (אָמֵן.) –Cong.

5   – Cong., then *chazzan*   **לְחַיִּים וְלֹא לְמָוֶת.**   (אָמֵן.) –Cong.

6   – Cong., then *chazzan*   **לְשֹׂבַע וְלֹא לְרָזוֹן.**   (אָמֵן.) –Cong.

THE ARK IS CLOSED. THE REPETITION CONTINUES WITH מְכַלְכֵּל חַיִּים (P. 379).

❊ תפלת גשם ❊

The prayer for rain is recited during the *chazzan's* repetition of *Mussaf* on Shemini Atzeres.
The Ark is opened and the congregation stands until the conclusion of the prayer.

7   כִּי שֵׁם יהוה אֶקְרָא, הָבוּ גֹדֶל לֵאלֹהֵינוּ. אֲדֹנָי שְׂפָתַי תִּפְתָּח, וּפִי יַגִּיד תְּהִלָּתֶךָ.

Chazzan bends his knees at בָּרוּךְ; bows at אַתָּה; straightens up at ה'.

8   **בָּרוּךְ** אַתָּה יהוה אֱלֹהֵינוּ וֵאלֹהֵי אֲבוֹתֵינוּ, אֱלֹהֵי אַבְרָהָם, אֱלֹהֵי

9   יִצְחָק, וֵאלֹהֵי יַעֲקֹב, הָאֵל הַגָּדוֹל הַגִּבּוֹר וְהַנּוֹרָא, אֵל

10   עֶלְיוֹן, גּוֹמֵל חֲסָדִים טוֹבִים וְקוֹנֵה הַכֹּל, וְזוֹכֵר חַסְדֵי אָבוֹת, וּמֵבִיא

11   גוֹאֵל לִבְנֵי בְנֵיהֶם, לְמַעַן שְׁמוֹ בְּאַהֲבָה. מֶלֶךְ עוֹזֵר וּמוֹשִׁיעַ וּמָגֵן.

12   **אַף־בְּרִי** אֻתַּת שֵׁם שַׂר מָטָר,

13   לְהַעֲבִיב וּלְהַעֲנִין לְהָרִיק וּלְהַמְטַר,

14   מַיִם אָבִים בָּם גַּיְא לַעֲטַר, לְבַל יֵעָצְרוּ בְּנִשְׁיוֹן שְׁטָר,

15   אֱמוּנִים גְּנוֹן בָּם שׁוֹאֲלֵי מָטָר.

Chazzan bends his knees at בָּרוּךְ; bows at אַתָּה; straightens up at ה'.

16   בָּרוּךְ אַתָּה יהוה, מָגֵן אַבְרָהָם.   (אָמֵן. – Cong.)

17   **אַתָּה** גִּבּוֹר לְעוֹלָם אֲדֹנָי, מְחַיֵּה מֵתִים אַתָּה, רַב לְהוֹשִׁיעַ.

18   **יַטְרִיחַ** לְפַלֵּג מִפֶּלֶג גֶּשֶׁם, לְמוֹגֵג פְּנֵי נְשִׁי בְּצַחוֹת לֶשֶׁם,

19   מַיִם לְאַדֵּרֶךְ כְּנִיַּת בְּרֶשֶׁם,

20   לְהַרְגִּיעַ בְּרַעֲפָם לִנְפוּחֵי נֶשֶׁם, לְהַחֲיוֹת מַזְכִּירִים גְּבוּרוֹת הַגָּשֶׁם.

21   אֱלֹהֵינוּ וֵאלֹהֵי אֲבוֹתֵינוּ,

22   **זְכוֹר** אָב נִמְשַׁךְ אַחֲרֶיךָ כַּמַּיִם,

1   בֵּרַכְתּוֹ כְּעֵץ שָׁתוּל עַל פַּלְגֵי מָיִם,

2   גְּנַנְתּוֹ, הַצַּלְתּוֹ מֵאֵשׁ וּמִמַּיִם, דְּרַשְׁתּוֹ בְּזָרְעוֹ עַל כָּל מָיִם.

3   — Cong., then *chazzan*   **בַּעֲבוּרוֹ אַל תִּמְנַע מָיִם.**

4   **זְכוֹר** הַנּוֹלָד בִּבְשׂוֹרַת יֻקַּח נָא מְעַט מָיִם,

5   וְשֻׂחַתָּ לְהוֹרוֹ לְשָׁחֲטוֹ, לִשְׁפּוֹךְ דָּמוֹ כַּמָּיִם,

6   זָהַר גַּם הוּא לִשְׁפּוֹךְ לֵב כַּמַּיִם, חָפַר וּמָצָא בְּאֵרוֹת מָיִם.

7   — Cong., then *chazzan*   **בְּצִדְקוֹ חֹן חַשְׁרַת מָיִם.**

8   **זְכוֹר** טָעַן מַקְלוֹ וְעָבַר יַרְדֵּן מָיִם, יִחַד לֵב וְגָל אֶבֶן מִפִּי בְאֵר מָיִם,

9   כְּנֶאֱבַק לוֹ שַׂר בָּלוּל מֵאֵשׁ וּמִמַּיִם,

10   לָכֵן הִבְטַחְתּוֹ הֱיוֹת עִמּוֹ בָּאֵשׁ וּבַמָּיִם.

11   — Cong., then *chazzan*   **בַּעֲבוּרוֹ אַל תִּמְנַע מָיִם.**

12   **זְכוֹר** מָשׁוּי בְּתֵבַת גֹּמֶא מִן הַמַּיִם,

13   נָמוּ דָלֹה דָלָה וְהִשְׁקָה צֹאן מָיִם,

14   סְגוּלֶיךָ עֵת צָמְאוּ לַמַּיִם, עַל הַסֶּלַע הָךְ וַיֵּצְאוּ מָיִם.

15   — Cong., then *chazzan*   **בְּצִדְקוֹ חֹן חַשְׁרַת מָיִם.**

16   **זְכוֹר** פְּקִיד שָׁתוֹת טוֹבֵל חָמֵשׁ טְבִילוֹת בַּמַּיִם,

17   צוֹעֶה וּמַרְחִיץ כַּפָּיו בְּקִדּוּשׁ מַיִם,

18   קוֹרֵא וּמַזֶּה טָהֳרַת מַיִם, רָחַק מֵעַם פֶּחַז כַּמָּיִם.

19   — Cong., then *chazzan*   **בַּעֲבוּרוֹ אַל תִּמְנַע מָיִם.**

20   **זְכוֹר** שְׁנֵים עָשָׂר שְׁבָטִים שֶׁהֶעֱבַרְתָּ בְּגִזְרַת מַיִם,

21   שֶׁהִמְתַּקְתָּ לָמוֹ מְרִירוּת מַיִם,

22   תּוֹלְדוֹתָם נִשְׁפַּךְ דָּמָם עָלֶיךָ כַּמַּיִם, תֵּפֶן כִּי נַפְשֵׁנוּ אָפְפוּ מָיִם.

23   — Cong., then *chazzan*   **בְּצִדְקָם חֹן חַשְׁרַת מָיִם.**

24   **שָׁאַתָּה הוּא יהוה אֱלֹהֵינוּ, מַשִּׁיב הָרוּחַ וּמוֹרִיד הַגָּשֶׁם.**

25   (אָמֵן.—Cong.)   — Cong., then *chazzan*   **לִבְרָכָה וְלֹא לִקְלָלָה.**

26   (אָמֵן.—Cong.)   — Cong., then *chazzan*   **לְחַיִּים וְלֹא לְמָוֶת.**

27   (אָמֵן.—Cong.)   — Cong., then *chazzan*   **לְשׂוֹבַע וְלֹא לְרָזוֹן.**

THE ARK IS CLOSED. THE REPETITION CONTINUES WITH מְכַלְכֵּל חַיִּים (P. 379).

﴾ אקדמות ﴿

On the first day of Shavuos, after the *Kohen* is called to the Torah
but before he has recited his blessing, *Akdamus* is read.

תָּא.	**אַקְדָּמוּת** מִלִּין, וְשָׁרָיוּת שׁוּ — *Chazzan* 1
אוּלָא שָׁקִילְנָא, הַרְמָן וּרְשׁוּ תָּא.	2
תָּא.	בְּבָבֵי תְּרֵי וּתְלָת, דְּאֶפְתַּח בְּנַקְשׁוּ — *Cong.* 3
תָּא.	בְּבָרֵי דְבָרֵי וְטָרֵי, עֲדֵי לְקַשִׁישׁוּ 4
תָּא.	גְּבוּרָן עָלְמִין לֵיהּ, וְלָא סְפֵק פְּרִישׁוּ — *Chazzan* 5
תָּא.	גְּוִיל אִלּוּ רְקִיעֵי, קְנֵי כָּל חוּרְשָׁ 6
תָּא.	דְּיוֹ אִלּוּ יַמֵּי, וְכָל מֵי כְנִישׁוּ — *Cong.* 7
תָּא.	דָּיְרֵי אַרְעָא סָפְרֵי, וְרָשְׁמֵי רַשְׁן 8
תָּא.	הֲדַר מָרֵי שְׁמַיָּא, וְשַׁלִּיט בְּיַבֶּשׁ — *Chazzan* 9
תָּא.	הֲקֵם עָלְמָא יְחִידָאי, וְכַבְּשֵׁיהּ בְּכַבְּשׁוּ 10
תָּא.	וּבְלָא לֵאוּ שַׁכְלְלֵיהּ, וּבְלָא תְשָׁשׁוּ — *Cong.* 11
תָּא.	וּבְאָתָא קַלִּילָא, דְּלֵית בַּהּ מְשָׁשׁוּ 12
תָּא.	זַמִּין כָּל עֲבִידְתֵּיהּ, בְּהַךְ יוֹמֵי שׁ — *Chazzan* 13
תָּא.	זְהוֹר יְקָרֵיהּ עֲלִי, עֲלֵי כָרְסְיֵהּ דְּאֵשׁ 14
תָּא.	חֵיל אֶלֶף אַלְפִין, וְרִבּוֹא לְשַׁמְּשׁוּ — *Cong.* 15
תָּא.	חַדְתִּין נְבוֹט לְצַפְרִין, סַגִּיאָה טְרָשׁוּ 16
תָּא.	טְפֵי יְקִידִין שְׂרָפִין, כְּלוֹל גַּפֵּי שׁ — *Chazzan* 17
תָּא.	טְעֵם עַד יִתְיְהֵב לְהוֹן, שְׁתִיקִין בְּאַדְשׁ 18
תָּא.	יְקַבְּלוּן דֵּין מִן דֵּין, שָׁוֵי דְּלָא בְשַׁשׁ — *Cong.* 19
תָּא.	יְקַר מְלֵי כָל אַרְעָא, לִתְלוֹתֵי קְדוּשׁ 20
תָּא.	בְּקָל מִן קֳדָם שַׁדַּי, כְּקָל מֵי נְפִישׁוּ — *Chazzan* 21

תָּא.	בְּרוּבִין קֶבֶל גַּלְגַּלִין, מְרוֹמְמִין בְּאוֹשָׁ	1
תָּא.	לְמֶחֱזֵי בְּאַנְפָּא עֵין, כְּוָת גִּירֵי קַשׁ — Cong.	2
תָּא.	לְכָל אֲתַר דְּמִשְׁתַּלְּחִין, זְרִיזִין בְּאֶשָׁן	3
תָּא.	מְבָרְכִין בְּרִיךְ יְקָרֵיהּ, בְּכָל לְשָׁן לְחִישׁוּ — Chazzan	4
תָּא.	מֵאֲתַר בֵּית שְׁכִינְתֵּיהּ, דְּלָא צְרִיךְ בְּחִישׁוּ	5
תָּא.	נְהִים כָּל חֵיל מְרוֹמָא, מְקַלְּסִין בַּחֲשַׁשׁ — Cong.	6
תָּא.	נְהִירָא מַלְכוּתֵיהּ, לְדָר וְדָר לְאַפְרָשׁ	7
תָּא.	סְדִירָא בְּהוֹן קְדֻשְׁתָּא, וְכַד חָלְפָא שָׁעַ — Chazzan	8
תָּא.	סִיּוּמָא דְלְעָלַם, וְאוֹף לָא לְשַׁבּוּעַ	9
תָּא.	עֲדַב יְקַר אַחֲסַנְתֵּיהּ, חֲבִיבִין דְּבִקְקַבַּע — Cong.	10
תָּא.	עֲבִידִין לֵיהּ חֲטִיבָה, בְּדַנַח וּשְׁקַעַ	11
תָּא.	פְּרִישָׁן לְמָנָתֵיהּ, לְמֶעְבַּד לֵיהּ רְעוּ — Chazzan	12
תָּא.	פְּרִישׁוּתֵיהּ שְׁבָחֵיהּ, יְחַוּוֹן בְּשָׁעוּ	13
תָּא.	צְבִי וְחָמִיד וְרָגִיג, דִּילְאוֹן בְּלָעוּ — Cong.	14
תָּא.	צְלוֹתְהוֹן בְּכֵן מְקַבֵּל, וְהַנְיָא בָעוּ	15
תָּא.	קְטִירָא לְחֵי עָלְמָא, בְּתָגָא בְּשָׁבוּעַ — Chazzan	16
תָּא.	קֶבֶל יְקַר טוֹטַפְתָּא, יְתִיבָא בִּקְבִיעוּ	17
תָּא.	רְשִׁימָא הִיא גוּפָא, בְּחָכְמְתָא וּבְדַע — Cong.	18
תָּא.	רְבוּתְהוֹן דְּיִשְׂרָאֵל, קְרָאֵי בִשְׁמַע	19
תָּא.	שְׁבַח רִבּוֹן עָלְמָא, אֲמִירָא דַכֵן — Chazzan	20
תָּא.	שַׁפֵּר עֲלַי לְחַוּוּיֵהּ, בְּאַפֵּי מַלְכְּן	21
תָּא.	תָּאִין וּמִתְכַּנְּשִׁין, כְּחֵזוּ אֲדָן — Cong.	22
תָּא.	תְּמֵהִין וְשָׁיְלִין לַהּ, בְּעֵסֶק אֲתָן	23

1 Chazzan — מִנָּן וּמָאן הוּא רְחִימָךְ, שַׁפִּירָא בְּרֵין   תָּא.
2 — אֲרוּם בְּגִינֵיהּ סָפִית, מְדוֹר אַרְיָן   תָּא.
3 Cong. — יְקָרָא וְיָאֶה אַתְּ, אִין תַּעַרְבִי לְמָרָן   תָּא.
4 — רְעוּתֵךְ נַעֲבִיד לִיךְ, בְּכָל אַתְרָן   תָּא.
5 Chazzan — בְּחָכְמְתָא מְתִיבָתָא לְהוֹן, קְצָת לְהוֹדָעוּ   תָּא.
6 — יְדַעְתּוּן חַכְּמִין לֵיהּ, בְּאִשְׁתְּמוֹדָעוּ   תָּא.
7 Cong. — רְבוּתְכוֹן מָה חֲשִׁיבָא, קֳבֵל הַהִיא שְׁבַח   תָּא.
8 — רְבוּתָא דְיַעֲבֵד לִי, כַּד מַטְיָא יְשׁוּעַ   תָּא.
9 Chazzan — בְּמֵיתֵי לִי נְהוֹרָא, וְתַחֲפֵי לְכוֹן בַּהֲ   תָּא.
10 — יְקָרֵיהּ כַּד יִתְגְּלֵי, בְּתָקְפָּא וּבְגֵין   תָּא.
11 Cong. — יְשַׁלֵּם גְּמָלַיָּא, לְסָנְאֵי וְנַגְן   תָּא.
12 — צִדְקָתָא לְעַם חֲבִיב, וְסַגִּיא זַכְוָן   תָּא.
13 Chazzan — חֲדוּ שְׁלֵמָא בְּמֵיתֵיהּ, וּמָנֵי דַכְיָ   תָּא.
14 — קִרְיְתָא דִירוּשְׁלֵם, כַּד יְכַנֵּשׁ גַּלְוָן   תָּא.
15 Cong. — יְקָרֵיהּ מַטִּיל עֲלַהּ, בְּיוֹמֵי וְלֵילְוָן   תָּא.
16 — גְּנוּנֵיהּ לְמֶעְבַּד בַּהּ, בְּתוּשְׁבְּחָן כְּלִיל   תָּא.
17 Chazzan — דְּזֵיהוֹר עֲנָנַיָּא, לְמִשְׁפַּר כִּיל   תָּא.
18 — לְפוּמֵיהּ דַעֲבִידְתָּא, עֲבִידָן מְטַלַּל   תָּא.
19 Cong. — בְּתַכְתְּקֵי דְהַב פִּינָא, וּשְׁבַע מַעֲל   תָּא.
20 — תְּחִימִין צַדִּיקֵי, קֳדָם רַב פָּעַל   תָּא.
21 Chazzan — וְרֵיוֵיהוֹן דָּמֵי, לְשַׁבְעָא חֶדְוָן   תָּא.
22 — רְקִיעָא בְּזֵיהוֹרֵיהּ, וְכוֹכְבֵי זִיו   תָּא.
23 Cong. — הֲדָרָא דְלָא אֶפְשָׁר, לְמִפְרַט בְּשִׂפְוָן   תָּא.

תָא.	וְלָא אִשְׁתְּמַע וְחָמֵי, נְבִיאָן חֶזְוָ	1
תָא.	בְּלָא שָׁלְטָא בֵּיה עֵין, בְּגוֹ עֵדֶן גַּנ — Chazzan	2
תָא.	מְטַיְלֵי בֵּי חִנְגָּא, לְבַהֲדֵי דִשְׁכִינ	3
תָא.	עֲלֵיה רָמְזֵי דֵּין הוּא, בְּרַם בְּאֶמְתָנוּ — Cong.	4
תָא.	שַׁבַּרְנָא לֵיה בִּשְׁבִינָ, תְּקוֹף הֵמָנוּ	5
תָא.	יְדַבַּר לָן עָלְמִין, עָלְמִין מְדַמּוּ — Chazzan	6
תָא.	מְנָת דִּילָן דְּמִלְּקַדְמִין, פָּרֵשׁ בַּאֲרָמוּ	7
תָא.	טְלוּלָא דִלְוְיָתָן, וְתוֹר טוּר רָמוּ — Cong.	8
תָא.	וְחַד בְּחַד כִּי סָבִיךְ, וְעָבֵד קְרָבוּ	9
תָא.	בְּקַרְנוֹהִי מְנַגַּח בְּהֵמוֹת, בְּרַבּוּ — Chazzan	10
תָא.	יְקַרְטַע נוּן לְקִבְלֵיה, בְּצִיצוֹי בִּגְבוּר	11
תָא.	מְקָרֵב לֵיה בָּרְיֵה, בְּחַרְבֵּיה רַבְרְבוּ — Cong.	12
תָא.	אַרִסְטוֹן לְצַדִּיקֵי יְתַקֵּן, וְשֵׁרוּ	13
תָא.	מְסַחֲרִין עֲלֵי תַּכֵּי, דְּכַדְכֹּד וְגוּמַר — Chazzan	14
תָא.	נְגִידִין קַמֵּיהוֹן, אֲפַרְסְמוֹן נַהֲרָ	15
תָא.	וּמִתְפַּנְּקִין וְרָווֹ, בְּכַסֵּי רְוָיֵ — Cong.	16
תָא.	חֲמַר מְרַת דְּמִבְּרֵאשִׁית, נְטִיר בֵּי נַעֲוַ	17
תָא.	זַכָּאִין כַּד שְׁמַעְתּוּן, שְׁבַח דָּא שִׁירָ — Chazzan	18
תָא.	קְבִיעִין כֵּן תֶּהֱווֹן, בְּהַנְהוּ חֲבוּרָ	19
תָא.	וְתִזְכּוּן דִּי תֵיתְּבוּן, בְּעֵלָּא דָךְ — Cong.	20
תָא.	אֲרֵי תְצִיתוּן לְמִלּוֹי, דְּנָפְקִין בְּהַדְּרָ	21
תָא.	מְרוֹמָם הוּא אֱלָהִין, בְּקַדְמָא וּבַתְרֵי — Chazzan	22
תָא.	צְבִי וְאִתְרְעִי בָן, וּמְסַר לָן אוֹרֵי — All	23

﴾ סדר התרת נדרים ﴿

Hataras Nedarim is usually made on Erev Rosh Hashanah. It is said before three adult males who serve as judges. The person saying *Hataras Nedarim* stands, the three judges sit. The person saying *Hataras Nedarim* must understand what he is saying:

1   **שִׁמְעוּ** נָא רַבּוֹתַי דַּיָּנִים מוּמְחִים. כָּל נֶדֶר אוֹ שְׁבוּעָה אוֹ אִסּוּר

2   אוֹ קוֹנָם אוֹ חֵרֶם שֶׁנָּדַרְתִּי אוֹ נִשְׁבַּעְתִּי בְּהָקִיץ אוֹ

3   בַחֲלוֹם, אוֹ נִשְׁבַּעְתִּי בְּשֵׁמוֹת הַקְּדוֹשִׁים שֶׁאֵינָם נִמְחָקִים, וּבְשֵׁם

4   הֲוָיָ״ה בָּרוּךְ הוּא, וְכָל מִינֵי נְזִירוּת שֶׁקִּבַּלְתִּי עָלַי, וַאֲפִילוּ נְזִירוּת

5   שִׁמְשׁוֹן, וְכָל שׁוּם אִסּוּר, וַאֲפִילוּ אִסּוּר הֲנָאָה שֶׁאָסַרְתִּי עָלַי אוֹ עַל

6   אֲחֵרִים, בְּכָל לָשׁוֹן שֶׁל אִסּוּר, בֵּין בִּלְשׁוֹן אִסּוּר אוֹ חֵרֶם אוֹ קוֹנָם,

7   וְכָל שׁוּם קַבָּלָה אֲפִילוּ שֶׁל מִצְוָה שֶׁקִּבַּלְתִּי עָלַי בֵּין בִּלְשׁוֹן נֶדֶר, בֵּין

8   בִּלְשׁוֹן נְדָבָה, בֵּין בִּלְשׁוֹן שְׁבוּעָה, בֵּין בִּלְשׁוֹן נְזִירוּת, בֵּין בְּכָל

9   לָשׁוֹן, וְגַם הַנַּעֲשֶׂה בִּתְקִיעַת כָּף, בֵּין כָּל נֶדֶר, וּבֵין כָּל נְדָבָה, וּבֵין

10   שׁוּם מִנְהַג שֶׁל מִצְוָה שֶׁנָּהַגְתִּי אֶת עַצְמִי, וְכָל מוֹצָא שְׂפָתַי שֶׁיָּצָא

11   מִפִּי, אוֹ שֶׁנָּדַרְתִּי וְגָמַרְתִּי בְּלִבִּי לַעֲשׂוֹת שׁוּם מִצְוָה מֵהַמִּצְוֹת, אוֹ

12   אֵיזֶה הַנְהָגָה טוֹבָה אוֹ אֵיזֶה דָּבָר טוֹב שֶׁנָּהַגְתִּי שָׁלֹשׁ פְּעָמִים וְלֹא

13   הִתְנֵיתִי שֶׁיְּהֵא בְּלִי נֶדֶר, הֵן דָּבָר שֶׁעָשִׂיתִי, הֵן עַל עַצְמִי, הֵן עַל

14   אֲחֵרִים, הֵן אוֹתָן הַיְּדוּעִים לִי, הֵן אוֹתָן שֶׁכְּבָר שָׁכַחְתִּי, בְּכֻלְּהוֹן

15   אִתְחֲרַטְנָא בְּהוֹן מֵעִקָּרָא, וְשׁוֹאֵל וּמְבַקֵּשׁ אֲנִי מִמַּעֲלַתְכֶם הַתָּרָה

16   עֲלֵיהֶם. כִּי יָרֵאתִי פֶּן אֶכָּשֵׁל וְנִלְכַּדְתִּי, חַס וְשָׁלוֹם, בַּעֲוֹן נְדָרִים

17   וּשְׁבוּעוֹת וּנְזִירוּת וַחֲרָמוֹת וְאִסּוּרִין וְקוֹנָמוֹת וְהַסְכָּמוֹת.

18   וְאֵין אֲנִי תוֹהֵא, חַס וְשָׁלוֹם, עַל קִיּוּם הַמַּעֲשִׂים הַטּוֹבִים הָהֵם

19   שֶׁעָשִׂיתִי. רַק אֲנִי מִתְחָרֵט עַל קַבָּלַת הָעִנְיָנִים בִּלְשׁוֹן נֶדֶר אוֹ

20   שְׁבוּעָה אוֹ נְזִירוּת אוֹ אִסּוּר אוֹ חֵרֶם אוֹ קוֹנָם אוֹ הַסְכָּמָה אוֹ קַבָּלָה

21   בְּלֵב, וּמִתְחָרֵט אֲנִי עַל זֶה שֶׁלֹּא אָמַרְתִּי, הִנְנִי עוֹשֶׂה דָּבָר זֶה בְּלִי

22   נֶדֶר וּשְׁבוּעָה וּנְזִירוּת וְחֵרֶם וְאִסּוּר וְקוֹנָם וְקַבָּלָה בְּלֵב.

23   לָכֵן אֲנִי שׁוֹאֵל הַתָּרָה בְּכֻלְּהוֹן. אֲנִי מִתְחָרֵט עַל כָּל הַנִּזְכָּר, בֵּין

24   אִם הָיוּ הַמַּעֲשִׂים מֵהַדְּבָרִים הַנּוֹגְעִים בְּמָמוֹן, בֵּין מֵהַדְּבָרִים

25   הַנּוֹגְעִים בְּגוּף, בֵּין מֵהַדְּבָרִים הַנּוֹגְעִים אֶל הַנְּשָׁמָה. בְּכֻלְּהוֹן אֲנִי

26   מִתְחָרֵט עַל לְשׁוֹן נֶדֶר וּשְׁבוּעָה וּנְזִירוּת וְאִסּוּר וְחֵרֶם וְקוֹנָם וְקַבָּלָה

27   בְּלֵב.

וְהִנֵּה מִצַּד הַדִּין הַמִּתְחָרֵט וְהַמְבַקֵּשׁ הַתָּרָה צָרִיךְ לִפְרוֹט הַנֶּדֶר,

אַךְ דְּעוּ נָא רַבּוֹתַי, כִּי אִי אֶפְשָׁר לְפוֹרְטָם כִּי רַבִּים הֵם. וְאֵין אֲנִי

מְבַקֵּשׁ הַתָּרָה עַל אוֹתָם הַנְּדָרִים שֶׁאֵין לְהַתִּיר אוֹתָם. עַל כֵּן יִהְיוּ נָא

בְּעֵינֵיכֶם כְּאִלּוּ הָיִיתִי פוֹרְטָם.

The judges respond three times:

הַכֹּל יִהְיוּ מֻתָּרִים לָךְ, הַכֹּל מְחוּלִים לָךְ, הַכֹּל שְׁרוּיִים לָךְ, אֵין

כָּאן לֹא נֶדֶר וְלֹא שְׁבוּעָה וְלֹא נְזִירוּת וְלֹא חֵרֶם וְלֹא אִסּוּר

וְלֹא קוֹנָם וְלֹא נִדּוּי וְלֹא שַׁמְתָּא וְלֹא אָרוּר. אֲבָל יֵשׁ כָּאן מְחִילָה

וּסְלִיחָה וְכַפָּרָה. וּכְשֵׁם שֶׁמַּתִּירִים בְּבֵית דִּין שֶׁל מַטָּה, כַּךְ יִהְיוּ

מֻתָּרִים בְּבֵית דִּין שֶׁל מַעְלָה.

The one making Hataras Nedarim *then says:*

הֲרֵי אֲנִי מוֹסֵר מוֹדָעָה לִפְנֵיכֶם, וַאֲנִי מְבַטֵּל מִכָּאן וּלְהַבָּא כָּל

הַנְּדָרִים וְכָל שְׁבוּעוֹת וּנְזִירוּת וְאִסּוּרִין וְקוֹנָמוֹת וַחֲרָמוֹת

וְהַסְכָּמוֹת וְקַבָּלָה בְלֵב שֶׁאֲקַבֵּל עָלַי בְּעַצְמִי, הֵן בְּהָקִיץ, הֵן בַּחֲלוֹם,

חוּץ מִנִּדְרֵי תַעֲנִית בִּשְׁעַת מִנְחָה. וּבְאִם שֶׁאֶשְׁכַּח לִתְנַאי מוֹדָעָה

הַזֹּאת, וְאֶדּוֹר מֵהַיּוֹם עוֹד, מֵעַתָּה אֲנִי מִתְחָרֵט עֲלֵיהֶם, וּמַתְנֶה

עֲלֵיהֶם, שֶׁיִּהְיוּ כֻלָּן בְּטֵלִין וּמְבֻטָּלִין, לָא שְׁרִירִין וְלָא קַיָּמִין, וְלָא יְהוֹן

חָלִין כְּלָל וּכְלָל. בְּכֻלָּן אִתְחֲרַטְנָא בְהוֹן מֵעַתָּה וְעַד עוֹלָם.

Some add this:

יְהִי רָצוֹן מִלְּפָנֶיךָ, יהוה אֱלֹהַי וֵאלֹהֵי אֲבוֹתַי, שֶׁכָּל הַקְּלָלוֹת וְהָאֲרוּרִים

וְהַנִּדּוּיִים וְהַנְּזוּפִים וְהַחֲרָמוֹת וְהַשַּׁמְתּוֹת שֶׁקִּלַּלְתִּי אוֹ שֶׁאָרַרְתִּי אוֹ

שֶׁנִּדֵּיתִי אוֹ שֶׁהֶחֱרַמְתִּי אוֹ שֶׁשִּׂמַּתִּי אֶת עַצְמִי אוֹ אֶת אִשְׁתִּי אוֹ אֶת בְּנֵי בֵיתִי

אוֹ אֶת אֲחֵרִים, אוֹ אֲחֵרִים שֶׁקִּלְלוּ אוֹ שֶׁנִּדּוּ אוֹ שֶׁהֶחֱרִימוּ אוֹ שֶׁשִּׂמְּתוּ, אוֹתִי

אוֹ אֶת אִשְׁתִּי אוֹ אֶת זַרְעִי אוֹ אֶת בְּנֵי בֵיתִי, יְהִי רָצוֹן מִלְּפָנֶיךָ, יהוה אֱלֹהַי

וֵאלֹהֵי אֲבוֹתַי, אֱלֹהֵינוּ שֶׁבַּשָּׁמַיִם וּבָאָרֶץ, שָׁאל יִשְׁלְטוּ בָנוּ וְאַל יַעֲשׂוּ רוֹשֶׁם,

וְכָל הַקְּלָלוֹת יִתְהַפְּכוּ עָלֵינוּ לְטוֹבָה וְלִבְרָכָה, כְּדִכְתִיב: וַיַּהֲפֹךְ יהוה אֱלֹהֶיךָ לְּךָ

אֶת הַקְּלָלָה לִבְרָכָה כִּי אֲהֵבְךָ יהוה אֱלֹהֶיךָ.

The judges respond three times:

כֻּלָּם מֻתָּרִים לָךְ, כֻּלָּם שְׁרוּיִים לָךְ, כֻּלָּם מְחוּלִים לָךְ. כְּשֵׁם שֶׁאֲנַחְנוּ

מַתִּירִין בְּבֵית דִּין שֶׁל מַטָּה, כַּךְ יִהְיוּ מֻתָּרִים בְּבֵית דִּין שֶׁל מַעְלָה,

וְלֹא יַעֲשׂוּ שׁוּם רוֹשֶׁם כְּלָל. וְכָל הַקְּלָלוֹת יִתְהַפְּכוּ עָלֵינוּ לְטוֹבָה וְלִבְרָכָה,

כְּדִכְתִיב: וַיַּהֲפֹךְ יהוה אֱלֹהֶיךָ לְּךָ אֶת הַקְּלָלָה לִבְרָכָה כִּי אֲהֵבְךָ יהוה אֱלֹהֶיךָ.

❧ שמונה עשרה לראש השנה ❧

Take three steps backward, then three steps forward. During *Shemoneh Esrei*, stand with your feet together and do not interrupt in any way. Say it very quietly, but you must be able to hear your own words. See *Laws* §15-16 for a summary of its laws.

1 [At *Mussaf* and *Minchah* — כִּי שֵׁם יהוה אֶקְרָא, הָבוּ גֹדֶל לֵאלֹהֵינוּ.]

2 אֲדֹנָי שְׂפָתַי תִּפְתָּח, וּפִי יַגִּיד תְּהִלָּתֶךָ.

אבות

Bend the knees at בָּרוּךְ; bow at אַתָּה; straighten up at ה'.

3 **בָּרוּךְ** אַתָּה יהוה אֱלֹהֵינוּ וֵאלֹהֵי אֲבוֹתֵינוּ, אֱלֹהֵי

4 אַבְרָהָם, אֱלֹהֵי יִצְחָק, וֵאלֹהֵי יַעֲקֹב, הָאֵל הַגָּדוֹל

5 הַגִּבּוֹר וְהַנּוֹרָא, אֵל עֶלְיוֹן, גּוֹמֵל חֲסָדִים טוֹבִים וְקוֹנֵה

6 הַכֹּל, וְזוֹכֵר חַסְדֵי אָבוֹת, וּמֵבִיא גוֹאֵל לִבְנֵי בְנֵיהֶם, לְמַעַן

7 שְׁמוֹ בְּאַהֲבָה.

8 זָכְרֵנוּ לְחַיִּים, מֶלֶךְ חָפֵץ בַּחַיִּים,

9 וְכָתְבֵנוּ בְּסֵפֶר הַחַיִּים, לְמַעַנְךָ אֱלֹהִים חַיִּים.

Bend the knees at בָּרוּךְ; bow at אַתָּה; straighten up at ה'.

10 מֶלֶךְ עוֹזֵר וּמוֹשִׁיעַ וּמָגֵן. בָּרוּךְ אַתָּה יהוה, מָגֵן אַבְרָהָם.

גבורות

11 **אַתָּה** גִּבּוֹר לְעוֹלָם אֲדֹנָי, מְחַיֵּה מֵתִים אַתָּה, רַב

12 לְהוֹשִׁיעַ, מוֹרִיד הַטָּל. מְכַלְכֵּל חַיִּים בְּחֶסֶד,

13 מְחַיֵּה מֵתִים בְּרַחֲמִים רַבִּים, סוֹמֵךְ נוֹפְלִים, וְרוֹפֵא חוֹלִים,

14 וּמַתִּיר אֲסוּרִים, וּמְקַיֵּם אֱמוּנָתוֹ לִישֵׁנֵי עָפָר. מִי כָמוֹךָ בַּעַל

15 גְּבוּרוֹת, וּמִי דּוֹמֶה לָּךְ, מֶלֶךְ מֵמִית וּמְחַיֶּה וּמַצְמִיחַ

16 יְשׁוּעָה.

17 מִי כָמוֹךָ °אַב הָרַחֲמָן, זוֹכֵר יְצוּרָיו לְחַיִּים בְּרַחֲמִים.

18 [During *Mussaf* — and at *Minchah* on the Sabbath — say:° אַב הָרַחֲמִים]

19 וְנֶאֱמָן אַתָּה לְהַחֲיוֹת מֵתִים. בָּרוּךְ אַתָּה יהוה, מְחַיֵּה

20 הַמֵּתִים.

קדושת השם

אַתָּה קָדוֹשׁ וְשִׁמְךָ קָדוֹשׁ, וּקְדוֹשִׁים בְּכָל יוֹם יְהַלְלְוּךָ
סֶּלָה, כִּי אֵל מֶלֶךְ גָּדוֹל וְקָדוֹשׁ אָתָּה.

לְדוֹר וָדוֹר הַמְלִיכוּ לָאֵל, כִּי הוּא לְבַדּוֹ מָרוֹם וְקָדוֹשׁ.

וּבְכֵן, יִתְקַדֵּשׁ שִׁמְךָ יהוה אֱלֹהֵינוּ עַל יִשְׂרָאֵל עַמֶּךָ,
וְעַל יְרוּשָׁלַיִם עִירֶךָ, וְעַל צִיּוֹן מִשְׁכַּן כְּבוֹדֶךָ,
וְעַל מַלְכוּת בֵּית דָּוִד מְשִׁיחֶךָ, וְעַל מְכוֹנְךָ וְהֵיכָלֶךָ.

וּבְכֵן, תֵּן פַּחְדְּךָ, יהוה אֱלֹהֵינוּ, עַל כָּל מַעֲשֶׂיךָ,
וְאֵימָתְךָ עַל כָּל מַה שֶּׁבָּרָאתָ. וְיִירָאְוּךָ כָּל
הַמַּעֲשִׂים, וְיִשְׁתַּחֲווּ לְפָנֶיךָ כָּל הַבְּרוּאִים. וְיֵעָשׂוּ כֻלָּם
אֲגֻדָּה אַחַת, לַעֲשׂוֹת רְצוֹנְךָ בְּלֵבָב שָׁלֵם. כְּמוֹ שֶׁיָּדַעְנוּ,
יהוה אֱלֹהֵינוּ, שֶׁהַשָּׁלְטָן לְפָנֶיךָ, עֹז בְּיָדְךָ, וּגְבוּרָה
בִּימִינֶךָ, וְשִׁמְךָ נוֹרָא עַל כָּל מַה שֶּׁבָּרָאתָ.

וּבְכֵן, תֵּן כָּבוֹד, יהוה, לְעַמֶּךָ, תְּהִלָּה לִירֵאֶיךָ, וְתִקְוָה
טוֹבָה לְדוֹרְשֶׁיךָ, וּפִתְחוֹן פֶּה לַמְיַחֲלִים לָךְ,
שִׂמְחָה לְאַרְצֶךָ, וְשָׂשׂוֹן לְעִירֶךָ, וּצְמִיחַת קֶרֶן לְדָוִד
עַבְדֶּךָ, וַעֲרִיכַת נֵר לְבֶן יִשַׁי מְשִׁיחֶךָ, בִּמְהֵרָה בְיָמֵינוּ.

וּבְכֵן, צַדִּיקִים יִרְאוּ וְיִשְׂמָחוּ, וִישָׁרִים יַעֲלְזוּ, וַחֲסִידִים
בְּרִנָּה יָגִילוּ. וְעוֹלָתָה תִּקְפָּץ פִּיהָ, וְכָל הָרִשְׁעָה
כֻּלָּהּ כֶּעָשָׁן תִּכְלֶה, כִּי תַעֲבִיר מֶמְשֶׁלֶת זָדוֹן מִן הָאָרֶץ.

וְתִמְלוֹךְ, אַתָּה הוּא יהוה אֱלֹהֵינוּ מְהֵרָה לְבַדֶּךָ, עַל
כָּל מַעֲשֶׂיךָ, בְּהַר צִיּוֹן מִשְׁכַּן כְּבוֹדֶךָ,

1   וּבִירוּשָׁלַיִם עִיר קָדְשֶׁךָ, כַּכָּתוּב בְּדִבְרֵי קָדְשֶׁךָ: יִמְלֹךְ

2   יהוה לְעוֹלָם, אֱלֹהַיִךְ צִיּוֹן, לְדֹר וָדֹר, הַלְלוּיָהּ.

3   **קָדוֹשׁ** אַתָּה וְנוֹרָא שְׁמֶךָ, וְאֵין אֱלוֹהַּ מִבַּלְעָדֶיךָ,

4   כַּכָּתוּב: וַיִּגְבַּהּ יהוה צְבָאוֹת בַּמִּשְׁפָּט, וְהָאֵל

5   הַקָּדוֹשׁ נִקְדַּשׁ בִּצְדָקָה. בָּרוּךְ אַתָּה יהוה, הַמֶּלֶךְ הַקָּדוֹשׁ.

קדושת היום

6   **אַתָּה בְחַרְתָּנוּ** מִכָּל הָעַמִּים, אָהַבְתָּ אוֹתָנוּ, וְרָצִיתָ

7   בָּנוּ, וְרוֹמַמְתָּנוּ מִכָּל הַלְּשׁוֹנוֹת,

8   וְקִדַּשְׁתָּנוּ בְּמִצְוֹתֶיךָ. וְקֵרַבְתָּנוּ מַלְכֵּנוּ לַעֲבוֹדָתֶךָ, וְשִׁמְךָ

9   הַגָּדוֹל וְהַקָּדוֹשׁ עָלֵינוּ קָרָאתָ.

On Saturday night the following is recited.
[If forgotten do not repeat *Shemoneh Esrei*. See *Laws* §55.]

10   **וַתּוֹדִיעֵנוּ** יהוה אֱלֹהֵינוּ אֶת מִשְׁפְּטֵי צִדְקֶךָ, וַתְּלַמְּדֵנוּ לַעֲשׂוֹת

11   (בָּהֶם) חֻקֵּי רְצוֹנֶךָ. וַתִּתֶּן לָנוּ יהוה אֱלֹהֵינוּ מִשְׁפָּטִים

12   יְשָׁרִים וְתוֹרוֹת אֱמֶת חֻקִּים וּמִצְוֹת טוֹבִים. וַתַּנְחִילֵנוּ זְמַנֵּי שָׂשׂוֹן

13   וּמוֹעֲדֵי קֹדֶשׁ וְחַגֵּי נְדָבָה. וַתּוֹרִישֵׁנוּ קְדֻשַּׁת שַׁבָּת וּכְבוֹד מוֹעֵד

14   וַחֲגִיגַת הָרֶגֶל. וַתַּבְדֵּל יהוה אֱלֹהֵינוּ בֵּין קֹדֶשׁ לְחֹל, בֵּין אוֹר

15   לְחֹשֶׁךְ, בֵּין יִשְׂרָאֵל לָעַמִּים, בֵּין יוֹם הַשְּׁבִיעִי לְשֵׁשֶׁת יְמֵי

16   הַמַּעֲשֶׂה. בֵּין קְדֻשַּׁת שַׁבָּת לִקְדֻשַּׁת יוֹם טוֹב הִבְדַּלְתָּ, וְאֶת יוֹם

17   הַשְּׁבִיעִי מִשֵּׁשֶׁת יְמֵי הַמַּעֲשֶׂה קִדַּשְׁתָּ, הִבְדַּלְתָּ וְקִדַּשְׁתָּ אֶת עַמְּךָ

18   יִשְׂרָאֵל בִּקְדֻשָּׁתֶךָ.

On the Sabbath, add the words in brackets.

19   **וַתִּתֶּן** לָנוּ יהוה אֱלֹהֵינוּ בְּאַהֲבָה אֶת יוֹם [הַשַּׁבָּת הַזֶּה

20   וְאֶת יוֹם] הַזִּכָּרוֹן הַזֶּה, – on weekdays [יוֹם תְּרוּעָה]

21   [– on the Sabbath זִכְרוֹן תְּרוּעָה בְּאַהֲבָה] מִקְרָא קֹדֶשׁ, זֵכֶר לִיצִיאַת

22   מִצְרָיִם.

AT MAARIV, SHACHARIS, AND MINCHAH SAY:

1 **אֱלֹהֵינוּ** וֵאלֹהֵי אֲבוֹתֵינוּ, יַעֲלֶה, וְיָבֹא, וְיַגִּיעַ, וְיֵרָאֶה,
2 וְיֵרָצֶה, וְיִשָּׁמַע, וְיִפָּקֵד, וְיִזָּכֵר זִכְרוֹנֵנוּ וּפִקְדוֹנֵנוּ,

AT MUSSAF SAY:

On the Sabbath, add the words in brackets.

3 **וּמִפְּנֵי חֲטָאֵינוּ** גָּלִינוּ מֵאַרְצֵנוּ, וְנִתְרַחַקְנוּ מֵעַל אַדְמָתֵנוּ.
4 וְאֵין אֲנַחְנוּ יְכוֹלִים לַעֲשׂוֹת חוֹבוֹתֵינוּ
5 בְּבֵית בְּחִירָתֶךָ, בַּבַּיִת הַגָּדוֹל וְהַקָּדוֹשׁ שֶׁנִּקְרָא שִׁמְךָ עָלָיו, מִפְּנֵי
6 הַיָּד שֶׁנִּשְׁתַּלְּחָה בְּמִקְדָּשֶׁךָ. יְהִי רָצוֹן מִלְּפָנֶיךָ יהוה אֱלֹהֵינוּ
7 וֵאלֹהֵי אֲבוֹתֵינוּ, מֶלֶךְ רַחֲמָן, שֶׁתָּשׁוּב וּתְרַחֵם עָלֵינוּ וְעַל
8 מִקְדָּשְׁךָ בְּרַחֲמֶיךָ הָרַבִּים, וְתִבְנֵהוּ מְהֵרָה וּתְגַדֵּל כְּבוֹדוֹ. אָבִינוּ
9 מַלְכֵּנוּ, גַּלֵּה כְּבוֹד מַלְכוּתְךָ עָלֵינוּ מְהֵרָה, וְהוֹפַע וְהִנָּשֵׂא עָלֵינוּ
10 לְעֵינֵי כָּל חָי. וְקָרֵב פְּזוּרֵינוּ מִבֵּין הַגּוֹיִם, וּנְפוּצוֹתֵינוּ כַּנֵּס מִיַּרְכְּתֵי
11 אָרֶץ. וַהֲבִיאֵנוּ לְצִיּוֹן עִירְךָ בְּרִנָּה, וְלִירוּשָׁלַיִם בֵּית מִקְדָּשְׁךָ
12 בְּשִׂמְחַת עוֹלָם. וְשָׁם נַעֲשֶׂה לְפָנֶיךָ אֶת קָרְבְּנוֹת חוֹבוֹתֵינוּ,
13 תְּמִידִים כְּסִדְרָם, וּמוּסָפִים כְּהִלְכָתָם. וְאֶת מוּסְפֵי יוֹם [הַשַּׁבָּת
14 הַזֶּה וְיוֹם] הַזִּכָּרוֹן הַזֶּה נַעֲשֶׂה וְנַקְרִיב לְפָנֶיךָ בְּאַהֲבָה כְּמִצְוַת
15 רְצוֹנֶךָ, כְּמוֹ שֶׁכָּתַבְתָּ עָלֵינוּ בְּתוֹרָתֶךָ, עַל יְדֵי מֹשֶׁה עַבְדֶּךָ, מִפִּי
16 כְּבוֹדֶךָ כָּאָמוּר:

On the Sabbath:

17 **וּבְיוֹם הַשַּׁבָּת** שְׁנֵי כְבָשִׂים בְּנֵי שָׁנָה תְּמִימִם, וּשְׁנֵי עֶשְׂרֹנִים סֹלֶת
18 מִנְחָה בְּלוּלָה בַשֶּׁמֶן, וְנִסְכּוֹ. עֹלַת שַׁבַּת בְּשַׁבַּתּוֹ,
19 עַל עֹלַת הַתָּמִיד וְנִסְכָּהּ. (זֶה קָרְבַּן שַׁבָּת. וְקָרְבַּן הַיּוֹם כָּאָמוּר:)

20 **וּבַחֹדֶשׁ** הַשְּׁבִיעִי בְּאֶחָד לַחֹדֶשׁ, מִקְרָא קֹדֶשׁ יִהְיֶה לָכֶם,
21 כָּל מְלֶאכֶת עֲבֹדָה לֹא תַעֲשׂוּ, יוֹם תְּרוּעָה יִהְיֶה
22 לָכֶם. וַעֲשִׂיתֶם עֹלָה לְרֵיחַ נִיחֹחַ לַיהוה, פַּר בֶּן בָּקָר אֶחָד, אַיִל
23 אֶחָד, כְּבָשִׂים בְּנֵי שָׁנָה שִׁבְעָה, תְּמִימִם. וּמִנְחָתָם וְנִסְכֵּיהֶם
24 כִּמְדֻבָּר: שְׁלֹשָׁה עֶשְׂרֹנִים לַפָּר, וּשְׁנֵי עֶשְׂרֹנִים לָאַיִל, וְעִשָּׂרוֹן

AT *MAARIV, SHACHARIS,* AND *MINCHAH* SAY:

1   וְזִכְרוֹן אֲבוֹתֵינוּ, וְזִכְרוֹן מָשִׁיחַ בֶּן דָּוִד עַבְדֶּךָ, וְזִכְרוֹן יְרוּשָׁלַיִם

2   עִיר קָדְשֶׁךָ, וְזִכְרוֹן כָּל עַמְּךָ בֵּית יִשְׂרָאֵל לְפָנֶיךָ, לִפְלֵיטָה

AT *MUSSAF* SAY:

3   לַכֶּבֶשׂ, וְיַיִן כְּנִסְכּוֹ, וּשְׁנֵי שְׂעִירִים לְכַפֵּר, וּשְׁנֵי תְמִידִים כְּהִלְכָתָם.

4   מִלְּבַד עֹלַת הַחֹדֶשׁ וּמִנְחָתָהּ, וְעֹלַת הַתָּמִיד וּמִנְחָתָהּ, וְנִסְכֵּיהֶם

5   כְּמִשְׁפָּטָם, לְרֵיחַ נִיחֹחַ אִשֶּׁה לַיהוה.

On the Sabbath:

6   **יִשְׂמְחוּ** בְמַלְכוּתְךָ שׁוֹמְרֵי שַׁבָּת וְקוֹרְאֵי עֹנֶג, עַם מְקַדְּשֵׁי שְׁבִיעִי,

7   כֻּלָּם יִשְׂבְּעוּ וְיִתְעַנְּגוּ מִטּוּבֶךָ, וּבַשְּׁבִיעִי רָצִיתָ בּוֹ וְקִדַּשְׁתּוֹ,

8   חֶמְדַּת יָמִים אוֹתוֹ קָרָאתָ, זֵכֶר לְמַעֲשֵׂה בְרֵאשִׁית.

מלכיות

9   **עָלֵינוּ** לְשַׁבֵּחַ לַאֲדוֹן הַכֹּל, לָתֵת גְּדֻלָּה לְיוֹצֵר בְּרֵאשִׁית,

10   שֶׁלֹּא עָשָׂנוּ כְּגוֹיֵי הָאֲרָצוֹת, וְלֹא שָׂמָנוּ כְּמִשְׁפְּחוֹת

11   הָאֲדָמָה. שֶׁלֹּא שָׂם חֶלְקֵנוּ כָּהֶם, וְגֹרָלֵנוּ כְּכָל הֲמוֹנָם. שֶׁהֵם

12   מִשְׁתַּחֲוִים לְהֶבֶל וָרִיק, וּמִתְפַּלְּלִים אֶל אֵל לֹא יוֹשִׁיעַ. וַאֲנַחְנוּ

13   כּוֹרְעִים וּמִשְׁתַּחֲוִים וּמוֹדִים, לִפְנֵי מֶלֶךְ מַלְכֵי הַמְּלָכִים הַקָּדוֹשׁ

14   בָּרוּךְ הוּא. שֶׁהוּא נוֹטֶה שָׁמַיִם וְיֹסֵד אָרֶץ, וּמוֹשַׁב יְקָרוֹ בַּשָּׁמַיִם

15   מִמַּעַל, וּשְׁכִינַת עֻזּוֹ בְּגָבְהֵי מְרוֹמִים. הוּא אֱלֹהֵינוּ, אֵין עוֹד.

16   אֱמֶת מַלְכֵּנוּ, אֶפֶס זוּלָתוֹ, כַּכָּתוּב בְּתוֹרָתוֹ: וְיָדַעְתָּ הַיּוֹם וַהֲשֵׁבֹתָ

17   אֶל לְבָבֶךָ, כִּי יהוה הוּא הָאֱלֹהִים בַּשָּׁמַיִם מִמַּעַל וְעַל הָאָרֶץ

18   מִתָּחַת, אֵין עוֹד.

19   **וְעַל כֵּן** נְקַוֶּה לְּךָ יהוה אֱלֹהֵינוּ לִרְאוֹת מְהֵרָה בְּתִפְאֶרֶת

20   עֻזֶּךָ, לְהַעֲבִיר גִּלּוּלִים מִן הָאָרֶץ, וְהָאֱלִילִים כָּרוֹת

21   יִכָּרֵתוּן, לְתַקֵּן עוֹלָם בְּמַלְכוּת שַׁדַּי. וְכָל בְּנֵי בָשָׂר יִקְרְאוּ

22   בִשְׁמֶךָ, לְהַפְנוֹת אֵלֶיךָ כָּל רִשְׁעֵי אָרֶץ. יַכִּירוּ וְיֵדְעוּ כָּל יוֹשְׁבֵי

23   תֵבֵל, כִּי לְךָ תִּכְרַע כָּל בֶּרֶךְ, תִּשָּׁבַע כָּל לָשׁוֹן. לְפָנֶיךָ יהוה

24   אֱלֹהֵינוּ יִכְרְעוּ וְיִפֹּלוּ, וְלִכְבוֹד שִׁמְךָ יְקָר יִתֵּנוּ. וִיקַבְּלוּ כֻלָּם אֶת

AT *MAARIV, SHACHARIS,* AND *MINCHAH* SAY:

1   לְטוֹבָה לְחֵן וּלְחֶסֶד וּלְרַחֲמִים, לְחַיִּים (טוֹבִים) וּלְשָׁלוֹם בְּיוֹם

2   הַזִּכָּרוֹן הַזֶּה. זָכְרֵנוּ יהוה אֱלֹהֵינוּ בּוֹ לְטוֹבָה, וּפָקְדֵנוּ בוֹ לִבְרָכָה,

AT *MUSSAF* SAY:

3   עֹל מַלְכוּתֶךָ, וְתִמְלֹךְ עֲלֵיהֶם מְהֵרָה לְעוֹלָם וָעֶד. כִּי הַמַּלְכוּת

4   שֶׁלְּךָ הִיא וּלְעוֹלְמֵי עַד תִּמְלוֹךְ בְּכָבוֹד, כַּכָּתוּב בְּתוֹרָתֶךָ: יהוה

5   יִמְלֹךְ לְעֹלָם וָעֶד. וְנֶאֱמַר: לֹא הִבִּיט אָוֶן בְּיַעֲקֹב, וְלֹא רָאָה עָמָל

6   בְּיִשְׂרָאֵל; יהוה אֱלֹהָיו עִמּוֹ, וּתְרוּעַת מֶלֶךְ בּוֹ. וְנֶאֱמַר: וַיְהִי

7   בִישֻׁרוּן מֶלֶךְ, בְּהִתְאַסֵּף רָאשֵׁי עָם, יַחַד שִׁבְטֵי יִשְׂרָאֵל.

8   **וּבְדִבְרֵי** קָדְשְׁךָ כָּתוּב לֵאמֹר: כִּי לַיהוה הַמְּלוּכָה וּמוֹשֵׁל

9   בַּגּוֹיִם. וְנֶאֱמַר: יהוה מָלָךְ גֵּאוּת לָבֵשׁ, לָבֵשׁ יהוה,

10   עֹז הִתְאַזָּר, אַף תִּכּוֹן תֵּבֵל בַּל תִּמּוֹט. וְנֶאֱמַר: שְׂאוּ שְׁעָרִים

11   רָאשֵׁיכֶם, וְהִנָּשְׂאוּ פִּתְחֵי עוֹלָם, וְיָבוֹא מֶלֶךְ הַכָּבוֹד. מִי זֶה מֶלֶךְ

12   הַכָּבוֹד, יהוה עִזּוּז וְגִבּוֹר, יהוה גִּבּוֹר מִלְחָמָה. שְׂאוּ שְׁעָרִים

13   רָאשֵׁיכֶם, וּשְׂאוּ פִּתְחֵי עוֹלָם, וְיָבֹא מֶלֶךְ הַכָּבוֹד. מִי הוּא זֶה מֶלֶךְ

14   הַכָּבוֹד, יהוה צְבָאוֹת, הוּא מֶלֶךְ הַכָּבוֹד סֶלָה.

15   **וְעַל** יְדֵי עֲבָדֶיךָ הַנְּבִיאִים כָּתוּב לֵאמֹר: כֹּה אָמַר יהוה, מֶלֶךְ

16   יִשְׂרָאֵל וְגֹאֲלוֹ, יהוה צְבָאוֹת, אֲנִי רִאשׁוֹן וַאֲנִי אַחֲרוֹן,

17   וּמִבַּלְעָדַי אֵין אֱלֹהִים. וְנֶאֱמַר: וְעָלוּ מוֹשִׁיעִים בְּהַר צִיּוֹן לִשְׁפֹּט

18   אֶת הַר עֵשָׂו, וְהָיְתָה לַיהוה הַמְּלוּכָה. וְנֶאֱמַר: וְהָיָה יהוה לְמֶלֶךְ

19   עַל כָּל הָאָרֶץ, בַּיּוֹם הַהוּא יִהְיֶה יהוה אֶחָד וּשְׁמוֹ אֶחָד.

20   וּבְתוֹרָתְךָ כָּתוּב לֵאמֹר: שְׁמַע יִשְׂרָאֵל, יהוה אֱלֹהֵינוּ, יהוה אֶחָד.

21   **אֱלֹהֵינוּ** וֵאלֹהֵי אֲבוֹתֵינוּ, מְלֹךְ עַל כָּל הָעוֹלָם כֻּלּוֹ

22   בִּכְבוֹדֶךָ, וְהִנָּשֵׂא עַל כָּל הָאָרֶץ בִּיקָרֶךָ, וְהוֹפַע

23   בַּהֲדַר גְּאוֹן עֻזֶּךָ, עַל כָּל יוֹשְׁבֵי תֵבֵל אַרְצֶךָ. וְיֵדַע כָּל פָּעוּל כִּי

24   אַתָּה פְעַלְתּוֹ, וְיָבִין כָּל יְצוּר כִּי אַתָּה יְצַרְתּוֹ, וְיֹאמַר כֹּל אֲשֶׁר

25   נְשָׁמָה בְאַפּוֹ, יהוה אֱלֹהֵי יִשְׂרָאֵל מֶלֶךְ, וּמַלְכוּתוֹ בַּכֹּל מָשָׁלָה.

AT *MAARIV, SHACHARIS*, AND *MINCHAH* SAY:

1 וְהוֹשִׁיעֵנוּ בוֹ לְחַיִּים טוֹבִים. וּבִדְבַר יְשׁוּעָה וְרַחֲמִים, חוּס וְחָנֵּנוּ

2 וְרַחֵם עָלֵינוּ וְהוֹשִׁיעֵנוּ, כִּי אֵלֶיךָ עֵינֵינוּ, כִּי אֵל מֶלֶךְ חַנּוּן וְרַחוּם

3 אָתָּה.

AT *MUSSAF* SAY:

On the Sabbath, add the words in brackets.

4 [אֱלֹהֵינוּ וֵאלֹהֵי אֲבוֹתֵינוּ, רְצֵה נָא בִמְנוּחָתֵנוּ] קַדְּשֵׁנוּ בְּמִצְוֹתֶיךָ, וְתֵן

5 חֶלְקֵנוּ בְּתוֹרָתֶךָ, שַׂבְּעֵנוּ מִטּוּבֶךָ, וְשַׂמַּח נַפְשֵׁנוּ בִּישׁוּעָתֶךָ.

6 [וְהַנְחִילֵנוּ, יהוה אֱלֹהֵינוּ, בְּאַהֲבָה וּבְרָצוֹן שַׁבַּת קָדְשֶׁךָ, וְיָנוּחוּ בוֹ כָּל

7 יִשְׂרָאֵל מְקַדְּשֵׁי שְׁמֶךָ.] וְטַהֵר לִבֵּנוּ לְעָבְדְּךָ בֶּאֱמֶת. כִּי אַתָּה אֱלֹהִים

8 אֱמֶת, וּדְבָרְךָ אֱמֶת וְקַיָּם לָעַד. בָּרוּךְ אַתָּה יהוה, מֶלֶךְ עַל כָּל

9 הָאָרֶץ, מְקַדֵּשׁ [הַשַּׁבָּת וְ] יִשְׂרָאֵל וְיוֹם הַזִּכָּרוֹן.

During the week, wait for the *shofar* to be blown. Say הַיּוֹם הֲרַת עוֹלָם even on the Sabbath.

10 תְּקִיעָה שְׁבָרִים־תְּרוּעָה תְּקִיעָה / תְּקִיעָה שְׁבָרִים תְּקִיעָה / תְּקִיעָה תְּרוּעָה תְּקִיעָה

11 הַיּוֹם הֲרַת עוֹלָם, הַיּוֹם יַעֲמִיד בַּמִּשְׁפָּט כָּל יְצוּרֵי עוֹלָמִים, אִם

12 כְּבָנִים, אִם כַּעֲבָדִים. אִם כְּבָנִים, רַחֲמֵנוּ כְּרַחֵם אָב עַל

13 בָּנִים. וְאִם כַּעֲבָדִים, עֵינֵינוּ לְךָ תְלוּיוֹת, עַד שֶׁתְּחָנֵּנוּ וְתוֹצִיא כָאוֹר

14 מִשְׁפָּטֵנוּ, אָיוֹם קָדוֹשׁ.

זכרונות

15 אַתָּה זוֹכֵר מַעֲשֵׂה עוֹלָם, וּפוֹקֵד כָּל יְצוּרֵי קֶדֶם. לְפָנֶיךָ

16 נִגְלוּ כָּל תַּעֲלוּמוֹת, וַהֲמוֹן נִסְתָּרוֹת שֶׁמִּבְּרֵאשִׁית. כִּי אֵין

17 שִׁכְחָה לִפְנֵי כִסֵּא כְבוֹדֶךָ, וְאֵין נִסְתָּר מִנֶּגֶד עֵינֶיךָ. אַתָּה זוֹכֵר אֶת

18 כָּל הַמִּפְעָל, וְגַם כָּל הַיְצוּר לֹא נִכְחָד מִמֶּךָּ. הַכֹּל גָּלוּי וְיָדוּעַ

19 לְפָנֶיךָ, יהוה אֱלֹהֵינוּ, צוֹפֶה וּמַבִּיט עַד סוֹף כָּל הַדּוֹרוֹת. כִּי תָבִיא

20 חֹק זִכָּרוֹן, לְהִפָּקֵד כָּל רוּחַ וָנָפֶשׁ, לְהִזָּכֵר מַעֲשִׂים רַבִּים וַהֲמוֹן

21 בְּרִיּוֹת לְאֵין תַּכְלִית, מֵרֵאשִׁית כָּזֹאת הוֹדָעְתָּ, וּמִלְּפָנִים אוֹתָהּ

22 גִּלִּיתָ. זֶה הַיּוֹם תְּחִלַּת מַעֲשֶׂיךָ, זִכָּרוֹן לְיוֹם רִאשׁוֹן; כִּי חֹק

23 לְיִשְׂרָאֵל הוּא, מִשְׁפָּט לֵאלֹהֵי יַעֲקֹב. וְעַל הַמְּדִינוֹת בּוֹ יֵאָמֵר:

24 אֵיזוֹ לַחֶרֶב, וְאֵיזוֹ לַשָּׁלוֹם, אֵיזוֹ לָרָעָב, וְאֵיזוֹ לָשֹׂבַע. וּבְרִיּוֹת

AT *MAARIV*, *SHACHARIS*, AND *MINCHAH* SAY:

1 אֱלֹהֵֽינוּ וֵאלֹהֵי אֲבוֹתֵֽינוּ, מְלוֹךְ עַל כָּל הָעוֹלָם כֻּלּוֹ

2 בִּכְבוֹדֶֽךָ, וְהִנָּשֵׂא עַל כָּל הָאָֽרֶץ בִּיקָרֶֽךָ, וְהוֹפַע

3 בַּהֲדַר גְּאוֹן עֻזֶּֽךָ, עַל כָּל יוֹשְׁבֵי תֵבֵל אַרְצֶֽךָ. וְיֵדַע כָּל פָּעוּל כִּי

AT *MUSSAF* SAY:

4 בּוֹ יִפָּקֵֽדוּ, לְהַזְכִּירָם לַחַיִּים וְלַמָּֽוֶת. מִי לֹא נִפְקָד כְּהַיּוֹם הַזֶּה; כִּי

5 זֵֽכֶר כָּל הַיְצוּר לְפָנֶֽיךָ בָּא, מַעֲשֵׂה אִישׁ וּפְקֻדָּתוֹ, וַעֲלִילוֹת

6 מִצְעֲדֵי גָֽבֶר, מַחְשְׁבוֹת אָדָם וְתַחְבּוּלוֹתָיו, וְיִצְרֵי מַעַלְלֵי אִישׁ.

7 אַשְׁרֵי אִישׁ שֶׁלֹּא יִשְׁכָּחֶֽךָ, וּבֶן אָדָם יִתְאַמֶּץ בָּךְ. כִּי דוֹרְשֶֽׁיךָ

8 לְעוֹלָם לֹא יִכָּשֵֽׁלוּ, וְלֹא יִכָּלְמוּ לָנֶֽצַח כָּל הַחוֹסִים בָּךְ. כִּי זֵֽכֶר

9 כָּל הַמַּעֲשִׂים לְפָנֶֽיךָ בָּא, וְאַתָּה דוֹרֵשׁ מַעֲשֵׂה כֻלָּם. וְגַם אֶת נֹֽחַ

10 בְּאַהֲבָה זָכַֽרְתָּ, וַתִּפְקְדֵֽהוּ בִּדְבַר יְשׁוּעָה וְרַחֲמִים, בַּהֲבִיאֲךָ אֶת

11 מֵי הַמַּבּוּל לְשַׁחֵת כָּל בָּשָׂר מִפְּנֵי רֹֽעַ מַעַלְלֵיהֶם. עַל כֵּן זִכְרוֹנוֹ

12 בָּא לְפָנֶֽיךָ, יְהֹוָה אֱלֹהֵֽינוּ, לְהַרְבּוֹת זַרְעוֹ כְּעַפְרוֹת תֵּבֵל,

13 וְצֶאֱצָאָיו כְּחוֹל הַיָּם, כַּכָּתוּב בְּתוֹרָתֶֽךָ: וַיִּזְכֹּר אֱלֹהִים אֶת נֹֽחַ,

14 וְאֵת כָּל הַחַיָּה וְאֶת כָּל הַבְּהֵמָה אֲשֶׁר אִתּוֹ בַּתֵּבָה, וַיַּעֲבֵר

15 אֱלֹהִים רֽוּחַ עַל הָאָֽרֶץ, וַיָּשֹֽׁכּוּ הַמָּֽיִם. וְנֶאֱמַר: וַיִּשְׁמַע אֱלֹהִים

16 אֶת נַאֲקָתָם, וַיִּזְכֹּר אֱלֹהִים אֶת בְּרִיתוֹ אֶת אַבְרָהָם, אֶת יִצְחָק

17 וְאֶת יַעֲקֹב. וְנֶאֱמַר: וְזָכַרְתִּי אֶת בְּרִיתִי יַעֲקוֹב, וְאַף אֶת בְּרִיתִי

18 יִצְחָק, וְאַף אֶת בְּרִיתִי אַבְרָהָם אֶזְכֹּר, וְהָאָֽרֶץ אֶזְכֹּר.

19 וּבְדִבְרֵי קָדְשְׁךָ כָּתוּב לֵאמֹר: זֵֽכֶר עָשָׂה לְנִפְלְאֹתָיו, חַנּוּן

20 וְרַחוּם יְהֹוָה. וְנֶאֱמַר: טֶֽרֶף נָתַן לִירֵאָיו, יִזְכֹּר

21 לְעוֹלָם בְּרִיתוֹ. וְנֶאֱמַר: וַיִּזְכֹּר לָהֶם בְּרִיתוֹ, וַיִּנָּחֵם כְּרֹב חֲסָדָיו.

22 וְעַל יְדֵי עֲבָדֶֽיךָ הַנְּבִיאִים כָּתוּב לֵאמֹר: הָלוֹךְ וְקָרֽאתָ

23 בְאָזְנֵי יְרוּשָׁלַֽיִם לֵאמֹר, כֹּה אָמַר יְהֹוָה, זָכַֽרְתִּי לָךְ

24 חֶֽסֶד נְעוּרַֽיִךְ, אַהֲבַת כְּלוּלֹתָֽיִךְ, לֶכְתֵּךְ אַחֲרַי בַּמִּדְבָּר, בְּאֶֽרֶץ

25 לֹא זְרוּעָה. וְנֶאֱמַר: וְזָכַרְתִּי אֲנִי אֶת בְּרִיתִי אוֹתָךְ בִּימֵי נְעוּרָֽיִךְ,

AT *MAARIV, SHACHARIS,* AND *MINCHAH* SAY:

On the Sabbath, add the words in brackets.

1 אַתָּה פְעַלְתּוֹ, וְיָבִין כָּל יְצוּר כִּי אַתָּה יְצַרְתּוֹ, וְיֹאמַר כֹּל אֲשֶׁר

2 נְשָׁמָה בְּאַפּוֹ, יהוה אֱלֹהֵי יִשְׂרָאֵל מֶלֶךְ, וּמַלְכוּתוֹ בַּכֹּל מָשָׁלָה.

3 [אֱלֹהֵינוּ וֵאלֹהֵי אֲבוֹתֵינוּ, רְצֵה נָא בִמְנוּחָתֵנוּ,] קַדְּשֵׁנוּ בְּמִצְוֹתֶיךָ,

AT *MUSSAF* SAY:

4 וַהֲקִימוֹתִי לָךְ בְּרִית עוֹלָם. וְנֶאֱמַר: הֲבֵן יַקִּיר לִי אֶפְרַיִם, אִם יֶלֶד

5 שַׁעֲשׁוּעִים, כִּי מִדֵּי דַבְּרִי בּוֹ זָכֹר אֶזְכְּרֶנּוּ עוֹד, עַל כֵּן הָמוּ מֵעַי

6 לוֹ, רַחֵם אֲרַחֲמֶנּוּ, נְאֻם יהוה.

7 **אֱלֹהֵינוּ** וֵאלֹהֵי אֲבוֹתֵינוּ, זָכְרֵנוּ בְּזִכָּרוֹן טוֹב לְפָנֶיךָ, וּפָקְדֵנוּ

8 בִּפְקֻדַּת יְשׁוּעָה וְרַחֲמִים מִשְּׁמֵי שְׁמֵי קֶדֶם. וּזְכָר

9 לָנוּ, יהוה אֱלֹהֵינוּ, אֶת הַבְּרִית וְאֶת הַחֶסֶד, וְאֶת הַשְּׁבוּעָה אֲשֶׁר

10 נִשְׁבַּעְתָּ לְאַבְרָהָם אָבִינוּ בְּהַר הַמּוֹרִיָּה. וְתֵרָאֶה לְפָנֶיךָ עֲקֵדָה

11 שֶׁעָקַד אַבְרָהָם אָבִינוּ אֶת יִצְחָק בְּנוֹ עַל גַּבֵּי הַמִּזְבֵּחַ, וְכָבַשׁ

12 רַחֲמָיו לַעֲשׂוֹת רְצוֹנְךָ בְּלֵבָב שָׁלֵם. כֵּן יִכְבְּשׁוּ רַחֲמֶיךָ אֶת

13 כַּעַסְךָ מֵעָלֵינוּ, וּבְטוּבְךָ הַגָּדוֹל יָשׁוּב חֲרוֹן אַפְּךָ מֵעַמְּךָ וּמֵעִירְךָ

14 וּמֵאַרְצְךָ וּמִנַּחֲלָתֶךָ. וְקַיֶּם לָנוּ, יהוה אֱלֹהֵינוּ, אֶת הַדָּבָר

15 שֶׁהִבְטַחְתָּנוּ בְּתוֹרָתֶךָ, עַל יְדֵי מֹשֶׁה עַבְדֶּךָ, מִפִּי כְבוֹדֶךָ,

16 כָּאָמוּר: וְזָכַרְתִּי לָהֶם בְּרִית רִאשׁוֹנִים, אֲשֶׁר הוֹצֵאתִי אֹתָם

17 מֵאֶרֶץ מִצְרַיִם לְעֵינֵי הַגּוֹיִם לִהְיוֹת לָהֶם לֵאלֹהִים, אֲנִי יהוה. כִּי

18 זוֹכֵר כָּל הַנִּשְׁכָּחוֹת אַתָּה הוּא מֵעוֹלָם, וְאֵין שִׁכְחָה לִפְנֵי כִסֵּא

19 כְבוֹדֶךָ. וַעֲקֵדַת יִצְחָק לְזַרְעוֹ הַיּוֹם בְּרַחֲמִים תִּזְכּוֹר. בָּרוּךְ אַתָּה

20 יהוה, זוֹכֵר הַבְּרִית.

During the week, wait for the *shofar* to be blown. Say הַיּוֹם הֲרַת עוֹלָם even on the Sabbath.

21 תְּקִיעָה שְׁבָרִים־תְּרוּעָה תְּקִיעָה / תְּקִיעָה שְׁבָרִים תְּקִיעָה / תְּקִיעָה תְּרוּעָה תְּקִיעָה

22 **הַיּוֹם** הֲרַת עוֹלָם, הַיּוֹם יַעֲמִיד בַּמִּשְׁפָּט כָּל יְצוּרֵי עוֹלָמִים,

23 אִם כְּבָנִים, אִם כַּעֲבָדִים. אִם כְּבָנִים, רַחֲמֵנוּ כְּרַחֵם אָב

24 עַל בָּנִים. וְאִם כַּעֲבָדִים, עֵינֵינוּ לְךָ תְלוּיוֹת, עַד שֶׁתְּחָנֵּנוּ וְתוֹצִיא

25 כָאוֹר מִשְׁפָּטֵנוּ, אָיוֹם קָדוֹשׁ.

AT *MAARIV*, *SHACHARIS*, AND *MINCHAH* SAY:

On the Sabbath, add the words in brackets.

1 וְתֵן חֶלְקֵנוּ בְּתוֹרָתֶךָ, שַׂבְּעֵנוּ מִטּוּבֶךָ, וְשַׂמֵּחַ נַפְשֵׁנוּ בִּישׁוּעָתֶךָ.

2 [וְהַנְחִילֵנוּ, יהוה אֱלֹהֵינוּ, בְּאַהֲבָה וּבְרָצוֹן שַׁבַּת קָדְשֶׁךָ, וְיָנִוּחוּ

3 Maariv—בָהּ/Shacharis—בוֹ/Minchah—בָם/ יִשְׂרָאֵל מְקַדְּשֵׁי שְׁמֶךָ.] וְטַהֵר

AT *MUSSAF* SAY:

שופרות

4 **אַתָּה נִגְלֵיתָ** בַּעֲנַן כְּבוֹדֶךָ, עַל עַם קָדְשֶׁךָ, לְדַבֵּר עִמָּם. מִן

5 הַשָּׁמַיִם הִשְׁמַעְתָּם קוֹלֶךָ, וְנִגְלֵיתָ עֲלֵיהֶם

6 בְּעַרְפְּלֵי טְהַר. גַּם כָּל הָעוֹלָם כֻּלּוֹ חָל מִפָּנֶיךָ, וּבְרִיּוֹת בְּרֵאשִׁית

7 חָרְדוּ מִמֶּךָּ, בְּהִגָּלוֹתְךָ מַלְכֵּנוּ עַל הַר סִינַי, לְלַמֵּד לְעַמְּךָ תּוֹרָה

8 וּמִצְוֹת, וַתַּשְׁמִיעֵם אֶת הוֹד קוֹלֶךָ, וְדִבְּרוֹת קָדְשְׁךָ מִלַּהֲבוֹת

9 אֵשׁ. בְּקֹלֹת וּבְרָקִים עֲלֵיהֶם נִגְלֵיתָ, וּבְקוֹל שֹׁפָר עֲלֵיהֶם

10 הוֹפָעְתָּ, כַּכָּתוּב בְּתוֹרָתֶךָ: וַיְהִי בַיּוֹם הַשְּׁלִישִׁי בִּהְיֹת הַבֹּקֶר, וַיְהִי

11 קֹלֹת וּבְרָקִים, וְעָנָן כָּבֵד עַל הָהָר, וְקֹל שֹׁפָר חָזָק מְאֹד, וַיֶּחֱרַד

12 כָּל הָעָם אֲשֶׁר בַּמַּחֲנֶה. וְנֶאֱמַר: וַיְהִי קוֹל הַשֹּׁפָר הוֹלֵךְ וְחָזֵק

13 מְאֹד, מֹשֶׁה יְדַבֵּר וְהָאֱלֹהִים יַעֲנֶנּוּ בְקוֹל. וְנֶאֱמַר: וְכָל הָעָם

14 רֹאִים אֶת הַקּוֹלֹת, וְאֶת הַלַּפִּידִם, וְאֵת קוֹל הַשֹּׁפָר, וְאֶת הָהָר

15 עָשֵׁן; וַיַּרְא הָעָם וַיָּנֻעוּ, וַיַּעַמְדוּ מֵרָחֹק.

16 **וּבְדִבְרֵי** קָדְשְׁךָ כָּתוּב לֵאמֹר: עָלָה אֱלֹהִים בִּתְרוּעָה, יהוה

17 בְּקוֹל שׁוֹפָר. וְנֶאֱמַר: בַּחֲצֹצְרוֹת וְקוֹל שׁוֹפָר הָרִיעוּ

18 לִפְנֵי הַמֶּלֶךְ יהוה. וְנֶאֱמַר: תִּקְעוּ בַחֹדֶשׁ שׁוֹפָר, בַּכֵּסֶה לְיוֹם

19 חַגֵּנוּ. כִּי חֹק לְיִשְׂרָאֵל הוּא, מִשְׁפָּט לֵאלֹהֵי יַעֲקֹב. וְנֶאֱמַר:

20 הַלְלוּיָהּ, הַלְלוּ אֵל בְּקָדְשׁוֹ, הַלְלוּהוּ בִּרְקִיעַ עֻזּוֹ. הַלְלוּהוּ

21 בִגְבוּרֹתָיו, הַלְלוּהוּ כְּרֹב גֻּדְלוֹ. הַלְלוּהוּ בְּתֵקַע שׁוֹפָר, הַלְלוּהוּ

22 בְּנֵבֶל וְכִנּוֹר. הַלְלוּהוּ בְּתֹף וּמָחוֹל, הַלְלוּהוּ בְּמִנִּים וְעֻגָב.

23 הַלְלוּהוּ בְצִלְצְלֵי שָׁמַע, הַלְלוּהוּ בְּצִלְצְלֵי תְרוּעָה. כֹּל הַנְּשָׁמָה

24 תְּהַלֵּל יָהּ, הַלְלוּיָהּ.

AT *MAARIV*, *SHACHARIS*, AND *MINCHAH* SAY:

On the Sabbath, add the words in brackets.

1   לְבֵנוּ לְעָבְדְּךָ בֶּאֱמֶת. כִּי אַתָּה אֱלֹהִים אֱמֶת, וּדְבָרְךָ אֱמֶת וְקַיָּם

2   לָעַד. בָּרוּךְ אַתָּה יהוה, מֶלֶךְ עַל כָּל הָאָרֶץ, מְקַדֵּשׁ [הַשַּׁבָּת

3   וְ]יִשְׂרָאֵל וְיוֹם הַזִּכָּרוֹן.

AT *MUSSAF* SAY:

4   **וְעַל** יְדֵי עֲבָדֶיךָ הַנְּבִיאִים כָּתוּב לֵאמֹר: כָּל יֹשְׁבֵי תֵבֵל וְשֹׁכְנֵי

5   אָרֶץ, כִּנְשֹׂא נֵס הָרִים תִּרְאוּ, וְכִתְקֹעַ שׁוֹפָר תִּשְׁמָעוּ.

6   וְנֶאֱמַר: וְהָיָה בַּיּוֹם הַהוּא יִתָּקַע בְּשׁוֹפָר גָּדוֹל, וּבָאוּ הָאֹבְדִים

7   בְּאֶרֶץ אַשּׁוּר, וְהַנִּדָּחִים בְּאֶרֶץ מִצְרָיִם, וְהִשְׁתַּחֲווּ לַיהוה בְּהַר

8   הַקֹּדֶשׁ בִּירוּשָׁלָיִם. וְנֶאֱמַר: וַיהוה עֲלֵיהֶם יֵרָאֶה, וְיָצָא כַבָּרָק

9   חִצּוֹ, וַאדֹנָי אֱלֹהִים בַּשּׁוֹפָר יִתְקָע, וְהָלַךְ בְּסַעֲרוֹת תֵּימָן. יהוה

10   צְבָאוֹת יָגֵן עֲלֵיהֶם. כֵּן תָּגֵן עַל עַמְּךָ יִשְׂרָאֵל בִּשְׁלוֹמֶךָ.

11   **אֱלֹהֵינוּ** וֵאלֹהֵי אֲבוֹתֵינוּ, תְּקַע בְּשׁוֹפָר גָּדוֹל לְחֵרוּתֵנוּ,

12   וְשָׂא נֵס לְקַבֵּץ גָּלֻיּוֹתֵינוּ, וְקָרֵב פְּזוּרֵינוּ מִבֵּין הַגּוֹיִם,

13   וּנְפוּצוֹתֵינוּ כַּנֵּס מִיַּרְכְּתֵי אָרֶץ. וַהֲבִיאֵנוּ לְצִיּוֹן עִירְךָ בְּרִנָּה,

14   וְלִירוּשָׁלַיִם בֵּית מִקְדָּשְׁךָ בְּשִׂמְחַת עוֹלָם. וְשָׁם נַעֲשֶׂה לְפָנֶיךָ

15   אֶת קָרְבְּנוֹת חוֹבוֹתֵינוּ כִּמְצֻוָּה עָלֵינוּ בְּתוֹרָתֶךָ, עַל יְדֵי מֹשֶׁה

16   עַבְדֶּךָ, מִפִּי כְבוֹדֶךָ, כָּאָמוּר: וּבְיוֹם שִׂמְחַתְכֶם וּבְמוֹעֲדֵיכֶם

17   וּבְרָאשֵׁי חָדְשֵׁיכֶם, וּתְקַעְתֶּם בַּחֲצֹצְרֹת עַל עֹלֹתֵיכֶם וְעַל זִבְחֵי

18   שַׁלְמֵיכֶם; וְהָיוּ לָכֶם לְזִכָּרוֹן לִפְנֵי אֱלֹהֵיכֶם, אֲנִי יהוה אֱלֹהֵיכֶם.

19   כִּי אַתָּה שׁוֹמֵעַ קוֹל שׁוֹפָר, וּמַאֲזִין תְּרוּעָה, וְאֵין דּוֹמֶה לָּךְ. בָּרוּךְ

20   אַתָּה יהוה, שׁוֹמֵעַ קוֹל תְּרוּעַת עַמּוֹ יִשְׂרָאֵל בְּרַחֲמִים.

During the week, wait for the *shofar* to be blown. Say הַיּוֹם הֲרַת עוֹלָם even on the Sabbath.

תקיעה שברים-תרועה תקיעה / תקיעה שברים תקיעה / תקיעה תרועה תקיעה-גדולה

21

22   **הַיּוֹם** הֲרַת עוֹלָם, הַיּוֹם יַעֲמִיד בַּמִּשְׁפָּט כָּל יְצוּרֵי עוֹלָמִים,

23   אִם כְּבָנִים, אִם כַּעֲבָדִים. אִם כְּבָנִים, רַחֲמֵנוּ כְּרַחֵם אָב

24   עַל בָּנִים. וְאִם כַּעֲבָדִים, עֵינֵינוּ לְךָ תְלוּיוֹת, עַד שֶׁתְּחָנֵּנוּ וְתוֹצִיא

25   כָאוֹר מִשְׁפָּטֵנוּ, אָיוֹם קָדוֹשׁ.

AT ALL PRAYERS, CONTINUE HERE:

עבודה

רְצֵה יהוה אֱלֹהֵינוּ בְּעַמְּךָ יִשְׂרָאֵל וְלִתְפִלָּתָם שְׁעֵה, וְהָשֵׁב אֶת הָעֲבוֹדָה לִדְבִיר בֵּיתֶךָ. וְאִשֵּׁי יִשְׂרָאֵל, וּתְפִלָּתָם מְהֵרָה בְּאַהֲבָה תְקַבֵּל בְּרָצוֹן, וּתְהִי לְרָצוֹן תָּמִיד עֲבוֹדַת יִשְׂרָאֵל עַמֶּךָ.

וְתֶחֱזֶינָה עֵינֵינוּ בְּשׁוּבְךָ לְצִיּוֹן בְּרַחֲמִים. בָּרוּךְ אַתָּה יהוה, הַמַּחֲזִיר שְׁכִינָתוֹ לְצִיּוֹן.

הודאה

Bow at מוֹדִים; straighten up at ה'.

מוֹדִים אֲנַחְנוּ לָךְ, שָׁאַתָּה הוּא יהוה אֱלֹהֵינוּ וֵאלֹהֵי אֲבוֹתֵינוּ לְעוֹלָם וָעֶד. צוּרֵנוּ צוּר חַיֵּינוּ, מָגֵן יִשְׁעֵנוּ אַתָּה הוּא לְדוֹר וָדוֹר. נוֹדֶה לְּךָ וּנְסַפֵּר תְּהִלָּתֶךָ עַל חַיֵּינוּ הַמְּסוּרִים בְּיָדֶךָ, וְעַל נִשְׁמוֹתֵינוּ הַפְּקוּדוֹת לָךְ, וְעַל נִסֶּיךָ שֶׁבְּכָל יוֹם עִמָּנוּ, וְעַל נִפְלְאוֹתֶיךָ וְטוֹבוֹתֶיךָ שֶׁבְּכָל עֵת, עֶרֶב וָבֹקֶר וְצָהֳרָיִם. הַטּוֹב כִּי לֹא כָלוּ רַחֲמֶיךָ, וְהַמְרַחֵם כִּי לֹא תַמּוּ חֲסָדֶיךָ, כִּי מֵעוֹלָם קִוִּינוּ לָךְ. וְעַל כֻּלָּם יִתְבָּרַךְ וְיִתְרוֹמַם וְיִתְנַשֵּׂא שִׁמְךָ מַלְכֵּנוּ תָּמִיד לְעוֹלָם וָעֶד.

וּכְתוֹב לְחַיִּים טוֹבִים כָּל בְּנֵי בְרִיתֶךָ.

Bend the knees at בָּרוּךְ; bow at אַתָּה; straighten up at ה'.

וְכֹל הַחַיִּים יוֹדוּךָ סֶּלָה, וִיהַלְלוּ וִיבָרְכוּ אֶת שִׁמְךָ הַגָּדוֹל בֶּאֱמֶת, לְעוֹלָם כִּי טוֹב. הָאֵל יְשׁוּעָתֵנוּ וְעֶזְרָתֵנוּ סֶלָה, הָאֵל הַטּוֹב. בָּרוּךְ אַתָּה יהוה, הַטּוֹב שִׁמְךָ וּלְךָ נָאֶה לְהוֹדוֹת.

Some say שָׁלוֹם רָב at *Maariv*:

שָׁלוֹם רָב | **שִׂים שָׁלוֹם,** טוֹבָה וּבְרָכָה, חַיִּים,

עַל יִשְׂרָאֵל עַמְּךָ | חֵן וָחֶסֶד וְרַחֲמִים

תָּשִׂים לְעוֹלָם, כִּי | עָלֵינוּ וְעַל כָּל יִשְׂרָאֵל עַמֶּךָ. בָּרְכֵנוּ

אַתָּה הוּא מֶלֶךְ | אָבִינוּ, כֻּלָּנוּ כְּאֶחָד, בְּאוֹר פָּנֶיךָ, כִּי

אָדוֹן לְכָל הַשָּׁלוֹם. | בְאוֹר פָּנֶיךָ נָתַתָּ לָּנוּ, יְהוָה אֱלֹהֵינוּ,

וְטוֹב יִהְיֶה בְּעֵינֶיךָ | תּוֹרַת חַיִּים וְאַהֲבַת חֶסֶד, וּצְדָקָה,

לְבָרְכֵנוּ וּלְבָרֵךְ | וּבְרָכָה, וְרַחֲמִים, וְחַיִּים, וְשָׁלוֹם.

אֶת כָּל עַמְּךָ | וְטוֹב יִהְיֶה בְּעֵינֶיךָ לְבָרְכֵנוּ וּלְבָרֵךְ

יִשְׂרָאֵל, בְּכָל עֵת | אֶת כָּל עַמְּךָ יִשְׂרָאֵל, בְּכָל עֵת

וּבְכָל שָׁעָה | וּבְכָל שָׁעָה בִּשְׁלוֹמֶךָ (בְּרֹב עֹז

בִּשְׁלוֹמֶךָ. | וְשָׁלוֹם).

בְּסֵפֶר חַיִּים בְּרָכָה וְשָׁלוֹם, וּפַרְנָסָה טוֹבָה, וּגְזֵרוֹת

טוֹבוֹת, יְשׁוּעוֹת וְנֶחָמוֹת, נִזָּכֵר וְנִכָּתֵב לְפָנֶיךָ, אֲנַחְנוּ

וְכָל עַמְּךָ בֵּית יִשְׂרָאֵל, לְחַיִּים טוֹבִים וּלְשָׁלוֹם.

בָּרוּךְ אַתָּה יְהוָה, הַמְבָרֵךְ אֶת עַמּוֹ יִשְׂרָאֵל בַּשָּׁלוֹם.

יִהְיוּ לְרָצוֹן אִמְרֵי פִי וְהֶגְיוֹן לִבִּי לְפָנֶיךָ, יְהוָה צוּרִי וְגֹאֲלִי.

אֱלֹהַי, נְצוֹר לְשׁוֹנִי מֵרָע, וּשְׂפָתַי מִדַּבֵּר מִרְמָה,

וְלִמְקַלְלַי נַפְשִׁי תִדֹּם, וְנַפְשִׁי כֶּעָפָר לַכֹּל

תִּהְיֶה. פְּתַח לִבִּי בְּתוֹרָתֶךָ, וְאַחֲרֵי מִצְוֹתֶיךָ תִּרְדּוֹף נַפְשִׁי.

וְכָל הַקָּמִים וְהַחוֹשְׁבִים עָלַי לְרָעָה, מְהֵרָה הָפֵר עֲצָתָם

וְקַלְקֵל מַחֲשַׁבְתָּם. יְהִי רָצוֹן מִלְּפָנֶיךָ, יְהוָה אֱלֹהַי וֵאלֹהֵי

אֲבוֹתַי, שֶׁלֹּא תַעֲלֶה קִנְאַת אָדָם עָלַי, וְלֹא קִנְאָתִי עַל

אֲחֵרִים, וְשֶׁלֹּא אֶכְעַס הַיּוֹם, וְשֶׁלֹּא אַכְעִיסֶךָ, וְתַצִּילֵנִי

מִיֵּצֶר הָרָע, וְתֵן בְּלִבִּי הַכְנָעָה וַעֲנָוָה. מַלְכֵּנוּ וֵאלֹהֵינוּ,

1 יַחֵד שִׁמְךָ בְּעוֹלָמֶךָ, בְּנֵה עִירְךָ, יַסֵּד בֵּיתֶךָ, וְשַׁכְלֵל

2 הֵיכָלֶךָ, וְקַבֵּץ קִבּוּץ גָּלֻיּוֹת, וּפְדֵה צֹאנֶךָ, וְשַׂמַּח עֲדָתֶךָ.

3 עֲשֵׂה לְמַעַן שְׁמֶךָ, עֲשֵׂה לְמַעַן יְמִינֶךָ, עֲשֵׂה לְמַעַן

4 תּוֹרָתֶךָ, עֲשֵׂה לְמַעַן קְדֻשָּׁתֶךָ. לְמַעַן יֵחָלְצוּן יְדִידֶיךָ,

5 הוֹשִׁיעָה יְמִינְךָ וַעֲנֵנִי.

Some say a verse with the initial of their name. See page 474.

6 יִהְיוּ לְרָצוֹן אִמְרֵי פִי וְהֶגְיוֹן לִבִּי לְפָנֶיךָ, יהוה צוּרִי וְגֹאֲלִי.

7 עֹשֶׂה °שָׁלוֹם [הַשָּׁלוֹם° – some say] בִּמְרוֹמָיו, הוּא יַעֲשֶׂה שָׁלוֹם

8 עָלֵינוּ, וְעַל כָּל יִשְׂרָאֵל, וְאִמְרוּ: אָמֵן.

9 **יְהִי רָצוֹן** מִלְּפָנֶיךָ, יהוה אֱלֹהֵינוּ וֵאלֹהֵי אֲבוֹתֵינוּ, שֶׁיִּבָּנֶה בֵּית

10 הַמִּקְדָּשׁ בִּמְהֵרָה בְיָמֵינוּ, וְתֵן חֶלְקֵנוּ בְּתוֹרָתֶךָ. וְשָׁם

11 נַעֲבָדְךָ בְּיִרְאָה, כִּימֵי עוֹלָם וּכְשָׁנִים קַדְמוֹנִיּוֹת. וְעָרְבָה לַיהוה מִנְחַת

12 יְהוּדָה וִירוּשָׁלָיִם, כִּימֵי עוֹלָם וּכְשָׁנִים קַדְמוֹנִיּוֹת.

THE INDIVIDUAL'S *SHEMONEH ESREI* ENDS HERE.
Remain standing in place for a few moments, then take three steps forward.

At *Maariv* on Rosh Hashanah, each verse of the following psalm is recited
by the *chazzan*, then repeated by the congregation.

[In most congregations the Ark is kept open during this recitation.]
On the Sabbath, the congregation first says *Vayechulu* (p. 185).

13 **לְדָוִד** מִזְמוֹר, לַיהוה הָאָרֶץ וּמְלוֹאָהּ, תֵּבֵל וְיֹשְׁבֵי בָהּ. כִּי

14 הוּא עַל יַמִּים יְסָדָהּ, וְעַל נְהָרוֹת יְכוֹנְנֶהָ. מִי יַעֲלֶה

15 בְהַר יהוה, וּמִי יָקוּם בִּמְקוֹם קָדְשׁוֹ. נְקִי כַפַּיִם וּבַר לֵבָב, אֲשֶׁר

16 לֹא נָשָׂא לַשָּׁוְא נַפְשִׁי, וְלֹא נִשְׁבַּע לְמִרְמָה. יִשָּׂא בְרָכָה מֵאֵת

17 יהוה, וּצְדָקָה מֵאֱלֹהֵי יִשְׁעוֹ. זֶה דּוֹר דֹּרְשָׁיו, מְבַקְשֵׁי פָנֶיךָ יַעֲקֹב

18 סֶלָה. שְׂאוּ שְׁעָרִים רָאשֵׁיכֶם, וְהִנָּשְׂאוּ פִּתְחֵי עוֹלָם, וְיָבוֹא מֶלֶךְ

19 הַכָּבוֹד. מִי זֶה מֶלֶךְ הַכָּבוֹד, יהוה עִזּוּז וְגִבּוֹר, יהוה גִּבּוֹר

20 מִלְחָמָה. שְׂאוּ שְׁעָרִים רָאשֵׁיכֶם, וּשְׂאוּ פִּתְחֵי עוֹלָם, וְיָבֹא מֶלֶךְ

21 הַכָּבוֹד. מִי הוּא זֶה מֶלֶךְ הַכָּבוֹד, יהוה צְבָאוֹת הוּא מֶלֶךְ הַכָּבוֹד

22 סֶלָה.

On the first night of Rosh Hashanah, the following greeting is used.

לְשָׁנָה טוֹבָה

| to a group of females: | to a group of males: | to a female: | to a male: |

תִּכָּתֵב   תִּכָּתְבִי   תִּכָּתְבוּ   תִּכָּתַבְנָה

וְתֵחָתֵם   וְתֵחָתְמִי   וְתֵחָתְמוּ   וְתֵחָתַמְנָה

(לְאַלְתַּר, לְחַיִּים טוֹבִים וּלְשָׁלוֹם).

❧ קידוש לליל ראש השנה ❧

Kiddush for the morning meal can be found on page 282.

When Rosh Hashanah falls on Friday night begin here:

(וַיְהִי עֶרֶב וַיְהִי בֹקֶר)

יוֹם הַשִּׁשִּׁי. וַיְכֻלּוּ הַשָּׁמַיִם וְהָאָרֶץ וְכָל צְבָאָם. וַיְכַל אֱלֹהִים בַּיּוֹם הַשְּׁבִיעִי מְלַאכְתּוֹ אֲשֶׁר עָשָׂה, וַיִּשְׁבֹּת בַּיּוֹם הַשְּׁבִיעִי מִכָּל מְלַאכְתּוֹ אֲשֶׁר עָשָׂה. וַיְבָרֶךְ אֱלֹהִים אֶת יוֹם הַשְּׁבִיעִי וַיְקַדֵּשׁ אֹתוֹ, כִּי בוֹ שָׁבַת מִכָּל מְלַאכְתּוֹ אֲשֶׁר בָּרָא אֱלֹהִים לַעֲשׂוֹת.

סַבְרִי מָרָנָן וְרַבָּנָן וְרַבּוֹתַי:

בָּרוּךְ אַתָּה יהוה אֱלֹהֵינוּ מֶלֶךְ הָעוֹלָם, בּוֹרֵא פְּרִי הַגָּפֶן. (All – אָמֵן.)

בָּרוּךְ אַתָּה יהוה אֱלֹהֵינוּ מֶלֶךְ הָעוֹלָם, אֲשֶׁר בָּחַר בָּנוּ מִכָּל עָם, וְרוֹמְמָנוּ מִכָּל לָשׁוֹן, וְקִדְּשָׁנוּ בְּמִצְוֹתָיו. וַתִּתֶּן לָנוּ יהוה אֱלֹהֵינוּ בְּאַהֲבָה אֶת יוֹם [הַשַּׁבָּת הַזֶּה וְאֶת יוֹם] הַזִּכָּרוֹן הַזֶּה, [on a weekday – יוֹם תְּרוּעָה] [on the Sabbath – זִכְרוֹן תְּרוּעָה בְּאַהֲבָה] מִקְרָא קֹדֶשׁ, זֵכֶר לִיצִיאַת מִצְרָיִם. כִּי בָנוּ בָחַרְתָּ וְאוֹתָנוּ קִדַּשְׁתָּ מִכָּל הָעַמִּים, וּדְבָרְךָ אֱמֶת וְקַיָּם לָעַד. בָּרוּךְ אַתָּה יהוה, מֶלֶךְ עַל כָּל הָאָרֶץ, מְקַדֵּשׁ [הַשַּׁבָּת וְ]יִשְׂרָאֵל וְיוֹם הַזִּכָּרוֹן. (All – אָמֵן.)

On Saturday night hold two candles with flames touching, and say the following blessings.

בָּרוּךְ אַתָּה יהוה אֱלֹהֵינוּ מֶלֶךְ הָעוֹלָם, בּוֹרֵא מְאוֹרֵי הָאֵשׁ. (All – אָמֵן.)

Hold the fingers up to the flames to see the reflected light.

בָּרוּךְ אַתָּה יהוה אֱלֹהֵינוּ מֶלֶךְ הָעוֹלָם, הַמַּבְדִּיל בֵּין קֹדֶשׁ לְחוֹל, בֵּין

אוֹר לְחֹשֶׁךְ, בֵּין יִשְׂרָאֵל לָעַמִּים, בֵּין יוֹם הַשְּׁבִיעִי לְשֵׁשֶׁת יְמֵי

הַמַּעֲשֶׂה. בֵּין קְדֻשַׁת שַׁבָּת לִקְדֻשַׁת יוֹם טוֹב הִבְדַּלְתָּ, וְאֶת יוֹם הַשְּׁבִיעִי

מִשֵּׁשֶׁת יְמֵי הַמַּעֲשֶׂה קִדַּשְׁתָּ, הִבְדַּלְתָּ וְקִדַּשְׁתָּ אֶת עַמְּךָ יִשְׂרָאֵל

בִּקְדֻשָּׁתֶךָ. בָּרוּךְ אַתָּה יהוה, הַמַּבְדִּיל בֵּין קֹדֶשׁ לְקֹדֶשׁ. (All – אָמֵן.)

On all nights *Kiddush* ends with the following blessing:

בָּרוּךְ אַתָּה יהוה אֱלֹהֵינוּ מֶלֶךְ הָעוֹלָם, שֶׁהֶחֱיָנוּ

וְקִיְּמָנוּ וְהִגִּיעָנוּ לַזְּמַן הַזֶּה. (All – אָמֵן.)

◈{ סִימָנָא מִילְתָא }◈

On the night of Rosh Hashanah we dip the first piece of *challah* into honey. After the *challah* is eaten, a piece of apple dipped in honey is given to each person and the blessing is said:

בָּרוּךְ אַתָּה יהוה אֱלֹהֵינוּ מֶלֶךְ הָעוֹלָם, בּוֹרֵא פְּרִי הָעֵץ.

A small piece of apple is eaten and the following prayer is said before the apple is finished:

יְהִי רָצוֹן מִלְּפָנֶיךָ, יהוה אֱלֹהֵינוּ וֵאלֹהֵי אֲבוֹתֵינוּ,

שֶׁתְּחַדֵּשׁ עָלֵינוּ שָׁנָה טוֹבָה וּמְתוּקָה.

When you eat carrots say:	When you eat pomegranates say:
יְהִי רָצוֹן מִלְּפָנֶיךָ, יהוה אֱלֹהֵינוּ	יְהִי רָצוֹן מִלְּפָנֶיךָ, יהוה אֱלֹהֵינוּ
וֵאלֹהֵי אֲבוֹתֵינוּ, שֶׁיִּרְבּוּ זְכֻיּוֹתֵינוּ.	וֵאלֹהֵי אֲבוֹתֵינוּ, שֶׁנִּרְבֶּה זְכֻיּוֹת כְּרִמּוֹן.
When you eat leeks or cabbage say:	**When you eat fish say:**
יְהִי רָצוֹן מִלְּפָנֶיךָ, יהוה אֱלֹהֵינוּ	יְהִי רָצוֹן מִלְּפָנֶיךָ, יהוה אֱלֹהֵינוּ
וֵאלֹהֵי אֲבוֹתֵינוּ, שֶׁיִּכָּרְתוּ שׂוֹנְאֵינוּ.	וֵאלֹהֵי אֲבוֹתֵינוּ, שֶׁנִּפְרֶה וְנִרְבֶּה כְּדָגִים.
When you eat beets say:	**When you eat from the head of a sheep or fish say:**
יְהִי רָצוֹן מִלְּפָנֶיךָ, יהוה אֱלֹהֵינוּ	יְהִי רָצוֹן מִלְּפָנֶיךָ, יהוה אֱלֹהֵינוּ
וֵאלֹהֵי אֲבוֹתֵינוּ, שֶׁיִּסְתַּלְקוּ אוֹיְבֵינוּ.	וֵאלֹהֵי אֲבוֹתֵינוּ, שֶׁנִּהְיֶה לְרֹאשׁ וְלֹא לְזָנָב.
When you eat dates say:	**If you eat from the head of a sheep add:**
יְהִי רָצוֹן מִלְּפָנֶיךָ, יהוה אֱלֹהֵינוּ	וִיהִי רָצוֹן שֶׁיִּזְכּוֹר לָנוּ זְכוּתָא
וֵאלֹהֵי אֲבוֹתֵינוּ, שֶׁיִּתַּמּוּ שׂוֹנְאֵינוּ.	דְּיִצְחָק אָבִינוּ.
When you eat gourds say:	
יְהִי רָצוֹן מִלְּפָנֶיךָ, יהוה אֱלֹהֵינוּ	
וֵאלֹהֵי אֲבוֹתֵינוּ, שֶׁיִּקָּרַע גְּזַר דִּינֵנוּ	
וְיִקָּרְאוּ לְפָנֶיךָ זְכֻיּוֹתֵינוּ.	

﷽ סדר תשליך ﷽

Tashlich is said on Rosh Hashanah after *Minchah*, during the *Aseres Yemei Teshuvah*, or any time before Hoshana Rabbah. It is said standing along a body of water which has live fish.

מִי אֵל כָּמְוֹךָ נֹשֵׂא עָוֹן וְעֹבֵר עַל פֶּשַׁע לִשְׁאֵרִית נַחֲלָתוֹ
לֹא הֶחֱזִיק לָעַד אַפּוֹ כִּי חָפֵץ חֶסֶד הוּא. יָשׁוּב
יְרַחֲמֵנוּ יִכְבֹּשׁ עֲוֹנֹתֵינוּ וְתַשְׁלִיךְ בִּמְצֻלוֹת יָם כָּל חַטֹּאתָם.
(וְכָל חַטֹּאת עַמְּךָ בֵּית יִשְׂרָאֵל, תַּשְׁלִיךְ בִּמְקוֹם אֲשֶׁר לֹא
יִזָּכְרוּ, וְלֹא יִפָּקְדוּ, וְלֹא יַעֲלוּ עַל לֵב לְעוֹלָם.) תִּתֵּן אֱמֶת
לְיַעֲקֹב חֶסֶד לְאַבְרָהָם אֲשֶׁר נִשְׁבַּעְתָּ לַאֲבֹתֵינוּ מִימֵי קֶדֶם.

מִן הַמֵּצַר קָרָאתִי יָּהּ עָנָנִי בַמֶּרְחָב יָהּ. יהוה לִי לֹא
אִירָא מַה יַּעֲשֶׂה לִי אָדָם. יהוה לִי בְּעֹזְרָי
וַאֲנִי אֶרְאֶה בְשֹׂנְאָי. טוֹב לַחֲסוֹת בַּיהוה, מִבְּטֹחַ בָּאָדָם.
טוֹב לַחֲסוֹת בַּיהוה, מִבְּטֹחַ בִּנְדִיבִים.

רַנְּנוּ צַדִּיקִים בַּיהוה, לַיְשָׁרִים נָאוָה תְהִלָּה. הוֹדוּ לַיהוה בְּכִנּוֹר,
בְּנֵבֶל עָשׂוֹר זַמְּרוּ לוֹ. שִׁירוּ לוֹ שִׁיר חָדָשׁ, הֵיטִיבוּ נַגֵּן בִּתְרוּעָה.
כִּי יָשָׁר דְּבַר יהוה, וְכָל מַעֲשֵׂהוּ בֶּאֱמוּנָה. אֹהֵב צְדָקָה וּמִשְׁפָּט, חֶסֶד
יהוה מָלְאָה הָאָרֶץ. בִּדְבַר יהוה שָׁמַיִם נַעֲשׂוּ, וּבְרוּחַ פִּיו כָּל צְבָאָם. כֹּנֵס
כַּנֵּד מֵי הַיָּם, נֹתֵן בְּאוֹצָרוֹת תְּהוֹמוֹת. יִירְאוּ מֵיהוה כָּל הָאָרֶץ, מִמֶּנּוּ
יָגוּרוּ כָּל יֹשְׁבֵי תֵבֵל. כִּי הוּא אָמַר וַיֶּהִי, הוּא צִוָּה וַיַּעֲמֹד. יהוה הֵפִיר
עֲצַת גּוֹיִם, הֵנִיא מַחְשְׁבוֹת עַמִּים. עֲצַת יהוה לְעוֹלָם תַּעֲמֹד, מַחְשְׁבוֹת
לִבּוֹ לְדֹר וָדֹר. אַשְׁרֵי הַגּוֹי אֲשֶׁר יהוה אֱלֹהָיו, הָעָם בָּחַר לְנַחֲלָה לוֹ.
מִשָּׁמַיִם הִבִּיט יהוה, רָאָה אֶת כָּל בְּנֵי הָאָדָם. מִמְּכוֹן שִׁבְתּוֹ הִשְׁגִּיחַ, אֶל
כָּל יֹשְׁבֵי הָאָרֶץ. הַיֹּצֵר יַחַד לִבָּם, הַמֵּבִין אֶל כָּל מַעֲשֵׂיהֶם. אֵין הַמֶּלֶךְ
נוֹשָׁע בְּרָב חָיִל, גִּבּוֹר לֹא יִנָּצֵל בְּרָב כֹּחַ. שֶׁקֶר הַסּוּס לִתְשׁוּעָה, וּבְרֹב
חֵילוֹ לֹא יְמַלֵּט. הִנֵּה עֵין יהוה אֶל יְרֵאָיו, לַמְיַחֲלִים לְחַסְדּוֹ. לְהַצִּיל
מִמָּוֶת נַפְשָׁם, וּלְחַיּוֹתָם בָּרָעָב. נַפְשֵׁנוּ חִכְּתָה לַיהוה, עֶזְרֵנוּ וּמָגִנֵּנוּ הוּא.
כִּי בוֹ יִשְׂמַח לִבֵּנוּ, כִּי בְשֵׁם קָדְשׁוֹ בָטָחְנוּ. יְהִי חַסְדְּךָ יהוה עָלֵינוּ, כַּאֲשֶׁר
יִחַלְנוּ לָךְ.

לֹא יָרֵעוּ וְלֹא יַשְׁחִיתוּ בְּכָל הַר קָדְשִׁי, כִּי מָלְאָה
הָאָרֶץ דֵּעָה אֶת יהוה, כַּמַּיִם לַיָּם מְכַסִּים.

שִׁיר הַמַּעֲלוֹת, מִמַּעֲמַקִּים קְרָאתִיךָ, יהוה. אֲדֹנָי, שִׁמְעָה בְקוֹלִי,
תִּהְיֶינָה אָזְנֶיךָ קַשֻּׁבוֹת לְקוֹל תַּחֲנוּנָי. אִם עֲוֹנוֹת
תִּשְׁמָר יָהּ, אֲדֹנָי מִי יַעֲמֹד. כִּי עִמְּךָ הַסְּלִיחָה, לְמַעַן תִּוָּרֵא. קִוִּיתִי יהוה
קִוְּתָה נַפְשִׁי, וְלִדְבָרוֹ הוֹחָלְתִּי. נַפְשִׁי לַאדֹנָי, מִשֹּׁמְרִים לַבֹּקֶר, שֹׁמְרִים
לַבֹּקֶר. יַחֵל יִשְׂרָאֵל אֶל יהוה, כִּי עִם יהוה הַחֶסֶד, וְהַרְבֵּה עִמּוֹ פְדוּת.
וְהוּא יִפְדֶּה אֶת יִשְׂרָאֵל, מִכֹּל עֲוֹנוֹתָיו.

﷽ סדר כפרות ﴾

Kaparos is said between Rosh Hashanah and Yom Kippur.
When using a chicken, use a white rooster for a male, a white hen for a female.
When using money, say זֶה הַכֶּסֶף יֵלֵךְ לִצְדָקָה instead of זֶה הַתַּרְנְגוֹל יֵלֵךְ לְמִיתָה.
Say the following three times:

בְּנֵי אָדָם יֹשְׁבֵי חֹשֶׁךְ וְצַלְמָוֶת, אֲסִירֵי עֳנִי וּבַרְזֶל.
יוֹצִיאֵם מֵחֹשֶׁךְ וְצַלְמָוֶת, וּמוֹסְרוֹתֵיהֶם
יְנַתֵּק. אֱוִלִים מִדֶּרֶךְ פִּשְׁעָם, וּמֵעֲוֹנֹתֵיהֶם יִתְעַנּוּ. כָּל אֹכֶל
תְּתַעֵב נַפְשָׁם, וַיַּגִּיעוּ עַד שַׁעֲרֵי מָוֶת. וַיִּזְעֲקוּ אֶל יהוה בַּצַּר
לָהֶם, מִמְּצֻקוֹתֵיהֶם יוֹשִׁיעֵם. יִשְׁלַח דְּבָרוֹ וְיִרְפָּאֵם, וִימַלֵּט
מִשְּׁחִיתוֹתָם. יוֹדוּ לַיהוה חַסְדּוֹ, וְנִפְלְאוֹתָיו לִבְנֵי אָדָם. אִם
יֵשׁ עָלָיו מַלְאָךְ מֵלִיץ אֶחָד מִנִּי אָלֶף, לְהַגִּיד לְאָדָם יָשְׁרוֹ.
וַיְחֻנֶּנּוּ וַיֹּאמֶר, פְּדָעֵהוּ מֵרֶדֶת שַׁחַת, מָצָאתִי כֹפֶר.

The bird or money is circled over the head of the person for whom *Kaparos* is being done.
A man doing *Kaparos* for himself says:

זֶה חֲלִיפָתִי, זֶה תְּמוּרָתִי, זֶה כַּפָּרָתִי. זֶה הַתַּרְנְגוֹל יֵלֵךְ לְמִיתָה [זֶה
הַכֶּסֶף יֵלֵךְ לִצְדָקָה], וַאֲנִי אֶכָּנֵס וְאֵלֵךְ לְחַיִּים טוֹבִים אֲרוּכִים וּלְשָׁלוֹם.

A group of men doing *Kaparos* together with one bird (or money) say:

זֶה חֲלִיפָתֵנוּ, זֶה תְּמוּרָתֵנוּ, זֶה כַּפָּרָתֵנוּ. זֶה הַתַּרְנְגוֹל יֵלֵךְ לְמִיתָה
[זֶה הַכֶּסֶף יֵלֵךְ לִצְדָקָה], וַאֲנַחְנוּ נִכָּנֵס וְנֵלֵךְ לְחַיִּים טוֹבִים אֲרוּכִים
וּלְשָׁלוֹם.

A man doing *Kaparos* for another man says:

זֶה חֲלִיפָתֶךָ, זֶה תְּמוּרָתֶךָ, זֶה כַּפָּרָתֶךָ. זֶה הַתַּרְנְגוֹל יֵלֵךְ לְמִיתָה [זֶה 1

הַכֶּסֶף יֵלֵךְ לִצְדָקָה], וְאַתָּה תִּכָּנֵס וְתֵלֵךְ לְחַיִּים טוֹבִים אֲרֻכִּים וּלְשָׁלוֹם. 2

A man doing *Kaparos* for a group of men says:

זֶה חֲלִיפַתְכֶם, זֶה תְּמוּרַתְכֶם, זֶה כַּפָּרַתְכֶם. זֶה הַתַּרְנְגוֹל יֵלֵךְ לְמִיתָה 3

[זֶה הַכֶּסֶף יֵלֵךְ לִצְדָקָה], וְאַתֶּם תִּכָּנְסוּ וְתֵלְכוּ לְחַיִּים טוֹבִים אֲרֻכִּים 4

וּלְשָׁלוֹם. 5

A woman doing *Kaparos* for herself says:

זֹאת חֲלִיפָתִי, זֹאת תְּמוּרָתִי, זֹאת כַּפָּרָתִי. זֹאת הַתַּרְנְגֹלֶת תֵּלֵךְ 6

לְמִיתָה [זֶה הַכֶּסֶף יֵלֵךְ לִצְדָקָה], וַאֲנִי אֶכָּנֵס וְאֵלֵךְ לְחַיִּים טוֹבִים 7

אֲרֻכִּים וּלְשָׁלוֹם. 8

A group of women doing *Kaparos* together with one bird (or money) say:

זֹאת חֲלִיפָתֵנוּ, זֹאת תְּמוּרָתֵנוּ, זֹאת כַּפָּרָתֵנוּ. זֹאת הַתַּרְנְגֹלֶת תֵּלֵךְ 9

לְמִיתָה [זֶה הַכֶּסֶף יֵלֵךְ לִצְדָקָה], וַאֲנַחְנוּ נִכָּנֵס וְנֵלֵךְ לְחַיִּים טוֹבִים 10

אֲרֻכִּים וּלְשָׁלוֹם. 11

A person doing *Kaparos* for a woman says:

זֹאת חֲלִיפָתֵךְ, זֹאת תְּמוּרָתֵךְ, זֹאת כַּפָּרָתֵךְ. זֹאת הַתַּרְנְגֹלֶת תֵּלֵךְ 12

לְמִיתָה [זֶה הַכֶּסֶף יֵלֵךְ לִצְדָקָה], וְאַתְּ תִּכָּנְסִי וְתֵלְכִי לְחַיִּים טוֹבִים 13

אֲרֻכִּים וּלְשָׁלוֹם. 14

A person doing *Kaparos* for a group of women says:

זֹאת חֲלִיפַתְכֶן, זֹאת תְּמוּרַתְכֶן, זֹאת כַּפָּרַתְכֶן. זֹאת הַתַּרְנְגֹלֶת תֵּלֵךְ 15

לְמִיתָה [זֶה הַכֶּסֶף יֵלֵךְ לִצְדָקָה], וְאַתֶּן תִּכָּנַסְנָה וְתֵלַכְנָה לְחַיִּים טוֹבִים 16

אֲרֻכִּים וּלְשָׁלוֹם. 17

A pregnant woman doing *Kaparos* for herself says:

אֵלּוּ חֲלִיפוֹתֵינוּ, אֵלּוּ תְּמוּרוֹתֵינוּ, אֵלּוּ כַּפָּרוֹתֵינוּ. אֵלּוּ הַתַּרְנְגוֹלִים 18

יֵלְכוּ לְמִיתָה [זֶה הַכֶּסֶף יֵלֵךְ לִצְדָקָה], וַאֲנַחְנוּ נִכָּנֵס וְנֵלֵךְ לְחַיִּים טוֹבִים 19

אֲרֻכִּים וּלְשָׁלוֹם. 20

A person doing *Kaparos* for a pregnant woman says:

אֵלּוּ חֲלִיפוֹתֵיכֶם, אֵלּוּ תְּמוּרוֹתֵיכֶם, אֵלּוּ כַּפָּרוֹתֵיכֶם. אֵלּוּ הַתַּרְנְגוֹלִים 21

יֵלְכוּ לְמִיתָה [זֶה הַכֶּסֶף יֵלֵךְ לִצְדָקָה], וְאַתֶּם תִּכָּנְסוּ וְתֵלְכוּ לְחַיִּים 22

טוֹבִים אֲרֻכִּים וּלְשָׁלוֹם. 23

‌֎ שמונה עשרה ליום כפור ‌֎

Take three steps backward, then three steps forward. During *Shemoneh Esrei*, stand with
your feet together and do not interrupt in any way. Say it very quietly, but you must be
able to hear your own words. See *Laws* §15-16 for a summary of its laws.

1   [At *Mussaf*, *Minchah*, and Ne'ilah — כִּי שֵׁם יהוה אֶקְרָא, הָבוּ גֹדֶל לֵאלֹהֵינוּ.]

2   אֲדֹנָי שְׂפָתַי תִּפְתָּח, וּפִי יַגִּיד תְּהִלָּתֶךָ.

אבות
Bend the knees at בָּרוּךְ; bow at אַתָּה; straighten up at ה'.

3   **בָּרוּךְ** אַתָּה יהוה אֱלֹהֵינוּ וֵאלֹהֵי אֲבוֹתֵינוּ, אֱלֹהֵי אַבְרָהָם,

4   אֱלֹהֵי יִצְחָק, וֵאלֹהֵי יַעֲקֹב, הָאֵל הַגָּדוֹל הַגִּבּוֹר

5   וְהַנּוֹרָא, אֵל עֶלְיוֹן, גּוֹמֵל חֲסָדִים טוֹבִים וְקֹנֵה הַכֹּל, וְזוֹכֵר חַסְדֵי

6   אָבוֹת, וּמֵבִיא גוֹאֵל לִבְנֵי בְנֵיהֶם, לְמַעַן שְׁמוֹ בְּאַהֲבָה.

7   זָכְרֵנוּ לְחַיִּים, מֶלֶךְ חָפֵץ בַּחַיִּים, °וְכָתְבֵנוּ [At Ne'ilah – °וְחָתְמֵנוּ]

8   **בְּסֵפֶר הַחַיִּים, לְמַעַנְךָ אֱלֹהִים חַיִּים.**

Bend the knees at בָּרוּךְ; bow at אַתָּה; straighten up at ה'.

9   מֶלֶךְ עוֹזֵר וּמוֹשִׁיעַ וּמָגֵן. בָּרוּךְ אַתָּה יהוה, מָגֵן אַבְרָהָם.

גבורות

10   **אַתָּה** גִּבּוֹר לְעוֹלָם אֲדֹנָי, מְחַיֵּה מֵתִים אַתָּה, רַב לְהוֹשִׁיעַ,

11   מוֹרִיד הַטָּל. מְכַלְכֵּל חַיִּים בְּחֶסֶד, מְחַיֵּה מֵתִים

12   בְּרַחֲמִים רַבִּים, סוֹמֵךְ נוֹפְלִים, וְרוֹפֵא חוֹלִים, וּמַתִּיר אֲסוּרִים,

13   וּמְקַיֵּם אֱמוּנָתוֹ לִישֵׁנֵי עָפָר. מִי כָמוֹךָ בַּעַל גְּבוּרוֹת, וּמִי דוֹמֶה

14   לָּךְ, מֶלֶךְ מֵמִית וּמְחַיֶּה וּמַצְמִיחַ יְשׁוּעָה.

15   **מִי כָמוֹךָ °אַב הָרַחֲמָן, זוֹכֵר יְצוּרָיו לְחַיִּים בְּרַחֲמִים.**

16   [At *Mussaf*, at *Minchah* on the Sabbath, and at Ne'ilah say: °אַב הָרַחֲמִים]

17   וְנֶאֱמָן אַתָּה לְהַחֲיוֹת מֵתִים. בָּרוּךְ אַתָּה יהוה, מְחַיֵּה הַמֵּתִים.

קדושת השם

18   **אַתָּה** קָדוֹשׁ וְשִׁמְךָ קָדוֹשׁ, וּקְדוֹשִׁים בְּכָל יוֹם יְהַלְלוּךָ סֶּלָה, כִּי

19   אֵל מֶלֶךְ גָּדוֹל וְקָדוֹשׁ אָתָּה.

20   **לְדוֹר** וָדוֹר הַמְלִיכוּ לָאֵל, כִּי הוּא לְבַדּוֹ מָרוֹם וְקָדוֹשׁ.

21   **וּבְכֵן,** יִתְקַדֵּשׁ שִׁמְךָ יהוה אֱלֹהֵינוּ עַל יִשְׂרָאֵל עַמֶּךָ, וְעַל

22   יְרוּשָׁלַיִם עִירֶךָ, וְעַל צִיּוֹן מִשְׁכַּן כְּבוֹדֶךָ, וְעַל מַלְכוּת

23   בֵּית דָּוִד מְשִׁיחֶךָ, וְעַל מְכוֹנְךָ וְהֵיכָלֶךָ.

וּבְכֵן, תֵּן פַּחְדְּךָ, יהוה אֱלֹהֵינוּ, עַל כָּל מַעֲשֶׂיךָ, וְאֵימָתְךָ עַל כָּל מַה שֶּׁבָּרָאתָ. וְיִירָאוּךָ כָּל הַמַּעֲשִׂים, וְיִשְׁתַּחֲווּ לְפָנֶיךָ כָּל הַבְּרוּאִים. וְיֵעָשׂוּ כֻלָּם אֲגֻדָּה אַחַת, לַעֲשׂוֹת רְצוֹנְךָ בְּלֵבָב שָׁלֵם. כְּמוֹ שֶׁיָּדַעְנוּ, יהוה אֱלֹהֵינוּ, שֶׁהַשָּׁלְטָן לְפָנֶיךָ, עֹז בְּיָדְךָ, וּגְבוּרָה בִּימִינֶךָ, וְשִׁמְךָ נוֹרָא עַל כָּל מַה שֶּׁבָּרָאתָ.

וּבְכֵן, תֵּן כָּבוֹד, יהוה, לְעַמֶּךָ, תְּהִלָּה לִירֵאֶיךָ, וְתִקְוָה טוֹבָה לְדוֹרְשֶׁיךָ, וּפִתְחוֹן פֶּה לַמְיַחֲלִים לָךְ, שִׂמְחָה לְאַרְצֶךָ, וְשָׂשׂוֹן לְעִירֶךָ, וּצְמִיחַת קֶרֶן לְדָוִד עַבְדֶּךָ, וַעֲרִיכַת נֵר לְבֶן יִשַׁי מְשִׁיחֶךָ, בִּמְהֵרָה בְיָמֵינוּ.

וּבְכֵן, צַדִּיקִים יִרְאוּ וְיִשְׂמָחוּ, וִישָׁרִים יַעֲלֹזוּ, וַחֲסִידִים בְּרִנָּה יָגִילוּ. וְעוֹלָתָה תִּקְפָּץ פִּיהָ, וְכָל הָרִשְׁעָה כֻּלָּהּ כְּעָשָׁן תִּכְלֶה, כִּי תַעֲבִיר מֶמְשֶׁלֶת זָדוֹן מִן הָאָרֶץ.

וְתִמְלוֹךְ, אַתָּה הוּא יהוה אֱלֹהֵינוּ מְהֵרָה לְבַדֶּךָ, עַל כָּל מַעֲשֶׂיךָ, בְּהַר צִיּוֹן מִשְׁכַּן כְּבוֹדֶךָ, וּבִירוּשָׁלַיִם עִיר קָדְשֶׁךָ, כַּכָּתוּב בְּדִבְרֵי קָדְשֶׁךָ: יִמְלֹךְ יהוה לְעוֹלָם, אֱלֹהַיִךְ צִיּוֹן, לְדֹר וָדֹר, הַלְלוּיָהּ.

קָדוֹשׁ אַתָּה וְנוֹרָא שְׁמֶךָ, וְאֵין אֱלוֹהַּ מִבַּלְעָדֶיךָ, כַּכָּתוּב: וַיִּגְבַּהּ יהוה צְבָאוֹת בַּמִּשְׁפָּט, וְהָאֵל הַקָּדוֹשׁ נִקְדַּשׁ בִּצְדָקָה. בָּרוּךְ אַתָּה יהוה, הַמֶּלֶךְ הַקָּדוֹשׁ.

קְדֻשַּׁת הַיּוֹם

אַתָּה בְחַרְתָּנוּ מִכָּל הָעַמִּים, אָהַבְתָּ אוֹתָנוּ, וְרָצִיתָ בָּנוּ, וְרוֹמַמְתָּנוּ מִכָּל הַלְּשׁוֹנוֹת, וְקִדַּשְׁתָּנוּ בְּמִצְוֹתֶיךָ, וְקֵרַבְתָּנוּ מַלְכֵּנוּ לַעֲבוֹדָתֶךָ, וְשִׁמְךָ הַגָּדוֹל וְהַקָּדוֹשׁ עָלֵינוּ קָרָאתָ.

On the Sabbath, add the words in brackets.

וַתִּתֶּן לָנוּ יהוה אֱלֹהֵינוּ בְּאַהֲבָה אֶת יוֹם [הַשַּׁבָּת הַזֶּה לִקְדֻשָּׁה וְלִמְנוּחָה וְאֶת יוֹם] צוֹם הַכִּפּוּרִים הַזֶּה, לִמְחִילָה וְלִסְלִיחָה וּלְכַפָּרָה, וְלִמְחָל בּוֹ אֶת כָּל עֲוֹנוֹתֵינוּ [בְּאַהֲבָה] מִקְרָא קֹדֶשׁ, זֵכֶר לִיצִיאַת מִצְרָיִם.

AT *MAARIV*, *SHACHARIS*, *MINCHAH*, AND *NE'ILAH* SAY:

1 **אֱלֹהֵינוּ** וֵאלֹהֵי אֲבוֹתֵינוּ, יַעֲלֶה, וְיָבֹא, וְיַגִּיעַ, וְיֵרָאֶה,

2 וְיֵרָצֶה, וְיִשָּׁמַע, וְיִפָּקֵד, וְיִזָּכֵר זִכְרוֹנֵנוּ וּפִקְדוֹנֵנוּ,

3 וְזִכְרוֹן אֲבוֹתֵינוּ, וְזִכְרוֹן מָשִׁיחַ בֶּן דָּוִד עַבְדֶּךָ, וְזִכְרוֹן יְרוּשָׁלַיִם

4 עִיר קָדְשֶׁךָ, וְזִכְרוֹן כָּל עַמְּךָ בֵּית יִשְׂרָאֵל לְפָנֶיךָ, לִפְלֵיטָה

AT *MUSSAF* SAY:

5 **וּמִפְּנֵי חֲטָאֵינוּ** גָּלִינוּ מֵאַרְצֵנוּ, וְנִתְרַחַקְנוּ מֵעַל אַדְמָתֵנוּ.

6 וְאֵין אֲנַחְנוּ יְכוֹלִים לַעֲשׂוֹת חוֹבוֹתֵינוּ

7 בְּבֵית בְּחִירָתֶךָ, בַּבַּיִת הַגָּדוֹל וְהַקָּדוֹשׁ שֶׁנִּקְרָא שִׁמְךָ עָלָיו,

8 מִפְּנֵי הַיָּד שֶׁנִּשְׁתַּלְּחָה בְּמִקְדָּשֶׁךָ. יְהִי רָצוֹן מִלְּפָנֶיךָ, יהוה

9 אֱלֹהֵינוּ וֵאלֹהֵי אֲבוֹתֵינוּ, מֶלֶךְ רַחֲמָן, שֶׁתָּשׁוּב וּתְרַחֵם עָלֵינוּ

10 וְעַל מִקְדָּשְׁךָ בְּרַחֲמֶיךָ הָרַבִּים, וְתִבְנֵהוּ מְהֵרָה וּתְגַדֵּל כְּבוֹדוֹ.

11 אָבִינוּ מַלְכֵּנוּ, גַּלֵּה כְּבוֹד מַלְכוּתְךָ עָלֵינוּ מְהֵרָה, וְהוֹפַע

12 וְהִנָּשֵׂא עָלֵינוּ לְעֵינֵי כָּל חָי. וְקָרֵב פְּזוּרֵינוּ מִבֵּין הַגּוֹיִם,

13 וּנְפוּצוֹתֵינוּ כַּנֵּס מִיַּרְכְּתֵי אָרֶץ. וַהֲבִיאֵנוּ לְצִיּוֹן עִירְךָ בְּרִנָּה,

14 וְלִירוּשָׁלַיִם בֵּית מִקְדָּשְׁךָ בְּשִׂמְחַת עוֹלָם. וְשָׁם נַעֲשֶׂה לְפָנֶיךָ

15 אֶת קָרְבְּנוֹת חוֹבוֹתֵינוּ, תְּמִידִים כְּסִדְרָם, וּמוּסָפִים כְּהִלְכָתָם.

16 on weekdays – וְאֶת מוּסַף יוֹם הַכִּפּוּרִים הַזֶּה

17 on the Sabbath – וְאֶת מוּסְפֵי יוֹם הַשַּׁבָּת הַזֶּה וְיוֹם הַכִּפּוּרִים הַזֶּה

18 נַעֲשֶׂה וְנַקְרִיב לְפָנֶיךָ בְּאַהֲבָה כְּמִצְוַת רְצוֹנֶךָ, כְּמוֹ שֶׁכָּתַבְתָּ

19 עָלֵינוּ בְּתוֹרָתֶךָ, עַל יְדֵי מֹשֶׁה עַבְדֶּךָ, מִפִּי כְבוֹדֶךָ כָּאָמוּר:

On the Sabbath add:

20 **וּבְיוֹם הַשַּׁבָּת** שְׁנֵי כְבָשִׂים בְּנֵי שָׁנָה תְּמִימִם, וּשְׁנֵי עֶשְׂרֹנִים סֹלֶת

21 מִנְחָה בְּלוּלָה בַשֶּׁמֶן, וְנִסְכּוֹ. עֹלַת שַׁבַּת בְּשַׁבַּתּוֹ,

22 עַל עֹלַת הַתָּמִיד וְנִסְכָּהּ. (זֶה קָרְבַּן שַׁבָּת. וְקָרְבַּן הַיּוֹם כָּאָמוּר:)

AT *MAARIV, SHACHARIS, MINCHAH*, AND *NE'ILAH* SAY:

1 לְטוֹבָה לְחֵן וּלְחֶסֶד וּלְרַחֲמִים, לְחַיִּים (טוֹבִים) וּלְשָׁלוֹם בְּיוֹם

2 הַכִּפּוּרִים הַזֶּה. זָכְרֵנוּ יהוה אֱלֹהֵינוּ בּוֹ לְטוֹבָה, וּפָקְדֵנוּ בוֹ

3 לִבְרָכָה, וְהוֹשִׁיעֵנוּ בוֹ לְחַיִּים טוֹבִים. וּבִדְבַר יְשׁוּעָה וְרַחֲמִים,

4 חוּס וְחָנֵּנוּ וְרַחֵם עָלֵינוּ וְהוֹשִׁיעֵנוּ, כִּי אֵלֶיךָ עֵינֵינוּ, כִּי אֵל

5 מֶלֶךְ חַנּוּן וְרַחוּם אָתָּה.

Continue אֱ-לֹהֵינוּ וֵא-לֹהֵי אֲבוֹתֵינוּ, below.

AT *MUSSAF* SAY:

6 **וּבֶעָשׂוֹר** לַחְדֶשׁ הַשְּׁבִיעִי הַזֶּה מִקְרָא קֹדֶשׁ יִהְיֶה לָכֶם,

7 וְעִנִּיתֶם אֶת נַפְשֹׁתֵיכֶם; כָּל מְלָאכָה לֹא תַעֲשׂוּ.

8 וְהִקְרַבְתֶּם עֹלָה לַיהוה, רֵיחַ נִיחֹחַ, פַּר בֶּן בָּקָר אֶחָד, אַיִל

9 אֶחָד, כְּבָשִׂים בְּנֵי שָׁנָה שִׁבְעָה, תְּמִימִם יִהְיוּ לָכֶם. וּמִנְחָתָם

10 וְנִסְכֵּיהֶם כִּמְדֻבָּר: שְׁלֹשָׁה עֶשְׂרֹנִים לַפָּר, וּשְׁנֵי עֶשְׂרֹנִים

11 לָאַיִל, וְעִשָּׂרוֹן לַכֶּבֶשׂ, וְיַיִן כְּנִסְכּוֹ, וּשְׁנֵי שְׂעִירִים לְכַפֵּר, וּשְׁנֵי

12 תְמִידִים כְּהִלְכָתָם.

On the Sabbath add:

13 **יִשְׂמְחוּ** בְמַלְכוּתְךָ שׁוֹמְרֵי שַׁבָּת וְקוֹרְאֵי עֹנֶג, עַם מְקַדְּשֵׁי שְׁבִיעִי,

14 כֻּלָּם יִשְׂבְּעוּ וְיִתְעַנְּגוּ מִטּוּבֶךָ, וּבַשְּׁבִיעִי רָצִיתָ בּוֹ

15 וְקִדַּשְׁתּוֹ, חֶמְדַּת יָמִים אוֹתוֹ קָרָאתָ, זֵכֶר לְמַעֲשֵׂה בְרֵאשִׁית.

Continue אֱ-לֹהֵינוּ וֵא-לֹהֵי אֲבוֹתֵינוּ, below.

AT ALL PRAYERS CONTINUE:

On the Sabbath, add the words in brackets.

16 **אֱלֹהֵינוּ** וֵאלֹהֵי אֲבוֹתֵינוּ, מְחוֹל לַעֲוֹנוֹתֵינוּ בְּיוֹם [הַשַּׁבָּת

17 הַזֶּה וּבְיוֹם] הַכִּפּוּרִים הַזֶּה. מְחֵה וְהַעֲבֵר פְּשָׁעֵינוּ

18 וְחַטֹּאתֵינוּ מִנֶּגֶד עֵינֶיךָ, כָּאָמוּר: אָנֹכִי אָנֹכִי הוּא מֹחֶה

19 פְשָׁעֶיךָ לְמַעֲנִי, וְחַטֹּאתֶיךָ לֹא אֶזְכֹּר. וְנֶאֱמַר: מָחִיתִי כָעָב

20 פְּשָׁעֶיךָ, וְכֶעָנָן חַטֹּאתֶיךָ, שׁוּבָה אֵלַי, כִּי גְאַלְתִּיךָ. וְנֶאֱמַר: כִּי

1   בַּיּוֹם הַזֶּה יְכַפֵּר עֲלֵיכֶם לְטַהֵר אֶתְכֶם, מִכֹּל חַטֹּאתֵיכֶם לִפְנֵי

2   יהוה תִּטְהָרוּ. [אֱלֹהֵינוּ וֵאלֹהֵי אֲבוֹתֵינוּ, רְצֵה נָא בִמְנוּחָתֵנוּ.] קַדְּשֵׁנוּ

3   בְּמִצְוֹתֶיךָ וְתֵן חֶלְקֵנוּ בְּתוֹרָתֶךָ, שַׂבְּעֵנוּ מִטּוּבֶךָ וְשַׂמַּח נַפְשֵׁנוּ

4   בִּישׁוּעָתֶךָ. [וְהַנְחִילֵנוּ, יהוה אֱלֹהֵינוּ, בְּאַהֲבָה וּבְרָצוֹן שַׁבַּת קָדְשֶׁךָ,

5   וְיָנוּחוּ *At Maariv* – בָה / *At Shacharis and Mussaf* – בו / *At Minchah and Ne'ilah* – בָם

6   כָּל יִשְׂרָאֵל מְקַדְּשֵׁי שְׁמֶךָ.] וְטַהֵר לִבֵּנוּ לְעָבְדְּךָ בֶּאֱמֶת, כִּי אַתָּה

7   סָלְחָן לְיִשְׂרָאֵל וּמָחֳלָן לְשִׁבְטֵי יְשֻׁרוּן בְּכָל דּוֹר וָדוֹר,

8   וּמִבַּלְעָדֶיךָ אֵין לָנוּ מֶלֶךְ מוֹחֵל וְסוֹלֵחַ, אֶלָּא אָתָּה. בָּרוּךְ אַתָּה

9   יהוה, מֶלֶךְ מוֹחֵל וְסוֹלֵחַ לַעֲוֹנוֹתֵינוּ וְלַעֲוֹנוֹת עַמּוֹ בֵּית יִשְׂרָאֵל,

10   וּמַעֲבִיר אַשְׁמוֹתֵינוּ בְּכָל שָׁנָה וְשָׁנָה, מֶלֶךְ עַל כָּל הָאָרֶץ

11   מְקַדֵּשׁ [הַשַּׁבָּת וְ]יִשְׂרָאֵל וְיוֹם הַכִּפּוּרִים.

עבודה

12   **רְצֵה** יהוה אֱלֹהֵינוּ בְּעַמְּךָ יִשְׂרָאֵל וְלִתְפִלָּתָם שְׁעֵה, וְהָשֵׁב

13   אֶת הָעֲבוֹדָה לִדְבִיר בֵּיתֶךָ. וְאִשֵּׁי יִשְׂרָאֵל וּתְפִלָּתָם

14   מְהֵרָה בְּאַהֲבָה תְקַבֵּל בְּרָצוֹן, וּתְהִי לְרָצוֹן תָּמִיד עֲבוֹדַת

15   יִשְׂרָאֵל עַמֶּךָ.

16   **וְתֶחֱזֶינָה** עֵינֵינוּ בְּשׁוּבְךָ לְצִיּוֹן בְּרַחֲמִים. בָּרוּךְ אַתָּה יהוה,

17   הַמַּחֲזִיר שְׁכִינָתוֹ לְצִיּוֹן.

הודאה

Bow at מודים; straighten up at ה'.

18   **מוֹדִים** אֲנַחְנוּ לָךְ, שָׁאַתָּה הוּא יהוה אֱלֹהֵינוּ וֵאלֹהֵי

19   אֲבוֹתֵינוּ לְעוֹלָם וָעֶד. צוּרֵנוּ צוּר חַיֵּינוּ, מָגֵן יִשְׁעֵנוּ

20   אַתָּה הוּא לְדוֹר וָדוֹר. נוֹדֶה לְּךָ וּנְסַפֵּר תְּהִלָּתֶךָ עַל חַיֵּינוּ

21   הַמְּסוּרִים בְּיָדֶךָ, וְעַל נִשְׁמוֹתֵינוּ הַפְּקוּדוֹת לָךְ, וְעַל נִסֶּיךָ

22   שֶׁבְּכָל יוֹם עִמָּנוּ, וְעַל נִפְלְאוֹתֶיךָ וְטוֹבוֹתֶיךָ שֶׁבְּכָל עֵת, עֶרֶב

23   וָבֹקֶר וְצָהֳרָיִם. הַטּוֹב כִּי לֹא כָלוּ רַחֲמֶיךָ, וְהַמְרַחֵם כִּי לֹא

24   תַמּוּ חֲסָדֶיךָ, כִּי מֵעוֹלָם קִוִּינוּ לָךְ.

1 וְעַל כֻּלָּם יִתְבָּרַךְ וְיִתְרוֹמַם וְיִתְנַשֵּׂא שִׁמְךָ מַלְכֵּנוּ תָּמִיד
2 לְעוֹלָם וָעֶד.

3 °וּכְתֹב [At Ne'ilah – °וַחֲתוֹם] לְחַיִּים טוֹבִים כָּל בְּנֵי בְרִיתֶךָ.

Bend the knees at בָּרוּךְ; bow at אַתָּה; straighten up at ה׳.

4 וְכֹל הַחַיִּים יוֹדוּךָ סֶּלָה, וִיהַלְלוּ וִיבָרְכוּ אֶת שִׁמְךָ הַגָּדוֹל
5 בֶּאֱמֶת, לְעוֹלָם כִּי טוֹב. הָאֵל יְשׁוּעָתֵנוּ וְעֶזְרָתֵנוּ סֶּלָה, הָאֵל
6 הַטּוֹב. בָּרוּךְ אַתָּה יהוה, הַטּוֹב שִׁמְךָ וּלְךָ נָאֶה לְהוֹדוֹת.

שלום
Some say שָׁלוֹם רָב at *Maariv*:

שָׁלוֹם רָב	שִׂים שָׁלוֹם, טוֹבָה וּבְרָכָה, חַיִּים,
7 | | |
8 | עַל יִשְׂרָאֵל עַמְּךָ | חֵן וָחֶסֶד וְרַחֲמִים |
9 | תָּשִׂים לְעוֹלָם, כִּי | עָלֵינוּ וְעַל כָּל יִשְׂרָאֵל עַמֶּךָ. בָּרְכֵנוּ |
10 | אַתָּה הוּא מֶלֶךְ אָדוֹן | אָבִינוּ, כֻּלָּנוּ כְּאֶחָד, בְּאוֹר פָּנֶיךָ, כִּי בְאוֹר |
11 | לְכָל הַשָּׁלוֹם. וְטוֹב | פָנֶיךָ נָתַתָּ לָּנוּ, יהוה אֱלֹהֵינוּ, תּוֹרַת חַיִּים |
12 | יִהְיֶה בְּעֵינֶיךָ לְבָרְכֵנוּ | וְאַהֲבַת חֶסֶד, וּצְדָקָה, וּבְרָכָה, וְרַחֲמִים, |
13 | וּלְבָרֵךְ אֶת כָּל עַמְּךָ | וְחַיִּים, וְשָׁלוֹם. וְטוֹב יִהְיֶה בְּעֵינֶיךָ לְבָרְכֵנוּ |
14 | יִשְׂרָאֵל, בְּכָל עֵת | וּלְבָרֵךְ אֶת כָּל עַמְּךָ יִשְׂרָאֵל, בְּכָל עֵת |
15 | וּבְכָל שָׁעָה בִּשְׁלוֹמֶךָ. | וּבְכָל שָׁעָה בִּשְׁלוֹמֶךָ (בְּרוֹב עֹז וְשָׁלוֹם). |

16 בְּסֵפֶר חַיִּים בְּרָכָה וְשָׁלוֹם, וּפַרְנָסָה טוֹבָה, וּגְזֵרוֹת טוֹבוֹת,
17 יְשׁוּעוֹת וְנֶחָמוֹת, נִזָּכֵר °וְנִכָּתֵב [At Ne'ilah – °וְנֵחָתֵם] לְפָנֶיךָ,
18 אֲנַחְנוּ וְכָל עַמְּךָ בֵּית יִשְׂרָאֵל, לְחַיִּים טוֹבִים וּלְשָׁלוֹם.
19 בָּרוּךְ אַתָּה יהוה, הַמְבָרֵךְ אֶת עַמּוֹ יִשְׂרָאֵל בַּשָּׁלוֹם.

20 יִהְיוּ לְרָצוֹן אִמְרֵי פִי וְהֶגְיוֹן לִבִּי לְפָנֶיךָ, יהוה צוּרִי וְגֹאֲלִי.

Say these paragraphs with head and body slightly bowed.

21 אֱלֹהֵינוּ וֵאלֹהֵי אֲבוֹתֵינוּ, תָּבֹא לְפָנֶיךָ תְּפִלָּתֵנוּ, וְאַל
22 תִּתְעַלַּם מִתְּחִנָּתֵנוּ, שֶׁאֵין אָנוּ עַזֵּי פָנִים וּקְשֵׁי
23 עֹרֶף, לוֹמַר לְפָנֶיךָ יהוה אֱלֹהֵינוּ וֵאלֹהֵי אֲבוֹתֵינוּ, צַדִּיקִים
24 אֲנַחְנוּ וְלֹא חָטָאנוּ, אֲבָל אֲנַחְנוּ וַאֲבוֹתֵינוּ חָטָאנוּ.

Gently hit the left side of your chest with your right fist at each sin in the next paragraph.

1 אָשַׁמְנוּ, בָּגַדְנוּ, גָּזַלְנוּ, דִּבַּרְנוּ דְפִי. הֶעֱוִינוּ, וְהִרְשַׁעְנוּ,

2 זַדְנוּ, חָמַסְנוּ, טָפַלְנוּ שֶׁקֶר. יָעַצְנוּ רָע, כִּזַּבְנוּ,

3 לַצְנוּ, מָרַדְנוּ, נִאַצְנוּ, סָרַרְנוּ, עָוִינוּ, פָּשַׁעְנוּ, צָרַרְנוּ, קִשִּׁינוּ

4 עֹרֶף. רָשַׁעְנוּ, שִׁחַתְנוּ, תִּעַבְנוּ, תָּעִינוּ, תִּעְתָּעְנוּ.

5 סַרְנוּ מִמִּצְוֹתֶיךָ וּמִמִּשְׁפָּטֶיךָ הַטּוֹבִים, וְלֹא שָׁוָה לָנוּ.

6 וְאַתָּה צַדִּיק עַל כָּל הַבָּא עָלֵינוּ,

7 כִּי אֱמֶת עָשִׂיתָ וַאֲנַחְנוּ הִרְשָׁעְנוּ.

8 מַה נֹּאמַר לְפָנֶיךָ יוֹשֵׁב מָרוֹם,

9 וּמַה נְּסַפֵּר לְפָנֶיךָ שׁוֹכֵן שְׁחָקִים,

10 הֲלֹא כָּל הַנִּסְתָּרוֹת וְהַנִּגְלוֹת אַתָּה יוֹדֵעַ.

At *Maariv Shacharis, Mussaf*, and *Minchah* say אַתָּה יוֹדֵעַ. At *Ne'ilah* say אַתָּה נוֹתֵן.

AT *MAARIV, SHACHARIS, MUSSAF,* AND *MINCHAH* SAY:

11 אַתָּה יוֹדֵעַ רָזֵי עוֹלָם, וְתַעֲלוּמוֹת סִתְרֵי כָּל חָי. אַתָּה

12 חוֹפֵשׂ כָּל חַדְרֵי בָטֶן, וּבוֹחֵן כְּלָיוֹת וָלֵב. אֵין

13 דָּבָר נֶעְלָם מִמֶּךָּ, וְאֵין נִסְתָּר מִנֶּגֶד עֵינֶיךָ. וּבְכֵן יְהִי רָצוֹן

14 מִלְּפָנֶיךָ, יהוה אֱלֹהֵינוּ וֵאלֹהֵי אֲבוֹתֵינוּ, שֶׁתְּכַבֵּר לָנוּ עַל כָּל

15 חַטֹּאתֵינוּ, וְתִסְלַח לָנוּ עַל כָּל עֲוֹנוֹתֵינוּ, וְתִמְחָל לָנוּ עַל כָּל

16 פְּשָׁעֵינוּ.

AT *NE'ILAH* SAY:

17 אַתָּה נוֹתֵן יָד לַפּוֹשְׁעִים, וִימִינְךָ פְּשׁוּטָה לְקַבֵּל שָׁבִים.

18 וַתְּלַמְּדֵנוּ יהוה אֱלֹהֵינוּ לְהִתְוַדּוֹת לְפָנֶיךָ

19 עַל כָּל עֲוֹנוֹתֵינוּ, לְמַעַן נֶחְדַּל מֵעֹשֶׁק יָדֵינוּ, וּתְקַבְּלֵנוּ

20 בִּתְשׁוּבָה שְׁלֵמָה לְפָנֶיךָ כְּאִשִּׁים וּכְנִיחוֹחִים, לְמַעַן

21 דְּבָרֶיךָ אֲשֶׁר אָמָרְתָּ. אֵין קֵץ לְאִשֵּׁי חוֹבוֹתֵינוּ, וְאֵין מִסְפָּר

22 לְנִיחוֹחֵי אַשְׁמָתֵנוּ. וְאַתָּה יוֹדֵעַ שֶׁאַחֲרִיתֵנוּ רִמָּה וְתוֹלֵעָה,

AT *MAARIV, SHACHARIS, MUSSAF,* AND *MINCHAH* SAY:

Gently hit the left side of your chest with your fist
each time you say עַל חֵטְא שֶׁחָטָאנוּ.

1 **עַל חֵטְא** שֶׁחָטָאנוּ לְפָנֶיךָ בְּאֶנֶס וּבְרָצוֹן,

2 וְעַל חֵטְא שֶׁחָטָאנוּ לְפָנֶיךָ בְּאִמּוּץ הַלֵּב.

3 עַל חֵטְא שֶׁחָטָאנוּ לְפָנֶיךָ בִּבְלִי דָעַת,

4 וְעַל חֵטְא שֶׁחָטָאנוּ לְפָנֶיךָ בְּבִטּוּי שְׂפָתָיִם.

5 עַל חֵטְא שֶׁחָטָאנוּ לְפָנֶיךָ בְּגִלּוּי עֲרָיוֹת,

6 וְעַל חֵטְא שֶׁחָטָאנוּ לְפָנֶיךָ בַּגָּלוּי וּבַסָּתֶר.

7 עַל חֵטְא שֶׁחָטָאנוּ לְפָנֶיךָ בְּדַעַת וּבְמִרְמָה,

8 וְעַל חֵטְא שֶׁחָטָאנוּ לְפָנֶיךָ בְּדִבּוּר פֶּה.

9 עַל חֵטְא שֶׁחָטָאנוּ לְפָנֶיךָ בְּהוֹנָאַת רֵעַ,

10 וְעַל חֵטְא שֶׁחָטָאנוּ לְפָנֶיךָ בְּהַרְהוֹר הַלֵּב.

11 עַל חֵטְא שֶׁחָטָאנוּ לְפָנֶיךָ בִּוְעִידַת זְנוּת,

12 וְעַל חֵטְא שֶׁחָטָאנוּ לְפָנֶיךָ בְּוִדּוּי פֶּה.

13 עַל חֵטְא שֶׁחָטָאנוּ לְפָנֶיךָ בְּזִלְזוּל הוֹרִים וּמוֹרִים,

14 וְעַל חֵטְא שֶׁחָטָאנוּ לְפָנֶיךָ בְּזָדוֹן וּבִשְׁגָגָה.

15 עַל חֵטְא שֶׁחָטָאנוּ לְפָנֶיךָ בְּחֹזֶק יָד,

16 וְעַל חֵטְא שֶׁחָטָאנוּ לְפָנֶיךָ בְּחִלּוּל הַשֵּׁם.

AT *NE'ILAH* SAY:

17 לְפִיכָךְ הִרְבֵּית סְלִיחָתֵנוּ. מָה אָנוּ, מֶה חַיֵּינוּ, מֶה חַסְדֵּנוּ,

18 מַה צִּדְקוֹתֵינוּ, מַה יְשׁוּעָתֵנוּ, מַה כֹּחֵנוּ, מַה גְּבוּרָתֵנוּ. מַה

19 נֹּאמַר לְפָנֶיךָ, יהוה אֱלֹהֵינוּ וֵאלֹהֵי אֲבוֹתֵינוּ, הֲלֹא כָּל

20 הַגִּבּוֹרִים כְּאַיִן לְפָנֶיךָ, וְאַנְשֵׁי הַשֵּׁם כְּלֹא הָיוּ, וַחֲכָמִים

21 כִּבְלִי מַדָּע, וּנְבוֹנִים כִּבְלִי הַשְׂכֵּל. כִּי רֹב מַעֲשֵׂיהֶם תֹּהוּ, וִימֵי

22 חַיֵּיהֶם הֶבֶל לְפָנֶיךָ, וּמוֹתַר הָאָדָם מִן הַבְּהֵמָה אָיִן, כִּי הַכֹּל

23 הָבֶל.

AT *MAARIV*, *SHACHARIS*, *MUSSAF*, AND *MINCHAH* SAY:

1 עַל חֵטְא שֶׁחָטָאנוּ לְפָנֶיךָ בְּטֻמְאַת שְׂפָתָיִם,

2 וְעַל חֵטְא שֶׁחָטָאנוּ לְפָנֶיךָ בְּטִפְשׁוּת פֶּה.

3 עַל חֵטְא שֶׁחָטָאנוּ לְפָנֶיךָ בְּיֵצֶר הָרָע,

4 וְעַל חֵטְא שֶׁחָטָאנוּ לְפָנֶיךָ בְּיוֹדְעִים וּבְלֹא יוֹדְעִים.

5 **וְעַל כֻּלָּם, אֱלוֹהַּ סְלִיחוֹת, סְלַח לָנוּ, מְחַל לָנוּ, כַּפֶּר לָנוּ.**

6 עַל חֵטְא שֶׁחָטָאנוּ לְפָנֶיךָ בְּכַחַשׁ וּבְכָזָב,

7 וְעַל חֵטְא שֶׁחָטָאנוּ לְפָנֶיךָ בְּכַפַּת שֹׁחַד.

8 עַל חֵטְא שֶׁחָטָאנוּ לְפָנֶיךָ בְּלָצוֹן,

9 וְעַל חֵטְא שֶׁחָטָאנוּ לְפָנֶיךָ בְּלָשׁוֹן הָרָע.

10 עַל חֵטְא שֶׁחָטָאנוּ לְפָנֶיךָ בְּמַשָּׂא וּבְמַתָּן,

11 וְעַל חֵטְא שֶׁחָטָאנוּ לְפָנֶיךָ בְּמַאֲכָל וּבְמִשְׁתֶּה.

12 עַל חֵטְא שֶׁחָטָאנוּ לְפָנֶיךָ בְּנֶשֶׁךְ וּבְמַרְבִּית,

13 וְעַל חֵטְא שֶׁחָטָאנוּ לְפָנֶיךָ בִּנְטִיַּת גָּרוֹן.

14 עַל חֵטְא שֶׁחָטָאנוּ לְפָנֶיךָ בְּשִׂיחַ שִׂפְתוֹתֵינוּ,

15 וְעַל חֵטְא שֶׁחָטָאנוּ לְפָנֶיךָ בְּשִׁקּוּר עָיִן.

16 עַל חֵטְא שֶׁחָטָאנוּ לְפָנֶיךָ בְּעֵינַיִם רָמוֹת,

17 וְעַל חֵטְא שֶׁחָטָאנוּ לְפָנֶיךָ בְּעַזּוּת מֵצַח.

18 **וְעַל כֻּלָּם, אֱלוֹהַּ סְלִיחוֹת, סְלַח לָנוּ, מְחַל לָנוּ, כַּפֶּר לָנוּ.**

AT *NE'ILAH* SAY:

19 **אַתָּה הִבְדַּלְתָּ** אֱנוֹשׁ מֵרֹאשׁ, וַתַּכִּירֵהוּ לַעֲמוֹד לְפָנֶיךָ,

20 כִּי מִי יֹאמַר לְךָ מַה תִּפְעָל, וְאִם יִצְדַּק

21 מַה יִּתֶּן לָךְ. וַתִּתֶּן לָנוּ יהוה אֱלֹהֵינוּ בְּאַהֲבָה אֶת יוֹם הַכִּפֻּרִים

22 הַזֶּה, קֵץ וּמְחִילָה וּסְלִיחָה עַל כָּל עֲוֹנוֹתֵינוּ, לְמַעַן נֶחְדַּל

23 מֵעֹשֶׁק יָדֵינוּ, וְנָשׁוּב אֵלֶיךָ לַעֲשׂוֹת חֻקֵּי רְצוֹנְךָ בְּלֵבָב שָׁלֵם.

AT *MAARIV, SHACHARIS, MUSSAF,* AND *MINCHAH* SAY:

1 עַל חֵטְא שֶׁחָטָאנוּ לְפָנֶיךָ בִּפְרִיקַת עֹל,

2 וְעַל חֵטְא שֶׁחָטָאנוּ לְפָנֶיךָ בִּפְלִילוּת.

3 עַל חֵטְא שֶׁחָטָאנוּ לְפָנֶיךָ בִּצְדִיַּת רֵעַ,

4 וְעַל חֵטְא שֶׁחָטָאנוּ לְפָנֶיךָ בְּצָרוּת עָיִן.

5 עַל חֵטְא שֶׁחָטָאנוּ לְפָנֶיךָ בְּקַלּוּת רֹאשׁ,

6 וְעַל חֵטְא שֶׁחָטָאנוּ לְפָנֶיךָ בְּקַשְׁיוּת עֹרֶף.

7 עַל חֵטְא שֶׁחָטָאנוּ לְפָנֶיךָ בְּרִיצַת רַגְלַיִם לְהָרַע,

8 וְעַל חֵטְא שֶׁחָטָאנוּ לְפָנֶיךָ בִּרְכִילוּת.

9 עַל חֵטְא שֶׁחָטָאנוּ לְפָנֶיךָ בִּשְׁבוּעַת שָׁוְא,

10 וְעַל חֵטְא שֶׁחָטָאנוּ לְפָנֶיךָ בְּשִׂנְאַת חִנָּם.

11 עַל חֵטְא שֶׁחָטָאנוּ לְפָנֶיךָ בִּתְשׂוּמֶת יָד,

12 וְעַל חֵטְא שֶׁחָטָאנוּ לְפָנֶיךָ בְּתִמְהוֹן לֵבָב.

13 **וְעַל כֻּלָּם, אֱלוֹהַּ סְלִיחוֹת, סְלַח לָנוּ, מְחַל לָנוּ, כַּפֶּר לָנוּ.**

14 וְעַל חֲטָאִים שֶׁאָנוּ חַיָּבִים עֲלֵיהֶם עוֹלָה.

15 וְעַל חֲטָאִים שֶׁאָנוּ חַיָּבִים עֲלֵיהֶם חַטָּאת.

16 וְעַל חֲטָאִים שֶׁאָנוּ חַיָּבִים עֲלֵיהֶם קָרְבָּן עוֹלֶה וְיוֹרֵד.

17 וְעַל חֲטָאִים שֶׁאָנוּ חַיָּבִים עֲלֵיהֶם אָשָׁם וַדַּאי וְתָלוּי.

AT *NE'ILAH* SAY:

18 וְאַתָּה בְּרַחֲמֶיךָ הָרַבִּים רַחֵם עָלֵינוּ, כִּי לֹא תַחְפֹּץ

19 בְּהַשְׁחָתַת עוֹלָם. שֶׁנֶּאֱמַר: דִּרְשׁוּ יהוה בְּהִמָּצְאוֹ, קְרָאֻהוּ

20 בִּהְיוֹתוֹ קָרוֹב. וְנֶאֱמַר: יַעֲזֹב רָשָׁע דַּרְכּוֹ, וְאִישׁ אָוֶן

21 מַחְשְׁבֹתָיו, וְיָשֹׁב אֶל יהוה וִירַחֲמֵהוּ, וְאֶל אֱלֹהֵינוּ כִּי

22 יַרְבֶּה לִסְלוֹחַ. וְאַתָּה אֱלוֹהַּ סְלִיחוֹת, חַנּוּן וְרַחוּם, אֶרֶךְ

23 אַפַּיִם, וְרַב חֶסֶד וֶאֱמֶת, וּמַרְבֶּה לְהֵיטִיב. וְרוֹצֶה אַתָּה

24 בִּתְשׁוּבַת רְשָׁעִים, וְאֵין אַתָּה חָפֵץ בְּמִיתָתָם. שֶׁנֶּאֱמַר: אֱמֹר

AT *MAARIV, SHACHARIS, MUSSAF,* AND *MINCHAH* SAY:

1 וְעַל חֲטָאִים שֶׁאָנוּ חַיָּבִים עֲלֵיהֶם מַכַּת מַרְדּוּת.

2 וְעַל חֲטָאִים שֶׁאָנוּ חַיָּבִים עֲלֵיהֶם מַלְקוּת אַרְבָּעִים.

3 וְעַל חֲטָאִים שֶׁאָנוּ חַיָּבִים עֲלֵיהֶם מִיתָה בִּידֵי שָׁמָיִם.

4 וְעַל חֲטָאִים שֶׁאָנוּ חַיָּבִים עֲלֵיהֶם כָּרֵת וַעֲרִירִי.

5 וְעַל חֲטָאִים שֶׁאָנוּ חַיָּבִים עֲלֵיהֶם אַרְבַּע מִיתוֹת בֵּית דִּין —

6 סְקִילָה, שְׂרֵפָה, הֶרֶג, וְחֶנֶק.

7 עַל מִצְוֹת עֲשֵׂה וְעַל מִצְוֹת לֹא תַעֲשֶׂה, בֵּין שֶׁיֵּשׁ בָּהּ קוּם

8 עֲשֵׂה, וּבֵין שֶׁאֵין בָּהּ קוּם עֲשֵׂה. אֶת הַגְּלוּיִם לָנוּ וְאֶת שֶׁאֵינָם

9 גְּלוּיִם לָנוּ, אֶת הַגְּלוּיִם לָנוּ כְּבָר אֲמַרְנוּם לְפָנֶיךָ, וְהוֹדִינוּ

10 לְךָ עֲלֵיהֶם, וְאֶת שֶׁאֵינָם גְּלוּיִם לָנוּ, לְפָנֶיךָ הֵם גְּלוּיִם

11 וִידוּעִים, כַּדָּבָר שֶׁנֶּאֱמַר, הַנִּסְתָּרֹת לַיהוה אֱלֹהֵינוּ, וְהַנִּגְלֹת

12 לָנוּ וּלְבָנֵינוּ עַד עוֹלָם, לַעֲשׂוֹת אֶת כָּל דִּבְרֵי הַתּוֹרָה

13 הַזֹּאת. כִּי אַתָּה סָלְחָן לְיִשְׂרָאֵל וּמָחֳלָן לְשִׁבְטֵי יְשֻׁרוּן

14 בְּכָל דּוֹר וָדוֹר, וּמִבַּלְעָדֶיךָ אֵין לָנוּ מֶלֶךְ מוֹחֵל וְסוֹלֵחַ אֶלָּא

15 אָתָּה.

AT *NE'ILAH* SAY:

The word יְהֹוָה is pronounced אֱלֹהִים.

16 אֲלֵיהֶם, חַי אָנִי, נְאֻם אֲדֹנָי יֱהֹוִה, אִם אֶחְפֹּץ בְּמוֹת הָרָשָׁע,

17 כִּי אִם בְּשׁוּב רָשָׁע מִדַּרְכּוֹ וְחָיָה; שׁוּבוּ שׁוּבוּ מִדַּרְכֵיכֶם

18 הָרָעִים, וְלָמָּה תָמוּתוּ בֵּית יִשְׂרָאֵל. וְנֶאֱמַר: הֶחָפֹץ אֶחְפֹּץ

19 מוֹת רָשָׁע, נְאֻם אֲדֹנָי יֱהֹוִה, הֲלֹא בְּשׁוּבוֹ מִדְּרָכָיו וְחָיָה.

20 וְנֶאֱמַר: כִּי לֹא אֶחְפֹּץ בְּמוֹת הַמֵּת, נְאֻם אֲדֹנָי יֱהֹוִה, וְהָשִׁיבוּ

21 וִחְיוּ. כִּי אַתָּה סָלְחָן לְיִשְׂרָאֵל, וּמָחֳלָן לְשִׁבְטֵי יְשֻׁרוּן

22 בְּכָל דּוֹר וָדוֹר, וּמִבַּלְעָדֶיךָ אֵין לָנוּ מֶלֶךְ מוֹחֵל וְסוֹלֵחַ אֶלָּא

23 אָתָּה.

AT ALL PRAYERS CONTINUE HERE:

---

1   **אֱלֹהַי,**   עַד שֶׁלֹּא נוֹצַרְתִּי אֵינִי כְדַאי, וְעַכְשָׁו שֶׁנּוֹצַרְתִּי כְּאִלּוּ

2   לֹא נוֹצָרְתִּי, עָפָר אֲנִי בְּחַיַּי, קַל וָחֹמֶר בְּמִיתָתִי. הֲרֵי

3   אֲנִי לְפָנֶיךָ כִּכְלִי מָלֵא בוּשָׁה וּכְלִמָּה. יְהִי רָצוֹן מִלְּפָנֶיךָ, יהוה

4   אֱלֹהַי וֵאלֹהֵי אֲבוֹתַי, שֶׁלֹּא אֶחֱטָא עוֹד וּמַה שֶּׁחָטָאתִי לְפָנֶיךָ

5   מְחוֹק בְּרַחֲמֶיךָ הָרַבִּים, אֲבָל לֹא עַל יְדֵי יִסּוּרִים וָחֳלָיִם רָעִים.

6   **אֱלֹהַי,**   נְצוֹר לְשׁוֹנִי מֵרָע, וּשְׂפָתַי מִדַּבֵּר מִרְמָה, וְלִמְקַלְלַי

7   נַפְשִׁי תִדּוֹם, וְנַפְשִׁי כֶּעָפָר לַכֹּל תִּהְיֶה. פְּתַח לִבִּי

8   בְּתוֹרָתֶךָ, וְאַחֲרֵי מִצְוֹתֶיךָ תִּרְדּוֹף נַפְשִׁי. וְכָל הַקָּמִים וְהַחוֹשְׁבִים

9   עָלַי לְרָעָה, מְהֵרָה הָפֵר עֲצָתָם וְקַלְקֵל מַחֲשַׁבְתָּם. יְהִי רָצוֹן

10   מִלְּפָנֶיךָ, יהוה אֱלֹהַי וֵאלֹהֵי אֲבוֹתַי, שֶׁלֹּא תַעֲלֶה קִנְאַת אָדָם

11   עָלַי, וְלֹא קִנְאָתִי עַל אֲחֵרִים, וְשֶׁלֹּא אֶכְעֹס הַיּוֹם, וְשֶׁלֹּא

12   אַכְעִיסֶךָ, וְתַצִּילֵנִי מִיֵּצֶר הָרָע, וְתֵן בְּלִבִּי הַכְנָעָה וַעֲנָוָה. מַלְכֵּנוּ

13   וֵאלֹהֵינוּ, יַחֵד שִׁמְךָ בְּעוֹלָמֶךָ, בְּנֵה עִירָךְ, יַסֵּד בֵּיתֶךָ, וְשַׁכְלֵל

14   הֵיכָלֶךָ, וְקַבֵּץ קִבּוּץ גָּלֻיּוֹת, וּפְדֵה צֹאנֶךָ, וְשַׂמַּח עֲדָתֶךָ. עֲשֵׂה

15   לְמַעַן שְׁמֶךָ, עֲשֵׂה לְמַעַן יְמִינֶךָ, עֲשֵׂה לְמַעַן תּוֹרָתֶךָ, עֲשֵׂה לְמַעַן

16   קְדֻשָּׁתֶךָ. לְמַעַן יֵחָלְצוּן יְדִידֶיךָ, הוֹשִׁיעָה יְמִינְךָ וַעֲנֵנִי.

Some say a verse with the initial of their name. See page 474.

17   יִהְיוּ לְרָצוֹן אִמְרֵי פִי וְהֶגְיוֹן לִבִּי לְפָנֶיךָ, יהוה צוּרִי וְגֹאֲלִי.

18   עֹשֶׂה °שָׁלוֹם [°הַשָּׁלוֹם – *some say*] בִּמְרוֹמָיו, הוּא יַעֲשֶׂה שָׁלוֹם

19   עָלֵינוּ, וְעַל כָּל יִשְׂרָאֵל. וְאִמְרוּ: אָמֵן.

20   **יְהִי רָצוֹן**   מִלְּפָנֶיךָ, יהוה אֱלֹהֵינוּ וֵאלֹהֵי אֲבוֹתֵינוּ, שֶׁיִּבָּנֶה

21   בֵּית הַמִּקְדָּשׁ בִּמְהֵרָה בְיָמֵינוּ, וְתֵן חֶלְקֵנוּ

22   בְּתוֹרָתֶךָ. וְשָׁם נַעֲבָדְךָ בְּיִרְאָה, כִּימֵי עוֹלָם וּכְשָׁנִים קַדְמוֹנִיּוֹת.

23   וְעָרְבָה לַיהוה מִנְחַת יְהוּדָה וִירוּשָׁלָיִם, כִּימֵי עוֹלָם וּכְשָׁנִים

24   קַדְמוֹנִיּוֹת.

THE INDIVIDUAL'S *SHEMONEH ESREI* ENDS HERE.

Remain standing in place for a few moments, then take three steps forward.

אושפיזין

When we come into the *succah,* we invite the *Ushpizin-*guests to join us.

עוּלוּ אוּשְׁפִּיזִין עִלָּאִין קַדִּישִׁין, עוּלוּ אֲבָהָן עִלָּאִין קַדִּישִׁין, לְמֵיתַב

בְּצֵלָּא דִמְהֵימְנוּתָא עִלָּאָה בְּצֵלָּא דְקֻדְשָׁא בְּרִיךְ הוּא. לְעוּל

אַבְרָהָם רְחִימָא, וְעִמֵּיהּ יִצְחָק עֲקִידְתָּא, וְעִמֵּיהּ יַעֲקֹב שְׁלִמְתָּא, וְעִמֵּיהּ

מֹשֶׁה רַעְיָא מְהֵימְנָא, וְעִמֵּיהּ אַהֲרֹן כַּהֲנָא קַדִּישָׁא, וְעִמֵּיהּ יוֹסֵף צַדִּיקָא,

וְעִמֵּיהּ דָּוִד מַלְכָּא מְשִׁיחָא. בְּסֻכּוֹת תֵּשְׁבוּ, תִּיבוּ אוּשְׁפִּיזִין עִלָּאִין תִּיבוּ,

תִּיבוּ אוּשְׁפִּיזֵי מְהֵימְנוּתָא תִּיבוּ.

AT ALL MEALS, EVERY DAY OF SUCCOS:

אֲזַמֵּן לִסְעָדָתִי אֻשְׁפִּיזִין עִלָּאִין:

אַבְרָהָם יִצְחָק יַעֲקֹב מֹשֶׁה אַהֲרֹן יוֹסֵף וְדָוִד.

FIRST DAY — בְּמָטוּ מִנָּךְ אַבְרָהָם אֻשְׁפִּיזִי עִלָּאִי, דְּיָתְבֵי עִמִּי וְעִמָּךְ כָּל

אֻשְׁפִּיזֵי עִלָּאֵי, יִצְחָק יַעֲקֹב מֹשֶׁה אַהֲרֹן יוֹסֵף וְדָוִד.

SECOND DAY — בְּמָטוּ מִנָּךְ יִצְחָק אֻשְׁפִּיזִי עִלָּאִי, דְּיָתְבֵי עִמִּי וְעִמָּךְ כָּל

אֻשְׁפִּיזֵי עִלָּאֵי, אַבְרָהָם יַעֲקֹב מֹשֶׁה אַהֲרֹן יוֹסֵף וְדָוִד.

THIRD DAY — בְּמָטוּ מִנָּךְ יַעֲקֹב אֻשְׁפִּיזִי עִלָּאִי, דְּיָתְבֵי עִמִּי וְעִמָּךְ כָּל

אֻשְׁפִּיזֵי עִלָּאֵי, אַבְרָהָם יִצְחָק מֹשֶׁה אַהֲרֹן יוֹסֵף וְדָוִד.

FOURTH DAY — בְּמָטוּ מִנָּךְ מֹשֶׁה אֻשְׁפִּיזִי עִלָּאִי, דְּיָתְבֵי עִמִּי וְעִמָּךְ כָּל

אֻשְׁפִּיזֵי עִלָּאֵי, אַבְרָהָם יִצְחָק יַעֲקֹב אַהֲרֹן יוֹסֵף וְדָוִד.

FIFTH DAY — בְּמָטוּ מִנָּךְ אַהֲרֹן אֻשְׁפִּיזִי עִלָּאִי, דְּיָתְבֵי עִמִּי וְעִמָּךְ כָּל

אֻשְׁפִּיזֵי עִלָּאֵי, אַבְרָהָם יִצְחָק יַעֲקֹב מֹשֶׁה יוֹסֵף וְדָוִד.

SIXTH DAY — בְּמָטוּ מִנָּךְ יוֹסֵף אֻשְׁפִּיזִי עִלָּאִי, דְּיָתְבֵי עִמִּי וְעִמָּךְ כָּל

אֻשְׁפִּיזֵי עִלָּאֵי, אַבְרָהָם יִצְחָק יַעֲקֹב מֹשֶׁה אַהֲרֹן וְדָוִד.

HOSHANA RABBAH — בְּמָטוּ מִנָּךְ דָּוִד אֻשְׁפִּיזִי עִלָּאִי, דְּיָתְבֵי עִמִּי וְעִמָּךְ כָּל

אֻשְׁפִּיזֵי עִלָּאֵי, אַבְרָהָם יִצְחָק יַעֲקֹב מֹשֶׁה אַהֲרֹן וְיוֹסֵף.

THE EVENING *KIDDUSH* IS ON PAGE 365. THE DAYTIME *KIDDUSH* IS ON PAGE 282.

יציאה מן הסוכה

Before leaving the *succah* for the last time one says:

יְהִי רָצוֹן מִלְּפָנֶיךָ, יהוה אֱלֹהֵינוּ וֵאלֹהֵי אֲבוֹתֵינוּ, כְּשֵׁם שֶׁקִּיַּמְתִּי

וְיָשַׁבְתִּי בְּסֻכָּה זוֹ, כֵּן אֶזְכֶּה לְשָׁנָה הַבָּאָה לֵישֵׁב בְּסֻכַּת

עוֹרוֹ שֶׁל לִוְיָתָן. לְשָׁנָה הַבָּאָה בִּירוּשָׁלָיִם.

﷽ הושענות ﷽

On each day of Succos: After *Hallel, Hoshanos* are said. The Ark is opened and a Torah scroll is carried to the *bimah,* where someone holds it. The Ark remains open and the Torah is held at the *bimah* until the end of the *Hoshana* service. The *lulav* and *esrog* are held during the entire service. The one holding the Torah does not hold the *lulav* and *esrog.*

Each day, each of the four opening lines are said aloud by the *chazzan,* then by the congregation. The *chazzan* then leads all males who are carrying a *lulav* and *esrog* around the *bimah* as he reads the day's *Hoshana* [see below] responsively with the congregation. He should time his steps to finish his circle as he says the last verse of the *Hoshana.*

Charts below show which *Hoshanas* are recited on which day.

On the Sabbath: The Ark is opened, but a Torah is not taken out, and the *bimah* is not circled.

On Hoshana Rabbah: On *Hoshana Rabbah,* the seventh day of Succos, all the Torah scrolls in the Ark are held at the *bimah.* The *bimah* is circled seven times, as seven *Hoshana* prayers are said. After each *Hoshana,* a special verse is said.

IF THE FIRST DAY OF SUCCOS FALLS ON MONDAY						
S	**M**	**T**	**W**	**T**	**F**	**S**
14	15 למען אמתך P. 439	16 אבן שתיה P. 439	17 אערוך שועי P. 442	18 אום אני חומה P. 439	19 אל למושעות P. 442	20 אום נצורה P. 444
21 HOSHANA RABBAH	22	23	24	25	26	27

IF THE FIRST DAY OF SUCCOS FALLS ON TUESDAY						
S	**M**	**T**	**W**	**T**	**F**	**S**
13	14	15 למען אמתך P. 439	16 אבן שתיה P. 439	17 אערוך שועי P. 442	18 * אל למושעות P. 442	19 אום נצורה P. 444
20 אדון המושיע P. 440	21 HOSHANA RABBAH	22	23	24	25	26

*Some congregations substitute אום אֲנִי חוֹמָה (p. 439).

IF THE FIRST DAY OF SUCCOS FALLS ON THURSDAY						
S	**M**	**T**	**W**	**T**	**F**	**S**
11	12	13	14	15 למען אמתך P. 439	16 אבן שתיה P. 439	17 אום נצורה P. 444
18 אערוך שועי P. 442	19 אל למושעות P. 442	20 אדון המושיע P. 440	21 HOSHANA RABBAH	22	23	24

IF THE FIRST DAY OF SUCCOS FALLS ON THE SABBATH						
S	**M**	**T**	**W**	**T**	**F**	**S**
9	10 Yom Kippur	11	12	13	14	15 אום נצורה P. 444
16 למען אמתך P. 439	17 אערוך שועי P. 442	18 אבן שתיה P. 439	19 אל למושעות P. 442	20 אדון המושיע P. 440	21 HOSHANA RABBAH	22

Each day's *Hoshana* service begins with the following four lines.
Each line is said aloud first by the *chazzan*, then by the congregation.

1   **הוֹשַׁעְנָא,** לְמַעַנְךָ אֱלֹהֵינוּ,   הוֹשַׁעְנָא.

2   הוֹשַׁעְנָא, לְמַעַנְךָ **בּוֹרְאֵנוּ,**   הוֹשַׁעְנָא.

3   הוֹשַׁעְנָא, לְמַעַנְךָ **גּוֹאֲלֵנוּ,**   הוֹשַׁעְנָא.

4   הוֹשַׁעְנָא, לְמַעַנְךָ **דּוֹרְשֵׁנוּ,**   הוֹשַׁעְנָא.

ON WEEKDAYS , CONTINUE WITH THE CORRECT *HOSHANOS*, BELOW.
ON THE SABBATH CONTINUE WITH אוֹם נְצוּרָה ON PAGE 444.

5   **לְמַעַן אֲמִתָּךְ.** לְמַעַן בְּרִיתָךְ. לְמַעַן גָּדְלָךְ וְתִפְאַרְתָּךְ.

6   לְמַעַן דָּתָךְ. לְמַעַן הוֹדָךְ. לְמַעַן וְעוּדָךְ.

7   לְמַעַן זִכְרָךְ. לְמַעַן חַסְדָּךְ. לְמַעַן טוּבָךְ. לְמַעַן יִחוּדָךְ. לְמַעַן

8   כְּבוֹדָךְ. לְמַעַן לִמּוּדָךְ. לְמַעַן מַלְכוּתָךְ. לְמַעַן נִצְחָךְ. לְמַעַן

9   סוֹדָךְ. לְמַעַן עֻזָּךְ. לְמַעַן פְּאֵרָךְ. לְמַעַן צִדְקָתָךְ. לְמַעַן קְדֻשָּׁתָךְ.

10   לְמַעַן רַחֲמֶיךָ הָרַבִּים. לְמַעַן שְׁכִינָתָךְ. לְמַעַן תְּהִלָּתָךְ.

During the first six days of Succos continue אֲנִי וָהוֹ (p. 443). On Hoshana Rabbah continue:

11   כִּי אָמַרְתִּי עוֹלָם חֶסֶד יִבָּנֶה.

12   **אֶבֶן שְׁתִיָּה.** בֵּית הַבְּחִירָה. גֹּרֶן אָרְנָן. דְּבִיר הַמֻּצְנָע. הַר

13   הַמּוֹרִיָּה. וְהַר יֵרָאֶה. זְבוּל תִּפְאַרְתֶּךָ. חָנָה

14   דָוִד. טוֹב הַלְּבָנוֹן. יְפֵה נוֹף מְשׂוֹשׂ כָּל הָאָרֶץ. כְּלִילַת יֹפִי. לִינַת

15   הַצֶּדֶק. מָכוֹן לְשִׁבְתֶּךָ. נָוֶה שַׁאֲנָן. סֻכַּת שָׁלֵם. עֲלִיַּת שְׁבָטִים.

16   פִּנַּת יִקְרַת. צִיּוֹן הַמְּצֻיֶּנֶת. קֹדֶשׁ הַקֳּדָשִׁים. רָצוּף אַהֲבָה.

17   שְׁכִינַת כְּבוֹדֶךָ. תֵּל תַּלְפִּיּוֹת.

During the first six days of Succos continue אֲנִי וָהוֹ (p. 443). On Hoshana Rabbah continue:

18   לְךָ זְרוֹעַ עִם גְּבוּרָה, תָּעֹז יָדְךָ תָּרוּם יְמִינֶךָ.

19   **אוֹם אֲנִי חוֹמָה.** בָּרָה כַּחַמָּה. גּוֹלָה וְסוּרָה. דָּמְתָה

20   לְתָמָר. **הַ**הֲרוּגָה עָלֶיךָ. וְנֶחְשֶׁבֶת כְּצֹאן

21   טִבְחָה. זְרוּיָה בֵּין מַכְעִיסֶיהָ. חֲבוּקָה וּדְבוּקָה בָּךְ. **ט**וֹעֶנֶת עָלֶךְ.

1　יְחִידָה לְיַחֲדָךְ. כְּבוּשָׁה בַּגּוֹלָה. לוֹמֶדֶת יִרְאָתָךְ. מְרוּטַת לֶחִי.

2　נְתוּנָה לְמַכִּים. **סוֹבֶלֶת סִבְלָךְ.** עֲנִיָּה סֹעֲרָה. פְּדוּיַת טוֹבְיָה. צֹאן

3　קָדָשִׁים. קְהִלּוֹת יַעֲקֹב. רְשׁוּמִים בְּשִׁמְךָ. **שׁוֹאֲגִים הוֹשַׁעְנָא.**

4　תְּמוּכִים עָלֶיךָ.

During the first six days of Succos continue אֲנִי וָהוּ (p. 443). On Hoshana Rabbah continue:

5　תִּתֵּן אֱמֶת לְיַעֲקֹב, חֶסֶד לְאַבְרָהָם.

6　**אֲדוֹן הַמּוֹשִׁיעַ.** בִּלְתְּךָ אֵין לְהוֹשִׁיעַ. גִּבּוֹר וְרַב לְהוֹשִׁיעַ.

7　דַּלּוֹתִי וְלִי יְהוֹשִׁיעַ. הָאֵל הַמּוֹשִׁיעַ.

8　וּמַצִּיל וּמוֹשִׁיעַ. זוֹעֲקֶיךָ תּוֹשִׁיעַ. חוֹכֶיךָ הוֹשִׁיעַ. טְלָאֶיךָ

9　תַשְׁבִּיעַ. יְבוּל לְהַשְׁפִּיעַ. כָּל שִׂיחַ תַּדְשֵׁא וְתוֹשִׁיעַ. לְגֵיא בַּל

10　תַרְשִׁיעַ. מְגָדִים תַּמְתִּיק וְתוֹשִׁיעַ. נְשִׂיאִים לְהַסִּיעַ. שְׂעִירִים

11　לְהָנִיעַ. עֲנָנִים מִלְּהַמְנִיעַ. פּוֹתֵחַ יָד וּמַשְׂבִּיעַ. צְמֵאֶיךָ תַשְׂבִּיעַ.

12　**קוֹרְאֶיךָ** תּוֹשִׁיעַ. רְחוּמֶיךָ תּוֹשִׁיעַ. שׁוֹחֲרֶיךָ הוֹשִׁיעַ. תְּמִימֶיךָ

13　תּוֹשִׁיעַ.

During the first six days of Succos continue אֲנִי וָהוּ (p. 443). On Hoshana Rabbah continue:

14　נְעִמוֹת בִּימִינְךָ נֶצַח.

15　**אָדָם וּבְהֵמָה.** בָּשָׂר וְרוּחַ וּנְשָׁמָה. גִּיד וְעֶצֶם וְקָרְמָה.

16　דְּמוּת וְצֶלֶם וְרִקְמָה. הוֹד לַהֶבֶל דָּמָה.

17　**וְנִמְשָׁל** כַּבְּהֵמוֹת נִדְמָה. זִיו וְתֹאַר וְקוֹמָה. חִדּוּשׁ פְּנֵי אֲדָמָה.

18　טִיעַת עֲצֵי נְשַׁמָּה. יְקָבִים וְקָמָה. כְּרָמִים וְשִׁקְמָה. לְתֵבֵל

19　הַמְסַיְּמָה. מְטָרוֹת עֹז לְסַמְּמָה. נְשִׁיָּה לְקַיְּמָה. שִׂיחִים

20　לְקוֹמְמָה. עֲדָנִים לְעָצְמָה. פְּרָחִים לְהַעֲצִימָה. צְמָחִים

21　לְגָשְׁמָה. קָרִים לְזָרְמָה. רְבִיבִים לְשַׁלְּמָה. שְׁתִיָּה לְרוֹמְמָה.

22　תְּלוּיָה עַל בְּלִימָה.

23　יְהוָה אֲדֹנֵינוּ, מָה אַדִּיר שִׁמְךָ בְּכָל הָאָרֶץ,

24　אֲשֶׁר תְּנָה הוֹדְךָ עַל הַשָּׁמָיִם.

1 אֲדָמָה מֵאֵרֶר. **בְּהֵמָה** מִמְּשַׁכֶּלֶת. גֹּרֶן מִגָּזָם. דָּגָן

2 מִדַּלֶּקֶת. **הוֹן** מִמְּאֵרָה. וְאֹכֶל מִמְּהוּמָה.

3 **זַיִת** מִנַּשָׁל. **חִטָּה** מֵחָגָב. **טֶרֶף** מִגּוֹבַי. יֶקֶב מִיֶּלֶק. כֶּרֶם

4 מִתּוֹלַעַת. לֶקֶשׁ מֵאַרְבֶּה. מֶגֶד מִצְּלָצַל. נֶפֶשׁ מִבֶּהָלָה. **שֶׁבַע**

5 מִסַּלְעָם. עֲדָרִים מִדַּלּוּת. **פֵּרוֹת** מִשִּׁדָּפוֹן. צֹאן מִצְּמִיתוּת.

6 **קָצִיר** מִקְּלָלָה. רֹב מֵרָזוֹן. **שִׁבֹּלֶת** מִצִּנָּמוֹן. **תְּבוּאָה** מֵחָסִיל.

7 צַדִּיק יהוה בְּכָל דְּרָכָיו, וְחָסִיד בְּכָל מַעֲשָׂיו.

8 **לְמַעַן אֵיתָן** הַנִּזְרָק בְּלַהַב אֵשׁ.

9 לְמַעַן בֶּן הַנֶּעֱקַד עַל עֵצִים וָאֵשׁ.

10 לְמַעַן גִּבּוֹר הַנֶּאֱבַק עִם שַׂר אֵשׁ.

11 לְמַעַן דְּגָלִים נָחִיתָ בְּאוֹר וַעֲנַן אֵשׁ.

12 לְמַעַן הֶעֱלָה לַמָּרוֹם וְנִתְעַלָּה כְּמַלְאֲכֵי אֵשׁ.

13 לְמַעַן וְהוּא לָךְ כְּסֶגֶן בְּאַרְאֵלִי אֵשׁ.

14 לְמַעַן זֶבֶד דִּבְּרוֹת הַנְּתוּנוֹת מֵאֵשׁ.

15 לְמַעַן חִפּוּי יְרִיעוֹת עֲנַן אֵשׁ.

16 לְמַעַן טֶכֶס הַר יָרַדְתָּ עָלָיו בָּאֵשׁ.

17 לְמַעַן יְדִידוּת בַּיִת אֲשֶׁר אָהַבְתָּ מִשְּׁמֵי אֵשׁ.

18 לְמַעַן כַּמָּה עַד שָׁקְעָה הָאֵשׁ.

19 לְמַעַן לָקַח מַחְתַּת אֵשׁ וְהֵסִיר חֲרוֹן אֵשׁ.

20 לְמַעַן מְקַנֵּא קִנְאָה גְדוֹלָה בָּאֵשׁ.

21 לְמַעַן נָף יָדוֹ וַיֵּרְדוּ אַבְנֵי אֵשׁ.

22 לְמַעַן שָׁם טָלֶה חָלָב כְּלִיל אֵשׁ.

23 לְמַעַן עָמַד בַּגֹּרֶן וְנִתְרַצָּה בָאֵשׁ.

24 לְמַעַן פִּלֵּל בָּעֲזָרָה וְיָרְדָה הָאֵשׁ.

25 לְמַעַן צִיר עָלָה וְנִתְעַלָּה בְּרֶכֶב וְסוּסֵי אֵשׁ.

26 לְמַעַן קְדוֹשִׁים מֻשְׁלָכִים בָּאֵשׁ.

1 לְמַעַן רִבּוֹ רִבְבָן חָז וְנֶהֱרִי אֵשׁ.

2 לְמַעַן שִׁמְמוֹת עִירְךָ הַשְּׂרוּפָה בָאֵשׁ.

3 לְמַעַן תּוֹלְדוֹת אַלּוּפֵי יְהוּדָה תָּשִׂים כְּכִיּוֹר אֵשׁ.

4 **לְךָ** יהוה הַגְּדֻלָּה וְהַגְּבוּרָה וְהַתִּפְאֶרֶת וְהַנֵּצַח וְהַהוֹד כִּי כֹל

5 בַּשָּׁמַיִם וּבָאָרֶץ, לְךָ יהוה הַמַּמְלָכָה וְהַמִּתְנַשֵּׂא לְכֹל

6 לְרֹאשׁ. וְהָיָה יהוה לְמֶלֶךְ עַל כָּל הָאָרֶץ, בַּיּוֹם הַהוּא יִהְיֶה

7 יהוה אֶחָד וּשְׁמוֹ אֶחָד.

8 וּבְתוֹרָתְךָ כָּתוּב לֵאמֹר: שְׁמַע יִשְׂרָאֵל יהוה אֱלֹהֵינוּ יהוה

9 אֶחָד. בָּרוּךְ שֵׁם כְּבוֹד מַלְכוּתוֹ לְעוֹלָם וָעֶד.

On Hoshana Rabbah continue אֲנִי וָהוֹ (p. 443).

10 **אֶעֱרוֹךְ שׁוּעִי.** בְּבֵית שַׁוְעִי. גִּלִּיתִי בַצּוֹם פִּשְׁעִי.

11 דְּרַשְׁתִּיךָ בּוֹ לְהוֹשִׁיעִי. הַקְשִׁיבָה לְקוֹל

12 שַׁוְעִי. וְקוּמָה וְהוֹשִׁיעִי. זְכוֹר וְרַחֵם מוֹשִׁיעִי. חַי כֵּן תְּשַׁעֲשְׁעִי.

13 טוֹב בְּאֶנֶק שְׁעִי. יָחִישׁ מוֹשִׁיעִי. כַּלֵּה מַרְשִׁיעִי. לְבַל עוֹד

14 תַּרְשִׁיעִי. מַהֵר אֱלֹהֵי יִשְׁעִי. נֶצַח לְהוֹשִׁיעִי. שָׂא נָא עֲוֹן רִשְׁעִי.

15 עֲבוֹר עַל פִּשְׁעִי. פְּנֵה נָא לְהוֹשִׁיעִי. צוּר צַדִּיק מוֹשִׁיעִי. קַבֵּל

16 נָא שַׁוְעִי. רוֹמֵם קֶרֶן יִשְׁעִי. שַׁדַּי מוֹשִׁיעִי. תּוֹפִיעַ וְתוֹשִׁיעִי.

Continue אֲנִי וָהוֹ (page 443).

17 **אֵל לְמוֹשָׁעוֹת.** בְּאַרְבַּע שְׁבֻעוֹת. גָּשִׁים בְּשׁוּעוֹת. דּוֹפְקֵי

18 עֹרֶךְ שׁוּעוֹת. הוֹגֵי שַׁעֲשׁוּעוֹת. וְחִידָתָם

19 מִשְׁתַּעַשְׁעוֹת. זוֹעֲקִים לְהַשְׁעוֹת. חוֹכֵי יְשׁוּעוֹת. טְפוּלִים בָּךְ

20 שָׁעוֹת. יוֹדְעֵי בִין שָׁעוֹת. כּוֹרְעֶיךָ בְּשַׁוְעוֹת. לְהָבִין שְׁמוּעוֹת.

21 מִפִּיךָ נִשְׁמָעוֹת. נוֹתֵן תְּשׁוּעוֹת. סְפוּרוֹת מַשְׁמָעוֹת. עֵדוּת

22 מַשְׁמִיעוֹת. פּוֹעֵל יְשׁוּעוֹת. צַדִּיק נוֹשָׁעוֹת. קִרְיַת תְּשׁוּעוֹת.

23 רֶגֶשׁ תְּשָׁאוֹת. שָׁלֹשׁ שָׁעוֹת. תָּחִישׁ לִתְשׁוּעוֹת.

Continue אֲנִי וָהוֹ (page 443).

AFTER EACH DAY'S *HAKAFAH*-CIRCUIT (EXCEPT ON THE SABBATH) CONTINUE:

---

1   אֲנִי וָהוֹ הוֹשִׁיעָה נָּא.

2   **כְּהוֹשַׁעְתָּ אֵלִים** בְּלוֹד עִמָּךְ,

3 כֵּן הוֹשַׁעְנָא.   בְּצֵאתְךָ לְיֵשַׁע עַמָּךְ,

4   כְּהוֹשַׁעְתָּ **גּוֹי** וֵאלֹהִים,

5 כֵּן הוֹשַׁעְנָא.   דְּרוּשִׁים לְיֵשַׁע אֱלֹהִים,

6   כְּהוֹשַׁעְתָּ **הֲמוֹן** צְבָאוֹת,

7 כֵּן הוֹשַׁעְנָא.   וְעִמָּם מַלְאֲכֵי צְבָאוֹת,

8   כְּהוֹשַׁעְתָּ **זַכִּים** מִבֵּית עֲבָדִים,

9 כֵּן הוֹשַׁעְנָא.   חַנּוּן בְּיָדָם מַעֲבִידִים,

10   כְּהוֹשַׁעְתָּ **טְבוּעִים** בְּצוּל גְּזָרִים,

11 כֵּן הוֹשַׁעְנָא.   יְקָרְךָ עִמָּם מַעֲבִירִים,

12   כְּהוֹשַׁעְתָּ **כַּנָּה** מְשׁוֹרֶרֶת וַיּוֹשַׁע,

13 כֵּן הוֹשַׁעְנָא.   לְגוֹחָהּ מְצֻיֶּנֶת וַיִּוָּשַׁע,

14   כְּהוֹשַׁעְתָּ **מַאֲמַר** וְהוֹצֵאתִי אֶתְכֶם,

15 כֵּן הוֹשַׁעְנָא.   נָקוֹב וְהוֹצֵאתִי אִתְּכֶם,

16   כְּהוֹשַׁעְתָּ **סוֹבְבֵי** מִזְבֵּחַ,

17 כֵּן הוֹשַׁעְנָא.   עוֹמְסֵי עֲרָבָה לְהַקִּיף מִזְבֵּחַ,

18   כְּהוֹשַׁעְתָּ **פִּלְאֵי** אָרוֹן כְּהֻפְשַׁע,

19 כֵּן הוֹשַׁעְנָא.   צַעַר פְּלֶשֶׁת בַּחֲרוֹן אַף וְנוֹשַׁע,

20   כְּהוֹשַׁעְתָּ **קְהִלּוֹת** בָּבֶלָה שִׁלַּחְתָּ,

21 כֵּן הוֹשַׁעְנָא.   רַחוּם לְמַעֲנָם שִׁלַּחְתָּ,

22   כְּהוֹשַׁעְתָּ **שְׁבוּת** שִׁבְטֵי יַעֲקֹב,

23 תָּשׁוּב וְתָשִׁיב שְׁבוּת אָהֳלֵי יַעֲקֹב, וְהוֹשִׁיעָה נָּא.

24   כְּהוֹשַׁעְתָּ **שׁוֹמְרֵי** מִצְוֹת, וְחוֹכֵי יְשׁוּעוֹת,

25 אֵל לְמוֹשָׁעוֹת,   וְהוֹשִׁיעָה נָּא.

26   אֲנִי וָהוֹ הוֹשִׁיעָה נָּא.

ON HOSHANA RABBAH CONTINUE תִּתְּנֵנוּ (P. 447).

During the first six days of Succos continue:

הוֹשִׁיעָה אֶת עַמֶּךָ, וּבָרֵךְ אֶת נַחֲלָתֶךָ, וּרְעֵם וְנַשְּׂאֵם עַד הָעוֹלָם. וְיִהְיוּ דְבָרַי אֵלֶּה אֲשֶׁר הִתְחַנַּנְתִּי לִפְנֵי יהוה, קְרֹבִים אֶל יהוה אֱלֹהֵינוּ יוֹמָם וָלָיְלָה, לַעֲשׂוֹת מִשְׁפַּט עַבְדּוֹ וּמִשְׁפַּט עַמּוֹ יִשְׂרָאֵל, דְּבַר יוֹם בְּיוֹמוֹ. לְמַעַן דַּעַת כָּל עַמֵּי הָאָרֶץ, כִּי יהוה הוּא הָאֱלֹהִים, אֵין עוֹד.

THE TORAH SCROLL IS RETURNED TO THE ARK.
ON THE FIRST TWO DAYS OF SUCCOS, THE *CHAZZAN* RECITES קַדִּישׁ שָׁלֵם (P. 355).
CONTINUE WITH THE SONGS OF THE DAY (PP. 85-88), FOLLOWED BY REMOVING OF THE TORAH
FROM THE ARK (ON THE FIRST TWO DAYS OF SUCCOS, P. 250; ON CHOL HAMOED, P. 73).

לשבת

ON THE SABBATH (WHETHER IT COINCIDES WITH YOM TOV OR WITH CHOL HAMOED)
THE FOLLOWING *HOSHANOS* ARE RECITED:

אוֹם נְצוּרָה כְּבָבַת. בּוֹנֶנֶת בְּדָת נֶפֶשׁ מְשִׁיבַת. גּוֹמֶרֶת הִלְכוֹת שַׁבָּת. דּוֹרֶשֶׁת מַשְׂאַת שַׁבָּת. הַקּוֹבַעַת אַלְפַּיִם תְּחוּם שַׁבָּת. וּמְשִׁיבַת רֶגֶל מִשַּׁבָּת. זָכוֹר וְשָׁמוֹר מְקַיֶּמֶת בַּשַּׁבָּת. חָשָׁה לְמַהֵר בִּיאַת שַׁבָּת. טוֹרַחַת כָּל מֶשָׁשָׂה לַשַּׁבָּת. יוֹשֶׁבֶת וּמַמְתֶּנֶת עַד כְּלוֹת שַׁבָּת. כָּבוֹד וָעֹנֶג קוֹרְאָה לַשַּׁבָּת. לְבוּשׁ וּכְסוּת מְחַלֶּפֶת בַּשַּׁבָּת. מַאֲכָל וּמִשְׁתֶּה מְכִינָה לַשַּׁבָּת. נְעַם מְגָדִים מַנְעֶמֶת לַשַּׁבָּת. סְעוּדוֹת שָׁלֹשׁ מְקַיֶּמֶת בַּשַּׁבָּת. עַל שְׁתֵּי כִכָּרוֹת בּוֹצַעַת בַּשַּׁבָּת. פּוֹרֶטֶת אַרְבַּע רְשֻׁיּוֹת בַּשַּׁבָּת. צִוּוּי הַדְלָקַת נֵר מַדְלֶקֶת בַּשַּׁבָּת. קִדּוּשׁ הַיּוֹם מְקַדֶּשֶׁת בַּשַּׁבָּת. רֶנֶן שֶׁבַע מְפַלֶּלֶת בַּשַּׁבָּת. שִׁבְעָה בַדָּת קוֹרְאָה בַּשַּׁבָּת. תַּנְחִילֶנָּה לְיוֹם שֶׁכֻּלּוֹ שַׁבָּת.

אֲנִי וָהוֹ הוֹשִׁיעָה נָּא.

כְּהוֹשַׁעְתָּ אָדָם יְצִיר כַּפֶּיךָ לְגוֹנְנָה, בְּשַׁבַּת קֹדֶשׁ הִמְצֵאתוֹ כְּפֶר וַחֲנִינָה, כֵּן הוֹשַׁעְנָא.

כְּהוֹשַׁעְתָּ **גּוֹי** מְצֻיָּן מְקַוִּים חְפֶשׁ, 1

דֵּעָה כֻּוְּנוּ לָבוֹר שְׁבִיעִי לְנֶפֶשׁ, כֵּן הוֹשַׁעְנָא. 2

כְּהוֹשַׁעְתָּ **הָעָם** נְהַגְתָּ כַּצֹּאן לְהַנְחוֹת, 3

וְחֹק שַׂמְתָּ בְּמָרָה עַל מֵי מְנֻחוֹת, כֵּן הוֹשַׁעְנָא. 4

כְּהוֹשַׁעְתָּ **זְבוּדֶיךָ** בְּמִדְבַּר סִין בַּמַּחֲנֶה, 5

חָכְמוּ וְלָקְטוּ בַּשִּׁשִּׁי לֶחֶם מִשְׁנֶה, כֵּן הוֹשַׁעְנָא. 6

כְּהוֹשַׁעְתָּ **טְפוּלֶיךָ** הוֹרוּ הֲכָנָה בְּמַדָּעָם, 7

יִשַּׁר כֹּחָם וְהוֹדָה לָמוֹ רוֹעָם, כֵּן הוֹשַׁעְנָא. 8

כְּהוֹשַׁעְתָּ **כִּלְכְּלוּ** בְּעֹנֶג מָן הַמְּשֻׁמָּר, 9

לֹא הָפַךְ עֵינוֹ וְרֵיחוֹ לֹא נָמָר, כֵּן הוֹשַׁעְנָא. **10**

כְּהוֹשַׁעְתָּ **מִשְׁפְּטֵי** מַשְׂאוֹת שַׁבָּת גָּמְרוּ, 11

נָחוּ וְשָׁבְתוּ רְשֻׁיּוֹת וּתְחוּמִים שָׁמְרוּ, כֵּן הוֹשַׁעְנָא. 12

כְּהוֹשַׁעְתָּ **סִינַי** הָשְׁמְעוּ בְּדִבּוּר רְבִיעִי, 13

עִנְיַן זָכוֹר וְשָׁמוֹר לְקַדֵּשׁ שְׁבִיעִי, כֵּן הוֹשַׁעְנָא. 14

כְּהוֹשַׁעְתָּ **פָּקְדוּ** יְרִיחוֹ שֶׁבַע לְהַקֵּף, **15**

צָרוּ עַד רִדְתָּהּ בַּשַּׁבָּת לְתַקֵּף, כֵּן הוֹשַׁעְנָא. 16

כְּהוֹשַׁעְתָּ **קֹהֶלֶת** וְעַמּוֹ בְּבֵית עוֹלָמִים, 17

רִצּוּךָ בְּחַגְּגָם שִׁבְעָה וְשִׁבְעָה יָמִים, כֵּן הוֹשַׁעְנָא. 18

כְּהוֹשַׁעְתָּ **שָׁבִים** עוֹלֵי גוֹלָה לְפִדְיוֹם, 19

תּוֹרָתְךָ בְּקָרְאָם בְּחַג יוֹם יוֹם, כֵּן הוֹשַׁעְנָא. **20**

כְּהוֹשַׁעְתָּ **מְשַׂמְּחֶיךָ** בְּבִנְיַן שֵׁנִי הַמְּחֻדָּשׁ, 21

נוֹטְלִין לוּלָב כָּל שִׁבְעָה בַּמִּקְדָּשׁ, כֵּן הוֹשַׁעְנָא. 22

כְּהוֹשַׁעְתָּ **חִבּוּט** עֲרָבָה שַׁבָּת מַדְחִים, 23

מַרְבִּיּוֹת מוֹצָא לִיסוֹד מִזְבֵּחַ מַנִּיחִים, 24

כֵּן הוֹשַׁעְנָא. **25**

כְּהוֹשַׁעְתָּ **בְּרָכוֹת** וַאֲרֻכּוֹת וּגְבֹהוֹת מְעַלְּסִים, 26

בִּפְטִירָתָן יְפִי לְךָ מִזְבֵּחַ מְקַלְּסִים, כֵּן הוֹשַׁעְנָא. 27

1 כְּהוֹשַׁעְתָּ **מוֹדִים** וּמְיַחֲלִים וְלֹא מְשַׁנִּים,

2 בְּכֻלָּנוּ אָנוּ לְיָהּ וְעֵינֵינוּ לְיָהּ שׁוֹנִים,   כֵּן הוֹשַׁעְנָא.

3 כְּהוֹשַׁעְתָּ **יֶקֶב** מַחֲצָבֶיךָ סוֹבְבִים בְּרַעֲנָנָה,

4 רוֹנְנִים אֲנִי וָהוֹ הוֹשִׁיעָה נָּא,   כֵּן הוֹשַׁעְנָא.

5 כְּהוֹשַׁעְתָּ **חֵיל** זְרִיזִים מְשָׁרְתִים בִּמְנוּחָה,

6 קָרְבַּן שַׁבָּת כָּפוּל עוֹלָה וּמִנְחָה,   כֵּן הוֹשַׁעְנָא.

7 כְּהוֹשַׁעְתָּ **לְוִיֶּיךָ** עַל דּוּכָנָם לְהַרְבַּת,

8 אוֹמְרִים מִזְמוֹר שִׁיר לְיוֹם הַשַּׁבָּת,

9 כֵּן הוֹשַׁעְנָא.

10 כְּהוֹשַׁעְתָּ **נְחוּמֶיךָ** בְּמִצְוֹתֶיךָ תָּמִיד יִשְׁתַּעְשָׁעוּן,

11 וּרְצֵם וְהַחֲלִיצֵם בְּשׁוּבָה וָנַחַת יִנָּשֵׁעוּן,

12 כֵּן הוֹשַׁעְנָא.

13 כְּהוֹשַׁעְתָּ **שְׁבוּת** שִׁבְטֵי יַעֲקֹב,

14 תָּשׁוּב וְתָשִׁיב שְׁבוּת אָהֳלֵי יַעֲקֹב,   וְהוֹשִׁיעָה נָּא.

15 כְּהוֹשַׁעְתָּ **שׁוֹמְרֵי** מִצְוֹת, וְחוֹכֵי יְשׁוּעוֹת,

16 אֵל לְמוֹשָׁעוֹת,   וְהוֹשִׁיעָה נָּא.

17 **אֲנִי וָהוֹ הוֹשִׁיעָה נָּא.**

18 **הוֹשִׁיעָה** אֶת עַמֶּךָ, וּבָרֵךְ אֶת נַחֲלָתֶךָ, וּרְעֵם וְנַשְּׂאֵם

19 עַד הָעוֹלָם. וְיִהְיוּ דְבָרַי אֵלֶּה אֲשֶׁר הִתְחַנַּנְתִּי

20 לִפְנֵי יהוה, קְרֹבִים אֶל יהוה אֱלֹהֵינוּ יוֹמָם וָלַיְלָה, לַעֲשׂוֹת

21 מִשְׁפַּט עַבְדּוֹ וּמִשְׁפַּט עַמּוֹ יִשְׂרָאֵל, דְּבַר יוֹם בְּיוֹמוֹ.

22 לְמַעַן דַּעַת כָּל עַמֵּי הָאָרֶץ, כִּי יהוה הוּא הָאֱלֹהִים, אֵין

23 עוֹד.

THE ARK IS CLOSED.

THE *CHAZZAN* RECITES קַדִּישׁ שָׁלֵם (P. 355).
CONTINUE WITH THE SONGS OF THE DAY (PP. 85-88).

ADDITIONAL PRAYERS FOR HOSHANA RABBAH

1 **תִּתְּנֵנוּ** לְשֵׁם וְלִתְהִלָּה. תְּשִׂיתֵנוּ אֶל הַחֶבֶל וְאֶל הַנַּחֲלָה.

2 תְּרוֹמְמֵנוּ לְמַעְלָה לְמַעְלָה. תְּקַבְּצֵנוּ לְבֵית

3 הַתְּפִלָּה. תַּצִּיבֵנוּ כְּעֵץ עַל פַּלְגֵי מַיִם שְׁתוּלָה. תִּפְדֵּנוּ מִכָּל

4 נֶגַע וּמַחֲלָה. תְּעַטְּרֵנוּ בְּאַהֲבָה כְּלוּלָה. תְּשַׂמְּחֵנוּ בְּבֵית

5 הַתְּפִלָּה. תַּנְחֵלֵנוּ עַל מֵי מְנוּחוֹת סֶלָה. תְּמַלְּאֵנוּ חָכְמָה

6 וְשִׂכְלָה. תַּלְבִּישֵׁנוּ עֹז וּגְדֻלָּה. תַּכְתִּירֵנוּ בְּכֶתֶר כְּלוּלָה.

7 תְּיַשְּׁרֵנוּ בְּאֹרַח סְלוּלָה. תַּטְעֵנוּ בְּיֶשֶׁר מְסִלָּה. תְּחָנֵּנוּ בְּרַחֲמִים

8 וּבְחֶמְלָה. תַּזְכִּירֵנוּ בְּמִי זֹאת עוֹלָה. תּוֹשִׁיעֵנוּ לְקֵץ הַגְּאֻלָּה.

9 תְּהַדְּרֵנוּ בְּזִיו הַמּוּלָה. תַּדְבִּיקֵנוּ כְּאֵזוֹר חֲתוּלָה. תְּגַדְּלֵנוּ בְּיַד

10 הַגְּדוֹלָה. תְּבִיאֵנוּ לְבֵיתְךָ בְּרִנָּה וְצָהֳלָה. תְּאַמְּצֵנוּ בְּרֶוַח

11 וְהַצָּלָה. תְּאַדְּרֵנוּ בְּאֶבֶן תְּלוּלָה. תְּלַבְּבֵנוּ בְּבִנְיַן עִירְךָ

12 כְּבַתְּחִלָּה. תְּעוֹרְרֵנוּ לְצִיּוֹן בִּשְׁכְלוּלָה. תְּזַכֵּנוּ בְּנִבְנָתָה

13 הָעִיר עַל תִּלָּהּ. תַּרְבִּיצֵנוּ בְּשָׂשׂוֹן וְגִילָה. תְּחַזְּקֵנוּ אֱלֹהֵי יַעֲקֹב

14 סֶלָה.

Chazzan, then congregation:

15 **אָנָּא הוֹשִׁיעָה נָּא.**

All:

16 **אָנָּא אֵזוֹן** חִין תְּאֵבֵי יִשְׁעֶךָ,

17 בְּעַרְבֵי נַחַל לְשַׁעְשֵׁעֶךָ,   וְהוֹשִׁיעָה נָּא.

18 אָנָּא **גְּאַל** כַּנַּת נִטְעֶךָ,

19 דּוּמָה בְּטַאטְאֶךָ,   וְהוֹשִׁיעָה נָּא.

20 אָנָּא **הַבֵּט** לַבְּרִית טִבְעֶךָ,

21 וּמַחְשַׁכֵּי אֶרֶץ בְּהַטְבִּיעֶךָ,   וְהוֹשִׁיעָה נָּא.

22 אָנָּא **זְכֹר** לָנוּ אָב יְדָעֶךָ,

23 חַסְדְּךָ לָמוֹ בְּהוֹדִיעֶךָ,   וְהוֹשִׁיעָה נָּא.

24 אָנָּא **טְהוֹרֵי** לֵב בְּהַפְלִיאָךְ,

וְהוֹשִׁיעָה נָּא.	1 יֵדַע כִּי הוּא פִלְאָךְ,
	2 אָנָּא כַּבִּיר כְּחַ תֵּן לָנוּ יִשְׁעָךְ,
וְהוֹשִׁיעָה נָּא.	3 לַאֲבוֹתֵינוּ כְּהִשָּׁבְעָךְ,
	4 אָנָּא מַלֵּא מִשְׁאֲלוֹת עַם מְשַׁוְּעָךְ,
וְהוֹשִׁיעָה נָּא.	5 נֶעֱקַד בְּהַר מוֹר כְּמוֹ שֶׂוְעָךְ,
	6 אָנָּא שַׂגֵּב אֶשְׁלֵי נִטְעָךְ,
וְהוֹשִׁיעָה נָּא.	7 עָרִיצִים בְּהַנִּיעָךְ,
	8 אָנָּא פְּתַח לָנוּ אוֹצְרוֹת רִבְעָךְ,
וְהוֹשִׁיעָה נָּא.	9 צִיָּה מֵהֶם בְּהַרְבִּיעָךְ,
	10 אָנָּא קוֹרְאֶיךָ אֶרֶץ בְּרוֹעֲעָךְ,
וְהוֹשִׁיעָה נָּא.	11 רְעֵם בְּטוּב מִרְעָךְ,
	12 אָנָּא שְׁעָרֶיךָ תַּעַל מִמֹּשׁוֹאָךְ,
וְהוֹשִׁיעָה נָּא.	13 תֵּל תַּלְפִּיּוֹת בְּהַשִּׂיאָךְ,

Chazzan, then congregation:

14   אָנָּא אֵל נָא, הוֹשַׁעְנָא וְהוֹשִׁיעָה נָּא.

All:

	15 אֵל נָא תָּעִינוּ כְּשֶׂה אֹבֵד,
שְׁמֵנוּ מִסִּפְרְךָ אַל תְּאַבֵּד, הוֹשַׁעְנָא וְהוֹשִׁיעָה נָּא.	16
	17 אֵל נָא רְעֵה אֶת צֹאן הַהֲרֵגָה,
קְצוּפָה וְעָלֶיךָ הֲרוּגָה, הוֹשַׁעְנָא וְהוֹשִׁיעָה נָּא.	18
	19 אֵל נָא צֹאנְךָ וְצֹאן מַרְעִיתֶךָ,
פְּעֻלָּתְךָ וְרַעְיָתֶךָ, הוֹשַׁעְנָא וְהוֹשִׁיעָה נָּא.	20
	21 אֵל נָא עֲנִיֵּי הַצֹּאן,
שִׂיחָם עֲנֵה בְּעֵת רָצוֹן, הוֹשַׁעְנָא וְהוֹשִׁיעָה נָּא.	22
	23 אֵל נָא נוֹשְׂאֵי לְךָ עַיִן,
מִתְקוֹמְמֵיהֶם יִהְיוּ כְאַיִן, הוֹשַׁעְנָא וְהוֹשִׁיעָה נָּא.	24
	25 אֵל נָא לַמְנַסְּכֵי לְךָ מַיִם,

1   כְּמִמַּעְיְנֵי הַיְשׁוּעָה יִשְׁאֲבוּן מַיִם,

2   הוֹשַׁעְנָא וְהוֹשִׁיעָה נָּא.

3   אֵל נָא יַעֲלוּ לְצִיּוֹן מוֹשִׁיעִים,

4   טְפוּלִים בָּךְ וּבְשִׁמְךָ נוֹשָׁעִים,

5   הוֹשַׁעְנָא וְהוֹשִׁיעָה נָּא

6   אֵל נָא חֲמוּץ בְּגָדִים,

7   זָעוּם לְנַעֵר כָּל בּוֹגְדִים,   הוֹשַׁעְנָא וְהוֹשִׁיעָה נָּא.

8   אֵל נָא וְזָכוֹר תִּזְכּוֹר,

9   הַבִּכּוּרֵי בְּלֶחֶךְ וָכוֹר,   הוֹשַׁעְנָא וְהוֹשִׁיעָה נָּא.

10   אֵל נָא דוֹרְשֶׁיךָ בְּעַנְפֵי עֲרָבוֹת,

11   גֹּעִים שָׁעָה מֵעֲרָבוֹת,   הוֹשַׁעְנָא וְהוֹשִׁיעָה נָּא.

12   אֵל נָא בָּרֵךְ בְּעִטּוּר שָׁנָה,

13   אֲמָרֵי רְצֵה בְּפִלּוּלִי בְּיוֹם הוֹשַׁעְנָא,

14   הוֹשַׁעְנָא וְהוֹשִׁיעָה נָּא.

Chazzan, then congregation:

15   **אָנָּא אֵל נָא, הוֹשַׁעְנָא וְהוֹשִׁיעָה נָּא, אָבִינוּ אָתָּה.**

All:

16   **לְמַעַן תָּמִים** בְּדוֹרוֹתָיו, הַנִּמְלָט בְּרוֹב צִדְקוֹתָיו,

17   מֻצָּל מִשֶּׁטֶף בְּבֹא מַבּוּל מָיִם.

18   לְאוֹם אֲנִי חוֹמָה,   הוֹשַׁעְנָא וְהוֹשִׁיעָה נָּא, אָבִינוּ אָתָּה.

19   לְמַעַן שָׁלֵם בְּכָל מַעֲשִׂים, הַמְנֻסֶּה בַּעֲשָׂרָה נִסִּים,

20   כְּשֶׁר מַלְאָכִים נָם יֻקַּח נָא מְעַט מַיִם.

21   לִבְרָה כַחַמָּה,   הוֹשַׁעְנָא וְהוֹשִׁיעָה נָּא, אָבִינוּ אָתָּה.

22   לְמַעַן רַךְ וְיָחִיד נֶחֱנַט פְּרִי לְמֵאָה, זָעַק אַיֵּה הַשֶּׂה לְעוֹלָה,

23   בְּשָׂרוּהוּ עֲבָדָיו מָצָאנוּ מָיִם.

24   לִגְאֻלָּה וְסוּרָה,   הוֹשַׁעְנָא וְהוֹשִׁיעָה נָּא, אָבִינוּ אָתָּה.

25   לְמַעַן קָדַם שְׂאֵת בְּרָכָה, הַנִּשְׁטָם וּלְשִׁמְךָ חִכָּה,

מְיַחֵם בַּמַּקְלוֹת בְּשִׁקֲתוֹת הַמָּיִם.

לְדָמְתָה לְתָמָר, · · · הוֹשַׁעְנָא וְהוֹשִׁיעָה נָּא, אָבִינוּ אָתָּה.

לְמַעַן **צֶדֶק** הֱיוֹת לְךָ לְכֹהֵן, כְּחָתָן פְּאֵר יְכַהֵן,

מְנֻסֶּה בְּמַסָּה בְּמֵי מְרִיבַת מָיִם.

לְהָהָר הַטּוֹב, · · · הוֹשַׁעְנָא וְהוֹשִׁיעָה נָּא, אָבִינוּ אָתָּה.

לְמַעַן **פְּאֵר** הֱיוֹת גְּבִיר לְאֶחָיו, יְהוּדָה אֲשֶׁר גָּבַר בְּאֶחָיו,

מִסְפָּר רֹבַע מִדָּלְיָו יִזַּל מָיִם.

לוֹא לָנוּ כִּי אִם לְמַעַנְךָ, הוֹשַׁעְנָא וְהוֹשִׁיעָה נָּא, אָבִינוּ אָתָּה.

לְמַעַן **עָנָיו** מִכֹּל וְנֶאֱמָן, אֲשֶׁר בְּצִדְקוֹ כִּלְכֵּל הָמָן,

מָשׁוּךְ לְגוֹאֵל וּמָשׁוּי מִמָּיִם.

לְזֹאת הַנִּשְׁקָפָה, · · · הוֹשַׁעְנָא וְהוֹשִׁיעָה נָּא, אָבִינוּ אָתָּה.

לְמַעַן **שָׂמְתּוֹ** כְּמַלְאֲכֵי מְרוֹמִים, הַלּוֹבֵשׁ אוּרִים וְתֻמִּים,

מְצֻוֶּה לָבֹא בַּמִּקְדָּשׁ בִּקְדֻשׁ יָדַיִם וְרַגְלַיִם

וּרְחִיצַת מָיִם.

לְחוֹלַת אַהֲבָה, · · · הוֹשַׁעְנָא וְהוֹשִׁיעָה נָּא, אָבִינוּ אָתָּה.

לְמַעַן **נְבִיאָה** מְחוֹלַת מַחֲנַיִם, לִכְמֵהֵי לֵב הוּשְׂמָה עֵינַיִם,

לְרַגְלָהּ רָצָה עֲלוֹת וְרֶדֶת בְּאֵר מָיִם.

לְטוֹבוּ אֹהָלָיו, · · · הוֹשַׁעְנָא וְהוֹשִׁיעָה נָּא, אָבִינוּ אָתָּה.

לְמַעַן **מְשָׁרֵת** לֹא מָשׁ מֵאֹהֶל, וְרוּחַ הַקֹּדֶשׁ עָלָיו אֹהֶל,

בְּעָבְרוּ בַּיַּרְדֵּן נִכְרְתוּ הַמָּיִם.

לְיָפָה וּבָרָה, · · · הוֹשַׁעְנָא וְהוֹשִׁיעָה נָּא, אָבִינוּ אָתָּה.

לְמַעַן **לָמַד** רְאוֹת לְטוֹבָה אוֹת, זָעַק אַיֵּה נִפְלָאוֹת,

מִצָּה טַל מִגִּזָּה מְלֹא הַסֵּפֶל מָיִם.

לְכַלַּת לְבָנוֹן, · · · הוֹשַׁעְנָא וְהוֹשִׁיעָה נָּא, אָבִינוּ אָתָּה.

לְמַעַן **כְּלוּלֵי** עֲשׂוֹת מִלְחַמְתֶּךָ, אֲשֶׁר בְּיָדָם תִּתָּה יְשׁוּעָתֶךָ,

צְרוּפֵי מִגּוֹי בְּלָקְקָם בְּיָדָם מָיִם.

לְלֹא בָגְדוּ בָךְ, · · · הוֹשַׁעְנָא וְהוֹשִׁיעָה נָּא, אָבִינוּ אָתָּה.

לְמַעַן **יָחִיד** צוֹרְרִים דָּשׁ, אֲשֶׁר מֵרֵחֶם לְנָזִיר הַקֹּדֶשׁ, 1

מִמַּכְתֵּשׁ לֶחִי הִבְקַעְתָּ לוֹ מָיִם. 2

לְמַעַן **שֵׁם** קָדְשֶׁךָ,   הוֹשַׁעְנָא וְהוֹשִׁיעָה נָּא, אָבִינוּ אָתָּה. 3

לְמַעַן **טוֹב** הוֹלֵךְ וְגָדֵל, אֲשֶׁר מֵעְשֶׁק עֵדָה חָדֵל, 4

בְּשׁוּב עָם מֵחֵטְא צָו שָׁאַב מָיִם. 5

לְנָאוָה כִּירוּשָׁלָיִם,   הוֹשַׁעְנָא וְהוֹשִׁיעָה נָּא, אָבִינוּ אָתָּה. 6

לְמַעַן **חַיָּךְ** מְכַרְכֵּר בְּשִׁיר, הַמְלַמֵּד תּוֹרָה בְּכָל כְּלֵי שִׁיר, 7

מְנַסֵּךְ לְפָנָיו כִּתְאָב שְׁתוֹת מָיִם. 8

לְשָׁמוּ בְּךָ סִבְרָם,   הוֹשַׁעְנָא וְהוֹשִׁיעָה נָּא, אָבִינוּ אָתָּה. 9

לְמַעַן **זָךְ** עָלָה בַּסְּעָרָה, הַמְּקַנֵּא וּמֵשִׁיב עֶבְרָה, 10

לִפְלוּלוֹ יָרְדָה אֵשׁ וְלִחֲכָה עָפָר וּמָיִם. 11

לְעֵינֶיהָ בְּרֵכוֹת,   הוֹשַׁעְנָא וְהוֹשִׁיעָה נָּא, אָבִינוּ אָתָּה. 12

לְמַעַן **וְשֵׁרֵת** בֶּאֱמֶת לְרַבּוֹ, פִּי שְׁנַיִם בְּרוּחוֹ נֶאֱצַל בּוֹ, 13

בְּקַחְתּוֹ מְנַגֵּן נִתְמַלְּאוּ גֵּבִים מָיִם. 14

לְפָצוּ מִי כָמְכָה,   הוֹשַׁעְנָא וְהוֹשִׁיעָה נָּא, אָבִינוּ אָתָּה. 15

לְמַעַן **הִרְהֵר** עֲשׂוֹת רְצוֹנֶךָ, הַמַּכְרִיז תְּשׁוּבָה לְצֹאנֶךָ, 16

אָז בְּבֹא מְחָרֵף סָתַם עֵינוֹת מָיִם. 17

לְצִיּוֹן מִכְלַל יֹפִי,   הוֹשַׁעְנָא וְהוֹשִׁיעָה נָּא, אָבִינוּ אָתָּה. 18

לְמַעַן **דְּרָשׁוּךָ** בְּתוֹךְ הַגּוֹלָה, וְסוֹדְךָ לָמוֹ נִגְלָה, 19

בְּלִי לְהִתְגָּאֵל דָּרְשׁוּ זֵרְעוֹנִים וּמָיִם. 20

לְקוֹרְאֶיךָ בַצָּר,   הוֹשַׁעְנָא וְהוֹשִׁיעָה נָּא, אָבִינוּ אָתָּה. 21

לְמַעַן **גְּמַר** חָכְמָה וּבִינָה, סוֹפֵר מָהִיר מְפַלֵּשׁ אֱמָנָה, 22

מְחַכְּמֵנוּ אֲמָרִים הַמְּשׁוּלִים בְּרַחֲבֵי מָיִם. 23

לְרַבָּתִי עָם,   הוֹשַׁעְנָא וְהוֹשִׁיעָה נָּא, אָבִינוּ אָתָּה. 24

לְמַעַן **בָּאֵי** לְךָ הַיּוֹם בְּכָל לֵב, 25

שׁוֹפְכִים לְךָ שִׂיחַ בְּלֹא לֵב וָלֵב, 26

שׁוֹאֲלִים מִמְּךָ עוֹז מִטְרוֹת מָיִם. 27

1 לְשׁוֹרְרוּךְ בַיָּם, הוֹשַׁעְנָא וְהוֹשִׁיעָה נָּא, אָבִינוּ אָתָּה.

2 לְמַעַן אוֹמְרֵי יִגְדַּל שְׁמֶךָ, וְהֵם נַחֲלָתְךָ וְעַמֶּךָ,

3 צְמֵאִים לְיִשְׁעֲךָ כְּאֶרֶץ עֲיֵפָה לַמָּיִם.

4 לְתָרְתָּ לָמוֹ מְנוּחָה, הוֹשַׁעְנָא וְהוֹשִׁיעָה נָּא, אָבִינוּ אָתָּה.

Some put down the *lulav* and *esrog* now and take the *Hoshana*-bundle of five *Aravos* twigs. Others continue to hold the *lulav* and *esrog* and pick up the *Hoshana*-bundle just before it is to be beaten.

Chazzan, then congregation:

5 **הוֹשַׁעְנָא, אֵל נָא, אָנָּא הוֹשִׁיעָה נָּא.**

6 **הוֹשַׁעְנָא, סְלַח נָא, וְהַצְלִיחָה נָּא, וְהוֹשִׁיעֵנוּ אֵל מָעֻזֵּנוּ.**

All:

7 **תַּעֲנֶה אֱמוּנִים** שׁוֹפְכִים לְךָ לֵב כַּמַּיִם, וְהוֹשִׁיעָה נָּא,

8 לְמַעַן בָּא בָאֵשׁ וּבַמַּיִם,

9 גְּזַר וְנָם יִקַּח נָא מְעַט מָיִם,

10 וְהַצְלִיחָה נָּא, וְהוֹשִׁיעֵנוּ אֵל מָעֻזֵּנוּ.

11 תַּעֲנֶה דְגָלִים גָּזוּ גִזְרֵי מָיִם, וְהוֹשִׁיעָה נָּא,

12 לְמַעַן הַנֶּעֱקַד בְּשַׁעַר הַשָּׁמָיִם,

13 וְשָׁב וְחָפַר בְּאֵרוֹת מָיִם,

14 וְהַצְלִיחָה נָּא, וְהוֹשִׁיעֵנוּ אֵל מָעֻזֵּנוּ.

15 תַּעֲנֶה זַכִּים חוֹנִים עֲלֵי מָיִם, וְהוֹשִׁיעָה נָּא,

16 לְמַעַן חָלָק מְפַצֵּל מַקְלוֹת בְּשִׁקֲתוֹת הַמָּיִם,

17 טָעַן וְגָל אֶבֶן מִבְּאֵר מָיִם,

18 וְהַצְלִיחָה נָּא, וְהוֹשִׁיעֵנוּ אֵל מָעֻזֵּנוּ.

19 תַּעֲנֶה יְדִידִים נוֹחֲלֵי דָת מְשׁוּלַת מַיִם, וְהוֹשִׁיעָה נָּא,

20 לְמַעַן כָּרוּ בְמִשְׁעֲנוֹתָם מַיִם,

21 לְהָכִין לָמוֹ וּלְצֶאֱצָאֵימוֹ מָיִם,

22 וְהַצְלִיחָה נָּא, וְהוֹשִׁיעֵנוּ אֵל מָעֻזֵּנוּ.

23 תַּעֲנֶה מִתְחַנְּנִים כְּבִישִׁימוֹן עֲלֵי מָיִם, וְהוֹשִׁיעָה נָּא,

1   לְמַעַן נֶאֱמַן בֵּית מַסְפִּיק לְעָם מַיִם,

2   סֶלַע הָךְ וַיָּזוּבוּ מַיִם,

3   וְהַצְלִיחָה נָא, וְהוֹשִׁיעֵנוּ אֵל מָעֻזֵּנוּ.

4   תַּעֲנֶה עוֹנִים עֲלֵי בְאֵר מַיִם,   וְהוֹשִׁיעָה נָא,

5   לְמַעַן פְּקַד בְּמֵי מְרִיבַת מַיִם,

6   צְמֵאִים לְהַשְׁקוֹתָם מַיִם,

7   וְהַצְלִיחָה נָא, וְהוֹשִׁיעֵנוּ אֵל מָעֻזֵּנוּ.

8   תַּעֲנֶה קְדוֹשִׁים מְנַסְּכִים לְךָ מַיִם,   וְהוֹשִׁיעָה נָא,

9   לְמַעַן רֹאשׁ מְשׁוֹרְרִים כְּתָאַב שְׁתוֹת מַיִם,

10   שָׁב וְנַסֵּךְ לְךָ מַיִם,

11   וְהַצְלִיחָה נָא, וְהוֹשִׁיעֵנוּ אֵל מָעֻזֵּנוּ.

12   תַּעֲנֶה שׁוֹאֲלִים בְּרִבּוּעַ אֶשְׁלֵי מַיִם,   וְהוֹשִׁיעָה נָא,

13   לְמַעַן תֵּל תַּלְפִּיּוֹת מוֹצָא מַיִם,

14   תִּפְתַּח אֶרֶץ וְתַרְעִיף שָׁמַיִם,

15   וְהַצְלִיחָה נָא, וְהוֹשִׁיעֵנוּ אֵל מָעֻזֵּנוּ.

Chazzan, then congregation:

16   **רַחֵם נָא קְהַל עֲדַת יְשֻׁרוּן, סְלַח וּמְחַל עֲוֹנָם,**

17   **וְהוֹשִׁיעֵנוּ אֱלֹהֵי יִשְׁעֵנוּ.**

All:

18   **אָז כְּעֵינֵי עֲבָדִים** אֶל יַד אֲדוֹנִים,

19   בָּאנוּ לְפָנֶיךָ נְדוֹנִים,   וְהוֹשִׁיעֵנוּ אֱלֹהֵי יִשְׁעֵנוּ.

20   גֵּאֶה אֲדוֹנֵי הָאֲדוֹנִים, נִתְגָּרוּ בָנוּ מְדָנִים,

21   דְּשׁוּנוּ וּבְעָלוּנוּ זוּלָתְךָ אֲדוֹנִים,   וְהוֹשִׁיעֵנוּ אֱלֹהֵי יִשְׁעֵנוּ.

22   הֵן גַּשְׁנוּ הַיּוֹם בְּתַחֲנוּן, עָדֶיךָ רַחוּם וְחַנּוּן,

23   וְסִפַּרְנוּ נִפְלְאוֹתֶיךָ בְּשָׁנוּן,   וְהוֹשִׁיעֵנוּ אֱלֹהֵי יִשְׁעֵנוּ.

24   זָבַת חָלָב וּדְבָשׁ, נָא אַל תִּיבָשׁ,

25   חֲשֹׁרַת מַיִם בְּאָבֶיהָ תֶּחֱבָּשׁ,   וְהוֹשִׁיעֵנוּ אֱלֹהֵי יִשְׁעֵנוּ.

1 טָעֲנוּ בְשֶׁמֶנָה, בְּיַד שִׁבְעָה וּשְׁמוֹנָה,

2 יָשָׁר צַדִּיק אֵל אֱמוּנָה, וְהוֹשִׁיעֵנוּ אֱלֹהֵי יִשְׁעֵנוּ.

3 כָּרַתָּ בְרִית לָאָרֶץ, עַד כָּל יְמֵי הָאָרֶץ,

4 לְבִלְתִּי פֶרֶץ בָּהּ פֶּרֶץ, וְהוֹשִׁיעֵנוּ אֱלֹהֵי יִשְׁעֵנוּ.

5 מִתְחַנְּנִים עֲלֵי מַיִם, כַּעֲרָבִים עַל יִבְלֵי מָיִם,

6 נָא זְכָר לָמוֹ נִסּוּךְ הַמָּיִם, וְהוֹשִׁיעֵנוּ אֱלֹהֵי יִשְׁעֵנוּ.

7 שִׂיחִים בְּדֶרֶךְ מַטָּעָתָם, עוֹמְסִים בְּשַׁוְעָתָם,

8 עֲנֵם בְּקוֹל פְּגִיעָתָם, וְהוֹשִׁיעֵנוּ אֱלֹהֵי יִשְׁעֵנוּ.

9 פּוֹעֵל יְשׁוּעוֹת, פְּנֵה לִפְלוּלָם שָׁעוֹת,

10 צַדְּקֵם אֵל לְמוֹשָׁעוֹת, וְהוֹשִׁיעֵנוּ אֱלֹהֵי יִשְׁעֵנוּ.

11 קוֹל רִגְשָׁם תֵּשַׁע, תִּפְתַּח אֶרֶץ וְיִפְרוּ יֶשַׁע,

12 רַב לְהוֹשִׁיעַ וְלֹא חָפֵץ רֶשַׁע, וְהוֹשִׁיעֵנוּ אֱלֹהֵי יִשְׁעֵנוּ.

Chazzan, then congregation:

13 שַׁעֲרֵי שָׁמַיִם פְּתַח, וְאוֹצָרְךָ הַטּוֹב לָנוּ תִפְתַּח,

14 תּוֹשִׁיעֵנוּ וְרִיב אַל תִּמְתַּח, וְהוֹשִׁיעֵנוּ אֱלֹהֵי יִשְׁעֵנוּ.

Chazzan, then congregation:

15 קוֹל מְבַשֵּׂר מְבַשֵּׂר וְאוֹמֵר.

All:

16 אֹמֶץ יִשְׁעֲךָ בָּא, קוֹל דּוֹדִי הִנֵּה זֶה בָּא, מְבַשֵּׂר וְאוֹמֵר.

17 קוֹל בָּא בְּרִבְבוֹת כִּתִּים, לַעֲמוֹד עַל הַר הַזֵּיתִים,

18 מְבַשֵּׂר וְאוֹמֵר.

19 קוֹל גִּשְׁתּוֹ בַּשּׁוֹפָר לִתְקֹעַ, תַּחְתָּיו הַר יִבָּקַע, מְבַשֵּׂר וְאוֹמֵר.

20 קוֹל דָּפַק וְהֵצִיץ וְזָרַח, וּמָשׁ חֲצִי הָהָר מִמִּזְרָח,

21 מְבַשֵּׂר וְאוֹמֵר.

22 קוֹל הֵקִים מִלּוּל נָאֱמוּ, וּבָא הוּא וְכָל קְדוֹשָׁיו עִמּוֹ,

23 מְבַשֵּׂר וְאוֹמֵר.

24 קוֹל וּלְכָל בָּאֵי הָעוֹלָם, בַּת קוֹל יִשָּׁמַע בָּעוֹלָם, מְבַשֵּׂר וְאוֹמֵר.

קוֹל זֶרַע עֲמוּסֵי רְחָמוֹ, נוֹלְדוּ כְּיֶלֶד מִמְּעֵי אִמּוֹ, 1

מְבַשֵּׂר וְאוֹמֵר. 2

קוֹל חָלָה וְיָלְדָה מִי זֹאת, מִי שָׁמַע כָּזֹאת, ‎ מְבַשֵּׂר וְאוֹמֵר. 3

קוֹל טָהוֹר פָּעַל כָּל אֵלֶּה, וּמִי רָאָה כָּאֵלֶּה, ‎ מְבַשֵּׂר וְאוֹמֵר. 4

קוֹל יֵשַׁע וּזְמַן הוּחַד, הֲיוּחַל אֶרֶץ בְּיוֹם אֶחָד, מְבַשֵּׂר וְאוֹמֵר. 5

קוֹל כַּבִּיר רוּם וָתַחַת, אִם יִוָּלֶד גּוֹי פַּעַם אֶחָת, 6

מְבַשֵּׂר וְאוֹמֵר. 7

קוֹל לְעֵת יִגְאַל עַמּוֹ נָאוֹר, וְהָיָה לְעֵת עֶרֶב יִהְיֶה אוֹר, 8

מְבַשֵּׂר וְאוֹמֵר. 9

קוֹל מוֹשִׁיעִים יַעֲלוּ לְהַר צִיּוֹן, כִּי חָלָה גַם יָלְדָה צִיּוֹן, 10

מְבַשֵּׂר וְאוֹמֵר. 11

קוֹל נִשְׁמַע בְּכָל גְּבוּלֵךְ, הַרְחִיבִי מְקוֹם אָהֳלֵךְ, מְבַשֵּׂר וְאוֹמֵר. 12

קוֹל שִׂימִי עַד דַּמֶּשֶׂק מִשְׁכְּנוֹתַיִךְ, קַבְּלִי בָנַיִךְ וּבְנוֹתַיִךְ, 13

מְבַשֵּׂר וְאוֹמֵר. 14

קוֹל עָלְזִי חֲבַצֶּלֶת הַשָּׁרוֹן, כִּי קָמוּ יְשֵׁנֵי חֶבְרוֹן, 15

מְבַשֵּׂר וְאוֹמֵר. 16

קוֹל פְּנוּ אֵלַי וְהִוָּשְׁעוּ, הַיּוֹם אִם בְּקוֹלִי תִשְׁמָעוּ, 17

מְבַשֵּׂר וְאוֹמֵר. 18

קוֹל צֶמַח אִישׁ צֶמַח שְׁמוֹ, הוּא דָוִד בְּעַצְמוֹ, ‎ מְבַשֵּׂר וְאוֹמֵר. 19

קוֹל קוּמוּ כְּפוּשֵׁי עָפָר, הָקִיצוּ וְרַנְּנוּ שׁוֹכְנֵי עָפָר, 20

מְבַשֵּׂר וְאוֹמֵר. 21

קוֹל רַבָּתִי עָם בְּהַמְלִיכוֹ, מִגְדּוֹל יְשׁוּעוֹת מַלְכּוֹ, 22

מְבַשֵּׂר וְאוֹמֵר. 23

קוֹל שֵׁם רְשָׁעִים לְהַאֲבִיד, עֹשֶׂה חֶסֶד לִמְשִׁיחוֹ לְדָוִד, 24

מְבַשֵּׂר וְאוֹמֵר. 25

קוֹל תְּנָה יְשׁוּעוֹת לְעַם עוֹלָם, לְדָוִד וּלְזַרְעוֹ עַד עוֹלָם, 26

מְבַשֵּׂר וְאוֹמֵר. 27

Chazzan, then congregation, out loud:

קוֹל מְבַשֵּׂר מְבַשֵּׂר וְאוֹמֵר. 1

קוֹל מְבַשֵּׂר מְבַשֵּׂר וְאוֹמֵר. 2

קוֹל מְבַשֵּׂר מְבַשֵּׂר וְאוֹמֵר. 3

All:

הוֹשִׁיעָה אֶת עַמֶּךָ וּבָרֵךְ אֶת נַחֲלָתֶךָ, וּרְעֵם וְנַשְּׂאֵם עַד 4

הָעוֹלָם. וְיִהְיוּ דְבָרַי אֵלֶּה אֲשֶׁר הִתְחַנַּנְתִּי לִפְנֵי 5

יהוה, קְרוֹבִים אֶל יהוה אֱלֹהֵינוּ יוֹמָם וָלַיְלָה, לַעֲשׂוֹת מִשְׁפַּט 6

עַבְדּוֹ וּמִשְׁפַּט עַמּוֹ יִשְׂרָאֵל, דְּבַר יוֹם בְּיוֹמוֹ. לְמַעַן דַּעַת כָּל 7

עַמֵּי הָאָרֶץ, כִּי יהוה הוּא הָאֱלֹהִים, אֵין עוֹד. 8

THOSE STILL HOLDING THE *LULAV* AND *ESROG* PUT THEM DOWN NOW
AND PICK UP THE *HOSHANA*-BUNDLE.

חביטת הערבה

The Torah scrolls are returned to the Ark and it is closed.
The *chazzan* then says קַדִּישׁ שָׁלֵם (p. 355).
In some congregations, the *Hoshana*-bundle is hit against the ground
before תִּתְקַבֵּל in *Kaddish*. Others beat the *Hoshana*-bundle after *Kaddish*.

יְהִי רָצוֹן מִלְּפָנֶיךָ, יהוה אֱלֹהֵינוּ וֵאלֹהֵי אֲבוֹתֵינוּ, הַבּוֹחֵר 9

בַּנְּבִיאִים טוֹבִים וּבְמִנְהֲגֵיהֶם הַטּוֹבִים, שֶׁתְּקַבֵּל 10

בְּרַחֲמִים וּבְרָצוֹן אֶת תְּפִלָּתֵנוּ וְהַקָּפוֹתֵינוּ, וְזָכָר לָנוּ זְכוּת שִׁבְעַת 11

תְּמִימֶיךָ, וְתָסִיר מְחִיצַת הַבַּרְזֶל הַמַּפְסֶקֶת בֵּינֵינוּ וּבֵינֶיךָ, וְתַאֲזִין 12

שַׁוְעָתֵנוּ, וְתֵיטִיב לָנוּ הַחֲתִימָה, תְּלֵה אֶרֶץ עַל בְּלִימָה. וְחָתְמֵנוּ 13

בְּסֵפֶר חַיִּים טוֹבִים. וְהַיּוֹם הַזֶּה תִּתֵּן בִּשְׁכִינַת עֻזָּךְ חֲמִשָּׁה גְבוּרוֹת 14

מְמֻתָּקוֹת עַל יְדֵי חֲבִיטַת עֲרָבָה מִנְהַג נְבִיאֶיךָ הַקְּדוֹשִׁים. וְתִתְעוֹרֵר 15

הָאַהֲבָה בֵּינֵיהֶם, וְתַנְשִׁקֵנוּ מִנְּשִׁיקוֹת פִּיךָ, מַמְתֶּקֶת כָּל הַגְּבוּרוֹת וְכָל 16

הַדִּינִין, וְתָאִיר לִשְׁכִינַת עֻזָּךְ בְּשֵׁם יו״ד ה״א וָא״ו ה״א שֶׁהוּא טַל אוֹרֹת 17

טַלֶּךָ, וּמִשָּׁם תַּשְׁפִּיעַ שֶׁפַע לְעַבְדְּךָ הַמִּתְנַפֵּל לְפָנֶיךָ, מְחִילָה, 18

שֶׁתַּאֲרִיךְ יָמַי וְתִמְחַל לִי חֲטָאַי וַעֲוֹנוֹתַי וּפְשָׁעַי, וְתִפְשׁוֹט יְמִינְךָ וְיָדְךָ 19

לְקַבְּלֵנִי בִּתְשׁוּבָה שְׁלֵמָה לְפָנֶיךָ, וְאוֹצָרְךָ הַטּוֹב תִּפְתַּח לְהַשְׂבִּיעַ 20

מַיִם נֶפֶשׁ שׁוֹקֵקָה, כְּמוֹ שֶׁכָּתוּב: יִפְתַּח יהוה לְךָ אֶת אוֹצָרוֹ הַטּוֹב אֶת 21

הַשָּׁמַיִם, לָתֵת מְטַר אַרְצְךָ בְּעִתּוֹ וּלְבָרֵךְ אֵת כָּל מַעֲשֵׂה יָדֶךָ. אָמֵן. 22

﷽ הקפות לשמיני עצרת ושמחת תורה ﷽

Before the Ark is opened for the *Hakafos,* the following is said aloud,
verse by verse, first by a leader, then by the congregation:

1   **אַתָּה** הָרְאֵתָ לָדַעַת, כִּי יהוה הוּא הָאֱלֹהִים, אֵין עוֹד מִלְּבַדּוֹ.

2   לְעֹשֵׂה נִפְלָאוֹת גְּדֹלוֹת לְבַדּוֹ, כִּי לְעוֹלָם חַסְדּוֹ.

3   אֵין כָּמוֹךָ בָאֱלֹהִים, אֲדֹנָי, וְאֵין כְּמַעֲשֶׂיךָ.

4   יְהִי כְבוֹד יהוה לְעוֹלָם, יִשְׂמַח יהוה בְּמַעֲשָׂיו.

5   יְהִי שֵׁם יהוה מְבֹרָךְ, מֵעַתָּה וְעַד עוֹלָם.

6   יְהִי יהוה אֱלֹהֵינוּ עִמָּנוּ, כַּאֲשֶׁר הָיָה עִם אֲבֹתֵינוּ,

7   אַל יַעַזְבֵנוּ וְאַל יִטְּשֵׁנוּ.

8   וְאִמְרוּ, הוֹשִׁיעֵנוּ, אֱלֹהֵי יִשְׁעֵנוּ, וְקַבְּצֵנוּ וְהַצִּילֵנוּ מִן הַגּוֹיִם,

9   לְהֹדוֹת לְשֵׁם קָדְשֶׁךָ, לְהִשְׁתַּבֵּחַ בִּתְהִלָּתֶךָ.

10   יהוה מֶלֶךְ, יהוה מָלָךְ, יהוה יִמְלֹךְ לְעוֹלָם וָעֶד.

11   יהוה עֹז לְעַמּוֹ יִתֵּן, יהוה יְבָרֵךְ אֶת עַמּוֹ בַשָּׁלוֹם.

12   וְיִהְיוּ נָא אֲמָרֵינוּ לְרָצוֹן, לִפְנֵי אֲדוֹן כֹּל.

The Ark is opened and the service continues as before:

13   **וַיְהִי** בִּנְסֹעַ הָאָרֹן, וַיֹּאמֶר מֹשֶׁה,

14   קוּמָה יהוה, וְיָפֻצוּ אֹיְבֶיךָ, וְיָנֻסוּ מְשַׂנְאֶיךָ מִפָּנֶיךָ.

15   קוּמָה יהוה לִמְנוּחָתֶךָ, אַתָּה וַאֲרוֹן עֻזֶּךָ.

16   כֹּהֲנֶיךָ יִלְבְּשׁוּ צֶדֶק, וַחֲסִידֶיךָ יְרַנֵּנוּ.

17   בַּעֲבוּר דָּוִד עַבְדֶּךָ, אַל תָּשֵׁב פְּנֵי מְשִׁיחֶךָ.

18   וְאָמַר בַּיּוֹם הַהוּא, הִנֵּה אֱלֹהֵינוּ זֶה, קִוִּינוּ לוֹ וְיוֹשִׁיעֵנוּ,

19   זֶה יהוה קִוִּינוּ לוֹ, נָגִילָה וְנִשְׂמְחָה בִּישׁוּעָתוֹ.

20   מַלְכוּתְךָ מַלְכוּת כָּל עֹלָמִים, וּמֶמְשַׁלְתְּךָ בְּכָל דּוֹר וָדֹר.

21   כִּי מִצִּיּוֹן תֵּצֵא תוֹרָה, וּדְבַר יהוה מִירוּשָׁלָיִם.

All, together:

22   **אַב הָרַחֲמִים,** הֵיטִיבָה בִרְצוֹנְךָ אֶת צִיּוֹן, תִּבְנֶה חוֹמוֹת

23   יְרוּשָׁלָיִם. כִּי בְךָ לְבַד בָּטָחְנוּ, מֶלֶךְ אֵל רָם

24   וְנִשָּׂא, אֲדוֹן עוֹלָמִים.

All the Torah scrolls are taken out of the Ark and members of the congregation are given the honor of carrying them during the procession. In some congregations, a lit candle, symbolizing the light of Torah, is placed in the empty Ark.

FIRST *HAKAFAH*-CIRCUIT

As the Torah scrolls are carried around the *bimah*, each of the following verses is said aloud by the *chazzan* and is then repeated by the congregation. In some congregations the three introductory verses (אָנָּא ה') are said only at the first *Hakafah*-circuit, while in others they are recited at each *Hakafah*.

1   אָנָּא יהוה, הוֹשִׁיעָה נָּא. אָנָּא יהוה, הַצְלִיחָה נָּא.

2   אָנָּא יהוה, עֲנֵנוּ בְיוֹם קָרְאֵנוּ.

3   אֱלֹהֵי הָרוּחוֹת, הוֹשִׁיעָה נָּא. בּוֹחֵן לְבָבוֹת, הַצְלִיחָה נָּא.

4   גּוֹאֵל חָזָק, עֲנֵנוּ בְיוֹם קָרְאֵנוּ.

SECOND *HAKAFAH*-CIRCUIT

5   דּוֹבֵר צְדָקוֹת, הוֹשִׁיעָה נָּא. הָדוּר בִּלְבוּשׁוֹ, הַצְלִיחָה נָּא.

6   וָתִיק וְחָסִיד, עֲנֵנוּ בְיוֹם קָרְאֵנוּ.

THIRD *HAKAFAH*-CIRCUIT

7   זַךְ וְיָשָׁר, הוֹשִׁיעָה נָּא. חוֹמֵל דַּלִּים, הַצְלִיחָה נָּא.

8   טוֹב וּמֵטִיב, עֲנֵנוּ בְיוֹם קָרְאֵנוּ.

FOURTH *HAKAFAH*-CIRCUIT

9   יוֹדֵעַ מַחֲשָׁבוֹת, הוֹשִׁיעָה נָּא. כַּבִּיר וְנָאוֹר, הַצְלִיחָה נָּא.

10   לוֹבֵשׁ צְדָקוֹת, עֲנֵנוּ בְיוֹם קָרְאֵנוּ.

FIFTH *HAKAFAH*-CIRCUIT

11   מֶלֶךְ עוֹלָמִים, הוֹשִׁיעָה נָּא. נָאוֹר וְאַדִּיר, הַצְלִיחָה נָּא.

12   סוֹמֵךְ נוֹפְלִים, עֲנֵנוּ בְיוֹם קָרְאֵנוּ.

SIXTH *HAKAFAH*-CIRCUIT

13   עוֹזֵר דַּלִּים, הוֹשִׁיעָה נָּא. פּוֹדֶה וּמַצִּיל, הַצְלִיחָה נָּא.

14   צוּר עוֹלָמִים, עֲנֵנוּ בְיוֹם קָרְאֵנוּ.

SEVENTH *HAKAFAH*-CIRCUIT

קָדוֹשׁ וְנוֹרָא, הוֹשִׁיעָה נָּא. רַחוּם וְחַנּוּן, הַצְלִיחָה נָּא.   1

שׁוֹמֵר הַבְּרִית, עֲנֵנוּ בְיוֹם קָרְאֵנוּ.   2

תּוֹמֵךְ תְּמִימִים, הוֹשִׁיעָה נָּא. תַּקִּיף לָעַד, הַצְלִיחָה נָּא.   3

תָּמִים בְּמַעֲשָׂיו, עֲנֵנוּ בְיוֹם קָרְאֵנוּ.   4

The Torah scrolls (except for those needed for the Torah reading) are returned to the Ark. On the night of Shemini Atzeres, the Torah is not read; continue with עָלֵינוּ (p. 187) and קַדִּישׁ יָתוֹם (p. 529). On the night of Simchas Torah, the reading is from the final portion of the Torah, וְזֹאת הַבְּרָכָה. Most congregations call five people to the Torah.

It is customary to sing the following at one or more points during
the Simchas Torah *Hakafah*-circuits or after the Torah reading:

שִׂישׂוּ וְשִׂמְחוּ בְּשִׂמְחַת תּוֹרָה, וּתְנוּ כָבוֹד לַתּוֹרָה,   5

כִּי טוֹב סַחְרָהּ מִכָּל סְחוֹרָה, מִפָּז וּמִפְּנִינִים יְקָרָה.   6

נָגִיל וְנָשִׂישׂ בְּזֹאת הַתּוֹרָה, כִּי הִיא לָנוּ עֹז וְאוֹרָה.   7

אֲהַלְלָה אֱלֹהַי וְאֶשְׂמְחָה בּוֹ, וְאָשִׂימָה תִקְוָתִי בּוֹ,   8

אֲהוֹדֶנּוּ בְּסוֹד עַם קְרוֹבוֹ, אֱלֹהֵי צוּרִי אֶחֱסֶה בּוֹ.   9

נָגִיל וְנָשִׂישׂ בְּזֹאת הַתּוֹרָה, כִּי הִיא לָנוּ עֹז וְאוֹרָה.   10

בְּכָל לֵב אֲרַנֵּן צִדְקוֹתֶיךָ, וַאֲסַפְּרָה תְהִלָּתֶךָ,   11

בְּעוֹדִי אַגִּיד נִפְלְאוֹתֶיךָ, עַל חַסְדְּךָ וְעַל אֲמִתֶּךָ.   12

נָגִיל וְנָשִׂישׂ בְּזֹאת הַתּוֹרָה, כִּי הִיא לָנוּ עֹז וְאוֹרָה.   13

גּוֹאֵל תָּחִישׁ מְבַשֵּׂר טוֹב, כִּי אַתָּה מִגְדַּל עֹז וְטוֹב,   14

גְּאוּלִים יוֹדוּךָ בְּלֵב טוֹב, הוֹדוּ לַיהוה כִּי טוֹב.   15

נָגִיל וְנָשִׂישׂ בְּזֹאת הַתּוֹרָה, כִּי הִיא לָנוּ עֹז וְאוֹרָה.   16

דָּגוּל גְּאַל נָא הֲמוֹנָי, כִּי אֵין קָדוֹשׁ כַּיהוה.   17

דְּגוּלִים יוֹדוּךָ יהוה, מִי יְמַלֵּל גְּבוּרוֹת יהוה.   18

נָגִיל וְנָשִׂישׂ בְּזֹאת הַתּוֹרָה, כִּי הִיא לָנוּ עֹז וְאוֹרָה.   19

הֲלֹא בְּאַהֲבָתוֹ בָּחַר בָּנוּ, בְּנֵי בְכוֹרִי קְרָאֵנוּ,   20

הוֹד וְהָדָר הִנְחִילָנוּ, כִּי לְעוֹלָם חַסְדּוֹ עִמָּנוּ.   21

נָגִיל וְנָשִׂישׂ בְּזֹאת הַתּוֹרָה, כִּי הִיא לָנוּ עֹז וְאוֹרָה.   22

הדלקת הנרות של חנוכה

All three blessings are said before kindling the Chanukah *menorah* for the first time.
On all subsequent nights, the third blessing, שֶׁהֶחֱיָנוּ, is not said.

בָּרוּךְ אַתָּה יהוה אֱלֹהֵינוּ מֶלֶךְ הָעוֹלָם, אֲשֶׁר
קִדְּשָׁנוּ בְּמִצְוֹתָיו, וְצִוָּנוּ לְהַדְלִיק נֵר (שֶׁל)
חֲנֻכָּה. (All – אָמֵן.)

בָּרוּךְ אַתָּה יהוה אֱלֹהֵינוּ מֶלֶךְ הָעוֹלָם, שֶׁעָשָׂה
נִסִּים לַאֲבוֹתֵינוּ, בַּיָּמִים הָהֵם בַּזְּמַן הַזֶּה.
(All – אָמֵן.)

בָּרוּךְ אַתָּה יהוה אֱלֹהֵינוּ מֶלֶךְ הָעוֹלָם, שֶׁהֶחֱיָנוּ
וְקִיְּמָנוּ וְהִגִּיעָנוּ לַזְּמַן הַזֶּה. (All – אָמֵן.)

On the first night, the light to the extreme right of the *menorah* is lit. On each following
night, a new light is added to the left of the previous night's lights. The new light is always
lit first, the one to its right second, and so on.
After one light has been lit, say הַנֵּרוֹת הַלָּלוּ while continuing to light the others.

הַנֵּרוֹת הַלָּלוּ אֲנַחְנוּ מַדְלִיקִין עַל הַנִּסִּים וְעַל
הַנִּפְלָאוֹת, וְעַל הַתְּשׁוּעוֹת וְעַל הַנֶּחָמוֹת
וְעַל הַמִּלְחָמוֹת, שֶׁעָשִׂיתָ לַאֲבוֹתֵינוּ בַּיָּמִים הָהֵם בַּזְּמַן
הַזֶּה, עַל יְדֵי כֹּהֲנֶיךָ הַקְּדוֹשִׁים. וְכָל שְׁמוֹנַת יְמֵי חֲנֻכָּה,
הַנֵּרוֹת הַלָּלוּ קֹדֶשׁ הֵם. וְאֵין לָנוּ רְשׁוּת לְהִשְׁתַּמֵּשׁ
בָּהֶם, אֶלָּא לִרְאוֹתָם בִּלְבָד, כְּדֵי לְהוֹדוֹת וּלְהַלֵּל
לְשִׁמְךָ הַגָּדוֹל עַל נִסֶּיךָ וְעַל נִפְלְאוֹתֶיךָ וְעַל יְשׁוּעָתֶךָ.

After the lights have been lit, *Maoz Tzur* is sung:

מָעוֹז צוּר יְשׁוּעָתִי, לְךָ נָאֶה לְשַׁבֵּחַ,
תִּכּוֹן בֵּית תְּפִלָּתִי, וְשָׁם תּוֹדָה נְזַבֵּחַ,

לְעֵת תָּכִין מַטְבֵּחַ, מִצָּר הַמְנַבֵּחַ, 1

אָז אֶגְמוֹר, בְּשִׁיר מִזְמוֹר, חֲנֻכַּת הַמִּזְבֵּחַ. 2

רָעוֹת שָׂבְעָה נַפְשִׁי, בְּיָגוֹן כֹּחִי כָּלָה, 3

חַיַּי מֵרְרוּ בְקֹשִׁי, בְּשִׁעְבּוּד מַלְכוּת עֶגְלָה, 4

וּבְיָדוֹ הַגְּדוֹלָה, הוֹצִיא אֶת הַסְּגֻלָּה, 5

חֵיל פַּרְעֹה, וְכָל זַרְעוֹ, יָרְדוּ כְּאֶבֶן בִּמְצוּלָה. 6

דְּבִיר קָדְשׁוֹ הֱבִיאַנִי, וְגַם שָׁם לֹא שָׁקַטְתִּי, 7

וּבָא נוֹגֵשׂ וְהִגְלַנִי, כִּי זָרִים עָבַדְתִּי, 8

וְיֵין רַעַל מָסַכְתִּי, כִּמְעַט שֶׁעָבַרְתִּי, 9

קֵץ בָּבֶל, זְרֻבָּבֶל, לְקֵץ שִׁבְעִים נוֹשַׁעְתִּי, 10

כְּרוֹת קוֹמַת בְּרוֹשׁ, בִּקֵּשׁ אֲגָגִי בֶּן הַמְּדָתָא, 11

וְנִהְיְתָה לוֹ לְפַח וּלְמוֹקֵשׁ, וְגַאֲוָתוֹ נִשְׁבָּתָה, 12

רֹאשׁ יְמִינִי נִשֵּׂאתָ, וְאוֹיֵב שְׁמוֹ מָחִיתָ, 13

רֹב בָּנָיו, וְקִנְיָנָיו, עַל הָעֵץ תָּלִיתָ. 14

יְוָנִים נִקְבְּצוּ עָלַי, אֲזַי בִּימֵי חַשְׁמַנִּים, 15

וּפָרְצוּ חוֹמוֹת מִגְדָּלַי, וְטִמְּאוּ כָּל הַשְּׁמָנִים, 16

וּמִנּוֹתַר קַנְקַנִּים, נַעֲשָׂה נֵס לַשּׁוֹשַׁנִּים, 17

בְּנֵי בִינָה, יְמֵי שְׁמוֹנָה, קָבְעוּ שִׁיר וּרְנָנִים. 18

חֲשׂוֹף זְרוֹעַ קָדְשֶׁךָ, וְקָרֵב קֵץ הַיְשׁוּעָה, 19

נְקֹם נִקְמַת דַּם עֲבָדֶיךָ, מֵאֻמָּה הָרְשָׁעָה, 20

כִּי אָרְכָה לָנוּ הַיְשׁוּעָה, וְאֵין קֵץ לִימֵי הָרָעָה, 21

דְּחֵה אַדְמוֹן, בְּצֵל צַלְמוֹן, הָקֵם לָנוּ רוֹעִים שִׁבְעָה. 22

🦋 פורים – קריאת המגילה 🦋

Before reading *Megillas Esther* on Purim [both at night and again in the morning],
the reader says the following three blessings.

The congregation should answer only *Amen* [not בָּרוּךְ הוּא וּבָרוּךְ שְׁמוֹ] after each blessing.
They should have in mind that it is as if they are saying the blessings themselves.
During the morning reading, they should have in mind that the third blessing is for reading
the *Megillah* and for the other *mitzvos* of Purim — *shalach manos*, gifts to the poor,
and the festive Purim meal.

1 **בָּרוּךְ** אַתָּה יהוה אֱלֹהֵינוּ מֶלֶךְ הָעוֹלָם, אֲשֶׁר קִדְּשָׁנוּ
2 בְּמִצְוֹתָיו, וְצִוָּנוּ עַל מִקְרָא מְגִלָּה. (.אָמֵן – .Cong)

3 **בָּרוּךְ** אַתָּה יהוה אֱלֹהֵינוּ מֶלֶךְ הָעוֹלָם, שֶׁעָשָׂה
4 נִסִּים לַאֲבוֹתֵינוּ, בַּיָּמִים הָהֵם בַּזְּמַן הַזֶּה.
5 (.אָמֵן – .Cong)

6 **בָּרוּךְ** אַתָּה יהוה אֱלֹהֵינוּ מֶלֶךְ הָעוֹלָם, שֶׁהֶחֱיָנוּ
7 וְקִיְּמָנוּ וְהִגִּיעָנוּ לַזְּמַן הַזֶּה. (.אָמֵן – .Cong)

[THE MEGILLAH IS READ.]

If the *Megillah* was read in the presence of a *minyan*,
each member of the congregation says the following blessing.

8 **בָּרוּךְ** אַתָּה יהוה אֱלֹהֵינוּ מֶלֶךְ הָעוֹלָם, (הָאֵל) הָרָב אֶת
9 רִיבֵנוּ, וְהַדָּן אֶת דִּינֵנוּ, וְהַנּוֹקֵם אֶת נִקְמָתֵנוּ,
10 וְהַמְשַׁלֵּם גְּמוּל לְכָל אֹיְבֵי נַפְשֵׁנוּ, וְהַנִּפְרָע לָנוּ מִצָּרֵינוּ. בָּרוּךְ
11 אַתָּה יהוה, הַנִּפְרָע לְעַמּוֹ יִשְׂרָאֵל מִכָּל צָרֵיהֶם, הָאֵל
12 הַמּוֹשִׁיעַ.

Whether or not a *minyan* was present, at the nighttime *Megillah* reading the
following is said; after the daytime reading, only שׁוֹשַׁנַּת יַעֲקֹב (p. 463) is said.

13 **אֲשֶׁר הֵנִיא** עֲצַת גּוֹיִם, וַיָּפֶר מַחְשְׁבוֹת עֲרוּמִים.
14 בְּקוּם עָלֵינוּ אָדָם רָשָׁע, נֵצֶר זָדוֹן מִזֶּרַע עֲמָלֵק.
15 גָּאָה בְעָשְׁרוֹ, וְכָרָה לוֹ בּוֹר, וּגְדֻלָּתוֹ יָקְשָׁה לּוֹ לָכֶד.
16 דִּמָּה בְנַפְשׁוֹ לִלְכֹּד, וְנִלְכַּד, בִּקֵּשׁ לְהַשְׁמִיד וְנִשְׁמַד מְהֵרָה.
17 הָמָן הוֹדִיעַ אֵיבַת אֲבוֹתָיו, וְעוֹרֵר שִׂנְאַת אַחִים לַבָּנִים.

1 וְלֹא זָכַר רַחֲמֵי שָׁאוּל, כִּי בְחֶמְלָתוֹ עַל אֲגָג נוֹלַד אוֹיֵב.

2 זָמַם רָשָׁע לְהַכְרִית צַדִּיק, וְנִלְכַּד טָמֵא בִּידֵי טָהוֹר.

3 חֶסֶד גָּבַר עַל שִׁגְגַת אָב, וְרָשָׁע הוֹסִיף חֵטְא עַל חֲטָאָיו.

4 טָמַן בְּלִבּוֹ מַחְשְׁבוֹת עֲרוּמָיו, וַיִּתְמַכֵּר לַעֲשׂוֹת רָעָה.

5 יָדוֹ שָׁלַח בִּקְדוֹשֵׁי אֵל, כַּסְפּוֹ נָתַן לְהַכְרִית זִכְרָם.

6 בִּרְאוֹת מָרְדְּכַי כִּי יָצָא קֶצֶף, וְדָתֵי הָמָן נִתְּנוּ בְשׁוּשָׁן.

7 לָבַשׁ שַׂק וְקָשַׁר מִסְפֵּד, וְגָזַר צוֹם וַיֵּשֶׁב עַל הָאֵפֶר.

8 מִי זֶה יַעֲמֹד לְכַפֵּר שְׁגָגָה, וְלִמְחֹל חַטַּאת עֲוֹן אֲבוֹתֵינוּ.

9 נֵץ פָּרַח מִלּוּלָב, הֵן הֲדַסָּה עָמְדָה לְעוֹרֵר יְשֵׁנִים.

10 סָרִיסֶיהָ הִבְהִילוּ לְהָמָן, לְהַשְׁקוֹתוֹ יֵין חֲמַת תַּנִּינִים.

11 עָמַד בְּעָשְׁרוֹ, וְנָפַל בְּרִשְׁעוֹ, עָשָׂה לוֹ עֵץ וְנִתְלָה עָלָיו.

12 פִּיהֶם פָּתְחוּ כָּל יוֹשְׁבֵי תֵבֵל, כִּי פוּר הָמָן נֶהְפַּךְ לְפוּרֵנוּ.

13 צַדִּיק נֶחֱלַץ מִיַּד רָשָׁע, אוֹיֵב נִתַּן תַּחַת נַפְשׁוֹ.

14 קִיְּמוּ עֲלֵיהֶם לַעֲשׂוֹת פוּרִים, וְלִשְׂמֹחַ בְּכָל שָׁנָה וְשָׁנָה.

15 רָאִיתָ אֶת תְּפִלַּת מָרְדְּכַי וְאֶסְתֵּר, הָמָן וּבָנָיו עַל הָעֵץ תָּלִיתָ.

The following is said after both *Megillah* readings.

16 שׁוֹשַׁנַּת יַעֲקֹב צָהֲלָה וְשָׂמֵחָה,

17 בִּרְאוֹתָם יַחַד תְּכֵלֶת מָרְדְּכָי.

18 תְּשׁוּעָתָם הָיִיתָ לָנֶצַח, וְתִקְוָתָם בְּכָל דּוֹר וָדוֹר.

19 לְהוֹדִיעַ, שֶׁכָּל קֹוֶיךָ לֹא יֵבשׁוּ,

20 וְלֹא יִכָּלְמוּ לָנֶצַח כָּל הַחוֹסִים בָּךְ.

21 אָרוּר הָמָן, אֲשֶׁר בִּקֵּשׁ לְאַבְּדִי, בָּרוּךְ מָרְדְּכַי הַיְּהוּדִי.

22 אֲרוּרָה זֶרֶשׁ, אֵשֶׁת מַפְחִידִי, בְּרוּכָה אֶסְתֵּר בַּעֲדִי,

23 וְגַם חַרְבוֹנָה זָכוּר לַטּוֹב.

After the nighttime reading, on weekday evenings *Maariv* continues with וְאַתָּה קָדוֹשׁ (p. 337)
and the Full *Kaddish* (p. 140), followed by קַדִּישׁ יָתוֹם (p. 529), עָלֵינוּ (p. 141) and (p. 529).
On Saturday evening, *Maariv* continues with וִיהִי נֹעַם (p. 336).
After the morning reading, *Shacharis* continues with אַשְׁרֵי (p. 78).

◆ תְּפִלַּת יוֹם כִּפּוּר קָטָן ◆

Yom Kippur Kattan is recited at *Minchah* on *Erev Rosh Chodesh.*
Before קָרְבָּנוֹת say the following:

1 **תְּפִלָּה** לְעָנִי כִי יַעֲטֹף, וְלִפְנֵי יהוה, יִשְׁפֹּךְ שִׂיחוֹ. יהוה שִׁמְעָה תְפִלָּתִי,
2 וְשַׁוְעָתִי אֵלֶיךָ תָבוֹא. אַל תַּסְתֵּר פָּנֶיךָ מִמֶּנִּי, בְּיוֹם צַר לִי, הַטֵּה אֵלַי
3 אָזְנֶךָ, בְּיוֹם אֶקְרָא, מַהֵר עֲנֵנִי. כִּי כָלוּ בְעָשָׁן יָמָי, וְעַצְמוֹתַי כְּמוֹקֵד נִחָרוּ. הוּכָּה
4 כָעֵשֶׂב, וַיִּבַשׁ לִבִּי, כִּי שָׁכַחְתִּי מֵאֲכֹל לַחְמִי. מִקּוֹל אַנְחָתִי, דָּבְקָה עַצְמִי לִבְשָׂרִי.
5 דָּמִיתִי לִקְאַת מִדְבָּר, הָיִיתִי כְּכוֹס חֳרָבוֹת. שָׁקַדְתִּי וָאֶהְיֶה, כְּצִפּוֹר בּוֹדֵד עַל גָּג.
6 כָּל הַיּוֹם חֵרְפוּנִי אוֹיְבָי, מְהוֹלָלַי בִּי נִשְׁבָּעוּ. כִּי אֵפֶר כַּלֶּחֶם אָכָלְתִּי, וְשִׁקֻּוַי בִּבְכִי
7 מָסָכְתִּי. מִפְּנֵי זַעַמְךָ וְקִצְפֶּךָ, כִּי נְשָׂאתַנִי וַתַּשְׁלִיכֵנִי. יָמַי כְּצֵל נָטוּי, וַאֲנִי כָּעֵשֶׂב
8 אִיבָשׁ. וְאַתָּה יהוה לְעוֹלָם תֵּשֵׁב, וְזִכְרְךָ לְדֹר וָדֹר. אַתָּה תָקוּם תְּרַחֵם צִיּוֹן, כִּי
9 עֵת לְחֶנְנָהּ, כִּי בָא מוֹעֵד. כִּי רָצוּ עֲבָדֶיךָ אֶת אֲבָנֶיהָ, וְאֶת עֲפָרָהּ יְחֹנֵנוּ. וְיִירְאוּ
10 גוֹיִם אֶת שֵׁם יהוה, וְכָל מַלְכֵי הָאָרֶץ אֶת כְּבוֹדֶךָ. כִּי בָנָה יהוה צִיּוֹן, נִרְאָה
11 בִּכְבוֹדוֹ. פָּנָה אֶל תְּפִלַּת הָעַרְעָר, וְלֹא בָזָה אֶת תְּפִלָּתָם. תִּכָּתֶב זֹאת לְדוֹר
12 אַחֲרוֹן, וְעַם נִבְרָא יְהַלֶּל יָהּ. כִּי הִשְׁקִיף מִמְּרוֹם קָדְשׁוֹ, יהוה מִשָּׁמַיִם אֶל אֶרֶץ
13 הִבִּיט. לִשְׁמֹעַ אֶנְקַת אָסִיר, לְפַתֵּחַ בְּנֵי תְמוּתָה. לְסַפֵּר בְּצִיּוֹן שֵׁם יהוה, וּתְהִלָּתוֹ
14 בִּירוּשָׁלָיִם. בְּהִקָּבֵץ עַמִּים יַחְדָּו, וּמַמְלָכוֹת לַעֲבֹד אֶת יהוה. עִנָּה בַדֶּרֶךְ כֹּחִי,
15 קִצַּר יָמָי. אֹמַר, אֵלִי אַל תַּעֲלֵנִי בַּחֲצִי יָמָי, בְּדוֹר דּוֹרִים שְׁנוֹתֶיךָ. לְפָנִים הָאָרֶץ
16 יָסַדְתָּ, וּמַעֲשֵׂה יָדֶיךָ שָׁמָיִם. הֵמָּה יֹאבֵדוּ, וְאַתָּה תַעֲמֹד, וְכֻלָּם כַּבֶּגֶד יִבְלוּ,
17 כַּלְּבוּשׁ תַּחֲלִיפֵם וְיַחֲלֹפוּ. וְאַתָּה הוּא וּשְׁנוֹתֶיךָ לֹא יִתָּמּוּ. בְּנֵי עֲבָדֶיךָ יִשְׁכּוֹנוּ,
18 וְזַרְעָם לְפָנֶיךָ יִכּוֹן.

The following is said verse by verse, aloud, first by the *chazzan*, then by the congregation.

19 **יוֹם** זֶה יְהִי מִשְׁקַל כָּל חַטֹּאתַי, בָּטֵל בְּמַעוּטוֹ כִּדְמוּת יָרֵחַ,
20 הַיּוֹם לְבַד מִסְפַּר זְכִיּוֹתַי יִרְבֶּה, וְיָצִיץ צִיץ וִיהִי פוֹרֵחַ. (...יוֹם)
21 וַדַּאי, זְדוֹן לִבִּי אֶצְלוֹ גָלוּי, חוּטֵּי עֲוֹנוֹתַי עִם דּוּק רְשָׁעִי,
22 דִּינִי אֲנִי אֵדַע בָּאֵשׁ קָלוּי, כִּי רַע וּבִישׁ אַרְגַּזְתִּי אֵל פְּשָׁעִי,
23 הוֹלֵךְ בְּיוֹם וָיוֹם אַחַר בְּצָעִי, מִבֵּית מְקוֹם סֵפֶר תִּינוֹק בּוֹרֵחַ. (...יוֹם)
24 אָכֵן בְּחַבְלֵי שָׁוְא עֲוֹן מוֹשֵׁךְ, אָחוֹר לְךָ אֵלִי בֵּאתִי נִצָּב,
25 רְפָאוֹת לְאֶרֶץ מַר נָחָשׁ נוֹשֵׁךְ, שׁוֹאֵל וּמִתְחַנֵּן נִכְאָב נֶעֱצָב,
26 יוֹשֵׁב בְּעָנְוִי אֶבֶן מַחֲצָב, יָד פֶּה וְעַיִן אֵין לִי טַעַם וָרֵיחַ. (...יוֹם)
27 הֵן רֹאשׁ חֳדָשִׁים אֶל עַמְּךָ נָתַתָּ, לִזְמַן כַּפָּרָה עַל כָּל תּוֹלְדוֹתָם,
28 מֵאֵת אֲהוּבֶיךָ שׁוֹטֵן הַשַּׁבְתָּ, עַל כֵּן אֲקַדֶּמְךָ בְּתַחֲנוּנָתָם,
29 מִיּוֹם לְפָנָיו בָּא כִּי אָז אִיתָם, אָשׁוּב לְאִישׁ תּוֹשָׁב לֹא עוֹד אוֹרֵחַ. (...יוֹם)
30 וּבְרֹב חֲסָדֶיךָ אַתָּה מַלְכִּי, תָּקוּם תְּרַחֵם אֶת צִיּוֹן קָדְשֵׁנוּ,
31 דִּירַת מְנוּחָתְךָ שִׂים כָּבוֹד, כִּי בָהּ נַעֲלֶה עוֹלוֹת רָאשֵׁי חָדְשֵׁנוּ,
32 נָא אֵל שְׁלַח נוֹשֵׂא נֵזֶר רֹאשֵׁנוּ, כִּי שָׁם לְבָבֵנוּ שׁוֹאֵף זוֹרֵחַ. (...יוֹם)

1 **לַמְנַצֵּחַ** עַל הַגִּתִּית, מִזְמוֹר לְדָוִד. יהוה אֲדֹנֵינוּ, מָה אַדִּיר שִׁמְךָ בְּכָל הָאָרֶץ,

2 אֲשֶׁר תְּנָה הוֹדְךָ עַל הַשָּׁמָיִם. מִפִּי עוֹלְלִים וְיֹנְקִים, יִסַּדְתָּ עֹז, לְמַעַן

3 צוֹרְרֶיךָ, לְהַשְׁבִּית אוֹיֵב וּמִתְנַקֵּם. כִּי אֶרְאֶה שָׁמֶיךָ מַעֲשֵׂה אֶצְבְּעֹתֶיךָ, יָרֵחַ

4 וְכוֹכָבִים, אֲשֶׁר כּוֹנָנְתָּה. מָה אֱנוֹשׁ כִּי תִזְכְּרֶנּוּ, וּבֶן אָדָם כִּי תִפְקְדֶנּוּ. וַתְּחַסְּרֵהוּ

5 מְּעַט מֵאֱלֹהִים, וְכָבוֹד וְהָדָר תְּעַטְּרֵהוּ. תַּמְשִׁילֵהוּ בְּמַעֲשֵׂי יָדֶיךָ, כֹּל שַׁתָּה תַחַת

6 רַגְלָיו. צֹנֶה וַאֲלָפִים כֻּלָּם, וְגַם בַּהֲמוֹת שָׂדָי. צִפּוֹר שָׁמַיִם וּדְגֵי הַיָּם, עֹבֵר אָרְחוֹת

7 יַמִּים. יהוה אֲדֹנֵינוּ, מָה אַדִּיר שִׁמְךָ בְּכָל הָאָרֶץ.

Continue with the weekday *Minchah*, starting קָרְבָּנוֹת (page 116).
If there is a *minyan* of people who are fasting, follow the instructions for reading from the Torah on a public fast day (page 127). Those who are fasting say עֲנֵנוּ (page 134), as does the *chazzan* in his repetition (page 131).
After the *chazzan's* repetition of *Shemoneh Esrei*, continue here:

8 **לְכוּ** וְנָשׁוּבָה אֶל יהוה, כִּי הוּא טָרָף וְיִרְפָּאֵנוּ, יַךְ וְיַחְבְּשֵׁנוּ. יְחַיֵּנוּ מִיּוֹמָיִם, בַּיּוֹם

9 הַשְּׁלִישִׁי, יְקִמֵנוּ וְנִחְיֶה לְפָנָיו. כִּי לֹא עַל צִדְקֹתֵינוּ אֲנַחְנוּ מַפִּילִים

10 תַּחֲנוּנֵינוּ לְפָנֶיךָ, כִּי עַל רַחֲמֶיךָ הָרַבִּים. אֲדֹנָי שְׁמָעָה, אֲדֹנָי סְלָחָה, אֲדֹנָי

11 הַקְשִׁיבָה, וַעֲשֵׂה אַל תְּאַחַר, לְמַעַנְךָ אֱלֹהַי, כִּי שִׁמְךָ נִקְרָא עַל עִירְךָ וְעַל עַמֶּךָ.

Chazzan and congregation, three times:

12 **הֲשִׁיבֵנוּ יהוה אֵלֶיךָ וְנָשׁוּבָה, חַדֵּשׁ יָמֵינוּ כְּקֶדֶם.**

All say:

13 **אֵל מֶלֶךְ** יוֹשֵׁב עַל כִּסֵּא רַחֲמִים, מִתְנַהֵג בַּחֲסִידוּת, מוֹחֵל עֲוֹנוֹת עַמּוֹ,

14 מַעֲבִיר רִאשׁוֹן רִאשׁוֹן, מַרְבֶּה מְחִילָה לְחַטָּאִים וּסְלִיחָה

15 לְפוֹשְׁעִים, עֹשֶׂה צְדָקוֹת עִם כָּל בָּשָׂר וָרוּחַ, לֹא כְרָעָתָם תִּגְמוֹל. ❖ אֵל הוֹרֵיתָ

16 לָנוּ לוֹמַר שְׁלֹשׁ עֶשְׂרֵה, וּזְכוֹר לָנוּ הַיּוֹם בְּרִית שְׁלֹשׁ עֶשְׂרֵה, כְּמוֹ שֶׁהוֹדַעְתָּ לֶעָנָיו

17 מִקֶּדֶם, כְּמוֹ שֶׁכָּתוּב, וַיֵּרֶד יהוה בֶּעָנָן וַיִּתְיַצֵּב עִמּוֹ שָׁם, וַיִּקְרָא בְשֵׁם יהוה.

All say, together and aloud:

18 וַיַּעֲבֹר יהוה עַל פָּנָיו וַיִּקְרָא:

19 **יהוה,** יהוה, אֵל, רַחוּם, וְחַנּוּן, אֶרֶךְ אַפַּיִם, וְרַב חֶסֶד, וֶאֱמֶת, נֹצֵר חֶסֶד

20 לָאֲלָפִים, נֹשֵׂא עָוֹן, וָפֶשַׁע, וְחַטָּאָה, וְנַקֵּה. וְסָלַחְתָּ לַעֲוֹנֵנוּ וּלְחַטָּאתֵנוּ

21 וּנְחַלְתָּנוּ. סְלַח לָנוּ אָבִינוּ כִּי חָטָאנוּ, מְחַל לָנוּ מַלְכֵּנוּ כִּי פָשָׁעְנוּ. כִּי אַתָּה אֲדֹנָי

22 טוֹב וְסַלָּח, וְרַב חֶסֶד לְכָל קֹרְאֶיךָ.

All say:

23 **אָנָּא** יהוה אֱלֹהֵי הַשָּׁמַיִם, תִּכּוֹן תְּפִלָּתֵנוּ קְטֹרֶת לְפָנֶיךָ, וְתוֹצִיא כָאוֹר

24 צִדְקֵנוּ וּמִשְׁפָּטֵנוּ כַּצָּהֳרָיִם. אֲמָרֵינוּ הַאֲזִינָה יהוה בִּינָה הֲגִיגֵנוּ, בְּקָרְאֵנוּ

25 עֲנֵנוּ אֱלֹהֵי צִדְקֵנוּ.

26 **כְּרַחֵם** אָב עַל בָּנִים, כֵּן תְּרַחֵם יהוה עָלֵינוּ. לַיהוה הַיְשׁוּעָה, עַל עַמְּךָ

27 בִּרְכָתֶךָ סֶּלָה. יהוה צְבָאוֹת עִמָּנוּ, מִשְׂגָּב לָנוּ אֱלֹהֵי יַעֲקֹב סֶלָה. יהוה

28 צְבָאוֹת, אַשְׁרֵי אָדָם בֹּטֵחַ בָּךְ. יהוה הוֹשִׁיעָה, הַמֶּלֶךְ יַעֲנֵנוּ בְיוֹם קָרְאֵנוּ.

The *chazzan* says:

1 סְלַח נָא לַעֲוֹן הָעָם הַזֶּה כְּגֹדֶל חַסְדֶּךָ, וְכַאֲשֶׁר נָשָׂאתָה לָעָם הַזֶּה מִמִּצְרַיִם

2 וְעַד הֵנָּה, וְשָׁם נֶאֱמַר:

All respond:

3 **וַיֹּאמֶר יהוה סָלַחְתִּי כִּדְבָרֶךָ.**

All continue:

4 הַטֵּה אֱלֹהַי אָזְנְךָ וּשְׁמָע, פְּקַח עֵינֶיךָ וּרְאֵה שֹׁמְמֹתֵינוּ, וְהָעִיר אֲשֶׁר נִקְרָא

5 שִׁמְךָ עָלֶיהָ, כִּי לֹא עַל צִדְקֹתֵינוּ אֲנַחְנוּ מַפִּילִים תַּחֲנוּנֵינוּ לְפָנֶיךָ, כִּי עַל

6 רַחֲמֶיךָ הָרַבִּים. אֲדֹנָי שְׁמָעָה, אֲדֹנָי סְלָחָה, אֲדֹנָי הַקְשִׁיבָה, וַעֲשֵׂה אַל תְּאַחַר,

7 לְמַעַנְךָ אֱלֹהַי, כִּי שִׁמְךָ נִקְרָא עַל עִירְךָ וְעַל עַמֶּךָ.

8 אֱלֹהֵינוּ וֵאלֹהֵי אֲבוֹתֵינוּ

9 *Chazzan*— מַשְׂאַת כַּפַּי, מִנְחַת עֶרֶב, רְצֵה נָא בְכֹשֶׁר,

10 תִּכּוֹן תְּפִלָּתִי קְטֹרֶת לְפָנֶיךָ בְּתֹם וּבְיֹשֶׁר,

11 בְּקָרְאִי עֲנֵנִי צוּרִי הַיּוֹם יִפְנֶה.

12 *Cong.*— כַּאֲשֶׁר יָבִיאוּ בְּנֵי יִשְׂרָאֵל אֶת הַמִּנְחָה.

13 *Chazzan*— רֵיחַ נִיחֹחַ אִמְרֵי פִי, לְפָנֶיךָ צוּר עוֹלָמִים,

14 חֶלְבִּי וְדָמִי הַנִּמְעַט בְּצוֹמִי, תְּמוּר חֲלָבִים וְדָמִים,

15 קַבֵּל הֶגְיוֹן לִבִּי אֲשֶׁר עָרַכְתִּי הַיּוֹם בַּנְּעִימִים.

16 *Cong.*— כַּחַטָּאת כָּעֹלָה וְכַמִּנְחָה.

17 *Chazzan*— דְּרֹשׁ נָא בְיוֹם זֶה דּוֹרְשֶׁיךָ, וְהַדְרֵשׁ לָהֶם בְּנִיב שְׂפָתַיִם,

18 שְׁעֵה לְמַעֲמָדָם וְטַהֲרֵם כַּכֶּסֶף מְזֻקָּק שִׁבְעָתַיִם,

19 וּרְצֵה שִׂיחָתָם כְּשֶׂה אַחַת מִן הַצֹּאן מִן הַמָּאתַיִם.

20 *Cong.*— מִמַּשְׁקֵה יִשְׂרָאֵל לַמִּנְחָה.

21 *Chazzan*— כָּלִיל וְעוֹלָה תְּחִנָּתִי תֵחָשֵׁב, וּמַשְׂטִינִי רִיב תָּרִיב,

22 וְתוֹצִיא כָאוֹר צִדְקִי, טֶרֶם יָבֹא הַשֶּׁמֶשׁ וְיַעֲרִיב,

23 שְׁפֹךְ כַּמַּיִם לִבּוֹ בִּתְפִלָּתוֹ כָּל אִישׁ.

24 *Cong.*— וְהִקְרִיב הַמַּקְרִיב קָרְבָּנוֹ לַיהוה מִנְחָה.

25 *Chazzan*— יְשֻׁרוּן עַמְּךָ יָשִׁיר חַסְדְּךָ בְּטוּב לֶקַח,

26 הַטֵּה אֵלָיו אָזְנְךָ וּשְׁמָע, וְעֵינֶיךָ פְּקַח,

27 וּרְאֵה כִּי טוֹב מִסְתּוֹפֵף בְּשַׁעֲרֵי רַחֲמֶיךָ.

28 *Cong.*— וַיִּקַּח מִן הַבָּא בְיָדוֹ מִנְחָה.

29 *Chazzan*— בְּרֹב רַחֲמֶיךָ אֲמָרֵי הַאֲזִינָה יהוה הֲגִיגִי בִּינָה,

30 אִם נָא מָצָאתִי חֵן בְּעֵינֶיךָ, אֱלֹהֵי קֶדֶם מְעוֹנָה,

31 וְלָקַחְתָּ מִנְחָתִי מִיָּדִי אֲשֶׁר הֵבֵאתִי לְךָ בִּתְחִנָּה.

32 *Cong.*— וַיְהִי בַּעֲלוֹת הַמִּנְחָה.

33 *Chazzan*— שַׁדַּי לֹא מְצָאנֻהוּ שַׂגִּיא כֹחַ לַעֲדָה מִקֶּדֶם קָנִיתָ,

34 אֶחָד הַמַּרְבֶּה וְאֶחָד הַמַּמְעִיט בְּשׁוּבוֹ נַפְשׁוֹ רָצִיתָ,

אַךְ יְכַוֵּן לִבּוֹ לְפָנֶיךָ בְּמִנְחָתוֹ בְּעֵת הַקְרִיב אוֹתָהּ. 1

Cong.—וְזֹאת תּוֹרַת הַמִּנְחָה. 2

Chazzan—בִּהְיוֹת מִזְבְּחִי וּמִקְדָּשִׁי עַל מְכוֹנוֹ וּגְבוּלוֹ, 3

הָיוּ מְכַפְּרִים עָלֵינוּ בַּשְּׂעִירִים הָעוֹלִים לְגוֹרָלוֹ, 4

וְעַתָּה בְּאַשְׁמָתֵנוּ לוֹ חָפֵץ יהוה לַהֲמִיתֵנוּ. 5

Cong.—לֹא לָקַח מִיָּדֵנוּ עֹלָה וּמִנְחָה. 6

Chazzan—תַּחֲנוּנִים יְדַבֵּר עַמְּךָ יְבַקֵּשׁ סְלִיחָה בְּלֵב מָר, 7

הִנּוֹ מִתְיַצֵּב עַל מָצוֹר וְעוֹמֵד עַל הַמִּשְׁמָר, 8

מְחַלֶּה פָנֶיךָ לְעֵת מִנְחַת עֶרֶב וּמִצַפֶּה כְפֶר. 9

Cong.—כִּי אָמַר אֲכַפְּרָה פָנָיו בַּמִּנְחָה. 10

Chazzan—יְרוּשָׁלַיִם עִירְךָ בְּנֵה וְעָרֶיהָ מִקְצֶה, 11

אֲסוּרִים רְעוּצִים פְּתַח וְלַחֲפְשִׁי הוֹצֵא, 12

וְעָרְבָה לַיהוה מִנְחָתָם כִּימֵי עוֹלָם וְתָשׁוּב וְתִרְצֶה. 13

Cong.—עוֹד פְּנוֹת אֶל הַמִּנְחָה. 14

Chazzan—וּנְפוּצוֹת יִשְׂרָאֵל לְקַבֵּץ יָדְךָ שֵׁנִית תּוֹסֵף, 15

בְּרוֹעֶה עֶדְרוֹ תִּרְעֵם בְּנָוֶה טוֹב תְּאַסֵּף, 16

וְיֵשֵׁב מְצָרֵף וְטִהַר אֶת בְּנֵי יִשְׂרָאֵל כַּזָּהָב וְכַכֶּסֶף. 17

Cong. and chazzan—וְהָיוּ לַיהוה מַגִּישֵׁי מִנְחָה. 18

All say:

אֵל מֶלֶךְ יוֹשֵׁב עַל כִּסֵּא רַחֲמִים, מִתְנַהֵג בַּחֲסִידוּת, מוֹחֵל עֲוֹנוֹת עַמּוֹ, 19
מַעֲבִיר רִאשׁוֹן רִאשׁוֹן, מַרְבֶּה מְחִילָה לְחַטָּאִים וּסְלִיחָה 20
לְפוֹשְׁעִים, עֹשֶׂה צְדָקוֹת עִם כָּל בָּשָׂר וָרוּחַ, לֹא כְרָעָתָם תִּגְמוֹל. ❖ אֵל הוֹרֵיתָ 21
לָנוּ לוֹמַר שְׁלֹשׁ עֶשְׂרֵה, וּזְכוֹר לָנוּ הַיּוֹם בְּרִית שְׁלֹשׁ עֶשְׂרֵה, כְּמוֹ שֶׁהוֹדַעְתָּ לֶעָנָיו 22
מִקֶּדֶם, כְּמוֹ שֶׁכָּתוּב, וַיֵּרֶד יהוה בֶּעָנָן וַיִּתְיַצֵּב עִמּוֹ שָׁם, וַיִּקְרָא בְשֵׁם יהוה. 23

All say, together and aloud:

וַיַּעֲבֹר יהוה עַל פָּנָיו וַיִּקְרָא: 24

יהוה, יהוה, אֵל, רַחוּם, וְחַנּוּן, אֶרֶךְ אַפַּיִם, וְרַב חֶסֶד, וֶאֱמֶת, נֹצֵר חֶסֶד 25
לָאֲלָפִים, נֹשֵׂא עָוֹן, וָפֶשַׁע, וְחַטָּאָה, וְנַקֵּה. וְסָלַחְתָּ לַעֲוֹנֵנוּ וּלְחַטָּאתֵנוּ 26
וּנְחַלְתָּנוּ. סְלַח לָנוּ אָבִינוּ כִּי חָטָאנוּ, מְחַל לָנוּ מַלְכֵּנוּ כִּי פָשָׁעְנוּ. כִּי אַתָּה אֲדֹנָי 27
טוֹב וְסַלָּח, וְרַב חֶסֶד לְכָל קֹרְאֶיךָ. 28

All say:

וּנְשַׁלְּמָה פָרִים שְׂפָתֵינוּ, תִּכּוֹן תְּפִלָּתֵנוּ קְטֹרֶת לְפָנֶיךָ מַשְׂאַת כַּפֵּינוּ מִנְחַת 29
עָרֶב. יִהְיוּ לְרָצוֹן אִמְרֵי פִינוּ וְהֶגְיוֹן לִבֵּנוּ לְפָנֶיךָ יהוה צוּרֵנוּ 30
וְגוֹאֲלֵנוּ. 31

כְּרַחֵם אָב עַל בָּנִים, כֵּן תְּרַחֵם יהוה עָלֵינוּ. לַיהוה הַיְשׁוּעָה, עַל עַמְּךָ 32
בִרְכָתֶךָ סֶּלָה. יהוה צְבָאוֹת עִמָּנוּ, מִשְׂגָּב לָנוּ אֱלֹהֵי יַעֲקֹב סֶלָה. יהוה 33
צְבָאוֹת, אַשְׁרֵי אָדָם בֹּטֵחַ בָּךְ. יהוה הוֹשִׁיעָה, הַמֶּלֶךְ יַעֲנֵנוּ בְיוֹם קָרְאֵנוּ. 34

1 *Chazzan*— אֱלֹהַי בְּשַׂר עַמְּךָ מִפַּחְדְּךָ סָמָר, וְתָמִיד עוֹמֵד עַל מִשְׁמָר
2 עַד עֵת מִנְחַת עֶרֶב. —*Cong.* כִּי אָמַר אֲכַפְּרָה פָנָיו בַּמִּנְחָה.
3 *Chazzan*— לְהַקְשִׁיב לְמַשְׁטִינֵנוּ מָאֵן תְּמָאֵן, שָׁאוֹנוּ בְּרַעַשׁ אַל נָא תְהִי סוֹאֵן,
4 וְאִם עֲוֹנוֹת תִּשְׁמֹר הֲלֹא רַבּוּ. —*Cong.* מֵאַיִן עוֹד פְּנוֹת אֶל הַמִּנְחָה.
5 *Chazzan*— יִשְׂרָאֵל עַמְּךָ אֲשֶׁר בְּךָ מַאֲמִין, אִם בִּשְׂמֹאל דְּחִיתוֹ קָרְבֵהוּ בְיָמִין,
6 בָּא לְשַׁחֵר פָּנֶיךָ. —*Cong.* וַיִּקַּח מִן הַבָּא בְיָדוֹ מִנְחָה.
7 *Chazzan*— עוֹרְכֵי שֶׁוַע מְשַׁלְּמֵי פָרִים שְׂפָתוֹתָם,
8 רְצֵה וְהַשְׁלֵךְ בִּמְצֻלוֹת יָם כָּל חַטֹּאתָם,
9 יֶעֱרַב עָלֶיךָ שִׂיחָתָם וְרִנָּתָם. —*Cong.* כַּחֲטָאת כָּעֹלָה וְכַמִּנְחָה.
10 *Chazzan*— זֶכֶר פַּר פָּנִים וְשָׂעִיר פְּנִימִי וְחִיצוֹן, יִהְיוּ נָא אֲמָרֵינוּ לְפָנֶיךָ לְרָצוֹן,
11 וְתֶעֱרַב מִנְחָתֵנוּ כְּשֶׂה אַחַת מִן הַצֹּאן, מִן הַמָּאתָיִם.
12 —*Cong.* מִמַּשְׁקֵה יִשְׂרָאֵל לַמִּנְחָה.
13 *Chazzan*— רְאֵה כִּי אָזְלַת יָדֵנוּ וְיוֹשְׁבֵי מָרוֹם שָׂחוּ, פַּסּוּ אֱמוּנִים וּבְכֵן לָקְחוּ,
14 כְּבַד פֶּה וַעֲרַל שָׂפָה. —*Cong.* וַיִּשְׁלְחוּ בְנֵי יִשְׂרָאֵל בְּיָדוֹ מִנְחָה.
15 *Chazzan*— בָּרֵר נִיב שְׂפָתַי כְּשַׁחַר פָּרוּשׂ, עֲנֵנִי וּרְפָא מִזְבֵּחֲךָ הֶהָרוּס,
16 חֶלְקַת לְשׁוֹנִי תֶּעֱרַב כַּשֶּׁמֶן לָרוּס. —*Cong.* אֶת הָעֹלָה וְאֶת הַמִּנְחָה.
17 *Chazzan*— בֵּית תִּפְלַתָּם מְקוֹם צָקוּן לַחַשָׁם, חָשׁוֹב כְּבִמְקוֹם אֲשֶׁר יְבַשְּׁלוּ שָׁם,
18 הַכֹּהֲנִים אֶת הַחַטָּאת וְאֶת הָאָשָׁם. —*Cong.* וַאֲשֶׁר יֹאפוּ אֶת הַמִּנְחָה.
19 *Chazzan*— יְצַוֶּה יהוה חַסְדּוֹ קוֹמְמִיּוּת הֲשִׁיבֵנִי לְנָוִי,
20 לְפָאֵר מְקוֹם מִקְדָּשִׁי לְחַדֵּשׁ הֲדַר זִיוִי,
21 וְיָשַׁב מְצָרֵף וְטִהַר אֶת בְּנֵי לֵוִי.
22 —*Cong. and chazzan* וְהָיוּ לַיהוה מַגִּישֵׁי מִנְחָה.

All say:

23 **אֵל מֶלֶךְ** יוֹשֵׁב עַל כִּסֵּא רַחֲמִים, מִתְנַהֵג בַּחֲסִידוּת, מוֹחֵל עֲוֹנוֹת עַמּוֹ,
24 מַעֲבִיר רִאשׁוֹן רִאשׁוֹן, מַרְבֶּה מְחִילָה לְחַטָּאִים וּסְלִיחָה
25 לַפּוֹשְׁעִים, עֹשֶׂה צְדָקוֹת עִם כָּל בָּשָׂר וָרוּחַ, לֹא כְרָעָתָם תִּגְמוֹל. ❖ אֵל הוֹרֵיתָ
26 לָּנוּ לוֹמַר שְׁלֹשׁ עֶשְׂרֵה, וּזְכֹר לָנוּ הַיּוֹם בְּרִית שְׁלֹשׁ עֶשְׂרֵה, כְּמוֹ שֶׁהוֹדַעְתָּ לֶעָנָיו
27 מִקֶּדֶם, כְּמוֹ שֶׁכָּתוּב, וַיֵּרֶד יהוה בֶּעָנָן וַיִּתְיַצֵּב עִמּוֹ שָׁם, וַיִּקְרָא בְשֵׁם יהוה.

All say, together and aloud:

28 וַיַּעֲבֹר יהוה עַל פָּנָיו וַיִּקְרָא:

29 **יהוה,** יהוה, אֵל, רַחוּם, וְחַנּוּן, אֶרֶךְ אַפַּיִם, וְרַב חֶסֶד, וֶאֱמֶת, נֹצֵר חֶסֶד
30 לָאֲלָפִים, נֹשֵׂא עָוֹן, וָפֶשַׁע, וְחַטָּאָה, וְנַקֵּה, וְסָלַחְתָּ לַעֲוֹנֵנוּ וּלְחַטָּאתֵנוּ
31 וּנְחַלְתָּנוּ. סְלַח לָנוּ אָבִינוּ כִּי חָטָאנוּ, מְחַל לָנוּ מַלְכֵּנוּ כִּי פָשָׁעְנוּ. כִּי אַתָּה אֲדֹנָי
32 טוֹב וְסַלָּח, וְרַב חֶסֶד לְכָל קֹרְאֶיךָ.

All say:

33 **טוֹב** יהוה לַכֹּל וְרַחֲמָיו עַל כָּל מַעֲשָׂיו. טוֹב יהוה לְקֹוָיו לְנֶפֶשׁ תִּדְרְשֶׁנּוּ. טוֹב
34 וְיָחִיל וְדוּמָם לִתְשׁוּעַת יהוה. טוֹב לַחֲסוֹת בַּיהוה, מִבְּטֹחַ בָּאָדָם. טוֹב

1 לַחֲסוֹת בַּיהוה, מִבְּטֹחַ בִּנְדִיבִים. טוֹב וְיָשָׁר יהוה, עַל כֵּן יוֹרֶה חַטָּאִים בַּדָּרֶךְ. טוֹב

2 יהוה לְמָעוֹז בְּיוֹם צָרָה, וְיוֹדֵעַ חֹסֵי בוֹ. כִּי הוּא יָדַע יִצְרֵנוּ, זָכוּר כִּי עָפָר אֲנָחְנוּ.

3 כִּי טוֹב יהוה לְעוֹלָם חַסְדּוֹ, וְעַד דּוֹר וָדוֹר אֱמוּנָתוֹ.

4 **כְּרַחֵם** אָב עַל בָּנִים, כֵּן תְּרַחֵם יהוה עָלֵינוּ. לַיהוה הַיְשׁוּעָה, עַל עַמְּךָ

5 בִּרְכָתֶךָ סֶּלָה. יהוה צְבָאוֹת עִמָּנוּ, מִשְׂגָּב לָנוּ אֱלֹהֵי יַעֲקֹב סֶלָה. יהוה

6 צְבָאוֹת, אַשְׁרֵי אָדָם בֹּטֵחַ בָּךְ. יהוה הוֹשִׁיעָה, הַמֶּלֶךְ יַעֲנֵנוּ בְיוֹם קָרְאֵנוּ.

7 **בַּת עַמִּי** לֹא תֶחֱשֶׁה, וְלֹא תִשְׁקֹט בְּזַעְקָה,

8 וּבִמְקוֹם עוֹלָה וְאִשֶּׁה, תָּכִין תַּחַן חוּקָה,

9 לַיהוה מַגִּישֵׁי מִנְחָה בִּצְדָקָה.

10 נְשִׂיא אֱלֹהִים הַנֶּאֱמָן, רֹאשׁ צוּרִים אֵיתָנִי,

11 הַשְׁכִּים שַׁחַר וּזְמָן, עֲמוֹד וַעֲרוֹךְ תַּחֲנוּנִי,

12 בִּמְקוֹם תָּמִיד מִיָּמָן, לְשַׁחֵר עַל קָרְבָּנִי,

13 וְכִי הֶאֱמִין בַּיהוה, וַיַּחְשְׁבֶהָ לּוֹ צְדָקָה.

14 יִחֲידוֹ לְמֵאָה נֶחֱנָן, וְעָקוֹד בְּמִזְבֵּחַ אֲבָנָיו,

15 לִפְנוֹת עֶרֶב חָנָן, וְהָאֵל נָשָׂא פָנָיו,

16 לְתָמִיד עֶרֶב מְכוֹנָן, לְהִתְרַצוֹת פְּנֵי אֲדוֹנָיו,

17 כְּאִישׁ לָקַח מְלֹא חָפְנָיו, קְטֹרֶת סַמִּים דַּקָּה.

18 מִפַּלֵּל יוֹשֵׁב אֹהֶל, הַלֶּן בִּמְקוֹם מִשְׁבָּח,

19 לְרַבּוֹי פְּדָרִים יָהֶל, בְּהִתְקָרֵב בְּבֵית זֶבַח,

20 וְאִם אֵין קָרְבָּן יִיָּחֵל, תְּמוּרָם אֶעֱרָךְ שֶׁבַח,

21 וְנִבְחָר לַיהוה מִזְבֵּחַ, עֲשֹׂה מִשְׁפָּט וּצְדָקָה.

22 נֶאֱלַמְתִּי דוּמִיָּה, מֵאֵין עֲבוֹדַת כֹּהֲנִים,

23 וְאֵיךְ אָשִׁיר בַּשִּׁבְיָה, וְאָסְפוּ לֵוִיֵּי אֱמוּנִים,

24 וְעַל כָּל זֹאת אוֹדֶה יָהּ, כִּי הוּא נַעֲלֶה בְדִינִים,

25 לָנוּ בֹּשֶׁת הַפָּנִים, וְלְךָ הַצְּדָקָה.

26 חֵלֶף קָרְבְּנוֹת פֶּדֶר, תְּפִלָּתִי תֵרָאֶה,

27 בְּזֶכְרִי עַל הַסֶּדֶר, עֲבוֹדַת מְשָׁרְתִים,

28 בְּאֵי הֵיכָל חֶדֶר בְּחֶדֶר, וְשָׁמְעוּ מְבַשֵּׂר בְּמַרְאֶה,

29 וְזָרְחָה לָכֶם יִרְאֵי שְׁמִי שֶׁמֶשׁ צְדָקָה. לַיהוה מַגִּישֵׁי מִנְחָה בִּצְדָקָה.

All say:

30 **אֵל מֶלֶךְ** יוֹשֵׁב עַל כִּסֵּא רַחֲמִים, מִתְנַהֵג בַּחֲסִידוּת, מוֹחֵל עֲוֹנוֹת עַמּוֹ,

31 מַעֲבִיר רִאשׁוֹן רִאשׁוֹן, מַרְבֶּה מְחִילָה לְחַטָּאִים וּסְלִיחָה

32 לַפּוֹשְׁעִים, עֹשֶׂה צְדָקוֹת עִם כָּל בָּשָׂר וָרוּחַ, לֹא כְרָעָתָם תִּגְמוֹל. ׃ אֵל הוֹרֵיתָ

33 לָּנוּ לוֹמַר שְׁלֹשׁ עֶשְׂרֵה, וּזְכוֹר לָנוּ הַיּוֹם בְּרִית שְׁלֹשׁ עֶשְׂרֵה, כְּמוֹ שֶׁהוֹדַעְתָּ לֶעָנָיו

34 מִקֶּדֶם, כְּמוֹ שֶׁכָּתוּב, וַיֵּרֶד יהוה בֶּעָנָן וַיִּתְיַצֵּב עִמּוֹ שָׁם, וַיִּקְרָא בְשֵׁם יהוה.

All say, together and aloud:

35 וַיַּעֲבֹר יהוה עַל פָּנָיו וַיִּקְרָא:

1 **יהוה,** יהוה, אֵל, רַחוּם, וְחַנּוּן, אֶרֶךְ אַפַּיִם, וְרַב חֶסֶד, וֶאֱמֶת, נֹצֵר חֶסֶד

2 לָאֲלָפִים, נֹשֵׂא עָוֹן, וָפֶשַׁע, וְחַטָּאָה, וְנַקֵּה. וְסָלַחְתָּ לַעֲוֹנֵנוּ וּלְחַטָּאתֵנוּ

3 וּנְחַלְתָּנוּ. סְלַח לָנוּ אָבִינוּ כִּי חָטָאנוּ, מְחַל לָנוּ מַלְכֵּנוּ כִּי פָשָׁעְנוּ. כִּי אַתָּה אֲדֹנָי

4 טוֹב וְסַלָּח, וְרַב חֶסֶד לְכָל קֹרְאֶיךָ.

5 *Chazzan* — רַחֲמָנָא אִדְכַּר לָן קְיָמֵהּ דְּאַבְרָהָם רְחִימָא. Cong. — בְּדִיל וַיַּעֲבֹר.

6 *Chazzan* — רַחֲמָנָא אִדְכַּר לָן קְיָמֵהּ דְּיִצְחָק עֲקִידָא. Cong. — בְּדִיל וַיַּעֲבֹר.

7 *Chazzan* — רַחֲמָנָא אִדְכַּר לָן קְיָמֵהּ דְּיַעֲקֹב שְׁלֵימָא. Cong. — בְּדִיל וַיַּעֲבֹר.

8 *Chazzan* — רַחֲמָנָא אִדְכַּר לָן זְכוּתֵהּ דְּיוֹסֵף צַדִּיקָא. Cong. — בְּדִיל וַיַּעֲבֹר.

9 *Chazzan* — רַחֲמָנָא אִדְכַּר לָן קְיָמֵהּ דְּמֹשֶׁה נְבִיָּא. Cong. — בְּדִיל וַיַּעֲבֹר.

10 *Chazzan* — רַחֲמָנָא אִדְכַּר לָן קְיָמֵהּ דְּאַהֲרֹן כַּהֲנָא. Cong. — בְּדִיל וַיַּעֲבֹר.

11 *Chazzan* — רַחֲמָנָא אִדְכַּר לָן קַנְאוּתֵהּ דְּפִינְחָס קַנָּאָה. Cong. — בְּדִיל וַיַּעֲבֹר.

12 *Chazzan* — רַחֲמָנָא אִדְכַּר לָן קְיָמֵהּ דְּדָוִד מְשִׁיחָא. Cong. — בְּדִיל וַיַּעֲבֹר.

13 *Chazzan* — רַחֲמָנָא אִדְכַּר לָן צְלוֹתֵהּ דִּשְׁלֹמֹה מַלְכָּא. Cong. — בְּדִיל וַיַּעֲבֹר.

14 Cong. and *chazzan* — רַחֲמָנָא תּוּב מֵרוּגְזָךְ, וְלָא נֶהֱדַר רֵיקָם מִן קֳדָמָךְ.

All say:

15 **אֵל מֶלֶךְ** יוֹשֵׁב עַל כִּסֵּא רַחֲמִים, מִתְנַהֵג בַּחֲסִידוּת, מוֹחֵל עֲוֹנוֹת עַמּוֹ,

16 מַעֲבִיר רִאשׁוֹן רִאשׁוֹן, מַרְבֶּה מְחִילָה לְחַטָּאִים וּסְלִיחָה

17 לְפוֹשְׁעִים, עֹשֶׂה צְדָקוֹת עִם כָּל בָּשָׂר וָרוּחַ, לֹא כְרָעָתָם תִּגְמוֹל. ❖ אֵל הוֹרֵיתָ

18 לָנוּ לוֹמַר שְׁלֹשׁ עֶשְׂרֵה, וּזְכוֹר לָנוּ הַיּוֹם בְּרִית שְׁלֹשׁ עֶשְׂרֵה, כְּמוֹ שֶׁהוֹדַעְתָּ לֶעָנָיו

19 מִקֶּדֶם, כְּמוֹ שֶׁכָּתוּב, וַיֵּרֶד יהוה בֶּעָנָן וַיִּתְיַצֵּב עִמּוֹ שָׁם, וַיִּקְרָא בְשֵׁם יהוה.

All say, together and aloud:

20 וַיַּעֲבֹר יהוה עַל פָּנָיו וַיִּקְרָא:

21 **יהוה,** יהוה, אֵל, רַחוּם, וְחַנּוּן, אֶרֶךְ אַפַּיִם, וְרַב חֶסֶד, וֶאֱמֶת, נֹצֵר חֶסֶד

22 לָאֲלָפִים, נֹשֵׂא עָוֹן, וָפֶשַׁע, וְחַטָּאָה, וְנַקֵּה. וְסָלַחְתָּ לַעֲוֹנֵנוּ וּלְחַטָּאתֵנוּ

23 וּנְחַלְתָּנוּ. סְלַח לָנוּ אָבִינוּ כִּי חָטָאנוּ, מְחַל לָנוּ מַלְכֵּנוּ כִּי פָשָׁעְנוּ. כִּי אַתָּה אֲדֹנָי

24 טוֹב וְסַלָּח, וְרַב חֶסֶד לְכָל קֹרְאֶיךָ.

All say:

25 אֱלֹהֵינוּ וֵאלֹהֵי אֲבוֹתֵינוּ,

26 **אַל** תַּעַשׂ עִמָּנוּ כָּלָה, תֹּאחֵז יָדְךָ בַּמִּשְׁפָּט, בְּבֹא תוֹכֵחָה לְנֶגְדֶּךָ, שְׁמֵנוּ

27 מִסִּפְרְךָ אַל תֶּמַח, גְּשָׁתְּךָ לַחֲקוֹר מוּסָר, רַחֲמֶיךָ יְקַדְּמוּ רָגְזֶךָ, דַּלּוּת

28 מַעֲשִׂים בְּשׁוּרֶךָ, קָרֵב צֶדֶק מֵאֵלֶיךָ, הוֹרֵנוּ בְּזַעֲקֵנוּ לָךְ, צוּ יְשׁוּעָתֵנוּ בְּמַפְגִּיעַ,

29 וְתָשִׁיב שְׁבוּת אָהֳלֵי תָם, פְּתָחָיו רְאֵה כִּי שָׁמֵמוּ, זְכוֹר נֶאֱמַתָּ לֹא תַשְׁכַּח, עֵדוּת

30 מִפִּי זַרְעוֹ, חוֹתָם תְּעוּדָה תַּתִּיר, סוֹדְךָ שִׂים בִּלְמוּדֶךָ, טַבּוּר אַגָּן הַסַּהַר, נָא אַל

31 יֶחְסַר הַמָּזֶג, יָהּ דַּע אֶת אֲשֶׁר יְדָעוּךָ, מַגֵּר עַם אֲשֶׁר לֹא יְדָעוּךָ, כִּי תָשִׁיב לְבִצָּרוֹן,

32 לִכוּדִים אֲסִירֵי הַתִּקְוָה.

וידוי של רבינו נסים

33 **רִבּוֹנוֹ** שֶׁל עוֹלָם, קֹדֶם כָּל דָּבָר, אֵין לִי פֶה לְהָשִׁיב, וְלֹא מֵצַח לְהָרִים רֹאשׁ, כִּי מִפְּנֵי

1 שְׁעוֹנוֹתַי רַבּוּ מִלְּמְנוֹת, וְחַטֹּאתַי עָצְמוּ מִסַּפֵּר, וּכְמַשָּׂא כָבֵד יִכְבְּדוּ מִמֶּנִּי. מִתְוַדֶּה אֲנִי

2 לְפָנֶיךָ יהוה אֱלֹהַי, בִּכְפִיפַת רֹאשׁ, בִּכְפִיפַת קוֹמָה, בִּכְנִיעַת חֵיל, בַּחֲלִישַׁת כֹּחַ,

3 בִּשְׁבִירַת לֵב, בִּנְמִיכוּת רוּחַ, בְּקִדָּה, בִּכְרִיעָה, בְּהִשְׁתַּחֲוָיָה, בְּאֵימָה, בְּבְעָתָה, בִּרְתֵת,

4 בְּזִיעַ, בְּחַלְחוּל, בְּיִרְאָה, בְּמוֹרָא. אוֹמֵר אֲנִי לְפָנֶיךָ יהוה אֱלֹהַי, מִקְצָת מַעֲשֵׂי הָרָעִים

5 וּמִדַּרְכֵי הַמְכֹעָרִים. וּמִמַּעֲלָלַי הַמְקֻלְקָלִים. לְאָמְרָם אִי אֶפְשָׁר, לְבָרְרָם אֵין בִּי כֹחַ,

6 לְגַלּוֹתָם לֹא אֶצְטָר חֵיל, לְדַבְּרָם לֹא אָדָם, לְהַגִּידָם אֵינִי כְדַאי. וְלִתְבֹּעַ עֲלֵיהֶם

7 סְלִיחָה וּמְחִילָה וְכַפָּרָה, מָה אֲנִי? מֶה חַיָּי? אֲנִי הֶבֶל נָרִיק. אֲנִי רִמָּה וְתוֹלֵעָה. אֲנִי עָפָר

8 וָאֵפֶר. בּוֹשׁ אֲנִי מֵחֲטָאַי. וּמִכְּלָם אֲנִי מִפְשָׁעַי. אֵין לִי פִּתְחוֹן פֶּה לְהִתְוַדּוֹת לְפָנֶיךָ. גָּדוֹל

9 עֲוֹנִי מִנְּשׂוֹא. עָצְמוּ פְשָׁעַי מִסַּפֵּר. בָּשְׁתִּי וְגַם נִכְלַמְתִּי, כַּגַּנָּב הַנִּמְצָא בַּמַּחְתָּרֶת.

10 רִבּוֹנוֹ שֶׁל עוֹלָם, אִם עָמַדְתִּי לְפָרֵשׁ אֶת חֲטָאַי וּלְבָאֲרָם, יִכְלֶה הַזְּמַן וְהֵם לֹא יִכְלוּ.

11 עַל אֵיזֶה מֵהֶם אֶתְבַּע, וְעַל אֵיזֶה מֵהֶם אֲבַקֵּשׁ, וְעַל אֵיזֶה מֵהֶם אֶתְוַדֶּה, עַל הַכְּלָל אוֹ עַל

12 הַפְּרָט, עַל הַנִּסְתָּרוֹת אוֹ עַל הַנִּגְלוֹת, עַל הָרִאשׁוֹנוֹת אוֹ עַל הָאַחֲרוֹנוֹת, עַל הֶחָדְשׁוֹת

13 אוֹ עַל הַיְשָׁנוֹת, עַל הַטְּמוּנוֹת אוֹ עַל הַנִּדְעוֹת, עַל הַנִּזְכָּרוֹת אוֹ עַל הַנִּשְׁכָּחוֹת מִמֶּנִּי. יוֹדֵעַ

14 אֲנִי בְּעַצְמִי שֶׁאֵין בִּי לֹא תוֹרָה וְלֹא חָכְמָה, לֹא דַעַת וְלֹא תְבוּנָה, לֹא צְדָקָה וְלֹא יַשְׁרוּת

15 וְלֹא גְמִילוּת חֲסָדִים. אֲבָל אֲנִי סָכָל וְלֹא יוֹדֵעַ, בַּעַר וְלֹא מֵבִין, גַּזְלָן וְלֹא נֶאֱמָן, חַיָּב וְלֹא

16 זַכַּאי, רָשָׁע וְלֹא צַדִּיק, רַע וְלֹא טוֹב. וְכָל מַעֲשִׂים רָעִים עָשִׂיתִי וְגַם עֲבֵרוֹת רָעוֹת עָשִׂיתִי.

17 וְאִם אַתָּה דָן אוֹתִי כְּמַעֲשַׂי, אוֹי לִי, וַי לִי, אֲהָהּ עָלַי, אוֹיָה עַל נַפְשִׁי. וְאִם תְּבַקֵּשׁ לְנַקּוֹתִי,

18 כִּמְטַהֵר וּכְמְצָרֵף כֶּסֶף, לֹא יִשָּׁאֵר מִמֶּנִּי מְאוּמָה, כִּי אֲנִי כְּקַשׁ לִפְנֵי אֵשׁ, וּכְעֵצִים יְבֵשִׁים

19 לִפְנֵי הָאוּר, כֶּסֶף סִיגִים מְצֻפֶּה עַל חֶרֶשׂ, הֲבֵל הֲבָלִים אֵין בּוֹ מַמָּשׁ.

20 בַּמֶּה אֲקַדֵּם אוֹ מָה רְפוּאָה אֲבַקֵּשׁ. כְּבֵן סוֹרֵר וּמוֹרֶה הָיִיתִי, כְּעֶבֶד מוֹרֵד עַל אֲדֹנָיו,

21 כְּתַלְמִיד חוֹלֵק עַל רַבּוֹ. אֶת אֲשֶׁר טִהַרְתָּ טִמֵּאתִי, וַאֲשֶׁר טִמֵּאתָ טִהַרְתִּי. אֶת אֲשֶׁר

22 הִתַּרְתָּ אָסַרְתִּי, וַאֲשֶׁר אָסַרְתָּ הִתַּרְתִּי. אֶת אֲשֶׁר אָהַבְתָּ שָׂנֵאתִי, וַאֲשֶׁר שָׂנֵאתָ אָהַבְתִּי.

23 אֶת אֲשֶׁר הִקְרַבְתָּ הֶחֱמַרְתִּי, וַאֲשֶׁר הֶחֱמַרְתָּ הֵקַלְתִּי. אֶת אֲשֶׁר קֵרַבְתָּ רִחַקְתִּי, וַאֲשֶׁר

24 רִחַקְתָּ קֵרַבְתִּי. אַךְ לֹא לְהַכְעִיסְךָ נִתְכַּוַּנְתִּי. וּבְעַזּוּת מֵצַח בָּאתִי לְבַקֵּשׁ סְלִיחָה מִלְּפָנֶיךָ.

25 שַׂמְתִּי פָנַי כַּכֶּלֶב, הֵעַזְתִּי מֵצַח כַּזּוֹנָה, וְנִגַּשְׁתִּי לְפָנֶיךָ בְּבֹשֶׁת פָּנִים. וְכֵן כָּתוּב: וּמֵצַח אִשָּׁה

26 זוֹנָה הָיָה לָךְ, מֵאַנְתְּ הִכָּלֵם.

27 רִבּוֹנוֹ שֶׁל עוֹלָם, לֹא עַל עַצְמִי בִּלְבַד אֲנִי מִתְפַּלֵּל וּמִתְוַדֶּה, כִּי אִם בַּעֲדִי וּבְעַד קְהָלֶיךָ

28 הָעוֹמְדִים לְפָנֶיךָ. וְאַף עַל פִּי שֶׁאֵינִי רָאוּי וְלֹא זַכַּאי לְהִתְוַדּוֹת עַל עַצְמִי, וְכָל שֶׁכֵּן עַל

29 אֲחֵרִים, אֲבָל כִּי דַרְכְּךָ לְהַאֲרִיךְ אַפֶּךָ, וּמִדָּתְךָ לְהַעֲבִיר קִצְפֶּךָ, וּמִנְהָגְךָ לְרַחֵם עַל

30 בְּרִיּוֹתֶיךָ, וּבְיוֹתֵר לַשָּׁבִים אֵלֶיךָ וּמוֹדִים לְפָנֶיךָ, וְעוֹזְבִים וּמִתְנַחֲמִים עַל פִּשְׁעֵיהֶם, וְלֹא

31 מְכַסִּים אוֹתָם. שֶׁכֵּן כָּתוּב: מְכַסֶּה פְשָׁעָיו לֹא יַצְלִיחַ, וּמוֹדֶה וְעֹזֵב יְרֻחָם. וּמַצִּיל אֶת נַפְשׁוֹ

32 מִדִּינָהּ שֶׁל גֵּיהִנֹּם.

33 רִבּוֹנוֹ שֶׁל עוֹלָם, מִנְהַג בֵּית דִּינְךָ הַצֶּדֶק לֹא כְּמִנְהַג בָּתֵּי דִינִין שֶׁל בְּנֵי אָדָם. שֶׁמַּדַּת

34 בְּנֵי אָדָם כְּשֶׁהוּא תוֹבֵעַ אֶת חֲבֵרוֹ בְּמָמוֹן אֶל הַבֵּית דִּין אוֹ אֶל הַשּׁוֹפֵט, אִם יִכְפּוֹר יִנָּצֵל

35 מִן הַמָּמוֹן, וְאִם יוֹדֶה מִתְחַיֵּב לִתֵּן. וּבֵית דִּינְךָ הַצֶּדֶק לֹא כֵן הוּא. אֶלָּא אִם יִכְפּוֹר אָדָם,

36 אוֹי לוֹ וָאוֹי לְנַפְשׁוֹ, וְאִם מוֹדֶה וְעוֹזֵב, אַתָּה מְרַחֲמֵהוּ.

37 רִבּוֹנוֹ שֶׁל עוֹלָם, לוּלֵי חֲטָאֵינוּ וּפְשָׁעֵינוּ, לֹא הָיִינוּ בּוֹשִׁים וְנִכְלָמִים, וְעַל מָה הָיִינוּ

38 מִתְוַדִּים, כִּי אִי אֶפְשָׁר לוֹ לְאָדָם לְבַקֵּשׁ עַל חֵטְא, וְהוּא לֹא חָטָא. וְלֹא יֵדַע עֹז רַחֲמֶיךָ,

39 אֶלָּא בְּהַעֲבִירְךָ חַטֹּאת יְרֵאֶיךָ. וְלֹא עַל עַצְמִי בִּלְבַד אֲנִי מִתְוַדֶּה, כִּי אִם בַּעֲדִי וּבְעַד כָּל

40 קְהָלֶיךָ. יְהִי רָצוֹן מִלְּפָנֶיךָ, יהוה אֱלֹהֵינוּ וֵאלֹהֵי אֲבוֹתֵינוּ, שֶׁתִּסְלַח וְתִמְחַל לָנוּ עַל כָּל

41 עֲוֹנוֹתֵינוּ וּפְשָׁעֵינוּ, וּתְכַפֵּר לָנוּ עַל כָּל חַטֹּאתֵינוּ.

Stand while saying the following:

אֱלֹהֵינוּ וֵאלֹהֵי אֲבוֹתֵינוּ, תָּבֹא לְפָנֶיךָ תְּפִלָּתֵנוּ, וְאַל תִּתְעַלַּם מִתְּחִנָּתֵנוּ 1
שֶׁאֵין אָנוּ עַזֵּי פָנִים וּקְשֵׁי עֹרֶף, לוֹמַר לְפָנֶיךָ יְהֹוָה אֱלֹהֵינוּ וֵאלֹהֵי 2
אֲבוֹתֵינוּ, צַדִּיקִים אֲנַחְנוּ וְלֹא חָטָאנוּ, אֲבָל אֲנַחְנוּ וַאֲבוֹתֵינוּ חָטָאנוּ. 3

Lightly hit the left side of the chest with the right fist
while saying each of the sins in the following paragraph:

אָשַׁמְנוּ, בָּגַדְנוּ, גָּזַלְנוּ, דִּבַּרְנוּ דֹפִי. הֶעֱוִינוּ, וְהִרְשַׁעְנוּ, זַדְנוּ, חָמַסְנוּ, טָפַלְנוּ 4
שֶׁקֶר. יָעַצְנוּ רָע, כִּזַּבְנוּ, לַצְנוּ, מָרַדְנוּ, נִאַצְנוּ, סָרַרְנוּ, עָוִינוּ, פָּשַׁעְנוּ, 5
צָרַרְנוּ, קִשִּׁינוּ עֹרֶף. רָשַׁעְנוּ, שִׁחַתְנוּ, תִּעַבְנוּ, תָּעִינוּ, תִּעְתָּעְנוּ. 6

סַרְנוּ מִמִּצְוֹתֶיךָ וּמִמִּשְׁפָּטֶיךָ הַטּוֹבִים וְלֹא שָׁוָה לָנוּ. וְאַתָּה צַדִּיק עַל כָּל הַבָּא 7
עָלֵינוּ, כִּי אֱמֶת עָשִׂיתָ וַאֲנַחְנוּ הִרְשָׁעְנוּ. 8

אָשַׁמְנוּ מִכָּל עָם, **בּוֹשְׁנוּ** מִכָּל דּוֹר, גָּלָה מִמֶּנּוּ מָשׂוֹשׂ, דָּוֶה לִבֵּנוּ בַּחֲטָאֵינוּ, 9
הֻחְבַּל אַוִּוּיֵנוּ, וְנִפְרַע פְּאֵרֵנוּ, זְבוּל בֵּית מִקְדָּשֵׁנוּ, חָרַב בַּעֲוֹנֵינוּ, 10
טִירָתֵינוּ הָיְתָה לְשַׁמָּה, יְפִי אַדְמָתֵינוּ לְזָרִים, כֹּחֵנוּ לְנָכְרִים. 11
וַעֲדַיִן לֹא שַׁבְנוּ מִטָּעוּתֵנוּ, וְהֵיךְ נָעִיז פָּנֵינוּ וְנַקְשֶׁה עָרְפֵּנוּ, לוֹמַר לְפָנֶיךָ יְהֹוָה 12
אֱלֹהֵינוּ וֵאלֹהֵי אֲבוֹתֵינוּ צַדִּיקִים אֲנַחְנוּ וְלֹא חָטָאנוּ, אֲבָל אֲנַחְנוּ וַאֲבוֹתֵינוּ 13
חָטָאנוּ. 14

Lightly hit the left side of the chest with the right fist
while saying each of the sins in the following paragraph:

אָשַׁמְנוּ, בָּגַדְנוּ, גָּזַלְנוּ, דִּבַּרְנוּ דֹפִי. הֶעֱוִינוּ, וְהִרְשַׁעְנוּ, זַדְנוּ, חָמַסְנוּ, טָפַלְנוּ 15
שֶׁקֶר. יָעַצְנוּ רָע, כִּזַּבְנוּ, לַצְנוּ, מָרַדְנוּ, נִאַצְנוּ, סָרַרְנוּ, עָוִינוּ, פָּשַׁעְנוּ, 16
צָרַרְנוּ, קִשִּׁינוּ עֹרֶף. רָשַׁעְנוּ, שִׁחַתְנוּ, תִּעַבְנוּ, תָּעִינוּ, תִּעְתָּעְנוּ. 17

לְעֵינֵינוּ עָשְׁקוּ עֲמָלֵנוּ, מְמֻשָּׁךְ וּמְמוֹרָט מִמֶּנּוּ, נָתְנוּ עֻלָּם עָלֵינוּ, סָבַלְנוּ עַל 18
שִׁכְמֵנוּ, עֲבָדִים מָשְׁלוּ בָנוּ, פּוֹרֵק אֵין מִיָּדָם, צָרוֹת רַבּוֹת סְבָבוּנוּ, 19
קְרָאנוּךָ יְהֹוָה אֱלֹהֵינוּ, רָחַקְתָּ מִמֶּנּוּ בַּעֲוֹנֵינוּ, שַׁבְנוּ מֵאַחֲרֶיךָ, תָּעִינוּ וְאָבַדְנוּ. 20
וַעֲדַיִן לֹא שַׁבְנוּ מִטָּעוּתֵנוּ וְהֵיךְ נָעִיז פָּנֵינוּ וְנַקְשֶׁה עָרְפֵּנוּ, לוֹמַר לְפָנֶיךָ יְהֹוָה 21
אֱלֹהֵינוּ וֵאלֹהֵי אֲבוֹתֵינוּ צַדִּיקִים אֲנַחְנוּ וְלֹא חָטָאנוּ, אֲבָל אֲנַחְנוּ וַאֲבוֹתֵינוּ 22
חָטָאנוּ. 23

Lightly hit the left side of the chest with the right fist
while saying each of the sins in the following paragraph:

אָשַׁמְנוּ, בָּגַדְנוּ, גָּזַלְנוּ, דִּבַּרְנוּ דֹפִי. הֶעֱוִינוּ, וְהִרְשַׁעְנוּ, זַדְנוּ, חָמַסְנוּ, טָפַלְנוּ 24
שֶׁקֶר. יָעַצְנוּ רָע, כִּזַּבְנוּ, לַצְנוּ, מָרַדְנוּ, נִאַצְנוּ, סָרַרְנוּ, עָוִינוּ, פָּשַׁעְנוּ, 25
צָרַרְנוּ, קִשִּׁינוּ עֹרֶף. רָשַׁעְנוּ, שִׁחַתְנוּ, תִּעַבְנוּ, תָּעִינוּ, תִּעְתָּעְנוּ. 26

אֵל אֶרֶךְ אַפַּיִם אַתָּה, וּבַעַל הָרַחֲמִים נִקְרֵאתָ, וְדֶרֶךְ תְּשׁוּבָה הוֹרֵיתָ. 27
גְּדֻלַּת רַחֲמֶיךָ וַחֲסָדֶיךָ, תִּזְכּוֹר הַיּוֹם וּבְכָל יוֹם לְזֶרַע יְדִידֶיךָ. 28
תֵּפֶן אֵלֵינוּ בְּרַחֲמִים, כִּי אַתָּה הוּא בַּעַל הָרַחֲמִים. 29

1 בְּתַחֲנוּן וּבִתְפִלָּה פָּנֶיךָ נְקַדֵּם, כְּהוֹדַעְתָּ לֶעָנָיו מִקֶּדֶם.

2 מֵחֲרוֹן אַפְּךָ שׁוּב, כְּמוֹ בְתוֹרָתְךָ כָּתוּב.

3 וּבְצֵל כְּנָפֶיךָ נֶחֱסֶה וְנִתְלוֹנָן, כְּיוֹם וַיֵּרֶד יהוה בֶּעָנָן.

4 ❖ תַּעֲבוֹר עַל פֶּשַׁע וְתִמְחֶה אָשָׁם, כְּיוֹם וַיִּתְיַצֵּב עִמּוֹ שָׁם.

5 תַּאֲזִין שַׁוְעָתֵנוּ וְתַקְשִׁיב מֶנּוּ מַאֲמָר, כְּיוֹם וַיִּקְרָא בְשֵׁם יהוה, וְשָׁם נֶאֱמַר:

All say together and aloud:

6 וַיַּעֲבֹר יהוה עַל פָּנָיו וַיִּקְרָא:

7 **יהוה,** יהוה, אֵל, רַחוּם, וְחַנּוּן, אֶרֶךְ אַפַּיִם, וְרַב חֶסֶד, וֶאֱמֶת, נֹצֵר חֶסֶד

8 לָאֲלָפִים, נֹשֵׂא עָוֹן, וָפֶשַׁע, וְחַטָּאָה, וְנַקֵּה. וְסָלַחְתָּ לַעֲוֹנֵנוּ וּלְחַטָּאתֵנוּ

9 וּנְחַלְתָּנוּ. סְלַח לָנוּ אָבִינוּ כִּי חָטָאנוּ, מְחַל לָנוּ מַלְכֵּנוּ כִּי פָשָׁעְנוּ. כִּי אַתָּה אֲדֹנָי

10 טוֹב וְסַלָּח, וְרַב חֶסֶד לְכָל קֹרְאֶיךָ.

The following verse is said aloud, first by the *chazzan*, then by the congregation:

11 **חָטָאנוּ, צוּרֵנוּ, סְלַח לָנוּ יוֹצְרֵנוּ.**

SOME CONGREGATIONS OPEN THE ARK AT THIS POINT.

The following verse is said aloud, first by the *chazzan*, then by the congregation:

12 **שְׁמַע יִשְׂרָאֵל יהוה אֱלֹהֵינוּ יהוה אֶחָד.**

The following verse is said aloud three times,
first by the *chazzan*, then by the congregation:

13 **בָּרוּךְ שֵׁם כְּבוֹד מַלְכוּתוֹ לְעוֹלָם וָעֶד.**

The following verse is said aloud seven times,
first by the *chazzan*, then by the congregation:

14 **יהוה הוּא הָאֱלֹהִים.**

The following verse is said aloud, first by the *chazzan*, then by the congregation:

15 **יהוה מֶלֶךְ, יהוה מָלָךְ, יהוה יִמְלֹךְ לְעוֹלָם וָעֶד.**

All continue:

16 **עֲנֵנוּ** אֱלֹהֵי אַבְרָהָם עֲנֵנוּ, עֲנֵנוּ פַחַד יִצְחָק עֲנֵנוּ,

17 עֲנֵנוּ אֲבִיר יַעֲקֹב עֲנֵנוּ, עֲנֵנוּ מָגֵן דָּוִד עֲנֵנוּ,

18 עֲנֵנוּ אֱלֹהֵי הַמֶּרְכָּבָה עֲנֵנוּ, עֲנֵנוּ הָעוֹנֶה בְּעֵת רָצוֹן עֲנֵנוּ,

19 עֲנֵנוּ הָעוֹנֶה בְּעֵת צָרָה עֲנֵנוּ, עֲנֵנוּ הָעוֹנֶה בְּעֵת רַחֲמִים עֲנֵנוּ,

20 עֲנֵנוּ רַחוּם וְחַנּוּן עֲנֵנוּ, רַחֲמָנָא עֲנֵינָן, רַחֲמָנָא פְּרוֹק,

21 רַחֲמָנָא אִתְמַלֵּי רַחֲמִין עֲלָן, וְעַל כָּל אֱנָשֵׁי בֵיתָנָא, וְעַל כָּל אֲחָנָא בֵּית יִשְׂרָאֵל,

22 וּמַחֲשׁוֹכָא לִנְהוֹרָא אַפֵּקִינָן בְּדִיל שְׁמָךְ רַבָּא.

THE ARK IS CLOSED.

If Erev Rosh Chodesh occurs on Friday or the Sabbath, *Yom Kippur Kattan* is observed on Thursday. In that case, *Tachanun* (page 65) is said. If there is a *minyan* fasting, אָבִינוּ מַלְכֵּנוּ (page 67) is said. The *chazzan* says קַדִּישׁ שָׁלֵם, all say ה' . . . יַעַנְךָ לַמְנַצֵּחַ (page 79), followed by קַדִּישׁ יָתוֹם (page 529), and *Minchah* continues from עָלֵינוּ (page 141).

On other days, *Minchah* continues from קַדִּישׁ שָׁלֵם (page 140).

Some congregations recite לַמְנַצֵּחַ עַל הַגִּתִּית (page 465) after עָלֵינוּ.

﷽ VERSES FOR PEOPLE'S NAMES / פסוקים לשמות אנשים ﷽

Kitzur Shelah teaches that it is a source of merit to recite a Scriptural verse symbolizing
one's name before יִהְיוּ לְרָצוֹן at the end of *Shemoneh Esrei*. The verse should either contain
the person's name, or else begin and end with the first and last letters of the name.
Following is a selection of first and last letters of names, with appropriate verses.

1　א...א　אָנָּא יהוה הוֹשִׁיעָה נָּא, אָנָּא יהוה הַצְלִיחָה נָא.

2　א...ה　אַשְׁרֵי מַשְׂכִּיל אֶל דָּל, בְּיוֹם רָעָה יְמַלְּטֵהוּ יהוה.

3　א...ו　אַשְׁרֵי שֶׁאֵל יַעֲקֹב בְּעֶזְרוֹ, שִׂבְרוֹ עַל יהוה אֱלֹהָיו.

4　א...י　אֲמָרַי הַאֲזִינָה יהוה, בִּינָה הֲגִיגִי.

5　א...ך　אָמַרְתְּ לַיהוה, אֲדֹנָי אָתָּה, טוֹבָתִי בַּל עָלֶיךָ.

6　א...ל　אֶרֶץ רָעָשָׁה, אַף שָׁמַיִם נָטְפוּ מִפְּנֵי אֱלֹהִים; זֶה סִינַי, מִפְּנֵי
7　　　אֱלֹהִים אֱלֹהֵי יִשְׂרָאֵל.

8　א...ם　אַתָּה הוּא יהוה הָאֱלֹהִים, אֲשֶׁר בָּחַרְתָּ בְּאַבְרָם, וְהוֹצֵאתוֹ מֵאוּר
9　　　כַּשְׂדִּים, וְשַׂמְתָּ שְּׁמוֹ אַבְרָהָם.

10　א...ן　אֵלֶיךָ יהוה אֶקְרָא, וְאֶל אֲדֹנָי אֶתְחַנָּן.

11　א...ע　אָמַר בְּלִבּוֹ בַּל אֶמּוֹט, לְדֹר וָדֹר אֲשֶׁר לֹא בְרָע.

12　א...ר　אֵלֶּה בָרֶכֶב וְאֵלֶּה בַסּוּסִים, וַאֲנַחְנוּ בְּשֵׁם יהוה אֱלֹהֵינוּ נַזְכִּיר.

13　ב...א　בְּרִיתִי הָיְתָה אִתּוֹ הַחַיִּים וְהַשָּׁלוֹם, וָאֶתְּנֵם לוֹ מוֹרָא וַיִּירָאֵנִי,
14　　　וּמִפְּנֵי שְׁמִי נִחַת הוּא.

15　ב...ה　בַּעֲבוּר יִשְׁמְרוּ חֻקָּיו, וְתוֹרֹתָיו יִנְצֹרוּ, הַלְלוּיָהּ.

16　ב...ז　בְּיוֹם קָרָאתִי וַתַּעֲנֵנִי, תַּרְהִבֵנִי בְנַפְשִׁי עֹז.

17　ב...ך　בָּרוּךְ אַתָּה יהוה, לַמְּדֵנִי חֻקֶּיךָ.

18　ב...ל　בְּמַקְהֵלוֹת בָּרְכוּ אֱלֹהִים, אֲדֹנָי מִמְּקוֹר יִשְׂרָאֵל.

19　ב...ן　בָּרוּךְ יהוה אֱלֹהֵי יִשְׂרָאֵל מֵהָעוֹלָם וְעַד הָעוֹלָם, אָמֵן וְאָמֵן.

20　ב...ע　בְּחֶסֶד וֶאֱמֶת יְכֻפַּר עָוֹן, וּבְיִרְאַת יהוה סוּר מֵרָע.

21　ג...ה　גּוֹל עַל יהוה דַּרְכֶּךָ, וּבְטַח עָלָיו וְהוּא יַעֲשֶׂה.

22　ג...ל　גַּם אֲנִי אוֹדְךָ בִכְלִי נֶבֶל אֲמִתְּךָ אֱלֹהָי, אֲזַמְּרָה לְךָ בְכִנּוֹר, קְדוֹשׁ
23　　　יִשְׂרָאֵל.

24　ג...ן　גַּם בְּנֵי אָדָם גַּם בְּנֵי אִישׁ, יַחַד עָשִׁיר וְאֶבְיוֹן.

25　ד...ב　דִּרְשׁוּ יהוה בְּהִמָּצְאוֹ, קְרָאֻהוּ בִּהְיוֹתוֹ קָרוֹב.

26　ד...ד　דִּרְשׁוּ יהוה וְעֻזּוֹ, בַּקְּשׁוּ פָנָיו תָּמִיד.

27　ד...ה　דְּאָגָה בְלֶב אִישׁ יַשְׁחֶנָּה, וְדָבָר טוֹב יְשַׂמְּחֶנָּה.

1 ד...ל דָּן יָדִין עַמּוֹ, כְּאַחַד שִׁבְטֵי יִשְׂרָאֵל.

2 ה...א הַצּוּר תָּמִים פָּעֳלוֹ, כִּי כָל דְּרָכָיו מִשְׁפָּט, אֵל אֱמוּנָה וְאֵין עָוֶל,
3 צַדִּיק וְיָשָׁר הוּא.

4 ה...ה הַסְתֵּר פָּנֶיךָ מֵחֲטָאָי, וְכָל עֲוֹנֹתַי מְחֵה.

5 ה...ל הַקְשִׁיבָה לְקוֹל שַׁוְעִי מַלְכִּי וֵאלֹהָי, כִּי אֵלֶיךָ אֶתְפַּלָּל.

6 ז...ב זֵכֶר צַדִּיק לִבְרָכָה, וְשֵׁם רְשָׁעִים יִרְקָב.

7 ז...ה זֹאת מְנוּחָתִי עֲדֵי עַד, פֹּה אֵשֵׁב כִּי אִוִּתִיהָ.

8 ז...ח זָכַרְתִּי יָמִים מִקֶּדֶם, הָגִיתִי בְכָל פָּעֳלֶךָ, בְּמַעֲשֵׂה יָדֶיךָ אֲשׂוֹחֵחַ.

9 ז...ן זְבוּלֻן לְחוֹף יַמִּים יִשְׁכֹּן, וְהוּא לְחוֹף אֳנִיֹּת, וְיַרְכָתוֹ עַל צִידֹן.

10 ח...ה חָגְרָה בְעוֹז מָתְנֶיהָ, וַתְּאַמֵּץ זְרוֹעֹתֶיהָ.

11 ח...ך חֲצוֹת לַיְלָה אָקוּם לְהוֹדוֹת לָךְ, עַל מִשְׁפְּטֵי צִדְקֶךָ.

12 ח...ל חָדְלוּ פְרָזוֹן בְּיִשְׂרָאֵל חָדֵלּוּ, עַד שַׁקַּמְתִּי דְּבוֹרָה, שַׁקַּמְתִּי אֵם
13 בְּיִשְׂרָאֵל.

14 ח...ם חֹנֶה מַלְאַךְ יהוה סָבִיב לִירֵאָיו, וַיְחַלְּצֵם.

15 ט...א טוֹב יַנְחִיל בְּנֵי בָנִים, וְצָפוּן לַצַּדִּיק חֵיל חוֹטֵא.

16 ט...ה טָמְנוּ גֵאִים פַּח לִי וַחֲבָלִים, פָּרְשׂוּ רֶשֶׁת לְיַד מַעְגָּל, מֹקְשִׁים שָׁתוּ
17 לִי סֶלָה.

18 י...א יִשְׂרָאֵל בְּטַח בַּיהוה, עֶזְרָם וּמָגִנָּם הוּא.

19 י...ב יַעַנְךָ יהוה בְּיוֹם צָרָה, יְשַׂגֶּבְךָ שֵׁם אֱלֹהֵי יַעֲקֹב.

20 י...ד יָסַד אֶרֶץ עַל מְכוֹנֶיהָ, בַּל תִּמּוֹט עוֹלָם וָעֶד.

21 י...ה יהוה הַצִּילָה נַפְשִׁי מִשְּׂפַת שֶׁקֶר, מִלָּשׁוֹן רְמִיָּה.

22 י...י יהוה לִי בְּעֹזְרָי, וַאֲנִי אֶרְאֶה בְשֹׂנְאָי.

23 י...ל יְמִין יהוה רוֹמֵמָה, יְמִין יהוה עֹשָׂה חָיִל.

24 י...ם יַעְלְזוּ חֲסִידִים בְּכָבוֹד, יְרַנְּנוּ עַל מִשְׁכְּבוֹתָם.

25 י...ן יָשֵׂם נְהָרוֹת לְמִדְבָּר, וּמֹצָאֵי מַיִם לְצִמָּאוֹן.

26 י...ע יָחֹס עַל דַּל וְאֶבְיוֹן, וְנַפְשׁוֹת אֶבְיוֹנִים יוֹשִׁיעַ.

27 י...ף יהוה יִגְמֹר בַּעֲדִי, יהוה חַסְדְּךָ לְעוֹלָם, מַעֲשֵׂי יָדֶיךָ אַל תֶּרֶף.

28 י...ץ יְבָרְכֵנוּ אֱלֹהִים, וְיִירְאוּ אוֹתוֹ כָּל אַפְסֵי אָרֶץ.

29 י...ק יוֹצִיאֵם מֵחֹשֶׁךְ וְצַלְמָוֶת, וּמוֹסְרוֹתֵיהֶם יְנַתֵּק.

30 י...ר יהוה שִׁמְךָ לְעוֹלָם, יהוה זִכְרְךָ לְדֹר וָדֹר.

31 י...ת יהוה שֹׁמֵר אֶת גֵּרִים, יָתוֹם וְאַלְמָנָה יְעוֹדֵד, וְדֶרֶךְ רְשָׁעִים יְעַוֵּת.

1	כ...ב	כִּי לֹא יִטֹּשׁ יהוה עַמּוֹ, וְנַחֲלָתוֹ לֹא יַעֲזֹב.
2	כ...ל	כִּי מֶלֶךְ כָּל הָאָרֶץ אֱלֹהִים, זַמְּרוּ מַשְׂכִּיל.
3	ל...א	לֹא תִהְיֶה מְשַׁכֵּלָה וַעֲקָרָה בְּאַרְצֶךָ, אֶת מִסְפַּר יָמֶיךָ אֲמַלֵּא.
4	ל...ה	לְדָוִד, בָּרוּךְ יהוה צוּרִי, הַמְלַמֵּד יָדַי לַקְרָב, אֶצְבְּעוֹתַי לַמִּלְחָמָה.
5		
6	ל...י	לוּלֵי תוֹרָתְךָ שַׁעֲשֻׁעָי, אָז אָבַדְתִּי בְעָנְיִי.
7	ל...ת	לַמְנַצֵּחַ עַל שֹׁשַׁנִּים לִבְנֵי קֹרַח, מַשְׂכִּיל שִׁיר יְדִידֹת.
8	מ...א	מִי כָמֹכָה בָּאֵלִם יהוה, מִי כָּמֹכָה נֶאְדָּר בַּקֹּדֶשׁ, נוֹרָא תְהִלֹּת עֹשֵׂה פֶלֶא.
9		
10	מ...ה	מַחֲשָׁבוֹת בְּעֵצָה תִכּוֹן, וּבְתַחְבֻּלוֹת עֲשֵׂה מִלְחָמָה.
11	מ...ו	מַה דּוֹדֵךְ מִדּוֹד הַיָּפָה בַּנָּשִׁים, מַה דּוֹדֵךְ מִדּוֹד שֶׁכָּכָה הִשְׁבַּעְתָּנוּ.
12	מ...י	מָה אָהַבְתִּי תוֹרָתֶךָ, כָּל הַיּוֹם הִיא שִׂיחָתִי.
13	מ...ל	מַה טֹּבוּ אֹהָלֶיךָ יַעֲקֹב, מִשְׁכְּנֹתֶיךָ יִשְׂרָאֵל.
14	מ...ם	מְאוֹר עֵינַיִם יְשַׂמַּח לֵב, שְׁמוּעָה טוֹבָה תְּדַשֶּׁן עָצֶם.
15	מ...ר	מִי זֶה הָאִישׁ יְרֵא יהוה, יוֹרֶנּוּ בְּדֶרֶךְ יִבְחָר.
16	נ...א	נַפְשֵׁנוּ חִכְּתָה לַיהוה, עֶזְרֵנוּ וּמָגִנֵּנוּ הוּא.
17	נ...ה	נָחַלְתִּי עֵדְוֹתֶיךָ לְעוֹלָם, כִּי שְׂשׂוֹן לִבִּי הֵמָּה.
18	נ...י	נִדְבוֹת פִּי רְצֵה נָא יהוה, וּמִשְׁפָּטֶיךָ לַמְּדֵנִי.
19	נ...ל	נֶחְשַׁבְתִּי עִם יוֹרְדֵי בוֹר, הָיִיתִי כְּגֶבֶר אֵין אֱיָל.
20	נ...ם	נַחֲמוּ נַחֲמוּ עַמִּי, יֹאמַר אֱלֹהֵיכֶם.
21	נ...ן	נֵר יהוה נִשְׁמַת אָדָם, חֹפֵשׂ כָּל חַדְרֵי בָטֶן.
22	ס...ה	סֹבּוּ צִיּוֹן וְהַקִּיפוּהָ, סִפְרוּ מִגְדָּלֶיהָ.
23	ס...י	סֵעֲפִים שָׂנֵאתִי, וְתוֹרָתְךָ אָהָבְתִּי.
24	ע...א	עַתָּה אָקוּם, יֹאמַר יהוה, עַתָּה אֵרוֹמָם, עַתָּה אֶנָּשֵׂא.
25	ע...ב	עַד אֶמְצָא מָקוֹם לַיהוה, מִשְׁכָּנוֹת לַאֲבִיר יַעֲקֹב.
26	ע...ה	עָזִּי וְזִמְרָת יָהּ, וַיְהִי לִי לִישׁוּעָה.
27	ע...ל	עַל דַּעְתְּךָ כִּי לֹא אֶרְשָׁע, וְאֵין מִיָּדְךָ מַצִּיל.
28	ע...ם	עֲרֹב עַבְדְּךָ לְטוֹב, אַל יַעַשְׁקֻנִי זֵדִים.
29	ע..ר	עֹשֶׂה גְדֹלוֹת וְאֵין חֵקֶר, נִפְלָאוֹת עַד אֵין מִסְפָּר.
30	פ...ה	פִּתְחוּ לִי שַׁעֲרֵי צֶדֶק, אָבֹא בָם אוֹדֶה יָהּ.
31	פ...ל	פֶּן יִטְרֹף כְּאַרְיֵה נַפְשִׁי, פֹּרֵק וְאֵין מַצִּיל.

1	ס...פ	פֶּלֶס וּמֹאזְנֵי מִשְׁפָּט לַיהוה, מַעֲשֵׂהוּ כָּל אַבְנֵי כִיס.
2	פ...ע	פִּנִּיתָ לְפָנֶיהָ, וַתַּשְׁרֵשׁ שָׁרָשֶׁיהָ, וַתְּמַלֵּא אָרֶץ.
3	ה...צ	צִיּוֹן בְּמִשְׁפָּט תִּפָּדֶה, וְשָׁבֶיהָ בִּצְדָקָה.
4	ח...צ	צִיּוֹן יִשְׁאֲלוּ דֶּרֶךְ הֵנָּה פְנֵיהֶם, בֹּאוּ וְנִלְווּ אֶל יהוה, בְּרִית עוֹלָם
5		לֹא תִשָּׁכֵחַ.
6	י...צ	צַר וּמָצוֹק מְצָאוּנִי, מִצְוֹתֶיךָ שַׁעֲשֻׁעָי.
7	ל...צ	צַהֲלִי וָרֹנִּי יוֹשֶׁבֶת צִיּוֹן, כִּי גָדוֹל בְּקִרְבֵּךְ קְדוֹשׁ יִשְׂרָאֵל.
8	א...ק	קָרַבְתָּ בְּיוֹם אֶקְרָאֶךָּ, אָמַרְתָּ אַל תִּירָא.
9	ל...ק	קַמְתִּי אֲנִי לִפְתֹּחַ לְדוֹדִי, וְיָדַי נָטְפוּ מוֹר, וְאֶצְבְּעֹתַי מוֹר עֹבֵר עַל
10		כַּפּוֹת הַמַּנְעוּל.
11	ן...ק	קוֹלִי אֶל יהוה אֶזְעָק, קוֹלִי אֶל יהוה אֶתְחַנָּן.
12	ת...ק	קָרוֹב אַתָּה יהוה, וְכָל מִצְוֹתֶיךָ אֱמֶת.
13	ה...ר	רִגְזוּ וְאַל תֶּחֱטָאוּ, אִמְרוּ בִלְבַבְכֶם עַל מִשְׁכַּבְכֶם, וְדֹמּוּ סֶלָה.
14	ל...ר	רְאוּ עַתָּה כִּי אֲנִי אֲנִי הוּא, וְאֵין אֱלֹהִים עִמָּדִי, אֲנִי אָמִית
15		וַאֲחַיֶּה, מָחַצְתִּי וַאֲנִי אֶרְפָּא, וְאֵין מִיָּדִי מַצִּיל.
16	ן...ר	רְאֵה זֶה מָצָאתִי, אָמְרָה קֹהֶלֶת, אַחַת לְאַחַת לִמְצֹא חֶשְׁבּוֹן.
17	ת...ר	רָאוּךְ מַּיִם אֱלֹהִים, רָאוּךָ מַּיִם יָחִילוּ, אַף יִרְגְּזוּ תְהֹמוֹת.
18	א...ש	שַׂמֵּחַ נֶפֶשׁ עַבְדֶּךָ, כִּי אֵלֶיךָ אֲדֹנָי נַפְשִׁי אֶשָּׂא.
19	ה...ש	שְׂאוּ יְדֵכֶם קֹדֶשׁ, וּבָרְכוּ אֶת יהוה.
20	ח...ש	שָׁמַע יהוה תְּחִנָּתִי, יהוה תְּפִלָּתִי יִקָּח.
21	י...ש	שָׂנֵאתִי הַשֹּׁמְרִים הַבְלֵי שָׁוְא, וַאֲנִי אֶל יהוה בָּטָחְתִּי.
22	ל...ש	שָׁלוֹם רָב לְאֹהֲבֵי תוֹרָתֶךָ, וְאֵין לָמוֹ מִכְשׁוֹל.
23	ם...ש	שְׁמָר תָּם וּרְאֵה יָשָׁר, כִּי אַחֲרִית לְאִישׁ שָׁלוֹם.
24	ן...ש	שִׁיתוּ לִבְּכֶם לְחֵילָה, פַּסְּגוּ אַרְמְנוֹתֶיהָ, לְמַעַן תְּסַפְּרוּ לְדוֹר
25		אַחֲרוֹן.
26	ר...ש	שְׂפַת אֱמֶת תִּכּוֹן לָעַד, וְעַד אַרְגִּיעָה לְשׁוֹן שָׁקֶר.
27	ת...ש	שִׁיר הַמַּעֲלוֹת, הִנֵּה בָּרְכוּ אֶת יהוה כָּל עַבְדֵי יהוה, הָעֹמְדִים
28		בְּבֵית יהוה בַּלֵּילוֹת.
29	ה...ת	תַּעֲרֹךְ לְפָנַי שֻׁלְחָן נֶגֶד צֹרְרָי, דִּשַּׁנְתָּ בַשֶּׁמֶן רֹאשִׁי, כּוֹסִי רְוָיָה.
30	י...ת	תּוֹצִיאֵנִי מֵרֶשֶׁת זוּ, טָמְנוּ לִי, כִּי אַתָּה מָעוּזִּי.
31	ם...ת	תְּנוּ עֹז לֵאלֹהִים, עַל יִשְׂרָאֵל גַּאֲוָתוֹ, וְעֻזּוֹ בַּשְּׁחָקִים.

❧ סדר הפרשיות ❧

למנחה בשבת ולשני וחמישי, לראש חודש, חנוכה, פורים, תעניות, ושלש רגלים וההפטרות:

**Sabbath Afternoon, Monday and Thursday Mornings, Rosh Chodesh,
Chanukah, Purim, Fast Days, and Festivals with Haftaros**

בראשית

כה: בְּרֵאשִׁ֖ית בָּרָ֣א אֱלֹהִ֑ים אֵ֥ת הַשָּׁמַ֖יִם וְאֵ֥ת הָאָ֗רֶץ: וְהָאָ֗רֶץ הָיְתָ֥ה תֹ֙הוּ֙ וָבֹ֔הוּ וְחֹ֖שֶׁךְ עַל־פְּנֵ֣י תְה֑וֹם וְר֣וּחַ אֱלֹהִ֔ים מְרַחֶ֖פֶת עַל־פְּנֵ֥י הַמָּֽיִם: וַיֹּ֥אמֶר אֱלֹהִ֖ים יְהִ֣י א֑וֹר וַֽיְהִי־אֽוֹר: וַיַּ֧רְא אֱלֹהִ֛ים אֶת־הָא֖וֹר כִּי־ט֑וֹב וַיַּבְדֵּ֣ל אֱלֹהִ֔ים בֵּ֥ין הָא֖וֹר וּבֵ֥ין הַחֹֽשֶׁךְ: וַיִּקְרָ֨א אֱלֹהִ֤ים ׀ לָאוֹר֙ י֔וֹם וְלַחֹ֖שֶׁךְ קָ֣רָא לָ֑יְלָה וַֽיְהִי־עֶ֥רֶב וַֽיְהִי־בֹ֖קֶר י֥וֹם אֶחָֽד:

לוי: וַיֹּ֣אמֶר אֱלֹהִ֔ים יְהִ֥י רָקִ֖יעַ בְּת֣וֹךְ הַמָּ֑יִם וִיהִ֣י מַבְדִּ֔יל בֵּ֥ין מַ֖יִם לָמָֽיִם: וַיַּ֣עַשׂ אֱלֹהִים֮ אֶת־הָֽרָקִיעַ֒ וַיַּבְדֵּ֗ל בֵּ֤ין הַמַּ֙יִם֙ אֲשֶׁר֙ מִתַּ֣חַת לָֽרָקִ֔יעַ וּבֵ֣ין הַמַּ֔יִם אֲשֶׁ֖ר מֵעַ֣ל לָרָקִ֑יעַ וַֽיְהִי־כֵֽן: וַיִּקְרָ֧א אֱלֹהִ֛ים לָֽרָקִ֖יעַ שָׁמָ֑יִם וַֽיְהִי־עֶ֥רֶב וַֽיְהִי־בֹ֖קֶר י֥וֹם שֵׁנִֽי:

ישראל: וַיֹּ֣אמֶר אֱלֹהִ֗ים יִקָּו֣וּ הַמַּ֜יִם מִתַּ֤חַת הַשָּׁמַ֙יִם֙ אֶל־מָק֣וֹם אֶחָ֔ד וְתֵֽרָאֶ֖ה הַיַּבָּשָׁ֑ה וַֽיְהִי־כֵֽן: וַיִּקְרָ֨א אֱלֹהִ֤ים ׀ לַיַּבָּשָׁה֙ אֶ֔רֶץ וּלְמִקְוֵ֥ה הַמַּ֖יִם קָרָ֣א יַמִּ֑ים וַיַּ֥רְא אֱלֹהִ֖ים כִּי־טֽוֹב: וַיֹּ֣אמֶר אֱלֹהִ֗ים תַּֽדְשֵׁ֤א הָאָ֙רֶץ֙ דֶּ֔שֶׁא עֵ֚שֶׂב מַזְרִ֣יעַ זֶ֔רַע עֵ֣ץ פְּרִ֞י עֹ֤שֶׂה פְּרִי֙ לְמִינ֔וֹ אֲשֶׁ֥ר זַרְעוֹ־ב֖וֹ עַל־הָאָ֑רֶץ וַֽיְהִי־כֵֽן: וַתּוֹצֵ֨א הָאָ֜רֶץ דֶּ֠שֶׁא עֵ֣שֶׂב מַזְרִ֤יעַ זֶ֙רַע֙ לְמִינֵ֔הוּ וְעֵ֧ץ עֹֽשֶׂה־פְּרִ֛י אֲשֶׁ֥ר זַרְעוֹ־ב֖וֹ לְמִינֵ֑הוּ וַיַּ֥רְא אֱלֹהִ֖ים כִּי־טֽוֹב: וַֽיְהִי־עֶ֥רֶב וַֽיְהִי־בֹ֖קֶר י֥וֹם שְׁלִישִֽׁי:

נח

כה: אֵ֚לֶּה תּֽוֹלְדֹ֣ת נֹ֔חַ נֹ֗חַ אִ֥ישׁ צַדִּ֛יק תָּמִ֥ים הָיָ֖ה בְּדֹֽרֹתָ֑יו אֶת־הָֽאֱלֹהִ֖ים הִֽתְהַלֶּךְ־נֹֽחַ: וַיּ֥וֹלֶד נֹ֖חַ שְׁלֹשָׁ֣ה בָנִ֑ים אֶת־שֵׁ֖ם אֶת־חָ֥ם וְאֶת־יָֽפֶת: וַתִּשָּׁחֵ֥ת הָאָ֖רֶץ לִפְנֵ֣י הָֽאֱלֹהִ֑ים וַתִּמָּלֵ֥א הָאָ֖רֶץ חָמָֽס: וַיַּ֧רְא אֱלֹהִ֛ים אֶת־הָאָ֖רֶץ וְהִנֵּ֣ה נִשְׁחָ֑תָה כִּֽי־הִשְׁחִ֧ית כָּל־בָּשָׂ֛ר אֶת־דַּרְכּ֖וֹ עַל־הָאָֽרֶץ: וַיֹּ֨אמֶר אֱלֹהִ֜ים לְנֹ֗חַ קֵ֤ץ כָּל־בָּשָׂר֙ בָּ֣א לְפָנַ֔י כִּֽי־מָלְאָ֥ה הָאָ֛רֶץ חָמָ֖ס מִפְּנֵיהֶ֑ם וְהִנְנִ֥י מַשְׁחִיתָ֖ם אֶת־הָאָֽרֶץ: עֲשֵׂ֤ה לְךָ֙ תֵּבַ֣ת עֲצֵי־גֹ֔פֶר קִנִּ֖ים תַּֽעֲשֶׂ֣ה אֶת־הַתֵּבָ֑ה וְכָֽפַרְתָּ֥ אֹתָ֛הּ מִבַּ֥יִת וּמִח֖וּץ בַּכֹּֽפֶר: וְזֶ֕ה אֲשֶׁ֥ר תַּֽעֲשֶׂ֖ה אֹתָ֑הּ שְׁלֹ֧שׁ מֵא֣וֹת אַמָּ֗ה אֹ֚רֶךְ הַתֵּבָ֔ה חֲמִשִּׁ֤ים אַמָּה֙ רָחְבָּ֔הּ וּשְׁלֹשִׁ֥ים אַמָּ֖ה קֽוֹמָתָֽהּ: צֹ֣הַר ׀ תַּֽעֲשֶׂ֣ה לַתֵּבָ֗ה וְאֶל־אַמָּה֙ תְּכַלֶּ֣נָּה מִלְמַ֔עְלָה וּפֶ֥תַח הַתֵּבָ֖ה בְּצִדָּ֣הּ תָּשִׂ֑ים

לוי: וְאֲנִ֗י הִנְנִ֨י מֵבִ֥יא אֶת־הַמַּבּ֛וּל מַ֖יִם עַל־הָאָ֑רֶץ לְשַׁחֵ֣ת כָּל־בָּשָׂ֗ר אֲשֶׁר־בּוֹ֙ ר֣וּחַ חַיִּ֔ים מִתַּ֖חַת הַשָּׁמָ֑יִם כֹּ֥ל אֲשֶׁר־בָּאָ֖רֶץ יִגְוָֽע: וַהֲקִֽמֹתִ֥י אֶת־בְּרִיתִ֖י אִתָּ֑ךְ וּבָאתָ֙ אֶל־הַתֵּבָ֔ה אַתָּ֕ה וּבָנֶ֛יךָ וְאִשְׁתְּךָ֥ וּנְשֵֽׁי־בָנֶ֖יךָ אִתָּֽךְ: וּמִכָּל־הָחַ֗י מִֽכָּל־בָּשָׂ֞ר שְׁנַ֤יִם מִכֹּל֙ תָּבִ֣יא אֶל־הַתֵּבָ֔ה לְהַֽחֲיֹ֖ת אִתָּ֑ךְ זָכָ֥ר וּנְקֵבָ֖ה יִֽהְיֽוּ:

ישראל: מֵֽהָע֣וֹף לְמִינֵ֗הוּ וּמִן־הַבְּהֵמָה֙ לְמִינָ֔הּ מִכֹּ֛ל רֶ֥מֶשׂ הָֽאֲדָמָ֖ה לְמִינֵ֑הוּ שְׁנַ֧יִם מִכֹּ֛ל יָבֹ֥אוּ אֵלֶ֖יךָ לְהַֽחֲיֽוֹת: וְאַתָּ֣ה קַח־לְךָ֗ מִכָּל־מַֽאֲכָל֙ אֲשֶׁ֣ר יֵֽאָכֵ֔ל וְאָֽסַפְתָּ֖ אֵלֶ֑יךָ וְהָיָ֥ה לְךָ֛ וְלָהֶ֖ם לְאָכְלָֽה: וַיַּ֖עַשׂ נֹ֑חַ כְּ֠כֹל אֲשֶׁ֨ר צִוָּ֥ה אֹת֛וֹ אֱלֹהִ֖ים כֵּ֥ן עָשָֽׂה:

לך לך

כה: וַיֹּ֤אמֶר יְהוָֹה֙ אֶל־אַבְרָ֔ם לֶךְ־לְךָ֛ מֵֽאַרְצְךָ֥ וּמִמּֽוֹלַדְתְּךָ֖ וּמִבֵּ֣ית אָבִ֑יךָ אֶל־הָאָ֖רֶץ אֲשֶׁ֥ר אַרְאֶֽךָּ: וְאֶֽעֶשְׂךָ֙ לְג֣וֹי גָּד֔וֹל וַאֲבָ֣רֶכְךָ֔ וַאֲגַדְּלָ֖ה שְׁמֶ֑ךָ וֶהְיֵ֖ה בְּרָכָֽה: וַאֲבָֽרְכָה֙ מְבָ֣רְכֶ֔יךָ וּמְקַלֶּלְךָ֖ אָאֹ֑ר וְנִבְרְכ֣וּ בְךָ֔ כֹּ֖ל מִשְׁפְּחֹ֥ת הָֽאֲדָמָֽה:

לוי: וַיֵּ֣לֶךְ אַבְרָ֗ם כַּֽאֲשֶׁ֨ר דִּבֶּ֤ר אֵלָיו֙ יְהוָֹ֔ה וַיֵּ֥לֶךְ אִתּ֖וֹ ל֑וֹט וְאַבְרָ֗ם בֶּן־חָמֵ֤שׁ שָׁנִים֙ וְשִׁבְעִ֣ים שָׁנָ֔ה בְּצֵאת֖וֹ מֵֽחָרָֽן: וַיִּקַּ֣ח אַבְרָם֩ אֶת־שָׂרַ֨י אִשְׁתּ֜וֹ וְאֶת־ל֣וֹט בֶּן־אָחִ֗יו וְאֶת־כָּל־רְכוּשָׁם֙ אֲשֶׁ֣ר רָכָ֔שׁוּ וְאֶת־הַנֶּ֖פֶשׁ אֲשֶׁר־עָשׂ֣וּ בְחָרָ֑ן וַיֵּֽצְא֗וּ לָלֶ֙כֶת֙ אַ֣רְצָה כְּנַ֔עַן וַיָּבֹ֖אוּ אַ֥רְצָה כְּנָֽעַן: וַיַּֽעֲבֹ֤ר אַבְרָם֙ בָּאָ֔רֶץ עַ֚ד מְק֣וֹם שְׁכֶ֔ם עַ֖ד אֵל֣וֹן מוֹרֶ֑ה וְהַֽכְּנַֽעֲנִ֖י אָ֥ז בָּאָֽרֶץ: וַיֵּרָ֤א יְהוָֹה֙ אֶל־אַבְרָ֔ם וַיֹּ֕אמֶר לְזַ֨רְעֲךָ֔ אֶתֵּ֖ן אֶת־הָאָ֣רֶץ הַזֹּ֑את וַיִּ֤בֶן שָׁם֙ מִזְבֵּ֔חַ לַֽיהוָֹ֖ה הַנִּרְאֶ֥ה אֵלָֽיו: וַיַּעְתֵּ֨ק מִשָּׁ֜ם הָהָ֗רָה מִקֶּ֛דֶם לְבֵֽית־אֵ֖ל וַיֵּ֣ט אָֽהֳלֹ֑ה בֵּֽית־אֵ֤ל מִיָּם֙ וְהָעַ֣י מִקֶּ֔דֶם וַיִּֽבֶן־שָׁ֤ם מִזְבֵּ֙חַ֙ לַֽיהוָֹ֔ה וַיִּקְרָ֖א בְּשֵׁ֥ם יְהוָֹֽה: וַיִּסַּ֣ע אַבְרָ֔ם הָל֥וֹךְ וְנָס֖וֹעַ הַנֶּֽגְבָּה:

ישראל: וַיְהִ֥י רָעָ֖ב בָּאָ֑רֶץ וַיֵּ֨רֶד אַבְרָ֤ם מִצְרַ֙יְמָה֙ לָג֣וּר שָׁ֔ם כִּֽי־כָבֵ֥ד הָֽרָעָ֖ב בָּאָֽרֶץ: וַיְהִ֕י כַּֽאֲשֶׁ֥ר הִקְרִ֖יב לָב֣וֹא מִצְרָ֑יְמָה וַיֹּ֙אמֶר֙ אֶל־שָׂרַ֣י אִשְׁתּ֔וֹ הִנֵּה־נָ֣א יָדַ֔עְתִּי כִּ֛י אִשָּׁ֥ה יְפַת־מַרְאֶ֖ה אָֽתְּ: וְהָיָ֗ה כִּֽי־יִרְא֤וּ אֹתָךְ֙ הַמִּצְרִ֔ים וְאָֽמְר֖וּ אִשְׁתּ֣וֹ זֹ֑את וְהָֽרְג֥וּ אֹתִ֖י וְאֹתָ֥ךְ יְחַיּֽוּ: אִמְרִי־נָ֖א אֲחֹ֣תִי אָ֑תְּ לְמַ֙עַן֙ יִֽיטַב־לִ֣י בַֽעֲבוּרֵ֔ךְ וְחָֽיְתָ֥ה נַפְשִׁ֖י בִּגְלָלֵֽךְ:

בְּנֵי־חֵת וַיָּ֫קָם עֶפְר֥וֹן הַחִתִּ֖י אֶת־אַבְרָהָ֑ם בְּאָזְנֵ֣י
בְנֵי־חֵ֔ת לְכֹ֛ל בָּאֵ֥י שַֽׁעַר־עִיר֖וֹ לֵאמֹֽר: לֹֽא־אֲדֹנִ֣י
שְׁמָעֵ֔נִי הַשָּׂדֶה֙ נָתַ֣תִּי לָ֔ךְ וְהַמְּעָרָ֥ה אֲשֶׁר־בּ֖וֹ לְךָ֣
נְתַתִּ֑יהָ לְעֵינֵ֧י בְנֵֽי־עַמִּ֛י נְתַתִּ֥יהָ לָּ֖ךְ קְבֹ֥ר מֵתֶֽךָ:
וַיִּשְׁתַּ֙חוּ֙ אַבְרָהָ֔ם לִפְנֵ֖י עַם־הָאָֽרֶץ:

ישראל: וַיְדַבֵּ֨ר אֶל־עֶפְר֜וֹן בְּאָזְנֵ֤י עַם־הָאָ֙רֶץ֙
לֵאמֹ֔ר אַ֛ךְ אִם־אַתָּ֥ה ל֖וּ שְׁמָעֵ֑נִי נָתַ֜תִּי כֶּ֣סֶף
הַשָּׂדֶ֗ה קַ֚ח מִמֶּ֔נִּי וְאֶקְבְּרָ֥ה אֶת־מֵתִ֖י שָֽׁמָּה: וַיַּ֧עַן
עֶפְר֛וֹן אֶת־אַבְרָהָ֖ם לֵאמֹ֥ר לֽוֹ: אֲדֹנִ֣י שְׁמָעֵ֗נִי
אֶ֩רֶץ֩ אַרְבַּ֨ע מֵאֹ֧ת שֶֽׁקֶל־כֶּ֛סֶף בֵּינִ֥י וּבֵֽינְךָ֖ מַה־
הִ֑וא וְאֶת־מֵתְךָ֖ קְבֹֽר: וַיִּשְׁמַ֣ע אַבְרָהָם֮ אֶל־עֶפְרוֹן֒
וַיִּשְׁקֹ֤ל אַבְרָהָם֙ לְעֶפְרֹ֔ן אֶת־הַכֶּ֕סֶף אֲשֶׁ֥ר דִּבֶּ֖ר
בְּאָזְנֵ֣י בְנֵי־חֵ֑ת אַרְבַּ֤ע מֵאוֹת֙ שֶׁ֣קֶל כֶּ֔סֶף עֹבֵ֖ר
לַסֹּחֵֽר:

תולדות

כה וְאֵ֛לֶּה תֽוֹלְדֹ֥ת יִצְחָ֖ק בֶּן־אַבְרָהָ֑ם אַבְרָהָ֖ם
הוֹלִ֥יד אֶת־יִצְחָֽק: וַיְהִ֤י יִצְחָק֙ בֶּן־אַרְבָּעִ֣ים שָׁנָ֔ה
בְּקַחְתּ֣וֹ אֶת־רִבְקָ֗ה בַּת־בְּתוּאֵל֙ הָֽאֲרַמִּ֔י מִפַּדַּ֖ן
אֲרָ֑ם אֲח֛וֹת לָבָ֥ן הָֽאֲרַמִּ֖י ל֥וֹ לְאִשָּֽׁה: וַיֶּעְתַּ֨ר יִצְחָ֤ק
לַֽיהֹוָה֙ לְנֹ֣כַח אִשְׁתּ֔וֹ כִּ֥י עֲקָרָ֖ה הִ֑וא וַיֵּעָ֤תֶר לוֹ֙
יְהֹוָ֔ה וַתַּ֖הַר רִבְקָ֥ה אִשְׁתּֽוֹ: וַיִּתְרֹֽצְצ֤וּ הַבָּנִים֙
בְּקִרְבָּ֔הּ וַתֹּ֣אמֶר אִם־כֵּ֔ן לָ֥מָּה זֶּ֖ה אָנֹ֑כִי וַתֵּ֖לֶךְ
לִדְרֹ֥שׁ אֶת־יְהֹוָֽה:

לוי: וַיֹּ֨אמֶר יְהֹוָ֜ה לָ֗הּ שְׁנֵ֤י גוֹיִם֙ בְּבִטְנֵ֔ךְ וּשְׁנֵ֣י
לְאֻמִּ֔ים מִמֵּעַ֖יִךְ יִפָּרֵ֑דוּ וּלְאֹם֙ מִלְאֹ֣ם יֶֽאֱמָ֔ץ וְרַ֖ב
יַֽעֲבֹ֥ד צָעִֽיר: וַיִּמְלְא֥וּ יָמֶ֖יהָ לָלֶ֑דֶת וְהִנֵּ֥ה תוֹמִ֖ם
בְּבִטְנָֽהּ: וַיֵּצֵ֤א הָֽרִאשׁוֹן֙ אַדְמוֹנִ֔י כֻּלּ֖וֹ כְּאַדֶּ֣רֶת
שֵׂעָ֑ר וַיִּקְרְא֥וּ שְׁמ֖וֹ עֵשָֽׂו: וְאַֽחֲרֵי־כֵ֞ן יָצָ֣א אָחִ֗יו
וְיָד֤וֹ אֹחֶ֙זֶת֙ בַּֽעֲקֵ֣ב עֵשָׂ֔ו וַיִּקְרָ֥א שְׁמ֖וֹ יַֽעֲקֹ֑ב וְיִצְחָ֛ק
בֶּן־שִׁשִּׁ֥ים שָׁנָ֖ה בְּלֶ֥דֶת אֹתָֽם:

ישראל: וַיִּגְדְּלוּ֙ הַנְּעָרִ֔ים וַיְהִ֣י עֵשָׂ֗ו אִ֛ישׁ יֹדֵ֥עַ צַ֖יִד
אִ֣ישׁ שָׂדֶ֑ה וְיַֽעֲקֹב֙ אִ֣ישׁ תָּ֔ם יֹשֵׁ֖ב אֹֽהָלִֽים: וַיֶּֽאֱהַ֥ב
יִצְחָ֛ק אֶת־עֵשָׂ֖ו כִּי־צַ֣יִד בְּפִ֑יו וְרִבְקָ֖ה אֹהֶ֥בֶת
אֶֽת־יַעֲקֹֽב: וַיָּ֥זֶד יַֽעֲקֹ֖ב נָזִ֑יד וַיָּבֹ֥א עֵשָׂ֛ו מִן־הַשָּׂדֶ֖ה
וְה֥וּא עָיֵֽף: וַיֹּ֨אמֶר עֵשָׂ֜ו אֶֽל־יַעֲקֹ֗ב הַלְעִיטֵ֤נִי נָא֙
מִן־הָֽאָדֹ֤ם הָֽאָדֹם֙ הַזֶּ֔ה כִּ֥י עָיֵ֖ף אָנֹ֑כִי עַל־כֵּ֥ן
קָֽרָא־שְׁמ֖וֹ אֱדֽוֹם: וַיֹּ֖אמֶר יַֽעֲקֹ֑ב מִכְרָ֥ה כַיּ֛וֹם
אֶת־בְּכֹֽרָתְךָ֖ לִֽי: וַיֹּ֣אמֶר עֵשָׂ֗ו הִנֵּ֛ה אָֽנֹכִ֥י הוֹלֵ֖ךְ
לָמ֑וּת וְלָמָּה־זֶּ֥ה לִ֖י בְּכֹרָֽה: וַיֹּ֣אמֶר יַֽעֲקֹ֗ב הִשָּׁ֤בְעָה
לִּי֙ כַּיּ֔וֹם וַיִּשָּׁבַ֖ע ל֑וֹ וַיִּמְכֹּ֥ר אֶת־בְּכֹֽרָת֖וֹ לְיַֽעֲקֹֽב:
וְיַֽעֲקֹ֞ב נָתַ֣ן לְעֵשָׂ֗ו לֶ֚חֶם וּנְזִ֣יד עֲדָשִׁ֔ים וַיֹּ֣אכַל
וַיֵּ֔שְׁתְּ וַיָּ֖קָם וַיֵּלַ֑ךְ וַיִּ֥בֶז עֵשָׂ֖ו אֶת־הַבְּכֹרָֽה: וַיְהִ֤י
רָעָב֙ בָּאָ֔רֶץ מִלְּבַד֙ הָֽרָעָ֣ב הָֽרִאשׁ֔וֹן אֲשֶׁ֥ר הָיָ֖ה

וירא

כה וַיֵּרָ֤א אֵלָיו֙ יְהֹוָ֔ה בְּאֵֽלֹנֵ֖י מַמְרֵ֑א וְה֛וּא יֹשֵׁ֥ב
פֶּֽתַח־הָאֹ֖הֶל כְּחֹ֥ם הַיּֽוֹם: וַיִּשָּׂ֤א עֵינָיו֙ וַיַּ֔רְא וְהִנֵּה֙
שְׁלֹשָׁ֣ה אֲנָשִׁ֔ים נִצָּבִ֖ים עָלָ֑יו וַיַּ֗רְא וַיָּ֤רָץ לִקְרָאתָם֙
מִפֶּ֣תַח הָאֹ֔הֶל וַיִּשְׁתַּ֖חוּ אָֽרְצָה: וַיֹּאמַ֑ר אֲדֹנָ֗י
אִם־נָ֨א מָצָ֤אתִי חֵן֙ בְּעֵינֶ֔יךָ אַל־נָ֥א תַֽעֲבֹ֖ר מֵעַ֥ל
עַבְדֶּֽךָ: יֻקַּֽח־נָ֣א מְעַט־מַ֔יִם וְרַֽחֲצ֖וּ רַגְלֵיכֶ֑ם
וְהִֽשָּׁעֲנ֖וּ תַּ֥חַת הָעֵֽץ: וְאֶקְחָ֨ה פַת־לֶ֜חֶם וְסַֽעֲד֤וּ
לִבְּכֶם֙ אַחַ֣ר תַּֽעֲבֹ֔רוּ כִּֽי־עַל־כֵּ֥ן עֲבַרְתֶּ֖ם עַל־
עַבְדְּכֶ֑ם וַיֹּ֣אמְר֔וּ כֵּ֥ן תַּֽעֲשֶׂ֖ה כַּֽאֲשֶׁ֥ר דִּבַּֽרְתָּ:

לוי: וַיְמַהֵ֧ר אַבְרָהָ֛ם הָאֹ֖הֱלָה אֶל־שָׂרָ֑ה וַיֹּ֗אמֶר
מַֽהֲרִ֞י שְׁלֹ֣שׁ סְאִים֙ קֶ֣מַח סֹ֔לֶת ל֖וּשִׁי וַֽעֲשִׂ֥י עֻגֽוֹת:
וְאֶל־הַבָּקָ֖ר רָ֣ץ אַבְרָהָ֑ם וַיִּקַּ֨ח בֶּן־בָּקָ֜ר רַ֤ךְ וָטוֹב֙
וַיִּתֵּ֣ן אֶל־הַנַּ֔עַר וַיְמַהֵ֖ר לַֽעֲשׂ֥וֹת אֹתֽוֹ: וַיִּקַּ֨ח
חֶמְאָ֜ה וְחָלָ֗ב וּבֶן־הַבָּקָר֙ אֲשֶׁ֣ר עָשָׂ֔ה וַיִּתֵּ֖ן
לִפְנֵיהֶ֑ם וְהֽוּא־עֹמֵ֧ד עֲלֵיהֶ֛ם תַּ֥חַת הָעֵ֖ץ וַיֹּאכֵֽלוּ:

ישראל: וַיֹּֽאמְר֣וּ אֵלָ֔יו אַיֵּ֖ה שָׂרָ֣ה אִשְׁתֶּ֑ךָ וַיֹּ֖אמֶר
הִנֵּ֥ה בָאֹֽהֶל: וַיֹּ֗אמֶר שׁ֣וֹב אָשׁ֤וּב אֵלֶ֨יךָ֙ כָּעֵ֣ת חַיָּ֔ה
וְהִנֵּה־בֵ֖ן לְשָׂרָ֣ה אִשְׁתֶּ֑ךָ וְשָׂרָ֥ה שֹׁמַ֛עַת פֶּ֥תַח
הָאֹ֖הֶל וְה֥וּא אַֽחֲרָֽיו: וְאַבְרָהָ֤ם וְשָׂרָה֙ זְקֵנִ֔ים
בָּאִ֖ים בַּיָּמִ֑ים חָדַל֙ לִֽהְי֣וֹת לְשָׂרָ֔ה אֹ֖רַח כַּנָּשִֽׁים:
וַתִּצְחַ֥ק שָׂרָ֖ה בְּקִרְבָּ֣הּ לֵאמֹ֑ר אַֽחֲרֵ֤י בְלֹתִי֙
הָֽיְתָה־לִּ֣י עֶדְנָ֔ה וַֽאדֹנִ֖י זָקֵֽן: וַיֹּ֥אמֶר יְהֹוָ֖ה אֶל־
אַבְרָהָ֑ם לָ֣מָּה זֶּה֩ צָֽחֲקָ֨ה שָׂרָ֜ה לֵאמֹ֗ר הַאַ֥ף אֻמְנָ֛ם
אֵלֵ֖ד וַֽאֲנִ֥י זָקַֽנְתִּי: הֲיִפָּלֵ֥א מֵֽיהֹוָ֖ה דָּבָ֑ר לַמּוֹעֵ֞ד
אָשׁ֥וּב אֵלֶ֛יךָ כָּעֵ֥ת חַיָּ֖ה וּלְשָׂרָ֥ה בֵֽן:

חיי שרה

כה וַיִּֽהְיוּ֙ חַיֵּ֣י שָׂרָ֔ה מֵאָ֥ה שָׁנָ֛ה וְעֶשְׂרִ֥ים שָׁנָ֖ה
וְשֶׁ֣בַע שָׁנִ֑ים שְׁנֵ֖י חַיֵּ֥י שָׂרָֽה: וַתָּ֣מָת שָׂרָ֗ה בְּקִרְיַ֥ת
אַרְבַּ֛ע הִ֥וא חֶבְר֖וֹן בְּאֶ֣רֶץ כְּנָ֑עַן וַיָּבֹא֙ אַבְרָהָ֔ם
לִסְפֹּ֥ד לְשָׂרָ֖ה וְלִבְכֹּתָֽהּ: וַיָּ֨קָם֙ אַבְרָהָ֔ם מֵעַ֖ל פְּנֵ֣י
מֵת֑וֹ וַיְדַבֵּ֥ר אֶל־בְּנֵי־חֵ֖ת לֵאמֹֽר: גֵּר־וְתוֹשָׁ֥ב
אָֽנֹכִ֖י עִמָּכֶ֑ם תְּנ֨וּ לִ֤י אֲחֻזַּת־קֶ֙בֶר֙ עִמָּכֶ֔ם וְאֶקְבְּרָ֥ה
מֵתִ֖י מִלְּפָנָֽי: וַיַּֽעֲנ֧וּ בְנֵי־חֵ֛ת אֶת־אַבְרָהָ֖ם לֵאמֹ֥ר
לֽוֹ: שְׁמָעֵ֣נוּ ׀ אֲדֹנִ֗י נְשִׂ֨יא אֱלֹהִ֤ים אַתָּה֙ בְּתוֹכֵ֔נוּ
בְּמִבְחַ֣ר קְבָרֵ֔ינוּ קְבֹ֖ר אֶת־מֵתֶ֑ךָ אִ֣ישׁ מִמֶּ֗נּוּ
אֶת־קִבְר֛וֹ לֹֽא־יִכְלֶ֥ה מִמְּךָ֖ מִקְּבֹ֥ר מֵתֶֽךָ: וַיָּ֧קָם
אַבְרָהָ֛ם וַיִּשְׁתַּ֥חוּ לְעַם־הָאָ֖רֶץ לִבְנֵי־חֵֽת:

לוי: וַיְדַבֵּ֥ר אִתָּ֖ם לֵאמֹ֑ר אִם־יֵ֣שׁ אֶֽת־נַפְשְׁכֶ֗ם
לִקְבֹּ֤ר אֶת־מֵתִי֙ מִלְּפָנַ֔י שְׁמָע֕וּנִי וּפִגְעוּ־לִ֖י
בְּעֶפְר֥וֹן בֶּן־צֹֽחַר: וְיִתֶּן־לִ֗י אֶת־מְעָרַ֤ת הַמַּכְפֵּלָה֙
אֲשֶׁר־ל֔וֹ אֲשֶׁ֖ר בִּקְצֵ֣ה שָׂדֵ֑הוּ בְּכֶ֨סֶף מָלֵ֜א יִתְּנֶ֥נָּה
לִּ֛י בְּתֽוֹכְכֶ֖ם לַֽאֲחֻזַּת־קָֽבֶר: וְעֶפְר֥וֹן יֹשֵׁ֖ב בְּת֥וֹךְ

בִּימֵי אַבְרָהָם וַיֵּלֶךְ יִצְחָק אֶל־אֲבִימֶלֶךְ מֶלֶךְ־
פְּלִשְׁתִּים גְּרָרָה: וַיֵּרָא אֵלָיו יהוה וַיֹּאמֶר
אַל־תֵּרֵד מִצְרָיְמָה שְׁכֹן בָּאָרֶץ אֲשֶׁר אֹמַר אֵלֶיךָ:
גּוּר בָּאָרֶץ הַזֹּאת וְאֶהְיֶה עִמְּךָ וַאֲבָרְכֶךָּ כִּי־לְךָ
וּלְזַרְעֲךָ אֶתֵּן אֶת־כָּל־הָאֲרָצֹת הָאֵל וַהֲקִמֹתִי
אֶת־הַשְּׁבֻעָה אֲשֶׁר נִשְׁבַּעְתִּי לְאַבְרָהָם אָבִיךָ:
וְהִרְבֵּיתִי אֶת־זַרְעֲךָ כְּכוֹכְבֵי הַשָּׁמַיִם וְנָתַתִּי
לְזַרְעֲךָ אֵת כָּל־הָאֲרָצֹת הָאֵל וְהִתְבָּרְכוּ בְזַרְעֲךָ
כֹּל גּוֹיֵי הָאָרֶץ: עֵקֶב אֲשֶׁר־שָׁמַע אַבְרָהָם בְּקֹלִי
וַיִּשְׁמֹר מִשְׁמַרְתִּי מִצְוֹתַי חֻקּוֹתַי וְתוֹרֹתָי:

ויצא

כח וַיֵּצֵא יַעֲקֹב מִבְּאֵר שָׁבַע וַיֵּלֶךְ חָרָנָה: וַיִּפְגַּע
בַּמָּקוֹם וַיָּלֶן שָׁם כִּי־בָא הַשֶּׁמֶשׁ וַיִּקַּח מֵאַבְנֵי
הַמָּקוֹם וַיָּשֶׂם מְרַאֲשֹׁתָיו וַיִּשְׁכַּב בַּמָּקוֹם הַהוּא:
וַיַּחֲלֹם וְהִנֵּה סֻלָּם מֻצָּב אַרְצָה וְרֹאשׁוֹ מַגִּיעַ
הַשָּׁמָיְמָה וְהִנֵּה מַלְאֲכֵי אֱלֹהִים עֹלִים וְיֹרְדִים בּוֹ:
לוי וְהִנֵּה יהוה נִצָּב עָלָיו וַיֹּאמַר אֲנִי יהוה אֱלֹהֵי
אַבְרָהָם אָבִיךָ וֵאלֹהֵי יִצְחָק הָאָרֶץ אֲשֶׁר אַתָּה
שֹׁכֵב עָלֶיהָ לְךָ אֶתְּנֶנָּה וּלְזַרְעֶךָ: וְהָיָה זַרְעֲךָ
כַּעֲפַר הָאָרֶץ וּפָרַצְתָּ יָמָּה וָקֵדְמָה וְצָפֹנָה וָנֶגְבָּה
וְנִבְרְכוּ בְךָ כָּל־מִשְׁפְּחֹת הָאֲדָמָה וּבְזַרְעֶךָ: וְהִנֵּה
אָנֹכִי עִמָּךְ וּשְׁמַרְתִּיךָ בְּכֹל אֲשֶׁר־תֵּלֵךְ
וַהֲשִׁבֹתִיךָ אֶל־הָאֲדָמָה הַזֹּאת כִּי לֹא אֶעֱזָבְךָ עַד
אֲשֶׁר אִם־עָשִׂיתִי אֵת אֲשֶׁר־דִּבַּרְתִּי לָךְ: וַיִּיקַץ
יַעֲקֹב מִשְּׁנָתוֹ וַיֹּאמֶר אָכֵן יֵשׁ יהוה בַּמָּקוֹם הַזֶּה
וְאָנֹכִי לֹא יָדָעְתִּי: וַיִּירָא וַיֹּאמַר מַה־נּוֹרָא
הַמָּקוֹם הַזֶּה אֵין זֶה כִּי אִם־בֵּית אֱלֹהִים וְזֶה
שַׁעַר הַשָּׁמָיִם:

ישראל וַיַּשְׁכֵּם יַעֲקֹב בַּבֹּקֶר וַיִּקַּח אֶת־הָאֶבֶן
אֲשֶׁר־שָׂם מְרַאֲשֹׁתָיו וַיָּשֶׂם אֹתָהּ מַצֵּבָה וַיִּצֹק
שֶׁמֶן עַל־רֹאשָׁהּ: וַיִּקְרָא אֶת־שֵׁם־הַמָּקוֹם הַהוּא
בֵּית־אֵל וְאוּלָם לוּז שֵׁם־הָעִיר לָרִאשֹׁנָה: וַיִּדַּר
יַעֲקֹב נֶדֶר לֵאמֹר אִם־יִהְיֶה אֱלֹהִים עִמָּדִי
וּשְׁמָרַנִי בַּדֶּרֶךְ הַזֶּה אֲשֶׁר אָנֹכִי הוֹלֵךְ וְנָתַן־לִי
לֶחֶם לֶאֱכֹל וּבֶגֶד לִלְבֹּשׁ: וְשַׁבְתִּי בְשָׁלוֹם
אֶל־בֵּית אָבִי וְהָיָה יהוה לִי לֵאלֹהִים: וְהָאֶבֶן
הַזֹּאת אֲשֶׁר־שַׂמְתִּי מַצֵּבָה יִהְיֶה בֵּית אֱלֹהִים
וְכֹל אֲשֶׁר תִּתֶּן־לִי עַשֵּׂר אֲעַשְּׂרֶנּוּ לָךְ:

וישלח

כח וַיִּשְׁלַח יַעֲקֹב מַלְאָכִים לְפָנָיו אֶל־עֵשָׂו אָחִיו
אַרְצָה שֵׂעִיר שְׂדֵה אֱדוֹם: וַיְצַו אֹתָם לֵאמֹר כֹּה
תֹאמְרוּן לַאדֹנִי לְעֵשָׂו כֹּה אָמַר עַבְדְּךָ יַעֲקֹב
עִם־לָבָן גַּרְתִּי וָאֵחַר עַד־עָתָּה: וַיְהִי־לִי שׁוֹר

וַחֲמוֹר צֹאן וְעֶבֶד וְשִׁפְחָה וָאֶשְׁלְחָה לְהַגִּיד
לַאדֹנִי לִמְצֹא־חֵן בְּעֵינֶיךָ:
לוי וַיָּשֻׁבוּ הַמַּלְאָכִים אֶל־יַעֲקֹב לֵאמֹר בָּאנוּ
אֶל־אָחִיךָ אֶל־עֵשָׂו וְגַם הֹלֵךְ לִקְרָאתְךָ וְאַרְבַּע־
מֵאוֹת אִישׁ עִמּוֹ: וַיִּירָא יַעֲקֹב מְאֹד וַיֵּצֶר לוֹ
וַיַּחַץ אֶת־הָעָם אֲשֶׁר־אִתּוֹ וְאֶת־הַצֹּאן וְאֶת־
הַבָּקָר וְהַגְּמַלִּים לִשְׁנֵי מַחֲנוֹת: וַיֹּאמֶר אִם־יָבוֹא
עֵשָׂו אֶל־הַמַּחֲנֶה הָאַחַת וְהִכָּהוּ וְהָיָה הַמַּחֲנֶה
הַנִּשְׁאָר לִפְלֵיטָה:
ישראל וַיֹּאמֶר יַעֲקֹב אֱלֹהֵי אָבִי אַבְרָהָם וֵאלֹהֵי
אָבִי יִצְחָק יהוה הָאֹמֵר אֵלַי שׁוּב לְאַרְצְךָ
וּלְמוֹלַדְתְּךָ וְאֵיטִיבָה עִמָּךְ: קָטֹנְתִּי מִכֹּל
הַחֲסָדִים וּמִכָּל־הָאֱמֶת אֲשֶׁר עָשִׂיתָ אֶת־עַבְדֶּךָ
כִּי בְמַקְלִי עָבַרְתִּי אֶת־הַיַּרְדֵּן הַזֶּה וְעַתָּה הָיִיתִי
לִשְׁנֵי מַחֲנוֹת: הַצִּילֵנִי נָא מִיַּד אָחִי מִיַּד עֵשָׂו
כִּי־יָרֵא אָנֹכִי אֹתוֹ פֶּן־יָבוֹא וְהִכַּנִי אֵם עַל־בָּנִים:
וְאַתָּה אָמַרְתָּ הֵיטֵב אֵיטִיב עִמָּךְ וְשַׂמְתִּי אֶת־
זַרְעֲךָ כְּחוֹל הַיָּם אֲשֶׁר לֹא־יִסָּפֵר מֵרֹב:

וישב

כח וַיֵּשֶׁב יַעֲקֹב בְּאֶרֶץ מְגוּרֵי אָבִיו בְּאֶרֶץ כְּנָעַן:
אֵלֶּה | תֹּלְדוֹת יַעֲקֹב יוֹסֵף בֶּן־שְׁבַע־עֶשְׂרֵה שָׁנָה
הָיָה רֹעֶה אֶת־אֶחָיו בַּצֹּאן וְהוּא נַעַר אֶת־בְּנֵי
בִלְהָה וְאֶת־בְּנֵי זִלְפָּה נְשֵׁי אָבִיו וַיָּבֵא יוֹסֵף
אֶת־דִּבָּתָם רָעָה אֶל־אֲבִיהֶם: וְיִשְׂרָאֵל אָהַב
אֶת־יוֹסֵף מִכָּל־בָּנָיו כִּי־בֶן־זְקֻנִים הוּא לוֹ וְעָשָׂה
לוֹ כְּתֹנֶת פַּסִּים:
לוי וַיִּרְאוּ אֶחָיו כִּי־אֹתוֹ אָהַב אֲבִיהֶם מִכָּל־אֶחָיו
וַיִּשְׂנְאוּ אֹתוֹ וְלֹא יָכְלוּ דַּבְּרוֹ לְשָׁלֹם: וַיַּחֲלֹם יוֹסֵף
חֲלוֹם וַיַּגֵּד לְאֶחָיו וַיּוֹסִפוּ עוֹד שְׂנֹא אֹתוֹ: וַיֹּאמֶר
אֲלֵיהֶם שִׁמְעוּ־נָא הַחֲלוֹם הַזֶּה אֲשֶׁר חָלָמְתִּי:
וְהִנֵּה אֲנַחְנוּ מְאַלְּמִים אֲלֻמִּים בְּתוֹךְ הַשָּׂדֶה
וְהִנֵּה קָמָה אֲלֻמָּתִי וְגַם־נִצָּבָה וְהִנֵּה תְסֻבֶּינָה
אֲלֻמֹּתֵיכֶם וַתִּשְׁתַּחֲוֶיןָ לַאֲלֻמָּתִי:
ישראל וַיֹּאמְרוּ לוֹ אֶחָיו הֲמָלֹךְ תִּמְלֹךְ עָלֵינוּ
אִם־מָשׁוֹל תִּמְשֹׁל בָּנוּ וַיּוֹסִפוּ עוֹד שְׂנֹא אֹתוֹ
עַל־חֲלֹמֹתָיו וְעַל־דְּבָרָיו: וַיַּחֲלֹם עוֹד חֲלוֹם
אַחֵר וַיְסַפֵּר אֹתוֹ לְאֶחָיו וַיֹּאמֶר הִנֵּה חָלַמְתִּי
חֲלוֹם עוֹד וְהִנֵּה הַשֶּׁמֶשׁ וְהַיָּרֵחַ וְאַחַד עָשָׂר
כּוֹכָבִים מִשְׁתַּחֲוִים לִי: וַיְסַפֵּר אֶל־אָבִיו וְאֶל־
אֶחָיו וַיִּגְעַר־בּוֹ אָבִיו וַיֹּאמֶר לוֹ מָה הַחֲלוֹם הַזֶּה
אֲשֶׁר חָלָמְתָּ הֲבוֹא נָבוֹא אֲנִי וְאִמְּךָ וְאַחֶיךָ
לְהִשְׁתַּחֲוֹת לְךָ אָרְצָה: וַיְקַנְאוּ־בוֹ אֶחָיו וְאָבִיו
שָׁמַר אֶת־הַדָּבָר:

מקץ

כח: וַיְהִי מִקֵּץ שְׁנָתַיִם יָמִים וּפַרְעֹה חֹלֵם וְהִנֵּה עֹמֵד עַל־הַיְאֹר: וְהִנֵּה מִן־הַיְאֹר עֹלֹת שֶׁבַע פָּרוֹת יְפוֹת מַרְאֶה וּבְרִיאֹת בָּשָׂר וַתִּרְעֶינָה בָּאָחוּ: וְהִנֵּה שֶׁבַע פָּרוֹת אֲחֵרוֹת עֹלוֹת אַחֲרֵיהֶן מִן־הַיְאֹר רָעוֹת מַרְאֶה וְדַקּוֹת בָּשָׂר וַתַּעֲמֹדְנָה אֵצֶל הַפָּרוֹת עַל־שְׂפַת הַיְאֹר: וַתֹּאכַלְנָה הַפָּרוֹת רָעוֹת הַמַּרְאֶה וְדַקֹּת הַבָּשָׂר אֵת שֶׁבַע הַפָּרוֹת יְפֹת הַמַּרְאֶה וְהַבְּרִיאֹת וַיִּיקַץ פַּרְעֹה:

לוי: וַיִּישָׁן וַיַּחֲלֹם שֵׁנִית וְהִנֵּה שֶׁבַע שִׁבֳּלִים עֹלוֹת בְּקָנֶה אֶחָד בְּרִיאוֹת וְטֹבוֹת: וְהִנֵּה שֶׁבַע שִׁבֳּלִים דַּקּוֹת וּשְׁדוּפֹת קָדִים צֹמְחוֹת אַחֲרֵיהֶן: וַתִּבְלַעְנָה הַשִּׁבֳּלִים הַדַּקּוֹת אֵת שֶׁבַע הַשִּׁבֳּלִים הַבְּרִיאוֹת וְהַמְּלֵאוֹת וַיִּיקַץ פַּרְעֹה וְהִנֵּה חֲלוֹם:

ישראל: וַיְהִי בַבֹּקֶר וַתִּפָּעֶם רוּחוֹ וַיִּשְׁלַח וַיִּקְרָא אֶת־כָּל־חַרְטֻמֵּי מִצְרַיִם וְאֶת־כָּל־חֲכָמֶיהָ וַיְסַפֵּר פַּרְעֹה לָהֶם אֶת־חֲלֹמוֹ וְאֵין־פּוֹתֵר אוֹתָם לְפַרְעֹה: וַיְדַבֵּר שַׂר הַמַּשְׁקִים אֶת־פַּרְעֹה לֵאמֹר אֶת־חֲטָאַי אֲנִי מַזְכִּיר הַיּוֹם: פַּרְעֹה קָצַף עַל־עֲבָדָיו וַיִּתֵּן אֹתִי בְּמִשְׁמַר בֵּית שַׂר הַטַּבָּחִים אֹתִי וְאֵת שַׂר הָאֹפִים: וַנַּחַלְמָה חֲלוֹם בְּלַיְלָה אֶחָד אֲנִי וָהוּא אִישׁ כְּפִתְרוֹן חֲלֹמוֹ חָלָמְנוּ: וְשָׁם אִתָּנוּ נַעַר עִבְרִי עֶבֶד לְשַׂר הַטַּבָּחִים וַנְּסַפֶּר־לוֹ וַיִּפְתָּר־לָנוּ אֶת־חֲלֹמֹתֵינוּ אִישׁ כַּחֲלֹמוֹ פָּתָר: וַיְהִי כַּאֲשֶׁר פָּתַר־לָנוּ כֵּן הָיָה אֹתִי הֵשִׁיב עַל־כַּנִּי וְאֹתוֹ תָלָה: וַיִּשְׁלַח פַּרְעֹה וַיִּקְרָא אֶת־יוֹסֵף וַיְרִיצֻהוּ מִן־הַבּוֹר וַיְגַלַּח וַיְחַלֵּף שִׂמְלֹתָיו וַיָּבֹא אֶל־פַּרְעֹה:

ויגש

כח: וַיִּגַּשׁ אֵלָיו יְהוּדָה וַיֹּאמֶר בִּי אֲדֹנִי יְדַבֶּר־נָא עַבְדְּךָ דָבָר בְּאָזְנֵי אֲדֹנִי וְאַל־יִחַר אַפְּךָ בְּעַבְדֶּךָ כִּי כָמוֹךָ כְּפַרְעֹה: אֲדֹנִי שָׁאַל אֶת־עֲבָדָיו לֵאמֹר הֲיֵשׁ־לָכֶם אָב אוֹ־אָח: וַנֹּאמֶר אֶל־אֲדֹנִי יֶשׁ־לָנוּ אָב זָקֵן וְיֶלֶד זְקֻנִים קָטָן וְאָחִיו מֵת וַיִּוָּתֵר הוּא לְבַדּוֹ לְאִמּוֹ וְאָבִיו אֲהֵבוֹ:

לוי: וַתֹּאמֶר אֶל־עֲבָדֶיךָ הוֹרִדֻהוּ אֵלָי וְאָשִׂימָה עֵינִי עָלָיו: וַנֹּאמֶר אֶל־אֲדֹנִי לֹא־יוּכַל הַנַּעַר לַעֲזֹב אֶת־אָבִיו וְעָזַב אֶת־אָבִיו וָמֵת: וַתֹּאמֶר אֶל־עֲבָדֶיךָ אִם־לֹא יֵרֵד אֲחִיכֶם הַקָּטֹן אִתְּכֶם לֹא תֹסִפוּן לִרְאוֹת פָּנָי: וַיְהִי כִּי עָלִינוּ אֶל־עַבְדְּךָ אָבִי וַנַּגֶּד־לוֹ אֵת דִּבְרֵי אֲדֹנִי:

ישראל: וַיֹּאמֶר אָבִינוּ שֻׁבוּ שִׁבְרוּ־לָנוּ מְעַט־אֹכֶל: וַנֹּאמֶר לֹא נוּכַל לָרֶדֶת אִם־יֵשׁ אָחִינוּ הַקָּטֹן אִתָּנוּ וְיָרַדְנוּ כִּי־לֹא נוּכַל לִרְאוֹת פְּנֵי הָאִישׁ וְאָחִינוּ הַקָּטֹן אֵינֶנּוּ אִתָּנוּ: וַיֹּאמֶר עַבְדְּךָ אָבִי אֵלֵינוּ אַתֶּם יְדַעְתֶּם כִּי שְׁנַיִם יָלְדָה־לִּי אִשְׁתִּי: וַיֵּצֵא הָאֶחָד מֵאִתִּי וָאֹמַר אַךְ טָרֹף טֹרָף וְלֹא רְאִיתִיו עַד־הֵנָּה: וּלְקַחְתֶּם גַּם־אֶת־זֶה מֵעִם פָּנַי וְקָרָהוּ אָסוֹן וְהוֹרַדְתֶּם אֶת־שֵׂיבָתִי בְּרָעָה שְׁאֹלָה: וְעַתָּה כְּבֹאִי אֶל־עַבְדְּךָ אָבִי וְהַנַּעַר אֵינֶנּוּ אִתָּנוּ וְנַפְשׁוֹ קְשׁוּרָה בְנַפְשׁוֹ:

ויחי

כח: וַיְחִי יַעֲקֹב בְּאֶרֶץ מִצְרַיִם שְׁבַע עֶשְׂרֵה שָׁנָה וַיְהִי יְמֵי־יַעֲקֹב שְׁנֵי חַיָּיו שֶׁבַע שָׁנִים וְאַרְבָּעִים וּמְאַת שָׁנָה: וַיִּקְרְבוּ יְמֵי־יִשְׂרָאֵל לָמוּת וַיִּקְרָא לִבְנוֹ לְיוֹסֵף וַיֹּאמֶר לוֹ אִם־נָא מָצָאתִי חֵן בְּעֵינֶיךָ שִׂים־נָא יָדְךָ תַּחַת יְרֵכִי וְעָשִׂיתָ עִמָּדִי חֶסֶד וֶאֱמֶת אַל־נָא תִקְבְּרֵנִי בְּמִצְרָיִם: וְשָׁכַבְתִּי עִם־אֲבֹתַי וּנְשָׂאתַנִי מִמִּצְרַיִם וּקְבַרְתַּנִי בִּקְבֻרָתָם וַיֹּאמַר אָנֹכִי אֶעֱשֶׂה כִדְבָרֶךָ: וַיֹּאמֶר הִשָּׁבְעָה לִי וַיִּשָּׁבַע לוֹ וַיִּשְׁתַּחוּ יִשְׂרָאֵל עַל־רֹאשׁ הַמִּטָּה:

לוי: וַיְהִי אַחֲרֵי הַדְּבָרִים הָאֵלֶּה וַיֹּאמֶר לְיוֹסֵף הִנֵּה אָבִיךָ חֹלֶה וַיִּקַּח אֶת־שְׁנֵי בָנָיו עִמּוֹ אֶת־מְנַשֶּׁה וְאֶת־אֶפְרָיִם: וַיַּגֵּד לְיַעֲקֹב וַיֹּאמֶר הִנֵּה בִּנְךָ יוֹסֵף בָּא אֵלֶיךָ וַיִּתְחַזֵּק יִשְׂרָאֵל וַיֵּשֶׁב עַל־הַמִּטָּה: וַיֹּאמֶר יַעֲקֹב אֶל־יוֹסֵף אֵל שַׁדַּי נִרְאָה־אֵלַי בְּלוּז בְּאֶרֶץ כְּנָעַן וַיְבָרֶךְ אֹתִי:

ישראל: וַיֹּאמֶר אֵלַי הִנְנִי מַפְרְךָ וְהִרְבִּיתִךָ וּנְתַתִּיךָ לִקְהַל עַמִּים וְנָתַתִּי אֶת־הָאָרֶץ הַזֹּאת לְזַרְעֲךָ אַחֲרֶיךָ אֲחֻזַּת עוֹלָם: וְעַתָּה שְׁנֵי־בָנֶיךָ הַנּוֹלָדִים לְךָ בְּאֶרֶץ מִצְרַיִם עַד־בֹּאִי אֵלֶיךָ מִצְרַיְמָה לִי־הֵם אֶפְרַיִם וּמְנַשֶּׁה כִּרְאוּבֵן וְשִׁמְעוֹן יִהְיוּ־לִי: וּמוֹלַדְתְּךָ אֲשֶׁר־הוֹלַדְתָּ אַחֲרֵיהֶם לְךָ יִהְיוּ עַל שֵׁם אֲחֵיהֶם יִקָּרְאוּ בְּנַחֲלָתָם: וַאֲנִי בְּבֹאִי מִפַּדָּן מֵתָה עָלַי רָחֵל בְּאֶרֶץ כְּנַעַן בַּדֶּרֶךְ בְּעוֹד כִּבְרַת־אֶרֶץ לָבֹא אֶפְרָתָה וָאֶקְבְּרֶהָ שָּׁם בְּדֶרֶךְ אֶפְרָת הִוא בֵּית לָחֶם: וַיַּרְא יִשְׂרָאֵל אֶת־בְּנֵי יוֹסֵף וַיֹּאמֶר מִי־אֵלֶּה: וַיֹּאמֶר יוֹסֵף אֶל־אָבִיו בָּנַי הֵם אֲשֶׁר־נָתַן־לִי אֱלֹהִים בָּזֶה וַיֹּאמַר קָחֶם־נָא אֵלַי וַאֲבָרֲכֵם:

שמות

כח: וְאֵלֶּה שְׁמוֹת בְּנֵי יִשְׂרָאֵל הַבָּאִים מִצְרָיְמָה אֵת יַעֲקֹב אִישׁ וּבֵיתוֹ בָּאוּ: רְאוּבֵן שִׁמְעוֹן לֵוִי וִיהוּדָה: יִשָּׂשכָר זְבוּלֻן וּבִנְיָמִן: דָּן וְנַפְתָּלִי גָּד וְאָשֵׁר: וַיְהִי כָּל־נֶפֶשׁ יֹצְאֵי יֶרֶךְ־יַעֲקֹב שִׁבְעִים

נֶפֶשׁ וְיוֹסֵף הָיָה בְמִצְרָיִם: וַיָּמָת יוֹסֵף וְכָל־אֶחָיו
וְכֹל הַדּוֹר הַהוּא: וּבְנֵי יִשְׂרָאֵל פָּרוּ וַיִּשְׁרְצוּ וַיִּרְבּוּ
וַיַּעַצְמוּ בִּמְאֹד מְאֹד וַתִּמָּלֵא הָאָרֶץ אֹתָם:

לוי: וַיָּקָם מֶלֶךְ־חָדָשׁ עַל־מִצְרָיִם אֲשֶׁר לֹא־יָדַע
אֶת־יוֹסֵף: וַיֹּאמֶר אֶל־עַמּוֹ הִנֵּה עַם בְּנֵי יִשְׂרָאֵל
רַב וְעָצוּם מִמֶּנּוּ: הָבָה נִתְחַכְּמָה לוֹ פֶּן־יִרְבֶּה
וְהָיָה כִּי־תִקְרֶאנָה מִלְחָמָה וְנוֹסַף גַּם־הוּא
עַל־שֹׂנְאֵינוּ וְנִלְחַם־בָּנוּ וְעָלָה מִן־הָאָרֶץ:
וַיָּשִׂימוּ עָלָיו שָׂרֵי מִסִּים לְמַעַן עַנֹּתוֹ בְּסִבְלֹתָם
וַיִּבֶן עָרֵי מִסְכְּנוֹת לְפַרְעֹה אֶת־פִּתֹם וְאֶת־
רַעַמְסֵס: וְכַאֲשֶׁר יְעַנּוּ אֹתוֹ כֵּן יִרְבֶּה וְכֵן יִפְרֹץ
וַיָּקֻצוּ מִפְּנֵי בְּנֵי יִשְׂרָאֵל:

ישראל: וַיַּעֲבִדוּ מִצְרַיִם אֶת־בְּנֵי יִשְׂרָאֵל בְּפָרֶךְ:
וַיְמָרְרוּ אֶת־חַיֵּיהֶם בַּעֲבֹדָה קָשָׁה בְּחֹמֶר
וּבִלְבֵנִים וּבְכָל־עֲבֹדָה בַּשָּׂדֶה אֵת כָּל־עֲבֹדָתָם
אֲשֶׁר־עָבְדוּ בָהֶם בְּפָרֶךְ: וַיֹּאמֶר מֶלֶךְ מִצְרַיִם
לַמְיַלְּדֹת הָעִבְרִיֹּת אֲשֶׁר שֵׁם הָאַחַת שִׁפְרָה וְשֵׁם
הַשֵּׁנִית פּוּעָה: וַיֹּאמֶר בְּיַלֶּדְכֶן אֶת־הָעִבְרִיּוֹת
וּרְאִיתֶן עַל־הָאָבְנָיִם אִם־בֵּן הוּא וַהֲמִתֶּן אֹתוֹ
וְאִם־בַּת הִוא וָחָיָה: וַתִּירֶאןָ הַמְיַלְּדֹת אֶת־
הָאֱלֹהִים וְלֹא עָשׂוּ כַּאֲשֶׁר דִּבֶּר אֲלֵיהֶן מֶלֶךְ
מִצְרָיִם וַתְּחַיֶּיןָ אֶת־הַיְלָדִים:

וארא

כה: וַיְדַבֵּר אֱלֹהִים אֶל־מֹשֶׁה וַיֹּאמֶר אֵלָיו אֲנִי
יהוה: וָאֵרָא אֶל־אַבְרָהָם אֶל־יִצְחָק וְאֶל־יַעֲקֹב
בְּאֵל שַׁדָּי וּשְׁמִי יהוה לֹא נוֹדַעְתִּי לָהֶם: וְגַם
הֲקִמֹתִי אֶת־בְּרִיתִי אִתָּם לָתֵת לָהֶם אֶת־אֶרֶץ
כְּנָעַן אֵת אֶרֶץ מְגֻרֵיהֶם אֲשֶׁר־גָּרוּ בָהּ: וְגַם אֲנִי
שָׁמַעְתִּי אֶת־נַאֲקַת בְּנֵי יִשְׂרָאֵל אֲשֶׁר מִצְרַיִם
מַעֲבִדִים אֹתָם וָאֶזְכֹּר אֶת־בְּרִיתִי:

לוי: לָכֵן אֱמֹר לִבְנֵי־יִשְׂרָאֵל אֲנִי יהוה וְהוֹצֵאתִי
אֶתְכֶם מִתַּחַת סִבְלֹת מִצְרַיִם וְהִצַּלְתִּי אֶתְכֶם
מֵעֲבֹדָתָם וְגָאַלְתִּי אֶתְכֶם בִּזְרוֹעַ נְטוּיָה
וּבִשְׁפָטִים גְּדֹלִים: וְלָקַחְתִּי אֶתְכֶם לִי לְעָם
וְהָיִיתִי לָכֶם לֵאלֹהִים וִידַעְתֶּם כִּי אֲנִי יהוה
אֱלֹהֵיכֶם הַמּוֹצִיא אֶתְכֶם מִתַּחַת סִבְלוֹת
מִצְרָיִם: וְהֵבֵאתִי אֶתְכֶם אֶל־הָאָרֶץ אֲשֶׁר
נָשָׂאתִי אֶת־יָדִי לָתֵת אֹתָהּ לְאַבְרָהָם לְיִצְחָק
וּלְיַעֲקֹב וְנָתַתִּי אֹתָהּ לָכֶם מוֹרָשָׁה אֲנִי יהוה:
וַיְדַבֵּר מֹשֶׁה כֵּן אֶל־בְּנֵי יִשְׂרָאֵל וְלֹא שָׁמְעוּ
אֶל־מֹשֶׁה מִקֹּצֶר רוּחַ וּמֵעֲבֹדָה קָשָׁה:

ישראל: וַיְדַבֵּר יהוה אֶל־מֹשֶׁה לֵּאמֹר: בֹּא דַבֵּר
אֶל־פַּרְעֹה מֶלֶךְ מִצְרָיִם וִישַׁלַּח אֶת־בְּנֵי־

יִשְׂרָאֵל מֵאַרְצוֹ: וַיְדַבֵּר מֹשֶׁה לִפְנֵי יהוה לֵאמֹר
הֵן בְּנֵי־יִשְׂרָאֵל לֹא־שָׁמְעוּ אֵלַי וְאֵיךְ יִשְׁמָעֵנִי
פַרְעֹה וַאֲנִי עֲרַל שְׂפָתָיִם: וַיְדַבֵּר יהוה אֶל־מֹשֶׁה
וְאֶל־אַהֲרֹן וַיְצַוֵּם אֶל־בְּנֵי יִשְׂרָאֵל וְאֶל־פַּרְעֹה
מֶלֶךְ מִצְרָיִם לְהוֹצִיא אֶת־בְּנֵי־יִשְׂרָאֵל מֵאֶרֶץ
מִצְרָיִם:

בא

כה: וַיֹּאמֶר יהוה אֶל־מֹשֶׁה בֹּא אֶל־פַּרְעֹה
כִּי־אֲנִי הִכְבַּדְתִּי אֶת־לִבּוֹ וְאֶת־לֵב עֲבָדָיו לְמַעַן
שִׁתִי אֹתֹתַי אֵלֶּה בְּקִרְבּוֹ: וּלְמַעַן תְּסַפֵּר בְּאָזְנֵי
בִנְךָ וּבֶן־בִּנְךָ אֵת אֲשֶׁר הִתְעַלַּלְתִּי בְּמִצְרַיִם
וְאֶת־אֹתֹתַי אֲשֶׁר־שַׂמְתִּי בָם וִידַעְתֶּם כִּי־אֲנִי
יהוה: וַיָּבֹא מֹשֶׁה וְאַהֲרֹן אֶל־פַּרְעֹה וַיֹּאמְרוּ
אֵלָיו כֹּה־אָמַר יהוה אֱלֹהֵי הָעִבְרִים עַד־מָתַי
מֵאַנְתָּ לֵעָנֹת מִפָּנָי שַׁלַּח עַמִּי וְיַעַבְדֻנִי:

לוי: כִּי אִם־מָאֵן אַתָּה לְשַׁלֵּחַ אֶת־עַמִּי הִנְנִי
מֵבִיא מָחָר אַרְבֶּה בִּגְבֻלֶךָ: וְכִסָּה אֶת־עֵין הָאָרֶץ
וְלֹא יוּכַל לִרְאֹת אֶת־הָאָרֶץ וְאָכַל | אֶת־יֶתֶר
הַפְּלֵטָה הַנִּשְׁאֶרֶת לָכֶם מִן־הַבָּרָד וְאָכַל אֶת־
כָּל־הָעֵץ הַצֹּמֵחַ לָכֶם מִן־הַשָּׂדֶה: וּמָלְאוּ בָתֶּיךָ
וּבָתֵּי כָל־עֲבָדֶיךָ וּבָתֵּי כָל־מִצְרַיִם אֲשֶׁר לֹא־
רָאוּ אֲבֹתֶיךָ וַאֲבוֹת אֲבֹתֶיךָ מִיּוֹם הֱיוֹתָם
עַל־הָאֲדָמָה עַד הַיּוֹם הַזֶּה וַיִּפֶן וַיֵּצֵא מֵעִם
פַּרְעֹה:

ישראל: וַיֹּאמְרוּ עַבְדֵי פַרְעֹה אֵלָיו עַד־מָתַי יִהְיֶה
זֶה לָנוּ לְמוֹקֵשׁ שַׁלַּח אֶת־הָאֲנָשִׁים וְיַעַבְדוּ
אֶת־יהוה אֱלֹהֵיהֶם הֲטֶרֶם תֵּדַע כִּי אָבְדָה
מִצְרָיִם: וַיּוּשַׁב אֶת־מֹשֶׁה וְאֶת־אַהֲרֹן אֶל־פַּרְעֹה
וַיֹּאמֶר אֲלֵהֶם לְכוּ עִבְדוּ אֶת־יהוה אֱלֹהֵיכֶם מִי
וָמִי הַהֹלְכִים: וַיֹּאמֶר מֹשֶׁה בִּנְעָרֵינוּ וּבִזְקֵנֵינוּ
נֵלֵךְ בְּבָנֵינוּ וּבִבְנוֹתֵנוּ בְּצֹאנֵנוּ וּבִבְקָרֵנוּ נֵלֵךְ כִּי
חַג־יהוה לָנוּ: וַיֹּאמֶר אֲלֵהֶם יְהִי כֵן יהוה עִמָּכֶם
כַּאֲשֶׁר אֲשַׁלַּח אֶתְכֶם וְאֶת־טַפְּכֶם רְאוּ כִּי רָעָה
נֶגֶד פְּנֵיכֶם: לֹא כֵן לְכוּ־נָא הַגְּבָרִים וְעִבְדוּ
אֶת־יהוה כִּי אֹתָהּ אַתֶּם מְבַקְשִׁים וַיְגָרֶשׁ אֹתָם
מֵאֵת פְּנֵי פַרְעֹה:

בשלח

כו: וַיְהִי בְּשַׁלַּח פַּרְעֹה אֶת־הָעָם וְלֹא־נָחָם
אֱלֹהִים דֶּרֶךְ אֶרֶץ פְּלִשְׁתִּים כִּי קָרוֹב הוּא
כִּי | אָמַר אֱלֹהִים פֶּן־יִנָּחֵם הָעָם בִּרְאֹתָם
מִלְחָמָה וְשָׁבוּ מִצְרָיְמָה: וַיַּסֵּב אֱלֹהִים אֶת־
הָעָם דֶּרֶךְ הַמִּדְבָּר יַם־סוּף וַחֲמֻשִׁים עָלוּ
בְנֵי־יִשְׂרָאֵל מֵאֶרֶץ מִצְרָיִם: וַיִּקַּח מֹשֶׁה אֶת־

עַצְמֹתַי יוֹסֵף עִמְּכֶם כִּי הַשְׁבֵּעַ הִשְׁבִּיעַ אֶת־בְּנֵי
יִשְׂרָאֵל לֵאמֹר פָּקֹד יִפְקֹד אֱלֹהִים אֶתְכֶם
וְהַעֲלִיתֶם אֶת־עַצְמֹתַי מִזֶּה אִתְּכֶם: וַיִּסְעוּ
מִסֻּכֹּת וַיַּחֲנוּ בְאֵתָם בִּקְצֵה הַמִּדְבָּר: וַיהוָה הֹלֵךְ
לִפְנֵיהֶם יוֹמָם בְּעַמּוּד עָנָן לַנְחֹתָם הַדֶּרֶךְ וְלַיְלָה
בְּעַמּוּד אֵשׁ לְהָאִיר לָהֶם לָלֶכֶת יוֹמָם וָלָיְלָה:
לֹא־יָמִישׁ עַמּוּד הֶעָנָן יוֹמָם וְעַמּוּד הָאֵשׁ לָיְלָה
לִפְנֵי הָעָם:

לוי וַיְדַבֵּר יְהוָה אֶל־מֹשֶׁה לֵּאמֹר: דַּבֵּר אֶל־בְּנֵי
יִשְׂרָאֵל וְיָשֻׁבוּ וְיַחֲנוּ לִפְנֵי פִּי הַחִירֹת בֵּין מִגְדֹּל
וּבֵין הַיָּם לִפְנֵי בַּעַל צְפֹן נִכְחוֹ תַחֲנוּ עַל־הַיָּם:
וְאָמַר פַּרְעֹה לִבְנֵי יִשְׂרָאֵל נְבֻכִים הֵם בָּאָרֶץ סָגַר
עֲלֵיהֶם הַמִּדְבָּר: וְחִזַּקְתִּי אֶת־לֵב־פַּרְעֹה וְרָדַף
אַחֲרֵיהֶם וְאִכָּבְדָה בְּפַרְעֹה וּבְכָל־חֵילוֹ וְיָדְעוּ
מִצְרַיִם כִּי־אֲנִי יְהוָה וַיַּעֲשׂוּ־כֵן:

ישראל וַיֻּגַּד לְמֶלֶךְ מִצְרַיִם כִּי בָרַח הָעָם וַיֵּהָפֵךְ
לְבַב פַּרְעֹה וַעֲבָדָיו אֶל־הָעָם וַיֹּאמְרוּ מַה־זֹּאת
עָשִׂינוּ כִּי־שִׁלַּחְנוּ אֶת־יִשְׂרָאֵל מֵעָבְדֵנוּ: וַיֶּאְסֹר
אֶת־רִכְבּוֹ וְאֶת־עַמּוֹ לָקַח עִמּוֹ: וַיִּקַּח שֵׁשׁ־
מֵאוֹת רֶכֶב בָּחוּר וְכֹל רֶכֶב מִצְרָיִם וְשָׁלִשִׁם עַל־
כֻּלּוֹ: וַיְחַזֵּק יְהוָה אֶת־לֵב פַּרְעֹה מֶלֶךְ מִצְרַיִם
וַיִּרְדֹּף אַחֲרֵי בְּנֵי יִשְׂרָאֵל וּבְנֵי יִשְׂרָאֵל יֹצְאִים
בְּיָד רָמָה:

יתרו

כה וַיִּשְׁמַע יִתְרוֹ כֹהֵן מִדְיָן חֹתֵן מֹשֶׁה אֵת כָּל־
אֲשֶׁר עָשָׂה אֱלֹהִים לְמֹשֶׁה וּלְיִשְׂרָאֵל עַמּוֹ כִּי־
הוֹצִיא יְהוָה אֶת־יִשְׂרָאֵל מִמִּצְרָיִם: וַיִּקַּח יִתְרוֹ
חֹתֵן מֹשֶׁה אֶת־צִפֹּרָה אֵשֶׁת מֹשֶׁה אַחַר
שִׁלּוּחֶיהָ: וְאֵת שְׁנֵי בָנֶיהָ אֲשֶׁר שֵׁם הָאֶחָד גֵּרְשֹׁם
כִּי אָמַר גֵּר הָיִיתִי בְּאֶרֶץ נָכְרִיָּה: וְשֵׁם הָאֶחָד
אֱלִיעֶזֶר כִּי־אֱלֹהֵי אָבִי בְּעֶזְרִי וַיַּצִּלֵנִי מֵחֶרֶב
פַּרְעֹה:

לוי וַיָּבֹא יִתְרוֹ חֹתֵן מֹשֶׁה וּבָנָיו וְאִשְׁתּוֹ אֶל־מֹשֶׁה
אֶל־הַמִּדְבָּר אֲשֶׁר־הוּא חֹנֶה שָׁם הַר הָאֱלֹהִים:
וַיֹּאמֶר אֶל־מֹשֶׁה אֲנִי חֹתֶנְךָ יִתְרוֹ בָּא אֵלֶיךָ
וְאִשְׁתְּךָ וּשְׁנֵי בָנֶיהָ עִמָּהּ: וַיֵּצֵא מֹשֶׁה לִקְרַאת
חֹתְנוֹ וַיִּשְׁתַּחוּ וַיִּשַּׁק־לוֹ וַיִּשְׁאֲלוּ אִישׁ־לְרֵעֵהוּ
לְשָׁלוֹם וַיָּבֹאוּ הָאֹהֱלָה: וַיְסַפֵּר מֹשֶׁה לְחֹתְנוֹ אֵת
כָּל־אֲשֶׁר עָשָׂה יְהוָה לְפַרְעֹה וּלְמִצְרַיִם עַל
אוֹדֹת יִשְׂרָאֵל אֵת כָּל־הַתְּלָאָה אֲשֶׁר מְצָאַתַם
בַּדֶּרֶךְ וַיַּצִּלֵם יְהוָה:

ישראל וַיִּחַדְּ יִתְרוֹ עַל כָּל־הַטּוֹבָה אֲשֶׁר־עָשָׂה
יְהוָה לְיִשְׂרָאֵל אֲשֶׁר הִצִּילוֹ מִיַּד מִצְרָיִם: וַיֹּאמֶר
יִתְרוֹ בָּרוּךְ יְהוָה אֲשֶׁר הִצִּיל אֶתְכֶם מִיַּד מִצְרַיִם

וּמִיַּד פַּרְעֹה אֲשֶׁר הִצִּיל אֶת־הָעָם מִתַּחַת יַד־
מִצְרָיִם: עַתָּה יָדַעְתִּי כִּי־גָדוֹל יְהוָה מִכָּל־
הָאֱלֹהִים כִּי בַדָּבָר אֲשֶׁר זָדוּ עֲלֵיהֶם: וַיִּקַּח יִתְרוֹ
חֹתֵן מֹשֶׁה עֹלָה וּזְבָחִים לֵאלֹהִים וַיָּבֹא אַהֲרֹן
וְכֹל ׀ זִקְנֵי יִשְׂרָאֵל לֶאֱכָל־לֶחֶם עִם־חֹתֵן מֹשֶׁה
לִפְנֵי הָאֱלֹהִים:

משפטים

כה וְאֵלֶּה הַמִּשְׁפָּטִים אֲשֶׁר תָּשִׂים לִפְנֵיהֶם: כִּי
תִקְנֶה עֶבֶד עִבְרִי שֵׁשׁ שָׁנִים יַעֲבֹד וּבַשְּׁבִעִת יֵצֵא
לַחָפְשִׁי חִנָּם: אִם־בְּגַפּוֹ יָבֹא בְּגַפּוֹ יֵצֵא אִם־בַּעַל
אִשָּׁה הוּא וְיָצְאָה אִשְׁתּוֹ עִמּוֹ: אִם־אֲדֹנָיו יִתֶּן־לוֹ
אִשָּׁה וְיָלְדָה־לוֹ בָנִים אוֹ בָנוֹת הָאִשָּׁה וִילָדֶיהָ
תִּהְיֶה לַאדֹנֶיהָ וְהוּא יֵצֵא בְגַפּוֹ: וְאִם־אָמֹר יֹאמַר
הָעֶבֶד אָהַבְתִּי אֶת־אֲדֹנִי אֶת־אִשְׁתִּי וְאֶת־בָּנָי
לֹא אֵצֵא חָפְשִׁי: וְהִגִּישׁוֹ אֲדֹנָיו אֶל־הָאֱלֹהִים
וְהִגִּישׁוֹ אֶל־הַדֶּלֶת אוֹ אֶל־הַמְּזוּזָה וְרָצַע אֲדֹנָיו
אֶת־אָזְנוֹ בַּמַּרְצֵעַ וַעֲבָדוֹ לְעֹלָם:

לוי וְכִי־יִמְכֹּר אִישׁ אֶת־בִּתּוֹ לְאָמָה לֹא תֵצֵא
כְּצֵאת הָעֲבָדִים: אִם־רָעָה בְּעֵינֵי אֲדֹנֶיהָ אֲשֶׁר־
לוֹ יְעָדָהּ וְהֶפְדָּהּ לְעַם נָכְרִי לֹא־יִמְשֹׁל לְמָכְרָהּ
בְּבִגְדוֹ־בָהּ: וְאִם־לִבְנוֹ יִיעָדֶנָּה כְּמִשְׁפַּט הַבָּנוֹת
יַעֲשֶׂה־לָּהּ: אִם־אַחֶרֶת יִקַּח־לוֹ שְׁאֵרָהּ כְּסוּתָהּ
וְעֹנָתָהּ לֹא יִגְרָע: וְאִם־שְׁלָשׁ־אֵלֶּה לֹא יַעֲשֶׂה
לָהּ וְיָצְאָה חִנָּם אֵין כָּסֶף:

ישראל מַכֵּה אִישׁ וָמֵת מוֹת יוּמָת: וַאֲשֶׁר לֹא צָדָה
וְהָאֱלֹהִים אִנָּה לְיָדוֹ וְשַׂמְתִּי לְךָ מָקוֹם אֲשֶׁר יָנוּס
שָׁמָּה: וְכִי־יָזִד אִישׁ עַל־רֵעֵהוּ לְהָרְגוֹ בְעָרְמָה
מֵעִם מִזְבְּחִי תִּקָּחֶנּוּ לָמוּת: וּמַכֵּה אָבִיו וְאִמּוֹ
מוֹת יוּמָת: וְגֹנֵב אִישׁ וּמְכָרוֹ וְנִמְצָא בְיָדוֹ מוֹת
יוּמָת: וּמְקַלֵּל אָבִיו וְאִמּוֹ מוֹת יוּמָת: וְכִי־יְרִיבֻן
אֲנָשִׁים וְהִכָּה־אִישׁ אֶת־רֵעֵהוּ בְּאֶבֶן אוֹ בְאֶגְרֹף
וְלֹא יָמוּת וְנָפַל לְמִשְׁכָּב: אִם־יָקוּם וְהִתְהַלֵּךְ
בַּחוּץ עַל־מִשְׁעַנְתּוֹ וְנִקָּה הַמַּכֶּה רַק שִׁבְתּוֹ יִתֵּן
וְרַפֹּא יְרַפֵּא:

תרומה

כה וַיְדַבֵּר יְהוָה אֶל־מֹשֶׁה לֵּאמֹר: דַּבֵּר אֶל־
בְּנֵי יִשְׂרָאֵל וְיִקְחוּ־לִי תְּרוּמָה מֵאֵת כָּל־אִישׁ
אֲשֶׁר יִדְּבֶנּוּ לִבּוֹ תִּקְחוּ אֶת־תְּרוּמָתִי: וְזֹאת
הַתְּרוּמָה אֲשֶׁר תִּקְחוּ מֵאִתָּם זָהָב וָכֶסֶף
וּנְחֹשֶׁת: וּתְכֵלֶת וְאַרְגָּמָן וְתוֹלַעַת שָׁנִי וְשֵׁשׁ
וְעִזִּים: וְעֹרֹת אֵילִם מְאָדָּמִים וְעֹרֹת תְּחָשִׁים
וַעֲצֵי שִׁטִּים:

לוי שֶׁמֶן לַמָּאֹר בְּשָׂמִים לְשֶׁמֶן הַמִּשְׁחָה
וְלִקְטֹרֶת הַסַּמִּים: אַבְנֵי־שֹׁהַם וְאַבְנֵי מִלֻּאִים

לְאֵפֹד וְלַחֹשֶׁן: וְעָשׂוּ לִי מִקְדָּשׁ וְשָׁכַנְתִּי בְּתוֹכָם:
כְּכֹל אֲשֶׁר אֲנִי מַרְאֶה אוֹתְךָ אֵת תַּבְנִית הַמִּשְׁכָּן
וְאֵת תַּבְנִית כָּל־כֵּלָיו וְכֵן תַּעֲשׂוּ:

ישראל: וְעָשׂוּ אֲרוֹן עֲצֵי שִׁטִּים אַמָּתַיִם וָחֵצִי אָרְכּוֹ
וְאַמָּה וָחֵצִי רָחְבּוֹ וְאַמָּה וָחֵצִי קֹמָתוֹ: וְצִפִּיתָ
אֹתוֹ זָהָב טָהוֹר מִבַּיִת וּמִחוּץ תְּצַפֶּנּוּ וְעָשִׂיתָ
עָלָיו זֵר זָהָב סָבִיב: וְיָצַקְתָּ לּוֹ אַרְבַּע טַבְּעֹת זָהָב
וְנָתַתָּה עַל אַרְבַּע פַּעֲמֹתָיו וּשְׁתֵּי טַבָּעֹת עַל־
צַלְעוֹ הָאֶחָת וּשְׁתֵּי טַבָּעֹת עַל־צַלְעוֹ הַשֵּׁנִית:
וְעָשִׂיתָ בַדֵּי עֲצֵי שִׁטִּים וְצִפִּיתָ אֹתָם זָהָב:
וְהֵבֵאתָ אֶת־הַבַּדִּים בַּטַּבָּעֹת עַל צַלְעֹת הָאָרֹן
לָשֵׂאת אֶת־הָאָרֹן בָּהֶם: בְּטַבְּעֹת הָאָרֹן יִהְיוּ
הַבַּדִּים לֹא יָסֻרוּ מִמֶּנּוּ: וְנָתַתָּ אֶל־הָאָרֹן אֵת
הָעֵדֻת אֲשֶׁר אֶתֵּן אֵלֶיךָ:

תצוה

כה: וְאַתָּה תְּצַוֶּה | אֶת־בְּנֵי יִשְׂרָאֵל וְיִקְחוּ אֵלֶיךָ
שֶׁמֶן זַיִת זָךְ כָּתִית לַמָּאוֹר לְהַעֲלֹת נֵר תָּמִיד:
בְּאֹהֶל מוֹעֵד מִחוּץ לַפָּרֹכֶת אֲשֶׁר עַל־הָעֵדֻת
יַעֲרֹךְ אֹתוֹ אַהֲרֹן וּבָנָיו מֵעֶרֶב עַד־בֹּקֶר לִפְנֵי
יְהוָה חֻקַּת עוֹלָם לְדֹרֹתָם מֵאֵת בְּנֵי יִשְׂרָאֵל:
וְאַתָּה הַקְרֵב אֵלֶיךָ אֶת־אַהֲרֹן אָחִיךָ וְאֶת־בָּנָיו
אִתּוֹ מִתּוֹךְ בְּנֵי יִשְׂרָאֵל לְכַהֲנוֹ־לִי אַהֲרֹן נָדָב
וַאֲבִיהוּא אֶלְעָזָר וְאִיתָמָר בְּנֵי אַהֲרֹן: וְעָשִׂיתָ
בִגְדֵי־קֹדֶשׁ לְאַהֲרֹן אָחִיךָ לְכָבוֹד וּלְתִפְאָרֶת:
וְאַתָּה תְּדַבֵּר אֶל־כָּל־חַכְמֵי־לֵב אֲשֶׁר מִלֵּאתִיו
רוּחַ חָכְמָה וְעָשׂוּ אֶת־בִּגְדֵי אַהֲרֹן לְקַדְּשׁוֹ
לְכַהֲנוֹ־לִי: וְאֵלֶּה הַבְּגָדִים אֲשֶׁר יַעֲשׂוּ חֹשֶׁן
וְאֵפוֹד וּמְעִיל וּכְתֹנֶת תַּשְׁבֵּץ מִצְנֶפֶת וְאַבְנֵט
וְעָשׂוּ בִגְדֵי־קֹדֶשׁ לְאַהֲרֹן אָחִיךָ וּלְבָנָיו לְכַהֲנוֹ־
לִי: וְהֵם יִקְחוּ אֶת־הַזָּהָב וְאֶת־הַתְּכֵלֶת וְאֶת־
הָאַרְגָּמָן וְאֶת־תּוֹלַעַת הַשָּׁנִי וְאֶת־הַשֵּׁשׁ:

לוי: וְעָשׂוּ אֶת־הָאֵפֹד זָהָב תְּכֵלֶת וְאַרְגָּמָן תּוֹלַעַת
שָׁנִי וְשֵׁשׁ מָשְׁזָר מַעֲשֵׂה חֹשֵׁב: שְׁתֵּי כְתֵפֹת
חֹבְרֹת יִהְיֶה־לּוֹ אֶל־שְׁנֵי קְצוֹתָיו וְחֻבָּר: וְחֵשֶׁב
אֲפֻדָּתוֹ אֲשֶׁר עָלָיו כְּמַעֲשֵׂהוּ מִמֶּנּוּ יִהְיֶה זָהָב
תְּכֵלֶת וְאַרְגָּמָן וְתוֹלַעַת שָׁנִי וְשֵׁשׁ מָשְׁזָר:
וְלָקַחְתָּ אֶת־שְׁתֵּי אַבְנֵי־שֹׁהַם וּפִתַּחְתָּ עֲלֵיהֶם
שְׁמוֹת בְּנֵי יִשְׂרָאֵל:

ישראל: שִׁשָּׁה מִשְּׁמֹתָם עַל הָאֶבֶן הָאֶחָת וְאֶת־
שְׁמוֹת הַשִּׁשָּׁה הַנּוֹתָרִים עַל־הָאֶבֶן הַשֵּׁנִית
כְּתוֹלְדֹתָם: מַעֲשֵׂה חָרַשׁ אֶבֶן פִּתּוּחֵי חֹתָם
תְּפַתַּח אֶת־שְׁתֵּי הָאֲבָנִים עַל־שְׁמֹת בְּנֵי יִשְׂרָאֵל
מֻסַבֹּת מִשְׁבְּצוֹת זָהָב תַּעֲשֶׂה אֹתָם: וְשַׂמְתָּ אֶת־
שְׁתֵּי הָאֲבָנִים עַל כִּתְפֹת הָאֵפֹד אַבְנֵי זִכָּרֹן לִבְנֵי

יִשְׂרָאֵל וְנָשָׂא אַהֲרֹן אֶת־שְׁמוֹתָם לִפְנֵי יְהוָה
עַל־שְׁתֵּי כְתֵפָיו לְזִכָּרֹן:

תשא

כו: וַיְדַבֵּר יְהוָה אֶל־מֹשֶׁה לֵּאמֹר: כִּי תִשָּׂא אֶת־
רֹאשׁ בְּנֵי־יִשְׂרָאֵל לִפְקֻדֵיהֶם וְנָתְנוּ אִישׁ כֹּפֶר
נַפְשׁוֹ לַיהוָה בִּפְקֹד אֹתָם וְלֹא־יִהְיֶה בָהֶם נֶגֶף
בִּפְקֹד אֹתָם: זֶה | יִתְּנוּ כָּל־הָעֹבֵר עַל־הַפְּקֻדִים
מַחֲצִית הַשֶּׁקֶל בְּשֶׁקֶל הַקֹּדֶשׁ עֶשְׂרִים גֵּרָה
הַשֶּׁקֶל מַחֲצִית הַשֶּׁקֶל תְּרוּמָה לַיהוָה:

לוי: כֹּל הָעֹבֵר עַל־הַפְּקֻדִים מִבֶּן עֶשְׂרִים שָׁנָה
וָמָעְלָה יִתֵּן תְּרוּמַת יְהוָה: הֶעָשִׁיר לֹא־יַרְבֶּה
וְהַדַּל לֹא יַמְעִיט מִמַּחֲצִית הַשָּׁקֶל לָתֵת אֶת־
תְּרוּמַת יְהוָה לְכַפֵּר עַל־נַפְשֹׁתֵיכֶם: וְלָקַחְתָּ
אֶת־כֶּסֶף הַכִּפֻּרִים מֵאֵת בְּנֵי יִשְׂרָאֵל וְנָתַתָּ אֹתוֹ
עַל־עֲבֹדַת אֹהֶל מוֹעֵד וְהָיָה לִבְנֵי יִשְׂרָאֵל
לְזִכָּרוֹן לִפְנֵי יְהוָה לְכַפֵּר עַל־נַפְשֹׁתֵיכֶם:

ישראל: וַיְדַבֵּר יְהוָה אֶל־מֹשֶׁה לֵּאמֹר: וְעָשִׂיתָ
כִּיּוֹר נְחֹשֶׁת וְכַנּוֹ נְחֹשֶׁת לְרָחְצָה וְנָתַתָּ אֹתוֹ בֵּין־
אֹהֶל מוֹעֵד וּבֵין הַמִּזְבֵּחַ וְנָתַתָּ שָׁמָּה מָיִם: וְרָחֲצוּ
אַהֲרֹן וּבָנָיו מִמֶּנּוּ אֶת־יְדֵיהֶם וְאֶת־רַגְלֵיהֶם:
בְּבֹאָם אֶל־אֹהֶל מוֹעֵד יִרְחֲצוּ־מַיִם וְלֹא יָמֻתוּ
אוֹ בְגִשְׁתָּם אֶל־הַמִּזְבֵּחַ לְשָׁרֵת לְהַקְטִיר אִשֶּׁה
לַיהוָה: וְרָחֲצוּ יְדֵיהֶם וְרַגְלֵיהֶם וְלֹא יָמֻתוּ
וְהָיְתָה לָהֶם חָק־עוֹלָם לוֹ וּלְזַרְעוֹ לְדֹרֹתָם:

ויקהל

כו: וַיַּקְהֵל מֹשֶׁה אֶת־כָּל־עֲדַת בְּנֵי יִשְׂרָאֵל
וַיֹּאמֶר אֲלֵהֶם אֵלֶּה הַדְּבָרִים אֲשֶׁר־צִוָּה יְהוָה
לַעֲשֹׂת אֹתָם: שֵׁשֶׁת יָמִים תֵּעָשֶׂה מְלָאכָה וּבַיּוֹם
הַשְּׁבִיעִי יִהְיֶה לָכֶם קֹדֶשׁ שַׁבַּת שַׁבָּתוֹן לַיהוָה
כָּל־הָעֹשֶׂה בוֹ מְלָאכָה יוּמָת: לֹא־תְבַעֲרוּ אֵשׁ
בְּכֹל מֹשְׁבֹתֵיכֶם בְּיוֹם הַשַּׁבָּת:

לוי: וַיֹּאמֶר מֹשֶׁה אֶל־כָּל־עֲדַת בְּנֵי־יִשְׂרָאֵל
לֵאמֹר זֶה הַדָּבָר אֲשֶׁר־צִוָּה יְהוָה לֵאמֹר: קְחוּ
מֵאִתְּכֶם תְּרוּמָה לַיהוָה כֹּל נְדִיב לִבּוֹ יְבִיאֶהָ אֵת
תְּרוּמַת יְהוָה זָהָב וָכֶסֶף וּנְחֹשֶׁת: וּתְכֵלֶת וְאַרְגָּמָן
וְתוֹלַעַת שָׁנִי וְשֵׁשׁ וְעִזִּים: וְעֹרֹת אֵילִם מְאָדָּמִים
וְעֹרֹת תְּחָשִׁים וַעֲצֵי שִׁטִּים: וְשֶׁמֶן לַמָּאוֹר
וּבְשָׂמִים לְשֶׁמֶן הַמִּשְׁחָה וְלִקְטֹרֶת הַסַּמִּים: וְאַבְנֵי־
שֹׁהַם וְאַבְנֵי מִלֻּאִים לָאֵפוֹד וְלַחֹשֶׁן: וְכָל־
חֲכַם־לֵב בָּכֶם יָבֹאוּ וְיַעֲשׂוּ אֵת כָּל־אֲשֶׁר צִוָּה
יְהוָה:

ישראל: אֶת־הַמִּשְׁכָּן אֶת־אָהֳלוֹ וְאֶת־מִכְסֵהוּ
אֶת־קְרָסָיו וְאֶת־קְרָשָׁיו אֶת־בְּרִיחָו אֶת־עַמֻּדָיו
וְאֶת־אֲדָנָיו: אֶת־הָאָרֹן וְאֶת־בַּדָּיו אֶת־הַכַּפֹּרֶת

ויקרא

כה: וַיִּקְרָא אֶל־מֹשֶׁה וַיְדַבֵּר יְהוָה אֵלָיו מֵאֹהֶל מוֹעֵד לֵאמֹר: דַּבֵּר אֶל־בְּנֵי יִשְׂרָאֵל וְאָמַרְתָּ אֲלֵהֶם אָדָם כִּי־יַקְרִיב מִכֶּם קָרְבָּן לַיהוָה מִן־הַבְּהֵמָה מִן־הַבָּקָר וּמִן־הַצֹּאן תַּקְרִיבוּ אֶת־קָרְבַּנְכֶם: אִם־עֹלָה קָרְבָּנוֹ מִן־הַבָּקָר זָכָר תָּמִים יַקְרִיבֶנּוּ אֶל־פֶּתַח אֹהֶל מוֹעֵד יַקְרִיב אֹתוֹ לִרְצֹנוֹ לִפְנֵי יְהוָה: וְסָמַךְ יָדוֹ עַל רֹאשׁ הָעֹלָה וְנִרְצָה לוֹ לְכַפֵּר עָלָיו:

לוי: וְשָׁחַט אֶת־בֶּן הַבָּקָר לִפְנֵי יְהוָה וְהִקְרִיבוּ בְּנֵי אַהֲרֹן הַכֹּהֲנִים אֶת־הַדָּם וְזָרְקוּ אֶת־הַדָּם עַל־הַמִּזְבֵּחַ סָבִיב אֲשֶׁר־פֶּתַח אֹהֶל מוֹעֵד: וְהִפְשִׁיט אֶת־הָעֹלָה וְנִתַּח אֹתָהּ לִנְתָחֶיהָ: וְנָתְנוּ בְּנֵי אַהֲרֹן הַכֹּהֵן אֵשׁ עַל־הַמִּזְבֵּחַ וְעָרְכוּ עֵצִים עַל־הָאֵשׁ: וְעָרְכוּ בְּנֵי אַהֲרֹן הַכֹּהֲנִים אֵת הַנְּתָחִים אֶת־הָרֹאשׁ וְאֶת־הַפָּדֶר עַל־הָעֵצִים אֲשֶׁר עַל־הָאֵשׁ אֲשֶׁר עַל־הַמִּזְבֵּחַ: וְקִרְבּוֹ וּכְרָעָיו יִרְחַץ בַּמָּיִם וְהִקְטִיר הַכֹּהֵן אֶת־הַכֹּל הַמִּזְבֵּחָה עֹלָה אִשֵּׁה רֵיחַ־נִיחוֹחַ לַיהוָה:

ישראל: וְאִם־מִן־הַצֹּאן קָרְבָּנוֹ מִן־הַכְּשָׂבִים אוֹ מִן־הָעִזִּים לְעֹלָה זָכָר תָּמִים יַקְרִיבֶנּוּ: וְשָׁחַט אֹתוֹ עַל יֶרֶךְ הַמִּזְבֵּחַ צָפֹנָה לִפְנֵי יְהוָה וְזָרְקוּ בְּנֵי אַהֲרֹן הַכֹּהֲנִים אֶת־דָּמוֹ עַל־הַמִּזְבֵּחַ סָבִיב: וְנִתַּח אֹתוֹ לִנְתָחָיו וְאֶת־רֹאשׁוֹ וְאֶת־פִּדְרוֹ וְעָרַךְ הַכֹּהֵן אֹתָם עַל־הָעֵצִים אֲשֶׁר עַל־הָאֵשׁ אֲשֶׁר עַל־הַמִּזְבֵּחַ: וְהַקֶּרֶב וְהַכְּרָעַיִם יִרְחַץ בַּמָּיִם וְהִקְרִיב הַכֹּהֵן אֶת־הַכֹּל וְהִקְטִיר הַמִּזְבֵּחָה עֹלָה הוּא אִשֵּׁה רֵיחַ נִיחֹחַ לַיהוָה:

צו

כה: וַיְדַבֵּר יְהוָה אֶל־מֹשֶׁה לֵּאמֹר: צַו אֶת־אַהֲרֹן וְאֶת־בָּנָיו לֵאמֹר זֹאת תּוֹרַת הָעֹלָה הִוא הָעֹלָה עַל מוֹקְדָה עַל־הַמִּזְבֵּחַ כָּל־הַלַּיְלָה עַד־הַבֹּקֶר וְאֵשׁ הַמִּזְבֵּחַ תּוּקַד בּוֹ: וְלָבַשׁ הַכֹּהֵן מִדּוֹ בַד וּמִכְנְסֵי־בַד יִלְבַּשׁ עַל־בְּשָׂרוֹ וְהֵרִים אֶת־הַדֶּשֶׁן אֲשֶׁר תֹּאכַל הָאֵשׁ אֶת־הָעֹלָה עַל־הַמִּזְבֵּחַ וְשָׂמוֹ אֵצֶל הַמִּזְבֵּחַ:

לוי: וּפָשַׁט אֶת־בְּגָדָיו וְלָבַשׁ בְּגָדִים אֲחֵרִים וְהוֹצִיא אֶת־הַדֶּשֶׁן אֶל־מִחוּץ לַמַּחֲנֶה אֶל־מָקוֹם טָהוֹר: וְהָאֵשׁ עַל־הַמִּזְבֵּחַ תּוּקַד־בּוֹ לֹא תִכְבֶּה וּבִעֵר עָלֶיהָ הַכֹּהֵן עֵצִים בַּבֹּקֶר בַּבֹּקֶר וְעָרַךְ עָלֶיהָ הָעֹלָה וְהִקְטִיר עָלֶיהָ חֶלְבֵי הַשְּׁלָמִים: אֵשׁ תָּמִיד תּוּקַד עַל־הַמִּזְבֵּחַ לֹא תִכְבֶּה:

וְאֵת פָּרֹכֶת הַמָּסָךְ: אֶת־הַשֻּׁלְחָן וְאֶת־בַּדָּיו וְאֶת־כָּל־כֵּלָיו וְאֵת לֶחֶם הַפָּנִים: וְאֶת־הַמְּנֹרָה הַמָּאוֹר וְאֶת־כֵּלֶיהָ וְאֶת־נֵרֹתֶיהָ וְאֵת שֶׁמֶן הַמָּאוֹר: וְאֵת מִזְבַּח הַקְּטֹרֶת וְאֶת־בַּדָּיו וְאֵת שֶׁמֶן הַמִּשְׁחָה וְאֵת קְטֹרֶת הַסַּמִּים וְאֶת־מָסַךְ פֶּתַח הַמִּשְׁכָּן: אֵת מִזְבַּח הָעֹלָה וְאֶת־מִכְבַּר הַנְּחֹשֶׁת אֲשֶׁר־לוֹ אֶת־בַּדָּיו וְאֶת־כָּל־כֵּלָיו אֶת־הַכִּיֹּר וְאֶת־כַּנּוֹ: אֵת קַלְעֵי הֶחָצֵר אֶת־עַמֻּדָיו וְאֶת־אֲדָנֶיהָ וְאֵת מָסַךְ שַׁעַר הֶחָצֵר: אֶת־מֵיתְרֵי הַמִּשְׁכָּן וְאֶת־יִתְדֹת הֶחָצֵר וְאֶת־מֵיתְרֵיהֶם: אֶת־בִּגְדֵי הַשְּׂרָד לְשָׁרֵת בַּקֹּדֶשׁ אֶת־בִּגְדֵי הַקֹּדֶשׁ לְאַהֲרֹן הַכֹּהֵן וְאֶת־בִּגְדֵי בָנָיו לְכַהֵן: וַיֵּצְאוּ כָּל־עֲדַת בְּנֵי־יִשְׂרָאֵל מִלִּפְנֵי מֹשֶׁה:

פקודי

כה: אֵלֶּה פְקוּדֵי הַמִּשְׁכָּן מִשְׁכַּן הָעֵדֻת אֲשֶׁר פֻּקַּד עַל־פִּי מֹשֶׁה עֲבֹדַת הַלְוִיִּם בְּיַד אִיתָמָר בֶּן־אַהֲרֹן הַכֹּהֵן: וּבְצַלְאֵל בֶּן־אוּרִי בֶן־חוּר לְמַטֵּה יְהוּדָה עָשָׂה אֵת כָּל־אֲשֶׁר־צִוָּה יְהוָה אֶת־מֹשֶׁה: וְאִתּוֹ אָהֳלִיאָב בֶּן־אֲחִיסָמָךְ לְמַטֵּה־דָן חָרָשׁ וְחֹשֵׁב וְרֹקֵם בַּתְּכֵלֶת וּבָאַרְגָּמָן וּבְתוֹלַעַת הַשָּׁנִי וּבַשֵּׁשׁ:

לוי: כָּל־הַזָּהָב הֶעָשׂוּי לַמְּלָאכָה בְּכֹל מְלֶאכֶת הַקֹּדֶשׁ וַיְהִי זְהַב הַתְּנוּפָה תֵּשַׁע וְעֶשְׂרִים כִּכָּר וּשְׁבַע מֵאוֹת וּשְׁלֹשִׁים שֶׁקֶל בְּשֶׁקֶל הַקֹּדֶשׁ: וְכֶסֶף פְּקוּדֵי הָעֵדָה מְאַת כִּכָּר וְאֶלֶף וּשְׁבַע מֵאוֹת וַחֲמִשָּׁה וְשִׁבְעִים שֶׁקֶל בְּשֶׁקֶל הַקֹּדֶשׁ: בֶּקַע לַגֻּלְגֹּלֶת מַחֲצִית הַשֶּׁקֶל בְּשֶׁקֶל הַקֹּדֶשׁ לְכֹל הָעֹבֵר עַל־הַפְּקֻדִים מִבֶּן עֶשְׂרִים שָׁנָה וָמַעְלָה לְשֵׁשׁ־מֵאוֹת אֶלֶף וּשְׁלֹשֶׁת אֲלָפִים וַחֲמֵשׁ מֵאוֹת וַחֲמִשִּׁים: וַיְהִי מְאַת כִּכַּר הַכֶּסֶף לָצֶקֶת אֵת אַדְנֵי הַקֹּדֶשׁ וְאֵת אַדְנֵי הַפָּרֹכֶת מְאַת אֲדָנִים לִמְאַת הַכִּכָּר כִּכָּר לָאָדֶן:

ישראל: וְאֶת־הָאֶלֶף וּשְׁבַע הַמֵּאוֹת וַחֲמִשָּׁה וְשִׁבְעִים עָשָׂה וָוִים לָעַמּוּדִים וְצִפָּה רָאשֵׁיהֶם וְחִשַּׁק אֹתָם: וּנְחֹשֶׁת הַתְּנוּפָה שִׁבְעִים כִּכָּר וְאַלְפַּיִם וְאַרְבַּע־מֵאוֹת שָׁקֶל: וַיַּעַשׂ בָּהּ אֶת־אַדְנֵי פֶּתַח אֹהֶל מוֹעֵד וְאֵת מִזְבַּח הַנְּחֹשֶׁת וְאֶת־מִכְבַּר הַנְּחֹשֶׁת אֲשֶׁר־לוֹ וְאֵת כָּל־כְּלֵי הַמִּזְבֵּחַ: וְאֶת־אַדְנֵי הֶחָצֵר סָבִיב וְאֶת־אַדְנֵי שַׁעַר הֶחָצֵר וְאֵת כָּל־יִתְדֹת הַמִּשְׁכָּן וְאֶת־כָּל־יִתְדֹת הֶחָצֵר סָבִיב: וּמִן־הַתְּכֵלֶת וְהָאַרְגָּמָן וְתוֹלַעַת הַשָּׁנִי עָשׂוּ בִגְדֵי־שְׂרָד לְשָׁרֵת בַּקֹּדֶשׁ וַיַּעֲשׂוּ אֶת־בִּגְדֵי הַקֹּדֶשׁ אֲשֶׁר לְאַהֲרֹן כַּאֲשֶׁר צִוָּה יְהוָה אֶת־מֹשֶׁה:

תזריע

כה: וַיְדַבֵּ֥ר יְהֹוָ֖ה אֶל־מֹשֶׁ֥ה לֵּאמֹֽר: דַּבֵּ֞ר אֶל־בְּנֵ֤י יִשְׂרָאֵל֙ לֵאמֹ֔ר אִשָּׁה֙ כִּ֣י תַזְרִ֔יעַ וְיָלְדָ֖ה זָכָ֑ר וְטָֽמְאָה֙ שִׁבְעַ֣ת יָמִ֔ים כִּימֵ֛י נִדַּ֥ת דְּוֺתָ֖הּ תִּטְמָֽא: וּבַיּ֖וֹם הַשְּׁמִינִ֑י יִמּ֖וֹל בְּשַׂ֥ר עׇרְלָתֽוֹ: וּשְׁלֹשִׁ֥ים יוֹם֙ וּשְׁלֹ֣שֶׁת יָמִ֔ים תֵּשֵׁ֖ב בִּדְמֵ֣י טׇהֳרָ֑ה בְּכׇל־קֹ֣דֶשׁ לֹֽא־תִגָּ֗ע וְאֶל־הַמִּקְדָּשׁ֙ לֹ֣א תָבֹ֔א עַד־מְלֹ֖את יְמֵ֥י טׇהֳרָֽהּ:

לוי: וְאִם־נְקֵבָ֣ה תֵלֵ֔ד וְטָֽמְאָ֥ה שְׁבֻעַ֖יִם כְּנִדָּתָ֑הּ וְשִׁשִּׁ֥ים יוֹם֙ וְשֵׁ֣שֶׁת יָמִ֔ים תֵּשֵׁ֖ב עַל־דְּמֵ֥י טׇהֳרָֽה: וּבִמְלֹ֣את ׀ יְמֵ֣י טׇהֳרָ֗הּ לְבֵן֙ א֣וֹ לְבַ֔ת תָּבִ֞יא כֶּ֤בֶשׂ בֶּן־שְׁנָתוֹ֙ לְעֹלָ֔ה וּבֶן־יוֹנָ֥ה אֽוֹ־תֹ֖ר לְחַטָּ֑את אֶל־פֶּ֥תַח אֹֽהֶל־מוֹעֵ֖ד אֶל־הַכֹּהֵֽן: וְהִקְרִיב֞וֹ לִפְנֵ֤י יְהֹוָה֙ וְכִפֶּ֣ר עָלֶ֔יהָ וְטָהֲרָ֖ה מִמְּקֹ֣ר דָּמֶ֑יהָ זֹ֤את תּוֹרַת֙ הַיֹּלֶ֔דֶת לַזָּכָ֖ר א֥וֹ לַנְּקֵבָֽה: וְאִם־לֹ֨א תִמְצָ֣א יָדָהּ֮ דֵּ֣י שֶׂה֒ וְלָֽקְחָ֣ה שְׁתֵּֽי־תֹרִ֗ים א֤וֹ שְׁנֵי֙ בְּנֵ֣י יוֹנָ֔ה אֶחָ֥ד לְעֹלָ֖ה וְאֶחָ֣ד לְחַטָּ֑את וְכִפֶּ֥ר עָלֶ֛יהָ הַכֹּהֵ֖ן וְטָהֵֽרָה:

ישראל: וַיְדַבֵּ֣ר יְהֹוָ֔ה אֶל־מֹשֶׁ֥ה וְאֶֽל־אַהֲרֹ֖ן לֵאמֹֽר: אָדָ֗ם כִּֽי־יִהְיֶ֤ה בְעוֹר־בְּשָׂרוֹ֙ שְׂאֵ֤ת אֽוֹ־סַפַּ֙חַת֙ א֣וֹ בַהֶ֔רֶת וְהָיָ֥ה בְעֽוֹר־בְּשָׂר֖וֹ לְנֶ֣גַע צָרָ֑עַת וְהוּבָא֙ אֶל־אַהֲרֹ֣ן הַכֹּהֵ֔ן א֛וֹ אֶל־אַחַ֥ד מִבָּנָ֖יו הַכֹּהֲנִֽים: וְרָאָ֣ה הַכֹּהֵ֣ן אֶת־הַנֶּ֣גַע בְּעֽוֹר־הַ֠בָּשָׂ֠ר וְשֵׂעָ֨ר בַּנֶּ֜גַע הָפַ֣ךְ ׀ לָבָ֗ן וּמַרְאֵ֤ה הַנֶּ֙גַע֙ עָמֹק֙ מֵע֣וֹר בְּשָׂר֔וֹ נֶ֥גַע צָרַ֖עַת ה֑וּא וְרָאָ֥הוּ הַכֹּהֵ֖ן וְטִמֵּ֥א אֹתֽוֹ: וְאִם־בַּהֶ֩רֶת֩ לְבָנָ֨ה הִ֜וא בְּע֣וֹר בְּשָׂר֗וֹ וְעָמֹק֙ אֵין־מַרְאֶ֣הָ מִן־הָע֔וֹר וּשְׂעָרָ֖הֿ לֹא־הָפַ֣ךְ לָבָ֑ן וְהִסְגִּ֧יר הַכֹּהֵ֛ן אֶת־הַנֶּ֖גַע שִׁבְעַ֥ת יָמִֽים: וְרָאָ֣הוּ הַכֹּהֵן֮ בַּיּ֣וֹם הַשְּׁבִיעִי֒ וְהִנֵּ֤ה הַנֶּ֙גַע֙ עָמַ֣ד בְּעֵינָ֔יו לֹֽא־פָשָׂ֥ה הַנֶּ֖גַע בָּע֑וֹר וְהִסְגִּיר֧וֹ הַכֹּהֵ֛ן שִׁבְעַ֥ת יָמִ֖ים שֵׁנִֽית:

מצורע

כה: וַיְדַבֵּ֥ר יְהֹוָ֖ה אֶל־מֹשֶׁ֥ה לֵּאמֹֽר: זֹ֤את תִּֽהְיֶה֙ תּוֹרַ֣ת הַמְּצֹרָ֔ע בְּי֖וֹם טׇהֳרָת֑וֹ וְהוּבָ֖א אֶל־הַכֹּהֵֽן: וְיָצָא֙ הַכֹּהֵ֔ן אֶל־מִח֖וּץ לַֽמַּחֲנֶ֑ה וְרָאָה֙ הַכֹּהֵ֔ן וְהִנֵּ֛ה נִרְפָּ֥א נֶֽגַע־הַצָּרַ֖עַת מִן־הַצָּרֽוּעַ: וְצִוָּה֙ הַכֹּהֵ֔ן וְלָקַ֧ח לַמִּטַּהֵ֛ר שְׁתֵּֽי־צִפֳּרִ֥ים חַיּ֖וֹת טְהֹר֑וֹת וְעֵ֣ץ אֶ֔רֶז וּשְׁנִ֥י תוֹלַ֖עַת וְאֵזֹֽב: וְצִוָּה֙ הַכֹּהֵ֔ן וְשָׁחַ֖ט אֶת־הַצִּפּ֣וֹר הָאֶחָ֑ת אֶל־כְּלִי־חֶ֖רֶשׂ עַל־מַ֥יִם חַיִּֽים:

לוי: אֶת־הַצִּפֹּ֤ר הַֽחַיָּה֙ יִקַּ֣ח אֹתָ֔הּ וְאֶת־עֵ֥ץ הָאֶ֛רֶז וְאֶת־שְׁנִ֥י הַתּוֹלַ֖עַת וְאֶת־הָֽאֵזֹ֑ב וְטָבַ֨ל אוֹתָ֜ם וְאֵ֣ת ׀ הַצִּפֹּ֣ר הַֽחַיָּ֗ה בְּדַם֙ הַצִּפֹּ֣ר הַשְּׁחֻטָ֔ה עַ֖ל הַמַּ֥יִם הַֽחַיִּֽים: וְהִזָּ֗ה עַ֧ל הַמִּטַּהֵ֛ר מִן־הַצָּרַ֖עַת שֶׁ֣בַע פְּעָמִ֑ים וְטִ֣הֲר֔וֹ וְשִׁלַּ֥ח אֶת־

ישראל: וְזֹ֣את תּוֹרַ֣ת הַמִּנְחָ֑ה הַקְרֵ֨ב אֹתָ֤הּ בְּנֵֽי־אַהֲרֹן֙ לִפְנֵ֣י יְהֹוָ֔ה אֶל־פְּנֵ֖י הַמִּזְבֵּֽחַ: וְהֵרִ֨ים מִמֶּ֜נּוּ בְּקֻמְצ֗וֹ מִסֹּ֤לֶת הַמִּנְחָה֙ וּמִשַּׁמְנָ֔הּ וְאֵת֙ כׇּל־הַלְּבֹנָ֔ה אֲשֶׁ֖ר עַל־הַמִּנְחָ֑ה וְהִקְטִ֣יר הַמִּזְבֵּ֗חַ רֵ֧יחַ נִיחֹ֛חַ אַזְכָּרָתָ֖הּ לַֽיהֹוָֽה: וְהַנּוֹתֶ֣רֶת מִמֶּ֔נָּה יֹֽאכְל֖וּ אַהֲרֹ֣ן וּבָנָ֑יו מַצּ֤וֹת תֵּֽאָכֵל֙ בְּמָק֣וֹם קָדֹ֔שׁ בַּחֲצַ֥ר אֹֽהֶל־מוֹעֵ֖ד יֹאכְלֽוּהָ: לֹ֤א תֵאָפֶה֙ חָמֵ֔ץ חֶלְקָ֛ם נָתַ֥תִּי אֹתָ֖הּ מֵֽאִשָּׁ֑י קֹ֤דֶשׁ קׇֽדָשִׁים֙ הִ֔וא כַּחַטָּ֖את וְכָֽאָשָֽׁם: כׇּל־זָכָ֞ר בִּבְנֵ֤י אַהֲרֹן֙ יֹֽאכְלֶ֔נָּה חׇק־עוֹלָם֙ לְדֹרֹ֣תֵיכֶ֔ם מֵֽאִשֵּׁ֖י יְהֹוָ֑ה כֹּ֛ל אֲשֶׁר־יִגַּ֥ע בָּהֶ֖ם יִקְדָּֽשׁ:

שמיני

כה: וַיְהִי֙ בַּיּ֣וֹם הַשְּׁמִינִ֔י קָרָ֣א מֹשֶׁ֔ה לְאַהֲרֹ֖ן וּלְבָנָ֑יו וּלְזִקְנֵ֖י יִשְׂרָאֵֽל: וַיֹּ֣אמֶר אֶֽל־אַהֲרֹ֗ן קַח־לְ֠ךָ֠ עֵ֣גֶל בֶּן־בָּקָ֧ר לְחַטָּ֛את וְאַ֥יִל לְעֹלָ֖ה תְּמִימִ֑ם וְהַקְרֵ֖ב לִפְנֵ֥י יְהֹוָֽה: וְאֶל־בְּנֵ֥י יִשְׂרָאֵ֖ל תְּדַבֵּ֣ר לֵאמֹ֑ר קְח֤וּ שְׂעִיר־עִזִּים֙ לְחַטָּ֔את וְעֵ֨גֶל וָכֶ֧בֶשׂ בְּנֵֽי־שָׁנָ֛ה תְּמִימִ֖ם לְעֹלָֽה: וְשׁ֨וֹר וָאַ֜יִל לִשְׁלָמִ֗ים לִזְבֹּ֙חַ֙ לִפְנֵ֣י יְהֹוָ֔ה וּמִנְחָ֖ה בְּלוּלָ֣ה בַשָּׁ֑מֶן כִּ֣י הַיּ֔וֹם יְהֹוָ֖ה נִרְאָ֥ה אֲלֵיכֶֽם: וַיִּקְח֗וּ אֵ֚ת אֲשֶׁ֣ר צִוָּ֣ה מֹשֶׁ֔ה אֶל־פְּנֵ֖י אֹ֣הֶל מוֹעֵ֑ד וַֽיִּקְרְבוּ֙ כׇּל־הָ֣עֵדָ֔ה וַיַּֽעַמְד֖וּ לִפְנֵ֥י יְהֹוָֽה: וַיֹּ֣אמֶר מֹשֶׁ֔ה זֶ֧ה הַדָּבָ֛ר אֲשֶׁר־צִוָּ֥ה יְהֹוָ֖ה תַּעֲשׂ֑וּ וְיֵרָ֥א אֲלֵיכֶ֖ם כְּב֥וֹד יְהֹוָֽה:

לוי: וַיֹּ֨אמֶר מֹשֶׁ֜ה אֶֽל־אַהֲרֹ֗ן קְרַ֤ב אֶל־הַמִּזְבֵּ֙חַ֙ וַעֲשֵׂ֞ה אֶת־חַטָּֽאתְךָ֙ וְאֶת־עֹ֣לָתֶ֔ךָ וְכַפֵּ֥ר בַּֽעַדְךָ֖ וּבְעַ֣ד הָעָ֑ם וַעֲשֵׂ֞ה אֶת־קׇרְבַּ֤ן הָעָם֙ וְכַפֵּ֣ר בַּֽעֲדָ֔ם כַּאֲשֶׁ֖ר צִוָּ֥ה יְהֹוָֽה: וַיִּקְרַ֥ב אַהֲרֹ֖ן אֶל־הַמִּזְבֵּ֑חַ וַיִּשְׁחַ֛ט אֶת־עֵ֥גֶל הַחַטָּ֖את אֲשֶׁר־לֽוֹ: וַ֠יַּקְרִ֠בוּ בְּנֵ֨י אַהֲרֹ֣ן אֶת־הַדָּם֮ אֵלָיו֒ וַיִּטְבֹּ֤ל אֶצְבָּעוֹ֙ בַּדָּ֔ם וַיִּתֵּ֖ן עַל־קַרְנ֣וֹת הַמִּזְבֵּ֑חַ וְאֶת־הַדָּ֣ם יָצַ֔ק אֶל־יְס֖וֹד הַמִּזְבֵּֽחַ: וְאֶת־הַחֵ֨לֶב וְאֶת־הַכְּלָיֹ֜ת וְאֶת־הַיֹּתֶ֤רֶת מִן־הַכָּבֵד֙ מִן־הַֽחַטָּ֔את הִקְטִ֖יר הַמִּזְבֵּ֑חָה כַּאֲשֶׁ֛ר צִוָּ֥ה יְהֹוָ֖ה אֶת־מֹשֶֽׁה:

ישראל: וְאֶת־הַבָּשָׂ֖ר וְאֶת־הָע֑וֹר שָׂרַ֣ף בָּאֵ֔שׁ מִח֖וּץ לַֽמַּחֲנֶֽה: וַיִּשְׁחַ֖ט אֶת־הָעֹלָ֑ה וַ֠יַּמְצִ֠אוּ בְּנֵ֨י אַהֲרֹ֤ן אֵלָיו֙ אֶת־הַדָּ֔ם וַיִּזְרְקֵ֥הוּ עַל־הַמִּזְבֵּ֖חַ סָבִֽיב: וְאֶת־הָ֣עֹלָ֔ה הִמְצִ֥יאוּ אֵלָ֖יו לִנְתָחֶ֑יהָ וְאֶת־הָרֹ֑אשׁ וַיַּקְטֵ֖ר עַל־הַמִּזְבֵּֽחַ: וַיִּרְחַ֥ץ אֶת־הַקֶּ֖רֶב וְאֶת־הַכְּרָעָ֑יִם וַיַּקְטֵ֥ר עַל־הָעֹלָ֖ה הַמִּזְבֵּֽחָה: וַיַּקְרֵ֕ב אֵ֖ת קׇרְבַּ֣ן הָעָ֑ם וַיִּקַּ֞ח אֶת־שְׂעִ֤יר הַֽחַטָּאת֙ אֲשֶׁ֣ר לָעָ֔ם וַיִּשְׁחָטֵ֥הוּ וַֽיְחַטְּאֵ֖הוּ כָּרִאשֽׁוֹן: וַיַּקְרֵ֖ב אֶת־הָעֹלָ֑ה וַיַּעֲשֶׂ֖הָ כַּמִּשְׁפָּֽט:

הַצִּפֹּר הַחַיָּה עַל־פְּנֵי הַשָּׂדֶה: וְכִבֶּס הַמִּטַּהֵר
אֶת־בְּגָדָיו וְגִלַּח אֶת־כָּל־שְׂעָרוֹ וְרָחַץ בַּמַּיִם
וְטָהֵר וְאַחַר יָבוֹא אֶל־הַמַּחֲנֶה וְיָשַׁב מִחוּץ
לְאָהֳלוֹ שִׁבְעַת יָמִים: וְהָיָה בַיּוֹם הַשְּׁבִיעִי יְגַלַּח
אֶת־כָּל־שְׂעָרוֹ אֶת־רֹאשׁוֹ וְאֶת־זְקָנוֹ וְאֵת גַּבֹּת
עֵינָיו וְאֶת־כָּל־שְׂעָרוֹ יְגַלֵּחַ וְכִבֶּס אֶת־בְּגָדָיו
וְרָחַץ אֶת־בְּשָׂרוֹ בַּמַּיִם וְטָהֵר:

ישראל: וּבַיּוֹם הַשְּׁמִינִי יִקַּח שְׁנֵי־כְבָשִׂים תְּמִימִם
וְכַבְשָׂה אַחַת בַּת־שְׁנָתָהּ תְּמִימָה וּשְׁלֹשָׁה
עֶשְׂרֹנִים סֹלֶת מִנְחָה בְּלוּלָה בַשֶּׁמֶן וְלֹג אֶחָד
שָׁמֶן: וְהֶעֱמִיד הַכֹּהֵן הַמְטַהֵר אֵת הָאִישׁ הַמִּטַּהֵר
וְאֹתָם לִפְנֵי יְהוָה פֶּתַח אֹהֶל מוֹעֵד: וְלָקַח הַכֹּהֵן
אֶת־הַכֶּבֶשׂ הָאֶחָד וְהִקְרִיב אֹתוֹ לְאָשָׁם וְאֶת־לֹג
הַשָּׁמֶן וְהֵנִיף אֹתָם תְּנוּפָה לִפְנֵי יְהוָה:

אחרי מות

וַיְדַבֵּר יְהוָה אֶל־מֹשֶׁה אַחֲרֵי מוֹת שְׁנֵי בְּנֵי
אַהֲרֹן בְּקָרְבָתָם לִפְנֵי־יְהוָה וַיָּמֻתוּ: וַיֹּאמֶר יְהוָה
אֶל־מֹשֶׁה דַּבֵּר אֶל־אַהֲרֹן אָחִיךָ וְאַל־יָבֹא
בְכָל־עֵת אֶל־הַקֹּדֶשׁ מִבֵּית לַפָּרֹכֶת אֶל־פְּנֵי
הַכַּפֹּרֶת אֲשֶׁר עַל־הָאָרֹן וְלֹא יָמוּת כִּי בֶּעָנָן
אֵרָאֶה עַל־הַכַּפֹּרֶת: בְּזֹאת יָבֹא אַהֲרֹן אֶל־
הַקֹּדֶשׁ בְּפַר בֶּן־בָּקָר לְחַטָּאת וְאַיִל לְעֹלָה:
כְּתֹנֶת־בַּד קֹדֶשׁ יִלְבָּשׁ וּמִכְנְסֵי־בַד יִהְיוּ עַל־
בְּשָׂרוֹ וּבְאַבְנֵט בַּד יַחְגֹּר וּבְמִצְנֶפֶת בַּד יִצְנֹף
בִּגְדֵי־קֹדֶשׁ הֵם וְרָחַץ בַּמַּיִם אֶת־בְּשָׂרוֹ וּלְבֵשָׁם:
וּמֵאֵת עֲדַת בְּנֵי יִשְׂרָאֵל יִקַּח שְׁנֵי־שְׂעִירֵי עִזִּים
לְחַטָּאת וְאַיִל אֶחָד לְעֹלָה: וְהִקְרִיב אַהֲרֹן אֶת־
פַּר הַחַטָּאת אֲשֶׁר־לוֹ וְכִפֶּר בַּעֲדוֹ וּבְעַד בֵּיתוֹ:

לוי: וְלָקַח אֶת־שְׁנֵי הַשְּׂעִירִם וְהֶעֱמִיד אֹתָם לִפְנֵי
יְהוָה פֶּתַח אֹהֶל מוֹעֵד: וְנָתַן אַהֲרֹן עַל־שְׁנֵי
הַשְּׂעִירִם גֹּרָלוֹת גּוֹרָל אֶחָד לַיהוָה וְגוֹרָל אֶחָד
לַעֲזָאזֵל: וְהִקְרִיב אַהֲרֹן אֶת־הַשָּׂעִיר אֲשֶׁר עָלָה
עָלָיו הַגּוֹרָל לַיהוָה וְעָשָׂהוּ חַטָּאת: וְהַשָּׂעִיר
אֲשֶׁר עָלָה עָלָיו הַגּוֹרָל לַעֲזָאזֵל יָעֳמַד־חַי לִפְנֵי
יְהוָה לְכַפֵּר עָלָיו לְשַׁלַּח אֹתוֹ לַעֲזָאזֵל
הַמִּדְבָּרָה: וְהִקְרִיב אַהֲרֹן אֶת־פַּר הַחַטָּאת
אֲשֶׁר־לוֹ וְכִפֶּר בַּעֲדוֹ וּבְעַד בֵּיתוֹ וְשָׁחַט אֶת־פַּר
הַחַטָּאת אֲשֶׁר־לוֹ:

ישראל: וְלָקַח מְלֹא־הַמַּחְתָּה גַּחֲלֵי־אֵשׁ מֵעַל
הַמִּזְבֵּחַ מִלִּפְנֵי יְהוָה וּמְלֹא חָפְנָיו קְטֹרֶת סַמִּים
דַּקָּה וְהֵבִיא מִבֵּית לַפָּרֹכֶת: וְנָתַן אֶת־הַקְּטֹרֶת
עַל־הָאֵשׁ לִפְנֵי יְהוָה וְכִסָּה | עֲנַן הַקְּטֹרֶת
אֶת־הַכַּפֹּרֶת אֲשֶׁר עַל־הָעֵדוּת וְלֹא יָמוּת: וְלָקַח
מִדַּם הַפָּר וְהִזָּה בְאֶצְבָּעוֹ עַל־פְּנֵי הַכַּפֹּרֶת קֵדְמָה

וְלִפְנֵי הַכַּפֹּרֶת יַזֶּה שֶׁבַע־פְּעָמִים מִן־הַדָּם
בְּאֶצְבָּעוֹ: וְשָׁחַט אֶת־שְׂעִיר הַחַטָּאת אֲשֶׁר לָעָם
וְהֵבִיא אֶת־דָּמוֹ אֶל־מִבֵּית לַפָּרֹכֶת וְעָשָׂה
אֶת־דָּמוֹ כַּאֲשֶׁר עָשָׂה לְדַם הַפָּר וְהִזָּה אֹתוֹ
עַל־הַכַּפֹּרֶת וְלִפְנֵי הַכַּפֹּרֶת: וְכִפֶּר עַל־הַקֹּדֶשׁ
מִטֻּמְאֹת בְּנֵי יִשְׂרָאֵל וּמִפִּשְׁעֵיהֶם לְכָל־חַטֹּאתָם
וְכֵן יַעֲשֶׂה לְאֹהֶל מוֹעֵד הַשֹּׁכֵן אִתָּם בְּתוֹךְ
טֻמְאֹתָם: וְכָל־אָדָם לֹא־יִהְיֶה | בְּאֹהֶל מוֹעֵד
בְּבֹאוֹ לְכַפֵּר בַּקֹּדֶשׁ עַד־צֵאתוֹ וְכִפֶּר בַּעֲדוֹ וּבְעַד
בֵּיתוֹ וּבְעַד כָּל־קְהַל יִשְׂרָאֵל:

קדושים

וַיְדַבֵּר יְהוָה אֶל־מֹשֶׁה לֵּאמֹר: דַּבֵּר אֶל־כָּל־
עֲדַת בְּנֵי־יִשְׂרָאֵל וְאָמַרְתָּ אֲלֵהֶם קְדֹשִׁים תִּהְיוּ
כִּי קָדוֹשׁ אֲנִי יְהוָה אֱלֹהֵיכֶם: אִישׁ אִמּוֹ וְאָבִיו
תִּירָאוּ וְאֶת־שַׁבְּתֹתַי תִּשְׁמֹרוּ אֲנִי יְהוָה
אֱלֹהֵיכֶם: אַל־תִּפְנוּ אֶל־הָאֱלִילִם וֵאלֹהֵי מַסֵּכָה
לֹא תַעֲשׂוּ לָכֶם אֲנִי יְהוָה אֱלֹהֵיכֶם:

לוי: וְכִי תִזְבְּחוּ זֶבַח שְׁלָמִים לַיהוָה לִרְצֹנְכֶם
תִּזְבָּחֻהוּ: בְּיוֹם זִבְחֲכֶם יֵאָכֵל וּמִמָּחֳרָת וְהַנּוֹתָר
עַד־יוֹם הַשְּׁלִישִׁי בָּאֵשׁ יִשָּׂרֵף: וְאִם הֵאָכֹל יֵאָכֵל
בַּיּוֹם הַשְּׁלִישִׁי פִּגּוּל הוּא לֹא יֵרָצֶה: וְאֹכְלָיו עֲו‍ֹנוֹ
יִשָּׂא כִּי־אֶת־קֹדֶשׁ יְהוָה חִלֵּל וְנִכְרְתָה הַנֶּפֶשׁ
הַהִוא מֵעַמֶּיהָ: וּבְקֻצְרְכֶם אֶת־קְצִיר אַרְצְכֶם לֹא
תְכַלֶּה פְּאַת שָׂדְךָ לִקְצֹר וְלֶקֶט קְצִירְךָ לֹא
תְלַקֵּט: וְכַרְמְךָ לֹא תְעוֹלֵל וּפֶרֶט כַּרְמְךָ לֹא
תְלַקֵּט לֶעָנִי וְלַגֵּר תַּעֲזֹב אֹתָם אֲנִי יְהוָה
אֱלֹהֵיכֶם:

ישראל: לֹא תִּגְנֹבוּ וְלֹא־תְכַחֲשׁוּ וְלֹא־תְשַׁקְּרוּ
אִישׁ בַּעֲמִיתוֹ: וְלֹא־תִשָּׁבְעוּ בִשְׁמִי לַשָּׁקֶר
וְחִלַּלְתָּ אֶת־שֵׁם אֱלֹהֶיךָ אֲנִי יְהוָה: לֹא־תַעֲשֹׁק
אֶת־רֵעֲךָ וְלֹא תִגְזֹל לֹא־תָלִין פְּעֻלַּת שָׂכִיר
אִתְּךָ עַד־בֹּקֶר: לֹא־תְקַלֵּל חֵרֵשׁ וְלִפְנֵי עִוֵּר לֹא
תִתֵּן מִכְשֹׁל וְיָרֵאתָ מֵּאֱלֹהֶיךָ אֲנִי יְהוָה:

אמור

וַיֹּאמֶר יְהוָה אֶל־מֹשֶׁה אֱמֹר אֶל־הַכֹּהֲנִים
בְּנֵי אַהֲרֹן וְאָמַרְתָּ אֲלֵהֶם לְנֶפֶשׁ לֹא־יִטַּמָּא
בְּעַמָּיו: כִּי אִם־לִשְׁאֵרוֹ הַקָּרֹב אֵלָיו לְאִמּוֹ
וּלְאָבִיו וְלִבְנוֹ וּלְבִתּוֹ וּלְאָחִיו: וְלַאֲחֹתוֹ הַבְּתוּלָה
הַקְּרוֹבָה אֵלָיו אֲשֶׁר לֹא־הָיְתָה לְאִישׁ לָהּ יִטַּמָּא:
לֹא יִטַּמָּא בַּעַל בְּעַמָּיו לְהֵחַלּוֹ: לֹא־יִקְרְחוּ
קָרְחָה בְּרֹאשָׁם וּפְאַת זְקָנָם לֹא יְגַלֵּחוּ וּבִבְשָׂרָם
לֹא יִשְׂרְטוּ שָׂרָטֶת: קְדֹשִׁים יִהְיוּ לֵאלֹהֵיהֶם וְלֹא
יְחַלְּלוּ שֵׁם אֱלֹהֵיהֶם כִּי אֶת־אִשֵּׁי יְהוָה לֶחֶם
אֱלֹהֵיהֶם הֵם מַקְרִיבִם וְהָיוּ קֹדֶשׁ:

בחוקתי

כו אִם־בְּחֻקֹּתַי תֵּלֵכוּ וְאֶת־מִצְוֹתַי תִּשְׁמְרוּ וַעֲשִׂיתֶם אֹתָם: וְנֵתַתִּי גִשְׁמֵיכֶם בְּעִתָּם וְנֵתְנָה הָאָרֶץ יְבוּלָהּ וְעֵץ הַשָּׂדֶה יִתֵּן פִּרְיוֹ: וְהִשִּׂיג לָכֶם דַּיִשׁ אֶת־בָּצִיר וּבָצִיר יַשִּׂיג אֶת־זֶרַע וַאֲכַלְתֶּם לַחְמְכֶם לָשֹׂבַע וִישַׁבְתֶּם לָבֶטַח בְּאַרְצְכֶם:

לוי וְנֵתַתִּי שָׁלוֹם בָּאָרֶץ וּשְׁכַבְתֶּם וְאֵין מַחֲרִיד וְהִשְׁבַּתִּי חַיָּה רָעָה מִן־הָאָרֶץ וְחֶרֶב לֹא־תַעֲבֹר בְּאַרְצְכֶם: וּרְדַפְתֶּם אֶת־אֹיְבֵיכֶם וְנָפְלוּ לִפְנֵיכֶם לֶחָרֶב: וְרָדְפוּ מִכֶּם חֲמִשָּׁה מֵאָה וּמֵאָה מִכֶּם רְבָבָה יִרְדֹּפוּ וְנָפְלוּ אֹיְבֵיכֶם לִפְנֵיכֶם לֶחָרֶב: וּפָנִיתִי אֲלֵיכֶם וְהִפְרֵיתִי אֶתְכֶם וְהִרְבֵּיתִי אֶתְכֶם וַהֲקִימֹתִי אֶת־בְּרִיתִי אִתְּכֶם:

ישראל: וַאֲכַלְתֶּם יָשָׁן נוֹשָׁן וְיָשָׁן מִפְּנֵי חָדָשׁ תּוֹצִיאוּ: וְנֵתַתִּי מִשְׁכָּנִי בְּתוֹכְכֶם וְלֹא־תִגְעַל נַפְשִׁי אֶתְכֶם: וְהִתְהַלַּכְתִּי בְּתוֹכְכֶם וְהָיִיתִי לָכֶם לֵאלֹהִים וְאַתֶּם תִּהְיוּ־לִי לְעָם: אֲנִי יהוה אֱלֹהֵיכֶם אֲשֶׁר הוֹצֵאתִי אֶתְכֶם מֵאֶרֶץ מִצְרַיִם מִהְיֹת לָהֶם עֲבָדִים וָאֶשְׁבֹּר מֹטֹת עֻלְּכֶם וָאוֹלֵךְ אֶתְכֶם קוֹמְמִיּוּת:

במדבר

כו וַיְדַבֵּר יהוה אֶל־מֹשֶׁה בְּמִדְבַּר סִינַי בְּאֹהֶל מוֹעֵד בְּאֶחָד לַחֹדֶשׁ הַשֵּׁנִי בַּשָּׁנָה הַשֵּׁנִית לְצֵאתָם מֵאֶרֶץ מִצְרַיִם לֵאמֹר: שְׂאוּ אֶת־רֹאשׁ כָּל־עֲדַת בְּנֵי־יִשְׂרָאֵל לְמִשְׁפְּחֹתָם לְבֵית אֲבֹתָם בְּמִסְפַּר שֵׁמוֹת כָּל־זָכָר לְגֻלְגְּלֹתָם: מִבֶּן עֶשְׂרִים שָׁנָה וָמַעְלָה כָּל־יֹצֵא צָבָא בְּיִשְׂרָאֵל תִּפְקְדוּ אֹתָם לְצִבְאֹתָם אַתָּה וְאַהֲרֹן: וְאִתְּכֶם יִהְיוּ אִישׁ אִישׁ לַמַּטֶּה אִישׁ רֹאשׁ לְבֵית־אֲבֹתָיו הוּא:

לוי: וְאֵלֶּה שְׁמוֹת הָאֲנָשִׁים אֲשֶׁר יַעַמְדוּ אִתְּכֶם לִרְאוּבֵן אֱלִיצוּר בֶּן־שְׁדֵיאוּר: לְשִׁמְעוֹן שְׁלֻמִיאֵל בֶּן־צוּרִישַׁדָּי: לִיהוּדָה נַחְשׁוֹן בֶּן־עַמִּינָדָב: לְיִשָּׂשכָר נְתַנְאֵל בֶּן־צוּעָר: לִזְבוּלֻן אֱלִיאָב בֶּן־חֵלֹן: לִבְנֵי יוֹסֵף לְאֶפְרַיִם אֱלִישָׁמָע בֶּן־עַמִּיהוּד לִמְנַשֶּׁה גַּמְלִיאֵל בֶּן־פְּדָהצוּר: לְבִנְיָמִן אֲבִידָן בֶּן־גִּדְעֹנִי: לְדָן אֲחִיעֶזֶר בֶּן־עַמִּישַׁדָּי: לְאָשֵׁר פַּגְעִיאֵל בֶּן־עָכְרָן: לְגָד אֶלְיָסָף בֶּן־דְּעוּאֵל: לְנַפְתָּלִי אֲחִירַע בֶּן־עֵינָן: אֵלֶּה קְרוּאֵי הָעֵדָה נְשִׂיאֵי מַטּוֹת אֲבוֹתָם רָאשֵׁי אַלְפֵי יִשְׂרָאֵל הֵם:

ישראל: וַיִּקַּח מֹשֶׁה וְאַהֲרֹן אֵת הָאֲנָשִׁים הָאֵלֶּה אֲשֶׁר נִקְּבוּ בְּשֵׁמֹת: וְאֵת כָּל־הָעֵדָה הִקְהִילוּ בְּאֶחָד לַחֹדֶשׁ הַשֵּׁנִי וַיִּתְיַלְדוּ עַל־מִשְׁפְּחֹתָם

אִשָּׁה זֹנָה וַחֲלָלָה לֹא יִקָּחוּ וְאִשָּׁה גְּרוּשָׁה מֵאִישָׁהּ לֹא יִקָּחוּ כִּי־קָדֹשׁ הוּא לֵאלֹהָיו: וְקִדַּשְׁתּוֹ כִּי־אֶת־לֶחֶם אֱלֹהֶיךָ הוּא מַקְרִיב קָדֹשׁ יִהְיֶה־לָּךְ כִּי קָדוֹשׁ אֲנִי יהוה מְקַדִּשְׁכֶם: וּבַת אִישׁ כֹּהֵן כִּי תֵחֵל לִזְנוֹת אֶת־אָבִיהָ הִיא מְחַלֶּלֶת בָּאֵשׁ תִּשָּׂרֵף: וְהַכֹּהֵן הַגָּדוֹל מֵאֶחָיו אֲשֶׁר־יוּצַק עַל־רֹאשׁוֹ שֶׁמֶן הַמִּשְׁחָה וּמִלֵּא אֶת־יָדוֹ לִלְבֹּשׁ אֶת־הַבְּגָדִים אֶת־רֹאשׁוֹ לֹא יִפְרָע וּבְגָדָיו לֹא יִפְרֹם: וְעַל כָּל־נַפְשֹׁת מֵת לֹא יָבֹא לְאָבִיו וּלְאִמּוֹ לֹא יִטַּמָּא: וּמִן־הַמִּקְדָּשׁ לֹא יֵצֵא וְלֹא יְחַלֵּל אֵת מִקְדַּשׁ אֱלֹהָיו כִּי נֵזֶר שֶׁמֶן מִשְׁחַת אֱלֹהָיו עָלָיו אֲנִי יהוה:

ישראל: וְהוּא אִשָּׁה בִבְתוּלֶיהָ יִקָּח: אַלְמָנָה וּגְרוּשָׁה וַחֲלָלָה זֹנָה אֶת־אֵלֶּה לֹא יִקָּח כִּי אִם־בְּתוּלָה מֵעַמָּיו יִקַּח אִשָּׁה: וְלֹא־יְחַלֵּל זַרְעוֹ בְּעַמָּיו כִּי אֲנִי יהוה מְקַדְּשׁוֹ:

בהר

כו וַיְדַבֵּר יהוה אֶל־מֹשֶׁה בְּהַר סִינַי לֵאמֹר: דַּבֵּר אֶל־בְּנֵי יִשְׂרָאֵל וְאָמַרְתָּ אֲלֵהֶם כִּי תָבֹאוּ אֶל־הָאָרֶץ אֲשֶׁר אֲנִי נֹתֵן לָכֶם וְשָׁבְתָה הָאָרֶץ שַׁבָּת לַיהוה: שֵׁשׁ שָׁנִים תִּזְרַע שָׂדֶךָ וְשֵׁשׁ שָׁנִים תִּזְמֹר כַּרְמֶךָ וְאָסַפְתָּ אֶת־תְּבוּאָתָהּ:

לוי: וּבַשָּׁנָה הַשְּׁבִיעִת שַׁבַּת שַׁבָּתוֹן יִהְיֶה לָאָרֶץ שַׁבָּת לַיהוה שָׂדְךָ לֹא תִזְרָע וְכַרְמְךָ לֹא תִזְמֹר: אֵת סְפִיחַ קְצִירְךָ לֹא תִקְצוֹר וְאֶת־עִנְּבֵי נְזִירֶךָ לֹא תִבְצֹר שְׁנַת שַׁבָּתוֹן יִהְיֶה לָאָרֶץ: וְהָיְתָה שַׁבַּת הָאָרֶץ לָכֶם לְאָכְלָה לְךָ וּלְעַבְדְּךָ וְלַאֲמָתֶךָ וְלִשְׂכִירְךָ וּלְתוֹשָׁבְךָ הַגָּרִים עִמָּךְ: וְלִבְהֶמְתְּךָ וְלַחַיָּה אֲשֶׁר בְּאַרְצֶךָ תִּהְיֶה כָל־תְּבוּאָתָהּ לֶאֱכֹל:

ישראל: וְסָפַרְתָּ לְךָ שֶׁבַע שַׁבְּתֹת שָׁנִים שֶׁבַע שָׁנִים שֶׁבַע פְּעָמִים וְהָיוּ לְךָ יְמֵי שֶׁבַע שַׁבְּתֹת הַשָּׁנִים תֵּשַׁע וְאַרְבָּעִים שָׁנָה: וְהַעֲבַרְתָּ שׁוֹפַר תְּרוּעָה בַּחֹדֶשׁ הַשְּׁבִעִי בֶּעָשׂוֹר לַחֹדֶשׁ בְּיוֹם הַכִּפֻּרִים תַּעֲבִירוּ שׁוֹפָר בְּכָל־אַרְצְכֶם: וְקִדַּשְׁתֶּם אֵת שְׁנַת הַחֲמִשִּׁים שָׁנָה וּקְרָאתֶם דְּרוֹר בָּאָרֶץ לְכָל־יֹשְׁבֶיהָ יוֹבֵל הִוא תִּהְיֶה לָכֶם וְשַׁבְתֶּם אִישׁ אֶל־אֲחֻזָּתוֹ וְאִישׁ אֶל־מִשְׁפַּחְתּוֹ תָּשֻׁבוּ: יוֹבֵל הִוא שְׁנַת הַחֲמִשִּׁים שָׁנָה תִּהְיֶה לָכֶם לֹא תִזְרָעוּ וְלֹא תִקְצְרוּ אֶת־סְפִיחֶיהָ וְלֹא תִבְצְרוּ אֶת־נְזִרֶיהָ: כִּי יוֹבֵל הִוא קֹדֶשׁ תִּהְיֶה לָכֶם מִן־הַשָּׂדֶה תֹּאכְלוּ אֶת־תְּבוּאָתָהּ: בִּשְׁנַת הַיּוֹבֵל הַזֹּאת תָּשֻׁבוּ אִישׁ אֶל־אֲחֻזָּתוֹ:

לְבֵית אֲבֹתָם בְּמִסְפַּר שֵׁמוֹת מִבֶּן עֶשְׂרִים שָׁנָה
וָמַעְלָה לְגֻלְגְּלֹתָם: כַּאֲשֶׁר צִוָּה יְהוָֹה אֶת־מֹשֶׁה
וַיִּפְקְדֵם בְּמִדְבַּר סִינָי:

נשא

כו: וַיְדַבֵּר יְהוָֹה אֶל־מֹשֶׁה לֵּאמֹר: נָשֹׂא אֶת־
רֹאשׁ בְּנֵי גֵרְשׁוֹן גַּם־הֵם לְבֵית אֲבֹתָם
לְמִשְׁפְּחֹתָם: מִבֶּן שְׁלֹשִׁים שָׁנָה וָמַעְלָה עַד
בֶּן־חֲמִשִּׁים שָׁנָה תִּפְקֹד אוֹתָם כָּל־הַבָּא לִצְבֹא
צָבָא לַעֲבֹד עֲבֹדָה בְּאֹהֶל מוֹעֵד: זֹאת עֲבֹדַת
מִשְׁפְּחֹת הַגֵּרְשֻׁנִּי לַעֲבֹד וּלְמַשָּׂא:

לוי: וְנָשְׂאוּ אֶת־יְרִיעֹת הַמִּשְׁכָּן וְאֶת־אֹהֶל מוֹעֵד
מִכְסֵהוּ וּמִכְסֵה הַתַּחַשׁ אֲשֶׁר־עָלָיו מִלְמָעְלָה
וְאֶת־מָסַךְ פֶּתַח אֹהֶל מוֹעֵד: וְאֵת קַלְעֵי הֶחָצֵר
וְאֶת־מָסַךְ | פֶּתַח | שַׁעַר הֶחָצֵר אֲשֶׁר עַל־
הַמִּשְׁכָּן וְעַל־הַמִּזְבֵּחַ סָבִיב וְאֵת מֵיתְרֵיהֶם
וְאֶת־כָּל־כְּלֵי עֲבֹדָתָם וְאֵת כָּל־אֲשֶׁר יֵעָשֶׂה
לָהֶם וְעָבָדוּ: עַל־פִּי אַהֲרֹן וּבָנָיו תִּהְיֶה כָּל־
עֲבֹדַת בְּנֵי הַגֵּרְשֻׁנִּי לְכָל־מַשָּׂאָם וּלְכֹל עֲבֹדָתָם
וּפְקַדְתֶּם עֲלֵהֶם בְּמִשְׁמֶרֶת אֵת כָּל־מַשָּׂאָם: זֹאת
עֲבֹדַת מִשְׁפְּחֹת בְּנֵי הַגֵּרְשֻׁנִּי בְּאֹהֶל מוֹעֵד
וּמִשְׁמַרְתָּם בְּיַד אִיתָמָר בֶּן־אַהֲרֹן הַכֹּהֵן:

ישראל: בְּנֵי מְרָרִי לְמִשְׁפְּחֹתָם לְבֵית־אֲבֹתָם
תִּפְקֹד אֹתָם: מִבֶּן שְׁלֹשִׁים שָׁנָה וָמַעְלָה וְעַד
בֶּן־חֲמִשִּׁים שָׁנָה תִּפְקְדֵם כָּל־הַבָּא לַצָּבָא לַעֲבֹד
אֶת־עֲבֹדַת אֹהֶל מוֹעֵד: וְזֹאת מִשְׁמֶרֶת מַשָּׂאָם
לְכָל־עֲבֹדָתָם בְּאֹהֶל מוֹעֵד קַרְשֵׁי הַמִּשְׁכָּן
וּבְרִיחָיו וְעַמּוּדָיו וַאֲדָנָיו: וְעַמּוּדֵי הֶחָצֵר סָבִיב
וְאַדְנֵיהֶם וִיתֵדֹתָם וּמֵיתְרֵיהֶם לְכָל־כְּלֵיהֶם
וּלְכֹל עֲבֹדָתָם וּבְשֵׁמֹת תִּפְקְדוּ אֶת־כְּלֵי מִשְׁמֶרֶת
מַשָּׂאָם: זֹאת עֲבֹדַת מִשְׁפְּחֹת בְּנֵי מְרָרִי לְכָל־
עֲבֹדָתָם בְּאֹהֶל מוֹעֵד בְּיַד אִיתָמָר בֶּן־אַהֲרֹן
הַכֹּהֵן: וַיִּפְקֹד מֹשֶׁה וְאַהֲרֹן וּנְשִׂיאֵי הָעֵדָה
אֶת־בְּנֵי הַקְּהָתִי לְמִשְׁפְּחֹתָם וּלְבֵית אֲבֹתָם: מִבֶּן
שְׁלֹשִׁים שָׁנָה וָמַעְלָה וְעַד בֶּן־חֲמִשִּׁים שָׁנָה
כָּל־הַבָּא לַצָּבָא לַעֲבֹדָה בְּאֹהֶל מוֹעֵד: וַיִּהְיוּ
פְקֻדֵיהֶם לְמִשְׁפְּחֹתָם אַלְפַּיִם שְׁבַע מֵאוֹת
וַחֲמִשִּׁים: אֵלֶּה פְקוּדֵי מִשְׁפְּחֹת הַקְּהָתִי כָּל־
הָעֹבֵד בְּאֹהֶל מוֹעֵד אֲשֶׁר פָּקַד מֹשֶׁה וְאַהֲרֹן
עַל־פִּי יְהוָֹה בְּיַד־מֹשֶׁה:

בהעלתך

כח: וַיְדַבֵּר יְהוָֹה אֶל־מֹשֶׁה לֵּאמֹר: דַּבֵּר אֶל־
אַהֲרֹן וְאָמַרְתָּ אֵלָיו בְּהַעֲלֹתְךָ אֶת־הַנֵּרֹת אֶל־
מוּל פְּנֵי הַמְּנוֹרָה יָאִירוּ שִׁבְעַת הַנֵּרוֹת: וַיַּעַשׂ כֵּן
אַהֲרֹן אֶל־מוּל פְּנֵי הַמְּנוֹרָה הֶעֱלָה נֵרֹתֶיהָ

כַּאֲשֶׁר צִוָּה יְהוָֹה אֶת־מֹשֶׁה: וְזֶה מַעֲשֵׂה הַמְּנֹרָה
מִקְשָׁה זָהָב עַד־יְרֵכָהּ עַד־פִּרְחָהּ מִקְשָׁה הִוא
כַּמַּרְאֶה אֲשֶׁר הֶרְאָה יְהוָֹה אֶת־מֹשֶׁה כֵּן עָשָׂה
אֶת־הַמְּנֹרָה:

לוי: וַיְדַבֵּר יְהוָֹה אֶל־מֹשֶׁה לֵּאמֹר: קַח אֶת־
הַלְוִיִּם מִתּוֹךְ בְּנֵי יִשְׂרָאֵל וְטִהַרְתָּ אֹתָם: וְכֹה־
תַעֲשֶׂה לָהֶם לְטַהֲרָם הַזֵּה עֲלֵיהֶם מֵי חַטָּאת
וְהֶעֱבִירוּ תַעַר עַל־כָּל־בְּשָׂרָם וְכִבְּסוּ בִגְדֵיהֶם
וְהִטֶּהָרוּ: וְלָקְחוּ פַּר בֶּן־בָּקָר וּמִנְחָתוֹ סֹלֶת
בְּלוּלָה בַשָּׁמֶן וּפַר־שֵׁנִי בֶן־בָּקָר תִּקַּח לְחַטָּאת:
וְהִקְרַבְתָּ אֶת־הַלְוִיִּם לִפְנֵי אֹהֶל מוֹעֵד וְהִקְהַלְתָּ
אֶת־כָּל־עֲדַת בְּנֵי יִשְׂרָאֵל:

ישראל: וְהִקְרַבְתָּ אֶת־הַלְוִיִּם לִפְנֵי יְהוָֹה וְסָמְכוּ
בְנֵי־יִשְׂרָאֵל אֶת־יְדֵיהֶם עַל־הַלְוִיִּם: וְהֵנִיף
אַהֲרֹן אֶת־הַלְוִיִּם תְּנוּפָה לִפְנֵי יְהוָֹה מֵאֵת בְּנֵי
יִשְׂרָאֵל וְהָיוּ לַעֲבֹד אֶת־עֲבֹדַת יְהוָֹה: וְהַלְוִיִּם
יִסְמְכוּ אֶת־יְדֵיהֶם עַל רֹאשׁ הַפָּרִים וַעֲשֵׂה
אֶת־הָאֶחָד חַטָּאת וְאֶת־הָאֶחָד עֹלָה לַיהוָֹה
לְכַפֵּר עַל־הַלְוִיִּם: וְהַעֲמַדְתָּ אֶת־הַלְוִיִּם לִפְנֵי
אַהֲרֹן וְלִפְנֵי בָנָיו וְהֵנַפְתָּ אֹתָם תְּנוּפָה לַיהוָֹה:
וְהִבְדַּלְתָּ אֶת־הַלְוִיִּם מִתּוֹךְ בְּנֵי יִשְׂרָאֵל וְהָיוּ לִי
הַלְוִיִּם:

שלח

כה: וַיְדַבֵּר יְהוָֹה אֶל־מֹשֶׁה לֵּאמֹר: שְׁלַח־לְךָ
אֲנָשִׁים וְיָתֻרוּ אֶת־אֶרֶץ כְּנַעַן אֲשֶׁר־אֲנִי נֹתֵן
לִבְנֵי יִשְׂרָאֵל אִישׁ אֶחָד אִישׁ אֶחָד לְמַטֵּה
אֲבֹתָיו תִּשְׁלָחוּ כֹּל נָשִׂיא בָהֶם: וַיִּשְׁלַח אֹתָם
מֹשֶׁה מִמִּדְבַּר פָּארָן עַל־פִּי יְהוָֹה כֻּלָּם אֲנָשִׁים
רָאשֵׁי בְנֵי־יִשְׂרָאֵל הֵמָּה:

לוי: וְאֵלֶּה שְׁמוֹתָם לְמַטֵּה רְאוּבֵן שַׁמּוּעַ בֶּן־זַכּוּר:
לְמַטֵּה שִׁמְעוֹן שָׁפָט בֶּן־חוֹרִי: לְמַטֵּה יְהוּדָה כָּלֵב
בֶּן־יְפֻנֶּה: לְמַטֵּה יִשָּׂשׂכָר יִגְאָל בֶּן־יוֹסֵף: לְמַטֵּה
אֶפְרָיִם הוֹשֵׁעַ בִּן־נוּן: לְמַטֵּה בִנְיָמִן פַּלְטִי
בֶן־רָפוּא: לְמַטֵּה זְבוּלֻן גַּדִּיאֵל בֶּן־סוֹדִי: לְמַטֵּה
יוֹסֵף לְמַטֵּה מְנַשֶּׁה גַּדִּי בֶּן־סוּסִי: לְמַטֵּה דָן
עַמִּיאֵל בֶּן־גְּמַלִּי: לְמַטֵּה אָשֵׁר סְתוּר בֶּן־
מִיכָאֵל: לְמַטֵּה נַפְתָּלִי נַחְבִּי בֶּן־וָפְסִי: לְמַטֵּה גָד
גְּאוּאֵל בֶּן־מָכִי: אֵלֶּה שְׁמוֹת הָאֲנָשִׁים אֲשֶׁר־
שָׁלַח מֹשֶׁה לָתוּר אֶת־הָאָרֶץ וַיִּקְרָא מֹשֶׁה
לְהוֹשֵׁעַ בִּן־נוּן יְהוֹשֻׁעַ:

ישראל: וַיִּשְׁלַח אֹתָם מֹשֶׁה לָתוּר אֶת־אֶרֶץ כְּנָעַן
וַיֹּאמֶר אֲלֵהֶם עֲלוּ זֶה בַּנֶּגֶב וַעֲלִיתֶם אֶת־הָהָר:
וּרְאִיתֶם אֶת־הָאָרֶץ מַה־הִוא וְאֶת־הָעָם הַיֹּשֵׁב
עָלֶיהָ הֶחָזָק הוּא הֲרָפֶה הַמְעַט הוּא אִם־רָב:

וּמָ֣ה הָאָ֡רֶץ אֲשֶׁר־הוּא֩ יֹשֵׁ֨ב בָּ֜הּ הֲטוֹבָ֣ה הִ֗וא אִם־רָעָ֔ה וּמָ֣ה הֶֽעָרִ֗ים אֲשֶׁר־הוּא֙ יוֹשֵׁ֣ב בָּהֵ֔נָּה הַבְּמַֽחֲנִ֖ים אִ֥ם בְּמִבְצָרִֽים: וּמָ֣ה הָ֠אָרֶץ הַשְּׁמֵנָ֨ה הִ֜וא אִם־רָזָ֗ה הֲיֵֽשׁ־בָּ֥הּ עֵץ֙ אִם־אַ֔יִן וְהִ֨תְחַזַּקְתֶּ֔ם וּלְקַחְתֶּ֖ם מִפְּרִ֣י הָאָ֑רֶץ וְהַ֨יָּמִ֔ים יְמֵ֖י בִּכּוּרֵ֥י עֲנָבִֽים:

קרח

וַיִּקַּ֣ח קֹ֔רַח בֶּן־יִצְהָ֥ר בֶּן־קְהָ֖ת בֶּן־לֵוִ֑י וְדָתָ֨ן וַֽאֲבִירָ֜ם בְּנֵ֧י אֱלִיאָ֛ב וְא֥וֹן בֶּן־פֶּ֖לֶת בְּנֵ֥י רְאוּבֵֽן: וַיָּקֻ֨מוּ֙ לִפְנֵ֣י מֹשֶׁ֔ה וַֽאֲנָשִׁ֥ים מִבְּנֵֽי־יִשְׂרָאֵ֖ל חֲמִשִּׁ֣ים וּמָאתָ֑יִם נְשִׂיאֵ֥י עֵדָ֛ה קְרִאֵ֥י מוֹעֵ֖ד אַנְשֵׁי־שֵֽׁם:

אֶל־בִּלְעָם וַיֹּאמֶר מִי הָאֲנָשִׁים הָאֵלֶּה עִמָּךְ: וַיֹּאמֶר בִּלְעָם אֶל־הָאֱלֹהִים בָּלָק בֶּן־צִפֹּר מֶלֶךְ מוֹאָב שָׁלַח אֵלָי: הִנֵּה הָעָם הַיֹּצֵא מִמִּצְרַיִם וַיְכַס אֶת־עֵין הָאָרֶץ עַתָּה לְכָה קָבָה־לִּי אֹתוֹ אוּלַי אוּכַל לְהִלָּחֶם בּוֹ וְגֵרַשְׁתִּיו: וַיֹּאמֶר אֱלֹהִים אֶל־בִּלְעָם לֹא תֵלֵךְ עִמָּהֶם לֹא תָאֹר אֶת־הָעָם כִּי בָרוּךְ הוּא:

פנחס

כה: וַיְדַבֵּר יהוה אֶל־מֹשֶׁה לֵּאמֹר: פִּינְחָס בֶּן־אֶלְעָזָר בֶּן־אַהֲרֹן הַכֹּהֵן הֵשִׁיב אֶת־חֲמָתִי מֵעַל בְּנֵי־יִשְׂרָאֵל בְּקַנְאוֹ אֶת־קִנְאָתִי בְּתוֹכָם וְלֹא־כִלִּיתִי אֶת־בְּנֵי־יִשְׂרָאֵל בְּקִנְאָתִי: לָכֵן אֱמֹר הִנְנִי נֹתֵן לוֹ אֶת־בְּרִיתִי שָׁלוֹם:

לוי: וְהָיְתָה לּוֹ וּלְזַרְעוֹ אַחֲרָיו בְּרִית כְּהֻנַּת עוֹלָם תַּחַת אֲשֶׁר קִנֵּא לֵאלֹהָיו וַיְכַפֵּר עַל־בְּנֵי יִשְׂרָאֵל: וְשֵׁם אִישׁ יִשְׂרָאֵל הַמֻּכֶּה אֲשֶׁר הֻכָּה אֶת־הַמִּדְיָנִית זִמְרִי בֶּן־סָלוּא נְשִׂיא בֵית־אָב לַשִּׁמְעֹנִי: וְשֵׁם הָאִשָּׁה הַמֻּכָּה הַמִּדְיָנִית כָּזְבִּי בַת־צוּר רֹאשׁ אֻמּוֹת בֵּית־אָב בְּמִדְיָן הוּא:

ישראל: וַיְדַבֵּר יהוה אֶל־מֹשֶׁה לֵּאמֹר: צָרוֹר אֶת־הַמִּדְיָנִים וְהִכִּיתֶם אוֹתָם: כִּי צֹרְרִים הֵם לָכֶם בְּנִכְלֵיהֶם אֲשֶׁר־נִכְּלוּ לָכֶם עַל־דְּבַר־פְּעוֹר וְעַל־דְּבַר כָּזְבִּי בַת־נְשִׂיא מִדְיָן אֲחֹתָם הַמֻּכָּה בְיוֹם־הַמַּגֵּפָה עַל־דְּבַר־פְּעוֹר: וַיְהִי אַחֲרֵי הַמַּגֵּפָה וַיֹּאמֶר יהוה אֶל־מֹשֶׁה וְאֶל אֶלְעָזָר בֶּן־אַהֲרֹן הַכֹּהֵן לֵאמֹר: שְׂאוּ אֶת־רֹאשׁ | כָּל־עֲדַת בְּנֵי־יִשְׂרָאֵל מִבֶּן עֶשְׂרִים שָׁנָה וָמַעְלָה לְבֵית אֲבֹתָם כָּל־יֹצֵא צָבָא בְּיִשְׂרָאֵל: וַיְדַבֵּר מֹשֶׁה וְאֶלְעָזָר הַכֹּהֵן אֹתָם בְּעַרְבֹת מוֹאָב עַל־יַרְדֵּן יְרֵחוֹ לֵאמֹר: מִבֶּן עֶשְׂרִים שָׁנָה וָמָעְלָה כַּאֲשֶׁר צִוָּה יהוה אֶת־מֹשֶׁה וּבְנֵי יִשְׂרָאֵל הַיֹּצְאִים מֵאֶרֶץ מִצְרָיִם:

מטות

כל: וַיְדַבֵּר מֹשֶׁה אֶל־רָאשֵׁי הַמַּטּוֹת לִבְנֵי יִשְׂרָאֵל לֵאמֹר זֶה הַדָּבָר אֲשֶׁר צִוָּה יהוה: אִישׁ כִּי־יִדֹּר נֶדֶר לַיהוה אוֹ־הִשָּׁבַע שְׁבֻעָה לֶאְסֹר אִסָּר עַל־נַפְשׁוֹ לֹא יַחֵל דְּבָרוֹ כְּכָל־הַיֹּצֵא מִפִּיו יַעֲשֶׂה: וְאִשָּׁה כִּי־תִדֹּר נֶדֶר לַיהוה וְאָסְרָה אִסָּר בְּבֵית אָבִיהָ בִּנְעֻרֶיהָ: וְשָׁמַע אָבִיהָ אֶת־נִדְרָהּ וֶאֱסָרָהּ אֲשֶׁר אָסְרָה עַל־נַפְשָׁהּ וְהֶחֱרִישׁ לָהּ אָבִיהָ וְקָמוּ כָּל־נְדָרֶיהָ וְכָל־אִסָּר אֲשֶׁר־אָסְרָה עַל־נַפְשָׁהּ יָקוּם: וְאִם־הֵנִיא אָבִיהָ אֹתָהּ בְּיוֹם שָׁמְעוֹ כָּל־נְדָרֶיהָ וֶאֱסָרֶיהָ אֲשֶׁר־אָסְרָה עַל־נַפְשָׁהּ לֹא יָקוּם וַיהוה יִסְלַח־לָהּ כִּי־הֵנִיא אָבִיהָ

אֹתָהּ: וְאִם־הָיוֹ תִהְיֶה לְאִישׁ וּנְדָרֶיהָ עָלֶיהָ אוֹ מִבְטָא שְׂפָתֶיהָ אֲשֶׁר אָסְרָה עַל־נַפְשָׁהּ: וְשָׁמַע אִישָׁהּ בְּיוֹם שָׁמְעוֹ וְהֶחֱרִישׁ לָהּ וְקָמוּ נְדָרֶיהָ וֶאֱסָרֶהָ אֲשֶׁר־אָסְרָה עַל־נַפְשָׁהּ יָקֻמוּ: וְאִם בְּיוֹם שְׁמֹעַ אִישָׁהּ יָנִיא אוֹתָהּ וְהֵפֵר אֶת־נִדְרָהּ אֲשֶׁר עָלֶיהָ וְאֵת מִבְטָא שְׂפָתֶיהָ אֲשֶׁר אָסְרָה עַל־נַפְשָׁהּ וַיהוה יִסְלַח־לָהּ:

לוי: וְנֵדֶר אַלְמָנָה וּגְרוּשָׁה כֹּל אֲשֶׁר־אָסְרָה עַל־נַפְשָׁהּ יָקוּם עָלֶיהָ: וְאִם־בֵּית אִישָׁהּ נָדָרָה אוֹ־אָסְרָה אִסָּר עַל־נַפְשָׁהּ בִּשְׁבֻעָה: וְשָׁמַע אִישָׁהּ וְהֶחֱרִשׁ לָהּ לֹא הֵנִיא אֹתָהּ וְקָמוּ כָּל־נְדָרֶיהָ וְכָל־אִסָּר אֲשֶׁר־אָסְרָה עַל־נַפְשָׁהּ יָקוּם: וְאִם־הָפֵר יָפֵר אֹתָם | אִישָׁהּ בְּיוֹם שָׁמְעוֹ כָּל־מוֹצָא שְׂפָתֶיהָ לִנְדָרֶיהָ וּלְאִסַּר נַפְשָׁהּ לֹא יָקוּם אִישָׁהּ הֲפֵרָם וַיהוה יִסְלַח־לָהּ:

ישראל: כָּל־נֵדֶר וְכָל־שְׁבֻעַת אִסָּר לְעַנֹּת נָפֶשׁ אִישָׁהּ יְקִימֶנּוּ וְאִישָׁהּ יְפֵרֶנּוּ: וְאִם־הַחֲרֵשׁ יַחֲרִישׁ לָהּ אִישָׁהּ מִיּוֹם אֶל־יוֹם וְהֵקִים אֶת־כָּל־נְדָרֶיהָ אוֹ אֶת־כָּל־אֱסָרֶיהָ אֲשֶׁר עָלֶיהָ הֵקִים אֹתָם כִּי־הֶחֱרִשׁ לָהּ בְּיוֹם שָׁמְעוֹ: וְאִם־הָפֵר יָפֵר אֹתָם אַחֲרֵי שָׁמְעוֹ וְנָשָׂא אֶת־עֲוֹנָהּ: אֵלֶּה הַחֻקִּים אֲשֶׁר צִוָּה יהוה אֶת־מֹשֶׁה בֵּין אִישׁ לְאִשְׁתּוֹ בֵּין־אָב לְבִתּוֹ בִּנְעֻרֶיהָ בֵּית אָבִיהָ:

מסעי

כל: אֵלֶּה מַסְעֵי בְנֵי־יִשְׂרָאֵל אֲשֶׁר יָצְאוּ מֵאֶרֶץ מִצְרַיִם לְצִבְאֹתָם בְּיַד־מֹשֶׁה וְאַהֲרֹן: וַיִּכְתֹּב מֹשֶׁה אֶת־מוֹצָאֵיהֶם לְמַסְעֵיהֶם עַל־פִּי יהוה וְאֵלֶּה מַסְעֵיהֶם לְמוֹצָאֵיהֶם: וַיִּסְעוּ מֵרַעְמְסֵס בַּחֹדֶשׁ הָרִאשׁוֹן בַּחֲמִשָּׁה עָשָׂר יוֹם לַחֹדֶשׁ הָרִאשׁוֹן מִמָּחֳרַת הַפֶּסַח יָצְאוּ בְנֵי־יִשְׂרָאֵל בְּיָד רָמָה לְעֵינֵי כָּל־מִצְרָיִם:

לוי: וּמִצְרַיִם מְקַבְּרִים אֵת אֲשֶׁר הִכָּה יהוה בָּהֶם כָּל־בְּכוֹר וּבֵאלֹהֵיהֶם עָשָׂה יהוה שְׁפָטִים: וַיִּסְעוּ בְנֵי־יִשְׂרָאֵל מֵרַעְמְסֵס וַיַּחֲנוּ בְּסֻכֹּת: וַיִּסְעוּ מִסֻּכֹּת וַיַּחֲנוּ בְאֵתָם אֲשֶׁר בִּקְצֵה הַמִּדְבָּר:

ישראל: וַיִּסְעוּ מֵאֵתָם וַיָּשָׁב עַל־פִּי הַחִירֹת אֲשֶׁר עַל־פְּנֵי בַּעַל צְפוֹן וַיַּחֲנוּ לִפְנֵי מִגְדֹּל: וַיִּסְעוּ מִפְּנֵי הַחִירֹת וַיַּעַבְרוּ בְתוֹךְ־הַיָּם הַמִּדְבָּרָה וַיֵּלְכוּ דֶרֶךְ שְׁלֹשֶׁת יָמִים בְּמִדְבַּר אֵתָם וַיַּחֲנוּ בְּמָרָה: וַיִּסְעוּ מִמָּרָה וַיָּבֹאוּ אֵילִמָה וּבְאֵילִם שְׁתֵּים עֶשְׂרֵה עֵינֹת מַיִם וְשִׁבְעִים תְּמָרִים וַיַּחֲנוּ־שָׁם: וַיִּסְעוּ מֵאֵילִם וַיַּחֲנוּ עַל־יַם־סוּף:

דברים

כה: אֵלֶּה הַדְּבָרִים אֲשֶׁר דִּבֶּר מֹשֶׁה אֶל־כָּל־יִשְׂרָאֵל בְּעֵבֶר הַיַּרְדֵּן בַּמִּדְבָּר בָּעֲרָבָה מוֹל סוּף בֵּין־פָּארָן וּבֵין־תֹּפֶל וְלָבָן וַחֲצֵרֹת וְדִי זָהָב: אַחַד עָשָׂר יוֹם מֵחֹרֵב דֶּרֶךְ הַר־שֵׂעִיר עַד קָדֵשׁ בַּרְנֵעַ: וַיְהִי בְּאַרְבָּעִים שָׁנָה בְּעַשְׁתֵּי־עָשָׂר חֹדֶשׁ בְּאֶחָד לַחֹדֶשׁ דִּבֶּר מֹשֶׁה אֶל־בְּנֵי יִשְׂרָאֵל כְּכֹל אֲשֶׁר צִוָּה יְהוָה אֹתוֹ אֲלֵהֶם:

לוי: אַחֲרֵי הַכֹּתוֹ אֵת סִיחֹן מֶלֶךְ הָאֱמֹרִי אֲשֶׁר יוֹשֵׁב בְּחֶשְׁבּוֹן וְאֵת עוֹג מֶלֶךְ הַבָּשָׁן אֲשֶׁר־יוֹשֵׁב בְּעַשְׁתָּרֹת בְּאֶדְרֶעִי: בְּעֵבֶר הַיַּרְדֵּן בְּאֶרֶץ מוֹאָב הוֹאִיל מֹשֶׁה בֵּאֵר אֶת־הַתּוֹרָה הַזֹּאת לֵאמֹר: יְהוָה אֱלֹהֵינוּ דִּבֶּר אֵלֵינוּ בְּחֹרֵב לֵאמֹר רַב־לָכֶם שֶׁבֶת בָּהָר הַזֶּה: פְּנוּ ׀ וּסְעוּ לָכֶם וּבֹאוּ הַר הָאֱמֹרִי וְאֶל־כָּל־שְׁכֵנָיו בָּעֲרָבָה בָהָר וּבַשְּׁפֵלָה וּבַנֶּגֶב וּבְחוֹף הַיָּם אֶרֶץ הַכְּנַעֲנִי וְהַלְּבָנוֹן עַד־הַנָּהָר הַגָּדֹל נְהַר־פְּרָת:

ישראל: רְאֵה נָתַתִּי לִפְנֵיכֶם אֶת־הָאָרֶץ בֹּאוּ וּרְשׁוּ אֶת־הָאָרֶץ אֲשֶׁר נִשְׁבַּע יְהוָה לַאֲבֹתֵיכֶם לְאַבְרָהָם לְיִצְחָק וּלְיַעֲקֹב לָתֵת לָהֶם וּלְזַרְעָם אַחֲרֵיהֶם: וָאֹמַר אֲלֵכֶם בָּעֵת הַהִוא לֵאמֹר לֹא־אוּכַל לְבַדִּי שְׂאֵת אֶתְכֶם: יְהוָה אֱלֹהֵיכֶם הִרְבָּה אֶתְכֶם וְהִנְּכֶם הַיּוֹם כְּכוֹכְבֵי הַשָּׁמַיִם לָרֹב: יְהוָה אֱלֹהֵי אֲבוֹתֵכֶם יֹסֵף עֲלֵיכֶם כָּכֶם אֶלֶף פְּעָמִים וִיבָרֵךְ אֶתְכֶם כַּאֲשֶׁר דִּבֶּר לָכֶם:

ואתחנן

כו: וָאֶתְחַנַּן אֶל־יְהוָה בָּעֵת הַהִוא לֵאמֹר: אֲדֹנָי יְהוִה אַתָּה הַחִלּוֹתָ לְהַרְאוֹת אֶת־עַבְדְּךָ אֶת־גָּדְלְךָ וְאֶת־יָדְךָ הַחֲזָקָה אֲשֶׁר מִי־אֵל בַּשָּׁמַיִם וּבָאָרֶץ אֲשֶׁר־יַעֲשֶׂה כְמַעֲשֶׂיךָ וְכִגְבוּרֹתֶךָ: אֶעְבְּרָה־נָּא וְאֶרְאֶה אֶת־הָאָרֶץ הַטּוֹבָה אֲשֶׁר בְּעֵבֶר הַיַּרְדֵּן הָהָר הַטּוֹב הַזֶּה וְהַלְּבָנֹן:

לוי: וַיִּתְעַבֵּר יְהוָה בִּי לְמַעַנְכֶם וְלֹא שָׁמַע אֵלָי וַיֹּאמֶר יְהוָה אֵלַי רַב־לָךְ אַל־תּוֹסֶף דַּבֵּר אֵלַי עוֹד בַּדָּבָר הַזֶּה: עֲלֵה ׀ רֹאשׁ הַפִּסְגָּה וְשָׂא עֵינֶיךָ יָמָּה וְצָפֹנָה וְתֵימָנָה וּמִזְרָחָה וּרְאֵה בְעֵינֶיךָ כִּי־לֹא תַעֲבֹר אֶת־הַיַּרְדֵּן הַזֶּה: וְצַו אֶת־יְהוֹשֻׁעַ וְחַזְּקֵהוּ וְאַמְּצֵהוּ כִּי־הוּא יַעֲבֹר לִפְנֵי הָעָם הַזֶּה וְהוּא יַנְחִיל אוֹתָם אֶת־הָאָרֶץ אֲשֶׁר תִּרְאֶה: וַנֵּשֶׁב בַּגָּיְא מוּל בֵּית פְּעוֹר: וְעַתָּה יִשְׂרָאֵל שְׁמַע אֶל־הַחֻקִּים וְאֶל־הַמִּשְׁפָּטִים אֲשֶׁר אָנֹכִי מְלַמֵּד אֶתְכֶם לַעֲשׂוֹת לְמַעַן תִּחְיוּ וּבָאתֶם וִירִשְׁתֶּם אֶת־הָאָרֶץ אֲשֶׁר יְהוָה אֱלֹהֵי אֲבֹתֵיכֶם נֹתֵן לָכֶם: לֹא תֹסִפוּ עַל־הַדָּבָר אֲשֶׁר אָנֹכִי מְצַוֶּה אֶתְכֶם

וְלֹא תִגְרְעוּ מִמֶּנּוּ לִשְׁמֹר אֶת־מִצְוֹת יְהוָה אֱלֹהֵיכֶם אֲשֶׁר אָנֹכִי מְצַוֶּה אֶתְכֶם: עֵינֵיכֶם הָרֹאֹת אֵת אֲשֶׁר־עָשָׂה יְהוָה בְּבַעַל פְּעוֹר כִּי כָל־הָאִישׁ אֲשֶׁר הָלַךְ אַחֲרֵי בַעַל־פְּעוֹר הִשְׁמִידוֹ יְהוָה אֱלֹהֶיךָ מִקִּרְבֶּךָ: וְאַתֶּם הַדְּבֵקִים בַּיהוָה אֱלֹהֵיכֶם חַיִּים כֻּלְּכֶם הַיּוֹם:

ישראל: רְאֵה ׀ לִמַּדְתִּי אֶתְכֶם חֻקִּים וּמִשְׁפָּטִים כַּאֲשֶׁר צִוַּנִי יְהוָה אֱלֹהָי לַעֲשׂוֹת כֵּן בְּקֶרֶב הָאָרֶץ אֲשֶׁר אַתֶּם בָּאִים שָׁמָּה לְרִשְׁתָּהּ: וּשְׁמַרְתֶּם וַעֲשִׂיתֶם כִּי הִוא חָכְמַתְכֶם וּבִינַתְכֶם לְעֵינֵי הָעַמִּים אֲשֶׁר יִשְׁמְעוּן אֵת כָּל־הַחֻקִּים הָאֵלֶּה וְאָמְרוּ רַק עַם־חָכָם וְנָבוֹן הַגּוֹי הַגָּדוֹל הַזֶּה: כִּי מִי־גוֹי גָּדוֹל אֲשֶׁר־לוֹ אֱלֹהִים קְרֹבִים אֵלָיו כַּיהוָה אֱלֹהֵינוּ בְּכָל־קָרְאֵנוּ אֵלָיו: וּמִי גּוֹי גָּדוֹל אֲשֶׁר־לוֹ חֻקִּים וּמִשְׁפָּטִים צַדִּיקִם כְּכֹל הַתּוֹרָה הַזֹּאת אֲשֶׁר אָנֹכִי נֹתֵן לִפְנֵיכֶם הַיּוֹם:

עקב

כה: וְהָיָה ׀ עֵקֶב תִּשְׁמְעוּן אֵת הַמִּשְׁפָּטִים הָאֵלֶּה וּשְׁמַרְתֶּם וַעֲשִׂיתֶם אֹתָם וְשָׁמַר יְהוָה אֱלֹהֶיךָ לְךָ אֶת־הַבְּרִית וְאֶת־הַחֶסֶד אֲשֶׁר נִשְׁבַּע לַאֲבֹתֶיךָ: וַאֲהֵבְךָ וּבֵרַכְךָ וְהִרְבֶּךָ וּבֵרַךְ פְּרִי־בִטְנְךָ וּפְרִי־אַדְמָתֶךָ דְּגָנְךָ וְתִירֹשְׁךָ וְיִצְהָרֶךָ שְׁגַר־אֲלָפֶיךָ וְעַשְׁתְּרֹת צֹאנֶךָ עַל הָאֲדָמָה אֲשֶׁר־נִשְׁבַּע לַאֲבֹתֶיךָ לָתֶת לָךְ: בָּרוּךְ תִּהְיֶה מִכָּל־הָעַמִּים לֹא־יִהְיֶה בְךָ עָקָר וַעֲקָרָה וּבִבְהֶמְתֶּךָ: וְהֵסִיר יְהוָה מִמְּךָ כָּל־חֹלִי וְכָל־מַדְוֵי מִצְרַיִם הָרָעִים אֲשֶׁר יָדַעְתָּ לֹא יְשִׂימָם בָּךְ וּנְתָנָם בְּכָל־שֹׂנְאֶיךָ: וְאָכַלְתָּ אֶת־כָּל־הָעַמִּים אֲשֶׁר יְהוָה אֱלֹהֶיךָ נֹתֵן לָךְ לֹא־תָחוֹס עֵינְךָ עֲלֵיהֶם וְלֹא תַעֲבֹד אֶת־אֱלֹהֵיהֶם כִּי־מוֹקֵשׁ הוּא לָךְ: כִּי תֹאמַר בִּלְבָבְךָ רַבִּים הַגּוֹיִם הָאֵלֶּה מִמֶּנִּי אֵיכָה אוּכַל לְהוֹרִישָׁם: לֹא תִירָא מֵהֶם זָכֹר תִּזְכֹּר אֵת אֲשֶׁר־עָשָׂה יְהוָה אֱלֹהֶיךָ לְפַרְעֹה וּלְכָל־מִצְרָיִם: הַמַּסֹּת הַגְּדֹלֹת אֲשֶׁר־רָאוּ עֵינֶיךָ וְהָאֹתֹת וְהַמֹּפְתִים וְהַיָּד הַחֲזָקָה וְהַזְּרֹעַ הַנְּטוּיָה אֲשֶׁר הוֹצִאֲךָ יְהוָה אֱלֹהֶיךָ כֵּן־יַעֲשֶׂה יְהוָה אֱלֹהֶיךָ לְכָל־הָעַמִּים אֲשֶׁר־אַתָּה יָרֵא מִפְּנֵיהֶם: וְגַם אֶת־הַצִּרְעָה יְשַׁלַּח יְהוָה אֱלֹהֶיךָ בָּם עַד־אֲבֹד הַנִּשְׁאָרִים וְהַנִּסְתָּרִים מִפָּנֶיךָ: לֹא תַעֲרֹץ מִפְּנֵיהֶם כִּי־יְהוָה אֱלֹהֶיךָ בְּקִרְבֶּךָ אֵל גָּדוֹל וְנוֹרָא:

לוי: וְנָשַׁל יְהוָה אֱלֹהֶיךָ אֶת־הַגּוֹיִם הָאֵל מִפָּנֶיךָ מְעַט מְעָט לֹא תוּכַל כַּלֹּתָם מַהֵר פֶּן־תִּרְבֶּה עָלֶיךָ חַיַּת הַשָּׂדֶה: וּנְתָנָם יְהוָה אֱלֹהֶיךָ לְפָנֶיךָ וְהָמָם מְהוּמָה גְדֹלָה עַד הִשָּׁמְדָם: וְנָתַן מַלְכֵיהֶם

בְּיָדֶךָ וְהַאֲבַדְתָּ אֶת־שְׁמָם מִתַּחַת הַשָּׁמַיִם לֹא־
יִתְיַצֵּב אִישׁ בְּפָנֶיךָ עַד הִשְׁמִדְךָ אֹתָם: פְּסִילֵי
אֱלֹהֵיהֶם תִּשְׂרְפוּן בָּאֵשׁ לֹא־תַחְמֹד כֶּסֶף וְזָהָב
עֲלֵיהֶם וְלָקַחְתָּ לָךְ פֶּן תִּוָּקֵשׁ בּוֹ כִּי תוֹעֲבַת יהוה
אֱלֹהֶיךָ הוּא: וְלֹא־תָבִיא תוֹעֵבָה אֶל־בֵּיתֶךָ
וְהָיִיתָ חֵרֶם כָּמֹהוּ שַׁקֵּץ | תְּשַׁקְּצֶנּוּ וְתַעֵב |
תְּתַעֲבֶנּוּ כִּי־חֵרֶם הוּא: כָּל־הַמִּצְוָה אֲשֶׁר אָנֹכִי
מְצַוְּךָ הַיּוֹם תִּשְׁמְרוּן לַעֲשׂוֹת לְמַעַן תִּחְיוּן
וּרְבִיתֶם וּבָאתֶם וִירִשְׁתֶּם אֶת־הָאָרֶץ אֲשֶׁר־
נִשְׁבַּע יהוה לַאֲבֹתֵיכֶם: וְזָכַרְתָּ אֶת־כָּל־הַדֶּרֶךְ
אֲשֶׁר הוֹלִיכֲךָ יהוה אֱלֹהֶיךָ זֶה אַרְבָּעִים שָׁנָה
בַּמִּדְבָּר לְמַעַן עַנֹּתְךָ לְנַסֹּתְךָ לָדַעַת אֶת־אֲשֶׁר
בִּלְבָבְךָ הֲתִשְׁמֹר מִצְוֹתָו אִם־לֹא: וַיְעַנְּךָ וַיַּרְעִבֶךָ
וַיַּאֲכִלְךָ אֶת־הַמָּן אֲשֶׁר לֹא־יָדַעְתָּ וְלֹא יָדְעוּן
אֲבֹתֶיךָ לְמַעַן הוֹדִעֲךָ כִּי לֹא עַל־הַלֶּחֶם לְבַדּוֹ
יִחְיֶה הָאָדָם כִּי עַל־כָּל־מוֹצָא פִי־יהוה יִחְיֶה
הָאָדָם:

יִשׂראל: שִׂמְלָתְךָ לֹא בָלְתָה מֵעָלֶיךָ וְרַגְלְךָ לֹא
בָצֵקָה זֶה אַרְבָּעִים שָׁנָה: וְיָדַעְתָּ עִם־לְבָבֶךָ
כִּי כַּאֲשֶׁר יְיַסֵּר אִישׁ אֶת־בְּנוֹ יהוה אֱלֹהֶיךָ
מְיַסְּרֶךָּ: וְשָׁמַרְתָּ אֶת־מִצְוֹת יהוה אֱלֹהֶיךָ
לָלֶכֶת בִּדְרָכָיו וּלְיִרְאָה אֹתוֹ: כִּי יהוה אֱלֹהֶיךָ
מְבִיאֲךָ אֶל־אֶרֶץ טוֹבָה אֶרֶץ נַחֲלֵי מָיִם עֲיָנֹת
וּתְהֹמֹת יֹצְאִים בַּבִּקְעָה וּבָהָר: אֶרֶץ חִטָּה
וּשְׂעֹרָה וְגֶפֶן וּתְאֵנָה וְרִמּוֹן אֶרֶץ־זֵית שֶׁמֶן
וּדְבָשׁ: אֶרֶץ אֲשֶׁר לֹא בְמִסְכֵּנֻת תֹּאכַל־בָּהּ לֶחֶם
לֹא־תֶחְסַר כֹּל בָּהּ אֶרֶץ אֲשֶׁר אֲבָנֶיהָ בַרְזֶל
וּמֵהֲרָרֶיהָ תַּחְצֹב נְחֹשֶׁת: וְאָכַלְתָּ וְשָׂבָעְתָּ
וּבֵרַכְתָּ אֶת־יהוה אֱלֹהֶיךָ עַל־הָאָרֶץ הַטֹּבָה
אֲשֶׁר נָתַן־לָךְ:

ראה

כו: רְאֵה אָנֹכִי נֹתֵן לִפְנֵיכֶם הַיּוֹם בְּרָכָה וּקְלָלָה:
אֶת־הַבְּרָכָה אֲשֶׁר תִּשְׁמְעוּ אֶל־מִצְוֹת יהוה
אֱלֹהֵיכֶם אֲשֶׁר אָנֹכִי מְצַוֶּה אֶתְכֶם הַיּוֹם:
וְהַקְּלָלָה אִם־לֹא תִשְׁמְעוּ אֶל־מִצְוֹת יהוה
אֱלֹהֵיכֶם וְסַרְתֶּם מִן־הַדֶּרֶךְ אֲשֶׁר אָנֹכִי מְצַוֶּה
אֶתְכֶם הַיּוֹם לָלֶכֶת אַחֲרֵי אֱלֹהִים אֲחֵרִים אֲשֶׁר
לֹא־יְדַעְתֶּם: וְהָיָה כִּי יְבִיאֲךָ יהוה אֱלֹהֶיךָ
אֶל־הָאָרֶץ אֲשֶׁר־אַתָּה בָא־שָׁמָּה לְרִשְׁתָּהּ
וְנָתַתָּה אֶת־הַבְּרָכָה עַל־הַר גְּרִזִים וְאֶת־
הַקְּלָלָה עַל־הַר עֵיבָל: הֲלֹא־הֵמָּה בְּעֵבֶר הַיַּרְדֵּן
אַחֲרֵי דֶּרֶךְ מְבוֹא הַשֶּׁמֶשׁ בְּאֶרֶץ הַכְּנַעֲנִי הַיֹּשֵׁב
בָּעֲרָבָה מוּל הַגִּלְגָּל אֵצֶל אֵלוֹנֵי מֹרֶה: כִּי אַתֶּם
עֹבְרִים אֶת־הַיַּרְדֵּן לָבֹא לָרֶשֶׁת אֶת־הָאָרֶץ

אֲשֶׁר־יהוה אֱלֹהֵיכֶם נֹתֵן לָכֶם וִירִשְׁתֶּם אֹתָהּ
וִישַׁבְתֶּם־בָּהּ:

לוי: וּשְׁמַרְתֶּם לַעֲשׂוֹת אֵת כָּל־הַחֻקִּים וְאֶת־
הַמִּשְׁפָּטִים אֲשֶׁר אָנֹכִי נֹתֵן לִפְנֵיכֶם הַיּוֹם: אֵלֶּה
הַחֻקִּים וְהַמִּשְׁפָּטִים אֲשֶׁר תִּשְׁמְרוּן לַעֲשׂוֹת
בָּאָרֶץ אֲשֶׁר נָתַן יהוה אֱלֹהֵי אֲבֹתֶיךָ לְךָ
לְרִשְׁתָּהּ כָּל־הַיָּמִים אֲשֶׁר־אַתֶּם חַיִּים עַל־
הָאֲדָמָה: אַבֵּד תְּאַבְּדוּן אֶת־כָּל־הַמְּקֹמוֹת אֲשֶׁר
עָבְדוּ־שָׁם הַגּוֹיִם אֲשֶׁר אַתֶּם יֹרְשִׁים אֹתָם
אֶת־אֱלֹהֵיהֶם עַל־הֶהָרִים הָרָמִים וְעַל־הַגְּבָעוֹת
וְתַחַת כָּל־עֵץ רַעֲנָן: וְנִתַּצְתֶּם אֶת־מִזְבְּחֹתָם
וְשִׁבַּרְתֶּם אֶת־מַצֵּבֹתָם וַאֲשֵׁרֵיהֶם תִּשְׂרְפוּן
בָּאֵשׁ וּפְסִילֵי אֱלֹהֵיהֶם תְּגַדֵּעוּן וְאִבַּדְתֶּם אֶת־
שְׁמָם מִן־הַמָּקוֹם הַהוּא: לֹא־תַעֲשׂוּן כֵּן לַיהוה
אֱלֹהֵיכֶם: כִּי אִם־אֶל־הַמָּקוֹם אֲשֶׁר־יִבְחַר
יהוה אֱלֹהֵיכֶם מִכָּל־שִׁבְטֵיכֶם לָשׂוּם אֶת־שְׁמוֹ
שָׁם לְשִׁכְנוֹ תִדְרְשׁוּ וּבָאתָ שָּׁמָּה:

יִשׂראל: וַהֲבֵאתֶם שָׁמָּה עֹלֹתֵיכֶם וְזִבְחֵיכֶם וְאֵת
מַעְשְׂרֹתֵיכֶם וְאֵת תְּרוּמַת יֶדְכֶם וְנִדְרֵיכֶם
וְנִדְבֹתֵיכֶם וּבְכֹרֹת בְּקַרְכֶם וְצֹאנְכֶם: וַאֲכַלְתֶּם־
שָׁם לִפְנֵי יהוה אֱלֹהֵיכֶם וּשְׂמַחְתֶּם בְּכֹל מִשְׁלַח
יֶדְכֶם אַתֶּם וּבָתֵּיכֶם אֲשֶׁר בֵּרַכְךָ יהוה אֱלֹהֶיךָ:
לֹא תַעֲשׂוּן כְּכֹל אֲשֶׁר אֲנַחְנוּ עֹשִׂים פֹּה הַיּוֹם
אִישׁ כָּל־הַיָּשָׁר בְּעֵינָיו: כִּי לֹא־בָאתֶם עַד־עָתָּה
אֶל־הַמְּנוּחָה וְאֶל־הַנַּחֲלָה אֲשֶׁר־יהוה אֱלֹהֶיךָ
נֹתֵן לָךְ: וַעֲבַרְתֶּם אֶת־הַיַּרְדֵּן וִישַׁבְתֶּם בָּאָרֶץ
אֲשֶׁר־יהוה אֱלֹהֵיכֶם מַנְחִיל אֶתְכֶם וְהֵנִיחַ לָכֶם
מִכָּל־אֹיְבֵיכֶם מִסָּבִיב וִישַׁבְתֶּם־בֶּטַח:

שופטים

כח: שֹׁפְטִים וְשֹׁטְרִים תִּתֶּן־לְךָ בְּכָל־שְׁעָרֶיךָ
אֲשֶׁר יהוה אֱלֹהֶיךָ נֹתֵן לְךָ לִשְׁבָטֶיךָ וְשָׁפְטוּ
אֶת־הָעָם מִשְׁפַּט־צֶדֶק: לֹא־תַטֶּה מִשְׁפָּט לֹא
תַכִּיר פָּנִים וְלֹא־תִקַּח שֹׁחַד כִּי הַשֹּׁחַד יְעַוֵּר
עֵינֵי חֲכָמִים וִיסַלֵּף דִּבְרֵי צַדִּיקִם: צֶדֶק צֶדֶק
תִּרְדֹּף לְמַעַן תִּחְיֶה וְיָרַשְׁתָּ אֶת־הָאָרֶץ אֲשֶׁר־
יהוה אֱלֹהֶיךָ נֹתֵן לָךְ:

לוי: לֹא־תִטַּע לְךָ אֲשֵׁרָה כָּל־עֵץ אֵצֶל מִזְבַּח
יהוה אֱלֹהֶיךָ אֲשֶׁר תַּעֲשֶׂה־לָּךְ: וְלֹא־תָקִים לְךָ
מַצֵּבָה אֲשֶׁר שָׂנֵא יהוה אֱלֹהֶיךָ: לֹא־תִזְבַּח
לַיהוה אֱלֹהֶיךָ שׁוֹר וָשֶׂה אֲשֶׁר יִהְיֶה בוֹ מוּם כֹּל
דָּבָר רָע כִּי תוֹעֲבַת יהוה אֱלֹהֶיךָ הוּא: כִּי־יִמָּצֵא
בְקִרְבְּךָ בְּאַחַד שְׁעָרֶיךָ אֲשֶׁר־יהוה אֱלֹהֶיךָ נֹתֵן
לָךְ אִישׁ אוֹ־אִשָּׁה אֲשֶׁר יַעֲשֶׂה אֶת־הָרַע בְּעֵינֵי
יהוה אֱלֹהֶיךָ לַעֲבֹר בְּרִיתוֹ: וַיֵּלֶךְ וַיַּעֲבֹד אֱלֹהִים

פִּי שְׁנַיִם בְּכֹל אֲשֶׁר־יִמָּצֵא לוֹ כִּי־הוּא רֵאשִׁית אֹנוֹ לוֹ מִשְׁפַּט הַבְּכֹרָה:

ישראל: כִּי־יִהְיֶה לְאִישׁ בֵּן סוֹרֵר וּמוֹרֶה אֵינֶנּוּ שֹׁמֵעַ בְּקוֹל אָבִיו וּבְקוֹל אִמּוֹ וְיִסְּרוּ אֹתוֹ וְלֹא יִשְׁמַע אֲלֵיהֶם: וְתָפְשׂוּ בוֹ אָבִיו וְאִמּוֹ וְהוֹצִיאוּ אֹתוֹ אֶל־זִקְנֵי עִירוֹ וְאֶל־שַׁעַר מְקֹמוֹ: וְאָמְרוּ אֶל־זִקְנֵי עִירוֹ בְּנֵנוּ זֶה סוֹרֵר וּמֹרֶה אֵינֶנּוּ שֹׁמֵעַ בְּקֹלֵנוּ זוֹלֵל וְסֹבֵא: וּרְגָמֻהוּ כָּל־אַנְשֵׁי עִירוֹ בָאֲבָנִים וָמֵת וּבִעַרְתָּ הָרָע מִקִּרְבֶּךָ וְכָל־יִשְׂרָאֵל יִשְׁמְעוּ וְיִרָאוּ:

תבוא

כה: וְהָיָה כִּי־תָבוֹא אֶל־הָאָרֶץ אֲשֶׁר יהוה אֱלֹהֶיךָ נֹתֵן לְךָ נַחֲלָה וִירִשְׁתָּהּ וְיָשַׁבְתָּ בָּהּ: וְלָקַחְתָּ מֵרֵאשִׁית כָּל־פְּרִי הָאֲדָמָה אֲשֶׁר תָּבִיא מֵאַרְצְךָ אֲשֶׁר יהוה אֱלֹהֶיךָ נֹתֵן לָךְ וְשַׂמְתָּ בַטֶּנֶא וְהָלַכְתָּ אֶל־הַמָּקוֹם אֲשֶׁר יִבְחַר יהוה אֱלֹהֶיךָ לְשַׁכֵּן שְׁמוֹ שָׁם: וּבָאתָ אֶל־הַכֹּהֵן אֲשֶׁר יִהְיֶה בַּיָּמִים הָהֵם וְאָמַרְתָּ אֵלָיו הִגַּדְתִּי הַיּוֹם לַיהוה אֱלֹהֶיךָ כִּי־בָאתִי אֶל־הָאָרֶץ אֲשֶׁר נִשְׁבַּע יהוה לַאֲבֹתֵינוּ לָתֶת לָנוּ:

לוי: וְלָקַח הַכֹּהֵן הַטֶּנֶא מִיָּדֶךָ וְהִנִּיחוֹ לִפְנֵי מִזְבַּח יהוה אֱלֹהֶיךָ: וְעָנִיתָ וְאָמַרְתָּ לִפְנֵי ׀ יהוה אֱלֹהֶיךָ אֲרַמִּי אֹבֵד אָבִי וַיֵּרֶד מִצְרַיְמָה וַיָּגָר שָׁם בִּמְתֵי מְעָט וַיְהִי־שָׁם לְגוֹי גָּדוֹל עָצוּם וָרָב: וַיָּרֵעוּ אֹתָנוּ הַמִּצְרִים וַיְעַנּוּנוּ וַיִּתְּנוּ עָלֵינוּ עֲבֹדָה קָשָׁה: וַנִּצְעַק אֶל־יהוה אֱלֹהֵי אֲבֹתֵינוּ וַיִּשְׁמַע יהוה אֶת־קֹלֵנוּ וַיַּרְא אֶת־עָנְיֵנוּ וְאֶת־עֲמָלֵנוּ וְאֶת־לַחֲצֵנוּ: וַיּוֹצִאֵנוּ יהוה מִמִּצְרַיִם בְּיָד חֲזָקָה וּבִזְרֹעַ נְטוּיָה וּבְמֹרָא גָּדֹל וּבְאֹתוֹת וּבְמֹפְתִים: וַיְבִאֵנוּ אֶל־הַמָּקוֹם הַזֶּה וַיִּתֶּן־לָנוּ אֶת־הָאָרֶץ הַזֹּאת אֶרֶץ זָבַת חָלָב וּדְבָשׁ: וְעַתָּה הִנֵּה הֵבֵאתִי אֶת־רֵאשִׁית פְּרִי הָאֲדָמָה אֲשֶׁר־נָתַתָּה לִּי יהוה וְהִנַּחְתּוֹ לִפְנֵי יהוה אֱלֹהֶיךָ וְהִשְׁתַּחֲוִיתָ לִפְנֵי יהוה אֱלֹהֶיךָ: וְשָׂמַחְתָּ בְכָל־הַטּוֹב אֲשֶׁר נָתַן־לְךָ יהוה אֱלֹהֶיךָ וּלְבֵיתֶךָ אַתָּה וְהַלֵּוִי וְהַגֵּר אֲשֶׁר בְּקִרְבֶּךָ:

ישראל: כִּי תְכַלֶּה לַעְשֵׂר אֶת־כָּל־מַעְשַׂר תְּבוּאָתְךָ בַּשָּׁנָה הַשְּׁלִישִׁת שְׁנַת הַמַּעֲשֵׂר וְנָתַתָּה לַלֵּוִי לַגֵּר לַיָּתוֹם וְלָאַלְמָנָה וְאָכְלוּ בִשְׁעָרֶיךָ וְשָׂבֵעוּ: וְאָמַרְתָּ לִפְנֵי יהוה אֱלֹהֶיךָ בִּעַרְתִּי הַקֹּדֶשׁ מִן־הַבַּיִת וְגַם נְתַתִּיו לַלֵּוִי וְלַגֵּר לַיָּתוֹם וְלָאַלְמָנָה כְּכָל־מִצְוָתְךָ אֲשֶׁר צִוִּיתָנִי לֹא־עָבַרְתִּי מִמִּצְוֺתֶיךָ וְלֹא שָׁכָחְתִּי: לֹא־אָכַלְתִּי בְאֹנִי מִמֶּנּוּ וְלֹא־בִעַרְתִּי מִמֶּנּוּ

אֲחֵרִים וַיִּשְׁתַּחֲווּ לָהֶם וְלַשֶּׁמֶשׁ ׀ אוֹ לַיָּרֵחַ אוֹ לְכָל־צְבָא הַשָּׁמַיִם אֲשֶׁר לֹא־צִוִּיתִי: וְהֻגַּד־לְךָ וְשָׁמָעְתָּ וְדָרַשְׁתָּ הֵיטֵב וְהִנֵּה אֱמֶת נָכוֹן הַדָּבָר נֶעֶשְׂתָה הַתּוֹעֵבָה הַזֹּאת בְּיִשְׂרָאֵל: וְהוֹצֵאתָ אֶת־הָאִישׁ הַהוּא אוֹ אֶת־הָאִשָּׁה הַהִוא אֲשֶׁר עָשׂוּ אֶת־הַדָּבָר הָרָע הַזֶּה אֶל־שְׁעָרֶיךָ אֶת־הָאִישׁ אוֹ אֶת־הָאִשָּׁה וּסְקַלְתָּם בָּאֲבָנִים וָמֵתוּ: עַל־פִּי ׀ שְׁנַיִם עֵדִים אוֹ שְׁלֹשָׁה עֵדִים יוּמַת הַמֵּת לֹא יוּמַת עַל־פִּי עֵד אֶחָד: יַד הָעֵדִים תִּהְיֶה־בּוֹ בָרִאשֹׁנָה לַהֲמִיתוֹ וְיַד כָּל־הָעָם בָּאַחֲרֹנָה וּבִעַרְתָּ הָרָע מִקִּרְבֶּךָ: כִּי יִפָּלֵא מִמְּךָ דָבָר לַמִּשְׁפָּט בֵּין־דָּם ׀ לְדָם בֵּין־דִּין לְדִין וּבֵין נֶגַע לָנֶגַע דִּבְרֵי רִיבֹת בִּשְׁעָרֶיךָ וְקַמְתָּ וְעָלִיתָ אֶל־הַמָּקוֹם אֲשֶׁר יִבְחַר יהוה אֱלֹהֶיךָ בּוֹ: וּבָאתָ אֶל־הַכֹּהֲנִים הַלְוִיִּם וְאֶל־הַשֹּׁפֵט אֲשֶׁר יִהְיֶה בַּיָּמִים הָהֵם וְדָרַשְׁתָּ וְהִגִּידוּ לְךָ אֵת דְּבַר הַמִּשְׁפָּט: וְעָשִׂיתָ עַל־פִּי הַדָּבָר אֲשֶׁר יַגִּידוּ לְךָ מִן־הַמָּקוֹם הַהוּא אֲשֶׁר יִבְחַר יהוה וְשָׁמַרְתָּ לַעֲשׂוֹת כְּכֹל אֲשֶׁר יוֹרוּךָ:

ישראל: עַל־פִּי הַתּוֹרָה אֲשֶׁר יוֹרוּךָ וְעַל־הַמִּשְׁפָּט אֲשֶׁר־יֹאמְרוּ לְךָ תַּעֲשֶׂה לֹא תָסוּר מִן־הַדָּבָר אֲשֶׁר־יַגִּידוּ לְךָ יָמִין וּשְׂמֹאל: וְהָאִישׁ אֲשֶׁר־יַעֲשֶׂה בְזָדוֹן לְבִלְתִּי שְׁמֹעַ אֶל־הַכֹּהֵן הָעֹמֵד לְשָׁרֶת שָׁם אֶת־יהוה אֱלֹהֶיךָ אוֹ אֶל־הַשֹּׁפֵט וּמֵת הָאִישׁ הַהוּא וּבִעַרְתָּ הָרָע מִיִּשְׂרָאֵל: וְכָל־הָעָם יִשְׁמְעוּ וְיִרָאוּ וְלֹא יְזִידוּן עוֹד:

תצא

כה: כִּי־תֵצֵא לַמִּלְחָמָה עַל־אֹיְבֶיךָ וּנְתָנוֹ יהוה אֱלֹהֶיךָ בְּיָדֶךָ וְשָׁבִיתָ שִׁבְיוֹ: וְרָאִיתָ בַּשִּׁבְיָה אֵשֶׁת יְפַת־תֹּאַר וְחָשַׁקְתָּ בָהּ וְלָקַחְתָּ לְךָ לְאִשָּׁה: וַהֲבֵאתָהּ אֶל־תּוֹךְ בֵּיתֶךָ וְגִלְּחָה אֶת־רֹאשָׁהּ וְעָשְׂתָה אֶת־צִפָּרְנֶיהָ: וְהֵסִירָה אֶת־שִׂמְלַת שִׁבְיָהּ מֵעָלֶיהָ וְיָשְׁבָה בְּבֵיתֶךָ וּבָכְתָה אֶת־אָבִיהָ וְאֶת־אִמָּהּ יֶרַח יָמִים וְאַחַר כֵּן תָּבוֹא אֵלֶיהָ וּבְעַלְתָּהּ וְהָיְתָה לְךָ לְאִשָּׁה: וְהָיָה אִם־לֹא חָפַצְתָּ בָּהּ וְשִׁלַּחְתָּהּ לְנַפְשָׁהּ וּמָכֹר לֹא־תִמְכְּרֶנָּה בַּכָּסֶף לֹא־תִתְעַמֵּר בָּהּ תַּחַת אֲשֶׁר עִנִּיתָהּ:

לוי: כִּי־תִהְיֶיןָ לְאִישׁ שְׁתֵּי נָשִׁים הָאַחַת אֲהוּבָה וְהָאַחַת שְׂנוּאָה וְיָלְדוּ־לוֹ בָנִים הָאֲהוּבָה וְהַשְּׂנוּאָה וְהָיָה הַבֵּן הַבְּכֹר לַשְּׂנִיאָה: וְהָיָה בְּיוֹם הַנְחִילוֹ אֶת־בָּנָיו אֵת אֲשֶׁר־יִהְיֶה לוֹ לֹא יוּכַל לְבַכֵּר אֶת־בֶּן־הָאֲהוּבָה עַל־פְּנֵי בֶן־הַשְּׂנוּאָה הַבְּכֹר: כִּי אֶת־הַבְּכֹר בֶּן־הַשְּׂנוּאָה יַכִּיר לָתֶת לוֹ

בְּטֻמֵא וְלֹא־נָתַתִּי מִמֶּנּוּ לְמֵת שָׁמַעְתִּי בְּקוֹל
יהוה אֱלֹהָי עָשִׂיתִי כְּכֹל אֲשֶׁר צִוִּיתָנִי: הַשְׁקִיפָה
מִמְּעוֹן קָדְשְׁךָ מִן־הַשָּׁמַיִם וּבָרֵךְ אֶת־עַמְּךָ אֶת־
יִשְׂרָאֵל וְאֵת הָאֲדָמָה אֲשֶׁר נָתַתָּה לָנוּ כַּאֲשֶׁר
נִשְׁבַּעְתָּ לַאֲבֹתֵינוּ אֶרֶץ זָבַת חָלָב וּדְבָשׁ:

נצבים

כו אַתֶּם נִצָּבִים הַיּוֹם כֻּלְּכֶם לִפְנֵי יהוה
אֱלֹהֵיכֶם רָאשֵׁיכֶם שִׁבְטֵיכֶם זִקְנֵיכֶם וְשֹׁטְרֵיכֶם
כֹּל אִישׁ יִשְׂרָאֵל: טַפְּכֶם נְשֵׁיכֶם וְגֵרְךָ אֲשֶׁר
בְּקֶרֶב מַחֲנֶיךָ מֵחֹטֵב עֵצֶיךָ עַד שֹׁאֵב מֵימֶיךָ:
לְעָבְרְךָ בִּבְרִית יהוה אֱלֹהֶיךָ וּבְאָלָתוֹ אֲשֶׁר
יהוה אֱלֹהֶיךָ כֹּרֵת עִמְּךָ הַיּוֹם:
לוי לְמַעַן הָקִים־אֹתְךָ הַיּוֹם לוֹ לְעָם וְהוּא יִהְיֶה־
לְּךָ לֵאלֹהִים כַּאֲשֶׁר דִּבֶּר־לָךְ וְכַאֲשֶׁר נִשְׁבַּע
לַאֲבֹתֶיךָ לְאַבְרָהָם לְיִצְחָק וּלְיַעֲקֹב: וְלֹא אִתְּכֶם
לְבַדְּכֶם אָנֹכִי כֹּרֵת אֶת־הַבְּרִית הַזֹּאת וְאֶת־
הָאָלָה הַזֹּאת: כִּי אֶת־אֲשֶׁר יֶשְׁנוֹ פֹּה עִמָּנוּ עֹמֵד
הַיּוֹם לִפְנֵי יהוה אֱלֹהֵינוּ וְאֵת אֲשֶׁר אֵינֶנּוּ פֹּה
עִמָּנוּ הַיּוֹם:
ישראל כִּי־אַתֶּם יְדַעְתֶּם אֵת אֲשֶׁר־יָשַׁבְנוּ בְּאֶרֶץ
מִצְרָיִם וְאֵת אֲשֶׁר־עָבַרְנוּ בְּקֶרֶב הַגּוֹיִם אֲשֶׁר
עֲבַרְתֶּם: וַתִּרְאוּ אֶת־שִׁקּוּצֵיהֶם וְאֵת גִּלֻּלֵיהֶם
עֵץ וָאֶבֶן כֶּסֶף וְזָהָב אֲשֶׁר עִמָּהֶם: פֶּן־יֵשׁ בָּכֶם
אִישׁ אוֹ־אִשָּׁה אוֹ מִשְׁפָּחָה אוֹ־שֵׁבֶט אֲשֶׁר לְבָבוֹ
פֹנֶה הַיּוֹם מֵעִם יהוה אֱלֹהֵינוּ לָלֶכֶת לַעֲבֹד אֶת־
אֱלֹהֵי הַגּוֹיִם הָהֵם פֶּן־יֵשׁ בָּכֶם שֹׁרֶשׁ פֹּרֶה רֹאשׁ
וְלַעֲנָה: וְהָיָה בְּשָׁמְעוֹ אֶת־דִּבְרֵי הָאָלָה הַזֹּאת
וְהִתְבָּרֵךְ בִּלְבָבוֹ לֵאמֹר שָׁלוֹם יִהְיֶה־לִּי כִּי
בִּשְׁרִרוּת לִבִּי אֵלֵךְ לְמַעַן סְפוֹת הָרָוָה אֶת־
הַצְּמֵאָה: לֹא־יֹאבֶה יהוה סְלֹחַ לוֹ כִּי אָז יֶעְשַׁן
אַף־יהוה וְקִנְאָתוֹ בָּאִישׁ הַהוּא וְרָבְצָה בּוֹ כָּל־
הָאָלָה הַכְּתוּבָה בַּסֵּפֶר הַזֶּה וּמָחָה יהוה אֶת־
שְׁמוֹ מִתַּחַת הַשָּׁמָיִם: וְהִבְדִּילוֹ יהוה לְרָעָה מִכֹּל
שִׁבְטֵי יִשְׂרָאֵל כְּכֹל אָלוֹת הַבְּרִית הַכְּתוּבָה
בְּסֵפֶר הַתּוֹרָה הַזֶּה: וְאָמַר הַדּוֹר הָאַחֲרוֹן בְּנֵיכֶם
אֲשֶׁר יָקוּמוּ מֵאַחֲרֵיכֶם וְהַנָּכְרִי אֲשֶׁר יָבֹא מֵאֶרֶץ
רְחוֹקָה וְרָאוּ אֶת־מַכּוֹת הָאָרֶץ הַהִוא וְאֶת־
תַּחֲלֻאֶיהָ אֲשֶׁר־חִלָּה יהוה בָּהּ: גָּפְרִית וָמֶלַח
שְׂרֵפָה כָל־אַרְצָהּ לֹא תִזָּרַע וְלֹא תַצְמִחַ וְלֹא־
יַעֲלֶה בָהּ כָּל־עֵשֶׂב כְּמַהְפֵּכַת סְדֹם וַעֲמֹרָה
אַדְמָה וּצְבֹיִם אֲשֶׁר הָפַךְ יהוה בְּאַפּוֹ וּבַחֲמָתוֹ:
וְאָמְרוּ כָּל־הַגּוֹיִם עַל־מֶה עָשָׂה יהוה כָּכָה
לָאָרֶץ הַזֹּאת מֶה חֳרִי הָאַף הַגָּדוֹל הַזֶּה: וְאָמְרוּ
עַל אֲשֶׁר עָזְבוּ אֶת־בְּרִית יהוה אֱלֹהֵי אֲבֹתָם

אֲשֶׁר כָּרַת עִמָּם בְּהוֹצִיאוֹ אֹתָם מֵאֶרֶץ מִצְרָיִם:
וַיֵּלְכוּ וַיַּעַבְדוּ אֱלֹהִים אֲחֵרִים וַיִּשְׁתַּחֲווּ לָהֶם
אֱלֹהִים אֲשֶׁר לֹא־יְדָעוּם וְלֹא חָלַק לָהֶם: וַיִּחַר־
אַף יהוה בָּאָרֶץ הַהִוא לְהָבִיא עָלֶיהָ אֶת־כָּל־
הַקְּלָלָה הַכְּתוּבָה בַּסֵּפֶר הַזֶּה: וַיִּתְּשֵׁם יהוה מֵעַל
אַדְמָתָם בְּאַף וּבְחֵמָה וּבְקֶצֶף גָּדוֹל וַיַּשְׁלִכֵם אֶל־
אֶרֶץ אַחֶרֶת כַּיּוֹם הַזֶּה: הַנִּסְתָּרֹת לַיהוה אֱלֹהֵינוּ
וְהַנִּגְלֹת לָנוּ וּלְבָנֵינוּ עַד־עוֹלָם לַעֲשׂוֹת אֶת־כָּל־
דִּבְרֵי הַתּוֹרָה הַזֹּאת:

וילך

כז וַיֵּלֶךְ מֹשֶׁה וַיְדַבֵּר אֶת־הַדְּבָרִים הָאֵלֶּה אֶל־
כָּל־יִשְׂרָאֵל: וַיֹּאמֶר אֲלֵהֶם בֶּן־מֵאָה וְעֶשְׂרִים
שָׁנָה אָנֹכִי הַיּוֹם לֹא־אוּכַל עוֹד לָצֵאת וְלָבוֹא
וַיהוה אָמַר אֵלַי לֹא תַעֲבֹר אֶת־הַיַּרְדֵּן הַזֶּה:
יהוה אֱלֹהֶיךָ הוּא עֹבֵר לְפָנֶיךָ הוּא־יַשְׁמִיד
אֶת־הַגּוֹיִם הָאֵלֶּה מִלְּפָנֶיךָ וִירִשְׁתָּם יְהוֹשֻׁעַ הוּא
עֹבֵר לְפָנֶיךָ כַּאֲשֶׁר דִּבֶּר יהוה:
לוי וְעָשָׂה יהוה לָהֶם כַּאֲשֶׁר עָשָׂה לְסִיחוֹן
וּלְעוֹג מַלְכֵי הָאֱמֹרִי וּלְאַרְצָם אֲשֶׁר הִשְׁמִיד
אֹתָם: וּנְתָנָם יהוה לִפְנֵיכֶם וַעֲשִׂיתֶם לָהֶם
כְּכָל־הַמִּצְוָה אֲשֶׁר צִוִּיתִי אֶתְכֶם: חִזְקוּ
וְאִמְצוּ אַל־תִּירְאוּ וְאַל־תַּעַרְצוּ מִפְּנֵיהֶם כִּי |
יהוה אֱלֹהֶיךָ הוּא הַהֹלֵךְ עִמָּךְ לֹא יַרְפְּךָ וְלֹא
יַעַזְבֶךָּ:
ישראל: וַיִּקְרָא מֹשֶׁה לִיהוֹשֻׁעַ וַיֹּאמֶר אֵלָיו לְעֵינֵי
כָל־יִשְׂרָאֵל חֲזַק וֶאֱמָץ כִּי אַתָּה תָּבוֹא אֶת־הָעָם
הַזֶּה אֶל־הָאָרֶץ אֲשֶׁר נִשְׁבַּע יהוה לַאֲבֹתָם לָתֵת
לָהֶם וְאַתָּה תַּנְחִילֶנָּה אוֹתָם: וַיהוה הוּא | הַהֹלֵךְ
לְפָנֶיךָ הוּא יִהְיֶה עִמָּךְ לֹא יַרְפְּךָ וְלֹא יַעַזְבֶךָּ לֹא
תִירָא וְלֹא תֵחָת: וַיִּכְתֹּב מֹשֶׁה אֶת־הַתּוֹרָה
הַזֹּאת וַיִּתְּנָהּ אֶל־הַכֹּהֲנִים בְּנֵי לֵוִי הַנֹּשְׂאִים אֶת־
אֲרוֹן בְּרִית יהוה וְאֶל־כָּל־זִקְנֵי יִשְׂרָאֵל: וַיְצַו
מֹשֶׁה אוֹתָם לֵאמֹר מִקֵּץ | שֶׁבַע שָׁנִים בְּמֹעֵד
שְׁנַת הַשְּׁמִטָּה בְּחַג הַסֻּכּוֹת: בְּבוֹא כָל־יִשְׂרָאֵל
לֵרָאוֹת אֶת־פְּנֵי יהוה אֱלֹהֶיךָ בַּמָּקוֹם אֲשֶׁר
יִבְחָר תִּקְרָא אֶת־הַתּוֹרָה הַזֹּאת נֶגֶד כָּל־
יִשְׂרָאֵל בְּאָזְנֵיהֶם: הַקְהֵל אֶת־הָעָם הָאֲנָשִׁים
וְהַנָּשִׁים וְהַטַּף וְגֵרְךָ אֲשֶׁר בִּשְׁעָרֶיךָ לְמַעַן
יִשְׁמְעוּ וּלְמַעַן יִלְמְדוּ וְיָרְאוּ אֶת־יהוה אֱלֹהֵיכֶם
וְשָׁמְרוּ לַעֲשׂוֹת אֶת־כָּל־דִּבְרֵי הַתּוֹרָה הַזֹּאת:
וּבְנֵיהֶם אֲשֶׁר לֹא־יָדְעוּ יִשְׁמְעוּ וְלָמְדוּ לְיִרְאָה
אֶת־יהוה אֱלֹהֵיכֶם כָּל־הַיָּמִים אֲשֶׁר אַתֶּם חַיִּים
עַל־הָאֲדָמָה אֲשֶׁר אַתֶּם עֹבְרִים אֶת־הַיַּרְדֵּן
שָׁמָּה לְרִשְׁתָּהּ:

האזינו

כו: הַאֲזִינוּ הַשָּׁמַיִם וַאֲדַבֵּרָה וְתִשְׁמַע הָאָרֶץ אִמְרֵי־פִי: יַעֲרֹף כַּמָּטָר לִקְחִי תִּזַּל כַּטַּל אִמְרָתִי כִּשְׂעִירִם עֲלֵי־דֶשֶׁא וְכִרְבִיבִים עֲלֵי־עֵשֶׂב: כִּי שֵׁם יהוה אֶקְרָא הָבוּ גֹדֶל לֵאלֹהֵינוּ:

לוי: הַצּוּר תָּמִים פָּעֳלוֹ כִּי כָל־דְּרָכָיו מִשְׁפָּט אֵל אֱמוּנָה וְאֵין עָוֶל צַדִּיק וְיָשָׁר הוּא: שִׁחֵת לוֹ לֹא בָּנָיו מוּמָם דּוֹר עִקֵּשׁ וּפְתַלְתֹּל: הֲלַיהוה תִּגְמְלוּ־זֹאת עַם נָבָל וְלֹא חָכָם הֲלוֹא־הוּא אָבִיךָ קָּנֶךָ הוּא עָשְׂךָ וַיְכֹנְנֶךָ:

ישראל: זְכֹר יְמוֹת עוֹלָם בִּינוּ שְׁנוֹת דֹּר־וָדֹר שְׁאַל אָבִיךָ וְיַגֵּדְךָ זְקֵנֶיךָ וְיֹאמְרוּ לָךְ: בְּהַנְחֵל עֶלְיוֹן גּוֹיִם בְּהַפְרִידוֹ בְּנֵי אָדָם יַצֵּב גְּבֻלֹת עַמִּים לְמִסְפַּר בְּנֵי יִשְׂרָאֵל: כִּי חֵלֶק יהוה עַמּוֹ יַעֲקֹב חֶבֶל נַחֲלָתוֹ: יִמְצָאֵהוּ בְּאֶרֶץ מִדְבָּר וּבְתֹהוּ יְלֵל יְשִׁמֹן יְסֹבְבֶנְהוּ יְבוֹנְנֵהוּ יִצְּרֶנְהוּ כְּאִישׁוֹן עֵינוֹ: כְּנֶשֶׁר יָעִיר קִנּוֹ עַל־גּוֹזָלָיו יְרַחֵף יִפְרֹשׂ כְּנָפָיו יִקָּחֵהוּ יִשָּׂאֵהוּ עַל־אֶבְרָתוֹ: יהוה בָּדָד יַנְחֶנּוּ וְאֵין עִמּוֹ אֵל נֵכָר:

ברכה

כו: וְזֹאת הַבְּרָכָה אֲשֶׁר בֵּרַךְ מֹשֶׁה אִישׁ הָאֱלֹהִים אֶת־בְּנֵי יִשְׂרָאֵל לִפְנֵי מוֹתוֹ: וַיֹּאמַר יהוה מִסִּינַי בָּא וְזָרַח מִשֵּׂעִיר לָמוֹ הוֹפִיעַ מֵהַר פָּארָן וְאָתָה מֵרִבְבֹת קֹדֶשׁ מִימִינוֹ אֵשׁ דָּת לָמוֹ: אַף חֹבֵב עַמִּים כָּל־קְדֹשָׁיו בְּיָדֶךָ וְהֵם תֻּכּוּ לְרַגְלֶךָ יִשָּׂא מִדַּבְּרֹתֶיךָ: תּוֹרָה צִוָּה־לָנוּ מֹשֶׁה מוֹרָשָׁה קְהִלַּת יַעֲקֹב: וַיְהִי בִישֻׁרוּן מֶלֶךְ בְּהִתְאַסֵּף רָאשֵׁי עָם יַחַד שִׁבְטֵי יִשְׂרָאֵל: יְחִי רְאוּבֵן וְאַל־יָמֹת וִיהִי מְתָיו מִסְפָּר: וְזֹאת לִיהוּדָה וַיֹּאמַר שְׁמַע יהוה קוֹל יְהוּדָה וְאֶל־עַמּוֹ תְּבִיאֶנּוּ יָדָיו רָב לוֹ וְעֵזֶר מִצָּרָיו תִּהְיֶה:

לוי: וּלְלֵוִי אָמַר תֻּמֶּיךָ וְאוּרֶיךָ לְאִישׁ חֲסִידֶךָ אֲשֶׁר נִסִּיתוֹ בְּמַסָּה תְּרִיבֵהוּ עַל־מֵי מְרִיבָה: הָאֹמֵר לְאָבִיו וּלְאִמּוֹ לֹא רְאִיתִיו וְאֶת־אֶחָיו לֹא הִכִּיר וְאֶת־בָּנָו לֹא יָדָע כִּי שָׁמְרוּ אִמְרָתֶךָ וּבְרִיתְךָ יִנְצֹרוּ: יוֹרוּ מִשְׁפָּטֶיךָ לְיַעֲקֹב וְתוֹרָתְךָ לְיִשְׂרָאֵל יָשִׂימוּ קְטוֹרָה בְּאַפֶּךָ וְכָלִיל עַל־מִזְבְּחֶךָ: בָּרֵךְ יהוה חֵילוֹ וּפֹעַל יָדָיו תִּרְצֶה מְחַץ מָתְנַיִם קָמָיו וּמְשַׂנְאָיו מִן־יְקוּמוּן: לְבִנְיָמִן אָמַר יְדִיד יהוה יִשְׁכֹּן לָבֶטַח עָלָיו חֹפֵף עָלָיו כָּל־הַיּוֹם וּבֵין כְּתֵפָיו שָׁכֵן:

ישראל: וּלְיוֹסֵף אָמַר מְבֹרֶכֶת יהוה אַרְצוֹ מִמֶּגֶד שָׁמַיִם מִטָּל וּמִתְּהוֹם רֹבֶצֶת תָּחַת: וּמִמֶּגֶד תְּבוּאֹת שָׁמֶשׁ וּמִמֶּגֶד גֶּרֶשׁ יְרָחִים: וּמֵרֹאשׁ

הַרְרֵי־קֶדֶם וּמִמֶּגֶד גִּבְעוֹת עוֹלָם: וּמִמֶּגֶד אֶרֶץ וּמְלֹאָהּ וּרְצוֹן שֹׁכְנִי סְנֶה תָּבוֹאתָה לְרֹאשׁ יוֹסֵף וּלְקָדְקֹד נְזִיר אֶחָיו: בְּכוֹר שׁוֹרוֹ הָדָר לוֹ וְקַרְנֵי רְאֵם קַרְנָיו בָּהֶם עַמִּים יְנַגַּח יַחְדָּו אַפְסֵי־אָרֶץ וְהֵם רִבְבוֹת אֶפְרַיִם וְהֵם אַלְפֵי מְנַשֶּׁה:

לראש חודש

במדבר כח:א-ג כח:ג-טו

כו: וַיְדַבֵּר יהוה אֶל־מֹשֶׁה לֵּאמֹר: צַו אֶת־בְּנֵי יִשְׂרָאֵל וְאָמַרְתָּ אֲלֵהֶם אֶת־קָרְבָּנִי לַחְמִי לְאִשַּׁי רֵיחַ נִיחֹחִי תִּשְׁמְרוּ לְהַקְרִיב לִי בְּמוֹעֲדוֹ: וְאָמַרְתָּ לָהֶם זֶה הָאִשֶּׁה אֲשֶׁר תַּקְרִיבוּ לַיהוה כְּבָשִׂים בְּנֵי־שָׁנָה תְמִימִם שְׁנַיִם לַיּוֹם עֹלָה תָמִיד:

לוי: וְאָמַרְתָּ לָהֶם זֶה הָאִשֶּׁה אֲשֶׁר תַּקְרִיבוּ לַיהוה כְּבָשִׂים בְּנֵי־שָׁנָה תְמִימִם שְׁנַיִם לַיּוֹם עֹלָה תָמִיד: אֶת־הַכֶּבֶשׂ אֶחָד תַּעֲשֶׂה בַבֹּקֶר וְאֵת הַכֶּבֶשׂ הַשֵּׁנִי תַּעֲשֶׂה בֵּין הָעַרְבָּיִם: וַעֲשִׂירִית הָאֵיפָה סֹלֶת לְמִנְחָה בְּלוּלָה בְּשֶׁמֶן כָּתִית רְבִיעִת הַהִין: עֹלַת תָּמִיד הָעֲשֻׂיָה בְּהַר סִינַי לְרֵיחַ נִיחֹחַ אִשֶּׁה לַיהוה: וְנִסְכּוֹ רְבִיעִת הַהִין לַכֶּבֶשׂ הָאֶחָד בַּקֹּדֶשׁ הַסֵּךְ נֶסֶךְ שֵׁכָר לַיהוה: וְאֵת הַכֶּבֶשׂ הַשֵּׁנִי תַּעֲשֶׂה בֵּין הָעַרְבָּיִם כְּמִנְחַת הַבֹּקֶר וּכְנִסְכּוֹ תַּעֲשֶׂה אִשֵּׁה רֵיחַ נִיחֹחַ לַיהוה: וּבְיוֹם הַשַּׁבָּת שְׁנֵי־כְבָשִׂים בְּנֵי־שָׁנָה תְּמִימִם וּשְׁנֵי עֶשְׂרֹנִים סֹלֶת מִנְחָה בְּלוּלָה בַשֶּׁמֶן וְנִסְכּוֹ: עֹלַת שַׁבַּת בְּשַׁבַּתּוֹ עַל־עֹלַת הַתָּמִיד וְנִסְכָּהּ:

רביעי: וּבְרָאשֵׁי חָדְשֵׁיכֶם תַּקְרִיבוּ עֹלָה לַיהוה פָּרִים בְּנֵי־בָקָר שְׁנַיִם וְאַיִל אֶחָד כְּבָשִׂים בְּנֵי־שָׁנָה שִׁבְעָה תְּמִימִם: וּשְׁלֹשָׁה עֶשְׂרֹנִים סֹלֶת מִנְחָה בְּלוּלָה בַשֶּׁמֶן לַפָּר הָאֶחָד וּשְׁנֵי עֶשְׂרֹנִים סֹלֶת מִנְחָה בְּלוּלָה בַשֶּׁמֶן לָאַיִל הָאֶחָד: וְעִשָּׂרֹן עִשָּׂרוֹן סֹלֶת מִנְחָה בְּלוּלָה בַשֶּׁמֶן לַכֶּבֶשׂ הָאֶחָד עֹלָה רֵיחַ נִיחֹחַ אִשֶּׁה לַיהוה: וְנִסְכֵּיהֶם חֲצִי הַהִין יִהְיֶה לַפָּר וּשְׁלִישִׁת הַהִין לָאַיִל וּרְבִיעִת הַהִין לַכֶּבֶשׂ יָיִן זֹאת עֹלַת חֹדֶשׁ בְּחָדְשׁוֹ לְחָדְשֵׁי הַשָּׁנָה: וּשְׂעִיר עִזִּים אֶחָד לְחַטָּאת לַיהוה עַל־עֹלַת הַתָּמִיד יֵעָשֶׂה וְנִסְכּוֹ:

לימי חנוכה

Some begin here on the first day:

כו: וַיְדַבֵּר יהוה אֶל־מֹשֶׁה לֵּאמֹר: דַּבֵּר אֶל־אַהֲרֹן וְאֶל־בָּנָיו לֵאמֹר כֹּה תְבָרֲכוּ אֶת־בְּנֵי יִשְׂרָאֵל אָמוֹר לָהֶם: יְבָרֶכְךָ יהוה וְיִשְׁמְרֶךָ: יָאֵר יהוה פָּנָיו אֵלֶיךָ וִיחֻנֶּךָּ: יִשָּׂא יהוה פָּנָיו אֵלֶיךָ וְיָשֵׂם לְךָ שָׁלוֹם: וְשָׂמוּ אֶת־שְׁמִי

עַל־בְּנֵי יִשְׂרָאֵל וַאֲנִי אֲבָרֲכֵם:

Some begin here:

וַיְהִי בְּיוֹם כַּלּוֹת מֹשֶׁה לְהָקִים אֶת־הַמִּשְׁכָּן וַיִּמְשַׁח אֹתוֹ וַיְקַדֵּשׁ אֹתוֹ וְאֶת־כָּל־כֵּלָיו וְאֶת־הַמִּזְבֵּחַ וְאֶת־כָּל־כֵּלָיו וַיִּמְשָׁחֵם וַיְקַדֵּשׁ אֹתָם: וַיַּקְרִיבוּ נְשִׂיאֵי יִשְׂרָאֵל רָאשֵׁי בֵּית אֲבֹתָם הֵם נְשִׂיאֵי הַמַּטֹּת הֵם הָעֹמְדִים עַל־הַפְּקֻדִים: וַיָּבִיאוּ אֶת־קָרְבָּנָם לִפְנֵי יהוה שֵׁשׁ־עֶגְלֹת צָב וּשְׁנֵי־עָשָׂר בָּקָר עֲגָלָה עַל־שְׁנֵי הַנְּשִׂאִים וְשׁוֹר לְאֶחָד וַיַּקְרִיבוּ אוֹתָם לִפְנֵי הַמִּשְׁכָּן: וַיֹּאמֶר יהוה אֶל־מֹשֶׁה לֵּאמֹר: קַח מֵאִתָּם וְהָיוּ לַעֲבֹד אֶת־עֲבֹדַת אֹהֶל מוֹעֵד וְנָתַתָּה אוֹתָם אֶל־הַלְוִיִּם אִישׁ כְּפִי עֲבֹדָתוֹ: וַיִּקַּח מֹשֶׁה אֶת־הָעֲגָלֹת וְאֶת־הַבָּקָר וַיִּתֵּן אוֹתָם אֶל־הַלְוִיִּם: אֵת | שְׁתֵּי הָעֲגָלוֹת וְאֵת אַרְבַּעַת הַבָּקָר נָתַן לִבְנֵי גֵרְשׁוֹן כְּפִי עֲבֹדָתָם: וְאֵת | אַרְבַּע הָעֲגָלֹת וְאֵת שְׁמֹנַת הַבָּקָר נָתַן לִבְנֵי מְרָרִי כְּפִי עֲבֹדָתָם בְּיַד אִיתָמָר בֶּן־אַהֲרֹן הַכֹּהֵן: וְלִבְנֵי קְהָת לֹא נָתָן כִּי־עֲבֹדַת הַקֹּדֶשׁ עֲלֵהֶם בַּכָּתֵף יִשָּׂאוּ: וַיַּקְרִיבוּ הַנְּשִׂאִים אֵת חֲנֻכַּת הַמִּזְבֵּחַ בְּיוֹם הִמָּשַׁח אֹתוֹ וַיַּקְרִיבוּ הַנְּשִׂיאִם אֶת־קָרְבָּנָם לִפְנֵי הַמִּזְבֵּחַ: וַיֹּאמֶר יהוה אֶל־מֹשֶׁה נָשִׂיא אֶחָד לַיּוֹם נָשִׂיא אֶחָד לַיּוֹם יַקְרִיבוּ אֶת־קָרְבָּנָם לַחֲנֻכַּת הַמִּזְבֵּחַ:

לוי: וַיְהִי הַמַּקְרִיב בַּיּוֹם הָרִאשׁוֹן אֶת־קָרְבָּנוֹ נַחְשׁוֹן בֶּן־עַמִּינָדָב לְמַטֵּה יְהוּדָה: וְקָרְבָּנוֹ קַעֲרַת־כֶּסֶף אַחַת שְׁלֹשִׁים וּמֵאָה מִשְׁקָלָהּ מִזְרָק אֶחָד כֶּסֶף שִׁבְעִים שֶׁקֶל בְּשֶׁקֶל הַקֹּדֶשׁ שְׁנֵיהֶם | מְלֵאִים סֹלֶת בְּלוּלָה בַשֶּׁמֶן לְמִנְחָה: כַּף אַחַת עֲשָׂרָה זָהָב מְלֵאָה קְטֹרֶת:

ישראל: פַּר אֶחָד בֶּן־בָּקָר אַיִל אֶחָד כֶּבֶשׂ־אֶחָד בֶּן־שְׁנָתוֹ לְעֹלָה: שְׂעִיר־עִזִּים אֶחָד לְחַטָּאת: וּלְזֶבַח הַשְּׁלָמִים בָּקָר שְׁנַיִם אֵילִם חֲמִשָּׁה עַתּוּדִים חֲמִשָּׁה כְּבָשִׂים בְּנֵי־שָׁנָה חֲמִשָּׁה זֶה קָרְבַּן נַחְשׁוֹן בֶּן־עַמִּינָדָב:

ב׳ חנוכה

כהן: בַּיּוֹם הַשֵּׁנִי הִקְרִיב נְתַנְאֵל בֶּן־צוּעָר נְשִׂיא יִשָּׂשׂכָר: הִקְרִב אֶת־קָרְבָּנוֹ קַעֲרַת־כֶּסֶף אַחַת שְׁלֹשִׁים וּמֵאָה מִשְׁקָלָהּ מִזְרָק אֶחָד כֶּסֶף שִׁבְעִים שֶׁקֶל בְּשֶׁקֶל הַקֹּדֶשׁ שְׁנֵיהֶם | מְלֵאִים סֹלֶת בְּלוּלָה בַשֶּׁמֶן לְמִנְחָה: כַּף אַחַת עֲשָׂרָה זָהָב מְלֵאָה קְטֹרֶת:

לוי: פַּר אֶחָד בֶּן־בָּקָר אַיִל אֶחָד כֶּבֶשׂ־אֶחָד בֶּן־שְׁנָתוֹ לְעֹלָה: שְׂעִיר־עִזִּים אֶחָד לְחַטָּאת: וּלְזֶבַח

הַשְּׁלָמִים בָּקָר שְׁנַיִם אֵילִם חֲמִשָּׁה עַתּוּדִים חֲמִשָּׁה כְּבָשִׂים בְּנֵי־שָׁנָה חֲמִשָּׁה זֶה קָרְבַּן נְתַנְאֵל בֶּן־צוּעָר:

ישראל: בַּיּוֹם הַשְּׁלִישִׁי נָשִׂיא לִבְנֵי זְבוּלֻן אֱלִיאָב בֶּן־חֵלֹן: קָרְבָּנוֹ קַעֲרַת־כֶּסֶף אַחַת שְׁלֹשִׁים וּמֵאָה מִשְׁקָלָהּ מִזְרָק אֶחָד כֶּסֶף שִׁבְעִים שֶׁקֶל בְּשֶׁקֶל הַקֹּדֶשׁ שְׁנֵיהֶם | מְלֵאִים סֹלֶת בְּלוּלָה בַשֶּׁמֶן לְמִנְחָה: כַּף אַחַת עֲשָׂרָה זָהָב מְלֵאָה קְטֹרֶת: פַּר אֶחָד בֶּן־בָּקָר אַיִל אֶחָד כֶּבֶשׂ־אֶחָד בֶּן־שְׁנָתוֹ לְעֹלָה: שְׂעִיר־עִזִּים אֶחָד לְחַטָּאת: וּלְזֶבַח הַשְּׁלָמִים בָּקָר שְׁנַיִם אֵילִם חֲמִשָּׁה עַתּוּדִים חֲמִשָּׁה כְּבָשִׂים בְּנֵי־שָׁנָה חֲמִשָּׁה זֶה קָרְבַּן אֱלִיאָב בֶּן־חֵלֹן:

ג׳ חנוכה

כהן: בַּיּוֹם הַשְּׁלִישִׁי נָשִׂיא לִבְנֵי זְבוּלֻן אֱלִיאָב בֶּן־חֵלֹן: קָרְבָּנוֹ קַעֲרַת־כֶּסֶף אַחַת שְׁלֹשִׁים וּמֵאָה מִשְׁקָלָהּ מִזְרָק אֶחָד כֶּסֶף שִׁבְעִים שֶׁקֶל בְּשֶׁקֶל הַקֹּדֶשׁ שְׁנֵיהֶם | מְלֵאִים סֹלֶת בְּלוּלָה בַשֶּׁמֶן לְמִנְחָה: כַּף אַחַת עֲשָׂרָה זָהָב מְלֵאָה קְטֹרֶת:

לוי: פַּר אֶחָד בֶּן־בָּקָר אַיִל אֶחָד כֶּבֶשׂ־אֶחָד בֶּן־שְׁנָתוֹ לְעֹלָה: שְׂעִיר־עִזִּים אֶחָד לְחַטָּאת: וּלְזֶבַח הַשְּׁלָמִים בָּקָר שְׁנַיִם אֵילִם חֲמִשָּׁה עַתּוּדִים חֲמִשָּׁה כְּבָשִׂים בְּנֵי־שָׁנָה חֲמִשָּׁה זֶה קָרְבַּן אֱלִיאָב בֶּן־חֵלֹן:

ישראל: בַּיּוֹם הָרְבִיעִי נָשִׂיא לִבְנֵי רְאוּבֵן אֱלִיצוּר בֶּן־שְׁדֵיאוּר: קָרְבָּנוֹ קַעֲרַת־כֶּסֶף אַחַת שְׁלֹשִׁים וּמֵאָה מִשְׁקָלָהּ מִזְרָק אֶחָד כֶּסֶף שִׁבְעִים שֶׁקֶל בְּשֶׁקֶל הַקֹּדֶשׁ שְׁנֵיהֶם | מְלֵאִים סֹלֶת בְּלוּלָה בַשֶּׁמֶן לְמִנְחָה: כַּף אַחַת עֲשָׂרָה זָהָב מְלֵאָה קְטֹרֶת: פַּר אֶחָד בֶּן־בָּקָר אַיִל אֶחָד כֶּבֶשׂ־אֶחָד בֶּן־שְׁנָתוֹ לְעֹלָה: שְׂעִיר־עִזִּים אֶחָד לְחַטָּאת: וּלְזֶבַח הַשְּׁלָמִים בָּקָר שְׁנַיִם אֵילִם חֲמִשָּׁה עַתּוּדִים חֲמִשָּׁה כְּבָשִׂים בְּנֵי־שָׁנָה חֲמִשָּׁה זֶה קָרְבַּן אֱלִיצוּר בֶּן־שְׁדֵיאוּר:

ד׳ חנוכה

כהן: בַּיּוֹם הָרְבִיעִי נָשִׂיא לִבְנֵי רְאוּבֵן אֱלִיצוּר בֶּן־שְׁדֵיאוּר: קָרְבָּנוֹ קַעֲרַת־כֶּסֶף אַחַת שְׁלֹשִׁים וּמֵאָה מִשְׁקָלָהּ מִזְרָק אֶחָד כֶּסֶף שִׁבְעִים שֶׁקֶל בְּשֶׁקֶל הַקֹּדֶשׁ שְׁנֵיהֶם | מְלֵאִים סֹלֶת בְּלוּלָה בַשֶּׁמֶן לְמִנְחָה: כַּף אַחַת עֲשָׂרָה זָהָב מְלֵאָה קְטֹרֶת:

לוי: פַּר אֶחָד בֶּן־בָּקָר אַיִל אֶחָד כֶּבֶשׂ־אֶחָד בֶּן־שְׁנָתוֹ לְעֹלָה: שְׂעִיר־עִזִּים אֶחָד לְחַטָּאת: וּלְזֶבַח

הַשְּׁלָמִים בָּקָר שְׁנַיִם אֵילִם חֲמִשָּׁה עַתֻּדִים
חֲמִשָּׁה כְּבָשִׂים בְּנֵי־שָׁנָה חֲמִשָּׁה זֶה קָרְבַּן
אֱלִיצוּר בֶּן־שְׁדֵיאוּר:

יִשְׂרָאֵל: בַּיּוֹם הַחֲמִישִׁי נָשִׂיא לִבְנֵי שִׁמְעוֹן
שְׁלֻמִיאֵל בֶּן־צוּרִישַׁדָּי: קָרְבָּנוֹ קַעֲרַת־כֶּסֶף
אַחַת שְׁלֹשִׁים וּמֵאָה מִשְׁקָלָהּ מִזְרָק אֶחָד כֶּסֶף
שִׁבְעִים שֶׁקֶל בְּשֶׁקֶל הַקֹּדֶשׁ שְׁנֵיהֶם | מְלֵאִים
סֹלֶת בְּלוּלָה בַשֶּׁמֶן לְמִנְחָה: כַּף אַחַת עֲשָׂרָה
זָהָב מְלֵאָה קְטֹרֶת: פַּר אֶחָד בֶּן־בָּקָר אַיִל אֶחָד
כֶּבֶשׂ־אֶחָד בֶּן־שְׁנָתוֹ לְעֹלָה: שְׂעִיר־עִזִּים אֶחָד
לְחַטָּאת: וּלְזֶבַח הַשְּׁלָמִים בָּקָר שְׁנַיִם אֵילִם
חֲמִשָּׁה עַתֻּדִים חֲמִשָּׁה כְּבָשִׂים בְּנֵי־שָׁנָה חֲמִשָּׁה
זֶה קָרְבַּן שְׁלֻמִיאֵל בֶּן־צוּרִישַׁדָּי:

ה' חנוכה

כה: בַּיּוֹם הַחֲמִישִׁי נָשִׂיא לִבְנֵי שִׁמְעוֹן שְׁלֻמִיאֵל
בֶּן־צוּרִישַׁדָּי: קָרְבָּנוֹ קַעֲרַת־כֶּסֶף אַחַת שְׁלֹשִׁים
וּמֵאָה מִשְׁקָלָהּ מִזְרָק אֶחָד כֶּסֶף שִׁבְעִים שֶׁקֶל
בְּשֶׁקֶל הַקֹּדֶשׁ שְׁנֵיהֶם | מְלֵאִים סֹלֶת בְּלוּלָה
בַשֶּׁמֶן לְמִנְחָה: כַּף אַחַת עֲשָׂרָה זָהָב מְלֵאָה
קְטֹרֶת:

לוי: פַּר אֶחָד בֶּן־בָּקָר אַיִל אֶחָד כֶּבֶשׂ־אֶחָד בֶּן־
שְׁנָתוֹ לְעֹלָה: שְׂעִיר־עִזִּים אֶחָד לְחַטָּאת: וּלְזֶבַח
הַשְּׁלָמִים בָּקָר שְׁנַיִם אֵילִם חֲמִשָּׁה עַתֻּדִים
חֲמִשָּׁה כְּבָשִׂים בְּנֵי־שָׁנָה חֲמִשָּׁה זֶה קָרְבַּן
שְׁלֻמִיאֵל בֶּן־צוּרִישַׁדָּי:

יִשְׂרָאֵל: בַּיּוֹם הַשִּׁשִּׁי נָשִׂיא לִבְנֵי גָד אֶלְיָסָף בֶּן־
דְּעוּאֵל: קָרְבָּנוֹ קַעֲרַת־כֶּסֶף אַחַת שְׁלֹשִׁים וּמֵאָה
מִשְׁקָלָהּ מִזְרָק אֶחָד כֶּסֶף שִׁבְעִים שֶׁקֶל בְּשֶׁקֶל
הַקֹּדֶשׁ שְׁנֵיהֶם | מְלֵאִים סֹלֶת בְּלוּלָה בַשֶּׁמֶן
לְמִנְחָה: כַּף אַחַת עֲשָׂרָה זָהָב מְלֵאָה קְטֹרֶת: פַּר
אֶחָד בֶּן־בָּקָר אַיִל אֶחָד כֶּבֶשׂ־אֶחָד בֶּן־שְׁנָתוֹ
לְעֹלָה: שְׂעִיר־עִזִּים אֶחָד לְחַטָּאת: וּלְזֶבַח
הַשְּׁלָמִים בָּקָר שְׁנַיִם אֵילִם חֲמִשָּׁה עַתֻּדִים
חֲמִשָּׁה כְּבָשִׂים בְּנֵי־שָׁנָה חֲמִשָּׁה זֶה קָרְבַּן
אֶלְיָסָף בֶּן־דְּעוּאֵל:

ו' חנוכה

Two Torah scrolls are removed from the Ark.
Three *olim* are called to the first Torah for the Rosh
Chodesh reading. The fourth *oleh* is called to the
second Torah for the Chanukah reading.

כח: וַיְדַבֵּר יהוה אֶל־מֹשֶׁה לֵּאמֹר: צַו אֶת־בְּנֵי
יִשְׂרָאֵל וְאָמַרְתָּ אֲלֵהֶם אֶת־קָרְבָּנִי לַחְמִי לְאִשַּׁי
רֵיחַ נִיחֹחִי תִּשְׁמְרוּ לְהַקְרִיב לִי בְּמוֹעֲדוֹ:
וְאָמַרְתָּ לָהֶם זֶה הָאִשֶּׁה אֲשֶׁר תַּקְרִיבוּ לַיהוה

כְּבָשִׂים בְּנֵי־שָׁנָה תְמִימִם שְׁנַיִם לַיּוֹם עֹלָה תָמִיד:
אֶת־הַכֶּבֶשׂ אֶחָד תַּעֲשֶׂה בַבֹּקֶר וְאֵת הַכֶּבֶשׂ
הַשֵּׁנִי תַּעֲשֶׂה בֵּין הָעַרְבָּיִם: וַעֲשִׂירִית הָאֵיפָה
סֹלֶת לְמִנְחָה בְּלוּלָה בְּשֶׁמֶן כָּתִית רְבִיעִת הַהִין:

לוי: עֹלַת תָּמִיד הָעֲשֻׂיָה בְּהַר סִינַי לְרֵיחַ נִיחֹחַ
אִשֶּׁה לַיהוה: וְנִסְכּוֹ רְבִיעִת הַהִין לַכֶּבֶשׂ הָאֶחָד
בַּקֹּדֶשׁ הַסֵּךְ נֶסֶךְ שֵׁכָר לַיהוה: וְאֵת הַכֶּבֶשׂ הַשֵּׁנִי
תַּעֲשֶׂה בֵּין הָעַרְבָּיִם כְּמִנְחַת הַבֹּקֶר וּכְנִסְכּוֹ
תַּעֲשֶׂה אִשֵּׁה רֵיחַ נִיחֹחַ לַיהוה: וּבְיוֹם הַשַּׁבָּת
שְׁנֵי־כְבָשִׂים בְּנֵי־שָׁנָה תְּמִימִם וּשְׁנֵי עֶשְׂרֹנִים
סֹלֶת מִנְחָה בְּלוּלָה בַשֶּׁמֶן וְנִסְכּוֹ: עֹלַת שַׁבַּת
בְּשַׁבַּתּוֹ עַל־עֹלַת הַתָּמִיד וְנִסְכָּהּ:

יִשְׂרָאֵל: וּבְרָאשֵׁי חָדְשֵׁיכֶם תַּקְרִיבוּ עֹלָה לַיהוה
פָּרִים בְּנֵי־בָקָר שְׁנַיִם וְאַיִל אֶחָד כְּבָשִׂים בְּנֵי־
שָׁנָה שִׁבְעָה תְּמִימִם: וּשְׁלֹשָׁה עֶשְׂרֹנִים סֹלֶת
מִנְחָה בְּלוּלָה בַשֶּׁמֶן לַפָּר הָאֶחָד וּשְׁנֵי עֶשְׂרֹנִים
סֹלֶת מִנְחָה בְּלוּלָה בַשֶּׁמֶן לָאַיִל הָאֶחָד: וְעִשָּׂרֹן
עִשָּׂרוֹן סֹלֶת מִנְחָה בְּלוּלָה בַשֶּׁמֶן לַכֶּבֶשׂ הָאֶחָד
עֹלָה רֵיחַ נִיחֹחַ אִשֶּׁה לַיהוה: וְנִסְכֵּיהֶם חֲצִי
הַהִין יִהְיֶה לַפָּר וּשְׁלִישִׁת הַהִין לָאַיִל וּרְבִיעִת
הַהִין לַכֶּבֶשׂ יָיִן זֹאת עֹלַת חֹדֶשׁ בְּחָדְשׁוֹ לְחָדְשֵׁי
הַשָּׁנָה: וּשְׂעִיר עִזִּים אֶחָד לְחַטָּאת לַיהוה עַל־
עֹלַת הַתָּמִיד יֵעָשֶׂה וְנִסְכּוֹ:

רביעי: בַּיּוֹם הַשִּׁשִּׁי נָשִׂיא לִבְנֵי גָד אֶלְיָסָף בֶּן־
דְּעוּאֵל: קָרְבָּנוֹ קַעֲרַת־כֶּסֶף אַחַת שְׁלֹשִׁים וּמֵאָה
מִשְׁקָלָהּ מִזְרָק אֶחָד כֶּסֶף שִׁבְעִים שֶׁקֶל בְּשֶׁקֶל
הַקֹּדֶשׁ שְׁנֵיהֶם | מְלֵאִים סֹלֶת בְּלוּלָה בַשֶּׁמֶן
לְמִנְחָה: כַּף אַחַת עֲשָׂרָה זָהָב מְלֵאָה קְטֹרֶת: פַּר
אֶחָד בֶּן־בָּקָר אַיִל אֶחָד כֶּבֶשׂ־אֶחָד בֶּן־שְׁנָתוֹ
לְעֹלָה: שְׂעִיר־עִזִּים אֶחָד לְחַטָּאת: וּלְזֶבַח
הַשְּׁלָמִים בָּקָר שְׁנַיִם אֵילִם חֲמִשָּׁה עַתֻּדִים
חֲמִשָּׁה כְּבָשִׂים בְּנֵי־שָׁנָה חֲמִשָּׁה זֶה קָרְבַּן
אֶלְיָסָף בֶּן־דְּעוּאֵל:

ז' חנוכה

When the seventh day is also Rosh Chodesh, the
reading is the same as on the sixth day, except for
the Chanukah reading which follows.

רביעי: בַּיּוֹם הַשְּׁבִיעִי נָשִׂיא לִבְנֵי אֶפְרָיִם
אֱלִישָׁמָע בֶּן־עַמִּיהוּד: קָרְבָּנוֹ קַעֲרַת־כֶּסֶף אַחַת
שְׁלֹשִׁים וּמֵאָה מִשְׁקָלָהּ מִזְרָק אֶחָד כֶּסֶף שִׁבְעִים
שֶׁקֶל בְּשֶׁקֶל הַקֹּדֶשׁ שְׁנֵיהֶם | מְלֵאִים סֹלֶת
בְּלוּלָה בַשֶּׁמֶן לְמִנְחָה: כַּף אַחַת עֲשָׂרָה זָהָב
מְלֵאָה קְטֹרֶת: פַּר אֶחָד בֶּן־בָּקָר אַיִל אֶחָד
כֶּבֶשׂ־אֶחָד בֶּן־שְׁנָתוֹ לְעֹלָה: שְׂעִיר־עִזִּים אֶחָד

לְחַטָּאת: וּלְזֶבַח הַשְּׁלָמִים בָּקָר שְׁנַיִם אֵילִם
חֲמִשָּׁה עַתֻּדִים חֲמִשָּׁה כְּבָשִׂים בְּנֵי־שָׁנָה חֲמִשָּׁה
זֶה קָרְבַּן אֱלִישָׁמָע בֶּן־עַמִּיהוּד:

*If only the sixth day of Chanukah is Rosh Chodesh,
the following is read on the seventh day:*

כהן: בַּיּוֹם הַשְּׁבִיעִי נָשִׂיא לִבְנֵי אֶפְרָיִם אֱלִישָׁמָע
בֶּן־עַמִּיהוּד: קָרְבָּנוֹ קַעֲרַת־כֶּסֶף אַחַת שְׁלֹשִׁים
וּמֵאָה מִשְׁקָלָהּ מִזְרָק אֶחָד כֶּסֶף שִׁבְעִים שֶׁקֶל
בְּשֶׁקֶל הַקֹּדֶשׁ שְׁנֵיהֶם | מְלֵאִים סֹלֶת בְּלוּלָה
בַשֶּׁמֶן לְמִנְחָה: כַּף אַחַת עֲשָׂרָה זָהָב מְלֵאָה
קְטֹרֶת:

לוי: פַּר אֶחָד בֶּן־בָּקָר אַיִל אֶחָד כֶּבֶשׂ־אֶחָד בֶּן־
שְׁנָתוֹ לְעֹלָה: שְׂעִיר־עִזִּים אֶחָד לְחַטָּאת:וּלְזֶבַח
הַשְּׁלָמִים בָּקָר שְׁנַיִם אֵילִם חֲמִשָּׁה עַתֻּדִים
חֲמִשָּׁה כְּבָשִׂים בְּנֵי־שָׁנָה חֲמִשָּׁה זֶה קָרְבַּן
אֱלִישָׁמָע בֶּן־עַמִּיהוּד:

ישראל: בַּיּוֹם הַשְּׁמִינִי נָשִׂיא לִבְנֵי מְנַשֶּׁה גַּמְלִיאֵל
בֶּן־פְּדָהצוּר: קָרְבָּנוֹ קַעֲרַת־כֶּסֶף אַחַת שְׁלֹשִׁים
וּמֵאָה מִשְׁקָלָהּ מִזְרָק אֶחָד כֶּסֶף שִׁבְעִים שֶׁקֶל
בְּשֶׁקֶל הַקֹּדֶשׁ שְׁנֵיהֶם | מְלֵאִים סֹלֶת בְּלוּלָה
בַשֶּׁמֶן לְמִנְחָה: כַּף אַחַת עֲשָׂרָה זָהָב מְלֵאָה
קְטֹרֶת:פַּר אֶחָד בֶּן־בָּקָר אַיִל אֶחָד כֶּבֶשׂ־אֶחָד
בֶּן־שְׁנָתוֹ לְעֹלָה: שְׂעִיר־עִזִּים אֶחָד לְחַטָּאת:
וּלְזֶבַח הַשְּׁלָמִים בָּקָר שְׁנַיִם אֵילִם חֲמִשָּׁה
עַתֻּדִים חֲמִשָּׁה כְּבָשִׂים בְּנֵי־שָׁנָה חֲמִשָּׁה זֶה
קָרְבַּן גַּמְלִיאֵל בֶּן־פְּדָהצוּר:

ח' חנוכה

כהן: בַּיּוֹם הַשְּׁמִינִי נָשִׂיא לִבְנֵי מְנַשֶּׁה גַּמְלִיאֵל
בֶּן־פְּדָהצוּר: קָרְבָּנוֹ קַעֲרַת־כֶּסֶף אַחַת שְׁלֹשִׁים
וּמֵאָה מִשְׁקָלָהּ מִזְרָק אֶחָד כֶּסֶף שִׁבְעִים שֶׁקֶל
בְּשֶׁקֶל הַקֹּדֶשׁ שְׁנֵיהֶם | מְלֵאִים סֹלֶת בְּלוּלָה
בַשֶּׁמֶן לְמִנְחָה: כַּף אַחַת עֲשָׂרָה זָהָב מְלֵאָה
קְטֹרֶת:

לוי: פַּר אֶחָד בֶּן־בָּקָר אַיִל אֶחָד כֶּבֶשׂ־אֶחָד בֶּן־
שְׁנָתוֹ לְעֹלָה: שְׂעִיר־עִזִּים אֶחָד לְחַטָּאת:וּלְזֶבַח
הַשְּׁלָמִים בָּקָר שְׁנַיִם אֵילִם חֲמִשָּׁה עַתֻּדִים
חֲמִשָּׁה כְּבָשִׂים בְּנֵי־שָׁנָה חֲמִשָּׁה זֶה קָרְבַּן
גַּמְלִיאֵל בֶּן־פְּדָהצוּר:

ישראל: בַּיּוֹם הַתְּשִׁיעִי נָשִׂיא לִבְנֵי בִנְיָמִן אֲבִידָן
בֶּן־גִּדְעֹנִי: קָרְבָּנוֹ קַעֲרַת־כֶּסֶף אַחַת שְׁלֹשִׁים
וּמֵאָה מִשְׁקָלָהּ מִזְרָק אֶחָד כֶּסֶף שִׁבְעִים שֶׁקֶל
בְּשֶׁקֶל הַקֹּדֶשׁ שְׁנֵיהֶם | מְלֵאִים סֹלֶת בְּלוּלָה
בַשֶּׁמֶן לְמִנְחָה: כַּף אַחַת עֲשָׂרָה זָהָב מְלֵאָה
קְטֹרֶת: פַּר אֶחָד בֶּן־בָּקָר אַיִל אֶחָד כֶּבֶשׂ־אֶחָד

בֶּן־שְׁנָתוֹ לְעֹלָה: שְׂעִיר־עִזִּים אֶחָד לְחַטָּאת:
וּלְזֶבַח הַשְּׁלָמִים בָּקָר שְׁנַיִם אֵילִם חֲמִשָּׁה
עַתֻּדִים חֲמִשָּׁה כְּבָשִׂים בְּנֵי־שָׁנָה חֲמִשָּׁה זֶה
קָרְבַּן אֲבִידָן בֶּן־גִּדְעֹנִי: בַּיּוֹם הָעֲשִׂירִי נָשִׂיא
לִבְנֵי דָן אֲחִיעֶזֶר בֶּן־עַמִּישַׁדָּי: קָרְבָּנוֹ קַעֲרַת־
כֶּסֶף אַחַת שְׁלֹשִׁים וּמֵאָה מִשְׁקָלָהּ מִזְרָק אֶחָד
כֶּסֶף שִׁבְעִים שֶׁקֶל בְּשֶׁקֶל הַקֹּדֶשׁ שְׁנֵיהֶם |
מְלֵאִים סֹלֶת בְּלוּלָה בַשֶּׁמֶן לְמִנְחָה: כַּף אַחַת
עֲשָׂרָה זָהָב מְלֵאָה קְטֹרֶת: פַּר אֶחָד בֶּן־בָּקָר אַיִל
אֶחָד כֶּבֶשׂ־אֶחָד בֶּן־שְׁנָתוֹ לְעֹלָה: שְׂעִיר־עִזִּים
אֶחָד לְחַטָּאת: וּלְזֶבַח הַשְּׁלָמִים בָּקָר שְׁנַיִם
אֵילִם חֲמִשָּׁה עַתֻּדִים חֲמִשָּׁה כְּבָשִׂים בְּנֵי־שָׁנָה
חֲמִשָּׁה זֶה קָרְבַּן אֲחִיעֶזֶר בֶּן־עַמִּישַׁדָּי:
בְּיוֹם עַשְׁתֵּי עָשָׂר יוֹם נָשִׂיא לִבְנֵי אָשֵׁר פַּגְעִיאֵל
בֶּן־עָכְרָן: קָרְבָּנוֹ קַעֲרַת־כֶּסֶף אַחַת שְׁלֹשִׁים וּמֵאָה
מִשְׁקָלָהּ מִזְרָק אֶחָד כֶּסֶף שִׁבְעִים שֶׁקֶל בְּשֶׁקֶל
הַקֹּדֶשׁ שְׁנֵיהֶם | מְלֵאִים סֹלֶת בְּלוּלָה בַשֶּׁמֶן
לְמִנְחָה: כַּף אַחַת עֲשָׂרָה זָהָב מְלֵאָה קְטֹרֶת: פַּר
אֶחָד בֶּן־בָּקָר אַיִל אֶחָד כֶּבֶשׂ־אֶחָד בֶּן־שְׁנָתוֹ
לְעֹלָה: שְׂעִיר־עִזִּים אֶחָד לְחַטָּאת: וּלְזֶבַח
הַשְּׁלָמִים בָּקָר שְׁנַיִם אֵילִם חֲמִשָּׁה עַתֻּדִים חֲמִשָּׁה
כְּבָשִׂים בְּנֵי־שָׁנָה חֲמִשָּׁה זֶה קָרְבַּן פַּגְעִיאֵל בֶּן־עָכְרָן:
בְּיוֹם שְׁנֵים עָשָׂר יוֹם נָשִׂיא לִבְנֵי נַפְתָּלִי אֲחִירַע בֶּן־עֵינָן:
קָרְבָּנוֹ קַעֲרַת־כֶּסֶף אַחַת שְׁלֹשִׁים וּמֵאָה
מִשְׁקָלָהּ מִזְרָק אֶחָד כֶּסֶף שִׁבְעִים שֶׁקֶל בְּשֶׁקֶל
הַקֹּדֶשׁ שְׁנֵיהֶם | מְלֵאִים סֹלֶת בְּלוּלָה בַשֶּׁמֶן
לְמִנְחָה: כַּף אַחַת עֲשָׂרָה זָהָב מְלֵאָה קְטֹרֶת: פַּר
אֶחָד בֶּן־בָּקָר אַיִל אֶחָד כֶּבֶשׂ־אֶחָד בֶּן־שְׁנָתוֹ
לְעֹלָה: שְׂעִיר־עִזִּים אֶחָד לְחַטָּאת: וּלְזֶבַח
הַשְּׁלָמִים בָּקָר שְׁנַיִם אֵילִם חֲמִשָּׁה עַתֻּדִים
חֲמִשָּׁה כְּבָשִׂים בְּנֵי־שָׁנָה חֲמִשָּׁה זֶה קָרְבַּן
אֲחִירַע בֶּן־עֵינָן: זֹאת | חֲנֻכַּת הַמִּזְבֵּחַ בְּיוֹם
הִמָּשַׁח אֹתוֹ מֵאֵת נְשִׂיאֵי יִשְׂרָאֵל קַעֲרֹת כֶּסֶף
שְׁתֵּים עֶשְׂרֵה מִזְרְקֵי־כֶסֶף שְׁנֵים עָשָׂר כַּפּוֹת
זָהָב שְׁתֵּים עֶשְׂרֵה: שְׁלֹשִׁים וּמֵאָה הַקְּעָרָה
הָאַחַת כֶּסֶף וְשִׁבְעִים הַמִּזְרָק הָאֶחָד כֹּל כֶּסֶף
הַכֵּלִים אַלְפַּיִם וְאַרְבַּע־מֵאוֹת בְּשֶׁקֶל הַקֹּדֶשׁ:
כַּפּוֹת זָהָב שְׁתֵּים־עֶשְׂרֵה מְלֵאֹת קְטֹרֶת עֲשָׂרָה
עֲשָׂרָה הַכַּף בְּשֶׁקֶל הַקֹּדֶשׁ כָּל־זְהַב הַכַּפּוֹת
עֶשְׂרִים וּמֵאָה: כָּל־הַבָּקָר לָעֹלָה שְׁנֵים עָשָׂר
פָּרִים אֵילִם שְׁנֵים עָשָׂר כְּבָשִׂים בְּנֵי־שָׁנָה שְׁנֵים
עָשָׂר וּמִנְחָתָם וּשְׂעִירֵי עִזִּים שְׁנֵים עָשָׂר
לְחַטָּאת: וְכֹל בְּקַר | זֶבַח הַשְּׁלָמִים עֶשְׂרִים

וְאַרְבָּעָה פָּרִים אֵילִם שִׁשִּׁים עַתֻּדִים שִׁשִּׁים כְּבָשִׂים בְּנֵי־שָׁנָה שִׁשִּׁים זֹאת חֲנֻכַּת הַמִּזְבֵּחַ אַחֲרֵי הִמָּשַׁח אֹתוֹ: וּבְבֹא מֹשֶׁה אֶל־אֹהֶל מוֹעֵד לְדַבֵּר אִתּוֹ וַיִּשְׁמַע אֶת־הַקּוֹל מִדַּבֵּר אֵלָיו מֵעַל הַכַּפֹּרֶת אֲשֶׁר עַל־אֲרֹן הָעֵדֻת מִבֵּין שְׁנֵי הַכְּרֻבִים וַיְדַבֵּר אֵלָיו: וַיְדַבֵּר יְהוָֹה אֶל־מֹשֶׁה לֵּאמֹר: דַּבֵּר אֶל־אַהֲרֹן וְאָמַרְתָּ אֵלָיו בְּהַעֲלֹתְךָ אֶת־הַנֵּרֹת אֶל־מוּל פְּנֵי הַמְּנוֹרָה יָאִירוּ שִׁבְעַת הַנֵּרוֹת: וַיַּעַשׂ כֵּן אַהֲרֹן אֶל־מוּל פְּנֵי הַמְּנוֹרָה הֶעֱלָה נֵרֹתֶיהָ כַּאֲשֶׁר צִוָּה יְהוָֹה אֶת־מֹשֶׁה: וְזֶה מַעֲשֵׂה הַמְּנֹרָה מִקְשָׁה זָהָב עַד־יְרֵכָהּ עַד־פִּרְחָהּ מִקְשָׁה הִוא כַּמַּרְאֶה אֲשֶׁר הֶרְאָה יְהוָֹה אֶת־מֹשֶׁה כֵּן עָשָׂה אֶת־הַמְּנֹרָה:

פורים

(שמות יז:ח-טז)

כהן: וַיָּבֹא עֲמָלֵק וַיִּלָּחֶם עִם־יִשְׂרָאֵל בִּרְפִידִם: וַיֹּאמֶר מֹשֶׁה אֶל־יְהוֹשֻׁעַ בְּחַר־לָנוּ אֲנָשִׁים וְצֵא הִלָּחֵם בַּעֲמָלֵק מָחָר אָנֹכִי נִצָּב עַל־רֹאשׁ הַגִּבְעָה וּמַטֵּה הָאֱלֹהִים בְּיָדִי: וַיַּעַשׂ יְהוֹשֻׁעַ כַּאֲשֶׁר אָמַר־לוֹ מֹשֶׁה לְהִלָּחֵם בַּעֲמָלֵק וּמֹשֶׁה אַהֲרֹן וְחוּר עָלוּ רֹאשׁ הַגִּבְעָה:

לוי: וְהָיָה כַּאֲשֶׁר יָרִים מֹשֶׁה יָדוֹ וְגָבַר יִשְׂרָאֵל וְכַאֲשֶׁר יָנִיחַ יָדוֹ וְגָבַר עֲמָלֵק: וִידֵי מֹשֶׁה כְּבֵדִים וַיִּקְחוּ־אֶבֶן וַיָּשִׂימוּ תַחְתָּיו וַיֵּשֶׁב עָלֶיהָ וְאַהֲרֹן וְחוּר תָּמְכוּ בְיָדָיו מִזֶּה אֶחָד וּמִזֶּה אֶחָד וַיְהִי יָדָיו אֱמוּנָה עַד־בֹּא הַשָּׁמֶשׁ: וַיַּחֲלֹשׁ יְהוֹשֻׁעַ אֶת־עֲמָלֵק וְאֶת־עַמּוֹ לְפִי־חָרֶב:

ישראל: וַיֹּאמֶר יְהוָֹה אֶל־מֹשֶׁה כְּתֹב זֹאת זִכָּרוֹן בַּסֵּפֶר וְשִׂים בְּאָזְנֵי יְהוֹשֻׁעַ כִּי־מָחֹה אֶמְחֶה אֶת־זֵכֶר עֲמָלֵק מִתַּחַת הַשָּׁמָיִם: וַיִּבֶן מֹשֶׁה מִזְבֵּחַ וַיִּקְרָא שְׁמוֹ יְהוָֹה נִסִּי: וַיֹּאמֶר כִּי־יָד עַל־כֵּס יָהּ מִלְחָמָה לַיהוָֹה בַּעֲמָלֵק מִדֹּר דֹּר:

תענית ציבור

(שמות לב:יא-יד, לד:א-י)

כהן: וַיְחַל מֹשֶׁה אֶת־פְּנֵי יְהוָֹה אֱלֹהָיו וַיֹּאמֶר לָמָה יְהוָֹה יֶחֱרֶה אַפְּךָ בְּעַמֶּךָ אֲשֶׁר הוֹצֵאתָ מֵאֶרֶץ מִצְרַיִם בְּכֹחַ גָּדוֹל וּבְיָד חֲזָקָה: לָמָּה יֹאמְרוּ מִצְרַיִם לֵאמֹר בְּרָעָה הוֹצִיאָם לַהֲרֹג אֹתָם בֶּהָרִים וּלְכַלֹּתָם מֵעַל פְּנֵי הָאֲדָמָה שׁוּב מֵחֲרוֹן אַפֶּךָ וְהִנָּחֵם עַל־הָרָעָה לְעַמֶּךָ: זְכֹר לְאַבְרָהָם לְיִצְחָק וּלְיִשְׂרָאֵל עֲבָדֶיךָ אֲשֶׁר נִשְׁבַּעְתָּ לָהֶם בָּךְ וַתְּדַבֵּר אֲלֵהֶם אַרְבֶּה אֶת־זַרְעֲכֶם כְּכוֹכְבֵי הַשָּׁמָיִם וְכָל־הָאָרֶץ הַזֹּאת

אֲשֶׁר אָמַרְתִּי אֶתֵּן לְזַרְעֲכֶם וְנָחֲלוּ לְעֹלָם: וַיִּנָּחֶם יְהוָֹה עַל־הָרָעָה אֲשֶׁר דִּבֶּר לַעֲשׂוֹת לְעַמּוֹ:

לוי: וַיֹּאמֶר יְהוָֹה אֶל־מֹשֶׁה פְּסָל־לְךָ שְׁנֵי־לֻחֹת אֲבָנִים כָּרִאשֹׁנִים וְכָתַבְתִּי עַל־הַלֻּחֹת אֶת־הַדְּבָרִים אֲשֶׁר הָיוּ עַל־הַלֻּחֹת הָרִאשֹׁנִים אֲשֶׁר שִׁבַּרְתָּ: וֶהְיֵה נָכוֹן לַבֹּקֶר וְעָלִיתָ בַבֹּקֶר אֶל־הַר סִינַי וְנִצַּבְתָּ לִי שָׁם עַל־רֹאשׁ הָהָר: וְאִישׁ לֹא־יַעֲלֶה עִמָּךְ וְגַם־אִישׁ אַל־יֵרָא בְּכָל־הָהָר גַּם־הַצֹּאן וְהַבָּקָר אַל־יִרְעוּ אֶל־מוּל הָהָר הַהוּא:

ישראל (ובמנחה מפטיר): וַיִּפְסֹל שְׁנֵי־לֻחֹת אֲבָנִים כָּרִאשֹׁנִים וַיַּשְׁכֵּם מֹשֶׁה בַבֹּקֶר וַיַּעַל אֶל־הַר סִינַי כַּאֲשֶׁר צִוָּה יְהוָֹה אֹתוֹ וַיִּקַּח בְּיָדוֹ שְׁנֵי לֻחֹת אֲבָנִים: וַיֵּרֶד יְהוָֹה בֶּעָנָן וַיִּתְיַצֵּב עִמּוֹ שָׁם וַיִּקְרָא בְשֵׁם יְהוָֹה: וַיַּעֲבֹר יְהוָֹה | עַל־פָּנָיו וַיִּקְרָא **יְהוָֹה | יְהוָֹה אֵל רַחוּם וְחַנּוּן אֶרֶךְ אַפַּיִם וְרַב־חֶסֶד וֶאֱמֶת: נֹצֵר חֶסֶד לָאֲלָפִים נֹשֵׂא עָוֺן וָפֶשַׁע וְחַטָּאָה וְנַקֵּה** לֹא יְנַקֶּה פֹּקֵד | עֲוֺן אָבוֹת עַל־בָּנִים וְעַל־בְּנֵי בָנִים עַל־שִׁלֵּשִׁים וְעַל־רִבֵּעִים: וַיְמַהֵר מֹשֶׁה וַיִּקֹּד אַרְצָה וַיִּשְׁתָּחוּ: וַיֹּאמֶר אִם־נָא מָצָאתִי חֵן בְּעֵינֶיךָ אֲדֹנָי יֵלֶךְ־נָא אֲדֹנָי בְּקִרְבֵּנוּ כִּי עַם־קְשֵׁה־עֹרֶף הוּא **וְסָלַחְתָּ לַעֲוֺנֵנוּ וּלְחַטָּאתֵנוּ וּנְחַלְתָּנוּ:** וַיֹּאמֶר הִנֵּה אָנֹכִי כֹּרֵת בְּרִית נֶגֶד כָּל־עַמְּךָ אֶעֱשֶׂה נִפְלָאֹת אֲשֶׁר לֹא־נִבְרְאוּ בְכָל־הָאָרֶץ וּבְכָל־הַגּוֹיִם וְרָאָה כָל־הָעָם אֲשֶׁר־אַתָּה בְקִרְבּוֹ אֶת־מַעֲשֵׂה יְהוָֹה כִּי־נוֹרָא הוּא אֲשֶׁר אֲנִי עֹשֶׂה עִמָּךְ:

הפטרה לתענית ציבור במנחה
Blessing before the *Haftarah*

בָּרוּךְ אַתָּה יְהוָֹה אֱלֹהֵינוּ מֶלֶךְ הָעוֹלָם, אֲשֶׁר בָּחַר בִּנְבִיאִים טוֹבִים, וְרָצָה בְדִבְרֵיהֶם הַנֶּאֱמָרִים בֶּאֱמֶת, בָּרוּךְ אַתָּה יְהוָֹה, הַבּוֹחֵר בַּתּוֹרָה וּבְמֹשֶׁה עַבְדּוֹ, וּבְיִשְׂרָאֵל עַמּוֹ, וּבִנְבִיאֵי הָאֱמֶת וָצֶדֶק:

(ישעיה נה:ו-נו:ח)

דִּרְשׁוּ יְהוָֹה בְּהִמָּצְאוֹ קְרָאֻהוּ בִּהְיוֹתוֹ קָרוֹב: יַעֲזֹב רָשָׁע דַּרְכּוֹ וְאִישׁ אָוֶן מַחְשְׁבֹתָיו וְיָשֹׁב אֶל־יְהוָֹה וִירַחֲמֵהוּ וְאֶל־אֱלֹהֵינוּ כִּי־יַרְבֶּה לִסְלוֹחַ: כִּי לֹא מַחְשְׁבוֹתַי מַחְשְׁבוֹתֵיכֶם וְלֹא דַרְכֵיכֶם דְּרָכָי נְאֻם יְהוָֹה: כִּי־גָבְהוּ שָׁמַיִם מֵאָרֶץ כֵּן גָּבְהוּ דְרָכַי מִדַּרְכֵיכֶם וּמַחְשְׁבֹתַי מִמַּחְשְׁבֹתֵיכֶם: כִּי כַּאֲשֶׁר יֵרֵד הַגֶּשֶׁם וְהַשֶּׁלֶג מִן־הַשָּׁמַיִם וְשָׁמָּה לֹא יָשׁוּב כִּי אִם־הִרְוָה אֶת־הָאָרֶץ וְהוֹלִידָהּ

תשעה באב שחרית

(דברים ד:כה־מ)

כה: כִּי־תוֹלִיד בָּנִים וּבְנֵי בָנִים וְנוֹשַׁנְתֶּם בָּאָרֶץ וְהִשְׁחַתֶּם וַעֲשִׂיתֶם פֶּסֶל תְּמוּנַת כֹּל וַעֲשִׂיתֶם הָרַע בְּעֵינֵי־יהוה־אֱלֹהֶיךָ לְהַכְעִיסוֹ: הַעִידֹתִי בָכֶם הַיּוֹם אֶת־הַשָּׁמַיִם וְאֶת־הָאָרֶץ כִּי־אָבֹד תֹּאבֵדוּן מַהֵר מֵעַל הָאָרֶץ אֲשֶׁר אַתֶּם עֹבְרִים אֶת־הַיַּרְדֵּן שָׁמָּה לְרִשְׁתָּהּ לֹא־תַאֲרִיכֻן יָמִים עָלֶיהָ כִּי הִשָּׁמֵד תִּשָּׁמֵדוּן: וְהֵפִיץ יהוה אֶתְכֶם בָּעַמִּים וְנִשְׁאַרְתֶּם מְתֵי מִסְפָּר בַּגּוֹיִם אֲשֶׁר יְנַהֵג יהוה אֶתְכֶם שָׁמָּה: וַעֲבַדְתֶּם־שָׁם אֱלֹהִים מַעֲשֵׂה יְדֵי אָדָם עֵץ וָאֶבֶן אֲשֶׁר לֹא־יִרְאוּן וְלֹא יִשְׁמְעוּן וְלֹא יֹאכְלוּן וְלֹא יְרִיחֻן: וּבִקַּשְׁתֶּם מִשָּׁם אֶת־יהוה אֱלֹהֶיךָ וּמָצָאתָ כִּי תִדְרְשֶׁנּוּ בְּכָל־לְבָבְךָ וּבְכָל־נַפְשֶׁךָ:

לוי: בַּצַּר לְךָ וּמְצָאוּךָ כֹּל הַדְּבָרִים הָאֵלֶּה בְּאַחֲרִית הַיָּמִים וְשַׁבְתָּ עַד־יהוה אֱלֹהֶיךָ וְשָׁמַעְתָּ בְּקֹלוֹ: כִּי אֵל רַחוּם יהוה אֱלֹהֶיךָ לֹא יַרְפְּךָ וְלֹא יַשְׁחִיתֶךָ וְלֹא יִשְׁכַּח אֶת־בְּרִית אֲבֹתֶיךָ אֲשֶׁר נִשְׁבַּע לָהֶם: כִּי שְׁאַל־נָא לְיָמִים רִאשֹׁנִים אֲשֶׁר־הָיוּ לְפָנֶיךָ לְמִן־הַיּוֹם אֲשֶׁר בָּרָא אֱלֹהִים אָדָם עַל־הָאָרֶץ וּלְמִקְצֵה הַשָּׁמַיִם וְעַד־קְצֵה הַשָּׁמָיִם הֲנִהְיָה כַּדָּבָר הַגָּדוֹל הַזֶּה אוֹ הֲנִשְׁמַע כָּמֹהוּ: הֲשָׁמַע עָם קוֹל אֱלֹהִים מְדַבֵּר מִתּוֹךְ־הָאֵשׁ כַּאֲשֶׁר־שָׁמַעְתָּ אַתָּה וַיֶּחִי: אוֹ הֲנִסָּה אֱלֹהִים לָבוֹא לָקַחַת לוֹ גוֹי מִקֶּרֶב גּוֹי בְּמַסֹּת בְּאֹתֹת וּבְמוֹפְתִים וּבְמִלְחָמָה וּבְיָד חֲזָקָה וּבִזְרוֹעַ נְטוּיָה וּבְמוֹרָאִים גְּדֹלִים כְּכֹל אֲשֶׁר־עָשָׂה לָכֶם יהוה אֱלֹהֵיכֶם בְּמִצְרַיִם לְעֵינֶיךָ: אַתָּה הָרְאֵתָ לָדַעַת כִּי יהוה הוּא הָאֱלֹהִים אֵין עוֹד מִלְבַדּוֹ:

מפטיר: מִן־הַשָּׁמַיִם הִשְׁמִיעֲךָ אֶת־קֹלוֹ לְיַסְּרֶךָּ וְעַל־הָאָרֶץ הֶרְאֲךָ אֶת־אִשּׁוֹ הַגְּדוֹלָה וּדְבָרָיו שָׁמַעְתָּ מִתּוֹךְ הָאֵשׁ: וְתַחַת כִּי אָהַב אֶת־אֲבֹתֶיךָ וַיִּבְחַר בְּזַרְעוֹ אַחֲרָיו וַיּוֹצִאֲךָ בְּפָנָיו בְּכֹחוֹ הַגָּדֹל מִמִּצְרָיִם: לְהוֹרִישׁ גּוֹיִם גְּדֹלִים וַעֲצֻמִים מִמְּךָ מִפָּנֶיךָ לַהֲבִיאֲךָ לָתֶת־לְךָ אֶת־אַרְצָם נַחֲלָה כַּיּוֹם הַזֶּה: וְיָדַעְתָּ הַיּוֹם וַהֲשֵׁבֹתָ אֶל־לְבָבֶךָ כִּי יהוה הוּא הָאֱלֹהִים בַּשָּׁמַיִם מִמַּעַל וְעַל־הָאָרֶץ מִתָּחַת אֵין עוֹד: וְשָׁמַרְתָּ אֶת־חֻקָּיו וְאֶת־מִצְוֹתָיו אֲשֶׁר אָנֹכִי מְצַוְּךָ הַיּוֹם אֲשֶׁר יִיטַב לְךָ וּלְבָנֶיךָ אַחֲרֶיךָ וּלְמַעַן תַּאֲרִיךְ יָמִים עַל־הָאֲדָמָה אֲשֶׁר יהוה אֱלֹהֶיךָ נֹתֵן לְךָ כָּל־הַיָּמִים:

וְהִצְמִיחָהּ וְנָתַן זֶרַע לַזֹּרֵעַ וְלֶחֶם לָאֹכֵל: כֵּן יִהְיֶה דְבָרִי אֲשֶׁר יֵצֵא מִפִּי לֹא־יָשׁוּב אֵלַי רֵיקָם כִּי אִם־עָשָׂה אֶת־אֲשֶׁר חָפַצְתִּי וְהִצְלִיחַ אֲשֶׁר שְׁלַחְתִּיו: כִּי־בְשִׂמְחָה תֵצֵאוּ וּבְשָׁלוֹם תּוּבָלוּן הֶהָרִים וְהַגְּבָעוֹת יִפְצְחוּ לִפְנֵיכֶם רִנָּה וְכָל־עֲצֵי הַשָּׂדֶה יִמְחֲאוּ־כָף: תַּחַת הַנַּעֲצוּץ יַעֲלֶה בְרוֹשׁ וְתַחַת הַסִּרְפַּד יַעֲלֶה הֲדַס וְהָיָה לַיהוה לְשֵׁם לְאוֹת עוֹלָם לֹא יִכָּרֵת: כֹּה אָמַר יהוה שִׁמְרוּ מִשְׁפָּט וַעֲשׂוּ צְדָקָה כִּי־קְרוֹבָה יְשׁוּעָתִי לָבוֹא וְצִדְקָתִי לְהִגָּלוֹת: אַשְׁרֵי אֱנוֹשׁ יַעֲשֶׂה־זֹּאת וּבֶן־אָדָם יַחֲזִיק בָּהּ שֹׁמֵר שַׁבָּת מֵחַלְּלוֹ וְשֹׁמֵר יָדוֹ מֵעֲשׂוֹת כָּל־רָע: וְאַל־יֹאמַר בֶּן־הַנֵּכָר הַנִּלְוָה אֶל־יהוה לֵאמֹר הַבְדֵּל יַבְדִּילַנִי יהוה מֵעַל עַמּוֹ וְאַל־יֹאמַר הַסָּרִיס הֵן אֲנִי עֵץ יָבֵשׁ: כִּי־כֹה אָמַר יהוה לַסָּרִיסִים אֲשֶׁר יִשְׁמְרוּ אֶת־שַׁבְּתוֹתַי וּבָחֲרוּ בַּאֲשֶׁר חָפָצְתִּי וּמַחֲזִיקִים בִּבְרִיתִי: וְנָתַתִּי לָהֶם בְּבֵיתִי וּבְחוֹמֹתַי יָד וָשֵׁם טוֹב מִבָּנִים וּמִבָּנוֹת שֵׁם עוֹלָם אֶתֶּן־לוֹ אֲשֶׁר לֹא יִכָּרֵת: וּבְנֵי הַנֵּכָר הַנִּלְוִים עַל־יהוה לְשָׁרְתוֹ וּלְאַהֲבָה אֶת־שֵׁם יהוה לִהְיוֹת לוֹ לַעֲבָדִים כָּל־שֹׁמֵר שַׁבָּת מֵחַלְּלוֹ וּמַחֲזִיקִים בִּבְרִיתִי: וַהֲבִיאוֹתִים אֶל־הַר קָדְשִׁי וְשִׂמַּחְתִּים בְּבֵית תְּפִלָּתִי עוֹלֹתֵיהֶם וְזִבְחֵיהֶם לְרָצוֹן עַל־מִזְבְּחִי כִּי בֵיתִי בֵּית־תְּפִלָּה יִקָּרֵא לְכָל־הָעַמִּים: נְאֻם אֲדֹנָי יהוה מְקַבֵּץ נִדְחֵי יִשְׂרָאֵל עוֹד אֲקַבֵּץ עָלָיו לְנִקְבָּצָיו:

Blessings after the *Haftarah*

בָּרוּךְ אַתָּה יהוה אֱלֹהֵינוּ מֶלֶךְ הָעוֹלָם, צוּר כָּל הָעוֹלָמִים, צַדִּיק בְּכָל הַדּוֹרוֹת, הָאֵל הַנֶּאֱמָן הָאוֹמֵר וְעֹשֶׂה, הַמְדַבֵּר וּמְקַיֵּם, שֶׁכָּל דְּבָרָיו אֱמֶת וָצֶדֶק. נֶאֱמָן אַתָּה הוּא יהוה אֱלֹהֵינוּ, וְנֶאֱמָנִים דְּבָרֶיךָ, וְדָבָר אֶחָד מִדְּבָרֶיךָ אָחוֹר לֹא יָשׁוּב רֵיקָם, כִּי אֵל מֶלֶךְ נֶאֱמָן (וְרַחֲמָן) אָתָּה. בָּרוּךְ אַתָּה יהוה, הָאֵל הַנֶּאֱמָן בְּכָל דְּבָרָיו.

רַחֵם עַל צִיּוֹן כִּי הִיא בֵּית חַיֵּינוּ, וְלַעֲלוּבַת נֶפֶשׁ תּוֹשִׁיעַ בִּמְהֵרָה בְיָמֵינוּ. בָּרוּךְ אַתָּה יהוה, מְשַׂמֵּחַ צִיּוֹן בְּבָנֶיהָ.

שַׂמְּחֵנוּ יהוה אֱלֹהֵינוּ בְּאֵלִיָּהוּ הַנָּבִיא עַבְדֶּךָ, וּבְמַלְכוּת בֵּית דָּוִד מְשִׁיחֶךָ, בִּמְהֵרָה יָבֹא וְיָגֵל לִבֵּנוּ, עַל כִּסְאוֹ לֹא יֵשֵׁב זָר וְלֹא יִנְחֲלוּ עוֹד אֲחֵרִים אֶת כְּבוֹדוֹ, כִּי בְשֵׁם קָדְשְׁךָ נִשְׁבַּעְתָּ לּוֹ, שֶׁלֹּא יִכְבֶּה נֵרוֹ לְעוֹלָם וָעֶד. בָּרוּךְ אַתָּה יהוה, מָגֵן דָּוִד.

הפטרה לתשעה באב שחרית

The blessing before the *Haftarah* is on p. 500.

(ירמיה ח:יג-ט:כג)

אָסֹף אֲסִיפֵם נְאֻם־יהוֹה אֵין עֲנָבִים בַּגֶּפֶן וְאֵין תְּאֵנִים בַּתְּאֵנָה וְהֶעָלֶה נָבֵל וָאֶתֵּן לָהֶם יַעַבְרוּם: עַל־מָה אֲנַחְנוּ יְֹשְׁבִים הֵאָסְפוּ וְנָבוֹא אֶל־עָרֵי הַמִּבְצָר וְנִדְּמָה־שָּׁם כִּי יהוה אֱלֹהֵינוּ הֲדִמָּנוּ וַיַּשְׁקֵנוּ מֵי־רֹאשׁ כִּי חָטָאנוּ לַיהוה: קַוֵּה לְשָׁלוֹם וְאֵין טוֹב לְעֵת מַרְפֵּה וְהִנֵּה בְעָתָה: מִדָּן נִשְׁמַע נַחְרַת סוּסָיו מִקּוֹל מִצְהֲלוֹת אַבִּירָיו רָעֲשָׁה כָּל־הָאָרֶץ וַיָּבוֹאוּ וַיֹּאכְלוּ אֶרֶץ וּמְלוֹאָהּ עִיר וְיֹשְׁבֵי בָהּ: כִּי הִנְנִי מְשַׁלֵּחַ בָּכֶם נְחָשִׁים צִפְעֹנִים אֲשֶׁר אֵין־לָהֶם לָחַשׁ וְנִשְּׁכוּ אֶתְכֶם נְאֻם־יהוה: מַבְלִיגִיתִי עֲלֵי יָגוֹן עָלַי לִבִּי דַוָּי: הִנֵּה־קוֹל שַׁוְעַת בַּת־עַמִּי מֵאֶרֶץ מַרְחַקִּים הַיהוה אֵין בְּצִיּוֹן אִם־מַלְכָּהּ אֵין בָּהּ מַדּוּעַ הִכְעִסוּנִי בִּפְסִלֵיהֶם בְּהַבְלֵי נֵכָר: עָבַר קָצִיר כָּלָה קָיִץ וַאֲנַחְנוּ לוֹא נוֹשָׁעְנוּ: עַל־שֶׁבֶר בַּת־עַמִּי הָשְׁבָּרְתִּי קָדַרְתִּי שַׁמָּה הֶחֱזִקָתְנִי: הַצֳרִי אֵין בְּגִלְעָד אִם־רֹפֵא אֵין שָׁם כִּי מַדּוּעַ לֹא עָלְתָה אֲרֻכַת בַּת־עַמִּי: מִי־יִתֵּן רֹאשִׁי מַיִם וְעֵינִי מְקוֹר דִּמְעָה וְאֶבְכֶּה יוֹמָם וָלַיְלָה אֵת חַלְלֵי בַת־עַמִּי: מִי־יִתְּנֵנִי בַמִּדְבָּר מְלוֹן אֹרְחִים וְאֶעֶזְבָה אֶת־עַמִּי וְאֵלְכָה מֵאִתָּם כִּי כֻלָּם מְנָאֲפִים עֲצֶרֶת בֹּגְדִים: וַיַּדְרְכוּ אֶת־לְשׁוֹנָם קַשְׁתָּם שֶׁקֶר וְלֹא לֶאֱמוּנָה גָּבְרוּ בָאָרֶץ כִּי מֵרָעָה אֶל־רָעָה יָצָאוּ וְאֹתִי לֹא־יָדָעוּ נְאֻם־יהוה: אִישׁ מֵרֵעֵהוּ הִשָּׁמֵרוּ וְעַל־כָּל־אָח אַל־תִּבְטָחוּ כִּי כָל־אָח עָקוֹב יַעְקֹב וְכָל־רֵעַ רָכִיל יַהֲלֹךְ: וְאִישׁ בְּרֵעֵהוּ יְהָתֵלּוּ וֶאֱמֶת לֹא יְדַבֵּרוּ לִמְּדוּ לְשׁוֹנָם דַּבֶּר־שֶׁקֶר הַעֲוֵה נִלְאוּ: שִׁבְתְּךָ בְּתוֹךְ מִרְמָה בְּמִרְמָה מֵאֲנוּ דַעַת־אוֹתִי נְאֻם־יהוה: לָכֵן כֹּה אָמַר יהוה צְבָאוֹת הִנְנִי צוֹרְפָם וּבְחַנְתִּים כִּי־אֵיךְ אֶעֱשֶׂה מִפְּנֵי בַּת־עַמִּי: חֵץ שָׁחוּט לְשׁוֹנָם מִרְמָה דִבֵּר בְּפִיו שָׁלוֹם אֶת־רֵעֵהוּ יְדַבֵּר וּבְקִרְבּוֹ יָשִׂים אָרְבּוֹ: הַעַל־אֵלֶּה לֹא־אֶפְקָד־בָּם נְאֻם־יהוה אִם בְּגוֹי אֲשֶׁר־כָּזֶה לֹא תִתְנַקֵּם נַפְשִׁי: עַל־הֶהָרִים אֶשָּׂא בְכִי וָנֶהִי וְעַל־נְאוֹת מִדְבָּר קִינָה כִּי נִצְּתוּ מִבְּלִי־אִישׁ עֹבֵר וְלֹא שָׁמְעוּ קוֹל מִקְנֶה מֵעוֹף הַשָּׁמַיִם וְעַד־בְּהֵמָה נָדְדוּ הָלָכוּ: וְנָתַתִּי אֶת־יְרוּשָׁלַם לְגַלִּים מְעוֹן תַּנִּים וְאֶת־עָרֵי יְהוּדָה אֶתֵּן שְׁמָמָה מִבְּלִי יוֹשֵׁב: מִי־הָאִישׁ הֶחָכָם וְיָבֵן אֶת־זֹאת וַאֲשֶׁר דִּבֶּר פִּי־יהוה אֵלָיו וְיַגִּדָהּ עַל־מָה אָבְדָה הָאָרֶץ נִצְּתָה כַמִּדְבָּר מִבְּלִי עֹבֵר: וַיֹּאמֶר יהוה עַל־עָזְבָם אֶת־תּוֹרָתִי אֲשֶׁר נָתַתִּי

לִפְנֵיהֶם וְלֹא־שָׁמְעוּ בְקוֹלִי וְלֹא־הָלְכוּ בָהּ: וַיֵּלְכוּ אַחֲרֵי שְׁרִרוּת לִבָּם וְאַחֲרֵי הַבְּעָלִים אֲשֶׁר לִמְּדוּם אֲבוֹתָם: לָכֵן כֹּה־אָמַר יהוה צְבָאוֹת אֱלֹהֵי יִשְׂרָאֵל הִנְנִי מַאֲכִילָם אֶת־הָעָם הַזֶּה לַעֲנָה וְהִשְׁקִיתִים מֵי־רֹאשׁ: וַהֲפִצוֹתִים בַּגּוֹיִם אֲשֶׁר לֹא יָדְעוּ הֵמָּה וַאֲבוֹתָם וְשִׁלַּחְתִּי אַחֲרֵיהֶם אֶת־הַחֶרֶב עַד כַּלּוֹתִי אוֹתָם: כֹּה אָמַר יהוה צְבָאוֹת הִתְבּוֹנְנוּ וְקִרְאוּ לַמְקוֹנְנוֹת וּתְבוֹאֶינָה וְאֶל־הַחֲכָמוֹת שִׁלְחוּ וְתָבוֹאנָה: וּתְמַהֵרְנָה וְתִשֶּׂנָה עָלֵינוּ נֶהִי וְתֵרַדְנָה עֵינֵינוּ דִּמְעָה וְעַפְעַפֵּינוּ יִזְּלוּ־מָיִם: כִּי קוֹל נְהִי נִשְׁמַע מִצִּיּוֹן אֵיךְ שֻׁדָּדְנוּ בֹּשְׁנוּ מְאֹד כִּי־עָזַבְנוּ אָרֶץ כִּי הִשְׁלִיכוּ מִשְׁכְּנוֹתֵינוּ: כִּי־שְׁמַעְנָה נָשִׁים דְּבַר־יהוה וְתִקַּח אָזְנְכֶם דְּבַר־פִּיו וְלַמֵּדְנָה בְנוֹתֵיכֶם נֶהִי וְאִשָּׁה רְעוּתָהּ קִינָה: כִּי־עָלָה מָוֶת בְּחַלּוֹנֵינוּ בָּא בְּאַרְמְנוֹתֵינוּ לְהַכְרִית עוֹלָל מִחוּץ בַּחוּרִים מֵרְחֹבוֹת: דַּבֵּר כֹּה נְאֻם־יהוה וְנָפְלָה נִבְלַת הָאָדָם כְּדֹמֶן עַל־פְּנֵי הַשָּׂדֶה וּכְעָמִיר מֵאַחֲרֵי הַקֹּצֵר וְאֵין מְאַסֵּף: כֹּה | אָמַר יהוה אַל־יִתְהַלֵּל חָכָם בְּחָכְמָתוֹ וְאַל־יִתְהַלֵּל הַגִּבּוֹר בִּגְבוּרָתוֹ אַל־יִתְהַלֵּל עָשִׁיר בְּעָשְׁרוֹ: כִּי אִם־בְּזֹאת יִתְהַלֵּל הַמִּתְהַלֵּל הַשְׂכֵּל וְיָדֹעַ אוֹתִי כִּי אֲנִי יהוה עֹשֶׂה חֶסֶד מִשְׁפָּט וּצְדָקָה בָּאָרֶץ כִּי־בְאֵלֶּה חָפַצְתִּי נְאֻם־יהוה:

The blessings after the *Haftarah* are on p. 501.

פסח – יום ראשון

(שמות יב:כא-נא)

כא הַכֹּהֵן: וַיִּקְרָא מֹשֶׁה לְכָל־זִקְנֵי יִשְׂרָאֵל וַיֹּאמֶר אֲלֵהֶם מִשְׁכוּ וּקְחוּ לָכֶם צֹאן לְמִשְׁפְּחֹתֵיכֶם וְשַׁחֲטוּ הַפָּסַח: וּלְקַחְתֶּם אֲגֻדַּת אֵזוֹב וּטְבַלְתֶּם בַּדָּם אֲשֶׁר־בַּסַּף וְהִגַּעְתֶּם אֶל־הַמַּשְׁקוֹף וְאֶל־שְׁתֵּי הַמְּזוּזֹת מִן־הַדָּם אֲשֶׁר בַּסָּף וְאַתֶּם לֹא תֵצְאוּ אִישׁ מִפֶּתַח־בֵּיתוֹ עַד־בֹּקֶר: וְעָבַר יהוה לִנְגֹּף אֶת־מִצְרַיִם וְרָאָה אֶת־הַדָּם עַל־הַמַּשְׁקוֹף וְעַל שְׁתֵּי הַמְּזוּזֹת וּפָסַח יהוה עַל־הַפֶּתַח וְלֹא יִתֵּן הַמַּשְׁחִית לָבֹא אֶל־בָּתֵּיכֶם לִנְגֹּף: וּשְׁמַרְתֶּם אֶת־הַדָּבָר הַזֶּה לְחָק־לְךָ וּלְבָנֶיךָ עַד־עוֹלָם: לוי וְהָיָה כִּי־תָבֹאוּ אֶל־הָאָרֶץ אֲשֶׁר יִתֵּן יהוה לָכֶם כַּאֲשֶׁר דִּבֵּר וּשְׁמַרְתֶּם אֶת־הָעֲבֹדָה הַזֹּאת: וְהָיָה כִּי־יֹאמְרוּ אֲלֵיכֶם בְּנֵיכֶם מָה הָעֲבֹדָה הַזֹּאת לָכֶם: וַאֲמַרְתֶּם זֶבַח־פֶּסַח הוּא לַיהוה אֲשֶׁר פָּסַח עַל־בָּתֵּי בְנֵי־יִשְׂרָאֵל בְּמִצְרַיִם בְּנָגְפּוֹ אֶת־מִצְרַיִם וְאֶת־בָּתֵּינוּ הִצִּיל וַיִּקֹּד הָעָם וַיִּשְׁתַּחֲווּ: וַיֵּלְכוּ וַיַּעֲשׂוּ בְּנֵי יִשְׂרָאֵל כַּאֲשֶׁר צִוָּה יהוה אֶת־מֹשֶׁה וְאַהֲרֹן כֵּן עָשׂוּ:

שלישי: וַיְהִי ׀ בַּחֲצִי הַלַּיְלָה וַיהוָה הִכָּה כָל־בְּכוֹר֮
בְּאֶרֶץ מִצְרַיִם֒ מִבְּכֹר פַּרְעֹה הַיֹּשֵׁב עַל־כִּסְאוֹ
עַד בְּכוֹר הַשְּׁבִי אֲשֶׁר בְּבֵית הַבּוֹר וְכֹל בְּכוֹר
בְּהֵמָה: וַיָּקָם פַּרְעֹה לַיְלָה הוּא וְכָל־עֲבָדָיו וְכָל־
מִצְרַיִם וַתְּהִי צְעָקָה גְדֹלָה בְּמִצְרָיִם כִּי־אֵין בַּיִת
אֲשֶׁר אֵין־שָׁם מֵת: וַיִּקְרָא לְמֹשֶׁה וּלְאַהֲרֹן לַיְלָה
וַיֹּאמֶר קוּמוּ צְּאוּ מִתּוֹךְ עַמִּי גַּם־אַתֶּם גַּם־בְּנֵי
יִשְׂרָאֵל וּלְכוּ עִבְדוּ אֶת־יהוה כְּדַבֶּרְכֶם: גַּם־
צֹאנְכֶם גַּם־בְּקַרְכֶם קְחוּ כַּאֲשֶׁר דִּבַּרְתֶּם וָלֵכוּ
וּבֵרַכְתֶּם גַּם־אֹתִי:

(בשבת רביעי) וַתֶּחֱזַק מִצְרַיִם֙ עַל־הָעָם לְמַהֵר
לְשַׁלְּחָם מִן־הָאָרֶץ כִּי אָמְרוּ כֻּלָּנוּ מֵתִים: וַיִּשָּׂא
הָעָם אֶת־בְּצֵקוֹ טֶרֶם יֶחְמָץ מִשְׁאֲרֹתָם צְרֻרֹת
בְּשִׂמְלֹתָם עַל־שִׁכְמָם: וּבְנֵי־יִשְׂרָאֵל עָשׂוּ כִּדְבַר
מֹשֶׁה וַיִּשְׁאֲלוּ מִמִּצְרַיִם כְּלֵי־כֶסֶף וּכְלֵי זָהָב
וּשְׂמָלֹת: וַיהוָה נָתַן אֶת־חֵן הָעָם בְּעֵינֵי מִצְרַיִם
וַיַּשְׁאִלוּם וַיְנַצְּלוּ אֶת־מִצְרָיִם:

(continues)

הָרִאשׁוֹן מִקְרָא־קֹדֶשׁ יִהְיֶה לָכֶם כָּל־מְלֶאכֶת עֲבֹדָה לֹא תַעֲשׂוּ: וְהִקְרַבְתֶּם אִשֶּׁה לַיהוה שִׁבְעַת יָמִים בַּיּוֹם הַשְּׁבִיעִי מִקְרָא־קֹדֶשׁ כָּל־מְלֶאכֶת עֲבֹדָה לֹא תַעֲשׂוּ:

(בשבת רביעי) וַיְדַבֵּר יהוה אֶל־מֹשֶׁה לֵּאמֹר: דַּבֵּר אֶל־בְּנֵי יִשְׂרָאֵל וְאָמַרְתָּ אֲלֵהֶם כִּי־תָבֹאוּ אֶל־הָאָרֶץ אֲשֶׁר אֲנִי נֹתֵן לָכֶם וּקְצַרְתֶּם אֶת־קְצִירָהּ וַהֲבֵאתֶם אֶת־עֹמֶר רֵאשִׁית קְצִירְכֶם אֶל־הַכֹּהֵן: וְהֵנִיף אֶת־הָעֹמֶר לִפְנֵי יהוה לִרְצֹנְכֶם מִמָּחֳרַת הַשַּׁבָּת יְנִיפֶנּוּ הַכֹּהֵן: וַעֲשִׂיתֶם בְּיוֹם הֲנִיפְכֶם אֶת־הָעֹמֶר כֶּבֶשׂ תָּמִים בֶּן־שְׁנָתוֹ לְעֹלָה לַיהוה: וּמִנְחָתוֹ שְׁנֵי עֶשְׂרֹנִים סֹלֶת בְּלוּלָה בַשֶּׁמֶן אִשֶּׁה לַיהוה רֵיחַ נִיחֹחַ וְנִסְכֹּה יַיִן רְבִיעִת הַהִין: וְלֶחֶם וְקָלִי וְכַרְמֶל לֹא תֹאכְלוּ עַד־עֶצֶם הַיּוֹם הַזֶּה עַד הֲבִיאֲכֶם אֶת־קָרְבַּן אֱלֹהֵיכֶם חֻקַּת עוֹלָם לְדֹרֹתֵיכֶם בְּכֹל מֹשְׁבֹתֵיכֶם:

שלישי (בשבת חמישי) וּסְפַרְתֶּם לָכֶם מִמָּחֳרַת הַשַּׁבָּת מִיּוֹם הֲבִיאֲכֶם אֶת־עֹמֶר הַתְּנוּפָה שֶׁבַע שַׁבָּתוֹת תְּמִימֹת תִּהְיֶינָה: עַד מִמָּחֳרַת הַשַּׁבָּת הַשְּׁבִיעִת תִּסְפְּרוּ חֲמִשִּׁים יוֹם וְהִקְרַבְתֶּם מִנְחָה חֲדָשָׁה לַיהוה: מִמּוֹשְׁבֹתֵיכֶם תָּבִיאוּ לֶחֶם תְּנוּפָה שְׁתַּיִם שְׁנֵי עֶשְׂרֹנִים סֹלֶת תִּהְיֶינָה חָמֵץ תֵּאָפֶינָה בִּכּוּרִים לַיהוה: וְהִקְרַבְתֶּם עַל־הַלֶּחֶם שִׁבְעַת כְּבָשִׂים תְּמִימִם בְּנֵי שָׁנָה וּפַר בֶּן־בָּקָר אֶחָד וְאֵילִם שְׁנָיִם יִהְיוּ עֹלָה לַיהוה וּמִנְחָתָם וְנִסְכֵּיהֶם אִשֵּׁה רֵיחַ־נִיחֹחַ לַיהוה: וַעֲשִׂיתֶם שְׂעִיר־עִזִּים אֶחָד לְחַטָּאת וּשְׁנֵי כְבָשִׂים בְּנֵי שָׁנָה לְזֶבַח שְׁלָמִים: וְהֵנִיף הַכֹּהֵן אֹתָם עַל לֶחֶם הַבִּכֻּרִים תְּנוּפָה לִפְנֵי יהוה עַל־שְׁנֵי כְּבָשִׂים קֹדֶשׁ יִהְיוּ לַיהוה לַכֹּהֵן: וּקְרָאתֶם בְּעֶצֶם הַיּוֹם הַזֶּה מִקְרָא־קֹדֶשׁ יִהְיֶה לָכֶם כָּל־מְלֶאכֶת עֲבֹדָה לֹא תַעֲשׂוּ חֻקַּת עוֹלָם בְּכָל־מוֹשְׁבֹתֵיכֶם לְדֹרֹתֵיכֶם: וּבְקֻצְרְכֶם אֶת־קְצִיר אַרְצְכֶם לֹא־תְכַלֶּה פְּאַת שָׂדְךָ בְּקֻצְרֶךָ וְלֶקֶט קְצִירְךָ לֹא תְלַקֵּט לֶעָנִי וְלַגֵּר תַּעֲזֹב אֹתָם אֲנִי יהוה אֱלֹהֵיכֶם:

רביעי (בשבת ששי) וַיְדַבֵּר יהוה אֶל־מֹשֶׁה לֵּאמֹר: דַּבֵּר אֶל־בְּנֵי יִשְׂרָאֵל לֵאמֹר בַּחֹדֶשׁ הַשְּׁבִיעִי בְּאֶחָד לַחֹדֶשׁ יִהְיֶה לָכֶם שַׁבָּתוֹן זִכְרוֹן תְּרוּעָה מִקְרָא־קֹדֶשׁ: כָּל־מְלֶאכֶת עֲבֹדָה לֹא תַעֲשׂוּ וְהִקְרַבְתֶּם אִשֶּׁה לַיהוה: וַיְדַבֵּר יהוה אֶל־מֹשֶׁה לֵּאמֹר: אַךְ בֶּעָשׂוֹר לַחֹדֶשׁ הַשְּׁבִיעִי הַזֶּה יוֹם הַכִּפֻּרִים הוּא מִקְרָא־קֹדֶשׁ יִהְיֶה לָכֶם וְעִנִּיתֶם אֶת־נַפְשֹׁתֵיכֶם וְהִקְרַבְתֶּם אִשֶּׁה לַיהוה: וְכָל־מְלָאכָה לֹא תַעֲשׂוּ בְּעֶצֶם הַיּוֹם הַזֶּה כִּי יוֹם

מֵעֲלֵיכֶם וַיִּקְרָא שֵׁם הַמָּקוֹם הַהוּא גִּלְגָּל עַד הַיּוֹם הַזֶּה: וַיַּחֲנוּ בְנֵי־יִשְׂרָאֵל בַּגִּלְגָּל וַיַּעֲשׂוּ אֶת־הַפֶּסַח בְּאַרְבָּעָה עָשָׂר יוֹם לַחֹדֶשׁ בָּעֶרֶב בְּעַרְבוֹת יְרִיחוֹ: וַיֹּאכְלוּ מֵעֲבוּר הָאָרֶץ מִמָּחֳרַת הַפֶּסַח מַצּוֹת וְקָלוּי בְּעֶצֶם הַיּוֹם הַזֶּה: וַיִּשְׁבֹּת הַמָּן מִמָּחֳרָת בְּאָכְלָם מֵעֲבוּר הָאָרֶץ וְלֹא־הָיָה עוֹד לִבְנֵי יִשְׂרָאֵל מָן וַיֹּאכְלוּ מִתְּבוּאַת אֶרֶץ כְּנַעַן בַּשָּׁנָה הַהִיא: וַיְהִי בִּהְיוֹת יְהוֹשֻׁעַ בִּירִיחוֹ וַיִּשָּׂא עֵינָיו וַיַּרְא וְהִנֵּה־אִישׁ עֹמֵד לְנֶגְדּוֹ וְחַרְבּוֹ שְׁלוּפָה בְּיָדוֹ וַיֵּלֶךְ יְהוֹשֻׁעַ אֵלָיו וַיֹּאמֶר לוֹ הֲלָנוּ אַתָּה אִם־לְצָרֵינוּ: וַיֹּאמֶר לֹא כִּי אֲנִי שַׂר־צְבָא־יהוה עַתָּה בָאתִי וַיִּפֹּל יְהוֹשֻׁעַ אֶל־פָּנָיו אַרְצָה וַיִּשְׁתָּחוּ וַיֹּאמֶר לוֹ מָה אֲדֹנִי מְדַבֵּר אֶל־עַבְדּוֹ: וַיֹּאמֶר שַׂר־צְבָא יהוה אֶל־יְהוֹשֻׁעַ שַׁל־נַעַלְךָ מֵעַל רַגְלֶךָ כִּי הַמָּקוֹם אֲשֶׁר אַתָּה עֹמֵד עָלָיו קֹדֶשׁ הוּא וַיַּעַשׂ יְהוֹשֻׁעַ כֵּן: וִירִיחוֹ סֹגֶרֶת וּמְסֻגֶּרֶת מִפְּנֵי בְּנֵי יִשְׂרָאֵל אֵין יוֹצֵא וְאֵין בָּא: וַיְהִי יהוה אֶת־יְהוֹשֻׁעַ וַיְהִי שָׁמְעוֹ בְּכָל־הָאָרֶץ:

פסח – יום שני
(ולים ראשון ושני של סוכות)

(ויקרא כב:כו-כג:מד)

כו) וַיְדַבֵּר יהוה אֶל־מֹשֶׁה לֵּאמֹר: שׁוֹר אוֹ־כֶשֶׂב אוֹ־עֵז כִּי יִוָּלֵד וְהָיָה שִׁבְעַת יָמִים תַּחַת אִמּוֹ וּמִיּוֹם הַשְּׁמִינִי וָהָלְאָה יֵרָצֶה לְקָרְבַּן אִשֶּׁה לַיהוה: וְשׁוֹר אוֹ־שֶׂה אֹתוֹ וְאֶת־בְּנוֹ לֹא תִשְׁחֲטוּ בְּיוֹם אֶחָד: וְכִי־תִזְבְּחוּ זֶבַח־תּוֹדָה לַיהוה לִרְצֹנְכֶם תִּזְבָּחוּ: בַּיּוֹם הַהוּא יֵאָכֵל לֹא־תוֹתִירוּ מִמֶּנּוּ עַד־בֹּקֶר אֲנִי יהוה: וּשְׁמַרְתֶּם מִצְוֹתַי וַעֲשִׂיתֶם אֹתָם אֲנִי יהוה: וְלֹא תְחַלְּלוּ אֶת־שֵׁם קָדְשִׁי וְנִקְדַּשְׁתִּי בְּתוֹךְ בְּנֵי יִשְׂרָאֵל אֲנִי יהוה מְקַדִּשְׁכֶם: הַמּוֹצִיא אֶתְכֶם מֵאֶרֶץ מִצְרַיִם לִהְיוֹת לָכֶם לֵאלֹהִים אֲנִי יהוה:

(בשבת לוי) וַיְדַבֵּר יהוה אֶל־מֹשֶׁה לֵּאמֹר: דַּבֵּר אֶל־בְּנֵי יִשְׂרָאֵל וְאָמַרְתָּ אֲלֵהֶם מוֹעֲדֵי יהוה אֲשֶׁר־תִּקְרְאוּ אֹתָם מִקְרָאֵי קֹדֶשׁ אֵלֶּה הֵם מוֹעֲדָי: שֵׁשֶׁת יָמִים תֵּעָשֶׂה מְלָאכָה וּבַיּוֹם הַשְּׁבִיעִי שַׁבַּת שַׁבָּתוֹן מִקְרָא־קֹדֶשׁ כָּל־מְלָאכָה לֹא תַעֲשׂוּ שַׁבָּת הִוא לַיהוה בְּכֹל מוֹשְׁבֹתֵיכֶם: לו) (בשבת שלישי) אֵלֶּה מוֹעֲדֵי יהוה מִקְרָאֵי קֹדֶשׁ אֲשֶׁר־תִּקְרְאוּ אֹתָם בְּמוֹעֲדָם: בַּחֹדֶשׁ הָרִאשׁוֹן בְּאַרְבָּעָה עָשָׂר לַחֹדֶשׁ בֵּין הָעַרְבָּיִם פֶּסַח לַיהוה: וּבַחֲמִשָּׁה עָשָׂר יוֹם לַחֹדֶשׁ הַזֶּה חַג הַמַּצּוֹת לַיהוה שִׁבְעַת יָמִים מַצּוֹת תֹּאכֵלוּ: בַּיּוֹם

וְלִשְׁמֹר מִצְוֹתָיו וְאֶת־עֵדְוֹתָיו וְאֶת־חֻקֹּתָיו בְּכָל־לֵב וּבְכָל־נֶפֶשׁ לְהָקִים אֶת־דִּבְרֵי הַבְּרִית הַזֹּאת הַכְּתֻבִים עַל־הַסֵּפֶר הַזֶּה וַיַּעֲמֹד כָּל־הָעָם בַּבְּרִית: וַיְצַו הַמֶּלֶךְ אֶת־חִלְקִיָּהוּ הַכֹּהֵן הַגָּדוֹל וְאֶת־כֹּהֲנֵי הַמִּשְׁנֶה וְאֶת־שֹׁמְרֵי הַסַּף לְהוֹצִיא מֵהֵיכַל יְהוָה אֵת כָּל־הַכֵּלִים הָעֲשׂוּיִם לַבַּעַל וְלָאֲשֵׁרָה וּלְכֹל צְבָא הַשָּׁמָיִם וַיִּשְׂרְפֵם מִחוּץ לִירוּשָׁלַ͏ִם בְּשַׁדְמוֹת קִדְרוֹן וְנָשָׂא אֶת־עֲפָרָם בֵּית־אֵל: וְהִשְׁבִּית אֶת־הַכְּמָרִים אֲשֶׁר נָתְנוּ מַלְכֵי יְהוּדָה וַיְקַטֵּר בַּבָּמוֹת בְּעָרֵי יְהוּדָה וּמְסִבֵּי יְרוּשָׁלָ͏ִם וְאֶת־הַמְקַטְּרִים לַבַּעַל לַשֶּׁמֶשׁ וְלַיָּרֵחַ וְלַמַּזָּלוֹת וּלְכֹל צְבָא הַשָּׁמָיִם: וַיֹּצֵא אֶת־הָאֲשֵׁרָה מִבֵּית יְהוָה מִחוּץ לִירוּשָׁלַ͏ִם אֶל־נַחַל קִדְרוֹן וַיִּשְׂרֹף אֹתָהּ בְּנַחַל קִדְרוֹן וַיָּדֶק לְעָפָר וַיַּשְׁלֵךְ אֶת־עֲפָרָהּ עַל־קֶבֶר בְּנֵי הָעָם: וַיִּתֹּץ אֶת־בָּתֵּי הַקְּדֵשִׁים אֲשֶׁר בְּבֵית יְהוָה אֲשֶׁר הַנָּשִׁים אֹרְגוֹת שָׁם בָּתִּים לָאֲשֵׁרָה: וַיָּבֵא אֶת־כָּל־הַכֹּהֲנִים מֵעָרֵי יְהוּדָה וַיְטַמֵּא אֶת־הַבָּמוֹת אֲשֶׁר קִטְּרוּ־שָׁמָּה הַכֹּהֲנִים מִגֶּבַע עַד־בְּאֵר שָׁבַע וְנָתַץ אֶת־בָּמוֹת הַשְּׁעָרִים אֲשֶׁר־פֶּתַח שַׁעַר יְהוֹשֻׁעַ שַׂר־הָעִיר אֲשֶׁר־עַל־שְׂמֹאול אִישׁ בְּשַׁעַר הָעִיר: אַךְ לֹא יַעֲלוּ כֹּהֲנֵי הַבָּמוֹת אֶל־מִזְבַּח יְהוָה בִּירוּשָׁלָ͏ִם כִּי אִם־אָכְלוּ מַצּוֹת בְּתוֹךְ אֲחֵיהֶם: וַיְצַו הַמֶּלֶךְ אֶת־כָּל־הָעָם לֵאמֹר עֲשׂוּ פֶסַח לַיהוָה אֱלֹהֵיכֶם כַּכָּתוּב עַל סֵפֶר הַבְּרִית הַזֶּה: כִּי לֹא נַעֲשָׂה כַּפֶּסַח הַזֶּה מִימֵי הַשֹּׁפְטִים אֲשֶׁר שָׁפְטוּ אֶת־יִשְׂרָאֵל וְכֹל יְמֵי מַלְכֵי יִשְׂרָאֵל וּמַלְכֵי יְהוּדָה: כִּי אִם־בִּשְׁמֹנֶה עֶשְׂרֵה שָׁנָה לַמֶּלֶךְ יֹאשִׁיָּהוּ נַעֲשָׂה הַפֶּסַח הַזֶּה לַיהוָה בִּירוּשָׁלָ͏ִם: וְגַם אֶת־הָאֹבוֹת וְאֶת־הַיִּדְּעֹנִים וְאֶת־הַתְּרָפִים וְאֶת־הַגִּלֻּלִים וְאֵת כָּל־הַשִּׁקֻּצִים אֲשֶׁר נִרְאוּ בְּאֶרֶץ יְהוּדָה וּבִירוּשָׁלַ͏ִם בִּעֵר יֹאשִׁיָּהוּ לְמַעַן הָקִים אֶת־דִּבְרֵי הַתּוֹרָה הַכְּתֻבִים עַל־הַסֵּפֶר אֲשֶׁר מָצָא חִלְקִיָּהוּ הַכֹּהֵן בֵּית יְהוָה: וְכָמֹהוּ לֹא־הָיָה לְפָנָיו מֶלֶךְ אֲשֶׁר־שָׁב אֶל־יְהוָה בְּכָל־לְבָבוֹ וּבְכָל־נַפְשׁוֹ וּבְכָל־מְאֹדוֹ כְּכֹל תּוֹרַת מֹשֶׁה וְאַחֲרָיו לֹא־קָם כָּמֹהוּ:

לחול המועד פסח

Each day of Chol HaMoed Pesach, except on the Sabbath (see p. 508), three *olim* are called to the first Torah, and a fourth *oleh* to the second Torah. When the first day of Chol HaMoed falls on the Sabbath, the readings for the first and second days are each postponed one day, and the third day's reading is omitted.

כַּפֻּרִים הוּא לְכַפֵּר עֲלֵיכֶם לִפְנֵי יְהוָה אֱלֹהֵיכֶם: כִּי כָל־הַנֶּפֶשׁ אֲשֶׁר לֹא־תְעֻנֶּה בְּעֶצֶם הַיּוֹם הַזֶּה וְנִכְרְתָה מֵעַמֶּיהָ: וְכָל־הַנֶּפֶשׁ אֲשֶׁר תַּעֲשֶׂה כָּל־מְלָאכָה בְּעֶצֶם הַיּוֹם הַזֶּה וְהַאֲבַדְתִּי אֶת־הַנֶּפֶשׁ הַהִוא מִקֶּרֶב עַמָּהּ: כָּל־מְלָאכָה לֹא תַעֲשׂוּ חֻקַּת עוֹלָם לְדֹרֹתֵיכֶם בְּכֹל מֹשְׁבֹתֵיכֶם: שַׁבַּת שַׁבָּתוֹן הוּא לָכֶם וְעִנִּיתֶם אֶת־נַפְשֹׁתֵיכֶם בְּתִשְׁעָה לַחֹדֶשׁ בָּעֶרֶב מֵעֶרֶב עַד־עֶרֶב תִּשְׁבְּתוּ שַׁבַּתְּכֶם:

חמישי (בשבת שביעי) וַיְדַבֵּר יְהוָה אֶל־מֹשֶׁה לֵּאמֹר: דַּבֵּר אֶל־בְּנֵי יִשְׂרָאֵל לֵאמֹר בַּחֲמִשָּׁה עָשָׂר יוֹם לַחֹדֶשׁ הַשְּׁבִיעִי הַזֶּה חַג הַסֻּכּוֹת שִׁבְעַת יָמִים לַיהוָה: בַּיּוֹם הָרִאשׁוֹן מִקְרָא־קֹדֶשׁ כָּל־מְלֶאכֶת עֲבֹדָה לֹא תַעֲשׂוּ: שִׁבְעַת יָמִים תַּקְרִיבוּ אִשֶּׁה לַיהוָה בַּיּוֹם הַשְּׁמִינִי מִקְרָא־קֹדֶשׁ יִהְיֶה לָכֶם וְהִקְרַבְתֶּם אִשֶּׁה לַיהוָה עֲצֶרֶת הִוא כָּל־מְלֶאכֶת עֲבֹדָה לֹא תַעֲשׂוּ: אֵלֶּה מוֹעֲדֵי יְהוָה אֲשֶׁר־תִּקְרְאוּ אֹתָם מִקְרָאֵי קֹדֶשׁ לְהַקְרִיב אִשֶּׁה לַיהוָה עֹלָה וּמִנְחָה זֶבַח וּנְסָכִים דְּבַר־יוֹם בְּיוֹמוֹ: מִלְּבַד שַׁבְּתֹת יְהוָה וּמִלְּבַד מַתְּנוֹתֵיכֶם וּמִלְּבַד כָּל־נִדְרֵיכֶם וּמִלְּבַד כָּל־נִדְבוֹתֵיכֶם אֲשֶׁר תִּתְּנוּ לַיהוָה: אַךְ בַּחֲמִשָּׁה עָשָׂר יוֹם לַחֹדֶשׁ הַשְּׁבִיעִי בְּאָסְפְּכֶם אֶת־תְּבוּאַת הָאָרֶץ תָּחֹגּוּ אֶת־חַג־יְהוָה שִׁבְעַת יָמִים בַּיּוֹם הָרִאשׁוֹן שַׁבָּתוֹן וּבַיּוֹם הַשְּׁמִינִי שַׁבָּתוֹן: וּלְקַחְתֶּם לָכֶם בַּיּוֹם הָרִאשׁוֹן פְּרִי עֵץ הָדָר כַּפֹּת תְּמָרִים וַעֲנַף עֵץ־עָבֹת וְעַרְבֵי־נָחַל וּשְׂמַחְתֶּם לִפְנֵי יְהוָה אֱלֹהֵיכֶם שִׁבְעַת יָמִים: וְחַגֹּתֶם אֹתוֹ חַג לַיהוָה שִׁבְעַת יָמִים בַּשָּׁנָה חֻקַּת עוֹלָם לְדֹרֹתֵיכֶם בַּחֹדֶשׁ הַשְּׁבִיעִי תָּחֹגּוּ אֹתוֹ: בַּסֻּכֹּת תֵּשְׁבוּ שִׁבְעַת יָמִים כָּל־הָאֶזְרָח בְּיִשְׂרָאֵל יֵשְׁבוּ בַּסֻּכֹּת: לְמַעַן יֵדְעוּ דֹרֹתֵיכֶם כִּי בַסֻּכּוֹת הוֹשַׁבְתִּי אֶת־בְּנֵי יִשְׂרָאֵל בְּהוֹצִיאִי אוֹתָם מֵאֶרֶץ מִצְרָיִם אֲנִי יְהוָה אֱלֹהֵיכֶם: וַיְדַבֵּר מֹשֶׁה אֶת־מֹעֲדֵי יְהוָה אֶל־בְּנֵי יִשְׂרָאֵל:

Maftir for the second day of Pesach is the same as for the first day (p. 503). On Succos, turn to p. 515.

הפטרה ליום שני של פסח

(מלכים ב כג:א-ט, כא-כה)

וַיִּשְׁלַח הַמֶּלֶךְ וַיַּאַסְפוּ אֵלָיו כָּל־זִקְנֵי יְהוּדָה וִירוּשָׁלָ͏ִם: וַיַּעַל הַמֶּלֶךְ בֵּית־יְהוָה וְכָל־אִישׁ יְהוּדָה וְכָל־יֹשְׁבֵי יְרוּשָׁלַ͏ִם אִתּוֹ וְהַכֹּהֲנִים וְהַנְּבִיאִים וְכָל־הָעָם לְמִקָּטֹן וְעַד־גָּדוֹל וַיִּקְרָא בְאָזְנֵיהֶם אֶת־כָּל־דִּבְרֵי סֵפֶר הַבְּרִית הַנִּמְצָא בְּבֵית יְהוָה: וַיַּעֲמֹד הַמֶּלֶךְ עַל־הָעַמּוּד וַיִּכְרֹת אֶת־הַבְּרִית | לִפְנֵי יְהוָה לָלֶכֶת אַחַר יְהוָה

(שמות יג:א-טז)

כהן: וַיְדַבֵּר יְהוָה אֶל־מֹשֶׁה לֵּאמֹר: קַדֶּשׁ־לִי כָל־ בְּכוֹר פֶּטֶר כָּל־רֶחֶם בִּבְנֵי יִשְׂרָאֵל בָּאָדָם וּבַבְּהֵמָה לִי הוּא: וַיֹּאמֶר מֹשֶׁה אֶל־הָעָם זָכוֹר אֶת־הַיּוֹם הַזֶּה אֲשֶׁר יְצָאתֶם מִמִּצְרַיִם מִבֵּית עֲבָדִים כִּי בְּחֹזֶק יָד הוֹצִיא יְהוָה אֶתְכֶם מִזֶּה וְלֹא יֵאָכֵל חָמֵץ: הַיּוֹם אַתֶּם יֹצְאִים בְּחֹדֶשׁ הָאָבִיב:

לוי: וְהָיָה כִי־יְבִיאֲךָ יְהוָה אֶל־אֶרֶץ הַכְּנַעֲנִי וְהַחִתִּי וְהָאֱמֹרִי וְהַחִוִּי וְהַיְבוּסִי אֲשֶׁר נִשְׁבַּע לַאֲבֹתֶיךָ לָתֶת לָךְ אֶרֶץ זָבַת חָלָב וּדְבָשׁ וְעָבַדְתָּ אֶת־הָעֲבֹדָה הַזֹּאת בַּחֹדֶשׁ הַזֶּה: שִׁבְעַת יָמִים תֹּאכַל מַצֹּת וּבַיּוֹם הַשְּׁבִיעִי חַג לַיהוָה: מַצּוֹת יֵאָכֵל אֵת שִׁבְעַת הַיָּמִים וְלֹא־יֵרָאֶה לְךָ חָמֵץ וְלֹא־יֵרָאֶה לְךָ שְׂאֹר בְּכָל־גְּבֻלֶךָ: וְהִגַּדְתָּ לְבִנְךָ בַּיּוֹם הַהוּא לֵאמֹר בַּעֲבוּר זֶה עָשָׂה יְהוָה לִי בְּצֵאתִי מִמִּצְרָיִם: וְהָיָה לְךָ לְאוֹת עַל־יָדְךָ וּלְזִכָּרוֹן בֵּין עֵינֶיךָ לְמַעַן תִּהְיֶה תּוֹרַת יְהוָה בְּפִיךָ כִּי בְּיָד חֲזָקָה הוֹצִאֲךָ יְהוָה מִמִּצְרָיִם: וְשָׁמַרְתָּ אֶת־הַחֻקָּה הַזֹּאת לְמוֹעֲדָהּ מִיָּמִים יָמִימָה:

שלישי: וְהָיָה כִּי־יְבִאֲךָ יְהוָה אֶל־אֶרֶץ הַכְּנַעֲנִי כַּאֲשֶׁר נִשְׁבַּע לְךָ וְלַאֲבֹתֶיךָ וּנְתָנָהּ לָךְ: וְהַעֲבַרְתָּ כָל־פֶּטֶר־רֶחֶם לַיהוָה וְכָל־פֶּטֶר שֶׁגֶר בְּהֵמָה אֲשֶׁר יִהְיֶה לְךָ הַזְּכָרִים לַיהוָה: וְכָל־פֶּטֶר חֲמֹר תִּפְדֶּה בְשֶׂה וְאִם־לֹא תִפְדֶּה וַעֲרַפְתּוֹ וְכֹל בְּכוֹר אָדָם בְּבָנֶיךָ תִּפְדֶּה: וְהָיָה כִּי־יִשְׁאָלְךָ בִנְךָ מָחָר לֵאמֹר מַה־זֹּאת וְאָמַרְתָּ אֵלָיו בְּחֹזֶק יָד הוֹצִיאָנוּ יְהוָה מִמִּצְרַיִם מִבֵּית עֲבָדִים: וַיְהִי כִּי־הִקְשָׁה פַרְעֹה לְשַׁלְּחֵנוּ וַיַּהֲרֹג יְהוָה כָּל־בְּכוֹר בְּאֶרֶץ מִצְרַיִם מִבְּכֹר אָדָם וְעַד־בְּכוֹר בְּהֵמָה עַל־כֵּן אֲנִי זֹבֵחַ לַיהוָה כָּל־פֶּטֶר רֶחֶם הַזְּכָרִים וְכָל־ בְּכוֹר בָּנַי אֶפְדֶּה: וְהָיָה לְאוֹת עַל־יָדְכָה וּלְטוֹטָפֹת בֵּין עֵינֶיךָ כִּי בְּחֹזֶק יָד הוֹצִיאָנוּ יְהוָה מִמִּצְרָיִם:

(במדבר כח:יט-כה)

רביעי: וְהִקְרַבְתֶּם אִשֶּׁה עֹלָה לַיהוָה פָּרִים בְּנֵי־ בָקָר שְׁנַיִם וְאַיִל אֶחָד וְשִׁבְעָה כְבָשִׂים בְּנֵי שָׁנָה תְּמִימִם יִהְיוּ לָכֶם: וּמִנְחָתָם סֹלֶת בְּלוּלָה בַשָּׁמֶן שְׁלֹשָׁה עֶשְׂרֹנִים לַפָּר וּשְׁנֵי עֶשְׂרֹנִים לָאַיִל תַּעֲשׂוּ: עִשָּׂרוֹן עִשָּׂרוֹן תַּעֲשֶׂה לַכֶּבֶשׂ הָאֶחָד לְשִׁבְעַת הַכְּבָשִׂים: וּשְׂעִיר חַטָּאת אֶחָד לְכַפֵּר עֲלֵיכֶם: מִלְּבַד עֹלַת הַבֹּקֶר אֲשֶׁר לְעֹלַת הַתָּמִיד תַּעֲשׂוּ אֶת־אֵלֶּה: כָּאֵלֶּה תַּעֲשׂוּ לַיּוֹם שִׁבְעַת

יָמִים לֶחֶם אִשֵּׁה רֵיחַ־נִיחֹחַ לַיהוָה עַל־עוֹלַת הַתָּמִיד יֵעָשֶׂה וְנִסְכּוֹ: וּבַיּוֹם הַשְּׁבִיעִי מִקְרָא־ קֹדֶשׁ יִהְיֶה לָכֶם כָּל־מְלֶאכֶת עֲבֹדָה לֹא תַעֲשׂוּ:

(שמות כב:כד-כג:יט)

כהן: אִם־כֶּסֶף | תַּלְוֶה אֶת־עַמִּי אֶת־הֶעָנִי עִמָּךְ לֹא־תִהְיֶה לוֹ כְּנֹשֶׁה לֹא־תְשִׂימוּן עָלָיו נֶשֶׁךְ: אִם־חָבֹל תַּחְבֹּל שַׂלְמַת רֵעֶךָ עַד־בֹּא הַשֶּׁמֶשׁ תְּשִׁיבֶנּוּ לוֹ: כִּי הִוא כְסוּתֹה לְבַדָּהּ הִוא שִׂמְלָתוֹ לְעֹרוֹ בַּמֶּה יִשְׁכָּב וְהָיָה כִּי־יִצְעַק אֵלַי וְשָׁמַעְתִּי כִּי־חַנּוּן אָנִי:

לוי: אֱלֹהִים לֹא תְקַלֵּל וְנָשִׂיא בְעַמְּךָ לֹא תָאֹר: מְלֵאָתְךָ וְדִמְעֲךָ לֹא תְאַחֵר בְּכוֹר בָּנֶיךָ תִּתֶּן־לִי: כֵּן־תַּעֲשֶׂה לְשֹׁרְךָ לְצֹאנֶךָ שִׁבְעַת יָמִים יִהְיֶה עִם־אִמּוֹ בַּיּוֹם הַשְּׁמִינִי תִּתְּנוֹ־לִי: וְאַנְשֵׁי־קֹדֶשׁ תִּהְיוּן לִי וּבָשָׂר בַּשָּׂדֶה טְרֵפָה לֹא תֹאכֵלוּ לַכֶּלֶב תַּשְׁלִכוּן אֹתוֹ: לֹא תִשָּׂא שֵׁמַע שָׁוְא אַל־תָּשֶׁת יָדְךָ עִם־רָשָׁע לִהְיֹת עֵד חָמָס: לֹא־תִהְיֶה אַחֲרֵי־רַבִּים לְרָעֹת וְלֹא־תַעֲנֶה עַל־רִב לִנְטֹת אַחֲרֵי רַבִּים לְהַטֹּת: וְדָל לֹא תֶהְדַּר בְּרִיבוֹ: כִּי תִפְגַּע שׁוֹר אֹיִבְךָ אוֹ חֲמֹרוֹ תֹּעֶה הָשֵׁב תְּשִׁיבֶנּוּ לוֹ: כִּי־תִרְאֶה חֲמוֹר שֹׂנַאֲךָ רֹבֵץ תַּחַת מַשָּׂאוֹ וְחָדַלְתָּ מֵעֲזֹב לוֹ עָזֹב תַּעֲזֹב עִמּוֹ:

שלישי: לֹא תַטֶּה מִשְׁפַּט אֶבְיֹנְךָ בְּרִיבוֹ: מִדְּבַר־ שֶׁקֶר תִּרְחָק וְנָקִי וְצַדִּיק אַל־תַּהֲרֹג כִּי לֹא־אַצְדִּיק רָשָׁע: וְשֹׁחַד לֹא תִקָּח כִּי הַשֹּׁחַד יְעַוֵּר פִּקְחִים וִיסַלֵּף דִּבְרֵי צַדִּיקִים: וְגֵר לֹא תִלְחָץ וְאַתֶּם יְדַעְתֶּם אֶת־נֶפֶשׁ הַגֵּר כִּי־גֵרִים הֱיִיתֶם בְּאֶרֶץ מִצְרָיִם: וְשֵׁשׁ שָׁנִים תִּזְרַע אֶת־אַרְצֶךָ וְאָסַפְתָּ אֶת־תְּבוּאָתָהּ: וְהַשְּׁבִיעִת תִּשְׁמְטֶנָּה וּנְטַשְׁתָּהּ וְאָכְלוּ אֶבְיֹנֵי עַמֶּךָ וְיִתְרָם תֹּאכַל חַיַּת הַשָּׂדֶה כֵּן־תַּעֲשֶׂה לְכַרְמְךָ לְזֵיתֶךָ: שֵׁשֶׁת יָמִים תַּעֲשֶׂה מַעֲשֶׂיךָ וּבַיּוֹם הַשְּׁבִיעִי תִּשְׁבֹּת לְמַעַן יָנוּחַ שׁוֹרְךָ וַחֲמֹרֶךָ וְיִנָּפֵשׁ בֶּן־אֲמָתְךָ וְהַגֵּר: וּבְכֹל אֲשֶׁר־ אָמַרְתִּי אֲלֵיכֶם תִּשָּׁמֵרוּ וְשֵׁם אֱלֹהִים אֲחֵרִים לֹא תַזְכִּירוּ לֹא יִשָּׁמַע עַל־פִּיךָ: שָׁלֹשׁ רְגָלִים תָּחֹג לִי בַּשָּׁנָה: אֶת־חַג הַמַּצּוֹת תִּשְׁמֹר שִׁבְעַת יָמִים תֹּאכַל מַצּוֹת כַּאֲשֶׁר צִוִּיתִךָ לְמוֹעֵד חֹדֶשׁ הָאָבִיב כִּי־בוֹ יָצָאתָ מִמִּצְרָיִם וְלֹא־יֵרָאוּ פָנַי רֵיקָם: וְחַג הַקָּצִיר בִּכּוּרֵי מַעֲשֶׂיךָ אֲשֶׁר תִּזְרַע בַּשָּׂדֶה וְחַג הָאָסִף בְּצֵאת הַשָּׁנָה בְּאָסְפְּךָ אֶת־מַעֲשֶׂיךָ מִן־ הַשָּׂדֶה: שָׁלֹשׁ פְּעָמִים בַּשָּׁנָה יֵרָאֶה כָּל־זְכוּרְךָ אֶל־פְּנֵי הָאָדֹן | יְהוָה: לֹא־תִזְבַּח עַל־חָמֵץ דַּם־ זִבְחִי וְלֹא־יָלִין חֵלֶב־חַגִּי עַד־בֹּקֶר: רֵאשִׁית

חֲמוֹר תִּפְדֶּה בְשֶׂה וְאִם-לֹא תִפְדֶּה וַעֲרַפְתּוֹ כֹּל בְּכוֹר בָּנֶיךָ תִּפְדֶּה וְלֹא-יֵרָאוּ פָנַי רֵיקָם: שֵׁשֶׁת יָמִים תַּעֲבֹד וּבַיּוֹם הַשְּׁבִיעִי תִּשְׁבֹּת בֶּחָרִישׁ וּבַקָּצִיר תִּשְׁבֹּת: וְחַג שָׁבֻעֹת תַּעֲשֶׂה לְךָ בִּכּוּרֵי קְצִיר חִטִּים וְחַג הָאָסִיף תְּקוּפַת הַשָּׁנָה: שָׁלֹשׁ פְּעָמִים בַּשָּׁנָה יֵרָאֶה כָּל-זְכוּרְךָ אֶת-פְּנֵי הָאָדֹן ׀ יהוה אֱלֹהֵי יִשְׂרָאֵל: כִּי-אוֹרִישׁ גּוֹיִם מִפָּנֶיךָ וְהִרְחַבְתִּי אֶת-גְּבֻלֶךָ וְלֹא-יַחְמֹד אִישׁ אֶת-אַרְצְךָ בַּעֲלֹתְךָ לֵרָאוֹת אֶת-פְּנֵי יהוה אֱלֹהֶיךָ שָׁלֹשׁ פְּעָמִים בַּשָּׁנָה: לֹא-תִשְׁחַט עַל-חָמֵץ דַּם-זִבְחִי וְלֹא-יָלִין לַבֹּקֶר זֶבַח חַג הַפָּסַח: רֵאשִׁית בִּכּוּרֵי אַדְמָתְךָ תָּבִיא בֵּית יהוה אֱלֹהֶיךָ לֹא-תְבַשֵּׁל גְּדִי בַּחֲלֵב אִמּוֹ:

רביעי (.p 506) is read for וְהִקְרַבְתֶּם.

ליום ד׳ דחוה"מ

(במדבר ט:א-יד)

וַיְדַבֵּר יהוה אֶל-מֹשֶׁה בְמִדְבַּר-סִינַי בַּשָּׁנָה הַשֵּׁנִית לְצֵאתָם מֵאֶרֶץ מִצְרַיִם בַּחֹדֶשׁ הָרִאשׁוֹן לֵאמֹר: וְיַעֲשׂוּ בְנֵי-יִשְׂרָאֵל אֶת-הַפָּסַח בְּמוֹעֲדוֹ: בְּאַרְבָּעָה עָשָׂר-יוֹם בַּחֹדֶשׁ הַזֶּה בֵּין הָעַרְבַּיִם תַּעֲשׂוּ אֹתוֹ בְּמֹעֲדוֹ בְּכָל-חֻקֹּתָיו וּבְכָל-מִשְׁפָּטָיו תַּעֲשׂוּ אֹתוֹ: וַיְדַבֵּר מֹשֶׁה אֶל-בְּנֵי יִשְׂרָאֵל לַעֲשֹׂת הַפָּסַח: וַיַּעֲשׂוּ אֶת-הַפֶּסַח בָּרִאשׁוֹן בְּאַרְבָּעָה עָשָׂר יוֹם לַחֹדֶשׁ בֵּין הָעַרְבַּיִם בְּמִדְבַּר סִינָי כְּכֹל אֲשֶׁר צִוָּה יהוה אֶת-מֹשֶׁה כֵּן עָשׂוּ בְּנֵי יִשְׂרָאֵל: וַיְהִי אֲנָשִׁים אֲשֶׁר הָיוּ טְמֵאִים לְנֶפֶשׁ אָדָם וְלֹא-יָכְלוּ לַעֲשֹׂת-הַפֶּסַח בַּיּוֹם הַהוּא וַיִּקְרְבוּ לִפְנֵי מֹשֶׁה וְלִפְנֵי אַהֲרֹן בַּיּוֹם הַהוּא: וַיֹּאמְרוּ הָאֲנָשִׁים הָהֵמָּה אֵלָיו אֲנַחְנוּ טְמֵאִים לְנֶפֶשׁ אָדָם לָמָּה נִגָּרַע לְבִלְתִּי הַקְרִיב אֶת-קָרְבַּן יהוה בְּמֹעֲדוֹ בְּתוֹךְ בְּנֵי יִשְׂרָאֵל: וַיֹּאמֶר אֲלֵהֶם מֹשֶׁה עִמְדוּ וְאֶשְׁמְעָה מַה-יְצַוֶּה יהוה לָכֶם:

שלישי וַיְדַבֵּר יהוה אֶל-מֹשֶׁה לֵּאמֹר: דַּבֵּר אֶל-בְּנֵי יִשְׂרָאֵל לֵאמֹר אִישׁ אִישׁ כִּי-יִהְיֶה-טָמֵא ׀ לָנֶפֶשׁ אוֹ בְדֶרֶךְ רְחֹקָה לָכֶם אוֹ לְדֹרֹתֵיכֶם וְעָשָׂה פֶסַח לַיהוה: בַּחֹדֶשׁ הַשֵּׁנִי בְּאַרְבָּעָה עָשָׂר יוֹם בֵּין הָעַרְבַּיִם יַעֲשׂוּ אֹתוֹ עַל-מַצּוֹת וּמְרֹרִים יֹאכְלֻהוּ: לֹא-יַשְׁאִירוּ מִמֶּנּוּ עַד-בֹּקֶר וְעֶצֶם לֹא יִשְׁבְּרוּ-בוֹ כְּכָל-חֻקַּת הַפֶּסַח יַעֲשׂוּ אֹתוֹ: וְהָאִישׁ אֲשֶׁר-הוּא טָהוֹר וּבְדֶרֶךְ לֹא-הָיָה וְחָדַל לַעֲשׂוֹת הַפֶּסַח וְנִכְרְתָה הַנֶּפֶשׁ הַהִוא מֵעַמֶּיהָ כִּי ׀ קָרְבַּן יהוה לֹא הִקְרִיב בְּמֹעֲדוֹ חֶטְאוֹ יִשָּׂא הָאִישׁ הַהוּא: וְכִי-יָגוּר אִתְּכֶם גֵּר וְעָשָׂה פֶסַח לַיהוה כְּחֻקַּת הַפֶּסַח וּכְמִשְׁפָּטוֹ כֵּן יַעֲשֶׂה חֻקָּה אַחַת יִהְיֶה לָכֶם וְלַגֵּר

בִּכּוּרֵי אַדְמָתְךָ תָּבִיא בֵּית יהוה אֱלֹהֶיךָ לֹא-תְבַשֵּׁל גְּדִי בַּחֲלֵב אִמּוֹ:

רביעי (.p 506) is read for וְהִקְרַבְתֶּם.

ליום ג׳ דחוה"מ

(שמות לד:א-כו)

וַיֹּאמֶר יהוה אֶל-מֹשֶׁה פְּסָל-לְךָ שְׁנֵי-לֻחֹת אֲבָנִים כָּרִאשֹׁנִים וְכָתַבְתִּי עַל-הַלֻּחֹת אֶת-הַדְּבָרִים אֲשֶׁר הָיוּ עַל-הַלֻּחֹת הָרִאשֹׁנִים אֲשֶׁר שִׁבַּרְתָּ: וֶהְיֵה נָכוֹן לַבֹּקֶר וְעָלִיתָ בַבֹּקֶר אֶל-הַר סִינַי וְנִצַּבְתָּ לִי שָׁם עַל-רֹאשׁ הָהָר: וְאִישׁ לֹא-יַעֲלֶה עִמָּךְ וְגַם-אִישׁ אַל-יֵרָא בְּכָל-הָהָר גַּם-הַצֹּאן וְהַבָּקָר אַל-יִרְעוּ אֶל-מוּל הָהָר הַהוּא: וַיִּפְסֹל שְׁנֵי-לֻחֹת אֲבָנִים כָּרִאשֹׁנִים וַיַּשְׁכֵּם מֹשֶׁה בַבֹּקֶר וַיַּעַל אֶל-הַר סִינַי כַּאֲשֶׁר צִוָּה יהוה אֹתוֹ וַיִּקַּח בְּיָדוֹ שְׁנֵי לֻחֹת אֲבָנִים: וַיֵּרֶד יהוה בֶּעָנָן וַיִּתְיַצֵּב עִמּוֹ שָׁם וַיִּקְרָא בְשֵׁם יהוה: וַיַּעֲבֹר יהוה ׀ עַל-פָּנָיו וַיִּקְרָא יהוה ׀ יהוה אֵל רַחוּם וְחַנּוּן אֶרֶךְ אַפַּיִם וְרַב-חֶסֶד וֶאֱמֶת: נֹצֵר חֶסֶד לָאֲלָפִים נֹשֵׂא עָוֹן וָפֶשַׁע וְחַטָּאָה וְנַקֵּה לֹא יְנַקֶּה פֹּקֵד ׀ עֲוֹן אָבוֹת עַל-בָּנִים וְעַל-בְּנֵי בָנִים עַל-שִׁלֵּשִׁים וְעַל-רִבֵּעִים: וַיְמַהֵר מֹשֶׁה וַיִּקֹּד אַרְצָה וַיִּשְׁתָּחוּ: וַיֹּאמֶר אִם-נָא מָצָאתִי חֵן בְּעֵינֶיךָ אֲדֹנָי יֵלֶךְ-נָא אֲדֹנָי בְּקִרְבֵּנוּ כִּי עַם-קְשֵׁה-עֹרֶף הוּא וְסָלַחְתָּ לַעֲוֹנֵנוּ וּלְחַטָּאתֵנוּ וּנְחַלְתָּנוּ: וַיֹּאמֶר הִנֵּה אָנֹכִי כֹּרֵת בְּרִית נֶגֶד כָּל-עַמְּךָ אֶעֱשֶׂה נִפְלָאֹת אֲשֶׁר לֹא-נִבְרְאוּ בְכָל-הָאָרֶץ וּבְכָל-הַגּוֹיִם וְרָאָה כָל-הָעָם אֲשֶׁר-אַתָּה בְקִרְבּוֹ אֶת-מַעֲשֵׂה יהוה כִּי-נוֹרָא הוּא אֲשֶׁר אֲנִי עֹשֶׂה עִמָּךְ: שְׁמָר-לְךָ אֵת אֲשֶׁר אָנֹכִי מְצַוְּךָ הַיּוֹם הִנְנִי גֹרֵשׁ מִפָּנֶיךָ אֶת-הָאֱמֹרִי וְהַכְּנַעֲנִי וְהַחִתִּי וְהַפְּרִזִּי וְהַחִוִּי וְהַיְבוּסִי: הִשָּׁמֶר לְךָ פֶּן-תִּכְרֹת בְּרִית לְיוֹשֵׁב הָאָרֶץ אֲשֶׁר אַתָּה בָּא עָלֶיהָ פֶּן-יִהְיֶה לְמוֹקֵשׁ בְּקִרְבֶּךָ: כִּי אֶת-מִזְבְּחֹתָם תִּתֹּצוּן וְאֶת-מַצֵּבֹתָם תְּשַׁבֵּרוּן וְאֶת-אֲשֵׁרָיו תִּכְרֹתוּן: כִּי לֹא תִשְׁתַּחֲוֶה לְאֵל אַחֵר כִּי יהוה קַנָּא שְׁמוֹ אֵל קַנָּא הוּא: פֶּן-תִּכְרֹת בְּרִית לְיוֹשֵׁב הָאָרֶץ וְזָנוּ ׀ אַחֲרֵי אֱלֹהֵיהֶם וְזָבְחוּ לֵאלֹהֵיהֶם וְקָרָא לְךָ וְאָכַלְתָּ מִזִּבְחוֹ: וְלָקַחְתָּ מִבְּנֹתָיו לְבָנֶיךָ וְזָנוּ בְנֹתָיו אַחֲרֵי אֱלֹהֵיהֶן וְהִזְנוּ אֶת-בָּנֶיךָ אַחֲרֵי אֱלֹהֵיהֶן: אֱלֹהֵי מַסֵּכָה לֹא תַעֲשֶׂה-לָּךְ:

שלישי אֶת-חַג הַמַּצּוֹת תִּשְׁמֹר שִׁבְעַת יָמִים תֹּאכַל מַצּוֹת אֲשֶׁר צִוִּיתִךָ לְמוֹעֵד חֹדֶשׁ הָאָבִיב כִּי בְּחֹדֶשׁ הָאָבִיב יָצָאתָ מִמִּצְרָיִם: כָּל-פֶּטֶר רֶחֶם לִי וְכָל-מִקְנְךָ תִּזָּכָר פֶּטֶר שׁוֹר וָשֶׂה: וּפֶטֶר

ולאזרח הארץ:

רביעי (p. 506) is read for והקרבתם.

לשבת חוה"מ

(שמות לג:יב-לד:כו)

כה: וַיֹּאמֶר מֹשֶׁה אֶל־יְהוָה רְאֵה אַתָּה אֹמֵר אֵלַי הַעַל אֶת־הָעָם הַזֶּה וְאַתָּה לֹא הוֹדַעְתַּנִי אֵת אֲשֶׁר־תִּשְׁלַח עִמִּי וְאַתָּה אָמַרְתָּ יְדַעְתִּיךָ בְשֵׁם וְגַם־מָצָאתָ חֵן בְּעֵינָי: וְעַתָּה אִם־נָא מָצָאתִי חֵן בְּעֵינֶיךָ הוֹדִעֵנִי נָא אֶת־דְּרָכֶךָ וְאֵדָעֲךָ לְמַעַן אֶמְצָא־חֵן בְּעֵינֶיךָ וּרְאֵה כִּי עַמְּךָ הַגּוֹי הַזֶּה: וַיֹּאמַר פָּנַי יֵלֵכוּ וַהֲנִחֹתִי לָךְ: וַיֹּאמֶר אֵלָיו אִם־אֵין פָּנֶיךָ הֹלְכִים אַל־תַּעֲלֵנוּ מִזֶּה: וּבַמֶּה ׀ יִוָּדַע אֵפוֹא כִּי־מָצָאתִי חֵן בְּעֵינֶיךָ אֲנִי וְעַמֶּךָ הֲלוֹא בְּלֶכְתְּךָ עִמָּנוּ וְנִפְלִינוּ אֲנִי וְעַמְּךָ מִכָּל־הָעָם אֲשֶׁר עַל־פְּנֵי הָאֲדָמָה:

לו: וַיֹּאמֶר יְהוָה אֶל־מֹשֶׁה גַּם אֶת־הַדָּבָר הַזֶּה אֲשֶׁר דִּבַּרְתָּ אֶעֱשֶׂה כִּי־מָצָאתָ חֵן בְּעֵינַי וָאֵדָעֲךָ בְּשֵׁם: וַיֹּאמַר הַרְאֵנִי נָא אֶת־כְּבֹדֶךָ: וַיֹּאמֶר אֲנִי אַעֲבִיר כָּל־טוּבִי עַל־פָּנֶיךָ וְקָרָאתִי בְשֵׁם יְהוָה לְפָנֶיךָ וְחַנֹּתִי אֶת־אֲשֶׁר אָחֹן וְרִחַמְתִּי אֶת־אֲשֶׁר אֲרַחֵם:

שלישי: וַיֹּאמֶר לֹא תוּכַל לִרְאֹת אֶת־פָּנָי כִּי לֹא־יִרְאַנִי הָאָדָם וָחָי: וַיֹּאמֶר יְהוָה הִנֵּה מָקוֹם אִתִּי וְנִצַּבְתָּ עַל־הַצּוּר: וְהָיָה בַּעֲבֹר כְּבֹדִי וְשַׂמְתִּיךָ בְּנִקְרַת הַצּוּר וְשַׂכֹּתִי כַפִּי עָלֶיךָ עַד־עָבְרִי: וַהֲסִרֹתִי אֶת־כַּפִּי וְרָאִיתָ אֶת־אֲחֹרָי וּפָנַי לֹא יֵרָאוּ:

רביעי: וַיֹּאמֶר יְהוָה אֶל־מֹשֶׁה פְּסָל־לְךָ שְׁנֵי־לֻחֹת אֲבָנִים כָּרִאשֹׁנִים וְכָתַבְתִּי עַל־הַלֻּחֹת אֶת־הַדְּבָרִים אֲשֶׁר הָיוּ עַל־הַלֻּחֹת הָרִאשֹׁנִים אֲשֶׁר שִׁבַּרְתָּ: וֶהְיֵה נָכוֹן לַבֹּקֶר וְעָלִיתָ בַבֹּקֶר אֶל־הַר סִינַי וְנִצַּבְתָּ לִי שָׁם עַל־רֹאשׁ הָהָר: וְאִישׁ לֹא־יַעֲלֶה עִמָּךְ וְגַם־אִישׁ אַל־יֵרָא בְּכָל־הָהָר גַּם־הַצֹּאן וְהַבָּקָר אַל־יִרְעוּ אֶל־מוּל הָהָר הַהוּא:

חמישי: וַיִּפְסֹל שְׁנֵי־לֻחֹת אֲבָנִים כָּרִאשֹׁנִים וַיַּשְׁכֵּם מֹשֶׁה בַבֹּקֶר וַיַּעַל אֶל־הַר סִינַי כַּאֲשֶׁר צִוָּה יְהוָה אֹתוֹ וַיִּקַּח בְּיָדוֹ שְׁנֵי לֻחֹת אֲבָנִים: וַיֵּרֶד יְהוָה בֶּעָנָן וַיִּתְיַצֵּב עִמּוֹ שָׁם וַיִּקְרָא בְשֵׁם יְהוָה: וַיַּעֲבֹר יְהוָה ׀ עַל־פָּנָיו וַיִּקְרָא יְהוָה ׀ יְהוָה אֵל רַחוּם וְחַנּוּן אֶרֶךְ אַפַּיִם וְרַב־חֶסֶד וֶאֱמֶת: נֹצֵר חֶסֶד לָאֲלָפִים נֹשֵׂא עָוֹן וָפֶשַׁע וְחַטָּאָה וְנַקֵּה לֹא יְנַקֶּה פֹּקֵד ׀ עֲוֹן אָבוֹת עַל־בָּנִים וְעַל־בְּנֵי בָנִים עַל־שִׁלֵּשִׁים וְעַל־רִבֵּעִים: וַיְמַהֵר מֹשֶׁה וַיִּקֹּד אַרְצָה וַיִּשְׁתָּחוּ: וַיֹּאמֶר אִם־נָא מָצָאתִי חֵן בְּעֵינֶיךָ אֲדֹנָי

 יֵלֶךְ־נָא אֲדֹנָי בְּקִרְבֵּנוּ כִּי עַם־קְשֵׁה־עֹרֶף הוּא וְסָלַחְתָּ לַעֲוֹנֵנוּ וּלְחַטָּאתֵנוּ וּנְחַלְתָּנוּ: וַיֹּאמֶר הִנֵּה אָנֹכִי כֹּרֵת בְּרִית נֶגֶד כָּל־עַמְּךָ אֶעֱשֶׂה נִפְלָאֹת אֲשֶׁר לֹא־נִבְרְאוּ בְכָל־הָאָרֶץ וּבְכָל־הַגּוֹיִם וְרָאָה כָל־הָעָם אֲשֶׁר־אַתָּה בְקִרְבּוֹ אֶת־מַעֲשֵׂה יְהוָה כִּי־נוֹרָא הוּא אֲשֶׁר אֲנִי עֹשֶׂה עִמָּךְ:

ששי: שְׁמָר־לְךָ אֵת אֲשֶׁר אָנֹכִי מְצַוְּךָ הַיּוֹם הִנְנִי גֹרֵשׁ מִפָּנֶיךָ אֶת־הָאֱמֹרִי וְהַכְּנַעֲנִי וְהַחִתִּי וְהַפְּרִזִּי וְהַחִוִּי וְהַיְבוּסִי: הִשָּׁמֶר לְךָ פֶּן־תִּכְרֹת בְּרִית לְיוֹשֵׁב הָאָרֶץ אֲשֶׁר אַתָּה בָּא עָלֶיהָ פֶּן־יִהְיֶה לְמוֹקֵשׁ בְּקִרְבֶּךָ: כִּי אֶת־מִזְבְּחֹתָם תִּתֹּצוּן וְאֶת־מַצֵּבֹתָם תְּשַׁבֵּרוּן וְאֶת־אֲשֵׁרָיו תִּכְרֹתוּן: כִּי לֹא תִשְׁתַּחֲוֶה לְאֵל אַחֵר כִּי יְהוָה קַנָּא שְׁמוֹ אֵל קַנָּא הוּא: פֶּן־תִּכְרֹת בְּרִית לְיוֹשֵׁב הָאָרֶץ וְזָנוּ ׀ אַחֲרֵי אֱלֹהֵיהֶם וְזָבְחוּ לֵאלֹהֵיהֶם וְקָרָא לְךָ וְאָכַלְתָּ מִזִּבְחוֹ: וְלָקַחְתָּ מִבְּנֹתָיו לְבָנֶיךָ וְזָנוּ בְנֹתָיו אַחֲרֵי אֱלֹהֵיהֶן וְהִזְנוּ אֶת־בָּנֶיךָ אַחֲרֵי אֱלֹהֵיהֶן: אֱלֹהֵי מַסֵּכָה לֹא תַעֲשֶׂה־לָּךְ:

שביעי: אֶת־חַג הַמַּצּוֹת תִּשְׁמֹר שִׁבְעַת יָמִים תֹּאכַל מַצּוֹת אֲשֶׁר צִוִּיתִךָ לְמוֹעֵד חֹדֶשׁ הָאָבִיב כִּי בְּחֹדֶשׁ הָאָבִיב יָצָאתָ מִמִּצְרָיִם: כָּל־פֶּטֶר רֶחֶם לִי וְכָל־מִקְנְךָ תִּזָּכָר פֶּטֶר שׁוֹר וָשֶׂה: וּפֶטֶר חֲמוֹר תִּפְדֶּה בְשֶׂה וְאִם־לֹא תִפְדֶּה וַעֲרַפְתּוֹ כֹּל בְּכוֹר בָּנֶיךָ תִּפְדֶּה וְלֹא־יֵרָאוּ פָנַי רֵיקָם: שֵׁשֶׁת יָמִים תַּעֲבֹד וּבַיּוֹם הַשְּׁבִיעִי תִּשְׁבֹּת בֶּחָרִישׁ וּבַקָּצִיר תִּשְׁבֹּת: וְחַג שָׁבֻעֹת תַּעֲשֶׂה לְךָ בִּכּוּרֵי קְצִיר חִטִּים וְחַג הָאָסִיף תְּקוּפַת הַשָּׁנָה: שָׁלֹשׁ פְּעָמִים בַּשָּׁנָה יֵרָאֶה כָּל־זְכוּרְךָ אֶת־פְּנֵי הָאָדֹן ׀ יְהוָה אֱלֹהֵי יִשְׂרָאֵל: כִּי־אוֹרִישׁ גּוֹיִם מִפָּנֶיךָ וְהִרְחַבְתִּי אֶת־גְּבֻלֶךָ וְלֹא־יַחְמֹד אִישׁ אֶת־אַרְצְךָ בַּעֲלֹתְךָ לֵרָאוֹת אֶת־פְּנֵי יְהוָה אֱלֹהֶיךָ שָׁלֹשׁ פְּעָמִים בַּשָּׁנָה: לֹא־תִשְׁחַט עַל־חָמֵץ דַּם־זִבְחִי וְלֹא־יָלִין לַבֹּקֶר זֶבַח חַג הַפָּסַח: רֵאשִׁית בִּכּוּרֵי אַדְמָתְךָ תָּבִיא בֵּית יְהוָה אֱלֹהֶיךָ לֹא־תְבַשֵּׁל גְּדִי בַּחֲלֵב אִמּוֹ:

(p. 506) is read for Maftir. והקרבתם

הפטרה לשבת חוה"מ

(יחזקאל לז:א-יד)

הָיְתָה עָלַי יַד־יְהוָה וַיּוֹצִאֵנִי בְרוּחַ יְהוָה וַיְנִיחֵנִי בְּתוֹךְ הַבִּקְעָה וְהִיא מְלֵאָה עֲצָמוֹת: וְהֶעֱבִירַנִי עֲלֵיהֶם סָבִיב ׀ סָבִיב וְהִנֵּה רַבּוֹת מְאֹד עַל־פְּנֵי הַבִּקְעָה וְהִנֵּה יְבֵשׁוֹת מְאֹד: וַיֹּאמֶר אֵלַי בֶּן־אָדָם הֲתִחְיֶינָה הָעֲצָמוֹת הָאֵלֶּה וָאֹמַר אֲדֹנָי יְהוִה אַתָּה יָדָעְתָּ: וַיֹּאמֶר אֵלַי הִנָּבֵא עַל־הָעֲצָמוֹת

הָאֵלֶּה וְאָמַרְתָּ אֲלֵיהֶם הָעֲצָמוֹת הַיְבֵשׁוֹת שִׁמְעוּ
דְבַר־יְהוָה: כֹּה אָמַר אֲדֹנָי יְהוִה לָעֲצָמוֹת הָאֵלֶּה
הִנֵּה אֲנִי מֵבִיא בָכֶם רוּחַ וִחְיִיתֶם: וְנָתַתִּי עֲלֵיכֶם
גִּדִים וְהַעֲלֵתִי עֲלֵיכֶם בָּשָׂר וְקָרַמְתִּי עֲלֵיכֶם
עוֹר וְנָתַתִּי בָכֶם רוּחַ וִחְיִיתֶם וִידַעְתֶּם כִּי־אֲנִי
יְהוָה: וְנִבֵּאתִי כַּאֲשֶׁר צֻוֵּיתִי וַיְהִי־קוֹל כְּהִנָּבְאִי
וְהִנֵּה־רַעַשׁ וַתִּקְרְבוּ עֲצָמוֹת עֶצֶם אֶל־עַצְמוֹ:
וְרָאִיתִי וְהִנֵּה־עֲלֵיהֶם גִּדִים וּבָשָׂר עָלָה וַיִּקְרַם
עֲלֵיהֶם עוֹר מִלְמָעְלָה וְרוּחַ אֵין בָּהֶם: וַיֹּאמֶר
אֵלַי הִנָּבֵא אֶל־הָרוּחַ הִנָּבֵא בֶן־אָדָם וְאָמַרְתָּ
אֶל־הָרוּחַ כֹּה־אָמַר אֲדֹנָי יְהוִה מֵאַרְבַּע רוּחוֹת
בֹּאִי הָרוּחַ וּפְחִי בַּהֲרוּגִים הָאֵלֶּה וְיִחְיוּ:
וְהִנַּבֵּאתִי כַּאֲשֶׁר צִוָּנִי וַתָּבוֹא בָהֶם הָרוּחַ וַיִּחְיוּ
וַיַּעַמְדוּ עַל־רַגְלֵיהֶם חַיִל גָּדוֹל מְאֹד מְאֹד:
וַיֹּאמֶר אֵלַי בֶּן־אָדָם הָעֲצָמוֹת הָאֵלֶּה כָּל־בֵּית
יִשְׂרָאֵל הֵמָּה הִנֵּה אֹמְרִים יָבְשׁוּ עַצְמוֹתֵינוּ
וְאָבְדָה תִקְוָתֵנוּ נִגְזַרְנוּ לָנוּ: לָכֵן הִנָּבֵא וְאָמַרְתָּ
אֲלֵיהֶם כֹּה־אָמַר אֲדֹנָי יְהוִה הִנֵּה אֲנִי פֹתֵחַ אֶת־
קִבְרוֹתֵיכֶם וְהַעֲלֵיתִי אֶתְכֶם מִקִּבְרוֹתֵיכֶם עַמִּי
וְהֵבֵאתִי אֶתְכֶם אֶל־אַדְמַת יִשְׂרָאֵל: וִידַעְתֶּם
כִּי־אֲנִי יְהוָה בְּפִתְחִי אֶת־קִבְרוֹתֵיכֶם וּבְהַעֲלוֹתִי
אֶתְכֶם מִקִּבְרוֹתֵיכֶם עַמִּי: וְנָתַתִּי רוּחִי בָכֶם
וִחְיִיתֶם וְהִנַּחְתִּי אֶתְכֶם עַל־אַדְמַתְכֶם וִידַעְתֶּם
כִּי־אֲנִי יְהוָה דִּבַּרְתִּי וְעָשִׂיתִי נְאֻם־יְהוָה:

שביעי של פסח

(שמות יג:יז-טו:כו)

כז וַיְהִי בְּשַׁלַּח פַּרְעֹה אֶת־הָעָם וְלֹא־נָחָם
אֱלֹהִים דֶּרֶךְ אֶרֶץ פְּלִשְׁתִּים כִּי קָרוֹב הוּא כִּי
אָמַר אֱלֹהִים פֶּן־יִנָּחֵם הָעָם בִּרְאֹתָם מִלְחָמָה
וְשָׁבוּ מִצְרָיְמָה: וַיַּסֵּב אֱלֹהִים ׀ אֶת־הָעָם דֶּרֶךְ
הַמִּדְבָּר יַם־סוּף וַחֲמֻשִׁים עָלוּ בְנֵי־יִשְׂרָאֵל
מֵאֶרֶץ מִצְרָיִם: וַיִּקַּח מֹשֶׁה אֶת־עַצְמוֹת יוֹסֵף
עִמּוֹ כִּי הַשְׁבֵּעַ הִשְׁבִּיעַ אֶת־בְּנֵי יִשְׂרָאֵל לֵאמֹר
פָּקֹד יִפְקֹד אֱלֹהִים אֶתְכֶם וְהַעֲלִיתֶם אֶת־
עַצְמֹתַי מִזֶּה אִתְּכֶם:

(בשבת לוי) וַיִּסְעוּ מִסֻּכֹּת וַיַּחֲנוּ בְאֵתָם בִּקְצֵה
הַמִּדְבָּר: וַיהוָה הֹלֵךְ לִפְנֵיהֶם יוֹמָם בְּעַמּוּד עָנָן
לַנְחֹתָם הַדֶּרֶךְ וְלַיְלָה בְּעַמּוּד אֵשׁ לְהָאִיר לָהֶם
לָלֶכֶת יוֹמָם וָלָיְלָה: לֹא־יָמִישׁ עַמּוּד הֶעָנָן יוֹמָם
וְעַמּוּד הָאֵשׁ לָיְלָה לִפְנֵי הָעָם:

(לוי בשבת שלישי) וַיְדַבֵּר יְהוָה אֶל־מֹשֶׁה לֵּאמֹר: דַּבֵּר
אֶל־בְּנֵי יִשְׂרָאֵל וְיָשֻׁבוּ וְיַחֲנוּ לִפְנֵי פִּי הַחִירֹת
בֵּין מִגְדֹּל וּבֵין הַיָּם לִפְנֵי בַּעַל צְפֹן נִכְחוֹ תַחֲנוּ

עַל־הַיָּם: וְאָמַר פַּרְעֹה לִבְנֵי יִשְׂרָאֵל נְבֻכִים הֵם
בָּאָרֶץ סָגַר עֲלֵיהֶם הַמִּדְבָּר: וְחִזַּקְתִּי אֶת־לֵב־
פַּרְעֹה וְרָדַף אַחֲרֵיהֶם וְאִכָּבְדָה בְּפַרְעֹה וּבְכָל־
חֵילוֹ וְיָדְעוּ מִצְרַיִם כִּי־אֲנִי יְהוָה וַיַּעֲשׂוּ־כֵן:

(בשבת רביעי) וַיֻּגַּד לְמֶלֶךְ מִצְרַיִם כִּי בָרַח הָעָם
וַיֵּהָפֵךְ לְבַב פַּרְעֹה וַעֲבָדָיו אֶל־הָעָם וַיֹּאמְרוּ
מַה־זֹּאת עָשִׂינוּ כִּי־שִׁלַּחְנוּ אֶת־יִשְׂרָאֵל
מֵעָבְדֵנוּ: וַיֶּאְסֹר אֶת־רִכְבּוֹ וְאֶת־עַמּוֹ לָקַח עִמּוֹ:
וַיִּקַּח שֵׁשׁ־מֵאוֹת רֶכֶב בָּחוּר וְכֹל רֶכֶב מִצְרָיִם
וְשָׁלִשִׁם עַל־כֻּלּוֹ: וַיְחַזֵּק יְהוָה אֶת־לֵב פַּרְעֹה
מֶלֶךְ מִצְרַיִם וַיִּרְדֹּף אַחֲרֵי בְּנֵי יִשְׂרָאֵל וּבְנֵי
יִשְׂרָאֵל יֹצְאִים בְּיָד רָמָה:

(שלישי בשבת חמישי) וַיִּרְדְּפוּ מִצְרַיִם אַחֲרֵיהֶם וַיַּשִּׂיגוּ
אוֹתָם חֹנִים עַל־הַיָּם כָּל־סוּס רֶכֶב פַּרְעֹה
וּפָרָשָׁיו וְחֵילוֹ עַל־פִּי הַחִירֹת לִפְנֵי בַּעַל צְפֹן:
וּפַרְעֹה הִקְרִיב וַיִּשְׂאוּ בְנֵי־יִשְׂרָאֵל אֶת־עֵינֵיהֶם
וְהִנֵּה מִצְרַיִם ׀ נֹסֵעַ אַחֲרֵיהֶם וַיִּירְאוּ מְאֹד וַיִּצְעֲקוּ
בְנֵי־יִשְׂרָאֵל אֶל־יְהוָה: וַיֹּאמְרוּ אֶל־מֹשֶׁה הֲמִבְּלִי
אֵין־קְבָרִים בְּמִצְרַיִם לְקַחְתָּנוּ לָמוּת בַּמִּדְבָּר
מַה־זֹּאת עָשִׂיתָ לָּנוּ לְהוֹצִיאָנוּ מִמִּצְרָיִם: הֲלֹא־
זֶה הַדָּבָר אֲשֶׁר דִּבַּרְנוּ אֵלֶיךָ בְמִצְרַיִם לֵאמֹר
חֲדַל מִמֶּנּוּ וְנַעַבְדָה אֶת־מִצְרָיִם כִּי טוֹב לָנוּ עֲבֹד
אֶת־מִצְרַיִם מִמֻּתֵנוּ בַּמִּדְבָּר: וַיֹּאמֶר מֹשֶׁה אֶל־
הָעָם אַל־תִּירָאוּ הִתְיַצְּבוּ וּרְאוּ אֶת־יְשׁוּעַת
יְהוָה אֲשֶׁר־יַעֲשֶׂה לָכֶם הַיּוֹם כִּי אֲשֶׁר רְאִיתֶם
אֶת־מִצְרַיִם הַיּוֹם לֹא תֹסִפוּ לִרְאֹתָם עוֹד עַד־
עוֹלָם: יְהוָה יִלָּחֵם לָכֶם וְאַתֶּם תַּחֲרִשׁוּן:

(רביעי בשבת ששי) וַיֹּאמֶר יְהוָה אֶל־מֹשֶׁה מַה־תִּצְעַק
אֵלָי דַּבֵּר אֶל־בְּנֵי־יִשְׂרָאֵל וְיִסָּעוּ: וְאַתָּה הָרֵם
אֶת־מַטְּךָ וּנְטֵה אֶת־יָדְךָ עַל־הַיָּם וּבְקָעֵהוּ וְיָבֹאוּ
בְנֵי־יִשְׂרָאֵל בְּתוֹךְ הַיָּם בַּיַּבָּשָׁה: וַאֲנִי הִנְנִי מְחַזֵּק
אֶת־לֵב מִצְרַיִם וְיָבֹאוּ אַחֲרֵיהֶם וְאִכָּבְדָה
בְּפַרְעֹה וּבְכָל־חֵילוֹ בְּרִכְבּוֹ וּבְפָרָשָׁיו: וְיָדְעוּ
מִצְרַיִם כִּי־אֲנִי יְהוָה בְּהִכָּבְדִי בְּפַרְעֹה בְּרִכְבּוֹ
וּבְפָרָשָׁיו: וַיִּסַּע מַלְאַךְ הָאֱלֹהִים הַהֹלֵךְ לִפְנֵי
מַחֲנֵה יִשְׂרָאֵל וַיֵּלֶךְ מֵאַחֲרֵיהֶם וַיִּסַּע עַמּוּד
הֶעָנָן מִפְּנֵיהֶם וַיַּעֲמֹד מֵאַחֲרֵיהֶם: וַיָּבֹא בֵּין ׀
מַחֲנֵה מִצְרַיִם וּבֵין מַחֲנֵה יִשְׂרָאֵל וַיְהִי הֶעָנָן
וְהַחֹשֶׁךְ וַיָּאֶר אֶת־הַלָּיְלָה וְלֹא־קָרַב זֶה אֶל־זֶה
כָּל־הַלָּיְלָה: וַיֵּט מֹשֶׁה אֶת־יָדוֹ עַל־הַיָּם וַיּוֹלֶךְ
יְהוָה ׀ אֶת־הַיָּם בְּרוּחַ קָדִים עַזָּה כָּל־הַלַּיְלָה
וַיָּשֶׂם אֶת־הַיָּם לֶחָרָבָה וַיִּבָּקְעוּ הַמָּיִם: וַיָּבֹאוּ
בְנֵי־יִשְׂרָאֵל בְּתוֹךְ הַיָּם בַּיַּבָּשָׁה וְהַמַּיִם לָהֶם
חוֹמָה מִימִינָם וּמִשְּׂמֹאלָם: וַיִּרְדְּפוּ מִצְרַיִם וַיָּבֹאוּ

אַחֲרֵיהֶם כֹּל סוּס פַּרְעֹה רִכְבּוֹ וּפָרָשָׁיו אֶל־תּוֹךְ הַיָּם: וַיְהִי בְּאַשְׁמֹרֶת הַבֹּקֶר וַיַּשְׁקֵף יְהֹוָה אֶל־מַחֲנֵה מִצְרַיִם בְּעַמּוּד אֵשׁ וְעָנָן וַיָּהָם אֵת מַחֲנֵה מִצְרָיִם: וַיָּסַר אֵת אֹפַן מַרְכְּבֹתָיו וַיְנַהֲגֵהוּ בִּכְבֵדֻת וַיֹּאמֶר מִצְרַיִם אָנוּסָה מִפְּנֵי יִשְׂרָאֵל כִּי יְהֹוָה נִלְחָם לָהֶם בְּמִצְרָיִם:

חמישי (שביעי בשבת) וַיֹּאמֶר יְהֹוָה אֶל־מֹשֶׁה נְטֵה אֶת־יָדְךָ עַל־הַיָּם וְיָשֻׁבוּ הַמַּיִם עַל־מִצְרַיִם עַל־רִכְבּוֹ וְעַל־פָּרָשָׁיו: וַיֵּט מֹשֶׁה אֶת־יָדוֹ עַל־הַיָּם וַיָּשָׁב הַיָּם לִפְנוֹת בֹּקֶר לְאֵיתָנוֹ וּמִצְרַיִם נָסִים לִקְרָאתוֹ וַיְנַעֵר יְהֹוָה אֶת־מִצְרַיִם בְּתוֹךְ הַיָּם: וַיָּשֻׁבוּ הַמַּיִם וַיְכַסּוּ אֶת־הָרֶכֶב וְאֶת־הַפָּרָשִׁים לְכֹל חֵיל פַּרְעֹה הַבָּאִים אַחֲרֵיהֶם בַּיָּם לֹא־נִשְׁאַר בָּהֶם עַד־אֶחָד: וּבְנֵי יִשְׂרָאֵל הָלְכוּ בַיַּבָּשָׁה בְּתוֹךְ הַיָּם וְהַמַּיִם לָהֶם חֹמָה מִימִינָם וּמִשְּׂמֹאלָם: וַיּוֹשַׁע יְהֹוָה בַּיּוֹם הַהוּא אֶת־יִשְׂרָאֵל מִיַּד מִצְרָיִם וַיַּרְא יִשְׂרָאֵל אֶת־מִצְרַיִם מֵת עַל־שְׂפַת הַיָּם: וַיַּרְא יִשְׂרָאֵל אֶת־הַיָּד הַגְּדֹלָה אֲשֶׁר עָשָׂה יְהֹוָה בְּמִצְרַיִם וַיִּירְאוּ הָעָם אֶת־יְהֹוָה וַיַּאֲמִינוּ בַּיהֹוָה וּבְמֹשֶׁה עַבְדּוֹ: אָז יָשִׁיר־מֹשֶׁה וּבְנֵי יִשְׂרָאֵל אֶת־הַשִּׁירָה הַזֹּאת לַיהֹוָה וַיֹּאמְרוּ לֵאמֹר אָשִׁירָה לַיהֹוָה כִּי־גָאֹה גָּאָה סוּס וְרֹכְבוֹ רָמָה בַיָּם: עָזִּי וְזִמְרָת יָהּ וַיְהִי־לִי לִישׁוּעָה זֶה אֵלִי וְאַנְוֵהוּ אֱלֹהֵי אָבִי וַאֲרֹמְמֶנְהוּ: יְהֹוָה אִישׁ מִלְחָמָה יְהֹוָה שְׁמוֹ: מַרְכְּבֹת פַּרְעֹה וְחֵילוֹ יָרָה בַיָּם וּמִבְחַר שָׁלִשָׁיו טֻבְּעוּ בְיַם־סוּף: תְּהֹמֹת יְכַסְיֻמוּ יָרְדוּ בִמְצוֹלֹת כְּמוֹ־אָבֶן: יְמִינְךָ יְהֹוָה נֶאְדָּרִי בַּכֹּחַ יְמִינְךָ יְהֹוָה תִּרְעַץ אוֹיֵב: וּבְרֹב גְּאוֹנְךָ תַּהֲרֹס קָמֶיךָ תְּשַׁלַּח חֲרֹנְךָ יֹאכְלֵמוֹ כַּקַּשׁ: וּבְרוּחַ אַפֶּיךָ נֶעֶרְמוּ מַיִם נִצְּבוּ כְמוֹ־נֵד נֹזְלִים קָפְאוּ תְהֹמֹת בְּלֶב־יָם: אָמַר אוֹיֵב אֶרְדֹּף אַשִּׂיג אֲחַלֵּק שָׁלָל תִּמְלָאֵמוֹ נַפְשִׁי אָרִיק חַרְבִּי תּוֹרִישֵׁמוֹ יָדִי: נָשַׁפְתָּ בְרוּחֲךָ כִּסָּמוֹ יָם צָלֲלוּ כַּעוֹפֶרֶת בְּמַיִם אַדִּירִים: מִי־כָמֹכָה בָּאֵלִם יְהֹוָה מִי כָּמֹכָה נֶאְדָּר בַּקֹּדֶשׁ נוֹרָא תְהִלֹּת עֹשֵׂה פֶלֶא: נָטִיתָ יְמִינְךָ תִּבְלָעֵמוֹ אָרֶץ: נָחִיתָ בְחַסְדְּךָ עַם־זוּ גָּאָלְתָּ נֵהַלְתָּ בְעָזְּךָ אֶל־נְוֵה קָדְשֶׁךָ: שָׁמְעוּ עַמִּים יִרְגָּזוּן חִיל אָחַז יֹשְׁבֵי פְּלָשֶׁת: אָז נִבְהֲלוּ אַלּוּפֵי אֱדוֹם אֵילֵי מוֹאָב יֹאחֲזֵמוֹ רָעַד נָמֹגוּ כֹּל יֹשְׁבֵי כְנָעַן: תִּפֹּל עֲלֵיהֶם אֵימָתָה וָפַחַד בִּגְדֹל זְרוֹעֲךָ יִדְּמוּ כָּאָבֶן עַד־יַעֲבֹר עַמְּךָ יְהֹוָה עַד־יַעֲבֹר עַם־זוּ קָנִיתָ: תְּבִאֵמוֹ וְתִטָּעֵמוֹ בְּהַר נַחֲלָתְךָ מָכוֹן לְשִׁבְתְּךָ פָּעַלְתָּ יְהֹוָה מִקְּדָשׁ אֲדֹנָי כּוֹנְנוּ יָדֶיךָ: יְהֹוָה יִמְלֹךְ לְעֹלָם וָעֶד: כִּי בָא סוּס פַּרְעֹה בְּרִכְבּוֹ וּבְפָרָשָׁיו בַּיָּם וַיָּשֶׁב

יְהֹוָה עֲלֵהֶם אֶת־מֵי הַיָּם וּבְנֵי יִשְׂרָאֵל הָלְכוּ בַיַּבָּשָׁה בְּתוֹךְ הַיָּם: וַתִּקַּח מִרְיָם הַנְּבִיאָה אֲחוֹת אַהֲרֹן אֶת־הַתֹּף בְּיָדָהּ וַתֵּצֶאןָ כָל־הַנָּשִׁים אַחֲרֶיהָ בְּתֻפִּים וּבִמְחֹלֹת: וַתַּעַן לָהֶם מִרְיָם שִׁירוּ לַיהֹוָה כִּי־גָאֹה גָּאָה סוּס וְרֹכְבוֹ רָמָה בַיָּם: וַיַּסַּע מֹשֶׁה אֶת־יִשְׂרָאֵל מִיַּם־סוּף וַיֵּצְאוּ אֶל־מִדְבַּר־שׁוּר וַיֵּלְכוּ שְׁלֹשֶׁת־יָמִים בַּמִּדְבָּר וְלֹא־מָצְאוּ מָיִם: וַיָּבֹאוּ מָרָתָה וְלֹא יָכְלוּ לִשְׁתֹּת מַיִם מִמָּרָה כִּי מָרִים הֵם עַל־כֵּן קָרָא־שְׁמָהּ מָרָה: וַיִּלֹּנוּ הָעָם עַל־מֹשֶׁה לֵּאמֹר מַה־נִּשְׁתֶּה: וַיִּצְעַק אֶל־יְהֹוָה וַיּוֹרֵהוּ יְהֹוָה עֵץ וַיַּשְׁלֵךְ אֶל־הַמַּיִם וַיִּמְתְּקוּ הַמָּיִם שָׁם שָׂם לוֹ חֹק וּמִשְׁפָּט וְשָׁם נִסָּהוּ: וַיֹּאמֶר אִם־שָׁמוֹעַ תִּשְׁמַע לְקוֹל ׀ יְהֹוָה אֱלֹהֶיךָ וְהַיָּשָׁר בְּעֵינָיו תַּעֲשֶׂה וְהַאֲזַנְתָּ לְמִצְוֹתָיו וְשָׁמַרְתָּ כָּל־חֻקָּיו כָּל־הַמַּחֲלָה אֲשֶׁר־שַׂמְתִּי בְמִצְרַיִם לֹא־אָשִׂים עָלֶיךָ כִּי אֲנִי יְהֹוָה רֹפְאֶךָ:

וְהִקְרַבְתֶּם (p. 506) is read for *Maftir*.

הפטרה לשביעי של פסח
(שמואל ב כב:א-נא)

וַיְדַבֵּר דָּוִד לַיהֹוָה אֶת־דִּבְרֵי הַשִּׁירָה הַזֹּאת בְּיוֹם הִצִּיל יְהֹוָה אֹתוֹ מִכַּף כָּל־אֹיְבָיו וּמִכַּף שָׁאוּל: וַיֹּאמַר יְהֹוָה סַלְעִי וּמְצֻדָתִי וּמְפַלְטִי־לִי: אֱלֹהֵי צוּרִי אֶחֱסֶה־בּוֹ מָגִנִּי וְקֶרֶן יִשְׁעִי מִשְׂגַּבִּי וּמְנוּסִי מֹשִׁעִי מֵחָמָס תֹּשִׁעֵנִי: מְהֻלָּל אֶקְרָא יְהֹוָה וּמֵאֹיְבַי אִוָּשֵׁעַ: כִּי אֲפָפֻנִי מִשְׁבְּרֵי־מָוֶת נַחֲלֵי בְלִיַּעַל יְבַעֲתֻנִי: חֶבְלֵי שְׁאוֹל סַבֻּנִי קִדְּמֻנִי מֹקְשֵׁי־מָוֶת: בַּצַּר־לִי אֶקְרָא יְהֹוָה וְאֶל־אֱלֹהַי אֶקְרָא וַיִּשְׁמַע מֵהֵיכָלוֹ קוֹלִי וְשַׁוְעָתִי בְּאָזְנָיו: וַיִּתְגָּעַשׁ וַתִּרְעַשׁ הָאָרֶץ מוֹסְדוֹת הַשָּׁמַיִם יִרְגָּזוּ וַיִּתְגָּעֲשׁוּ כִּי־חָרָה לוֹ: עָלָה עָשָׁן בְּאַפּוֹ וְאֵשׁ מִפִּיו תֹּאכֵל גֶּחָלִים בָּעֲרוּ מִמֶּנּוּ: וַיֵּט שָׁמַיִם וַיֵּרַד וַעֲרָפֶל תַּחַת רַגְלָיו: וַיִּרְכַּב עַל־כְּרוּב וַיָּעֹף וַיֵּרָא עַל־כַּנְפֵי־רוּחַ: וַיָּשֶׁת חֹשֶׁךְ סְבִיבֹתָיו סֻכּוֹת חַשְׁרַת־מַיִם עָבֵי שְׁחָקִים: מִנֹּגַהּ נֶגְדּוֹ בָּעֲרוּ גַּחֲלֵי־אֵשׁ: יַרְעֵם מִן־שָׁמַיִם יְהֹוָה וְעֶלְיוֹן יִתֵּן קוֹלוֹ: וַיִּשְׁלַח חִצִּים וַיְפִיצֵם בָּרָק וַיָּהֹם: וַיֵּרָאוּ אֲפִקֵי יָם יִגָּלוּ מֹסְדוֹת תֵּבֵל בְּגַעֲרַת יְהֹוָה מִנִּשְׁמַת רוּחַ אַפּוֹ: יִשְׁלַח מִמָּרוֹם יִקָּחֵנִי יַמְשֵׁנִי מִמַּיִם רַבִּים: יַצִּילֵנִי מֵאֹיְבִי עָז מִשֹּׂנְאַי כִּי אָמְצוּ מִמֶּנִּי: יְקַדְּמֻנִי בְּיוֹם אֵידִי וַיְהִי יְהֹוָה מִשְׁעָן לִי: וַיֹּצֵא לַמֶּרְחָב אֹתִי יְחַלְּצֵנִי כִּי־חָפֵץ בִּי: יִגְמְלֵנִי יְהֹוָה כְּצִדְקָתִי כְּבֹר יָדַי יָשִׁיב לִי: כִּי שָׁמַרְתִּי דַּרְכֵי יְהֹוָה וְלֹא רָשַׁעְתִּי מֵאֱלֹהָי: כִּי כָל־מִשְׁפָּטָו לְנֶגְדִּי וְחֻקֹּתָיו לֹא־אָסוּר מִמֶּנָּה: וָאֶהְיֶה תָמִים לוֹ וָאֶשְׁתַּמְּרָה מֵעֲוֹנִי: וַיָּשֶׁב יְהֹוָה לִי כְּצִדְקָתִי כְּבֹרִי לְנֶגֶד

שָׁם לִפְנֵי יהוה אֱלֹהֶיךָ וְשָׂמַחְתָּ אַתָּה וּבֵיתֶךָ: וְהַלֵּוִי אֲשֶׁר־בִּשְׁעָרֶיךָ לֹא תַעַזְבֶנּוּ כִּי אֵין לוֹ חֵלֶק וְנַחֲלָה עִמָּךְ: מִקְצֵה ו שָׁלֹשׁ שָׁנִים תּוֹצִיא אֶת־כָּל־מַעְשַׂר תְּבוּאָתְךָ בַּשָּׁנָה הַהִוא וְהִנַּחְתָּ בִּשְׁעָרֶיךָ: וּבָא הַלֵּוִי כִּי אֵין־לוֹ חֵלֶק וְנַחֲלָה עִמָּךְ וְהַגֵּר וְהַיָּתוֹם וְהָאַלְמָנָה אֲשֶׁר בִּשְׁעָרֶיךָ וְאָכְלוּ וְשָׂבֵעוּ לְמַעַן יְבָרֶכְךָ יהוה אֱלֹהֶיךָ בְּכָל־מַעֲשֵׂה יָדְךָ אֲשֶׁר תַּעֲשֶׂה:

(בשבת לוי) מִקֵּץ שֶׁבַע־שָׁנִים תַּעֲשֶׂה שְׁמִטָּה: וְזֶה דְּבַר הַשְּׁמִטָּה שָׁמוֹט כָּל־בַּעַל מַשֵּׁה יָדוֹ אֲשֶׁר יַשֶּׁה בְּרֵעֵהוּ לֹא־יִגֹּשׂ אֶת־רֵעֵהוּ וְאֶת־אָחִיו כִּי־קָרָא שְׁמִטָּה לַיהוה: אֶת־הַנָּכְרִי תִּגֹּשׂ וַאֲשֶׁר יִהְיֶה לְךָ אֶת־אָחִיךָ תַּשְׁמֵט יָדֶךָ: אֶפֶס כִּי לֹא יִהְיֶה־בְּךָ אֶבְיוֹן כִּי־בָרֵךְ יְבָרֶכְךָ יהוה בָּאָרֶץ אֲשֶׁר יהוה אֱלֹהֶיךָ נֹתֵן לְךָ נַחֲלָה לְרִשְׁתָּהּ: רַק אִם־שָׁמוֹעַ תִּשְׁמַע בְּקוֹל יהוה אֱלֹהֶיךָ לִשְׁמֹר לַעֲשׂוֹת אֶת־כָּל־הַמִּצְוָה הַזֹּאת אֲשֶׁר אָנֹכִי מְצַוְּךָ הַיּוֹם: כִּי־יהוה אֱלֹהֶיךָ בֵּרַכְךָ כַּאֲשֶׁר דִּבֶּר־לָךְ וְהַעֲבַטְתָּ גּוֹיִם רַבִּים וְאַתָּה לֹא תַעֲבֹט וּמָשַׁלְתָּ בְּגוֹיִם רַבִּים וּבְךָ לֹא יִמְשֹׁלוּ: כִּי־יִהְיֶה בְךָ אֶבְיוֹן מֵאַחַד אַחֶיךָ בְּאַחַד שְׁעָרֶיךָ בְּאַרְצְךָ אֲשֶׁר־יהוה אֱלֹהֶיךָ נֹתֵן לָךְ לֹא תְאַמֵּץ אֶת־לְבָבְךָ וְלֹא תִקְפֹּץ אֶת־יָדְךָ מֵאָחִיךָ הָאֶבְיוֹן: כִּי־פָתֹחַ תִּפְתַּח אֶת־יָדְךָ לוֹ וְהַעֲבֵט תַּעֲבִיטֶנּוּ דֵּי מַחְסֹרוֹ אֲשֶׁר יֶחְסַר לוֹ: הִשָּׁמֶר לְךָ פֶּן־יִהְיֶה דָבָר עִם־לְבָבְךָ בְלִיַּעַל לֵאמֹר קָרְבָה שְׁנַת־הַשֶּׁבַע שְׁנַת הַשְּׁמִטָּה וְרָעָה עֵינְךָ בְּאָחִיךָ הָאֶבְיוֹן וְלֹא תִתֵּן לוֹ וְקָרָא עָלֶיךָ אֶל־יהוה וְהָיָה בְךָ חֵטְא: נָתוֹן תִּתֵּן לוֹ וְלֹא־יֵרַע לְבָבְךָ בְּתִתְּךָ לוֹ כִּי בִּגְלַל הַדָּבָר הַזֶּה יְבָרֶכְךָ יהוה אֱלֹהֶיךָ בְּכָל־מַעֲשֶׂךָ וּבְכֹל מִשְׁלַח יָדֶךָ: כִּי לֹא־יֶחְדַּל אֶבְיוֹן מִקֶּרֶב הָאָרֶץ עַל־כֵּן אָנֹכִי מְצַוְּךָ לֵאמֹר פָּתֹחַ תִּפְתַּח אֶת־יָדְךָ לְאָחִיךָ לַעֲנִיֶּךָ וּלְאֶבְיֹנְךָ בְּאַרְצֶךָ: כִּי־יִמָּכֵר לְךָ אָחִיךָ הָעִבְרִי אוֹ הָעִבְרִיָּה וַעֲבָדְךָ שֵׁשׁ שָׁנִים וּבַשָּׁנָה הַשְּׁבִיעִת תְּשַׁלְּחֶנּוּ חָפְשִׁי מֵעִמָּךְ: וְכִי־תְשַׁלְּחֶנּוּ חָפְשִׁי מֵעִמָּךְ לֹא תְשַׁלְּחֶנּוּ רֵיקָם: הַעֲנֵיק תַּעֲנִיק לוֹ מִצֹּאנְךָ וּמִגָּרְנְךָ וּמִיִּקְבֶךָ אֲשֶׁר בֵּרַכְךָ יהוה אֱלֹהֶיךָ תִּתֶּן־לוֹ: וְזָכַרְתָּ כִּי עֶבֶד הָיִיתָ בְּאֶרֶץ מִצְרַיִם וַיִּפְדְּךָ יהוה אֱלֹהֶיךָ עַל־כֵּן אָנֹכִי מְצַוְּךָ אֶת־הַדָּבָר הַזֶּה הַיּוֹם: וְהָיָה כִּי־יֹאמַר אֵלֶיךָ לֹא אֵצֵא מֵעִמָּךְ כִּי אֲהֵבְךָ וְאֶת־בֵּיתֶךָ כִּי־טוֹב לוֹ עִמָּךְ: וְלָקַחְתָּ אֶת־הַמַּרְצֵעַ וְנָתַתָּה בְאָזְנוֹ וּבַדֶּלֶת וְהָיָה לְךָ עֶבֶד עוֹלָם וְאַף לַאֲמָתְךָ תַּעֲשֶׂה־כֵּן: לֹא־יִקְשֶׁה בְעֵינֶךָ בְּשַׁלֵּחֲךָ

עֵינָיו: עִם־חָסִיד תִּתְחַסָּד עִם־גְּבַר תָּמִים תִּתַּמָּם: עִם־נָבָר תִּתְבָּרָר וְעִם־עִקֵּשׁ תִּתַּפָּל: וְאֶת־עַם עָנִי תּוֹשִׁיעַ וְעֵינֶיךָ עַל־רָמִים תַּשְׁפִּיל: כִּי־אַתָּה נֵירִי יהוה וַיהוה יַגִּיהַּ חָשְׁכִּי: כִּי בְכָה אָרוּץ גְּדוּד וּבֵאלֹהַי אֲדַלֶּג־שׁוּר: הָאֵל תָּמִים דַּרְכּוֹ אִמְרַת יהוה צְרוּפָה מָגֵן הוּא לְכֹל הַחֹסִים בּוֹ: כִּי מִי־אֵל מִבַּלְעֲדֵי יהוה וּמִי צוּר מִבַּלְעֲדֵי אֱלֹהֵינוּ: הָאֵל מָעוּזִּי חָיִל וַיַּתֵּר תָּמִים דַּרְכִּי: מְשַׁוֶּה רַגְלַי כָּאַיָּלוֹת וְעַל בָּמֹתַי יַעֲמִדֵנִי: מְלַמֵּד יָדַי לַמִּלְחָמָה וְנִחַת קֶשֶׁת־נְחוּשָׁה זְרֹעֹתָי: וַתִּתֶּן־לִי מָגֵן יִשְׁעֶךָ וַעֲנֹתְךָ תַּרְבֵּנִי: תַּרְחִיב צַעֲדִי תַּחְתֵּנִי וְלֹא מָעֲדוּ קַרְסֻלָּי: אֶרְדְּפָה אֹיְבַי וָאַשְׁמִידֵם וְלֹא אָשׁוּב עַד־כַּלּוֹתָם: וָאֲכַלֵּם וָאֶמְחָצֵם וְלֹא יְקוּמוּן וַיִּפְּלוּ תַּחַת רַגְלָי: וַתַּזְרֵנִי חַיִל לַמִּלְחָמָה תַּכְרִיעַ קָמַי תַּחְתֵּנִי: וְאֹיְבַי תַּתָּה לִּי עֹרֶף מְשַׂנְאַי וָאַצְמִיתֵם: יִשְׁעוּ וְאֵין מֹשִׁיעַ אֶל־יהוה וְלֹא עָנָם: וְאֶשְׁחָקֵם כַּעֲפַר־אָרֶץ כְּטִיט־חוּצוֹת אֲדִקֵּם אֶרְקָעֵם: וַתְּפַלְּטֵנִי מֵרִיבֵי עַמִּי תִּשְׁמְרֵנִי לְרֹאשׁ גּוֹיִם עַם לֹא־יָדַעְתִּי יַעַבְדֻנִי: בְּנֵי נֵכָר יִתְכַּחֲשׁוּ־לִי לִשְׁמוֹעַ אֹזֶן יִשָּׁמְעוּ לִי: בְּנֵי נֵכָר יִבֹּלוּ וְיַחְגְּרוּ מִמִּסְגְּרוֹתָם: חַי־יהוה וּבָרוּךְ צוּרִי וְיָרֻם אֱלֹהֵי יִשְׁעִי: הָאֵל הַנֹּתֵן נְקָמֹת לִי וּמֹרִיד עַמִּים תַּחְתֵּנִי: וּמוֹצִיאִי מֵאֹיְבָי וּמִקָּמַי תְּרוֹמְמֵנִי מֵאִישׁ חֲמָסִים תַּצִּילֵנִי: עַל־כֵּן אוֹדְךָ יהוה בַּגּוֹיִם וּלְשִׁמְךָ אֲזַמֵּר: מִגְדּוֹל יְשׁוּעוֹת מַלְכּוֹ וְעֹשֶׂה חֶסֶד לִמְשִׁיחוֹ לְדָוִד וּלְזַרְעוֹ עַד־עוֹלָם:

אחרון של פסח

וגם ליום שני של שבועות ולשמיני עצרת

When the eighth day of Pesach or the second day of Shavuos falls on the Sabbath, the reading begins עַשֵּׂר תְּעַשֵּׂר; on a weekday the reading begins כָּל הַבְּכוֹר. On Shemini Atzeres the reading begins עַשֵּׂר תְּעַשֵּׂר even on a weekday.

(דברים יד:כב-טז:יז)

(בשבת כהן) עַשֵּׂר תְּעַשֵּׂר אֵת כָּל־תְּבוּאַת זַרְעֶךָ הַיֹּצֵא הַשָּׂדֶה שָׁנָה שָׁנָה: וְאָכַלְתָּ לִפְנֵי ו יהוה אֱלֹהֶיךָ בַּמָּקוֹם אֲשֶׁר־יִבְחַר לְשַׁכֵּן שְׁמוֹ שָׁם מַעְשַׂר דְּגָנְךָ תִּירֹשְׁךָ וְיִצְהָרֶךָ וּבְכֹרֹת בְּקָרְךָ וְצֹאנֶךָ לְמַעַן תִּלְמַד לְיִרְאָה אֶת־יהוה אֱלֹהֶיךָ כָּל־הַיָּמִים: וְכִי־יִרְבֶּה מִמְּךָ הַדֶּרֶךְ כִּי לֹא תוּכַל שְׂאֵתוֹ כִּי־יִרְחַק מִמְּךָ הַמָּקוֹם אֲשֶׁר יִבְחַר יהוה אֱלֹהֶיךָ לָשׂוּם שְׁמוֹ שָׁם כִּי יְבָרֶכְךָ יהוה אֱלֹהֶיךָ: וְנָתַתָּה בַּכָּסֶף וְצַרְתָּ הַכֶּסֶף בְּיָדְךָ וְהָלַכְתָּ אֶל־הַמָּקוֹם אֲשֶׁר יִבְחַר יהוה אֱלֹהֶיךָ בּוֹ: וְנָתַתָּה הַכֶּסֶף בְּכֹל אֲשֶׁר־תְּאַוֶּה נַפְשְׁךָ בַּבָּקָר וּבַצֹּאן וּבַיַּיִן וּבַשֵּׁכָר וּבְכֹל אֲשֶׁר תִּשְׁאָלְךָ נַפְשֶׁךָ וְאָכַלְתָּ

יָדֶיךָ וְהָיִיתָ אַךְ שָׂמֵחַ: שָׁלוֹשׁ פְּעָמִים| בַּשָּׁנָה יֵרָאֶה כָל־זְכוּרְךָ אֶת־פְּנֵי| יהוה אֱלֹהֶיךָ בַּמָּקוֹם אֲשֶׁר יִבְחָר בְּחַג הַמַּצּוֹת וּבְחַג הַשָּׁבֻעוֹת וּבְחַג הַסֻּכּוֹת וְלֹא יֵרָאֶה אֶת־פְּנֵי יהוה רֵיקָם: אִישׁ כְּמַתְּנַת יָדוֹ כְּבִרְכַּת יהוה אֱלֹהֶיךָ אֲשֶׁר נָתַן־לָךְ:

וְהִקְרַבְתֶּם (p. 506) is read for *Maftir* on Pesach.

On Shavuos, turn to p. 514.

On Shemini Atzeres, turn to p. 519.

הפטרה לאחרון של פסח

(ישעיה י:לב-יב:ו)

עוֹד הַיּוֹם בְּנֹב לַעֲמֹד יְנֹפֵף יָדוֹ הַר בת־צִיּוֹן גִּבְעַת יְרוּשָׁלָ͏ִם: הִנֵּה הָאָדוֹן יהוה צְבָאוֹת מְסָעֵף פֻּארָה בְּמַעֲרָצָה וְרָמֵי הַקּוֹמָה גְּדֻעִים וְהַגְּבֹהִים יִשְׁפָּלוּ: וְנִקַּף סִבְכֵי הַיַּעַר בַּבַּרְזֶל וְהַלְּבָנוֹן בְּאַדִּיר יִפּוֹל: וְיָצָא חֹטֶר מִגֵּזַע יִשַׁי וְנֵצֶר מִשָּׁרָשָׁיו יִפְרֶה: וְנָחָה עָלָיו רוּחַ יהוה רוּחַ חָכְמָה וּבִינָה רוּחַ עֵצָה וּגְבוּרָה רוּחַ דַּעַת וְיִרְאַת יהוה: וַהֲרִיחוֹ בְּיִרְאַת יהוה וְלֹא־לְמַרְאֵה עֵינָיו יִשְׁפּוֹט וְלֹא־לְמִשְׁמַע אָזְנָיו יוֹכִיחַ: וְשָׁפַט בְּצֶדֶק דַּלִּים וְהוֹכִיחַ בְּמִישׁוֹר לְעַנְוֵי־אָרֶץ וְהִכָּה־אֶרֶץ בְּשֵׁבֶט פִּיו וּבְרוּחַ שְׂפָתָיו יָמִית רָשָׁע: וְהָיָה צֶדֶק אֵזוֹר מָתְנָיו וְהָאֱמוּנָה אֵזוֹר חֲלָצָיו: וְגָר זְאֵב עִם־כֶּבֶשׂ וְנָמֵר עִם־גְּדִי יִרְבָּץ וְעֵגֶל וּכְפִיר וּמְרִיא יַחְדָּו וְנַעַר קָטֹן נֹהֵג בָּם: וּפָרָה וָדֹב תִּרְעֶינָה יַחְדָּו יִרְבְּצוּ יַלְדֵיהֶן וְאַרְיֵה כַּבָּקָר יֹאכַל־תֶּבֶן: וְשִׁעֲשַׁע יוֹנֵק עַל־חֻר פָּתֶן וְעַל מְאוּרַת צִפְעוֹנִי גָּמוּל יָדוֹ הָדָה: לֹא־יָרֵעוּ וְלֹא־יַשְׁחִיתוּ בְּכָל־הַר קָדְשִׁי כִּי־מָלְאָה הָאָרֶץ דֵּעָה אֶת־יהוה כַּמַּיִם לַיָּם מְכַסִּים: וְהָיָה בַּיּוֹם הַהוּא שֹׁרֶשׁ יִשַׁי אֲשֶׁר עֹמֵד לְנֵס עַמִּים אֵלָיו גּוֹיִם יִדְרֹשׁוּ וְהָיְתָה מְנֻחָתוֹ כָּבוֹד: וְהָיָה| בַּיּוֹם הַהוּא יוֹסִיף אֲדֹנָי| שֵׁנִית יָדוֹ לִקְנוֹת אֶת־שְׁאָר עַמּוֹ אֲשֶׁר יִשָּׁאֵר מֵאַשּׁוּר וּמִמִּצְרַיִם וּמִפַּתְרוֹס וּמִכּוּשׁ וּמֵעֵילָם וּמִשִּׁנְעָר וּמֵחֲמָת וּמֵאִיֵּי הַיָּם: וְנָשָׂא נֵס לַגּוֹיִם וְאָסַף נִדְחֵי יִשְׂרָאֵל וּנְפֻצוֹת יְהוּדָה יְקַבֵּץ מֵאַרְבַּע כַּנְפוֹת הָאָרֶץ: וְסָרָה קִנְאַת אֶפְרַיִם וְצֹרְרֵי יְהוּדָה יִכָּרֵתוּ אֶפְרַיִם לֹא־יְקַנֵּא אֶת־יְהוּדָה וִיהוּדָה לֹא־יָצֹר אֶת־אֶפְרָיִם: וְעָפוּ בְכָתֵף פְּלִשְׁתִּים יָמָּה יַחְדָּו יָבֹזּוּ אֶת־בְּנֵי־קֶדֶם אֱדוֹם וּמוֹאָב מִשְׁלוֹח יָדָם וּבְנֵי עַמּוֹן מִשְׁמַעְתָּם: וְהֶחֱרִים יהוה אֵת לְשׁוֹן יָם־מִצְרַיִם וְהֵנִיף יָדוֹ עַל־הַנָּהָר בַּעְיָם רוּחוֹ וְהִכָּהוּ לְשִׁבְעָה נְחָלִים וְהִדְרִיךְ בַּנְּעָלִים: וְהָיְתָה מְסִלָּה לִשְׁאָר עַמּוֹ אֲשֶׁר יִשָּׁאֵר מֵאַשּׁוּר כַּאֲשֶׁר הָיְתָה לְיִשְׂרָאֵל בְּיוֹם עֲלֹתוֹ מֵאֶרֶץ מִצְרָיִם: וְאָמַרְתָּ בַּיּוֹם הַהוּא אוֹדְךָ יהוה כִּי אָנַפְתָּ בִּי יָשֹׁב

אֹתוֹ חָפְשִׁי מֵעִמָּךְ כִּי מִשְׁנֶה שְׂכַר שָׂכִיר עֲבָדְךָ שֵׁשׁ שָׁנִים וּבֵרַכְךָ יהוה אֱלֹהֶיךָ בְּכֹל אֲשֶׁר תַּעֲשֶׂה:

(בשבת שלישי) כָּל־הַבְּכוֹר אֲשֶׁר יִוָּלֵד בִּבְקָרְךָ וּבְצֹאנְךָ הַזָּכָר תַּקְדִּישׁ לַיהוה אֱלֹהֶיךָ לֹא תַעֲבֹד בִּבְכֹר שׁוֹרֶךָ וְלֹא תָגֹז בְּכוֹר צֹאנֶךָ: לִפְנֵי יהוה אֱלֹהֶיךָ תֹאכְלֶנּוּ שָׁנָה בְשָׁנָה בַּמָּקוֹם אֲשֶׁר־יִבְחַר יהוה אַתָּה וּבֵיתֶךָ: וְכִי־יִהְיֶה בוֹ מוּם פִּסֵּחַ אוֹ עִוֵּר כֹּל מוּם רָע לֹא תִזְבָּחֶנּוּ לַיהוה אֱלֹהֶיךָ: בִּשְׁעָרֶיךָ תֹּאכְלֶנּוּ הַטָּמֵא וְהַטָּהוֹר יַחְדָּו כַּצְּבִי וְכָאַיָּל: רַק אֶת־דָּמוֹ לֹא תֹאכֵל עַל־הָאָרֶץ תִּשְׁפְּכֶנּוּ כַּמָּיִם:

(בשבת רביעי) שָׁמוֹר אֶת־חֹדֶשׁ הָאָבִיב וְעָשִׂיתָ פֶּסַח לַיהוה אֱלֹהֶיךָ כִּי בְּחֹדֶשׁ הָאָבִיב הוֹצִיאֲךָ יהוה אֱלֹהֶיךָ מִמִּצְרַיִם לָיְלָה: וְזָבַחְתָּ פֶּסַח לַיהוה אֱלֹהֶיךָ צֹאן וּבָקָר בַּמָּקוֹם אֲשֶׁר יִבְחַר יהוה לְשַׁכֵּן שְׁמוֹ שָׁם: לֹא־תֹאכַל עָלָיו חָמֵץ שִׁבְעַת יָמִים תֹּאכַל־עָלָיו מַצּוֹת לֶחֶם עֹנִי כִּי בְחִפָּזוֹן יָצָאתָ מֵאֶרֶץ מִצְרַיִם לְמַעַן תִּזְכֹּר אֶת־יוֹם צֵאתְךָ מֵאֶרֶץ מִצְרַיִם כֹּל יְמֵי חַיֶּיךָ:

(בשבת חמישי) וְלֹא־יֵרָאֶה לְךָ שְׂאֹר בְּכָל־גְּבֻלְךָ שִׁבְעַת יָמִים וְלֹא־יָלִין מִן־הַבָּשָׂר אֲשֶׁר תִּזְבַּח בָּעֶרֶב בַּיּוֹם הָרִאשׁוֹן לַבֹּקֶר: לֹא תוּכַל לִזְבֹּחַ אֶת־הַפָּסַח בְּאַחַד שְׁעָרֶיךָ אֲשֶׁר־יהוה אֱלֹהֶיךָ נֹתֵן לָךְ: כִּי אִם־אֶל־הַמָּקוֹם אֲשֶׁר־יִבְחַר יהוה אֱלֹהֶיךָ לְשַׁכֵּן שְׁמוֹ שָׁם תִּזְבַּח אֶת־הַפֶּסַח בָּעָרֶב כְּבוֹא הַשֶּׁמֶשׁ מוֹעֵד צֵאתְךָ מִמִּצְרָיִם: וּבִשַּׁלְתָּ וְאָכַלְתָּ בַּמָּקוֹם אֲשֶׁר יִבְחַר יהוה אֱלֹהֶיךָ בּוֹ וּפָנִיתָ בַבֹּקֶר וְהָלַכְתָּ לְאֹהָלֶיךָ: שֵׁשֶׁת יָמִים תֹּאכַל מַצּוֹת וּבַיּוֹם הַשְּׁבִיעִי עֲצֶרֶת לַיהוה אֱלֹהֶיךָ לֹא תַעֲשֶׂה מְלָאכָה:

רְבִיעִי (בשבת ששי) שִׁבְעָה שָׁבֻעֹת תִּסְפָּר־לָךְ מֵהָחֵל חֶרְמֵשׁ בַּקָּמָה תָּחֵל לִסְפֹּר שִׁבְעָה שָׁבֻעוֹת: וְעָשִׂיתָ חַג שָׁבֻעוֹת לַיהוה אֱלֹהֶיךָ מִסַּת נִדְבַת יָדְךָ אֲשֶׁר תִּתֵּן כַּאֲשֶׁר יְבָרֶכְךָ יהוה אֱלֹהֶיךָ: וְשָׂמַחְתָּ לִפְנֵי| יהוה אֱלֹהֶיךָ אַתָּה וּבִנְךָ וּבִתֶּךָ וְעַבְדְּךָ וַאֲמָתֶךָ וְהַלֵּוִי אֲשֶׁר בִּשְׁעָרֶיךָ וְהַגֵּר וְהַיָּתוֹם וְהָאַלְמָנָה אֲשֶׁר בְּקִרְבֶּךָ בַּמָּקוֹם אֲשֶׁר יִבְחַר יהוה אֱלֹהֶיךָ לְשַׁכֵּן שְׁמוֹ שָׁם: וְזָכַרְתָּ כִּי־עֶבֶד הָיִיתָ בְּמִצְרָיִם וְשָׁמַרְתָּ וְעָשִׂיתָ אֶת־הַחֻקִּים הָאֵלֶּה:

חֲמִישִׁי (בשבת שביעי) חַג הַסֻּכֹּת תַּעֲשֶׂה לְךָ שִׁבְעַת יָמִים בְּאָסְפְּךָ מִגָּרְנְךָ וּמִיִּקְבֶךָ: וְשָׂמַחְתָּ בְּחַגֶּךָ אַתָּה וּבִנְךָ וּבִתֶּךָ וְעַבְדְּךָ וַאֲמָתֶךָ וְהַלֵּוִי וְהַגֵּר וְהַיָּתוֹם וְהָאַלְמָנָה אֲשֶׁר בִּשְׁעָרֶיךָ: שִׁבְעַת יָמִים תָּחֹג לַיהוה אֱלֹהֶיךָ בַּמָּקוֹם אֲשֶׁר־יִבְחַר יהוה כִּי יְבָרֶכְךָ יהוה אֱלֹהֶיךָ בְּכֹל תְּבוּאָתְךָ וּבְכֹל מַעֲשֵׂה

אַפֵּךְ וּתְנַחֲמֵנִי: הִנֵּה אֵל יְשׁוּעָתִי אֶבְטַח וְלֹא
אֶפְחָד כִּי־עָזִּי וְזִמְרָת יָהּ יְהוָה וַיְהִי־לִי לִישׁוּעָה:
וּשְׁאַבְתֶּם־מַיִם בְּשָׂשׂוֹן מִמַּעַיְנֵי הַיְשׁוּעָה:
וַאֲמַרְתֶּם בַּיּוֹם הַהוּא הוֹדוּ לַיהוָה קִרְאוּ בִשְׁמוֹ
הוֹדִיעוּ בָעַמִּים עֲלִילֹתָיו הַזְכִּירוּ כִּי נִשְׂגָּב שְׁמוֹ:
זַמְּרוּ יְהוָה כִּי גֵאוּת עָשָׂה מוּדַעַת זֹאת בְּכָל־
הָאָרֶץ: צַהֲלִי וָרֹנִּי יוֹשֶׁבֶת צִיּוֹן כִּי־גָדוֹל בְּקִרְבֵּךְ
קְדוֹשׁ יִשְׂרָאֵל:

שבועות – יום ראשון

Akdamus appears on p. 400.

(שמות יט:א-כ:כג)

כהן: בַּחֹדֶשׁ הַשְּׁלִישִׁי לְצֵאת בְּנֵי־יִשְׂרָאֵל מֵאֶרֶץ
מִצְרַיִם בַּיּוֹם הַזֶּה בָּאוּ מִדְבַּר סִינָי: וַיִּסְעוּ
מֵרְפִידִים וַיָּבֹאוּ מִדְבַּר סִינַי וַיַּחֲנוּ בַּמִּדְבָּר וַיִּחַן־
שָׁם יִשְׂרָאֵל נֶגֶד הָהָר: וּמֹשֶׁה עָלָה אֶל־הָאֱלֹהִים
וַיִּקְרָא אֵלָיו יְהוָה מִן־הָהָר לֵאמֹר כֹּה תֹאמַר
לְבֵית יַעֲקֹב וְתַגֵּיד לִבְנֵי יִשְׂרָאֵל: אַתֶּם רְאִיתֶם
אֲשֶׁר עָשִׂיתִי לְמִצְרָיִם וָאֶשָּׂא אֶתְכֶם עַל־כַּנְפֵי
נְשָׁרִים וָאָבִא אֶתְכֶם אֵלָי: וְעַתָּה אִם־שָׁמוֹעַ
תִּשְׁמְעוּ בְּקֹלִי וּשְׁמַרְתֶּם אֶת־בְּרִיתִי וִהְיִיתֶם לִי
סְגֻלָּה מִכָּל־הָעַמִּים כִּי־לִי כָּל־הָאָרֶץ: וְאַתֶּם
תִּהְיוּ־לִי מַמְלֶכֶת כֹּהֲנִים וְגוֹי קָדוֹשׁ אֵלֶּה
הַדְּבָרִים אֲשֶׁר תְּדַבֵּר אֶל־בְּנֵי יִשְׂרָאֵל:

לוי: וַיָּבֹא מֹשֶׁה וַיִּקְרָא לְזִקְנֵי הָעָם וַיָּשֶׂם לִפְנֵיהֶם
אֵת כָּל־הַדְּבָרִים הָאֵלֶּה אֲשֶׁר צִוָּהוּ יְהוָה: וַיַּעֲנוּ
כָל־הָעָם יַחְדָּו וַיֹּאמְרוּ כֹּל אֲשֶׁר־דִּבֶּר יְהוָה
נַעֲשֶׂה וַיָּשֶׁב מֹשֶׁה אֶת־דִּבְרֵי הָעָם אֶל־יְהוָה:
וַיֹּאמֶר יְהוָה אֶל־מֹשֶׁה הִנֵּה אָנֹכִי בָּא אֵלֶיךָ בְּעַב
הֶעָנָן בַּעֲבוּר יִשְׁמַע הָעָם בְּדַבְּרִי עִמָּךְ וְגַם־בְּךָ
יַאֲמִינוּ לְעוֹלָם וַיַּגֵּד מֹשֶׁה אֶת־דִּבְרֵי הָעָם אֶל־
יְהוָה: וַיֹּאמֶר יְהוָה אֶל־מֹשֶׁה לֵךְ אֶל־הָעָם
וְקִדַּשְׁתָּם הַיּוֹם וּמָחָר וְכִבְּסוּ שִׂמְלֹתָם: וְהָיוּ
נְכֹנִים לַיּוֹם הַשְּׁלִישִׁי כִּי בַּיּוֹם הַשְּׁלִשִׁי יֵרֵד יְהוָה
לְעֵינֵי כָל־הָעָם עַל־הַר סִינָי: וְהִגְבַּלְתָּ אֶת־הָעָם
סָבִיב לֵאמֹר הִשָּׁמְרוּ לָכֶם עֲלוֹת בָּהָר וּנְגֹעַ
בְּקָצֵהוּ כָּל־הַנֹּגֵעַ בָּהָר מוֹת יוּמָת: לֹא־תִגַּע בּוֹ יָד
כִּי־סָקוֹל יִסָּקֵל אוֹ־יָרֹה יִיָּרֶה אִם־בְּהֵמָה אִם־
אִישׁ לֹא יִחְיֶה בִּמְשֹׁךְ הַיֹּבֵל הֵמָּה יַעֲלוּ בָהָר:

שלישי: וַיֵּרֶד מֹשֶׁה מִן־הָהָר אֶל־הָעָם וַיְקַדֵּשׁ אֶת־
הָעָם וַיְכַבְּסוּ שִׂמְלֹתָם: וַיֹּאמֶר אֶל־הָעָם הֱיוּ
נְכֹנִים לִשְׁלֹשֶׁת יָמִים אַל־תִּגְּשׁוּ אֶל־אִשָּׁה: וַיְהִי
בַיּוֹם הַשְּׁלִישִׁי בִּהְיֹת הַבֹּקֶר וַיְהִי קֹלֹת וּבְרָקִים
וְעָנָן כָּבֵד עַל־הָהָר וְקֹל שֹׁפָר חָזָק מְאֹד וַיֶּחֱרַד
כָּל־הָעָם אֲשֶׁר בַּמַּחֲנֶה: וַיּוֹצֵא מֹשֶׁה אֶת־הָעָם

לִקְרַאת הָאֱלֹהִים מִן־הַמַּחֲנֶה וַיִּתְיַצְּבוּ בְּתַחְתִּית
הָהָר: וְהַר סִינַי עָשַׁן כֻּלּוֹ מִפְּנֵי אֲשֶׁר יָרַד עָלָיו
יְהוָה בָּאֵשׁ וַיַּעַל עֲשָׁנוֹ כְּעֶשֶׁן הַכִּבְשָׁן וַיֶּחֱרַד כָּל־
הָהָר מְאֹד: וַיְהִי קוֹל הַשֹּׁפָר הוֹלֵךְ וְחָזֵק מְאֹד
מֹשֶׁה יְדַבֵּר וְהָאֱלֹהִים יַעֲנֶנּוּ בְקוֹל:
רביעי: וַיֵּרֶד יְהוָה עַל־הַר סִינַי אֶל־רֹאשׁ הָהָר
וַיִּקְרָא יְהוָה לְמֹשֶׁה אֶל־רֹאשׁ הָהָר וַיַּעַל מֹשֶׁה:
וַיֹּאמֶר יְהוָה אֶל־מֹשֶׁה רֵד הָעֵד בָּעָם פֶּן־יֶהֶרְסוּ
אֶל־יְהוָה לִרְאוֹת וְנָפַל מִמֶּנּוּ רָב: וְגַם הַכֹּהֲנִים
הַנִּגָּשִׁים אֶל־יְהוָה יִתְקַדָּשׁוּ פֶּן־יִפְרֹץ בָּהֶם יְהוָה:
וַיֹּאמֶר מֹשֶׁה אֶל־יְהוָה לֹא־יוּכַל הָעָם לַעֲלֹת
אֶל־הַר סִינָי כִּי־אַתָּה הַעֵדֹתָה בָּנוּ לֵאמֹר הַגְבֵּל
אֶת־הָהָר וְקִדַּשְׁתּוֹ: וַיֹּאמֶר אֵלָיו יְהוָה לֶךְ־רֵד
וְעָלִיתָ אַתָּה וְאַהֲרֹן עִמָּךְ וְהַכֹּהֲנִים וְהָעָם אַל־
יֶהֶרְסוּ לַעֲלֹת אֶל־יְהוָה פֶּן־יִפְרָץ־בָּם: וַיֵּרֶד
מֹשֶׁה אֶל־הָעָם וַיֹּאמֶר אֲלֵהֶם:
וַיְדַבֵּר אֱלֹהִים אֵת כָּל־הַדְּבָרִים הָאֵלֶּה לֵאמֹר:
אָנֹכִי יְהוָה אֱלֹהֶיךָ אֲשֶׁר הוֹצֵאתִיךָ מֵאֶרֶץ
מִצְרַיִם מִבֵּית עֲבָדִים לֹא יִהְיֶה־לְךָ אֱלֹהִים
אֲחֵרִים עַל־פָּנָי לֹא תַעֲשֶׂה־לְךָ פֶסֶל וְכָל־
תְּמוּנָה אֲשֶׁר בַּשָּׁמַיִם מִמַּעַל וַאֲשֶׁר בָּאָרֶץ
מִתַּחַת וַאֲשֶׁר בַּמַּיִם מִתַּחַת לָאָרֶץ לֹא־
תִשְׁתַּחֲוֶה לָהֶם וְלֹא תָעָבְדֵם כִּי אָנֹכִי יְהוָה
אֱלֹהֶיךָ אֵל קַנָּא פֹּקֵד עֲוֹן אָבֹת עַל־בָּנִים עַל־
שִׁלֵּשִׁים וְעַל־רִבֵּעִים לְשֹׂנְאָי וְעֹשֶׂה חֶסֶד
לַאֲלָפִים לְאֹהֲבַי וּלְשֹׁמְרֵי מִצְוֹתָי: לֹא תִשָּׂא אֶת־
שֵׁם־יְהוָה אֱלֹהֶיךָ לַשָּׁוְא כִּי לֹא יְנַקֶּה יְהוָה אֵת
אֲשֶׁר־יִשָּׂא אֶת־שְׁמוֹ לַשָּׁוְא: זָכוֹר אֶת־יוֹם
הַשַּׁבָּת לְקַדְּשׁוֹ שֵׁשֶׁת יָמִים תַּעֲבֹד וְעָשִׂיתָ כָּל־
מְלַאכְתֶּךָ וְיוֹם הַשְּׁבִיעִי שַׁבָּת לַיהוָה אֱלֹהֶיךָ
לֹא־תַעֲשֶׂה כָל־מְלָאכָה אַתָּה וּבִנְךָ וּבִתֶּךָ
עַבְדְּךָ וַאֲמָתְךָ וּבְהֶמְתֶּךָ וְגֵרְךָ אֲשֶׁר בִּשְׁעָרֶיךָ כִּי
שֵׁשֶׁת־יָמִים עָשָׂה יְהוָה אֶת־הַשָּׁמַיִם וְאֶת־
הָאָרֶץ אֶת־הַיָּם וְאֶת־כָּל־אֲשֶׁר־בָּם וַיָּנַח בַּיּוֹם
הַשְּׁבִיעִי עַל־כֵּן בֵּרַךְ יְהוָה אֶת־יוֹם הַשַּׁבָּת
וַיְקַדְּשֵׁהוּ: כַּבֵּד אֶת־אָבִיךָ וְאֶת־אִמֶּךָ לְמַעַן
יַאֲרִכוּן יָמֶיךָ עַל הָאֲדָמָה אֲשֶׁר־יְהוָה אֱלֹהֶיךָ
נֹתֵן לָךְ: לֹא תִרְצָח: לֹא תִנְאָף: לֹא תִגְנֹב: לֹא־
תַעֲנֶה בְרֵעֲךָ עֵד שָׁקֶר: לֹא תַחְמֹד בֵּית רֵעֶךָ לֹא־
תַחְמֹד אֵשֶׁת רֵעֶךָ וְעַבְדּוֹ וַאֲמָתוֹ וְשׁוֹרוֹ וַחֲמֹרוֹ
וְכֹל אֲשֶׁר לְרֵעֶךָ:
חמישי: וְכָל־הָעָם רֹאִים אֶת־הַקּוֹלֹת וְאֶת־
הַלַּפִּידִם וְאֵת קוֹל הַשֹּׁפָר וְאֶת־הָהָר עָשֵׁן וַיַּרְא
הָעָם וַיָּנֻעוּ וַיַּעַמְדוּ מֵרָחֹק: וַיֹּאמְרוּ אֶל־מֹשֶׁה

דַּבֶּר־אַתָּה עִמָּנוּ וְנִשְׁמָעָה וְאַל־יְדַבֵּר עִמָּנוּ אֱלֹהִים פֶּן־נָמוּת: וַיֹּאמֶר מֹשֶׁה אֶל־הָעָם אַל־תִּירָאוּ כִּי לְבַעֲבוּר נַסּוֹת אֶתְכֶם בָּא הָאֱלֹהִים וּבַעֲבוּר תִּהְיֶה יִרְאָתוֹ עַל־פְּנֵיכֶם לְבִלְתִּי תֶחֱטָאוּ: וַיַּעֲמֹד הָעָם מֵרָחֹק וּמֹשֶׁה נִגַּשׁ אֶל־הָעֲרָפֶל אֲשֶׁר־שָׁם הָאֱלֹהִים: וַיֹּאמֶר יְהֹוָה אֶל־מֹשֶׁה כֹּה תֹאמַר אֶל־בְּנֵי יִשְׂרָאֵל אַתֶּם רְאִיתֶם כִּי מִן־הַשָּׁמַיִם דִּבַּרְתִּי עִמָּכֶם: לֹא תַעֲשׂוּן אִתִּי אֱלֹהֵי כֶסֶף וֵאלֹהֵי זָהָב לֹא תַעֲשׂוּ לָכֶם: מִזְבַּח אֲדָמָה תַּעֲשֶׂה־לִּי וְזָבַחְתָּ עָלָיו אֶת־עֹלֹתֶיךָ וְאֶת־שְׁלָמֶיךָ אֶת־צֹאנְךָ וְאֶת־בְּקָרֶךָ בְּכָל־הַמָּקוֹם אֲשֶׁר אַזְכִּיר אֶת־שְׁמִי אָבוֹא אֵלֶיךָ וּבֵרַכְתִּיךָ: וְאִם־מִזְבַּח אֲבָנִים תַּעֲשֶׂה־לִּי לֹא־תִבְנֶה אֶתְהֶן גָּזִית כִּי חַרְבְּךָ הֵנַפְתָּ עָלֶיהָ וַתְּחַלְלֶהָ: וְלֹא־תַעֲלֶה בְמַעֲלֹת עַל־מִזְבְּחִי אֲשֶׁר לֹא־תִגָּלֶה עֶרְוָתְךָ עָלָיו:

מפטיר לשני הימים של שבועות
(במדבר כח:כו-לא)

וּבְיוֹם הַבִּכּוּרִים בְּהַקְרִיבְכֶם מִנְחָה חֲדָשָׁה לַיהֹוָה בְּשָׁבֻעֹתֵיכֶם מִקְרָא־קֹדֶשׁ יִהְיֶה לָכֶם כָּל־מְלֶאכֶת עֲבֹדָה לֹא תַעֲשׂוּ: וְהִקְרַבְתֶּם עוֹלָה לְרֵיחַ נִיחֹחַ לַיהֹוָה פָּרִים בְּנֵי־בָקָר שְׁנַיִם אַיִל אֶחָד שִׁבְעָה כְבָשִׂים בְּנֵי שָׁנָה: וּמִנְחָתָם סֹלֶת בְּלוּלָה בַשֶּׁמֶן שְׁלֹשָׁה עֶשְׂרֹנִים לַפָּר הָאֶחָד שְׁנֵי עֶשְׂרֹנִים לָאַיִל הָאֶחָד: עִשָּׂרוֹן עִשָּׂרוֹן לַכֶּבֶשׂ הָאֶחָד לְשִׁבְעַת הַכְּבָשִׂים: שְׂעִיר עִזִּים אֶחָד לְכַפֵּר עֲלֵיכֶם: מִלְּבַד עֹלַת הַתָּמִיד וּמִנְחָתוֹ תַּעֲשׂוּ תְּמִימִם יִהְיוּ־לָכֶם וְנִסְכֵּיהֶם:

הפטרה ליום ראשון של שבועות
(יחזקאל א:א-כח; ג:יב)

וַיְהִי | בִּשְׁלֹשִׁים שָׁנָה בָּרְבִיעִי בַּחֲמִשָּׁה לַחֹדֶשׁ וַאֲנִי בְתוֹךְ־הַגּוֹלָה עַל־נְהַר־כְּבָר נִפְתְּחוּ הַשָּׁמַיִם וָאֶרְאֶה מַרְאוֹת אֱלֹהִים: בַּחֲמִשָּׁה לַחֹדֶשׁ הִיא הַשָּׁנָה הַחֲמִישִׁית לְגָלוּת הַמֶּלֶךְ יוֹיָכִין: הָיֹה הָיָה דְבַר־יְהֹוָה אֶל־יְחֶזְקֵאל בֶּן־בּוּזִי הַכֹּהֵן בְּאֶרֶץ כַּשְׂדִּים עַל־נְהַר־כְּבָר וַתְּהִי עָלָיו שָׁם יַד־יְהֹוָה: וָאֵרֶא וְהִנֵּה רוּחַ סְעָרָה בָּאָה מִן־הַצָּפוֹן עָנָן גָּדוֹל וְאֵשׁ מִתְלַקַּחַת וְנֹגַהּ לוֹ סָבִיב וּמִתּוֹכָהּ כְּעֵין הַחַשְׁמַל מִתּוֹךְ הָאֵשׁ: וּמִתּוֹכָהּ דְּמוּת אַרְבַּע חַיּוֹת וְזֶה מַרְאֵיהֶן דְּמוּת אָדָם לָהֵנָּה: וְאַרְבָּעָה פָנִים לְאֶחָת וְאַרְבַּע כְּנָפַיִם לְאַחַת לָהֶם: וְרַגְלֵיהֶם רֶגֶל יְשָׁרָה וְכַף רַגְלֵיהֶם כְּכַף רֶגֶל עֵגֶל וְנֹצְצִים כְּעֵין נְחֹשֶׁת קָלָל: וְיָדֵי אָדָם מִתַּחַת כַּנְפֵיהֶם עַל אַרְבַּעַת רִבְעֵיהֶם

וּפְנֵיהֶם וְכַנְפֵיהֶם לְאַרְבַּעְתָּם: חֹבְרֹת אִשָּׁה אֶל־אֲחוֹתָהּ כַּנְפֵיהֶם לֹא־יִסַּבּוּ בְלֶכְתָּן אִישׁ אֶל־עֵבֶר פָּנָיו יֵלֵכוּ: וּדְמוּת פְּנֵיהֶם פְּנֵי אָדָם וּפְנֵי אַרְיֵה אֶל־הַיָּמִין לְאַרְבַּעְתָּם וּפְנֵי־שׁוֹר מֵהַשְּׂמֹאול לְאַרְבַּעְתָּן וּפְנֵי־נֶשֶׁר לְאַרְבַּעְתָּן: וּפְנֵיהֶם וְכַנְפֵיהֶם פְּרֻדוֹת מִלְמָעְלָה לְאִישׁ שְׁתַּיִם חֹבְרוֹת אִישׁ וּשְׁתַּיִם מְכַסּוֹת אֵת גְּוִיֹּתֵיהֶנָה: וְאִישׁ אֶל־עֵבֶר פָּנָיו יֵלֵכוּ אֶל אֲשֶׁר יִהְיֶה־שָּׁמָּה הָרוּחַ לָלֶכֶת יֵלֵכוּ לֹא יִסַּבּוּ בְּלֶכְתָּן: וּדְמוּת הַחַיּוֹת מַרְאֵיהֶם כְּגַחֲלֵי־אֵשׁ בֹּעֲרוֹת כְּמַרְאֵה הַלַּפִּדִים הִיא מִתְהַלֶּכֶת בֵּין הַחַיּוֹת וְנֹגַהּ לָאֵשׁ וּמִן־הָאֵשׁ יוֹצֵא בָרָק: וְהַחַיּוֹת רָצוֹא וָשׁוֹב כְּמַרְאֵה הַבָּזָק: וָאֵרֶא הַחַיּוֹת וְהִנֵּה אוֹפַן אֶחָד בָּאָרֶץ אֵצֶל הַחַיּוֹת לְאַרְבַּעַת פָּנָיו: מַרְאֵה הָאוֹפַנִּים וּמַעֲשֵׂיהֶם כְּעֵין תַּרְשִׁישׁ וּדְמוּת אֶחָד לְאַרְבַּעְתָּן וּמַרְאֵיהֶם וּמַעֲשֵׂיהֶם כַּאֲשֶׁר יִהְיֶה הָאוֹפַן בְּתוֹךְ הָאוֹפָן: עַל־אַרְבַּעַת רִבְעֵיהֶן בְּלֶכְתָּם יֵלֵכוּ לֹא יִסַּבּוּ בְּלֶכְתָּן: וְגַבֵּיהֶן וְגֹבַהּ לָהֶם וְיִרְאָה לָהֶם וְגַבֹּתָם מְלֵאֹת עֵינַיִם סָבִיב לְאַרְבַּעְתָּן: וּבְלֶכֶת הַחַיּוֹת יֵלְכוּ הָאוֹפַנִּים אֶצְלָם וּבְהִנָּשֵׂא הַחַיּוֹת מֵעַל הָאָרֶץ יִנָּשְׂאוּ הָאוֹפַנִּים: עַל אֲשֶׁר־יִהְיֶה־שָּׁם הָרוּחַ לָלֶכֶת יֵלֵכוּ שָׁמָּה הָרוּחַ לָלֶכֶת וְהָאוֹפַנִּים יִנָּשְׂאוּ לְעֻמָּתָם כִּי רוּחַ הַחַיָּה בָּאוֹפַנִּים: בְּלֶכְתָּם יֵלֵכוּ וּבְעָמְדָם יַעֲמֹדוּ וּבְהִנָּשְׂאָם מֵעַל הָאָרֶץ יִנָּשְׂאוּ הָאוֹפַנִּים לְעֻמָּתָם כִּי רוּחַ הַחַיָּה בָּאוֹפַנִּים: וּדְמוּת עַל־רָאשֵׁי הַחַיָּה רָקִיעַ כְּעֵין הַקֶּרַח הַנּוֹרָא נָטוּי עַל־רָאשֵׁיהֶם מִלְמָעְלָה: וְתַחַת הָרָקִיעַ כַּנְפֵיהֶם יְשָׁרוֹת אִשָּׁה אֶל־אֲחוֹתָהּ לְאִישׁ שְׁתַּיִם מְכַסּוֹת לָהֵנָּה וּלְאִישׁ שְׁתַּיִם מְכַסּוֹת לָהֵנָּה אֵת גְּוִיֹּתֵיהֶם: וָאֶשְׁמַע אֶת־קוֹל כַּנְפֵיהֶם כְּקוֹל מַיִם רַבִּים כְּקוֹל־שַׁדַּי בְּלֶכְתָּם קוֹל הֲמֻלָּה כְּקוֹל מַחֲנֶה בְּעָמְדָם תְּרַפֶּינָה כַנְפֵיהֶן: וַיְהִי־קוֹל מֵעַל לָרָקִיעַ אֲשֶׁר עַל־רֹאשָׁם בְּעָמְדָם תְּרַפֶּינָה כַנְפֵיהֶן: וּמִמַּעַל לָרָקִיעַ אֲשֶׁר עַל־רֹאשָׁם כְּמַרְאֵה אֶבֶן־סַפִּיר דְּמוּת כִּסֵּא וְעַל דְּמוּת הַכִּסֵּא דְּמוּת כְּמַרְאֵה אָדָם עָלָיו מִלְמָעְלָה: וָאֵרֶא | כְּעֵין חַשְׁמַל כְּמַרְאֵה־אֵשׁ בֵּית־לָהּ סָבִיב מִמַּרְאֵה מָתְנָיו וּלְמָעְלָה וּמִמַּרְאֵה מָתְנָיו וּלְמַטָּה רָאִיתִי כְּמַרְאֵה־אֵשׁ וְנֹגַהּ לוֹ סָבִיב: כְּמַרְאֵה הַקֶּשֶׁת אֲשֶׁר יִהְיֶה בֶעָנָן בְּיוֹם הַגֶּשֶׁם כֵּן מַרְאֵה הַנֹּגַהּ סָבִיב הוּא מַרְאֵה דְּמוּת כְּבוֹד־יְהֹוָה וָאֶרְאֶה וָאֶפֹּל עַל־פָּנַי וָאֶשְׁמַע קוֹל מְדַבֵּר: וַתִּשָּׂאֵנִי רוּחַ וָאֶשְׁמַע אַחֲרַי קוֹל רַעַשׁ גָּדוֹל בָּרוּךְ כְּבוֹד־יְהֹוָה מִמְּקוֹמוֹ:

שבועות – יום שני

The reading for the second day of Shavuos is the same as that of the eighth day of Pesach (p. 476). *Maftir* is the same as that of the first day (above).

הפטרה
(חבקוק ב:כ-ג:יט)

וַיהוָה בְּהֵיכַל קָדְשׁוֹ הַס מִפָּנָיו כָּל־הָאָרֶץ:
תְּפִלָּה לַחֲבַקּוּק הַנָּבִיא עַל שִׁגְיֹנוֹת:

Most congregations say יָצִיב פִּתְגָם.

ריין:	יְצִיב פִּתְגָם, לְאָת וּדְגָם, בְּרַבּוּ רִבְבָן עִי
ריין:	עֲנֵי אֲנָא, בְּמִנְיָנָא, דְּפַסְלִין אַרְבְּעָה טוּ
ריין:	קֳדָמוֹהִי, לְגוֹ מוֹהִי, נְגִיד וּנְפִיק נְהַר דְּנוּ
	בְּטוּר תַּלְגָּא, נְהוֹר שְׁרַגָּא,
ריין:	וְזִיקִין דְּנוּר וּבְעוּ
	בְּרָא וְסָכָא, מַה בַּחֲשׁוֹכָא,
ריין:	וְעִמֵּיהּ שַׁרְיָן נְהוֹ
	רְחִיקִין צְפָא, בְּלָא שְׁטַפָּא,
ריין:	וְגַלְיָן לֵיהּ דְּמִטַמַּ
	בָּעִית מִנֵּיהּ, יַת הַרְמוֹנֵהּ,
ריין:	וּבְחַנְרוֹהִי עֲדֵי גוֹב
	יָדְעֵי הִלְכְתָא, וּמַתְנִיתָא,
ריין:	וְתוֹסֶפְתָּא סִפְרָא וְסִפְ
	מֶלֶךְ חַיָּא, לְעָלְמַיָּא,
ריין:	יְמַגֵּן עַם לְהוֹן מְשַׁח
	אֲמִיר עֲלֵיהוֹן, כְּחָלָא יְהוֹן,
ריין:	וְלָא יִתְמְנוֹן הֵיךְ עַף
	יְחַזְרוּן כְּעַן, לְהוֹן בִּקְעַן,
ריין:	יְטוֹפוּן נַעֲוֹהִי חַם
	רְעוּתְהוֹן הַב, וְאַפֵּיהוֹן צְהַב,
ריין:	יְנַהֲרוּן כְּנֵהַר צַף
	לִי הַב תְּקוֹף, וְעֵינָךְ זְקוֹף,
ריין:	חֲזֵי עָרָךְ דְּבָךְ כַּף
	וִיהוֹן כְּתַבְנָא, בְּגוֹ לִבְנָא,
ריין:	כְּאַבְנָא יִשְׁתַּקְּקוּן חַף
	יְהוֹנָתָן, גְּבַר עֲנְוְתָן, בְּכֵן נַמְטֵי לֵהּ אַף
ריין:	

יְהוָה שָׁמַעְתִּי שִׁמְעֲךָ יָרֵאתִי יְהוָה פָּעָלְךָ בְּקֶרֶב
שָׁנִים חַיֵּיהוּ בְּקֶרֶב שָׁנִים תּוֹדִיעַ בְּרֹגֶז רַחֵם
תִּזְכּוֹר: אֱלוֹהַּ מִתֵּימָן יָבוֹא וְקָדוֹשׁ מֵהַר־פָּארָן
סֶלָה כִּסָּה שָׁמַיִם הוֹדוֹ וּתְהִלָּתוֹ מָלְאָה הָאָרֶץ:
וְנֹגַהּ כָּאוֹר תִּהְיֶה קַרְנַיִם מִיָּדוֹ לוֹ וְשָׁם חֶבְיוֹן עֻזֹּה:
לְפָנָיו יֵלֶךְ דָּבֶר וְיֵצֵא רֶשֶׁף לְרַגְלָיו: עָמַד וַיְמֹדֶד
אֶרֶץ רָאָה וַיַּתֵּר גּוֹיִם וַיִּתְפֹּצְצוּ הַרְרֵי־עַד שַׁחוּ
גִּבְעוֹת עוֹלָם הֲלִיכוֹת עוֹלָם לוֹ: תַּחַת אָוֶן רָאִיתִי
אָהֳלֵי כוּשָׁן יִרְגְּזוּן יְרִיעוֹת אֶרֶץ מִדְיָן: הֲבִנְהָרִים
חָרָה יְהוָה אִם בַּנְּהָרִים אַפֶּךָ אִם־בַּיָּם עֶבְרָתֶךָ כִּי

תִּרְכַּב עַל־סוּסֶיךָ מַרְכְּבֹתֶיךָ יְשׁוּעָה: עֶרְיָה תֵעוֹר
קַשְׁתֶּךָ שְׁבֻעוֹת מַטּוֹת אֹמֶר סֶלָה נְהָרוֹת תְּבַקַּע־
אָרֶץ: רָאוּךָ יָחִילוּ הָרִים זֶרֶם מַיִם עָבָר נָתַן תְּהוֹם
קוֹלוֹ רוֹם יָדֵיהוּ נָשָׂא: שֶׁמֶשׁ יָרֵחַ עָמַד זְבֻלָה
לְאוֹר חִצֶּיךָ יְהַלֵּכוּ לְנֹגַהּ בְּרַק חֲנִיתֶךָ: בְּזַעַם
תִּצְעַד־אָרֶץ בְּאַף תָּדוּשׁ גּוֹיִם: יָצָאתָ לְיֵשַׁע עַמֶּךָ
לְיֵשַׁע אֶת־מְשִׁיחֶךָ מָחַצְתָּ רֹּאשׁ מִבֵּית רָשָׁע
עָרוֹת יְסוֹד עַד־צַוָּאר סֶלָה: נָקַבְתָּ בְמַטָּיו רֹאשׁ
פְּרָזָיו יִסְעֲרוּ לַהֲפִיצֵנִי עֲלִיצֻתָם כְּמוֹ־לֶאֱכֹל עָנִי
בַּמִּסְתָּר: דָּרַכְתָּ בַיָּם סוּסֶיךָ חֹמֶר מַיִם רַבִּים:
שָׁמַעְתִּי | וַתִּרְגַּז בִּטְנִי לְקוֹל צָלֲלוּ שְׂפָתַי יָבוֹא
רָקָב בַּעֲצָמַי וְתַחְתַּי אֶרְגָּז אֲשֶׁר אָנוּחַ לְיוֹם צָרָה
לַעֲלוֹת לְעַם יְגוּדֶנּוּ: כִּי־תְאֵנָה לֹא־תִפְרָח וְאֵין
יְבוּל בַּגְּפָנִים כִּחֵשׁ מַעֲשֵׂה־זַיִת וּשְׁדֵמוֹת לֹא־
עָשָׂה אֹכֶל גָּזַר מִמִּכְלָה צֹאן וְאֵין בָּקָר בָּרְפָתִים:
וַאֲנִי בַּיהוָה אֶעְלוֹזָה אָגִילָה בֵּאלֹהֵי יִשְׁעִי: יְהוָה
אֲדֹנָי חֵילִי וַיָּשֶׂם רַגְלַי כָּאַיָּלוֹת וְעַל בָּמוֹתַי
יַדְרִכֵנִי לַמְנַצֵּחַ בִּנְגִינוֹתָי:

סוכות – יום ראשון ושני

The reading for the first two days of Succos is the same as that of the second day of Pesach (p. 504).

מפטיר: וּבַחֲמִשָּׁה עָשָׂר יוֹם לַחֹדֶשׁ הַשְּׁבִיעִי
מִקְרָא־קֹדֶשׁ יִהְיֶה לָכֶם כָּל־מְלֶאכֶת עֲבֹדָה לֹא
תַעֲשׂוּ וְחַגֹּתֶם חַג לַיהוָה שִׁבְעַת יָמִים: וְהִקְרַבְתֶּם
עֹלָה אִשֵּׁה רֵיחַ נִיחֹחַ לַיהוָה פָּרִים בְּנֵי־בָקָר
שְׁלֹשָׁה עָשָׂר אֵילִם שְׁנָיִם כְּבָשִׂים בְּנֵי־שָׁנָה
אַרְבָּעָה עָשָׂר תְּמִימִם יִהְיוּ: וּמִנְחָתָם סֹלֶת
בְּלוּלָה בַשֶּׁמֶן שְׁלֹשָׁה עֶשְׂרֹנִים לַפָּר הָאֶחָד
לִשְׁלֹשָׁה עָשָׂר פָּרִים שְׁנֵי עֶשְׂרֹנִים לָאַיִל הָאֶחָד
לִשְׁנֵי הָאֵילִם: וְעִשָּׂרוֹן עִשָּׂרוֹן לַכֶּבֶשׂ הָאֶחָד
לְאַרְבָּעָה עָשָׂר כְּבָשִׂים: וּשְׂעִיר־עִזִּים אֶחָד
חַטָּאת מִלְּבַד עֹלַת הַתָּמִיד מִנְחָתָהּ וְנִסְכָּהּ:

הפטרה ליום ראשון
(זכריה יד:א-כא)

הִנֵּה יוֹם־בָּא לַיהוָה וְחֻלַּק שְׁלָלֵךְ בְּקִרְבֵּךְ:
וְאָסַפְתִּי אֶת־כָּל־הַגּוֹיִם | אֶל־יְרוּשָׁלַ͏ִם לַמִּלְחָמָה
וְנִלְכְּדָה הָעִיר וְנָשַׁסּוּ הַבָּתִּים וְהַנָּשִׁים תִּשָּׁכַבְנָה
וְיָצָא חֲצִי הָעִיר בַּגּוֹלָה וְיֶתֶר הָעָם לֹא יִכָּרֵת מִן־
הָעִיר: וְיָצָא יְהוָה וְנִלְחַם בַּגּוֹיִם הָהֵם כְּיוֹם
הִלָּחֲמוֹ בְּיוֹם קְרָב: וְעָמְדוּ רַגְלָיו בַּיּוֹם־הַהוּא עַל־
הַר הַזֵּיתִים אֲשֶׁר עַל־פְּנֵי יְרוּשָׁלַ͏ִם מִקֶּדֶם וְנִבְקַע
הַר הַזֵּיתִים מֵחֶצְיוֹ מִזְרָחָה וָיָמָּה גֵּיא גְּדוֹלָה מְאֹד
וּמָשׁ חֲצִי הָהָר צָפוֹנָה וְחֶצְיוֹ־נֶגְבָּה: וְנַסְתֶּם גֵּיא־
הָרַי כִּי־יַגִּיעַ גֵּי־הָרִים אֶל־אָצַל וְנַסְתֶּם כַּאֲשֶׁר

נַסְתֶּם מִפְּנֵי הָרַעַשׁ בִּימֵי עֻזִּיָּה מֶלֶךְ־יְהוּדָה וּבָא
יְהוָה אֱלֹהַי כָּל־קְדֹשִׁים עִמָּךְ: וְהָיָה בַּיּוֹם הַהוּא
לֹא־יִהְיֶה אוֹר יְקָרוֹת וְקִפָּאוֹן: וְהָיָה יוֹם־אֶחָד
הוּא יִוָּדַע לַיהוָה לֹא־יוֹם וְלֹא־לָיְלָה וְהָיָה לְעֵת־
עֶרֶב יִהְיֶה־אוֹר: וְהָיָה ׀ בַּיּוֹם הַהוּא יֵצְאוּ מַיִם־
חַיִּים מִירוּשָׁלַם חֶצְיָם אֶל־הַיָּם הַקַּדְמוֹנִי וְחֶצְיָם
אֶל־הַיָּם הָאַחֲרוֹן בַּקַּיִץ וּבָחֹרֶף יִהְיֶה: וְהָיָה יְהוָה
לְמֶלֶךְ עַל־כָּל־הָאָרֶץ בַּיּוֹם הַהוּא יִהְיֶה יְהוָה
אֶחָד וּשְׁמוֹ אֶחָד: יִסּוֹב כָּל־הָאָרֶץ כָּעֲרָבָה מִגֶּבַע
לְרִמּוֹן נֶגֶב יְרוּשָׁלָ͏ִם וְרָאֲמָה וְיָשְׁבָה תַחְתֶּיהָ
לְמִשַּׁעַר בִּנְיָמִן עַד־מְקוֹם שַׁעַר הָרִאשׁוֹן עַד־
שַׁעַר הַפִּנִּים וּמִגְדַּל חֲנַנְאֵל עַד יִקְבֵי הַמֶּלֶךְ:
וְיָשְׁבוּ בָהּ וְחֵרֶם לֹא יִהְיֶה־עוֹד וְיָשְׁבָה יְרוּשָׁלַ͏ִם
לָבֶטַח: וְזֹאת ׀ תִּהְיֶה הַמַּגֵּפָה אֲשֶׁר יִגֹּף יְהוָה אֶת־
כָּל־הָעַמִּים אֲשֶׁר צָבְאוּ עַל־יְרוּשָׁלָ͏ִם הָמֵק ׀
בְּשָׂרוֹ וְהוּא עֹמֵד עַל־רַגְלָיו וְעֵינָיו תִּמַּקְנָה
בְחֹרֵיהֶן וּלְשׁוֹנוֹ תִּמַּק בְּפִיהֶם: וְהָיָה בַּיּוֹם הַהוּא
תִּהְיֶה מְהוּמַת־יְהוָה רַבָּה בָּהֶם וְהֶחֱזִיקוּ אִישׁ יַד
רֵעֵהוּ וְעָלְתָה יָדוֹ עַל־יַד רֵעֵהוּ: וְגַם־יְהוּדָה
תִּלָּחֵם בִּירוּשָׁלָ͏ִם וְאֻסַּף חֵיל כָּל־הַגּוֹיִם סָבִיב
זָהָב וָכֶסֶף וּבְגָדִים לָרֹב מְאֹד: וְכֵן תִּהְיֶה מַגֵּפַת
הַסּוּס הַפֶּרֶד הַגָּמָל וְהַחֲמוֹר וְכָל־הַבְּהֵמָה אֲשֶׁר
יִהְיֶה בַּמַּחֲנוֹת הָהֵמָּה כַּמַּגֵּפָה הַזֹּאת: וְהָיָה כָּל־
הַנּוֹתָר מִכָּל־הַגּוֹיִם הַבָּאִים עַל־יְרוּשָׁלָ͏ִם וְעָלוּ
מִדֵּי שָׁנָה בְשָׁנָה לְהִשְׁתַּחֲוֺת לְמֶלֶךְ יְהוָה צְבָאוֹת
וְלָחֹג אֶת־חַג הַסֻּכּוֹת: וְהָיָה אֲשֶׁר לֹא־יַעֲלֶה
מֵאֵת מִשְׁפְּחוֹת הָאָרֶץ אֶל־יְרוּשָׁלַ͏ִם לְהִשְׁתַּחֲוֺת
לְמֶלֶךְ יְהוָה צְבָאוֹת וְלֹא עֲלֵיהֶם יִהְיֶה הַגָּשֶׁם:
וְאִם־מִשְׁפַּחַת מִצְרַיִם לֹא־תַעֲלֶה וְלֹא בָאָה וְלֹא
עֲלֵיהֶם תִּהְיֶה הַמַּגֵּפָה אֲשֶׁר יִגֹּף יְהוָה אֶת־הַגּוֹיִם
אֲשֶׁר לֹא יַעֲלוּ לָחֹג אֶת־חַג הַסֻּכּוֹת: זֹאת תִּהְיֶה
חַטַּאת מִצְרָיִם וְחַטַּאת כָּל־הַגּוֹיִם אֲשֶׁר לֹא יַעֲלוּ
לָחֹג אֶת־חַג הַסֻּכּוֹת: בַּיּוֹם הַהוּא יִהְיֶה עַל־
מְצִלּוֹת הַסּוּס קֹדֶשׁ לַיהוָה וְהָיָה הַסִּירוֹת בְּבֵית
יְהוָה כַּמִּזְרָקִים לִפְנֵי הַמִּזְבֵּחַ: וְהָיָה כָּל־
סִיר בִּירוּשָׁלַ͏ִם וּבִיהוּדָה קֹדֶשׁ לַיהוָה צְבָאוֹת
וּבָאוּ כָּל־הַזֹּבְחִים וְלָקְחוּ מֵהֶם וּבִשְּׁלוּ בָהֶם וְלֹא־
יִהְיֶה כְנַעֲנִי עוֹד בְּבֵית־יְהוָה צְבָאוֹת בַּיּוֹם הַהוּא:

הפטרה ליום שני
(מלכים א ח:ב-כא)

וַיִּקָּהֲלוּ אֶל־הַמֶּלֶךְ שְׁלֹמֹה כָּל־אִישׁ יִשְׂרָאֵל
בְּיֶרַח הָאֵתָנִים בֶּחָג הוּא הַחֹדֶשׁ הַשְּׁבִיעִי: וַיָּבֹאוּ
כֹּל זִקְנֵי יִשְׂרָאֵל וַיִּשְׂאוּ הַכֹּהֲנִים אֶת־הָאָרוֹן:
וַיַּעֲלוּ אֶת־אֲרוֹן יְהוָה וְאֶת־אֹהֶל מוֹעֵד וְאֶת־כָּל־

כְּלֵי הַקֹּדֶשׁ אֲשֶׁר בָּאֹהֶל וַיַּעֲלוּ אֹתָם הַכֹּהֲנִים
וְהַלְוִיִּם: וְהַמֶּלֶךְ שְׁלֹמֹה וְכָל־עֲדַת יִשְׂרָאֵל
הַנּוֹעָדִים עָלָיו אִתּוֹ לִפְנֵי הָאָרוֹן מְזַבְּחִים צֹאן
וּבָקָר אֲשֶׁר לֹא־יִסָּפְרוּ וְלֹא יִמָּנוּ מֵרֹב: וַיָּבִאוּ
הַכֹּהֲנִים אֶת־אֲרוֹן בְּרִית־יְהוָה אֶל־מְקוֹמוֹ אֶל־
דְּבִיר הַבַּיִת אֶל־קֹדֶשׁ הַקֳּדָשִׁים אֶל־תַּחַת כַּנְפֵי
הַכְּרוּבִים: כִּי הַכְּרוּבִים פֹּרְשִׂים כְּנָפַיִם אֶל־מְקוֹם
הָאָרוֹן וַיָּסֹכּוּ הַכְּרֻבִים עַל־הָאָרוֹן וְעַל־בַּדָּיו
מִלְמָעְלָה: וַיַּאֲרִכוּ הַבַּדִּים וַיֵּרָאוּ רָאשֵׁי הַבַּדִּים
מִן־הַקֹּדֶשׁ עַל־פְּנֵי הַדְּבִיר וְלֹא יֵרָאוּ הַחוּצָה
וַיִּהְיוּ שָׁם עַד הַיּוֹם הַזֶּה: אֵין בָּאָרוֹן רַק שְׁנֵי
לֻחוֹת הָאֲבָנִים אֲשֶׁר הִנִּחַ שָׁם מֹשֶׁה בְּחֹרֵב אֲשֶׁר
כָּרַת יְהוָה עִם־בְּנֵי יִשְׂרָאֵל בְּצֵאתָם מֵאֶרֶץ
מִצְרָיִם: וַיְהִי בְּצֵאת הַכֹּהֲנִים מִן־הַקֹּדֶשׁ וְהֶעָנָן
מָלֵא אֶת־בֵּית יְהוָה: וְלֹא־יָכְלוּ הַכֹּהֲנִים לַעֲמֹד
לְשָׁרֵת מִפְּנֵי הֶעָנָן כִּי־מָלֵא כְבוֹד־יְהוָה אֶת־בֵּית
יְהוָה: אָז אָמַר שְׁלֹמֹה יְהוָה אָמַר לִשְׁכֹּן בָּעֲרָפֶל:
בָּנֹה בָנִיתִי בֵּית זְבֻל לָךְ מָכוֹן לְשִׁבְתְּךָ עוֹלָמִים:
וַיַּסֵּב הַמֶּלֶךְ אֶת־פָּנָיו וַיְבָרֶךְ אֵת כָּל־קְהַל
יִשְׂרָאֵל וְכָל־קְהַל יִשְׂרָאֵל עֹמֵד: וַיֹּאמֶר בָּרוּךְ
יְהוָה אֱלֹהֵי יִשְׂרָאֵל אֲשֶׁר דִּבֶּר בְּפִיו אֵת דָּוִד אָבִי
וּבְיָדוֹ מִלֵּא לֵאמֹר: מִן־הַיּוֹם אֲשֶׁר הוֹצֵאתִי אֶת־
עַמִּי אֶת־יִשְׂרָאֵל מִמִּצְרַיִם לֹא־בָחַרְתִּי בְעִיר
מִכֹּל שִׁבְטֵי יִשְׂרָאֵל לִבְנוֹת בַּיִת לִהְיוֹת שְׁמִי שָׁם
וָאֶבְחַר בְּדָוִד לִהְיוֹת עַל־עַמִּי יִשְׂרָאֵל: וַיְהִי עִם־
לְבַב דָּוִד אָבִי לִבְנוֹת בַּיִת לְשֵׁם יְהוָה אֱלֹהֵי
יִשְׂרָאֵל: וַיֹּאמֶר יְהוָה אֶל־דָּוִד אָבִי יַעַן אֲשֶׁר הָיָה
עִם־לְבָבְךָ לִבְנוֹת בַּיִת לִשְׁמִי הֱטִיבֹתָ כִּי הָיָה עִם־
לְבָבֶךָ: רַק אַתָּה לֹא תִבְנֶה הַבָּיִת כִּי אִם־בִּנְךָ
הַיֹּצֵא מֵחֲלָצֶיךָ הוּא־יִבְנֶה הַבַּיִת לִשְׁמִי: וַיָּקֶם
יְהוָה אֶת־דְּבָרוֹ אֲשֶׁר דִּבֵּר וָאָקֻם תַּחַת דָּוִד אָבִי
וָאֵשֵׁב ׀ עַל־כִּסֵּא יִשְׂרָאֵל כַּאֲשֶׁר דִּבֶּר יְהוָה
וָאֶבְנֶה הַבַּיִת לְשֵׁם יְהוָה אֱלֹהֵי יִשְׂרָאֵל: וָאָשִׂם
שָׁם מָקוֹם לָאָרוֹן אֲשֶׁר־שָׁם בְּרִית יְהוָה אֲשֶׁר
כָּרַת עִם־אֲבֹתֵינוּ בְּהוֹצִיאוֹ אֹתָם מֵאֶרֶץ מִצְרָיִם:

ליום א' דחוה"מ

(במדבר כט:יז-כה)

כ"ו) וּבַיּוֹם הַשֵּׁנִי פָּרִים בְּנֵי־בָקָר שְׁנֵים עָשָׂר אֵילִם
שְׁנָיִם כְּבָשִׂים בְּנֵי־שָׁנָה אַרְבָּעָה עָשָׂר תְּמִימִם:
וּמִנְחָתָם וְנִסְכֵּיהֶם לַפָּרִים לָאֵילִם וְלַכְּבָשִׂים
בְּמִסְפָּרָם כַּמִּשְׁפָּט: וּשְׂעִיר־עִזִּים אֶחָד חַטָּאת
מִלְּבַד עֹלַת הַתָּמִיד וּמִנְחָתָהּ וְנִסְכֵּיהֶם:
לוי) וּבַיּוֹם הַשְּׁלִישִׁי פָּרִים עַשְׁתֵּי־עָשָׂר אֵילִם

שְׁנַיִם כְּבָשִׂים בְּנֵי־שָׁנָה אַרְבָּעָה עָשָׂר תְּמִימִם: וּמִנְחָתָם וְנִסְכֵּיהֶם לַפָּרִים לָאֵילִם וְלַכְּבָשִׂים בְּמִסְפָּרָם כַּמִּשְׁפָּט: וּשְׂעִיר חַטָּאת אֶחָד מִלְּבַד עֹלַת הַתָּמִיד וּמִנְחָתָהּ וְנִסְכָּהּ:

שלישי: וּבַיּוֹם הָרְבִיעִי פָּרִים עֲשָׂרָה אֵילִם שְׁנָיִם כְּבָשִׂים בְּנֵי־שָׁנָה אַרְבָּעָה עָשָׂר תְּמִימִם: וּמִנְחָתָם וְנִסְכֵּיהֶם לַפָּרִים לָאֵילִם וְלַכְּבָשִׂים בְּמִסְפָּרָם כַּמִּשְׁפָּט: וּשְׂעִיר־עִזִּים אֶחָד חַטָּאת מִלְּבַד עֹלַת הַתָּמִיד מִנְחָתָהּ וְנִסְכָּהּ:

רביעי: וּבַיּוֹם הַשֵּׁנִי פָּרִים בְּנֵי־בָקָר שְׁנֵים עָשָׂר אֵילִם שְׁנָיִם כְּבָשִׂים בְּנֵי־שָׁנָה אַרְבָּעָה עָשָׂר תְּמִימִם: וּמִנְחָתָם וְנִסְכֵּיהֶם לַפָּרִים לָאֵילִם וְלַכְּבָשִׂים בְּמִסְפָּרָם כַּמִּשְׁפָּט: וּשְׂעִיר־עִזִּים אֶחָד חַטָּאת מִלְּבַד עֹלַת הַתָּמִיד וּמִנְחָתָהּ וְנִסְכֵּיהֶם: וּבַיּוֹם הַשְּׁלִישִׁי פָּרִים עַשְׁתֵּי־עָשָׂר אֵילִם שְׁנָיִם כְּבָשִׂים בְּנֵי־שָׁנָה אַרְבָּעָה עָשָׂר תְּמִימִם: וּמִנְחָתָם וְנִסְכֵּיהֶם לַפָּרִים לָאֵילִם וְלַכְּבָשִׂים בְּמִסְפָּרָם כַּמִּשְׁפָּט: וּשְׂעִיר־עִזִּים אֶחָד חַטָּאת מִלְּבַד עֹלַת הַתָּמִיד וּמִנְחָתָהּ וְנִסְכָּהּ:

ליום ב׳ דחוה״מ

(במדבר כט:כ-כח)

כה: וּבַיּוֹם הַשְּׁלִישִׁי פָּרִים עַשְׁתֵּי־עָשָׂר אֵילִם שְׁנָיִם כְּבָשִׂים בְּנֵי־שָׁנָה אַרְבָּעָה עָשָׂר תְּמִימִם: וּמִנְחָתָם וְנִסְכֵּיהֶם לַפָּרִים לָאֵילִם וְלַכְּבָשִׂים בְּמִסְפָּרָם כַּמִּשְׁפָּט: וּשְׂעִיר חַטָּאת אֶחָד מִלְּבַד עֹלַת הַתָּמִיד וּמִנְחָתָהּ וְנִסְכָּהּ:

לוי: וּבַיּוֹם הָרְבִיעִי פָּרִים עֲשָׂרָה אֵילִם שְׁנָיִם כְּבָשִׂים בְּנֵי־שָׁנָה אַרְבָּעָה עָשָׂר תְּמִימִם: וּמִנְחָתָם וְנִסְכֵּיהֶם לַפָּרִים לָאֵילִם וְלַכְּבָשִׂים בְּמִסְפָּרָם כַּמִּשְׁפָּט: וּשְׂעִיר־עִזִּים אֶחָד חַטָּאת מִלְּבַד עֹלַת הַתָּמִיד מִנְחָתָהּ וְנִסְכָּהּ:

שלישי: וּבַיּוֹם הַחֲמִישִׁי פָּרִים תִּשְׁעָה אֵילִם שְׁנָיִם כְּבָשִׂים בְּנֵי־שָׁנָה אַרְבָּעָה עָשָׂר תְּמִימִם: וּמִנְחָתָם וְנִסְכֵּיהֶם לַפָּרִים לָאֵילִם וְלַכְּבָשִׂים בְּמִסְפָּרָם כַּמִּשְׁפָּט: וּשְׂעִיר חַטָּאת אֶחָד מִלְּבַד עֹלַת הַתָּמִיד וּמִנְחָתָהּ וְנִסְכָּהּ:

רביעי: וּבַיּוֹם הַשְּׁלִישִׁי פָּרִים עַשְׁתֵּי־עָשָׂר אֵילִם שְׁנָיִם כְּבָשִׂים בְּנֵי־שָׁנָה אַרְבָּעָה עָשָׂר תְּמִימִם: וּמִנְחָתָם וְנִסְכֵּיהֶם לַפָּרִים לָאֵילִם וְלַכְּבָשִׂים בְּמִסְפָּרָם כַּמִּשְׁפָּט: וּשְׂעִיר חַטָּאת אֶחָד מִלְּבַד עֹלַת הַתָּמִיד וּמִנְחָתָהּ וְנִסְכָּהּ: וּבַיּוֹם הָרְבִיעִי פָּרִים עֲשָׂרָה אֵילִם שְׁנָיִם כְּבָשִׂים בְּנֵי־שָׁנָה אַרְבָּעָה עָשָׂר תְּמִימִם: וּמִנְחָתָם וְנִסְכֵּיהֶם לַפָּרִים לָאֵילִם וְלַכְּבָשִׂים בְּמִסְפָּרָם כַּמִּשְׁפָּט:

לָאֵילִם וְלַכְּבָשִׂים בְּמִסְפָּרָם כַּמִּשְׁפָּט: וּשְׂעִיר־עִזִּים אֶחָד חַטָּאת מִלְּבַד עֹלַת הַתָּמִיד מִנְחָתָהּ וְנִסְכָּהּ:

ליום ג׳ דחוה״מ

(במדבר כט:כג-לא)

כה: וּבַיּוֹם הָרְבִיעִי פָּרִים עֲשָׂרָה אֵילִם שְׁנָיִם כְּבָשִׂים בְּנֵי־שָׁנָה אַרְבָּעָה עָשָׂר תְּמִימִם: וּמִנְחָתָם וְנִסְכֵּיהֶם לַפָּרִים לָאֵילִם וְלַכְּבָשִׂים בְּמִסְפָּרָם כַּמִּשְׁפָּט: וּשְׂעִיר־עִזִּים אֶחָד חַטָּאת מִלְּבַד עֹלַת הַתָּמִיד מִנְחָתָהּ וְנִסְכָּהּ:

לוי: וּבַיּוֹם הַחֲמִישִׁי פָּרִים תִּשְׁעָה אֵילִם שְׁנָיִם כְּבָשִׂים בְּנֵי־שָׁנָה אַרְבָּעָה עָשָׂר תְּמִימִם: וּמִנְחָתָם וְנִסְכֵּיהֶם לַפָּרִים לָאֵילִם וְלַכְּבָשִׂים בְּמִסְפָּרָם כַּמִּשְׁפָּט: וּשְׂעִיר חַטָּאת אֶחָד מִלְּבַד עֹלַת הַתָּמִיד וּמִנְחָתָהּ וְנִסְכָּהּ:

שלישי: וּבַיּוֹם הַשִּׁשִּׁי פָּרִים שְׁמֹנָה אֵילִם שְׁנָיִם כְּבָשִׂים בְּנֵי־שָׁנָה אַרְבָּעָה עָשָׂר תְּמִימִם: וּמִנְחָתָם וְנִסְכֵּיהֶם לַפָּרִים לָאֵילִם וְלַכְּבָשִׂים בְּמִסְפָּרָם כַּמִּשְׁפָּט: וּשְׂעִיר חַטָּאת אֶחָד מִלְּבַד עֹלַת הַתָּמִיד מִנְחָתָהּ וְנִסְכֶּיהָ:

רביעי: וּבַיּוֹם הָרְבִיעִי פָּרִים עֲשָׂרָה אֵילִם שְׁנָיִם כְּבָשִׂים בְּנֵי־שָׁנָה אַרְבָּעָה עָשָׂר תְּמִימִם: וּמִנְחָתָם וְנִסְכֵּיהֶם לַפָּרִים לָאֵילִם וְלַכְּבָשִׂים בְּמִסְפָּרָם כַּמִּשְׁפָּט: וּשְׂעִיר־עִזִּים אֶחָד חַטָּאת מִלְּבַד עֹלַת הַתָּמִיד מִנְחָתָהּ וְנִסְכָּהּ: וּבַיּוֹם הַחֲמִישִׁי פָּרִים תִּשְׁעָה אֵילִם שְׁנָיִם כְּבָשִׂים בְּנֵי־שָׁנָה אַרְבָּעָה עָשָׂר תְּמִימִם: וּמִנְחָתָם וְנִסְכֵּיהֶם לַפָּרִים לָאֵילִם וְלַכְּבָשִׂים בְּמִסְפָּרָם כַּמִּשְׁפָּט: וּשְׂעִיר חַטָּאת אֶחָד מִלְּבַד עֹלַת הַתָּמִיד וּמִנְחָתָהּ וְנִסְכָּהּ:

ליום ד׳ דחוה״מ

(במדבר כט:כו-לד)

כה: וּבַיּוֹם הַחֲמִישִׁי פָּרִים תִּשְׁעָה אֵילִם שְׁנָיִם כְּבָשִׂים בְּנֵי־שָׁנָה אַרְבָּעָה עָשָׂר תְּמִימִם: וּמִנְחָתָם וְנִסְכֵּיהֶם לַפָּרִים לָאֵילִם וְלַכְּבָשִׂים בְּמִסְפָּרָם כַּמִּשְׁפָּט: וּשְׂעִיר חַטָּאת אֶחָד מִלְּבַד עֹלַת הַתָּמִיד וּמִנְחָתָהּ וְנִסְכָּהּ:

לוי: וּבַיּוֹם הַשִּׁשִּׁי פָּרִים שְׁמֹנָה אֵילִם שְׁנָיִם כְּבָשִׂים בְּנֵי־שָׁנָה אַרְבָּעָה עָשָׂר תְּמִימִם: וּמִנְחָתָם וְנִסְכֵּיהֶם לַפָּרִים לָאֵילִם וְלַכְּבָשִׂים בְּמִסְפָּרָם כַּמִּשְׁפָּט: וּשְׂעִיר חַטָּאת אֶחָד מִלְּבַד עֹלַת הַתָּמִיד מִנְחָתָהּ וְנִסְכֶּיהָ:

שלישי: וּבַיּוֹם הַשְּׁבִיעִי פָּרִים שִׁבְעָה אֵילִם שְׁנָיִם כְּבָשִׂים בְּנֵי־שָׁנָה אַרְבָּעָה עָשָׂר תְּמִימִם:

ומנחתם ונסכהם ֿלפרים לאילם ולכבשים
במספרם כמשפטם ושעיר חטאת אחד מלבד
עלת התמיד מנחתה ונסכה:
רביעי: ובים החמישי פרים תשעה אילם שנים
כבשים בני-שנה ארבעה עשר תמימם:
ומנחתם ונסכיהם ֿלפרים לאילם ולכבשים
במספרם כמשפט ושעיר חטאת אחד מלבד
עלת התמיד ומנחתה ונסכה: ובים הששי פרים
שמנה אילם שנים כבשים בני-שנה ארבעה
עשר תמימם: ומנחתם ונסכיהם ֿלפרים לאילם
ולכבשים במספרם כמשפט ושעיר חטאת
אחד מלבד עלת התמיד מנחתה ונסכיה:

להושענא רבה
(במדבר כט:כו-לד)

כה: ובים החמישי פרים תשעה אילם שנים
כבשים בני-שנה ארבעה עשר תמימם:
ומנחתם ונסכיהם ֿלפרים לאילם ולכבשים
במספרם כמשפט ושעיר חטאת אחד מלבד
עלת התמיד ומנחתה ונסכה:
לוי: ובים הששי פרים שמנה אילם שנים כבשים
בני-שנה ארבעה עשר תמימם: ומנחתם
ונסכיהם ֿלפרים לאילם ולכבשים במספרם
כמשפט ושעיר חטאת אחד מלבד עלת
התמיד מנחתה ונסכיה:
שלישי: ובים השביעי פרים שבעה אילם שנים
כבשים בני-שנה ארבעה עשר תמימם:
ומנחתם ונסכהם ֿלפרים לאילם ולכבשים
במספרם כמשפטם ושעיר חטאת אחד מלבד
עלת התמיד מנחתה ונסכה:
רביעי: ובים הששי פרים שמנה אילם שנים
כבשים בני-שנה ארבעה עשר תמימם:
ומנחתם ונסכיהם ֿלפרים לאילם ולכבשים
במספרם כמשפט ושעיר חטאת אחד מלבד
עלת התמיד מנחתה ונסכיה: ובים השביעי
פרים שבעה אילם שנים כבשים בני-שנה
ארבעה עשר תמימם: ומנחתם ונסכהם ֿלפרים
לאילם ולכבשים במספרם כמשפטם ושעיר
חטאת אחד מלבד עלת התמיד מנחתה ונסכה:

לשבת חוה"מ

The reading is the same as that of Sabbath Chol
HaMoed Pesach (p. 508). *Maftir* depends upon the
day of Chol HaMoed. On the first day: וביום הַשֵּׁנִי;
on the third day: וביום הַשְּׁלִישִׁי; on the fourth day:
וּבַיּוֹם הָרְבִיעִי וּבַיּוֹם הַחֲמִשִׁי וּבַיּוֹם הַשִּׁשִּׁי.

הפטרה
(יחזקאל לח:יח-לט:טז)

וְהָיָה ן בַּיּוֹם הַהוּא בְּיוֹם בּוֹא גוֹג עַל-אַדְמַת
יִשְׂרָאֵל נְאֻם אֲדֹנָי יֱהוִֹה תַּעֲלֶה חֲמָתִי בְּאַפִּי:
וּבְקִנְאָתִי בְאֵשׁ-עֶבְרָתִי דִּבַּרְתִּי אִם-לֹא ן בַּיּוֹם
הַהוּא יִהְיֶה רַעַשׁ גָּדוֹל עַל אַדְמַת יִשְׂרָאֵל:
וְרָעֲשׁוּ מִפָּנַי דְּגֵי הַיָּם וְעוֹף הַשָּׁמַיִם וְחַיַּת הַשָּׂדֶה
וְכָל-הָרֶמֶשׂ הָרֹמֵשׂ עַל-הָאֲדָמָה וְכֹל הָאָדָם
אֲשֶׁר עַל-פְּנֵי הָאֲדָמָה וְנֶהֶרְסוּ הֶהָרִים וְנָפְלוּ
הַמַּדְרֵגוֹת וְכָל-חוֹמָה לָאָרֶץ תִּפּוֹל: וְקָרָאתִי
עָלָיו לְכָל-הָרַי חֶרֶב נְאֻם אֲדֹנָי יֱהוִֹה חֶרֶב
אִישׁ בְּאָחִיו תִּהְיֶה: וְנִשְׁפַּטְתִּי אִתּוֹ בְּדֶבֶר וּבְדָם
וְגֶשֶׁם שׁוֹטֵף וְאַבְנֵי אֶלְגָּבִישׁ אֵשׁ וְגָפְרִית אַמְטִיר
עָלָיו וְעַל-אֲגַפָּיו וְעַל-עַמִּים רַבִּים אֲשֶׁר אִתּוֹ:
וְהִתְגַּדִּלְתִּי וְהִתְקַדִּשְׁתִּי וְנוֹדַעְתִּי לְעֵינֵי גּוֹיִם
רַבִּים וְיָדְעוּ כִּי-אֲנִי יהוה: וְאַתָּה בֶן-אָדָם
הִנָּבֵא עַל-גּוֹג וְאָמַרְתָּ כֹּה אָמַר אֲדֹנָי יֱהוִֹה הִנְנִי
אֵלֶיךָ גּוֹג נְשִׂיא רֹאשׁ מֶשֶׁךְ וְתֻבָל: וְשֹׁבַבְתִּיךָ
וְשִׁשֵּׁאתִיךָ וְהַעֲלִיתִיךָ מִיַּרְכְּתֵי צָפוֹן וַהֲבִאוֹתִיךָ
עַל-הָרֵי יִשְׂרָאֵל: וְהִכֵּיתִי קַשְׁתְּךָ מִיַּד שְׂמֹאולֶךָ
וְחִצֶּיךָ מִיַּד יְמִינְךָ אַפִּיל: עַל-הָרֵי יִשְׂרָאֵל
תִּפּוֹל אַתָּה וְכָל-אֲגַפֶּיךָ וְעַמִּים אֲשֶׁר אִתָּךְ לְעֵיט
צִפּוֹר כָּל-כָּנָף וְחַיַּת הַשָּׂדֶה נְתַתִּיךָ לְאָכְלָה:
עַל-פְּנֵי הַשָּׂדֶה תִּפּוֹל כִּי אֲנִי דִבַּרְתִּי נְאֻם אֲדֹנָי
יֱהוִֹה: וְשִׁלַּחְתִּי-אֵשׁ בְּמָגוֹג וּבְישְׁבֵי הָאִיִּים
לָבֶטַח וְיָדְעוּ כִּי-אֲנִי יהוה: וְאֶת-שֵׁם קָדְשִׁי
אוֹדִיעַ בְּתוֹךְ עַמִּי יִשְׂרָאֵל וְלֹא-אַחֵל אֶת-שֵׁם-
קָדְשִׁי עוֹד וְיָדְעוּ הַגּוֹיִם כִּי-אֲנִי יהוה קָדוֹשׁ
בְּיִשְׂרָאֵל: הִנֵּה בָאָה וְנִהְיָתָה נְאֻם אֲדֹנָי יֱהוִֹה
הוּא הַיּוֹם אֲשֶׁר דִּבַּרְתִּי: וְיָצְאוּ ישְׁבֵי ן עָרֵי
יִשְׂרָאֵל וּבִעֲרוּ וְהִשִּׂיקוּ בְּנֶשֶׁק וּמָגֵן וְצִנָּה בְּקֶשֶׁת
וּבְחִצִּים וּבְמַקֵּל יָד וּבְרֹמַח וּבִעֲרוּ בָהֶם אֵשׁ
שֶׁבַע שָׁנִים: וְלֹא-יִשְׂאוּ עֵצִים מִן-הַשָּׂדֶה וְלֹא
יַחְטְבוּ מִן-הַיְּעָרִים כִּי בַנֶּשֶׁק יְבַעֲרוּ-אֵשׁ וְשָׁלְלוּ
אֶת-שֹׁלְלֵיהֶם וּבָזְזוּ אֶת-בֹּזְזֵיהֶם נְאֻם אֲדֹנָי
יֱהוִֹה: וְהָיָה ן בַיּוֹם הַהוּא אֶתֵּן לְגוֹג מְקוֹם-
שָׁם קֶבֶר בְּיִשְׂרָאֵל גֵּי הָעֹבְרִים קִדְמַת הַיָּם
וְחֹסֶמֶת הִיא אֶת-הָעֹבְרִים וְקָבְרוּ שָׁם אֶת-גּוֹג
וְאֶת-כָּל-הֲמוֹנֹה וְקָרְאוּ גֵּיא הֲמוֹן גּוֹג: וּקְבָרוּם
בֵּית יִשְׂרָאֵל לְמַעַן טַהֵר אֶת-הָאָרֶץ שִׁבְעָה
חֳדָשִׁים: וְקָבְרוּ כָּל-עַם הָאָרֶץ וְהָיָה לָהֶם לְשֵׁם
יוֹם הִכָּבְדִי נְאֻם אֲדֹנָי יֱהוִֹה: וְאַנְשֵׁי תָמִיד יַבְדִּילוּ
עֹבְרִים בָּאָרֶץ מְקַבְּרִים אֶת-הָעֹבְרִים אֶת-
הַנּוֹתָרִים עַל-פְּנֵי הָאָרֶץ לְטַהֲרָהּ מִקְצֵה שִׁבְעָה

חֲדָשִׁים יַחְקֹרוּ: וְעָבְרוּ הָעֹבְרִים בָּאָרֶץ וְרָאָה עֶצֶם אָדָם וּבָנָה אֶצְלוֹ צִיּוּן עַד קָבְרוּ אֹתוֹ הַמְקַבְּרִים אֶל־גֵּיא הֲמוֹן גּוֹג: וְגַם שֶׁם־עִיר הֲמוֹנָה וְטִהֲרוּ הָאָרֶץ:

שמיני עצרת

The reading for Shemini Atzeres is the same as that of the eighth day of Pesach (p. 511).

מפטיר: בַּיּוֹם הַשְּׁמִינִי עֲצֶרֶת תִּהְיֶה לָכֶם כָּל־מְלֶאכֶת עֲבֹדָה לֹא תַעֲשׂוּ: וְהִקְרַבְתֶּם עֹלָה אִשֵּׁה רֵיחַ נִיחֹחַ לַיהוָֹה פַּר אֶחָד אַיִל אֶחָד כְּבָשִׂים בְּנֵי־שָׁנָה שִׁבְעָה תְּמִימִם: מִנְחָתָם וְנִסְכֵּיהֶם לַפָּר לָאַיִל וְלַכְּבָשִׂים בְּמִסְפָּרָם כַּמִּשְׁפָּט: וּשְׂעִיר חַטָּאת אֶחָד מִלְּבַד עֹלַת הַתָּמִיד וּמִנְחָתָהּ וְנִסְכָּהּ: אֵלֶּה תַּעֲשׂוּ לַיהוָֹה בְּמוֹעֲדֵיכֶם לְבַד מִנִּדְרֵיכֶם וְנִדְבֹתֵיכֶם לְעֹלֹתֵיכֶם וּלְמִנְחֹתֵיכֶם וּלְנִסְכֵּיכֶם וּלְשַׁלְמֵיכֶם: וַיֹּאמֶר מֹשֶׁה אֶל־בְּנֵי יִשְׂרָאֵל כְּכֹל אֲשֶׁר־צִוָּה יהוה אֶת־מֹשֶׁה:

הפטרה לשמיני עצרת
(מלכים א ח:נד–ט:א)

וַיְהִי | כְּכַלּוֹת שְׁלֹמֹה לְהִתְפַּלֵּל אֶל־יהוָה אֵת כָּל־הַתְּפִלָּה וְהַתְּחִנָּה הַזֹּאת קָם מִלִּפְנֵי מִזְבַּח יהוה מִכְּרֹעַ עַל־בִּרְכָּיו וְכַפָּיו פְּרֻשׂוֹת הַשָּׁמָיִם: וַיַּעֲמֹד וַיְבָרֶךְ אֵת כָּל־קְהַל יִשְׂרָאֵל קוֹל גָּדוֹל לֵאמֹר: בָּרוּךְ יהוה אֲשֶׁר נָתַן מְנוּחָה לְעַמּוֹ יִשְׂרָאֵל כְּכֹל אֲשֶׁר דִּבֵּר לֹא־נָפַל דָּבָר אֶחָד מִכֹּל דְּבָרוֹ הַטּוֹב אֲשֶׁר דִּבֶּר בְּיַד מֹשֶׁה עַבְדּוֹ: יְהִי יהוה אֱלֹהֵינוּ עִמָּנוּ כַּאֲשֶׁר הָיָה עִם־אֲבֹתֵינוּ אַל־יַעַזְבֵנוּ וְאַל־יִטְּשֵׁנוּ: לְהַטּוֹת לְבָבֵנוּ אֵלָיו לָלֶכֶת בְּכָל־דְּרָכָיו וְלִשְׁמֹר מִצְוֹתָיו וְחֻקָּיו וּמִשְׁפָּטָיו אֲשֶׁר צִוָּה אֶת־אֲבֹתֵינוּ: וְיִהְיוּ דְבָרַי אֵלֶּה אֲשֶׁר הִתְחַנַּנְתִּי לִפְנֵי יהוה קְרֹבִים אֶל־יהוה אֱלֹהֵינוּ יוֹמָם וָלָיְלָה לַעֲשׂוֹת | מִשְׁפַּט עַבְדּוֹ וּמִשְׁפַּט עַמּוֹ יִשְׂרָאֵל דְּבַר־יוֹם בְּיוֹמוֹ: לְמַעַן דַּעַת כָּל־עַמֵּי הָאָרֶץ כִּי יהוה הוּא הָאֱלֹהִים אֵין עוֹד: וְהָיָה לְבַבְכֶם שָׁלֵם עִם יהוה אֱלֹהֵינוּ לָלֶכֶת בְּחֻקָּיו וְלִשְׁמֹר מִצְוֹתָיו כַּיּוֹם הַזֶּה: וְהַמֶּלֶךְ וְכָל־יִשְׂרָאֵל עִמּוֹ זֹבְחִים זֶבַח לִפְנֵי יהוה: וַיִּזְבַּח שְׁלֹמֹה אֵת זֶבַח הַשְּׁלָמִים אֲשֶׁר זָבַח לַיהוָה בָּקָר עֶשְׂרִים וּשְׁנַיִם אֶלֶף וְצֹאן מֵאָה וְעֶשְׂרִים אָלֶף וַיַּחְנְכוּ אֶת־בֵּית יהוה הַמֶּלֶךְ וְכָל־בְּנֵי יִשְׂרָאֵל: בַּיּוֹם הַהוּא קִדַּשׁ הַמֶּלֶךְ אֶת־תּוֹךְ הֶחָצֵר אֲשֶׁר לִפְנֵי בֵית־יהוה כִּי־עָשָׂה שָׁם אֶת־הָעֹלָה וְאֶת־הַמִּנְחָה וְאֵת חֶלְבֵי הַשְּׁלָמִים כִּי־מִזְבַּח הַנְּחֹשֶׁת

אֲשֶׁר לִפְנֵי יהוה קָטֹן מֵהָכִיל אֶת־הָעֹלָה וְאֶת־הַמִּנְחָה וְאֵת חֶלְבֵי הַשְּׁלָמִים: וַיַּעַשׂ שְׁלֹמֹה בָעֵת־הַהִיא | אֶת־הֶחָג וְכָל־יִשְׂרָאֵל עִמּוֹ קָהָל גָּדוֹל מִלְּבוֹא חֲמָת | עַד־נַחַל מִצְרַיִם לִפְנֵי יהוה אֱלֹהֵינוּ שִׁבְעַת יָמִים וְשִׁבְעַת יָמִים אַרְבָּעָה עָשָׂר יוֹם: בַּיּוֹם הַשְּׁמִינִי שִׁלַּח אֶת־הָעָם וַיְבָרֲכוּ אֶת־הַמֶּלֶךְ וַיֵּלְכוּ לְאָהֳלֵיהֶם שְׂמֵחִים וְטוֹבֵי לֵב עַל כָּל־הַטּוֹבָה אֲשֶׁר עָשָׂה יהוה לְדָוִד עַבְדּוֹ וּלְיִשְׂרָאֵל עַמּוֹ: וַיְהִי כְּכַלּוֹת שְׁלֹמֹה לִבְנוֹת אֶת־בֵּית־יהוה וְאֶת־בֵּית הַמֶּלֶךְ וְאֵת כָּל־חֵשֶׁק שְׁלֹמֹה אֲשֶׁר חָפֵץ לַעֲשׂוֹת:

שמחת תורה
(דברים לג:א–לד:יב)

כח: וְזֹאת הַבְּרָכָה אֲשֶׁר בֵּרַךְ מֹשֶׁה אִישׁ הָאֱלֹהִים אֶת־בְּנֵי יִשְׂרָאֵל לִפְנֵי מוֹתוֹ: וַיֹּאמַר יהוה מִסִּינַי בָּא וְזָרַח מִשֵּׂעִיר לָמוֹ הוֹפִיעַ מֵהַר פָּארָן וְאָתָה מֵרִבְבֹת קֹדֶשׁ מִימִינוֹ אֵשׁ דָּת לָמוֹ: אַף חֹבֵב עַמִּים כָּל־קְדֹשָׁיו בְּיָדֶךָ וְהֵם תֻּכּוּ לְרַגְלֶךָ יִשָּׂא מִדַּבְּרֹתֶיךָ: תּוֹרָה צִוָּה־לָנוּ מֹשֶׁה מוֹרָשָׁה קְהִלַּת יַעֲקֹב: וַיְהִי בִישֻׁרוּן מֶלֶךְ בְּהִתְאַסֵּף רָאשֵׁי עָם יַחַד שִׁבְטֵי יִשְׂרָאֵל: יְחִי רְאוּבֵן וְאַל־יָמֹת וִיהִי מְתָיו מִסְפָּר: וְזֹאת לִיהוּדָה וַיֹּאמַר שְׁמַע יהוה קוֹל יְהוּדָה וְאֶל־עַמּוֹ תְּבִיאֶנּוּ יָדָיו רָב לוֹ וְעֵזֶר מִצָּרָיו תִּהְיֶה:

לוי: וּלְלֵוִי אָמַר תֻּמֶּיךָ וְאוּרֶיךָ לְאִישׁ חֲסִידֶךָ אֲשֶׁר נִסִּיתוֹ בְּמַסָּה תְּרִיבֵהוּ עַל־מֵי מְרִיבָה: הָאֹמֵר לְאָבִיו וּלְאִמּוֹ לֹא רְאִיתִיו וְאֶת־אֶחָיו לֹא הִכִּיר וְאֶת־בָּנָו לֹא יָדָע כִּי שָׁמְרוּ אִמְרָתֶךָ וּבְרִיתְךָ יִנְצֹרוּ: יוֹרוּ מִשְׁפָּטֶיךָ לְיַעֲקֹב וְתוֹרָתְךָ לְיִשְׂרָאֵל יָשִׂימוּ קְטוֹרָה בְּאַפֶּךָ וְכָלִיל עַל־מִזְבְּחֶךָ: בָּרֵךְ יהוה חֵילוֹ וּפֹעַל יָדָיו תִּרְצֶה מְחַץ מָתְנַיִם קָמָיו וּמְשַׂנְאָיו מִן־יְקוּמוּן: לְבִנְיָמִן אָמַר יְדִיד יהוה יִשְׁכֹּן לָבֶטַח עָלָיו חֹפֵף עָלָיו כָּל־הַיּוֹם וּבֵין כְּתֵפָיו שָׁכֵן:

ישראל: וּלְיוֹסֵף אָמַר מְבֹרֶכֶת יהוה אַרְצוֹ מִמֶּגֶד שָׁמַיִם מִטָּל וּמִתְּהוֹם רֹבֶצֶת תָּחַת: וּמִמֶּגֶד תְּבוּאֹת שָׁמֶשׁ וּמִמֶּגֶד גֶּרֶשׁ יְרָחִים: וּמֵרֹאשׁ הַרְרֵי־קֶדֶם וּמִמֶּגֶד גִּבְעוֹת עוֹלָם: וּמִמֶּגֶד אֶרֶץ וּמְלֹאָהּ וּרְצוֹן שֹׁכְנִי סְנֶה תָּבוֹאתָה לְרֹאשׁ יוֹסֵף וּלְקָדְקֹד נְזִיר אֶחָיו: בְּכוֹר שׁוֹרוֹ הָדָר לוֹ וְקַרְנֵי רְאֵם קַרְנָיו בָּהֶם עַמִּים יְנַגַּח יַחְדָּו אַפְסֵי־אָרֶץ וְהֵם רִבְבוֹת אֶפְרַיִם וְהֵם אַלְפֵי מְנַשֶּׁה:

רביעי: וְלִזְבוּלֻן אָמַר שְׂמַח זְבוּלֻן בְּצֵאתֶךָ וְיִשָׂשכָר בְּאֹהָלֶיךָ: עַמִּים הַר־יִקְרָאוּ שָׁם יִזְבְּחוּ זִבְחֵי־צֶדֶק כִּי שֶׁפַע יַמִּים יִינָקוּ וּשְׂפֻנֵי טְמוּנֵי חוֹל: וּלְגָד אָמַר בָּרוּךְ מַרְחִיב גָּד כְּלָבִיא שָׁכֵן וְטָרַף זְרוֹעַ אַף־קָדְקֹד: וַיַּרְא רֵאשִׁית לוֹ כִּי־שָׁם חֶלְקַת מְחֹקֵק סָפוּן וַיֵּתֵא רָאשֵׁי עָם צִדְקַת יהוה עָשָׂה וּמִשְׁפָּטָיו עִם־יִשְׂרָאֵל:

חמישי: וּלְדָן אָמַר דָּן גּוּר אַרְיֵה יְזַנֵּק מִן־הַבָּשָׁן: וּלְנַפְתָּלִי אָמַר נַפְתָּלִי שְׂבַע רָצוֹן וּמָלֵא בִּרְכַּת יהוה יָם וְדָרוֹם יְרָשָׁה: וּלְאָשֵׁר אָמַר בָּרוּךְ מִבָּנִים אָשֵׁר יְהִי רְצוּי אֶחָיו וְטֹבֵל בַּשֶּׁמֶן רַגְלוֹ: בַּרְזֶל וּנְחֹשֶׁת מִנְעָלֶךָ וּכְיָמֶיךָ דָּבְאֶךָ: אֵין כָּאֵל יְשֻׁרוּן רֹכֵב שָׁמַיִם בְּעֶזְרֶךָ וּבְגַאֲוָתוֹ שְׁחָקִים:

חתן תורה: מְעֹנָה אֱלֹהֵי קֶדֶם וּמִתַּחַת זְרֹעֹת עוֹלָם וַיְגָרֶשׁ מִפָּנֶיךָ אוֹיֵב וַיֹּאמֶר הַשְׁמֵד: וַיִּשְׁכֹּן יִשְׂרָאֵל בֶּטַח בָּדָד עֵין יַעֲקֹב אֶל־אֶרֶץ דָּגָן וְתִירוֹשׁ אַף־שָׁמָיו יַעַרְפוּ טָל: אַשְׁרֶיךָ יִשְׂרָאֵל מִי כָמוֹךָ עַם נוֹשַׁע בַּיהוה מָגֵן עֶזְרֶךָ וַאֲשֶׁר־חֶרֶב גַּאֲוָתֶךָ וְיִכָּחֲשׁוּ אֹיְבֶיךָ לָךְ וְאַתָּה עַל־בָּמוֹתֵימוֹ תִדְרֹךְ: וַיַּעַל מֹשֶׁה מֵעַרְבֹת מוֹאָב אֶל־הַר נְבוֹ רֹאשׁ הַפִּסְגָּה אֲשֶׁר עַל־פְּנֵי יְרֵחוֹ וַיַּרְאֵהוּ יהוה אֶת־כָּל־הָאָרֶץ אֶת־הַגִּלְעָד עַד־דָּן: וְאֵת כָּל־נַפְתָּלִי וְאֶת־אֶרֶץ אֶפְרַיִם וּמְנַשֶּׁה וְאֵת כָּל־אֶרֶץ יְהוּדָה עַד הַיָּם הָאַחֲרוֹן: וְאֶת־הַנֶּגֶב וְאֶת־הַכִּכָּר בִּקְעַת יְרֵחוֹ עִיר הַתְּמָרִים עַד־צֹעַר: וַיֹּאמֶר יהוה אֵלָיו זֹאת הָאָרֶץ אֲשֶׁר נִשְׁבַּעְתִּי לְאַבְרָהָם לְיִצְחָק וּלְיַעֲקֹב לֵאמֹר לְזַרְעֲךָ אֶתְּנֶנָּה הֶרְאִיתִיךָ בְעֵינֶיךָ וְשָׁמָּה לֹא תַעֲבֹר: וַיָּמָת שָׁם מֹשֶׁה עֶבֶד־יהוה בְּאֶרֶץ מוֹאָב עַל־פִּי יהוה: וַיִּקְבֹּר אֹתוֹ בַגַּי בְּאֶרֶץ מוֹאָב מוּל בֵּית פְּעוֹר וְלֹא־יָדַע אִישׁ אֶת־קְבֻרָתוֹ עַד הַיּוֹם הַזֶּה: וּמֹשֶׁה בֶּן־מֵאָה וְעֶשְׂרִים שָׁנָה בְּמֹתוֹ לֹא־כָהֲתָה עֵינוֹ וְלֹא־נָס לֵחֹה: וַיִּבְכּוּ בְנֵי יִשְׂרָאֵל אֶת־מֹשֶׁה בְּעַרְבֹת מוֹאָב שְׁלֹשִׁים יוֹם וַיִּתְּמוּ יְמֵי בְכִי אֵבֶל מֹשֶׁה: וִיהוֹשֻׁעַ בִּן־נוּן מָלֵא רוּחַ חָכְמָה כִּי־סָמַךְ מֹשֶׁה אֶת־יָדָיו עָלָיו וַיִּשְׁמְעוּ אֵלָיו בְּנֵי־יִשְׂרָאֵל וַיַּעֲשׂוּ כַּאֲשֶׁר צִוָּה יהוה אֶת־מֹשֶׁה: וְלֹא־קָם נָבִיא עוֹד בְּיִשְׂרָאֵל כְּמֹשֶׁה אֲשֶׁר יְדָעוֹ יהוה פָּנִים אֶל־פָּנִים: לְכָל־הָאֹתֹת וְהַמּוֹפְתִים אֲשֶׁר שְׁלָחוֹ יהוה לַעֲשׂוֹת בְּאֶרֶץ מִצְרָיִם לְפַרְעֹה וּלְכָל־עֲבָדָיו וּלְכָל־אַרְצוֹ: וּלְכֹל הַיָּד הַחֲזָקָה וּלְכֹל הַמּוֹרָא הַגָּדוֹל אֲשֶׁר עָשָׂה מֹשֶׁה לְעֵינֵי כָּל־יִשְׂרָאֵל:

חֲזַק! חֲזַק! וְנִתְחַזֵּק!

(בראשית א:א-ב:ג)

חתן בראשית: בְּרֵאשִׁית בָּרָא אֱלֹהִים אֵת הַשָּׁמַיִם וְאֵת הָאָרֶץ: וְהָאָרֶץ הָיְתָה תֹהוּ וָבֹהוּ וְחֹשֶׁךְ עַל־פְּנֵי תְהוֹם וְרוּחַ אֱלֹהִים מְרַחֶפֶת עַל־פְּנֵי הַמָּיִם: וַיֹּאמֶר אֱלֹהִים יְהִי־אוֹר וַיְהִי־אוֹר: וַיַּרְא אֱלֹהִים אֶת־הָאוֹר כִּי־טוֹב וַיַּבְדֵּל אֱלֹהִים בֵּין הָאוֹר וּבֵין הַחֹשֶׁךְ: וַיִּקְרָא אֱלֹהִים לָאוֹר יוֹם וְלַחֹשֶׁךְ קָרָא לָיְלָה וַיְהִי־עֶרֶב וַיְהִי־בֹקֶר יוֹם אֶחָד:

וַיֹּאמֶר אֱלֹהִים יְהִי רָקִיעַ בְּתוֹךְ הַמָּיִם וִיהִי מַבְדִּיל בֵּין מַיִם לָמָיִם: וַיַּעַשׂ אֱלֹהִים אֶת־הָרָקִיעַ וַיַּבְדֵּל בֵּין הַמַּיִם אֲשֶׁר מִתַּחַת לָרָקִיעַ וּבֵין הַמַּיִם אֲשֶׁר מֵעַל לָרָקִיעַ וַיְהִי־כֵן: וַיִּקְרָא אֱלֹהִים לָרָקִיעַ שָׁמָיִם וַיְהִי־עֶרֶב וַיְהִי־בֹקֶר יוֹם שֵׁנִי:

וַיֹּאמֶר אֱלֹהִים יִקָּווּ הַמַּיִם מִתַּחַת הַשָּׁמַיִם אֶל־מָקוֹם אֶחָד וְתֵרָאֶה הַיַּבָּשָׁה וַיְהִי־כֵן: וַיִּקְרָא אֱלֹהִים לַיַּבָּשָׁה אֶרֶץ וּלְמִקְוֵה הַמַּיִם קָרָא יַמִּים וַיַּרְא אֱלֹהִים כִּי־טוֹב: וַיֹּאמֶר אֱלֹהִים תַּדְשֵׁא הָאָרֶץ דֶּשֶׁא עֵשֶׂב מַזְרִיעַ זֶרַע עֵץ פְּרִי עֹשֶׂה פְּרִי לְמִינוֹ אֲשֶׁר זַרְעוֹ־בוֹ עַל־הָאָרֶץ וַיְהִי־כֵן: וַתּוֹצֵא הָאָרֶץ דֶּשֶׁא עֵשֶׂב מַזְרִיעַ זֶרַע לְמִינֵהוּ וְעֵץ עֹשֶׂה־פְּרִי אֲשֶׁר זַרְעוֹ־בוֹ לְמִינֵהוּ וַיַּרְא אֱלֹהִים כִּי־טוֹב: וַיְהִי־עֶרֶב וַיְהִי־בֹקֶר יוֹם שְׁלִישִׁי:

וַיֹּאמֶר אֱלֹהִים יְהִי מְאֹרֹת בִּרְקִיעַ הַשָּׁמַיִם לְהַבְדִּיל בֵּין הַיּוֹם וּבֵין הַלָּיְלָה וְהָיוּ לְאֹתֹת וּלְמוֹעֲדִים וּלְיָמִים וְשָׁנִים: וְהָיוּ לִמְאוֹרֹת בִּרְקִיעַ הַשָּׁמַיִם לְהָאִיר עַל־הָאָרֶץ וַיְהִי־כֵן: וַיַּעַשׂ אֱלֹהִים אֶת־שְׁנֵי הַמְּאֹרֹת הַגְּדֹלִים אֶת־הַמָּאוֹר הַגָּדֹל לְמֶמְשֶׁלֶת הַיּוֹם וְאֶת־הַמָּאוֹר הַקָּטֹן לְמֶמְשֶׁלֶת הַלַּיְלָה וְאֵת הַכּוֹכָבִים: וַיִּתֵּן אֹתָם אֱלֹהִים בִּרְקִיעַ הַשָּׁמָיִם לְהָאִיר עַל־הָאָרֶץ: וְלִמְשֹׁל בַּיּוֹם וּבַלַּיְלָה וּלְהַבְדִּיל בֵּין הָאוֹר וּבֵין הַחֹשֶׁךְ וַיַּרְא אֱלֹהִים כִּי־טוֹב: וַיְהִי־עֶרֶב וַיְהִי־בֹקֶר יוֹם רְבִיעִי:

וַיֹּאמֶר אֱלֹהִים יִשְׁרְצוּ הַמַּיִם שֶׁרֶץ נֶפֶשׁ חַיָּה וְעוֹף יְעוֹפֵף עַל־הָאָרֶץ עַל־פְּנֵי רְקִיעַ הַשָּׁמָיִם: וַיִּבְרָא אֱלֹהִים אֶת־הַתַּנִּינִם הַגְּדֹלִים וְאֵת כָּל־נֶפֶשׁ הַחַיָּה הָרֹמֶשֶׂת אֲשֶׁר שָׁרְצוּ הַמַּיִם לְמִינֵהֶם וְאֵת כָּל־עוֹף כָּנָף לְמִינֵהוּ וַיַּרְא אֱלֹהִים כִּי־טוֹב: וַיְבָרֶךְ אֹתָם אֱלֹהִים לֵאמֹר פְּרוּ וּרְבוּ וּמִלְאוּ אֶת־הַמַּיִם בַּיַּמִּים וְהָעוֹף יִרֶב בָּאָרֶץ: וַיְהִי־עֶרֶב וַיְהִי־בֹקֶר יוֹם חֲמִישִׁי:

וַיֹּאמֶר אֱלֹהִים תּוֹצֵא הָאָרֶץ נֶפֶשׁ חַיָּה לְמִינָהּ בְּהֵמָה וָרֶמֶשׂ וְחַיְתוֹ־אֶרֶץ לְמִינָהּ וַיְהִי־כֵן: וַיַּעַשׂ

אֱלֹהִים אֶת־חַיַּת הָאָרֶץ לְמִינָהּ וְאֶת־הַבְּהֵמָה
לְמִינָהּ וְאֵת כָּל־רֶמֶשׂ הָאֲדָמָה לְמִינֵהוּ וַיַּרְא
אֱלֹהִים כִּי־טוֹב: וַיֹּאמֶר אֱלֹהִים נַעֲשֶׂה אָדָם
בְּצַלְמֵנוּ כִּדְמוּתֵנוּ וְיִרְדּוּ בִדְגַת הַיָּם וּבְעוֹף
הַשָּׁמַיִם וּבַבְּהֵמָה וּבְכָל־הָאָרֶץ וּבְכָל־הָרֶמֶשׂ
הָרֹמֵשׂ עַל־הָאָרֶץ: וַיִּבְרָא אֱלֹהִים ׀ אֶת־הָאָדָם
בְּצַלְמוֹ בְּצֶלֶם אֱלֹהִים בָּרָא אֹתוֹ זָכָר וּנְקֵבָה
בָּרָא אֹתָם: וַיְבָרֶךְ אֹתָם אֱלֹהִים וַיֹּאמֶר לָהֶם
אֱלֹהִים פְּרוּ וּרְבוּ וּמִלְאוּ אֶת־הָאָרֶץ וְכִבְשֻׁהָ
וּרְדוּ בִּדְגַת הַיָּם וּבְעוֹף הַשָּׁמַיִם וּבְכָל־חַיָּה
הָרֹמֶשֶׂת עַל־הָאָרֶץ: וַיֹּאמֶר אֱלֹהִים הִנֵּה נָתַתִּי
לָכֶם אֶת־כָּל־עֵשֶׂב ׀ זֹרֵעַ זֶרַע אֲשֶׁר עַל־פְּנֵי
כָל־הָאָרֶץ וְאֶת־כָּל־הָעֵץ אֲשֶׁר־בּוֹ פְרִי־עֵץ
זֹרֵעַ זָרַע לָכֶם יִהְיֶה לְאָכְלָה: וּלְכָל־חַיַּת הָאָרֶץ
וּלְכָל־עוֹף הַשָּׁמַיִם וּלְכֹל ׀ רוֹמֵשׂ עַל־הָאָרֶץ
אֲשֶׁר־בּוֹ נֶפֶשׁ חַיָּה אֶת־כָּל־יֶרֶק עֵשֶׂב לְאָכְלָה
וַיְהִי־כֵן: וַיַּרְא אֱלֹהִים אֶת־כָּל־אֲשֶׁר עָשָׂה
וְהִנֵּה־טוֹב מְאֹד וַיְהִי־עֶרֶב וַיְהִי־בֹקֶר יוֹם
הַשִּׁשִּׁי: וַיְכֻלּוּ הַשָּׁמַיִם וְהָאָרֶץ וְכָל־צְבָאָם: וַיְכַל
אֱלֹהִים בַּיּוֹם הַשְּׁבִיעִי מְלַאכְתּוֹ אֲשֶׁר עָשָׂה
וַיִּשְׁבֹּת בַּיּוֹם הַשְּׁבִיעִי מִכָּל־מְלַאכְתּוֹ אֲשֶׁר
עָשָׂה: וַיְבָרֶךְ אֱלֹהִים אֶת־יוֹם הַשְּׁבִיעִי וַיְקַדֵּשׁ
אֹתוֹ כִּי בוֹ שָׁבַת מִכָּל־מְלַאכְתּוֹ אֲשֶׁר־בָּרָא
אֱלֹהִים לַעֲשׂוֹת:

(במדבר כט:לה-ל:א)

מפטיר: בַּיּוֹם הַשְּׁמִינִי עֲצֶרֶת תִּהְיֶה לָכֶם כָּל־
מְלֶאכֶת עֲבֹדָה לֹא תַעֲשׂוּ: וְהִקְרַבְתֶּם עֹלָה
אִשֵּׁה רֵיחַ נִיחֹחַ לַיהֹוָה פַּר אֶחָד אַיִל אֶחָד
כְּבָשִׂים בְּנֵי־שָׁנָה שִׁבְעָה תְּמִימִם: מִנְחָתָם
וְנִסְכֵּיהֶם לַפָּר לָאַיִל וְלַכְּבָשִׂים בְּמִסְפָּרָם
כַּמִּשְׁפָּט: וּשְׂעִיר חַטָּאת אֶחָד מִלְּבַד עֹלַת
הַתָּמִיד וּמִנְחָתָהּ וְנִסְכָּהּ: אֵלֶּה תַּעֲשׂוּ לַיהֹוָה
בְּמוֹעֲדֵיכֶם לְבַד מִנִּדְרֵיכֶם וְנִדְבֹתֵיכֶם
לְעֹלֹתֵיכֶם וּלְמִנְחֹתֵיכֶם וּלְנִסְכֵּיכֶם וּלְשַׁלְמֵיכֶם:
וַיֹּאמֶר מֹשֶׁה אֶל־בְּנֵי יִשְׂרָאֵל כְּכֹל אֲשֶׁר־צִוָּה
יְהֹוָה אֶת־מֹשֶׁה:

הפטרה לשמחת תורה

(יהושע א:א-יח)

וַיְהִי אַחֲרֵי מוֹת מֹשֶׁה עֶבֶד יְהֹוָה וַיֹּאמֶר יְהֹוָה
אֶל־יְהוֹשֻׁעַ בִּן־נוּן מְשָׁרֵת מֹשֶׁה לֵאמֹר: מֹשֶׁה
עַבְדִּי מֵת וְעַתָּה קוּם עֲבֹר אֶת־הַיַּרְדֵּן הַזֶּה אַתָּה

וְכָל־הָעָם הַזֶּה אֶל־הָאָרֶץ אֲשֶׁר אָנֹכִי נֹתֵן לָהֶם
לִבְנֵי יִשְׂרָאֵל: כָּל־מָקוֹם אֲשֶׁר תִּדְרֹךְ כַּף־
רַגְלְכֶם בּוֹ לָכֶם נְתַתִּיו כַּאֲשֶׁר דִּבַּרְתִּי אֶל־מֹשֶׁה:
מֵהַמִּדְבָּר וְהַלְּבָנוֹן הַזֶּה וְעַד־הַנָּהָר הַגָּדוֹל
נְהַר־פְּרָת כֹּל אֶרֶץ הַחִתִּים וְעַד־הַיָּם הַגָּדוֹל
מְבוֹא הַשָּׁמֶשׁ יִהְיֶה גְּבוּלְכֶם: לֹא־יִתְיַצֵּב אִישׁ
לְפָנֶיךָ כֹּל יְמֵי חַיֶּיךָ כַּאֲשֶׁר הָיִיתִי עִם־מֹשֶׁה
אֶהְיֶה עִמָּךְ לֹא אַרְפְּךָ וְלֹא אֶעֶזְבֶךָּ: חֲזַק וֶאֱמָץ
כִּי אַתָּה תַּנְחִיל אֶת־הָעָם הַזֶּה אֶת־הָאָרֶץ
אֲשֶׁר־נִשְׁבַּעְתִּי לַאֲבוֹתָם לָתֵת לָהֶם: רַק חֲזַק
וֶאֱמַץ מְאֹד לִשְׁמֹר לַעֲשׂוֹת כְּכָל־הַתּוֹרָה אֲשֶׁר
צִוְּךָ מֹשֶׁה עַבְדִּי אַל־תָּסוּר מִמֶּנּוּ יָמִין וּשְׂמֹאול
לְמַעַן תַּשְׂכִּיל בְּכֹל אֲשֶׁר תֵּלֵךְ: לֹא־יָמוּשׁ סֵפֶר
הַתּוֹרָה הַזֶּה מִפִּיךָ וְהָגִיתָ בּוֹ יוֹמָם וָלַיְלָה לְמַעַן
תִּשְׁמֹר לַעֲשׂוֹת כְּכָל־הַכָּתוּב בּוֹ כִּי־אָז תַּצְלִיחַ
אֶת־דְּרָכֶךָ וְאָז תַּשְׂכִּיל: הֲלוֹא צִוִּיתִיךָ חֲזַק
וֶאֱמָץ אַל־תַּעֲרֹץ וְאַל־תֵּחָת כִּי עִמְּךָ יְהֹוָה
אֱלֹהֶיךָ בְּכֹל אֲשֶׁר תֵּלֵךְ: וַיְצַו יְהוֹשֻׁעַ אֶת־שֹׁטְרֵי
הָעָם לֵאמֹר: עִבְרוּ ׀ בְּקֶרֶב הַמַּחֲנֶה וְצַוּוּ
אֶת־הָעָם לֵאמֹר הָכִינוּ לָכֶם צֵידָה כִּי בְּעוֹד ׀
שְׁלֹשֶׁת יָמִים אַתֶּם עֹבְרִים אֶת־הַיַּרְדֵּן הַזֶּה
לָבוֹא לָרֶשֶׁת אֶת־הָאָרֶץ אֲשֶׁר יְהֹוָה אֱלֹהֵיכֶם
נֹתֵן לָכֶם לְרִשְׁתָּהּ: וְלָראוּבֵנִי וְלַגָּדִי וְלַחֲצִי שֵׁבֶט
הַמְנַשֶּׁה אָמַר יְהוֹשֻׁעַ לֵאמֹר: זָכוֹר אֶת־הַדָּבָר
אֲשֶׁר צִוָּה אֶתְכֶם מֹשֶׁה עֶבֶד־יְהֹוָה לֵאמֹר יְהֹוָה
אֱלֹהֵיכֶם מֵנִיחַ לָכֶם וְנָתַן לָכֶם אֶת־הָאָרֶץ
הַזֹּאת: נְשֵׁיכֶם טַפְּכֶם וּמִקְנֵיכֶם יֵשְׁבוּ בָּאָרֶץ
אֲשֶׁר נָתַן לָכֶם מֹשֶׁה בְּעֵבֶר הַיַּרְדֵּן וְאַתֶּם תַּעַבְרוּ
חֲמֻשִׁים לִפְנֵי אֲחֵיכֶם כֹּל גִּבּוֹרֵי הַחַיִל וַעֲזַרְתֶּם
אוֹתָם: עַד אֲשֶׁר־יָנִיחַ יְהֹוָה ׀ לַאֲחֵיכֶם כָּכֶם
וְיָרְשׁוּ גַם־הֵמָּה אֶת־הָאָרֶץ אֲשֶׁר־יְהֹוָה
אֱלֹהֵיכֶם נֹתֵן לָהֶם וְשַׁבְתֶּם לְאֶרֶץ יְרֻשַּׁתְכֶם
וִירִשְׁתֶּם אוֹתָהּ אֲשֶׁר ׀ נָתַן לָכֶם מֹשֶׁה עֶבֶד יְהֹוָה
בְּעֵבֶר הַיַּרְדֵּן מִזְרַח הַשָּׁמֶשׁ: וַיַּעֲנוּ אֶת־יְהוֹשֻׁעַ
לֵאמֹר כֹּל אֲשֶׁר־צִוִּיתָנוּ נַעֲשֶׂה וְאֶל־כָּל־אֲשֶׁר
תִּשְׁלָחֵנוּ נֵלֵךְ: כְּכֹל אֲשֶׁר־שָׁמַעְנוּ אֶל־מֹשֶׁה כֵּן
נִשְׁמַע אֵלֶיךָ רַק יִהְיֶה יְהֹוָה אֱלֹהֶיךָ עִמָּךְ כַּאֲשֶׁר
הָיָה עִם־מֹשֶׁה: כָּל־אִישׁ אֲשֶׁר־יַמְרֶה אֶת־פִּיךָ
וְלֹא־יִשְׁמַע אֶת־דְּבָרֶיךָ לְכֹל אֲשֶׁר־תְּצַוֶּנּוּ יוּמָת
רַק חֲזַק וֶאֱמָץ:

🙬 🙬 🙬

❧ GENERAL LAWS OF PRAYER / הלכות תפלה ❧

This section is a guide to many questions that may come up during *tefillah*.
As a general rule, we follow the *Mishnah Berurah*.
When we give sources, *Orach Chaim* is abbreviated as O.C. and *Mishnah Berurah* as M.B.

❧ Instructions for Latecomers

1. It is very important to say *Shemoneh Esrei* with a *minyan*. In case someone will not have enough time to say all of *Shacharis* before the *minyan* gets to *Shemoneh Esrei,* he is allowed to skip some of the prayers. This is what he *must* say: אֱלֹהַי נְשָׁמָה ;עַל נְטִילַת יָדַיִם ;אֲשֶׁר יָצַר; בָּרוּךְ שֶׁאָמַר (p. 29); בִּרְכוֹת הַתּוֹרָה (pp. 8-10); אַשְׁרֵי (p. 31); נִשְׁמַת on the Sabbath and Festivals (p. 224); and from יִשְׁתַּבַּח (p. 82 on weekdays, p. 226 on the Sabbath and Festivals) through *Shemoneh Esrei*.

2. If there is more time, he should say the following (listed in order of importance):
(1) הַלְלוּיָהּ הַלְלוּ אֵל בְּקָדְשׁוֹ (p. 37 on weekdays, p. 219 on the Sabbath and Festivals);
(2) הַלְלוּיָהּ הַלְלוּ אֶת ה' מִן הַשָּׁמַיִם (p. 35 on weekdays, p. 218 on the Sabbath and Festivals);
(3) the other three הַלְלוּיָהּ psalms (pp. 34-36 on weekdays, pp. 216-218 on the Sabbath and Festivals);
(4) from וַיְבָרֶךְ until לְשֵׁם תִּפְאַרְתֶּךָ (p. 37 on weekdays, p. 219 on the Sabbath and Festivals);
(5) וְהוּא רַחוּם until הוֹדוּ (p. 25 on weekdays, p. 198 on the Sabbath and Festivals);
(6) מִזְמוֹר לְתוֹדָה on weekdays (p. 30);
(7) the rest of *Pesukei D'Zimrah* (O.C. 52:1, M.B. §4, *Ba'er Heitev* §3).

3. One is allowed to skip prayers only in an emergency. One is not allowed to come late on purpose, and then skip prayers. Some say that one should *never* skip prayers, even if he would miss *Shemoneh Esrei* with the *minyan* (M.B. 52:1).

RESPONSES DURING THE PRAYER

❧ During Pesukei D'Zimrah

4. One may not speak or interrupt — even to say בָּרוּךְ הוּא וּבָרוּךְ שְׁמוֹ — from בָּרוּךְ שֶׁאָמַר (see §9) until after *Shemoneh Esrei* (O.C. 51:4). It is wrong to speak until after *Tachanun* (M.B. 51:9; see O.C. 131:1).

5. These are things one may say during *Pesukei D'Zimrah*, i.e., the part of *Shacharis* from after בָּרוּךְ שֶׁאָמַר to the words בָּרוּךְ אַתָּה in יִשְׁתַּבַּח (pp. 30-43). One may say *Amen* to a *berachah* and *Kaddish,* and one may say *Kedushah* and מוֹדִים (in *Shemoneh Esrei*), and בָּרְכוּ. If the congregation is saying *Shema*, one should say the first verse (שְׁמַע יִשְׂרָאֵל ...) together with them. One may also say אֲשֶׁר יָצַר if he goes to the bathroom (M.B. 51:8).

6. For an aliyah:
During *Pesukei D'Zimrah*, one should not be called up to the Torah unless he is the only *Kohen* or *Levi* in *shul*. But if he is called, he may say the *berachos* and read along quietly with the reader, but he may not speak to the *gabbai* about a מִי שֶׁבֵּרַךְ (M.B. 51:10).

7. For reciting the Shema:
If one is in middle of *Pesukei D'Zimrah* and he sees that he will not get to *Shema* in time, or he realizes that he forgot to say the daily *berachos* on the Torah (p. 9), he should say them in the *Pesukei D'Zimrah* (M.B. 51:10).

8. For reciting Hallel:
On days when "Half" *Hallel* is said, one should say "Half" *Hallel* with the *minyan* during *Pesukei D'Zimrah*, but he should not say the *berachos* of *Hallel*. But on days when "Whole" *Hallel* is said, one should *not* say *Hallel* with the *minyan*; he should say it after *Shemoneh Esrei* with its own blessings (M.B. 422:16).

﹏﹏§ During the Pesukei D'Zimrah Blessings

9. There are two *berachos* in *Pesukei D'Zimrah* — בָּרוּךְ שֶׁאָמַר and יִשְׁתַּבַּח.

﹏﹏§ בָּרוּךְ שֶׁאָמַר has three parts:

(a) From בָּרוּךְ שֶׁאָמַר until the first בָּרוּךְ אַתָּה ה' all responses are permitted, even בָּרוּךְ הוּא וּבָרוּךְ שְׁמוֹ.

(b) From the first בָּרוּךְ אַתָּה ה' until the *berachah* at the end of בָּרוּךְ שֶׁאָמַר, one may say everything listed above in §5 — but one should *not* say אֲשֶׁר יָצַר. The *Amen* after the *berachos* בָּרוּךְ שֶׁאָמַר and יִשְׁתַּבַּח are exceptions to this rule; they may *not* be said.

(c) During the short blessing at the end of (בָּרוּךְ . . . בְּתִשְׁבָּחוֹת), one is not allowed to answer to anything at all (M.B. 51:2).

﹏﹏§ יִשְׁתַּבַּח has two parts:

(a) From the beginning (יִשְׁתַּבַּח) to בָּרוּךְ אַתָּה ה' is like (b) above.

(b) From בָּרוּךְ אַתָּה ה' to the end is like (c) above (M.B. 51:2, 65:11, 54:11).

﹏﹏§ Between Paragraphs of the Shema Blessings

10. The prayers from after *Borchu* until *Shemoneh Esrei* are called the *Blessings of Shema,* and it is forbidden to answer *almost* anything. More answers may be said in the ''breaks'' between *some* of the paragraphs. In *Shacharis* the ''breaks'' are: after בָּרוּךְ . . . יוֹצֵר הַמְּאוֹרוֹת; after בְּאַהֲבָה . . .; and after the first and second sections of *Shema*.

In *Maariv* the ''breaks'' are following each blessing and after the first and second sections of *Shema* (M.B. 66:27; *Be'ur Halachah* there).

11. During these ''breaks'' one may answer *Amen* to all *berachos* (M.B. 66:23). Regarding קַדִּישׁ, קְדוּשָׁה, בָּרְכוּ, and other interruptions see §13 below. Between בְּאַהֲבָה and שְׁמַע, however, only the *Amen* after בְּאַהֲבָה is permitted (*Derech HaChaim;* see M.B. 59:25).

12. Regarding the *Amen* after גָּאַל יִשְׂרָאֵל of *Shacharis,* most Ashkenazic congrega-

tions say it; Chassidic and Sephardic congregations do not. To avoid this problem, many individuals recite the blessing together with the *chazzan*. In some congregations, the *chazzan* concludes the blessing silently (O.C. 66:7).

﹏﹏§ During the Shema and Its Blessings

13. During a *berachah* (from בָּרוּךְ אַתָּה ה' until it is finished) and the verses שְׁמַע יִשְׂרָאֵל and בָּרוּךְ שֵׁם, no interruption whatsoever is permitted (O.C. 66:1; M.B. §11,12). In the middle of the rest of *Shema* and the paragraphs of its blessings, one may answer only the following: *Amen* to the two blessings הָאֵל הַקָּדוֹשׁ and שׁוֹמֵעַ תְּפִלָּה in the *chazzan's Shemoneh Esrei;* to בָּרְכוּ of the *chazzan* and of one who is called up to the Torah; to *Kaddish* one may say אָמֵן יְהֵא שְׁמֵיהּ רַבָּא . . . and *Amen* to דַּאֲמִירָן בְּעָלְמָא; to *Kedushah* one may say only the verses קָדוֹשׁ and בָּרוּךְ כְּבוֹד; when the *chazzan* says *Modim,* one may say the three words מוֹדִים אֲנַחְנוּ לָךְ.

A person who is reciting the *berachos* of *Shema* should not be called up to the Torah, even if he is the only *Kohen* or *Levi* present. If by mistake he was called up to the Torah he may say the *berachos* on the Torah, but should not read along with the reader. If possible, he should attempt to get to a ''break'' between paragraphs (see §10) before saying the *berachos* on the Torah (M.B. 66:26).

If one had to go to the bathroom, he should wash his hands now, and say אֲשֶׁר יָצַר after *Shemoneh Esrei* (M.B. 66:23).

14. If the *minyan* is almost up to בָּרְכוּ, קְדוּשָׁה (or מוֹדִים), and someone is just before *Shemoneh Esrei*, he should stop before שִׁירָה חֲדָשָׁה (p. 51 on weekdays and p. 238 on the Sabbath and Festivals) in order to answer the words he is allowed to say (as listed above). If he has already said שִׁירָה חֲדָשָׁה, but has not yet finished the *berachah,* he may answer, but then he should go back to שִׁירָה חֲדָשָׁה (M.B. 66:52).

15. During *Shemoneh Esrei*, no interruption is allowed for anything, not even to motion to someone (O.C. 104:1 M.B. §1). If the *chazzan* is up to קְדוּשָׁה, קַדִּישׁ, or בָּרְכוּ, one should stop and listen to the *chazzan's* recitation; his own silent concentration is considered as if he had responded (O.C. 104:7, M.B. §26,27).

16. From the time one has ended the last *berachah* of *Shemoneh Esrei* with בְּשָׁלוֹם until the end of יִהְיוּ לְרָצוֹן at the end of אֱלֹהַי נְצוֹר, one may only make the responses listed in §13. However, whenever possible, one should hurry to say the verse יִהְיוּ לְרָצוֹן . . . וְגוֹאֲלִי before any response. It is better to take the usual three steps backward before making the responses (O.C. 122:1; M.B. §2-4).

CHANGES IN THE SHEMONEH ESREI

❧ During the Ten Days of Repentance

17. During the Ten Days of Repentance, i.e. the days from Rosh Hashanah to Yom Kippur, some changes are made in the *Shemoneh Esrei*. Some verses are added: זָכְרֵנוּ (in the first *berachah*), מִי כָמוֹךָ (in the second *berachah*), וּכְתוֹב (in the second to last *berachah*), and בְּסֵפֶר (in the last *berachah*). If one forgot any of these inserts, he should not go back and repeat the whole prayer. However, if he has not yet said the word HASHEM at the end of that *berachah,* he may go back to the forgotten verse and continue from there (O.C. 582:5, M.B. §16).

18. The end of the third *berachah* is changed from הָאֵל הַקָּדוֹשׁ to הַמֶּלֶךְ הַקָּדוֹשׁ. If one forgot and ended the *berachah* as usual he must start again from the beginning of the *Shemoneh Esrei*. However, if he realized his oversight "immediately" and before he began the next paragraph, he can correct his mistake by saying the words הַמֶּלֶךְ הַקָּדוֹשׁ. "Immediately" means no longer than the time needed to say the words שָׁלוֹם עָלֶיךָ מוֹרִי (O.C. 582:1,2, M.B. §7).

If one erred and said הַמֶּלֶךְ הַקָּדוֹשׁ during the rest of the year, he does not repeat the *Shemoneh Esrei* (*Ba'er Heitev* and *Shaarei Teshuvah* to O.C. 118:1).

19. If one has completed the blessing and is not sure whether he said הַמֶּלֶךְ הַקָּדוֹשׁ, he probably forgot it and must repeat *Shemoneh Esrei* (O.C. 582:1, M.B. §3).

20. At the conclusion of the tenth *berachah,* we substitute הַמֶּלֶךְ הַמִּשְׁפָּט for מֶלֶךְ אוֹהֵב צְדָקָה וּמִשְׁפָּט. If one forgot to make

this change he does *not* have to repeat the *berachah*. However, if he realized the error "immediately" (see §18) he should correct it (O.C. 118:1, M.B. §3).

21. In עוֹשֶׂה שָׁלוֹם בִּמְרוֹמָיו at the end of *Shemoneh Esrei* and *Kaddish,* some substitute עֹשֶׂה הַשָּׁלוֹם.

❧ Seasonal Additions

22. Certain insertions in the *Shemoneh Esrei* — the prayers regarding rain and dew — are said according to the times when the crops need rain in *Eretz Yisrael* and Babylonia. Jews all over the world say them at the same time.

❧ מַשִׁיב הָרוּחַ וּמוֹרִיד הַגֶּשֶׁם / מוֹרִיד הַטָּל

23. Beginning with the *Mussaf* prayer of *Shemini Atzeres*, מַשִׁיב הָרוּחַ וּמוֹרִיד הַגֶּשֶׁם is said. It is not a prayer for rain, but merely a mention that Hashem has the power to make it rain whenever He wants. This is said until the *Mussaf* prayer of the first day of Pesach (see below §26).

24. *Nusach Sefard* congregations say מוֹרִיד הַטָּל instead of מוֹרִיד הַגֶּשֶׁם, between Pesach and Shemini Atzeres. If one said מוֹרִיד הַטָּל when he should have said מוֹרִיד הַגֶּשֶׁם, he does not have to repeat *Shemoneh Esrei*. If he did not say מוֹרִיד הַטָּל or הַגֶּשֶׁם during this time, he must start again from the begining of the *Shemoneh Esrei* (O.C. 114:5).

25. If one forgot to say מַשִׁיב הָרוּחַ, but remembered it before he said וְנֶאֱמָן, he should go back and say it, and continue from there. If he started וְנֶאֱמָן, but did not yet say בָּרוּךְ אַתָּה ה', he should say מַשִׁיב הָרוּחַ and continue from וְנֶאֱמָן. If he said בָּרוּךְ אַתָּה ה', he should say מְחַיֶּה הַמֵּתִים,

then say the four words מַשִּׁיב הָרוּחַ וּמוֹרִיד הַגֶּשֶׁם, and continue with אַתָּה קָדוֹשׁ. But if he already started אַתָּה קָדוֹשׁ before he remembered, he must start Shemoneh Esrei again.

26. After the Mussaf prayer of the first day of Pesach, those who daven Sefard, and most Ashkenazic congregations in Eretz Yisrael say מוֹרִיד הַטָּל until Shemini Atzeres. Most other Ashkenazic congregations do not say מוֹרִיד הַטָּל at all. All agree that if one left out מוֹרִיד הַטָּל he does not repeat Shemoneh Esrei (O.C. 114:3).

27. If someone said מוֹרִיד הַגֶּשֶׁם at the wrong time of year (between Pesach and Shemini Atzeres), he must repeat Shemoneh Esrei. If he realized his error before ending the berachah (מְחַיֵּה הַמֵּתִים), he should go back to the beginning of the berachah (אַתָּה גִּבּוֹר), but if he has already ended the berachah he must start again from the beginning of the Shemoneh Esrei, even if he said both מוֹרִיד and מוֹרִיד הַגֶּשֶׁם הַטָּל (O.C. 114:4).

28. If one is not sure what he said, we assume that he said whatever he was used to saying. The Sages tell us that it takes thirty days of saying something new in Shemoneh Esrei for it to become a habit. For example, until thirty days after Pesach began, we assume that someone said מַשִּׁיב הָרוּחַ, and until thirty days after Shemini Atzeres we assume that he said either nothing or מוֹרִיד הַטָּל (O.C. 114:8).

29. Some people do the following: On Shemini Atzeres they say the passage מְחַיֵּה מֵתִים אַתָּה רַב לְהוֹשִׁיעַ מַשִּׁיב ... one hundred and one times [if he said this only ninety times it is also sufficient], which is the number of times it would be said in a month of Shemoneh Esreis. Those who say מוֹרִיד הַטָּל in the summer may repeat מְחַיֵּה ... הַטָּל the same amount of times on the first day of Pesach. Similarly repeating וְאֶת כָּל מִינֵי תְבוּאָתָהּ לְטוֹבָה וְתֵן טַל וּמָטָר לִבְרָכָה or וְתֵן בְּרָכָה ... וְאֶת (see below), can be used to get into the new habit (O.C. 114:9, M.B. there).

וְתֵן טַל וּמָטָר ‎

30. A special prayer for rain — וְתֵן טַל וּמָטָר — is inserted in the berachah בָּרֵךְ עָלֵינוּ in the winter. This, too, was done according to the time when rain was needed in Eretz Yisrael (O.C. 117:2).

31. In Eretz Yisrael the insertion is begun in the Maariv prayer of 7 Cheshvan and continues until the Minchah prayer immediately before Pesach.

32. Outside Eretz Yisrael the recitation is generally begun in the Maariv of December 4, but in the December before a civil leap year, it is begun in the Maariv of December 5.

33. If one forgot to say וְתֵן טַל וּמָטָר at the appropriate time, but has not yet said the word HASHEM in the ending of the berachah (בָּרוּךְ ... מְבָרֵךְ הַשָּׁנִים), he should say וְתֵן טַל וּמָטָר and continue from wherever he was up to (O.C. 117:4). However, the phrase beginning with וּבָרֵךְ שְׁנָתֵנוּ must always be said immediately before בָּרוּךְ אַתָּה ה'. So, if one forgot וְתֵן טַל וּמָטָר, but already began the phrase וּבָרֵךְ שְׁנָתֵנוּ before realizing, he must say וְתֵן טַל וּמָטָר and continue from וּבָרֵךְ שְׁנָתֵנוּ (M.B. 117:15).

34. If one had already finished the berachah when he realized his error he should continue Shemoneh Esrei and insert the words וְתֵן טַל וּמָטָר לִבְרָכָה before the words כִּי אַתָּה שׁוֹמֵעַ, in the berachah שׁוֹמֵעַ תְּפִלָּה. If someone forgot it at Minchah on a fast day, he should add וְתֵן טַל וּמָטָר before עֲנֵנוּ in the berachah שׁוֹמֵעַ תְּפִלָּה (O.C. 117:5 with M.B.).

35. If one realized his error after he had already begun רְצֵה, he must return to בָּרֵךְ עָלֵינוּ. If he had already finished the Shemoneh Esrei, he must start again from the beginning. Saying the verse יִהְיוּ לְרָצוֹן just before stepping out of Shemoneh Esrei is considered the end of Shemoneh Esrei (O.C. 117:5 with M.B.).

36. If someone said טַל וּמָטָר in the wrong season of the year, he must go back to the beginning of בָּרֵךְ עָלֵינוּ and continue

from there. If he has completed the *Shemoneh Esrei,* he must repeat it from the beginning (O.C. 114:8).

37. When one is not sure what he said, the same laws apply as in §28 and §29 above.

38. If an entire country experienced a drought and was in special need of rain during a period when טַל וּמָטָר is not recited, but someone erred and *did* recite טַל וּמָטָר, he need not repeat the *Shemoneh Esrei* (O.C. 117:2; see *Be'ur Halachah* s.v. וְשָׁאַל, and *Shoneh Halachos*).

◆§ Fast Days — עֲנֵנוּ

39. On fast days, those who fast add a special prayer: עֲנֵנוּ. The *chazzan* says it in his repetition of the *Shemoneh Esrei* at both *Shacharis* and *Minchah,* but in the silent *Shemoneh Esrei* it is said only during *Minchah.*

40. If an individual forgot to say עֲנֵנוּ in its proper place and has already said the word HASHEM in the ending of שְׁמַע קוֹלֵנוּ, he must say שׁוֹמֵעַ תְּפִלָּה and continue with רְצֵה. He may say עֲנֵנוּ at the end of the *Shemoneh Esrei,* before אֱלֹהַי נְצוֹר. If he finished the entire *Shemoneh Esrei* before realizing his error he should not repeat the *Shemoneh Esrei* (M.B. 119:16,19).

41. If the *chazzan* forgot to insert עֲנֵנוּ in its proper place but has not yet said the word HASHEM at the end of the *berachah* רְפָאֵנוּ, he should interrupt his recitation, return to עֲנֵנוּ, and when he has concluded it, he should start רְפָאֵנוּ again. If he has already said the word HASHEM at the end of רְפָאֵנוּ, he must continue *Shemoneh Esrei* as usual. In this case, the *chazzan* inserts עֲנֵנוּ in the *berachah* שְׁמַע קוֹלֵנוּ, as individuals do in the silent prayer, but he does not say the concluding *berachah* בָּרוּךְ ... הָעוֹנֶה בְּעֵת צָרָה. If he realized his error after he uttered the word HASHEM at the ending of שְׁמַע קוֹלֵנוּ he should finish the *berachah* הַמְבָרֵךְ אֶת שׁוֹמֵעַ תְּפִלָּה. He may add עֲנֵנוּ after עַמּוֹ יִשְׂרָאֵל בַּשָׁלוֹם, without saying the concluding *berachah* (O.C. 119:4, M.B. §16,19).

◆§ Tishah B'Av — נַחֵם

42. In the *Minchah* prayer of Tishah B'Av, in addition to עֲנֵנוּ, another prayer, נַחֵם, is added to the *berachah* וְלִירוּשָׁלַיִם. The ending *berachah* is changed to ... בָּרוּךְ מְנַחֵם צִיּוֹן וּבוֹנֵה יְרוּשָׁלָיִם. If one forgot to say נַחֵם, he should say it in the *berachah* רְצֵה, before the words וְתֶחֱזֶינָה, but he should not end it with ... מְנַחֵם צִיּוֹן (O.C. 557:1, M.B. §2). However, if someone mistakenly said נַחֵם in the *berachah* שְׁמַע קוֹלֵנוּ, he should not repeat it in רְצֵה (*Be'ur Halachah*). If one has already ended the רְצֵה benediction with הַמַחֲזִיר ... לְצִיּוֹן (or even said the word HASHEM of that *berachah*), he continues the *Shemoneh Esrei* and does not say נַחֵם (O.C. 557).

◆§ Rosh Chodesh/Festivals — יַעֲלֶה וְיָבֹא

43. On Rosh Chodesh, יַעֲלֶה וְיָבֹא is inserted in the *berachah* רְצֵה. If one forgot it during *Maariv* (of either the first or second night of Rosh Chodesh) one does not repeat *Shemoneh Esrei.* But during *Shacharis* or *Minchah,* יַעֲלֶה וְיָבֹא *must* be said. So, if one realized his mistake before saying the word HASHEM in the *berachah* הַמַחֲזִיר שְׁכִינָתוֹ לְצִיּוֹן, he returns to יַעֲלֶה וְיָבֹא. If he has already said הַמַחֲזִיר שְׁכִינָתוֹ לְצִיּוֹן but not yet begun מוֹדִים, he should recite יַעֲלֶה וְיָבֹא there and continue with מוֹדִים. If he had already begun to say מוֹדִים he must return to the beginning of רְצֵה. If he had ended *Shemoneh Esrei,* he must repeat it entirely (O.C. 422:1).

If one is not sure if he said יַעֲלֶה וְיָבֹא, he must assume that he did not. But, if he knows that while he was praying he knew that he had to say יַעֲלֶה וְיָבֹא, but afterwards does not remember if he said it or not, he may assume that he said it (M.B. 422:10).

The rules for יַעֲלֶה וְיָבֹא on the intermediate days of the Festivals are the same as on Rosh Chodesh except that if יַעֲלֶה וְיָבֹא is forgotten even in the *Maariv* prayer one must repeat *Shemoneh Esrei* (O.C. 490:2).

◆§ Purim and Chanukah — עַל הַנִּסִים

44. On Purim and Chanukah special prayers, beginning with (וְעַל הַנִּסִים), are inserted in the *berachah* of מוֹדִים. If these prayers were not said, one must not repeat *Shemoneh Esrei*. However, if one realized his error before saying the word HASHEM in the *berachah* (הַטּוֹב שִׁמְךָ וּלְךָ נָאֶה לְהוֹדוֹת), he

should return to עַל הַנִּסִים and continue from there. If he already said the word HASHEM, he should continue to the end of *Shemoneh Esrei*. He may then say עַל הַנִּסִים before the prayer אֱלֹהַי נְצוֹר (O.C. 682:1, M.B. §4).

SABBATH AND YOM TOV PRAYERS

◆§ Mistakes in the Sabbath and Yom Tov Shemoneh Esrei

45. If someone said the weekday *Shemoneh Esrei* on the Sabbath or Yom Tov, and did not realize his error until he finished *Shemoneh Esrei*, or he *thinks* he may have said the weekday one, he must say *Shemoneh Esrei* again, from the beginning. Saying the verse יִהְיוּ לְרָצוֹן just before stepping out of *Shemoneh Esrei* is considered the end of *Shemoneh Esrei* (O.C. 268:4 with M.B.).

46. If one started the weekday prayer and realized his error in the middle of any *berachah* — he finishes that *berachah* and then starts from the first special Sabbath or Yom Tov *berachah* for that prayer (אַתָּה אֶחָד, יִשְׂמַח מֹשֶׁה, אַתָּה קִדַּשְׁתָּ, אַתָּה בְחַרְתָּנוּ or אַתָּה יָצַרְתָּ). But in the *Mussaf* prayer, one should not finish the weekday *berachah* in which he caught his mistake. As soon as he realizes what he did wrong, he should begin תִּכַּנְתָּ שַׁבָּת on the Sabbath, אַתָּה יָצַרְתָּ on a Sabbath that is Rosh Chodesh, אַתָּה בְחַרְתָּנוּ on Yom Tov, or רָאשֵׁי חֳדָשִׁים on Rosh Chodesh (ibid. §2 with M.B.).

47. If one said only the word אַתָּה from the weekday . . . אַתָּה חוֹנֵן and then realized the error, he may continue in the evening with אַתָּה קִדַּשְׁתָּ, at *Minchah* with אַתָּה אֶחָד, at *Mussaf* of the Sabbath Rosh Chodesh with אַתָּה יָצַרְתָּ and Yom Tov with אַתָּה בְחַרְתָּנוּ. In *Shacharis,* though, since the Sabbath *berachah* does not start with אַתָּה, it depends: If one started the weekday prayer thinking that the day was a weekday — he must finish the *berachah* and then return to יִשְׂמַח מֹשֶׁה, but if the error was only a slip of the tongue — he goes to יִשְׂמַח מֹשֶׁה.

48. If one recited one Sabbath *Shemoneh Esrei* instead of another (except in the case of *Mussaf* — see §49-50 below) — (for example, he recited יִשְׂמַח מֹשֶׁה in the evening, etc.,), if he realized the error before saying *Hashem* at the end of the *berachah,* he must stop there and go to the correct *berachah.* But if he didn't realize the error until he said *Hashem,* he finishes the *berachah* with מְקַדֵּשׁ הַשַּׁבָּת and does not go back to say the correct *berachah* (ibid. §6).

49. If instead of the *Mussaf Shemoneh Esrei* one recited a different *Shemoneh Esrei,* if he finished the entire wrong *Shemoneh Esrei,* he must say *Mussaf.* But if he realized his mistake before he finished *Shemoneh Esrei* — he returns to תִּכַּנְתָּ שַׁבָּת (ibid., and M.B. §16).

50. If someone said *Mussaf* instead of *Shacharis,* if he remembered before he finished *Mussaf,* he stops and goes back to יִשְׂמַח מֹשֶׁה. If he finished *Mussaf* — he must say the *Shacharis Shemoneh Esrei,* but does not have to repeat *Mussaf* later, since he already said it before *Shacharis* (ibid. and M.B. §17).

◆§ Additions for Sabbath in Yom Tov Prayers

51. If Yom Tov falls on the Sabbath, several words about the Sabbath are added to the Yom Tov *Shemoneh Esrei* and *Kiddush.* In some cases, *Shemoneh Esrei* or *Kiddush* must be repeated if certain Sabbath words are forgotten.

In the prayer וַתִּתֶּן לָנוּ, the word בְּאַהֲבָה, *with love,* is added after the mention of the Sabbath and Yom Tov. If someone forgot to add it, he need not repeat *Shemoneh Esrei* (*Matteh Ephraim* 582:16). Also, if one *did* say בְּאַהֲבָה on a weekday, he does not have to repeat the *Shemoneh Esrei*. The same is true if יִשְׂמְחוּ was left out of Yom Tov *Mussaf* or וַיְכֻלּוּ from *Kiddush,* when Yom Tov is on the Sabbath.

52. However, the places where Shabbos is specifically mentioned with Yom Tov are more important. Thus we say וַתִּתֶּן לָנוּ ...אֶת יוֹם הַשַּׁבָּת הַזֶּה וְאֶת יוֹם חַג הַסֻּכּוֹת הַזֶּה ...בָּרוּךְ אַתָּה ה' and זְמַן שִׂמְחָתֵנוּ מְקַדֵּשׁ הַשַּׁבָּת וְיִשְׂרָאֵל וְהַזְּמַנִּים. If *both* of these additions were forgotten — so that Shabbos was not mentioned at all in the *Shemoneh Esrei* — then the blessing must be repeated beginning with אַתָּה בְחַרְתָּנוּ. Thus, if one has not yet finished the *Shemoneh Esrei* [or *Kiddush*], he returns to the beginning of that blessing, and continues from there. If he has already completed it he must start again from the beginning of *Shemoneh Esrei* [or *Kiddush*]. Saying the verse יִהְיוּ לְרָצוֹן just before stepping out of *Shemoneh Esrei* is considered the end of *Shemoneh Esrei.*

53. If one mentioned the Sabbath at the beginning of the prayer [i.e. in וַתִּתֶּן לָנוּ], but failed to do so in the *berachah* [i.e. he said בָּרוּךְ מְקַדֵּשׁ יִשְׂרָאֵל וְהַזְּמַנִּים], it is not

certain if the *berachah* must be repeated (see M.B. 487:7, *Be'ur Halachah* there). One should consult a competent rav. If such a rav is not available, one should not repeat *Shemoneh Esrei.*

If someone forgot to say Shabbos in the *berachah,* but rememberd *immediately* (see §18), he should say only the words הַשַּׁבָּת וְיִשְׂרָאֵל וְהַזְּמַנִּים.

⋖§ The End of the Sabbath or Yom Tov — וַתּוֹדִיעֵנוּ and אַתָּה חוֹנַנְתָּנוּ

54. In the first weekday *Maariv* prayer following the Sabbath or the festival days of a Yom Tov, a special prayer, אַתָּה חוֹנַנְתָּנוּ, is inserted in the middle of אַתָּה חוֹנֵן, the fourth *berachah* of *Shemoneh Esrei.* If one forgot to say this prayer, he should not repeat the *berachah,* and should not add this prayer in the שְׁמַע קוֹלֵנוּ. Rather, he should rely on the *Havdalah* which will be said after *Maariv* (O.C. 294:1, M.B. §6).

55. When Yom Tov falls on Sunday, וַתּוֹדִיעֵנוּ is said in אַתָּה בְחַרְתָּנוּ of the *Maariv* at the end of the Sabbath. If one forgot to recite וַתּוֹדִיעֵנוּ, he does not repeat the *berachah,* as in §54.

‡{ קדיש יתום }‡

יִתְגַּדַּל וְיִתְקַדַּשׁ שְׁמֵהּ רַבָּא. (.Cong – אָמֵן.) 1

בְּעָלְמָא דִּי בְרָא כִרְעוּתֵהּ. וְיַמְלִיךְ מַלְכוּתֵהּ, 2

וְיַצְמַח פֻּרְקָנֵהּ וִיקָרֵב מְשִׁיחֵהּ. (.Cong – אָמֵן) 3

בְּחַיֵּיכוֹן וּבְיוֹמֵיכוֹן וּבְחַיֵּי דְכָל בֵּית יִשְׂרָאֵל, 4

בַּעֲגָלָא וּבִזְמַן קָרִיב. וְאִמְרוּ: אָמֵן. 5

(.Cong – אָמֵן. יְהֵא שְׁמֵהּ רַבָּא מְבָרַךְ לְעָלַם וּלְעָלְמֵי עָלְמַיָּא.) 6

יְהֵא שְׁמֵהּ רַבָּא מְבָרַךְ לְעָלַם וּלְעָלְמֵי עָלְמַיָּא. 7

יִתְבָּרַךְ וְיִשְׁתַּבַּח וְיִתְפָּאַר וְיִתְרוֹמַם וְיִתְנַשֵּׂא 8

וְיִתְהַדָּר וְיִתְעַלֶּה וְיִתְהַלָּל 9

שְׁמֵהּ דְּקֻדְשָׁא בְּרִיךְ הוּא (.Cong – בְּרִיךְ הוּא) 10

°לְעֵלָּא מִן כָּל – 11

[°לְעֵלָּא (וּ)לְעֵלָּא מִכָּל – from Rosh Hashanah to Yom Kippur substitute] 12

בִּרְכָתָא וְשִׁירָתָא תֻּשְׁבְּחָתָא וְנֶחֱמָתָא, 13

דַּאֲמִירָן בְּעָלְמָא. וְאִמְרוּ: אָמֵן. (.Cong – אָמֵן.) 14

יְהֵא שְׁלָמָא רַבָּא מִן שְׁמַיָּא, וְחַיִּים טוֹבִים עָלֵינוּ 15

וְעַל כָּל יִשְׂרָאֵל. וְאִמְרוּ: אָמֵן. (.Cong – אָמֵן.) 16

Take three steps back.

עֹשֶׂה °שָׁלוֹם בִּמְרוֹמָיו, Bow left and say — 17

הַשָּׁלוֹם° — From Rosh Hashanah to Yom Kippur some say

הוּא יַעֲשֶׂה שָׁלוֹם עָלֵינוּ, bow right and say — 18

וְעַל כָּל יִשְׂרָאֵל. וְאִמְרוּ: אָמֵן. bow forward and say — 19

(.Cong – אָמֵן.) 20

Remain in place for a few moments, then take three steps forward.

‏ קדיש דרבנן ‏

1 **יִתְגַּדַּל** וְיִתְקַדַּשׁ שְׁמֵהּ רַבָּא. (.Cong — אָמֵן)

2 בְּעָלְמָא דִּי בְרָא כִרְעוּתֵהּ. וְיַמְלִיךְ מַלְכוּתֵהּ,

3 וְיַצְמַח פֻּרְקָנֵהּ וִיקָרֵב מְשִׁיחֵהּ. (.Cong — אָמֵן)

4 בְּחַיֵּיכוֹן וּבְיוֹמֵיכוֹן וּבְחַיֵּי דְכָל בֵּית יִשְׂרָאֵל,

5 בַּעֲגָלָא וּבִזְמַן קָרִיב. וְאִמְרוּ: אָמֵן.

6 (.Cong — אָמֵן. יְהֵא שְׁמֵהּ רַבָּא מְבָרַךְ לְעָלַם וּלְעָלְמֵי עָלְמַיָּא.)

7 יְהֵא שְׁמֵהּ רַבָּא מְבָרַךְ לְעָלַם וּלְעָלְמֵי עָלְמַיָּא.

8 יִתְבָּרַךְ וְיִשְׁתַּבַּח וְיִתְפָּאַר וְיִתְרוֹמַם וְיִתְנַשֵּׂא

9 וְיִתְהַדָּר וְיִתְעַלֶּה וְיִתְהַלָּל

10 שְׁמֵהּ דְּקֻדְשָׁא בְּרִיךְ הוּא (.Cong — בְּרִיךְ הוּא)

11 — °לְעֵלָּא מִן כָּל

12 [לְעֵלָּא (וּ)לְעֵלָּא מִכָּל° — from Rosh Hashanah to Yom Kippur substitute]

13 בִּרְכָתָא וְשִׁירָתָא תֻּשְׁבְּחָתָא וְנֶחֱמָתָא,

14 דַּאֲמִירָן בְּעָלְמָא. וְאִמְרוּ: אָמֵן. (.Cong — אָמֵן)

15 עַל יִשְׂרָאֵל וְעַל רַבָּנָן, וְעַל תַּלְמִידֵיהוֹן

16 וְעַל כָּל תַּלְמִידֵי תַלְמִידֵיהוֹן,

17 וְעַל כָּל מָאן דְּעָסְקִין בְּאוֹרַיְתָא,

18 דִּי בְאַתְרָא הָדֵין וְדִי בְכָל אֲתַר וַאֲתַר.

19 יְהֵא לְהוֹן וּלְכוֹן שְׁלָמָא רַבָּא,

20 חִנָּא וְחִסְדָּא וְרַחֲמִין,

21 וְחַיִּין אֲרִיכִין, וּמְזוֹנֵי רְוִיחֵי,

1 וּפֻרְקָנָא מִן קֳדָם אֲבוּהוֹן דִּי בִשְׁמַיָּא וְאַרְעָא.

2 וְאִמְרוּ: אָמֵן. (.אָמֵן –Cong.)

3 יְהֵא שְׁלָמָא רַבָּא מִן שְׁמַיָּא, וְחַיִּים טוֹבִים עָלֵינוּ

4 וְעַל כָּל יִשְׂרָאֵל. וְאִמְרוּ: אָמֵן. (.אָמֵן –Cong.)

Take three steps back.

5 עֹשֶׂה °שָׁלוֹם בִּמְרוֹמָיו, – Bow left and say

°הַשָּׁלוֹם – From Rosh Hashanah to Yom Kippur some say

6 הוּא בְּרַחֲמָיו יַעֲשֶׂה שָׁלוֹם עָלֵינוּ, – bow right and say

7 וְעַל כָּל יִשְׂרָאֵל. וְאִמְרוּ: אָמֵן. – bow forward and say

8 (.אָמֵן –Cong.)

Remain in place for a few moments, then take three steps forward.

This volume is part of
THE ARTSCROLL SERIES®
an ongoing project of
translations, commentaries and expositions
on Scripture, Mishnah, Talmud, Halachah,
liturgy, history, the classic Rabbinic writings,
biographies and thought.

For a brochure of current publications
visit your local Hebrew bookseller
or contact the publisher:

Mesorah Publications, ltd

4401 Second Avenue
Brooklyn, New York 11232
(718) 921-9000
www.artscroll.com